上海社会科学院城市与人口发展研究所
学科建设丛书

总　编　朱建江
副总编　周海旺　屠启宇

城市学概论

主　编／朱建江
副主编／邓智团

上海社会科学院出版社
SHANGHAI ACADEMY OF SOCIAL SCIENCES PRESS

上海社会科学院城市与人口发展研究所
学科建设丛书编委会

总　编
朱建江

副总编
周海旺　屠启宇

委　员（按姓氏笔画排序）
邓智团　杨　昕　李　健　张同林　林　兰　宗传宏　胡苏云

总　序

为贯彻落实2016年5月17日习近平总书记在哲学社会科学工作座谈会上的重要讲话精神和2017年3月5日中共中央发布的《关于加快构建中国特色哲学社会科学的意见》，上海社会科学院城市与人口发展研究所依据职能定位，按照研究生教学需要和智库建设需要，经本所所务会议和所学术委员会讨论决定，在继续推进"上海社会科学院城市与人口发展研究所学术研究丛书"基础上，制定并按照《上海社会科学院城市与人口发展研究所学科建设规划及实施措施》，集中全所科研人员力量，立足中国实践，集中花几年时间，系统地撰写城市与人口发展领域内的若干基础学科理论读本。

学科建设力求于研究问题的广度，理论构建着眼于全面性、系统性、基础性，追求的学术价值是求同，建设的方式是从教材编写做起。学术研究力求于研究问题的深度，追求的学术价值是求异，建设的方式是从论文或专著做起。学科建设和学术研究是可以转换的，学科建设达不到全面性、系统性、基础性要求，此时该学科建设实际上已转为学术研究；反过来，一项学术研究已达到全面性、系统性、基础性的广度，此时的学术研究成果也就转化成学科建设成果了。总之学科体系的建设难于学术体系的建设，而学术体系的建设最终是为学科体系建设服务和打基础的。从这个角度讲，哲学社会科学研究的最高境界是学科体系建设或教材体系建设，学术体系建设是最活跃、最前沿、最创新的研究领域，但最终是为学科体系建设打基础和服务的。而话语体系建设融于学科体系和学术体系建设之中。

基于上述考虑，上海社会科学院城市与人口发展研究所将继续致力于"学科建设丛书"和"学术研究丛书"的撰写和出版工作。

朱建江

2018年6月29日

前言

"城市"在我国至少有两个含义：空间意义上的城市和行政管理意义上的城市。本书研究的城市主要聚焦于城区常住人口五万以上的单个物理空间城市，不是行政管理的广域制城市，是相对乡村而言的。城市起源于剩余产品交易和社会分工深化，是人类文明的重要表现形式，与乡村文明相比，两者各有优缺点。城市是指一个连片成块空间内集中居住人口规模较大的和主要从事二三产业的地方，本质上是一种资源集中配置方式和集聚集约的生产生活方式。关于区域常住人口五万以下的小城镇和乡村，将有另外著作阐述。

到2016年底，我国城市化率已达到57%。按照中共十九大报告，预计，到2035年我国基本实现社会主义现代化时，我国的城市化率将达到70%以上。因此，立足中国改革开放以来的城市发展规划建设管理的实践，借鉴国外城市发展规划建设管理的经验和教训，系统总结过去几十年我国城市发展规划建设管理的基本经验和基本规律，对指导我国下一阶段的城市发展规划建设管理具有重要的意义。

本书在内容上，着重研究城市的定位、规模、结构、活力、服务、运行。城市定位是城市发展的首要问题和方向性问题，涉及城市发展历史，城市化进程，城市的国际化，城市发展的可持续性、城市发展战略，以及城市规划等。城市规模反映城市资源集中配置程度，涉及城市的人口规模、建设用地规模、住房建设规模等。城市结构涉及城市内新城与老城协同关系和城市外城市与城市协同关系，城市内部结构包括城市更新和新城建设，城市外部结构包括城市规模机构和城市群。城市活力是城市扩大和缩减，昌盛和衰退的动力，涉及城市产业、城市创新、城市文化、城市形象、城市竞争力等。城市公共服务是城市集聚集约生产生活方式实现的基础，涉及城市道路交通、市政基础设施，基本公共服务和环境保护等。城市运营是城市功能有效实现的条件，涉及城市建设、智能化、安全性、规范化管理等。实现城市永续发展并不容易。从古代到现代,许多城市因战乱、疫病和人类自身的主观原因,毁灭了、衰退了。城市的昌盛在于城市定位、产业、创新、服务和管理的正确和适当。城市的衰退在于城市定位和产业转型不当,服务和管理跟不上需求。城市是有上限的,"城市病"就是城市资源配置过于集中,集聚集约程度过高的结果,是城市规模、结构、管理不适当的表现。

  本书在环节上,主要研究城市的发展、规划、建设、管理。城市发展主要研究为什么发展,发展什么,怎样发展;城市规划主要将城市发展的内容,在时空上进行布置和安排;城市建设主要将城市规划明确的各类设施,通过项目策划、论证、设计、报备、施工、竣工、交付营运及物业管理等流程进行建设并交付使用;城市管理是对城市发展、规划、建设的全部内容和流程进行计划、组织、控制和协调。城市发展规划建设管理的共同作用的对象是城市,同一城市的同一物质空间。城市发展是城市规划建设管理的基础内容。城市规划是城市建设的基本依据;城市建设是城市规划的实现手段,城市规划安排的所有城市设施,都需要通过城市建设的方式方法来实现;城市管理覆盖城市发展规划建设全部内容和整个过程,城市中不存在没有管理的发展规划建设,离开城市发展规划建设,城市管理也不复存在。城市发展的基石是城市发展的实际,包括静态的实际和动态的实际。从某种角度讲,城市发展是客观的,乃至是顺其自然的,人类主观意志在发展领域发挥的余地很有限或应受限制的,因此,城市发展应该是人类主观意志以外的范畴或人类主观意志难以随心所欲的范畴。可见城市规划建设管理,如果离开城市发展的条件、目标、内容等约束,城市规划建设管理就可能成为纯粹的人类主观意志的表现形式和表现方式。除战争和疫病外,城市规划建设管理中大多失败或失误案例,都是因为脱离了城市发展的约束。可以这样讲,凡是有利于城市发展的城市规划建设管理就是符合实际的,反之就是需要改进的。城市是人工的,应建立在城市发展与城市规划建设管理相互制衡的机制上,促进城市规划建设管理最大限度符合城市发展,也是本书研究的着力方向。

  城市学是典型的跨界交叉的综合性学科。城市发展、规划、建设、管理四个环节,城市发展和城市管理偏重于社会科学,城市规划和城市建设偏重于自然科学。世界是整体的,人类社会也是整体的。城市发展规划建设管理的实践中,并不存在自然科学和社会科学的边界,学科划分只是学术界深入研究和细化教学的需要。因此,站在实践立场,将城市发展、规划、建设、管理四个环节,相关内容综合在一个理论框架下汇总分析,推理定义、构建理论,不但对城市学本身构建有意义,对相关实际部门、科研单位及有关的阅读人员也有耗时少、见效快,认知连贯、系统的意义。故本书适用于相关教学科研人员、政府管理人员和企业管理人员。

  近几年,国内在城市学研究方面有了一些推动并形成了一些研究成果。上海社会科学院城市与人口发展研究所根据学科建设和智库建设的需要,动员了本所专业科研人员,集体攻关,分工合作,编写了这本《城市学概论》。参加本版《城市学概论》编写的研究人员如下。

第一章	导论	朱建江
第二章	城市发展史	薛艳杰
第三章	城市化	李　娜
第四章	城市国际化	汤　伟、屠启宇
第五章	城市可持续发展	庄渝霞
第六章	城市战略规划	屠启宇、李　健
第七章	城市规划	朱建江
第八章	城市人口	杨　昕
第九章	城市土地利用	戴伟娟
第十章	城市住房建设	戴伟娟
第十一章	城市规模结构	邓智团
第十二章	城市群	李　娜
第十三章	城市更新	张同林
第十四章	城市新城	杨传开
第十五章	城市产业经济	周　莹
第十六章	城市产业园区	王红霞
第十七章	城市创新	林　兰
第十八章	城市文化	严春松
第十九章	城市形象	严春松
第二十章	城市竞争力	刘玉博
第二十一章	城市公共服务概述	周　莹
第二十二章	城市道路交通	春　燕
第二十三章	城市市政基础设施	程　鹏
第二十四章	城市环境保护	李　健
第二十五章	智慧城市	林　兰
第二十六章	城市安全	宗传宏
第二十七章	城市建设	朱建江
第二十八章	城市治理	张同林

本书编写的范围和内容涉及面广，由于编写人员水平有限，时间仓促，故本书的缺点、错误在所难免，望读者批评指正，以便今后进一步修改补充。

编　者

2017 年 12 月

目 录

前言 001

第一篇 城市定位

第一章 导论 003
  第一节 城市的概念 003
  第二节 城市的本质 009
  第三节 城市的性质 010
  第四节 城市分类 013
  第五节 城市统计 015
  第六节 城市学的研究对象 017

第二章 城市发展史 022
  第一节 城市的产生 022
  第二节 城市的演变 026
  第三节 城市的未来 036

第三章 城市化 041
  第一节 城市化概念与本质 041
  第二节 新型城镇化内涵与特征 047
  第三节 城市化发展规律与趋势 053
  第四节 城市化水平评价 058
  第五节 国外城市化案例与经验 062

第四章　城市国际化　071
- 第一节　全球化与国际城市化兴起　071
- 第二节　城市国际化与网络　075
- 第三节　全球生产网络与城市国际化功能　080
- 第四节　国际城市评价与最新动向　084

第五章　城市可持续发展　093
- 第一节　可持续发展的理论基础　093
- 第二节　城市可持续发展的内涵　097
- 第三节　人口在城市可持续发展中的地位　100
- 第四节　社会发展与适度人口衡量指标　103
- 第五节　城市适度人口及其确定方法　107

第六章　城市战略规划　116
- 第一节　城市规划思想演变与发展动向　116
- 第二节　城市发展升级呼唤城市战略规划　125
- 第三节　城市战略规划的实施准备　128
- 第四节　城市战略规划实施领域　133

第七章　城市规划　142
- 第一节　城市规划的含义及特征　142
- 第二节　城市规划体系　145
- 第三节　城市规划的编制　150
- 第四节　城市规划的实施　159

第二篇　城市规模

第八章　城市人口　167
- 第一节　城市人口规模　167
- 第二节　城市人口结构　178
- 第三节　城市人口空间分布　186

第九章　城市土地利用　193
- 第一节　内涵与界定　193
- 第二节　城市土地的取得　200
- 第三节　城市土地的供应　205

  附录 城市用地分类与案例实践 *212*

第十章 城市住房建设 *225*
  第一节 中华人民共和国成立后城市住房建设发展沿革 *225*
  第二节 城市保障性住房建设 *230*
  第三节 城市商品住宅建设 *239*

第三篇 城市结构

第十一章 城市规模结构 *249*
  第一节 基本概念界定 *249*
  第二节 城市规模结构分布理论 *251*
  第三节 我国城市规模结构发展过程 *254*
  第四节 我国城市规模结构分布的理论考察 *257*
  第五节 我国城市规模结构政策与优化 *264*
  附录 我国城市规模等级划分的关键 *271*

第十二章 城市群 *276*
  第一节 城市群概念及特征 *276*
  第二节 城市群界定与评价 *280*
  第三节 城市群一体化发展研究 *285*
  第四节 我国典型城市群一体化发展比较 *290*
  第五节 国外城市群发展经验与借鉴 *294*

第十三章 城市更新 *302*
  第一节 城市更新及其主要功能 *302*
  第二节 城市更新理论研究综述 *307*
  第三节 城市更新与非物质文化遗产保护 *313*
  第四节 上海旧区改造的创新模式 *320*

第十四章 城市新城 *328*
  第一节 新城概念与理论基础 *328*
  第二节 国内外新城发展典型案例 *334*
  第三节 新城选址与新城规划 *340*
  第四节 新城发展面临的主要问题 *342*
  第五节 促进新城健康发展的建议 *344*

第四篇 城市活力

第十五章 城市产业经济   351
- 第一节 经济增长与产业演变   351
- 第二节 城市产业经济形成与发展   355
- 第三节 城市产业分类   358
- 第四节 城市产业结构   360
- 第五节 城市产业集聚   364
- 第六节 我国城市产业经济的基本现状   369
- 第七节 城市产业经济发展的路径   373

第十六章 城市产业园区   375
- 第一节 产业园区的概念与分类   375
- 第二节 城市产业园区发展的一般规律   380
- 第三节 城市产业园区建设的经典案例   386
- 第四节 我国城市产业园区的发展与趋势   400

第十七章 城市创新   417
- 第一节 基本理论   417
- 第二节 城市创新评价   424
- 第三节 城市创新战略   426
- 第四节 城市创新体系规划   431

第十八章 城市文化   440
- 第一节 理解城市文化   440
- 第二节 城市剧院影院   443
- 第三节 城市博物馆建设   447
- 第四节 城市文化作品创作   450
- 第五节 城市非物质文化遗产保护   453

第十九章 城市形象   457
- 第一节 城市设计   457
- 第二节 城市天际线   461
- 第三节 城市制高点   467
- 第四节 城市重要视点   471

第五节	城市建筑艺术	475

第二十章　城市竞争力　　480
　　第一节　概述　　480
　　第二节　概念界定、分类和评价　　482
　　第三节　城市综合竞争力　　485
　　第四节　城市宜居、宜商和宜游竞争力　　487
　　第五节　城市可持续竞争力　　495

第五篇　城市公共服务

第二十一章　城市公共服务概述　　503
　　第一节　公共服务的理念渊源　　503
　　第二节　公共服务的定义内涵　　506
　　第三节　公共服务的特征界定　　507
　　第四节　公共服务的指标体系　　511
　　第五节　基本公共服务的内涵和服务清单　　518

第二十二章　城市道路交通　　522
　　第一节　概述　　522
　　第二节　城市道路交通规划与评价　　526
　　第三节　城市道路交通规划与布局　　533
　　第四节　城市对外交通与公共交通　　537
　　第五节　城市道路交通可持续发展政策保障　　544

第二十三章　城市市政基础设施　　547
　　第一节　城市给水与排水设施系统　　547
　　第二节　城市能源与通信设施系统　　552
　　第三节　城市环卫与防灾设施系统　　556
　　第四节　城市管线综合　　560
　　第五节　城市市政基础设施发展趋势　　563

第二十四章　城市环境保护　　567
　　第一节　城市大气环境保护　　567
　　第二节　城市水环境保护　　576
　　第三节　城市土壤环境保护　　582
　　第四节　城市绿化建设　　588

第五节　城市垃圾处理　　592

第六篇　城市运行

第二十五章　智慧城市　　601
第一节　智慧城市的相关概念　　601
第二节　国内智慧城市建设案例　　606
第三节　智慧城市的顶层设计　　615

第二十六章　城市安全　　624
第一节　概念和内涵　　624
第二节　城市防灾减灾　　628
第三节　城市社会治安综合治理　　639
第四节　城市交通与消防安全　　640
第五节　城市生产与食品安全　　643

第二十七章　城市建设　　648
第一节　城市建设概述　　648
第二节　项目前期　　649
第三节　项目施工　　656
第四节　项目运营　　660

第二十八章　城市治理　　665
第一节　城市治理研究综述　　665
第二节　城市治理标准体系　　672
第三节　城市治理制度体系　　678
第四节　城市治理信息化　　683

编后记　　691

第一篇
城市定位

　　城市定位篇为本书的开篇。本篇从导论开始,在对城市的概念、城市的本质、城市的性质以及城市分类和城市系统进行探讨的基础上,对城市学的研究对象进行了界定,并对城市学研究的空间范围、要素、与相关学科的关系和研究方法等进行了探讨,以期让读者在学习城市学前,对城市学有一个认知基础。随后,本篇用七章的规模对城市定位进行重点探讨,分别从城市发展史、城市化、城市国际化、城市可持续发展、城市发展战略规划和城市规划,对城市学研究的基础和框架进行了研究。

第一章 导论

本章从城乡思辨和我国城乡设置标准的角度阐述了城市的基本概念,从城市基本概念及城乡设置指标中推导出集聚集约的城市本质,从各个城市不同职能角度推导出城市性质,从城市概念、本质和性质上提出城市分类。为了使城市概念、本质、性质、分类具有量化的界定,我们提出城市主要指标的统计,最后还是从城乡思辨角度,界定了本书的研究对象、与相关学科的关系及本书的基本构架。

第一节 城市的概念

城市是相对于乡村而言的。因此,要理解城市的含义需在与乡村的辨析中逐步清晰。《辞海》对"城市"的定义:"城市,人类社会空间结构的一种基本形式。具有区别于乡村的若干基本特征:非农业人口集中,一定区域范围的中心(政治、经济、文化),以及多种建筑物组成的物质设施的综合体等。在这些基本特征中,大量的从事工业、金融、商业、文教、交通等非农业生产活动的人口集中,以及政治、经济、文化中心的形成,是城市的本质特征,充分显示出其在国家政治、经济、文化中的重要职能和作用。"[①]

一、我国城市的设置标准

2014年10月,由国务院发布的《关于调整城市规模划分标准的通知》,以城区常住人口为统计口径,将我国城市划分为五类七档。城区常住人口50万以下的城市为小城市,其中20万以上50万以下的城市为Ⅰ型小城市,20万以下城市为Ⅱ型小城市;城区常住人口50万以上

---

① 《辞海》,上海辞书出版社2009年版,第28页。

100万以下的城市为中等城市；城区常住人口100万以上500万以下的城市为大城市，其中300万以上500万以下的城市为Ⅰ型大城市，100万以上300万以下的城市为Ⅱ型大城市；城区常住人口500万以上1 000万以下的城市为特大城市；城区常住人口1 000万以上的城市为超大城市（以上包括本数，以下不包括本数）。

1993年2月，由国务院发布的《国务院批转民政部关于调整设市标准的报告》，规定县级市标准，一是每平方公里人口密度400人以上，县政府驻地所在镇从事非农产业人口不低于12万，全县乡镇以上工业产值在工农业产值中不低于80%，城区公共基础设施较为完善，可设市撤县；二是每平方公里人口密度100人至400人，县政府驻地所在镇从事非农产业人口不低于10万，全县乡镇以上工业产值在工农业总产值中不低于70%，城区公共基础设施较为完善，可设市撤县；三是每平方公里人口密度100人以上，县政府驻地所在镇从事非农产业人口不低于8万，全县乡镇以上工业产值在工农业总产值中不低于60%，城区公共基础设施较为完善，可设市撤县；四是具备特别条件的，包括自治州政府或地区（盟）行政公署所在地，重要港口，贸易口岸，国家重大骨干工程所在地，具有政治、军事、外交等特殊需要的地方，少数经济发达地区经济中心镇，从事非农产业人口最低不低于4万，也可以设市。

1986年4月，由国务院发布的《国务院批转民政部关于调整设市标准和市领导县条件报告的通知》中明确，非农业人口6万以上，年国民生产总值2亿元以上，已成为该地经济中心的镇，可以设置市的建制。

1963年12月，由中共中央、国务院发布的《关于调整市镇建制，缩小城市郊区的指示》中明确，聚居人口10万以上，一般可以保留市的建制；聚居人口不足10万的，必须是省级国家机关所在地、重要工矿基地、规模较大的物资集散地，或者是边疆地区的重要城镇，确有必要，经批准可以保留市的建制。

1955年6月，由国务院发布的《关于设置市、镇建制的决定》中也明确，聚居人口10万以上城镇，可以设置市的建制。聚居人口不足10万的城镇，必须是重要工矿基地、省级地方国家机关所在地，规模较大的物资集散地或者边远地区的重要城镇，确有必要时方可设置市的建制。

综上所述，综合我国历年的城市建制规定和城市集聚集约规模效益的要求，以及城市科学研究的需要，在2014年10月国务院发布的《关于调整城市规模划分标准的通知》基础上，将城市城区常住人口20万以下的Ⅱ型小城市具体规定为：城区常住人口5万以上20万以下为Ⅱ型小城市。这是因为，根据实践经验，城区常住聚居人口达到5万以上的（包括本数），其城区集聚集约的规模效益已经形成（也有人认为城区常住聚居人口达到3万的就达到了集聚集约的规模效益）。[①]这样，我国城市规模划分标准可表达为下列表式（以上包括本数，以下不包括本数，下同）。

---

① 肖敦余、胡德瑞主编：《小城镇规划与景观构成》，天津科学技术出版社1992年版，第18-19页。

表 1-1　我国城市规模分类表

分　类	档　次	城区常住人口规模(人)	城区人口密度(万人/km²)
超大城市	1	1 000 万以上	1.8
特大城市	2	500 万以上 1 000 万以下	1.6
大城市	3(Ⅰ型)	300 万以上 500 万以下	1.4
大城市	4(Ⅱ型)	100 万以上 300 万以下	1.2
中等城市	5	50 万以上 100 万以下	1
小城市	6(Ⅰ型)	20 万以上 50 万以下	0.8
小城市	7(Ⅱ型)	5 万以上 20 万以下	0.6

资料来源:《关于调整城市规模划分标准的通知》(2014)。

二、我国小城镇的设置标准

1955 年 6 月,国务院发布的《关于设置市、镇建制的决定》中明确,县级或县级以上地方国家机关所在地,可以设置镇的建制。不是县级或者县级以上地方国家机关所在地,必须是聚居人口在 2 000 人以上,有相当的工商业居民,并确有必要时可以设置镇的建制。少数民族地区如有相当数量的工商业居民,聚居人口虽不及 2 000 人,确有必要时,亦可设置镇的建制。工矿基地,规模较小,聚居人口不多,由县领导的,可设置镇的建制。

1963 年 12 月,由中共中央、国务院发布的《关于调整市镇建制、缩小城市郊区的指示》中明确,工商业和手工业相当集中,聚居人口在 3 000 人以上,其中非农业人口占 70% 以上,或者聚居人口在 2 500 人以上不足 3 000 人,其中非农业人口占 85% 以上,确有必要,由县级国家机关领导的地方,可以设置镇的建制。少数民族地区的工商业和手工业集中地,聚居人口虽然不足 3 000 人,或者非农业人口不足 70%,但是确有必要,由县级国家机关领导的,可以设置镇的建制。

此后,我国就再也没有发布过关于小城镇设置的有关规定。但根据上述 1955 年和 1963 年我国两个涉及小城镇建制的设置规定,我国小城镇设置镇建制的有三类:一是达不到设市标准,但属县级或县级以上国家机关所在地,可以设置镇的建制;二是工商业和手工业相当集中,聚居人口在 3 000 人以上的镇区可以设置镇的建制;三是聚居人口不足 2 500 人,但确有必要,可以设置镇的建制。在我国,从行政管理角度讲,与建制镇并行的还有乡建制。到 2015 年末,我国共有建制镇 20 515 个,乡 11 315 个,镇乡特殊地区 643 个。[①]而从集聚集约空间区域角度讲,建制镇镇区之外,还有农村集镇,农村集镇可能是乡政府所在地,也可能仅仅是乡村商品交易、工业生产、文化服务中心。这一类不属镇乡所在地,具有乡村经济和服务功能的,集中居住人口规模较多的农村集镇在

---

① 顾朝林、盛明洁主编:《县辖镇级市研究》,清华大学出版社 2017 年版,第 6 页。

我国约有5万个。①从我国城乡经济社会统筹发展角度,应当将其纳入我国小城镇建设范围。

综上所述,结合我国实际情况和便于小城镇科学研究,建议我国可按小城镇镇区聚居的人口规模,将我国小城镇划分如下。

表1-2 我国小城镇规模分类表

分 类	等 级	镇区常住人口规模(人)
建制镇	1(Ⅰ型)	2万人以上5万人以下
	2(Ⅱ型)	1万人以上2万人以下
集 镇	3(Ⅰ型)	0.3万人以上1万人以下
	4(Ⅱ型)	0.1万人以上0.3万人以下

资料来源:作者整理。

三、我国村庄设置标准

根据我国《镇规划标准》,按常住人口规模,村庄分为,特大型村庄,大于1 000人;大型村庄,601—1 000人;中型村庄,201—600人;小型村庄,小于等于200人。②需要说明的,一是这里的村庄指的是乡村中的自然村落,不是指行政村或中心村。行政村是我国农村的自治机构,一个行政村往往包括和管理若干个自然村落。因此,从管理角度讲,中国行政村,尤其是我国东部发达地区的行政村其范围内的常住人口规模往往可以超过万人。到2015年末,我国共有行政村56.88万个,自然村264.46万个。③中心村是功能概念,是指为若干自然村或行政村服务和商品交易的中心。二是我国农村通常使用的单位概念是"户",所以我国村庄设置标准也可以从"户"角度划分,例如超大型村庄大于300户,特大型村庄大于200户,大型村庄大于100户,中型村庄大于50户,小型村庄小于50户,等等。

四、国外城市的设置标准

日本:普通市,相当于我国的小城市,人口规模50 000人以上,位于市中心区域的建筑占城市全部建筑物的60%以上,从事非农产业人口在60%以上;町,相当于我国的镇,人口超过5 000人,工商业人口超60%。

俄罗斯:人口规模超12 000人,非农业化水平大于85%,划为城市;人口规模超3 000人,划为镇。

泰国:人口规模超50 000人,人口密度达到3 000人/平方公里,划为城市;人口规

---

① 肖敦余、胡德瑞主编:《小城镇规划与景观构成》,天津科学技术出版社1992年版,第302页。
② 李伟阳:《村庄规划设计实务》,机械工业出版社2013年版,第2页。
③ 顾朝林、盛明洁主编:《县辖镇级市研究》,清华大学出版社2017年版,第6页。

模超 10 000 万人,人口密度达到 3 000 人/平方公里,划为镇;人口超 5 000 人,人口密度达到 1 500 人/平方千米,划为乡。①

美国。1874 年,美国在《美国统计地图》中首度对城市进行了统计上的定义,城市定义是人口超过 8 000 人的定居点。1880 年人口普查中,定为城市的门槛降为 4 000 人,从 1910 年开始,美国人口普查局对城市地区(urban area)进行界定,定为城市的门槛进一步降到 2 500 人,这个标准一直延续至今,但新英格兰地区部分州的城市标准有所不同。②并且规定城市化地区人口规模达到 5 万人以上划为该地区的中心城市。③

1938 年,国际统计学会曾建议世界各国将 2 000 人聚居规模作为城乡划分界线。④

五、城市的概念

(一)城市是集中居住人口规模较大的固定场所

一个集中连片的居民点上,城市集中居住的人口规模比较大。但人口规模达到多少才称城市,不同时期,同一国家的规定是不同的。例如,在我国,改革开放初期,我国将全国城市分为四个等级,人口超过 100 万的为特大城市,50 万—100 万的为大城市,20 万—50 万的为中等城市,20 万以下为小城市。⑤2014 年 10 月,国务院发布的《关于调整城市规模划分标准的通知》规定,人口 1 000 万以上为超大城市,人口 500 万以上 1 000 万以下为特大城市,人口 100 万以上 500 万以下为大城市,50 万以上 100 万以下为中等城市,50 万以下为小城市。同一时期,不同国家规定也是不同的。例如,2014 年我国规定,人口 20 万以上 50 万以下为Ⅰ型小城市,20 万以下为Ⅱ型小城市。但美国聚居人口达 2 500 人即划为城市,俄罗斯人口超过 12 000 人划为城市,还有日本、泰国,人口达 5 万人划为城市。各国在同一时期集中居住的人口规模没有达到城市规定要求的居住点,一般就列入小城镇或乡村范围。例如,泰国人口 1 万—5 万人为镇,5 000—1 万人为乡,俄罗斯人口 3 000—12 000 人划为镇,日本人口超 5 000 人又未达市级标准者划为镇。我国 1955 年和 1963 年发布的两个规定涉及小城镇划分,2007 年《镇规划标准》规定,将人口小于 1 000 人的和等于大于 200 人的农村居住点划为村庄。

(二)城市是发展二三产业的固定场所

距今 7 000—8 000 年的新石器时代,由于劳动工具的改变,人类从自然采摘、狩猎中学会了水稻等种植,家禽等养殖。人类社会出现了第一次劳动大分工,农业从自然界中分离出来,并从旧石器时代的游牧营地,逐步形成了新石器时代的原始村庄。随着农业生产力提高,有了剩余农产品和剩余劳动力,人类社会出现了第二次劳动大分工,商业与手工业从农业中分离出来,逐渐形成了农产品和手工业产品生产、交易及其存储、

---

① 刘君德、范今朝主编:《中国市制的历史演变与当代改革》,东南大学出版社 2015 年版,第 44-45 页。
② 孙兵、王翠文主编:《城市管理学》,天津大学出版社 2013 年版,第 6 页。
③ 周一星:《城市地理学》,第二章第二节《其他城市地域概念》,商务印书馆 1995 年版。
④ 周一星:《城市地理学》,第二章第三节《城乡界线划分》,商务印书馆 1995 年版。
⑤ 肖敦余、胡德瑞主编:《小城镇规划与景观构成》,天津科学技术出版社 1992 年版,第 16 页。

物流运输的固定场所,这个固定场所就是早期的城市。①这种现象在现代社会也能看到。例如,今天浙江义乌小商品市场,就是20世纪80年代初,几个鸡毛换糖的义乌小商品交换者的非固定交易点。当时义乌有关部门予以驱赶,而小商品交换者投诉至义乌县政府,当时的县政府从实际出发,建议开辟一个固定的交易场所,登记造册让他们进行小商品交易。后逐渐发展到现在,形成连结世界几十个国家的国际商品交易城,及百万以上人口集中居住的义乌城区。因此,不论是古代还是现代,国内还是国外,城市的大部分人口一定是从事二、三产业的,城市是发展二、三产业的固定场所。城市这个固定场所中有没有一产和从事一产的人口?从现实中观察,日本大阪市区边缘处至今可看到零星少量的稻田,那是作为景观的。我国城市规划建设区,在建设没有完成时,也能看到一些还没有开发,但仍在进行农业生产的地块,但这是城市建设过渡期,最终农业生产将逐步减少。至于那些城市公园里还存在的一些种植、养殖业,那已经不是一产而是体验观赏性三产。另外,等级越高、规模越大的城市越少一产,而等级较低,规模较小的城市,一产及从事一产的人口也许会有一部分。如我国也允许一产和从事一产人口占小城市、小城镇人口一定比例,但二、三产和从事二、三产人口还是要求最低占60%。可见,城市主要发展的是二、三产业。

相对乡村而言,除了上述两点外,有人可能会说公共基础设施相对完备也是城市的基本特征。其实,随着一国或一个地区的发展,各国各地区都会致力于城乡一体化,尤其在公共基础设施方面。在我国,东部发达地区的乡村自来水普及率、道路铺装率、排水系统完善占比已经很高,即使我国中西部地区乡村,公共基础设施占有率也已达到较高比重。国外许多国家乡村公共基础设施占有率几乎与城市一样。故用公共基础设施占有情况,来区别城市与乡村已非常困难。

综上所述,城市是集中居住人口规模较大和主要发展二、三产业的地方。需要明确的是城市集中居住的人口是指一个连片成块的空间范围内单一城市的集中居住的人口,而不是几个连片成块的空间范围内多个城市集中居住人口的总和。前者是从单个城市物质空间角度讲的,仅指单个城市的城区人口;后者是从城市行政管理范围内多个城市角度讲的,是指该城市管理范围内若干个城市,若干个小城镇,全部乡村人口。例如上海市区集中居住人口规模应指上海外环线以内,包括黄浦等7个区(静安区与闸北区已合并)和浦东新区外环线以内常住人口。上海市区集中居住人口并不包括外环线以外非中心城区的空间人口及其他8个郊区的人口。中心城区以外上海各郊区还有其新城、小城镇和乡村。上海到2016年底,全市常住人口2 415.27万,这是全市中心城区、郊区9个新城、103个郊区建制镇、2个乡和27 898个自然村落常住人口的总和,②这是上海市行政管理范围内的若干个大中小城市和小城镇、乡村人口的总和,而城市集中居住人口规模仅指一个连片成块单一城市居住空间内的人口。城市是发展二、三产

---

① 李伟国:《村庄规划设计实务》,机械工业出版社2012年版,第1页。
② 上海市统计局:《2016年上海统计年鉴》和2016年5月完成的上海各郊区《村庄布点规划》。

业的地方,也是个空间概念。城市二、三产业的发展空间应纳入同一等级城市空间,一并计算为城市规划区。例如,上海外环线以内中心城区空间范围,应包括居住空间、公共设施空间和二、三产业空间等。国家规定的城市人均建设用地指标也包括二、三产业用地。尽管在城市空间布局上,有可能二、三产业发展空间,尤其是二产发展空间与居住空间不在同一空间内,但同一城市的二、三产业空间是该城市空间。例如,美国国情普查标准规定,铁路站、飞机场、公园、高尔夫球场、工厂、工业园、办公区、公墓等非居住用地应划为城市化地区。①

第二节 城市的本质

一、城市的本质是集聚集约的生产生活方式

相对乡村而言,城市是一种集聚集约的生产生活方式,这种集聚集约的生产生活方式主要表现为以下三方面。一是产业集中布置。工业的集中布置是为了现代大机器生产和产业间的协作,这是18世纪工业革命后,生产工具改善、社会生产力发展、社会分工越来越细的结果。现代工业的发展促进了在工业生产区周边的人口集中居住,促进了城市的住房发展、商业发展以及各类服务业发展。二是市政基础设施集中提供。为了降低单个单位或单个个人配置市政基础设施的不可能性和不经济性,为居住或落户在城市中的人口和单位集中提供生产生活必需的市政基础设施,成为城市的通常做法。三是居住集中。城市产业的发展和市政基础设施的集中提供,为居住和落户在城市里的人口和单位节约了投入成本,为进入城市里的人口提供了就业机会、创业机会、收入和生活便利,从而促进了城市人口居住的集中。反过来,目前,乡村中的产业协作还不很密切,就业容量还不很大,收入还不够高,市政基础设施和其他公共服务还远不及城市。乡村的产业发展是分散的,居住是分散的。城市与乡村的本质区别在集聚集约的程度,这种集聚集约的不同程度,首先表现为生产方式。城市生产方式,是集中生产产品和服务,包括市政基础设施服务。其次这种集聚集约生产方式强调的是相互间的分工协作及较高要求的组织性、纪律性等。与乡村生活相比,城市里的人过着"朝九晚五",准时起床,准时上班的生活方式。②

二、集聚集约生产生活方式产生的原因

产生上述城市与乡村本质区别的集中与分散生产生活方式的主要原因是,城市是人工的,乡村是自然的。

城市中人们所看到的绝大部分部件都是经过人的意志而建设起来的,包括建筑,各

---

① 周一星:《城市地理学》,第二章第二节《其他城市地域概念》,商务印书馆1995年版。
② 谭纵波:《城市规划》,清华大学出版社2016年版,第5页。

种地下管线,乃至绿化、水体、假山、地形大部分也是人造。城市中的定位、布局、建设、营造、管理都充斥着人的意志的痕迹,纯粹自然者很少。虽然,城市建设离不开城市所在地域的地形地貌、气候类型、土壤水源的影响,但城市里人们所见的一切几乎都是在城市自然环境之上的人文景观,城市是人类对自然环境干预最强烈的地方。①

城市集聚集约的生产生活方式从某种意义上说,是克服了自然环境的限制,改变了自然的某些因素而实现的。从这个角度讲,当下地球气候的变化与全球城市快速发展有关。城市在保持生活便利、就业机会多等优点时,也带来了交通拥挤、环境污染、生活成本高等不足。与此相反,乡村较为舒展的生产生活方式,包括分散的农业生产,分散的居住,分散的公共配套,源于乡村的自然环境。山峰、河流、田块、土壤等地形地貌和温度、湿度、季节等因素,目前科学技术、生产工具和人类能力还难以根本改变,更多地需要顺应自然,处理好人与自然的关系,包括其生产方式和生活方式。所以,乡村的生产生活方式很大成分源自自然。乡村也有许多优点,如乡村的慢生活、绿色和低生活成本,都来自自然的恩赐。而乡村的就业不充分,收入比较低,配套不完善也来之于自然的限制。不过城市与乡村的这两种生产生活方式,随着社会的发展,城乡统筹,会逐步各取所长和各取所需,但不会完全重叠。因为城市和乡村这两种生产生活方式,对人类本身需求而言,对人生不同发展阶段都各有好处,故这两种生产生活方式在人类社会会长期存在。同时,城市又是一个不完全的生产生活系统,城市生产中的许多生产原材料需要从城市以外的乡村运入;城市人口生活所需的食品等也需要从城市以外的乡村运入。②随着当下经济社会的发展,互联网大数据的发展,乃至生物工程和生命科学的发展,人类这两种生产生活方式都还有很强的生命力。从这里也可以看出来,城市发展是有上限的,如人口,二、三产业,公共配套,过于在一个城市空间集中,会带来日益严重的"城市病"。乡村人口、一产经营、公共配套过于分散,也会带来不便利、不经济、效率低的后果。也许这就是城市与乡村发展的辩证法,其根源就是人类的主观世界是受物质自然世界限制的,而在此限制下又要发挥人的主观能动性,因此城市与乡村发展都应有个度。

第三节 城市的性质

一、城市性质的含义

城市的本质是城市的一般特性。不论什么时代或哪个国家的城市,城市的本质是一致的,只不过是集聚集约的程度不同而已。城市的性质是城市的特殊属性,是城市的个性,城市的个性是随着政治、经济、文化、社会、环境的影响变化的,只是变化的速度有

---

① 周一星:《城市地理学》,第一章第一节,商书印书馆1995年版。
② 周一星:《城市地理学》,第一章第一节,商务印书馆1995年版。

快慢之分。要了解城市性质的含义,必须了解下列三个因素。

城市分工。由于天然禀赋和历史积淀的不同,世界上每一个国家都有自己的特色和特征。一国内每个城市也一样,其特色、特征没有完全相同的。美国城市的奔放现代,英国城市的绅士古老,法国城市的艺术浪漫等都是其个性。中国老北京的皇家气象,上海的海派风貌,西安的古老等,也都是各自的特质。城市也像人一样,每个人在同一社会承担的工作和角色都不同,这就是城市的分工。城市分工就是指一个城市在其所处的区域中所承担的任务。

城市职能。城市的职能是指一个城市在国家和地区的政治、经济、文化、社会、环境中所发挥的作用。一个城市,不管大小,均有许多职能,这些职能可以分为一般职能、主导职能和从属职能。城市的一般职能,包括产业、居住、教科文卫体、养老,道路交通和供排水等,这些职能是每个城市必需的,即使像美国首都华盛顿,产业职能中工业虽占比很少,但服务业还是占比较多的。主导职能是指在这些一般职能中起决定性的,牵一发动全身的那一项或几项职能,如我国北京首都,在其一般功能中,政治和文化职能是主导职能。此时,在北京一般职能中,扣除主导职能,其余职能还是存在的,而剩余的这些职能可以称之为从属职能,即从属于主导职能的职能,从而形成城市职能结构。

城市性质。城市主导职能是这个城市区别于另一个城市的主要特征或特色,是城市的独特个性。城市的这种独特个性就是该城市的性质。正如一个人有热情、坦诚、正直等诸多个性,但这些多元个性中,正直是最突出、起决定性的个性,故这个人的正直个性就会给人印象很深刻,其一生中的成败也许就在于此。我们在城市发展规划建设管理等诸多环节中,首先碰到的问题就是确定一个城市的"功能定位",实际上确定城市"功能定位"的过程就是确定城市性质的过程。这里,特别需要提醒的是,从城市发展现状归纳出来的当下城市性质和城市规划中从未来角度确定的城市性质,其逻辑关系是,城市规划中的城市性质一定来源于城市性质现状,但有可能比城市性质现状更高更完善。城市是一个受内外因素影响比较大,变化比较快的系统,这在城市性质确定中表现得特别充分。[①]

二、正确确定城市性质的意义

(一)城市性质是城市发展的总纲、方向

一个城市的性质是这个城市发展的总纲、总方向。纲举目张,只要城市性质明确,这个城市发展什么,不发展什么,城市的规模大小、总体布局、用地安排,乃至项目、设施建设选择都应该围着城市性质展开。有利于城市性质的就发展,有悖于城市性质的就取消或让其逐步萎缩。例如,近几年来我国首都北京功能的疏解,就是把那些耗能多、消耗原材料多、运输量大、用地多的钢铁、石油、化工业和占地多、人口多的大型居住区疏解到北京郊区、天津、河北一带,其腾出的空间等生产要素就可以进一步强化北京政

---

① 周一星:《城市地理学》,第六章第三节《城市职能与城市性质》,商务印书馆1995年版。

治、文化等主导职能,即强化北京的城市性质。

(二)城市性质是城市发展的战略目标

一般来讲,城市性质是城市长远发展的、战略性的主要目标组成部分。例如,现在上海发展的战略目标是国际经济、贸易、金融、航运中心和全球有影响力的创新中心。再例如,上海长宁区1993年编制的长宁区总体规划,将区域建设的战略目标表述为:"围绕上海三个中心一个龙头的战略目标,到2020年,努力把长宁区建设成为以涉外贸易为主导功能,多功能,开放型,现代化的新城区。"[①]应当指出的是城市性质不等于城市战略目标,但城市战略目标是根据城市性质来确定的。城市性质与城市战略目标,前者是主,后者是从,即城市战略目标是从城市性质中延伸出来的,城市战略目标是城市性质追求的或要求达到的结果。上海这座城市最重要的主导职能是经济发展,在全国而言,不论是过去还是现在或将来,上海都是中国最重要的经济城市,而由上海这个经济城市性质,就延伸出上海四个中心的战略目标。

(三)城市性质是城市的特征和特色

例如中国的杭州和苏州都是中国的园林城市、文化城市,具有风景园林和历史名城的特点。为了强化这些特征和特色,在杭州和苏州的城内及其邻近周边就要限制高污染、耗能大的工业发展,就要加强杭州和苏州城内环境建设和文化保护,发挥与这两座城市天然禀赋和历史积淀有关的旅游业、服务业,把这两座城市建设成为"宜居、宜游、宜业"的城市,传承"上有天堂,下有苏杭"的人间美誉。反过来,如发展与这两座城市主要特色不相符的产业,那么这两座城市的特征和特色将逐渐不复存在。

三、城市性质的确定

(一)城市性质的纵向确定

根据上位规划和政策确定本城市性质。例如上海市城市定位应该根据国家的国土规划、区域规划、国民经济社会发展规划和有关政策确定上海城市性质。上海某个城区或某个郊区应该根据上海城市规划、国民经济社会发展规划、主体功能区规划、城镇体系规划和有关政策确定本城区或郊区的城市性质。以此类推,小城市根据上位的区、县规划和政策确定自身的城市性质。

(二)城市性质的横向确定

要把城市放到与自身城市有供需协作分工关系的城市,乃至乡村中来确定城市性质。例如,上海,服务长三角和服务长江经济带的城市性质就是把上海放到长三角和长江经济带范围内来确定的城市性质。上海国际经济、贸易、金融、航运和科创中心,就是把上海放到全国乃至全球来确定其城市性质。同样,上海嘉定区的城市性质就要把嘉定放到与嘉定相关的上海中心城区和上海郊区、嘉昆太,乃至苏锡常之中来确定嘉定的城市性质。

---

① 长宁区人民政府:《上海市长宁区总体规划》,1994年9月。

(三) 城市性质的自身确定

城市从本身已有的天然禀赋、产业基础、历史积淀中确定自身的性质。实践中的做法,主要是客观系统地总结自己的优势和劣势。目的是在城市性质确定时,能够与周边城市错位竞争,扬长避短,把自身的长处发挥到最大,把自身短处的负效应降到最小。城市性质的自身确定是拉长板效应,城市性质的纵向和横向确定是借势效应和错位效应。

(四) 城市性质的趋势确定

当今社会,在全球化的背景下,城市性质的确定还要与国际形势和国内政策趋势捆绑在一起。因此,确定城市性质,除了前面几个因素考虑外,还需分析和判断在城市规划建设期内,国内国外政治、科技、政策等方面的走向、变化。这是因为城市性质是城市发展规划建设的灵魂,如果对城市性质受国内外形势、政策影响没有得到充分估计,就可能产生原本按静态因素确定的城市性质却因动态时势变化而改变的情况,从而使得已定的规划、项目选择等不适应时势要求,导致其搁置或无法推进下去。现在有些城市的城市规划、项目方案常变与这一因素把握不当有关,应当引起注意。

(五) 城市性质的确定应避免小而全、大而全

一个城市总是由许多职能构成的,不能把什么职能都并列看待,城市内部各职能之间应有主次之分,只能通过主要职能带动其他职能发展,这样,城市发展才有中心、重点、特色,因此城市性质的确定不能小而全。同样,一个区域的各城市之间,每个城市都有其相对的优势、特色,而这些相对优势和特色是建立在这个城市的发展基础上的,不能脱离自身的具体条件,把其他城市的特色职能,定位为自身城市的特色职能,因此城市性质的确定不能大而全。①

(六) 城市的性质应通过量化指标固定

城市性质首先是定性的,比如政治和文化中心职能是我国首都北京的城市性质,经济、航运是我国上海的城市性质等,但在实践中定性描述的城市性质,若不进一步深化,尽可能地用量化指标表达出来,予以锁定,城市性质在实际表征中有可能虚化、口号化。城市性质有了量化指标的框定,就增强了城市性质的可体现性,乃至可以做到实践中的渐进性和阶段性。

第四节 城市分类

城市让生活更美好,生活在城市里的人们,心目中都有自己期许的城市。例如有宜居的城市、宜业的城市、宜游的城市、可持续发展的城市、便利的城市、绿色的城市、智慧的城市、创新的城市、有活力的城市、共享共建共治的城市、安全的城市、正义的城市、健康的城市、人本的城市、多元包容的城市、美学的城市、协调的城市、集约节约的城市等。

---

① 阮仪三:《城市建设与规划基本原理》,天津科学技术出版社1992年版,第84-88页。

这些城市的分类都是从不同角度进行的,都有一定道理,但从城市科学角度讲,在我国的具体实践中,用得比较多的是按城市性质、城市人口规模、城市等级来分类。

一、按城市性质分类

按城市职能及性质分类,一般城市可分为政治行政中心城市,如国家、省、地、县政府所在地;经济城市,如制造业、商业、金融业、旅游业城市;交通枢纽城市,如海港、空港和铁路公路枢纽城市;教育文化城市,如科技、教育、出版、情报、艺术、传统文化城市;国际城市,如国际组织、国际会议所在地,国际经济城市,等等。这些从政治、经济、交通、文化、国际化等不同城市性质归纳的城市分类,也许一个城市可占据多个,但一定是有主次的。例如,把上海放到全国来看,经济城市和航运城市比较突出,但政治和文化城市属性就逊于北京市;把上海放到国际上看,金融和国际化城市属性就逊于伦敦、纽约,等等。[①]

二、按城市人口规模分类

从国家统计局 2016 年公布的统计资料看,到 2015 年末,我国有 295 个地级及以上城市(包括 4 个直辖市)和 361 个县级城市,超大和特大城市没有明确,这是城市行政管理角度的分类。假定县级市的县城均达到我国小城市标准,那么从常住人口规模和我国现有的统计资料看,我国大城市 147 个,中等城市 92 个,小城市 417 个。这显然是低估的,因为一个直辖市按物质空间角度讲,是由若干个大、中、小城市构成的,现在只算一个城市显然是不对的。这里关键的问题:一是这里的城市人口是指城区常住人口,如果指连片成块的城区人口,那么到 2016 年底,上海外环线以内中心城区常住人口规模预计不会超过 1 000 万人,故上海现在还不是超大城市;如果指上海市域人口,那么到 2016 年底上海市域常住人口已达到 2 415.27 万人,故上海是个超大城市。二是人口 20 万以下的Ⅱ型小城市,人口数量弹性区间太大,361 个县级市的城区是否都达到小城市规模是模糊的,不利于城市科学研究和小城市发展规划及建设,故本章前面已提及,可以考虑将人口 20 万以下Ⅱ型小城市修正为 5 万以上 20 万以下Ⅱ型小城市。截至 2016 年,我国镇区人口在 10 万人以上的镇有 237 个,镇区人口在 5 万人以上的镇有 876 个。[②]这是因为从历史发展实证看,人口 3 万以上的集中居住区域,集聚集约的生产生活方式就基本形成了,在这个区域里,就需要集中提供居住场所、生产场所和公共配套。其区域发展方式、规划和建设乃至管理方式与 10 万人口的小城市是基本一样的。

三、按城市等级分类

在我国,城市等级分类,主要指按城市的行政等级分类,事实上,这个城市分类是从

---

① 董光器:《城市总体规划(第 2 版)》,东南大学出版社 2008 年版,第 67-72 页。
② 顾朝林、盛明洁主编:《县辖镇级市研究》,清华大学出版社 2017 年版,第 1 页。

城市管理角度分的,与通常讲的城市空间概念是不一致的,但在我国却用得比较多。从城市等级角度,我国通常把城市分为:直辖市,我国目前有4个,由国务院直接管理,行政等级相当于省级,下设区和县;副省级城市,有25个,下设区、市、县;地级市,有291个,下设区、市、县;县级市,有361余个,下设镇、乡。①目前,我国国内媒体和专家分析国内房地产市场时,也常用一线到六线城市的概念。但目前这1—6线城市划分没有明确统一的依据,也没有正式的官方标准。还有,1999年全球化与世界城市研究小组(GAWC)按照城市发展水平、综合经济实力、辐射带动能力、人才吸引力、信息交流能力、国际竞争力、科技创新力、交通通达能力等指标,将世界级城市分为三个等级,现在也不常用。"迈向21世纪"的上海课题组也将具备国际经济中心城市分为三个等级,但也不常用。②

第五节 城市统计

前面所说的城市概念、城市本质、城市性质、城市分类都需要通过一系列数量指标和统计来固化和巩固,才能使这些定性上的观念具有实践上的操作意义。随着我国城市化的推进,我国从国家到地方各级统计机构公开发行的年度和普查统计资料,越来越不能适应我国城市发展和城市科学研究的需要,迫切需要在城乡空间划分和城市统计两方面加以完善。

一、城区和城市化地区的统计

城区是指单个城市的建成区面积,这个建成区面积包括居住区、产业区、公共服务设施建成区等该城市规划面积范围内全部完成建设的面积。城市化地区是指单个城市建成区其功能辐射溢出泛化的范围,即城市化地区＝建成区＋建成区功能辐射效应溢出的泛化范围,这个泛化范围可能是城市规划区,可能大于城市规划区。城市统计首先要解决的是城区及城市化地区的统计范围。

二、城市行政管理区域和城市规模区域统计

现在我国各级统计机构发展的统计资料,都是行政管理区域角度讲的城市,包括4个直辖市、291个地级市和361个县级市,而没有从城市规模角度统计的城市。例如,在2016年版的《中国统计年鉴》第823页中,我国295个地级以上城市,北京、上海、天津、重庆各算一个城市。以上海为例,从城市规模角度讲,上海市外环线以内7个中心城区加上浦东新区外环线以内可算一个城市,即上海中心城;上海外环线以外8个郊区加上浦东新区一部分的九个郊区新城,可算9个中等城市或小城市;还有上海郊区若干

---

① 国家统计局:《中国统计年鉴》,中国统计出版社2016年版,第3页。
② 董光器:《城市总体规划》(第二版),东南大学出版社2008年版,第72页。

个镇区人口规模达到10万—20万的重点镇,按我国2014年11月国务院发布的城市规模划分标准划分,也有几十个小城市。以此类推,按国务院发布的城市规模划分标准,我国超大城市、特大城市、大城市、中等城市、小城市到底有多少个,是需要按城市规模划分后的各类城市的城区规划面积和城区建成面积、城区常住人口数、城区人口密度、城区公共基础设施状况等指标予以明确的。因此,我国各类统计机构发布的统计资料,包括年度的和普查的统计资料,不能仅仅统计行政等级的城市数及其相应统计指标,还要按2014年10月国务院发布的《关于调整城市规模划分标准的通知》要求,统计城市规模内的城市数及其相应的规划面积、城区建成面积、城区常住人口规模、城区人口密度、城区公共基础设施等指标。这样,到2015年末,我国大城市就不止147个,中等城市不止92个,小城市也不止56个。[①]这些城市规模的统计资料,有助于我国评价和调控大中小城市结构,促进我国城市化健康发展;有助于界定各类城市物质空间中的人口指标、经济指标和公共基础设施指标,预防和控制我国城市中"城市病"的发生率。

三、城市常住人口指标的设置及统计

根据我国城市设置标准涉及的城市常住人口统计指标,主要包括城区常住人口规模和人口密度两个指标。实践中,一个连片成块的城市建成区往往只用人口规模来衡量这个地区人口聚集的程度,此时人口密度这个指标仅用于评价该地区的环境质量;在一个建设用地点状分布的城市化地区,一般用人口密度这个指标度量该地区人口聚集的程度,而人口规模往往作为相对数,作为该地区人口聚集程度的辅助指标。至于城区及城市化地区的人口统计,不管适用哪个指标,其统计原则必须坚持按居住地和居住半年以上时间这两个原则进行常住人口统计。当下我国城乡居民已统一登记为居民,那种以农业户籍和城镇户籍来统计常住人口的情况估计不会发生了,但还可能存在按户籍登记地和从事职业去统计常住人口的情况。现在在城镇里从事二、三产业的人口,居住可能在乡村,这叫"离土不离乡,进厂不进城"。还有户籍登记在城镇里的人口,居住在乡村,这叫"人户分离"。反之,也有在乡村做农业的人,居住在城镇里;户籍登记在乡村里的人,居住在城镇里。因此,不管户籍登记在哪里,从事什么职业,只能以半年以上居住时间和居住地为常住人口的统计原则,这一原则,在城镇化地区人口统计中特别需要坚持。笔者在上海一个郊区工作时,该郊区有外来人员近100万人,他们白天大部分在城区、镇区从事二、三产业工作;晚上为节约租金,80%都去城区镇区周边的乡村租房居住。如果这80%外来人口居住的乡村划入城镇化地区,那也尚可。如果达不到城镇化地区标准,那么这部分工作在城区、镇区,居住在乡村的外来人口就不能统计为城镇常住人口。

四、城市公共基础设施指标的设置及统计

我国已公布的城市中城区公共基础设施指标,主要有自来水普及率、道路铺设率、

---

① 《中国统计年鉴》,中国统计出版社2016年版。

排水系统完好率三个指标。事实上,从城市环保和便利角度看,燃气普及率、污水处理率、生活垃圾处理率这三个指标将更为重要。我国新型城镇化发展纲要中,对城镇公共基础设施中这三个指标的配置是有要求的,尤其是对我国东部发达地区的城镇,乃至乡村都有这方面的要求,建议在我国新一轮城镇设置标准完善时应予以考虑。从目前国内各级统计机构发布的统计资料看,也只有行政管理区域角度的公共基础设施统计,而没有城市规模角度的公共基础设施统计,笔者认为应逐步予以完善。

五、城市经济指标的设置及统计

从我国已发布的城市设置标准看,1955年和1963年城市设置标准,对经济指标没有什么要求,只有一些工商业居民的要求。1986年城市设置标准,有了国民生产总值总量要求,1993年设市标准中就有了工业产值比重、国内生产总值、第三产业比重、地方本级预算内财政收入等经济指标。城市作为发展二、三产业及集聚集约的生产方式的地方,设置一些经济指标作为城市设立的条件是必要的,但关键是这些经济指标在不同规模的城市中表现是不一样的。例如,一般来讲城市规模越大,第三产业占城市经济的比重会越大,这是因为,人口集聚本身会带来生活服务业,乃至一部分生产性服务业的集聚和扩张。反过来城市规模越小,工业和一产的比重会越大,服务业的比重会越小。另外,城市规模的大小与国内生产总值和地方财政收入总量有关,但与人均国内生产总值和地方财政收入没有必然关系。所以城市设置的国内生产总值和地方财产收入最好改成人均值,这样比总量也许更有参考价值。还有,从我国已发布的城市设置要求看,经济指标的统计没有要求市域与市区分开,而对人口指标和公共基础设施指标只要求统计市区的。

第六节 城市学的研究对象

一、城市学研究的物质空间范围

我国城市学是根据我国还在执行的,2014年11月国务院发布的《关于调整城市规模划分标准的通知》和1993年2月经国务院批准,民政部发布的《关于调整设市标准报告》规定的独立、单个的城市为研究对象的,包括超大城市、特大城市、大城市、中等城市和小城市。根据前面论述,具体说,本书的研究对象是指符合我国城市设置标准,城区常住人口5万以上(包括本数)的单个城市。聚居人口规模0.1万以上和5万以下的小城镇物质空间。聚居人口规模1 000人以下的物质空间另由小城镇发展和乡村发展等专著论述,不列入本城市学研究范围。本书论述中的一些城市发展、规划、建设、管理的基本理论、基本规律、基本方法,大部分不适用于小城镇和乡村。城市与小城镇的主要区别在于,城市集中居住的人口规模比小城镇大,二、三产业的比重比小城镇高,尤其是镇区人口规模5万以下的小城镇是很难套用城市学有关研究方法的,这无论是在过去、现在还是未来都是这样的。从目前看,我国城市的公共基础设施占有率也比小城镇高,随着城乡统筹,也许这方面差距以后会逐步缩小或基本没有差距,但就我国现阶段的经济实力,估计还需较长时间才能达到城乡基本公共服务均等化,包括公共基础设施。小城镇集中居住的人口规模比城市小,二、三产业占工农业产值比重比城市低,它主要是由小城镇所在区位决定的,区位较好的小城镇,能够较好利用上位城市的辐射,成为上位城市的协作单位,并渐进地发展为小城市,乃至中等城市或大城市,例如江西鹰潭,改革开放初人口规模只有 4.5 万,由于其所处的交通枢纽区位,现在已发展成为人口规模达几十万的小城市了。区位较差,离上位城市空间较远的小城镇,其所处位置已处于城市辐射末梢,是乡村政治、经济、文化中心,故一产占比会相对高,目前公共基础设施配套会相对差,人口规模也相对少,其生产生活方式更倾向于乡村,集聚集约的城市生产生活方式相对弱,因此以论述集聚集约生产生活方式为主要内容的城市学的一些基本原理、基本规律、基本方法可能就不适用于小城镇和乡村。城市学主要研究的是单个、独立城市内部的发展定位、规模、结构、活力、服务和治理及一定区域中的城乡协作发展有关,而小城镇研究主要是研究小城镇镇区的内部构成和镇村协作发展关系。一般来说,列入城市学研究范围的城市,在空间上往往离上位城市距离比较接近,在经济和公共基础设施配套上往往联系更为紧密。而在同一区域中的小城镇,一般离上位城市空间距离较远,经济和公共基础设施协作关系相对松散,而与乡村空间距离反而较近,经济和公共基础设施协作关系更为紧密,故小城镇是周边乡村的政治、经济、文化中心。基于上述考虑,本书主要侧重于城市研究,小城镇和乡村将另有专著予以理论阐述。需要进一步阐明的是城市学主要从单个城市物质空间角度研究城市;行政管理角度的城市,城市学会涉及单个城市以外的城镇体系、都市圈(城市群),但这部分内容属城市的外部结构,总体上由区域发展学等其他有关学科去研究。

二、城市学研究的要素

本书研究范围是集中聚居常住人口 5 万人以上,达到集聚集约规模效益的单个城市。而城市规模过大,就可能有规模无效益,表现为拥挤、污染和高房价等;而城市规模过小,就有可能因规模不够而无规模效益,表现为产业衰退、人口缩减和住房空置等。故本城市学综合前面论述的城市概念、城市本质、城市性质、城市分类、城市统计和城市学研究范围,主要研究达到集聚集约的单个城市的规模、生产生活方式和内部各要素构成。本书论述范围如下:一是城市定位,包括导论、城市发展史、城市化、城市国际化、城市发展战略、城市可持续发展、城市规划共七章;二是城市规模,包括城市人口、城市土地利用、城市住房建设共三章;三是城市结构,包括城市规模结构、城市群、城市更新、城市新城共四章;四是城市活力,包括城市产业经济、城市产业园区、城市创新、城市文化、城市形象、城市竞争力共六章;五是城市公共服务,包括城市公共服务概述、城市道路交通、城市市政基础设施、城市环境保护共四章;六是城市运行,包括智慧城市、城市安全、城市建设、城市治理共四章。全书由六篇二十八章构成(见图1-1)。

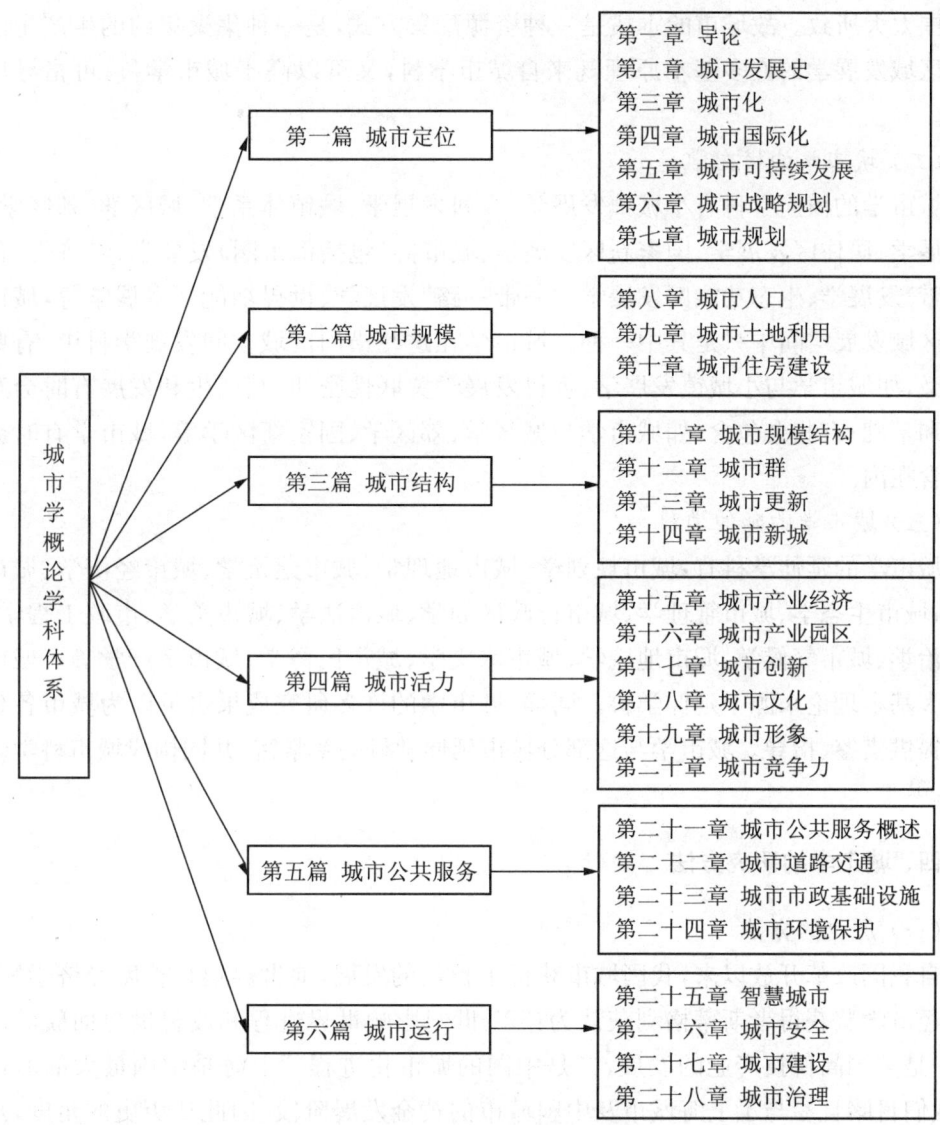

图 1-1　城市学概论学科构成

资料来源：作者绘制。

三、城市学与相关学科关系

（一）城市学的上位学科

城市学的上位学科是区域发展学。区域发展学本质上是研究人类社会地球表面的某一特定区域规模效益形成及其发展的学科，包括行政区的区域发展，行政区内的功能区发展，跨行政区的功能区发展，跨国界的功能区发展等。城市发展是跨行政区的功能区发展的一部分。城市发展本质上是不受行政界线限制的，其功能辐射不以行政管理为边界，其发展要素的吸收也不以行政管理为界线。有的城市其功能大于城市行政区范围，这叫城市的辐射和吸收。有的城市其功能小于城市行政区范围，这大都是城市郊区范围太大所致。故城市的本质是一种资源配置方式,是一种集聚集约的生产生活方式。区域发展学的许多基本原理既来自城市学科,又可以高于城市学科,可指导城市学科。

(二)城市学的横向学科

城市学的横向学科有小城镇发展学、乡村发展学、城镇体系学、城区学、郊区学、园区发展学、居住区发展学、国家新区发展学、城市群(包括都市圈)发展学、经济带(包括都市带)发展学、生态功能区发展学、"一带一路"发展学、世界功能区发展学等,城市在这些区域发展空间中只是其中一种。城市学在这些横向区域空间发展学科中,有些会有交叉,如城市学与小城镇发展学、乡村发展学关联性密切,其产生和发展有时会互为前提和基础;有些会包含,如城市学与城区学、郊区学、国家新区学等,城市学有时会将其包含在内。

(三)城市学的延伸学科

城市学的延伸学科有:城市规划学、城市地理学、城市建筑学、城市经济学、城市社会学、城市生态学、城市管理学、城市行政区划学、城市法学、城市美学、市政工程学、城市政治学、城市气候学、城市地貌学、城市水文学、城市民俗学、城市房产学等。城市学的许多基本理论来源于延伸学科。同样,城市学的许多研究成果也可以为城市各延伸学科提供借鉴、指导。城市学与这部分城市延伸学科关系紧密,共同构成城市科学学科体系。①

四、城市学的研究方法

(一)历史的方法

自我国改革开放以来,我国城市获得了长足的发展,前世界银行首席经济学家,诺贝尔经济学奖获得者斯蒂格利茨认为:"21世纪影响世界进程和改善世界面貌的两件事:一是美国高科技产业的发展,二是中国的城市化进程。"上海是中国最大的城市之一,我们目睹且参与了上海城市及中国城市的黄金发展阶段,因此从历史的角度,从中国城市建设的战略、规划、项目方案、法规政策、建设成效和需进一步完善的各方面,予以务实、系统、规范的总结,使片断的变成系统的,感性的变成理性的,缺陷的变成完善的,将有利于指导我国乃至各国城市更好发展,让城市更美好,让更多的人获益。

(二)文献的研究方法

在中国近几十年的城市发展中,我国学者在城市发展、规划、建设和管理诸多领域中都进行了深入的探讨,产生了一大批富有创见的学术论文、著作、研究报告等,也引进翻译了一大批国外与城市发展有关的学术著作,还吸收了许多国外专家学者、专业机构参与我国城市发展的讨论、规划、设计和管理,形成了大量学术成果和文献资料。系统地、认真地、规范地对其予以梳理、总结,将其纳入我国城市学理论框架,使其成为中国

---

① 《辞海》,上海辞书出版社2009年版,第287-289页。

城市学的有机组成部分,是非常重要的,也是十分艰苦的学术研究工作。

(三) 比较的研究方法

我国近几十年的城市发展固然可书可写,但在现代化进程上,许多西方发达国家还走在我国前面。在城市发展规划建设管理上,这些国家积累了许多经验,也有许多教训,并且既有许多城市方面的实践成果、理论研究成果,也有一些诸如城市规划、建设、管理的标准、制度、规范、法规等。这些都值得我们在进行城市学理论体系的构建中认真地吸收、参考。我们应在与发达国家城市发展进行比较中,完善我国城市学的理论体系,促进和指导我国城市的进一步发展、规划、建设和管理。

参考文献

《辞海》,上海辞书出版社2009年版。

肖敦余、胡德瑞主编:《小城镇规划与景观构成》,天津科学技术出版社1992年版。

顾朝林、盛明洁主编:《县辖镇级市研究》,清华大学出版社2017年版。

周一星:《城市地理学》,网上电子图书,2017年修订版。

刘君德、范今朝主编:《中国市制的历史演变与当代改革》,东南大学出版社2015年版。

孙兵、王翠文主编:《城市管理学》,天津出版社2013年版。

李伟国:《村庄规划设计实务》,机械工业出版社2012年版。

谭纵波:《城市规划》,清华大学出版社2016年版。

阮仪三:《城市建设与规划基础理论》,天津科学技术出版社1992年版。

董光器:《城市总体规划》,东南大学出版社2007年版。

上海市统计局:《2016年上海统计年鉴》,中国统计出版社2016年版。

上海长宁区人民政府:《上海长宁区总体规划》,1994年9月。

国家统计局:《中国统计年鉴》,中国统计出版社2016年版。

国务院:《关于设置市、镇建制的决定》(〔55〕国秘习字180号)。

中共中央、国务院:《关于调整市镇建制缩小市郊区的指示》,1963年12月。

国务院:《民政部关于调整设市标准的报告》,1993年2月。

国务院:《批转民政部关于调整设市标准和市领导县条件报告的通知》(国发〔1986〕46号)。

国务院:《批转民政部关于调整设市标准报告的通知》(国发〔1993〕38号)。

国务院:《关于调整城市规模划分标准的通知》(国发〔2014〕51号)。

上海市规划和国土资源管理局:《关于各区县村庄布点规划》,2016年6月。

第二章 城市发展史

城市发展史是一部厚重的历史,浓缩着人类文明发展演进的历史。目前关于城市发展史已有的研究成果和相关资料已经浩如烟海,但是仍存在很多争议、未解之谜及未知领域有待探索。正如著名城市学家刘易斯·芒福德所说:"城市的起源至今还不甚了然,它的发展史,相当大一部分还埋在地下,或已消磨得难以考证了,而它的发展前景又是那样难以估量"。① 有鉴于此,本章在国内外相关研究的基础上,按照历史、现状、未来的时间主线,简要总结、梳理了世界城市起源与演变的历史脉络,分析探讨了世界城市形成、发展的主要动因、机制、阶段历程,以及世界名城的共性特征与失败的一般规律等,分析展望了世界城市发展的新趋势、面临的危机与挑战,以及构建未来理想之城的愿景。

第一节 城市的产生

"城市"的概念最初得名于"城"与"市"紧密并存的复合区域。其中,"城"指出于安全防卫或权力统治等需要形成的人口集中居住地,一般四周建有城墙等防御性设施;"市"是进行商品交易的场所,经历了从流动集市到固定市场区域的转变。"城"与"市"在空间上复合,功能上融合,进一步促进了社会分工的发展,形成复杂的社会结构,带动了公共活动空间和公共设施建设,形成不同的土地功能分区,以及相应的管理机构与制度,演进发展为"城市",成为一个区域的行政中心、经济中心和文化中心。

一、城市起源及形成的主要时期

城市是人类社会生产力和社会分工发展到一定阶段的产物。城市的

---

① [美]刘易斯·芒福德著,宋俊岭、倪文彦译:《城市发展史——起源、演变和前景》,中国建筑工业出版社2016年版,第1页。

出现晚于乡村,早于国家,但关于城市起源的具体时间,还没有定论,甚至还未被人类准确探知。

根据迄今为止的考古发现和相关研究,人类社会最早的城市聚落大约可以追溯到公元前5000年左右,在底格里斯河与幼发拉底河之间的美索不达米亚平原,出现了世界上最早的城市,或称为城市的雏形。在此后数千年的历史长河中,不同规模等级、不同功能性质的城市断断续续地产生或没落,并没有确切的城市形成时间分割线。但是,世界城市有几个比较重要的形成时期:

一是公元前3500年到公元前1500年,是世界早期城市形成的主要时期。两河流域、尼罗河流域、印度河流域及我国的黄河流域,是世界早期城市文明的主要发源地,出现了乌尔、巴比伦、开罗、哈拉帕、镐京等世界最古老的城市。到公元前2500年,城市的全部基本特征已经形成,城墙圈围、街道、街坊、市场、宗庙区、行政管理区、作坊区等,在初级社区中应有尽有。[1]

二是公元前8世纪到公元前6世纪。以城市为核心,与周边腹地在经济社会上融为一体的小型主权实体"城邦"[2]兴起,以及一些统一大帝国建立,更多的城市开始形成,并造就了罗马城等引领世界的都城大邑。其中,罗马城发展为人类历史上第一个人口过百万的大都市,也是建设发展水平对其他城市产生重要影响的典范城市。

三是中世纪后期,11—15世纪,是欧洲旧城复兴和新城产生的重要时期。15—17世纪,新航线的开辟,手工业和商业贸易的发展,再次促成了欧洲新工商业城市的兴起,同时也在新大陆地区建设发展了一批殖民地城市。

四是工业社会时期,18世纪中叶开始的工业革命,也掀开了世界城市发展史的新篇章,促进了城市的快速发展。尤其是在西方工业化国家,18世纪中后期至20世纪上半叶,不仅城市规模明显扩张,而且城市数量也快速增长,不同功能性质的城市相继涌现,伦敦、纽约、东京等发展为世界中心城市。

五是当代城市产生期。20世纪50年代以来,世界大和平发展时期的到来,以及发展中国家城市化进程的加速,促成了当代新兴城市的形成发展。

我国大约在仰韶文化中晚期(公元前4000—前2800年),就出现了城垣的雏形,即具有城墙等防御性设施的区域性中心聚落——"初城";商代(公元前1600—前1046年)城市已显示出复杂的聚落、等级及功能体系;公元前1046年起的西周时期,我国城市结构、性质等发生较大转变,并为以后的城市选址、土地利用规划和城市功能发展等奠定了基础。[3]我国古代城市大多伴随着每次王朝的统一而形成新一轮的发展,包括原有都城的扩张、新都城的产生,以及工商业城市的兴起等。例如,周朝统一,促进了我国

---

[1] [美]刘易斯·芒福德著,宋俊岭、倪文彦译:《城市发展史——起源、演变和前景》,中国建筑工业出版社2016年版,第96页。
[2] 薛凤旋著:《中国城市及其文明的演变》,世界图书出版公司2015年版,第31页。
[3] 薛凤旋著:《中国城市及其文明的演变》,世界图书出版公司2015年版,第17-105页。

城镇的第一次发展,当时的一些城市,如洛阳、长安、开封等,后来都跻身世界最大城市之列。①隋朝虽然存在的时间很短,但大运河的开通,沟通了南北经济,促进了运河沿线及南方地区城市的兴起发展。唐代,我国大中商业城市大量出现②,形成了益州(成都)、江陵(荆州)等重要城市,以及广陵(扬州)、番禺(广州)等港口城市。其中,扬州在隋代大运河开通后,因位于长江、运河和东海水运的交汇点,发展为漕米、海盐、茶叶、丝绸等产品的集散地,至唐代中期发展为我国最大的工商业城市,朝廷最大的税收来源地。两宋时期,国内贸易和商品经济的发展,促进了商业中心城市的兴起。宋代对海外贸易的鼓励与推动,也促进了新兴海港城市的形成发展,南方地区城市数目强劲增加,但北方地区却受连年战乱影响,城市数目下降。③明代是我国又一个稳定繁盛的朝代,在沿边地区因防御需要建设了特殊的边防城市;对大运河的修复和延伸,促进了运河沿线新城的出现;私营手工业的兴盛,专业化手工业分区的形成,促进了区际贸易的发展,产生了专业型的工商业城市,明代城市数量和规模都超过元代。④但是,我国古代也出现了因王朝统一而造成城市破坏的反例,如秦始皇为实现大一统与中央集权,采取的行动之一即堕名城,摧毁六国都城,全国城市数目减少,不少大都会因此消亡。⑤近代时期,在西方列强战争侵略和不平等条约的影响下,我国城市畸形发展,出现了外力主导的殖民城市,如上海、香港。中华人民共和国成立后,尤其是改革开放以来,我国城市发展加速,不同类型、不同等级规模的新兴城市陆续涌现,如独立的工商业城市、资源型城市、口岸开放城市,以及依托已有大城市建成的卫星城、新城等。

二、城市产生的主要背景机制

关于城市是如何产生的,中外考古学家、城市学家、社会学家等不同研究领域的专家学者提出了多种解释和学说。其中,关于城市的起源,主要可归结为两种:一种是因市成城,即由"市"发展为"城市"。主要观点是第二次社会大分工后,手工业与农业分离,提高了劳动生产率,扩大了商品交换的范围与需求,商品交换的发展繁荣使不固定的交换地演变为专门的市集场所,并吸引更多的手工业和商业集聚,逐渐发展为城市。另一种是由城生市,即由"城"发展为"城市"。主要观点是早期城市是为了防御或统治需要而筑城,人口集聚带来商品需求,促进了集市发展繁荣,进而产生了秩序、安全等其他需求,逐渐发展为城市。早期城市多是在较长时期内自然形成的,主要形成机制比较单一,但随着发展,城市的形成机制日渐多样化、复杂化,主要可归纳为以下几种:

一是政治或宗教因素在城市形成中起主导作用。出于军事防御、政权统治或宗教活动等需要而建设发展的城市,多为一个国家或地区的政治中心、边防城市,以及宗教

---

① [美]乔尔·科特金著,王旭等译:《全球城市史》,科学文献出版社2016年版,第18-19页。
② 许学强、周一星、宁越敏编著:《城市地理学》,高等教育出版社2001年版,第85-89页。
③ 薛凤旋著:《中国城市及其文明的演变》,世界图书出版公司2015年版,第177-187页。
④ 薛凤旋著:《中国城市及其文明的演变》,世界图书出版公司2015年版,第211-217页。
⑤ 薛凤旋著:《中国城市及其文明的演变》,世界图书出版公司2015年版,第131页。

中心城市，或因宗教而起，宗教神权与世俗政权相结合推动形成的城市。此外，还包括列强国家为扩张领土、掠夺资源、抢占市场、获取税收等目的在本国领土之外建设发展的殖民城市。政治格局的变化、权力的变革、宗教地位的变化，往往也是决定这类城市兴衰的重要因素。

二是经济因素在城市形成中起主导作用。因某类经济、某些产业的发展而形成的城市，包括早期因手工业和商业贸易发展而逐渐形成的工商业城市，以及近现代以来因规模化工业、服务业等发展形成的各类专业型或综合型城市，如新兴工业城市、贸易城市、旅游城市、综合型经济中心城市等。也包括因蕴藏某种重要资源，进行资源开采而发展形成的独立的资源型城市，以及为促进经济发展而设立的特区城市、口岸城市等。

三是交通因素是城市形成的主要基础。因位于交通要道，人流、物流休憩中转的重要节点，吸引人财物汇聚形成的交通枢纽城市。交通枢纽城市具有较强的时代特征，随着主要运输方式的变化，形成了商路枢纽城市、运河城市、港口城市、铁路枢纽城市、公路枢纽城市、航空枢纽城市等。

四是文化科教因素是城市形成的主要基础。因一所或多所著名大学、科研机构在一个地区的设立，带动该地区形成科教文化城市。

但是，城市并非一朝一夕产生的，尤其是早期城市，一般都经历了较长时期的自然演进过程，或经历几十年甚至几百年的时间才建成。在城市从萌芽到基本形成的过程中，政治、经济、交通、文化等多种动因机制往往互为因果、互相作用，大部分城市都是在主导因素作用力的基础上，受多种动因机制综合作用而形成发展的。

三、城市产生的主要区位因素

城市一般在什么地方形成或建设？古今中外，城市产生的地点千差万别，分布范围十分广泛。即使是世界性大城市，形成地点在世界各区域也在不断变动[①]，但是从整体来看，世界城市形成的区位因素，仍有一些共性、规律可循。

首先，自然环境条件是城市形成发展或建设选址的重要区位因素。例如，选择具有温暖湿润的气候，水源充足，有利于发展农业的自然环境条件优越的地区。古代城市与自然环境条件的关系紧密，对自然的依赖度较高，世界最古老的城市首先出现于大河流域的河谷平原地区，但为了安全及防卫等需要，一般建立在区域内相对较高的台地之上。虽然近现代城市区位影响因素趋于多样化，甚至不乏在恶劣的自然环境条件中建设发展国际名城的成功范例，但是自然环境条件仍是大部分城市形成或建设选址的重要区位因素。一般来说，大城市对自然环境的依存度比一般小城镇更高，20世纪20年代初到70年代初，世界百万人口以上的城市，具有在中纬度范围内向低纬度方向缓慢移动的趋势特征。[②]这些区域大多具有更适宜于人类生存的气候条件，以及便于生产和

---

① [美]乔尔·科特金著，王旭等译：《全球城市史》，科学文献出版社2016年版，第4页。
② 许学强、周一星、宁越敏编著：《城市地理学》，高等教育出版社2001年版，第31页。

生活活动开展的比较优越的自然环境条件,处于农业或经济发达的腹地中心,有利于从这些地区获得食品和税收等。

其次,政治因素,主要是在古代城市选址中,统治者的意志,统治者对区位的偏好,是决定都城大邑区位的主要因素。统治者一般都是基于权力和安全的需要,选择在何处建设都城、封地或其他地区性的行政中心。但是,自然环境条件仍是统治者考量的重要因素。例如,"有利于"权力统治的自然风水区位,有利于安全防御的地理区位,接近水源地,以及便于获取食物或运输食物的广阔腹地等,往往成为其选址的基础条件。气候转变、河流改道、资源枯竭等自然环境条件变化,往往也是一些都城大邑迁移或衰落的重要原因。

最后,交通区位条件,交通要道附近,人流、物流集散中转活跃的区域,往往形成城市的密集分布带。例如,商业贸易要道、内河运输通道、拥有天然良港的海滨地区,或因运河、公路、铁路等重要交通设施建设获得交通区位优势的村镇区域,更易于发展演化为城市,或被选为商贸口岸城市甚至殖民城市的发展地。

第二节 城市的演变

历史总是耐人寻味的。世界城市经历了从无到有,从小到大,从简单到复杂,从低级到高级的更迭嬗变历程。当代城市与古代城市在城市规模、功能性质、空间结构、面貌形态、经济社会特征等很多方面都已呈现天壤之别。在发展进程中,有的城市从形成到消亡都波澜不惊,无声无息地湮没在历史的大潮中;有的城市经历了短暂繁荣,在历史的长河中昙花一现;有的城市曾经盛极一时,在较长时期内成为国家乃至世界的重要中心,但最终还是走向没落,现今已成为历史遗迹;或名字犹存,但建设年代、功能地位、面貌形态等早已不可同日而语;也有的城市虽然历经沧桑巨变,但却能在更高的水平上实现新的崛起,现今仍活跃在国家乃至世界舞台的中央。是什么导致了世界城市的兴衰起伏,世界城市发展演变中蕴含着怎样的共性、规律,值得今日的城市学研究者反思与借鉴。

一、城市演变的阶段历程

纵观世界城市发展史,城市经历了从无到有,从小到大,从单一功能到多元功能,从自然发展到有序规划建设,从一座城市孤岛式自我封闭发展到与其他地区共生发展、合作发展,从单体城市集聚扩张到辐射带动卫星城、新城及周边城市形成大都市区的进化历程。城市也具有生命周期,一般会经历形成、发展、成熟、衰退或复兴的阶段演变,主要阶段进程及特征如下:

第一阶段:城市形成期。主要特征是城市从无到有,形成了明显区别于乡村的空间形态及经济社会结构。在古代,城墙等防御设施是城市与乡村比较明显的分界线,也是城市的重要标志;在近代和当代,一定规模的集中开发建设,由高密度建筑群、多样化土地功能区等构成的以非农活动为主的区域,往往是城市形成或建成的主要标志。城市在有限的地理空间内,高密度集聚了数倍于村镇聚落的人口,形成了复杂的社会分工、人口结构及多样化的空间功能区,经济活动以工商业等非农产业为主,形成了明显不同于乡村的制度规则和社会文化,是一定区域的政治、经济、文化中心或经济、文化中心。

第二阶段:城市发展期。主要特征是城市由小变大,由弱变强,由单一功能发展到多元功能。城市呈现较明显的上升发展势头,经济以较快的速度持续增长,发展活力和影响力不断提升,形成较强的城市磁场,对城市以外资源要素的吸引力增强,人口持续稳定增长,建成区面积向外扩张,城市功能增多增强,城市地位及影响力上升。

第三阶段:城市成熟期。主要特征是城市进入较高水平的稳定发展期。虽然经济社会发展速度减缓,但城市制度、环境设施与城市功能基本完善,经济社会结构在较高水平上实现平衡,进入稳定有序的发展阶段。

第四阶段:城市衰退期。主要特征是城市呈现较明显的衰退趋势。经济增速显著下滑甚至停滞不前,增长动力缺乏,就业率下降,人口不断向外迁移,社会问题增多,城市环境设施出现较明显的老化破损问题,城市吸引力、竞争力和影响力开始落后于曾经处于相同水平的城市,甚至落后于一些原来发展水平较低的城市。

第五阶段:城市复兴期。主要特征是城市成功实现更新升级和复苏发展,再次焕发活力,呈现上升发展势头。城市老旧街区、环境设施实现较高品质的更新升级,经济领域培育形成了新的增长点与竞争优势,经济呈现较强劲的复苏增长势头,城市吸引力增强,人口开始回流增长,人口结构优化,城市地位和影响力再次提升,进入新一轮的发展周期。

二、世界名城的更迭嬗变

在世界城市几千年的沧桑巨变中,一些城市书写了浓墨重彩的篇章,对所在地区、国家乃至整个世界发展产生了重要影响,甚至开创了人类文明的先河,对人类社会进步起到了划时代的推动作用。例如:

乌尔,世界上最早的城市。位于底格里斯河与幼发拉底河之间的美索不达米亚平原,约公元前5000年前,苏美尔人在此定居并建造城市,公元前4000—前3000年前形成系统的城市体系,公元前2500年前后发展为强盛的城邦国家,后成为乌尔第三王朝的国都,公元前400年因幼发拉底河改道,农业生产衰退,加之外敌入侵等原因逐渐废弃。早期城市聚落规模都比较小,公元前3000年,作为当时巨大的"都市",乌尔的面积不过150英亩,居住人口24 000人左右。

巴比伦,世界上第一个大都市。巴比伦城位于底格里斯河与幼发拉底河交汇处的广阔平原地区,最初是一个建城时间不详的不知名小城。约公元前1900年,古巴比伦王国建立,将其定为都城,美索不达米亚的权力中心转移到新的都城巴比伦,在未来的1 500年,它一直跻身世界最伟大的城市之列,其城市文化发育达到前所未有的程度。公元前6世纪前后,新巴比伦王国时期,巴比伦城发展为中东地区最重要的工商业城市,当时世界最繁华的城市。巴比伦也是当时建设规模最大的城市,建有宽阔高大的双层城墙及又深又宽的护城河,设有多座坚固的铜门,城市建设宏伟壮丽。随着国家的更替,巴比伦失去了帝国权力中心的地位,但仍是宗教圣地和文化中心,仍拥有25万人口,是世界上最大的城市。然而,由于持续的战争与动荡等原因,巴比伦城最终还是走向衰落。

罗马,人类历史上第一个人口超过百万的大城市。约公元前7世纪,罗马建城,公元前5—前3世纪左右,罗马由一个小城邦发展为统一意大利全境的大帝国,后又统一地中海西部和东部广大地区,罗马城也随着帝国的强盛而发展壮大。在公元前3世纪的整个一百年中,罗马城的地域和人口一直在增加,鼎盛时期人口达到百万以上,成为世界最大的都城。罗马城也开创了先进的城市规划理念,把城市建设提高到了新的水平,修建了前所未有的道路、引水渠、排水系统等公共设施,此外还包括多处桥梁、公共浴场、竞技场、剧场、图书馆、表演场,以及仓库货栈、公寓住宅楼等。城市工商业富有活力,至19世纪前,欧洲再也没有出现如此安定繁荣、人口众多的城市。①在其后的若干世纪中,罗马仍是许多城市效仿的典范、致力于建设的理想目标。

长安,中国历史上建都朝代最多、时间最长、影响力最大的都城,与罗马、雅典、开罗并称世界四大文明古都。长安,是西安的古称,早在公元前5000年左右仰韶文化时期就出现了城市的雏形,周朝时成为国都,此后断断续续作为中国政治、经济和文化中心长达千余年。西汉时期,长安发展为中国历史上最大的城市,人口保持在20万—30万人左右,官商士庶云集,工商业繁荣;自张骞出使西域后,长安又成为国际大都市,汉王朝每年派出使团,同时大批西域商人来到长安,长安开设了专门接待外国商人的机构,成为古丝绸之路的起点,东方文明的中心,中外经济和文化交流进一步促进了长安的繁荣。但西汉末年,长安遭到巨大破坏,并失去都城的地位,东汉时期虽曾阶段性作为都城并复苏发展,但汉末再次毁于战火。②隋(582年)至唐末(904年)长达300多年的时间,长安作为统一中国的首都,丝绸之路的东方起点,隋唐大运河的起点,发展为当时世界最大的城市。唐长安面积曾达到80多平方公里,城墙内外人口达到180多万人。唐长安也是一个自由开放的城市,对民族、文化、宗教和商品均予包容与礼待。据公元640年的统计,长安城内有佛教寺庙106座,道教寺观36座,波斯拜火教寺2座,大秦寺(基督教)4座;城内共有外国人约10万名。盛唐时期,与唐通使的国家和地区多达300个,外国商人、使者、僧侣、留学生等云集,唐长安成为东西方商业和文化交流传播的中心。但是,唐都城长安,在唐末毁于战火,宋代时,在旧皇宫原址建设了新城,然而昔日的繁荣辉煌已经不复存在。明代,是边防九镇之一。清代,民族分隔的城市结构和管理措施,阻碍了城市交通和商贸的发展,与沿海分隔的内陆封闭发展模式,使城市发展缓慢甚至倒退,1937年时人口降至15万余。③

---

① [美]刘易斯·芒福德著,宋俊岭、倪文彦译:《城市发展史——起源、演变和前景》,中国建筑工业出版社2016年版,第252页;[美]乔尔·科特金著,王旭等译:《全球城市史》,科学文献出版社2016年版,第45—55页。
② 何一民著:《中国城市史》,武汉大学出版社2013年版,第156—158页。
③ 薛凤旋著:《中国城市及其文明的演变》,世界图书出版公司2015年版,第131—168页、第252页。

开罗,延续至今的历史名城。开罗位于尼罗河三角洲的南端,城市形成可追溯于约公元前 3000 年,是世界最古老的城市之一,也是当今世界遭受战争破坏最少的古城,伊斯兰古文化和古建筑保存最好的城市。公元 10 世纪,伊斯兰法蒂麦王朝派兵占领了这座古城,将其改名为开罗,并迁都于此,开始了大规模的城市建设。在此后一千多年中,开罗一直是伊斯兰世界的政治和文化中心。定为国都后,开罗逐渐发展为北非和中东地区最大的城市,从哈里发的行政中心发展为国际性都市,控制着洲际市场,自罗马时代以来没有城市能发挥如此作用。①

威尼斯,欧洲曾经最富有的城市。威尼斯始建于 5 世纪,10 世纪时成为当时西方最主要的航运枢纽,公元 14 世纪发展为西方的贸易和金融中心,也是西方的"生产车间",商业和工业完美结合,到 16 世纪发展为欧洲最富有的城市。威尼斯的伟大之处主要来源于城市的经济力量,其财富不是依靠帝国征服或神圣中心位置取得,而是通过精明的经商之道,通过发展经济获得的。更突出的是这座城市兼容并蓄的制度文化,这一时期多数欧洲城市对外来者不能容忍,甚至施加暴力,但威尼斯却接纳和包容外国人,来自各地的人们把他们的商品、理念和技术带到了这个城市,②也促进了这座城市经济和社会文化的繁荣。16 世纪,随着新航线的开辟,欧洲商业中心转向大西洋沿岸,同时威尼斯内部经济制度趋向守旧和僵化,开放性和包容性降低,逐渐走向衰落。

伦敦,首个最具影响力的世界级城市。伦敦的历史起源没有确切记载,约公元 50 年前后,罗马商人在此修建了城镇,12 世纪成为英格兰的首都,16 世纪末,英女王伊丽莎白统治时期,实施了极为开明的统治,新精神释放,伦敦的学术和商业活力明显上升。依靠首都优势和商业的发展,伦敦人口及经济快速增长。15 世纪时伦敦人口只有 4 万人,③到 16 世纪,伦敦人口增长到 22.5 万。1666 年大火后,伦敦进行大规模的重建,很快成为欧洲最大的城市。1750 年伦敦人口达到 75 万,④1800 年达到 100 万,到 1910 年,伦敦已经是世界第一大城市,人口规模是巴黎的 3 倍。18 世纪到 19 世纪,伦敦成为世界大港,工业革命和商业的繁荣,又将其他国家的商人和银行吸引到伦敦,伦敦逐渐发展为世界最大的金融中心和经济中心。与巴黎等竞争对手不同,伦敦的崛起除了规模更大,除了壮观的教堂、华丽的宫殿、优美的公园,还创立了充满活力的经济机构,用于掌控和管理日益扩大的世界经济⑤。伦敦也开创了城市现代化设施建设的先河,1863 年开始建设世界第一条地铁。从 19 世纪至 20 世纪初,伦敦作为世界性帝国英国的首都,在全球政治、经济、文化和科技等领域形成不可比拟的优势与影响力,是第一个真正意义的世界级中心城市。20 世纪上半叶的两次世界大战对伦敦造成严重破坏,但战

---

① [美]乔尔·科特金著,王旭等译:《全球城市史》,科学文献出版社 2016 年版,第 80-82 页。
② [美]乔尔·科特金著,王旭等译:《全球城市史》,科学文献出版社 2016 年版,第 4-6 页,第 111-114 页。
③ [美]刘易斯·芒福德著,宋俊岭、倪文彦译:《城市发展史——起源、演变和前景》,中国建筑工业出版社 2016 年版,第 334 页。
④ [英]彼得·克拉克著,宋一然、郑昱、李陶、戴梦译:《欧洲城镇史:400—2000 年》,商务印书馆 2015 年版,第 118 页。
⑤ [美]乔尔·科特金著,王旭等译:《全球城市史》,科学文献出版社 2016 年版,第 135-140 页。

后伦敦再度复兴,目前仍是欧洲最大城市、世界一级中心城市、世界三大金融中心之一。

巴黎,多元化的世界级城市。巴黎,最早起源于古罗马在塞纳河上一个岛屿的定居点。城市得以继续存在是因为它是一个教会中心。到 12 世纪初,又正式被确立为王室权力中心。1179 年,腓力·奥古斯都任法兰西国王,开始在巴黎周围建设新的城墙,第一次铺设了巴黎的街道,创建了新的中心广场。13 世纪,巴黎人口约 15 万。巴黎的主要优势不是商业,而是君主国扩张的权力、大学的兴盛及作为全国精神思想中心的重要地位。16 世纪,长期的战争延缓了城市发展。16 世纪末,亨利四世结束了困扰法国多年的宗教战争,在致力于恢复经济的同时,也决心让巴黎成为法兰西帝国名副其实的首都,他清理了肮脏的街道,修建了数个公共广场,贵族们拥向巴黎,官僚机构扩张,手工业者聚集而来为人们服务。到 17 世纪,巴黎人口达到约 50 万。19 世纪中期,路易·波拿巴决定对巴黎进行现代化改造,他希望将巴黎打造成世界最伟大的城市。1850 年路易·波拿巴在巴黎市政厅发表演讲时提出:"巴黎是法国的中心,在巴黎做出的所有的有用改造将有力地促进整个国家的发展。……让我们尽全力美化这个伟大的城市,改善市民的生活状况,启发他们发现自己真正的兴趣。"在他和奥斯曼的共同推动下,巴黎得到了大改造,扩建了卢浮宫,创建了穿过巴黎市中心的第一条主干道,巴黎城市布局沿宽敞的大道展开,并用宏伟的建筑和构思巧妙的公园加以点缀,修建了人行道,增加了绿化树。大规模扩建排水沟及下水道系统,克服行政和技术多重困难修建了饮用水工程,解决燃气网络问题,普及街道燃气灯照明系统,引入双层公共马车等。这些措施使得巴黎在公用设施领域处于领先地位,不仅建设了当时先进的设施网络,还创新了管理机制,提升了效率与秩序。1858 年议会通过法律批准了拿破仑三世提出的巴黎新规划方案,第二年扩张巴黎计划正式生效。一夜之间,巴黎面积从 33.7 平方公里扩大到 85.5 平方公里,人口从 110 万增加到 150 万,现在巴黎中心城区的美丽城、蒙马特、贝西等区域都是当时并入巴黎的。尽管存在很多争议与困难,但是经过十多年大规模的改造和扩张,巴黎的面貌焕然一新。1867 年世界博览会召开时,巴黎整洁的街道、优雅的建筑、改扩建的卢浮宫、巴黎圣母院、巴黎歌剧院,美丽的公园、花园、林荫大道,新火车、游船等便利的现代化设施,巴黎的秩序和巴黎人的礼仪,让来自世界各地的人们惊喜赞叹,巴黎成为世界最迷人和激动人心的城市。[①]巴黎的城市规划、布局和建筑理念影响了后来欧美的一些重要城市。20 世纪 50 年代,走出政局动荡、战争、经济萧条等影响的巴黎,开始了旧城改造和现代化进程。[②]虽然发展过程中也出现了比较严重的交通拥堵、住宅紧张、房租房价上涨等问题,但一届届政府、一批批规划师和专家学者等都在努力地解决。现在的巴黎仍是世界最主要的几大全球城市之一,一座古典与现代、朴素与奢华、喧嚣与宁静、人文与自然、快节奏与慢生活交织融合的多元化大都市。

纽约,后来居上的世界级城市。1626 年,荷兰人从当地人手中买下曼哈顿岛,建立

---

① [美]史蒂芬·柯克兰著,郑娜译:《巴黎的重生》,社会科学文献出版社 2014 年版,第 45-149 页;[美]乔尔·科特金著,王旭等译:《全球城市史》,科学文献出版社 2016 年版,第 121-262 页。
② [法]贝纳德·马尔尚著,谢洁莹译:《巴黎城市史:19—20 世纪》,社会科学文献出版社 2013 年版,第 257 页。

贸易站,约 300 个居民在此定居。18 世纪中期开始,纽约发展加快,1800 年前后,纽约开始涉足新兴的棉花出口贸易,商贸活力带动了手工业和制造业的发展。1820 年,纽约人口达到 12.3 万人,成为 19 世纪初美国的第一大城市和第一大港口。同时,城市开始不断扩张。19 世纪 20 年代起,纽约在运河贸易的带动下继续发展,强大的经济实力改变了这座城市。1830 年纽约和布鲁克林合计人口达到 22 万人,1850 年纽约人口达到 50 万,成为西半球最大的城市,1890 年达到 250 万。①到 1900 年,纽约已经在美国占有不可比拟的经济优势和文化优势。控制着美国 60% 的银行结算额,纽约港的进出口贸易占有美国进出口贸易的 40% 以上。经济和就业的蓬勃发展,带动了城市建设的发展,1895 年纽约第一座摩天大楼拔地而起,1898 年,纽约的五个区合并。商业的发展也促成文化生活的全盛,纽约是移民城市,是人口、民族和文化的大熔炉,拥有来自世界 90 多个国家和地区的移民,纽约文化超过了欧洲标准,纽约人把这座城市看作新型城市的先驱。20 世纪初,纽约成为新的世界级中心城市,世界三大金融中心之一。2013 年,纽约经济总量跃居世界第一,在国际贸易、金融、传媒等方面占有主导地位。②

　　上海,近代特殊背景下崛起的大都市。南宋时(1267 年)设镇,元时属华亭府,是数个对外贸易港口之一,明中期因海禁而有所倒退,1684 年清朝在上海设江海关,重新开放对外贸易,19 世纪 30 年代,上海已经发展为全球主要海港之一,19 世纪 40 年代,上海人口超过 20 万。1842 年,上海成为不平等条约强制开放的首批五个条约港之一,1845 年成立了最早的租界。在外国资本、技术、市场等的冲击下,上海迅速发展为中国第一大对外商埠,1894 年外贸进出口额已经占到全国一半以上。外贸不仅带动了远洋航运、码头和仓库业的发展,也促进了现代工业和金融业的发展。上海形成了包括纺织、印刷、制药、卷烟、饮食,以及自来水、电力、煤气等构成的现代工业体系,成为中国最大的现代工业基地,1933 年上海工业产值占全国的 46%。20 世纪 20—30 年代,上海已经与全球 100 多个国家 300 多个港口城市建立了贸易往来,对外贸易约占全国 50%,在沪外商银行三十几家,远超过东京、香港、孟买等城市;华资金融机构一百五十几家,上海成为远东地区重要的金融、贸易中心,中国最重要的工商业城市。上海租界在城市规划、土地利用和城市管理上基本采用西方模式,形成以中心商务区为核心的土地功能分区,形成了中西交融的城市建筑风格和面貌。③但是,多种统治力量分割,也造成上海城市规划标准不一,交通线路不衔接,形成畸形矛盾的经济社会结构,现代、奢华与贫穷落后并存的城市。中华人民共和国成立后,上海转向生产型城市,以工业经济为重心,20 世纪 90 年代初浦东开发开放以来,上海城市规模不断扩张,空间布局明显变化,经济快速增长,经济结构逐渐转变,2016 年上海服务业增加值占地区生产总值的

---

① [法]弗朗索瓦·维耶著,吴瑶译:《纽约史》,社会科学文献出版社 2016 年版,第 31-78 页;[美]丽莎·克里索夫·鲍姆,斯蒂文·H.科里著,申思译:《美国城市史》,电子工业出版社 2016 年版,第 149 页。
② [美]乔尔·科特金著,王旭等译:《全球城市史》,科学文献出版社 2016 年版,第 153-163 页。
③ 上海市地方志办公室:《上海通志》(http://www.shtong.gov.cn/node2/node2247/node4576/index.html);薛凤旋著:《中国城市及其文明的演变》,世界图书出版公司 2015 年版,第 254-258 页。

比重超过 70%,形成服务业主导的经济结构,城市环境设施建设水平和市容市貌日新月异,上海步入转型升级发展的新阶段。

东京,快速崛起的世界级城市。东京的历史可以追溯到 400 年前。1603 年德川幕府在此建立,东京进入繁盛时期,当时名字为"江户",18 世纪中期发展为人口超过 100 万的大城市。1868 年江户幕府倒台,"江户"改称"东京",日本天皇迁入,东京成为日本真正意义上的首都。明治时代,日本努力学习西方,进行城市改造建设。20 世纪 30 年代,东京拥有兴盛的中心商业区,高楼林立,百货商店云集,交通系统完备。1931 年,东京机场建成,1941 年东京港开港。到 1935 年,东京人口已经达到 636 万人,与纽约、伦敦持平。东京成为自工业化以来亚洲第一个能与纽约、伦敦相媲美的城市,甚至一度想超过它们。[①]第二次世界大战期间,东京遭到严重破坏,但战后快速复兴。1960 年起,东京进入经济高速发展期,目前东京仍是世界城市体系中与纽约、伦敦并列的一级核心城市。

洛杉矶,力图建设理想城市的现代都市。洛杉矶原本是一个沉寂的墨西哥村落,19 世纪末人口还不到 10 万人。19 世纪末 20 世纪初,因石油的发现和交通的发展而快速崛起。企业界领袖们憧憬着一个大都市。铁路大亨亨廷顿说,这个大都市如果不是世界最重要的城市,也是美国最重要的城市。作为新教牧师的巴特利由衷赞叹,同时更期盼一个健康且美丽的城市模式。1908 年,洛杉矶制定了全国首例综合城市区划法令,鼓励次中心、独户住房的发展及工业向城市外围扩散。洛杉矶的官员和开发商也有很多人认为,他们正在营造一个更加优质、健康的城市环境。1923 年,洛杉矶城市规划部主任自豪地宣称,洛杉矶已经成功避免了"美国东部大都市区发展中所犯的错误",洛杉矶这个崭新的大都市将向人们示范"城市究竟应当如何发展"。虽然由于各种原因,洛杉矶市实际并未如规划那样建设,没有大面积的公共开放空间,但是可以享受到单独的社区、私家住宅和后花园,洛杉矶还是向世界展示了一个新的城市发展模式,分散、多中心和大规模郊区化。20 世纪后半期,现代工业崛起,洛杉矶逐渐成为美国石油化工、海洋、航天和电子产业的最大基地,美国西岸贸易、运输、物流、仓储等中心,美国科技主要中心之一,美国仅次于纽约的金融中心。大量移民涌入,洛杉矶成为美国第二大城市。

三、世界名城的共性特征

能够屹立于世界城市舞台中心的城市,因为具备了哪些共性特征,才成为世界城市发展的佼佼者、引领者和风向标的?全球城市问题的研究权威乔尔·科特金发现:"这个城市世界从发轫伊始,就带有某些共同的特征,尽管它们可能远隔重洋、相距万里"。他认为世界名城间虽然并无联系,却具有惊人的相似特征,他将之总结为"神圣、安全、繁忙"。其中,神圣,是城市赖以维系的精神支柱,狭义可理解为宗教概念,激发市民对神圣的敬畏,广义可理解为对道德秩序的共同认知或市民属性的认同;安全是一个城市

---

① [美]乔尔·科特金著,王旭等译:《全球城市史》,科学文献出版社 2016 年版,第 166-171 页。

能提供的最基本的安全保障,城市首先必须是安全的,包括安全的经济环境、社会环境和政治结构;繁忙,主要指城市需要有活力的经济,商业完善,这一经济需要技工、商人等不同职业的人来共同支撑。这三个方面只要有一个环节薄弱,都可能损毁成功城市的基础,甚至最终导致其衰亡。[①]

乔尔·科特金准确地概况了世界名城的共性特征。提及世界名城,人们脑海中浮现的普遍是立体综合的形象。换言之,每个卓越的、成功的世界名城都有一张城市名片,浓缩着这座城市的主要特征,其中不仅包括这座城市的标志性建筑和街区景观,更涵盖着这座城市的经济社会特征,尤其是城市文化特色。具体分析,还可进一步细化为以下几个方面:

一是兼容并蓄的城市文化。城市文化是广义的概念,包括开放包容的制度文化、健康积极的市民文化、引领时代的先进思想文化等,城市文化是推动城市发展进步的力量源泉。卓越的世界名城都具有开放包容的制度文化。开放,使世界名城与其他地区建立紧密的交流联系,与其他地区优势互补、协调发展,把握乃至引领世界经济社会发展的前沿趋势,根据环境条件变化与时俱进地进行转型升级,从而保持领先地位,形成国际资源配置能力和制定规则标准等的主导权。包容,使世界名城保持多样性、发展活力和创造力,成为先进思想、文化创意、前沿科技等的发源地。伟大卓越的世界名城都是世界人口和文化的大熔炉,拥有海纳百川、兼容并蓄的制度文化,对其他种族、宗教、外来人口、外来文化、新思想等的包容,对知识和人才的尊重与保护,促进人口自由流动、文化百花齐放、思想百家争鸣,多元文化思想充分交流碰撞,并吸引大思想家、大文豪、大艺术家、大科学家等集聚,成为引领时代的文化和科技中心。健康积极的市民文化,是将城市不同民族、不同文化、不同信仰、不同身份、不同年龄的人口凝聚在一起,共同维系和促进城市发展进步的强大精神力量。包括城市居民对城市的认同感、归属感和荣誉感,对城市法律法规、城市秩序的自觉遵守,对城市的热爱与维护。世界名城通过学校、宗教场所、博物馆、图书馆、剧院、艺术馆等有形的平台载体,以及法律、宗教、文化、艺术等无形的精神纽带,维系了城市发展秩序,构建了积极向上的城市精神。

二是繁荣强盛的城市经济。繁荣强盛的经济是支撑城市发展运行的内在发展动力,也是城市地位和影响力的重要决定因素。成功的世界名城普遍建立了行之有效的经济制度,形成了充满活力的多元化经济体系,对风险具有较强的弹性应对能力。在世界某一个或多个重点产业领域,形成较强的竞争力与影响力,如市场、核心科技、资源配置、制定规则标准等的主导权、话语权等,成为全球金融中心、贸易中心、科技中心、文化创意中心等。

三是便捷有序的城市交通体系。便捷的交通是人口资源要素充分流动的重要载体,是城市形成和发展的重要影响因素。世界名城都建有便捷发达的内外部交通网络体系。世界级核心城市,也是世界人流物流集散中转的重要枢纽,拥有世界最繁忙、最

[①] [美]乔尔·科特金著,王旭等译:《全球城市史》,科学文献出版社2016年版,第1-6页。

高效的航空港,一部分具备特殊地理区位和资源禀赋优势的城市成为世界最主要的深水海港和国际航运中心,一些具备条件的区域,与多个国家和地区建立了高速公路、高速铁路等相连通的现代陆路交通网络,是国际贸易的重要枢纽城市。当前几大世界级核心城市,也是几大世界级城市群的一级核心城市,与周边城市建立了便捷的城际快速交通网络,形成有序分工的城市职能体系,与邻近城市形成关系紧密的同城化生活圈。世界名城内部都建立了比较完善的立体交通网络,遍布全城的地铁、区域快线、公共汽车等多种公共交通有效衔接,为繁忙而有序的城市环境奠定了基础。

四是安全宜居的城市环境。安全宜居的城市环境是建立世界名城的基础条件。世界名城在繁荣时期都对应于稳定的政治环境,安定和谐的社会环境,建立了比较完善的城市减灾防灾和预警应对系统。建有发达完善的市政基础设施和公共文化设施,并能够及时有效地进行城市更新。卓越的世界名城以合理的开发强度,中心广场、公园绿地等开敞空间,树木、草地、池塘、河流、花鸟虫鱼等自然元素,以及生态步道、亲水堤岸、历史建筑、艺术雕塑等,构建了健康宜居、优美迷人的城市环境景观。

四、世界名城失败的教训

世界名城兴衰更替的历史,为后世城市建设发展积累了宝贵经验,但也留下了沉痛的教训,值得当代城市反思与警示。

一是战乱动荡,给世界名城带来毁灭性的破坏。在世界城市发展史上,许多都城大邑因为战争或政局动荡更替而遭到严重破坏损毁,甚至将千百年来积累的城市文明毁于一旦,只有少量得以幸存或复苏重建,但却难以恢复昔日的繁华与影响力,极个别的成功重建并在新的起点再度崛起。安定才能带来繁荣,维护和平稳定,才能保障城市发展升级。

二是封闭排外,它是导致世界名城衰落的重要因素。历史上一些世界名城,发展到一定阶段后因为盲目自大、政权巩固、地方利益保护等多种原因,采取封闭排外的发展政策,设置多种壁垒阻碍与其他国家和地区的资源要素流动,对其他民族、宗教、人口、文化、商品等采取限制隔离的政策,进而导致了城市的落后。例如,14—19 世纪上半叶,在欧洲开始文艺复兴、开辟新航线、爆发工业革命、开启现代化篇章的时候,我国却开始实施禁止海外贸易的"海禁"政策,也导致了相关城市的衰落。14 世纪,明朝自洪武年间开始实施源自元朝的海禁政策,但实施时间更长、限制更为严苛。提出禁止中国人赴海外经商,也限制外国商人到中国进行贸易。虽然明代郑和七下西洋,但仅限于朝贡贸易,私人禁止出海;直至隆庆年间解除海禁,海外贸易及海港城市随着再次开关而焕发活力。但是清朝前期,又出于统治安全,以及自以为"天朝物产丰盈,无所不有"等原因,实行"闭关自守"政策,对外贸易只留了广州一个口岸,并建立了垄断性质的行商制度,导致许多沿海港口城市失去了昔日的繁荣,逐渐衰落。[①]自 1978 年以来,我国改

---

① 何一民著:《中国城市史》,武汉大学出版社 2013 年版,第 402 页。

革开放政策持续深化,区域发展战略不断优化升级,从 20 世纪 80 年代设立沿海开放城市,90 年代设立经济特区,21 世纪初加入世界贸易组织,2013 年开始设立自由贸易试验区,到 2015 年提出"一带一路"建设,促进了相关区域节点城市的兴盛发展。

三是缺乏内生经济动力,是世界名城衰退的关键原因。在没有战乱动荡或不可抗的重大自然灾害破坏的前提下,经济对外依赖度过高,或原有经济动力、传统经济优势衰退,缺乏内生发展动力,是导致世界名城衰落的根本性原因。例如产业结构单一的资源型城市,或某一产业一枝独秀的工商业城市,因资源枯竭、产业衰退而走向衰落。例如,世界著名的汽车之城底特律因汽车企业相继外迁、经济衰退而走向破产。但如果能够成功转型升级,培育新的增长动力与竞争优势,城市就能再度复兴。

四是过度发展,是导致城市发展滞缓和"大城市病"问题的重要根源。城市发展是有限度的,无论城市用地规模、人口规模,还是开发强度、建设高度和容积率,都不能无止境地增长扩张,不能超过资源环境承载力极限和宜居度,否则将导致诸多"大城市病"问题叠加,阻碍城市健康有序发展。著名古都罗马,曾经因为病态的过度发展,几十万人口过着寄生生活,野蛮剥削,追求物质享乐,导致经济社会发展失控。[①]工业化高速发展时期,许多城市人口爆炸式增长,用地摊大饼式无序蔓延,土地高强度开发,耕地等自然资源被大规模占用,生态环境被恣意破坏,进而导致城市经济、社会、环境等问题的集中爆发。为此,一些世界名城开始探索卫星城、新城等发展模式,着力构建多中心结构,引导人口向外疏散,但也经历了从卧城、半卧城到独立功能城市的探索过程,并且其间许多新城发展并不成功,仍未达到预期的吸引力和发展活力。规模,只能表明城市之大,不能代表城市之强。而对于过度发展的特大城市和超大城市,规模不是优势,反而是发展的不利因素,正如刘易斯·芒福德所说:"巨型城市,规模与其说是优势,不如说是负担。"[②]然而值得城市建设者和管理者关注与反思的是,许多城市并未走出规模误区,一些城市以学习世界名城为目标,但是却舍本逐末,仅学习了最表层的部分。例如,"美国中部许多小城镇,将广阔的街道和林荫大道看作先进的象征,街道设计得非常宽阔,根本不考虑现在是否需要这样宽,将来是否需要这样宽"。[③]我国也有许多城市存在同样的问题,没有充分考虑本地区经济社会发展的实际需求与增长潜力,动辄规划建设几十平方公里、上百平方公里的新城,大规模占用农田等自然空间,开发建设了一片片如香港般高密度的高层住宅楼群,却没有香港般的经济吸引力与人口集聚度,并且建筑形态千篇一律,特色、美感与宜居性较差,建设宽阔的大马路、大广场,导致资源浪费、环境破坏,形成没有底蕴、没有活力的空城。反观纽约曼哈顿,面积不到 70 平方公里,

---

① [美]刘易斯·芒福德著,宋俊岭、倪文彦译:《城市发展史——起源、演变和前景》,中国建筑工业出版社 2016 年版,第 244-256 页。
② [美]刘易斯·芒福德著,宋俊岭、倪文彦译:《城市发展史——起源、演变和前景》,中国建筑工业出版社 2016 年版,第 268 页。
③ [美]刘易斯·芒福德著,宋俊岭、倪文彦译:《城市发展史——起源、演变和前景》,中国建筑工业出版社 2016 年版,第 443 页。

2010年每平方公里的土地产出的GDP达到16亿美元,街道和街道之间的距离只有100米左右,每条马路都很窄,但是街区内商业资源和服务资源非常丰富,生活非常便利。①我国还有一些城市盲目求大求洋,以仿造世界名城的地标建筑,建设世界第一高、第一大等建筑为荣,却忽视了世界名城最有价值的因地制宜、文化底蕴、内生活力、环境品质、包容性与创造力等发展要义。世界名城不在大小,而在于其发展水平、竞争力和影响力。例如新加坡,一个土地面积仅700多平方公里,人口只有500多万的小型世界城市,其发展水平和影响力却超过了许多规模更大的城市;相反,一些人口规模排在世界前列的特大城市和超大城市,经济发展水平却处于世界城市后列。

第三节 城市的未来

几千年前,城市还是极少数人的居所,但时至今日,全球已有一半以上的人口生活在城市,未来还会更多。城市成为人类生存发展的主要区域,是关系大部分人生存发展质量的主要家园。当前,世界城市正处于新一轮转型发展的十字路口,未来世界城市究竟面临怎样的发展前景,如何有效应对多重危机与挑战,世界城市该选择怎样的发展方向与道路模式,城市是否能够让生活更美好,人类能否建设一座座和平安定、繁荣繁华、公平公正、积极向上、健康宜居、可持续发展的理想之城,这些都值得人们深入思考。

一、世界城市发展的新趋势

一是变化的格局,变化的城市。虽然近年来逆全球化及新贸易保护有所升温,但是全球化仍以不可逆转的大趋势向前推进,几乎每个城市都直接或间接地受到国际环境的影响,尤其是国际化城市、全球城市。它们需要在世界格局的背景框架下研究制定战略蓝图。而世界政治经济格局正处于调整重塑阶段,不稳定、不确定的影响因素以及具有重大影响的突发事件明显增多,不可预期性明显增强,没有人能准确预知未来。在此背景下,要求城市对环境变化有更强的快速适应能力和弹性应对能力。在世界经济地理格局重塑的背景下,世界城市体系也将重构,有的城市衰落,有的城市兴起,世界城市发展史也已证明,只有能够适应环境变化并作出积极改变的城市,才能实现持续发展,活跃在世界舞台的中央。

二是压缩的时空,共生的城市。世界现代交通技术和交通方式快速发展,不仅使城市与腹地、城市与国内城市之间,而且使城市与国际城市之间的现代交通网络体系加快健全完善。不断产生的新交通线路、多样化的交通工具、不断提速的单位通行时间、日益便捷的换乘方式,使城市与外部世界的时空距离不断被压缩,区域之间的人口资源要素流动日益加快,经济社会联系与交互影响更加紧密,更多大都市区、城市群等分工协作的城市共同体出现,城市的功能定位、经济社会发展、环境保护建设等需要置于更大

---

① 周其仁:《中国城市化的上一程和下一程》,《人民论坛》2016年第5期上,第71页。

空间尺度的区域格局中谋篇布局。城市与区域之间、与其他城市之间形成协同发展、共生发展关系。

三是变革的科技,智慧的城市。现代科技和信息技术正以前所未有的速度不断更新升级,使传统的生产方式和消费方式发生变革,促进了区域产业分工、产业布局重构及产业链价值链重组,也对传统的社会交往方式、文化观念、伦理道德等带来冲击性影响,进而影响城市发展方向、功能定位及路径模式。以科技创新驱动,依托现代信息和网络技术发展运行的智慧城市正在崛起。

二、世界城市面临的危机与挑战

一是食品安全,不容忽视的危机与挑战。1960年时,全世界人口为30.35亿人,其中城市人口10.15亿人,但是仅仅经过半个多世纪,至2016年,世界城镇人口已经达到40.27亿人,超过了1960年世界总人口,而2016年世界总人口已经达到74.42亿人,人口城镇化率仅为54.3%。[①]未来世界城镇化率还将继续上升,尤其是目前城镇化率较低而人口规模庞大的发展中国家,成为世界城市化发展的主要区域。全球城镇人口正以惊人的速度和规模上升,人增地减的趋势还将持续较长时间,更多的耕地将被蚕食,2014年世界人均耕地面积已经仅为0.195公顷,未来还将进一步减少,人地比例趋向失衡。大城市区域的矛盾尤为突出,人口不断增长,每天存在规模巨大的刚性食品消费需求,但耕地不断减少,食品生产能力明显下降,食品供给系统对外依存度高。食品是人类生存的刚性必需品,食品安全是世界城市发展中不能忽视的危机与挑战。尤其是人口大国及其特大超大城市,在快速城市化进程中如果不能切实保护耕地,任由耕地持续快速减少,不能巩固提升地产食品对城市的供应保障能力,一旦出现全球性的食品安全问题,无论经济实力如何雄厚,大市场大流通如何发达,在总量资源有限的前提下,将会面临严峻的社会安全危机与生存发展挑战。

二是环境恶化与资源减少,因果循环的问题与挑战。城市使人类在有限的地理空间集聚,有利于对资源的集约化利用,但是,城市作为人类生产和生活活动的主要集聚区,也是全球淡水资源、生物资源、矿产资源等的主要消耗者,城市开发建设对自然生态环境、生物多样性造成干扰破坏,小汽车大量使用、大规模集中供气供暖等加剧了大气污染,城市规模庞大的生产生活活动带来噪声污染、固体废弃物污染和水污染。人类对自然不合理的过度开发使用,也成为一些重大自然灾害的主要诱因。由于人口及生产、生活活动高密度分布,城市也是受全球气候异常变化、环境恶化、重大自然灾害、重要资源能源短缺等影响最严重的地区。

三是"城市病",绕不开的问题与挑战。世界"城市病"问题由来已久,自工业革命以来,伴随着城市化的快速发展,许多城市不同程度地出现了居住、交通、环境、社会、就业、安全等问题。例如人口过度膨胀,明显的社会分层与阶级隔离,悬殊的贫富差距,贫

[①] 数据来源:世界银行数据库。

民窟与摩天大楼并存,犯罪、吸毒、污水、垃圾、雾霾等恶劣的环境,不时爆发的疾病瘟疫和城市灾害,杂乱无章的街区,住房紧张、房价高涨、交通拥堵、公共设施不足、城市摊大饼式无序蔓延等。然而时至今日,这些问题在许多城市仍普遍存在,尤其是发展中国家尚处于城市化上升发展阶段的城市,住房紧张、交通拥堵、环境恶化、贫富差距及社会治理,似乎是绕不开的问题与挑战。

三、构建未来理想之城

何谓理想之城,千百年来,人类一直在积极地思考与探索实践,尤其是近两百年左右,城市爆炸式高速增长,导致诸多城市问题集中爆发,进一步激发了人们对理想城市的渴望、思考与探索。从城市规划布局、建筑景观、环境设施等物理空间的构建,到城市发展方向、功能定位、产业体系、制度文化、城市与其他地区、城市与自然环境的关系等软件的培育,一代代思想家、文学家、相关领域的专业研究人员、城市管理者和建设者,在不同的时代背景下,从不同的角度,以不同的形式进行了思考、诠释、倡议或实践。

面对大转型、大变革的新趋势、新机遇,以及新旧交织的危机与挑战,今天和未来,我们要构建怎样的理想之城,亟待更多的思考与探索。近年来,纽约、伦敦、东京等世界级城市,新一轮城市总体规划提出的愿景目标,都在致力于建设卓越的理想之城。2007年纽约市新一轮综合规划以"更绿、更伟大的城市"为主题,提出到2030年将纽约建成"21世纪第一个可持续发展的城市",为全球其他城市作出表率;2015年修编发布的规划《一个纽约:强大而公正的城市》,针对人口增加、经济发展、基础设施老化、不平等加剧、气候变化等发展挑战,提出四大愿景目标:增长繁荣的城市、公正公平的城市、可持续发展的城市、弹性的城市。①《伦敦规划2016》提出到2036年,伦敦要成为最卓越的全球城市,为其所有的人民和企业扩大机遇,达到最高的环境标准和生活质量,引领世界应对21世纪城镇挑战,尤其是气候变化挑战。②《创造未来:东京都长期展望》以建设"世界最好城市"为总体目标,包括两个层面,一是举办有史以来最好的奥运会及残奥会,并通过这一重大国际性赛事的举办助推城市发展;二是解决东京都面临的经济增长停滞、少子高龄、人口减少及其带来的各种问题,实现可持续发展。③

综合分析,构建未来理想之城,需要注意几大问题:

一是理想之城的空间尺度。空间尺度适宜、人与自然和谐共生、兼具乡村自然生态品质与都市发展活力的田园城市是很多人的理想目标,英国著名社会活动家埃比尼泽·霍华德还进行了从理论到实践的探索实验。但是,世界各国、各地区的人地关系比例不同,如果人多地少,城市以小尺度为主,则需要建设更多的城市来承载不断增长的

---

① One New York: The Plan for a Strong and Just City. http://www.nyc.gov/html/onenyc/downloads/pdf/publications/OneNYC.pdf.
② The London Plan. March 2016. https://www.london.gov.uk/sites/default/files/the_london_plan_malp_final_for_web_0606_0.pdf.
③ 朱丽娜:《〈创造未来:东京都长期展望〉的启示》,《上海商业》2016年第1期,第38-40页。

城市人口，反而造成对更多自然空间的蚕食。城市规模、建设开发强度、容积率等空间尺度，不是越大越好，但也并不意味着越小越好，关键在于适度，根据不同国家、不同地区的人地关系、资源环境承载力、经济社会发展需求等科学研究确定最优尺度。

二是理想之城与自然及农业的关系。随着发展阶段的演进，城市与自然、城市与农业的关系已经从最初矛盾对立的两个侧面，演变为有机共生的发展整体。理想之城应该在城市中最大可能地回归更多自然因素，建设有生命的绿色基础设施，其中包括城市农业，以改善城市生态环境品质，将理想城市建成人与自然和谐共生的新社区。在城市内部，利用建筑物屋顶、阳台、街角、闲置土地等一切可利用的平面与垂直空间，种植花草树木和可食用的蔬果，使科学种植、精细化管理的现代农业成为城市中的靓丽风景和可食用的城市景观，促进城市资源循环利用，降低城市热岛效应。挖潜城市内部各种可利用的土地资源和滨水区域，增加自然开敞空间，建设连接公园绿地的生态廊道，增加城市生物多样性。对于特大、超大城市或大都市区而言，可以用农田、河流、林地、草地等自然空间，构建中心城市与其他新城、其他城市之间的开敞空间，优化区域空间结构，防止中心城市无序蔓延，缩小城市生态距离，巩固城市生态基底，改善城市生态环境质量，调节城市景观，增强城市对气候变化等的应对能力，增加城市可持续发展能力。

三是理想之城的愿景框架。理想之城要有追求卓越和开放包容的城市精神，以建设和平安定、繁荣繁华、公平公正、积极向上、健康宜居、可持续发展的伟大城市为目标。树立开放包容的制度文化，对外来人口、文化、思想等具有高度的包容性，培育健康积极的市民文化，城市发展充分体现普通市民的愿望与需求，推动社会公平公正发展，市民对城市具有高度的认同感、责任感和荣誉感，城市环境安全和谐。构建根植于本土的充满活力的多元化经济，有力促进地区经济发展和财富积累，创造就业机会，并对宏观环境变化具有较强的弹性适应能力与有效应对能力。建有便捷完善、人本化的现代交通基础设施、市政设施和公共服务设施网络，并能够根据需求变化和时代发展及时更新升级，充分满足城市居民的工作和生活需求。建有布局合理、数量规模适宜的公园绿地、滨水公共空间、生态步道等公共活动空间，配置有座椅、儿童游乐设施、体育健身器材、饮用水点和公共厕所等人本化设施，让不同年龄层次的市民都可以就近在安全、近自然的开敞空间中休憩或锻炼。建有图书馆、博物馆、演艺中心、艺术展馆等数量较多、形式多样的文化活动场所，满足城市居民日益增长的多元美好的精神文化需求。城市功能区布局合理，街区环境整洁优美，建筑物高度和密度张弛有度，标志性建筑、艺术雕塑等充分彰显地区文化底蕴或独特文化创意，绿化、美化的植物物种和季节相搭配将美学价值、生物多样性和景观多样性有机融合，打造城市独有的名片。

参考文献

[美]刘易斯·芒福德著，宋俊岭、倪文彦译：《城市发展史——起源、演变和前景》，中国建筑工业出版社2016年版。

薛凤旋著：《中国城市及其文明的演变》，世界图书出版公司2015年版。

［美］乔尔·科特金著,王旭等译:《全球城市史》,科学文献出版社2016年版。

许学强、周一星、宁越敏编著:《城市地理学》,高等教育出版社2001年版。

何一民著:《中国城市史》,武汉大学出版社2013年版。

［英］彼得·克拉克著,宋一然、郑昱、李陶、戴梦译:《欧洲城镇史:400—2000年》,商务印书馆2015年版。

［美］史蒂芬·柯克兰著,郑娜译:《巴黎的重生》,社会科学文献出版社2014年版。

［法］贝纳德·马尔尚著,谢洁莹译:《巴黎城市史:19—20世纪》,社会科学文献出版社2013年版。

［法］弗朗索瓦·维耶著,吴瑶译:《纽约史》,社会科学文献出版社2016年版。

［美］丽莎·克里索夫·鲍姆,斯蒂文·H.科里著,申思译:《美国城市史》,电子工业出版社2016年版。

周其仁:《中国城市化的上一程和下一程》,《人民论坛》2016年第5期上。

朱丽娜:《〈创造未来:东京都长期展望〉的启示》,《上海商业》2016年第1期。

［英］Peter Hall著,童明译:《明日之城——一部关于20世纪城市规划与设计的思想史》,同济大学出版社2009年版。

［美］莎伦·佐金、菲利普·卡辛尼兹、陈向明著,张伊娜、杨紫萱译:《全球城市 地方商街:从纽约到上海的日常多样性》,同济大学出版社2016年版。

［英］埃比尼泽·霍华德著,金经元译:《明日的田园城市》,商务印书馆2010年版。

［美］阿瑟·奥沙利文著,周京奎译:《城市经济学》,北京大学出版社2015年版。

［英］加里·布里奇,索菲·沃森著、陈剑峰、袁胜育等译:《城市概论》,漓江出版社2015年版。

［美］维托尔德·雷布琴斯基著,叶齐茂、倪晓晖译:《嬗变的大都市:关于城市的一些观念》,商务印书馆2016年版。

徐远著:《人·地·城》,北京大学出版社2016年版。

第三章 城市化

美国学者斯蒂格利茨曾预言,中国的城市化和美国的高科技将是21世纪带动世界经济发展的"两大关键因素"。城市化是现代化的必由之路,是我国最大的内需潜力和发展动能所在。本章主要阐述城市化以及新型城镇化内涵,区分逆城市化、郊区城市化、再城市化、浅度城市化、半城市化、过度城市化、就地城市化等相关概念。剖析城市化发展一般规律以及发展趋势。分析城市化水平内涵及评价方法,总结国内外学者对城市化水平评价的不同观点,进而提出我国城镇化评价面临的新问题。最后,总结国外城市化发展案例,为我国城市化提供借鉴。

第一节 城市化概念与本质

一、城市化概念提出及内涵

(一) 城市化概念提出

"城市化"(urbanization)一词最早出现于1867年西班牙工程师塞达(A.Selua)发表的《城市化基本理论》,他从城市规划与建筑学家的角度来论述城市化的内涵,侧重于城市形态的发展及其城市化过程中建筑景观的规划,这标志着实际与直接意义上的国外城市化理论研究的开端。

城市化是一个涉及多方面内容的社会经济过程,不同学科从不同的侧重点进行解读,其概念内涵也不同。人口学对城市化的定义强调农村人口向城市的转移和集中,及其带来的城市人口比重不断上升的过程。如赫茨勒(J.H.Hertzler)指出:城市化就是人口从乡村地区流入大城市以及人口在城市的集中。威尔逊(Christopher Wilson)在《人口辞典》中认为:人口城市化即指居住在城市地区的人口比重上升的现象。经济学对城市化定义强调的是农村经济向城市经济转化的过程和机制,产业结构由第一产业向第二产业、第三产业的转化过程。如沃纳·赫希(Warner Hershey)认为：城市化是指从以人口稀疏并相当均匀遍布空间，劳动强度很大且个人分散为特征的农村经济转变为具有基本独立特征的城市经济的变化过程[①]。社会学意义上的城市化强调的是城市社会生活方式的产生、发展和扩散的过程。如著名美国社会学家沃思(Louis Wirth)指出：城市化意味着乡村生活方式向城市生活方式发生质变的全过程。索罗金(P.A.Sorokin)认为，城市化就是转变农村意识、行动方式和生活方式为城市意识、行动方式和生活方式的全部过程。日本社会学家矶村英一认为，城市化的概念应该包括社会结构和社会关系的特点，城市化应该分为形态的城市化、社会结构的城市化和思想感情的城市化三个方面。地理学的城市化定义强调的是人口、产业等要素由乡村地域景观向城市地域景观的转化和集中过程。日本著名地理学家山鹿城次指出：现代的城市化概念应该包括四个方面，主要有原有市街的再组织、再开发，城市地域的扩大，城市关系的形成与变化和大城市地域的形成。

随着城市化实践的发展和各学科对城市化研究的逐步深入，以及学科间的渗透，城市化的定义日趋综合化和层次化。如罗西在《社会科学词典》中采用了一种综合化的城市化定义，认为城市化有四个方面的含义：一是市中心对农村腹地影响的传播过程；二是全社会人口逐步接受城市文化的过程；三是人口集中的过程，包括集中点的增加和每个集中点的扩大；四是城市人口占全社会人口比例提高的过程。

（二）城市化内涵

综上所述，城市化是由农村转化城市的过程，是由分散转向集中的过程。其中人口城市化是城市化的核心，伴随着人口生产和生活方式的城市化。为此，城市内涵主要体现在人口城市化、生产方式城市化和生活方式城市化等三个方面。

一是人口城市化，是指农村人口不断向城市转化和集中，城市人口占总人口的比重逐渐提高的动态过程，是衡量一个国家经济社会发展水平的重要标志。人口城市化最直接表现在两方面：一是农业剩余劳动力不断向城市转移、农民变市民，从而城市人口不断增加；二是从业人口的变化，即由农业人口转化为非农业人口。

二是生产方式城市化，是指伴随着经济增长，产业结构非农化而引发的生产要素由农村向城市流动和集中，创造大量第二、三产业就业机会，从而产生产业结构的变化。从经济角度看城市化，本质上是产业结构由第一产业向第二产业、第三产业的转化过程。也是农民生产方式转变的过程，由从事第一产业不断转换为从事第二、第三产业。与此同时，二、三产业的快速发展也带动农业现代化，促进城乡一体化发展。

三是生活方式城市化，是指随着农村人口居住、生产方式的变化带来的生活方式的变化，主要体现在公共服务设施供给方式的变化，由分散供给向集中供给转变。具体主要体现在两方面：一方面是随着人口生活的集中居住，要求煤气、水、电等基础设施集中供给，这大大提高了公共设施的供给效率，也使城市化人口生活方式产生质的改变。另

[①] 沃纳·赫希，刘世庆等译：《城市经济学》，中国社会科学出版社1990年版，第22页。

一方面,体现在教育、医疗等公共服务机构集中供给。根据城市人口集中规模,布局小学、初中、高中等教育机构和医院等,使城市化人口能够就近上学、就医,大大提高生活的便利性。

二、城市化相关概念辨析

在城市化发展和研究过程中,出现很多与城市化相关的概念,如城镇化、逆城市化、半城市化等。诸多城市化相关概念可以分三类:一是城市化与城镇化,从城市化策略角度探讨两者内涵和路径的区别与联系;二是城市化过程中出现的现象,如逆城市化、郊区城市化、再城市化;三是从城市化程度角度,注重质量和内涵式发展而产生的诸多概念,如浅度城市化、半城市化、过度城市化、就地城市化等。各概念之间具有一定的相关性,也具有本质的区别。

(一)城市化与城镇化

城镇化,在英文中与城市化表述为同一个词:urbanization,是指一个国家或地区的人口由农村向城市转移、农村地区逐步演变成城市地区、城市人口不断增长的过程,在此过程中,城市基础设施和公共服务设施不断增加,同时城市文化和城市价值观念成为主体,并不断向农村扩散。我国学者辜胜阻在《非农化与城镇化研究》中使用并拓展了"城镇化"的概念,后来的研究又不断丰富城镇化内涵。我国官方文件最早采用"城镇化"一词是于2000年10月的《中共中央关于制定国民经济和社会发展第十个五年计划的建议》,提出"要不失时机地实施城镇化战略"。

对于城市化与城镇化两个概念关系持有不同的看法。一部分学者认为城镇化与城市化其内涵是一致的。主要理由:一是二者在英文中的表示是一样的,都为urbanization,有译为城市化的,也有被译为城镇化的,我国台湾地区则译为都市化。二是《城市规划法》明确规定城市是包含建制镇的一般集镇的。广义的城镇,既包括市、建制镇,又包括非建制的一般集镇;狭义的城镇包括市和建制镇。三是我国设市的标准较严,把建制镇纳入城市范畴比较合理。由此,部分学者认为城镇化也属于城市化范畴,两者本质都强调经济社会的活动中心从农村转出。只不过城市化强调转向城市,城镇化强调转向城镇,在地理上的侧重点不同。在某些方面城镇化与城市化还是存在一定差异的:一是城镇化更明确地把镇纳入了城市的范畴;二是镇的数量很大,占据了我国城镇的大部分;三是中国是农业大国,镇离农民更近,进镇的门槛相对较低。

由此可见,城镇化也是我国特有的一种说法,并在我国城镇化发展过程中呈现了阶段性特征。在西方国家,由于工业化积累雄厚以及土地资源稀缺,城市化强调人口向大城市转移、非农产业向大城市集聚,缔造了纽约、伦敦等大都市的快速繁荣。我国在20世纪80年代初,工业化处于刚刚起步阶段,没有能力去建设大城市。1980年代后期乡镇工业的发展,推动了小城镇的发展,将农村劳动力就地转移到当地的小城镇。在这种模式下,小城镇遍地开花,1984—1996年,中国建制镇的数量就从2 664个猛增至18 200个。但同时也出现了土地浪费严重、粗放发展等弊端。之后我国城市化战略几经调整,又经历城市化以及新型城镇化战略。

（二）逆城市化、郊区城市化、再城市化等

在城市化发展过程中,也出现了许多新的现象,随之一些概念也应运而生,如逆城市化、郊区城市化、再城市化等。

"逆城市化"是相对于"城市化"而言的,最早由 Berng 率先提出。这种"逆城市化"现象特指美国大城市中心的人口向中小城镇,甚至向农村地区迁移,大城市人口增长率低于非中心城市的人口增长率。在此过程中越来越多的城市中高阶层的群体,更愿意亲近自然、远离暴力,享受生活环境更为优越的乡村生活。美国经济地理学家布莱恩·J.L.贝里认为"逆城市化进程的本质就是规模的下降、密度的下降和异质性的下降",认为 1970 年代发达国家出现的不同程度大城市发展放缓现象使得人口分布"从一种比较集中的状态到一种不太集中状态的运动"。

"逆城市化"是城市化发展到一定水平后城市功能自我优化、减轻空间压力的内在要求和必然冲动,"城市化"聚集的资源和产业越多,"逆城市化"分解其资源和产业的趋势越强,而这些城市资源和产业分解的过程正是村镇发展的重大机遇。借助"逆城市化"分解城市功能和分流城市人口的趋势发展村镇,在此基础上发展起来的小城镇和乡村有助于减轻城市空间压力、优化城市功能,促使中心城市的空间结构更加合理、产业优势更加突出、聚集效应更加明显、引擎力更加强大,形成中心城市与中小城镇、乡村彼此产业呼应、优势互补、良性循环的"城乡一体"发展格局,使城市化在新的格局下得以持续发展①。

我国与发达国家逆城市化有着本质的区别:从产生原因来看,西方发达国家的"逆城市化现象"是"城市病"和城乡差距发展到一定阶段的产物,是第二次世界大战（以下简称"二战"）后政府进行宏观调控的结果。目前中国出现的所谓"逆城市化",是城乡二元经济体制下城乡分割的户籍制度、土地制度所导致的利益驱动和无奈选择②。从出现的范围来看,西方发达国家逆城市化是在全国范围内同时进行的,而我国的逆城市化进程只出现在东部沿海城市化水平较高的地区（王小伟,2006）。从发展路径来看,发达国家的城市化道路是在经济作用下走的一种自发式的城市化道路,基本上是"先发展大城市后建设小城市",而我国的城市化方针是"坚持大、中、小城市和小城镇协调发展"。

郊区城市化,是指人口、就业岗位和服务业从大城市中心向郊区迁移的分散过程。这里的郊区是指中心城市行政边界以外的邻接地域,是城市化地区核心以外的城市边缘。郊区城市化并不意味着大城市的衰落,只是城市由高密度集中向低密度扩张的转变。郊区城市化和逆城市化两者有着本质的区别,主要体现在:一是郊区城市化、逆城市化是城市化过程中的不同阶段。一般讲城市化阶段分为起步阶段、郊区城市化阶段、

---

① 陈伯君:《"逆城市化"趋势下中国村镇的发展机遇——兼论城市化的可持续发展》,《社会科学研究》2007 年第 3 期,第 53 页。
② 段学慧:《"逆城市化"还是"伪逆城市化"——基于中西方的比较研究》,《河北学刊》2014 年第 2 期,第 85 页。

逆城市化阶段、再城市化阶段。郊区城市化是城市化过程中刚刚起步后形成的产物，由于人的急剧扩张，导致城市规模扩大，城市核心区的人口、工业和零售业向郊区扩张。这里的郊区是与城市接壤相邻的。逆城市化则是由于经济水平的提高，城市化进程较高的时候，较高收入人口向郊区迁移，这里的郊区往往离城市有一定的距离。二是两者发生的原因不同。郊区城市化是一个城市自然扩张良性发展的过程，是伴随经济发展而出现的现象；而逆城市化出现中心城区空心化，内部环境出现恶化。

再城市化，它是针对"逆城市化"而言的，主要指西方城市为了规避老城出现的"空心化"问题，进行内城改造，通过文化复兴的手段使老城重现生机，如以前废弃的仓库、码头、厂房被改造为一些极具后现代风格的文化展厅、咖啡屋、步行街、同性恋社区等。文化产业受到热捧，嬉皮士主导的"绅士化"（gentrification）成为这一过程的典型代表。

再城市化实践，率先在一些城市化进展最早的西方主要工业化国家发生。例如，美国东北部地区的一些大中城市，在1980年代开始正视其自身经济结构不合理和人口减少的问题，并由公共部门主导进行积极的产业结构调整，发展高科技产业和第三产业，积极开发市中心衰落区，以吸引年轻的专业人员回城居住。加上国内外移民的影响，1980年至1984年间，就有纽约、波士顿、费城和芝加哥等7个传统大型城市在城市中心区域内，再度历史性地实现了人口的正增长，出现了再城市化的过程。与此同时，英国伦敦的人口在连续30多年下降后，于1985年起开始微弱增长，也出现了再城市化现象。在我国一些城市化较高的地区也出现了再城市化现象。如天津市调整城市产业结构，将分散布局在市区内海河两岸的工厂仓库整体搬迁至工业园区，在中心城区发展第三产业，并将海河流域发展成为第三产业的聚集区域，促使人口向中心城区集聚。

（三）浅度城市化、半城市化、过度城市化、就地城市化等

在城市化发展过程中，人口城市化与生产、生活方式不同步发展，出现了诸多现象，如浅度城市化、半城市化、就地城市化等。

浅度城市化，一种中国特有的现象，指进城务工人员被算入城市化人口，但因为户籍问题，不能享受到与户籍人口等值的社会保障及其他公共服务。左学金指出，"浅度城市化"，可定义为我国新增城市人口中，越来越大的一部分人口（主要是农村向城市的迁移者），由于各种制度障碍不能成为"市民"（被看成是"外来常住人口"），他们在城市居住和工作，但在城市只保持最低限度的消费，他们中很多人把配偶和（或）子女留在流出地，使他们成为非常态的和不稳定的城市人口，或可称为"准城市人口"[①]。"浅度城市化"研究所关注的是在城市人口中，那些未能"市民化"的人口或"准城市人口"比例过高的问题，是进城农民工的社会流动问题。中国特有的户籍制度，以及这种户籍制度背后所隐含的城乡分割的制度安排，造成了一些中国特有的社会现象。例如，在城市就业的农民，一般并不能改变他们的"农业户籍"身份，所以他们仍然被称为"农民工"。更多的迁移者只身或仅与配偶来到城市，而将未成年的子女留在家乡由祖父母照顾，所以在

---

① 左学金：《浅度城市化 如何破题》，《人民论坛》2010年第7期，第66页。

中国形成了数量庞大的"留守儿童"。与之对应的是"深度城市化",将城市化的要义回归到人口城镇化,有序推进农民工市民化和农民市民化。

半城市化地区(periurban area)最初来源于法国古典地理学词汇(periurbanisation),用来描述在城市周边的任何地区。半城市化(peri-urban/peri-urbanization)中的"peri"意思是周围的、周边的或者外围的。Pahl 认为半城市化地区是特殊的社会进程结果,主要是中等阶层家庭从城市迁入半城市化地区,新增人群侵入本地社区,并带来新的价值观和意识形态,同时在空间上形成一种新的分散的居住类型[1]。Pakodi 认为半城市化地区是一个在空间和结构上动态变化的区域,空间上是完全城市化区域与农业占主导地位的农村地区的过渡,土地利用混杂,内外边界模糊,往往被许多行政区域所分割[2]。对于半城市化地区的空间识别有着不同方法和界定标准。对于半城市化地区的识别主要基于两类方法,一种是采用与城市建成区的"距离"来确定半城市化地区,基于研究视角不同,专家提出了不同的判定标准。如 L.鲁旺斯认为一般是城市建成区外 10 平方公里左右的环城地带;巴特尔姆克斯(Peter Bartelmces)认为是距离城市核心 8—15 平方公里以外的范围,弗里德曼(J.Friedman)认为是城市周围 50 平方公里的地域。另一种方法采用综合指标来确定,如郊区化指数(Suburanisation Index, SI), SI 是将到 CBD 的距离、人口密度、公交线数目、公交车频率和日通勤者数量等指标进行加权平均的一个综合指数, Desai 和 Gupta 将郊区化指数大于 50% 的区域划为半城市化地区。美国斯坦福大学亚太研究中心提出半城市化区域标准:从事制造业的劳动人数超过所在区域所有劳动人数的 20% 以上,而且还在增长,从事第一产业的劳动人数多于 20%,但正在下降。

过度城市化(over urbanization),又称超前城市化,是指城市化水平明显超过工业化和经济发展水平的城市化模式。城市化的速度大大超过工业化的速度,城市化主要依靠传统的第三产业来推动,甚至是无工业化的城市化。由于大量农村人口拥入少数大中城市,城市人口过度增长,城市建设步伐赶不上人口城市化速度,城市不能为居民提供就业机会和必要的生活条件,农村人口迁移之后没有实现相应的职业转换,这些人不能享受城市发展的正常成果。过度城市化主要发生在一些发展中国家,全国重点发展一个或两个特大城市,从而造成了这类特大城市与农村区域之间的巨大差距以及特大城市内部存在着大量的城市贫民等一系列严重的社会问题,这种情况在南亚、拉美的一些国家比较明显。

就地城市化是指农村人口不向城市迁移,而是在原有的居住地,通过发展生产和增加收入,完善基础设施,发展社会事业,提高自身素质,改变生活方式,过上和城市人一样的生活。"就地"即原有的居住地,包括原自然村、行政村和合村并点而组成的新社

---

[1] Pahl R.E. Urbs in Rure, *The Metropolitan Fringe in Hertfordshire*, London: London School of Economics and Political Science, 1965, pp.2-20.
[2] Pakodi C., "Review of the Poverty Relevance of the Peri-urban Interface Production System Research", *Report for the DFID Natural Resources Systems Research Programme*, Sanderson, 1998.

区。在我国城市化推进过程中，特别是"美丽乡村"建设，大大推动了我国就地城市化。如江苏省的华西村，河南省的刘庄村，山东省的邕山村、南山村，浙江德清的五四村，等等。这些地方的农民大部分不再从事农业生产，已经转移到二、三产业，农民收入较高，教育、医疗、养老、住房等基本实现福利化。农村实现了集中供水、供电、供气和垃圾处理，从生产和生活方式上都实现了城市化。

第二节 新型城镇化内涵与特征

城镇化是伴随工业化发展，非农产业在城镇集聚、农村人口向城镇集中的自然历史过程，是人类社会发展的客观趋势，是国家现代化的重要标志。新型城镇化是我国特有的概念，是基于我国实践发展对城市化道路的选择。新型城镇化是以城乡统筹、城乡一体、产业互动、节约集约、生态宜居、和谐发展为基本特征的城镇化，是大中小城市、小城镇化、新型农村社区协调发展、互促共进的城镇化。

一、新型城镇化概念提出与演进

新型城镇化概念从2003年中共"十六大"开始提出，经历了提出概念意向到发展内涵、拓展内涵到全面指导全国城乡建设的过程。主要经历了五个阶段：

第一阶段，"十六大"提出"走中国特色城镇化道路"。2003年，中共"十六大"报告提出了："农村富余劳动力向非农产业和城镇转移，是工业化和现代化的必然趋势，要逐步提高城镇化水平，坚持大中小城市和小城镇化协调发展，走中国特色的城镇化道路。""十六大"报告首次明确提出了新型城镇的雏形——"走中国特色城镇化道路"，并将大中城市与小城镇的协调发展作为其初步内涵。

第二阶段，中共十六届五中全会提出了"新四化"，倡导新型城镇化。

2005年，中共十六届五中全会通过《中共中央关于制定国民经济和社会发展第十一个五年规划的建议》，提出"工业化、城镇化、市场化、国际化"概念。相对于20世纪70年代的工业、农业、国防和科学技术的"四个现代化"以及中共"十五大"提出"实现工业化和经济的社会化、市场化、现代化"的"四化"，"工业化、城镇化、市场化、国际化"被誉为"新四化"。2006年在各省的"十一五规划"中开始出现关于"新型城镇化"的专门论述。2007年5月，温家宝在长江三角洲地区经济社会发展座谈会上强调"统筹城乡发展，努力改变城乡二元结构、扎实推进新农村建设，是优化城市布局，走新型城镇化道路，充分发挥中心城市作用"。将新型城镇化建设提到了统筹城乡建设的高度。

第三阶段，中共"十七大"确立"新五化"，利用科学发展观推进新型城镇化。2007年，"十七大"报告提出"立足社会主义初级阶段这个最大的实际，科学分析我国全面参与经济全球化的新机遇新挑战，全面认识工业化、信息化、城镇化、市场化、国际化深入发展的新形势新任务。深刻把握我国发展面临的新课题新矛盾，更加自觉地走科学发展道路，奋力开拓中国特色社会主义更为广阔的发展前景。"新型城镇化列入"新五化"

范畴,全国新城镇建设进入崭新阶段。

在各省贯彻中共"十七大"精神学习会议上,都将"新型城镇化"作为"十七大"重要指示加以推进。在此基础上,国家住房和城乡建设部将新型城镇化的概念向全国进行了推广。2009年9月,住房和城乡建设部强调探索和发展新型城镇化建设模式是建设领域落实"十七大"精神,统筹经济社会发展,人与自然和谐发展的重要途径。2010年10月,住房和城乡建设部副部长仇保兴专程到全国市长研修学院讲授了《新型城镇化从概念到行政——如何应对我国面临的危机与挑战》,提出六大转型推动"新型城镇化"建设,提出了"城市优先发展到城乡互补协调发展,高能耗的城镇化到低能耗的城镇化,数量增长型到质量提高型,高环境冲击型到低环境冲击型,放任式机动化到集约式机动化,少数人先富的城镇化到社会和谐的城镇化"等六方面内容。"十七大"明确了新型城镇化的内涵,提出了新型城镇化的指导思想与建设路径,在新型城镇化的提出与发展的道路上达到了理论的集大成。

第四阶段,新型城镇化指导"十二五"实践。2011年制定的中国《国民经济和社会发展第十二个五年规划纲要(以下简称"十二五规划")》提出:坚持走中国特色城镇化道路,科学制定城镇化发展规划,促进城镇化健康发展。新型城镇化开始全面指导全国城乡建设。在各省的"十二五"规划纲要均提出"以新型城镇化"为指导,全面建设小康社会,新型城镇化在各省展开实践。2010年8月《珠江三角洲城乡规划一体化规划(2009—2020)》提出珠三角要"率先建立新的规划建设模式",在空间资源配置上遏制"高消耗、高排放、高污染"的传统发展模式,引导走"低消耗、低排放、低污染"的新型工业化道路以及"高聚集、高效能、高质量"的新型城镇化道路。

第五阶段,中共"十八大"明确了新型城镇化的发展路径,"新四化"的融合共进。2012年,中共"十八大"报告,肯定了中国的新型城镇化的建设,指出"城镇化水平明显提高,城乡发展协调性增强",并提出"坚持走中国特色新型工业化、信息化、城镇化、农业现代化道路,推动信息化和工业化深度融合。工业化和城镇化良性互动,城镇化和农业现代化相互协调,促进工业化、信息化、城镇化、农业现代化同步发展"。"十八大"报告肯定了新型城镇化、信息化、新型工业化及农业现代化的新四化道路,并为未来新型城镇化与信息化、新型工业化、农业现代化的综合协调提供了明确的方向[①]。2014年,中共中央、国务院引发了《国家新型城镇化规划(2014—2020年)》,是今后一个时期指导全国城镇化健康发展的宏观性、战略性、基础性规划,为我国城镇化发展进一步指明了方向和路径。

二、新型城镇化内涵

新型城镇化是在城镇化概念基础上,不断深化内涵、拓展外延。从发展路径来看,由注重大城市发展转向大、中、小城市协调发展。同时,新型城镇化将充分体现以人为

---

① 刘杰武:《新型城镇化的提出历程研究》,《建工论坛》2012年第32期,第58页。

本、绿色可持续发展、统筹协调发展等理念，走智能、集约、绿色及低碳发展道路，注重城镇化发展质量。新型城镇化的"新"可体现在以下几个方面：

由重视大城市发展转向注重小城镇及协调发展。传统城镇化主要依靠中心城市的带动，新型城镇化以城市群为主体形态，以特大城市为依托、大中小城市和小城镇协调发展。通过城市群的集聚和辐射效应，整合区域内大中小城市及小城镇功能结构，引导劳动者分流和迁移，疏导特大城市和大城市就业压力，形成城市、城镇之间双赢和多赢效应。

由偏重城市发展转向注重城乡一体化发展。新型城镇化的特色就是由原来的"重城轻乡""城乡分治"，转变为城乡一体化发展。深化改革，由原来的单项突破，转变为大力推进土地、户籍、保障、就业等综合配套体制改革。鼓励城市支持农村发展，促进城乡统筹发展，通过美丽乡村建设，让农村居民在生活方式、居住环境上享受与城市居民均等待遇。

由偏重城市范围扩大转向注重人口城镇化。传统的城镇化是实现城市范围的扩大，并没有解决好农村人口城镇化问题，户籍、医疗、教育、环保、社保等配套政策都没跟上。新型城镇化将"以人为本"理念作为指导，把"人"作为城镇化的出发点和归宿点，将城镇化由"物本"转为"人本"。新型城镇化的目标是让更多人城镇化，而不是解决土地的房屋化和扩大城市边界，重点是推进更多农业人口市民化。新型城镇化以解决民生问题为着眼点，加快社会事业发展，推进建设和谐城镇。

由偏重经济发展转向注重经济社会环境协调发展。传统城镇化过分依赖工业化，新型城镇化要将工业化同农业现代化、现代服务业相结合，并将生态文明原则纳入城镇化全过程，坚持"集约、智能、绿色、低碳"的发展方针，推动城镇经济由粗放密集型向集约智能型发展，合理配置土地、资金、人才等各类发展要素，融合通信、计算机等先进技术，提升城市资源承载力、城市环境承载力、城市生态系统承载力和城市基础设施承载力，形成低能耗、低排放和低污染的新型绿色发展模式，实现经济、社会、环境的和谐发展。

由偏重城镇数量规模增加转向注重城镇质量内涵提升。长期以来，城镇化发展以数量规模扩张为主。新型城镇化要注重质量提高，体现在：一是从硬件上，新型城镇化要提高城镇基础设施水平和公共服务能力，完善信息通信、网络等设施，提高城镇智能化水平和综合承载力。二是从发展方式上，以创新为动力，实现转型发展。在创新中提升城镇化质量内涵，包含观念创新、体制创新、科技创新、文化创新、制度创新等内容。在转型中实现城乡统筹和经济、社会、环境的协调发展。包含产业转型、空间转型、人口转型等。其中产业转型是在生产促生态的前提下，注重发展集约、智能、绿色、低碳的生态新型产业和生态新型园区；空间转型强调生态基础设施的布局建设，城市生态要素的有机整合和土地使用的集约高效；人口转型要求实现农村人口户籍身份、生存方式、生活方式、居住方式和思维方式等多方面的转变。

三、新型城镇化难点与路径

（一）我国新型城镇化面临的主要难点

改革开放以来,随着我国城镇化的快速推进,吸纳了大量农村劳动力转移就业,提高了城乡生产要素配置效率,推动了国民经济持续快速发展,带来了社会结构深刻变革,促进了城乡居民生活水平全面提升。与此同时,我国城镇化推进还面临着诸多问题和困难,主要体现在以下几方面：

半城镇化与过度城镇化并存。一方面,由于户籍制度的限制,大量农村人口虽以"民工潮"的形式向城市转移,实现了人口的空间聚集,但在社会保障、教育、医疗等方面与城市居民形成了鲜明差距,民工不能享受到同等的基本公共服务和各项权利义务,并因资金不足和家庭处于两地原因大量定期往返于城乡之间,未能实现完整的城镇化。另一方面,为改变城镇化滞后格局,通过圈地建城、户籍调整等方式追求高速度城镇化和规模扩张,使得经济增速与城镇化增速脱节,容易形成无产业支撑的过度城市化现象,城镇布局失衡导致出现"拉美陷阱"和"城市病"。

人的城镇化面临多重挑战。其一是人口聚集难度大。据资料显示,2009年农民工带眷系数仅为0.22,但随着农村劳动力结构的变化,未来城镇化主体将变为新生代农民工及农民工家属,人口转化难度大、时间长。其二是成本高。目前我国农村的福利待遇与城市相比平均差33万元,与大城市差50万元,与中小城市差十几万元,未来5亿农民进城,需提供更多的公共服务和城市设施,城镇运行成本大幅度提高;低价征地高价出售推高房地产价格,导致农民工被过高房价和房租挤出,加重对保障房的依赖和需求,并可能出现大规模城市贫民和贫民窟。其三是生活方式转变难。当前大多数农民工学历和职业素质偏低,多就职于劳动密集型行业,就业稳定性差、收入水平低、生活方式难以转变,这与在城镇永久定居,承担高生活消费形成了鲜明的矛盾。

城镇综合承载力亟需提高。城市是人口分布密集、资源消耗巨大和环境污染严重的集中区域,相对而言,我国是以较低的资源环境承载力支撑着世界上最大规模人口的城镇化。伴随着城镇化进程的不断加快,出现诸多发展失衡和不可持续问题,资源、人口、经济、生态环境等问题愈发地突出和尖锐。如乡镇企业的超常规发展带来严重的环境污染问题,农业生产过程中片面追求土地高产,投入农药、化肥过多,造成土壤养分失调,土地性能趋于恶化。同时,城镇化出现特大城市过度发展,中小城市发展不足现象。目前小城镇(特别是中西部小城镇)就业承载力不足,人口吸纳能力不够,基础设施建设和公共服务能力偏弱,无法积极承接人口与产业的扩散和转移。发达地区(特别是特大城市)人口流入不断增多,但受资源环境承载力限制,农业转移人口难以永久性迁入。

城镇化制度障碍攻坚难度大。城镇化作为一个复杂系统的转变过程,受到很多影响因素的作用和制约。其一是传统户籍制度导致城乡居民的不同待遇,形成利益分配上严重不公和城乡二元结构;其二是公共服务(特别是非排他性公共服务)均等化受到制约,进一步扩大就业,完善基础设施建设和提高公共服务水平的资金需求难以得到有效满足，不能单纯依靠政府财政资金，但我国至今仍未形成适应城镇化资金需求的多元化投融资机制，农村内部的投资潜力没有得到有效释放；其三是现有征地制度范围广，征地补偿标准明显偏低、征地安置方式不当，土地增值收益分配不合理，城乡间要素流转存在障碍，农村土地产权主体长期虚置，农用地流转方式和问题尚未解决，虽有部分地区尝试探索城镇化体制改革，但全国范围内城镇化体制改革难度大。

（二）推进新型城镇化发展的实现路径

我国各地要切实落实《国家新型城镇化规划（2014—2020年）》，坚持以人为本，深化改革创新，推动我国新型城镇化内涵式发展。主要可以从以下几方面着手：

强化规划统筹，促进大中小城市与小城镇协调发展。一是统筹区域规划发展，使各地区各城市总体发展规划、国土规划、城镇体系规划与国家和区域规划相衔接，重点包括：重要的区域性调控目标、需要统一布局的区域性重大基础设施、重要资源开发、各类经济社会发展功能区的划分、政策措施的一致性等方面。二是注重城乡规划发展一体化。一方面，编制乡镇土地利用规划和乡村建设规划，明确农村污水处理、道路、基本农田保护、供水四大体系规划。另一方面，推动农村基础设施与城市基础设施同步化发展，将农村基础设施投入纳入市、区、镇三级基础设施范围，重点推进农村地区市政基础设施建设工程、清洁家园环境工程、公共设施管理服务工程和农民建房工程。

加快结构调整，优化城镇产业升级与布局。一是打造新型产业体系。城市产业构筑注重现代服务业、先进制造业、新型产业的发展，同时重视传统产业的优化升级，以信息技术和产业融合为突破口，推动产业升级和商贸模式创新，不断提高经济发展能级；农业发展注重创建优质、高效、高产、安全、生态的现代化农业，发挥区域农业传统优势，转变农业生产方式，增强农业发展中的科技创新能力。加强传统农业改造力度，提升现代化水平，发挥机械化对农业生产的作用，提高传统农业的生产效率。二是推动区域间和城镇间的产业升级转移，促进产城融合发展。在区域发展上，充分发挥各地资源、土地、空间和人力资源的优势，促进区域产业分工协作，实现产业由东部沿海地区向中西部地区的有序转移；在城镇发展上，促进产业选择和城市特色融合发展，中小城市主动承接中心城市的产业外迁，重点发展乡镇经济，特别是中西部地区依托县城发展县域城市，增强中小城市承载力。大力推进特色小镇建设，以产业带动小城镇发展，促进农民就近城市化。

重视制度创新，加快推进农业转移人口市民化进程。一是逐步实现城乡基本公共服务均等化。加强公共服务供给与财政体制改革相结合，提供系统性、制度性、可持续性的公共服务，适应迅速增长的城乡公共需要，为城镇化发展创造良好的发展环境。加大对社会公共服务的投入，重点向农村地区、社会事业发展相对落后地区和薄弱环节倾斜。二是推动户籍制度改革。特别是加强对中小城镇的户籍制度的开放性探索，控制新农民的增量，尽快打破城乡二元结构，为农民进镇落户创造条件。完善被非农建设征地农民的安置政策，加快制定进镇农民的市民化政策。三是完善人口综合管理。在扩大外来人口管理覆盖面的同时，增强居住地管理力度；加强农民工技能培训，创造良好的就业机会和创业环境,重点把好外来人口居住务工经商关;制定关于外来人口房屋租赁、务工经商、物业管理的法规和规章,实施联动管理。四是系统集成宅基地、集体建设经营性用地以及征地等三块地制度改革。深化土地制度改革,完善耕地补偿制度,确定合理的耕地补偿标准,优化征地安置方式,探索承包用地和宅基地的有效流转方式,保护农民的合法土地权益,以保证新型城镇化的推进。

聚焦绿色生态,实现新型城镇化可持续发展。一是注重资源使用的生态集约。加强土地规模和利用方式的控制,改进土地利用技术,盘活土地存量,管理控制城市规模,防止土地资源的浪费,实现城市精明增长。发展紧凑型城市,实现土地、水、生物等资源要素的集约规划,推进适度规模和速度的城镇化发展。二是注重生态基础设施建设。合理规划布局城市水系统(河流、湖泊、池塘、沼泽等)、城市绿化系统(自然植被、园林植被、城市林业和绿化等)、城市道路系统(地表、建筑物、道路等)、城市排污系统和城市交通系统,加强土地利用空间布局创新,体现生态文明和可持续发展理念。三是注重环境污染问题。城镇化过程极大改变了土地生态系统的组成与结构,改变了土地生态系统物质循环与能量转化功能,带来了严重的生态环境危机,并导致土地利用生态效益逐步降低。在新型城镇化中,要注重土地资源的污染防护,加强污染治理和环境保护,减少土壤污染蔓延、水资源缺乏、水污染严重、大气污染以及地面沉降等问题。

专栏 3-1　德清户籍制度改革

德清提出了"先确权、再户改"的改革思路,即在取消户籍性质划分前,先行推进"一项清理、三项确权、一个不变"。"一项清理"指实施历史遗留户口问题清理,即进一步规范户籍管理基础,以明确全县每一名居民其户改前的户籍身份,确保农村相关权益确权工作不遗不漏。"三项确权"指通过对农村土地(山林)承包经营权、村集体资产收益权以及农村宅基地三项权益进行确权,实现农民可以在取消户籍性质标识的情况下继续保留其原有权益。"一个不变"指稳定人口和计划生育、征兵入伍等政策不变,即对城乡居民再生育政策和社会抚养费征收标准不作调整。

基于此,德清县对户籍相关政策的三十二项已调整完善,包括:户口迁移、新居民居住证、社会救助、危房改造、城乡社区建设、基层政权建设、就业失业登记、就业困难人员申请认定、失业保险、基本医疗保险、城镇登记失业率统计口径、拆迁补偿、廉租住房保障、经济适用住房、公共租赁住房、农村土地承包经营权、山林权属承包权、农村建房审批、农房产权登记、农房产权变更、农房产权调剂、义务教育阶段招生政策、高中段招生政策、人口和计划生育免费基本技术服务、人口和计划生育奖励保障、交通事故司法赔偿标准、城乡退役士兵自主就业经济补助、城乡居民再生育政策、社会抚养费征收标准、征兵入伍条件、"两参"人员定期生活补助、"三属"定期生活补助。仅一项未调整,如社会养老服务。

资料来源:《浙江德清深入推进户籍制度改革落地见效》,中国警察网,2016 年 8 月 20 日。并经实际调研整理。

第三节 城市化发展规律与趋势

一、城市化发展一般规律

美国城市地理学家诺瑟姆（Ray M.Northam）在对英、美等西方国家工业化进程中城镇化率变化趋势进行分析的基础上，于1979年提出了城镇化发展的一般规律，发现城市化率的变化轨迹近似一条稍被拉平的"S"形曲线，这一曲线将城市化进程大体划分为三个阶段：城市化初期、城市化中期和城市化后期。见图3-1。

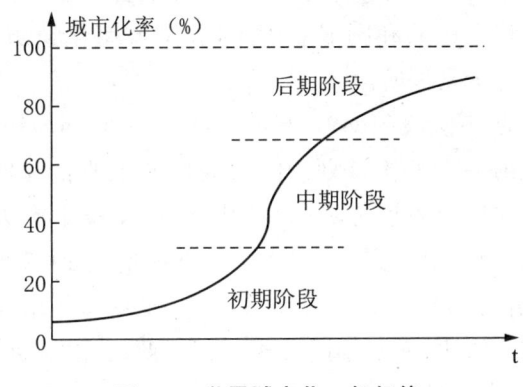

图 3-1 世界城市化一般规律

资料来源：谢志强：《怎样看待我国的城市化速度》，人民网，2008年3月14日。

在城市化初期阶段，城市化水平比较低，城市化率在30%以下。这一阶段处于工业化初期，正从农耕经济向工业经济逐步过渡，主导产业是轻纺工业，对农村剩余劳动力的吸纳有限，城市化的增长速度缓慢。第二阶段为城市化加速阶段，这时期，城市化高于30%，并以较快的速度向70%攀升。这时期处于业化中期或扩张期，主导产业是钢铁、化工、机械等重化工业，大量农村劳动力人口向城市集聚，促进城镇数量增多、规模扩大。随着人口和产业向城市集中，产生了劳动力过剩、交通拥挤、住房紧张、环境恶化等"城市病"。小汽车普及后，许多企业和人口开始迁往郊区，出现了郊区城市化现象。当第二产业上升到40%后将缓慢下降，而第三产业则蓬勃兴起，成为城镇化进一步发展的主要动力。第三节阶段为城市化后期阶段，城镇化总水平比较高，城镇化率大于70%，增长速度趋缓甚至停滞。这一阶段，工业化进程基本完成而进入后工业化阶段，新增劳动力主要为第三产业所吸纳，由于农村剩余劳动力已基本完成了向非农产业的转移，为城市所吸纳，城市化速度趋于缓慢。城市地域不断向农村推进，大城市的人口和工商业迁往离城市更远的农村和小城镇，大城市人口减少，出现"逆城市化"现象，这是城镇化的后期或稳定发展阶段。

在一般规律的基础上，各国学者又从社会、经济、文化、生态等不同的角度进行了探索,并针对不同类型的国家和地区进行了分析,归纳出一些共性和个性化的城市化发展规律。例如,城市化两大定律:"城市第一定律":当一个城市的重化工业发展到一定阶段,必然向第三产业转移;"城市第二定律":当第三产业发展到一定阶段,就面临了迎接先进制造业的挑战,这就是先进制造业在提升能级、自主创新和世界市场的份额等诸多方面都比传统工业有了质的飞跃,等等。

二、我国城市化发展阶段特征

我国城市化进程遵循"诺瑟姆曲线"基本规律,又独具我国特色。由于我国完成城市化进程的时间会缩短,曲线的斜率会增加,曲线会变陡。同时我国人口基数大,农村人口比重大,城市比重落后于世界平均水平,城市化过程复杂,所要面临更多的挑战(刘亚臣、周健,2009)。中华人民共和国成立以来,我国城镇化经历了一个曲折的发展历程,具体可以分为以下五个发展阶段。

第一阶段:城镇化起步阶段(1949—1960 年),这一时期城镇化发展主要得益于三年国民经济恢复,以及第一个五年计划期间大规模的工业化和城市建设,国家采取了"重点建设、稳步发展"的城市发展方针,工业化、城镇化稳步推进。1949 年到 1957 年间,城镇人口比重由 10.64% 上升到 15.39%。城市数量至 1957 年末,由中华人民共和国建立初期的 132 个增至 176 个,增长率为 33.3%,平均每年增长 10%[①]。其中,50 万人口以下的城市数 140 个,比 1949 年增长 42.9%。此后在"大跃进"运动下,城市化进入了超高速发展时期。全国城镇人口从 1957 年 9 949 万人迅速增至 1960 年的 13 073 万人,城镇人口比重由 15.39% 上升到 19.75%,年均提高 1.45 个百分点,是 20 世纪城市化率增长最快的时期之一。

第二阶段,逆城镇化及停滞阶段(1961—1978 年),"大跃进"导致了全国性经济衰退和城市物资供应不足,国民经济比例严重失调,全国撤销了很多城市建制,动员市民返乡,城镇人口比重大幅下降。1965 年城镇化水平降至 17.98%,城市缩减至 168 个。此后一段时间,受知识青年"上山下乡"的影响下,大批人口返回农村,许多中小城镇明显衰败萎缩,城镇化发展一度受阻停滞。1975 年城镇人口数量为 16 030 万人,比 1965 年仅增加 2 985 万人,城市数量仅增加 25 个。1978 年我国城镇化率仅为 17.92%。

第三阶段:城镇化稳步提升阶段(1979—1991 年)。在改革开放之初,我国实行农村经济体制改革推动了城镇化发展。主要恢复了农村经济政策,推行了家庭联产承包责任制,在此基础上,国家增加了农业投入,发展多种经营、乡镇企业和小城镇得到了发展。1984 年我国城镇化率提升到 23.01%,比 1978 年上升了 5.09 个百分点。随着我国全面经济体制改革推进,沿海地区乡镇企业和小城镇的迅猛突起,这一时期城镇化率由 1985 年的 23.71% 增至 1991 年的 26.37%。这个时期主要以开办乡镇企业来建设小城镇,推动我国城镇化发展。但经过实践证明,以小城镇为主体形态的城镇化没有真正发

---

① 陈秀山、王洋:《中国城市化进程的基本特征与存在问题研究》,《井冈山大学学报》2010 年第 1 期,第 47 页。

展起来。反思其主要原因:在市场经济的环境下,很多乡镇企业由于市场信息沟通不畅,资金不足等原因,最后纷纷倒闭,以乡镇企业建设小城镇的模式没有走通。

第四阶段:我国全面进入改革开放的城镇化加速阶段(1992—2010年)。邓小平同志南方讲话精神,推动了改革开放深入发展,我国城镇化出现了多元化发展特征,到2000年,我国城镇人口达到45 906万人,城镇化水平为36.22%,截至2010年,我国城镇人口66 600万人,城镇化率达到了49.9%。20世纪90年代,浦东对外开放带动我国东部沿海城市开放。以外商投资为主导的大型工业园区在我国东部沿海城市纷纷落户,吸引了大量人口向东部城市聚集,形成了以大城市为主体形态的城镇化布局。以大城市为主体形态的城镇化布局,具有正负两方面影响,从正面来看,大城市吸收了大量农村剩余劳动力,这给农村适度集中经营提供了前提,带来了我国经济30年的高速增长。从负面来看,以东部大城市为主体形态的城镇化发展带来了诸多问题:一是劳动力红利消失。北京、上海、广州、深圳等大城市由于人口的陡然增大,以及现有土地制度的制约,致使土地价格上升、房价飙升,并催生了工资上升,而我国这30年经济快速增长主要依靠低廉的农村劳动力成本。二是大城市病凸显。人口和功能过度集中在大城市,产生环境恶化、交通拥堵等大城市病。三是城乡接合部管理真空。人口过多集中在城乡交界处,造成了小产权房、城中村等问题。四是土地变性过程中,剥夺了农民利益的问题。拆迁、征地,使集体土地变为国有征地,剥夺了农民的土地利益。

第五阶段:新型城镇化战略内涵发展阶段(2011年至今)。这一阶段我国经济发展进入新常态,推行新型城镇化发展,使我国无论经济发展还是城镇化发展进入了内涵式发展,由追求数量、速度转向质量、内涵式发展。2011年制定的《国民经济和社会发展第十二个五年规划纲要》(以下简称"十二五规划")提出:坚持走中国特色城镇化道路,科学制定城镇化发展规划,促进城镇化健康发展,新型城镇化战略开始全面指导全国城乡建设。在各省的"十二五"规划纲要均提出"以新型城镇化"为指导,全面建设小康社会,新型城镇化在各省展开实践。2014年3月16日,我国首部城镇化规划《国家新型城镇化规划(2014—2020年)》(以下简称《规划》)正式发布,提出2020年将实现1亿农业转移人口在城镇落户。2016年我国城镇常住人口达到79 298万人,城镇化率达到57.35%。我国各地不断探索特色小镇、美丽乡村以及产业脱贫等不同城镇化模式,积极推动宅基地、集体建设用地以及征地等土地制度改革,已经取得了初步成效。

专栏3-2 义乌宅基地制度改革

2015年3月,义乌被列入全国农村土地制度改革试点地区。在借鉴重庆"地票"制度及城乡建设用地增减挂钩实践经验的基础上,义乌结合实际,大胆探索,制定"集地券"制度,创新宅基地退出机制,打造城乡建设用地增减挂钩的升级版。

"集地券"制度的核心在于盘活农村集体存量建设用地,在符合规划、符合基本条件的前提下,鼓励农村、农户将闲置、废弃和低效的建设用地先实施复垦,验收合格形成相应建设用地指标。

> "集地券"实行台账式登记,把分散的、零星的用地指标集中管理,积少成多,聚沙成塔,建设项目需要时可在全市范围内灵活掌握、统筹使用,充分利用存量的集体建设用地,推进城乡统筹发展。在实际使用中,"集地券"不仅可上市交易,并且确定了政府回购指导价,以确保农户有保底收益;而且允许进行银行质押,拓展了其金融功能。
>
> 各镇街形成的"集地券"允许较大比例由镇街自行安排用于农民建房需要,既增强了农村、农户复垦形成"集地券"的积极性,又在很大程度上保障了农民建房的用地需求,有效缓解农民建房用地指标的瓶颈制约。复垦形成的耕地必须经过严格验收,以避免"先占后补"落空的风险,从而确保守住耕地红线。
>
> 资料来源:《义乌颁发全国首张"集地券"证书可进行流转交易》,《浙江在线》,2017年1月9日。以及作者实地调研整理。

三、城市化发展趋势

在未来发展中,城市化发展要适应全球化、区域化、低碳化、智慧化等发展态势。具体将呈现以下发展趋势:

可持续发展的城市化。中国城市化的可持续发展也是 21 世纪中国城市化进程的最严峻的挑战,要摒弃传统的城市化模式,走建设生态城市的道路。不少学者提出"低碳城市化""生态城市化"等概念,其本质均是推动城市化的可持续发展道路。国际学者早在 19 世纪就开始了对"城市化进程中的环境问题"的研究。Grossman 和 Krueger 提出了著名的环境库兹涅茨曲线(EKC)假设,探讨了生态环境随着城市经济水平的提高,会呈现倒"U"形的演变规律。其他很多外国学者也研究过不同地区城市化和生态环境之间的关系。关于低碳城市化是源于 2003 年提出的"低碳经济"的概念。低碳城市化主要从紧凑城市的角度,对发展公共交通、自行车和步行交通等方面进行了探索。现在,公共自行车在我国进行了大量的实践[1]。总之,可持续发展是未来城市化发展的必由之路。它坚持生态环境保护优先,充分利用自然山体、河流、湖泊、森林、农田等,构建开放的城镇生态廊道和生态网络,积极推广节能环保、绿色低碳技术,加快构筑绿色生产和消费体系;科学确定开发强度,划定生态红线,合理布局生产空间、生活空间和生态空间,建设可持续宜居的美丽城镇,创造一个生产发展、生活富裕、生态优美的良好人居环境。

智慧发展的城市化。在信息化背景下,城市化发展也要适应新一代信息技术革命的发展,向智慧化方向发展。智慧城市的概念起源于 20 世纪 80 年代,却在近十年在美国、欧盟、日本、韩国、中国等国家和地区有了快速的发展和大量的应用[2]。智慧城市的

---

[1] 潘海啸、汤湯、吴锦瑜:《中国"低碳城市"的空间规划策略》,《城市规划学刊》2008 年第 6 期,第 58 页。
[2] 沈山、曹远琳、孙一飞:《国际智慧城市发展实践与研究前瞻》,《现代城市研究》2015 年第 1 期,第 42 页。

概念,源起于数字城市和智能城市的相关概念。强调对城市信息更好的感知、掌握、应用和处理;注重智慧的高水平使用,从而达到服务城市政府、居民和企业的目标。自2013年以来,智慧城市的国际标准相继建立。国际电信联盟成立了"可持续发展智慧城市焦点组",国际电工委员会(IEC)成立了"智慧城市系统评估组",国际标准化组织(ISO)成立了智慧城市战略咨询组。但是现在国际上还没有形成共识的智慧城市衡量指标。智慧城市化发展主要体现在以下几个方面:坚持城市建设与智慧系统建设相结合,积极推动城镇化与信息化深度融合,加快智慧城市、智慧社区、智慧园区建设;强调智慧管理,完善智慧型产业体系和交通体系,依靠智能技术和智慧管理破解"城市病";运用现代信息技术和管理手段全面改造环境保护,智慧监测和管理周边环境,避免污染和生态破坏;运用大数据建立数据平台,对城市和农村人口进行实时监测和管理,为城市公共服务供给提供数据支撑。

和谐发展的城市化。城市化发展要立足于"以人为本",要兼顾不同群体的发展和利益。我国是拥有13亿人口的大国,在城市化推进过程中面临着拟城市化中的农民工市民化、留守农民的诉求与发展、城市化人口的就业和社会保障,以及"城中村"动迁农民历史遗留问题等。城市化发展要积极推进各项民生工程建设,加强城市危旧房、城中村、棚户区和边缘区改造,进一步完善城镇安全和社会保障体系,高度关注城市各类弱势群体,制定统一的城市贫困标准和反贫困政策,积极推进和谐拆迁,妥善解决好失地农民就业安置和社会保障问题,有效破解农村留守儿童、留守妇女和留守老人难题,逐步消除城乡和城市内部双重二元结构,构建一个以平等、公正、共享为特征,不同群体和睦共处、相互包容的新型城镇化格局。

城乡要素双向流动的城市化。过去我国的人口、资金、技术都是由农村流向城市,是一种单向流动。未来我国城镇化将出现城乡要素的双向流动。从人口角度,目前由农村往城里迁移出现了速度减缓的趋势。2001—2002年我国外出农民工数量平均每年增加1 311万,2003—2012年平均每年增加587万,2013—2015年平均每年增加183万,不到200万。外出农民工规模增速在下降。未来15—20年内,农业劳动力转移速度将逐步放缓,预计到2030年中国农业就业比重将下降到12%左右。同时,随着我国农村宅基地、集体建设性经营用地、征地等土地制度改革不断深入,也将促进资本、技术、人才向农村流动。未来我国的城乡一体化是一种双向城乡一体化。目前,京津冀、长三角、珠三角等发达地区已经进入双向城乡一体化的新阶段。

以城市群为主体形态的城市化。我国城市化主体形态经历了以小城镇为主、以大城市为主的不同发展阶段。城市群是我国推进城镇化布局的第三次选择,也是城镇化加速阶段的战略选择。在我国"十一五"规划中明确提出要把城市群作为推进城镇化的主体形态。我国城镇数量和规模不断扩大,城市群形态更加明显,城市群成为拉动我国经济快速增长和参与国际经济合作与竞争的主要平台,成为进一步推进我国城镇化的主要方向。但是城市群在推动城镇化发展过程中还遇到一些问题。一是部分城市群发育水平比较低,城市之间尚未形成紧密联系的网络关系。二是城市群等级体系不健全,表现为中心城市辐射能力弱、缺少次中心城市、县域经济发展滞后、城乡差距明显等。三是行政区经济仍明显,城市间产业雷同,特别是对于跨省域的城市群,政府之间协调能力不足。四是多数城市群仍处于粗放式增长阶段,可持续发展压力大。为此,中共"十八大"提出新型城镇化,走集约、智能、绿色、低碳的新型城镇化道路,对以城市群为城镇化布局主体形态进行修订。

第四节 城市化水平评价

一、城市化水平内涵与评价方法

传统意义上的城市化水平又叫城市化率,是衡量城市化发展程度的数量指标,一般用一定地域内城市人口占总人口比例来表示。但城市化是一个复杂的系统工程,涉及人口、土地、经济、社会等许多方面的内容,所以单一的人口城市化指标不能全面地反映城市化的内涵,于是分为单一指标法与复合指标法进行度量。

(一)单一指标法

通过一些表征性强的、具有本质意义、便于统计分析的指标来表示城市化水平。由于人口与非农经济活动的空间集聚是城市化的重要特征,因此城市人口、非农从业人员、城市土地面积就成为测度城市化水平的关键指标。一是城市人口比重测度法。即以某地区城市人口占本区域总人口的比重来度量城市化水平。人口比重测度法的局限性在于:其一,尽管数据较易得到,然而方法过于简单,由于各国设市的人口数量标准有很大的差异,因而导致在经济发展水平、地理位置、人口规模等方面相近的国家,城市化水平出现不合理反差。例如北欧的瑞典设市标准为200人,城市化水平为83%,而同为北欧国家的挪威、芬兰将20 000人作为设市标准,城市化水平仅为44%、62%,这显然是由于设市标准差别而导致的虚假差距。其二,政治、社会等突发性因素,也很可能导致城市人口规模的骤变,使城市化水平出现非连续性变化。例如,在中国"大跃进"期间,由于政治环境波动性较大,中国在1957年的城市化水平为15.4%,而到了1960年陡然升至19.7%,1963年又忽然降为16.8%。二是城市非农业人口测度法。即以非农业人口占某地区总人口的比重来表示城市化水平。这一方法将城市经济结构、产业结构和就业结构作为城市化测度指标,能够较为科学地反映生产力、生产方式、生产要素等在城市化进程中的正面意义。三是城市土地面积比重测度法,即以城市建成区土地面积占本地区总面积的比重来反映城市化水平。全球各地对城市用地指标均作了不同规定,按特点和功能进行城市土地的配置,形成工业区、居住区、商务区、文化区、旅游区等,城市用地指标现状和用地指标对比,能够反映某地城市化水平及进程。如美国五大湖区的城市用地达20%。又如我国珠三角、长三角的城市用地比重明显高于全国其他地区,相应地,该地区的城市化水平高于其他地区。该方法的局限性在于忽视了人口密度因素,容易造成城市土地的粗放性征用。

(二) 复合指标法

即采用多个指标进行综合分析，从多个方面测度城市化水平。主要有以下几种：一是城市化成长力系数测度法。1971年，日本"东洋经济新报社"提出了以多个复合指标来度量城市化水平，这一复合指标被称为"城市成长力系数"，具体包括：地区总人口、制造业从业人数、地方财政年度支出额、商业从业人数、工业生产总值、住宅建筑总面积、商业批发总额、储蓄率和电话普及率等。具体计算方法表示为：选取不同时期，将上述多项指标的变化量，除以全部指标的国内均值，再对其进行标准算术平均，所得到的结果就是该城市的"成长力系数"。二是城市度测量法。日本城市学家稻永幸男、服部圭二郎、加贺谷一于1960年在研究东京郊区城市化的演进过程中，提出了"城市度测量法"，具体指标如下：以人口、面积、离市中心的时间与距离表示的城市区位地域规模；以年财政收入、商品销售率、工业产品率、电话普及率、耕地面积率等表示的城市经济活动；以从事三产的人口、管理人口比率、雇佣人口比率等静态指标表示的城市就业；以人口增长率、通勤率及就业率等静态人口结构指标表示的城市人口增长。因为指标较多，因此城市度的计算方法非常繁琐，可表示为：先将上述指标值按正态分布予以标准化，然后计算相关系数并将其排列成矩阵，求出该矩阵的转置矩阵与逆矩阵，再求出二者积矩阵，最后根据该矩阵各因子在城市地域中表现的内容，命名"城市度"因子，并将不同观测点上的城市度值在坐标图上标点连线，做出等值线图，根据此图可以推知该地区城市化进程。

二、我国城市化水平评价主要观点

自20世纪90年代以来，城市化的快速发展已成为推动我国经济发展的重要力量。2016年我国城镇常住人口为79 298万人，城镇人口占总人口比重为57.35%。城镇化发展是一个系统工程，与社会经济发展有着密切关系。不同学者从城市化与工业化关系角度，以及城市化与社会保障程度等角度探讨城市化发展速度是否合理。目前对我国城市化水平评价主要有三种观点：第一种观点：我国城市化发展水平滞后于经济发展水平，这也是我国主流观点。第二种观点：我国城市化进程处于冒进式发展状态，建议放慢城市化发展。第三种观点：关注我国城市化水平的内部结构性差异，认为不同省区呈现城市化超前、滞后或适宜等几种不同状态。

(一) 城市化滞后论

对我国城市化滞后研究的方法，主要是将我国城市化发展与国外经验进行比较，其指标主要基于经济发展水平、工业化发展水平、劳动人口产业构成等。一是从经济发展水平，参照国际经验进行比较判断。参考世界银行的资料，1997年中国已进入下中等收入国家行列，而城市化水平仅相当于下中等收入国家1980年的水平，比世界平均水平低14个百分点(周一星、曹广中，1999)。熊俊(2009)按购买力平价法计算了中国2006年的人均GNI(国民总收入)，用加权平均法计算了与中国处于同等水平区间的29个国家的人均GNI，与29国同年的平均城市率相比，中国城市化水平低于14个百分点，相对滞后率25%。高晓梅(2014)认为，2012年我国经济发展已处于中上等收入国家水平,但城市化率尚处于中等收入国家水平,城市化水平明显滞后。二是把城市化与工业化进程进行比较判断。叶裕民(1999)通过中日两国对比,认为中国在20世纪90年代中期的工业化水平与日本60年代中期基本相当,而中国非农业就业比重比日本低25.2个百分点,城市化水平滞后38.2个百分点。张妍、黄志龙(2010)依据钱纳里标准和IU、NU比以及与同类国家的比较分析后发现,我国城市化水平相对于经济发展水平和非农化水平而言有所滞后,不过滞后程度已减少。

(二)非滞后论

针对城市化滞后论观点,部分学者有不同意见:一是对滞后论的研究方法质疑,通过修正计算认为我国城市化进程并不存在严重滞后;二是针对近年来我国城市化建设的超速发展以及在这一过程中一系列经济社会问题与矛盾日益凸显和加深,提出了城市化过度论的观点。

从城市化水平的比较衡量标准来看,部分学者认为简单将工业化率与城市化率进行比较是不恰当的,认为工业化发展并不必然带来就业人口的增加,当时中国城市化水平实际上并不低于那些与中国发展情况类似国家的水平(刘连银,1997)。同时,以工业化率比照城市化率来判断中国城市化水平,并不适宜于中国农业人口众多的实际国情,用工业产值比重指标与城镇化率相比较并不合理(张宇、靳晓雯,2009)。

城市化水平测度中,也存在隐形城市化人口问题。无论是按户籍标准还是按城乡标准计算城市化率,均未将正在或已经城镇化了的农村人口考虑在内,从而低估了我国城市化水平,而若按从业标准统计计算城市化率,我国当时的城市化率则已达到50%左右(陈阿江,1997)。陆大道(2010)指出,中国没有摆脱城市化冒进误区,超出经济发展与就业增长能力的过快、过高的城市化,并不是由工业化来推动的,而是由大量的失地农民和人口失业所造成的,是虚假的城市化和贫困的城市化。由此可以看出,城市化水平测度标准不同,得出的结论不同。在20世纪90年代,我国经济高速增长,带动了大量农村人口到城市就业,实现了农村人口从第一产业向第二、三产业的转变,这使农民工市民化成为我国城市化过程中的突出问题。但农民工在城市还不能享受教育、医疗等基本公共服务,出现了"拟城市化"问题。这也是很多学者提出过度城市化观点的重要支撑。但随着2010年之后我国新型城镇化战略的推进实施,我国城市的公共服务配套逐渐由按户籍人口转向按常住人口,特别是农民工子女义务教育得到了较大改善。同时,在我国东部沿海较发达地区出现了"特色小镇""美丽乡村"建设,使我国大量农民进行就地城市化。这在浙江省德清县表现得尤为突出,在德清县五四村、大陈村等已实现了集中供水、供电、供气等基本公共服务,农民就近从事第二、三产业,但户籍仍为农村户口。这就使在统计指标计算城镇化率时,他们成为城镇化中的隐形人口。由于农村土地制度改革,宅基地、集体建设用地等会给农民带来土地出租、股权等收益,这也促使农民不愿意迁成城镇户口。

(三)城市化结构性差异论

从区域角度分析我国不同地区城市化发展状况时,由于我国国土面积较大,经济发展呈现东、中、西梯度式发展,其城市化发展也呈现明显的区域差异性。部分学者采用工业化综合水平与城市化综合水平之间协调度模型,认为我国东部大部分省区的协调度普遍高于中西部地区,中西部大部分省区的协调度远远低于全国平均水平(刘耀彬,2004)。陈明星(2010)以世界多国城市化与经济发展水平关系为评价标准,对中国城市化与经济发展水平间关系的空间格局进行了分析,指出全国31个省级单元表现为城市化严重超前、中度超前、轻微超前、基本协调、中度滞后、轻微滞后六种类型,其中东部沿海地区以城市化超前类型为主,中西部地区则以城市化滞后类型为主。从省际差别来看,对城镇化水平与发展速率评价可将城镇化发展分为8个类型,即高城镇化慢速发展(上海、北京、天津)、高城镇化中快速发展(广东、辽宁、江苏、浙江)、中城镇化快速发展(福建、重庆、宁夏、陕西)、中城镇化中速发展(内蒙古、湖北、山东、海南、山西)、中城镇化慢速发展(黑龙江、吉林)、低城镇化快速发展(江西、河北、安徽、河南)、低城镇化中速发展(青海、湖南、四川、广西、云南、甘肃、贵州)、低城镇化慢速发展(新疆、西藏)等,全国各区域城镇化呈现差异发展(梁书民,2015)。

以上三种对我国城市化水平评价的三种观点,各有局限性。其中滞后论是将国际统计标准作为评价城市化水平的依据,存在需要满足一共性假设前提,即假设不同国家是同质化的,在经济社会发展上彼此间是不相关的、相互独立的,因而在经济及城市化发展上存在某种共性规律或标准。但在现实中,国情差异巨大,发达国家与发展中国家并不是平行发展,而我国地域辽阔、人口众多,存在许多中国城市化特有的发展规律。非滞后论是在滞后论既有研究方法的基础上通过局部改进与修正计算而提出的,更多关注我国隐性城市人口的修正估算。这类研究尽管改进了评价标准,或在人口测度上追求更接近中国的实际情况,但其基于国际比较的研究方法实质上并未摆脱滞后论的研究思路及方法的束缚。结构性差异研究仍沿袭了国际比较研究的逻辑思路与方法。而且按照国际标准或经验比较评价我国不同省区的城市化水平,不仅模糊了地域与国家在社会经济发展特征上的本质差别,还忽略了省区间具体情况的差异,忽略了省区间紧密的社会经济联系及各类资源的密切流动。

三、我国城镇化水平评价面临新问题

随着我国城镇化推进和发展,城市化由数量、速度发展转型质量、内涵式发展,其城市化评价也面临诸多新的问题,有待进一步调整和优化。主要体现在以下几个方面:

(一)城镇化质量评价有待突出人本特征

城镇化质量与城镇化数量相对应,是反映城镇化优劣程度的一个综合概念,包括在城镇化进程中各组要素的发展质量、推进效率和协调程度,它是城镇化各构成要素和所涉及领域的集合。目前,已有学者提出城镇化质量指标体系,从城市自身发展质量、城镇化推进效率、城乡协调程度等。多从静态评价城镇发展的水平,而少有从动态评价,特别是对城镇化中的人本特征评价。"以人为本"是我国新型城镇化的重要出发点和落脚点。为此城镇化水平的度量应从侧重民生的角度出发,构建人本城镇化指标体系,从

为居民生产生活带来便利的角度综合考量经济发展、社会生产、居民生活、社会事业、城市建设、生态环境等诸多方面,实现高质量的人本城镇化综合测评。如何从定量角度评价城镇化的质量,反映人本特征,这是我国城镇化评价面临的重要问题。

（二）就地城市化带来的隐形城镇化人口

随着我国新型城镇化战略的推进,我国注重中小城镇发展,使部分农民向小城镇、美丽乡村集中,出现就地城镇化。农村"就地城镇化",是相对传统城镇化而言的,这种模式即在农村经济发展达到一定程度后,农民盲目迁出的现象减少,更多的是继续留在原居住地,通过完善设施条件和转变生活、就业等方式,形成新型的小城镇,实现农民就地非农化就业和市民化。"就地城镇化"是以农村新社区为主要阵地,在我国东部沿海地区已经出现了特色小镇、美丽乡村。这使部分农民在本地实现了生活方式、生产方式的转变,从内涵上实现城镇化。一些农民工不愿意要城市户口,甚至很多原有城市户籍的人口,希望换回农村户籍,以分得田地。这使在人口城镇化在统计指标上未显现为城镇化人口,这也对我国城镇化水平评价提出了新的挑战。

我国幅员辽阔,城镇化区域性差异评价较难。我国城镇化存在明显的地区差异,且处在不断变动中。2005年之前,我国中、西部地区与东部地区城市化的发展差距趋于扩大,而2005年之后我国城市化发展的地区差异性出现转折变化,未来城市化发展的差距将继续缩小。但由于我国东、中、西地区经济发展水平、工业化进程、自然条件存在明显的差异,其城市化特征和路径也不同。例如,我国东部地区以浙江省为代表农村土地制度改革已走在前列,市场经济活跃,就地城镇化、特色小镇建设均带动了城镇化向内涵式发展。农民在附近小城镇就业,农民增收获得了较好的发展。但在我国西部地区,土地资源有限,生态条件脆弱,不适合大规模发展制造业,当地农民的就业成为首要问题。以贵州为代表的少数民族地区,发挥山水资源丰富、少数民族文化特色,选择了一条以旅游发展带动城镇化发展的路径。不同区域的特征使对城镇化水平的评价不能采取统一的口径,这使我国城镇化的区域性差异评价较难。

第五节 国外城市化案例与经验

城市化起步于18世纪中叶开始的工业革命。由于世界各国经济发展历程不同,其城市化发展模式也呈现不同。本节重点在总结欧洲、日本为代表的东亚模式、拉美模式、印度模式,并总结其城市化发展的经验及教训,为我国城市化推进提供有益参考。

一、各大洲城市化案例

（一）欧洲城市化

欧洲国家的城市化是一个逐步的人口转移与经济结构变化相适应的平滑过程。从其发展历程角度看,欧洲国家城市化大都经历了漫长的自主发展历程,工业积累创造了良好的起步条件。其中,英国自1760年产业革命至1851年实现城市化(城市人口超过总人口的50%),用了90年的时间;法国自1830年城市人口占10%至1931年达到51.2%,用了100年的时间;德国在国家权威推动下,从1871年至1910年用了40年。相较而言,中国城市化率从20%上升至40%,仅用了22年的时间。

欧洲城市发展特点主要体现在以下几个方面:一是城市化率高。目前英国城市化率90%,法国城市化率77%,德国城市化率74%,都已经进入城市化发展的晚期,城市化速度趋向缓慢。二是城市化与工业化同步发展。从英、法、德等西方发达国家的城镇化过程看,城镇化与逐步的工业化和经济变化始终交织在一起。在这一时期,由于城镇的劳动力需求表现为稳定的增长,也就存在从农村到城市的稳定移民流。与此同时,农业技术进步和制造业发展也充分吸收了从农业部门解放出来的剩余劳动力,并允许农村劳动力逐步转化为城市劳动力和居民。三是市场主导城市化发展。在西欧的城市化进程中,市场机制发挥了主要作用,市场化、工业化与城镇化相互促进,城镇化总体上来说是近代工业化的产物。近年随着全球经济一体化和市场竞争的加剧,城市产业结构不断调整和重新分工,城市发展格局显现出新的态势,市场发展与城市发展更加密不可分。四是欧洲城市化以中小城市为主。与北美地区相比,西欧城市化以中小城市为主特征明显。据统计,欧洲只有32.8%的城市人口居住在50万人口以上的城市中,其中北欧这一比重为34.5%,西欧地区仅为28%;而北美地区有63.7%的城市人口居住在50万人口以上的城市中,53.5%的城市人口居住在100万人口的城市中;澳大利亚和新西兰有63.4%的城市人口居住在100万人口以上的城市中。这反映了欧洲国家的城市化以中小城市的发展为主,而北美洲和大洋洲国家的城市化以大城市的发展为主。

从政府管理角度,一是法律先行。欧洲国家在城市化进程中普遍重视法律的推动管理作用,如英国于1866年通过了《环境卫生法》,之后又在城市公共卫生、治安管理和贫民救济等方面制定了相关法律;德国因住房短缺建立了市民广泛参与的住宅建设制度等。二是强化服务管理。20世纪之前,欧洲城市化也存在人口迅速膨胀、失业与贫困问题。城市化进程中,针对各类社会问题,欧洲国家扩大与转变了政府职能,全面介入城市管理和公共服务,取得良好改善效果。三是注重城市规划布局。各欧洲国家基于自身发展优势,形成了形式多样的发展规划布局。如英国城市布局多围绕工矿区展开,综合利用铁路、运河、港口等交通优势;法国依托巴黎、里昂、马赛等传统政治中心城市向外扩张,从而带动城市化发展;德国则是以38个小邦国各自独立发展为基础,并在全国均匀推开城镇化发展。

(二) 北美城市化

19世纪末期,新的工业发展促进了美国城市化发展。美国的城市化进程中受到外来移民、欧洲的投资、北美消费的全面增长以及制造业的迅猛发展的影响。在工业化进程的带动下,美国城市化水平迅速提高,城市化率从1870年的25%提高到1920年的50.9%,仅用了50年的时间。20世纪下半叶,美国取代欧洲成了世界经济发展的中心,其城市化发展展现出来的一些新的特征鲜明地反映了世界城市化发展的新趋势。

大都市区成为美国城市化空间主要载体。从 20 世纪初开始,美国城市化呈现出新的特点:一些规模较大的中心城市超越其原有地域范围,向周边扩张,将周边地区纳入城市化范围,并与中心城市在地域上紧密相连,一体发展。20 世纪 20 年代,美国城市人口超过农村人口,初步实现了城市化,但城市化的发展并未在城市的边界上止步。之后,人口和经济活动开始逐步向郊区扩展。在郊区快速发展的带动下,美国城市突破了传统发展模式,从单核中心型向多中心型过渡,从局限于城市地区到向外围地区不断地扩大,进而形成以大都市区发展为主的模式。美国在 20 世纪中后期形成了一批这样的都市区,如纽约、波士顿、华盛顿等城市为核心的东北部大西洋沿岸大都市区,以芝加哥为中心的中西部大湖区大都市,以旧金山和洛杉矶为主体的太平洋沿岸大都市区等。

市场在城市化进程中发挥重要作用。美国是当今世界最发达的市场经济国家,一贯坚持和主张由市场主导调节经济,因此在其城市化和城市发展的过程中,市场发挥着至关重要的作用。由于美国政治体制决定了城市规划及其管理属于地方性事务,联邦政府调控手段薄弱,政府较少进行干预或调控。市场需求成为美国城镇化的主要动力,城镇的兴起成为经济发展的自然选择。从 19 世纪末到 20 世纪 70 年代,伴随着工业化的快速发展和对西部地区的开发,美国城镇化在 1970 年就已超过 70%。然而,这种过于市场化的城镇化发展模式也导致了一些问题的产生。由于政府在城镇化发展过程中调控手段比较薄弱,政府难以对城镇化的发展进行有效引导,从而导致城镇化出现了自由放任的发展态势,突出表现是过度郊区化、城镇建设无序、土地资源浪费严重,空间和社会结构性问题日益突出。

(三)拉美城市化

由于历史传统和现实因素的作用,拉美国家的城市化发展与这些地区的国家长期沦陷为西方列强的殖民地直接相关,具有独特的发展模式。从发展历程角度看,"二战"前夕,拉丁美洲国家大多处于半工业经济类型,城镇化率和工业化率都处于 10%—15% 的水平。第二次世界大战以来,拉丁美洲成为全世界城镇化速度最快的地区,2 万人以上城镇人口的比例大大增加,国家首都的城市首位度都很高。与此同时,这些国家工业化水平依旧变化不大,与城市化进程形成了鲜明的对比。目前,阿根廷城市化率达 89.6%,巴西 79.9%、墨西哥 75.4%、乌拉圭 93.7%,也进入了城市化晚期阶段。

从其发展特点角度看:一是发展速度快。在 1950 年世界各地城市化率排名中拉美位处第四,但在之后的半个世纪内,其城市化率明显提速,至 2010 年达到 79.6%,仅次于北美 80.7%,位居世界第二。二是过度城镇化明显。表现出外来资本主导下的工业化与落后的传统农业经济并存,工业发展落后于城市化,过量乡村人口向城市迁移,政府调控乏力,城市化质量很低。三是城市发展问题突出。在城市经济方面,经济发展失衡,严重依赖外资,贫富差距显著;在就业方面,失业水平持续上升,城市贫困人口空前增加;在城市建设方面,城市出现大量空心水泥森林,必要基础设施严重短缺,医疗、教育资源不足;在城市环境方面,生活环境恶化,城市交通拥挤,贫民窟不断增加。

从其形成原因角度看:一是城市发展与经济发展阶段脱节。拉美国家早期的工业化发展源于宗主国的工业资本输入,政府没有利用好外资发展自身的民族工业。一旦宗主国工业资本撤出,没有本国工业做支撑,仅靠第三产业的发展不能增加社会财富,提升城市经济和物质文明,造成了城市经济的低迷。二是忽视传统农业的改造与广大农村地区的发展。这些国家在依靠外国资本发展工业的同时,忽视农业现代化和农村的建设,城乡差距加大导致大量农村人口涌向城市,使城市就业、居住、环境和教育设施不足的问题进一步恶化。

(四)东亚城市化

对比欧美国家,日本和韩国工业化起步较晚,土地面积有限,资源也相对缺乏,如今却有着较高的城镇化率,这归功于其高效的发展模式。

日本:"二战"之后,日本依靠工业化的强力推动,迅速迈入高速城市化的轨道。从其发展历程角度看:2011年日本城市化率达到91.3%,60年来每年增加0.62个百分点。从其发展原因角度看:一是自然条件限制。日本国土狭窄、人口密集,开发空间有限。二是经济发展限制。日本工业化进程有力支撑了战后日本经济的高速增长,但也带来城乡发展不均问题,一方面大都市区急剧膨胀,住房紧张、地价高昂、交通拥挤、生活环境恶化;同时,农村发展空心化、老龄化,农村劳动力不足。

从其发展特点角度看:一是形成集中式开发模式。针对东京、大阪和名古屋三大都市圈实行优先集中开发。这三大都市圈面积仅占日本国土面积的14.4%,但人口和国内生产总值占全国的50%以上。尤其是首都东京,现已集聚3 722万人口,占全国总人口的29.4%[1]。二是工业化与城市化同步发展。工业化发展为农村剩余劳动力提供了大量就业岗位,促进了农民市民化发展;同时,二、三产业发展比重协调,高技术密集型产业促进科学技术进步,又推进了城市经济发展。三是形成"多核多圈域"的城市地域布局。注重人居环境建设和城市交通体系布局,城市间形成紧密的空间联系,增强了城市的综合承载力和对人口的吸纳能力。

韩国:与日本相似,韩国也是依靠工业化驱动快速实现城市化的范例。从其发展历程角度看:"二战"后,韩国经历了高速的城市化发展阶段,1965年至1990年城市化率每年平均增加1.66个百分点。至2011年,韩国城市化率达到83.2%。从其发展特点角度看:形成大城市主导型城镇化模式。依托"工业为主、大企业为主、大城市为主"的政策,在城市集中布局工业,实现人口、产业向少数大城市聚集。以韩国首尔为例,其国土面积占全国12%,但一度集中了韩国近一半的人口、近六成的制造业和七成的国内生产总值。

从其政府管理角度看:一是注重国土规划编制。针对城市发展的不同阶段,韩国先后编制了四次国土综合规划和两次首都圈整备计划,制定实施新都市计划和地方都市

---

[1] 魏后凯:《东亚国家城镇化模式及其得失》,《人民日报》2013年1月20日。

圈战略,积极引导人口、产业和机构扩散,对缓解首都圈的过度集聚起到了重要作用。二是重视城乡统筹发展。形成自上而下的新村运动,构建财政反哺体系和政策支农体系,发展城乡合作经济,提高农业组织化程度,重点考虑公共服务和基础设施建设向农村倾斜。三是强化产业对城市的支撑。以出口导向型工业促进主要中心城市发展,并辐射带动周边区域经济发展,以此承接农村转移人口;同时,发展产业集群,促进产业发展和城市发展相融合。

二、发达国家城市化发展经验

发达国家在城市化进程中起步早,拥有先进的科学技术、发达的农业基础和工业水平、开放自由的文化环境等。而且历程时间较长,基本实现工业化和城市化同步发展,较为成功地走出了一条以综合平衡为主要特征的城市化道路,主要从以下几方面可以借鉴其成功的经验。

(一)工业化是城市化的基本动力

英国是世界上最早开始工业化和城镇化的国家。英国的城镇化是建立在乡村工业的高度发展基础上的,早在17世纪,英国就有1/2的农业人口农闲时从事工业生产。这些乡村工业集中在工业村庄,相当一部分工业村庄慢慢演化为城镇。在工业革命开始以后,在"羊吃人"的"圈地运动"中失去土地的大批农民涌进城市,成为产业工人。英国的城镇化紧随工业化的发展而发展,曼彻斯特、伯明翰、利物浦等一大批工业城市迅速崛起和壮大。德国的鲁尔地区、法国北部地区、美国的大西洋沿岸等地区都是随着资本、工厂、人口向城市的迅速集中,形成的城市密集地区。工业化成为城市化发展不可或缺的第一动力,随着工业化的不断提升,城市化也不断加大。

(二)基础设施拉动城市化发展

发达国家在城市化过程中,加快以交通等为主的各项基础设施建设,伴随工业化的迅速发展,加快运河、铁路、公路的建设,拉动了城市化。大批工业城市迅速崛起,交通等基础设施建设就显得尤为重要。国土面积广阔的美国的城市化过程就是依靠修筑收费道路的方式从陆路开始了交通革命。19世纪40年代又形成了世界最发达的运河网。1828年美国开始修筑铁路,北太平洋铁路、南太平洋铁路、圣斐铁路等相继建成,贯通美国领土东西,深入西部腹地,带动了铁路沿线新城镇的创建。全国数以万计的大小城镇已由铁路网连接起来。铁路运输不仅促进了西部开发和城镇发展,而且大大刺激了工业发展,对工业化和城市化起了关键作用。建设高速公路,引导郊区发展。由于城市化快速发展,主城区人口过度集中,造成城市中心区环境、交通、治安状况恶劣,而汽车的普及让大批城市中产阶级迁往郊区定居成为可能。为推进郊区化,美国联邦政府改善州际道路,完善公路系统,各州也采取措施带动城市向郊区发展。到20世纪70年代中期,美国高速公路总里程已达5万英里[①]。

---

① 石平洋:《发达国家城镇化的经验》,《学习时报》2014年6月23日。

（三）城市群成为城市化发展的主要载体

随着城市郊区化，世界城市的形态发生了很大变化。在发达国家的大城市周围，沿着地铁沿线形成了密集的卫星城市和小城镇，组成了城市圈。同时，沿着高速公路的匝道口形成了小城市组成的城市带。城市群的崛起是工业化和城市化发展到一定程度的必然产物。从世界特别是欧美等发达国家看，人类城市文明发展经历了从小城镇到大城市、到城市群、再到巨型都市带的演变。世界上第一个都市带是20世纪二三十年代美国东北部形成的纽约都市带，包括波士顿、纽约、费城、巴尔的摩、华盛顿等40个大小城市。20世纪世界相继形成的大都市带还有美加五大湖大都市带，即由芝加哥、底特律、克利夫兰、匹兹堡、加拿大的多伦多、蒙特利尔为核心的北美制造业密集带；日本以东京、横滨、名古屋、京都、大阪、神户为核心的占日本全国总人口60%的大东京都市带。欧盟中以法国巴黎、里尔、比利时布鲁塞尔、安特卫普、荷兰阿姆斯特丹、鹿特丹、海牙、德国科隆、埃森、法兰克福等40多座城市组成的大巴黎都市带，英国以伦敦、伯明翰、谢菲尔德、利物浦、曼彻斯特等城市组成的大伦敦都市带。上述这五大都市带人口3亿多，在世界经济中举足轻重。近半个世纪，发达国家人口和生产力向都市带集中的趋势日益显著，都市带已成为先进生产力的载体。

（四）重视城乡协调发展

20世纪20年代以来，美国城镇化步伐加快，大城市数量及规模迅速上升，出现了以东部、西海岸及五大湖区为主的三个大都市带。但人口过度密集等城市化问题也出现在这些地区。到上世纪60年代，美国政府开始对大城市中心区进行再开发，将人口分流到小城镇。注重整合各种要素，培育龙头城镇和城镇群，提升聚集效能，在城镇群向都市圈和城市带发展中，推进区域城乡一体化、公共服务均等化，消除城乡差别，实现均衡发展。10年后，美国10万人以下的城镇人口增长了25%，从7 700多万人增加到9 600万人。健全社会保障体系。随着城镇化推进和新移民涌入，美国大城市中心区的住房短缺日益严重。为此，政府建造廉价公寓，建造低租金住宅，为买房者提供信贷抵押保证和税收补助金。"二战"后，为引导城市人口外迁，联邦政府安排1 600万老兵在郊区定居，至上世纪90年代末，政府重点帮助低收入家庭、残障人、少数族裔等弱势群体解决住房难题。美国政府还以兴建工程和投入教育帮助城镇居民就业。在城镇化初期，政府通过兴建大规模市政工程来提供大量就业岗位，投入大量资金用于职业教育、失业者转岗培训及失地农民的就业培训，帮助他们就业，大力扶持城镇社区教育，鼓励民间办学，使所有学龄儿童都能享受到充分的教育。法国在城镇化进程中十分注重农业的现代化。两次世界大战使法国的农业受到了严重打击。"二战"以后，法国政府将农业装备现代化摆在了重要位置，逐步实现了农业装备的现代化和规模化，提高了劳动生产力，形成了专门的农作物产区，一个农民可以耕作百余公顷土地，为城市提供大量劳动力。日本在"二战"以后经济进入高速发展时期，大量农民脱离土地。日本政府为新进城农民提供与城市居民相同的社会保障和市民身份，保证了农民在失地后不会再失业，成为城市流民阶层。采用各种措施增加农民收入，维持农产品的高位价格，保障农户有较多的基本收入,实现城乡共同发展,确保大米完全自给和蔬菜大部分自给。这与日本较为成功的城乡协调发展政策密切相关①。

三、发展中国家城市化经验启示

发展中国家的城市化道路与发达国家不同,这主要源于两者城市化发展基础条件、人口、地理和环境不同、城市化开始的时代不同等。一般而言,发达国家的城市化是在经济发展到一定水平的基础上起步的,是在本国工业增长、农业不断进步的基础上推进的,是一种自发、渐进的演变过程,目前已经形成结构合理、功能协调的城市体系和城乡一体化的格局。发展中国家往往是由于自主的工业化迟迟未能启动,农业发展停滞,农村经济萧条,大批农村人口被迫"推向"城市,这样往往导致"城市病"以及过度城市化。从中也可吸取很多经验教训:

(一)农村和农业发展是城市化健康发展的基础

许多发展中国家出现过度城市化和城市人口过度集中等问题,其根源是农业的落后和农村的衰败。如巴西和墨西哥等国,农村土地高度集中在少数庄园主手中,多数农民拥有的土地极为稀少,只能通过租种土地来艰难度日。同时,政府偏重于工业和城市经济的发展,对农村投入较少,这致使农村发展滞后,农民生活水平长期停滞。因此,要实现城市化的健康发展,必须以农业和农村的发展为基础和前提。通过不断提高农业技术水平,增加农业投入,才能提高农业的劳动生产率,才能够产生农业剩余与劳动力剩余。这样,才能为城市人口、为工业提供充足的农产品,使城乡之间维持适度的平衡发展。

(二)工业化是城市化健康发展的根本动力

在"过度城市化"的发展中国家,往往会出现无工业化的城市化现象。由于工业和城市经济发展的不充分,无法为农村转移出来的劳动力提供充足的就业机会,导致城市中大量的失业人口和贫困人口。这些人口的大量集聚,往往导致城市中混乱无序,带来贫民窟蔓延、交通拥堵、疾病流行、犯罪率居高不下等各种城市问题。要解决这个问题的根本,主要依靠合适的战略和政策推动工业化和经济发展,使城市化和工业化适度同步发展。

(三)各种关系的平衡发展是城市化健康发展的基本要求

健康的城市化要求经济社会协调平衡发展,即不同地域之间、不同城市之间、不同阶层之间、不同部门之间保持协调平衡关系。城乡发展水平差别过大、区域发展不平衡等都不符合健康城市化的基本要求。在一些发展中国家的城市化进程中,城市化出现了种种病态特征,如城市化超前于工业化、城乡差距过度悬殊、城市人口严重贫富分化、城市极度拥挤和混乱。例如拉美国家的大城市中普遍存在规模庞大的贫民窟,不断侵蚀着城市的发展空间,对城市和整个国家的经济社会发展带来极为不利的影响。因此,在城市化进程中,要处理好工业化与城市化、城市与农村、大城市与中小城市以及不同阶层之间的关系。

---

① 石平洋:《发达国家城镇化的经验》,《学习时报》2014 年 6 月 23 日。

参考文献

毕琳：《我国城市化发展研究》，哈尔滨工程大学博士学位论文，2005年。
曾赛丰：《中国城市化理论专题研究》，湖南人民出版社2004年版。
陈春林：《国外城市化研究脉络评析》，《世界地理研究》2011年第1期。
仇保兴：《国外模式与中国城镇化道路选择》，《人民论坛》2005年第6期。
崔功豪等：《城市地理学》，江苏教育出版社1992年版。
高佩义：《国外关于城市化理论研究的概况》，《北京社会科学》1990年第4期。
辜胜阻：《中国特色城镇化道路研究》，《中国人口资源与环境》2009年第1期。
顾朝林：《城市化的国际研究》，《城市规划》2003年第6期。
胡序威：《对城市化研究中某些城市与区域概念的探讨》，《规划研究》2003年第4期。
贾若祥等：《中国半城市化问题初探》，《城市发展研究》2002年第2期。
焦秀琦：《世界城市化发展的S型曲线》，《城市规划》1987年第2期。
孔铎等：《我国逆城市化研究发展述评》，《学术界》2011年第11期。
李晶等：《国内外城市化研究进展综述》，《山西建筑》2007年第31期。
刘景华：《"城市化"诸概念辨析》，《经济社会史评论》2015年第4期。
王新哲：《城市化演进规律辨析》，《商业时代》2009年第31期。
徐秋艳：《城市化水平测度方法研究综述》，《安徽农业科学》2007年第9期。
张京祥：《对我国城市化研究的再思考》，《地理科学》1998年第6期。
王小伟：《我国与发达国家的逆城市化现象对比分析》，《资源开发与市场》2006年第4期。
［美］赫茨勒著，何新译：《世界人口的危机》，北京商务印书馆1963年版。
Christopher Wilson eds., The Dictionary of Dermography, Oxford: Basil Blackwell Ltd., 1986.
Louis Wirth, "Urbanism as a Way of Life", Journal of American Journal of Sociology Jul., 1938.
United Nations, World Urbanization Prospects: The 1994 Revision, New York: United Nations, 1995.
周一星、曹广忠：《改革开放20年来的中国城市化进程》，《城市规划》1999年第12期
熊俊：《对中国城市化水平国际比较中若干问题的探讨——兼论中国城市化水平的滞后性》，《中国人口科学》2009年第6期。
高晓梅：《鲁粤苏浙城市化发展比较》，《东岳论丛》2014年第7期。
叶裕民：《中国城市化滞后的经济根源及对策思路》，《中国人民大学学报》1999年第5期。
张妍、黄志龙：《中国城市化水平和速度的再考察》，《城市发展研究》2010年第

11 期。

刘连银:《中国城市化的道路选择》,《中南民族学院学报人文社会科学版》1997 年第 1 期。

张宇、靳晓雯:《以工业化率比照城镇化率来判断中国城市化水平不尽科学》,《统计与决策》2009 年第 19 期。

陈阿江:《中国城市化道路的检讨与战略选择》,《南京师范大学报(社会科学版)》1997 年第 3 期。

陆大道:《还没摆脱城市化冒进误区》,《人民论坛》2010 年第 19 期。

吴奇、邵长斌:《中国城市化水平研究综述与评价》,《福建论坛·人文社会科学版》2015 年第 1 期。

刘耀彬:《改革开放以来中国工业化与城市化协调发展分析》,《经济地理》2004 年第 5 期。

陈明星:《中国城市化与经济发展水平关系的省际格局》,《地理学报》2010 年第 12 期。

梁书民:《中国城镇化区域差异的原因分析与发展对策》,《人口与发展》2015 年第 2 期。

第四章 城市国际化

经济全球化过程起源于以原材料和制造业的世界贸易。20世纪,历经多次转型调整,国际经济转向全球化经济,伴随这一趋势,不仅仅纽约、伦敦等城市,越来越多的中小城市也卷入到这一全球化进程,在封闭区域经济系统下运转的城市也开始呈现国际化。经济整合态势日益明显,这过程中涌现出若干空间权力上超越国家范围、在全球经济中发挥指挥和控制作用的国际城市,譬如纽约、伦敦。本章将对城市国际化的缘起、发展和未来展望进行研究和介绍,重点内容包括国际城市的兴起、国际城市的功能、国际城市网络以及国际城市的评价、城市国际化策略和国际城市的新动向等。

第一节 全球化与国际城市化兴起

经济全球化过程起源于以原材料和制造业的世界贸易。"二战"前,发达国家从殖民地和"影响区"购买廉价的原材料和粮食,生产成制造品,将其中很大部分回售到殖民地市场和第三世界国家。20世纪60年代,新独立第三世界国家希冀实现工业化,渗入欧洲和北美制造品市场,其低廉劳动力价格吸引了诸多在全球范围内运作的跨国公司的投资。这样对外经济联系不再是可有可无的调节因素而成为不可或缺的国民经济增长的推动力,由此出现新的国际劳动分工。七八十年代,世界经济再次经历重大转型,跨国投资和贸易的增长态势,通信技术的广泛应用使商品、服务、资本、技术和人员流动高速度、大容量地跨越国界,国际经济转变为全球化经济。经济整合态势日益明显,这过程中涌现出若干空间权力上超越国家范围、在全球经济中发挥指挥和控制作用的国际城市,譬如纽约、伦敦。进入21世纪以来尤其是近十年以来,国际分工进一步加深,由资源、劳动力等单要素的国际化分布,延伸到了资本、技术、企业经营等全方位领域。国际经济竞争也由传统的制造业领域扩大到产品开发和服务领域。金融、信息、广告、设计、会计、保险等服务行业成为新的获取高额利润和控制世界经济的重要手段。伴随这一趋势,不仅仅纽约、伦敦等城市,越来越多的中小城市也卷入这一全球化进程,在封闭区域经济系统下运转的城市也开始呈现国际化。

一、经济全球化、跨国公司与国际城市

无论原本的世界城市还是新兴城市的国际化都离不开经济全球化进程以及相应的核心载体跨国公司。跨国公司最早可追溯到 1600 年英国的东印度公司,"二战"后美国率先出现以海外为生产基地,为世界市场设计产品、生产和销售的跨国公司。此后,现代通信设施和交通大大加强了跨国公司在全球的运作力量,带动资金、技术、劳务和商品在各国流动,推动了贸易自由化和金融自由化进一步深入。随着跨国生产活动的发展,对服务业的需求日益增加,管理和控制生产的服务机构、分支结构及办事处形成全球性网络。生产服务业需要充分集聚才能实现效益的最大化,向主要大城市集聚成为常态,这也显著提升了这些城市在全球经济中的定位。然而生产也需要相应的地点,发展中国家的比较优势在于劳动力和相应的自然资源禀赋,由此他们的城市也开启了工业驱动的国际化过程。

二、经济全球化史前史时代的城市国际化

国际城市并不仅仅是经济全球化和资本主义充分开展的产物,早在地理大发现和资本主义之前,历史上就有若干具有显著国际特色的城市,只是形成机制和现代大不相同。有的是主要基于商贸,有的源自宗教,还有的因为战争和外交,数量也极为稀少,且主要位于人类文明相互联系的交通干道或者说当今所说的"丝绸之路"上。公元前,底格里斯河和幼发拉底河的富足地区就和小亚细亚沿海地区纵横相连,同时连接波斯主要城市,贸易繁荣昌盛、军事远征也异常频繁。由亚历山大大帝所代表的征服行动一方面推进相关国家的边界,另一方面也为边远地区的人类接触新思想、新观念、新意象提供了机遇,促进了人类文明的交流。该地区的城市呈现显著的国际化特色,各色人种、不同语言在同一个空间接触演化。东方世界同样毫不逊色,游牧草原部落和中原王朝互联互通,匈奴人进攻以及后来汉朝将西域和整个亚洲联系在一起,进而激发了中国和外界的贸易和交流,丝绸之路开始兴起,而当时都城长安和边境城市充满异域文化和外来特色。公元之后,基督教、东罗马帝国的伊斯兰主义、波斯帝国,宗教竞争达到最高潮,君士坦丁堡等城市成为帝国政治的中心,而耶路撒冷、麦加、麦地那等城市逐步成为宗教文化激荡的中心。与此同时中国统治者希望规范自然万物和尘世,都城不仅仅是世俗权力所在地,也是中央王国中心,长安、开封等城市不仅贸易发达、文化繁荣,阿拉伯人、西域人、草原的各民族在这里繁荣,也成为世界文化荟萃地。13—15 世纪,资本主义萌芽、欧洲人和穆斯林的贸易和军事竞争依然如此,文化和思想交流更是频繁,君

士坦丁堡成为连接基督教世界和伊斯兰世界的枢纽①。西方世界和东方世界一些物品譬如丝绸、棉花、亚麻和纺织品的贸易需求日益增加，一些集散中心，譬如君士坦丁堡、耶路撒冷、亚历山大港在贸易中兴起。商品同时通过意大利城邦运往欧洲各国，威尼斯的贸易地位日益重要。公元 14 世纪，威尼斯已成为西方世界的贸易和金融中心，不仅从东方运回东方特有的丝绸，还成了西方的生产车间，商业、工业和金融得到巧妙结合，到 16 世纪，威尼斯成为欧洲最富有的城市。然而地理大发现，非洲好望角航线的开辟使得威尼斯的地位一落千丈。针对这些史前史时代的国际城市，乔尔·科特金写到，神圣、繁荣和安全三者兼具，才能保障城市的长期发展以及与众不同的国际影响②。

三、跨国公司全球布局的节点选择

如果史前史的国际城市很多是贸易、战争和宗教塑造的结果，那么资本主义的推进，以及世界市场的逐步形成，使跨国公司成为近现代城市国际化的主要推动力。的确，跨国公司 16 世纪就出现，然而产生全方面塑造能力还是在"二战"后。"二战"后，发展中国家纷纷独立和启动现代化进程，对资金的需求显著上升。欧洲各国和日本等发达国家为了战后重建也需要大量资金。对利润的渴望驱动美国对外直接投资显著增加，美国由此率先产生大量跨国公司，成为直接投资的主要主体，其他国家跨国公司也逐步成长。然而这种投资仍有着鲜明的中心-边缘的世界体系属性，即发达国家对发展中国家投资主要是劳动力密集部门，而发达国家之间的投资主要是资本和技术密集型部门，对劳动力需求有限。发达国家投资仍是主流。外商直接投资带来多重后果：(1) 促进了国际生产和贸易的增加，新的国际劳动分工开始形成，发展中国家劳动密集型产业获得巨大发展；(2) 全球生产网络内涵得到极大的扩展，不仅生产和管理分工，且出现了诸多生产性服务业，而服务业在产业结构中的重要性提升，一方面向上攀登，一方面向下联系，向上攀登包括获取新的知识资源、扩大市场规模，向下联系包括在全球设立分销中心，扩大企业品牌的市场效用等③；(3) 打破了原来封闭区域生产系统，使得地方生产网络和全球生产网络实现了有效对接，这样，地方的生产要素也必须和国际劳动分工连接在一起。在这种大背景下，跨国公司作为全球生产网络中的关键行为主体，其全球搜寻、布局和地方差异性有关。不同国家和地方有着不同的自然资源禀赋、劳动力条件以及政治经济制度安排，和主流文化价值观。这些因素给跨国公司构建的全球生产网络的空间扩散，以及价值链的构造形成显著不同的激励机制，由此跨国公司主导的全球生产网络对地方生产网络具有高度的选择性，即具有较大的自主性，而地方生产网络一般说来属于本地域范围内流动所形成的地方产业聚合体，包括劳动力、制度条件、

---

① [英]彼得·弗兰科潘，邵旭东、孙芳译：《丝绸之路：一部全新的世界史》，浙江大学出版社 2016 年版，第 155-171 页。
② [美]乔尔·科特金，王旭译：《全球城市史》，社会科学文献出版社 2006 年版，序言。
③ 李健：《全球生产网络与大都市区生产空间组织》，科学出版社 2011 年版，第 58-63 页。

市场等,这一般位于作为载体的城市中。这样表面上形成了跨国公司对城市节点的选择,实质上是跨国公司主导的全球生产网络与城市尤其核心城市主导的地方生产网络有效衔接,实现价值链和价值分割最大化。90年代,布雷顿森林体系崩塌,信息技术、通信以及运输方面的快速发展,使新的国际劳动分工进一步演化,全球经济开始集中关注服务业,尤其是金融服务业。国际经济中心城市的主要功能已经从大规模、集中的工业产业演变到了极其发达的金融、商贸等服务型的第三产业上,这进一步强化了跨国公司力量。这样,跨国公司对节点城市的选择,便聚焦于其建立地区总部是否有着足够的服务支撑能力上。事实上,具有先进的基础设施、良好的生产服务业集聚和支撑能力、覆盖市场规模庞大的城市越来越得到跨国公司的青睐。

四、跨国公司与国际城市的互动关系

全球经济的新变化推动跨国公司在城市节点方面的权衡因素发生变化。按照原有观点,生产的全球化驱动了跨国公司主导全球生产网络从中心地区延伸到边缘地区,工业生产的很大份额流向了新兴工业化国家,而先进国家制造业空心化且丧失大量工作机会。这种观点强调了跨国公司基于全球价值链、利润率而主导全球生产网络的能力,而忽视了生产地点或者地方生产网络的权变能力和韧性,由此产生忽视了投资地区内部的社会经济过程,仿佛该地区或者该国家的工业化发展完全受制于跨国公司。一些学者甚至认为地理已无关紧要,投资目的地相对于跨国公司来说只能被动等待。确实,90年代至今的二三十年,诸多城市为获取国际投资进行了持久力的比赛,试图改进对全球生产网络对接的方式、深度、过程以及可能的发展效应:(1)进行城市美化运动以提升能带来各类资本的国际旅客的舒适度,推动基础设施的更新和城区的士绅化,竭尽可能满足于资本的需求,表现为大批量的五星级酒店、通信电缆等先进基础设施、完善的旅游服务标识、航空机场铁路港口等高速交通工具;(2)对国际资本进行大幅度去管制化,还利用相对廉价的土地和相对丰富的资源构建一系列的政策优惠区,譬如出口加工区、自由贸易区、保税区、中央商务区等;(3)千方百计地推动商务成本的最小化,譬如关税、出口退税、投资优惠返还等吸引国际资本的投资,同时纷纷与国际体制接轨以国际标准要求自身,进行城市营销提升自身的文化吸引力。然而对全球生产网络镶嵌的努力,以吸引投资为目的城市也并不是纯粹的被动或者地理无意义,节点城市其实仍有着相当大的塑造力。除了劳动力价格这样的因素,市场规模和政治经济制度也是重要的因素,如果投资目的国市场规模广大,那么完全可以用市场权力和跨国公司进行有效的博弈。同时生产性服务业的集聚以及各项营商环境的优化对国际投资的选择来说越来越重要,这样,城市因为本身的发展积淀、基础设施的优劣、人力资本的汇集对跨国公司能够实现既定的发展目标也日益重要,随着高新技术和以知识为基础的工业的成长,跨国公司对少数的中心城市的依赖愈加深刻。凭借在中心城市的立足,以及中心城市对周边区域中小城市的统摄能力,一些中小城市也日益被国际投资所渗透深化。

第二节 城市国际化与网络

一、国际城市的功能

城市卷入全球化浪潮意味着自身自觉不自觉地开启了国际化进程,而无论被动地成为全球城市网络的镶嵌节点,还是主动吸引全球要素的流入都意味着自身需要在全球范围内活动。尽管不同的城市基于资源禀赋、发展积淀和规则制度体系有所不同,且主要表现在功能、等级和影响力程度上。城市是政治、经济、科技、文化等多方面的聚合体,这决定了城市功能是多方位和综合性的,当受到不同的国际要素流动影响,譬如资本、人员、机构,就会产生出基于不同功能的国际城市,譬如科技驱动的国际城市、文化驱动的国际城市、经济驱动的国际城市、创新驱动的国际城市。

经济是国际城市的主要功能。国际城市在商品流、金融流和服务流交汇网络中处于中心地位,且有着自我强化的集聚效应。通过集聚各类不同的效应,基础设施和产业聚合体承担起不同的经济金融功能,譬如贸易、航运、经济和金融等。不同的城市可以有不同的功能,而有的城市譬如纽约、伦敦、东京则具有综合性的经济功能。

政治也是国际城市可以发挥战略主导作用的领域。国际城市不一定是华盛顿、莫斯科、布鲁塞尔等政治中心城市,但仍释放着政治影响力,途径和渠道表现在:把该市的产业和金融机构的利益与全国的利益联系起来;先进的新闻媒体引领全国的社会热点焦点;新思想迅速在该市扩散,并通过很多手段传播到其他地方;创新的做法在此地先试先行。商务峰会密集举行,对商务领导层的社会化、大商业的政治地位的界定等都有影响。

文化影响力更是国际城市可以着力发挥作用的领域。其主要依靠:国际城市一般移民众多,多语种化、多种族社区"马赛克"式的并存,不同背景的居民对市政的积极参与,以及城市权力机构对非本土文化的一视同仁导致文化多元主义的兴起,也间接激发了文化创造力。国际城市还集聚了诸多艺术家及批评家、出版社和杂志社以及很多具有权威性的艺术学校和非赢利机构,而慈善家、艺术家和文化人物在创立和培育国家艺术和人文基金会的同时也促进诸多文化创新。

二、城市国际化与策略

(一)城市国际化

目前国际城市有着如此多令人向往的功能,才使得国际城市成为如此多城市追求的目标,并为此做出辛苦探索和努力,纷纷制定详细的国际化规划和方案。然而国际化是城市发展到一定阶段的产物,不仅取决于城市本身所处区域内的相对地位,也取决于该区域的重要性、发达程度以及国际各种交流的通畅程度。

确实,通过国际化城市可以提升自己的品位和发展水平,然而何为国际化,不同的城市有着不同的诉求,不同的学者和研究机构从不同方面对这一概念有着不同的界定。有人认为城市国际化主要是指上述国际职能效应增强的过程。主要有以下内容:第一,某些职能辐射半径必须超出国界,具有明显的国际性;第二,资源要素的输入输出超出国界,国际程度越高的城市处于主导和控制地位;第三,科技、通信、交通等基础设施都实现现代化;第四,国际人口应达到一定的比例①。还有学者认为城市国际化不仅在投资、贸易等方面有着广泛国际联系,还得具有世界性或者区域性竞争力,且城市规划、管理以及社会各方面达到国际先进水平,此外,国际化城市还是个社会与文化高度开放的城市。宁越敏等学者从软环境的角度界定城市国际化。国际化指城市应实践包括中国在内的、为世界主体国家所认可的、具有普遍适应的价值观和准则,同时发展理念也应国际化,譬如低碳、包容等方面。城市国际化内涵异常丰富且不统一也给执行带来困难。通过规划来推进国际化时,常常沦为宏大场景的建设、标志性工程的建设,忽略了对城市规划追求以人为本、人性化物质和社会环境硬件等传统经典准则的关注,甚至对本国、本民族优秀的文化传统、空间营造成就、社区环境视而不见乃至轻易摧毁②。可以说很多城市具有国际化的框架和抱负,却没有建成国际化的城市品质。这也引发学者对城市国际化本身提出了疑义,比如:(1)城市国际化目的和价值是什么,为了城市活力、竞争力还是美好生活?(2)城市发展过程追求国际化是否就是做大城市框架和各类物质基础设施?(3)执行过程是否存在重视硬件建设、轻视软环境配套倾向?(4)过度与国际接轨是否使自身失去了特色?然而即使如此,主流学者仍认为城市国际化仍值得推进。主因在于国际化是提升城市竞争力的最有力武器之一,只有提高城市国际化水平,才能更多更好利用全球资源、要素和市场,充分发挥城市基于全球范围内的比较优势和竞争优势。城市国际化还能使城市不同类型行为主体参与全球竞争与合作,不断提升自身素质和水平,深入地影响城市区域的需求;城市国际化还使自身深入到全球市场内,充分发挥全球市场的基础性作用,优化城市资源、要素、产业的聚集格局,不断创新、优化和完善城市的公共制度。此外,国际化还适应政府企业化治理转型的总体需要,从过去关注比较单一的工作技术、土地使用功能安排等任务,转向了关注如何通过城市规划吸引更多的发展资本与机遇,架构更具弹性的空间结构,改善城市的物质与社会环境等更具开放性、多元性的问题。

(二)城市国际化的策略

既然城市实践的国际化有利于城市竞争力的提升、形象的改善,那么如何推动国际化或者推动国际化的路径和政策措施就成为许多城市必须考虑的内容。事实上,追求国际化的城市都有自己的特点和优势,实现国际化的道路是不同的,侧重点也有所不同。譬如弗里德曼提出了主要的金融中心、跨国公司总部所在地,国际性机构的集中地等七项指标,萨森(Sassen)强调全球领先的生产性服务业公司,卡斯特尔斯(Castells)

---

① 于涛、徐素、杨钦宇:《国际化城市解读:概念、理论与研究进展》,《规划师》2011年第2期。
② 罗小龙:《不同学者解读城市国际化与城市规划》,《规划师》2011年第8期。

强调国际城市与全球各地的流量(信息、货币、人口、物质等流动)。这样很多城市就主要从跨国公司总部、贸易、国际金融机构、专业化服务、全球信息、全球消费、世界性活动等角度来推动国际化①。虽然经济领域是国际化核心内容、主要驱动力和功能,但城市国际化并不是单一功能,而是一个综合性过程,包括城市社会、文化、政治,这样随着网络、通信、媒体的日益发达,政治和文化也越来越成为城市国际化的重要内容。政治事件、政治活动以及相联系的各个方面都促使城市加大与外界的交流,推动国际化。事实上,一些城市如蒙特利尔、汉诺威、戛纳等几乎都是以富有特色的文化产业而呈现出自身国际影响力。倪鹏飞认为城市国际化评价,除从城市经济国际开放度外,还从城市人文开放度评价。经济国际开放度则从以下指标开始衡量:包括外贸依存度、外资占固定资产投资的比重、外企占城市总企业的比重;人文国际开放度则考虑:移民人口指数、外语普及率、外来文化影响度②。随着国际化内容的复杂化、综合化,城市越来越需要通过指标体系的构建来识别自身的优势和特色、发现短板和不足,这样根据自身客观现实提炼出自己实现国际化的路径,指标体系就成为许多城市推进国际化的主要抓手。国外学者对城市国际化的评价既采用综合指标体系,也采用单一指标,无论综合指标还是单一指标都有其优点也有其难以掩饰的缺点和不足。随着城市国际化研究的日益深入,评价、指标体系日趋复杂③,很多城市的国际化进程甚至将基础设施等基本功能与国际化水平糅合在一起,这一方面说明城市的国际化进程对现代化进程的依存性,另一方面也说明目前确实没有公认一致的城市国际化评价指标体系。除了指标体系,各国大都市都采取主动的战略性手段优化城市发展环境,通过类似于企业的运作方式来包装和推销城市,尤其奥运会、世博会、世界杯等重大事件来吸引居民、游客、移民、企业或者国际投资。

三、国际城市网络结构与变化

(一)国际城市网络结构

国际城市是全球化经济和社会力量释放能量的空间节点,以资本流动、信息传递、商品交换、生产分工合作为主要沟通纽带构成了世界城市网络。城市网络呈现何种结构性特征一直是学术界关注的研究议题之一,主因就在于这种结构性特征对具体城市的国际化和升级有着重大影响。实证研究已经证明不仅世界城市网络并非是"平"的,内部有着明显的势能落差和等级体系。在这种体系中,不同的城市有着显著不同的功能,有的是管理者和总部,有的是金融中心,有的是地区经济中心。显然处于高等级城市对低等级城市有着重要影响,集中设有全球企业和金融机构总部的城市成为世界城市等级的核心,它不仅对跨国公司组织结构内部实施控制,而且对整个生产体系发挥影响,包括所有为生产最终产品而被技术和组织联系在一起的环节。如果以城市位于世

---

① 兰肖雄、刘盛和、蔡建明:《国际城市的分类、建设经验与启示》,《世界地理研究》2011年第2期。
② 罗小龙:《不同学者解读城市国际化与城市规划》,《规划师》2011年第8期。
③ 易斌、于涛、翟国方:《城市国际化水平综合评价体系构建与实证研究》,《经济地理》2013年9期。

界体系的中心、半边缘和边缘地区为依据,可将国际城市划分为顶尖国际城市、中层国际城市和低层国际城市。拉夫堡大学全球化与世界城市研究组(GaWC),根据开发的"全球网络联系度指数(GNC)"将国际城市等级划分为若干层,分别为 Alpha++,Alpha+,Alpha,Alpha-,Beta+,Beta,Beta-,Gamma+,Gamma,Gamma-,High Sufficiency,Sufficiency。世界城市体系变迁并非一朝一夕,占据高端位置的顶尖国际城市体系必然通过挽留企业、人才、业务等方式维护其控制地位,增加体系变迁的黏性。为此,对于挑战者城市,在集聚势能同老牌世界城市开展功能、人才与业务的争夺的同时,更需要依靠(体制的、管理的、技术的、知识文化的)创新。

事实上,国际城市网络除了综合等级,还有专项。专项是指城市单独的某项功能,譬如世界人口规模、经济影响力、金融功能、创新创业、宜居等。这些单独功能不同的城市有着不同优势,譬如世界人口规模排名,联合国发布《世界城市展望 2014》对常住人口超过五百万城市进行排名;经济影响力,普华永道从世界 500 强总部数量、金融和商业服务就业总数、对外商直接投资吸引力、生产效率、真实 GDP 增长速率等五个方面排名。金融功能排名,金融是综合性国际城市的一大核心功能,几乎纽约、伦敦等经典国际城市都以金融为核心主导。目前中外各有一套排名,分别为新华-道琼斯"国际金融中心发展指数"和英国 Z/Yen 集团刚刚公布一年更新两次的"全球金融中心指数"(GFCI)。新华——道琼斯指数从金融市场规模、市场成长性、产业支撑、服务水平和国家环境 5 个维度,对全球 45 个国际金融中心城市进行排名。英国 Z/Yen 集团一年两次发布"全球金融中心指数"(GFCI),该指数侧重关注市场灵活度、适应性以及发展潜力等方面,评价体系涵盖了营商环境、金融体系、基础设施、人力资本、声誉及综合因素等多个指标,共计 105 项特征指标。创新、创业排名"世界创新城市"排名由澳大利亚咨询机构 2thinknow 自 2010 年开始发布,主要考察文化资产、人力基础设施和市场连接 3 方面因素,并按照创新城市影响力的大小划分为创新中心城市、创新枢纽城市、创新节点城市、创新辐射城市和创新升级城市(Nexus,Hub,Node,Influencer,Upstart)5 个等级。"宜居城市指数"是由英国《经济学家》杂志情报组(EIU)开发的,从生活和宜居角度对城市进行排名。主要指标包括稳定性、健康安全、文化和环境、教育、基础设施。

(二)国际城市网络结构变化

约翰·弗里德曼(J.Fridmann,1995)曾指出,世界城市体系因其"固有的非稳定性"而呈现出世界城市网络的"易波动"(volatile)状态[1]。全球生产网络和要素流动是变化的,国际城市网络也是变化、波动的。在传统国际城市理论及网络特性中,以金融、保险、地产等服务业为核心的城市具有相对较高的地位及控制力。由此传统意义上高等级的国际城市最少,中等的国际城市稍多,低等级国际城市最多,呈现"金字塔"状。然而,随着全球化的进一步拓展、发展中国家城市化的进一步推进,越来越多的节点城市

---

[1] John Friedmann. "Where We Stand: a Decade of World City Research", in P.L.Knox and P.J. Taylor eds. World *Cities in a World-system*, pp.21-47. Cambridge: Cambridge University Press, 1995.

进入到全球生产链与金融、贸易、创新网络体系中。这些新兴的节点城市不仅与顶级国际城市进行垂直联系与交往,也更加频繁地与同等级的国际城市进行经济、贸易、文化、政治和人员的联系,同时也对区域内的其他次中心城市进行辐射,带动次一级城市进入国际城市网络。这样越来越多的中小城市被卷入这一进程中,这样国际城市网络节点的个体增加,同时中等层级的国际城市数量增加。国际城市网络的层级体系将会发生较大幅度改变,传统的顶级层级城市保持相对稳定,而次级或者稍微次级层次城市体系将有很大变化,中等层级欧美传统国际城市受到冲击,新兴国家的城市等级有较大提升。这样原来的金字塔状的国际城市进一步向钟字形转变,即国际城市的数量变多,网络结构进一步呈现扁平化[1]。需指出的是,目前的国际城市网络主要基于生产性服务业,此次金融经济危机对那些产业结构高度服务业化,尤其集中在生产性服务业的部分冲击较大,而顶级国际城市多数属于此列,受到较大冲击,其自身需要较长的恢复阶段。而中等层级的国际城市大多制造业和服务业兼具,属于复合型世界城市,面对外来冲击,经济综合的表现和弹性都较大,因此受到的冲击相对较小,恢复期较短,因此两个层级间的差距将进一步缩小,"钟型"的发展趋势应能进一步延续。同时,随着全球经济的逐渐恢复,一些地方性中心城市有望迅速崛起,这将进一步增大中等层级世界城市的规模与影响力,世界城市网络的等级体系在较长的期间内有望进一步从"钟型"发展为"鼓型"。

经济全球化驱动了各类要素的流动,产生世界城市网络。金融危机的发生,在改变经济全球化面貌的同时也深刻影响了世界城市网络的面貌,还带来世界城市网络的局部变异。网络区域化、等级扁平化是未来世界城市网络的新特征。

首先是网络区域化。金融危机发生之后,经济全球化将由整体上向区域层面收缩。原来以全球视野部署生产网络、配置产品生产环节的,今后将更多地在区域范围内配置生产流程。这必然对世界城市网络形成影响。实际上,理论界对于世界城市网络变化呈现"区域化"趋势是有预见的。世界城市网络研究的权威学者泰勒在 2005 年撰文指出:"以往把城市间关系概念化的时候比较强调'城市等级',所以'区域性'在世界城市研究中被相对忽略了"[2]他在划分世界城市等级外,进一步引进了区域性,将世界城市网络划分为 7 个地区,分别是美国、西欧、亚太、英联邦、拉丁美洲、东欧和亚非地区。在每个区域内部的城市间网络联系的紧密性远较全球网络联系来得密切。

世界城市等级扁平化。权威的拉夫堡大学全球化与世界城市研究组(GaWC),根据开发的"全球网络联系度指数(GNC)"将世界城市等级划分为 6 层。如果追踪 2008 年经济金融危机之后的变化可见:第一等级世界城市数量不变(纽约、伦敦 2 个),第二等级世界城市由 8 个减少到 7 个,第三等级世界城市由 9 个增加到 19 个,第四等级世界城市 21 个增加到 25 个,且 Beta Gamma 层级城市有明显增加,而 High

---

[1] 苏宁 王旭:《金融危机后世界城市网络的变化与新趋势》,《南京社会科学》2011 年第 8 期。
[2] 彼得·泰勒:《世界城市网络的区域性》,《国际社会科学杂志(中文版)》2005 年第 3 期。

Sufficiency 和 Sufficiency 明显减少,这说明中间层的世界城市明显增加,而约翰内斯堡、北京、上海、圣保罗等新兴世界城市有明显上升。这意味着这次危机中收到重创的恰恰是伦敦、纽约这些高等级世界城市,可以预期世界城市等级的扁平化趋势仍将持续。这显然是有利于后发城市提升信心和使得世界城市网络朝着更平等性的方向迈进。①

第三节 全球生产网络与城市国际化功能

冷战结束之后,贸易自由化、资本流动自由化,信息通讯技术快速,各国都纷纷加大努力吸引国际资本投资,跨国公司活动自由度空前提升,成为全球资源配置的主体。然而跨国公司面临竞争并没有减少,利润率反而呈现下降趋势,迫使其采取更加弹性化的生产方式、"灵活累积",产品生产的各个环节被分解到具有不同比较优势的地区,由此国际产业分工出现新变化。产业间分工、产业内分工和产品内分工等构筑的全球生产网络逐步向全球价值链转型,同一价值链不同环节、价值链环节和增值活动在全球范围内得到重新配置。这种态势下,跨国企业不断通过组织调整、科技变革、劳资关系调整以及改变企业、公司与机构的长短期关系,通过战略联盟、供应链协调、企业集团、企业集群以及传统的特许经营和连锁经营等诸多形式,形成关系密切的生产网络形态。显然,生产网络已超越单个组织边界向更大范围延伸,组织间的网络联结日益凸显,全球经济网络终于形成。全球经济网络中,一些城市以自身资源禀赋、发展积淀和制度优势成为网络的中心,成为中心城市,而全球经济网络又按照专业和职能划分为贸易、航运、金融、创新,由此,一些中心城市又演化为贸易中心、航运中心、金融中心、创新中心。

一、全球贸易网络与贸易中心

跨国公司主导全球经济网络和新国际劳动分工推动着不同地区按照自己的比较优势进行分工合作,几乎所有行业的制造中心都将它们的生产基地向具有比较优势的地区转移。这样形成了发展中国家以劳动密集型方式进行制造和装配,发达国家进军全球市场格局,这必然带动贸易的大幅成长。随着贸易距离全球延伸,跨国公司为了实现资源全球化、市场国际化的战略目标,便向某些重点地区譬如亚太广泛渗透,而选择一些具有良好区位、较强辐射力和吸纳力的地区作为地区性平台。在这些平台中跨国公司建立地区总部,而后服务业随之入住,形成了贸易环境开放、服务配套完整、设施齐全的、庞大的产业集群,通过这一集群和不断增强的商贸产业,对周边国家和整个地区商贸活动发挥整合和塑造作用。随着交通物流的完善,全球贸易网络逐步形成,而这一贸易网络形成过程中,国际贸易中心逐步建立。国际贸易中心有全球性的也有区域性的,

---

① Classification of Cities 2016. http://www.lboro.ac.uk/gawc/world2016t.html and Classification of Cities 2008, http://www.lboro.ac.uk/gawc/world2008t.html.

前者诸如纽约、伦敦,后者诸如香港、新加坡、釜山。全球性的国际贸易中心一般立足本土、面向全球配置资源,其商贸产业和其他产业相互配合,不仅成为跨国公司的孵化基地,也使自身全球范围内的吸纳能力不断增强,同时配置国家产业调整掌控国际贸易利益的核心价值环节,譬如大宗商品要素交易平台。全球性贸易中心的形成需要历史契机,譬如伦敦凭借英国革命历史契机,吸引了欧洲的商业和贸易要素和全英制造业向其周边地区集聚,并通过武力扩张、政策引导、市场调节、基础设施配套等手段,成为全球要素最为集中的大宗商品要素交易市场并延续至今①。纽约充分利用"一战""二战"的历史契机,借助美国霸权地位的确立,通过世贸组织等贸易制度化的契约形式,吸引了一大批国际组织,引发产业裂变,成为国际决策中心。东京借助日本工业化和强劲的制造业,以及制造和贸易的内在关联,带动了金融、研发等生产性服务业的成长。区域性贸易中心多属于区域内部或者区域之间的连接的关键节点,譬如新加坡发挥其吸纳配置并转运以中华劳工为代表的低价劳动力资源和初级工业原材料资源,以及向亚洲各内陆市场输出英国工业产成品转口港的战略作用。香港则实行了"政府积极不干预"免税的自由港政策,在极短的时间内吸引全球金融资本和贸易要素向香港迅速集聚,由此成为重要的转口港和国际货物集散地。

二、全球航运网络与航运中心

新国际劳动分工带动了贸易量的增加,必然引发批量小、价值高、运货期短、可靠性要求高的集装箱运输和航空运输需求的增长,世界海运业迎来繁荣期。这种背景下,世界航运出现一种全新的发展趋势:(1)船舶越来越向超大型化方向发展,18 000TEU等超大型集装箱投入实际使用。(2)运输系统越来越朝着结构化的多式联运模式发展,水路、铁路、公路、沿海和内河等组成的支线运输网络与远洋干线网络相配合,形成全球航运网络。(3)世界各国的航运政策法规体系越来越向市场化、竞争化和开放化方向演进。这三个趋势使得世界经济对自由、开放和高效的运营环境需求战略在增长,港口重要性提升。港口既是货物联运的枢纽,又是国际商品存储、集散分拨中心,还是贸易、加工业发展的集聚地。这样,港口也从传统的货物装卸、中转地发展成为提供增值产业和服务的综合物流中心。这一综合物流中心进一步引发加工业、船舶服务业和货物增值服务业的成长,航运中心形成。国际航运中心是指那些具有航线稠密的集装箱枢纽港、深水航道、集疏运网络等硬件设施和为航运业服务的金融、贸易、信息等软件功能的港口城市,除了航运中转和货物集散还具有综合资源配置功能。国际航运中心有三种基本模式:第一,以市场交易和提供航运服务为主,这种模式比较特殊,是靠悠久的历史传统和人文条件而形成的,在世界的国际航运中心中是唯一的,即伦敦国际航运中心。第二,以为腹地货物集散服务为主,即腹地型的国际航运中心,如鹿特丹国际航运中心和纽约国际航运中心。第三,以中转为主,即中转型的国际航运中心,如香港国际

---

① 汪亮:《国际贸易中心城市崛起的经验与启示》,《城市观察》2011年第4期。

航运中心和新加坡国际航运中心,中转型的国际航运中心除了地理优越外,转口贸易和自由港政策也至关重要。从国际航运中心比较可以看出,其形成基本上都具备下述中的全部或大部分条件:自然条件、集散传输条件、技术条件、经济条件、体制及政策条件、人文历史条件。自然条件包括港口的水文条件、气候条件以及地理位置,地理位置决定区位条件。随着世界船舶大型化,原先港口可能失去优势,就此衰弱。集散传输条件包括海陆空内河集疏运条件、邮电通信、卫星通信、全球互交网络、区域性或行业性互交网络。技术条件指支持中心高效率运作的技术条件,但在第三代国际航运中心中,其技术条件还包括支持把技术作为一项商品有效转移、配置的技术。经济条件专指国际航运中心的形成无一不依托于腹地经济的快速发展和对外贸易的剧增,而历史上国际航运中心"领头羊"的更替同世界经济重心转化的路径相吻合这一事实,也证明经济条件对形成国际航运中心的重要作用。体制及政策条件和管理模式要保障国际化、自由化和稳定性,目前正处于第二代航运中心向第三代航运中心的过渡阶段,体制和政策条件扮演和发挥的作用越来越大。人文历史条件主要指航海的传统和文化、海事人才储备等。

三、全球金融网络与金融中心

生产活动在全球扩散,工厂、企业大规模地向边缘地带和发展中国家转移;另一方面,对生产活动的管理和控制向大城市集中,生产和管理在空间上逐步分离。跨国公司的集中带来生产服务业需求的增加,广告、会计、法律等高端生产性服务业发展迅速,日益成为城市国际化的核心驱动力。跨国公司的集中、金融流动加速和汇聚,必然要求极其先进的基础设施予以承载,以保证人流、物流和信息流畅通,这样综合性的交通和通信枢纽便成为国际城市的典型特征[①]。此外,城市产业结构急剧变化,工业经济向服务经济转型,服务业占整个就业和GDP比重显著增加,甚至远超越第二产业和第一产业比重。以全球最具影响力的三个世界城市纽约、伦敦、东京为例,第三产业比重占GDP比重均在70%以上,纽约和伦敦更是超过80%。生产性服务业中,金融占据核心位置,各国对世界经济的影响和控制主要通过货币、汇率和其他金融工具来实现。20世纪70年代,随着金融管制解除和跨国交易自由化,全球资本流动加剧,银行业、证券市场、债券市场、外汇市场等新的金融工具与衍生产品不断引入、速度加快,更多参与者加入。全球金融整合愈发明显,先是美国,其后迅速波及西方发达资本主义国家和拉丁美洲、亚洲等其他国家。与此同时,全球金融资源在各种规模经济作用下向北美、欧洲以及亚太地区聚集的趋势也越来越明显,而城市节点譬如伦敦、纽约和香港的中心地位也日益突出,称呼为国际金融中心。国际金融中心城市是全球金融市场的控制中心,拥有诸多的金融机构,特别是跨国银行,集中巨额金融资本,产生大量金融业务。纽约、伦敦、香

---

① 丝奇雅·沙森(Saskia Sassen)(通译:萨斯基亚·萨森),周振华译:《全球城市:纽约 伦敦 东京》,上海社会科学院出版社2001年版,序言。

港是三个最具出色的金融的城市,其中纽约执金融市场牛耳,股票交易所、商业银行和证券公司高度集中,成为世界经济的枢纽和核心。国际金融中心的成长并没有整齐划一的理想路径,每一个金融中心都有自己的独特发展历程,譬如伦敦金融中心的形成相当程度得益于工业革命、英国的海外贸易和殖民地;还譬如纽约金融中心的形成主要依靠交通运输渠道的开辟,美国作为经济大国的崛起和霸权地位的最终确立。这两大国际金融中心基本遵循了市场导向自我成长的发展路径,即商贸中心-区域经济中心、金融中心-国际金融中心的更替和发展①。香港国际金融中心的确立并没有很强大的经济实力,只是重要的贸易枢纽和港口,其成长是通过地区金融部门人为设计和强有力的支持而产生的,成长过程中政府的角色不容忽视,具有政府和市场共同推动的特征②。政府供给发展和引领路径,这样提高了金融资源的配置效率,反过来推动了经济发展。

四、全球创新网络与创新中心

20 世纪 90 年代后,以电子信息产业为代表的"新经济"逐步成为国际劳动分工的产业主体,而以电子信息产业为代表的新科技不仅仅是一个行业的突破,也创造了共生融合的集群跨界。新型制造业强调产业深度融合,个性化定制以及生产分散化、就地化,这样知识资本逐步成为基本的价值导向,成为竞争力的关键要素,并在价值链中的比重越来越大。跨国公司从生产成本竞争进入了研发成本竞争,进行全球部署下的研发外包,逐步把一些管理和研发部门进行全球再布局。这样,跨国公司主导的全球生产网络,在哪里设定总部、生产车间、物流中心都是根据基于国际比较优势的国际分工,就缓慢演化为基于研发的全球创新网络③。全球创新网络从历史发育阶段来看,有三个方面。

1. 全球知识创新网络:以高校科研院所为主体,以科学论文、专利获得、学术会议、人员访学、合作研究为载体的知识流动层。

2. 全球创新创业网络:创业者为主体的,依托各类创新创业载体(苗圃、孵化器、加速器等)的高竞争、高淘汰的技术开发层。具有高度全球化背景的各类创新创业融资(天使投资、风险投资、私募股权投资、众筹募资等)作为关键润滑剂,使这一层具备松散的全球网络化架构。

3. 全球研发产业化网络:跨国公司为主导,由全球生产网络升级而来的,以企业研发中心全球布局及其研发服务外包为主要介质的技术开发与产业化层。这样根据知识创新、创新创业、研发产业化,一些国际城市也就成为全球创新中心。④

2000 年 7 月,《连线》杂志提出了全球科技创新中心(Global Hubs of Technological Innovation)的概念,并评出硅谷(旧金山)、波士顿等 46 个全球科技创新中心。2001 年世界银行《世界发展报告》进一步深化为"技术成长中心"(Technology Growth Hubs)

---

① 冯邦彦、彭薇:《香港与伦敦、纽约国际金融中心比较研究》,《亚太经济》2012 年第 3 期。
② 熊文海:《世界航运网络的结构特性及其动力学行为研究》,青岛大学 2009 年博士学位论文。
③④ 祝影、杜德斌:《跨国公司研发全球化的空间组织研究》,《经济地理》2005 年第 5 期。

概念。其后一系列研究人员和研究机构提出了一些衡量科技创新的国际城市排名,譬如 R. Florida 提出了创意阶层与创新环境评价指数(波希米亚指数);C. Landry 创新城市阶段划分(萌芽、启动、扩散、活跃、形成创新与可持续循环)与创新城市塑造策略;2thinknow 全球创新尝试排名等等。2008 年受到危机的强烈冲击,国际主要城市为摆脱危机纷纷转向创新、创意的功能塑造。纽约成为美国最重要的创新中心城市之一。2012 年纽约的新增科技就业岗位在全美排名第二,仅次于硅谷。曼哈顿下城以围绕新媒体产业形成了新的创新集聚区"硅巷"。伦敦立足文化创意与科技创新的融合,2012 年奥运之后出台新一轮市长发展计划,提出"城市战略机遇空间"概念,如废弃的肖尔迪奇地区(Shoreditch)转型成为一个繁荣的高科技地区,容纳了 3 200 家科技公司和 4.8 万个就业岗位。

第四节　国际城市评价与最新动向

一、国际城市评价方法论

(一)竞争力导向的评价

对城市竞争力的关注是 20 世纪 80 年代以来的事情,国际研究界不同学科都开始关注如何提升城市的竞争力,美国建立了专门从事竞争力研究的机构,英国出台了一系列关于白皮书的报告,OECD 针对城市竞争力提出新经济、新产业,世界银行也专门召开关于竞争力的会议,此种氛围影响下世界各地城市都开始充分认识到城市竞争力的重要意义。城市竞争力还受到国家竞争力、产业竞争力、企业竞争力和产品竞争力等竞争力研究的影响,世界经济论坛在评价竞争力的过程中逐步形成了评价原则、方法和指标体系,其公布的《世界竞争力报告》产生巨大影响。其后,迈克波特提出《国家竞争优势》模型也迅速影响城市竞争力的评价方法。那么城市竞争力竞争的是什么?怎样才能提升各自的竞争力?城市间如何竞争就成为研究的关键,而这些问题最终归结到城市竞争力的影响因素有哪些?围绕这些问题国内外提出一系列的理论框架,并根据该框架开发一系列的竞争力指标[①]。

(二)网络联系导向的评价

长期以来,城市研究首先是单个城市或者几个城市综合指标的比较,基本的测量方法就是城市属性信息,如人口、区位、经济规模、跨国公司总部的集中程度、金融资产等等。弗里德曼(Friedmann)按照控制中心程度,将世界主要城市划分为四个等级:核心区的最主要城市、核心区的次要城市、半边缘区的最主要城市、半边缘区次要城市。萨森(Sassen)构建了以金融为核心的包括法律、咨询等高级生产性服务业的分析框架,卡斯特尔斯(Castells)在此基础上进一步提出了流动空间(Space of Flows)概念,明确了

---

① 罗涛、张天海、甘永宏、邱全毅、张婷:《中外城市竞争力理论研究综述》,《国际城市规划》,2015 年增刊第 8-15 页。

表 4-1 国际城市评价主要关注影响因素

序号	学者/机构	典型理论	竞争力影响因素
1(国外 1—8)	克雷斯尔	双框架模型	显示性框架要素:制造业增加值,商品零售额、商业服务收入 解释性框架:经济类、战略类
2	波特	钻石理论模型	四要素:生产要素,需求条件,相关产业和支持产业的表现,企业的战略、结构和竞争对手
3	瑞士国际管理与发展研究所	国际竞争力模型	四对关系:本地化与全球化,吸引力与扩张力,资产与过程,个人冒险精神与社会凝聚力; 八要素:国内经济实力,国际化,政府管理,金融体系,基础设施,企业管理,科学与技术,国民素质
4	龙迪内利	大都市区国际竞争力模型	四要素:当地城市环境,国民经济中影响国际竞争力的要素,对国际贸易协定的服从,大都市当地企业和产业的竞争力
5	韦伯斯特	四要素模型	四要素:经济结构,区域禀赋,人力资源,制度环境
6	索塔罗塔和林纳马	六要素模型	六要素:企业,基础设施,人力资源,网络成员,高效政策网络,生活环境
7	贝格	迷宫模型	四要素:部门趋势和宏观影响,公司特质,贸易环境,创新与学习能力
8	加德纳	金字塔模型	八要素:经济结构,创新活动,区域可达性,劳动技能,环境,决策中心,社会结构,区域文化
9(国内 9—13)	上海社科院		三个一级指标:总量,质量,流量
10	北京国际城市发展研究院(IUD)		价值活动:城市实力系统,城市能力系统,城市活力系统,城市潜力系统,城市魅力系统; 价值流:平台(基础平台、操作平台等),条件(政策体制、政府管理等)
11	倪鹏飞	弓弦模型 飞轮模型	软实力,硬实力,整体竞争力,环境竞争力
12	宁越敏、石忆邵、郝寿义		经济实力,资金实力,科技水平,政府作用,对外对内开放程度等
13	沈建法		经济,社会,环境

资料来源:作者整理。

节点和枢纽,通过节点将地方连接成整体,这样便构建了基于关系连接的世界城市研究框架,为全球化和世界城市研究小组(GaWC)的世界城市网络研究提供了理论基础[①]。然而实践中,这种基于关系连接的数据异常缺乏。为突破数据缺陷,GaWC 在七个方面进行了努力:

---

① 黄璜:《全球化视角下的世界城市网络理论》,《人文地理》2010 年第 4 期。

(1)主要报纸的商务版面报道全世界商业新闻构建全球主要城市的商业连接关系；(2)以生产性服务业企业的总部、区域中心、办事处等在全球城市体系中的分布情况，构建商务企业连接关系，将企业汇总起来得出全球城市的网络构成关系；(3)邮寄调查表或者半结构访谈的方式调查投资银行等跨国企业的跨国移民情况；(4)利用(航空流、电信流、因特网)等基础设施联系①来构建全球、欧洲或是美国的网络连接关系，从基础设施视角研究城市网络体系问题；(5)利用科学知识创新者合作情况，产生全球城市之间的关系链进而形成网络；(6)采用不同城市之间专利创新合作情况，测量城市之间的创新及其传播网络关系；(7)利用非政府组织在全球城市中的分布情况来得出城市之间的网络连接②。目前网络研究方法已取得重大进展，主要集中在世界城市的层次结构、腹地划分、城市联系、不同部门(法律、金融、广告、保险、会计、管理咨询)的结构差异、结构演化等方面。从目前的城市网络演化研究来看，企业网络和基础设施网络两个方面的进展较大③。

(三)国际城市评价的方法论挑战和新方法的应用

国际城市评价从概念判断引申出的指标研究面临新障碍，即数据风险(Data Risk)。数据的不充分乃至数据由于统计标准不统一、年份差异和汇率变化会造成研究结果的不可靠甚至误导。为此，在诸多指标中选择个别具有良好代表性的指标，以之为对象，展开数据分析，成为深化指标体系的现实选择。在此研究路线上，跨国公司总部往往倾向于集中在世界的主要城市中，由此采取拥有跨国公司总部数量的多少来对国际城市重要性进行排序。由此，研究个别核心指标成为识别国际城市的一项公认方法。近年由商业咨询企业甚至是公共传媒所发起的国际城市指标比较与排名有愈演愈烈之势。借助媒体传播，这类学术价值有限的排名往往取得很大的社会影响力。然而排名越来越多，而对排名原则说明越来越少，排名中细微差异更被忽略。从总体上看，国际指标体系框架设计基本保留了对于世界城市的主要识别性指标，如跨国公司集聚、贸易中心、金融中心等要素。但这些具体指标设定的统计口径并不统一，指标设定范围更为宽广，其中有很多误差④。数据匮乏和难以比较的缺陷使现代信息技术的运用便有了更多使用之地，譬如地球遥感和夜间灯光数据的使用。对国际城市来说首先是遥感技术，遥感技术快速、实时、周期性、成本低等优势，已经成为资源环境监测重要的技术手段，利用遥感数据监测城市扩展也日益受到青睐，高空间分辨率遥感能精确地提取建筑用地，可以精细城镇内部变化监测，而中低分辨率遥感也能用于一些指数产品的城市监测。此外，夜间灯光隐藏着很多信息，譬如人口、经济增长、对外投资、战争和经济衰退等等。夜间灯光数据产品的开发也为城市监测开辟新道路，譬如 Defense Meteorological Satellite Program (DMSP) Operation Linescan System (OLS) 晚间灯光指数数据⑤。这些数据的多时序

---

① 张凡、宁越敏:《基于全球航班流数据的世界城市网络连接性分析》,《南京社会科学》2015 年第 11 期。
② 杨永春:《世界城市网络研究理论与方法及其对城市体系研究的启示》,《地理研究》2011 年第 6 期。
③ 杨永春:《世界城市网络研究理论与方法及其对城市体系研究的启示》,《地理研究》2011 年第 6 期。
④ 屠启宇:《世界城市指标体系研究的路径取向与方法拓展》,《上海经济研究》2009 年第 6 期。
⑤ 毛卫华等:《利用 MOdis 产品和 DMSP/OLS 夜间灯光数据监测城市扩张》,《地理研究》2013 年 7 月。

分析能够准确刻画城市的发展变化,提供了比较分析的可能。

二、代表性国际城市评价介绍

目前关于国际城市的评价可谓种类繁多,且层出不穷,各有各的优点也各有各的不足之处,但从权威性的角度大致有以下组织发布了国际城市评价指数。

(1) 美国《外交政策》"全球城市"指数;
(2) 日本森纪念财团"全球实力城市"指数;
(3) 普华永道"机遇之都"排名;
(4)《世界财富报告》"全球城市"排名;
(5) 上海社会科学院《国际城市发展报告》"国际城市 2.0"指数;
(6) 联合国《世界城市展望》;
(7) 新华-道琼斯国际金融中心发展指数;
(8) 伦敦智库 Z/Yen 集团的"全球金融中心指数";
(9) 澳大利亚 2thinknow"世界创新城市"排名;
(10) 世界知识产权组织"全球创新指数报告";
(11) 西班牙 Startup Genome "全球创业生态系统指数";
(12)《经济学家》"宜居城市指数";
(13) 能比奥(Mumbeo)"城市生活质量指数";
(14) "年轻城市""全球年轻城市排名";
(15) 万事达"全球旅游目的地城市指数";
(16) 经济学人全球最安全城市指数;
(17) 中国社会科学院:全球城市竞争力评价指数。

下面只就四个指数进行大致的介绍。

(一) 中国社会科学院:全球城市竞争力评价

全球城市竞争力报告由中国社科院(财经院)——联合国人居署共同编制撰写,由中国社科院城市与竞争力研究中心主任倪鹏飞和联合国人居署城市经济局局长助理 Marco Kamiya 共同担任联合课题组长。报告使用竞争力投入框架,选择六大潜在变量,构建指标体系,选取全球 505 个样本城市,采集和处理相关数据,编制城市潜在竞争力指数。研究发现,随着全球范围竞争的日趋激烈以及世界经济重心的逐渐东移,全球城市竞争力格局继续发生重大变化。全球 505 个样本城市竞争力样本前 10 名城市依次为:伦敦、纽约、东京、巴黎、新加坡、香港、上海、北京、悉尼和法兰克福。进入全球前 10 名亚洲城市数量已超过欧洲、北美洲城市的数量,显示出亚洲的先进城市不断崛起,与欧美先进城市处于同一竞争力水平行列中形成三足鼎立之势。报告发现,与世界第一大经济体美国相比,尽管中国的部分顶尖城市已经跻身全球顶尖竞争力的城市行列,但中国城市的全球竞争力水平总体上与美国城市存在差距。中等偏上竞争力水平城市的数量及发展不足是中国城市全球竞争力水平总体不及美国的主要原因。

(二) GaWC：世界城市评价

以英国拉夫堡大学为研究基地，由中国、美国、英国、比利时等国城市学学者组成的"全球化与世界城市"（简称 GaWC）研究群体是世界城市网络研究的权威群体。该群体从 2000 年到 2016 年，每四年一次对世界城市网络进行连接度分析，是目前学界认可度最高的测度数据体系之一。连接度主要由国际公司的"高级生产者服务业"如会计、广告、金融和法律人员中产生。此外该世界城市名册发布 3 个级别及数个副排名。最近发布的 2016 年世界级城市名册显示，全球共有 361 个城市入选。根据这份榜单，世界一线城市包括了 49 个城市。其中第一档是 Alpha++，只有 2 个城市上榜，分别是伦敦、纽约。第二档是 Alpha+，有 7 个城市上榜，分别是新加坡、香港、巴黎、北京、东京、迪拜、上海。第三档是 Alpha，包括悉尼、圣保罗、米兰、芝加哥、墨西哥城等 19 个城市。第四档是 Alpha−，包括了都柏林、墨尔本、华盛顿、台北、广州等 21 个城市。广州成为中国第五个晋升 Alpha 级水平的城市，在国内的排名仅次于香港、北京、上海与台北。

(三)《外交政策》：世界城市评价

"全球城市指数"由美国《外交政策》期刊与企业管理咨询公司——科尔尼咨询公司和芝加哥国际事务委员会共同设计发布，该指标从 5 个维度（商务活动、人力资本、信息交换、文化体验和政治参与）26 个测量标尺综合检测 84 个城市的综合实力。2014 年排名前二十位分别是纽约、伦敦、巴黎、东京、香港、洛杉矶、芝加哥、北京、新加坡、华盛顿、布鲁塞尔、首尔、多伦多、悉尼、马德里、维也纳、莫斯科、上海、柏林、布宜诺斯艾利斯。从这份名单不难显示中国的首都北京位列第 8，超过首尔、布鲁塞尔、新加坡及华盛顿。中国上海第 18，台北第 40。中国其他城市中，广州、深圳、重庆皆上榜。

(四) 森基金：全球实力城市评价

"全球实力城市指数"（GPCI）由日本森纪念财团城市战略发展研究所 2008 年开始发布，该指数涵盖了经济、研发、文化交流、宜居、环境、交通便利性 6 大领域 70 个具体指标对 40 座城市进行评估。70 个具体指标由自身收集 59 个统计数据与 11 项问卷调查构成。当然个别年份略有变化，譬如 2014—2015 年增加了国际航运海运这一具体指标，总体指标依然 70 项。2016 年实力城市评价选取 42 个有代表性的世界城市作为研究对象，设定 11 个大类指标进行评估。结果显示：伦敦依然遥遥领先其他城市，是世界首位城市，退欧并未带来实质性变化，未来难以预测。纽约继续排在第二，东京首次超过巴黎成为第三位。中国的城市香港、上海和北京分别在第 7、12 和 17 位。北京的环境问题引起关注，在 42 个城市中排名倒数第二。2008 年起，香港排位一直稳步提升。2012 年以来，上海和北京的排位进入前 20，波动比较大。2016 年报告中还首次制作了城市印象关键词地图，比如伦敦的第一印象是昂贵、纽约是忙碌、东京是拥挤而巴黎是埃菲尔铁塔。

三、国际城市研究的新动向

(一) 逆全球化与国际城市的出路

全球化尤其是经济全球化，是其发展的基本土壤和生态环境，国际城市及其网络深受其影响。2008年金融危机之后,世界出现一股反全球化浪潮,包括英国退欧、美国特朗普总统的当选都意味着全球化面临重大调整和修补。与此同时,世界城市进入重新洗牌期。这洗牌背后主要力量是在于各个国家综合实力对比的显著变化,尤其表现在亚洲经济的整体崛起和以金砖国家的集体成长。正因为实力对比的变化,世界城市发展的认识也逐步显示出多样化。更多非"西方"的经验和智慧得到了肯定与重视。后发城市进一步获得了探索适合自身特点的世界城市塑造模式的自信,也增强了赶上或超越西方传统世界城市而进入网络的更高等级、直至最高等级的自信。

其主要表现:首先,国际资本流动与直接投资持续下行,金融全球化因管制加强而显颓势,因国际金融业务功能而崛起的国际大都市(伦敦、香港)将因城市经济结构单一、高度生产性服务业化、产业异质性弱而面临空前的挑战,失去了明星的标杆作用;城市功能的多重性与产业结构的完整性开始受到深刻重视。其次,危机效应延续必然导致关税增加、非关税壁垒抬高以及反倾销活动增多的态势,但考虑到全球生产网络刚性,全球贸易仍将会发展。然而金融危机前的一批新兴明星城市譬如上海、北京、迪拜、圣保罗、孟买发展势头过猛,遗留的一些问题开始暴露,譬如迪拜的财政危机,圣保罗和孟买出现的社会日益分化,上海和北京的增速显著放缓,由此出现了城市发展模式不再是以金融为核心的高级服务业的成长模式,欧洲模式、东亚模式有机会得到更多关注。欧洲更多不是以单个城市,而是以一个城市组群的模式崛起,譬如鹿特丹—阿姆斯特丹(也合称Randstad),莱茵—鲁尔(涵盖埃森、杜伊斯堡、杜塞多夫、科隆、波恩),莱茵—美因兹(涵盖法兰克福、美因兹),布鲁塞尔—安特卫普。东亚模式的特点更多是符合斯科特的"全球城市区域"。再次,全球人力、知识等要素流动萎缩,区域化、地方化趋势增强。全球制造业产业梯度转移趋势仍将继续,然而欧美主要国家都减少了国际劳动力的准入名额,诱发全球生产格局的进一步变化,即生产与服务转向主要为发展中国家的移民回流国。这样一些在岸性强的城市开始崛起,国际城市的本土意识抬头,越来越需要关注和经营好城市自身和直接腹地。第四,全球化带来世界主义社会思潮和情绪,金融危机之下,受损最大的人群是贫困阶层,这使得社会独立进一步激化,由此社会动荡加剧。关注弱势人群、培植草根文化、缓解城市马赛克化、防止社会严重对立,将成为世界城市公共治理的主要方向。

(二)国际城市新功能的涌现

1. 创新先锋。此次金融危机显示出,以生产性服务业为支柱的单质化的产业结构受到巨大冲击,由此需要从更为复杂和系统的思维看到城市发展,其中创新重要性凸显。各国主要城市也都寄希望于通过产业和科技创新来使经济走出低迷,开始重视科技创新中心功能的塑造,将科创能力增强等同于城市竞争力之提升、转型升级的关键举措[①]。世纪之交,主要国际城市就开始推进创新城市建设。纽约积极推进经济多样化构想,在金融基础上打造生物技术、信息通信等高科技产业,以实现多元化;伦敦也实施

---

① 陈昭等:《创新空间崛起、创新城市引领与全球创新驱动发展差序格局研究》,《经济地理》2017年1月。

"创新战略与行动计划",试图将伦敦建设成为世界一流创新中心和"全球领先的知识经济城市"。另外,东京、巴黎、新加坡、首尔等城市也纷纷打造,全球或者区域创新中心,出台各具特色的战略规划。由此可见,在国际城市发展总体大趋势中,以先进科技为依托的创新空间正成为全球有影响力的核心标示。事实上,一些国际城市像伦敦、斯德哥尔摩和东京等其专利申请量也占到其本国的80%以上。世界城市要创新驱动、转型升级,就必需标识创新性城市,以发现自身和先进的区别。为此国际学术界还开发出形式多样、内容各异的指标体系来对城市的创新绩效和能力进行度量,英国智库罗伯特哈金斯协会提出了世界知识竞争力指数体系,包括人力资源要素、金融资本要素、知识资本要素、地区经济要素等5大类19个量表的指标体系。我国很多研究机构也纷纷设计城市创新的指标体系,主要涵盖创新投入、创新过程、创新环境、创新产出、以及知识创新能力、创新环境支撑能力、城市社会经济社会发展对创新的支撑能力。

2. 低碳领导者。进入21世纪第2个十年之际,随着气候变化的进一步加速,环境治理的挑战日益艰巨,关于什么是发展、什么是竞争力基本认识陡然转变[1]。在美欧和国际组织的强势推动下,低碳理念全面整合了之前的环保、绿色、可持续等思想,崛起成为关于全球发展的新范式、新规则。在低碳发展范式之下,包括全球各领域的建设发展都面临衡量标准、发展思路的根本性调整。国际主要城市内部大规模的低碳投资显然不局限于各类成本的减少,还可使城市生产效率提升,以及更为广泛的经济、社会和环境收益,而对这些效益的预期又进一步强化气候相关行动。推进这类发展模式并不仅仅遏制城市蔓延,而是鼓励以高密度、公交导向和活跃的城市形式。一旦取得成功就可充分发挥聚合效应和网络优势,激发创新和生产效率的提升。这样有关成功城市的基本标准可能发生彻底改变[2]。充当全球化经济空间节点和流量枢纽的世界城市能否经受住低碳时代考验?事实上,纽约、伦敦、东京、首尔、巴黎等一些主要城市已构建了有效的国际低碳城市网络,譬如C40、ICLEI[C40 Cities Climate Leadership Group and Local Governments for Sustainability (ICLEI),即城市气候和地方政府可持续性领导集团]和UCLG(United Cities and Local Governments,即"城市和地方政府联盟"),这些多边网络在多边发展银行和联合国机构支持下更快、更强地推进低碳发展,城市发展也大致从基本特征、功能设计、生产和消费行为、空间规划和城市尺度等方面有了更高的要求[3]。

3. 包容样板。金融危机之后,全球贫富分化引发人们进一步关注,占领华尔街运动1%:99%的对立说明了社会分化现象的严重性。皮凯蒂在《21世纪资本论》中也明

---

[1] 有关全球化与文明冲突之争,可谓是全球化的第一场理论挑战。有关的中外综述性研究,可参见 Arjun Appadurai, *Modernity At Large*: *Cultural Dimensions of Globalization*, Public Worlds, 1996 以及俞可平主编《全球化论丛》Ⅰ至Ⅳ辑,社会科学文献出版社 1998 年,2002 年,2003 年,2004 年,2005 年各年版本。
[2] 屠启宇:《"世界城市":现实考验与未来取向》,《学术月刊》2013年第1期。
[3] the Global Commission on the Economy and Climate, "Seizing The Global Opportunities", http://newclimateeconomy.report/2015/wp-content/uploads/sites/3/2014/08/NCE2015_workingpaper_cities_final_web-1.pdf.

确指出发达国家财富高度集中在少数人手上,过去 300 年资本回报率大部分时间高于经济增长率。皮凯蒂进一步得出结论是资本主义制度的本质是造就社会贫富差距[①]。城市显然是彰显贫富分化的核心区域,一方面财富过分集聚,另一方面贫困差距过大,拥挤和污染严重,核心 vs 边缘,富丽堂皇 vs 衰败落后使得很多的城市平民丧失了对城市空间的权利,由此需要推进包容性发展。包容最早由亚洲开发银行在 2007 年提出,目前已是一个逐渐被国际社会所接受的共识性概念。《新城市议程》第 11 条也明确无误地提出了"我们的共同愿景是人人共享城市(Cities for all)",并对此作了进一步补充和解释,"即人人平等使用和享有城市和人类住区,我们力求促进包容性,并确保今世后代的所有居民,不受任何歧视,都能居住和建设公正、安全、健康、便利、负担得起、有韧性和可持续的城市和人类住区,以促进繁荣,改善所有人的生活质量"。那么国际城市是如何推进包容性发展呢?包容性发展要求的城市发展成果惠及城市所有阶层,所有人共享城市化的成果[②],所以城市在利用资源的同时,要承担发展的责任和义务,包容社会福利的成本负担,这样多元参与的治理模式成为必需。譬如纽约 2030 的城市规划从程序上确保第三部门的参与,对可持续化发展的要求上升到前所未有的战略高度,对维护社会的公平正义也多有涉及。

参考文献

Arjun Appadurai. Modernity At Large：Cultural Dimensions of Globalization, Public Worlds,1996.

Classification of cities 2016,http://www.lboro.ac.uk/gawc/world2016t.html.

John Friedmann. Where We Stand：a Decade of World City Research, in P.L. Knox and P.J., Taylor eds. World Cities in a World-system. Cambridge：Cambridge University Press,1995.

彼得·弗兰科潘:《丝绸之路:一部全新的世界史》,邵旭东、孙芳译,浙江大学出版社 2016 年版。

彼得·泰勒:《世界城市网络的区域性》,《国际社会科学杂志(中文版)》2005 年第 22 卷第 3 期。

陈鹏、翟宁:《包容性增长与城市规划范式转换》,《国际城市规划》2011 年第 1 期。

陈昭等:《创新空间崛起、创新城市引领与全球创新驱动发展差序格局研究》,《经济地理》2017 年 1 月。

冯邦彦、彭薇:《香港与伦敦、纽约国际金融中心比较研究》,《亚太经济》2012 年第 3 期。

黄璜:《全球化视角下的世界城市网络理论》,《人文地理》2010 年第 4 期。

[①] 托马斯·皮凯蒂:《21 世纪资本论》,巴曙松译,中信出版社 2014 年版。
[②] 陈鹏、翟宁:《包容性增长与城市规划范式转换》,《国际城市规划》2011 年第 1 期。

兰肖雄、刘盛和、蔡建明:《国际城市的分类、建设经验与启示》,《世界地理研究》2011年第2期。

李健:《全球生产网络与大都市区生产空间组织》,科学出版社2011年版,第58—63页。

罗涛、张天海、甘永宏等:《中外城市竞争力理论研究综述》,《国际城市规划》2015年增刊第8—15页。

罗小龙:《不同学者解读城市国际化与城市规划》,《规划师》2011年第8期。

毛卫华等:《利用MOdis产品和DMSP/OLS夜间灯光数据监测城市扩张》,《地理研究》2013年7月。

乔尔·科特金:《全球城市史》,王旭译,社会科学文献出版社2006年版。

丝奇雅·沙森(Saskia Sassen):《全球城市:纽约 伦敦 东京》,上海社会科学院出版社2001年版。

苏宁、王旭:《金融危机后世界城市网络的变化与新趋势》,《南京社会科学》2011年第8期。

屠启宇:《"世界城市":现实考验与未来取向》,《学术月刊》2013年第1期。

屠启宇:《世界城市指标体系研究的路径取向与方法拓展》,《上海经济研究》2009年第6期。

托马斯·皮凯蒂:《21世纪资本论》,巴曙松译,中信出版社2014年版。

汪亮:《国际贸易中心城市崛起的经验与启示》,《城市观察》2011年第4期。

熊文海:《世界航运网络的结构特性及其动力学行为研究》,青岛大学2009年博士学位论文。

杨永春:《世界城市网络研究理论与方法及其对城市体系研究的启示》,《地理研究》2011年第6期。

易斌、于涛、翟国方:《城市国际化水平综合评价体系构建与实证研究》,《经济地理》2013年9月。

于涛、徐素、杨钦宇:《国际化城市解读:概念、理论与研究进展》,《规划师》2011年第2期。

俞可平主编:《全球化论丛》,社会科学文献出版社2005年版。

张凡、宁越敏:《基于全球航班流数据的世界城市网络连接性分析》,《南京社会科学》2015年第11期。

祝影、杜德斌:《跨国公司研发全球化的空间组织研究》,《经济地理》2005年第5期。

第五章 城市可持续发展

在当前城镇化不断深入、外来人口不断注入城市的过程中，城市作为人类文明的象征和生产力的空间载体，聚集了一定人才、资金和技术，发挥地域政治、经济、文化的作用日益显著。国内外学者更多从经济、社会、资源环境角度论述城市的可持续性，殊不知，城市可持续发展是以人为中心的发展，我们应该认识到人口在可持续发展中的重要地位。本章论述了城市可持续发展的理论基础和内涵，厘清人口、经济、社会、资源环境四者的关系和它们在城市可持续发展中的作用，并重点论述人口在城市可持续发展进程中所发挥的作用。

第一节 可持续发展的理论基础

可持续发展的理论基础来源于四种再生产理论，即物质、人口、生态和社会再生产的协调发展。城市可持续发展是人类最终选择的正确方向，是以人的全面发展为中心的，教育与科技是关键所在，经济发展和环境保护是基础，经济社会大系统的协调发展是其前提条件。人口在城市可持续发展中发挥着重要作用，人口再生产是其他三种再生产的中间枢纽。城市人口规划的目标并不是一成不变的，一般而言，在不同社会发展阶段对适度人口的界定有不同的参照指标。在社会发展初级阶段一般是以生活水平来判断适度人口的，从经济上来衡量适度人口，也存在许多争议；在社会发展的中级阶段一般是以生活质量来判断适度人口，不仅仅是经济指标，社会福利指标也被考量，体现适度人口的多维性和多指向性；在社会发展的高级阶段更多强调生活空间的价值。因此，城市可持续性人口的确定应该综合考虑经济、社会发展水平和资源环境承载力，还必须以辩证的方法来确定，适度人口是一个阈值，它是动态的、不断优化的过程。人口规划要以水桶理论、系统论和以保障社会公平的社会福利最大化为界定准则。

一、可持续发展的概念

"可持续发展"一词最早出现于 1980 年国际自然保护同盟发布的《世界自然保护大纲》。之后,可持续发展从生态学范畴引申至经济学和社会学范畴,全球范围内对可持续发展问题的讨论形成阵阵热潮,但迄今为止,却未形成一致的定义。经济学家、社会学家和自然科学家等分别从各自学科的角度对可持续发展进行了阐述,给出了各自的定义:

(一)从自然属性定义可持续发展

1991 年 11 月,国际生态学联合会和国际生物学联合会联合举行了关于可持续发展问题的专题研讨会,深化了可持续发展概念的自然属性,将其定义为:"保护和加强环境系统的生产和更新能力,即可持续是不超越环境系统更新的发展"。[①] 从生物圈概念出发定义可持续发展是从自然属性方面表示可持续发展的另一代表,即认为可持续发展是寻求一种最佳的生态系统,以支持生态的完整性和人类愿望的实现,使人类的生存环境得以持续。

(二)从社会属性定义可持续发展

1991 年,由世界自然保护同盟、联合国环境规划署和世界野生动物基金会共同发表的《保护地球——可持续生存战略》把可持续发展定义为:在生存不超出维持生态承载能力的情况下,提高人类的生活质量。并且提出可持续生存的 9 条原则。在这些基本原则中,既强调了人类的生产方式和生活方式要与地球承载能力保持平衡以保持地球的生命力和生物多样性,同时,又提出了人类可持续发展的价值观和 130 个行动方案,着重论述了可持续发展的最终落脚点是人类社会,即改善人类的生活质量,创造美好的环境。世界观察研究所所长布朗认为可持续发展是指"人口增长趋于平稳,经济稳定、政治安定、社会秩序井然的一种社会发展。"奥尼尔则认为,可持续发展就是"在环境允许的范围内,现在和将来给社会上所有的人提供充足的生活保障。"

(三)从科技属性定义可持续发展

没有科技的支持,人类的可持续发展无从谈起。有的学者从技术选择的角度扩展了可持续发展的定义,如司伯斯认为,"可持续发展就是转向更清洁、更有效的技术,尽可能接近零排放或密闭式工艺方法,尽可能减少能源和其他自然资源的消耗";世界资源研究所则认为,污染并不是工业活动不可避免的结果,而是技术差、效益差的表现,因此,他们的定义是:可持续发展就是建立极少产生废料和污染物的工艺或技术系统。

(四)从经济属性定义可持续发展

这类定义虽有不同的表述,但都认为可持续发展的核心是经济发展。巴贝尔把可持续发展定义为:"在保持自然资源的质量和提供服务的前提下,使经济的净利益增加到最大限度。"[②] 皮尔斯的定义是:"自然资本不变前提下的经济发展,或今天的资源使

---

① 王玉梅:《可持续发展评价》,中国标准出版社 2008 年版,第 7 页。
② 彭诗言:《基于可持续发展的生态补偿机制研究》,《中国经贸导刊》2010 年第 21 期。

用不应减少未来的实际收入。"定义中的经济发展已不是传统的以牺牲资源和环境为代价的经济发展,而是"不降低环境质量和不破坏世界自然资源基础的经济发展",并且这种发展"能够保证当代人的福利增加时,也不应使后代人的福利减少。"世界银行在1992年度《世界发展报告》中称,可持续发展指的是:"建立在成本效益比较和审慎的经济分析基础上的发展和环境政策,加强环境保护,从而导致福利的增加和可持续水平的提高。"最为大家接受的是1987年布伦特兰夫人提交联合国的《我们共同的未来》给出的定义,即可持续发展是"既满足当代人的需要,又不对后代人满足其需要的能力构成危害的发展。"[1]

(五)城市可持续性的定义

对可持续性概念的界定决定了对城市可持续发展的理解。建立一个可持续性城市,必须是保护城市生态环境、促进城市内部经济社会可持续发展的过程。城市可持续发展的目标是"减少城市对自然资源的使用和废弃物生产,同时,改善其居住条件,使在地方、区域、全球生态系统承载力内能更健康"。城市可持续发展是在全球背景下,"引导城市系统(物质和人类)朝向'环境可持续性'这一不断变化目标的行动和进程"。[2]

二、城市可持续发展的理论基础

可持续发展的内涵在不断完善,它的理论基础与再生产理论的发展紧密相关。随着再生产理论的不断丰富和深化,可持续发展表现为物质、人口、生态和社会的相互协调和和谐发展。与地球的其他空间相比,城市作为地理、政治、经济、社会、文化的区域实体,是各种人文要素和自然要素的综合体。它在社会发展中执行了至少一半的商务和活动,对其内涵的界定将直接影响城市的界定和规划。

(一)两种再生产理论的提出——物质再生产理论和人口再生产理论

马克思和恩格斯于1846年在《德意志意识形态》中就明确提出了"两种生产"的思想,即"人们为了能够'创造历史',必须能够生活。但是为了生活,首先就需要衣、食、住以及其他东西。因此第一个历史活动就是生产满足这些需要的资料,即生产物质生活本身""一开始就纳入历史发展过程的第三种关系就是:每日都在重新生产自己生活的人们开始生产另外一些人,即增殖。"[3]1884年,恩格斯在《家庭、私有制和国家的起源》的第一版序言中简练概括了"两种生产"的思想:"根据唯物主义观点,历史中的决定性因素,归根结底是直接生活的生产和再生产。但是,生产本身又有两种。一方面是生活资料即食物、衣服、住房以及为此所必需的工具的生产;另一方面是人类自身的生产,即种的繁衍。"[4]

显然,两种再生产是指物质资料再生产和人类自身再生产,在阐述两种再生产的理

---

[1] 洪银兴主编:《可持续发展经济学》,商务印书馆2000年版,第8-11页。
[2] 转引自金涛:《城市可持续性概念模式研究》,东南大学出版社2016年版,第9页。
[3] 马克思、恩格斯:《马克思恩格斯全集》卷3,人民出版社,第31-32页。
[4] 马克思、恩格斯:《马克思恩格斯全集》卷21,人民出版社,第29-30页。

论中,马克思指出,经济对人口起决定作用,而人口对经济发展也具有反作用,"人口数量和人口密度是社会内部分工的物质前提",马克思在看待人口与经济的关系方面,是持"人口压迫生产力"的观点:"人口的过剩完全不是由于生产力的不足而造成的,相反,正是生产力的增长要求减少人口。"①虽然马克思看到了人口与经济二者相结合的关系,但他更多侧重于对社会制度进行批判来阐明过剩人口的原因,过剩人口"同并不存在的生产资料绝对量根本没有关系,而是同再生产的条件,同这些生产资料的生产条件相关"。②无论如何,马克思的两种生产理论看到了人口与经济、人口与社会制度二者的关系,虽然他没有持适量人口观点,但恩格斯看到了人口调控的需要,"对物的生产进行调整……同时也对人的生产进行调整"。③

20世纪70年代末,中国一些学者从马克思和恩格斯的著作中学习两种再生产互相适应的思想,提出和系统地论述了两种再生产理论。两种再生产理论的提出不但打破了人口研究的禁区,而且为制定计划生育政策、解决中国人口问题提供了理论指导。根据两种再生产理论,人们认识到中国生产力比较落后,人口多且增长快,因此,控制人口数量,提高人口质量是解决中国人口问题的必然之路。

在两种再生产理论阶段,适度人口的思想表现为人口再生产必须与物质再生产相一致。

(二)三种再生产理论的提出——物质、人口、生态再生产

20世纪70年代美国人口经济学家斯彭格勒(J.J.Spenler)考察了人口零增长与国民收入、人均产量的关系,具体分析了人口对发达国家和发展中国家的不同影响,发展了人口零增长理论。罗马俱乐部在《增长的局限》一书中,以1970—1990年的数据为基本依据,探讨全球人口、粮食供给、自然资源、工业生产、污染等关系,指出若上述几大发展趋势不能有效遏制,世界将在百年内达到增长极限,最可能的结果是人口和工业生产发生不能遏止的衰落。该报告从人口增长入手,而后落实到环境,抓住了可持续发展的基本问题,表明适度人口需考虑人口与其他三个方面的关系,即人口与经济发展、生态环境、社会发展相协调。进入90年代之后,可持续发展思想更是深入人心。两种再生产理论逐渐过渡到三种再生产理论,即人口再生产需同物质资料再生产、生态环境再生产相适应。

在三种再生产理论阶段,适度人口的思想得到发展,表现为人口再生产不但要与经济再生产相适应,而且应该与生态再生产和谐一致。

(三)第四种再生产理论——社会再生产理论的提出

其实,在三种再生产理论中,蕴藏着另一个再生产理论,即社会再生产。可持续发展理念强调的重心就在于社会再生产的良性运转,即社会机体的各组成部分,如就业、教育、福利等方面持续、良性运转。

---

① 马克思、恩格斯:《马克思恩格斯全集》卷8,人民出版社,第619页。
② 马克思、恩格斯:《马克思恩格斯全集》卷46,人民出版社,第108页。
③ 马克思、恩格斯:《马克思恩格斯全集》卷35,人民出版社,第145页。

人口再生产是指人口不断延续、更新和世代更替的过程，即在人口维持其生命活动的同时，人口新一代出生与成长、老一代衰老和死亡不断重复的世代更替过程，①是人口数量、质量和结构不断变更的过程。物质资料再生产是指物质财富生产不断延续和更新的过程，即人类改造自然、运用劳动和物质资料创造物质财富的不断延续和更新的生产过程。②笔者认为，社会再生产是指社会制度或体制延续或更替的过程，表现之一是社会制度更替过程，如人类社会从原始社会、奴隶社会、封建社会、资本主义社会迈向社会主义社会。表现之二是指在一种社会制度内各种体制的不断变更和运转，如教育、就业、保障、政治等体制的不断变化和维持。一种良好、可持续的社会再生产过程表现为各种体制的良好运行，能促进社会发展，反之则延缓社会发展。

四种再生产即指人口再生产、物质资料再生产、生态环境再生产、社会再生产。在四种再生产理论阶段，适度人口的思想更进一步深化，表现为人口再生产要与物质、生态和社会再生产相适应。

第二节　城市可持续发展的内涵

一、可持续发展是人类最终选择的正确方向

城市是人类聚居的高级形式，是技术进步、生产力发展、生产关系变革、社会经济变化的结果，它能够提供更大规模的经济活动舞台，提供现代教育和卫生等服务设施，提供更多的就业和社会活动的机会，以满足人类的基本需要和大量的商业服务。在积累人类文明、创新城市文化方面，一些城市曾经成为或正在成为国际贸易和文化的交汇点，成为扩大人类活动与交流的重要场所。因而它像磁石置于铁屑中一样吸引着世界各地的人们投入它的怀抱，不论是乡村向城市的移民还是世界范围内的移民，不管他们的落脚之地是否欢迎他们，他们的目的是共同的：即追求较好的生活。个人无论是喜欢还是厌恶城市生活，城市无可辩驳地成为人类的主要聚居形式，它的兴衰存亡牵动着生态环境和整个人类的命运。如何应付紧迫的生存挑战，减轻脆弱的自然生态环境所受的压力，是全人类当前必须共同面对的重要问题，它催促着人们尽快行动，但盲目的行动只会使情况更糟。目前所面临的困境大都来自以往缺乏认真思考的生活方式。只有认识到问题的起因，而不是简单地针对一些表面现象和后果，我们才有可能根本性地扭转已经恶化的局面。③

二、可持续发展是以人的全面发展为中心的

人类的一切发展，都是在寻求无限差别和可能性中的均衡稳定状态。那些不能成

---

①② 李竞能：《人口理论新编》，中国人口出版社2001年版，第217页。
③ 张坤民主笔：《可持续发展论》，中国环境科学出版社1997年版，第265-271页。

功地同周围环境稳定相处的物种,都已被适者生存的进化公理无情地淘汰了。稳定和适应始终是一个动态平衡的变化过程,它要求人类不断地改变自己,以适应变化的世界。那些显然危害人类生存的行为方式(如近亲婚配)比较容易引起注意,因而被及时纠正;而那些对人类生存暂时并没有造成重大作用的行为和现象(如过度开垦、毁灭性开发捕捞和无控制的生育),由于其暂时影响的微弱而易被容留和积累起来。这些易受忽视的聚居功能因素(如缺乏规划和错误政策导致的土地资源浪费、居住区的拥挤、配套设施不足、奢侈的消费方式等)由于不断地积累,逐渐成为一股盲目而无组织的力量,它们的长期作用往往直接影响到人类住区的正常功能。由于城市处于一个有限的空间范围内,如果这些无组织力量得不到及时的清除,那么人类聚居的负面效应将导致自然、人、社会、建筑物及支持系统之间均衡稳定关系的破坏,出现诸如生态失衡、社会动荡、城市衰败、交通瘫痪等人类生存的危机。城市中人口无计划增长是这些现象背后的一只无形的手和一枚举足轻重的砝码,因此,城市的可持续发展是对人口规模、质量、结构和安全的多重考虑,是以人为本的发展,其最终目的就是为了实现人的全面发展。

三、教育与科技是推动可持续发展的关键所在

事实证明,单纯的经济高速增长,不仅不能解决发展中国家面临的诸多问题,不能使社会繁荣和人民生活品质提高,反而使这些问题恶化,导致发展速度的减缓以至停顿,出现欲速则不达的局面。发展中国家所面临的发展不是速度问题,而是一个系统工程的问题,不仅是自身的问题,而且是全人类的问题,是人类发展的问题①。如何促进全人类的共同发展,必须依靠人力资本和绿色生产。我们现有的粮食问题、环境问题、贫困问题、区域经济发展差距问题、政府效率问题、社会腐败问题……这些危及中国可持续发展的种种因素的背后,都有着"人口素质低下"的潜在作用。除了"整体人口素质低下"这一可怕的力量之外,任何力量也不能危及我们中国人的"球籍"。因此,经济和社会的发展首先要着眼于人。从宏观角度来讲,教育是现代社会最大的基础产业。从微观角度来讲,企业即是人,企业的经营发展就离不开人力资源的开发与管理。除了重视教育的可及性和公平性外,我们还必须转变生产方式,依靠绿色科技兴国。表现为:(1)进行清洁生产;(2)提高资源使用效率:在生产的全过程中使用已知的且经济上可行的清洁技术,以及制造使用寿命长的产品,从而减少需求量增长引起的对资源的破坏,这样可以提高资源生产率;(3)制造更耐用、更适应循环使用和修复的产品:目的在于生产更安全、耐用和便于供应的产品,并且在其整个生命周期中环境影响最小;(4)减少废物:因生产和消费模式而产生的废物量必须减至最少;(5)技术的传播和转让:很多因素影响着清洁技术的广泛传播,比如,不适当的政府政策、价格扭曲、缺乏充分的投资资金、对变革的抵触以及信息传播的低效率,这些都是需要杜绝的。②

---

① [美]迈克尔·托达罗:《经济发展》,中国经济出版社1999年版。
② 张坤民:《可持续发展论》,中国环境科学出版社1997年版。

四、经济发展与环境保护是可持续发展的基础

可持续性牵涉到生物地球物理的、经济的、社会的、文化的、政治的各种复杂因素的相互作用。从经济学角度讲,单纯使用存在银行里的本金所产生的全部利息就是一种可持续的过程。从生态环境角度看,可持续性由 3 个部分组成:使用可再生资源的速度不超过其再生速度,使用不可再生资源的速度不超过其可再生替代物的开发速度,污染物的排放速度 u 不超过环境的自我净化容量。可持续性的社会文化概念则试图保持社会和文化体系的稳定,包括减少它们之间的毁灭性碰撞。保持全球文化多样性,促进代内和代际公平是其重要组成部分。在这诸多因素中,经济基础和自然基础是保护可持续发展的两翼。首先,经济建设不能放松。"马克思主义认为,生产力的发展,是人类社会发展的最终决定力量。我国正处于并长期处于社会主义初级阶段。初级阶段就是不发达阶段。社会主义初级阶段的主要矛盾,始终是人民日益增长的物质文化需要同落后的社会生产之间的矛盾,根本任务是发展社会生产力。我们党执政兴国的第一要务是发展,首先是要发展经济。只有不断解放和发展生产力,才能为社会全面进步和人的全面发展提供物质基础。因此,以经济建设为中心任何时候都不能动摇、不能放松。"[①]其次,环境保护是为进行绿色经济建设保驾护航。现在全球的城市化现象也引起了各方面的担忧。不仅西方国家,甚至发展中国家,在城市化过程中出现了大量有关"建筑病综合征"的报道:在封闭的大楼里,污浊的空气和室内产生的污染物质无法排放干净,使人体健康受到损害,并造成严重的经济损失。因此,建筑工作者已经认识到:单纯的物质空间规划和房屋设计不能彻底改变人类住区环境不断恶化的局面,必须综合经济、环境、文化等各方面信息来为人类物质空间发展作决策,而这已经远远超出了传统建筑科学的研究范畴。

五、经济社会大系统的协调发展是可持续发展的前提条件

城市可持续发展表现为城市物质、人口、自然资源、环境以及社会发展间的相互协调,它是一个动态的系统过程。在这诸多要素中,人口这一要素还没引起足够重视。中国科学院在《2000 年中国可持续发展报告》中设计的中国可持续发展战略的实施方案,特别强调人口要素和生态这两大要素的重要性。具体目标是:2030 年实现人口数量和规模的"零增长",跨上中国可持续发展战略目标的第一级台阶;2040 年实现能源和资源消耗率的"零增长",跨上中国可持续发展战略目标的第二级台阶;2050 年实现生态环境退化速率的"零增长",跨上中国可持续发展战略目标的第三级台阶,从此,中国将从整体上实现可持续发展的良性循环。

在此战略指导下,我们应该建立起可持续的人类住区,它包括建筑物、基础服务实施和它们与人类共同的社区,在这些生存原则指导下建立起能满足经济不断发展的可

[①] 温家宝在 2004 年 2 月 21 日中央召开的省部级主要领导干部研究班结业式上的讲话。

持续性城市。要想获得可持续的人类住区和城市,应该采纳一系列的优先行动。行动1:采用生态学的方法进行人类居住规划;行动2:建立更有效的和更有代表性的,并能为保护环境作出承诺的地方政府;行动3:制定有效的和可持久的城市交通政策;行动4:使城市清洁、葱郁、高效。①

第三节 人口在城市可持续发展中的地位

由于人口再生产对经济、生态、社会再生产起着决定性作用,所以城市人口的再生产必须与城市生态的承受力、经济和社会发展水平相一致,才能实现城市的可持续发展。当一个城市人口与经济、生态、社会发展水平一致时,这时的人口才达到了适度这一要求。

一、人口再生产与物质再生产的关系

不同的人类经济发展水平要求适度的劳动力数量和质量,因为物质财富的创造需要一定数量的劳动力同生产资料相结合。适度人口的目标是追求人口与社会经济、生态环境可持续发展的和谐统一,由于物质财富只能供养或承载一定数量的人口,所以人口再生产需与物质再生产水平相一致。

对于人口与物质再生产关系的阐述,20世纪80年代最具总结性和代表性的是美国科学院于1986年提交的研究报告《人口增长和经济发展:政策问题》,它所强调的是人口数量与物质再生产的关系:对大多数发展中国家来说放慢人口增长有利于本国经济发展,因为人口增长会提高抚养负担系数,影响有形资本构成比率和人力资本构成,进而影响经济发展;而人口增长率下降会使人均收入增长率上升,在人口和经济的关系里,中心问题是降低生育率和提高经济福利②。随着全球发达国家和部分发展中国家生育率的持续下降,21世纪初人口与物质再生产的关系不再仅仅表现为人口数量这一维度,人口质量、人口结构也显现出来。

二、人口再生产与生态再生产的关系

地球上所有生命体都是生存在各类环境之中,环境是指生命体在生存空间中一切因素和条件的总和,包括土壤、矿物、风、光、热、雨、大气层、海洋等水系以及各类生物圈,而对生物有机体的生命活动起直接作用的环境因素,则被称为生态因子,这些生态因子常常是通过综合作用对地球上生命体的形成、进化、生存起着健康的促进,或有害的妨碍作用,从而构成了生态环境。生态环境就是指直接作用于生命体结构、形态、功能和能量转化的各个生态因子的总和。人必须从生态环境中摄取必要的物质和能量,

---

① 张坤民主笔:《可持续发展论》,中国环境科学出版社1997年版,第257-260页。
② 李竞能:《现代西方人口理论》,复旦大学出版社2004年版,第280页。

在此过程中其行为既适应、改造着生态环境,同时也影响或危害着生态环境,所以人口与生态环境之间的关系是相辅相成的。

美国人口生态学家埃利奇夫妇在《人口·资源·环境》一书中对人口与资源、环境的关系进行研究。他们指出,人类对生态环境最大的破坏在于造成环境污染,表现为空气污染、水污染、热污染、化学污染、噪声污染、流行病蔓延等,这些都是人类破坏环境和违反生态系统运行规律的结果。1990年,埃利奇夫妇建立了一个反映人口、经济与资源的理论模型,公式为:

$$I = PAT \tag{5-1}$$

其中,I 为环境效应,P 为人口,A 为人均消费水平,T 是每单位消费使用技术所造成的环境恶化程度。[1]

在该公式中,假定其他条件不变,即人均消费水平不变,则人口越多对环境的阻力就越大。同样,当人均消费水平提高和技术存在阻力时,也会通过人口对环境产生影响。因此,人口再生产是影响环境再生产的一个相当重要的因素,环境再生产是决定人口再生产水平的一个重要变量。

三、人口再生产与社会再生产的关系

人口再生产不但受限于社会经济活动,而且也受制于社会再生产的约束,社会再生产有一个极值约束着人口再生产的运行。社会再生产是建立在物质再生产基础之上,是由社会再生产系统内各子变量自身及其相互关联运动形成的,是反作用于物质再生产的并具有相对独立性的一个多元动态系统。[2]社会再生产的各子系统根据不同标准有不同的划分,若从资本层面进行划分,主要包括人力资本(教育、就业投资)和社会资本(一个社会发挥作用的文化基础和制度)[3];按资源的形式划分,即以非物质形态存在于人类社会运转过程中的资源,包括知识、文化等精神产品,以及政策、法律、婚姻家庭、社会保障等各种具体社会制度。张伟从社会基本结构层面对社会再生产(社会环境)进行划分,认为社会再生产由政治环境子系统和社会意识环境子系统这两大部分构成,具体方面包括政治实体因素、政治规章与准则、哲学、政治法律思想、道德宗教、艺术、文化、技术、信息、组织管理、婚姻、家庭、社会保障、卫生保健、教育、科技等一系列关联互动变量。[4]

笔者认为,在社会再生产与人口再生产关系中最密切的内容应是精神生产、社会稳定、城市化与工业化、社会保障四个方面。当人口再生产与社会再生产不一致时,比如,人口再生产超过社会再生产的需求时,会导致人均资源占有量和人均收入减少,直接影

---

[1] 李竞能:《现代西方人口理论》,复旦大学出版社2004年版,第271页。
[2] 张伟:《人口控制学》,中国人口出版社2000年版,第216页。
[3] 这是按照世界银行副行长萨姆拉丁对资本的划分(资本包括物质资本、自然资本、人力资本和社会资本)为依据的。
[4] 李竞能:《现代西方人口理论》,复旦大学出版社2004年版,第217页。

响人力资本投资和人口素质提高,阻碍教育、文化事业的发展,阻碍精神生产的健康发展;反之,人口再生产满足不了社会再生产的需要,会出现劳动力资源不足,不利于企业和社会发展。同样,当人口迁移和流动过量时,迁入地的就业压力将会增强,社会不安定因素将增多,从而影响社会稳定;特别是随着人口城镇化的推进,越来越多人口向城市迁移和聚集,导致城市人口数量急剧膨胀,带来交通、住房、就业、环境、治安等一系列问题,增加城市化建设和工业化发展的挑战性;人口过多或过少,最大的影响莫过于改变抚养力,太多将增加劳动力抚养比,太少将增加老年人抚养比,都将对国民收入的积累产生影响,直接影响到物质和非物质生产部门的发展,影响到社会保障制度的健全和发展。

因此,人口再生产必须与社会再生产相一致,这一过程是通过人口再生产与社会再生产不断调整的过程,从而接近最理想的适度人口目标。

四、人口在四种再生产中的重要地位

人口再生产的运转必须与一个城市的经济发展水平、生态(资源环境)、社会发展水平相适应,如此才能达到适度人口的最佳状态,才能促进社会可持续发展。在这四种再生产中,环环相扣,体现了四种再生产间息息相关的紧密关系。

如图 5-1 所示①,虚线表示各个要素之间的间接作用关系,实线表示要素间的直接作用关系。显然,在一个城市中,人口再生产承载着生态再生产(包括资源再生产和环境再生产)、经济(物质)再生产、社会再生产的中间枢纽的作用,凭借人口再生产的延续,资源再生产、环境再生产、经济(物质)再生产、社会再生产才能得以发生,不同的人口再生产模式,将创造出不同的其他三种再生产模式。而生态再生产(资源再生产和环境再生产)是人口再生产、社会再生产、经济(物质)再生产得以延续的先决条件,有限的资源和无力承载过多人口的环境都将制约人口再生产、社会再生产和经济再生产,但生态再生产对于经济和社会再生产作用的制约是通过人口再生产这一环节发生作用的。

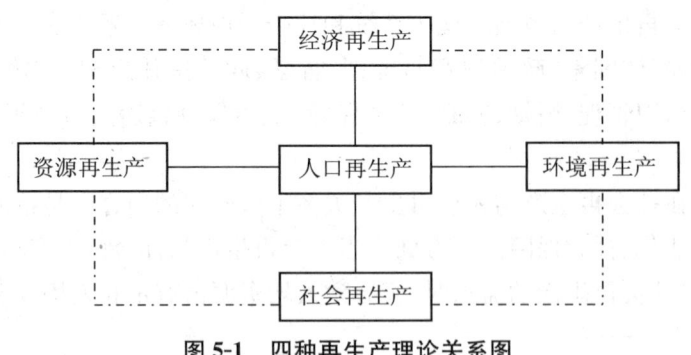

图 5-1　四种再生产理论关系图

资料来源:作者绘制。

---

① 该图借鉴田雪原主编的《人口·经济·社会可持续发展》一书,该书第 16 页有关人口、资源、环境、经济发展和社会发展在可持续发展中的位置和关系图,给予笔者不少启发。

总而言之，城市的人口与城市经济增长、社会发展和生态环境的关系存在三大效应问题：一是分母效应。不管是经济、社会还是生态，城市内部人口的增加都将对人口的平均量产生影响，人口规模越大、人口增长速度越快，人口的分母效应就越大，这样人均产品量、社会资源、自然资源占有量将减少。二是加权效应。加权效应指同一数量的人口，在不同的生产力水平下，人均消耗量是不同的，这种不同是与社会发达程度成正比的。三是人口容量效应。即在分母效应和加权效应的基础上，城市人口总规模不能超过城市所具备的资源、环境、社会、经济的承受能力。具体而言，社会提供的财富只能满足一定范围的人口消费，物质再生产的水平要求适度的人口再生产；生态环境的可持续与否也直接影响到对城市人口的需求，人口再生产必须与自然资源、环境的承载力相一致。一定的生产关系和社会制度也决定了对人口数量和人口质量的需求水平，决定了人力资源和消费的供求实现及平衡状况，不同的婚姻家庭模式、社会保障制度、就业、教育等非生产力因素都影响并制约着人口再生产。

第四节 社会发展与适度人口衡量指标

纵观人类社会发展过程，就是从低级向高级不断迈进、不断改善的过程，这可以从原始社会谋求生存、发展中国家谋求发展、发达国家向福利型社会迈进的这一过程中得到反映。从抽象的意义上而言，我们可以把人类社会发展所历经的过程划分为三种形态：生存型社会、发展型社会、享受型社会。生存型社会更多是以谋求维持个体生存为主要目标，发展型社会则更多的是在生存不成问题的前提下谋求发展，享受型社会则更多的是指社会发展到一定程度后，人们生活质量提高，休闲和享受成为生活中不可或缺的重要组成部分。一般而言，每个社会都将从生存型向发展型再向享受型社会迈进，但这三种形态的划分并不是绝对的，不是以全体公民是否都处于生存、发展或享受状态来进行划分，而是以大部分成员处于何种状态来进行判断，大部分人的生活状态成为判断社会处于何种发展阶段的标准。

相对而言，发展中国家是发展型和生存型相互交替的社会，假若大部分人已基本满足了生存需要，则该社会可以定义为发展型社会，而若大部分的人还处于为生存而奔波的状态，则该社会是生存型社会。在发展中国家的不同区域，生存状态是不一的，一般而言，农村较为贫困，更多处于谋求生存的阶段，而城市在社会保障、社会福利等公共服务方面较为完善，处于发展阶段。发达国家一般是发展型和享受型交融的社会，若大部分人为谋求发展而奔波，则社会仍处于发展阶段，若大部分人的生存和发展已不成为主要问题，而享受成为生活中不可或缺的一部分时，则社会进入享受型社会。享受型社会是人类社会发展的最高级阶段，此时，物质需求、精神需求都极为丰富，人不但要全面发展，而且要实现人生最高层次目标——自由且享受。

一、社会发展的初级形态:生活水平指标

早在 20 世纪初,英国著名社会学家 A.M.卡尔·桑德斯就已提出了适度人口密度的理论,他认为一个国家人口在所支配的环境范围内,应有达到居民获得最好或最高生活水平的人口密度,"无论对于文明的民族,还是对于原始的民族来说,都有一种更合乎理想的人口密度——一种适度的人数。如果达到保持这种密度,那么,他们将获得他们支配的范围内最好的生活水平……如果他们的人数过多,他们将不得不忍受一种较低的生活水平。"[①]卡尔·桑德斯按一个国家获得按人口平均的最大收入当作适度人口,获得平均最好的生活水平的人口密度作为人口的适度密度,超过这个标准,则出现了过剩人口[②]。显然,桑德斯从人们生活水平入手来测度适度人口,生活水平高低成为度量人口数量是否合适的一个相当重要的指标。在这里,生活水平代表着人们的物质消费水平。

道尔顿将适度人口公式化,表示为:

$$M = \frac{A - O}{O} \tag{5-2}$$

其中:O 表示适度人口;A 表示现存人口;M 表示失调人口。

若 M 为正值,则表示人口数量过剩;若 M 为负值,则表示人口数量不足,若 $M=0$,为适度人口数量。

若仅仅从经济意义上来衡量适度人口,仍然存在多极差异。皮尔逊与哈珀在《世界的饥饿》一书中指出,若根据对谷物需求量的中等水平(欧洲水平)来测定,则世界现有人口谷物需求量与生产量基本持平,若按低水平(亚洲)计算,人口还可增加 20%,但若按照北美高水平计算,世界人口已经有一半过剩。[③]但可持续发展的兴起,昭示了适度人口发展的沿革方向。一旦人类意识到适度人口不但与经济发展水平有关,而且与生态、社会发展水平有关,仅仅以物质意义上的生活水平高低来衡量适度人口是不足的。

人类社会发展的实践证明,经济增长不等于发展,生活富裕并不等于幸福。以物质消费作为衡量社会发展的传统模式已受到质疑,人们开始对各种社会弊端以及造成的一系列无法克服的问题进行全面反思,认为经济的发展不能代替生态、社会、科技、政治、家庭和个人的可持续发展。一种强调对社会生活和福利给予足够重视的研究应运而生,即生活质量的研究,这种研究认为社会发展不单单是经济的发展,而是资源、环境、经济、科技、社会和人的有机协调的发展过程。

[①] 卡尔·桑德斯:《人口》,1922 年英文版,第 33 页。
[②] 当然,卡尔·桑德斯认为适度人口数量或适度人口密度只是一种概数,要精确地说出某一环境或某一国家的理想人口数量是不可能的,但用这个概念,可以来说明人口数量是否过多,用来说明人口数量是接近还是远离理想的人口数量。
[③] 李竞能:《现代西方人口理论》,复旦大学出版社 2004 年版,第 263 页。

二、社会发展的中级阶段：生活质量指标

"生活质量"①一词是1958年经济学家加尔布雷斯在《丰裕社会》中首次提出的，自此以后，生活质量研究日益受到重视。生活质量不但指人们获得物质生活和精神生活需求的满足性质和程度，也指人们日常生活的愉快、舒适、休闲、和谐程度。因此，有学者对生活质量进行定义，即指"社会提供国民生活的充分程度和国民生活需求的满足程度"。

人的生存、发展需要及满足是社会发展的基本出发点，人口生活质量的提高是社会发展所追求的终极目标和最高原则。人口生活质量的高低直接与社会发展水平直接相关，通过生活质量的研究可间接估计到整个社会、经济、政治、文化、医疗卫生发展水平和状态，进而确定为促进经济与社会发展需要解决的关键性问题。因此，生活质量的测评及分析是适应社会发展的必然选择，是代替生活水平指标的必然需要。

根据研究对象的构成，生活质量分为客观的生活质量与主观的生活质量。客观的生活质量涵盖了生活的有形条件，容易被证实。主观的生活质量则涵盖了对生活的主观感受，体现为生活满意程度和幸福感。同样，根据研究对象的内容，生活质量包括物质生活质量、精神生活质量和生态生活质量三方面。物质生活质量、精神生活质量和生态生活质量各自由不同的子指标构成。根据中国具体情况而言，一般是选择以下的一些具体指标来衡量：

(1)物质保障方面：人均绿色GDP，人均消费支出；(2)教育方面：文盲人口占15岁及以上人口比例、人均受教育年限；(3)居住与生活条件方面：每千平方公里运输线路长度、人均住宅建筑面积、人均住宅使用面积；(4)健康方面：每万人拥有病床数、每万人拥有医生数；(5)社会保障方面：基本养老保险覆盖率、失业保险覆盖率；(6)环境方面：污染治理费用占GDP比重、城市人口用水普及率、人均绿地面积等。

社会发展的根本目的就是实现广大人民利益的最大化，让人人感受快乐、满意，过上幸福生活，这才是名副其实的生活质量。生活质量的研究体现了社会对人的终极关怀，随着时代的发展，生活质量研究将越来越受重视。我国正处于建设全面小康社会的进程中，利用生活质量指标测量小康水平和人口需求，有助于人口与社会其他构成要素协调发展。

显然，生活质量指标的兴起，是对生活指标的发展，是从单一性的物质指标向多元性指标转变。其实，索维在对适度人口进行论述时，就已体现了从生活水平这一单一指标向生活质量多元指标过渡来确定适度人口的思想。索维把适度人口分为经济适度人口和实力适度人口，前者指获取最大经济受益和福利的人口，后者指国家获得最大实力

---

① "生活质量"和"福利"有时是可以互相使用的。经济合作和发展组织更倾向于用"福利"而不用"生活质量"，因为它"与其他专门学科较少牵连"，所以经合组织试图在这个领域中建立一致的专门术语并对此加以扩充，将一群个体福利的集合命名为"社会的福利"，从而运用"社会福利"这一概念来评价社会的各项制度，来综合评价生活质量的水平。

的人口。如此,他把人口数量、预期寿命、文化教育程度、健康状况、就业、个人福利、社会财富增长、国际实力等各项指标都引入适度人口,建立了适度人口理论模型,并且从静态和动态两方面进行分析,体现适度人口的多维度和多指向性。显然,索维已经对人口与发展水平关系进行隐含的分类,一种是基于经济需求的适度人口类型,一类是基于发展和享受需求的适度人口类型。

三、社会发展的高级阶段:生活空间指标

根据绿色经济蓝图的观点,[①]可持续发展有两种形式,一种是弱可持续发展,一种是强可持续发展形式。在弱可持续发展形式中,资本[②]是完全可以互相替代的。如给下一代的遗产:包括人力资本和"自然"资本的混合。重要的是资本总量,自然环境资本替代人造财富的范围是相当广泛的。这里的论述表明弱可持续性地对待环境的态度和行为,仅仅是把环境当作资本的一种形式,没有给予特殊重视。[③]

强可持续的发展观却指出"生态资产与人造财富之间替代的局限性。这有两个原因:第一,即使一些生态资产对人类生存不重要,但它们对人类福利是至关重要的——例如空间的体验和舒适性。第二,因为不得不从广义上理解自然资产,所以许多资产实际上对人类生存是至关重要的。"[④]强可持续发展的观点显然意识到空间对人类的重要性。如果我们能进行深层次思考,就会意识到空间的价值。空间的价值正如上述所讲,是一种体验和舒适性。这其实表明了多层含义:一是空间的质量,即周围空气、水土等非污染的正常态。二是空间的美感,体现为周围环境的绿化和整饰。三是空间的空旷感,即赋予个体一定的空间感。如果考虑一下现代化进程中社会所出现的一系列变化,就可以意识到空间已成为一种稀缺的资源。大批的农田被大量的住宅用地、工企业用地所占用,高楼、小区空间寸土是金,都意味着现代人的空间在日益萎缩。从这个意义上来讲,强可持续发展显然意识到了空间感在发展中的重要作用。

显然,人口和由人口需求所导致的经济发展是空间日益萎缩的直接原因,人口居住以及为发展经济的各种用地都无法避免直接占用空间,人口数量的增多以及经济的进一步发展(在技术一定条件下)都将不可避免使人均用地减少,从而降低空间舒适感。所以,强可持续发展出于资源保护的态度,提倡零经济增长和零人口增长,从而保障生态系统的主要价值。持极强可持续性发展的生态者在保护资源方面更为极端,提出了降低经济增长和人口规模的管理策略,从而减少对资源的取用和减轻空间的挤压感。

---

① 大卫·皮尔斯:《绿色经济的蓝图——衡量可持续发展》,北京师范大学出版社 1996 年版,第 16 页。
② 绿色经济蓝图指出,资本既包括人造资本储备——机器和其他基础结构如住房和道路和知识技术储备或叫人力资本。资本还包括自然资本储备,有自然资源(石油、气、煤)、生物多样性、栖息地、清洁的空气和水等等。
③ 当然,弱可持续发展也有决定性的必要条件,即是以不可更新资源的枯竭辅以替代资源的投资,投资于可更新能源。
④ 大卫·皮尔斯:《绿色经济的蓝图——衡量可持续发展》,北京师范大学出版社 1996 年版,第 16 页。

根据以上对社会发展三阶段，以及度量适度人口的指标变更（从生活水平向生活质量水平的变更，以及对空间感的重视），表明适度人口的确定与每一阶段人的需求以及社会发展水平息息相关，特别是空间感需求的提高，更要进一步有序协调人口、社会经济发展、能源环境的关系，做好城市规划，在城市建设中注重绿地和休闲用地的布置。

第五节　城市适度人口及其确定方法

如上所述，社会发展经历了初级、中级和高级的演变过程。而在社会发展过程中，经济、人口、社会发展和生态环境是其内部子系统。一个城市的发展，离不开上述四大要素的共同作用。作为人口这一要素，在当中起着至关重要的作用，我们需要确定有利于城市经济社会发展、能源使用和生态保护的适度人口，它包括对人口数量、人口质量和人口结构的有序规划。

一、四大系统理论的理出

（一）人的四大需求——生存需求、发展需求、安全需求、享受需求

马斯洛的需求层次论指出人的需要从最低到最高共有五个层次，分别为生理的、安全的、社交的、尊重的和自我实现的需要，而且这种需要是有先后顺序的，只有在低一级的需要得到满足或至少是部分满足的条件下，高一级的需要才会产生。马克思的需要层次理论认为，人的基本需求有三种，即生存需要、社会需要（包括享受需要）和发展需要。

笔者认为，从一个人的生命周期以及人的需求无限性的特征出发，在人的一生中，首先要满足的是一个人的生存需要，生存需要是最低层次但又不可或缺的需要，它是满足一个生命体最基本的生理需要，包括吃、穿、住最基本的三个方面。

在满足了最基本的生存需要的基础上，人作为有欲望、有别于一般动物的高级生灵，有谋求不断发展的需要，为了满足发展的需要，最有效的途径是教育和就业，教育作为发展需要的间接有效途径，可从人力资本投资所带来的效益得到证实，就业（不管是正规就业还是非正规就业），是个体有效发展的直接途径，不管何种发展都要通过个体的不断劳动来获取。

人作为一个有机生命体，有着从出生、成长到衰老的过程，这是一个不可违抗的自然规律，如此，劳动能力（包括身体健康、知识技术能力）必然存在一个相对退化的过程，因此，随着机体和能力退化，人必然产生安全需求，这种需求体现在社会对劳动力进行相应的保障。

同时，作为一个高级生灵，在满足了生存、发展、安全的情况下，个体都存在享受的欲望。享受的需求并非在完全满足了三大需求情况下才发生，对于不同个体而言，享受的内容层次是不同的，所以，享受需求可在各个层次中穿插进行。但总体而言，享受需求在人的需求中属于最高层次。

基于以上简单分析,笔者从人的生命周期及不同阶段人的需求不同出发,提出人的需求内容,包括生存、发展、安全、享受需求四个方面(见图5-2)。

(二)满足四大需求的各主要组成要素

人的生存需求(衣、食、住)都与生产和经济紧密相关,由于衣、食、住的成品来自大自然所提供的资源,又由于衣、食、住与环境息息相关,所以,只有当资源与环境处于安全阈内,才能保障人们获取有效的生存性物品。因此,人的最基本的生存需要是与环境和资源紧密相关的。人的发展需求主要通过教育和就业两种形式,教育和就业的公平性,都将直接影响一个人的发展,决定一个人的发展需求能否实现。人的安全需求,最直接体现在社会保障制度的完善程度上。经济学家莫迪格利安尼用生命周期理论、弗里德曼从持久收入假说来说明,人在一生中都有保持相当程度消费需求的需要,特别是进入年老时期,更有维持一定消费水平的需求,这就是人的安全需求。

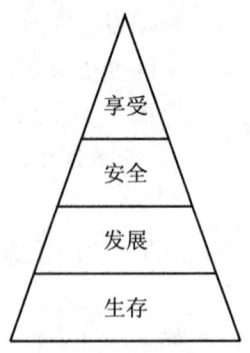

图 5-2 人的需求层次
资料来源:作者绘制。

享受需求是人类发展的最终目标,是实现人的自由而全面发展的最后阶段,虽然人的享受需求层级是不同的,但人都有趋于一致的享受标准。物质是一种享受,精神是一种享受,生态美也是一种享受。人的享受有一个递进的过程,那就是从物质享受向精神享受和生态享受转变。目前,人类虽然得到了大量的物质财富,也创造了不少的精神财富,但由于生态环境污染相对严重,使人类失去了地球上最自然的美——生态美。生态美的失缺不但表现在大片森林、自然风光的消失;水、气候的退化,还表现为人们在生活空间的拥挤和压抑感。高楼大厦的层层叠起,公共活动空间的缩小,都极为严重地压抑人所必需的空间,不利于身心舒缓。

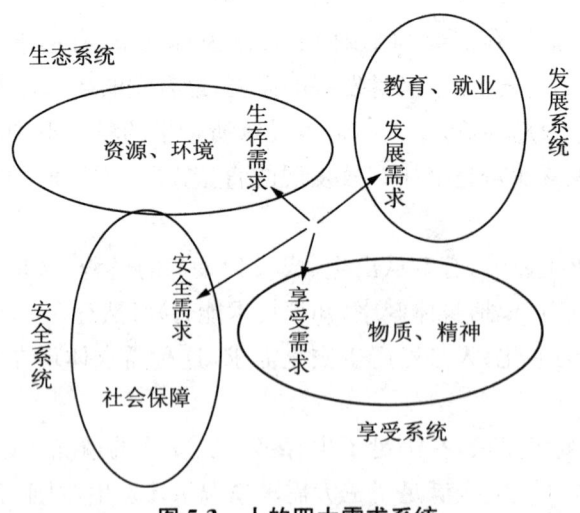

图 5-3 人的四大需求系统

* 本图由作者绘制。

（三）满足人的需求的四大系统：生态系统、发展系统、安全系统、享受系统

根据人的四大需求层次和各类需求的组成部分，笔者把满足人的四大需求的各组成部分划分为四个系统，一是为了满足人类生存需要的由资源、环境等组成的系统，把其称为生态系统；二是为了满足发展需要的由教育、就业等部分组成的系统，把其称为发展系统；三是为了满足人类安全需要的主要由社会保障组成的系统，把其称为安全系统；四是为了满足人的享受需求的由物质享受、精神享受、生态享受构成的享受系统。

二、城市适度人口的确定方法

城市作为有别于乡村的生活单元，表现为生产和人口在特定空间的聚集，人口与经济、社会、生态的联系更为紧密。因此，需要根据已有的经济社会发展水平、能源和生态承载力，对适度人口的确定有个总体、辩证的把握。

（一）适度人口的确定是一个动态的过程

适度人口的确定是综合考虑人口的三个内容、三个方向以及三个发展阶段的动态多元体，这三维建构之间存在着一定横向联系，表现为适度人口内容的确定是依据人口三方向的标准来进行的，也同时是按照人口发展三阶段的需求来测定的。不同的人口方向判断标准和不同的人口发展阶段，所确定的适度人口是不一致的，但在动态的平衡中体现了一种日趋合理化的趋势。当我们只考虑人口三级内容中的数量、人口的三个方向中的经济、人口发展三阶段中的生存型人口这单一方面进行适度人口确定时，这种方法将是片面的，只有立足于社会发展的某一阶段，综合考虑人口的三个内容、三个方向进行适度人口的确定，才是全面的做法。显然，立足于生存需求上的适度人口将是最低水平的，立足于发展需求的适度人口目标确定是目前大多数国家的目标，而立足于享受需求的适度人口确定才是最合理、最理想化的人类社会发展目标。

（二）适度人口的确定是一个优化的过程

由于适度人口的确定不但受生态、经济与社会发展的限制，而且同时受人口发展三阶段的影响。如果一个国家处于生存型发展阶段，相对而言可容纳的人口数量就比较多，对于生存型社会来讲，人口质量和人口结构还没有得到应有的重视。

当然，人类社会的需求都在向前发展，发展型人口是目前生产力发展阶段上所能达到的，也是大多数国家正极力追求的，即可持续发展的人口。基于绿色经济蓝图的观点——可持续性有四种状态，分别为极弱可持续性、弱可持续性、强可持续性和极强可持续性。那么，发展型的国家必然也存在不同程度可持续性的适度人口。弱可持续性显然就可以多容纳一些人口，多占用些生态资源，而强可持续性显然就要求减少一些人口，多保留些生态资源。享受型人口是继发展型人口之后的较高级的社会形态，这时，人口不但与经济、社会、生态相协调，而且人类能更完整地保留地球的资源，以一种留有余地的方式协调人口再生产与物质、生态、社会再生产间的运转。不管处于何种人口发展阶段，都要求人口与其他资源进行合理组合，亦即人口与物质、生态和社会的组合，即四大再生产的组合。

假若我们把人口、物质、生态和社会再生产看作一个组合体,其中,把人口当作一种资源,把其他三种资源当作另一种资源,则发展型、享受型人口势必要求人口与经济、社会和生态相适应。这一过程,即是帕累托改进和帕累托最优的过程。我们可以运用艾奇沃斯盒状图和无差异曲线对这一优化过程进行说明。为了说明的方便,我们把经济、社会和生态这一资源组合体称为固定资源。

现假设人口资源和固定资源分别提供两种产品,即人口资源数量为 P 和固定资源(生态、经济、社会)数量为 F(如图 5-4 所示)。该方框上下横轴为人口资源 P 的数量,左右轴表示固定资源 F 的数量。图中的各条曲线是人口资源 P 或固定资源 F 的无差异曲线①,表示人口资源 P 与固定资源 F 的许多不同的组合。现假设 P_1、P_2、P_3……为 P 的无差异曲线,F_1、F_2、F_3……为 F 的无差异曲线,两组无差异曲线切点轨迹为 CC' 曲线。为了达到人口资源与固定资源的最佳结合点,这有一个均衡的过程。比如,如图 5-5 所示,在人口资源与固定资源相关的曲线切点轨迹 CC' 曲线上,存在 C_a、C_b、C_c 等结合最优点。

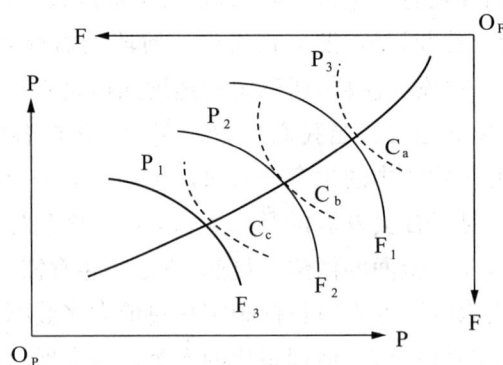

图 5-4　人口资源与固定资源组合均衡图

* 本图由作者绘制。

人口资源与固定资源结合的优化过程,需具备以下两个条件:

1. 人口资源、固定资源(经济、生态和社会)是可以进行价格计量的,且价格是一定的。显然,人口资源的价格是可以测量的;由于目前对生态环境的重视,影子价格法和机会成本法运用于对生态的价值进行计量;经济和社会的价格也可以运用一定的方式来测量,经济可以用人均 GDP 或人均生活水平来表示,社会再生产的价格可以用精神财富、城市化和工业化、社会稳定、社会保障水平等进行衡量。对于各种资源的测量方式也正趋完善、全面。在某个特定时期,人口、生态、经济、社会等资源的价格是一定的。

2. 偏好的改变。对人口资源与固定资源偏好的改变可以表现一个社会发展的趋势。目前,对于人口资源的偏好在于偏重人力资本,对于固定资源的偏好表现为注重生

---

① 无差异曲线上点斜线的经济含义是指消费者主观上愿意用一种消费品去替代另一种消费品的比率,经济学上称之为产品的边际替代率 MRTS,两者的点斜率相等,两种函数的边际替代率相等。

态价值。这一偏好的改变，正是人口资源与固定资源均衡的可行性条件，也是优化人口资源（数量、质量和结构）和优化固定资源（经济、生态、社会）的过程。

从图 5-4 可以看出这一均衡及优化过程。对于人口资源而言，存在一组无差异曲线 P_1、P_2、P_3……离原点 O_P 越远，满足程度越高，即人口资源可持续性越强。对于固定资源而言，存在一组无差异曲线 F_1、F_2、F_3……离原点 O_F 越远，满足程度越高，可持续性越强。人口资源与固定资源都有一个共同偏好区，也就是相对于初始状态有所改善的区域，当双方朝着共同偏好区进行交易时，都会比原先状态要好，则是向帕累托改进发展。当人口资源与固定资源任何一方都不能在损害对方的情况下不断向更好的状态发展，最后双方都会达到一个相应的帕累托最优点。显然，帕累托最优状态不止一个，而是一组最优点集合而成的一条曲线，这就是所谓的契约曲线或帕累托集。

如图 5-5 所示，现任意取 P_1 上一点 A，当 A 沿 F 的无差异曲线 F_1 往 P 与 F 的交点 C_a 点移动时，在移动过程中，P 的状况逐渐变好（因为距离原点 O_P 较近的无差异曲线 P_1 逐渐向距离原点 O_P 较远的无差异曲线移动），而 F 的境况并没有变坏（因为 F 始终处在以 O_F 为原点的无差异曲线 F_1 上）。在一定条件下，C_a 点成为 P 和 F 的最优结合点。同样，A 点也可以沿 P 的无差异曲线 P_1 移动，直到移至 C_b，这时境况对于 F 有利却无损于 P。这也是在一定情况下，对于 P 和 F 的最大满足点。至于选择有利于 P 或有利于 F 的最优点，则由人口资源与固定资源二者的价格决定，这是以为了达到固定资源的更可持续利用，还是提高人口的生活质量的发展目标为判断依据的。在人口资源与固定资源价格既定的情况下，如果边际成本比率等于价格比率时，这时就达到人口资源与固定资源二者相结合的最优状态。

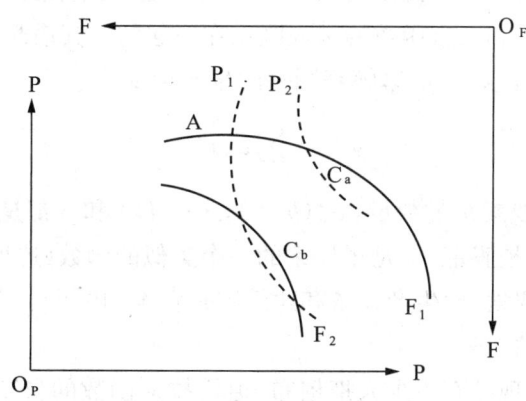

图 5-5　人口资源与固定资源一般均衡图

* 本图由作者绘制。

（三）适度人口的确定是一个逆向的过程

道格拉斯是生产函数研究的开创者，他提出了著名的道格拉斯生产函数，即运用两类生产要素——劳动力和资本，来说明生产要素与生产量的关系，其表达式为：

$$Q_i = f_i(L_i, K_i) \tag{5-3}$$

其中，Q 表示产出，L 表示劳动力，K 表示资本。

根据物质平衡原理，劳动力和资本并不能恰当代表生产中所包括的一切，在生产过程中，一定有某些物质投入到生产中去。根据热力学第二定律，投入的物质必定会以另一种形式表现出来，一种是物质的生产，另一种则是废弃物的产生，废弃物的产生就会对周围环境进行污染。

因此，环境经济学强调在生产过程中废弃物以及周围环境污染在生产函数中所起的作用。公式(5-3)就扩展如下：

$$Q_i = f_i(L_i, K_i, M_i, [R_i], A[\sum M_i]) \tag{5-4}$$

其中，M_i 为生产活动中所产生的废弃物。A 为污染物对周围环境的污染水平，$\sum M_i$ 为所有公司的污染排放总量。①

1. 劳动力和资本的二级扩展。道格拉斯的函数其实即是用生产要素（为了与以下引用的符号一致，生产要素用 x 来表示，生产量用 Y 来表示）的对数形式的线性表达式来说明生产量的对数。在此基础上，其他经济学家推广了这种关系式。一种推广是增加了平方项（超越对数函数），另一种推广是引入了两个以上的生产要素，比如：蓝领工人和白领工人，生产设备和建筑；第三种推广的工作是由迪沃特完成的，他提出了以下函数：

$$y = \alpha_0 \Pi_i \Pi_j \left(\frac{1}{2}x_i + \frac{1}{2}x_j\right)\beta_{ij} \tag{5-5}$$

借助于肯尼恩·阿罗等人提出的众所周知的固定替代弹性生产函数，其包含两个以上的生产要素常常是和二级函数的引入联系在一起的。其最简单的表达式可以写成一个加性函数，用生产要素 x 的幂解释同幂的生产量 y。

$$y^{-\rho} = \sum a_h x_h^{-\rho} \tag{5-6}$$

其中，x_h 是生产要素 h 的数量，$a_h(h=1,\cdots,H)$ 和 ρ 都是常数。

两级函数的想法，是假定 x_h 是子要素的一个类似的函数（这里，蓝领工人和白领工人构成了劳动力的子要素，而生产设备和建筑则是资本的两个子要素）。这样，x_h 就被引入柯布-道格拉斯函数。②

基于以上的描述，现已有不少人把柯布-道格拉斯函数的自变量进行了扩展，包括分别对劳动力和资本进行扩展。

四大再生产的提出，可以让我们明确一个简单的关系，即物质再生产与人口、资源、环境密切相关。因此，与物质再生产相适应的适量人口，其二级函数有两个子要素，即为人口数量和人口质量。而资本不但包括货币资本，也包括资源、环境资本和技术资本

---

① 该公式参考[英]罗杰·珀曼等著：《自然资源与环境经济学》，中国经济出版社 2002 年版，第 25 页。
② [荷]J.丁伯根：《生产、收入与福利》，北京经济学院出版社 1991 年版。

(社会经济发展的水平)等子要素。所以,根据公式(5-4)我们可以进行物质再生产与人口再生产、资源环境再生产、社会再生产关系的函数计算。

2. 逆向函数。通常,生产函数都是以生产量作为因变量,而劳动力和资本作为自变量来进行测算。但由于可持续发展的深入,资源稀缺性日益严重,社会受人口、资源、环境等因素制约,而且生产技术水平和生产量一般维持在一个较为稳定的水平上。此时,以物质再生产的水平为标准,从逆向角度对人口和其他资本进行估量则显得更为迫切。因此,生产量 y 就被看作是自变量,对不同生产要素的需要量却被当作因变量,最简单且最著名的例子是,全部生产要素投入物都与 y 成正比例:

$$x_h = a_h y (h=1, \cdots, H) \tag{5-7}$$

丁伯根指出:"技术进步就体现为一些值(a_h)发生了变化,并且,如果 h' 是指劳动力的话,一项节约劳动力型发明的完美情形,就是 $a_{h'}$ 的下降。用类似的办法,也可以定义节约资本型的变化,以及节约其他任何一种投入物的变化。"[①]

所以,早期生产函数的确定是假定人力资源和资本不受限制为前提的,以人口数量和资本的无限制结合来确定物质生产总量,而公式(5-7)则表明了另一种思维,即物质生产并不是无限的,人口数量和资本也不是无限制的,在一定的物质再生产技术水平和资源、环境约束条件下,人口数量和资本的需求量应与相对应的物质再生产水平相适应。同样的道理,我们可以得出人口再生产应与各种资源、环境再生产、社会再生产的相对应的函数关系。具体表达如下:

$$X^{-\rho} = \sum a_h y_h^{-\rho} \tag{5-8}$$

其中,X 代表所需人口,Y 代表各种物质再生产、环境再生产或社会再生产。因此,适度人口的确定不但是一个二级子函数的过程,即体现适度人口的三级内容(人口数量、人口质量、人口结构),而且是一个逆向过程,即体现适度人口的三个方向(人口再生产与经济、生态和社会再生产相一致)。

三、适度人口的界定准则

(一)水桶理论的方法

根据水桶理论,在四大系统——生态系统、发展系统、安全系统、享受系统中,只要一个系统出现危机,那将导致社会整体福利骤然下降,因此,人口数量必须维持在每个系统都能持续运行的状态下,这才能称得上是适度人口。一旦突破适度人口这一区间,就会造成社会负担、产生负面影响。这一负面影响表现很明显:若生育人口超越生态系统的承受力,将引起生态危机,这种危机将呈现一种恶性循环的常态。若人口超越发展需求,将使社会在就业和教育上投资不力,引起社会不可持续发展。社会保障的缺乏同

---

① [荷]J.丁伯根:《生产、收入与福利》,北京经济学院出版社1991年版,第67页。

样导致了负面效应,影响社会的稳定性和后续发展。审美系统是最难确定的值,但它也有一个阈值,若人口密度太大,公共活动区域太小,将引发人的空间疲惫感和挤压感,不利于身心健康和精神愉悦。所以,按照水桶理论,城市可持续发展应综合考虑生态系统、发展系统、安全系统和享受系统的承载力,在不突破某一系统的安全阈值的前提下,有机协调人口与四大系统的关系,使整个社会达到最佳状态。

(二) 系统论的方法

由于城市是由四大系统以及四大系统的各组成部分共同作用下运转的,因此,影响城市发展的途径很多,存在多种作用方式和渠道,这些作用和方式有的起正作用,有的起副作用,直接关系到城市可持续发展。从局部而言,有些因素不利于发展,但与其他因素共同作用并从整体上对社会构成不利因素,这取决于各要素之间的耦合作用。比如,就局部而言,人口过多增加消费需求,会对资源和环境造成压力,但是,人口在一定程度上也是促进经济和社会发展的动力,因此,对于人口的各方面作用进行系统分析后,若利大于弊,则该人口就是处于有效的安全阈值内,是可以接受的适度人口,若弊大于利,则应该对人口进行调控。因此,判断整个城市是否可持续发展应以系统论和整体论的观点,而不是以某一单一的元素或从局部来判断。

(三) 以保障社会公平的社会福利最大化为准则

关于社会福利最大化,即帕累托最优点是否可测问题,一直是经济学中争执的焦点,有人指出帕累托最优是不存在的,只有存在次优选择,但阿罗则认为帕累托最优是存在的,即社会福利函数是可测的,并提出了测量方法。荷兰学者J.丁伯根在《生产、收入与福利》一文中指出他和其他学者属于庇古学派,并不否认福利的可测性。他认为福利应由国民支出进行测度,这种测度应对几个遗漏的项目进行校正,包括家庭、军事服务、地下经济(或非经济部门的收入)和从劳动中得到的精神收入。所以"一个人的福利来自:用一个反映收入的递减边际报酬的函数对精神收入作过校正后的收入"。[①] 在该书中,丁伯根对经济学中过分强调福利的经济因素进行批判,而把福利的概念更多的与"幸福"联系在一起。

不管如何,社会福利函数是可以用数学方式表达出来的,只是权重不同,是一种动态的福利函数。福利函数可以分为三类:一类是强调公平的福利函数。即强调货币效用对于穷人和富人是不一样的,因此,需调整收入分配;一类是强调效率的福利函数,即强调整体社会福利最大化,而忽略了收入是否公平的问题,允许贫富分化的存在和加剧,不管穷人多穷而富人的收入却可以抵消穷人的负面影响,即可为福利最大化。三是理想化的福利函数,即有机结合公平与效率,达到最优点。

其实,福利函数的构建还包括人类更深层次的福利,如满足感、精神追求、幸福感、爱、友谊等,但由于这些因素在某种程度上受上述四大因素的影响,加上测量的困难,这里就不纳入福利函数中。

---

① [荷]J.丁伯根:《生产、收入与福利》,北京经济学院出版社1991年版,第141页。

在有机考虑公平与效率这两个方面的前提下所确定的人口数就是适度人口,这个适度人口并非是一个数点,而是一个数段,它在有效范围内可以允许稍微突破某个节点(比如为了发展经济有可能牺牲人的享受需要),但这种突破必须局限在安全阈内。同样,社会福利最大化也并非一个严格的要求,它是一个目标,这个目标由于受影响因素和发展水平的限制,目前还难给予确定,因此可以允许其达到次优状态。

参考文献

王玉梅:《可持续发展评价》,中国标准出版社2008年版。

彭诗言:《基于可持续发展的生态补偿机制研究》,《中国经贸导刊》,2010年第21期。

洪银兴主编:《可持续发展经济学》,商务印书馆2000年版。

金涛:《城市可持续性概念模式研究》,东南大学出版社2016年版。

马克思、恩格斯:《马克思恩格斯全集》,卷3,人民出版社1971年版。

马克思、恩格斯:《马克思恩格斯全集》,卷21,人民出版社1971年版。

马克思、恩格斯:《马克思恩格斯全集》,卷8,人民出版社1971年版。

马克思、恩格斯:《马克思恩格斯全集》,卷46,人民出版社1971年版。

马克思、恩格斯:《马克思恩格斯全集》,卷35,人民出版社1971年版。

李竞能:《人口理论新编》,中国人口出版社2001年版。

李竞能:《现代西方人口理论》,复旦大学出版社2004年版。

张坤民:《可持续发展论》,中国环境科学出版社1997年版。

[美]迈克尔·P.托达罗著,黄卫平等译:《经济发展》,中国经济出版社1999年版。

张伟:《人口控制学》,中国人口出版社2000年版。

[英]大卫·皮尔斯著,李巍等译:《绿色经济的蓝图——衡量可持续发展》,北京师范大学出版社1996年版。

[英]罗杰·珀曼等著,张涛等译:《自然资源与环境经济学》,中国经济出版社2002年版。

[荷]J.丁伯根著,张幼文译:《生产、收入与福利》,北京经济学院出版社1991年版。

第六章 城市战略规划

在当前社会经济快速转型和科技大变革的背景下,传统城市规划体系在快速适应和发展方面暴露出诸多问题。从全球范围看,城市规划日益体现出新的特点:一是时间视野拉长,二是空间视野提升,三是涉及领域范围拓展。在这样的背景下,城市战略规划以战略思维、弹性应对、灵活推进等特点成为城市规划体系中重要的组织单元。2009年世界银行提出了"城市战略"框架,推动以"Systems of Cities"概念为核心的政策工具箱和最佳实践。联合国(UN-HABITAT)于2015提出了"城市与地域规划的国际导则"(International Guidelines on Urban and Territorial Planning),位于美国的国际城乡规划学会于2005年开发了"地方政府的战略规划"的工作手册并予以持续更新。本章重点对城市规划的战略思想变迁与发展动向、城市战略规划的升级背景、城市战略规划的实施步骤与重点实施领域,对城市战略规划进行介绍和体系分析。

第一节 城市规划思想演变与发展动向

城市战略规划是有自觉意识的、伴随主动行动的引导城市整体发展的策划,是动员城市的所有利益相关者、所有的资源,去追求形成广泛共识的城市发展目标。城市战略规划的关键约束并不是时间尺度,而是城市发展的最大可能性。新加坡X年规划即是一个典型样本。城市战略规划与其他行业规划、专业规划是有显著差别的。城市战略规划解决的是城市发展的长期愿景、决心和思路,而其他规划主要是落实、管控、执行,更多是着眼于当期的发展。城市战略规划关注的是如何围绕实现城市整体目标而动员与配置所有资源(经济、社会、文化、政治、生态、空间、科技……),而传统空间规划或其他规划关注的是空间设计、单一资源的动员最多是单一目标的多资源动员。

当前全球范围,城市规划的时空维度正经历重大变革。一是时间视野拉长,在 21 世纪初一大批先锋城市(伦敦、纽约、巴黎、东京、香港、悉尼、约翰内斯堡)都将城市规划视野放大到 2030、2040、2050。二是空间视野提升,从空间控制性详规、城市总体规划到城市概念性规划;从城市、都市圈、城市群到区域尺度,更多关注战略性趋势、环境、模式、愿景、路径而非单纯的分区管控(zoning)。三是涉及领域范围拓展,从单纯的空间拓展到城市经济、社会、文化、生态、治理等各方面。经济学、管理学、社会学、人类学、生态学、政治学方法都被引入城市规划学科。

在中国,2014 年《国家新型城镇化规划(2014—2020 年)》以及 2015 年"中央城市工作会议"文件《中共中央国务院关于进一步加强城市规划建设管理工作的若干意见》都创新了大量战略导向的城市规划思路,尤其是提出了"多规合一"的思路。并出现不少相关的规划实践。上海 2040 规划、北京 2035 规划以及大量都市圈、城市群以及城市——区域尺度的规划。但是理论上,城市规划从范式、理论到方法、工具都没有充分准备好响应这一变革。出现显著的理论、方法滞后于实践的态势。

在理论上,2009 年世界银行提出了"城市战略"框架,推动以"Systems of Cities"概念为核心的政策工具箱和最佳实践。联合国(UN-HABITAT)于 2015 提出了"城市与地域规划的国际导则"(International Guidelines on Urban and Territorial Planning)。位于美国的国际城乡规划学会于 2005 年开发了"地方政府的战略规划"的工作手册并予以持续更新,并由江苏凤凰出版社于 2013 年首度译介到国内(戈登:《地方政府的战略规划》[2010 年版])。国内最早的专著是侯景新与李天健于 2014 年出版的《城市战略规划》(经济管理出版社)以及周振华于 2014 年出版的《战略研究:理论、方法与实践》(格致出版社)。此外,屠启宇团队自 2012 年起持续出版《国际城市蓝皮书:国际城市发展报告》,周振华 2014 年出版《2030 的城市发展——全球趋势与战略规划》,都对国际上优秀的城市战略规划实践案例予以的介绍。

从人类历史长河发展的进程看,城市规划理论衍生于实践活动,因此,城市规划学是一门应用性学科。在不同阶段,根据特定的发展背景和规划目标,都会确定城市规划的特定规划思想、原则和内容,由此形成当前逐步成熟的城市规划体系。其中,城市战略规划是城市规划体系中的重要单元,是关于城市发展目标和实现目标方针、政策、途径、措施和步骤的发展规划,涉及城市建设和管理中具有全局性、方向性的根本大计,对城市发展具有方向性、长远性、总体性的指导作用,是城市实践工作的指南和纲领性规划。

一、古代城市规划的基本战略

城市规划是一项政策性的工作,具有较强的自然因素和社会价值导向。在古代,城市规划原则基本可以从选址原则进行考察,普遍都是利用有利地形,特别是建在近水、向阳(温带)和避风的地段。这是典型的古代风水学的选址的思想,是对自然条件、环境和地形的认知。在城市居民点内部空间结构,则体现人类社会关系、人与自然环境的共存关系,以古代西安为例,城市围绕唐皇宫建设,这体现出皇权至上的核心思想。特别是在《周礼考工记》记述了周代王城的空间布局(见图6-1):"匠人营国,方九里,旁三门。国中九经九纬,经涂九轨,左祖右社,面朝后市。""筑城以卫君,造郭以守民。"守是军队防卫的意思,那么很明显军队、王宫、王权聚集在这里,所有的东西都必须围绕着这些来建造,以君主、王宫来展开,形成更好的防卫,那么从思想上来看,是象天法地,天人合一。伍子胥建吴国国都(今苏州)时,提出"相土尝水,象天法地"的规划思想。《管子度地篇》:"高勿近阜而水用足,低勿近水而沟防省。""因天材,就地利,故城郭不必中规矩,道路不必中准绳。"也就是规划一定要更好地切合环境,根据环境来进行城市建设。

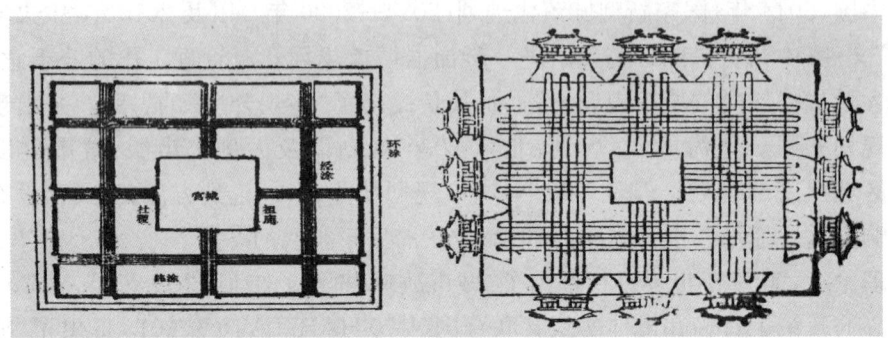

图 6-1　周王城复原想象图

资料来源:宁越敏等(1994)。

图6-2是唐长安复原想象图,可以明显看出城市布局与地利有关系,居民和市区都是皇宫的南部布局的;而在地利影响之外,皇权至上的思想非常明显,城市管理职能部门和宫殿都是围绕着皇宫、太极殿来展开布局。与此类似布局的还有明代北京的空间布局(见图6-3)。

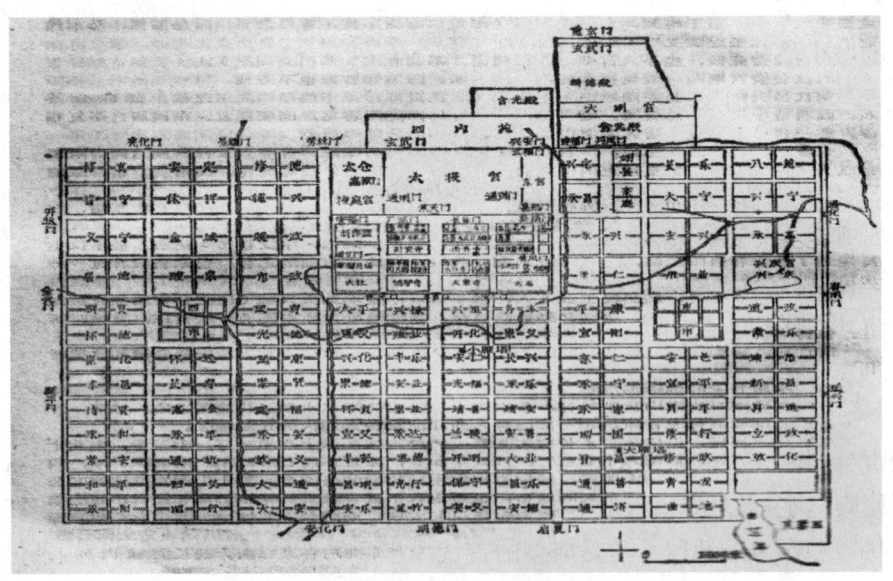

图 6-2　唐长安城复原想象图

资料来源:宁越敏等(1994)。

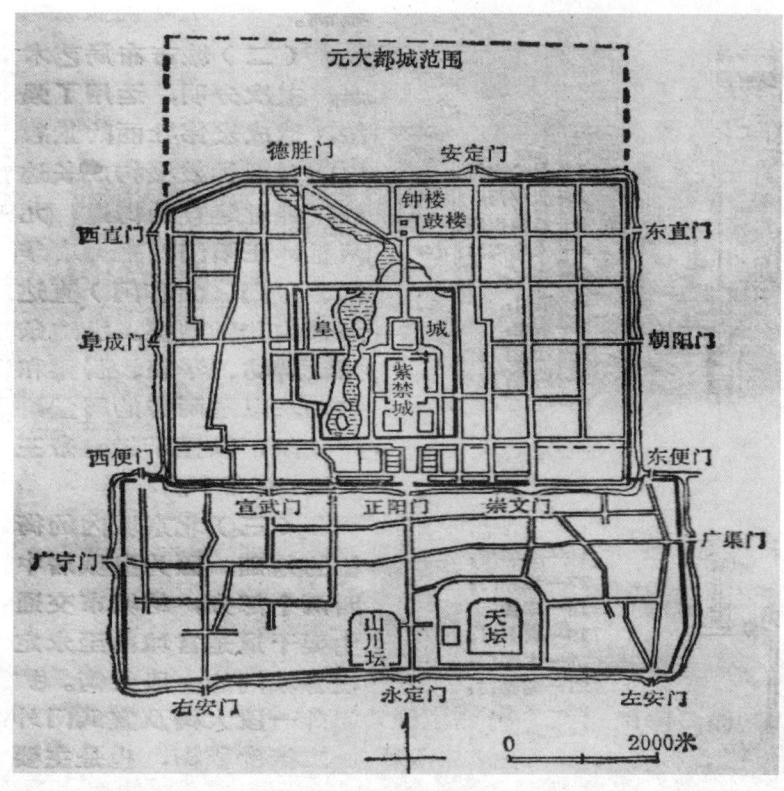

图 6-3　明代北京

资料来源:宁越敏等(1994)。

在西方传统城市中,城市规划主要出现在文艺复兴以后,文艺复兴是起源于 50—60 世纪,那时候主要是在希腊、意大利国家那些地区,形成一些新的城市规划的思想,特别是风格,我们称为巴洛克风格。巴洛克风格非常宏大,非常雄伟的建筑,包括大广场、大街道、大马路,更加突出结构安排和几何美。几何美主要是文艺复兴的结果,要让建筑更漂亮,让城市更美好,让街道更漂亮,让广场更美好,这更多是从美学欣赏的功能而言的。但相对来说,还有与功能紧密结合在一起,比如说为什么会出现大建筑,这说明整个社会是出于一种发展或者王权更加集中,更加稳固,或者说王权对整个社会的控制,或者说王权需要加强,需要成立很多部门,这时候形成很多大的建筑。这些功能和这些职能部门可以聚集到一起办公,一起商讨,这就形成巴洛克风格的一种功能延续。再者广场居中。为什么会是广场居中呢?因为欧洲自古以来就是一种联邦的思想,在联邦思想下,城市居民追求民主的思想强烈,大家共同商量事情,而广场是市民集聚的空间,城市以广场为中心的规划思想反映了古希腊时期的市民民主文化。通过城市中轴线把很多广场、很多主要功能性建筑连接在一起。第三是神权至上。教堂为城市中心,教堂等级成为确定城镇等级的标准,这是一种文化性性质的体现(见图 6-6)。

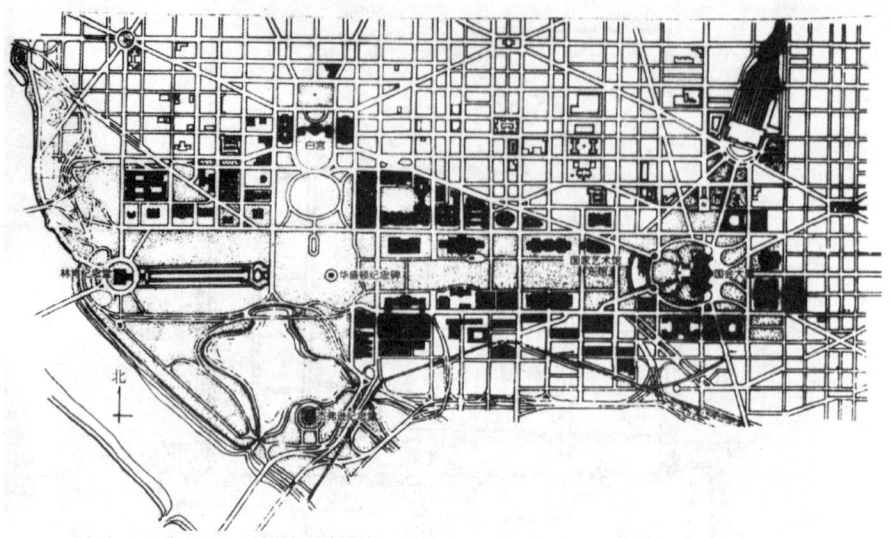

图 6-4 华盛顿中心区平面图

资料来源：googlemap。

图 6-5 巴黎拉德方斯至凯旋门中轴线

* 本图由作者实地拍摄。

图 6-6 梵蒂冈中轴线

* 本图由作者实地拍摄。

二、近现代城市规划理论的诞生

(一)工业革命与城市规划理论萌芽

近现代城市规划理论发轫于 19 世纪末和 20 世纪初,基本处于工业化早期阶段。工业革命是 17 世纪,实际上 17—19 世纪都属于工业化早期的阶段,在这个阶段中,出现生产力提升,造成大量人口集聚城市。同时由于大量的工业开始在城市中集聚,以及交通工具的改进,使得城市的功能发生急剧变化,居住和交通问题显得尤为突出,被称为"城市病"。

由此在这个基础上,人们开始认真思考城市的发展与建设问题,开始观察研究城市,城市如何发展,由此开始产生城市规划的思想,并试图给城市开出各种各样的"药方",其中代表人物首推英国学者霍华德(E. Howard)的"田园城市"理论(Garden City of Tomorrow)。什么是田园城市呢?田园城市是指城市的发展要融入田园中,而不是像现在很多工业城市一样,工厂、汽车、机器都积聚在城市当中,让城市生活非常拘束,让城市交通非常拥堵。如果能够把整个城市融入田园生活中去,整个城市的功能适当布局,这样的话,居民的环境,居民的工作环境、生活环境都会很好地得到体现。在田园理论基础上,后续产生了大量的理论研究。近现代城市规划理论由此而诞生。

比如苏格兰生态学家盖迪斯 1915 年出版的《进化中的城市》,在田园城市的基础上对城市规划思想进行演化,提出了制订城市和区域规划的综合方法和编制程序,就是如何来做城市规划,让城市更加美好地发展,而不是让城市漫无边际地发展和布局。接着法国规划师勒·柯布西埃(1922 年出版《明日的城市》)等人倡导的"新建筑运动",很好地解释了一些问题,提出城市建设的经济原则,他的主导思想就是城市要集中,集中才能解决问题,集中才能有活力,才能节约成本,产生很大的产出。

但随着城市的集中和人口的发展,城市病开始出现,因此英国规划师恩维(1922 年发表《卫星城市的建设》)提出的"卫星城市"理论,为大城市的过度集聚发展问题探索到一条较为有效的解决途径;之后美国学者 F.L.莱特(1932 年发表《正在消失的城市》)提出"广亩城市(Broadacre City)"的概念,强调城市应该分散发展,主要是延续恩维的思想;最有名的是芬兰规划师伊里尔·沙里宁(1943 年出版《城市:它的发展、衰败与未来》),提出有机疏散理论。主要强调大城市的发展要有新城、科技城、新区,并且大城市的发展到了一定阶段,必须要疏散,不能一味扩大,做到无限大,这样会产生严重的局部规模不经济现象。

(二)20 世纪下半叶城市规划的多元化发展

第二次世界大战之后,进入一个全新的阶段。这个阶段全球城市进入一个平稳发展的时期,经济的发展非常平稳,欧洲的城市开始大规模重建,美国也制定了支持欧洲重建的"马歇尔计划";同时美国国内随着太平洋沿岸的开发,也开始大量修建新的城镇。比如加州。这时候各国政府开始非常重视城市规划学科,理论研究也蓬勃发展起来,其研究的范围和研究的深度都进一步扩展。

首先是城市规划开始扩展到区域规划。城市规划不单单是一个城市的问题，要和区域协调起来，因此扩展到区域规划。接着城市理论的多元化，城市规划考虑的因素在逐渐增多，开始涉及经济、社会、生态问题。同时新的理论方法的应用，包括系统论、信息论、控制论，更清晰的规划思路。把城市规划作为一个系统采用新三轮、老三轮来解释城市规划的思想，把城市规划作为一个城市规划的生态体来发展建设。在这个时期，汽车的快速发展，城市空间、空间结构大变革，大都市区、大都市带开始形成，城市之间的联系更加紧密，城市与区域之间的联系也更加紧密，同时也出现了一些问题。比如郊区化的发展，传统规划理论受到挑战，包括各种学科的研究大繁荣。

上述现状一直维持到20世纪80年代。到20世纪80年代以后，开始发生两大变化：首先是从20世纪80年代开始，人口、环境和资源问题成为全球性的问题，可持续发展嵌入城市规划；其次，城市居民的权利受到关注，以人为本的思想嵌入城市规划。基于以上背景，形成城市规划理论的再探讨。第一，人们重新探讨城市的本质：城市为谁存在的？第二，规划理论更加多元化，涵盖多个学科，并上升为哲学思想，人与自然环境、人与社会的关系受到关注。第三，城市规划不是单个权威的意志，公众广泛参与；公平与效率的规划原则。特别是公众广泛参与，在西方社会特别明显，他们会广泛地调研和倾听建议，中国也在慢慢施行。第四，城市环境受到关注，社区规划成为重点。在社会学里面，我们讲究邻里，邻里指的是这样一个空间单元，民众可以无阻碍（比如没有快速道路的阻隔）地完成所有的基本生活事项，从而演化成社区。第五，"二战"以后，整个全球化成为一种趋势，这时候不仅考虑城市自身的原因，全球化也应该成为城市规划的重要外部因素，城市规划必须考虑。第六，城市-区域作为单元参与全球化发展与竞争受到普遍认同，成为规划的主线。大概2000年前后，城市规划专家认为一个城市或者一个区域很难参与到全球化的发展，需要区域之间的发展支持。

在世纪之交，一些新的要素也开始影响着城市的发展，比如创新、创意、创业、包容、绿色、低碳、智慧、人文……传统规划思想都没有，但新的城市规划思想需要考虑，并且将这些全新内涵进行嵌入。

三、城市发展的传统模式及其弊端

（一）传统模式下的城市认识

在城市形态上，依照国际通行标准建设城市框架和配置城市功能。其基本标志，在功能空间上包括设立中央商务区、大型住宅社区、科技园区、工业园区、旅游文化区、综合交通枢纽、城市轨道系统等；一个城市的成功与否，都是按照这些标准来建设；在建筑单元上也是类似的，评判一个建筑单元好坏，也是按照这个标准来实现的，不管是内部还是外部，这些方面主要包括开发高星级酒店、国际连锁超市、大型综合商城、会展中心、博物馆、剧院、美术馆等，在软环境上包括塑造城市精神、提升城市文化、推广市民行为规范、下沉公共服务（社区服务中心）、双语标示及国际社区等。

城市传统发展阶段也有失误，主要体现在城市心理上，强调以软硬件上同国际的城市"对标""接轨"以能否进入世界城市的特定网络体系作为本城市成功与否的标准,同时对于自身的本土特色与当地文化缺乏自信。

在理论思维上,全面接轨国际城市研究学术思潮,特别是将以"世界城市理论"为代表的新自由主义城市发展思想作为指导城市各方面发展实践的理论武器。东亚城市最成功的,城市研究领域的这一思潮同亚洲在20世纪下半叶以来由日本、中国、印度在寻求经济腾飞过程中的整体寻求西方自由主义思想武器支撑的大格局是一致的。只不过,中国的执行力比较强,因此在城市领域,"学以致用"的强度和范围更为突出。

(二)传统模式导向的城市发展弊端

20世纪下半叶以来,传统模式导向的城市发展在亚洲复兴中扮演了重要的角色,这在中国城市化成绩方面可以得到充分的佐证。

传统模式导向的中国城市发展,在本质上是跟随、复制西方城市发展的经验、路径。在此发展阶段的中国城市只是以更高的效率、更广的范围部分达成西方标杆城市成就,整个上属于"追赶效应"的释放,因此,很难观察到在城市发展意义上的实质性"超越",也很难观察到西方城市发展过程中所经历的种种负面效应在中国城市的追赶过程中得以实质性"回避"。其结果"城市病"在中国城市发展中已更为激烈的态势爆发、蔓延。

四、城市升级发展新动向

2008年全球金融危机以及其持续的余波,导致一批传统标杆城市"塌方"与转向,FIRE功能不再是城市发展唯一模式;一批城市基于"创新""绿色""幸福""智慧"等新特色脱颖而出成为新标杆。在此阶段城市规划、建设、管理形成新变革。创新城市,比如硅谷,严格意义上不是城市,是一个城市群,随后开始绿色、幸福、智慧城市兴起。

相应的全球城市规划热潮启动于世纪之交,全球有超过30个知名大都市发布或启动了面向21世纪中叶的城市规划。这些城市规划更倾向于城市战略规划,而不是传统城市规划。

经历全球金融危机、世界格局变化、新一轮科技革命、应对气候变化,全球城市开展新一轮规划的势头不减,但规划性质视野焦点发生重大变化,一批知名城市甚至迅速启动了规划修订。在这里从90年代的标杆城市:伦敦、纽约、东京到20世纪之后,就发生了重大的变化。2000年以来的16年间,纽约、东京等城市的城市规划发生了变化。为什么发生变化?是因为这些城市的规划主要是在金融危机之前,在这时候有很多因素没有考虑进去,导致之前的城市规划不能满足目前的城市发展的状况。本世纪以来,纽约规划经历2轮编制,伦敦规划经历1轮编制2轮重大修订。

(一)纽约新世纪规划的颠覆

纽约:2007年纽约制订《规划纽约2030》,这个规划提出更绿色,更伟大的纽约的目标。随后华尔街金融动荡导致华尔街股灾,占领华尔街运动,纽约曼哈顿下城被飓风淹没,诸多情况推动下,纽约从一个重视绿色、可持续发展的城市向多元化的城市发展。

随后 2015 年又制订《一个纽约》，决定建设一个富强而公正的纽约城市建设目标。从一个可持续的发展目标转向社会包容性的社会发展目标。

两个规划的根本区别主要体现以下：旧版的概念是指 21 世纪的模范城市：一个更绿色、更伟大的纽约。为达成此目标，该市的规划中设定了 6 个方面的目标：土地、水、交通、能源、空气质量、气候。大家认为这些目标就是绿色、可持续发展的城市发展方向。新版预想 2025 后进入第五个世纪的纽约发展。4 个具体目标包括（1）增长：全球最具活力的城市；（2）公平：多元化、公平；（3）公正、可持续：世界最大的可持续发展城市，应对气候变化的全球领导者；（4）韧性：准备好应对 21 世纪艰巨的气候变化及其他挑战。

（二）伦敦新世纪规划的变革

2008 年伦敦制定《大伦敦规划》，主要目标是把伦敦建成全球最伟大城市。2008 年之后调整了两轮，到 2015 年，伦敦有了重大修改，发布《大伦敦规划（进一步修改版）》，明确要成为世界城市首位。总愿景：居全球城市之首，在应对 21 世纪的城市挑战方法上引领世界，特别是应对气候变化。

具体内容方面来说：旧版提出后奥运时期伦敦大都市区主要发展契机为保持全球金融、商业、文化、艺术、媒体、教育、科学与创新之都的地位。新版预想 2036 年前后的伦敦发展如下：总愿景是居全球城市之首。不过主要建设 6 个目标，性质主要如下：

——一座以进取方式面对经济及人口增长挑战的城市；

——一座具国际竞争力的成功城市（重点强调走在创新和研发最前沿的城市）；

——一座多元、发达、安全且包容的城市；

——一座赏心悦目的城市，主要体现在环境上；

——改善环境的世界领导者；

——一座从容、安全和便利的城市。

由此可见，2008 年全球金融危机之前的规划有典型的传统城市思维，基本延续传统城市的经济性质（流量枢纽、控制节点和 FIRE 产业构成），在生态、文化、创新性质上有所探索；危机之后的规划关注点位置大变，主要城市规划的目标性质新动向：包容、可持续、韧性、区域。

五、新世纪城市发展新认识与战略规划新应对

进入 21 世纪以后，特别是经历了全球金融危机，随着传统标杆城市的崩坍，什么是优秀城市的标杆？这样的基本问题也发生分歧。城市发展面临重大变局。自 20 世纪 80 年代以来持续积累的有关人类社会和人类居所（主要是城市）的新理念，全面走向前台。2016 年 10 月，以联合国世界人居三大会的召开为标志，21 世纪的城市发展新框架得以确立。这个会议相当于全球气候大会，每 20 年召开一次，到现在为止，1976 年、1996 年、2016 年，在联合国主导下，总共召开 3 次。人居三决议《新城市议程》，明确提出城市规划面临着重大的变化，在这种情况下，整个城市规划建设、治理的根本理论、方法、根本性范式都要进行变化,这个议程讨论的是汇集前20年的经验和城市未来20年发展的预见,以指导21世纪的城市发展。

该议程解决4项关键挑战:包容、安全、韧性、可持续。

包容包括两个方面:文化的包容性,多元文化,不仅有主流文化,还包括非主流文化;还有一个包容是从社会公平、社会公正、收入等与人息息相关的内容来讲,这个社会发生的情况应包纳所有的人,不能让人掉队。包容是个很大的概念,有文化、经济、政治权利方面,还包括性别、婚姻等方面。

安全,这里主要讲的是现代安全,中国提出了世界上最大的安全——综合国家安全管理,习近平主席上任之后,一项重大的举措就是成立国家安全委员会,综合国家安全是史上最大的安全,从国防安全、经济安全、意识形态安全、生态安全、社会安全等所有都包括。从联合国的发布的文件来说,这也包括反恐等各个方面的安全。

韧性,韧性在国内翻译比较多,有的翻译为弹性,现在国际社会上使用最多的是韧性。它强调的是一个城市面对各种挑战后,城市的抵御能力和恢复能力,包括大到生态气候变化,小到一些突发性的事件。

可持续,可持续实际上不仅仅是个经济概念,还涉及社会可持续问题、文化可持续。

以上联合国提出的人居三决议最关注的4个问题。《新城市议程》还提出应对这4个挑战要坚守的3大原则。

(1) 通过公平共享城市软硬件公共设施,确保城市公正和根除贫困。

(2) 确保可持续和包容的城市繁荣与所有人共享的机遇,强调社会公众的共享。这里是指不仅要软硬件所提供的设施,更应该强调城市繁荣,特别是经济意义上的繁荣,城市的成果要为所有人共享。

(3) 锚固自然生态和韧性城市,应对气候变化。前面两个都是讨论社会公正问题,是公共设施的享用和发展机遇的问题,最后是城市生态问题和韧性城市的开发建设。

第二节 城市发展升级呼唤城市战略规划

一、传统城市规划体系与城市战略规划

城市规划包括很多的规划,每个部门都有自己的规划(如社会经济规划、人口发展规划、土地利用规划、生态环境规划等)。目前比较详细的规划还是规划部门关于空间利用的规划。从空间规划理论来分类的话,这里面主要包括四个层次:

区域发展规划(都市圈规划),有全球性的区域规划,比如联合国、美国、欧洲都会推进很多全球化的规划或者次全球性的规划,比如欧洲国土规划,日本国土规划。国内也有一些都市圈的规划,比如京津冀都市圈区域规划、长三角都市圈区域规划、珠三角都市圈区域规划,长江中游都市圈区域规划。这些规划基本上没有行政区域的划分,都是跨区域的城市规划。

城市战略规划(城市概念规划),在城市空间体系中,城市战略规划相对应的是城市概念规划。为什么会出现概念规划?概念规划做得最早的是广州,广州城市概念规划在2000年开始做。为什么会出现这个规划呢?城市总体规划要覆盖20年,因此城市概念规划由此而生。

城市总体规划,主要是指城市内部规划,总体规划是最具代表性的城市内部总体规划。城市总体规划包括规划纲要、总规、分区规划、镇规划,又称为城乡总体规划。

城市控制性/修建性详细规划,城市总体规划成立之后,城市中的某个单元或者某个部分进行城市控制性规划,比如道路、河道、绿地等。

(一)区域发展规划(都市圈规划)

区域规划是为实现一定地区范围的开发和建设目标而进行的总体部署。广义的区域规划指对地区社会经济发展和建设进行总体部署,包括区际规划和区内规划。前者主要解决区域之间的发展不平衡或区际分工协作问题,后者系对一定区域内的社会经济发展和建设布局进行全面规划。狭义的区域规划则主要指一定区域内与国土开发整治有关的建设布局总体规划。

同时区域规划要对整个规划地区国民经济与社会发展中的建设布局问题作出战略决策,把同区域开发与整治有关的各项重大建设落实到具体地域,进行各部门综合协调的总体布局。

(二)城市总体规划/城乡总体规划

城市总体规划是指城市人民政府依据国民经济和社会发展规划以及当地的自然环境、资源条件、历史情况、现状特点,统筹兼顾、综合部署,为确定城市的规模和发展方向,实现城市的经济和社会发展目标,合理利用城市土地,协调城市空间布局等所作的一定期限内的综合部署和具体安排。

根据国家对城市发展和建设方针、经济技术政策、国民经济和社会发展的长远规划,在区域规划和合理组织区域城镇体系的基础上,按城市自身建设条件和现状特点,合理制定城市经济和社会发展目标,确定城市的发展性质、规模和建设标准,安排城市用地的功能分区和各项建设的总体布局,布置城市道路和交通运输系统,选定规划定额指标,制定规划实施步骤和措施。最终使城市工作、居住、交通和游憩四大功能活动相互协调发展。目前总体规划期限一般为20年。

(三)城市详细规划(控制性、修建性)

城市详细规划(detailed plan)是以城市总体规划或分区规划为依据,对一定时期内城市局部地区的土地利用、空间环境和各项建设用地所作的具体安排。城市详细规划的目的主要在于选定技术经济指标,提出建筑艺术处理要求,确定各项用地的控制性坐标和标高等,为城市设计提供依据。它是城市总体规划的深化和具体化。

控制性详细规划是以城市总体规划或分区规划为依据,确定建设地区的土地使用性质和使用强度的控制指标、道路和工程管线控制性位置以及空间环境控制的规划要求。控制性详细规划的重点问题是建筑的高度、密度、容积率等技术数据,依然是数据平衡问题。

修建性详细规划以城市总体规划、分区规划或控制性详细规划为依据,制订用以指导各项建筑和工程设施的设计和施工的规划设计。

(四)城市战略规划

城市是一个复杂的巨大系统,城市发展战略是关注城市中整体和长远发展影响的问题,对城市经济、社会、环境的发展所作的全局性、长期性、决定全局的谋划和规划。

特别是在城市转型发展的阶段,实施有自觉意识的、伴随主动行动的引导城市整体发展的策划;动员城市的所有资源,去追求城市发展的卓越目标。

比如《2052:未来四十年的中国与世界》关注的是气候、能源、食品、城市化、养老金等问题,这些问题是核心。因为这些问题是城市面临最严重的问题,也是城市发展长期的问题,最主要的问题就是如何进行解决。《俄罗斯2030》主要解决了以下几个问题:GDP、劳动生产率、投资等基础上,相应地判断俄罗斯的风险、挑战和机遇。这就是战略规划所要解决,可能不是战略规划所要的空间问题,和空间没有任何关系,但仍是解决城市目前存在的问题。

(五)城市规划体系的应用比较

市场经济国家由于土地市场私有,更加专注于宏大的区域规划、城市战略规划,注重城市发展的战略性引导。具体的土地利用相信市场的力量与智慧,不需要人为设定目标与规划。计划经济国家更加偏重于土地利用的引导,强调计划与规划的结合,通过规划的编制和实施来实现政府拟定的发展目标。

随着战后自由市场出现的问题以及凯恩斯主义的发展,西方国家对于城市规划也是日益重视,其中中性干预的、面向城市发展价值取向和发展目标的城市战略规划成为首要选择。包括纽约的《纽约2030规划:更绿、更美好的纽约》、伦敦的《2020远景规划》、巴黎的《大巴黎规划》、北京的《北京2030:世界城市战略研究》都各具特色。此外如日本福冈、阿根廷布宜诺斯艾利斯、中国台北、西班牙毕尔巴鄂、荷兰海牙、印尼雅加达等城市都推出各具特色的城市战略发展规划。战略规划从以往空间规划为中心的城市物质空间规划转变为与城市发展、社会建设、市民生活等相关的核心问题为中心的战略规划。

二、城市战略规划的特点

(一)战略规划重心在于沟通、定位、路径

从主要全球城市的中长期战略规划看,规划视角已经远远超出了空间组织、经济发展、城市竞争等基本内容,更多强调环境方面和人的方面的目标。这种以环境为本、以人为本,从关键性问题和市民的长远需要出发而设立的规划总体目标,较经济目标、政绩目标以及某种理想的未来城市形态目标,更容易赢得社会各界和普通民众的认同和支持。空间比较靠后。新加坡2030年规划出现重大问题,三轮公众咨询,过程重于一切。

（二）战略规划重视虚实相结合

相关城市远景战略规划的总体目标是"虚"的，如更绿、伟大、吸引力等，通过这种理念的灌输以实现城市不同群体间的规划共识。更加突出的是，战略规划从以往空间规划为中心的城市物质空间规划转变为与城市发展、社会建设、市民生活等息息相关的核心问题为中心的战略计划，包括在形式上都发生明显变化。但其分项目标、专项规划力求"实"，更多是以问题为导向，建立在科学研究和可操作的基础之上以解决问题，在全球金融危机之后，包括创新与创意、低碳社会、金融商业、生态保护等成为重点关注领域。但通过"虚""实"结合的目标体系，最终把城市长期规划意向有效地落实到具体的规划行动中。

（三）战略规划内容侧重策划与动员

城市战略规划是有自觉意识的、伴随主动行动的引导城市整体发展的策划，是通过动员城市的所有资源，去追求城市发展的目标。

城市战略规划与其他行业规划、专业规划存在差别关系。

首先是前者着重愿景决心、思路与长期部署与后者着重于落实、管控、执行与当期行动。城市战略规划中，时间不是关键约束。反而是追求城市发展的最大可能性。比如新加坡 X 年规划，就是围绕新加坡这个城市国家的发展目标来测算人力资源需求。

其次是前者围绕城市整体目标考虑所有资源的动员与配合（经济、社会、文化、政治、生态、空间、科技等等）而后者考虑空间设计、单一资源的动员、单一目标的多资源动员。

（四）城市战略规划与其他规划的区别

总结上述各种城市规划，总结城市战略规划和其他规划有如下的区别：

弹性规划，中长期为主，没有时间限制；

在城市外部环境、内在发展条件发生重大变化的时候进行，始于战略的思考；

环境变化与地方条件结合，最大可能性与可行性结合；

全社会参与，广泛动员；目前可以通过互联网等职能手段进行全社会广泛参与。

专注于环境分析对城市可能产生的重大影响，弹性内容，聚焦核心问题，不是面面俱到；

综合目标与具体问题相结合，战略规划不仅要面面俱到，还需要制定一些比较具体的城市战略规划；

战略规划基于外部环境变化，需要完善反馈回路。

第三节 城市战略规划的实施准备

本节讨论城市战略规划的范式、程序、方法，以及内容。实际上就是城市战略规划以什么为出发点，运作什么，如何运作。

一、城市战略规划的范式

城市战略规划的目标和价值观,一般都要受城市领导人的影响。但成立规划委员会仍然是各项城市规划体系中的重要工作——专业人做专业事。

战略思考:城市战略规划中最需要提前考虑的就是战略思考,即为什么和什么时候开始进行战略规划工作。主要考虑以下几个方面:

第一,需要把握外部的条件变化,全球的、国家的、省内的、区域的甚至是企业的(不同规模城市所接受的外部影响范围不同)。山东诸城的经济发展,做战略规划的时候需要考虑企业的发展。

第二,内在条件的变化。当内部基础条件发生重大变化,比如获得巨大投资、人力基础变化、基础设施条件变化等,都会引起城市发展动力、路径的改变。比如京沪高铁开通之后,最大的投资机会,围绕着高铁站建设新区变化,城市相应的建设。山东枣庄的发展需要重新布局,企业、居住都会围绕着战略而作。中心城区战略规划油然而生。

这些变化能够引起哪些领域的巨大变化,变化的强度如何,如何利用这些积极变化和避免消极的变化,都需要战略思考层面予以提前研判。

规划范式即规划的决策方式,这将影响战略规划的编制和实施,包括积极的影响和消极的影响。一般而言,典型的规划范式包括三种,精英范式(自上而下的决策方式)、公共范式(自下而上的决策方式)和集体范式(混合使用自上而下和自下而上的决策方式)。

(一)精英范式

精英范式的规划过程是从最高领导开始。一般而言,当需要做紧急决策时候,这种方式是最有效率的一种方式。领导人的形势判断、决策意见要保证是正确的,并能得到正确实施,这种方式才是有效的。新上任的市长来做规划,领导人的抉择意见应当是正确的,不然会造成严重的后果。

这种方式导致战略规划成为某个人或者少许人的意志,算不上是真正的战略规划。因为一个人的判断往往有限,需要在执行过程中不断修正,否则规划对城市的发展可能造成损害。

(二)公共范式

在该种自下而上的决策方式中,概念、环境判断、条件分析、趋势把握都会从城市政府较低的层次,逐级往上层传递,从中逐渐明晰什么是关键问题和在环境分析阶段需要讨论的发展趋势。

这种范式的优势是发挥全部参与群体的智慧,收集各种信息及其判断,对于最后决策的人而言,是直接吸纳各种最有用的信息。

自下而上的决策方式仿佛是平等的,但实际上总有一部分管理人员要对规划最终负责,当出现规划不能完成或者条件不允许时候,这些人就需要做出牺牲,因此在专业人士特别是对规划要负责的人看来,这种方式效率太低,而且过于理想化。

此外,尽管领导人最后拍板规划的决策,但实际上在整个自下而上的规划过程中,总会出现某些狭隘地方利益的观点，这种观点可能会导致城市综合利益的丧失。这个时候，作为战略规划的意义就会失去，而平衡区域利益的结果就使规划变成一堆项目设计。

（三）集体范式

集体范式是整合自上而下和自下而上两种决策方式，这是战略规划中最常见的决策方式。战略规划所涉及的规划目标是比较长远和深远的城市发展问题，通过集体决策可以整合更多人的智慧，来提供一个评估问题和做出决策的结构体系。

集体范式一般是规划委员会的形式存在，其代表性越广，越能整合更多社会群体的智慧力量，对城市所有具有潜在重要意义的事情进行思考的机会就越大，而且每个问题都会得到更深入的考察。

集体范式会存在利益团体，他们决策通过累积可能就会等于绝对正确，最后做出错误的判断。此外，集体范式经常会拖延规划进程，因为要平衡更多人的意见，矛盾可能性就更大。

集体范式中的规划委员会一般而言 6—20 人为合适规模，可以整合意见，又能避免拖沓的决策节奏；此外人员构成要以相关专业人士为主，同时考虑其社会背景。

二、城市战略规划的程序

（一）成立规划编制团队

委托某部门直接负责，并选择城市政府一名高级官员委以编制和制定规划的直接责任人。

成立包括规划组织内部人员和公众广泛参与的规划委员会，以更好听取意见和取得社会的普遍支持。

与企业战略规划仅仅需要投资-回报这样的简单分析不同，城市战略规划需要分析地方发展的动力、存在的主要问题、潜在的发展机会，因此，必须广泛动员各种社会利益相关者，包括不同的人口群体、不同社会组织、不同社区代表等。

同时，通过各种媒体宣传手段，广泛宣传和动员。利用网络媒体技术，听取城市公众群体各种不同的意见和建议，开展广泛讨论。

（二）战略规划编制筹备

规划团队要开始对城市基础、发展条件、发展需求以及未来发展的方向进行研究。必须着手对真实可靠的数据和其他信息进行综合研究，以帮助规划师和参与者了解城市当前经济、人口和社会条件的真实情况。最终目的是为了发现问题，并找到协调处理的办法。

研究其他区域规划。包括城市发展历史，上位的区域规划，前一轮的城市规划，相邻的行政区域的战略规划，城市土地利用总体规划，主要开发商和企业的发展计划，主要公共事业和基础设施的建设计划，当地学校特别是高校的发展计划等。

立足现在，展望未来。推进战略思考工作，特别是规划编制委员会需要对外部环境、内部条件进行充分分析，一般情况下都采用 swot 分析进而进行城市未来发展的战略思考，战略规划家在这个阶段应该成为梦想家。

（三）规划前期调研组织

制订详细的调研设计，包括访谈部门和资料收集，具体则包括访谈内容、具体资料等。依据专题设计分组进行调研，一般包括总报告组、产业经济组、交通组、生态组、市政工程组、旅游组等。田野调研，进行资料汇集和访谈交流。区域调研，特别是针对产业、交通、生态、旅游等重大问题，必须进行跨区域调研。

（四）规划推介、反馈与修编

在通过立法审定之后，这个过程包括规划发布、规划实施一段时间两个阶段的工作，但都牵涉到对外宣传和获得公众支持、政府推进实施几个方面的后续工作。

在战略规划推介、实施一段时间之后，通过建立规划反馈回路这样的机制，可以获得更多社会对于战略规划的意见和建议，通过规划委员会和专业人员的配合，对建议进行区分和鉴别，准备纳入下一个阶段的规划修编工作。

在规划推进一段时间后，利用发展环境、发展条件以及实践规划经验教训的总结，拟对城市战略规划进行修编，可以更好地指导城市发展。

三、城市战略规划的方法

（一）地理比较与田野调查

1. 地理比较是城市规划体系中的重要环节，只有通过对象的比较，才能有参照物及借鉴开发对象，从而形成整体规划框架。

2. 田野调查是对城市信息把握的最重要环节，也是最为传统的城市规划调研办法，包括：

城市勘察资料——工程地质，即城市所在地区的地质构造、地面土层物理状况，城市不同区域和地段的地基承载力以及滑坡、崩塌等基础条件资料；地震地质，即城市所在地区断裂带的分布及活动情况，城市规划区地震烈度区划等基础材料；水文条件，即城市所在地区地表水、地下水等存在形式、储量、水质等基础资料。

城市测量资料——主要包括城市平面控制网、高程控制网、地下工程及地下管网等专业测量图，编制城市空间规划必备的各种比例尺的地形图等。

气象资料——包括温度、湿度、降水、风向、日照、冰冻等基础资料。

水文资料——包括对主要江河湖海水位、流量、流速、防洪建设等情况的了解。大河两岸城市更应该注重收集流域情况、流域规划、河道整治规划、防洪设施等情况。山区城市则应该重视山洪、泥石流等资料的收集。

历史资料——对城市历史沿革、社会经济发展、人口增长、市区扩张以及规划历史、社会结构与文化演变等资料进行把握。

经济与社会发展资料——对城市国民经济和社会发展基础以及长远规划、国土规划、区域规划、人口规划以及科技规划等情况进行详细研究，分析经济和社会发展问题，把握发展的条件和机遇，注重经济与社会发展与空间的互相引导和支撑关系，推进空间规划的前瞻性。

城市人口资料——对现状及历年城乡常住人口、流动人口、人口年龄构成、职业构成、学历构成、自然增长、机械增长,城乡和区域人口流动、区域人口变迁情况等予以深入研究。

市域自然资源——包括矿产资源、水资源、能源动力情况、农副产品资源、旅游资源、历史人文古迹等进行分析。

城市土地利用——包括现状及历年城市土地利用分类统计、城市用地增长情况、基本农田、规划区各类用地分布情况等。

现有企业情况及发展规划——现有企业特别是支柱产业的重点企业的产品情况、本地产业链组织、资源供应、市场面向、用地面积、建筑面积、职工人数、用水量、耗电量、运输量及环境污染情况。

交通运输资料——主要对城市内外部交通运输现状和发展进行预测,包括用地、客货运量、未来区域联系重点方向、交通环境影响以及城市道路、交通设施等。

仓储资料——包括仓储用地、货物状况及使用要求的现状、发展预测,区域其他城市的物流、仓储发展情况。

社会服务机构情况——包括城市行政、经济、社会、科技、文教、卫生、商业、金融、涉外机构以及社会团体的现状和规划资料,主要包括发展规划、现状用地面积和在职人员数量等。

城市环境资料——主要包括环境监测结构、各厂矿、单位排放污染物的数量及危害情况,城市垃圾的数量及分布,其他影响城市环境质量的有害因素的分布状况和危害情况,地方病及其他有害居民身体健康的环境资料。绿地与生态资源的分布情况、发展规划、现状面积及未来增长情况。

(二)经济学投入产出分析及其他统计分析

包括均衡分析、投入产出分析、边际分析、结构分析等经济学分析在城市战略规划中都可以得到广泛应用。另外在数理统计中包括回归分析、趋势分析、主成分分析、随机过程分析等也在现代城市规划学中有很大应用前景,充分把握城市发展内在的经济社会运行规律。运筹学中的线性规划、非线性规划、图论等方法和研究路径,也日益在城市战略规划中得到重视。此外,借助大数据,各类经济学分析、数理统计和运筹学方法的应用领域都会日益广泛。

(三)社会调查与规划

注重社会访谈、公众意见汇集、专家意见汇集等传统方法在城市战略规划中的应用,特别是随着当前新的城市社会治理理念的更新,传统从上到下的城市规划思路必须变更为上下互动的新的路径。另外也可以利用网络空间汇集建议,例如小米手机设计的进程,可以充分借鉴并应用到城市规划中,实现城市规划中社会规划的全新理念。

(四)系统工程与计算机模拟

目前有很多的城市与专家在城市规划与设计过程中,通过各种条件的设置,以计算机模拟的方式进行规划设计,主要通过物联感知、大数据、云计算等进行数据采集、处理,更好地把握城市现状和问题。例如通过云计算,可以更好地把握医院从接诊到出院全部程序的优化处理。

第四节　城市战略规划实施领域

全球范围内,一批城市已启动新一轮的城市战略规划,并随着2016年10月联合国人居三大会的召开及"新城市议程"正式公布而大范围启动。在这一轮规划中,从规划理念、到规划尺度到规划范围都发生了重大的变化。主要体现在以下几个方面:在规划思维方面,强调系统思维,战略规划、多规合一;在经济方面,创新崛起,强调创新规划引导与空间响应;在社会方面,公平、包容,关于街区塑造和社区规划;在管理方面,强调利益相关者意识和公共治理,参与式规划。特别是在文化方面,多元、包容,对于文化的空间响应;在生态方面,强调环境优化、绿色、可持续到低碳,认识水平不断深化。

一、城市经济:创新导向的产业升级

(一)创新城市理论

20世纪90年代创新城市理论前身为"区域创新系统"理论,在这里,萨克森宁专门研究了城市创新文化氛围,佛罗里达研究了创意阶层,如2000年《连线》创新热图。

以奥斯陆为例(见图6-7),该城市就是以创新再造了城市经济结构。奥斯陆之前是以流量枢纽为中心的城市构成,核心是航运,围绕航运,奥斯陆实现了一系列的经济意义上的产业布局和产业管理,围绕航运功能,以流量枢纽为中心发展城市功能。当今的奥斯陆城市功能定位完全不同,内容基本上没有变,但是经过了组合的方式,这里面奥斯陆的核心枢纽是研究、教育、创新。围绕这三个方面,奥斯陆城市进行不同方面的布局和把控,形成了升级版的奥斯陆的认识。

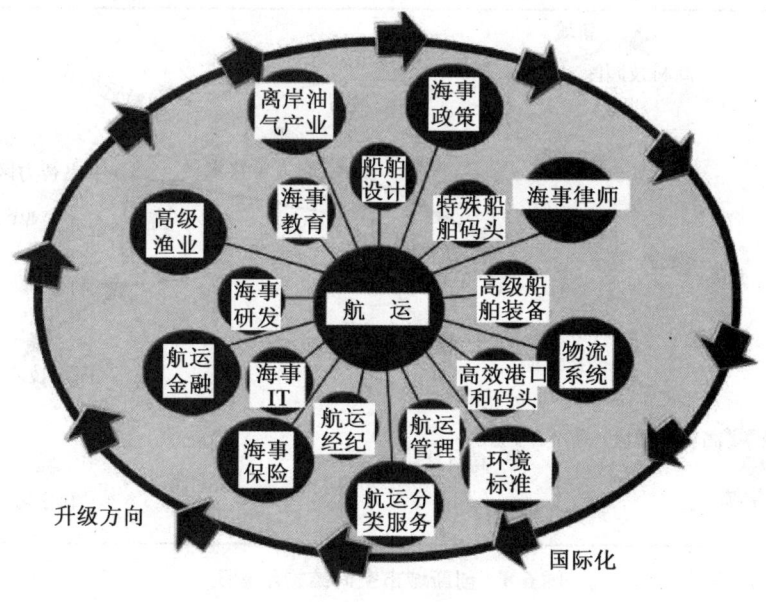

以流量枢纽为中心

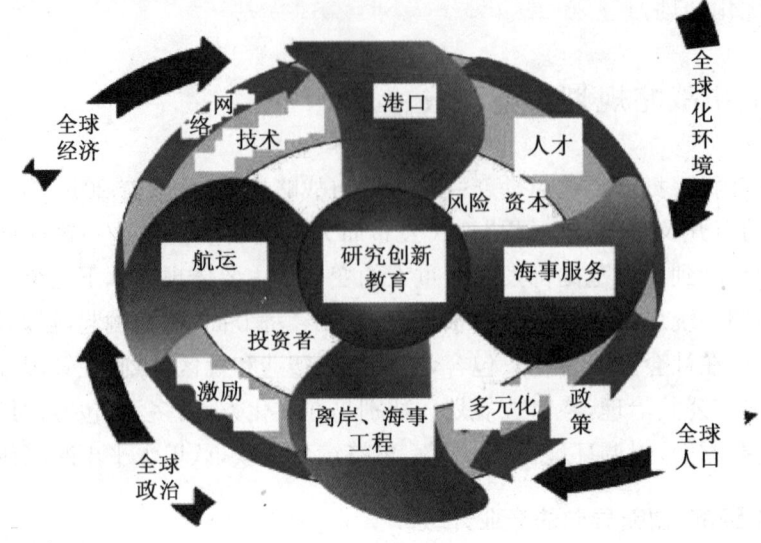

以创新为中心

图 6-7 奥斯陆产业经济结构变迁图

资料来源:《国际城市蓝皮书》(2015)。

(二) 创新城市构造

以东京为例,东京体现了对城市核心经济功能的更完整认识。东京被认为是早期的标杆城市,之前识别出的城市核心功能主要包括:管理功能;融资功能;信息功能,但是从实际情况来看,包括东京这样的大城市,曾经被认为是一个标杆性城市。它在中心城区还有其他功能。

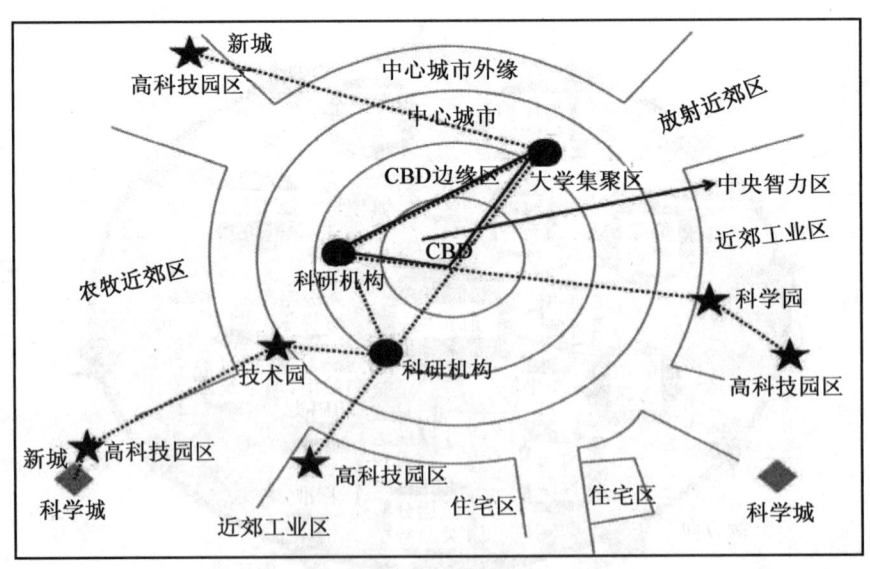

图 6-8 创新城市空间结构示意图

资料来源:作者绘制。

更深入的研究发现,东京城市功能还包括文化创意功能、创新研发功能、新型制造功能。一个理想化的创新城市空间构造是中央创新区(嵌入式创新空间)-近郊(产城融合的)科技园-远郊独立科学城镇(见图6-8)。

根据文献和所做的规划,可以对中央商务区、中央创新区和科技园区在创新源、创新活动、创新扩散、创新环境、创新氛围等多个方面进行比较(见表6-1)。

表6-1 中央商务区、中央创新区域科技园区创新功能比较

基于创新功能的比较			
	中央商务区	中央创新区	科技园区
创新源	侧重管理创新	内生智力源	外生智力源,突出智力和知识的商品化交换
创新活动	基于生产链环节划分	基于生产链环节划分	主要基于产业划分
创新扩散	被动接受创新扩散	知识和创新由点及面地发散式扩散	知识和创新沿产业链扩散
创新环境	高度等级化环境	强调创新软件要素与硬件协同	侧重创新的硬件要素
创新氛围	创新行业化,行业内部竞争性创新	创新社区化,强调创新的社会性、根植性	创新活动的园区化,存在"创新孤岛"倾向

资料来源:作者整理。

笔者同时也探讨了中央商务区、中央创新区和科技园区在基本功能、经济运行、社会运行、基础设施组织方式、人员职业等多个方面(见表6-2)。

表6-2 中央商务区、中央创新区域、科技园区城市功能比较

基于城市功能区的比较			
	中央商务区	中央创新区	科技园区
基本功能	城市功能区,金融商务服务功能	城市功能区,知识创新功能	不是城市功能区,仅为科技创新活动的集聚区
经济运行	围绕生产链的后端组织经济活动	围绕生产链的前端(研究开发、知识创新)	围绕生产链的前端(研究开发)组织经济活动
社会运行	体现金融交易	体现知识创新	商业性创新研发活动的运行空间,没有完整意义上的社会活动
基础设施组织方式	软硬件以促进金融交易为目的	软硬件以促进知识创新来组织	软硬件围绕促进知识创新来组织设计,缺乏外围城区基础设施的呼应
人员职业	金融总部管理及外围支持性职业	教育、研究、开发及外围支持性职业	研究、开发、转化及外围支持性职业

资料来源:此表由作者整理。

以法兰克福 2030 规划为例。法兰克福 2030 提出了网络城市主题,这些主要体现以下几个方面:

通过企业在大学和研究机构的投资,促进法兰克福生物技术产业发展;

发挥法兰克福处于德国和欧洲城市中心位置和多种模式交通联系的优势,发展金融、企业服务、通信技术和媒体、贸易物流和交通管理服务业;

创新经济公司由于城市国际化和接近客户而受益,广告、公关、软件和游戏等产业将获得巨大发展机会;

以博览业带动景点、商业、旅游等产业的快速发展。

二、城市社会:包容性导向的城市社会升级

未来城市的发展涉及多元利益相关者,这些相关利益群体有很多的不同要求和需求(见表 6-3)。

表 6-3 城市利益相关者诉求分析

利益相关者群体	利益诉求立场	全球化参与度	相关城市功能需求	对城市的主要关注点
城市贫困阶层	本土主义者	局外人	尽管生活艰难,城市生活比乡村仍要好得多;能够积累一些钱在当地或返乡;能保证子女通过正规教育获得更好的未来	收入机会,能够承受的物价、教育机会、住房和交通
城市富裕与半富裕阶层	介于世界主义者和本土主义者之间	参与者	城市是理想的居住地,意味着更好的服务、容易建立同商界和政府的联系、走向外部世界的大门	社会地位、收入、安全、廉价的劳动力,关注生活质量以及商品服务的质—价平衡
非市民的常驻商人与专业人士	世界主义者	参与者	城市是在短时间内获得最高利润的场所,是进入各种公司和机构总部的理想之地,是少花钱但能享受体面生活的地方	政治和社会稳定,安全,城市的服务、就学机会、住房、社交、劳务市场。关注服务的可得性与可靠性、产品质量,不太介意价格高低
短期访问者与旅游者	世界主义者	参与者	城市的气氛、轻松宜人的环境、良好的购物环境以及一切保证使假日和短期逗留舒适愉快的因素	食宿、交通、安全、舒适、购物环境、观光资源、特色商品与服务的可得性;关注服务—价格间的平衡

资料来源:作者整理。

包容性导向的城市社会升级影响辐射范围内,可以是企业、政府、居民、周边地区。

以"约翰内斯堡 2030 规划"为例。"约翰内斯堡 2030"做得比较早,在南非世界杯之前。主要围绕"安全、包容"为主题,包括 4 个主要目标:

提升生活品质,推动以发展为基础的包容性社会;

提供一个宜居和可持续的城市环境,使城市基础设施可支撑低碳经济;

成为一个就业充分和充满竞争力的经济体,激发个人潜能;

建设一个高效积极的政府,带动区域发展并具备国际竞争力。

三、城市文化:以文化复兴为指引的城市文化升级

文化不是只指城市一些传统文化,还包括城市内部的文化资源、文化基因的一个深度包涵。

(一)城市的文化导向再梳理

优秀的城市文化应该是迪士尼(全球化文化模式),还是乌镇(本土文化模式)?迪士尼是全球性,浙江特色小镇乌镇则做到与当代社会发展的需求相吻合。文化全球化与地方化的争论在城市中找到了最佳交锋点。这涉及世界范围城市文化导向的争论:是服务于国际经理人以及创意阶层,还是关注社会底层大众及邻里社会的需求?

在社会文化意义上,处于全球化潮流的当代城市天然具有追求大都会风格、绅士化的倾向。随着城市的崛起,城市社会文化天平将更多向本土因素倾斜。关注弱势人群、培植草根文化、缓解城市马赛克化、防止社会严重对立,将成为城市文化规划服务的主要方向。

(二)城市文化规划要义

"文化规划"就是实施文化导向的城市创新战略实践,即在对城市文化资源深刻认知的基础上,探讨城市文化资源如何有助于城市的整体发展,从而进行鉴别创新项目、设计创新计划、整合各种资源、指导创新战略实施的过程。"文化规划"主要包含如下内涵:

第一,以文化的思维对城市的各种功能加以认识考察,发现城市的创新空间和转型方向。

第二,将文化资源置于创新实施的中心,来整合城市的各种资源,达成城市的和谐发展。保持文化的地方特色,无论是经济的还是社会的规划,城市规划只有与一个地方的文化相协调,才能达成整体的鲜明效果。

第三,从文化的角度考虑和制定各类公共政策、在文化资源和公共政策之间建立一种相互影响、相互协同的关系,进行城市创新决策。这里的公共政策涉及经济发展、住房、健康、教育、社会服务、旅游、城市规划、建筑设计、市容设计和文化政策本身。

第四,开放性、跨领域、交叉式的思考能力、企业家精神、组织管理能力是文化规划的核心能力。从文化入手,仔细研究文化的各个方面,鼓励与其他学科达成交叉激发城市创新转型。

(三)城市文化规划的实践

文化规划已在全球范围开展,成为城市战略规划的核心组成部分。

大伦敦市自 2004 年以来连续制定了三份文化战略规划,最新一份题为《文化大都市区——2012 及以后》,并确定为城市 8 大战略规划之一;

欧盟"欧洲文化之都"计划1985年起已支持超过40个欧盟城市(其中不乏中小城市)开展文化规划;欧洲开展全年活动;

芝加哥在1986年和1995年分别实施了两轮文化战略规划,其中明确提出文化规划应该渗透于芝加哥都市区规划的各个方面;

新加坡自1999年以来制定了三个阶段的"文艺复兴城市"规划,2015年升级为智慧国战略;

台北市在2008年制定"未来十年规划纲要",其八项重要战略措施就包括"文创之都"战略。

四、城市生态:绿色低碳运行的城市生态升级

(一)新标杆:低碳语境中传统城市的出路?

关于什么是发展、什么是竞争力的基本认识正出现根本转变。我们以前以GDP衡量标准,没有考虑环境问题。全球化作为一个风行世界20年的核心理念,面临新的挑战。

低碳理念全面整合了之前的环保、绿色、可持续发展等思想,崛起成为关于全球发展的新范式、新规则。有关成功城市的基本标准可能发生彻底改变。充当全球化经济空间节点和流量枢纽的世界城市能否经受住低碳时代考验?

在一些基本诉求(基本特征、功能设计、生产和消费行为、空间规划和城市尺度)上,传统城市同低碳城市存在着相当鲜明的差异(见表6-4)。

表6-4 传统城市与低碳城市比较

	传统城市	低碳城市
基本特征	空间节点、流量枢纽	资源环境可持续发展、低碳足迹
功能设计	国际化分工	就近满足
生产行为	全球产业链	生产当地化:没有效率,科技发展提供新的方式。
消费行为	世界橱窗	消费当地化
空间规划	功能分区	混合布局
城市尺度	超级城市(千万人口、城市连绵带)	同资源环境承载力相当的人口规模和空间尺度

资料来源:作者整理。

(二)"低碳城市"升级可持续发展解决方案

早在2015巴黎气候大会之前,在主权国家层面的低碳发展努力处于低潮之际,城市作为地方行政主体在低碳发展议题上整体上体现了超前于国家主体的变革决心,先后成立ICLEI、C40等城市或地方政府间国际协作网络,采取减排协同行动,体现了城市在低碳发展上的领先性。

"地方环境倡议国际理事会"(ICLEI)拥有来自85个国家的超过1 000个城市或地方政府成员。国际城市间组织C40提出宗旨:"为什么是城市?因为城市拥有改变世界的权利,作为全球的通信、商务和文化中心。城市自行行动和集体行动有能力为可持续的未来铺平道路。"目前C40已汇集了全球75个大城市,GDP占到全球的25%,人口占到全球的1/12,采取了超过8 000项减排措施。

(三)规划应对:世界银行Eco^2城市平衡经济发展与生态可持续

世界银行针对发展中国家城市化追求经济发展和保持生态可持续的权衡困境,也在2011年新推出一项"Eco^2城市(见图6-9):生态经济城市"倡议,倡议目标是帮助发展中国家的城市实现生态和经济可持续发展。该框架包括一系列方法和工具,使各城市能够更加容易地在城市规划、发展和管理过程中采用生态经济思路。

图6-9 世界银行Eco^2城市模式

资料来源:UN-HABITAT(2015)。

以"大巴黎2030"规划为例。大巴黎提出愿景是:确保21世纪的全球吸引力、新发展模式、活力、可持续、区域。推进大巴黎"新发展模式":以整体协调发展和强大的大都市区域为目标,以可持续发展为基础,走向欧洲和世界。实现以下2个目标。

——改善居民日常生活：住房、就业、服务、交通、空间环境，个人主义和以人为本。

——改善巴黎大都市功能。

经济活力：高水平研究和创新中心；

国际和物流区域交通；

教育、文旅设施。

自然生态系统可持续：大巴黎的坚固性。

五、城市治理：以市民幸福为衡量标准的城市治理升级

（一）幸福城市：颠覆关于理想城市、标杆城市的传统认识

幸福作为一种新思维（国家幸福总额[GNH]），已然从主观体验上升为继国内生产总值（GDP）国家生产总值（GNP）和人类发展指数（HDI）之后又一个得到多方肯定的可测度的发展评价标杆。

既有的调查中，很少有高等级城市在市民幸福感排名中靠前的，往往是更具田园风情的中小城市的幸福感排名突出。针对加拿大城市幸福感的研究中，发现多伦多（年收入中位数近8万加元）、温哥华（年收入中位数超过6.5万加元）等主要大城市的生活满意度都没有超过多数中小城市（年收入中位数集中在5万至6万加元）。

同时大城市的活力与机会仍能吸引人们"放弃"幸福、承受收入差距、居住、交通等种种痛苦，去追求自身更高层次的价值实现。这又何尝不是一种幸福呢？目前幸福很难检测，到2011年，已经有了一些改变的情况，幸福是可测量的，在经济学、统计学基础上可以测量出来。

（二）幸福城市规划的首尔实践

以"首尔市2030"规划为例，首尔提出愿景是：沟通与关怀的幸福市民城市。《2030首尔计划（城市基本计划方案）》强调以"沟通与关怀"为核心，为最终打造成为市民幸福的城市而努力。

《2030首尔计划》是由"五大核心问题计划"和关于空间规划的"空间计划"组成，均衡涵盖强化全球竞争力，调节地区发展不均衡等宏观问题，以及与福利、文化、交通等市民生活相关的内容。五大核心问题包括：

无差别共存的爱心城市；

就业活力型全球都市；

蕴藏历史的文化城市；

绿色发展的生态城市；

安居乐业的城市社区。

六、城市空间：倡导紧凑、混合和区域功能延伸空间升级

以"悉尼2031规划"为例，悉尼的愿景是：城市群组成的城市。悉尼的2031年远景规划，其中包含了经济与就业、国际走廊、住房、交通、环境与能源、公共空间以及政府执

行力等 7 项主要方面,在其经济与就业方面,规划明确提出悉尼的城市定位即为全球城市,并提出依照此项目标需要努力的方向,即(1)高附加值全球竞争力产业;(2)新知识的开发与应用;(3)优秀的基础设施;(4)高技能高收入工作机会;(5)高质量城市与自然环境。

未来城市空间最大不确定在于信息空间与智慧城市。地球文明第一次超越三维空间,开辟了第四维度。第四维空间的场所性质已经具备。如何考虑在传统三维空间上的投射?是否需要传统空间规划?谁来规划?如何规划?对此,智慧城市规划已经有所尝试。

参考文献

中华人民共和国国家发展和改革委员会:《国家新型城镇化规划(2014—2020 年)》。

《中共中央国务院关于进一步加强城市规划建设管理工作的若干意见》,新华社"中央城市工作会议"通稿,2015 年。

UN-HABITAT:International Guidelines on Urban and Territorial Planning[R]. Nairobi:2015.

戈登:《地方政府的战略规划(第 2 版)》,江苏凤凰出版社 2013 年版。

郭爱军、王贻志等:《2030 的城市发展——全球趋势与战略规划》,格致出版社 2012 年版。

侯景新、李天健:《城市战略规划》,经济管理出版社 2014 年版。

联合国人居三大会:《新城市议程》,基多,2016 年。

宁越敏等:《中国城市发展史》,安徽科学技术出版社 1994 年版。

屠启宇:《国际城市蓝皮书》,社会科学文献出版社 2013 年版。

屠启宇:《国际城市蓝皮书》,社会科学文献出版社 2014 年版。

屠启宇:《国际城市蓝皮书》,社会科学文献出版社 2015 年版。

屠启宇:《国际城市蓝皮书》,社会科学文献出版社 2016 年版。

屠启宇:《国际城市蓝皮书》,社会科学文献出版社 2017 年版。

C40 城市气候联盟(www.C40.org)。

第七章 城市规划

本章由城市规划含义、城市规划体系和城市规划制定和实施四部分构成。主要从"三规合一"角度,阐述了城市规划概念及其城市规划体系,在此基础上,提出城市规划的制定和实施的流程及其相关内容。

第一节 城市规划的含义及特征

一、规划的含义及特征

《辞海》中对规划一词的解释为:"谋划、筹划,亦指较全面或长远的计划",而该《辞海》对计划一词的解释为:"人们为达到一定目的,对未来时期的活动所作的部署和安排。"[①]综上所述,规划是指人们基于一定目的,对未来一定期限内的活动所作的全面和长远的部署和安排。其特征:一是未来性。规划是人们基于一定目的,对将来的活动所作的一种部署和安排,人们对过去的活动梳理总结是历史。二是行动性。规划是对人们未来的活动所作的安排,这里的活动包括人们的各种工作和行为,规划是人们未来的行动纲领。三是操作性。规划是对人们未来的活动做什么、怎样做、谁去做、什么时候做等作出安排,因此规划不是讲为什么,而是讲做什么。四是全面性。规划是对人们未来特定一个时间段和一定范围的活动全面的安排,这里的全面,对一项具体活动而言,主要包括时间上、空间上、内容上的全覆盖。故规划追求同一主体或不同主体在同一个活动中的互相衔接和系统协同。五是长远性。规划是人们对未来活动的一种长远安排。一般来说,一项几个月就能完成的具体活动,为了在操作上有步骤、不遗漏,也需要做个计划,但一般不叫规划,故工作中常有"短计划,

---

① 《辞海》,上海辞书出版社2009年版,第784页和第1028页。

长规划"的说法。六是期限性。规划是对人们未来一定期间内的工作或行为所作的安排,故规划有规划期,包括基期时间和期末时间。基期时间,包括规划所有数据、现状、问题都是指规划基期时间的时点情况,因此规划是需要描述现状的,没有现状描述的规划是没有起点的规划,也是难以评估及实施的规划,描述现状是为了对未来更正确的安排,而不是规划具有对过去安排的特性。期末时间,包括规划实施终点时间的数量、状态等。七是发展性。"发展性"是规划的特征,也就是说规划是着重对人们未来发展活动作出安排。"发展"是事物的一种变化状态,在特定的时间里,若通过人们的工作或行动,该事物比昨天进步了,我们通常叫"发展";没有进步也没有退步,我们叫"停滞";而相对于事物起点是落后了,我们叫"退步"。规划是对人们未来一定期限的活动所作的安排,这种安排应当着眼于"发展",因此"发展"应当是规划的应有特性。当然有了规划是否就一定有发展,但做规划目的是为了发展,不想发展就不需要做规划,想发展必须先做规划。

规划与战略有着千丝万缕的联系,尤其是经济社会发展规划,往往具有一定战略的性质或内容,或者制定经济社会发展规划应当依据经济社会发展战略为前提。事实上,规划与战略既有联系又有区别,在未来性、全面性、长远性、发展性上,规划与战略几乎是共同的,但规划更强调行动性、操作性、期限性,而战略则强调思想性、方向性、原则性。规划只是强调做什么、怎样做;而战略不但要讲做什么、怎样做,还要讲为什么要这样做。当然在市场经济条件下,应当既重视战略,又重视规划。在编制规划前,先进行战略研究,在战略研究后,将有条件可实施的内容上升到规划,这样能使工作的思想性和行动性做到更好衔接。

二、城市规划的含义及特征

我国《辞海》对城市规划的解释:"城市规划,对一定时期内城市的经济社会发展、土地利用、空间布局以及各项建设的综合布置、具体安排和实施管理。包括拟定城镇发展的性质、人口规模和用地范围;研究工业、居住、道路、广场、交通运输、公用设施和文教、环境卫生、商业、服务设施以及园林绿化等建设规模、标准和布局;进行城镇经济建设的规划设计,使城镇建设发展经济、合理、创造有利生产,方便生活的物质和社会环境。是城镇建设的依据。一般分为城市总体规划和城市详细规划两个阶段。"[①]

英国《不列颠百科全书》中对有关城市规划与建设建设条目解释:"城市规划与改建的目的,不仅仅安排好城市形体——城市中的建筑、街道、公园、公用事业及其他各种要求,而且更重要的在于实现社会与经济目标。城市规划的实现要靠政府的运筹,并需运用调查、分析、预测和设计等专门技术。"

美国国家资源委员会则将城市规划定义为:"城市规划是一种科学、一种艺术、一种政策活动,它设计和指导空间的和谐发展,以适应社会与经济的需要。"

---

① 《辞海》:上海辞书出版社2009年版,第287-288页。

日本城市规划专业权威教科书,对城市规划定义为:"城市规划即以城市为单位的地区作为对象,按照将来的目标,为使经济、社会活动得以安全、舒适、高效开展,而采用独特的理论从平面上、立体上调整满足各种空间要求,预测确定土地利用与设施布局和规模,并将其付诸实施的技术。"①

综合上述各国关于城市规划的含义和规划的一般含义,结合我国近几十年来城市规划的实践及存在问题,对我国而言,城市规划的含义关键是要讨论两个问题,一是城市规划包含的内容,二是各类相关规划的期限。2005年10月,国务院发布的《关于加强国民经济和社会发展规划编制工作的若干意见》中明确,国民经济和社会发展规划分为总体规划、专项规划、区域规划。国家总体规划,省(区、市)级总体规划和区域规划的规划期一般为5年,可以展望到10年以上。而我国2007年10月由全国人大发布的《中华人民共和国城乡规划法》第17条中明确:"城市总体规划、镇总体规划的规划期限一般为二十年。城市总体规划还应当对城市更长远的发展作出预测性安排。"1999年1月,由国务院颁布的《中华人民共和国土地管理法实施条例》第九条明确:"土地利用总体规划期限一般为15年。"根据上述规定,我国国民经济和社会发展总体规划期限最短,城市规划期限最长,土地利用总体规划期限居中。我国《城乡规划法》第五条明确"城市总体规划,镇总体规划以及乡规划和村庄规划的编制,应当依据国民经济和社会发展规划,并与土地利用总体规划相衔接。"这样,我国现行的国民经济和社会发展规划、城市规划、土地利用总体规划三类规划,就产生了内容上和规划期限不兼容的冲突。我国实践中的"一届一个规划,一任领导一套规划"大都与我国三类规划中的内容、时间冲突有关。要解决三个规划编制时间上和内容上的悖论,要么把国民经济和社会发展规划和土地利用总体规划编制起动时间早于城市规划,规划期限长于城市规划;要么国民经济和社会发展规划、土地利用总体规划、城市规划的期限不变,但城市规划因期限最长,故其内容包括国民经济和城市社会发展规划内容,土地利用总体规划的内容,以及城市经济社会发展和土地利用的空间布局内容,并且使这三方面内容在同一规划中的规划期限一致,即现在我国各地正在探索的城市规划的"三规合一"。

"三规合一"的城市规划,是指在一个城市物质空间平台上,城市规划包括城市经济社会活动和城市土地利用的内容。"三规合一"的城市规划,并非要取消国民经济和社会发展规划和土地利用规划,而是指在一个城市物质空间平台上,按统一的规划期限,将城市经济社会活动、土地利用相关内容和城市空间布局三者的内容、时间、空间在规划上融为一体。例如,我国《辞海》城市规划含义中涉及的城镇发展性质、人口规模、用地范围、工业、居住、道路、广场、交通运输、公共设施、文教、环境卫生、商业、服务设施、园林绿化等。英国《不列颠百科全书》城市规划解释中提及的城市规划不仅仅安排好城市形态,更重要的在于实现城市社会与经济目标。美国城市规划定义中提及的城市规划既是一种政策活动,也是一种空间设计。日本城市规划含义中涉及的经济社会活动、

---

① 谭纵波:《城市规划》,清华大学出版社2016年版,第84-85页。

土地利用、设施布局相统一。也是指城市规划既包括城市经济社会、土地利用、空间布局内容,同时这些内容在规划期限上是一致的。

综上所述,我国目前的城市规划定义是基本可行的,即"城市规划是对一定时间内的城市的经济社会发展、土地利用、空间布局以及各项建设的综合布局,具体安排和实施管理。"①这个定义本身已包含了下列三层意思。一是我国城市规划应当是"三规合一"规划,即城市规划包括城市的经济社会发展、土地利用、空间布局三方面内容,而不能仅仅是空间布局内容;二是我国城市规划由于规划期限长,法律地位应该更高,规划期限较长的城市规划,应该是规划期限较短的城市经济社会发展五年规划和土地利用十五年规划制定的依据。

第二节 城市规划体系

一、城市总体规划

按照国家建设部发布的《城市规划基本术语标准》的定义,城市总体规划是"对一定时期内城市性质、发展目标、发展规模、土地利用、空间布局以及各项建设的综合部署和实施措施。"根据"三规合一"的要求,城市总体规划应由下列内容构成(见图7-1):

上述城市总体规划内容及构成,是笔者1993年带队为上海的一个城区编制的。经当时的同济大学城规学院名誉院长李德华教授率领的专家评审团评审通过,且一直被遵照执行,是业内公认的一份行之有效的总体规划。规划期限是1993—2020年。这个规划期限是根据这个城区基本建成来确定的,是客观的判断,不是依法依规确定的期限。这个规划是典型的城市经济社会发展、城市土地利用、城市空间安排为一体的"三规合一"规划。此后这几十年,这个城市规划区,在规划期限内的五年期国民经济和社会发展规划、十五年期土地利用规划、各项详细规划(包括控制性详细和修建性详细规划)、各项专项规划都是依此展开的。20多年来,这个规划的90%以上空间,经济社会发展内容,土地利用是遵循了这个规划实施的。这个规划基于对现状描述的扎实,对未来国内国际形势走势的正确判断,以至该规划设定的到2020年该城区常住人口70万目标,到2016年底为69.11万人(完全在规划目标内)。并且该城市规划区,规划期初1/3空间有待旧改,1/3空间有待城市化。该规划已执行了25年,其正确程度令人惊讶。笔者认为,其根本原因是处理了各类规划内容兼容和期限兼容的关系。基于上述的实证,我们可以理解为,城市总体规划应该是内容总体的规划,而不是相对详细规划角度讲的总体规划。这个内容总体,不仅包括城市经济社会发展、城市土地利用和城市空间安排,还应包括城市的发展现状。没有现状梳理的城市总体规划是没有根基的规划,是无法对比、评估的规划,故是一个偷工减料的规划。做规划的功夫不在未来,而在

---

① 谭纵波:《城市规划》,清华大学出版社2016年版,第85-95页。

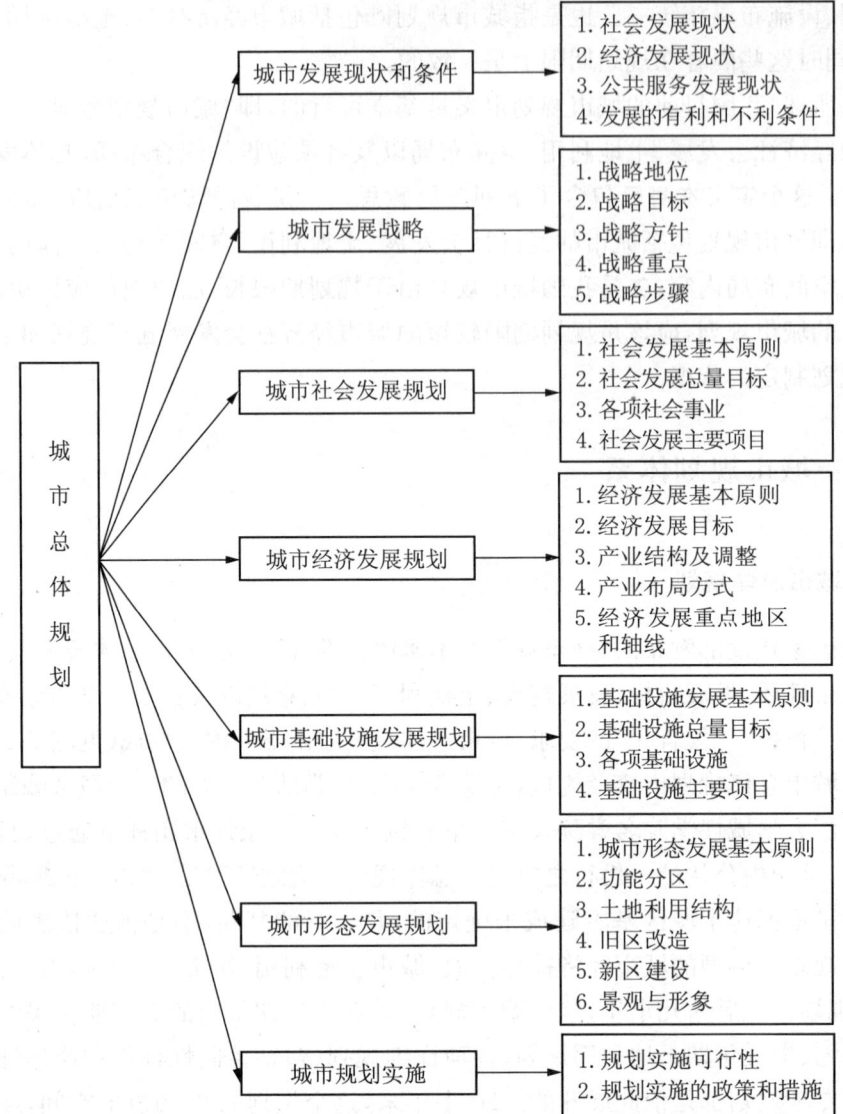

图 7-1 "三规合一"城市总体规划主要内容及构成

资料来源:作者根据《上海市长宁区总体规划》绘制。

深刻洞察规划区的过去、现在,才有可能更好地展望未来。规划是展望指导未来的,但规划指导未来的基础是规划的过去和现在。一般来讲,做规划是"七分梳现状,三分做规划",这一点是十分关键和重要的。实际上,在吴维佳译的美国《21 世纪社区发展与规划》一书中,"总体规划"构成要素也是由经济发展、住房、中心区复兴、土地使用、交通、环境等规划构成的。[1]该总体规划是内容上的总体,非层级上的总体。

---

[1] 诺曼·泰勒、罗伯特·M.沃德著,吴维佳等译:《21 世纪的社区发展与规划》,中国建筑工业出版社 2016 年版,第 81-160 页。

二、城市总体规划的延伸规划

(一)五年期的国民经济和社会发展规划

2005年,国家将全国各级政府每五年编一次的国民经济和社会发展计划改为规划,规划期不变。五年的国民经济和社会发展规划,主要确定一个地区(包括城市)五年内经济社会发展的主要目标和任务,以及五年内要实施的主要建设项目。这里就有个问题,即五年期的城市国民经济和社会发展规划,其编制依据是什么?是城市发展战略?一般来讲城市发展战略是更长远的,且是指导性,不带有约束性的。如果以城市发展战略为国民经济和社会发展规划的编制依据,一方面不是每个五年规划编制期都要制定城市发展战略,二是发展战略对五年规划编制只有思想的引领,没有法定约束力。以国家国民经济和社会发展五年规划为编制依据,又不够贴近市情情况。因此,实践中,五年的城市国民经济社会发展规划编制,事实上也是以这个城市还在执行期内的城市规划为依据,从这里也可以看出,城市规划是应该"三规合一"的。这样期限较长的城市规划就得到了期限较短的国民经济与社会发展规划的滚动执行,效果会更好。

(二)土地利用总体规划

从某种角度讲,城市总体规划、城市控制性详细规划、城市分区规划及单元规划,是从平面上利用城市土地的城市规划,城市经济社会规划、城市近期建设规划、城市专项规划是从平面上和立体上利用城市土地的规划,各项城市发展、规划、建设均离不开土地利用。但要在同一块土地上,叠加城市经济社会发展、城市规划、城市建设,并做到无缝衔接,高度一致并不容易。为了更正确有效执行城市总体规划,城市土地利用总体规划的用地结构必须放入城市总体规划中统筹,但土地利用结构下的具体细化也可编制专门的土地利用规划作为城市总体规划的延伸规划。

(三)城市分区规划及单元规划

根据《城市规划编制办法》,大中城市根据需要,可以依法在城市总体规划的基础上组织编制分区规划。《上海市城乡规划条例》中明确,在城市总体基础上,中心城区区域内编制分区规划,在中心城区分区规划的基础上编制单元规划。分区规划是为了使城市规划更能反映区域实际,在城市总体规划基础上,对城市土地利用、人口分布和公共设施配置作出进一步安排。单元规划是为了使城市规划更能反映分区规划内的更小区域实际,对城市土地利用和公共设施作出更为具体的安排。分区规划及单元规划都是为了与详细规划更好地衔接。

(四)城市详细规划

详细规划,是以总体规划或者分区规划或单元规划为依据,按控制平面还是控制立体,详细规划又可分为控制性详细规划和修建性详细规划。控制性详细规划要对规划范围内的用地性质和建设容量予以明确,作为规划范围开发建设控制依据。修建性详细规划,是以规划范围内开发建设项目为控制对象,明确各个建筑物的用途、体量、体型、外观等。

(五) 城市近期建设规划

近期建设规划是城市总体规划的近期实施部分,一般以五年期为准,是为了城市总体规划近期执行,在城市总体规划基础上,而编制的近期建设规划。主要编制的内容是近期可实施建设的项目及相关的土地、人口及有关条件的配套。

(六) 城市专项规划

国家《城乡规划法》中没有明确过专项规划,但《上海市城乡规划条例》第 21 条中明确了专项规划。国务院《关于加强国民经济和社会发展规划编制工作的若干意见》中有专项规划的分类。城市专项规划是以城市发展特定领域为对象编制的规划,是城市总体规划在特定领域的细化,是该特定领域进一步排出建设项目,安排测算土地和投资、制定相关政策、进行项目审核的依据。例如城市总体规划下的产业专项规划、公共设施专项规划、居住区专项规划、城市更新专项规划、城市新区建设专项规划等。

三、城市规划的上位规划

(一) 国土规划

"国土规划是对国土资源的开发、利用、治理和保护进行全面规划。"2010 年 12 月,国务院印发的《全国主体功能区规划》,将我国国土分为优化开发区域,重点开发区域,限制开发区域和禁止开发区域,并制定了相关落实政策和考核评价办法,可视作我国第一个全国性国土规划。2007 年 7 月,由国务院发布的《关于编制全国主体功能区规划的意见》中明确:"全国主体功能区规划是战略性、基础性、约束性的规划,是国民经济和社会发展总体规划、人口规划、区域规划、城市规划、土地利用规划、环境保护规划、生态建设规划、流域综合规划、水资源综合规划、海洋功能区划、海域使用规划、粮食生产规划、交通规划、防灾减灾规划等在空间开发和布局的基本依据。"

(二) 区域规划

区域规划有广义和狭义之分,广义的区域规划包括行政区区域规划、行政区内的功能区规划、跨行政区的功能区规划和跨国界的功能区规划。狭义的区域规划,主要指跨行政区的功能区规划。国内学者大都认为,区域规划是在一定地域范围内的国土上进行国民经济和社会发展的总体布局。德国 1965 年颁布的《区域规划法》中指出,区域规划是空间规划,是在重视自然条件的现状及特别重视区域之间相互关系的前提下,改善经济、社会、文化条件,为个人在社会中的自由发展提供良好的空间结构。①我国在 2005 年 10 月,由国务院发布的《关于加强国民经济和社会发展规划编制工作的若干意见》中明确:"跨省(区、市)的区域规划是编制区域内省(区、市)级总体规划、专项规划的依据。"

---

① 吴志强、李德华主编:《城市规划原理(第四版)》,中国建筑工业出版社 2010 年版,第 224-225 页。

(三) 城镇体系规划

城镇体系规划是指"一定地域范围内的,以区域生产力合理布局和城镇职能分工为依据,确定不同人口规模等级和职能分工的城镇分布和发展规划。"[1]重点内容包括一个地区的城、镇(乡)、村的城镇体系的构建及其用地范围、人口规模的分配等。城市规划应该是以单个城市空间为特定对象编制的规划,故城市规划不包括城镇体系规划、镇规划、乡规划和村庄规划。[2]可见,城市规划的空间范围是在城镇规划体系中明确的。故城镇体系规划是城市规划的上位规划,城镇体系规划中明确的特定城市的人口规模、用地范围等内容,是编制该城市总体规划的依据。从某种角度讲,按行政区域角度编制的城市总体规划,必然包括了城市行政区域内的城镇体系规划,此时的城市总体规划,某种角度讲不是城市总体规划,而是城市城镇体系规划。《上海市城乡规划条例》采用这一城市规划编制体制,故《上海市城乡规划条例》中是没有城镇体系规划这一类型的。从城市规划编制的科学性角度讲,应将城镇体系规划与城市规划分开编制。

四、城市规划的横向规划

根据 2007 年 10 月的《中华人民共和国城乡规划法》第二条:"本法所称的城乡规划,包括城镇体系规划、城市规划、镇规划、乡规划和村庄规划。"前面所说,城镇体系规划是城市规划、镇规划、乡规划和村庄规划的上位规划,那么剔除城镇体系规划、镇规划、乡规划和村庄规划就是城市规划的横向规划。

(一) 镇(乡)规划

从严格角度讲,镇规划应该是以建制镇镇区为特定规划对象而编制的,包含经济社会发展、土地利用和空间布局为一体的规划。但在我国,建制镇镇区也包括所辖的村和镇区居委会空间。故在编制镇区规划时,也可以考虑站在镇域角度,先编个"镇村"体系规划,明确镇区和村各自的用地范围、人口规模、空间布局等,在此基础上编制镇区规划和村庄规划、乡规划。乡规划的编制的基本原理与镇规划相同,一般而言,只是乡规划的乡政府所在地人口规模,用地范围,二、三产业比重和公共基础设施条件与镇略有不同。

(二) 村庄规划

以城镇规划体系或镇村规划体系为指导,以行政建制村为规划编制单元,确定所属自然村落"拆改留",耕地等自然资源和历史遗产具体安排,基础设施和公共服务配置等生产、生态、生活各项内容的建设性规划。村庄规划主要包括居住点规划、公共配套规划和农业生产规划等。村庄规划是城乡规划的最基层的一道规划,城乡规划体系中,唯村庄规划可以按行政村域来规划,其他城市规划都应该将城镇区的实体空间与城镇区的管理空间分开编规划,即市区规划与市域规划分开编制。市域规划表现为城镇体系规划,市区规划表现为城市规划(见图 7-2)。

---

[1] 谭纵波:《城市规划》,清华大学出版社 2016 年版,第 415-416 页。
[2] 2007 年《中华人民共和国城乡规划法》第 2 条。

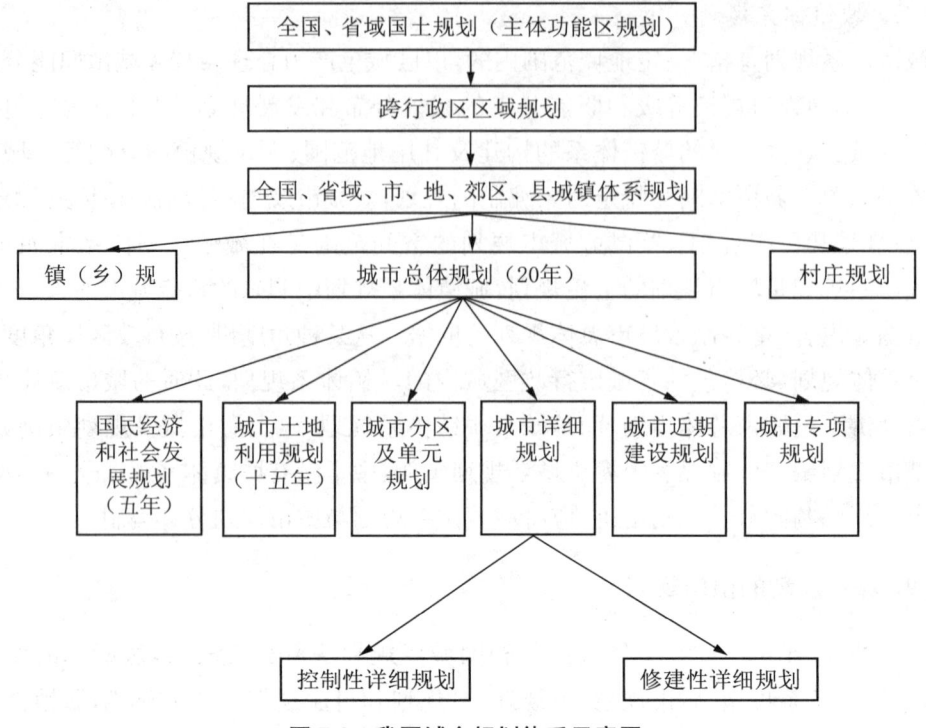

图 7-2 我国城乡规划体系示意图

资料来源：作者绘制。
注：图中城市总体规划及其纵向延伸部分是城市规划体系。

第三节 城市规划的编制

一、城市规划编制主体

（一）法定主体

根据国务院《关于加强国民经济和社会发展规划编制工作的若干意见》，城市国民经济和社会发展总体规划、行政区的区域规划由同级人民政府组织编制，专项规划由各级人民政府有关部门组织编制。《中华人民共和国城乡规划法》明确，城市总体规划由城市人民政府组织编制，城市详细规划由城市各类规划主管部门根据城市总体规划要求编制，城市专项规划由城市专业管理部门组织编制。根据《中华人民共和国土地管理法实施条例》，城市土地利用总体规划由城市人民政府组织本级土地行政管理部门和其他有关部门编制。

（二）其他参与主体

由于城市规划相对专业性，故实践中，城市规划中的土地利用和空间布局这两方面内容，往往由城市规划专业机构及专业人员承担较多。例如，《中华人民共和国城乡规划法》第 24 条中明确，"城乡规划组织委托编制机关应当委托具有相应资质等级的单位承担城乡规划的具体编制工作",并对承接城市规划编制的单位规定了应具备的条件,实施资质等级许可管理。国民经济和社会发展规划,实践中由同级人民政府及相关职能部门自行编制比较多,但也有相当部分内容由社会规划专业机构及专业人士承担编制。另外,《中华人民共和国城乡规划法》第 26 条明确规定城乡规划报送审批前,组织编制机关应当采用论证会、听证会、或其他方式征询专家和公众的意见。

二、城市规划的编制依据

(一)上位规划

在国民经济和社会发展、土地利用和空间布局三合一的城市规划中,国土规划(含主体功能区规划)、跨省(区、市)的区域规划、全国和所在城市城镇体系规划是城市规划的上位规划,在编制城市规划中应予遵守。在仅为空间布局的城市规划中,本级城市的国民经济和社会发展规划是城市规划制定的依据,城市规划与土地利用规划要相衔接。

(二)法律法规文件规定

编制国民经济和社会发展规划应遵循《国务院关于加强国民经济和社会发展规划编制工作的若干意见》,编制城乡规划应遵循《中华人民共和国城乡规划法》及地方人大常委会或政府发布的有关规定,编制土地总体规划应遵循《中华人民共和国土地管理法》等。

(三)会议决定和报告

城市规划编制还需遵循上级和同级党代会、人代会决议和报告要求,以及同级政府的有关会议决定,需遵循党的基本理论和基本路线和基本制度,需遵循上级党和政府领导人对城市未来发展的指导意见。

规划的制定依据往往又是制定规划的动因,实践中为什么制定这项规划而不是制定那项规划,在形式上往往出于上述三方面动因。

三、城市规划的编制原则

(一)以人为本原则

编制经济社会发展规划、城市规划、专项规划等都应以规划编制范围内的人口规模、人口结构和人口分布作为测算经济发展规模、公共服务规模和分布、基础设施容量和分布、土地等资源分配比例和规模等。换句话说,编制各类规划都要根据经济、社会、资源、环境的压力来先确定人口规模、人口结构和人口分布。反过来,人口规模、人口结构和人口分布确定后,相应的经济发展、社会发展、资源配置、环境要求就要与之相适应。以人为本或叫以人为中心是规划编制的最基本的原则。人的各种需求满足是一切规划的出发点和归宿点。

(二)从实际出发原则

规划编制中的从实际出发主要涉及三方面。一是要从规划范围的历史出发。任何规划都是规划范围内的历史脉络的延伸,因此编制规划首先要摸清与该规划有关的发展历史,即本规划范围过去发展了什么,怎样发展,其发展脉络或主线该如何延伸。因此,规划的继承性是从实际出发编制规划的第一要义。二是从规划范围的现状出发。编制规划,除深入研究追寻规划范围历史外,还要充分细致调查规划范围的发展现状,发展现状是指规划发展到编制规划的基期时间,人口、经济、社会、资源、环境等全部内容及存在的问题。俗话说:"磨刀不误砍柴工",只有把规划现状摸清,才有可能展开未来的描绘,否则未来的规划描绘是无本之木,无源之水,也就是凭空想象的。应当明确的是,就规划文本而言大部分讲的是未来,但从规划工作而言,主要时间和精力应该放在现状调查分析上。三是从规划的操作性出发。规划不是理论文章,不是工作报告,是行动方案。因此,从实际出发就是要从规划的操作性出发。规划的操作性是指规划内容在规划时间到点时,是基本能实现的,具有操作性;如果到规划实施时点时规划内容是基本无法实现的,说明该规划内容是不符合时点上的实际,规划是超越现实了或落后于现实了。现在我们许多规划,大都是"纸上画画,墙上挂挂"或"一届政府一个规划"与规划编制没有从历史、现状、操作性出发有关,本质上是规划没有从实际出发。

(三)前瞻性原则

一是规划与国内政策和制度保持同向,这里的政策和制度有已有的,也还有需要预见的,编制规划难点是要预测国内政策和制度未来的变化方向,做到规划内容在规划期间基本符合变化的政策和制度环境,好的规划应该达到这一水准。二是规划与国内外走势同向。这就要求,在制定规划时对国内外涉及规划内容的有关走势要作一研究判断,以使规划期内规划内容基本能与国内外走势相一致或基本同向。三是规划与周边区域发展变化同向。在编制规划时,要预测规划服务半径区域内与本区域规划内容相关的变化,这里主要有竞争性内容的变化和需求性内容的变化。四是规划与投资、消费、出口需求保持同向。即在编制规划时,要预测规划期内重大项目的变化,消费需求的变化,国际市场的变化,使规划内容在规划期内与这三大变化相一致。一份好的规划始终是踏着时代的节拍,顺势而为,始终不落伍的规划。

(四)规划衔接原则

在编制规划时,首先是不同规划之间的衔接,要注意经济社会发展规划、土地利用规划与城市规划的衔接。经济社会发展规划和土地利用规划中明确的内容涉及空间落地的,一般需要纳入城市空间规划来具体落实;反之在制定城市规划时要考虑经济社会发展规划和土地利用规划的要求。同时,经济社会发展规划和城市规划涉及具体规划对象的,又需要通过专项规划来细化。其次同类规划的衔接。城市总体规划需要通过经济社会五年规划及年度计划来细化,城市总体规划需要通过分区规划、详细规划等来深化。

(五)民主化原则

城市规划是一个地区发展蓝图,行动纲领,具有较强的政策性,涉及方方面面利益,故应开门编规划。开门编规划的过程,既是统一思想,形成共识的过程,也是形成合力,实施规划的过程。这是因为,在讨论规划,征询意见中,集聚民智,凝聚目标,熟悉内容,内化于人们的思想和行动中,从而达到编制规划的目的,因此规划的民主化原则是十分重要的。一般规划的民主化原则主要是通过听取政府部门、人大代表、人大常委会、政协委员、政协常委会,专家、公众意见等形式来实现,通过听取和征求上述意见,进行认真吸收修改,使规划成为集体智慧的结晶。这是城市规划与企业规划、个人职业生涯规划的不同点。城市规划是一种公众规划,政府编制机关只是代表公共利益履行职责,制定本地区某一领域的发展规划,因此城市规划本质上是代表公众长远、根本利益的。切忌将城市规划看成是某一部门或某一领导规划,也就是说城市规划要避免"一言堂"或少部分人说了算。

四、城市规划的编制方法

从城市规划编制的实践看,城市规划编制比较实用的方法有下列几种:

(一)统计分析法

编制城市规划,首先要对规划所涉及的内容进行历史和现状调查,来提炼规划的历史脉络和现实的基础条件,因此在这一阶段用得最多的方法是统计分析法。一是发放统计表,将规划所需的基期数据锁定。这里统计表主要包括数量统计表和项目统计表。数量统计表又分为全面统计表和抽样统计表。项目统计表主要包括在建项目统计表和未来五年项目统计表。二是按照规划指标,根据统计基期数和规划期发展速度,统计规划期内各个时段的目标值。三是根据统计基期数和规划目标值归纳分析存在的问题和前景。四是根据历史和现状调查,分析归纳发展阶段,区位优势等。

(二)预测倒推法

这一方法主要在规划未来内容中应用。主要指在规划未来内容、设定未来每个规划期目标任务时,应当根据预测规划期内的规划时段内变化因素,来推出该规划时段的规划内容。规划非常重要的理念是"着眼于未来",这个未来根据规划实践看,主要指规划期止日。也就是说规划设计者就是根据这个规划期止日的各种情况和各种数据判断,首先有个期止日规划蓝图或规划意象,再根据这个规划期止日蓝图来倒推每个规划时段的规划内容,目标任务。从这个角度讲,规划师是个未来学家,但规划的未来出发点是现状和规划期内的各种预测变化得来的。因此,对城市规划的设计者,这种与时俱进的预测和倒推能力要求是非常高的,这种能力可以把其归为思维的时空穿透力,实际上是一种思维的宏观能力。许多规划之所以过几年就落伍于变化了的形势,其实就是在规划编制中缺乏这种预测倒推能力和方法。

(三)系统平衡法

编制城市规划不能简单的"一分为二""对立统一""非此及彼"思考方法,规划是个系统,并且要做到静态和动态的平衡。每一项规划都由若干关联因素构成。例如,人口规模决定着居住用地的占比和公共服务的配比,而居住用地和公共服务用地多了,就减少了经济用地、环境用地及市政用地比例。这样经济发展就受到限制,环境也就会恶化,市政配套也就跟不上。而这些规划关联因素,在动态变化中也可能不均衡,从而造成规划期初平衡,而期中不一定均衡。因此,编制城市规划,不但在编制时考虑各因素、期初平衡,还要考虑各规划因素的动态变化,考虑规划实施过程中的各因素平衡。要做到这一点只有系统地考虑规划因素,关联测算各规划因素才能达到。

（四）多维表现法

随着信息技术的发展,城市规划的表现方式不断扩大,到目前为止,城市规划一般表现方式有三种。一是文本,具有一定深度的规划文本,一般可以做到文字说明,数字表格,计量模型,地图标示（或图像曲线）,重点项目构成,使其规划内容和空间布置一致,即功能与形态一致。二是立体模型。规模模型是立体式的展现规划的空间布置,一般在形态规划中常用,给人以形象感觉。三是多媒体演示。多媒体演示规划,主要是动感,直观,简洁。规划的后两种表现方法一般用于规划的社会宣传,规划专业人士推进规划实施主要使用规划文本。

五、规划起草的前期准备

（一）明确规划的编制机构

规划的涉及面和重要性不同,规划的编制机构往往也不同。一般来讲,经济社会发展总体规划、土地利用总体规划、城市总体规划等这一类涉及面广的规划,各级政府往往会成立一个阶段性、临时性、又独立于任何政府部门的,专门编制这一规划的规划领导小组及其办公室来主持该规划的编制。这样可以超越部门利益,站在全局编规划;也可以使规划编制人员脱离原工作岗位,集中精力编规划。除上述涉及面较广的规划外,大部分城市规划的编制是由有关政府职能部门牵头去完成的。例如经济社会发展年度计划由同级发改委牵头编制;城市规划中的分区规划、详细规划等由同级规划土地部门牵头编制;专项规划、区域规划乃至主体功能区规划往往也由相应的职能部门牵头编制。规划编制机构明确后,接着就是要明确编制该规划的机构及专业人员及其负责人,以及规划编制机构和编制人员的职责和任务。

（二）制定规划编制方案

明确规划编制机构及人员后,首先要由该规划编制机构提出该规划的编制方案,规划编制方案重点包括:规划的框架及主要内容,规划编制有关单位的职责分工,规划编制需研究的重大问题及其分工,规划编制的进度安排等。规划编制方案是规划编制工作的行动指导,规划编制方案考虑得越周全,越细致,对规划编制工作的指导性越强,对编好规划越有利。"预则立,不预则废",一份好的规划编制方案对提高规划效率和质量具有十分重要意义。规划编制方案执行前,应提交规划编制领导机构及编制规划涉及的相关单位,听取意见,群策群力,完善方案,统一思想,便于规划编制工作的顺利推进。

（三）收集有关资料

规划编制涉及所需材料是十分广泛的,其基本原则是按照规划所涉及的内容,全面收集,精细收集。重点有下列几类:一是规划范围内的现状资料,包括经济、社会、资源、人口、环境等规划编制时点时的资料,这里需要大量的统计调查和研究。二是该规划涉及的外围资料、包括上位规划、关联规划、相关法律、法规、政策、会议决定、决议、领导讲话等。三是规划内容涉及的历史资料。这些历史资料对把握该规划涉及内容的发展沿革,历史脉络十分重要,这部分资料往往大家不够重视。事实上,规划要做好继承与发展这篇文章,要做好开拓性和连续性这篇文章,规划的发展是顺势而为的发展,而不是割断历史的发展,是继承基础之上的创新,而不是割断历史的创新。这里需要强调的是,规划资料收集的全面性、精细性决定着规划的深度,操作性。实践中制定规划,往往凭空想象,不注重过去的,现实的,宏观的资料收集,造成规划割断一个地区的发展脉络,不适合时宜,不具有操作性。

（四）现场踏勘

做城市规划应现场踏勘,即规划范围内要逐个地块、逐条道路都现场踩过点,知道该地块、该区域昨天是怎样,现在怎样,未来应该怎样。做规划是要有感性认识的,尤其是做城市规划、区域规划、专业规划、主体功能区规划等。规划是未来发展的宏伟蓝图,而这个宏伟蓝图首先是要植根于规划人员的脑中,想象中,而规划人员脑中、想象中的未来发展宏伟蓝图既要有抽象的逻辑推导,环比的数据测算,更要有空间上的布局想象,而这种空间上的想象主要来源于现场地块、空间的踏勘,除此之外是没有任何来源途径的。因此规划编制的现场踏勘,是编制规划,尤其对项目空间布局落地十分重要,现场地毯式的踏勘是编制规划的必要准备。没有经过这一阶段,规划要符合实际,具有操作性是不可能的。实践中的规划编制,往往不注重或不舍得花力气去做好现场踏勘工作,因此导致规划成为纸上画画,墙上挂挂的摆设,这就是缺乏现场踏勘或现场踏勘不细的结果。现场踏勘总的要求是每个街坊、每个地块、每条路、每条河等都要亲自看过,亲自算过,认真思考过。

（五）课题论证

在城市规划编制方案时,一般会在编制方案中明确若干个重点问题,作为课题的方式由专门人员编制课题报告,进行课题论证,并将经论证的主要内容或结论编进规划或作为编制规划的依据。在规划的课题论证中,一般是规划起草之前进行的,也有在规划起草过程中或讨论过程中,根据起草讨论情况确定的课题论证。课题论证是开门办规划的一个重要方式,也是做好规划的必要保证。规划课题论证,一般先由政府规划编制机构发布规划课题,用公开招投标等方式邀请专业队伍先编制课题报告,再由课题委托方邀请有关专家对课题成果进行评估、论证,最后形成经专家论证过的课题成果递交给课题委托方,作为编制规划的内容或依据。这里需要明确的是,不是所有规划编制都需要课题论证,只有那些期限比较长,涉及内容比较广,规划编制方案中明确需要进行研究的重点问题才有课题论证。

（六）项目论证

要写进规划中的项目,或对规划编制方向和实施有重大影响的项目,在规划编制前应先行进行单个或整体项目的论证,对项目选址、用地规模、投资规模、项目功能及其建设后对经济社会发展、周边环境的影响进行预可行论证。现实中的许多规划之所以与前进中的实践难以保持基本一致,其中很重要的一个问题就是对规划期内可能出现的重大项目或准备实施的项目,没有进行有效的预见和论证,从而造成项目建成或落地之日,就是规划的过时或不适应之日,规划一直处于不适应项目建设的要求,这样既影响规划的权威性,同时规划也制约着项目的落地。规划是为项目落地服务的,做规划的目的很大程度是为了推进项目的实施。因此,在规划编制前,对正在建或拟建的重大项目进行项目本身设计和项目对经济社会发展影响进行论证,是起草规划前的重要一环。

（七）访谈和问卷

城市规划编制会涉及城市规划区内一些单位或市民等相关人的切身利益,同时城市规划的实施,也需要城市中的单位和市民的理解、支持、配合和遵守,所以在城市规划编制前,对城市规划涉及的土地利用、重大经济社会发展项目安排及其空间布局调整等相关的利益群体进行问卷或访谈,听取他们的诉求和好的建议,乃至批评,对编好一个可操作和实施的规划是必须的工作,是规划起草前十分重要的准备事项。

六、规划的起草与讨论

（一）起草机构及执笔人

前面讲到,实践中,对涉及面广、比较重要的规划,政府往往会抽调有关人员,成立领导小组及其办公室负责该项规划的编制工作,此时规划的起草机构一般由该规划编制领导小组办公室负责规划的起草工作,其余没有成立规划编制专门领导机构及其办事机构的规划起草一般由该规划涉及内容的相应政府职能部门负责起草,如果规划涉及内容政府部门较多或不明确的,就由政府指定某一职能部门负责规划的起草工作。规划起草机构明确后,关键是要由规划起草机构明确规划起草执笔人,实践中,一份规划起草的执笔人可以一个人,也可能由几个执笔人分别各起草一个规划本子,或几个执笔人对规划各起草一部分,此时除了明确规划分段起草人外,同时还要明确规划整编统稿人。规划执笔人,尤其是主执笔人的选择是十分重要的,从某种角度讲,规划的正确性及其规划质量,乃至规划起草的效率完全取决于执笔人,尤其是主执笔人的能力水平和事业心、责任心。

实践中,许多城市规划会由规划编制机构委托社会规划设计专门机构编制,例如委托有关大学、规划设计院、规划设计公司等。这种委托编制规划的方式,在技术性较强的城乡建设规划和专项规划中较适应,在综合性较强的经济社会发展规划适应性较差。根据实践,政府牵头制定的规划,政府部门有能力起草的最好由政府部门自行组织力量起草,这是因为一般来讲政府部门对该地区发展情况及其发展需要一般比一个社会规划机构更熟悉,更了解,只有在政府规划起草机构认为其专业业务能力达不到时,或工作人手不够时才将规划委托给社会规划设计专门机构起草,这样才比较妥当。政府应该重视机构内规划人才的引进和培养,同时也应要求负责政府规划起草的机构,凡自己能编制的规划,应当尽量由自己组织力量编制。因为,从规划制定的实践看,社会规划专门设计机构编制的规划有许多不符合当地实践,尤其是经济社会发展规划。有许多领域社会规划专门机构编制的规划只能为负责政府规划起草机构提供一个咨询方案或参考方案，是一种规划引智的概念。当然，委托社会规划专门编制的规划质量和规划效率也取决于该规划起草执笔人的能力水平和责任心，务实的、情况了解的、能力水平高的，起草的规划相对符合实际，水准相对高。因此，委托社会专门机构编制规划，不但要选择适合的社会规划专门机构，最好还要要求或明确该委托规划，由该编制机构中谁人负责，这样规划起草的成功性更大些。

（二）规划的讨论

规划初稿起草完毕后，应按下列程序展开讨论。一是在起草工作机构内进行讨论形成共识；二是起草工作机构讨论通过后上报规划领导机构或职能部门进行讨论；三是听取同级政协委员、政协委员会和人大代表、人大常委会意见；四是上报同级政府常务会议讨论通过后，再上报同级党委讨论通过；五是有些重要的规划还要向规划范围内的专家和公众听取意见。

规划讨论的过程是集中民智，凝聚民心，统一思想，熟悉规划的过程。集中精力，花点时间讨论规划，有助于规划的实施。事实上，内容丰富的规划往往是通过讨论达成共识，让人记住，内化于每个人、每个部门自觉行动中的。通过规划的讨论，将讨论中提出的修改意见认真吸收，逐步将规划从执笔人的思路上升到集体智慧，变成整个组织的行动纲领，规划讨论是必经的途径。

规划讨论有的时候是旷日持久，十分费时，有时甚至是起草规划的几倍时间，但这是必须的。否则规划即使是正确的，但由于没有经过这个过程或经过这个过程不充分，也就可能使规划成为几个人的想法，成为"墙上挂挂、纸上画画"的内容。在规划讨论中，一方面考验参与讨论人的尽责态度和工作水准，另一方面也考验起草人的尽责态度和工作水准。需要提醒的是，在规划讨论中要求规划起草人认真虚心听取他人意见，最大限度地集中民智。同时也需要执笔人对某些事先未考虑到或考虑不周的方面闻过则喜，对他人说的不对的或误判也要豁达胸怀。因此可以说，规划讨论过程还是锻炼规划起草人和规划起草机构民主意识的过程。

还需要说明的是，有些重要的规划或专业性很强的规划，还需由规划起草机构邀请相应专家进行论证，听取意见，再进入有关程序讨论。需进行专家论证的规划，一般需在听取政协委员和人大代表程序前进行。这样做的理由是，如果规划专家论证被否决的或需要作重大修改的，就不易过早地听取人大政协相关人员意见，更不易进入相关的决策程序。当然，不是每项规划都需要进行专家论证的，因此规划专家论证可以看作规划讨论的一种特殊形式，也就是说规划专家论证不是规划讨论的常态。

（三）规划的审批

根据《中华人民共和国城乡规划法》规定，城市总体规划实行分级审批，以上级人民政府审批为主（见图7-3）。直辖市、省和自治区所在地城市，报国务院审批，所在地以外的城市，报直辖市、省和自治区人民政府审批。城市政府报送城市总体规划审批时，应先经本级人民代表大会常务委员会审议，并将审议意见及修改过的总体规划一并报送。

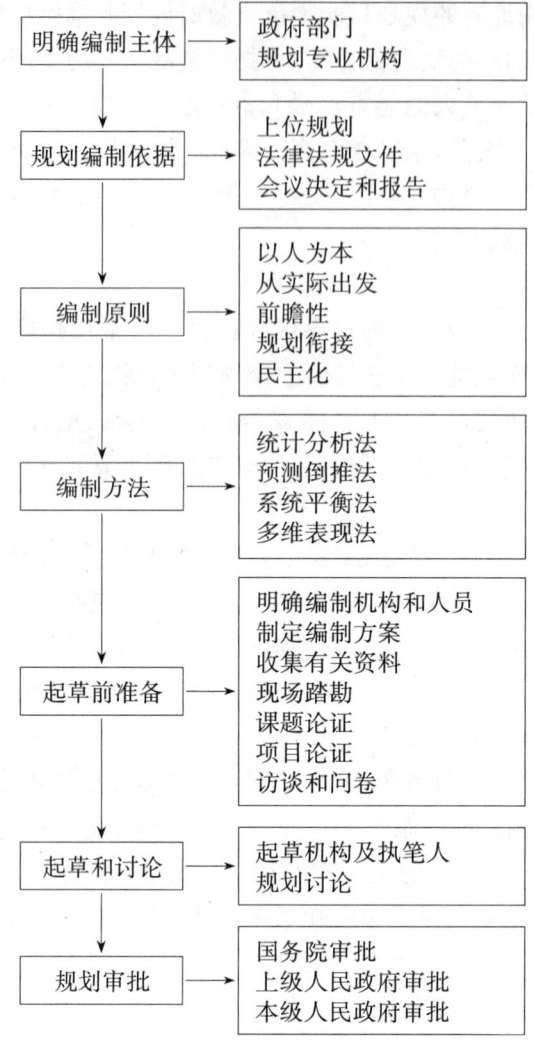

图 7-3　城市规划编制流程及内容

资料来源:作者绘制。

控制性详细规划报送本级城市人民政府审批,报本级人民代表大会常务委员会和上一级人民政府备案。城市分区规划、单元规划、专项规划,一般情况由同级人民政府审批。根据《中华人民共和国土地管理法实施条例》,全国土地利用规划,省、自治区、直辖市及省、自治区所在地市的土地利用总体规划报国务院审批,其余城市土地利用规划报上一级人民政府审批。根据《关于加强国民经济和社会发展规划编制的意见》,跨地区的区域规划要报国务院批准后实施。国民经济和社会发展五年规划报同级人民代表大会审议批准后实施。国民经济和社会发展年度计划、近期建设规划、一般的专项规划要报同级人民政府批准后实施。

规划上报审批,应当由规划负责制定部门提出申请,并附上规划文本,规划说明,以及规划讨论中的重要修改意见或规划专家论证意见,以供审批部门审批时参考。审批部门审批时提出修改意见的,应该吸收修改后一并付诸实施。

规划审批是增强规划实施权威性的重要方面,尤其是提交上级审批的规划,也是在更高、更广层面统筹、协调发展的一种机制和方法,也是各类规划衔接的一种方法,故规划审批是规划制定的一个必经程序,是必须进行的。

第四节 城市规划的实施

城市规划的实施,是指使城市规划确定的内容得以实现,大致有实施途径、评估与修改、检查与处置等环节。

一、城市规划实施的途径

城市规划批准发布后,不会自动实现的,需要有好的途径、载体或方法,从实践看,要将规划落到实处,使规划确定的目标任务得以实现,下列途径是可行的。

（一）推动规划深化和衔接

首先不同层级的规划深化和衔接。全国土地利用规划、主体功能区规划、区域规划、城镇体系规划、国家国民经济社会发展规划,可通过各省市自治区城镇体系规划、国民经济和社会发展规划、城市总体规划予以深化和衔接;其次是不同类型规划的深化和衔接。国民经济和社会发展规划可以通过城市总体规划、专项规划予以深化和衔接。再次是同一类型规划的深化和衔接。例如,城市总体规划通过控详规划、分区规划、单元规划、近期规划深化和衔接。最后还有长短规划的深化和衔接。例如:国民经济和社会发展年度计划,可通过不定期的形势分析,经济运行分析来深化和衔接。规划的深化和衔接也是一种规划的实施途径或方法。

（二）推进土地开发和出让

规划讲的是在一片特定土地上准备做什么。因此实施规划,其重要途径就是将规划范围内的土地出让给具体的建设者或经营者。只有通过土地出让,才能使规划的内容落实到具体单位或个人去实施,才使规划的实施落到实处。城市土地的出让在我国首先要进行土地开发,包括国有土地的储备和做好"三通或七通一平"的建设用地前期工作。如果规划区的土地是集体的或农用地,从目前国家土地使用制度看,还要进行农用地转性、补偿、征用、建设用地增减挂钩等一系列工作。土地开发完成后,按我国现在城市建设用地使用办法,用于公共服务和基础设施用地,可用划拨方式出让;经营性建设用地,按拍卖挂牌方式出让。通过土地出让,使土地具体落实到经营者或项目建设单位,从而使规划的微观实施主体得到落实,规划的实施就有了具体的执行者。

（三）推进项目建设

"先规划、后建设",编制项目建设规划或计划是将规划转化为建设的桥梁,是规划的具体化、细化、操作化。只有将规划设定的目标任务转化为具体的项目,通过实施项目也就实施了规划。由于规划是全面的,因此项目也是全面的,既包括政府投资项目,社会投资项目，也包括基础设施项目、公共服务项目、经济发展项目等。建设单位通过划拨或市场拍卖挂牌方式取得建设用地后，根据我国现行建设项目管理办法，需由政府相关职能部门进行项目审批、核准和备案等手续。办理项目立项、规划选址、工程可行性研究、扩初批复、规划许可、施工许可、预售许可、竣工验收、档案入库、办理房地产证等一系列手续。需要说明的是，我国政府现行的建设项目管理体制有两套，一套是通过市场拍卖挂牌取得经营性建设用地的建设项目，项目手续相对简化些。对划拨土地的建设项目，一般都是政府投资项目，项目管理手续相对严格些。

（四）完善城市规划实施的体制政策

规划实施中，需要通过优化政府规划管理机构，明确政府部门规划管理职责，配齐配强政府规划管理人员，完善规划管理制度和流程来推进城市规划的实施。如果这些方面存在问题，规划的实施是不可能的。另外一个问题，在规划实施中，无论是项目推进还是土地出让等规划实施途径都需要相应的政策予以引导和调节，才能使规划的实施沿着规划要求的方向走，才能提高规划实施的可能性和有效率，因此在规划实施中制定相应配套政策也是十分重要的。

（五）落实城市规划的目标考核

要将规划落到实处，在行动上需要制定政府各部年度工作目标，并分解到政府各部门，落实到相应责任人。围绕规划目标，将规划目标层层分解落实到责任单位和责任人，实行量化，明确工作要求和完成时间，这也是规划实施的具体化和途径。与目标分解相应，要制定政府部门及其工作人员的奖惩制度，这种奖惩制度要与规划目标责任单位和责任人的切身利益挂起钩来，这样才能使公共的规划目标内化于个人的工作目标，公共的规划行为内化于个人工作行为，使个人工作行为与公共规划行为统一，从而使规划落到实处。

二、城市规划的评估和修改

（一）城市规划的评估

城市规划是对未来的工作安排，因此规划实施进程中总会出现一些在制定规划时没有预见到的新情况和新问题，从而影响规划的操作性，影响规划的实施。为了更好地实施规划，使规划更贴近变化了的情况，又维护了规划的严肃性，避免规划随意改动，实践中，对规划提出修改调整意见时，需要对该规划的实施进行评估，通过评估找出变化了的情况，核实规划的实施成效和问题，提出相应的修改意见，并按程序听取有关部门人员意见，按层级进行上报决策。现在国家规定，国民经济和社会发展五年规划执行期中，即执行两年半时要评估一次，评估报告是调整规划的依据，报同级人大常委会审议通过。现在城市规划、专项规划等规划还没有制度化的规划评估要求，从而让大家感到城市规划、专项规划改动十分随意，往往实施的情况与规划的情况大相径庭。事实上，城市规划、专项规划等规划在实施中若需要进行修正调整的，也应实行先评估后调整的评估修改机制。

（二）城市规划的修改方式

实践中，根据规划实施评估报告调整修改规划有两种方式。一是调整修改已通过且正在执行的规划。这种情况是规划实施评估对正在执行的规划提出了很多调整修改内容，并且其内容有些带有方向性、原则性、全局性，需要对原规划进行较大幅度的调整修改，在这种情况下，一般采用对原规划文本进行全面修改，形成新的规划文本。例如，各地的国民经济和社会发展"六五"计划，由于编制和执行时间是1991年至1995年，1992年小平南方讲话后，全国的经济形势和发展方向有了较大调整，故1990年编制的"六五"计划大都已不能适应形势变化的需要，于是各地政府在1992年后大都采取大幅度调整修改"六五"计划，形成新的"六五"计划。二是通过规划调整修改审议意见，或规划调整修正案方式补充原规划。这种情况适用于调整修改内容较少，且调整修改的是局部问题。此时，根据规划实施评估报告形成的规划调整修改意见或规划调整修正案与原规划一并执行，原规划本子中与修改意见有冲突的，以修改意见为执行依据。

（三）政府规划修改的审批

根据规划实施评估报告提出的对原规划调整修改意见，应当按规划制定时的审批层级和程序报批，未经批准的应该仍然按原规划执行，经批准后再按经调整修改后的规划执行。实践中，有些地方政府专门成立规划委员会负责规划的修改，但规划委员会是一个政府非常设的议事协调机构，真正履行法定手续的规划修改机构还应是法律规定的机构，于是规划委员会只是政府规划修改审批的前置机构，也就是说凡要上报审批或同级审批的规划的修改，先要经过规划委员会审议通过，再按程序向有关法定机构履行审批程序。地方政府在未设规划委员会的，其规划修改的议事协调机构应当是政府常务会议，也就是说，规划调整修改方案在上报有关机构审批前，应先报政府常务会议审议通过，形成决议后再附上修改申请、说明、评估报告和规划文本上报审批。

三、城市规划的检查和处置

（一）检查重点

城市规划执行中，常见的情况是未按程序擅自改动经过审批的规划或废除经过审批的规划，以及未按规划要求进行项目建设，土地改性，土地出让等违规行为，因此，政府规划实施中检查的重点是：是否严格按规定的规划评估修改程序修改规划，是否按规划要求进行土地出让和项目建设等。

（二）检查机构

实践中，负责规划检查和违规处理的机构一般是政府职能部门。例如：国民经济和社会发展规划及其相应的经济社会专项规划由政府发展和改革部门负责检查和处置；城市规划及其相应的城市详细规划由政府规划土地部门负责检查与处罚；某些专项规划由相应的政府职能部门监督执行，并负责违规检查。

（三）违规处置

未按政府已审批通过或已修改通过规划的用地性质调整、土地出让和项目建设应当予以纠正，并认定为违法用地和违法建筑，违法用地应当督促恢复原状并加以处罚；违法建筑应当予以拆除。

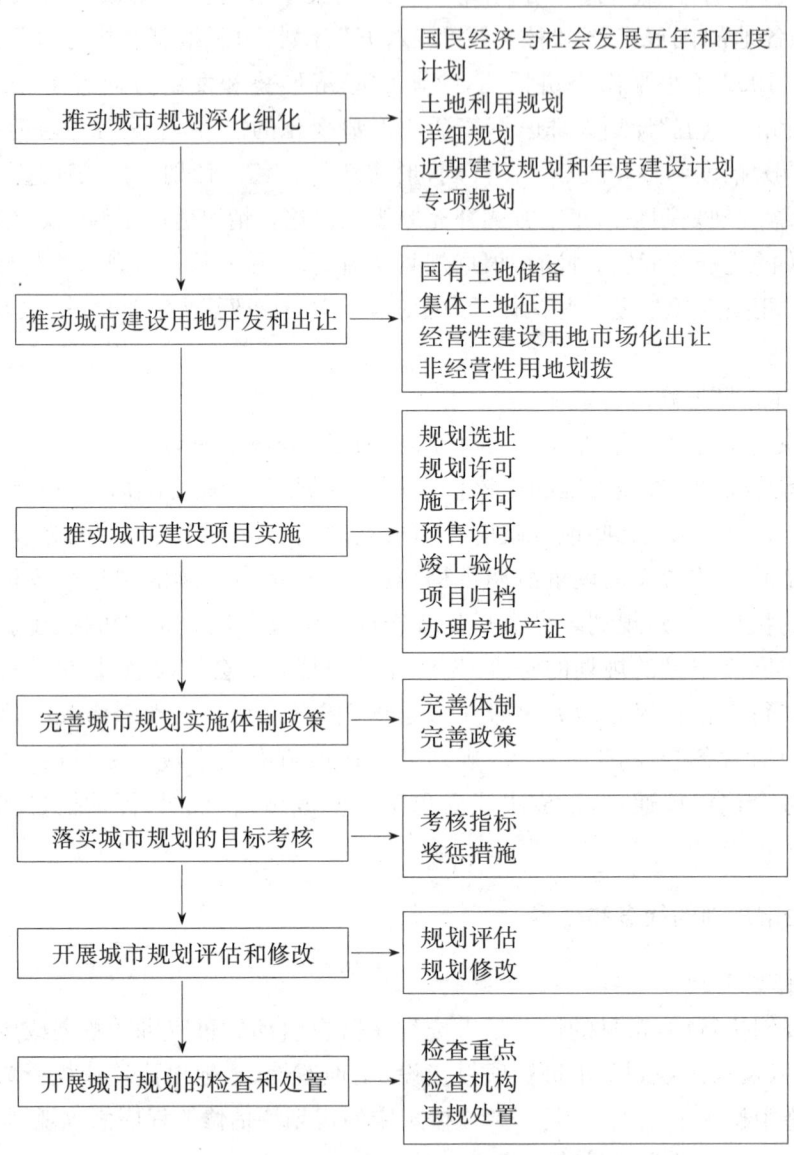

图 7-4　城市规划实施流程及内容

资料来源：作者绘制。

参考文献

《辞海》：上海辞书出版社，2009 年版。

谭纵波：《城市规划》，清华大学出版社 2016 年版。

吴志强、李德华主编:《城市规划原理》(第四版),中国建筑工业出版社2011年版。

诺曼·泰勒、罗伯特·M.沃德,吴维佳等译:《21世纪的社区发展与规划》,中国建筑工业出版社2016年版。

阮仪三:《城市建设与规划基础理论》,天津科学技术出版社1992年版。

董光器:《城市总体规划》(第二版),东南大学出版社2008年版。

解万玉:《城乡规划》,机械工业出版社2010年版。

隗剑秋:《城乡总体规划》,化学工业出版社2011年版。

上海市统计局:《2016上海统计年鉴》,中国统计出版社2016年版。

《中华人民共和国城乡规划法》,2007年版。

《国务院关于加强国民经济和社会发展规划编制工作的若干意见》(国发[2005]33号)。

《国务院关于编制全国主体功能区规划的意见》(国发[2007]21号)。

《中华人民共和国土地管理法》,1999年10月。

《上海市城市规划条例》,2010年11月。

长宁区人民政府,《上海市长宁区总体规划》,1994年9月。

第二篇
城市规模

城市规模篇重点从城市人口、城市土地利用和城市住房建设三方面，对城市规模的关键内容进行阐述。城市人口、城市土地利用和城市住房建设三者间相辅相成，共同决定着城市规模。城市人口关系到城市人口规模、城市人口结构和城市人口空间分布。城市土地利用重点从城市土地概念着手，从城市土地利用效率的角度，对城市土地取得和城市土地供应进行了阐释。城市住房建设则从我国城市住房建设的历史沿革入手，重点对城市保障房建设和城市商品房建设两个维度对城市住房建设进行研究。

第二章

第八章 城市人口

本章从人口规模、人口结构、人口空间分布三个角度对城市人口进行阐述,每一角度都涉及相关基本概念、统计口径及常用指标。在城市人口规模部分,详细阐述了城市等级、城市规划以及城市发展与人口规模之间的关系,以及世界和我国城市的人口规模及变动;在城市人口结构部分,对人口结构的分类及产业和就业结构对人口结构的影响进行了阐述,并分析了世界和我国主要城市的人口结构特征及变动趋势;在城市人口空间分布部分,则介绍了对城市人口空间分布具有影响力度的若干因素,并对世界和我国主要城市的人口空间分布特征和变动进行了阐述。

第一节 城市人口规模

城市作为一个相对于乡村的概念存在,在不同的历史时期、在不同的学科都有不尽相同的内涵和外延。最早的城市可能只是以非农经济活动为主的人口集聚地,但随着社会经济的发展进步,城市逐渐纳入了更加丰富的政治、社会和文化等方面的内涵,进而成为"以非农活动为主体,人口、经济、政治、文化高度集聚的社会物质系统"①。从经济学的角度来看,城市是"具有相当面积、经济活动和住房集中,以致在私人企业和公共部门产生规模经济的连片地理区域"②,或是"一个坐落在有限空间地区内的各种经济市场——住房、劳动力、土地、运输等——相互交织在一起的网络系统,是各种经济活动因素在地理上的大规模集中"③。从社会学的角度来看,城市"被定义为具有某些特征的、在地理上有界的社会组织形式",而这一社会组织形式具有五类特征,包括"人口相对较多,密集居

---

① 刘国光主编,《中文城市知识词典》,中国城市出版社1991年版,第2页。
② 沃纳·赫希,《城市经济学》,中译本,中国社会科学出版社1990年版,第6页。
③ K.J.巴顿,《城市经济学:理论和政策》,中译本,商务印书馆1984年版,第14页。

住,且具有异质性","至少有一些人从事于非农生产","具有部分制定规章的权力","至少有一些相互作用在并不真正认识的人之间发生","具有一种基于超越家庭或者宗族之上的社会联系"①。从地理学的角度看,城市是"一个特殊的地理环境",是人类对自然环境干预最强烈的地方,是"包括了自然环境却又是以人造环境和人文环境为主的地理环境"②。虽然不同学科对于城市的定义都略有不同,但其中都有一个共同点,那就是城市是在人口集聚的基础上发展起来的,因此,人口规模也就成为城市的基本特征之一。

一、概念、统计口径和常用指标

本节将从人口、人口规模、城市人口规模的基本概念、统计口径和常用指标入手,详细介绍城市人口规模的相关知识。

（一）基本概念

人口,是由个体人组成的社会实体,个体人具有性别、年龄等的自然特征,个体人之间则存在复杂的社会和经济关系。《现代汉语词典》中"人口"的定义为"居住在一定地区内的人的总数"③,人口学中的人口则是指在一定时间内、一定空间范围内的有生命的个人的集合。无论怎样,人口都是一个集合的概念,包含了个体人和个体人之间的各种关系。

人口规模,从字面的意思就可以知道,是指人口这个集合中个体的总量,从这个角度上讲,《现代汉语词典》中的人口实际上就类似于人口规模。但需要强调的是,人口规模受到时间和空间两个维度的制约,只有在一定时间和一定空间内,人口规模这个概念才成立。人口规模还是一个存量概念,其变动会受到自然增长和机械增长的双重影响,其中自然增长与人的出生与死亡相关联,是始终存在的,而机械增长则与人的空间变动即迁移相关联,当空间范围最大化时机械增长则不存在。换句话说,无论是多大的空间范围,由于人的出生和死亡是自然法则,则由出生和死亡带来的人口规模自然增长就必然存在,而如果我们给定的空间范围是全世界,则对于一定时间内的世界人口规模而言就不存在机械增长。

城市人口规模,顾名思义就是指一定时间内居住在城市空间范围内、与城市活动有密切关系的人口的总量。一般而言,它是指城市的城区(不包括市辖县)的农业和非农业人口的总数。

（二）统计口径

根据人口规模的定义,人口规模的统计口径应涉及两个方面,一是统计的时间范围,一是统计的空间范围。从统计的时间范围来看,人口规模可以分为时点人口规模和时期人口规模。时点人口规模是指某一时刻或某一瞬间状态下的人口规模,也被称为是"照相人口";时期人口规模是指某一时间范围内的人口状态,是指一定时间范围内的

---

① Bardo J.W.& Hartman, J.J. Urban Sociology: A Systematic Introduction, F.E., Peacock, 1982.
② 周一星,《城市地理学》,商务印书馆 1995 年版,第 6-11 页。
③ 中国社会科学院语言研究所词典编辑室编:《现代汉语词典》,商务印书馆 1996 年版,第 1063 页。

平均人口规模。

从统计的空间范围来看,人口规模可以按照特定区域进行统计。如果按照行政区划的划分,则有北京市人口规模、德清县人口规模等;如果按照人们是否居住在城市来划分,则有城市人口规模和乡村人口规模。对于城市人口规模而言,其统计范围包括城区,即市辖区和不设区的市中的居民委员会地域以及城市公共设施、居住设施等连接到的其他居民委员会地域和村民委员会地域,也包括镇区,即镇所辖的居民委员会地域、镇的公共设施和居民设施连接到的村民委员会地域以及常住人口3 000人以上独立的工矿区、开发区、科研单位、大专院校、农场、林场等特殊区域。

对于中国而言,人口规模的统计口径除了时间和空间之外还涉及第三个方面——户籍。户籍所在地与统计登记地一致的为户籍人口,不一致的为非户籍人口,非户籍人口中居住在统计登记地时间超过半年的被称为常住非户籍人口,常住户籍人口和常住非户籍人口共同构成常住人口,而常住户籍人口和所有非户籍人口构成实有人口。

(三) 常用指标

用来表示人口规模的常用指标包括时点性的某区域年初人口数、年末人口数,时期性的某区域某一年的平均人口数,还有根据户籍划分的户籍人口数、常住人口数和实有人口数。

二、城市与人口规模

正如前文所说,人口规模是城市的基本特征之一,在对一个城市进行描述时,人口规模是无法绕开的内容。

(一) 城市等级与人口规模

城市的等级与人口规模息息相关,无论是中国还是其他国家都是如此。阿瑟·奥沙利文在《城市经济学》中提及美国人口普查局对于不同城市等级的定义。美国人口普查局将城市地区分为自治市或城市(municipality & city)、城市化地区(urbanized area)、大城市地区(metropolitan area, MA)和城镇(urban place)这几种类别。自治市或城市是指地方政府行使政治权利的区域,这个概念更多的体现了城市的政治功能。城市化地区是较自治市和城市更大的区域范围,其中至少包括一个大的中心城市(自治市),以及中心城市周边人口密度超过1 000人/英亩的地区,且这一地区的人口规模要达到或者超过5万人。大城市地区则是由中心城市和城市化地区组合而成,且中心城市的人口规模必须在5万人以上,而周边城市化地区的人口规模与中心城市人口规模之和要超过10万人。当一个大城市人口超过100万时,那么这个大城市地区会被划分成为两个及以上的初级大城市地区,从而形成大城市联合统计区。对于那些城市化地区之外的、相对较小的区域,达到2 500人时也能成为城镇,而城镇中的居民和城市化地区的居民都被认为是城市人口[①]。

---

① 阿瑟·奥沙利文:《城市经济学(第四版)》,中信出版社2003年版,第1-14页。

对于中国而言,城市等级与人口规模之间的关系就更加紧密,人口规模是城市等级划分的标准。根据 2014 年国务院发布的《关于调整城市规模划分标准的通知》[①],我国的城市根据城区常住人口规模划分为五类七档,城区常住人口规模 50 万以下的为小城市,其中以 20 万为界又分为 I 型(20 万及以上至 50 万)和 II 型小城市(20 万以下);50 万及以上至 100 万的为中等城市;100 万及以上至 500 万的为大城市,其中以 300 万为界又分为 I 型(300 万及以上至 500 万)和 II 型(100 万及以上至 300 万)大城市;500 万及以上至 1 000 万的为特大城市,而超过 1 000 万的则为超大城市。文件中对城区和常住人口均做出明确界定:城区是指在市辖区和不设区的市、区、市政府驻地的实际建设连接到的居民委员会所辖区域和其他区域;常住人口则包括居住在本乡镇街道,且户口在本乡镇街道或户口待定的人;居住在本乡镇街道,且在户口登记地所在的乡镇街道居住半年以上的人;户口在本乡镇街道,且外出不满半年或在境外工作学习的人。

(二)城市规划与人口规模

城市是人类社会经济发展到一定水平的产物。中国古代自西周起就进行了有目的、有计划的城市建设,之后的历朝历代都有不少按城市规划修建的典型案例。中国古代的城市规划受到儒家思想的深刻影响,也体现了"天人合一"的与自然和谐共存的规划理念。在世界其他地区,古希腊、古巴比伦、古埃及等文明都曾产生过城市规划思想,并在城市建设中得到实践。近代工业革命带来的生产力提升使城市发展迅速,在创造巨额财富的同时,也给城市带来了种种问题,为了解决城市问题,现代城市规划理论得以建立和发展。

早在 18 世纪时期,就有经济学家注意到人口增长、经济增长和环境资源之间的关系,之后,可持续发展的思想日益发酵,直到今天,"低碳城市""零碳城市""共生城市"等新的城市永续模式不断被提出。无论在怎样的城市发展理论下,城市的环境容量都是有限的,其中城市的人口容量被排在首位。城市人口容量是"指在特定的时期内,城市空间区域所能够相对持续容纳的具有一定生态环境质量和社会环境质量水平,以及具有一定活动强度的城市人口数量"[②],即人口规模。一定时期内城市人口规模必须与城市自然环境承载力、社会环境承载力相适应,唯有如此,城市的发展才会是可持续、有活力的,城市居民的生活质量才能够得到保证。

(三)城市发展与人口规模

城市是一个包含了人类各种活动的复杂有机体,它承担了经济、政治、社会、文化等多种功能,城市发展的根本动因是建立在工业化基础上的经济增长,而城市发展的表现形式则包含了经济、政治、社会和文化等各个方面的数量增长和品质提升。

人口规模在城市发展过程中具有举足轻重的作用。从经济增长的角度看,人是生产者也是消费者,人口规模的大小既决定了劳动力的供给规模,又决定了消费需求的规

---

① 国务院官方网站(http://www.gov.cn/zhengce/content/2014-11/20/content_9225.htm)。
② 吴志强、李德华主编:《城市规划原理(第四版)》,中国建筑工业出版社 2010 年版,第 105 页。

模;从社会管理的角度来看,人口规模的大小在很大程度上影响了社会管理的架构设计、运行效率及队伍建设等;从文化发展的角度来看,文化是人类在社会历史发展过程中所创造的物质财富和精神财富的总和,人是文化的创造者也是文化的传承者,一定规模的人口是文化创造和传承的基础。

三、城市人口规模的决定因素

人口规模是城市发展的基本要素之一,同时它也受到自然、经济和社会等环境的影响。人口规模的变动在客观上会与城市的自然、经济和社会环境相适应,这也反映出人口规模与环境要素之间的本质联系。

(一)自然环境与人口规模

虽然城市是自然痕迹保留最少的地理区域,但自然环境对于人口规模的约束仍十分明显,其中能源、土地、水、森林和湿地等条件的作用尤其突出。人类目前使用的主要能源大多属于不可再生能源,在一定的技术水平下,对这些能源的开采、生产和运输能力都是有限的,当人均能源消耗水平确定时,则一定时期内的最大人口规模也被确定。土地资源对于人口规模的影响也是如此。人类的一切生产和生活行为都是在土地上发生的,土地也是人类生产活动最基本的生产资料。与能源的稀缺性相比,土地资源的稀缺性更加明显。为了提高土地的利用效率,人们发展出了各种技术使得单位面积土地上能够容纳的人口数不断增加,但在一定的土地范围内,人口规模的最大限量总是存在的。水资源、森林和湿地资源等对于人口规模的限制也是同样道理。

城市是人类文明的产物,是人类改造自然最为彻底的地方。城市的发展意味着土地的集约利用、能源的高效使用、经济的快速增长、社会服务的不断改善,这些都会带来人口规模的增长。当人口规模增长超出了城市自然环境的承载能力,自然环境与人口规模之间的平衡被打破,城市自然环境开始恶化,城市发展的活力将随之逐步丧失,人口规模的增长势头得到遏制甚至出现负增长,直到城市自然环境和人口规模之间达到新的平衡。

(二)经济环境与人口规模

在古典经济学中,人口规模的增长一直被视为经济增长的主要因素之一,但当人口规模增长过快,基于边际报酬递减规律的作用,人口规模增长也可能导致经济增长的停滞。这是人口规模对于经济增长的作用。但经济与人口之间的关系从来都不是单向的,经济环境对于人口规模的影响同时存在。

在不同的经济发展阶段,经济规模以及人口规模的变动特征并不相同。前工业社会时期,城市生产力水平有限,经济产出增长较慢,在这一阶段城市人口规模较小,但呈现出不断增长的趋势;进入工业社会后,城市生产力水平大幅提高,产业扩张带来对劳动力需求的增加,经济产出爆发式增长使得财富积累迅速,城市人口规模随着死亡率的大幅下降以及人口从农村地区向城市的迁移而快速增加,在这一阶段不同级别的城市对人口的吸引力会逐渐出现分化,经济活力强劲、产业门类繁多、城市功能齐全的大城市吸引力持续上升,而其他中小城市则会保持在较低水平甚至出现吸引力下降;进入后工业化社会,技术进步带来了生产方式改变,一方面资本对劳动力的替代能力加强,另一方面人口集聚可能不再是扩大再生产的必要条件,再加上人们对于居住环境、生活品质的追求,城市人口规模的增长会进入一个相对平缓的时期。

(三)社会环境与人口规模

城市社会是以城市为主体的社会空间组织,城市的社会结构、城市的生活方式、城市的社会政策等构成了城市发展的社会环境。人口发展过程受到自然因素的影响,但这些自然因素本身也会受到社会环境的制约。因而,城市人口规模都是在一定历史阶段的社会结构形式下存在的,社会环境决定了城市发展过程中各类公共资源的分配,影响到住房、教育、就业、医疗、交通、文化等各种社会公共资源的分配过程和分配结果的公平性,进而影响全体居民生活品质的高低。

优质的城市社会环境意味着城市的物质供给和社会需求相对协调和匹配;各个社会阶层的群体都具有获得公共资源的机会,而公共资源在社会群体内部的分配结果也相对公平;即使是社会底层群体也有基本生存空间和基本公共服务;城市居民不仅能够有充足的物质产品,也能够获得精神和文化享受。优质的社会环境将会促进城市经济发展,进而促进人口规模的增长。

四、世界城市的人口规模及变动

中国是世界上人口规模最为庞大的国家,但从城市影响力来看,纽约、伦敦、东京才是具有世界级影响的大都市。

(一)纽约

纽约位于纽约州东南部的大西洋沿岸大纽约都会区的核心地带,不仅是美国第一大城市和第一大港口,也是世界第一大经济中心,包含曼哈顿、布鲁克林、皇后区、布鲁克斯和斯塔滕岛五个行政区,面积约为789平方千米,2016年底的人口总量为853.80万人。

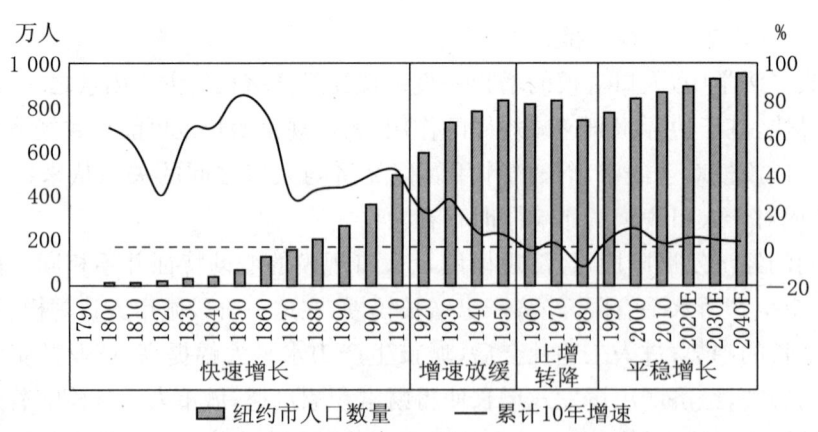

图8-1 纽约市1790年以来人口变动情况

资料来源:美国人口调查局网站(www.census.gov)。

自1790年以来,纽约的人口规模变动可分为四个阶段:(1)1790—1910年是快速增长时期,人口规模从1790年的4.9万人增长到1910年的476.7万人,120年间人口规模绝对量增加471.8万人,年均增长率为3.89%;(2)1910—1950年是增速放缓时期,40年间人口规模增长了312.5万人,到1950年时人口规模为789.2万人,年均增长率为1.27%;(3)1950—1980年是人口外流期,30年间人口规模不仅没有增长,反而下降了82万人,年均降幅为0.37%;(4)1980年至2016年纽约进入新一轮的人口增长时期,人口规模从1980年时的707.2万人增加到853.8万人,36年间共增加了146.6万人,年均增长率为0.52%。

(二) 伦敦

伦敦是英国首都和政治、经济、文化中心,位于英格兰东南部平原,跨泰晤士河两岸,它是欧洲最大的城市,与纽约并列为世界最大的金融中心。伦敦市及其周边的32个伦敦自治市(一共33个次级行政区)共同构成大伦敦,这也是英格兰下属的一级行政区划,其中位于大伦敦中央的12个自治市合称为内伦敦,此区域之外的其他自治市为外伦敦。大伦敦面积1 579平方千米,截至2015年底人口总量为876.44万人。

与纽约相比,伦敦的发展历史要长得多,但人口增长速度却相对较慢。大伦敦人口规模变动可分为五个阶段:(1)1600—1801年的缓慢增长阶段。1600年时伦敦人口总量为20万人左右,1700年时增加到70万人,1801年实行第一次人口普查时大伦敦人口也只有95.89万人。在1600—1801的200年间,大伦敦人口年增长率不到1%。

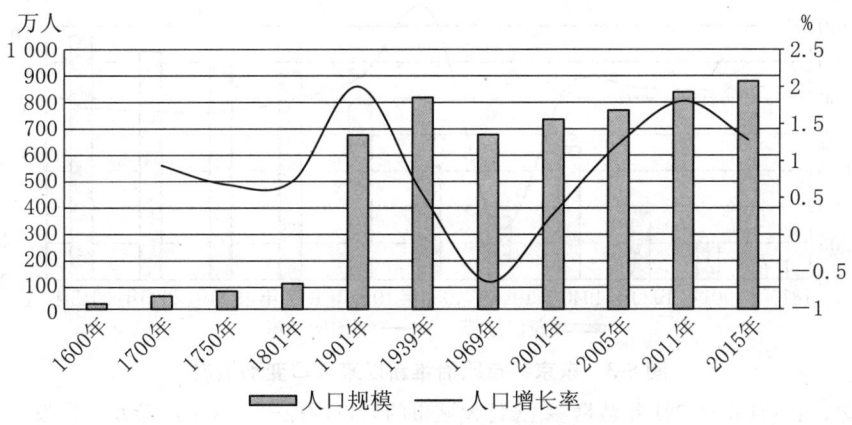

图 8-2 大伦敦人口变动情况

资料来源:(1)1750年及之前数据见赵煦硕士论文,《伦敦城市人口变化及其经济社会影响初探——从伊丽莎白一世到乔治二世时代》,华东师范大学2005年;(2)1801年及1901年数据见Stephen Inwood, A History of London: Macmillan, 1998, P411;(3)1901—2001年数据见Development of London underground System, http://www.makingthemodernworld.org.uk/learning_modules/geography/04.TU.01/illustrations/04.IL.24.gif;(4)2005年数据见陆军、宋吉涛、汪文姝等,《世界城市人口分布格局研究——以纽约、东京、伦敦为例》,《世界地理研究》,2010年第19卷第1期,第33页;(5)2011年数据见胡苏云,《伦敦2036年城市规划:着眼于人口增长》,中国发展网(http://www.chinadevelopment.com.cn/zk/yw/2017/05/1141272.shtml);(6)2015年数据见《伦敦人口破纪录25年增长200万》,人民网(http://world.people.com.cn/n/2015/0203/c1002-26495530.html)。

(2)1801—1901年的加速增长阶段。1801—1901期间大伦敦的人口规模有了快速增长,100年间从95.89万人激增至658.60万人,年均增长率达到1.94%,大大超过之前的两百年。(3)1901—1939年的增速放缓阶段。1901年至1939年间,在经过一个世纪的人口较快增长后,大伦敦的人口增速明显放缓,在近40年的时间里人口规模仅增长了140多万人,到1939年时达到800万人,这一规模是之后相当长时间内的峰值,直到进入21世纪,才被取代。(4)1939—1969年的人口外流阶段。1939年大伦敦人口规模达到阶段性峰值后,随着逆城市化阶段的开始,这一地区的人口规模开始下降,30年的时间里下降了140万人左右,年均减少0.64%,到1969年人口规模减少到660万人。(5)1969年至今的人口缓慢增长阶段。自20世纪60年代末期开始,大伦敦人口进入新的增长期,2001年人口规模717.2万人,2015年时达到了创纪录的861.5万人。在进入21世纪的十多年里,大伦敦地区的年均人口增长率达到1.23%,其中2005—2011年之间更是高达1.75%,接近历史最高水平。

（三）东京

东京位于日本本州岛关东平原的南端,由23个区部、26个市部、4个郡部和9个岛部组成,辖区总面积2 155平方千米,其中区部面积621平方千米、市部面积784平方千米,是人口集聚程度较高的地区。2016年底2017年初,东京都人口规模达到1 353①万人,与纽约和伦敦并列为"世界级城市"。

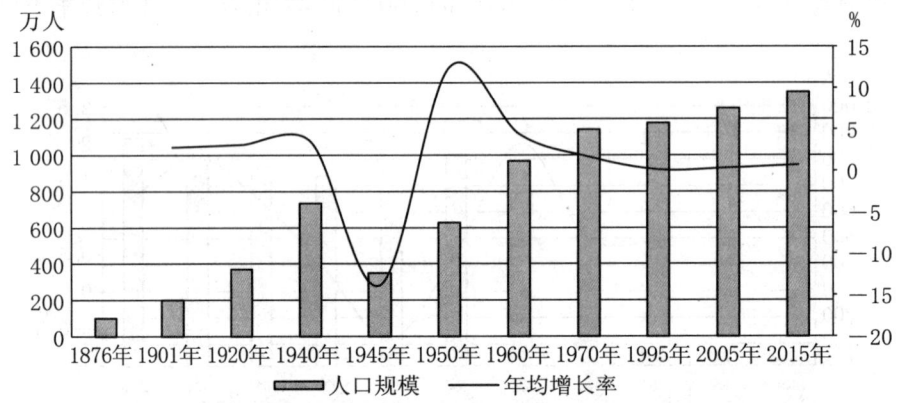

图 8-3　东京都自明治维新以来人口变动情况

资料来源:(1)1876/1901年数据参见《特大城市的人口调控——东京经验及其启发》,城市中国网(http://www.ccud.org.cn/2015-09-02/114408356.html);(2)1920年及以后的数据参见《东京都的历史、地理、人口状况》,日本东京都地铁网站(http://www.metro.tokyo.jp/CHINESE/ABOUT/HISTORY/history03.htm)。

自日本明治维新以来,东京都人口规模的变化大致分为五个阶段:(1)1872—1940年是人口稳定快速增长阶段。明治维新后,东京都人口快速增长,1876年时人口规模

---

① 资料来源:住民基本台账数据,日本东京都官方网站(http://www.toukei.metro.tokyo.jp/juukiy/2017/jy17000001.htm)。

已经突破100万人,1901年前后突破200万人,1920年日本第一次人口普查时,东京都的人口规模约为370万人,1940年时达到735万人。从1876年到1940年平均每年的人口增长率达到了3.16%,其中1901年之前的年均增长率约为2.81%,之后的40年里年均增长率为3.31%,而在1920—1940年期间,年均人口增长率更是高达3.49%。(2)1941—1945年的人口急剧减少阶段。"二战"爆发后,东京人口开始下降,到1945年东京人口总数仅348.8万人,与1940年相比减少了近一半。1941—1945年间人口规模的年均下降幅度高达13.84%。(3)1946—1970年人口快速增长阶段。"二战"结束之后,日本的经济逐步恢复并日益腾飞,东京都人口再次进入快速增长时期,1956年东京都人口规模超过800万人,1963年时超过1 000万人,到1970年时人口规模达到1 141万人,在这近25年的时间里,东京都人口总量的年均增速达到4.85%,其中1945—1950年间的年均增速高达12.47%,1950年之后增速放缓,1950—1960年均增长率为4.42%,1960—1970年间进一步下降到1.66%。(4)1970—1995年为人口增长停滞阶段。1970年以后,由于出生水平长期保持在超低水平,少子老龄化在日本日益严重,东京都作为日本国最大的城市也不能幸免。在长达25年的时间里,东京都人口规模仅增长了36万,年均增速仅为0.12%。(5)1995年以来为人口增长率缓慢提升阶段。日本是世界生育水平最低的国家之一,少子老龄化在很长时间内存在,2015年时日本全国总人口出现了负增长,是世界人口规模最多的10个国家中唯一总人口规模下降的国家。但与此同时,东京都的人口规模却在继续增长,1995—2005年期间的年均增长率为0.33%,而2005—2015年间的年均增长率上升到0.70%,表现出日本人口继续向东京都这样的大都市集聚的特征。

五、中国城市的人口规模及变动

自2000年以来,我国城镇人口规模占全国总人口的比例从36.22%上升到2015年的56.10%,城市人口规模从4.59亿人增加到7.71亿人,年均增长率达到3.52%。在城镇化的过程中,不仅城镇数量在增加,城镇的人口规模也在增加,这也是2014年国务院发布新的城市规模划分标准的重要原因。

(一)超大及特大城市

根据2014年国务院发布的《关于调整城市规模划分标准的通知》,城区常住人口规模超过1 000万以上的为超大城市,城区常住人口规模500万—1 000万的为特大城市。按照人口规模这一标准和2010年第六次人口普查数据,2010年时,北京、上海、深圳等三个城市可以列为超大城市,广州、天津、重庆、武汉、东莞、佛山、成都、沈阳、南京等九个城市可以列为为特大城市[①]。2015年底时,北京、上海、天津、广州、深圳和重庆的人口规模均超过了超大城市的人口规模标准。

超大及特大城市中的代表城市非北京和上海莫属,而中华人民共和国成立以来这

---

① 戚伟、刘盛和、金浩然:《中国城市规划划分新标准的适用性研究》,《地理科学进展》2016年第1期,第47-56页。

两个城市的人口规模变动明显。北京市和上海市人口规模变动的轨迹基本一致,可以分为四个阶段:(1)中华人民共和国成立初期到20世纪60年代中期的人口规模快速增长阶段。中华人民共和国成立初期,北京和上海的人口规模分别为276.8万人和620.44万人,虽然北京是首都,但上海作为当时的经济中心在人口规模上具有绝对优势。鉴于中华人民共和国成立初期我国尚没有建立起严格的户籍管理制度,公民能够自由迁移,大量农村人口进入城市,再加上部队的就地转业,在最初的十多年里,北京和上海的人口规模快速增长,到1964年进行第二次人口普查时,两地的人口规模分别达到759.70万人和1 081.85万人,相比较而言,北京的人口规模速度大大快于上海,1953—1964年间北京和上海的人口年均增长率分别为9.61%和5.18%。(2)20世纪60年代中期到1978年的人口规模增长停滞阶段。1958年开始我国的户籍管理制度最终确立,自60年代开始各地人口规模进入了增长停滞阶段。到1978年时,北京和上海的人口规模分别达到871.5万人和1 104.0万人,10年时间里,人口规模年均增长率不足1%,其中上海仅有0.14%。当然,需要注意的是,这一阶段中包含了三年困难时期,人口规模有一定程度的下降。(3)1978—2013年人口加速向大城市集聚的阶段。改革开放之后,农村劳动生产率大幅提高,劳动力大量从农业转移出来,进入城镇成为农民工。自20世纪80年代兴起的民工潮成为城镇人口规模增长的主要来源,而北京、上海作为中国经济最发达、各类社会资源最充足的地区,吸引了来自全国各地的人口。1978—2013年间,北京和上海的常住人口规模分别增长了1 243.30万人和1 311.15万人,总的增长率分别达到142.66%和118.76%,年均增长率为3.43%和3.18%。在这个阶段,人口规模增长速度是逐渐加快的,1978—1992年期间两地年均增长率均为1.5%左右,1992—2000年期间北京的年均增长率上升到2.70%,上海则上升至2.07%,2000—2013年期间两地的年均增长率双双超过3%。(4)2013年至今的超大城市人口调控阶段。为了缓解超大城市人口快速增长对社会管理和自然环境带来的压力,中央政府要求各地对

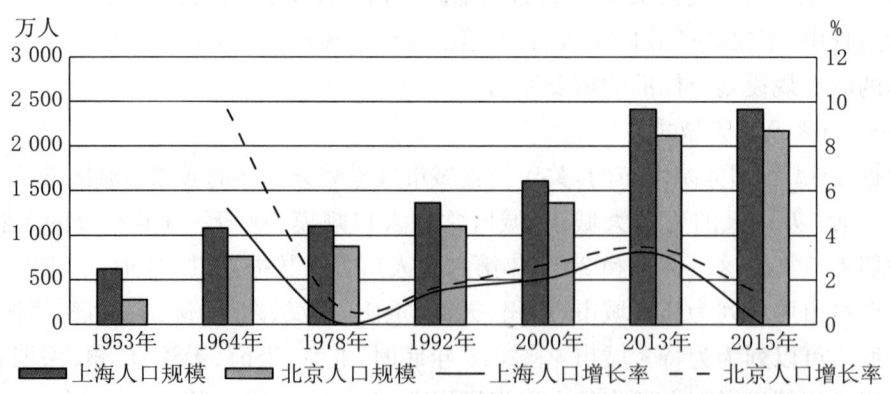

图8-4 中华人民共和国成立以来北京市和上海市人口规模变动情况

资料来源:(1)北京市统计局,《北京市统计年鉴(2016)》,北京市统计局官方网站(http://www.bjstats.gov.cn/nj/main/2016-tjnj/zk/indexch.htm);(2)上海市统计局《上海市统计年鉴(2016)》,上海市统计局官方网站(http://www.stats-sh.gov.cn/tjnj/nj16.htm? d1=2016tjnj/C0201.htm)。

城市进行分类户籍制度改革,其中对超大城市的人口规模予以严格控制。这一要求出台之后,北京、上海均开始对人口规模进行调控和疏散,其中上海的政策效果更为明显,到 2015 年底上海常住人口规模为 2 415.27 万人,仅比 2013 年时增加 1 200 人,北京的人口规模虽然继续增长,但快速增长的势头已经被遏制,年均增长率仅为 1.31%。

(二)大城市

2014 年颁布的新规则将大城市的人口规模标准从 1989 年《中华人民共和国城市规划法》中提及的 50 万人—100 万人提升至 100 万人—500 万人。按照这一标准,2010 年第六次人口普查时我国的大城市有 58 座,其中人口在 300 万人—500 万人之间的有西安、哈尔滨、杭州、大连、郑州、青岛、济南、长春、昆明、合肥和太原等 11 座城市,人口在 100 万人—300 万人之间的厦门、苏州、长沙、乌鲁木齐、石家庄、福州、无锡、温州、贵阳、南宁、兰州、汕头、宁波、南昌市等 47 座。[①]到 2015 年底时,情况发生了进一步变化,杭州、青岛、济南等一些大城市的人口规模晋级到特大城市,而符合大城市人口规模的城市数量则增加到 124 座。在本章中,我们将分析杭州市的人口变动趋势特征。

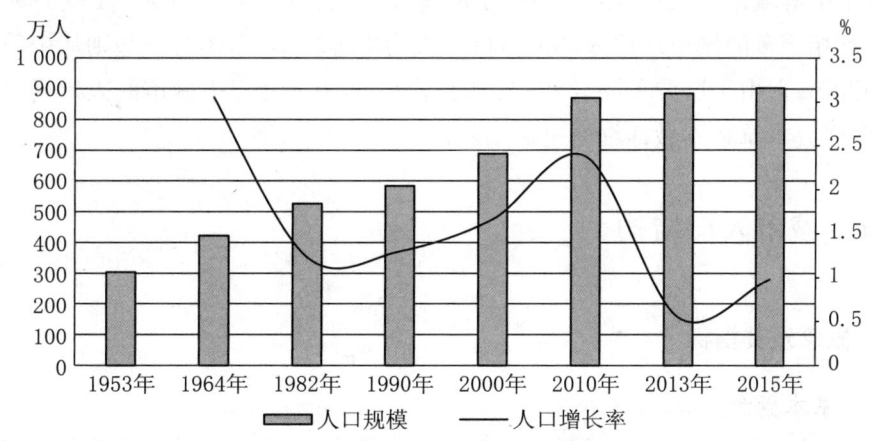

图 8-5 杭州市历年来人口规模变动情况

资料来源:(1)杭州市五次人口统计公报;(2)杭州市 2013 年、2015 年国民经济社会统计公报。

杭州市地处浙江省北部,是浙江省的政治、经济、文化、教育、交通和金融中心,也是长江三角洲城市群的中心城市之一。杭州自秦朝设县治以来已经有两千多年的历史,是中国八大古都之一。

自中华人民共和国成立以来,杭州的人口规模变动可以分为四个阶段。(1)中华人民共和国成立至 20 世纪 60 年代初,人口规模快速上升时期。杭州人口规模在中华人民共和国成立初期大约为 303 万人,到 1964 年第二次人口普查时人口增长到 421.9 万人,11 年间共增长了 39.18%,年均增长率达到 3.05%,这一阶段的人口规模变动特征与全国其他主要城市一致。(2)20 世纪 60—70 年代人口增长停滞时期。处于同样

---

① 戚伟、刘盛和、金浩然:《中国城市规划划分新标准的适用性研究》,《地理科学进展》2016 年第 1 期,第 47-56 页。

的原因,20世纪60—70年代杭州的人口规模也增长缓慢,人口迁移带来的机械增长极低,而人口自然增长的速度也比较慢。(3)20世纪80年代至2010年,人口规模逐年增长且逐渐加速阶段。改革开放以后,杭州市人口规模的增长速度逐步加快。在1982—1990年的两次人口普查期间,杭州市的人口规模从526.05万人增加到583.2万人,8年之间共增长了10.86%,年均增长率为1.30%;1990—2000年的两次人口普查期间,人口规模增加了104.6万人,年均增长率上升到1.66%;而2000—2010年之间,杭州市人口规模的年均增长率进一步上升到2.38%。(4)2010年以来的人口增速放缓阶段。2010年以后,杭州人口规模的增长速度明显放缓,2013年时常住人口规模为884.4万人,仅比2010年第六次人口普查时增加了14万人,年均增幅下降到0.55%,到2015年底,人口规模增加到901.8万人,但年均增长率仍不到1%。

(三)中等及以下城市

对于中等及以下城市的人口规模,1989年《中华人民共和国城市规划法》和2014年的新标准之间也有很大差异,小城市人口规模的标准从20万人以下提高到50万人以下,对于中等城市的人口规模从20万人—50万人提高到50万人—100万人。根据新标准,有相当多的城市从原来的大城市降级为中等城市,而还有一些则从中等城市降级为小城市。但由于区位不同、经济发展水平不同,中等及以下城市的人口规模变动情况更为多样。本章将不做详细讨论。

第二节 城市人口结构

一、概念及其指标

(一)基本概念

人口结构又成为人口构成,是反映一定地区、一定时点人口总体内部各种不同质的规定性的数量比例关系。根据人口本身所固有的自然的、社会的、空间的特征,人口总体内部可以被划分为若干不同质的子群体,每一子群体均占人口总体的一定比重即为人口结构,通常用百分比表示。

(二)特殊指标

人口的结构特征往往是由一系列数据来描述的,例如人口年龄构成是由各年龄组人口数占总人口的比例表示,人口受教育结构是由6岁及以上人口中各受教育程度的人口数占6岁及以上人口总数的比例表示。但有一些特殊的指标,一个数据就可以大致刻画出人口结构的特征。

1. 性别比。性别比可以直观反映出人口的性别结构,它表示的是每一百个女性人口所对应的男性人口的数量,从人口统计学的角度来讲,该指标通常在102至107之间变动。当该数值超过100时,表明全部人口中男性人口占比超过50%,而如果低于100则相反。不同年龄的性别比也是有差异的。

2. 抚养比。抚养比可以直观反映出人口的年龄结构,它表示的是非劳动年龄人口对劳动年龄人口之比,该指标越大,表明劳动力人均承担的抚养人数就越多,也就意味着劳动力的抚养负担越重。在中国,劳动年龄人口是指 15—59 岁的人口,0—14 岁为少儿人口,60 岁及以上为老年人口。这一指标可以进一步细分为少儿抚养比和老年抚养比。

二、人口结构的主要类型

人口是一个具有许多规定和关系的总体,有性别、年龄、居住地、民族、阶级、文化、婚姻、职业以及宗教信仰等标志,但就其性质特征而言,人口结构类别可归纳为人口自然结构、人口社会结构、人口空间结构三大类。

(一) 人口自然结构

人口的生物学特征主要包括性别和年龄,因而人口的自然结构就是指人口的性别结构和年龄结构。人口自然结构是人口再生产的必然结果,也是人口再生产的基础和起点,自然结构的变动在某种程度上会影响人口的社会和空间结构,进而引发一系列的社会经济问题。人口自然结构中提及较多的有两个指标,一是出生人口性别比,一是老年人口比例。出生人口性别比的高低会直接影响各年龄组的性别比,过高的出生人口性别比意味着人口性别失衡,并进而引发一系列的社会问题。老年人口比例是判断人口类型的重要依据,当 60 岁及以上人口超过 10%或者 65 岁及以上人口超过 7%,这一人口即为老年型人口。

(二) 人口社会结构

人口的社会特征包含广泛,民族、文化、语言、宗教、婚姻、家庭、行业、职业等都属于其中,在中国还有户口性质等较为特殊的属性。这些社会特征都可以作为划分标准,进而形成相应的人口民族构成、人口受教育水平构成、人口宗教构成、人口婚姻构成、劳动力职业构成、劳动力行业构成等等。但需要注意的是,由于某些人口社会特征的形成与其自然属性相关,所以并不是所有的人口社会结构都以全部人口数作为分母。例如,年龄满 6 周岁后才能入学,因而受教育水平构成的分母为 6 岁及以上人口数;15—59 岁的人口为劳动年龄人口,但不是所有的劳动年龄人口都在业,因而劳动力的职业构成是以在业人员数为分母;生育是特定年龄女性特有的行为,因而相关的育龄人群结构只能以特定年龄的女性作为分母。

相比较而言,人口的社会结构是其三类结构中最为重要的部分,直接与国家或者地区的社会经济发展相联系。虽然社会结构会受到自然结构的影响,但它也会影响自然结构和空间结构。

(三) 人口空间结构

人口除了具有自然和社会特征,还具有地域特征,这实际上也就是我们在第三节详细阐述的人口空间分布。根据不同空间类型的划分,人口的空间结构可以分为自然地理结构和行政区域结构。其中自然地理结构是与地理环境、自然资源和经济结构等有关的空间结构,例如城市与乡村的分布结构,山区与平原的分布结构,沿海与内陆的分布结构等;而行政区域结构则主要从行政区划的角度来划分。

人口空间结构是形成人口出生率、死亡率、预期寿命等地区差异的重要原因,同时它受到人口社会结构的影响,对人口空间结构的研究与分析是人口结构研究中的重要内容。

三、城市人口结构的影响因素

(一) 环境、生理等因素等对城市人口结构的影响

近半个世纪以来人类的生育能力有明显的下降,这已经在学界达成共识。究其原因,除生理因素和病理因素外,环境因素是较为重要的影响因素。人每天都通过不同途径暴露于不同的环境干扰物中,麻醉性气体、抗肿瘤药物、重金属和溶剂、电离辐射、电磁辐射、农药等都会对男女两性的生殖系统带来负面影响[1]。相对而言,城市人口由于生产和生活方式的原因,暴露于危险环境干扰物中的概率要高于农村人口,再加上更大的生活压力对心理和情绪的影响,使得生育障碍在城市地区可能更加高发。生育力下降的直接后果是生育水平的降低,进而会影响人口的年龄结构变动。

(二) 经济水平和产业结构对城市人口结构的影响

城市与农村的最大区别在于生产活动和社会生活是集聚还是分散。城市经济以第二或第三产业为主体,二、三产业部门高度集聚,集聚导致劳动生产率的提高和边际生产成本的降低,这将吸引更多的劳动力从生产效率和劳动者报酬较低的部门转移出来。经济要素向城市的集聚加快了产业的发展,产业的进一步发展则通过投资乘数效应带动要素的进一步集聚,如此形成良性循环。城市人口规模在这一过程中迅速增加。相应的人口结构也会发生变化。经济规模的增加最终会带来质量的提升,进而对经济要素的质量提出新的要求。对于劳动力而言,质量将优先于数量被考虑。由于劳动力市场上对熟练工的需求大于供给,则熟练工工资价格上升,进而导致熟练工的流入,从而改变劳动力结构,或者说是人口结构。

(三) 城市基础设施和公共服务水平对城市人口结构的影响

除了生产集聚之外,城市的生活基础设施和基本公共服务也是集中供给的。经济水平越高、社会管理水平越高的城市,其城市基础设施的便利度和公共服务水平也就越高,其中较为重要的包括水电煤的集中供应、立体交通体系的构建与完善、教育和医疗公共服务的集中供给等。已有研究表明,虽然城市最初的吸引力在于更高的收入、更多的就业机会和更多发展的可能,但之后,对生活便利和公共服务品质的追求将会成为重要的目标。便捷的生活设施以及易于获得的相对高水平公共服务都将成为吸引农村人口迁入的条件,而生活设施和公共服务资源的布局则会对城市人口的地域分布起到关键的影响。因而城市基础设施和公共服务水平一方面引起人口规模的变动,另一方面

---

[1] 何方方:《女性生育力及其影响因素》,《实用妇产科杂志》2015年第1期。

在年龄结构、性别结构、受教育构成、地域结构等方面都会带来影响。

（四）技术进步对城市人口结构的影响

技术进步对于城市人口结构的影响更多的表现为间接作用。一方面，技术进步会引起生产方式的改变，进而引起经济水平、产业结构以及产业布局的改变，而经济水平、产业结构和产业布局对人口规模和人口结构会产生直接影响。另一方面，技术进步会引起人口生物属性的变化，在延长人类生命的同时抵抗由于外界作用而带来的生育水平的下降。在这里，技术进步主要是指与医疗技术医疗器械等相关的领域。从世界范围看，世界平均预期寿命从上世纪50—60年代的不到50岁延长到了超过60岁，从中国范围看，中国平均预期寿命从中华人民共和国成立初期的40岁左右上升到2016年的73.5岁，而北京和上海两个超大城市的平均预期寿命已经超过80岁。医疗技术进步对于人口生物属性的影响表现在生殖辅助技术的日益成熟和广泛应用。目前，全世界范围内的生育障碍患病率在15%左右[1]，对生育水平具有一定的负面影响，而生殖辅助技术的进步则在一定程度上抵抗人类生育力下降带来的消极影响。技术进步通过引发生产方式和产业结构的改变会影响城市人口的性别、受教育程度、就业等方面的结构，而通过引发生物属性变动的技术进步将带来城市人口年龄结构的改变。

（五）社会政策对城市人口结构的影响

社会政策对于城市人口结构既有直接影响也有间接影响。人口政策直接影响生育水平，进而影响城市人口的年龄结构，这一点在我国表现得尤为突出。我国的独生子女政策在20世纪70年代末期开始实施，到80年代进一步强化，原则上在城市地区一对夫妇只能生育一个子女，农村地区第一个为女孩的家庭可以生育第二个孩子。这一人口政策的实行让我国人口的生育水平迅速下降，与预期寿命延长一道加快了我国的人口老龄化进程。而其附带影响是造成部分地区人口出生性别比失常。由于城市地区的生育控制政策更为严格，所以从户籍人口的年龄结构来看，城市人口的年龄结构较农村地区老化得更快。社会政策对于城市人口结构的间接影响则表现在经济政策和产业政策的实施对于城市经济发展的影响，进而间接影响到城市人口结构。

四、世界城市的人口结构

正如前文所说，按照划分标准的不同人口结构有很多表示方法。在本节中我们将选取关注度较高的一些人口结构来进行分析。

（一）年龄结构

鉴于生产能力和消费能力都与人的生命周期息息相关，人口年龄结构的变动可以说是最受各方关注的一个问题，即使是纽约、伦敦和东京这样的世界城市也不例外。而作为率先实现人口转变的地区，这几个世界城市在人口年龄结构方面面临的问题具有

---

[1] 资料来源：付东红、喻京英：《世界范围内不孕不育率高达15%，建议35岁前生育》，人民网2011年3月25日（http://scitech.people.com.cn/GB/14233053.html）。

一致性,那就是老龄化程度较高,且高龄化趋势明显。

按照联合国的相关标准,某一地区内60岁及以上人口占总人口比例达到10%,或者65岁及以上人口占总人口比例达到7%作为进入老龄化社会的标准。按照这一标准,纽约、伦敦和东京在2005年时均已经具有较深的老龄化程度(见表8-1),其中纽约65岁及以上人口占比为12%,伦敦为11%,而东京为21%。但由于东京的生育水平极低,所以其0—14岁的少儿比例与纽约和伦敦有较大差异,因而从15—64岁的劳动年龄人口占比来看,三座世界城市的差异不是非常明显,均在65%—70%之间。需要注意的是,这三座世界城市目前的老龄化水平是在吸引了大量劳动力流入的基础上实现的。换句话说,这三个城市在经济、社会和文化方面具有世界范围内的影响力,无论是经济活力还是其他资源在世界范围内都位处前列,因而,吸引了规模巨大的移民和短期劳动力。正是由于这些人口的拥入,才使得它们的人口年龄结构老化速度相对较慢。例如,纽约在1955年65岁及以上人口的占比就已经达到7.7%,2005年的老年人口比例也只有12%,50年之间老年人占比仅上升了4.3个百分点,而同时期纽约的生育率低于2.1个百分点的自然更替水平。如果没有大量的移民进入,纽约的人口老龄化程度将会更高。

表8-1 2005年纽约、伦敦和东京人口年龄结构比较 单位:%

	纽约	伦敦	东京
0—14岁	20	20	14
15—64岁	68	69	65
65岁及以上	12	11	21

资料来源:(1)Rural policy research institute, "Demographic and Economic Profile (New York)", Updated July 2006;(2) Data Management and Analysis Group, Borough and Sub-Regional Demographic Profile 2006;(3) DMAG Briefing 2006/11, March 2006;(4) Tokyo Statistical Yearbook (2008)。

但从未来的发展趋势来看,伦敦显然是人口老龄化压力最小的世界城市。比较三座城市的人口扩张速度,伦敦近几年的年均人口增长率都保持在接近2%,且人口的扩张是以移民带动的,大伦敦的新一轮总规划也明确了政府鼓励扩张的倾向,虽然人口规模的扩张会带来对城市住房持续增长的需求,也带来对交通和环境的压力,但另一方面也会带来产业扩张、科技创新和人口的年轻化。有预测表明,到2030年时伦敦有可能成为欧洲人口最年轻的城市,劳动者抚养负担只有其他主要欧洲城市的一半左右。对于纽约,由于20世纪50—60年代"婴儿潮"时期出生的人口逐渐步入老年,同时人口生育水平仍在缓慢下降,而21世纪以来的年均人口增长率不到1%,更加上特朗普总统严格控制移民的政策,在未来的十多年里,老年人口占比的上升速度将明显加快。而东京,在三座城市中的前景可能是最不乐观的。其老年人口占比的已有水平就是世界上最高的,同时,其生育水平却是最低的,虽然在目前阶段的劳动年龄人口占总人口的比重还能保持在65%左右的水平,但随着时间推移,必将进入快速下降通道,特别是2014

年开始,日本全国人口规模已经开始下降,是世界人口最多的十个国家中唯一下降的国家。即使东京相对于日本其他地区仍保持了人口规模的继续增长,但0.7%的年均增长率还是比较低的,年轻移民对于缓和东京人口老龄化的作用较为有限。

需要注意的是,随着人类平均预期寿命的不断延长,在对老年人口界限固定不变的情况下,老龄化本身是一个不可逆的过程。因此,老年人口占比高低并不是问题的本质,由其带来的劳动力短缺、社会保障压力增加才是引发忧虑的真正原因。但这些问题并非是不可解决的。机器人技术的广泛使用、退休年龄的延长、老年人力资源的二次开发等都已经被各国政府作为应对老龄化问题的手段提出和实施。

(二) 受教育结构

如果说人口的年龄结构决定了在人口总量一定的情况下劳动力供给的数量,那么人口的受教育结构就决定了在人口总量一定的情况下劳动力供给的质量。由于复杂劳动和简单劳动之间不是双向替代关系,使得能够进行复杂劳动的高质量劳动力显得更加重要。

发达国家人口受教育水平都较高,日本、美国和英国2010年时人口受教育水平的世界排名分别为第3名、第4名和第7名,15岁及以上人口中接受过大专及以上的高等教育的人口比例分别为45%、42%和38%。东京、纽约和伦敦作为这几个国家的经济中心,人口的受教育水平高于全国的平均水平,例如,东京的高等教育人口比例较全国平均水平高出5个百分点,而纽约居民高等教育人口比例超过50%[①]。如果考察劳动力的受教育水平,世界城市的人才优势就更为明显。例如,伦敦在业人口中受过高等教育的比例为46%,高于全国平均的33%,而这种集中优势在世界城市内部也表现明显,伦敦中心城区的在业人口中受过高等教育的比例为56%,高出伦敦全域平均水平10个百分点[②]。

(三) 就业结构

作为经济发展的要素之一,劳动力在产业之间的分布与产业结构关系密切,两者之间呈现出相辅相成的特征。因而,在分析城市人口结构时,就业结构也会受到较高关注。

根据联合国教科文组织UIS在2004年所做的科学与技术统计抽样调查结果(Survey of Science and Technology Statistics),2002年时纽约就业人口中,在政府和政府企事业单位就业的比例占到14.2%,在卫生、社会保障和社会福利部门就业的比例为13.4%,专业技术服务业和金融保险业的就业份额分别达到7.8%和6.5%,在现代服务业从业的人口占全部就业人口的比例达到41.9%。2007年伦敦金融和商业服务业同样是就业人口相对集中的部门,在这些部门就业的人口占全部在业人口的34.24%,而在公共管理和社会保障、教育、健康和其他社会服务业的人口占全部在业人口的比例也达到22.38%,在现代服务业从业的人口占全部就业人口的比例高达56.62%[③]。2005

[①] 孔令帅:《纽约市劳动力就业:现状、举措与成效》,《外国中小学教育》2014年第7期,第18-23页。
[②][③] Focus on London 2009, National Statistic of UK.

年东京都的就业数据则表现出与纽约相似的特征,政府公共管理单位的从业人员占据了就业的最大份额。由此可见,世界级城市在目前阶段已经进入后工业化时代,以制造业为主的第二产业无论是产值占比还是就业占比都已经远远落后于第三产业,以政府公共管理部门、金融服务、以及卫生教育社会保障和社会福利为代表的现代服务业成为就业人口集聚的主要部门,人口的就业结构与这些城市的产业结构高度匹配。

五、中国城市的人口结构

(一)年龄结构

根据联合国关于老龄化社会年龄结构的定义,我国城市和镇区域的人口在2000年时总体而言尚没有进入老龄化社会,但北京上海两个超大城市例外,这两地65岁及以上人口占总人口的比例已经超过了10%。到2010年时,城市和镇区域65岁及以上人口占总人口的比例均有所上升,城市地区达到7.68%,镇地区达到7.98%,较2000年时分别上升了1.01和1.99个百分点,但京沪两地65岁及以上人口的占比反而下降到9.28%,呈现出年轻化的趋势。城市总体、镇总体和京沪超大城市在老年人口占比变动之所以会出现这样的差异,是因为经济活力更强的城市比镇有更大的吸引力,农村转移出的劳动力主要向城市集聚,而北京和上海作为全国最大的两个城市,不仅吸引了农村劳动力,而且吸引了其他城市和镇的劳动力,大规模的非户籍人口(以劳动年龄人口为主)的涌入,让这两个超大城市在过去十多年里不仅没有出现人口老化的情况,反而出现了人口年轻化的趋势。

表 8-2 2000 年、2010 年我国城市、镇及京沪两市的年龄结构变动情况   单位:%

地区	年份	0—14 岁	15—64 岁	65 岁及以上	合计
城市	2000 年	16.58	76.75	6.67	100
	2010 年	12.23	80.09	7.68	100
镇	2000 年	21.66	72.35	5.99	100
	2010 年	16.87	75.15	7.98	100
京沪两市	2000 年	12.08	77.82	10.09	100
	2010 年	8.56	82.15	9.28	100

资料来源:2000 年、2010 年第五、第六次人口普查数据资料,国家统计局网站(http://www.stats.gov.cn/tjsj/pcsj/rkpc/6rp/indexch.htm)。

除了老年人口,2000—2010 年之间城市、镇和超大城市 0—14 岁少年儿童与 15—64 岁的劳动年龄人口比例都发生了明显变化。0—14 岁少儿人口比例无一例外地出现下降,其中城市地区总体下降了 4.35 个百分点,镇下降了 4.78 个百分点,而京沪两地下降了 3.52 个百分点。而 15—64 岁劳动年龄人口占比则无一例外地出现了上升,上升幅度京沪两地大于城市地区总体水平,城市地区总体水平又大于镇地区总体水平。

(二)受教育结构

与世界其他地方一样,中国的城市在人口受教育水平方面具有更大优势,而且城市规模越大、层级越高,这种优势就更加明显。这一方面得益于城市(尤其是大城市)拥有更多和更优质的教育资源,另一方面也得益于优质劳动力向城市(尤其是大城市)的集中。

表 8-3　2000 年、2010 年我国城市、镇及京沪两市的受教育结构变动情况　　单位:%

		小学及以下	初中	高中/中专	大专及以上	合计
城市	2000 年	27.20	36.68	24.38	11.74	100.00
	2010 年	18.04	36.08	24.37	21.50	100.00
镇	2000 年	36.93	39.17	18.90	5.00	100.00
	2010 年	29.67	42.53	18.46	9.33	100.00
北京和上海	2000 年					
	2010 年	11.98	32.09	23.59	32.35	100.00

资料来源:2000 年、2010 年第五、第六次人口普查数据资料,国家统计局网站(http://www.stats.gov.cn/tjsj/pcsj/rkpc/6rp/indexch.htm)。

根据第五次和第六次人口普查的数据,可以看到城市地区 6 岁及以上人口的受教育水平始终高于镇地区,而京沪两市又大幅高于城市地区的整体水平。2010 年第六次人口普查时,城市地区大专及以上受教育程度的人口占城市地区 6 岁及以上人口的 21.50%,远远高于镇地区的 9.33%,但又大大落后于京沪两地的 32.35%。从 2000—2010 年的变动幅度来看,城市地区大专及以上人口的比例增加了近 10 个百分点,而同时期镇地区大专及以上人口的比例仅增加了 4.33 个百分点。

在城市地区,2000—2010 年之间初中和高中/中专受教育程度的人口占比十分稳定,总体受教育水平的提高就表现在小学及以下人口比例的降低和大专及以上人口比例的相应上升。但在镇地区,除了高中/中专受教育水平的人口占比较为稳定,其他各类受教育水平人口的比例都有明显变化,其中小学及以下受教育程度人口占比下降了近 7 个百分点,而初中和大专及以上的人口比例分别上升了 3 个和 4 个百分点。

总体而言,超大城市高中/中专及以上受教育程度的人口占比超过了一半,城市地区大约较超大城市低了 10 个百分点,而镇地区比城市地区低了 18 个百分点。不同层级的城市化地区之间差异显著。

(三) 就业结构

相较于纽约、伦敦、东京这样的世界城市,中国城市地区仍处于工业化时期,反映在就业结构上就是制造业和建筑业的就业占比仍然较高,2010 年时城市地区这一比例为 34.52%,即使在北京和上海这两个中国最大的城市中这一部门的就业比例仍超过了 30%,是劳动就业的第一大部门。而在第三产业中,以交通运输仓储邮政业、批发零售、住宿和餐饮业等为代表的传统服务业是劳动就业最为集中的部门,这些部门的就业人数占全部就业人数的比例也超过了 30%。在中国的城市地区,还没有普遍形成现代服务业为主的产业结构,因而在金融、保险、房地产、科研、教育卫生和社会福利以及公共管理等部门的就业占全部就业的比例还不到 25%,北京和上海的情况稍好,现代服务业占全部就业的比例为 31.38%。仅从就业结构来看,中国超大城市与世界城市尚处于不同的经济发展阶段,中国超大城市的经济转型和产业升级还远没有完成。

表 8-4　2000 年、2010 年我国城市、镇及京沪两市的就业结构变动情况　　　单位:%

	城市		京沪		镇	
	2000 年	2010 年	2000 年	2010 年	2000 年	2010 年
制造业及建筑业	34.65	34.52	38.32	31.14	25.02	26.78
交通运输仓储和邮政业	5.97	6.51	5.22	7.06	4.95	4.79
批发零售住宿和餐饮	17.11	24.39	18.72	24.70	14.43	16.52
社会服务业	6.53	6.99	10.95	11.81	3.55	3.85
金融保险房地产	2.84	4.29	3.95	6.41	1.48	1.33
科研	0.97	1.00	2.34	2.41	0.16	0.17
教育卫生和社会保障	7.73	6.93	8.99	6.49	7.82	5.87
公共管理和社会组织	5.48	5.38	4.50	4.27	6.27	4.70
其他服务业	0.65	2.08	0.82	3.40	0.58	0.91
其他行业	18.07	7.91	6.20	2.32	35.74	35.09
合计	100.00	100.00	100.00	100.00	100.00	100.00

资料来源:2000 年、2010 年第五、第六次人口普查数据资料,国家统计局网站(http://www.stats.gov.cn/tjsj/pcsj/rkpc/6rp/indexch.htm)。

第三节　城市人口空间分布

城市人口的空间分布实际上人口地域特征视角下的人口结构,但由于这一结构比人口自然和社会特征视角下的人口结构更为复杂,所以在本章中单列一节予以讨论。

一、概念和常用指标

(一)基本概念

人口空间分布是指一定时间内人口在一定地域范围内的空间分布状况,是人口发展过程在地域空间上的表现形式,根据地域范围的不同可以有多种划分方法,城市人口空间分布是其中的一类,鉴于城市这一概念本身没有非常明确的空间界限,所以不同国家、不同历史时期的城市人口空间分布会有所不同。人口空间分布受到区域自然地理条件和经济发展水平的制约,也会受到人口传统习俗和行为方式的影响。在现代社会,城市人口空间分布与区域社会经济发展模式的匹配程度将直接影响区域经济发展速度和社会管理效率。

(二)常用指标

在分析城市人口空间分布的研究中,常用的指标包括人口密度、人口重心、人口潜力指数、适度人口规模等。

人口密度是指在一定时期内区域单位土地面积上居住的人口规模,是区域人口规模与区域土地面积的商。一般分为密集区（＞1000人/平方千米）、中等区（250—1 000人/平方千米）、稀少区（10—250人/平方千米）和极希区（＜10人/平方千米）四个等级。这一指标能够直观地反映人口集聚的程度。

人口重心又称人口中心，这是借用了力学的概念。将地区人口分布形象地理解为人口分布图上具有确定的点值和位置的散点群，在平面上全部力矩达到平衡的支点就是人口重心，可以将地区总人口看成为集中在人口重心点上的一个人口总体。这一指标能够对区域人口分布进行简明、概括而又准确的描述，可以表明地区人口分布中心区位的变动趋势。

在论及人口空间分布合理性时，经常用到的指标包括人口潜力指数和适度人口规模。其中人口潜力指数是指在目前的人口状况下区域人口可以增长的潜力大小，它是区域相对合理人口密度和该区域现实人口密度的商，潜力指数越大说明区域的人口容纳能力越大。当潜力指数小于1时，说明现实人口数规模已经超出了区域相对合理的人口容量。需要注意的是，在这个指标中相对人口合理密度是一个可变的参数，同一地区的相对人口合理密度会随着社会经济发展水平、技术进步等的变动而变化，而且潜力指数可以是参照区域综合条件计算得到，也可以是根据单一条件计算得到，后者例如生态人口潜力指数、资源人口潜力指数、经济人口潜力指数等。而适度人口规模是一个与区域相对合理人口密度相关的总量概念，是指在一定时期内与区域的资源环境、经济发展、社会管理等条件相匹配的最适宜的人口规模，这也是一个可变的指标。

二、城市人口空间分布的影响因素

（一）自然地理环境和人口空间分布

人类的生产生活需要满足一定的基本条件，自然地理环境是人类生产生活的基础，气候、地形、水体、土壤、能源、资源等都会形成对人口分布的制约。不同的气候条件，不同的海拔，不同的水、土、资源充裕程度，会通过影响环境承载力而影响人口分布形态。但随着技术进步和社会生产力的提高，自然地理环境对于人口空间分布的影响力会越来越小，在城市地区表现更为明显。

（二）城市体系和人口空间分布

城市作为区域内政治、经济、社会、文化等活动的中心，是城市人口生产生活的依托，因而城市体系的空间结构将直接影响身处其中的人口的分布。

城市体系的空间结构是指某一体系内城市之间在空间上的分布、联系及物质交流的架构状态，是一定地域范围内经济和社会物质实体在空间上的组织形式[①]。城市体系的形态是人口分布的基础，反过来也会受到人口分布的影响。随着经济的发展，人口和产业向实力较强的城市集聚，进而成为城市发展的推动要素。城市和其他区域之间

---

① 叶浩、濮励杰、张鹏：《中国城市空间分布的省级差异及其影响因子分析》，《中国人口资源环境》2012年第12期第159页。

可以为了获得更多各自发展必须的要素而处于竞争地位,也可以由于优势互补而形成伙伴关系,在不同的关系下,人口的空间分布特征会出现一定的差异,例如以帕克为首的芝加哥学派就借助生态学的方法提出三大城市分布的经典形态——同心圆、扇形和多核心模型①。

(三)生产方式、产业布局和人口空间分布

虽然自然地理环境是人口空间分布的基础,但对于城市而言,经济发展水平和产业布局对人口空间分布的影响力更大一些,城市形成本身就是这种影响力的直接体现。与乡村相比,城市具有更高的生产力水平、更多的就业机会以及更高的收入预期,因而会引起人口向城市的持续集聚。在这一过程中,生产方式和产业布局的变动会通过就业这个中间介质传导到人口的空间分布中去。城市主导产业的集约或者分散将直接或间接影响这些产业中劳动力的居住安排和通勤,进而影响关联服务的布局,并将这种改变在更大的空间范围里传导出去。2014年以来北京的人口空间布局改变就是通过非首都功能的产业向周边疏散而带动的。

(四)基础设施、公共服务布局和人口空间分布

获得更高的经济利益是人口发生空间位移的主要原因,但有时更高的经济利益不是直接以劳动者报酬的形式出现,更舒适的居住环境、更便捷的生活设施、更良好的医疗和教育资源、更丰富的精神文化生活等都可以是它的表现形式。因此,能够带来这些特殊经济利益的东西也会影响到人口的空间分布,例如城市基础设施建设、城市公共服务资源提供等。但需要注意的是,基础设施、公共服务的布局对于人口空间分布的影响在不同的发展阶段可能是有差异的,在一定时期内人口可能会向基础设施完善和公共资源丰富的地区集聚,但随着经济的进一步发展、城乡一体化的形成以及城市交通体系的完善,人口的空间分布半径可能会有一定程度的扩散。

三、世界城市的人口空间分布特征及变动

(一)纽约

在1910年之前,在产业革命推动下纽约的经济活力迸发,在工业、商业、金融业等方面都取得巨大成就,劳动力需求旺盛,再加上良港优势和交通体系的完善,移民得以大量涌入,人口规模呈现快速增长的态势。

1910年至1950年期间,由于中心城区人口在前期的过快增长对城市基础设施带来巨大压力,而交通工具和路网建设使得人们的生活和工作半径大幅增加,曼哈顿人口

---

① Park R.E., Burgess E.W., McKenzie R.D., Wirth L.. The City [M]. Chicago: The University of Chicago Press, 1925. United States.
Federal Housing Administration, Hoyt H.. The Structure and Growth of Residential Neighborhoods in American Cities[M]. Washington: U. S. Govt. print. Off., 1939.
Ullman E.L., Dacey M.F., Brodsky H.. Center for Urban and Regional Research. Washington(State) University. The Economic Base of American Cities[M]. Seattle: Distributed by the University of Washington Press, 1969.

开始外溢,中心城区人口增速放缓甚至下降而周边区域人口增速加快,这一时期纽约人口规模增长主要由周边区域人口增长带动,特别是布朗克斯地区。

1950—1980 年期间,人口规模暴涨使得纽约大城市病加剧,生产方式的改变和人们对生活品质的追求使得郊区化日益加速,曼哈顿和布鲁克林的人口均出现外流,布朗克斯地区的人口规模虽然在部分年份有微弱增长,但在多数年份中均有减少,皇后区的人口是增速不断下降,到 70 年代末期也出现了负增长,只有斯塔滕岛的人口始终保持了增长,但增速也有所放缓,而且这一个区域的人口规模增长无法弥补纽约其他区域人口外流的损失,因而这一阶段里纽约人口规模呈现出整体下降的态势,而这种下降是由中心城区人口外流所带动的。

自 20 世纪 70 年代中后期,纽约市政府注意到郊区化和城市空心化对城市的影响,为了实现中心城区的环境改善和再增值,由政府主导进行了"旧城复兴"计划,中心城区的人口有所恢复,而随着高新技术产业和生产服务业的发展,以金融、计算机、出版业等现代服务业为基础的产业结构确立起来,纽约的人口规模逐渐进入新一轮的增长阶段,且周边区域的增长速度略快于中心城区。

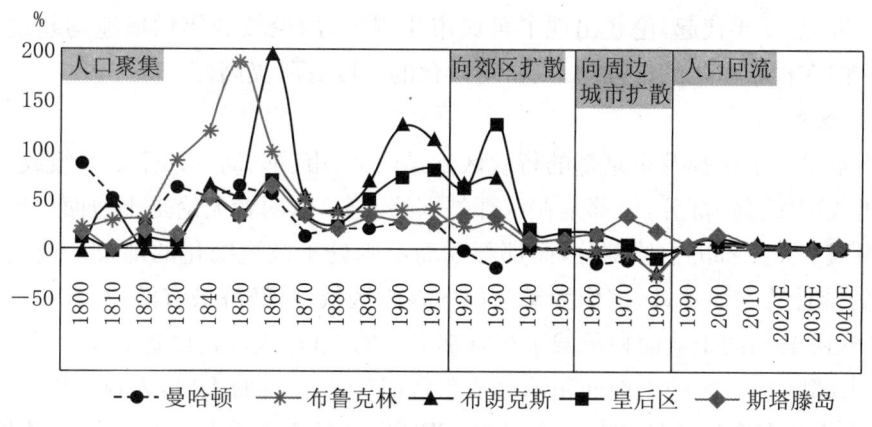

图 8-6 纽约市各行政区的人口变动情况

资料来源:美国人口调查局网站(www.census.gov)。

(二)伦敦

17 世纪到 18 世纪伦敦经历了第一次的人口规模快速扩张,但市区、东南西北郊的增长速度并不一样。市区的人口增速在 1600 年前后相对比较快,但之后就变得缓慢,市区占伦敦总人口的比例在 1560 年时在 73% 左右,到 1600 年时下降到 54%,到 1700 年最低时仅有 17%,之后虽然市区人口增长速度有所恢复,但到 18 世纪中期,市区人口占伦敦总人口的比例也仅恢复到 25%。1560—1640 年期间,泰晤士河北岸是伦敦地区人口增长最迅速的地区,80 年期间北郊的人口规模增长了 9 倍,而这一阶段伦敦南郊的人口规模仅增长了 3 倍多。1640 年之后,伦敦北郊的人口增速有所放缓,东郊和西郊成为新时期的人口增长点。市区和郊区人口增速的轮动让伦敦地区总人口在两百年的时间里始终保持了较高增长速度。自1640年以后,外来居民都先居于郊区,居住区不断扩展而后连接成片,最终成为伦敦这个综合性城市的有机组成部分。

到了近现代,伦敦逐渐扩展成为由内伦敦和外伦敦构成的"大伦敦"地区,其中最为核心的伦敦城只有1.6平方千米,包括伦敦城在内的内伦敦有319平方千米,而外伦敦有1 253平方千米。2005年时伦敦的平均人口密度为4 782人/平方千米,内外伦敦的密度分别为9 351人和3 618人,内伦敦的密度是外伦敦的2.58倍。有意思的是,内伦敦里伦敦城和其他13个行政区的人口密度差异更大一些,反而是外伦敦人口密度相对均匀。

自20世纪40年代以后,大伦敦的人口数次在空间上再分布。1944年根据阿伯克隆比的大伦敦规划,在以伦敦城区为中心的半径为48公里的范围内规划了四个同心圈层,内圈要求降低人口密度、控制工业发展、恢复功能,近郊圈建设品质良好的住宅社区,绿化圈是阻止城市外延式发展的隔离带,而外圈层则建设若干个卫星城镇或者说是卧城。政府对于大伦敦规划的推动,叠加了产业转型和转移等多种因素,使得之后的数十年里出现了明显的逆城市化,到1969年时,大伦敦地区的人口仅剩下600多万人,较之前减少了140多万人,直到80年代时才有所恢复。随着对伦敦城市规划的战略调整,自20世纪80年代起,伦敦出现了再城市化现象,内伦敦的年均增速均超过了外伦敦地区。但在再城市化的过程中,人口均质化的程度有所提高。

(三)东京

在本章第一节中提及东京都的行政区划是由区、市、郡、岛等四个部分组成,其中区部相当于我国城区的部分,市部是在区部外围的部分,这两者无论是土地面积还是人口规模都组成了东京都的主体部分,而郡部和岛部则处于被边缘化的地位。根据东京都2005年的统计数据显示,区部作为东京都的核心区域,是经济最有活力、人口最密集的地区,以不到45%的土地面积承载了东京都2/3的人口,人口密度达到1.37万人/平方千米,而市部以约60%的土地面积承载了东京都31%左右的人口,人口密度为0.51万人/平方千米。有意思的是,在23个区中,CBD所处的5个区是人口规模的洼地,人口密度甚至低于市部的平均水平,与此同时,平均人口密度超过1.3万人/平方千米的16个地区却也都属于区部。显示出区部内部人口分布的不均衡。

在1920—2005年间,东京都人口规模有了大幅增长,但从空间上看,基本格局的变动并不大,但区、市、郡、岛的变动特征各不相同。

对于区部而言,人口规模的变动呈现出明显的三段式,一是1920—1970年的快速增长时期,年均人口增长率达到1.95%;二是进入深度工业化阶段后,产业布局等有所调整,区部人口向其他区域流动,呈现出类似纽约和伦敦逆城市化的态势,在1970—2000年之间年均人口增长速度为负值;三是进入21世纪后与纽约和伦敦一样开始了再城市化进程,人口重新向核心区聚拢,但速度较为缓慢。

对于市部而言,人口规模在85年间呈现出持续增长的态势,虽然不同阶段的年均增长水平有所变化,但没有出现如区部一般的人口规模绝对值的下降,阶段性的人口增长率波动从时间上看要略微滞后于区部。

对于郡部、岛部而言,人口规模在大部分时间里是下降的,也就是说这两个区域的人口在不断向区部和市部迁移,只有当区部人口规模绝对值下降时,郡部人口规模才有所回升,而岛部即使在区部人口外流时期人口规模也是呈现出下降态势的。

从1920—2005年东京都人口的空间分布变动中,可以看出其具有差序格局的部分特征,而在区部人口空间变动的过程中,也呈现出人口密度均质化程度上升的特征。1920年时,区部密度最大的地区有4.4万人/平方千米,还有4个区人口密度超过2万人/平方千米,人口空间极化现象比较明显,而到1960年时,虽然人口密度过万的区域仍集中在区部,但最大密度有了大幅下降,到2005年,区部人口密度进一步下降,市部人口密度却有明显上升,各区之间,区部与市部之间的人口密度差异均有不同程度的缩小。

四、中国城市的人口空间分布特征

自中华人民共和国成立以来,我国的人口空间分布有数次较大变动,就城市而言,人口的空间变动主要受到了人口迁移的影响。20世纪80年代之后兴起并波涛汹涌的民工潮深刻改变了中国城市人口的空间分布。在1990—2005年期间,中国城市人口空间分布呈现出如下特征:

1. 地级及以上行政级别的城市是人口的主要集聚地,其中超大和特大城市表现出更明显的优势,城市人口空间集聚呈现出明显的非均衡趋势,而城市之间人口空间集聚度的差异在一定程度上体现了该城市经济发展和社会管理状况的差距。中国城市人口空间分布的之一特征与世界各国的实践经验是一致的。在世界范围内,在工业化和城市化快速发展阶段,人口向大城市集聚是基本规律。即使在纽约、伦敦和东京这样的世界城市,也表现出再城市化的趋势特征,伦敦的发展规划中甚至将鼓励人口继续集聚作为重要原则,而东京的人口规模在全国人口总量开始下降的背景下仍保持增长,且增长速度有加快的迹象。这些都表明,在目前的经济发展阶段和城市化发展阶段,超大和大城市具有中等及以下小城市无法超越的吸引力。

2. 城市人口集聚的空间分布格局具有明显的梯队形态,其中东部沿海地区从辽东半岛到京津冀,到长三角,到海峡西岸城市群,最后到珠三角,再加上西安等少数中西部省会城市,构成了第一梯队,而且在东部沿海地区已经呈现出人口集聚的圈层结构。瑷珲—腾冲线对我国人口的空间分布具有直观的呈现,对于城市人口空间分布而言,这种格局也同样存在。除了个别中西部省会城市,我国城市人口在自北向南的若干个城市群中呈珠链式分布。在长三角城市群和其周边城市之间,还形成了人口集聚的圈层结构,这在其他地区并没有出现,反映出这一区域的经济发展特征。

3. 除了沿海的若干个城市群,在大部分的内陆省份,省会城市仍是人口集聚的小范围高点,这一特征在全国各省级行政区具有普遍性,而在省会城市集聚的人口主要来自省内的农村地区或者级别较低的城镇地区。相比较而言,中部、西南部的安徽、河南、四川等农业人口大省的城市人口集聚水平不高。在这些经济相对不发达的城市地区，人口空间集聚的演变实际上体现了生产要素集聚的演变，人口空间集聚使得区域之间的不平衡性有所增强。

4. 长江三角洲城市群和珠江三角洲城市群是中国城市人口空间集聚水平最高的区域，相比较而言，长三角城市群对于周边地区的人口吸引力更大，因而人口的空间集聚范围边界较为明显，而珠三角城市群相对更加开放，集聚的城市人口在空间范围上更加宽广。值得注意的是，在这两个经济更为发达的城市群里，人口空间集聚的演变并没有拉大地区的不均衡性，反而体现出区域一体化的发展趋势，或者说在这两个城市群范围内，城市之间在经济发展水平、经济增长模式、社会管理水平等方面呈现出均质化的趋势。

参考文献

Bardo J.W. & Hartman, J.J. Urban Sociology: A Systematic Introduction, F.E., Peacock, 1982.

Park R.E., Burgess E.W., McKenzie R.D., Wirth L. The City[M]. Chicago: The University of Chicago Press, 1925.

Stephen Inwood, A History of London: Macmillan, 1998.

United States. Federal Housing Administration, Hoyt H. The structure and growth of residential neighborhoods in American cities[M]. Washington: U.S. Govt. print. Off, 1939.

阿瑟·奥沙利文：《城市经济学（第四版）》（中译本），中信出版社2003年版。

巴顿：《城市经济学：理论和政策》（中译本），商务印书馆1984年版。

陈佳鹏、黄匡时：《特大城市的人口调控——东京经验及其启发》，城市中国网（http://www.ccud.org.cn/2015-09-02/114408356.html）。

何方方：《女性生育力及其影响因素》，《实用妇产科杂志》2015年第1期。

孔令帅：《纽约市劳动力就业：现状、举措与成效》，《外国中小学教育》2014年第7期。

刘国光主编：《中文城市知识词典》，中国城市出版社1991年版。

陆军、宋吉涛、汪文姝等：《世界城市人口分布格局研究——以纽约、东京、伦敦为例》，《世界地理研究》2010年第1期。

戚伟、刘盛和、金浩然：《中国城市规划划分新标准的适用性研究》，《地理科学进展》2016年第1期。

沃纳·赫希：《城市经济学》（中译本），中国社会科学出版社1990年版。

吴志强、李德华：《城市规划原理（第四版）》，中国建筑工业出版社2010年版。

叶浩、濮励杰、张鹏：《中国城市空间分布的省级差异及其影响因子分析》，《中国人口资源环境》2012年第12期。

赵煦：《伦敦城市人口变化及其经济社会影响初探》，华东师范大学硕士论文，2005年。

中国社会科学院语言研究所词典编辑室：《现代汉语词典》，商务印书馆1996年版。

周一星：《城市地理学》，商务印书馆1995年版。

第九章 城市土地利用

本章首先对城市土地利用相关术语的内涵与界定做介绍,对城市土地、城市土地利用、城市土地利用效率分别做了理论上的分析,并结合我国的实际状况和相关实践,描述了我国城市土地的内涵,介绍了我国城市土地利用的类型、几种经典的土地利用模式,理论上、实践中评价城市土地利用效率的标准体系等。其次,以我国的城市土地利用政策为背景,介绍了我国城市土地取得的特点,在土地征收和土地储备中的具体做法,以及在建设城乡统一的建设用地市场背景下,城市土地取得的新趋势。然后,本章对我国目前出让和划拨两种城市土地供应方式分别做了介绍,并对我国2010年到2016年城市土地的供应情况做了分析。

第一节 内涵与界定

一、城市土地的概念

(一)城市土地的界定

城市土地是与农村土地相对应的概念。但在我国,行政意义上的"市"与"城市"并不等同。从地图上看,中国是由大大小小的行政市组成。如从长三角地区来看,由上海市、浙江省的11个地级市、江苏省苏州市、太仓市等13个地级市、安徽省合肥、芜湖等17个地级市组成,每个地级市包括了所辖县级市或县域范围,是行政区域的概念,不是真正意义上的城市实体。目前,对城市的界定没有统一的标准,相应的,城市土地也有多种表达。

1. 城市土地的内涵。城市所在的土地就是城市土地。那什么是城市呢?《辞源》中,城市被解释为人口密集、工商业发达的地方。地理学、经济学、社会学、规划学等学科因为对城市的关注点不同而给出了不同的定义。归纳来看,区域规模、人口密度、公共设施、经济社会政治功能被认为是城市必备的几个功能要素。

2. 城市的边界。在统计意义上,城市边界也没有统一的口径。目前存在着至少三种口径。一是城市建成区或城市化地区的土地。为城市已经开发建设完成的区域。这个界定最符合城镇实体的内涵,但目前尚未被纳入专门的统计范围①。二是城市规划区。为城市土地利用总体规划和城市总体规划确定的定期发展范围内的土地,不仅包括城市建成区,还包括接近城市建成区的农村区域②。三是城区。按照2014年10月出台的《国务院关于调整城市规模划分标准的通知》,以城区常住人口为统计口径,把各行政意义上的城市分别划分为不同规模的城市(称行政区域更确切)。其中,城区是指在市辖区和不设区的市、区、市政府驻地的实际建设连接到的居民委员会所辖区域和其他区域③。新标准统一了城市人口统计口径,而且对城市规模认定过程中不再拘泥于等级限制,提供了一种新的认定城市区域的方法。

2015年,我国大陆地区的地级行政区有334个,包括291个"地级市"、30个自治州、1个地区、3个盟。考虑到城市土地基本为建设用地,我们可以用城镇建设用地来衡量城市土地规模。2015年,我国有城乡建设用地38.6万平方公里。2009年城镇建设用地为10 876万亩(合7.25万平方公里,其中不含采矿用地3 381万亩和风景名胜及特殊用地1 142万亩)④。比较容易获得的数据是291个地级市的市辖区建成区面积,2015年为4.09万平方公里⑤。

(二)城市土地的特性

相对农业用地而言,城市土地具有特别的性质。其价值来源于稀缺性,受制于区位好坏、未来规划和区域的产业发展前景等因素。

1. 稀缺性。首先,土地是一种不可再生的宝贵资源,本身具有稀缺性。其次,城市土地的充分供给要受到耕地保护目标、粮食安全战略和生态承载力的制约,供给是有限的。再次,从土地需求的角度来看,虽然城市发展有其发展规律,在一个较长的历史阶段可能要经历成长—稳定—衰落—复兴等生命过程,但在城市发展的成长期和复兴期,存在对城市土地的逐渐增长的有效需求,稀缺性的表现会更为明显。尤其是在城市化快速发展过程中,土地的稀缺性表现更为明显。国家统计局的数据显示,我国2017年城镇化率为58.52%,仍处于快速城市化时期。

---

① 1990年全国人口普查时确定的市镇总人口的口径与此口径接近。其中,市总人口:是指设区的市所辖的区人口和不设区的市所辖街道人口。镇总人口:是指不设区的市所辖镇的居民委员会人口和县辖镇的居民委员会人口。然而市镇总人口这一统计口径不是严格的市和镇地域范围的人口,它除了设区的市(地级以上市)按区统计外,对其余市、镇都是按居民点(街道、居委会)统计的。市镇的其他指标不可能都按照这个口径进行统计,因此市镇总人口指标与城市统计其他指标不能互相衔接配套,这一口径的使用范围受到很大的限制。

② 参见董利民:《城市经济学(第二版)》,清华大学出版社2016年版,第163页。

③ 国务院:《关于调整城市规模划分标准的通知》(国发〔2014〕51号)。

④ 地籍管理司回答何先生/女士提问"我国城镇建设用地与农村建设用地数量分别是多少?"(http://www.mlr.gov.cn/zmhd/bzxx/hfhz/201404/t20140430_1315359.htm)。

⑤ 国家统计局城市社会经济调查司:《中国城市统计年鉴2016》,中国统计出版社2017年版。

2. 区位性。与农业用地更看重土壤条件等土地的物理性质不同,城市土地的区位特别重要。其区位由交通便利程度、基础设施和商业配套、周边产业环境、未来的发展规划等因素综合决定。交通越便利、城市基础设施和商业配套越完善,未来的规划越有利,城市土地的区位越好、价值越高。

3. 规划性。我国实行土地用途管制制度,土地利用规划确定了土地用途,决定了土地的利用价值。即便同处相同区位,一片被规划为高档商品房的土地和一片被规划为工业用地的土地,其价值完全不同。

4. 产业依赖性。城市是人口和各类资源的集聚地,为实现生活便利、经济发展、政治管理等功能而存在,是一个区域的政治、经济、文化中心。人口的增加、产业的发展是土地需求的源泉,一个区域产业发展潜力和稳定性决定了其城市土地的价值。

(三)我国城市土地的特点

我国的土地所有权不是单一的国有,现行法律规定,城市的土地和法律规定的其他土地归国家所有,其他土地属于农村各集体经济组织所有。

1. 所有权为国家所有。中华人民共和国成立后,根据城市土地的所有者性质不同,分别通过没收、赎买和《宪法(1982年)》直接宣布"城市的土地属于国家所有"三种方式,实现了国家对城市土地的社会主义改造①。客观上,当时存量城市土地均为国家所有。以后的《宪法》和《土地管理法》沿用了这种描述,如我国现行的《宪法》第十条仍规定:"城市的土地属于国家所有"。我国现行《土地管理法(2004)》第二章第八条也规定,"城市市区的土地属于国家所有"。

2. 是土地市场主要的合法供给方。根据我国现行《土地管理法》第五章第四十三条规定:"任何单位和个人进行建设,需要使用土地的,必须依法申请使用国有土地;但是,兴办乡镇企业和村民建设住宅经依法批准使用本集体经济组织农民集体所有的土地的,或者乡(镇)村公共设施和公益事业建设经依法批准使用农民集体所有的土地的除外。"所称依法申请使用的国有土地包括国家所有的土地和国家征收的原属于农民集体所有的土地。从如上法律规定可见,国有土地是我国土地市场上唯一合法供给方。而城市土地属于国家所有,在国有土地市场上,除未被纳入城市规划范围内的郊区建设用地外,市场供应的土地基本都是城市土地。

3. 边界仍在不断扩大。我国正处于城镇化快速发展期,城市土地的边界是动态增长的。随着工业化和城市化的发展,在大量工业用地和房地产用地需求推动下,各地政府通过修编规划不断扩大城市边界,再利用征地制度中包括经济发展等各项条款,通过征地实现城市土地的扩张。1990年至2000年和2000年至2010年,两个十年间

---

① 根据土地私有制的不同情形,采取了不同的改造方式。对于帝国主义、官僚资本和反革命分子占有的城市土地,采取了没收的方式;对民族资本主义工商业、私营房地产公司和私有房地产业主占有的城市土地实行了赎买的政策;对城市其他土地私有者占有的城市土地,通过1982年《宪法》宣布收归国家所有。参见张跃庆:《强化产权坚持改革走向完善——60年城市土地制度建设成果回顾》,中国国土资源网2009-09-25(http://www.mlr.gov.cn/tdzt/zhgl/gtzyhh60/tdly/200909/t20090925_125841.htm)。

我国城市建设用地面积分别扩大90.5%和83.41%,同时城镇人口仅分别增长52.96%和45.12%。①

二、城市土地利用内涵

(一)城市土地利用界定

从城市土地是一种生产要素的视角,可以认为城市土地利用是对土地资源的配置。如《房地产大辞典》就界定"城市土地利用"为城市土地在城市的不同经济部门之间、各个不同项目上的配置和使用②;从城市土地利用的目的性和过程性来看,是指人们为达到一定目的,对土地进行开发、利用、整治和保护,以满足自身需要的过程(郝晋眠,1996);从城市功能实现的视角来看,城市土地利用就是利用土地实现城市功能的过程,是人口集聚、产业发展、基础设施和公共服务配套落地的过程。

(二)城市土地利用类型

划分土地利用类型,不仅可以掌握各类用地的数量及其地区分布,评价土地的质量和发展潜力,还可以用来分析土地利用结构的合理性,揭示土地利用存在的问题,从而为合理利用土地资源、调整土地利用结构、确定土地利用方向提供依据。

按照我国《城市用地分类与规划建设用地标准》,"城乡用地"指市(县)域范围内所有土地,包括两个大类:建设用地与非建设用地,以及9个种类,9个种类中包括6类建设用地:城乡居民点建设用地、区域交通设施用地、区域公用设施用地、特殊用地、采矿用地和其他建设用地。其中,其他建设用地包括边境口岸和风景名胜区、森林公园等的管理及服务设施等用地。以及3类非建设用地:水域、农林和其他非建设用地。其中,其他非建设用地指空闲地、盐碱地、沼泽地、沙地、裸地、不用于畜牧业的草地等用地(参见本章附录一:城乡用地分类及代码)。

从城市土地来看,"城市建设用地"指城市和县人民政府所在地镇内的居住用地、公共管理与公共服务用地、商业服务业设施用地、工业用地、物流仓储用地、交通设施用地、公用设施用地、绿地这八大类用地。"城市非建设用地"一般是指河流、湖泊、水库、沟渠等(除公园绿地及单位内的水域)。按照规定,在进行规划时,对居住用地、公共管理与公共服务设施用地、工业用地、道路与交通设施用地、绿地与广场用地这五大类城市建设用地需要按照国家标准确定用地结构。

值得注意的是,城市建设用地不包括采矿用地、特殊用地这两类建设用地,以及属于其他建设用地的风景名胜区用地。这三类建设用地目前被归纳为"与农村建设用地有关的土地"③。工矿城市、风景旅游城市以及其他具有特殊情况的城市,可根据实际

---

① 参见梁倩:《我国多地城市供应过剩 摊大饼式发展致空城频出》,人民网转载《经济参考报》,2013-08-09 (http://politics.people.com.cn/n/2013/0809/c1001-22498790.html)。
② 宋春华、毕宝德:《房地产大辞典》,红旗出版社1993年版。
③ 参见地籍管理司回答何先生/女士提问"我国城镇建设用地与农村建设用地数量分别是多少?"2014-04-30, 2014-04-30(http://www.mlr.gov.cn/zmhd/bzxx/hfhz/201404/t20140430_1315359.htm)。

情况具体确定。

表 9-1　城市规划建设用地结构　　　　　　　　　　　　单位：%

类别名称	占城市建设用地的比例（下限）	占城市建设用地的比例（上限）
居住用地	25.0	40.0
公共管理与公共服务设施用地	5.0	8.0
工业用地	15.0	30.0
道路与交通设施用地	10.0	30.0
绿地与广场用地	10.0	15.0
合　　计	65.0	123.0

资料来源：《城市用地分类与规划建设用地标准》（GB50137-2011）。

（三）城市土地利用模式

城市土地利用模式是城市活动分布的空间表现。目前具有代表性的有同心圆模式、扇形模式、多核心模式和多地带模式。其中，同心圆模式于1923年由美国城市地理学家伯吉斯（E.W. Burgess）提出，该模式认为各功能单位将依照支付地租能力大小成圈层分布。该模式忽略了城市交通变化的影响。霍伊特（H. Hogt）的扇形模式认为城市中心是CBD，城市各功能区不是以距中心区的距离分异，而是按区分布，与中心CBD及对外交通设施相关的交通线对城市布局有重要影响。20世纪40年代，哈里斯和乌尔曼（C.D. Harris & E.L. Ullman）提出的多核心模式认为除城市CBD外，城市地域范围内还存在其他中心，各自影响一定的区域范围。迪肯森、奎因、托马斯、维维安、木内信藏等学者提出的多地带模式，认为城市可以概括为几个地带，如中央地带、过渡地带和外围地带，中央地带不断扩大，过渡地带逐渐变为趋于完善的市区，外围地带则不断向市区或准市区演化。此模式在研究快速发展的城市方面，可以描述城市逐渐扩展趋势。[①]

如上这些模式的研究主要发生在20世纪20到40年代，反映了当时人口的空间分布、就业人口分布状况。虽然偏向于静态分析，但仍然反映了城市土地利用的规律性，提供了研究城市土地利用规律的思路和启示。除了如上几种土地利用模式外，经济学、社会学和政治经济学领域的学者从经济、行为、制度等角度研究城市土地利用模式，试图发现其内在动力机制[②]。

实际上，城市土地利用模式描述了人口空间分布和就业人口分布状况，而人口居住地的选择、工商业单位的选址均受经济发展、科技创新、交通工具和设施变化、社会政策取向等因素的影响。如钢制结构建筑和电梯带来了住房和写字楼容积率的大幅提升，电车、地铁的出现大幅降低了通勤成本、扩大了城市半径，引发了城市的蔓延和扩张，而卡车和家用汽车的普及、城市间公路系统的建设、飞机场的出现促使制造业不再仅依托市中心的铁路和港口，向郊区交通便利的地区转移。通信技术的发展已经允许更多的

[①] 赵和生：《城市规划与城市发展（第三版）》，东南大学出版社2015年版，第85-88页。
[②] 刘盛和等：《评析西方城市土地利用的理论研究》，《地理研究》2001年第1期，第116页。

办公活动转向 CBD 以外的地区①。如上可见,城市土地利用模式不是一成不变的,科技的发展、基础设施的完善、交通成本和交易成本的降低,产业单位选址的限制逐渐解除,土地利用模式也将随之改变。

三、城市土地利用效率

(一)理论分析

1. 含义:城市土地利用效率反映了城市土地作为一种资源,其价值实现程度。

2. 测度:在城市土地利用效率的具体测度上,不同的研究视角下评价指标有所不同。一种角度是用土地利用所实现的效益来衡量。具体包括经济效益、社会效益和生态效益。土地产出率、可持续利用性、土地利用结构合理性是描述城市土地利用效率的重要指标②。由于社会效益和生态效益较难量化,常用的指标还有人口密度、建成区综合容积率及土地产出率③,也有学者用城市单位面积上产业增加值这一单一指标反映土地利用效率④。部分学者把非农产业增加值、职工平均工资、人均公园绿地面积指标来评价城市土地的经济效益、社会效益和生态效益⑤。从城市土地作为城市功能的载体的角度来看,城市土地利用效率如何,可以从城市功能实现程度上来衡量,如人口集聚度、产业集中度、基础设施和公共服务水平等。此外,还有学者从土地利用方式的角度来评价土地利用效率,使用的指标包括如消耗总量、用地结构、利用强度⑥等指标。除了评价土地利用效率提高的因素外,有些学者还把土地利用的负外部效应考虑进来,如污水排放量、工业废气排放总量等。

(二)政策与实践

1. 相关政策和技术标准相继出台。从实践中来看,2008 年 1 月,国务院发布《国务院关于促进节约集约用地的通知》,要求充分利用现有建设用地,大力提高建设用地利用效率,加快土地集约利用评估工作。当年 7 月国土资源部出台《关于开展开发区土地集约利用评价工作的通知》,发布《开发区土地集约利用评价规程》,要求各级各类开发区按照规程开展土地集约利用评价,其结果将用于各级各类开发区扩区、升级、优先安排年度建设用地计划指标的重要依据。2010 年国土资源部发布实施新的《开发区土地集约利用评价规程》和《开发区土地集约利用评价数据库标准》,启动开展国土资源节约集约模范县(市)创建活动。2012 年国土资源部出台《关于大力推进节约集约用地制度建设的意见》,形成了节约集约用地制度的框架体系,发布《限制用地项目目录(2012 年本)》和《禁止用地项目目录(2012 年本)》。下发《关于严格执行土地使用标准大力促进节约集约用地的通知》,

---

① [美]阿瑟·奥沙利文(Arther O'Sullivan),周京奎译:《城市经济学》,北京大学出版社 2016 年版,第 154-159 页。
② 参见董利民:《城市经济学(第二版)》,清华大学出版社 2016 年版,第 171 页。
③ 邓瑞忠:《中国城市土地利用效率研究》,东北财经大学硕士论文 2004 年,第 18 页。
④ 李永乐等:《中国城市土地利用效率:时空特征、地区差距与影响因素》,《经济地理》2014 年 1 期,第 134 页。
⑤ 参见李菁:《中国城市土地利用效率测度及其动态演进特征》,《经济地理》2017 年第 8 期,第 163 页。
⑥ 官玉洁:《渭南市城市空间扩展的土地利用效率研究》,西安建筑科技大学硕士论文 2013 年 6 月,第 23 页。

2014年《节约集约利用土地规定》颁布实施,《关于推进土地节约集约利用的指导意见》发布,全国城市节约集约用地评价工作全面启动。2015年,国土资源部发布《关于规范开展建设项目节地评价工作的通知》,促进超标准、无标准建设项目节约用地。

2. 土地利用集约节约成效明显。一方面,评价标准体系逐渐成熟,土地节约集约利用氛围已经形成。通过开发区土地利用评价工作和国土资源节约集约模范县(市)创建活动等工作,国土资源节约集约评价指标标准体系逐渐成熟。2011年来评选产生了212个节约集约模范典型,推动了全国1 000多个县(市)成立了创建活动组织机构,超过60%的参评县(市)将节约集约利用指标纳入地方经济社会发展规划和领导干部政绩考核体系。另一方面,土地利用效率提升明显。"十二五"前四年,单位国内生产总值建设用地下降20.7%;全国土地供应中存量建设用地比例比"十一五"时期提高3.2个百分点,城镇用地年度增幅由2010年的4.7%降到2014年的3.7%[①]。

3. 评价指标体系。下面分别以开发区和城市建设用地为例,来说明实践中评价城市土地利用效率的评价体系。

(1) 开发区。根据《开发区土地集约利用评价规程》(2014年度试行),对已开发的部分,从土地利用状况、用地效益和管理绩效三个方面对开发区土地集约利用程度进行评价。

其中,"用地效益"用投入和产出来反映,工业主导型开发区以工业产出为主,产出效益选取了"工业用地地均税收"作为评价指标。

表9-2 工业主导型开发区土地集约利用评价指标体系

目 标	子目标	指 标
土地利用状况	土地利用程度	土地供应率
		土地建成率
	用地结构状况	工业用地率
	土地利用强度	综合容积率
		建筑密度
		工业用地综合容积率
		工业用地建筑系数
用地效益	产业用地投入产出效益	工业用地固定资产投入强度
		工业用地地均税收
管理绩效	土地利用监管绩效	土地闲置率

资料来源:国土资源部:《开发区土地集约利用评价规程》(2014年度试行)。

(2) 城市建设用地。根据《城市建设用地节约集约利用评价操作手册》(2015年8月),对城市建设用地利用的评价分别从利用强度、增长耗地、用地弹性、管理绩效四个方面展开。除管理绩效指标外,均综合考虑了人口和经济两个维度,考虑了土地对人口

---

① 国土资源部:《2015年中国国土资源公报》,第31-32页。

的承载、人口增长对土地的消耗、人口增长与土地增加率间的关系,考虑了土地吸纳的投入、对经济的贡献、经济增长变化对土地的消耗变化、经济增长与土地增加率间的关系等。反映的是人口、经济与土地利用的互动。

表 9-3　区域用地状况定量评价指标体系

目　标	子目标	指　标
利用强度	人口密度	建设用地人口密度
	经济强度	建设用地地均固定资产投资
		建设用地地均生产总值
增长耗地	人口增长耗地	单位人口增长消耗新增建设用地量
	经济增长耗地	单位 GRP 耗地下降率
		单位 GRP 增长消耗新增建设用地量
		单位固定资产投资消耗新增建设用地量
用地弹性	人口用地弹性	人口与城乡建设用地增长弹性系数
	经济用地弹性	GRP 与建设用地增长弹性系数
管理绩效	城市用地管理绩效分指数	城市存量土地供应比率
		城市批次土地供应比率

资料来源:国土资源部:《城市建设用地节约集约利用评价操作手册》(2015 年 8 月)。

第二节　城市土地的取得

按照我国现行法律,企业只能通过国有土地市场取得城市土地。国有土地供应的土地来自政府的土地储备,而政府所收储的土地除了回收的存量国有土地外,就是征收的集体经济组织的土地。

一、土地的征收

关于集体土地的征收,适用的法律包括 2004 修订的《宪法》、《土地管理法》,1998 年的《中华人民共和国土地管理法实施条例》,还有 2004 年 10 月印发的《国务院关于深化改革严格土地管理的决定》、2004 年 11 月的《关于印发〈关于完善征地补偿安置制度的指导意见〉的通知》、2006 年国务院办公厅转发劳动保障部的《关于做好被征地农民就业培训和社会保障工作指导意见的通知》、2006 年《国务院关于加强土地调控有关问题的通知》等。

(一) 征收范围

国家为了公共利益的需要,可以依照法律规定对土地实行征收或者征用并给予补偿。涉及"公共利益"具体说明的,只有 2011 年《国有土地上房屋征收与补偿条例》第八条。该条款规定:"为了保障国家安全、促进国民经济和社会发展等公共利益的需要,有下列情形之一,确需征收房屋的,由市、县级人民政府作出房屋征收决定:(1)国防和外交的需要;(2)由政府组织实施的能源、交通、水利等基础设施建设的需要;(3)由政府组织实施的科技、教育、文化、卫生、体育、环境和资源保护、防灾减灾、文物保护、社会福利、市政公用等公共事业的需要;(4)由政府组织实施的保障性安居工程建设的需要;(5)由政府依照城乡规划法有关规定组织实施的对危房集中、基础设施落后等地段进行旧城区改建的需要;(6)法律、行政法规规定的其他公共利益的需要。"虽然此法不是用来规范集体土地的征收,但有助于了解政府对"公共利益"内涵的界定。

从如上条款可以看出,除各种公共基础设施和公共服务事业建设外,"促进国民经济和社会发展"被认为是"公共利益"。事实上,多年来地方政府凡是城市建设和城市发展需要占用农村集体土地的,一般都采取了征收的方式。

(二)征收程序

按照现行《中华人民共和国土地管理法实施条例》,集体土地的征收程序分为两种情况,一是为实施规划需要占用集体土地适用的程序,二是能源、交通、水利、矿山、军事设施等建设项目需要占用集体土地适用的程序。

1. 为实施规划需要。按照《中华人民共和国土地管理法实施条例》第二十条规定,在土地利用总体规划确定的城市建设用地范围内,为实施城市规划占用土地的,按照下列规定办理:

(1)市、县人民政府按照土地利用年度计划拟订农用地转用方案、补充耕地方案、征收土地方案,分批次逐级上报有批准权的人民政府。

(2)有批准权的人民政府土地行政主管部门对农用地转用方案、补充耕地方案、征收土地方案进行审查,提出审查意见,报有批准权的人民政府批准;其中,补充耕地方案由批准农用地转用方案的人民政府在批准农用地转用方案时一并批准。

(3)农用地转用方案、补充耕地方案、征收土地方案经批准后,由市、县人民政府组织实施,按具体建设项目分别供地。

(4)征收土地方案经依法批准后,由被征收土地所在地的市、县人民政府组织实施,并将批准征地机关、批准文号、征收土地的用途、范围、面积以及征地补偿标准、农业人员安置办法和办理征地补偿的期限等,在被征收土地所在地的乡(镇)、村予以公告。

(5)被征收土地的所有权人、使用权人应当在公告规定的期限内,持土地权属证书到公告指定的人民政府土地行政主管部门办理征地补偿登记。

(6)市、县人民政府土地行政主管部门根据经批准的征收土地方案,会同有关部门拟订征地补偿、安置方案,在被征收土地所在地的乡(镇)、村予以公告,听取被征收土地的农村集体经济组织和农民的意见。

(7)征地补偿、安置方案报市、县人民政府批准后,由市、县人民政府土地行政主管部门组织实施。对补偿标准有争议的,由县级以上地方人民政府协调;协调不成的,由批准征收土地的人民政府裁决。征地补偿、安置争议不影响征收土地方案的实施。

2. 为能源、交通、水利、矿山、军事设施等建设项目需要:

(1)建设单位持土地行政主管部门出具的建设项目用地预审报告、批准的可行性研究报告等有关批准文件,向市、县人民政府土地行政主管部门提出建设用地申请。

（2）市、县人民政府土地行政主管部门审查，拟订农用地转用方案、补充耕地方案、征收土地方案和供地方案（建设项目涉及农民集体所有的未利用地的，只报批征收土地方案和供地方案），经市、县人民政府审核同意后，逐级上报有批准权的人民政府批准。

（3）农用地转用方案、补充耕地方案、征收土地方案和供地方案经批准后，由市、县人民政府组织实施，向建设单位颁发建设用地批准书。

（4）征收土地方案经依法批准后，由被征收土地所在地的市、县人民政府组织实施，并将批准征地机关、批准文号、征收土地的用途、范围、面积以及征地补偿标准、农业人员安置办法和办理征地补偿的期限等，在被征收土地所在地的乡（镇）、村予以公告。

（5）被征收土地的所有权人、使用权人应当在公告规定的期限内，持土地权属证书到公告指定的人民政府土地行政主管部门办理征地补偿登记。

（6）市、县人民政府土地行政主管部门根据经批准的征收土地方案，会同有关部门拟订征地补偿、安置方案，在被征收土地所在地的乡（镇）、村予以公告，听取被征收土地的农村集体经济组织和农民的意见。

（7）征地补偿、安置方案报市、县人民政府批准后，由市、县人民政府土地行政主管部门组织实施。对补偿标准有争议的，由县级以上地方人民政府协调；协调不成的，由批准征收土地的人民政府裁决。征地补偿、安置争议不影响征收土地方案的实施。

3. 程序调整。如上所示，现行法律对集体土地的征收程序，是先批准，再实施，同时公告所征土地的所有者和使用者，且对公告后发生的征地补偿、安置争议不影响征用土地方案的实施。为完善现行法律在征地程序上的不足，2004年11月国土资源部出台了《关于印发〈关于完善征地补偿安置制度的指导意见〉的通知》，在征地行为报批之前增加了告知和确认的程序。

（1）告知征地情况。在征地依法报批前，当地国土资源部门应将拟征地的用途、位置、补偿标准、安置途径等，以书面形式告知被征地农村集体经济组织和农户。

（2）确认征地调查结果。当地国土资源部门对拟征土地的权属、地类、面积以及地上附着物权属、种类、数量等现状进行调查，并把调查结果与被征地农村集体经济组织、农户和地上附着物产权人共同确认。

（3）组织征地听证。在征地依法报批前，当地国土资源部门应告知被征地农村集体经济组织和农户，对拟征土地的补偿标准、安置途径有申请听证的权利。当事人申请听证的，按照《国土资源听证规定》规定的程序和有关要求组织听证。

（三）征收补偿

按照现行法律规定，征收集体土地的，按照被征收土地的原用途给予补偿。随着经济发展和人们生活水平的提高，原规定的补偿标准早已经不适应现实需要，2004年和2006年国家连续出台文件，要保障被征地农民生活水平不降低。按照《国务院关于加强土地调控有关问题的通知》要求，征地补偿要切实保障被征地农民的长远生计，征地补偿安置必须以确保被征地农民原有生活水平不降低、长远生计有保障为原则。

1. 耕地及其附着物补偿。征收耕地的补偿费用包括土地补偿费、安置补助费以及地上附着物和青苗的补偿费。征收耕地的土地补偿费,为该耕地被征收前三年平均年产值的六至十倍。被征收土地上的附着物和青苗的补偿标准,由省、自治区、直辖市规定。

征收耕地的安置补助费,按照需要安置的农业人口数计算。每一个需要安置的农业人口的安置补助费标准,为该耕地被征收前三年平均年产值的四至六倍。但是,每公顷被征收耕地的安置补助费,最高不得超过被征收前三年平均年产值的十五倍。尚不能使需要安置的农民保持原有生活水平的,经省、自治区、直辖市人民政府批准,可以增加安置补助费。

土地补偿费和安置补助费的总和不得超过土地被征收前三年平均年产值的三十倍。尚不足以使被征地农民保持原有生活水平的,由当地人民政府统筹安排,从国有土地有偿使用收益中划出一定比例给予补贴。经依法批准占用基本农田的,征地补偿按当地人民政府公布的最高补偿标准执行。根据《关于完善征地补偿安置制度的指导意见》的要求,征地补偿标准要求做到"同地同价"。

被征收土地上的附着物和青苗的补偿标准,由省、自治区、直辖市规定。按照现行规定,宅基地及其上的房屋按照耕地上的附着物补偿,未参照《国有土地上房屋征收与补偿条例》。

2. 就业与社会保障。根据2006年的《关于做好被征地农民就业培训和社会保障工作指导意见的通知》,在城市规划区内,当地人民政府应将被征地农民纳入城镇就业体系,并建立社会保障制度。在城市规划区外,应保证在本行政区域内为被征地农民留有必要的耕地或安排相应的工作岗位,并纳入农村社会保障体系;对不具备生产生活条件地区的被征地农民,要异地移民安置,并纳入安置地的社会保障体系。

被征地农民基本生活和养老保障水准,应不低于当地最低生活保障标准。2006年的《国务院关于加强土地调控有关问题的通知》规定,被征地农民的社会保障费用,按有关规定纳入征地补偿安置费用,不足部分由当地政府从国有土地有偿使用收入中解决。社会保障费用不落实的不得批准征地。

根据《关于印发〈关于完善征地补偿安置制度的指导意见〉的通知》,被征地农民就业安置途径有四种。一是农业生产安置。对征收城市规划区外的农民集体土地,通过利用农村集体机动地、承包农户自愿交回的承包地、承包地流转和土地开发整理新增加的耕地等,使被征地农民有必要的耕作土地,继续从事农业生产。二是重新择业安置。要求积极创造条件,向被征地农民提供免费的劳动技能培训,安排相应的工作岗位。规定在同等条件下,用地单位应优先吸收被征地农民就业。对征收城市规划区内的农民集体土地,将因征地而导致无地的农民,纳入城镇就业体系,并建立社会保障制度。三是入股分红安置。对有长期稳定收益的项目用地,在农户自愿的前提下,被征地农村集体经济组织经与用地单位协商,可以以征地补偿安置费用入股,或以经批准的建设用地土地使用权作价入股。农村集体经济组织和农户通过合同约定以优先股的方式获取收益。四是异地移民安置。本地区确实无法为因征地而导致无地的农民提供基本生产生活条件的,在充分征求被征地农村集体经济组织和农户意见的前提下,可由政府统一组织,实行异地移民安置。

二、土地的储备

2001年,针对国有土地资产通过市场配置的比例不高,透明度低;划拨土地大量非法入市,隐形交易;随意减免地价,挤占国有土地收益的现象严重,为加强国有土地资产管理,防止国有土地资产流失,出台了《国务院关于加强国有土地资产管理的通知》,提出要严格实行国有土地有偿使用制度、大力推行国有土地使用权招标、拍卖。为增强政府对土地市场的调控能力,有条件的地方政府要对建设用地试行收购储备制度。

2007年11月19日,国土资源部、财政部、中国人民银行联合制定发布了《土地储备管理办法》,按照该办法规定,"土地储备"是指市、县人民政府国土资源管理部门为实现调控土地市场、促进土地资源合理利用目标,依法取得土地,进行前期开发、储存以备供应土地的行为。

(一)储备主体

土地储备是为国土资源管理部门管理需要而设定的,根据该办法,作为储备主体的土地储备机构被限定为市、县人民政府批准成立、具有独立的法人资格、隶属于国土资源管理部门、统一承担本行政辖区内土地储备工作的事业单位。

(二)储备土地来源

可用于储备的土地包括了所有政府可以用来出让的土地。根据《土地储备管理办法》,下列土地可以纳入土地储备范围:

1. 依法收回的国有土地;
2. 收购的土地;
3. 行使优先购买权取得的土地;
4. 已办理农用地转用、土地征收批准手续的土地;
5. 其他依法取得的土地。

如上土地如有需要注销土地登记的,注销手续办理后纳入土地储备。从上可见,可以纳入土地储备范围的是政府依法取得的土地。

(三)储备主体的职能

一是负责储备土地的前期开发。根据《土地储备管理办法》,土地储备机构应对纳入储备的土地特别是依法征收后纳入储备的土地进行必要的前期开发,使之具备供应条件。如前期开发涉及道路、供水、供电、供气、排水、通信、照明、绿化、土地平整等基础设施建设的,土地储备机构还需要按照有关规定,通过公开招标方式选择工程实施单位。

二是对暂时不能出让的土地进行保护、管理和利用。对纳入储备的土地采取必要的措施予以保护管理,防止侵害储备土地权利行为的发生。在不影响储备土地供应的情况下,可将储备土地或连同地上建(构)筑物,通过出租、临时使用等方式在不超过两年的期限内加以利用。

三是为储备土地、实施前期开发进行融资。2015年以前,地方土地储备资金的来源以银行贷款为主。土地储备机构以合法的土地使用证作为抵押向金融机构申请贷款。2015年起实施的新预算法(2014年修订)禁止地方政府以土地使用证作为抵押向金融机构申请贷款除非发行地方政府债券方式举借债务,土地储备融资需求开始通过省级政府发行地方政府债券方式解决。按照2017年6月财政部、国土资源部印发的《地方政府土地储备专项债券管理办法(试行)》,土地储备机构负责测算提出土地储备资金需求,配合提供土地储备专项债券发行相关材料,并应当根据土地市场情况和下一年度土地储备计划,编制下一年度土地储备项目收支计划,提出下一年度土地储备资金需求,报本级国土资源部门审核、财政部门复核。省级政府在下达的土地储备专项债券额度范围内统一发行债券。债券资金由财政部门纳入政府性基金预算管理,并由纳入国土资源部名录管理的土地储备机构专项用于土地储备。

三、土地取得新趋势

2013年中共十八届三中全会明确提出要建立城乡统一的建设用地市场,随后在政策层面和实践层面展开改革,未来城市土地的取得方式不仅包括向农村集体征收土地,还包括农村集体作为土地所有者直接将土地供应市场。2013年11月12日,中共十八届三中全会通过《中共中央关于全面深化改革若干重大问题的决定》,明确指出,要"建立城乡统一的建设用地市场。在符合规划和用途管制前提下,允许农村集体经营性建设用地出让、租赁、入股,实行与国有土地同等入市、同权同价"。2015年1月,中共中央办公厅和国务院办公厅联合印发了《关于农村土地征收、集体经营性建设用地入市、宅基地制度改革试点工作的意见》。2015年2月27日,全国人大常委会通过了《关于授权国务院在北京市大兴区等33个试点县(市、区)行政区域暂时调整实施有关法律规定的决定》,允许33个试点地区暂时调整实施《土地管理法》和《城市房地产管理法》的部分相关条款。其中,15个试点县(市、区)试点农村集体经营性建设用地入市。2015年8月19日,首宗农村集体经营性建设用地入市在浙江省德清县实现,此后又有贵州湄潭、四川郫县多宗地块集中入市。2016年9月中央再次把土地征收制度改革和农村集体经营性建设用地入市改革扩大到现有33个试点地区。2017年5月23日,国土资源部正式发布《中华人民共和国土地管理法(修正案)》(征求意见稿),规定"符合土地利用总体规划的集体经营性建设用地,土地所有权人可以采取出让、租赁、作价出资或者入股等方式入市"。

第三节 城市土地的供应

我国实行建设用地供应总量控制,要求各地政府按照土地利用总体规划、城市规划和土地利用年度计划,严格控制新增建设用地供应总量。根据2016年5月12日的《土地利用年度计划管理办法》(国土资源部第66号令),土地利用年度计划指标包括:新增建设用地计划指标、土地整治补充耕地计划指标、耕地保有量计划指标、城乡建设用地增减挂钩指标和工矿废弃物复垦利用指标。

根据我国现行《土地管理法》,城市土地的供应指的是建设用地的土地使用权的供应,包括两种形式:出让和划拨。

一、土地的出让

目前我国的土地出让是指国有土地建设用地出让。

(一) 内涵和特征

1. 土地出让概念界定。根据1990年的《中华人民共和国城镇国有土地使用权出让和转让暂行条例》,土地使用权出让是指国家以土地所有者的身份将土地使用权在一定年限内让与土地使用者,并由土地使用者向国家支付土地使用权出让金的行为。

2. 土地出让的特征:一是有期限。土地使用权出让最高年限按土地用途确定,居住用地为七十年;工业用地五十年;教育、科技、文化、卫生、体育用地五十年;商业、旅游、娱乐用地四十年;综合或者其他用地五十年。国家在出让合同约定的使用年限届满前不收回,但在特殊情况下,根据社会公共利益的需要,可以依照法律程序提前收回,并根据土地使用者使用土地的实际年限和开发土地的实际情况给予相应的补偿。

二是必须符合规划。土地使用权出让,必须符合土地利用总体规划、城市规划和年度建设用地计划。

三是有时序。我国土地使用权的出让,是按计划、有步骤进行的。出让的地块、用途、年限和其他条件,由市、县人民政府土地管理部门会同城市规划和建设、房产管理部门共同拟定方案,按照国务院规定的批准权限批准后,由市、县人民政府土地管理部门实施[①]。

四是受合同制约。土地使用权的出让,需要签订书面出让合同,合同由市、县人民政府土地管理部门与土地使用者签订。土地使用者在签订土地使用权出让合同后六十日内,按合同支付全部土地使用权出让金。依照规定办理登记领取土地使用证,取得土地使用权。并按照土地使用权出让合同的规定和城市规划的要求,开发、利用、经营土地。

五是取得者有处置权。通过出让取得土地使用权的,可以把土地使用权转让、出租、抵押。其中,转让是指土地使用者将土地使用权再转让的行为,包括出售、交换和赠与。出租是指土地使用者作为出租人将土地使用权随同地上建筑物、其他附着物租赁给承租人使用,由承租人向出租人支付租金的行为。未按土地使用权出让合同规定的期限和条件投资开发、利用土地的,土地使用权不得转让或出租。

(二) 土地出让方式

目前,我国城市土地使用权出让可以采取下列方式:协议、招标、拍卖和挂牌。

---

① 参见2007年修订的《中华人民共和国城市房地产管理法》第十二条。

同一地块有两个或者两个以上意向用地者的,市、县人民政府国土资源行政主管部门应当按照《招标拍卖挂牌出让国有土地使用权规定》,采取招标、拍卖或者挂牌方式出让。

在公布的地段上,同一地块只有一个意向用地者的,市、县人民政府国土资源行政主管部门方可按照本规定采取协议方式出让;但商业、旅游、娱乐和商品住宅等经营性用地除外。采取双方协议方式出让土地使用权的出让金不得低于按国家规定所确定的最低价,且公布协议出让结果的时间不得少于 15 日。①

(三) 土地出让程序

1. 招标拍卖挂牌出让程序:②

(1) 公布出让计划,确定供地方式;

(2) 编制、确定出让方案;

(3) 地价评估,确定出让底价;

(4) 编制出让文件;

(5) 发布出让公告;

(6) 申请和资格审查;

(7) 招标拍卖挂牌活动实施;

(8) 签订出让合同,公布出让结果;

(9) 核发《建设用地批准书》,交付土地;

(10) 办理土地登记;

(11) 资料归档。

2. 协议出让国有土地使用权的一般程序:③

(1) 公开出让信息,接受用地申请,确定供地方式;

(2) 编制协议出让方案;

(3) 地价评估,确定底价;

(4) 协议出让方案、底价报批;

(5) 协商,签订意向书;

(6) 公示;

(7) 签订出让合同,公布出让结果;

(8) 核发《建设用地批准书》,交付土地;

(9) 办理土地登记;

(10) 资料归档。

土地使用者需要改变土地使用权出让合同约定的土地用途的,必须取得出让方和市、县人民政府城市规划行政主管部门的同意,签订土地使用权出让合同变更协议或者

---

① 参见 2003 年的《协议出让国有土地使用权规定》(中华人民共和国国土资源部令第 21 号)第九条。
② 参见 2006 年的《招标拍卖挂牌出让国有土地使用权规范(试行)》第 4、4、5 部分。
③ 参见 2006 年的《协议出让国有土地使用权规范(试行)》第 5 部分。

重新签订土地使用权出让合同,相应调整土地使用权出让金。土地使用权出让金全部上缴财政,列入预算,用于城市基础设施建设和土地开发。

(四)土地出让中止

土地使用权因土地使用权出让合同规定的使用年限届满、提前收回及土地灭失等原因而终止。

土地出让合同期满,土地使用权及其地上建筑物、其他附着物所有权由国家无偿取得。土地使用者应当交还土地使用证,并依照规定办理注销登记。

土地使用权期满,土地使用者可以申请续期。需要续期的,需要按照重新签订合同,支付土地使用权出让金,并办理登记。

二、土地的划拨

(一)内涵

土地使用权划拨,是指县级以上人民政府依法批准,在土地使用者缴纳补偿、安置等费用后将该幅土地交付其使用,或者将土地使用权无偿交付给土地使用者使用的行为[1]。是指土地使用者通过除出让土地使用权以外的其他各种方式依法取得的国有土地使用权[2]。

(二)范围

现行法律规定,建设单位使用国有土地,应当以出让等有偿使用方式取得。但是,下列建设用地,经县级以上人民政府依法批准,可以以划拨方式取得:

1. 国家机关用地和军事用地;
2. 城市基础设施用地和公益事业用地;
3. 国家重点扶持的能源、交通、水利等基础设施用地;
4. 法律、行政法规规定的其他用地。

2014年国家扩大了国有土地有偿使用范围。3月27日国土资源部发布《节约集约利用土地规定》,其中第二十一条规定:除军事、保障性住房和涉及国家安全和公共秩序的特殊用地可以以划拨方式供应外,国家机关办公和交通、能源、水利等基础设施(产业)、城市基础设施以及各类社会事业用地中的经营性用地,实行有偿使用。

(三)期限

依照现行法律,以划拨方式取得土地使用权的,除法律、行政法规另有规定外,没有使用期限的限制。

(四)土地使用权限制

经划拨取得的土地,不得转让、出租、抵押土地使用权。对未经批准擅自转让、出租、抵押划拨土地使用权的单位和个人,市、县人民政府土地管理部门有权没收其非法

---

[1] 参见 2007 年修订的《中华人民共和国城市房地产管理法》第二十三条。
[2] 参见 1992 年的《划拨土地使用权管理暂行办法》第二条。

收入,并根据情节处以罚款。

根据《划拨土地使用权管理暂行办法》和《中华人民共和国城镇国有土地使用权出让和转让暂行条例》,划拨土地使用权和地上建筑物、其他附着物所有权要转让、出租、抵押,必须符合下列条件,并经市、县人民政府土地管理部门和房产管理部门批准。

1. 土地使用者为公司、企业、其他经济组织和个人;
2. 领有国有土地使用证;
3. 具有合法的地上建筑物、其他附着物产权证明;
4. 依照《中华人民共和国城镇国有土地使用权出让和转让暂行条例》第二章的规定签订土地使用权出让合同,向当地市、县人民政府补交土地使用权出让金或者以转让、出租、抵押所获效益抵交土地使用权出让金。

(五)收回

在如下几种情况下,国家可无偿收回划拨土地使用权,而对其地上建筑物、其他附着物,市、县人民政府应当根据实际情况给予适当补偿。

1. 无偿取得划拨土地使用权的土地使用者,因迁移、解散、撤销、破产或者其他原因而停止使用土地。
2. 市、县人民政府根据城市建设发展需要和城市规划的要求,可以无偿收回。

三、近年城市土地供应分析

在集体土地不可直接入市之前,城市土地的供应基本等同于国有建设用地供应。

(一)2013年达到高位后,我国城市土地供应量逐渐减少

2016年,国有建设用地供应量共51.8万公顷(合777万亩),其中工矿仓储用地、商服用地、住宅用地和基础设施用地比例分别为23%、7%、14%和56%。大部分的土地供应于基础设施建设。2010年到2016年7年间,国有建设用地供应经历了先增加后减少的过程,到2013年土地供应量达到最高,为73.05万公顷(合1 096万亩),以后逐年下降。

表9-4 国有建设用地供应量及供应结构

年份	国有建设用地供应(万公顷)	供应量(万公顷)				比例(%)			
		工矿仓储用地	商服用地	住宅用地	基础设施	工矿仓储用地	商服用地	住宅用地	基础设施
2010	42.82	15.27	3.87	11.44	12.24	36	9	27	29
2011	58.77	19.26	4.21	12.52	22.78	33	7	21	39
2012	69.04	20.35	4.94	11.08	32.66	29	7	16	47
2013	73.05	21.00	6.51	13.81	31.73	29	9	19	43
2014	60.99	14.73	4.93	10.21	31.12	24	8	17	51
2015	53.36	12.48	3.71	8.26	28.91	23	7	15	54
2016	51.8	12.08	3.46	7.29	28.97	23	7	14	56

资料来源:根据2010—2016年《中国国土资源公报》数据整理。

分地区看,东部、中部和西部地区供地面积分别占全国供地总量的37.4%、27.2%和35.4%,占比较上年分别增加3.9个、减少0.2个和减少3.8个百分点(2016年中国国土资源公报)。

(二) 2014年开始城市土地供应半数以上用于基础设施用地

从土地供应结构来看,2010年到2016年,工矿仓储用地、商服用地和住宅用地三类用地的供应趋势与总量供应的趋势类似,在2013年达到历史最高点,以后下降明显,到2016年均保持下降趋势。不同的是基础设施用地,也在2013年达到最高供应量,但后几年均保持了较高的供应,2016年的供应量还略高于2015年。相应的,在前三类用地比例均明显下降的情况下,基础设施用地所占的比重处于上升趋势。2010年到2016年,前三类用地的比例分别减少13、2、13个百分点,基础设施用地比例增加了17个百分点。

(三) 2012年开始城市土地以划拨形式供应比例过半

与基础设施用地供应上升相对应,划拨的供应方式所占比例上升,2010年到2016年,除土地供应历史最高位的2013年外,划拨供应的比例逐年上升,从2010年的32%上升到2016年的60%。2012年开始,划拨占国有建设用地全年供应量的比例均不低于50%。

同时,2013年后,受供应总量下降的影响,划拨土地面积有所下降,2016年划拨供应的土地面积为30.98万公顷。与2010年相比,仍增长了1.3倍。

表9-5 国有建设用地供应量及供应结构

年份	国有建设用地供应(万公顷)	出让面积(万公顷)	划拨面积(万公顷)	划拨比例(%)
2010	42.82	29.15	13.67	32
2011	58.77	33.39	25.38	43
2012	69.04	32.28	36.76	53
2013	73.05	36.7	36.35	50
2014	60.99	27.18	33.81	55
2015	53.36	22.14	31.22	59
2016	51.8	20.82	30.98	60

资料来源:根据2010—2016年《中国国土资源公报》数据整理,其中,"划拨面积"根据国有建设用地供应量和出让面积之差取得。

(四) 2013年后出让面积逐年下降,招拍挂出让比例稳定在高位

2013年,出让面积达到最高为36.7万公顷,以后两年的出让面积分别以26%和19%的速度下降,到2016年国有建设用地出让面积为20.82%,为七年来最低位。以出让方式供应的土地实行招拍挂的,2015年占全部出让土地的92%,高于2010年4个百分点。

表 9-6 国有建设用地出让面积、价款及方式

年份	出让国有建设用地面积（万公顷）	出让合同价款（万亿元）	通过招拍挂出让（万公顷）	出让合同价款（万亿元）	出让单价（万元/公顷）	招拍挂出让单价（万元/公顷）	招拍挂出让比例（%）
2010	29.15	2.71	25.73	2.6	930	1 010	88
2011	33.39	3.15	30.47	3.02	943	991	91
2012	32.28	2.69	29.3	2.55	833	870	91
2013	36.7	4.2	33.88	4.04	1 144	1 192	92
2014	27.18	3.34	25.15	3.18	1 229	1 264	93
2015	22.14	2.98	20.44	2.86	1 346	1 399	92
2016	20.82	3.56			1 710		

资料来源:根据 2010—2016 年《中国国土资源公报》数据整理。

（五）土地出让价格呈上升趋势,住宅用地价格增长更快

从土地出让价格来看,2010 年到 2016 年,除了在 2012 年单价有所下降外,呈逐年上升趋势,2016 年土地出让价格达到 1 710 万元/公顷(114 万元/亩)。招拍挂出让价格稍高一些。

从结构方面分析,根据全国 105 个主要城市的地价数据可见,2010 年到 2016 年,商业、住宅、工业用地价格全部逐年上升,6 年的综合地价年增长率为 5%,商业用地年增长率与综合地价持平,住宅用地年增长率为 6%,超过综合地价年增长率 2 个百分点,工业用地价格年增长率低于综合地价 2 个百分点。

表 9-7 全国 105 个主要城市年末综合地价

年份	综合地价（元/平方米）	商业用地（元/平方米）	住宅用地（元/平方米）	工业用地（元/平方米）
2010	2 881	5 181	4 244	629
2011	3 049	5 654	4 518	652
2012	3 129	5 843	4 620	670
2013	3 349	6 306	5 033	700
2014	3 522	6 552	5 277	742
2015	3 633	6 729	5 484	760
2016	3 826	6 937	5 910	782
年增长率(%)	5	5	6	4

资料来源:根据 2010—2016 年《中国国土资源公报》数据整理。

附录　城市用地分类与案例实践

附录一　城乡用地分类及代码

类别代码			类别名称	范围
大类	中类	小类		
H			建设用地	包括城乡居民点建设用地、区域交通设施用地、区域公用设施用地、特殊用地、采矿用地等
	H1	H11	城乡居民点建设用地	城市、镇、乡、村庄以及独立的建设用地
			城市建设用地	城市和县人民政府所在地镇内的居住用地、公共管理与公共服务用地、商业服务业设施用地、工业用地、物流仓储用地、交通设施用地、公用设施用地、绿地
		H12	镇建设用地	非县人民政府所在地镇的建设用地
		H13	乡建设用地	乡人民政府驻地的建设用地
		H14	村庄建设用地	农村居民点的建设用地
	H2		区域交通设施用地	铁路、公路、港口、机场和管道运输等区域交通运输及其附属设施用地,不包括中心城区的铁路客货运站、公路长途客货运站以及港口客运码头
		H21	铁路用地	铁路编组站、线路等用地
		H22	公路用地	高速公路、国道、省道、县道和乡道用地及附属设施用地
		H23	港口用地	海港和河港的陆域部分,包括码头作业区、辅助生产区等用地
		H24	机场用地	民用及军民合用的机场用地,包括飞行区、航站区等用地
		H25	管道运输用地	运输煤炭、石油和天然气等地面管道运输用地
	H3		区域公用设施用地	为区域服务的公用设施用地,包括区域性能源设施、水工设施、通信设施、殡葬设施、环卫设施、排水设施等用地
	H4		特殊用地	特殊性质的用地
		H41	军事用地	专门用于军事目的的设施用地,不包括部队家属生活区和军民共用设施等用地
		H42	安保用地	监狱、拘留所、劳改场所和安全保卫设施等用地,不包括公安局用地
	H5		采矿用地	采矿、采石、采沙、盐田、砖瓦窑等地面生产用地及尾矿堆放地
	H9		其他建设用地	除以上之外的建设用地,包括边境口岸和风景名胜区、森林公园等的管理及服务设施等用地

(续表)

类别代码			类别名称	范围
大类	中类	小类		
E			非建设用地	水域、农林等非建设用地
	E1		水域	河流、湖泊、水库、坑塘、沟渠、滩涂、冰川及永久积雪,不包括公园绿地及单位内的水域
		E11	自然水域	河流、湖泊、滩涂、冰川及永久积雪
		E12	水库	人工拦截汇集而成的总库容不小于 10 万 m^3 的水库正常蓄水位岸线所围成的水面
		E13	坑塘沟渠	蓄水量小于 10 万 m^3 的坑塘水面和人工修建用于引、排、灌的渠道
	E2		农林用地	耕地、园地、林地、牧草地、设施农用地、田坎、农村道路等用地
	E9		其他非建设用地	空闲地、盐碱地、沼泽地、沙地、裸地、不用于畜牧业的草地等用地

资料来源:《城市用地分类与规划建设用地标准》(GB50137-2011)。

附录二 城市建设用地分类和代码

类别代码			类别名称	范围
大类	中类	小类		
R			居住用地	住宅和相应服务设施的用地
	R1		一类居住用地	公用设施、交通设施和公共服务设施齐全、布局完整、环境良好的低层住区用地
		R11	住宅用地	住宅建筑用地、住区内城市支路以下的道路、停车场及其社区附属绿地
		R12	服务设施用地	住区主要公共设施和服务设施用地,包括幼托、文化体育设施、商业金融、社区卫生服务站、公用设施等用地,不包括中小学用地
	R2		二类居住用地	公用设施、交通设施和公共服务设施较齐全、布局较完整、环境良好的多、中、高层住区用地
		R20	保障性住宅用地	住宅建筑用地、住区内城市支路以下的道路、停车场及其社区附属绿地
		R21	住宅用地	
		R22	服务设施用地	住区主要公共设施和服务设施用地,包括幼托、文化体育设施、商业金融、社区卫生服务站、公用设施等用地,不包括中小学用地
	R3		三类居住用地	公用设施、交通设施不齐全,公共服务设施较欠缺,环境较差,需要加以改造的简陋住区用地,包括危房、棚户区、临时住宅等用地
		R31	住宅用地	住宅建筑用地、住区内城市支路以下的道路、停车场及其社区附属绿地
		R32	服务设施用地	住区主要公共设施和服务设施用地,包括幼托、文化体育设施、商业金融、社区卫生服务站、公用设施等用地,不包括中小学用地

(续表)

类别代码			类别名称	范围
大类	中类	小类		
A			公共管理与公共服务用地	行政、文化、教育、体育、卫生等机构和设施的用地，不包括居住用地中的服务设施用地
	A1		行政办公用地	党政机关、社会团体、事业单位等机构及其相关设施用地
	A2		文化设施用地	图书、展览等公共文化活动设施用地
		A21	图书展览设施用地	公共图书馆、博物馆、科技馆、纪念馆、美术馆和展览馆、会展中心等设施用地
		A22	文化活动设施用地	综合文化活动中心、文化馆、青少年宫、儿童活动中心、老年活动中心等设施用地
	A3		教育科研用地	高等院校、中等专业学校、中学、小学、科研事业单位等用地，包括为学校配建的独立地段的学生生活用地
		A31	高等院校用地	大学、学院、专科学校、研究生院、电视大学、党校、干部学校及其附属用地，包括军事院校用地
		A32	中等专业学校用地	中等专业学校、技工学校、职业学校等用地，不包括附属于普通中学内的职业高中用地
		A33	中小学用地	中学、小学用地
		A34	特殊教育用地	聋、哑、盲人学校及工读学校等用地
		A35	科研用地	科研事业单位用地
	A4		体育用地	体育场馆和体育训练基地等用地，不包括学校等机构专用的体育设施用地
		A41	体育场馆用地	室内外体育运动用地，包括体育场馆、游泳场馆、各类球场及其附属的业余体校等用地
		A42	体育训练用地	为各类体育运动专设的训练基地用地
	A5		医疗卫生用地	医疗、保健、卫生、防疫、康复和急救设施等用地
		A51	医院用地	综合医院、专科医院、社区卫生服务中心等用地
		A52	卫生防疫用地	卫生防疫站、专科防治所、检验中心和动物检疫站等用地
		A53	特殊医疗用地	对环境有特殊要求的传染病、精神病等专科医院用地

(续表)

类别代码			类别名称	范围
大类	中类	小类		
A		A59	其他医疗卫生用地	急救中心、血库等用地
	A6		社会福利设施用地	为社会提供福利和慈善服务的设施及其附属设施用地,包括福利院、养老院、孤儿院等用地
	A7		文物古迹用地	具有历史、艺术、科学价值且没有其他使用功能的建筑物、构筑物、遗址、墓葬等用地
	A8		外事用地	外国驻华使馆、领事馆、国际机构及其生活设施等用地
	A9		宗教设施用地	宗教活动场所用地
B			商业服务业设施用地	各类商业、商务、娱乐康体等设施用地,不包括居住用地中的服务设施用地以及公共管理与公共服务用地内的事业单位用地
	B1		商业用地	各类商业经营活动及餐饮、旅馆等服务业用地
		B11	零售商业用地	商铺、商场、超市、服装及小商品市场等用地
		B12	批发市场用地	以批发功能为主的市场用地
		B13	餐饮业用地	饭店、餐厅、酒吧等用地
		B14	旅馆用地	宾馆、旅馆、招待所、服务型公寓、度假村等用地
	B2		商务用地	金融、保险、证券、新闻出版、文艺团体等综合性办公用地
		B21	金融保险业用地	银行及分理处、信用社、信托投资公司、证券期货交易所、保险公司,以及各类公司总部及综合性商务办公楼宇等用地
		B22	艺术传媒产业用地	音乐、美术、影视、广告、网络媒体等的制作及管理设施用地
		B29	其他商务设施用地	邮政、电信、工程咨询、技术服务、会计和法律服务以及其他中介服务等的办公用地
	B3		娱乐康体用地	各类娱乐、康体等设施用地
		B31	娱乐用地	单独设置的剧院、音乐厅、电影院、歌舞厅、网吧以及绿地率小于65%的大型游乐等设施用地
		B32	康体用地	单独设置的高尔夫练习场、赛马场、溜冰场、跳伞场、摩托车场、射击场,以及水上运动的陆域部分等用地
	B4		公用设施营业网点用地	零售加油、加气、电信、邮政等公用设施营业网点用地
		B41	加油加气站用地	零售加油、加气以及液化石油气换瓶站用地

（续表）

类别代码			类别名称	范围
大类	中类	小类		
B	B4	B49	其他公用设施营业网点用地	电信、邮政、供水、燃气、供电、供热等其他公用设施营业网点用地
	B9		其他服务设施用地	业余学校、民营培训机构、私人诊所、宠物医院等其他服务设施用地
M			工业用地	工矿企业的生产车间、库房及其附属设施等用地，包括专用铁路、码头和附属道路、停车场等用地，不包括露天矿用地
	M1		一类工业用地	对居住和公共环境基本无干扰、污染和安全隐患的工业用地
	M2		二类工业用地	对居住和公共环境有一定干扰、污染和安全隐患的工业用地
	M3		三类工业用地	对居住和公共环境有严重干扰、污染和安全隐患的工业用地（需布置绿化防护用地）
W			物流仓储用地	物资储备、中转、配送等用地，包括附属道路、停车场以及货运公司车队的站场等用地
	W1		一类物流仓储用地	对居住和公共环境基本无干扰、污染和安全隐患的物流仓储用地
	W2		二类物流仓储用地	对居住和公共环境有一定干扰、污染和安全隐患的物流仓储用地
	W3		三类物流仓储用地	存放易燃、易爆和剧毒等危险品的专用物流仓储用地
S			道路与交通设施用地	城市道路、交通设施等用地，不包括居住用地、工业用地等内部的道路、停车场等用地
	S1		城市道路用地	快速路、主干路、次干路和支路等用地，包括其交叉口用地
	S2		轨道交通线路用地	独立地段的城市轨道交通地面以上部分的线路、站点用地
	S3		交通枢纽用地	铁路客货运站、公路长途客货运站、港口客运码头、公交枢纽及其附属设施用地
	S4		交通场站用地	静态交通设施用地，不包括交通指挥中心、交通队用地
		S41	公共交通场站用地	公共汽车、出租汽车、轨道交通（地面部分）的车辆段、地面站、首末站、停车场（库）、保养场等用地，以及轮渡、缆车、索道等的地面部分及其附属设施用地
		S42	社会停车场用地	公共使用的停车场和停车库用地，不包括其他各类用地配建的停车场（库）用地

(续表)

类别代码			类别名称	范围
大类	中类	小类		
	S9		其他交通设施用地	除以上之外的交通设施用地,包括教练场等用地
U			公用设施用地	供应、环境、安全等设施用地
	U1		供应设施用地	供水、供电、供燃气和供热等设施用地
		U11	供水用地	城市取水设施、水厂、加压站及其附属的构筑物用地,包括泵房和高位水池等用地
		U12	供电用地	变电站、配电所、高压塔基等用地,不包括各类发电设施用地
		U13	供燃气用地	分输站、门站、储气站、加气母站、液化石油气储配站、灌瓶站和地面输气管廊等用地
		U14	供热用地	集中供热锅炉房、热力站、换热站和地面输热管廊等用地
		U15	通信用地	邮政中心局、邮政支局、邮件处理中心等用地
		U16	广播电视用地	广播电视与通信系统的发射和接收设施等用地,包括发射塔、转播台、差转台、基站等用地
	U2		环境设施用地	雨水、污水、固体废物处理和环境保护设施及其附属设施用地
		U21	排水用地	雨水泵站、污水泵站、污水处理、污泥处理厂等设施及其附属的构筑物用地,不包括排水河渠用地
		U22	环卫用地	生活垃圾、医疗垃圾、危险废物处理(置),以及垃圾转运、公厕、车辆清洗、环卫车辆停放修理等设施用地
	U3		安全设施用地	消防、防洪等保卫城市安全的公用设施及其附属设施用地
		U31	消防用地	消防站、消防通信及指挥训练中心等设施用地
		U32	防洪用地	防洪堤、排涝泵站、防洪枢纽、排洪沟渠等防洪设施用地
	U9		其他公用设施用地	除以上之外的公用设施用地,包括施工、养护、维修设施等用地
G			绿地与广场用地	公园绿地、防护绿地、广场等公共开放空间用地
	G1		公园绿地	向公众开放,以游憩为主要功能,兼具生态、美化、防灾等作用的绿地
	G2		防护绿地	具有卫生、隔离和安全防护功能的绿地
	G3		广场用地	以游憩、纪念、集会和避险等功能为主的城市公共活动场地

资料来源:《城市用地分类与规划建设用地标准》(GB50137-2011)。

附录三 嘉善县 2014 年征地补偿安置方案[①]

根据浙土字 A330421[2013]15 号批准《征收(用)土地方案》,嘉善县国土资源局经对被征地村(组)征地补偿登记的复核,拟订了本《征地补偿安置方案》。根据《中华人民共和国土地管理法》第 46 条和《中华人民共和国土地管理法实施条例》第 25 条规定,现将嘉善县 2013 年度计划第 15 批次内具体项目的《征地补偿安置方案》内容和有关事项公告如下:

一、建设用地项目名称:

嘉善县国土资源局\2013-61 号地块

二、被征地村(组)及面积:大云镇江家村 1.313 8 公顷

其中:农用地为 1.313 8 公顷、未利用地为 0 公顷、建设用地为 0 公顷

三、区片综合价补偿费标准

根据县政府"善政[2003]111 号"文件规定,征地补偿实行区片综合价,"区片综合价"涵盖土地补偿费和安置补助费,我县划分为一级区片和二级区片。本项目属二级区片范围内。

根据县政府"善政发[2012]27 号"文件规定,"区片综合价",一级区片 33 000 元/亩,二级区片 30 000 元/亩,征收林地、未利用地的补偿按耕地标准的 50% 补偿;土地补偿费不足每亩 5 000 元的,按每亩 5 000 元结算。按"善政发[2011]100 号"文件规定,人员采取分流安置:对 16 周岁(含)以上被征地安置人员原则上要求其参加养老统筹,如土地被征人员本人书面申请要求一次性货币安置的,可按 1.4 万元/人退回,视作一次性货币安置;16 周岁以下人员统一采取一次性生活补助货币安置。

四、青苗费补偿

按照"有苗补偿,无苗不补"的原则。春粮、油菜、早稻每亩 600—800 元,单季晚稻每亩 1 200—1 500 元。

五、地面附着物补偿标准

1. 房屋拆迁补偿标准按嘉善县人民政府办公室善政办发[2012]82 号规定执行,并委托有资质的房屋拆迁、评估中介机构评估确定;房屋拆迁安置办法按善政发[2013]62 号、善政发[2010]34 号文件执行。

2. 其他地上附着物补偿标准:

[①] 参见嘉善县政府:《征地补偿安置方案公告[2014 年]第 30 号》,2014 年 4 月 24 日,http://open.jiashan.gov.cn/gov/jcms_files/jcms1/web14/site/art/2014/4/24/art_675_69053.html。

分类	名称	规格	单价(元/)	备注
一、树木	水杉、池杉、落羽杉、杨、槐、楝、梧桐、泡桐等各种杂树	φ6 以下 φ6—16 φ17—24 φ25 以上	5 元/棵以下（含 5 元/棵，下同） 40 元/棵以下 80 元/棵以下 100 元/棵以下	距地面 1 米处为直径标准，φ 标准为厘米，下同。成片按标准种植：新种 1 000 元/亩以下，一年以上 2 500 元/亩以下，二年以上 4 000 元/亩，最高 6 000 元/亩以下。稀有树木酌情增加，套种作物不另外补偿。
	香樟、朴树、榉树、无患子、女贞等	φ5 以下 φ6—10 φ11—15 φ16—20 φ21—25 φ25 以上	8 元/棵以下 50 元/棵以下 100 元/棵以下 150 元/棵以下 300 元/棵以下 500 元/棵以下	
二、花卉	桂花、茶花、广玉兰、白玉兰等	φ3 以下 φ3—5 φ6—8 φ9 以上	8 元/棵以下 20 元/棵以下 40 元/棵以下 100 元/棵以下	
	月季、杜鹃、美人蕉等	棵	小：2 元/棵以下 中：10 元/棵以下 大：20 元/棵以下	成片 2 000—6 000 元/亩（包括苗圃）。
		丛	5 元/丛以下	1. 每平方米折算 2 丛； 2. 其中新种 0.3 元/棵以下。
三、果树	桃、橘、梨、葡萄、杏、梅、枣、枇杷、金橘、石榴、柿子等	新种 幼龄期 始果期 盛果期 衰果期	5 元/棵以下 10 元/棵以下 30 元/棵以下 50—80 元/棵以下 30 元/棵以下	成片（200 平方米以上）：新种 2 500 元/亩以下（新插 1 000 元/亩以下），两年以上 4 000 元/亩以下，盛产 6 000 元/亩以下。
四、竹园	成片竹园 零星竹园	2 平方米以上 2 平方米以下	10 元/平方米以下 0.8—1 元/支以下	竹园内零星树木、地面作物等算在竹园补偿内，不另外补偿。
五、桑园	桑树	新种桑园 盛产专业桑园	800—1 500 元/亩以下 2 500—3 500 元/亩以下	
六、蔬菜	青菜、大白菜、小白菜、葱、蒜、菠菜、菊花菜、花菜、芹芳、番茄、黄瓜、茄子、韭菜、长豆、毛豆、蚕豆等	收获期 中期 下种期	1 500 元/亩 2 500 元/亩 800 元/亩	标准大棚蔬菜（竹棚）：苗期、中期、收获期分别为 3 000 元/亩、4 500 元/亩、6 000 元/亩以下；钢杆标准大棚另加 500 元/亩（以上均包含棚的补偿）。

(续表)

分 类	名 称	规 格	单价(元/)	备 注
七、瓜果类	草莓、香瓜、西瓜、冬瓜、地蒲、南瓜、茭白等	收获期 中期 下种期	4 000元/亩 4 000元/亩 2 000元/亩	能收获的相应扣减,大棚栽培参照蔬菜标准。
八、篱笆墙（围墙）	竹篱		0.8/米以下	
	绿篱		2/米以下	
	砖或砼围墙		15/米以下	7.5元/平方米
九、水井	砼管子井 土井		200/只以下 100/只以下	土瓦井参照砼管子井
十、场	水泥场地 水泥方砖场地 砖场	平方米	5—25/平方米以下 15/平方米以下 10/平方米以下	
十一、道路	水泥路 简易(碎石路、塘渣路)		30/平方米以下 10/平方米以下	
十二、坟墓			250/穴以下	深埋100元
十三、电话移机、有线电视、宽带	按现行标准按实补偿			
十四、低压线、电信线、广播线	翻 杆	6米 7米 8米	600/根 700/根 800/根	高压2 500元/根 光缆1 500元/根
	新增杆		200/根	
	移杆		120/根	
十五、灶头	双眼柴灶 单眼柴灶 老虎灶	只	300/只 150/只 300—500/只	
十六、河埠	标准河埠 普通河埠	只	300/只 100/只	
十七、下水管	6寸下水管 9寸下水管 12寸下水管 15寸下水管 18寸下水管 21寸下水管 24寸下水管	米	6 9 13 19 25 32 40	

(续表)

分 类	名 称	规 格	单价(元/)	备 注
十八、粪池	普通粪缸 普通粪池 三格式粪池		50/只以下 100/只以下 350/只以下	
十九、空调移机		套	300元/台	其中:窗式100元
二十、简易围墙		平方米	15	其中:回收7.5元/m²
二十一、标准围墙(无粉刷)		平方米	40	其中:回收15元/m²
二十二、标准围墙(粉刷)		平方米	45	其中:回收15元/m²
二十三、沼气池		只	350	
二十四、屋顶水箱		只	200—300	
二十五、建筑材料运输		吨	10	
二十六、双管太阳能搬迁真空管 太阳能搬迁		套	50 200	
二十七、热水淋浴器搬迁		套	80	
二十八、其他	对上述一、二、五、六、七项或特殊品种及作物等			请有关行政业务主管部门评定

六、被征收(用)土地四至范围内的土地所有权人和使用权人对本方案内容如有不同意见,请于2014年4月6日前以村委会或村小组为单位,以书面形式送达嘉善县国土资源局统一征地办公室。

联系人:汪旭姣 联系电话:0573-4233339

七、本方案在征求意见后,报嘉善县人民政府批准组织实施。根据《中华人民共和国土地管理法实施条例》第25条规定,对批准后的《征地补偿安置方案》有争议的,不影响方案实施。除房屋拆迁补偿安置外,所有权人对征地补偿标准有异议的,可向嘉善县人民政府申请协调。

特此公告

嘉善县国土资源局(盖章)

2014年3月26日

附录四　济南征地补偿安置方案案例①

[济南市国土资源局关于马家桥村拟征收土地补偿安置方案文件图]

参考文献

周一星：《城市地理学》，商务印书馆1995年版。

谢文蕙、邓卫：《城市经济学》，清华大学出版社1996年版。

许学强、周一星、宁越敏：《城市地理学（第二版）》，高等教育出版社2009年版。

吴志强、李德华：《城市规划原理》，中国建筑工业出版社2010年版。

董利民：《城市经济学（第二版）》，清华大学出版社2016年版。

宋春华、毕宝德等主编：《房地产大辞典》，红旗出版社1993年版。

赵和生：《城市规划与城市发展（第三版）》，东南大学出版社2015年版。

郝晋眠：《土地利用控制》，中国农业科技出版社，1996年版。

[美]阿瑟·奥沙利文（Arther O'Sullivan），周京奎译：《城市经济学》，北京大学出版社2016年版。

刘盛和等：《评析西方城市土地利用的理论研究》，《地理研究》2001年第1期。

李永乐等：《中国城市土地利用效率：时空特征、地区差距与影响因素》，《经济地理》

---

① 参见济南市国土资源局：《济南市国土资源局关于马家桥村拟征收土地补偿安置方案（2014）32号》，2014年7月19日，http://www.jndlr.gov.cn/tabid/2264/Default.aspx。

2014 年第 1 期。

李菁:《中国城市土地利用效率测度及其动态演进特征》,《经济地理》2017 年第 8 期。

邓瑞忠:《中国城市土地利用效率研究》,东北财经大学硕士论文 2004 年。

官玉洁:《渭南市城市空间扩展的土地利用效率研究》,西安建筑科技大学硕士论文 2013 年 6 月。

张跃庆:《强化产权　坚持改革　走向完善——60 年城市土地制度建设成果回顾》,中国国土资源网 2009-09-25,(http://www.mlr.gov.cn/tdzt/zhgl/gtzyhh60/tdly/200909/t20090925_125841.htm)。

梁倩:《我国多地城市供应过剩　摊大饼式发展致空城频出》,人民网转载《经济参考报》,2013-08-09,(http://politics.people.com.cn/n/2013/0809/c1001-22498790.html)。

嘉善县政府:《征地补偿安置方案公告[2014 年]第 30 号》,2014 年 4 月 24 日,(http://open.jiashan.gov.cn/gov/jcms_files/jcms1/web14/site/art/2014/4/24/art_675_69053.html)。

济南市国土资源局:《济南市国土资源局关于马家桥村拟征收土地补偿安置方案(2014)32 号》,2014 年 7 月 19 日,(http://www.jndlr.gov.cn/tabid/2264/Default.aspx)。

《中国土地法大纲 1947》。

《中华人民共和国土地改革法 1950》。

国务院:《国务院办公厅转发国家城市建设总局、中华全国总工会关于组织城镇职工、居民建造住宅和国家向私人出售住宅经验交流会情况的报告的通知》,1981 年 4 月。

《中华人民共和国宪法》(1982 年)。

《中华人民共和国宪法》(2004 年修正)。

1990 年的《中华人民共和国城镇国有土地使用权出让和转让暂行条例》。

国家土地管理局:《划拨土地使用权管理暂行办法》(国家土地管理局令〔1992〕第 1 号),1992 年 3 月 8 日。

《中华人民共和国土地管理法》(2004)。

《中华人民共和国土地管理法实施条例》(1998 年)。

《中华人民共和国土地管理法实施条例》(2014 年 7 月修订版)。

国务院:《国务院关于加强国有土地资产管理的通知》(国发〔2001〕15 号),2001 年 4 月 30 日。

国土资源部:《协议出让国有土地使用权规定》(中华人民共和国国土资源部令 2003 年第 21 号)。

国务院:《国务院关于深化改革严格土地管理的决定》(国发〔2004〕28 号)。

国土资源部:《节约集约利用土地规定》(中华人民共和国国土资源部 2014 年令第 61 号)。

国土资源部：《招标拍卖挂牌出让国有土地使用权规范（试行）》（国土资发〔2006〕114号）。

国土资源部：《协议出让国有土地使用权规范（试行）》（国土资发〔2006〕114号）。

国务院：《国务院关于加强土地调控有关问题的通知》（国发〔2006〕31号）。

国务院：《国务院办公厅关于规范国有土地使用权出让收支管理的通知》（国办发〔2006〕100号）。

《中华人民共和国城市房地产管理法》（2007年修订）。

《土地储备管理办法》（2007）。

国务院：《国务院关于深化改革严格土地管理的决定》（国发〔2004〕28号），2004年10月。

国土资源部：《关于完善征地补偿安置制度的指导意见的通知》（国土资发〔2004〕238号），2004年11月。

国务院办公厅转发劳动保障部：《关于做好被征地农民就业培训和社会保障工作指导意见的通知》（国办发〔2006〕29号）。

国务院：《国务院关于加强土地调控有关问题的通知》（国发〔2006〕31号）。

国务院：《国有土地上房屋征收与补偿条例》（中华人民共和国国务院令2011年第590号）。

国务院：《关于调整城市规模划分标准的通知》（国发〔2014〕51号）。

财政部、国土资源部：《地方政府土地储备专项债券管理办法（试行）》（财预〔2017〕62号），2017年6月。

《国土资源统计公报》（2001—2016年）。

国家统计局城市社会经济调查司：《中国城市统计年鉴2016》，中国统计出版社2017年版。

第十章　城市住房建设

城市住房是城市中以向人们提供居住条件为主要目的,并具有满足居住、身心庇护、家庭生活、社会交往和财富储备等基本功能的各类建筑物的统称,是为人们提供居住和庇护空间的生存必需品,具有自然属性。也是人们家庭生活和社会交往的场所,具有社会属性,是财富储备的重要方式,具有经济属性[①]。正是基于住房的特点,城市住房主要分为两种类型:保障房和商品房,其中保障房是由政府规划建设,以优惠价格出售或出租给特定家庭的房屋,是强调房屋作为生存必需品的自然属性,保障房建设的目的是要实现"居者有其屋";商品住宅是指由房地产开发公司建设,并以市场化方式出售或出租给使用者,供其居住的房屋,此处强调房屋财富储备的功能,用于满足中高收入家庭的个性化需求。一个地区在不同的发展时期,城市住房建设偏向可能有所不同。

本章介绍了我国 1949 年后城市住房建设的发展沿革,描述了在计划经济向市场经济过渡过程中,我国城市住房建设的主体、投资主体,以及城市居民获得住房方式的变化;介绍了我国目前存在的几种典型保障性住房,以及国际上保障房建设的经验,描述了每类保障性住房的界定、建设主体、保障主体、建设要求、使用要求等;介绍了目前我国商品住宅市场的特点、我国商品住宅建设的影响因素、我国商品住宅建设的体量、增长情况和发展趋势,以及我国可以借鉴的国际上商品住宅建设的经验。

第一节　中华人民共和国成立后城市住房建设发展沿革

中华人民共和国成立前,我国城市住房的特点主要是"私建私有"。

[①] 董利民:《城市经济学(第二版)》,清华大学出版社 2016 年版,第 198-201 页。

1949年后,经过对城市私有住房的国有化改造,建立了福利分房制度,之后又历经集资建房、住房商品化改革、保障房与商品房并重几个阶段。

一、福利分房阶段:1978年前

在这个阶段,住房是一种福利而不是一种商品,强调其作为生存必需品的功能,政府是建设主体,把城市住房作为一种城市居民的福利分配使用。

(一)特征:国家投资、单位分配、低价出租、供不应求

城市住房建设实行国家和单位统包的投资体制。城市新增住房需求主要由房管局管理的房屋和单位自建房满足。单位住房建设资金一般有两种来源,政府拨款和单位自筹资金,其中政府拨款为主要资金来源,所建住房归工作单位所有。住房建好后,由单位按照职工工龄和职位或职称高低等因素确定分房标准。[1]由于住房紧张,需求方需要按照有无住房、是否危房户、家庭人口构成等因素决定优先次序排队等房。城市居民只象征性地支付费用(房租),每平方米的建筑面积通常每月付0.2—0.3元即可。这仅占到家庭收入的1.0%—4.0%。因收来的房租甚至不够房屋维护费用[2],加速了房屋老化和毁坏,加剧了住房紧缺。

(二)弊端

一是住房资源分配不平衡。企业重要性、规模等是住房建设资金分配的重要标准,规模大、属于国家重点扶持的企业获得更多的住房建设资金。结果是不同类型、规模的企业职工住房条件存在明显差异。

二是居民住房水平较差。一方面不是所有的需求都能得到满足,需要排队等候;另一方面在这个时期,房屋租金很低,难以覆盖房屋维护成本,人们居住的房屋比较简陋。一直到20世纪70年代末,我国城市福利房的租金还是在每平方米0.13元的水平,不及维护成本的一半[3]。

三是易滋生腐败。分配房屋的福利性、依职位级别分配的标准等因素,以及住房建设资金分配的不透明等情况都易滋生腐败。

四是难以为继。中华人民共和国成立初期物资资料生产匮乏,在国家优先发展重工业的导向下,住房市场投资严重不足,在人口增长速度大大超过投资速度时,无房可分的困境随时可能终结福利分房制度。据统计,1978年底全国人口已经达到96 259万[4],加之知识青年返城高潮的出现,城镇中充斥大量人口。1978年,我国的城市人口人均居住面积已经从1949年的4.5平方米下降到3.6平方米[5],城市住房短缺问题非

---

[1] 例如:根据安徽省人民政府1983年发布的《关于干部住房标准与分配办法的暂行规定》,县级以下干部分房标准为每户40—65 m²;县级或相当于这级的干部(包括讲师、助理研究员和工程师等)每户60—75 m²;地市、省直厅、局级干部、正副教授和正副研究员等为70—95 m²。
[2] 顾朝林 钱志鸿:《转变中的中国城市住房制度》,《学习与实践》1995年第6期,第23页。
[3] 张亮:《中国城市住房保障行政简史》,西南政法大学硕士论文2013,第15页。
[4] 国家统计局编:《中国统计年鉴(2011年)》,中国统计出版社2011年版,第93页。
[5] 国家统计局编:《中国统计年鉴(1993年)》,中国统计出版社1993年版,第323页。

常严峻。

二、住房商品化尝试阶段:1978—1998 年

此阶段城市住房建设和相关政策的目的是缓解居民住房困难,改善住房条件,逐步实现住房商品化,并改革低租金制度,将实物分配转变为货币化分配。在此期间,我国城市住房建设政策经历了不断的探索与变更,从允许私人建房、成本价出售公房,补贴出售公房,提租补贴到住房公积金制度,逐步将住房推向商品化。

1. 城市住房建设的投资主体逐渐由政府向政府、单位、个人三方共同承担的方向转变,鼓励个人资金投入城市住房。

一是鼓励个人建房、补助个人建房。针对已经产生的问题,邓小平同志在 1978 年 9 月建议允许私人建房或者私建公助,把个人手中的钱动员起来①。在这个阶段,政府鼓励公有住房出售、私人建房与新建房出售。其中私人建房包括"民建公助"、"公建民助"、"互助自建"以及"自筹自建"等形式。到 1981 年全国已有 26 个省、市、自治区的 128 个城市和部分县镇开展了私人购买、建造住宅的工作②。

二是鼓励个人买房。为了促进城市住房建设,1979 年开始在西安、柳州、梧州、南京尝试了成本价销售试点,1981 年试点被推广到全国 60 多个城市。1982 年施行鼓励政府和企事业单位新建住宅补贴出售政策,个人只要支付售价的三分之一,其余三分之二由建设单位给予补贴③。1991 年开始,凡按市场价购买的公房,购房后拥有全部产权④。

三是提高住房租金。随着 1985 年工资制度改革的开展,1986 年国务院成立"住房制度改革领导小组"和"领导小组办公室",确定要逐步提高房租的政策方向,选定烟台、唐山、蚌埠、常州、江门、沈阳等城市进行住宅改革试点,试行"提租补贴、租售结合、以租促售、配套改革"的方案。一方面可回笼资金用于住房建设,另一方面可促进住房销售。

四是银行金融资金被纳入城市住房建设的资金来源。1987 国务院印发《城镇住房改革试点工作座谈会纪要》,明确提出住房制度改革不能仅靠财政,要走金融的路子,在改革中银行要为住房制度改革、推行商品化筹集和融通资金。1987 年 12 月 2 日中国第一家住房储蓄银行在烟台成立,专门经营房地产信贷。武汉、沈阳、哈尔滨、昆明等城市也先后开办了个人住宅储蓄业务。1991 年进一步鼓励发展住房金融业务。开展个人购房建房储蓄和贷款业务,实行抵押信贷购房制度,从存贷利率和还款期限等方面鼓励职工个人购房和参加有组织的建房⑤。自 1992 年起,北京、天津、武汉、南京等地相

---

① 房地产通讯杂志社:《国家房地产政策文件选编(1948—1981 年),〈房产通讯〉增刊》,中国房地产杂志社 1982 年版,第 203 页。
② 参见国务院办公厅转发国家城市建设总局、中华全国总工会:《关于组织城镇职工、居民建造住宅和国家向私人出售住宅经验交流会情况的报告的通知》,广西政府法制网,1981 年 4 月 10 日(http://www.gx-law.gov.cn/a38/393.jhtml)。
③ 参见 1982 年 4 月国务院批准的《关于出售住宅试点工作座谈会情况的报告》。
④⑤ 参见 1991 年 6 月国务院发布的《关于继续积极稳妥地进行城镇住房制度改革的通知》(国发[1991]30 号)。

继效仿上海的住房公积金制度,利用住房公积金发放住房建设项目贷款,为职工住房建设提供资金来源。

2. 城市住房逐渐商品化。1991年6月,国务院发布了《关于继续积极稳妥地进行城镇住房制度改革的通知》,提出了有计划、有步骤地将现有公房的租金提到成本租金,出售公有住房,实行新房先售后租,大力发展经济实用的商品住房,建立住房基金,充足住房建设资金来源。

1993年,国务院房改领导小组第三次房改工作会议确定了"出售公房为重点,售、租、建并举"的新方案。1994年,国务院下发《关于深化城镇住房制度改革的决定》,要求全面推行住房公积金制度,积极推进租金改革,稳步出售公有住房,大力发展房地产交易市场和社会化的房屋维修、管理市场,加快经济适用住房建设。并规定以市场价购买的住房,产权归个人所有,可以依法进入市场。此后至1998年,我国城市住房改革基本以出售单位公房为主。1998年全国房地产公司已达到3 400多家[1]。

1998年,我国的城市人口人均居住面积已经从1978年的3.6平方米提高到9.3平方米[2],高出1949年水平的一倍,城市住房短缺问题得到缓解。

三、商品房建设与保障房兼顾阶段:1998—现在

在此阶段,福利分房被停止,城市住房建设的建设主体向市场化转变,城市住房逐步商品化,城市住房建设的各种成本逐渐开始由个人承担,企业通过提取公积金的形式为个人住房提供资助,银行提供住房抵押贷款。

(一)立体多元的住房供应体系开始建立

1997年亚洲金融危机爆发,政府确立刺激住房消费市场,将住宅业培育为新经济增长点。1998年,国务院发布《关于进一步深化城镇住房制度改革,加快住房建设的通知》,明确提出停止住房实物分配,逐步实行住房分配货币化。并全面推行和不断完善住房公积金制度,建立和完善以经济适用住房为主的住房供应体系,对不同收入家庭实行不同的住房供应政策。最低收入家庭租赁由政府或单位提供的廉租住房;中低收入家庭购买经济适用住房;其他收入高的家庭购买、租赁市场价商品住房。其中,廉租住房可以从腾退的旧公有住房中调剂解决,也可以由政府或单位出资兴建。1999年,建设部制定了《城镇廉租住房管理办法》。1998年至2002年,经济适用住房销售面积占年度商品住房销售面积的比重均在15%以上,2000年达到最高的22.7%[3]。

(二)房地产市场加速发展

随着市场化程度的提高,实体经济的发展,随着23号文和相关配套政策的实施,房地产市场发展迅速。针对"经营性房地产开发用地的出让仍主要以协议方式进行,不利于建设公开、公平、公正的土地市场,不利于国有土地资产价值的实现,也不利于集约用

---

[1] 亢飞:《改革开放以来中国城镇住房政策的演变》,《党史研究与教学》2013年第5期第60页。
[2] 国家统计局编:《中国统计年鉴(1999年)》,中国统计出版社1999年版,表10-1。
[3] 肖淞元:《中国城市住房保障制度的演变、问题及建议》,《中国房地产》2012年第10期,第45页。

地、节省土地资源"的问题,1999年国土资源部下发了《关于进一步推行招标拍卖出让国有土地使用权的通知》,规定商业、旅游、娱乐和豪华住宅等经营性用地,有条件的,都必须招标、拍卖出让国有土地使用权。据统计,2001年全国开展土地使用权招标拍卖的省份已经超过90%[①]。2002年5月,国土资源部又发布《招标拍卖挂牌出让国有土地使用权规定》,规定"商业、旅游、娱乐和商品住宅用地等各类经营性用地,必须以招标、拍卖或挂牌方式出让"。在我国工业化城市化发展的浪潮下,市场化的供地方式充分显示出了其稀缺性,土地价格不断提高。房屋价格也不断飙升。

在这个阶段,国家对房地产开发商的住房建设是鼓励的,但为了抑制房价快速增长,采取了一些措施,避免房地产炒作。如针对全国性过热的房地产,2003年6月,中国人民银行下发《关于进一步加强房地产信贷业务管理的通知》(简称121号文件),调整商业银行个人住房贷款政策。规定对购买高档商品房、别墅或第二套以上(含第二套)商品房的借款人,适当提高首付款比例,不再执行优惠住房利率规定。这是中央政府第一次采取抑制房地产过热的措施。与此同时,8月出台《关于促进房地产市场持续健康发展的通知》(简称18号文件),提出要增加普通商品住房供应,提高其在市场供应中的比例;对符合条件的房地产开发企业和房地产项目,要继续加大信贷支持力度。2005年3月底,国务院办公厅下发《关于切实稳定住房价格的通知》,提出抑制住房价格过快上涨的八项措施(简称"国八条"),建立政府负责制,将稳定住房价格提升到政治高度。以后几乎每年都有调控房价的政策出台,限价、提高首付率、限贷、限购、限售等政策陆续抛出。如2017年3月广州市发布《关于进一步完善我市房地产市场平稳健康发展政策的通知》,规定"本市户籍成年单身(含离异)人士在本市限购1套住房。非本市户籍居民家庭能提供购房之日前5年在本市连续缴纳个人所得税缴纳证明或社会保险缴纳证明的,在本市限购1套住房,非本市户籍居民家庭不得通过补缴个人所得税缴纳证明或社会保险缴纳证明购买住房。"

(三)鼓励发展长租市场

面对屡控屡涨的房价,一种更加市场化的新思路开始出现,那就是培育长租房市场。

一是引导开发商自持商品房。2016年开始,北京、杭州、上海、佛山、天津等地相继出台土地新政,如2017年3月24日杭州市国土资源局规定,"当土地溢价率达到50%时,所建商品房屋需在取得不动产登记证后方可销售;溢价率达到70%时锁定限价,转入竞报自持比例;当两个或两个以上竞买人投报自持面积比例为100%时,转入投报配建养老设施的程序。"

二是开发商已经开始关注中高端租赁市场潜在需求。如2016年初,万科就推出长租公寓品牌"万科驿"(2016年5月更名"泊寓"),目前已经在广州、上海、厦门、济南、北京、西安、重庆等多个城市落地,并计划至2017年实现15万间公寓。龙湖地产在2016

---

① 出让:《北京市土地市场将进一步规范》,《北京房地产》2002年第7期,第8页。

年8月亦宣布已正式涉足长租公寓,并将旗下长租公寓定名为"冠寓",力争在3年内实现300处长租公寓①。

三是中央政策鼓励各地建设租赁住房。2017年7月18日,包括住房城乡建设部等在内的9部委联合印发《关于在人口净流入的大中城市加快发展住房租赁市场的通知》,鼓励各地通过新增用地建设租赁住房,在新建商品住房项目中配建租赁住房等方式,多渠道增加新建租赁住房供应。其中,超大城市、特大城市可开展利用集体建设用地建设租赁住房试点工作。鼓励国有企业将闲置和低效利用的国有厂房、商业办公用房等,按规定改建为租赁住房。广州、深圳、南京、杭州、厦门、武汉、成都、沈阳、合肥、郑州、佛山、肇庆12个城市被选为首批试点单位②。

此外,2017年6月30日,广州市发布《加快发展住房租赁市场工作方案》,提出要"赋予符合条件的承租人子女享有就近入学等公共服务权益,保障租购同权"等促进住房租赁市场发展的一系列举措,引发了热议,也从一个侧面反映出大力发展房屋租赁市场的趋势。

总体来看,在此阶段,我国的城市住房建设迅猛,基本解决百姓安居需要。根据国家统计局的数据,2016年全国居民人均住房建筑面积为40.8平方米,城镇居民人均住房建筑面积为36.6平方米③,城市居民住房条件大大改善。

第二节 城市保障性住房建设

在我国,城市保障性住房主要包括经济适用房、廉租房、公共租赁房、安置房等其他保障性住房。其中,经济适用房和廉租房分别以出售或租赁(或提供租赁补贴)的方式向城市住房困难的低收入家庭提供,公共租赁房向包括非户籍人口在内的就业人员提供。

一、经济适用房建设

(一)内涵界定

根据我国2007年修订的《经济适用住房管理办法》,经济适用住房是指政府提供政策优惠,限定套型面积和销售价格,按照合理标准建设,面向城市低收入住房困难家庭供应,具有保障性质的政策性住房。此处所称城市低收入住房困难家庭,是指市和县人民政府所在地镇的范围内,家庭收入、住房状况等符合市、县人民政府规定条件的家庭。

按照现行规定,经济适用住房单套的建筑面积控制在60平方米左右。市、县人民政府应当根据当地经济发展水平、群众生活水平、住房状况、家庭结构和人口等因素,合理确定经济适用住房建设规模和各种套型的比例。

---

① 邓依依:《1/3房企布局租赁市场长租公寓将是"香饽饽"?》《重庆商报》2017年6月2日第A07版。
② 杨旋:《九部委发文加快大中城市住房租赁市场发展》,《中国国土资源报》2017年7月21日第001版。
③ 国家统计局:《居民收入持续较快增长 人民生活质量不断提高——党的十八大以来经济社会发展成就系列之七》,2017年7月6日(http://www.stats.gov.cn/tjsj/sjjd/201707/t20170706_1510401.html)。

(二) 建设优惠

一是无须缴纳土地出让金，经济适用住房建设用地以划拨方式供应。二是土地指标优先供应。经济适用住房建设用地也被纳入当地年度土地供应计划，但可在申报年度用地指标时单独列出，以确保优先供应。三是免收城市基础设施配套费等各种行政事业性收费和政府性基金。四是经济适用住房项目外基础设施建设费用，由政府负担。

(三) 建设主体

我国的经济适用住房建设是在国家统一政策指导下，由各市、县人民政府根据当地经济社会发展水平、居民住房状况和收入水平等因素，合理确定经济适用住房的政策目标、建设标准、供应范围和供应对象等，并组织实施。可采取项目法人招标的方式，选择具有相应资质和良好社会责任的房地产开发企业实施，也可由市、县人民政府确定的经济适用住房管理实施机构直接组织建设。

单位集资合作建房也是经济适用住房建设的组成部分，被纳入当地经济适用住房建设计划和用地计划管理，不适用于国家机关，适用于距离城区较远的独立工矿企业和住房困难户较多的企业。国家允许其在规划的前提下，经市、县人民政府批准，利用单位自用土地进行集资合作建房。参加单位集资合作建房的对象，也必须限定在本单位符合市、县人民政府规定的符合经济适用住房供应条件的低收入住房困难家庭。

按照该管理办法，新征用或新购买土地不能用于组织集资合作建房。单位集资合作建房的建设标准、优惠政策、供应对象、产权关系等均按照经济适用住房的有关规定严格执行。单位集资合作建房在满足本单位低收入住房困难家庭购买后，房源仍有少量剩余的，由市、县人民政府统一组织向符合经济适用住房购房条件的家庭出售，或由市、县人民政府以成本价收购后用作廉租住房。

建设主体不能有利润，实施主体的利润受到严格限制。经济适用住房的供应价格以保本微利为原则。其销售基准价格及浮动幅度在综合考虑建设、管理成本和利润的基础上确定并向社会公布。房地产开发企业实施的经济适用住房项目利润率按不高于3%核定；市、县人民政府直接组织建设的经济适用住房只能按成本价销售，不允许有利润。同样，单位集资合作建房原则上也不能收取管理费用，不允许有利润。

(四) 保障对象

经济适用住房的保障对象由原来的中低收入家庭转变为低收入家庭。按照现行规定，经济适用住房满足如下条件的城市低收入家庭供应：具有当地城镇户口；家庭收入符合市、县人民政府划定的低收入家庭收入标准；无房或现住房面积低于市、县人民政府规定的住房困难标准。

经济适用住房供应对象的家庭收入标准和住房困难标准，由市、县人民政府根据当地商品住房价格、居民家庭可支配收入、居住水平和家庭人口结构等因素确定，实行动态管理，每年向社会公布。

经济适用住房资格申请采取街道办事处(镇人民政府)、市(区)、县人民政府逐级审核并公示的方式认定。经审核公示通过的家庭，由市、县人民政府经济适用住房主管部门发放准予购买经济适用住房的核准通知,注明可以购买的面积标准。然后按照收入水平、住房困难程度和申请顺序等因素进行轮候。

（五）产权关系

经济适用住房购房人拥有有限产权。购买经济适用住房满 5 年后才能上市交易,5 年内购房人因特殊原因确需转让经济适用住房的,由政府按照原价格并考虑折旧和物价水平等因素进行回购。

购房人购买经济适用住房满 5 年后,如要转让经济适用住房,需要按照当时同地段普通商品住房与经济适用住房差价的一定比例向政府交纳土地收益等相关价款,具体交纳比例由市、县人民政府确定,政府也可优先回购;购房人也可以按照政府所定的标准向政府交纳土地收益等相关价款后,取得完全产权。已经购买经济适用住房的家庭如又购买其他住房,原经济适用住房将由政府按规定及合同约定回购。

（六）发展趋势

从目前来看,经济适用房政策面临挑战。北京已经基本停止经济适用房建设,转为"共有产权住房"建设,而上海也已经在践行"共有产权住房"。2017 年 9 月,中国住房城乡建设部出台《关于支持北京市、上海市开展共有产权住房试点的意见》。

二、廉租房建设

（一）内涵界定

按照 1999 年的《城镇廉租住房管理办法》,廉租房被界定为政府和单位在住房领域实施社会保障职能,向具有城镇常住居民户口的最低收入家庭提供的租金相对低廉的普通住房。

据建设部统计,截至 2005 年底,全国累计用于最低收入家庭住房保障的资金为 47.4 亿元,已有 32.9 万户最低收入家庭被纳入廉租住房保障范围。截止到 2006 年,全国仅有信阳、遵义、保山、固原四个地级市没有建立廉租房保障制度[①]。

（二）建设主体

我国廉租房建设的责任主体是县级以上地方人民政府。按照 2007 年的廉租住房保障办法规定,国务院建设主管部门指导和监督全国廉租住房保障工作。县级以上地方人民政府建设(住房保障)主管部门负责本行政区域内廉租住房保障管理工作。廉租住房保障的具体工作可以由市、县人民政府确定的实施机构承担。

（三）建设优惠

一是无需缴纳土地出让金。廉租住房建设用地通过划拨方式取得。二是有优先权,在土地供应计划中优先安排廉租房建设用地,并在申报年度用地指标时单独列出,以保证供应。三是廉租住房建设免征行政事业性收费和政府性基金。四是接受捐赠丰富建设资金。政府鼓励社会捐赠住房作为廉租住房房源或捐赠用于廉租住房的资金。

---

① 谢伏瞻:《土地制度与住房政策》,《中国大地出版社》2008 年版,第 26 页。

(四) 建设要求

廉租住房建设用地的规划布局,应当考虑城市低收入住房困难家庭居住和就业的便利。

在符合国家质量安全标准的前提下,廉租住房建设应坚持经济、适用原则,提高规划设计水平,满足基本使用功能,应当将单套的建筑面积控制在50平方米以内,并根据城市低收入住房困难家庭的居住需要,合理确定套型结构。应当按照发展节能省地环保型住宅的要求,推广新材料、新技术、新工艺。

新建廉租住房,应当采取配套建设与相对集中建设相结合的方式,主要在经济适用住房、普通商品住房项目中配套建设。配套建设廉租住房的经济适用住房或者普通商品住房项目,应当在用地规划、国有土地划拨决定书或者国有土地使用权出让合同中,明确配套建设的廉租住房总建筑面积、套数、布局、套型以及建成后的移交或回购等事项。

(五) 保障对象

廉租住房的保障对象是城市低收入住房困难家庭。市、县人民政府应当根据当地家庭平均住房水平、财政承受能力以及城市低收入住房困难家庭的人口数量、结构等因素,以户为单位确定廉租住房保障面积标准。建设(住房保障)主管部门应当根据城市低收入住房困难家庭人口、收入、住房等变化情况,调整租赁住房补贴额度或实物配租面积、租金等;对不再符合规定条件的,应当停止发放租赁住房补贴,或者由承租人按照合同约定退回廉租住房。

城市低收入住房困难家庭的收入标准、住房困难标准等以及住房保障面积标准,实行动态管理,由市、县人民政府每年向社会公布一次。按照相关规定,城市低收入住房困难家庭按规定取得廉租房后,不得将所承租的廉租住房转借、转租或者改变用途。

(六) 保障方式

廉租住房保障实行货币补贴和实物配租相结合的方式。货币补贴是指县级以上地方人民政府向申请廉租住房保障的城市低收入住房困难家庭发放租赁住房补贴,由其自行承租住房。实物配租是指县级以上地方人民政府向申请廉租住房保障的城市低收入住房困难家庭提供住房,并按照规定标准收取租金。

采取货币补贴方式的,补贴额度按照城市低收入住房困难家庭现住房面积与保障面积标准的差额、每平方米租赁住房补贴标准确定。每平方米租赁住房补贴标准由市、县人民政府根据当地经济发展水平、市场平均租金、城市低收入住房困难家庭的经济承受能力等因素确定。其中对城市居民最低生活保障家庭,可以按照当地市场平均租金确定租赁住房补贴标准;对其他城市低收入住房困难家庭,可以根据收入情况等分类确定租赁住房补贴标准。

采取实物配租方式的,配租面积为城市低收入住房困难家庭现住房面积与保障面积标准的差额。实物配租的住房租金标准实行政府定价。实物配租住房的租金,按照配租面积和市、县人民政府规定的租金标准确定。有条件的地区,对城市居民最低生活保障家庭,可以免收实物配租住房中住房保障面积标准内的租金。

按照现行规定,发放租赁补贴是实施廉租住房保障的主要方式,目的是增强城市低收入住房困难家庭承租住房的能力。廉租住房紧缺的城市,应当通过新建和收购等方式,增加廉租住房实物配租的房源。

三、公共租赁房建设

2006年9月深圳市《住房建设规划(2006—2010)》提出,"十一五"规划期间将建设11.4万套公租房,我国的公租房政策开始登上历史舞台。2010年住房和城乡建设部出台《关于加快发展公共租赁住房的指导意见》,2012年5月28日印发《公共租赁住房管理办法》,对公共租赁房的建设和管理进行规范。

(一)内涵界定

根据2012年5月住房和城乡建设部印发《公共租赁住房管理办法》,公共租赁房指限定建设标准和租金水平,面向符合规定条件的城镇中等偏下收入住房困难家庭、新就业无房职工和在城镇稳定就业的外来务工人员出租的保障性住房。公共租赁住房租赁期限一般不超过5年。

与廉租住房、经济适用住房重点关注当地户籍的低收入家庭不同,公共租赁住房面向城镇中等偏下收入住房困难家庭,以及新就业和稳定就业人员,非当地户籍就业人员也被纳入保障范围。

(二)建设主体

公共租赁住房的建设主体是多元的,公共租赁住房房源通过新建、改建、收购、在市场上长期租赁住房等方式多渠道筹集。国家鼓励市、县人民政府、用人单位和园区等社会力量参与建设,鼓励在外来务工人员集中的开发区和工业园区,市、县人民政府应当按照集约用地的原则,统筹规划,引导各类投资主体建设公共租赁住房,面向用工单位或园区就业人员出租。并规定"谁投资、谁所有",投资者权益可依法转让。①

(三)建设要求

根据2010年出台《关于加快发展公共租赁住房的指导意见》,新建公共租赁住房以配建为主,也可以相对集中建设。要科学规划,合理布局,尽可能安排在交通便利、公共设施较为齐全的区域,同步做好小区内外市政配套设施建设。

新建公共租赁住房主要满足基本居住需求,应符合安全卫生标准和节能环保要求,确保工程质量安全。公共租赁住房可以是成套住房,也可以是宿舍型住房。成套建设的公共租赁住房,单套建筑面积要严格控制在60平方米以下。以集体宿舍形式建设的公共租赁住房,应认真落实宿舍建筑设计规范的有关规定。

面向经济适用住房对象供应的公共租赁住房,建设用地实行划拨供应。其他方式投资的公共租赁住房,建设用地可以采用出让、租赁或作价入股等方式有偿使用,并将

---

① 参见2010年出台的《关于加快发展公共租赁住房的指导意见》(建保[2010]87号)。

所建公共租赁住房的租金水平、套型结构、建设标准和设施条件等作为土地供应的前置条件,所建住房只能租赁,不得出售。

(四)优惠政策

一是重点保障土地供应。要求各地把公共租赁住房建设用地纳入年度土地供应计划,予以重点保障。

二是各级政府给予资金支持。规定要求市、县人民政府通过直接投资、资本金注入、投资补助、贷款贴息等方式,加大对公共租赁住房建设和运营的投入。省、自治区人民政府也要给予资金支持。中央以适当方式给予资金补助。国务院办公厅于2011年出台《关于保障性安居工程建设和管理的指导意见》。

三是对公共租赁住房的建设和运营给予税收优惠。公共租赁住房建设涉及的行政事业性收费和政府性基金,按照经济适用住房的相关政策执行。财政部和国家税务总局于2015年出台《关于公共租赁住房税收优惠政策的通知》,规定对公共租赁住房的建设和运营采取税收优惠,涉及的税种包括城镇土地使用税、印花税、契税、土地增值税、个人所得税、房产税等。

四是鼓励各类投融资渠道。鼓励金融机构发放公共租赁住房中长期贷款。支持符合条件的企业通过发行中长期债券等方式筹集资金,专项用于公共租赁住房建设和运营。探索运用保险资金、信托资金和房地产信托投资基金拓展公共租赁住房融资渠道。政府投资建设的公共租赁住房,纳入住房公积金贷款支持保障性住房建设试点范围。

四、其他保障性住房建设

(一)安置房建设

目前我国国家层面没有安置房建设和管理的专门规章。此处以厦门、株洲、北京、南宁、六安等地的相关政策为例,进行说明。

1. 内涵界定。

安置房是指由政府建设或收购的,用于财政性投融资建设项目和其他由政府负责拆迁的建设项目的安置用房,以及用于落实侨房政策、危房改造的安置用房[1]。其中,用于土地房屋征收和集体土地房屋拆迁所需安置房建设又被称为定向安置房[2]。

可见,安置房的保障主体是城市或农村的被拆迁户、危房居住户、符合条件的华侨等。

2. 建设主体。

以厦门为例,厦门市建设与管理局负责安置房的建设与管理工作。市其他部门及各区政府按照各自职责分工,做好安置房建设与管理的相关工作。市住宅建设办公室

---

[1] 参见福建省厦门市人民政府办公厅印发的《厦门市人民政府办公厅关于印发厦门市安置房建设与管理暂行规定的通知》(厦府办〔2007〕266号)。

[2] 参见北京市顺义区人民政府办公室《关于加强定向安置房建设和使用管理工作的实施意见》(顺政办发〔2017〕2号)。

(以下简称市住宅办)依据本规定具体负责实施全市安置房的建设与管理。安置房建设实行分级管理。原则上,用于拆迁城市住宅的安置房由市住宅办作为项目业主负责组织实施;用于拆迁农村住宅的安置房,由各区人民政府负责,具体由各区安置房管理部门作为项目业主负责组织实施。

安置房实行统一规划、统一建设、统一配售、统一管理。区政府及市土地开发总公司、市侨办、市危改办等相关部门应于每年10月份向市建设与管理局申报安置房年度需求计划和建设计划。市建设与管理局牵头,会同市国土房产、发展改革、财政、规划等部门对各区政府、各相关部门申报的安置房年度需求计划和建设计划进行审核,并综合全市年度固定资产投资计划、财政投融资计划、农用地转用计划、城市规划等因素,编制全市安置房年度建设资金预算、建设计划和用地计划,报市政府批准后实施。安置房建设用地纳入年度土地供应计划,以划拨方式供应。安置房建设实行项目代建制。项目业主应委托具有房地产开发资质的所在城市国有或国有控股企业代建。代建单位的资质等级应与项目建设规模相适应。

3. 建设要求。

安置房建设应严格执行国家住宅建设技术规范,力求节能省地。关于户型面积等的要求,各地有所不同。如厦门安置房的户型、面积标准如下:(1)多层住宅建筑面积:一房一厅50—60平方米;二房一厅70—80平方米;三房一厅85—90平方米;(2)高层住宅建筑面积:一房一厅55—65平方米;二房一厅75—85平方米;三房一厅90—100平方米;(3)用于拆迁农村住宅的安置房,可在上述户型的基础上,适当增加100—150平方米的户型。安置房使用单位对安置房的户型有特殊要求的,可在申报安置房需求计划时向市住宅办提出[①]。株洲征地拆迁安置房建设的标准是按安置人口每人45平方米的标准建设,基本户型应与人均45平方米的标准配套,各区人民政府可根据被安置对象的多数人意见,适当调整。安置人口为两人以上的家庭,可申请两套安置房,一套自住,另一套可用于出租,但总面积不得突破按安置人口计算的面积之和。安置房屋面积大于每人45平方米安置标准的部分,应按市场价购买[②]。

4. 产权限制。

安置房的产权限制与当初的土地供地方式有关。如按照南宁市2013年《关于加强拆迁安置房建设管理工作的实施意见》,项目用地可采取拨用集体土地、划拨国有土地、"招拍挂"出让国有土地等多种方式供地。农村集体经济组织利用本集体土地建设的项目按拨用集体土地方式供地;政府统建和农村集体经济组织利用国有土地建设的项目可按划拨国有土地方式供地;配套建设商品住房的项目须按"招拍挂"出让方式供地。

相应的,集体土地性质的拆迁安置房为不能上市交易的产权房屋,国有出让土地性质的拆迁安置房为可上市交易的产权房屋(统称全产权房屋),国有划拨土地性质的拆

[①] 参见福建省厦门市人民政府办公厅印发的《厦门市人民政府办公厅关于印发厦门市安置房建设与管理暂行规定的通知》(厦府办〔2007〕266号第十七条)。
[②] 参见株洲市人民政府印发的《株洲市征地拆迁安置房建设管理办法的通知》第六条。

迁安置房为有限制条件上市交易的产权房屋(统称有限产权房屋)。有限产权房屋按需要补缴土地出让价款后才可转变为全产权房屋。

(二) 限价房

1. 内涵。

与经济适用住房不同,限价房是一种政策性的商品房,主要解决中低收入家庭的住房困难。又称限房价、限地价的"两限"商品房。限价商品房按照"以房价定地价"的思路,采用政府组织监管、市场化运作的模式。与一般商品房不同的是,限价房在土地挂牌出让时就已被限定房屋价格、建设标准和销售对象,政府对开发商的开发成本和合理利润进行测算后,设定土地出让的价格范围,从源头上对房价进行调控。本章以上海临港地区的限价房为例加以说明。

2. 上海的"双限房"。

上海的"双限房"建设是特定地区人才住房保障的一部分。一是适用于特定地区的特定人才。根据相关实施方案,"双限房"只适用于在上海临港、洋山保税港区、商飞总装基地、张江高科技园区工作,缴纳社保1年以上,且符合大专以上上海城镇户籍、获上海市人才引进类居住证、符合产业发展需求的专业技术骨干三大条件之一的人才可以申购。二是针对特定房型、价格和权限。住房只有50平方米、70平方米、90平方米三种房型,售价限定在每平方米7 000元左右,只有张江、临港等地的创新科技人才有资格购买,针对当时临港地区商品房每平方米1.2万元到1.3万元的均价,价格很有优势,但同时也规定购买后10年内房屋不得上市[①]。

五、国际保障性住房建设经验

"二战"后,针对城市住房的紧缺,发达国家通过各种住房保障政策介入城市住房建设,积累了丰富的经验。实际上,我国的经济适用房建设、廉租房建设、公共租赁房建设、公积金制度等都已经在吸收国际上一些好的做法,在促进我国中低收入家庭住房条件改善方面成效显著。同时也应该注意到,前面一个时期我国致力于让低收入群体有房住,但在保障对象的界定、住房保障水平的提高等方面,国际经验仍有值得借鉴之处。

(一) 根据收入水平确定住房保障层次

目前我国的公积金优惠贷款政策是一种普惠型保障政策,高收入阶层同样可以享受优惠。本着把有限的财政资金用在刀刃上的原则,我国下一阶段的住房保障制度应该借鉴新加坡的经验,确定更加细化的标准,锁定真正需要住房保障的人群。

如新加坡政府1982年按照家庭月收入将所有家庭分为四个等级。第一个等级是占比约10%月收入在800新加坡元以下的最低收入家庭,能享受租赁补贴,可租住一居室、两居室或三居室的组屋,补贴金额约为租金价格的50%;第二等级是月收入在

---

① 参见浦东新区人民政府2013年9月3日印发的《临港地区限价商品住房供应管理工作实施方案的通知》。

800—5 000新加坡元的家庭,既可租住也可购买组屋;第三等级是月收入为5 000—8 000新加坡元的家庭,不能租住,只能购房,且可购买较高档次的公寓。第四等级是月收入在8 000新加坡元以上的家庭,既不能购买组屋,也不能享受优惠的公积金贷款,只能从房地产市场购买住房,通过商业渠道获得贷款①。随着组屋供应量的增加,对家庭月收入的限制不断放宽。

（二）发行租房券

租房券计划最先实行于20世纪70年代,在随后的几十年内,这个计划在为低收入群体提供住房补助方面发挥了重要作用。政府为低收入者提供租房券,该券可以用来支付当地允许的最高房租超过住户税前收入的30%的部分。与直接发放货币补贴相比,这种做法把政府的投入限制在住房改善方面。

（三）利用量化标准科学测度和衡量保障数量和质量

一个国家和地区需要住房保障的群体有多少,达到的保障水平到底如何,政府制定的优惠价格是否合理,目前很难说得清楚。究其原因,我国的住房保障制度仍待完善。除了需要加强统计外,各类标准需要尽快制定。在这方面可以借鉴现成的国际经验。

如美国根据住房调查确立衡量住房建筑质量的标准,在卫生洁具、供热、走道、维护、电力设施和厨房设施这几个方面有一个或者多个缺陷的住房,就被认定为有"中度"或"严重"住房问题。从有严重质量问题的住房占住房总量的百分比来确定住房保障水平。

住房负担这个指标则可以识别社会上可能需要住房保障的群体。住房负担可以具体表示为收入中平均用于住房支出的百分比。根据美国的标准,住房支出达到收入的30%为住户承受的上限。当前美国的住房负担问题远比住房总量和设施条件的影响更大,全美只有不到2%的住户住在设施严重不足的住房里,但却有超过16%的住户把收入的一半甚至更多用于与住房相关的花费,特别是在租房户中这个比例超过了24%②。

此外,关于优惠程度也缺乏标准,我国的政策一般是由地方政府根据当地经济发展情况确定。在此可借鉴国际经验标准,如按照美国1937年开始就制定的公共住房补贴制度的要求,由联邦政府拨款,地方政府负责建造和管理的公共住房要以相当于市场平均租金的40%,出租给最低收入或贫困家庭。

新加坡建屋局给一手组屋定价,主要考虑组屋买家的购买能力。在房租方面,租金一般占住户家庭收入的4%到15%,远低于租住市场上的住房租金;在房价方面,政府制定的原则是使90%的家庭能够支付得起三房式的组屋,70%的家庭能够支付得起四房式的组屋③。如新加坡受雇人士月均收入3 578新元,一套四房式的组屋平均售价为16.2万新元,相当于个人年收入的4—5倍④。

---

①③ 李俊夫等:《新加坡保障性住房政策研究及借鉴》,《国际城市规划》2012年第4期,第37页。
② 王佳文:《美国多样化城市住房政策及其对中国的启示》,中国城市规划年会2011年,第4490-4491页。
④ 梁晓、张幸仔:《新加坡"居者有其屋"的背后》,《深圳商报》,2015年6月8日A16版。

(四) 实现租售动态平衡

从发达国家的历史来看,住房保障的历史是先租后售再实现租售动态平衡的历史,发达国家的住房自有率呈现由低到高的过程。建设后出租不仅占用了大量财政资金,而且持续的租金补贴和房屋维修费用加重了地方政府负担,通过出售公屋减轻沉重的财政压力是各地政府普遍采取的举措。其结果是居民住房自有率的上升,和政府需要维持的租售动态平衡。这在我国目前大力推动公共租赁房建设之时尤其需要引起警觉。如英国 1914 年居民的住房自有率仅为 10%,发展到目前已超过 70%①;美国自有房率从 1940 年的 44% 提高到 1960 年的 62%,2004 年达到创纪录的 69.1%②;2007 年新加坡自有住房率为 90.7%③。需要说明的是,2006 年德国自有住房率仅为 44.6%,远远低于中国城市的住房自有率水平。这与德国长期维持成本租金有关。④

第三节 城市商品住宅建设

商品住宅是指房地产开发企业(单位)建设并出售、出租给使用者,仅供居住用的房屋。与政策性保障住房相对应,城市商品住宅建设是市场化的,其决策主要取决于开发商对城市住房市场的判断,政府通过利率政策、税收政策、建设优惠等政策影响开发商商品住宅建设决策。

一、我国商品住宅市场特点

(一) 地方性

住宅的位置都是固定的,不会在地区间流动。首先,住房的价值受到所处地段的影响。周围环境优美、生活设施齐全、交通方便、商务配套丰富的住房价值更高。其次,住房的价值受到其所处城市的经济发展状况的影响。经济发展有活力、产业发展较快城市的住房价值具有更大的上涨空间。第三,住房的价值受到周边城市房价的影响。周边城市房价较高,会对该住房所处城市的房价产生上涨压力。此外,住房的价值还会收到所处城市的辐射范围的影响。一般来说,省会城市住房市场覆盖全省,其房价一般会高于地区市和县城;上海、北京等城市的住房市场覆盖全国,属于全国市场,一般会高于省会城市。

(二) 异质性

商品住宅作为一种商品,本身具有异质性。如按照建筑类型,分为多层公寓房、高层公寓房、独栋别墅、联排别墅等;按照户型划分,分为一房、两房、三房、多房户型;按照

---

① 孙海燕、宋学锋:《英国住房制度对我国城市住房产业发展的启示》,《江苏师范大学学报(哲学社会科学版)》2009 年第 3 期,第 117 页。
② 王佳文:《美国多样化城市住房政策及对中国的启示》,中国城市规划年会 2011 年,第 4490 页。
③ 梁晓、张幸仔:《新加坡"居者有其屋"的背后》,《深圳商报》,2015 年 6 月 8 日 A16 版。
④ Voigtlander M., "Why is the German homeownership rate so low?", Housing Studies, 24(3), 2009:355-372.

朝向,分南北通、朝东、朝西、中间套、边套等类型;按照有无景观,分为河景房、江景房、海景房等。同时,购房人对住宅的偏好各异,加深了住房的异质性。这使得城市商品住宅市场是不完全竞争市场,在普遍预期房价上涨时期,卖家惜售,住宅市场成为卖方市场,持续跳价的现象屡见不鲜;在普遍预期房价下跌时期,买家砍价,住宅市场成为买方市场,价格屡降也难出手。

(三)多层次性

城市商品住宅市场是多层次的。按照权益关系划分,分为住宅业权市场、住宅租赁市场和住宅信托市场。其中,住宅业权市场以房屋所有权为标的进行交易,通过售卖和差价互换的方式进行交易①。根据市场体系划分,分为一手房市场、二手房市场。按照市场受众划分,分为面向中等收入家庭的普通商品房、面向高收入家庭的高品质商品房等。

随着城市居民收入水平的提高,对住房质量和品质的要求越来越高,城市商品房市场细分程度越来越高,房地产开发企业开发出自带学区的楼盘、专门针对高级白领的高端租赁住房等,满足各类人群的需求。

二、商品住宅建设的影响因素

房地产开发企业在做"是否要建设住宅、建设多少住宅、以什么节奏建设住宅"等决策时,需要考虑住宅存量看是否有市场空间、要考虑资金是否充足、是否有土地供应、是否能够顺利销售等问题。这些问题涉及住房存量、房地产企业的资金实力、投资预期等因素,住宅需求者的现状需求和潜在需求、购买力等因素,以及贷款成本、土地供应、住房价格管制、税收等房地产行业政策因素。

(一)供给方因素分析

要建设商品住宅,首要条件是住房存量、保障性住房供应不能满足日益增长的住房需求,建设商品住宅存在市场空间。中华人民共和国成立后,我国城市房屋存量不足,人口的增长加剧了紧缺程度,1985 年我国城市居民人均住宅建筑面积才到 10 平方米,仍处于紧缺阶段,2000 年才达到 20 平方米,在平均水平上达到了居住的基本需求,对住房改善的需求强烈。之后十数年商品房迅猛发展正是对这种需求在数量上的满足。其次,房地产开发是前期投入巨大的经济活动,不仅需要房地产企业有一定的经济实力,还需要便捷的融资渠道。第三,对经济发展的预期也很重要。持续的经济增长不仅能够保障房地产企业资金的顺畅流动,而且也会通过影响需求方收入预期而影响住房购买的决策,最终影响商品住宅的销售。

(二)需求方因素分析

强劲的购房需求是商品住宅建设的重要动力。住房购买需求受到人口增长、人口结构、城市化速度、居民收入水平和增长预期、房价高低等因素的影响。1949 年后我国

---

① 参见董利民:《城市经济学(第二版)》,清华大学出版社 2016 年版,第 214 页。

人口一直在增长。与1949年相比,2015年全国总人口增长了154%,是1949年的2.5倍,共增加人口8.3亿。其中,到1978年人口就已经增加了4.2亿,是1949年人口的1.7倍。我国的城镇化率不断提升,从1949年的10.64%上升到2015年的56.1%,目前仍在以2%左右的速度上升。城镇居民收入持续增长,1978年城镇居民可支配收入为343.4元,1998年上升到5 425元,是1978年的15.8倍;2015年为31 194.8元,是1998年的5.8倍。这些因素是十多年来我国商品住宅建设大发展的内在动力。

(三)政策因素分析

国家通过政策手段调控城市商品住宅的供给和需求,以达到稳定房价、保持经济持续稳定增长的目标。供给调控方面的政策手段包括提供优惠贷款利率、收放贷款总量、放松或收紧土地供应、实行或取消税收优惠、住房价格管制等,对商品住宅的建设决策施加影响。

需求调控方面的政策手段包括提供优惠贷款利率、限制首付比例、控制贷款周期、实行或取消税收优惠、住房套数购买限制等,用以抑制或鼓励住宅购买,影响商品住宅的建设。1998年后我国出台了一系列鼓励居民购买商品房、改善居住条件的政策,如公积金制度、首套房的低首付、免税费、优惠利率等优惠政策。2003年后随着房价持续上涨、投机需求旺盛,国家加大了对城市商品住宅建设的调控,通过限购第三套住宅、提高二套房首付比例、取消利率优惠甚至上调贷款利率等手段抑制商品房购买需求,进而影响房地产开发企业的投资建设决策。

三、商品住宅建设状况

(一)商品住宅建设发展迅猛,近年势头有所缓和

1998年以前,商品住宅销售面积增长较快,1986年到1997年11年间平均增长率为30%。自从1998年7月3日发布《国务院关于进一步深化城镇住房制度改革加快住房建设的通知》后,全国城镇下半年停止住房实物分配,正式实行城市住房分配货币化,从此我国的商品住宅建设发展迅猛。到2007年的9年间,销售面积每年增长率都在两位数,平均增长率为61%。2008年后商品住宅销售面积增长放缓,除2009年和2013年外,其他年份增长率均为一位数,7年间平均增长率为13%。到2015年,商品住宅销售面积达到112412万平方米,是1998年销售面积的10.4倍。城镇居民人均住宅建筑面积达到33平方米以上。

从增长率来看,商品住宅销售分别在1992、1993、1998、2005和2009年爆发式增长,增长率均超过37%,反映了1992年和1993年主要发生在海南岛和北海的房地产热、1998年城市住房正式市场化的政策效应、2005年左右强烈的住宅需求释放效应、2009年4万亿刺激的效果。

(二)商品住宅在城市住房中的比重不断上升

2003年以前,城市住宅的新增供给主要是非商品住宅。在1998年,占当年城市住宅竣工面积的比重较高的是城镇个人建房,所占比重为36%,其次是基本建设和更新

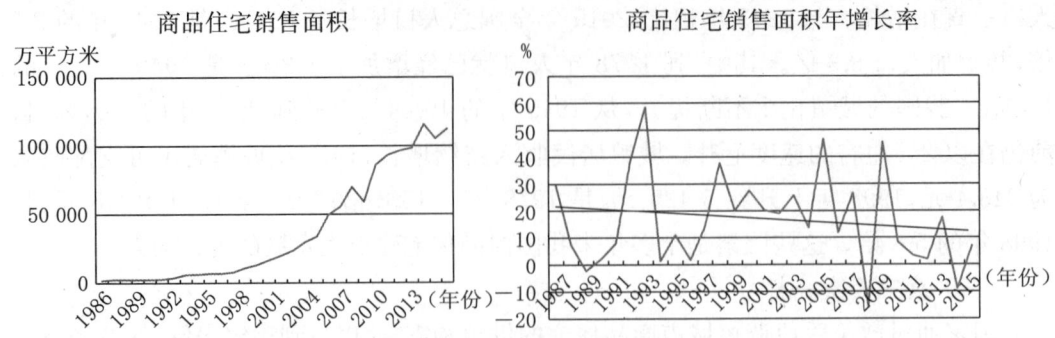

图 10-1　1986—2015 年我国商品住宅销售面积及增长率

资料来源:《中国统计年鉴》(2016 年)。

改造住房竣工面积占 28%,城镇集体单位所建占 7%,房地产企业建设的商品住宅仅占 28%。此后,商品住宅占新增城市住宅供给的比重持续上升,到 2003 年当年竣工的商品住宅占比超过一半,占 56%。连续 6 年商品住宅供应所占比重稳定在 70% 以上。

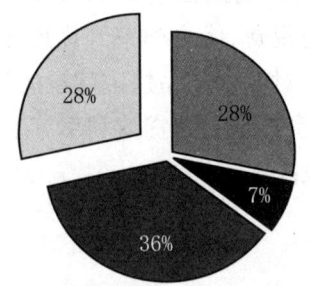

图 10-2　1998 年城市住宅竣工面积结构图

资料来源:《中国统计年鉴》2001 年和《中国统计年鉴》(2016 年)。

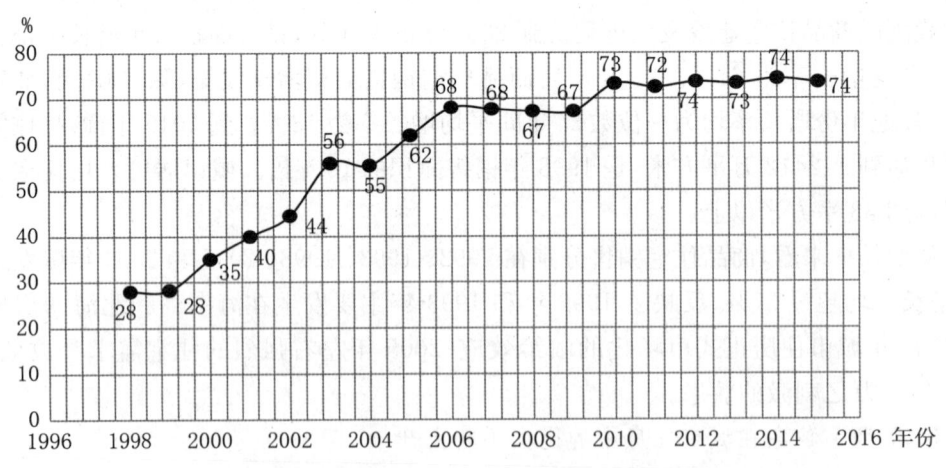

图 10-3　商品住宅竣工面积占城镇住宅竣工面积的比重变化图

资料来源:《中国统计年鉴》(2016 年)。

（三）商品住宅建设趋势：住宅工业化

从目前来看，我国商品住宅建设仍是劳动密集型产业，房屋主体建设仍然以现场浇筑为主，建筑工人工作环境恶劣。总体来看，目前我国的住宅建设模式粗放，能源资源消耗高，在建设中重规模轻效率、重外观轻品质、重建设轻管理等问题普遍存在。随着我国人口老龄化加剧，劳动力成本逐年提高，以及人们对居住品质更加关注，传统的住宅建设模式难以为继。2013 年国务院发布《绿色建筑行动方案》，提出要加快绿色建筑相关技术研发推广、大力发展绿色建材、推动建筑工业化。2014 年 2 月，住房城乡建设部批准《装配式混凝土结构技术规程》为行业标准，自 2014 年 10 月 1 日起实施。2014 年 3 月 17 日，中共中央、国务院印发《国家新型城镇化规划（2014—2020 年）》，提出要"大力发展绿色建材，强力推进建筑工业化"。并把"积极推进建筑工业化、标准化"，提高住宅工业化比例。政府投资的公益性建筑、保障性住房和大型公共建筑全面执行绿色建筑标准和认证作为绿色城市建设重点之一。2016 年 9 月，国务院办公厅出台《关于大力发展装配式建筑的指导意见》，提出要"以京津冀、长三角、珠三角三大城市群为重点推进地区，常住人口超过 300 万的城市为积极推进地区，其余城市为鼓励推进地区，因地制宜发展装配式混凝土结构、钢结构和现代木结构等装配式建筑。力争用 10 年左右的时间，使装配式建筑占新建建筑面积的比例达到 30%"。

四、商品住宅建设国际经验

受目前所处发展阶段的限制，我国在前一二十年的商品住宅建设基本满足了城市居民对住房数量的需求，在住房的节能环保、舒适度等品质方面的需求还正在释放过程中。

住宅建设的产业化是未来住宅建设发展趋势，住宅产业化是把住宅的全生命周期基于一个全产业链和全系统的现代化发展进程[1]。在我国，建造过程中的"五化"即标准化设计、工厂化生产、装配化施工、一体化装修和信息化管理，这种新型建筑工业化建造方式已经得到行业内广泛认同[2]。我国的万科、远大住工、绿地等房企已经在尝试住宅产业化建设，虽然取得了一些成效，但总体上我国的住宅产业化仍处在初级阶段。在发展过程中，房企参与度不高、可行性技术较少、缺乏行业统一标准等问题困扰着产业化发展，进程仍显缓慢。如何推动商品住宅产业化发展，欧美和日本等国家的成功经验值得借鉴。

（一）培养"健康住宅"的建设理念

健康住宅不仅是静态的概念，还是动态的，体现在住宅建设过程中。如北美的住宅建设秉承健康住宅建设的"4R"理论，即检查（Review）标准程序和做法，减少（Reduce）产生的浪费，重复利用（Reuse）资源和材料，回收（Recycle）通常被废弃的材料。

---

[1] 恩里克·莫诺（王志成编译）：《国际住宅产业化技术九大发展趋势》，《中国住宅设施》2014 年第 8 期，第 45 页。
[2] 樊则森：《预制装配式建筑设计要点》，《住宅产业》2015 年第 8 期，第 56 页。

北美非常重视住宅建设新技术。美国住宅多建于郊区,以低层木结构为主;住宅建筑市场发育完善,住宅用构件和部品的标准化、系列化,及其专业化、商品化、社会化程度很高,几乎达到了100%,各种施工机械、设备、仪器等租赁业非常发达,商品化程度达到40%。

（二）大力投入住宅建设新技术

一是加大研发投入。美国政府尤其重视新技术的研究工作,国会每年拨付住宅和城市发展部1 000万美元专门研究新技术的开发和研究经费,委托美国国家建筑技术研究中心负责建筑技术的研究开发工作。二是鼓励开发实用技术。如美国很注重积极开发、推广实用污水处理和回用技术,生活垃圾处理技术、太阳能和地热等自然能源的利用技术、小型箱式变压器技术等实用技术。三是鼓励新技术向民用技术的推广。如美国航天署正计划将太空船中心先进环境技术如水的循环、净化利用、太阳能电池等逐步开发成民用品以推广到住宅产业中。

（三）鼓励住宅开发企业集团化发展

目前我国住宅建设总体上仍然沿用一般房地产开发项目的生产组织形式,即开发商或建设单位投资,委托建筑设计院进行规划设计,再委托建筑公司组织施工,然后出售给消费者的模式。在这种生产组织形式下,很难将各种资源整合起来实施产业化生产。可借鉴日本的经验,鼓励大企业联合组建集团进入住宅产业,培养以专门生产住宅为最终产品,集住宅投资、产品研究开发、设计的技术、资金密集型、能够承担全部住宅生产任务的大型企业集团,鼓励其在技术研发、标准制定、行业规范等方面发挥作用。

参考文献

董利民:《城市经济学(第二版)》,清华大学出版社2016年版。

谢伏瞻:《土地制度与住房政策》,《中国大地出版社》2008年版。

国家统计局编:《中国统计年鉴(1993年)》,中国统计出版社1993年版。

国家统计局编:《中国统计年鉴(1999年)》,中国统计出版社1999年版。

国家统计局编:《中国统计年鉴(2001年)》,中国统计出版社2001年版。

国家统计局编:《中国统计年鉴(2011年)》,中国统计出版社2011年版。

国家统计局编:《中国统计年鉴(2016年)》,中国统计出版社2016年版。

［美］阿瑟·奥沙利文(Arther O'Sullivan),周京奎译:《城市经济学》,北京大学出版社2016年版。

顾朝林、钱志鸿:《转变中的国中城市住房制度》,《学习与实践》1995年第6期。

亢飞:《改革开放以来中国城镇住房政策的演变》,《党史研究与教学》2013年第5期。

肖淞元:《中国城市住房保障制度的演变、问题及建议》,《中国房地产》2012年第10期。

出让:《北京市土地市场将进一步规范》,《北京房地产》2002年第7期。

邓依依:《1/3房企布局租赁市场长租公寓将是"香饽饽"?》《重庆商报》2017年6月2日A07版。

杨旋:《九部委发文加快大中城市住房租赁市场发展》,《中国国土资源报》2017年7月21日第001版。

张亮:《中国城市住房保障行政简史》,西南政府大学硕士论文,2013年。

房地产通讯杂志社:《国家房地产政策文件选编(1948年—1981年),〈房产通讯〉增刊》,中国房地产杂志社1982年版。

国家统计局:《居民收入持续较快增长人民生活质量不断提高——党的十八大以来经济社会发展成就系列之七》,2017年7月6日,http://www.stats.gov.cn/tjsj/sjjd/201707/t20170706_1510401.html。

国务院办公厅转发国家城市建设总局、中华全国总工会:《关于组织城镇职工、居民建造住宅和国家向私人出售住宅经验交流会情况的报告的通知》,广西政府法制网1981年4月(http://www.gx-law.gov.cn/a38/393.jhtml)。

国务院《关于出售住宅试点工作座谈会情况的报告》,1982年4月。

国务院印发批准的《城镇住房改革试点工作座谈会纪要》,1987年。

国务院:《关于继续积极稳妥地进行城镇住房制度改革的通知》(国发[1991]30号),1991年6月。

国务院:《关于深化城镇住房制度改革的决定》(国发[1994]43号),1994年。

国务院:《关于进一步深化城镇住房制度改革,加快住房建设的通知》(国发[1998]23号),1998年。

国土资源部:《关于进一步推行招标拍卖出让国有土地使用权的通知》(国土资发[1999]第30号文),1999年。

中华人民共和国建设部令第70号《城镇廉租住房管理办法》(中华人民共和国建设部令第70号),1999年。

国土资源部:《招标拍卖挂牌出让国有土地使用权规定》(11号令),2002年5月。

中国人民银行:《关于进一步加强房地产信贷业务管理的通知》(简称121号文件),2003年6月。

《安徽省城市房屋拆迁管理办法》(2003年7月1日起施行),2003年。

国务院办公厅下发《关于切实稳定住房价格的通知》,提出抑制住房价格过快上涨的八项措施(简称"国八条"),2005年3月。

深圳市《住房建设规划(2006—2010)》,2006年9月。

2007年修订的《经济适用住房管理办法》。

福建省厦门市人民政府办公厅印发的厦门市人民政府办公厅《关于印发厦门市安置房建设与管理暂行规定的通知》(厦府办〔2007〕266号),2007年。

住房和城乡建设部出台《关于加快发展公共租赁住房的指导意见》(建保[2010]87号),2010年。

《公共租赁住房管理办法》(11号令),2012年5月28日印发。

北京市顺义区人民政府办公室:《关于加强定向安置房建设和使用管理工作的实施意见》(顺政办发〔2017〕2号),2017年。

安徽省城市房屋拆迁管理办法(2003年7月1日起施行)。

广州市:《关于进一步完善我市房地产市场平稳健康发展政策的通知》,2017年3月。

广州市:《加快发展住房租赁市场工作方案》,2017年6月。

住房城乡建设部等在内的9部委:《关于在人口净流入的大中城市加快发展住房租赁市场的通知》,2017年7月。

第三篇
城市结构

　　城市结构篇重点关注城市规模结构、城市群、城市更新和城市新城。城市规模结构以城市人口规模结构为主,关注国家或区域不同空间尺度上不同等级规模城市的比例结构。城市群则是区域层面的城市发展模式,在国内外典型城市群发展案例的基础上,对城市群的理论与实践进行了阐释。城市更新和城市新城则重点关注城市内部结构的改造与重塑,城市更新是城市发展的存量优化,而城市新城则侧重城市空间的增量发展。

第十一章 城市规模结构

本章从城市规模的内涵界定、结构演变、形成动力以及我国城市规模结构和城市规模政策等方面,对城市规模结构的相关理论和实践进行了论述。在概念界定过程中,重点侧重了城市人口规模结构的研究和讨论。城市规模分布理论主要介绍和讨论了应用最为广泛的城市首位律、位序—规模法则和最新的城市增长理论模型。通过我国城市规模结构的发展和模型验证,对我国城市规模结构的形成和演变进行了实证,并通过城市位序—规模法则和城市增长理论模型对城市规模结构进行了判断。最后结合我国城市规模政策演变发展,提出我国城市规模政策优化调整的方向。

第一节 基本概念界定

一、城市规模

城市规模主要有城市人口规模和城市用地规模两方面,由于人口资料容易获得,同时人口集聚又是城市的重要特征,于是城市规模通常指"城市的人口规模"。由于当前我国城市人口的统计存在一些争议,[①]因此在研究过程中,一些学者也会使用城市建设用地或主城区面积来衡量一个城市的规模。

(一)城市人口规模

通常的城市规模研究一般是指城市人口规模(population size)的研究。城市人口规模是在城市地理学研究及城市规划编制工作中所指的一

---

① 城市人口统计的争议主要源自对"城市"概念的界定。当前我国的城市基本上是一个行政性概念,包含了一个真正"城市"和外围的农村。而在城市人口统计的过程中,是以整个行政区的人口作为城市人口来统计的。最典型的结果是,重庆可以被认为是世界上最大的城市。

个城镇人口数量的多少(或大小)。一般指一个城镇现状或在一定期限内人口发展的数量,后者与城市(镇)发展的区域经济基础、地理位置和建设条件、现状特点等密切相关。

(二)城市用地规模

城市用地是城市规划区范围内赋予一定用途和功能的土地的统称,是用于城市建设和满足城市功能运转所需要的土地。如城市的工厂、住宅、公园等城市设施的建筑活动,都要由土地来承载,而且各类功能用途的土地经过规划配置,使之具有城市整体而有机的运营功能。城市用地规模是指依据城市人口规模和国家规定的人均建设用地标准而确定的城市建设用地总量。

二、城市规模等级

(一)1955 年标准

早在 1955 年国家建委《关于当前城市建设工作的情况和几个问题的报告》中就首次提出了大、中、小城市的划分标准:

50 万人口以上为大城市;

50 万人口以下、20 万人口以上为中等城市;

20 万人口以下的为小城市。

(二)1980 年标准

1980 年由国家建委修订的《城市规划定额指标暂行规定》(以下简称《暂行规定》)将按城市人口城市规模分为四个等级:城市人口 100 万以上为特大城市,50 万以上到 100 万为大城市,20 万以上到 50 万为中等城市,20 万和 20 万以下为小城市。但《暂行规定》中没有对城市人口作出清晰界定。

1984 年 1 月 5 日国务院发布了《城市规划条例》(以下简称《规划条例》)。《规划条例》第一章第二条指出:"本条例所称城市,是指国家行政区域划分设立的直辖市、市、镇,以及未设镇的县城"。1989 年 12 月 26 日《中华人民共和国城市规划法》再次进行修改,其中第一章第三条指出"本法所称城市,是指国家按行政建制设立的直辖市、市、镇"。具体分为四类:

特大城市——100 万人口以上;

大城市——50 万—100 万人口;

中等城市——20 万—50 万人口;

小城市——20 万人口以下。

此外,许多地区虽没有达到设市建制的标准,但由于非农人口比重较大,工商业比较集中,也属于城市的一种城镇居民点。

(三)2014 年标准

2014 年 11 月 21 日,《关于调整城市规模划分标准的通知》明确,新的城市规模划分标准以城区常住人口为统计口径,将城市划分为五类七档:

超大城市:城区常住人口 1 000 万以上的城市;

特大城市:城区常住人口500万以上1000万以下的城市;

大城市:城区常住人口100万以上500万以下的城市,其中300万以上500万以下的城市为Ⅰ型大城市,100万以上300万以下的城市为Ⅱ型大城市;

中等城市:城区常住人口50万以上100万以下的城市;

小城市:城区常住人口50万以下的城市为小城市,其中20万以上50万以下的城市为Ⅰ型小城市,20万以下的城市为Ⅱ型小城市。

其中,城区是指在市辖区和不设区的市,区、市政府驻地的实际建设连接到的居民委员会所辖区域和其他区域。常住人口包括:居住在本乡镇街道,且户口在本乡镇街道或户口待定的人;居住在本乡镇街道,且离开户口登记地所在的乡镇街道半年以上的人;户口在本乡镇街道,且外出不满半年或在境外工作学习的人。

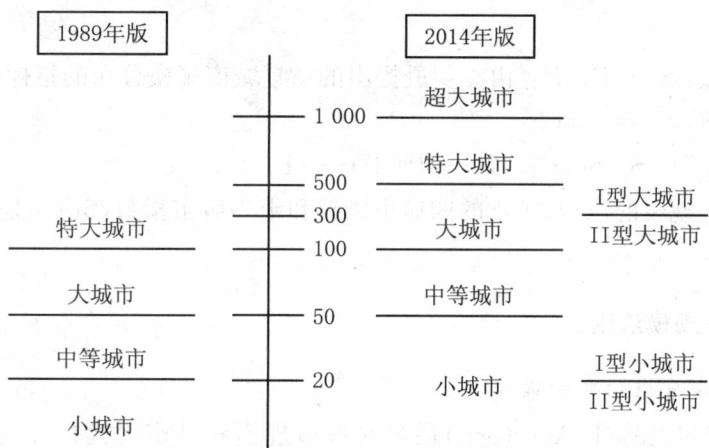

图 11-1　我国城市规模等级新旧标准比较

资料来源:根据相关资料整理绘制。

三、城市规模结构

城市规模结构是指一个国家或地区内城市人口规模或城市用地规模的层次结构。研究城市规模结构的目的是探讨区域内城市从大到小的序列与其人口规模的关系,揭示区域人口在城市中的结构特征。城市人口规模常常是城市极重要的一种综合性特征。现代城市最大的已达上千万人口,小的只有百千人。

第二节　城市规模结构分布理论

一、城市首位律

城市首位律(Law of the Primate City),即首位城市分布律,是对一个国家、地区范围内,城镇规模分布规律的一种早期的概括。

(一)首位城市

首位城市:在规模上与第二位城市保持巨大差距,吸引了全国人口的很大部分,在国家政治、经济、社会、文化生活中占据明显优势,规模最大的领导城市。

1939年,马克·杰斐逊(M. Jefferson)通过观察发现,一个国家的首位城市其规模往往比其他城市大得多。通过分析51个国家规模前3位的城市,他发现有28个国家的首位城市的人口规模是第二大城市的2倍以上,有18个国家在3倍以上(伦敦为利物浦的7倍;哥本哈根为奥尔胡斯的10倍;墨西哥城为瓜达拉哈拉的5倍)。

(二)首位度指数

一国最大城市与第二位城市人口的比值,称为"首位度"。首位度大的城市分布称为"首位分布"。为了改进首位度的简单化,有人提出四城市指数、十一城市指数等衡量指标。

二城市指数:$S_2 = P_1/P_2$(由杰斐逊提出的衡量城市规模分布的指标);

四城市指数:$S_4 = P_1/(P_2 + P_3 + P_4)$;

十一城市指数:$S_{11} = 2P_1/(P_2 + P_3 + \cdots + P_{11})$。

按照位序—规模的原理,正常的四城市指数和十一城市指数都应该是1,而两城市指数应该是2。

二、位序—规模法则

(一)对城市规模位序的探讨

1913年,奥尔巴赫(F. Auerbach)最早对城市规模和城市规模位序的关系进行探索。在对欧洲5国和美国城市规模分布的探索中,奥尔巴赫发现了城市规模等级的金字塔型分布规律——区域内的城市是按人口规模呈由大到小、由少到多有规律的序列分布,符合:

$$P_i R_i = K \tag{11-1}$$

P_i:人口规模位于第i位的城市人口数;R_i:第i位城市的位序;K:常数。

(二)位序—规模法则

1949年齐夫(G.K. Zipf)综合杰斐逊和奥尔巴赫关于规模分布的模式,提出了著名的"位序—规模法则(Rank-Size Rule)",其数学表达式为:

$$P_r = P_1/R \tag{11-2}$$

其中:P_r:第r组城市的人口;R:人口为P_r的城市的位序。

(三)位序—规模法则的应用

通过数学公式演变,位序—规模法则的公式$P_i = P/R_i^q$可以变换为:$\lg P_i = \lg P_1 - q \lg R_i$,进而再变换为:$y = a + bx$(其中$a$、$b$均为回归系数)。该回归线在直角坐标系中表现为对数曲线;在双对数坐标系中表现为直线,这里a为回归线的截距,它可以是首位城市的人口规模的对数$(a=\lg P_1)$，也可以通过回归分析得到$(a\neq P_i$，即a采用首位城市的理论规模的对数值)；b为回归线的斜率$(b=-q)$：

① 当$|b|=q=1$时，为有规则的序列分布，即等级规模分布（齐夫模式）；

② 当$|b|=q>1$时，为首位分布，城市人口集中，城镇体系中以大城市为主，中小城市不够发育；

③ 当$|b|=q<1$时，为序列分布，城市人口分散，城镇体系中大城市不突出，中小城市发达；

④ 当$|b|=q=0$时，所有城市人口数相等；

⑤ 当$|b|=q=\infty$时，区域内只有一个城市。

对回归线进行多年对比，可以反映城镇体系的位序变化和发展趋势：

① a变动反映高位次城市，特别是首位城市的变化趋势；

② $|b|$变大，说明城镇规模分布中，集中的力量＞分散的力量；$|b|$变小，说明城镇规模分布中，集中的力量＜分散的力量。

三、城市增长理论模型

Eeckhout(2004)的模型是基于假设有固定数量的城市据点，劳动者或工人可以自由迁徙。空间均衡来自正负规模外部性的权衡，而这种每个城市内部所累积的规模外部性是无法溢出到其他城市的。在每一个时期，每一个城市据点都承受了特定且随机的生产力冲击。最终，所有的城市都是根据纯粹的吉布拉定律增长，可以表示为：

$$d\ pop_{it}/pop_{it}=\mu d_t+\sigma dB_{it} \tag{11-3}$$

其中，$d\ pop_{it}/pop_{it}$是城市i在时期t人口变动百分比。参数μ用来表示城市规模的增长趋势，B_{it}是均值为0方差为σ^2的独立冲击变量。早在1931年，吉布拉就预计，存在一个随机的成比例的增长过程伴随着附加的随机冲击会渐进地指向一个对数正态分布(LN)。而且，Eeckhout(2004)的对数正态分布模型(LN)可以很好地拟合美国实际城市规模数据。对数正态规模分布是取$\ln S$为正态分布的随机变量，该分布的理论密度函数为$\varnothing(\hat{\mu},\hat{\sigma})$：

$$\varnothing(\hat{\mu},\hat{\sigma})=\frac{1}{\hat{\sigma}\sqrt{2\pi}}e-(\ln S-\hat{\mu})^2/2\hat{\sigma}^2 \tag{11-4}$$

S为城市规模随机变量。

Reed(2002)构建了一个更具统计意义的模型，即虽然城市遵循吉布拉定律随机地增长，但是在每一个时间间隔dt存在新城市出现的概率λdt，该新城市是已有城市的卫星城市。新城市的初始规模是从一个均值为μ_0方差为σ_0^2对数正态分布中随机获得。这些新城市从而也会展现出按比例增长。在时刻t总共有$e^{\lambda t}$个城市，其中一些比另一些要老。Reed(2002)证明这一增长过程，类似于在生物学中所描绘的尤尔

(Yule)过程①,会逐渐趋近一个双帕累托对数正态分布(DPLN),密度函数为:

$$f(x) = \frac{\alpha\beta}{\alpha+\beta}\left[x^{-\alpha-1} * e^{\left(a\mu_0+\frac{\alpha^2\sigma_0^2}{2}\right)} * \phi\left(\frac{\log(x)-\mu_0-\alpha\sigma_0^2}{\sigma_0}\right) \right.$$
$$\left. + x^{\beta-1} * e^{\left(-\beta\mu_0+\frac{\beta^2\sigma_0^2}{2}\right)} * \phi^c\left(\frac{\log(x)-\mu_0-\alpha\sigma_0^2}{\sigma_0}\right)\right] \qquad (11-5)$$

其中,α 和 β 分别是上尾和下尾的帕累托系数,μ_0 和 σ_0 是对数正态中间主体的参数,ϕ 代表了标准正态分布的累计概率密度函数,$\phi^c = 1-\phi$ 表示标准正态分布的互补累计概率密度函数。值得注意的是如果 $\alpha\to\infty$ 与 $\beta\to\infty$,则简单的对数正态分布嵌套于双帕累托对数正态分布(DPLN)中。

此后,Reed 和 Jorgensen(2004)发现了双帕累托对数正态分布(DPLN)的诸多性质特点,随机变量 X 可以表示为 $u * v_1/v_2$,其中 u、v_1 和 v_2 是独立的,且 u 服从参数 μ_0 与 σ_0 的对数正态分布,α 与 β 服从帕累托分布。如果 $\beta>1$,则双帕累托对数正态分布(DPLN)是单峰分布;如果 $\alpha\to\infty$ 或 $\beta\to\infty$,双帕累托对数正态分布(DPLN)可以被表示为一个右侧或左侧混合的有限帕累托对数正态分布。但是,该模型无法分离出该分布的对数正态中间主体部分和帕累托左右尾部。也就是说,尽管不正式或是不完善的估计是可以得到的,还是无法用参数表示出哪个城市规模是双帕累托对数正态分布(DPLN)上尾开始点,或哪个城市规模是下尾结束点。

第三节　我国城市规模结构发展过程

事实上,我国的城市不仅仅是地级以上城市,还包括大量的人口规模相对较大,但却属于县级市的城市。因而,为了更准确观察我国的城市数量与规模,本书依据联合国(2014)的数据,以 2015 年 30 万人以上城市为基础来考察。

一、传统标准下城市规模结构发展

国家发改委城市和小城镇改革发展中心课题组(2013)的研究,改革开放 30 年来,城市发展迅速,城市的人口规模也迅速扩大。2008 年,我国城市 655 个,镇 19 234 个。按《城市规划法》的城市等级标准来划分,大城市有 240 个,中等城市 151 个,小城市有 264 个。而 240 个大城市中,50 万—100 万人口的城市 118 个,100 万—200 万人口的城市 81 个,200 万—400 万人口城市 28 个,400 万以上人口的城市 13 个。和 1978 年相比,200 万以上人口的城市增加了 31 个,增长了 3.1 倍;100 万—200 万人口的城市增加了 62 个,增长了 3.3 倍;50 万—100 万人口的城市增加了 83 个,增长了 2.4 倍;而 20 万以下人口的小城市也增加了 215 个,增长了 4 倍多。

---

① 尤尔过程是指一个群体的成员通过类似分裂的方式产生新成员,成员没有死亡,且无相互作用,产生新成员的概率相同。

表 11-1　城市规模等级旧标准下我国城市规模结构发展情况

	城市人口规模	1949 年	1978 年	2008 年
大城市	400 万以上	3	10	13
	200 万—400 万			28
	100 万—200 万	7	19	81
	50 万—100 万	6	35	118
中等城市	20 万—50 万	32	80	151
小城市	20 万以下	84	49	264
城市数合计		132	193	655

注：国家统计局《新中国六十年分析报告系列之十：城市社会经济发展日新月异》人口规模的划分以城市市区总人口为标准。

资料来源：国家发改委城市和小城镇改革发展中心课题组（2013）。

二、新标准下的城市规模结构现状

《新型城镇化规划（2014—2020）》的数据表明，在我国城镇化快速推进过程中，我国城市的数量从 193 个增加到 658 个，建制镇数量从 2 173 个增加到 20 113 个。根据该规划，将市辖区常住总人口超过 500 万的城市定义为特大城市，目前我国在人口规模在 500 万以上城市总计 16 个，其中 1 000 万以上 6 个，包括上海、北京、重庆、广州、天津和深圳，500 万到 1 000 万为 10 个，包括武汉、青岛、东莞、南京、成都、佛山、西安、沈阳、杭州、哈尔滨等，与 1978 年 0 个人口规模 1 000 万以上城市和 2 个人口规模 500 万以上城市相比，有了巨大的变化。300 万—500 万人口城市从 1978 年的 2 个快速增长到了 2010 年的 21 个，100 万—300 万人口城市从 1978 年的 25 个增长到了 2010 年的 103 个，特别是 50 万—100 万人口城市快速地从 1978 年的 35 个增加到 2010 年的 138 个（见表 11-2）。

表 11-2　城市（镇）数量和规模变化情况　　　　单位：个

	1978 年	2010 年
城　　市	193	658
1 000 万以上人口城市	0	6
500 万—1000 万人口城市	2	10
300 万—500 万人口城市	2	21
100 万—300 万人口城市	25	103
50 万—100 万人口城市	35	138
50 万以下人口城市	129	380
建制镇	2 173	19 410

注：2010 年数据根据第六次全国人口普查数据整理。

资料来源：《新型城镇化规划（2014—2020）》。

三、新标准下城市规模结构变化

(一)超大城市

超大城市是指1 000万人口以上的城市,该等级城市数量增加明显。根据联合国(2014)发布的数据,到1985年以前我国还没有出现超大城市(城市人口1 000万及以上)。然而此后的30年,城市人口1 000万及以上超大城市数量迅速增加到2015年的6个,居住在此的城市人口占所有城市人口的比重也高达12%,预计到2030年将达到7个超大城市。

表11-3 我国城市规模结构变化(1950—2030年)

城市等级	项目	1950	1980	1995	2000	2010	2015	2030
超大城市	城市数量(个)	0	0	1	2	4	6	7
	人口比重(%)	0	0	3	5	9	12	13
	人口数量(百万)	0	0	10.5	24.1	57.6	91.9	130.8
特大城市	城市数量(个)	0	2	3	5	10	10	16
	人口比重(%)	0	6	5	8	10	9	12
	人口数量(百万)	0	11.3	19.4	35.1	68.7	67.0	116.2
大城市	城市数量(个)	8	18	43	58	71	89	125
	人口比重(%)	24	18	22	25	21	23	25
	人口数量(百万)	15.3	33.7	83.6	113.8	143.3	178.1	246.1
中等城市	城市数量(个)	11	30	53	81	119	155	194
	人口比重(%)	11	11	9	12	12	13	14
	人口数量(百万)	7.1	21.7	35.7	54.4	82.7	105.1	139.2
小城市(30万—50万)	城市数量(个)	15	40	79	118	158	147	162
	人口比重(%)	9	8	8	10	9	7	6
	人口数量(百万)	5.5	15.3	31.1	44.6	62.5	57.0	63.1
其他	人口比重(%)	57	57	53	41	38	36	30
	人口数量(百万)	36.3	108.4	202.9	187.4	254.6	280.5	303.5

资料来源:United Nations (2014)。

注:城市等级分类,超大城市:1 000万及以上;特大城市:500万—1 000万;大城市:100万—500万;中等城市:50万—100万;小城市:30万—50万;其他:30万以下。城市数量只统计30万人口规模以上的城市。

(二)特大城市

特大城市的人口规模在500万—1 000万,该等级城市迅速增加。作为我国特大城市的500万—1 000万人口规模的城市数量在1980年开始出现并有2个,到2000年迅速增加到5个。由于这个时期是我国快速工业化时期,主要的核心城市作为国家的发展极成为人口和其他资源要素集聚的首选地,到 2010 年,该等级城市数量翻番达到 10 个,甚至预计到 2030 年该等级城市数量将达到 16 个,占城市人口的比重也达到 12%。

(三) 大城市

大城市是 100 万—300 万人的城市,该等级城市数量爆发式增长,占总城市人口比例迅速提升。与特大城市数量不一样,我国大城市数量爆发式增长。根据联合国 (2014) 年数据,2015 年我国大城市的城市数量将达到 89 个,且居住在这些等级的城市人口占总城市人口的比重达到 25%,相当于居住在超大城市的 13% 和居住于特大城市的 12% 之和,成为所有统计的 5 个等级中居住城市人口最多的城市类型。

(四) 中等城市与小城市

中等城市及以下等级城市数量爆发式增长,但占总城市人口比例基本稳定,小城市 (30 万人口以下) 居住城市人口占总城市人口比例逐步下降。与大城市数量爆发式增长一样,中等城市及以下等级城市的数量增加明显。根据联合国 (2014) 年数据,预计 2015 年我国中等城市与小城市的城市数量将分别达到 155 个和 147 个,但居住在这些等级的城市人口占总城市人口的比重基本维持在在 13%、7% 左右。随着小城市规模的不断提升,居住在小城市 (30 万人口以下) 的城市人口占总城市人口的比例也逐步从 1950 年的 57% 下降到 2015 年的 36%。

第四节 我国城市规模结构分布的理论考察

一、相关理论的简单评论

(一) 对国外理论研究的评论

在理论研究中,关于不同规模的城市如何演进、生长与分布一直是城市发展研究探寻的重要规律之一。自从 1931 年吉布拉定律和 1935 年齐夫定律出现后,关于城市规模分布规律的研究争论一直没有停止过,近些年还出现一些重要研究成果,如 2013 年《科学》杂志发表关于城市规模起源的研究 (Bettencourt, 2013),2004 年和 2009 年《美国经济评论》发表多篇关于城市规模分布规律的研究与评论文章 (Eeckhout, 2004; Eeckhout, 2009; Levy, 2009)。早期文献认为城市规模分布有两大定律:帕累托分布和吉布拉定律,认为帕累托分布是城市规模分布普遍遵循的幂律分布,齐夫定律是帕累托分布中指数为 1 的一种特殊形式;吉布拉定律最早是说明一个公司的均衡增长率独立于绝对规模,后来应用到城市规模分布研究。[①] 新近研究中,学者们基于非截尾数据,

---

① 帕累托 (Pareto) 分布和齐夫 (Zipf) 分布是常用幂律分布:帕累托 (Pareto) 分布最初主要是用来描述人类社会中财富的分布规律,也被称作 80—20 规律;齐夫定律在描述城市人口规模分布时,认为最大城市的规模是第二大城市的两倍,是第三大城市的三倍。吉布拉特定律不是幂律分布,是指在一个特定的时期所有不同规模的企业预期增长幅度的概率是一样的,即增长的概率与规模无关,属于均衡增长,在城市人口规模分布的模拟研究中应用有限。具体可参见 Reed(2001) 和方正、王杰 (2011)。

确实发现单帕累托分布并不成立(Eeckhout,2004),这对城市规模增长与分布研究提出了新的问题:什么是城市规模分布的合适参数估计模型?从城市规模分布中潜在的城市增长过程中可得到什么启发?在 Eeckhout(2004)的研究中,基于城市随机增长模式进行建模,可以发现对数正态模型(LN)可以较好地拟合美国城市人口规模分布的实际情况,且是单纯地由吉布拉定律渐进形成,即城市随机增长,但该模型的上尾并不具备幂律分布的特点。所以严格来讲,对数正态分布(LN)并不与帕累托分布或齐夫定律一致。随后,Giesen 等(2010)采用非截尾的八个国家(德国、美国、法国、巴西、捷克、匈牙利、意大利、瑞士)的城市人口规模数据,证实采用双帕累托对数正态分布(DPLN)模型拟合实际城市人口规模分布比对数正态分布(LN)更好,理由是双帕累托对数正态分布(DPLN)拥有对数正态分布的中间主体,并能在上尾和下尾均捕捉到幂律分布特性,这是基于城市随机增长过程的均衡状态。

(二)相关理论对我国城市规模的应用

而我国是世界上人口规模最大的国家,也是世界上内部差异最大的国家之一,在经济快速发展的同时,城市人口规模以及城市数量也急剧地发生变化。张车伟和蔡翼飞(2012)研究发现我国城市人口分布趋向于符合 Zipf 定律,人口在不同规模城市间的分布逐渐趋于合理,但华中地区的大城市、华南地区的中小城市发育仍显不足。魏后凯(2014)认为近年我国城镇规模结构严重失调,出现了明显的两极化倾向,即大城市数量和人口比重不断增加,中小城市数量和人口比重减少。王振波等(2015)分析 2010 年我国 657 个县级以上城市发现,Zipf 系数为 0.863 8,认为我国城市规模体系等级健全且成熟,呈现"中间略大、底端偏小"的较为合理的金字塔格局。目前关于我国城市人口规模分布的实证研究,主要是用幂律分布(如帕累托分布或齐夫定律)来分析我国城市(人口或建设用地)规模,在这些分析方法中的具体参数表现(Soo,2005;高鸿鹰、武康平,2007;Ye 和 Xie,2012;沈体雁、劳昕,2012;Huang 等,2015),也有基于吉布拉对数分布定律来分析我国城市人口规模分布与理想分布状态的偏差及其影响因素(魏守华等,2015),得出我国城市人口规模分布显著服从幂律分布或吉布拉分布的结论,再据此模拟出我国城市人口规模的适度分布或最佳分布,作为我国城市人口规模分布优化调整方向的依据。

但是,这些研究明显的不足之处在于:一是模型相对单一,仅限于幂律分布模型,缺少对其他模型的拟合、检验与比较;二是,采用截尾数据,多以地级以上城市为对象,城市规模相对较大,缺少中小规模的县级城市,以及人口规模较大的能进行"镇改市"的大镇,这实质是人为地将样本数据的下尾剔除,无法观察到中小城市在我国整体城市人口规模分布格局中的状态与地位,导致模型拟合与研究结论出现偏差。因此,关于我国城市规模体系的合理性还存在争论,有的认为城市规模体系是合理的,有的认为城市规模体系失调,这些理论观点都指向现实中的城市规模战略问题。

二、我国城市位序-规模关系的考察

从我国城市规模等级的演化可以发现,2015 年的分布曲线要比 1995 年陡峭,表明特大城市的规模增长明显,而且曲线比 1995 年和 1950 年的曲线离横坐标远,中间等级规模城市的数量增加明显,也进一步表明我国的城市规模,等级演化相对较快有显著增长(见图 11-2)。从 2015 年规模分布的趋势来看,表现出了一个典型的幂函数分布特征,其拟合的趋势曲线公式为 $y = 47\,231x^{-0.825}$,其拟合度 $R^2 = 0.9935$。相比 2015 年的幂函数来看,1950 年和 1980 年的幂函数的拟合度要更低一些,这反映了在过去 60 余年的城市发展过程中,不同城市的发展速度有显著的区别,前 50 位城市的规模变化速度有较大差别。

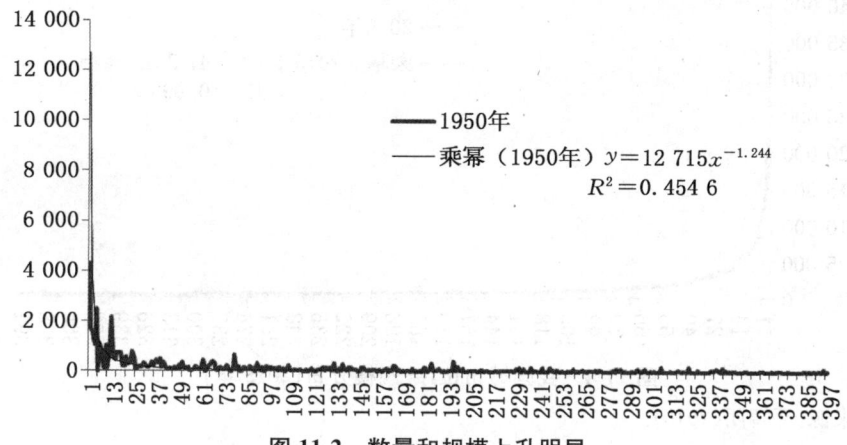

图 11-2 数量和规模上升明显

资料来源:邓智团(2016)。

从 1950 年的分布来看趋势分布曲线为 $y = 12\,715x^{-1.244}$,拟合度仅为 $R^2 = 0.4546$,1980 年规模等级分布的趋势曲线为 $y = 13\,372x^{-0.933}$,拟合度为 $R^2 = 0.5963$。从 1950 年、1980 年、2015 年和 2030 年 4 个年度的趋势曲线来看,其常数项从 1950 年的 12 715,1980 年的 13 372,2015 年的 47 231 到 2030 年的 60 420,是逐步增大的,这直接表明在 1950—2030 年的 80 余年时间里,我国首位度城市的规模是逐步增加的,而且上升的速度相对较大(见图 11-3)。

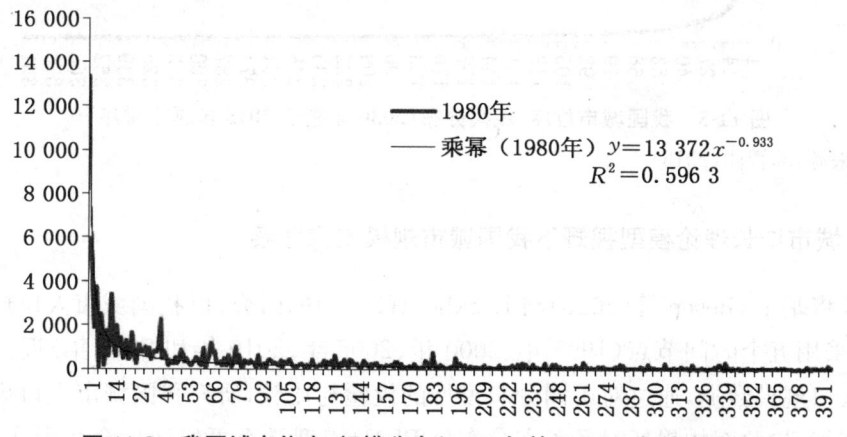

图 11-3 我国城市位序-规模分布(1980 年基于 2015 年城市排序)

资料来源:邓智团(2016)。

而其幂函数的指数从1950年的−1.244、1980年的−0.933、2015年的−0.825到2030年的−0.816,是绝对值逐步增加的,表明分布曲线逐步平缓,是中间城市的数量和城市规模增加相对较多,导致整个曲线趋缓,是城市两极分化减弱的表现(见图11-4图11-5)。

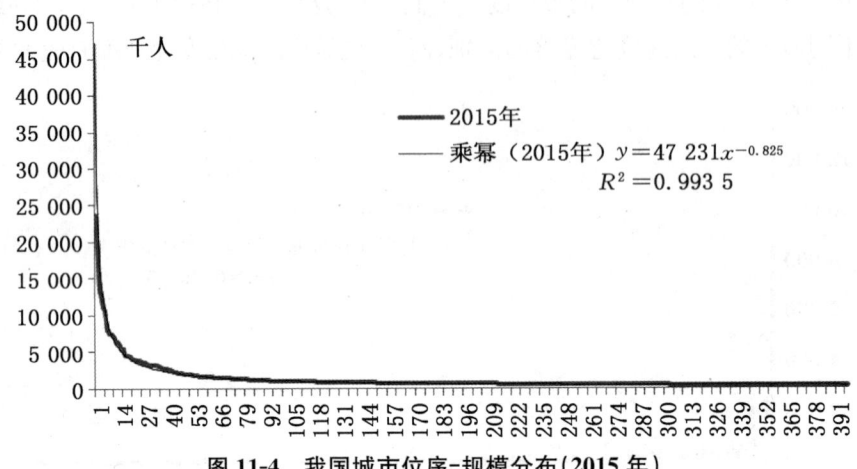

图 11-4　我国城市位序-规模分布(2015年)

资料来源:邓智团(2016)。

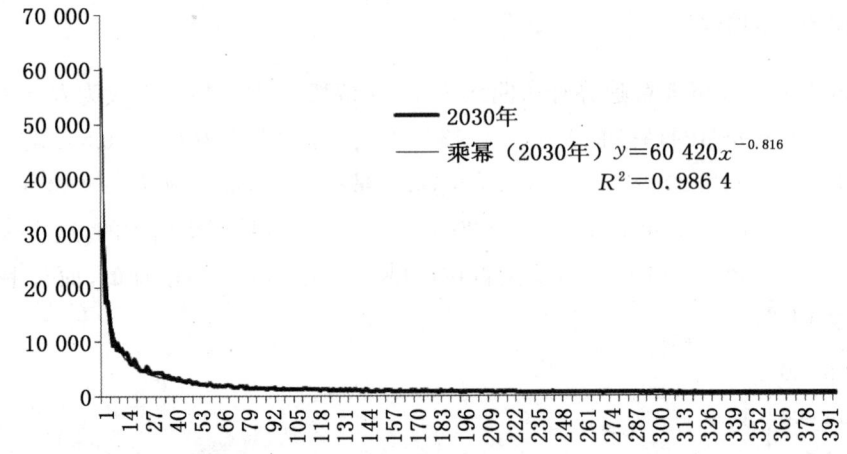

图 11-5　我国城市位序-规模分布(2030年基于2015年城市排序)

资料来源:邓智团(2016)。

三、城市增长理论模型视野下我国城市规模结构考察

本章将基于Giesen等(2010)与Eeckhout(2010)的研究,以我国城市人口规模分布为对象,采用五个时间节点(1995年、2000年、2005年、2010年和2015年)近似非截尾的城市人口规模数据,通过对不同分布模型的检验与比较,研究我国城市人口规模分布与变化规律,检验双帕累托对数正态分布(DPLN)模型是否更好地拟合我国实际,并通过对双帕累托对数正态分布参数的考察分析,对当前我国城市人口规模增长与变化的

整体趋势进行理论阐释,以检视当前城市人口规模政策的有效性和科学性,为城市人口规模政策的调整与优化提供决策支持。

(一) 数据

本章采用了由联合国人口司经济与社会事务部编撰的《世界城市化展望:2014年修订本》的数据,涵盖我国所有市域人口达30万(以2014年为基准)的城市(见表11-4)。在这些城市样本中,城市规模是指年末常住人口数量,其中2015年数据为基于2014年的预期值,数据的门槛值是在2014年市域总人口为30万的城市(1995年时最小城市规模仅为6万人),若以2015年全国城市化率56.1%计算,最小城市城镇人口规模约16.8万。表11-4显示了从1995到2015年5个年份观测样本的描述统计信息,历年观测城市的样本个数为398,覆盖率(定义为本章样本中历年人口总量占当年总城镇人口的比率),以及最小值、最大值、平均值、中位数和方差。从该表中,可以看出样本观测总量是历年全国城镇总人口的63%左右。从1995年到2015年的20年间,最大城市的绝对规模增加额是最小城市绝对规模增加额的53倍,中位数与平均值均不断提升,但是平均值的绝对增长幅度约为中位数绝对增长幅度的2倍,且方差增加了5倍,由此可见,我国特大城市群的规模增长速度要远高于小城市群的规模增长速度。

表11-4 描述统计分析　　　　　　　　　　　　　　单位:1 000

年　份	1995	2000	2005	2010	2015(预测值)
样本数(个)	398	398	398	398	398
覆盖率	62.43%	65.94%	64.08%	63.42%	64.42%
最小值	60.89	109.07	173.05	238.27	308.30
最大值	10 449.53	13 958.98	16 763.46	19 979.98	23 740.78
平均值	551.71	760.55	904.99	1 067.33	1 246.94
中位数	265.65	381.91	444.88	524.10	610.35
方　差	922 573	1 646 489	2 394 906	3 452 985	4 871 985

数据来源:United Nations(2014)。

(二) 模型估计

本章回归方法为最大似然估计法,需要分别找到拟合对数正态分布(LN)与双帕累托对数正态(DPLN)分布的参数。Reed和Jorgenson(2004)推导出了双帕累托对数正态分布(DPLN)对数似然函数;对于对数正态分布(LN)来说,只需按照密度函数连乘的常规方法就可推导出其对数似然函数。LN分布的参数系数值可以直接用最大似然方法回归分析得出。对于双帕累托对数正态分布(DPLN),由于它有四个参数需要估计,通常不容易找到可行的初值赋予 α、β、μ_0 和 σ_0。本章采用R软件中的NLM函数,可获得进行最大似然估计的初始值(见表11-5。)

表 11-5　LN 与 DPLN 分布的参数系数值

年份	1995		2000		2005		2010		2015	
	LN	DPLN	LN	DPLN	LN	DPLN	LN	DPLN	LN	DPLN
$\hat{\mu}$	5.769	—	6.149	—	6.326	—	6.488	—	6.640	—
$\hat{\sigma}$	0.902	—	0.825	—	0.810	—	0.803	—	0.803	—
$\hat{\alpha}$	—	8.834	—	12.071	—	12.807	—	18.093	—	14.816
$\hat{\beta}$	—	45.283	—	45.067	—	45.000	—	53.848	—	54.490
$\hat{\mu}_0$	—	1.650	—	1.747	—	1.782	—	1.825	—	1.837
$\hat{\sigma}_0$	—	0.100	—	0.100	—	0.100	—	0.100	—	0.100
$\ln L_j^i$	−523.7	−491.9	−488.3	−445.1	−480.7	−445.1	−477.7	−432.5	−477.6	−432.2

注：$\ln L_j^i$ 是分布 j 在 i 年的对数似然值，$j = $ LN, DPLN。

值得注意的是，估计的双帕累托对数正态分布（DPLN）的上尾参数系数（$\hat{\alpha}$）在任何年份都比 1 大，表明我国城市人口规模分布规律与齐夫定律并不很吻合。但是，需要谨慎比较以上的估计结果与文献中的齐夫系数，即与拟合的帕累托分布的形状参数比较。为此，通过对 1995 到 2015 的 5 个年份观测值做标准齐夫定律的位序—规模回归 $\ln rank = \ln c - \eta \ln size$，即按照规模降序排列进行回归，具体估计值见表 11-6。

表 11-6　标准齐夫定律的位序—规模回归

年份	1995	2000	2005	2010	2015
$\ln \hat{c}$	11.083	12.164	12.542	12.806	12.992
$\hat{\eta}$	−1.055	−1.166	−1.193	−1.204	−1.204
Wald 检验 $H_0: \hat{\eta} = 1$	拒绝 H_0	拒绝 H_0	拒绝 H_0	拒绝 H_0	拒绝 H_0

注：Wald 检验的统计显著性水平为 10%。

从表 11-6 的齐夫模型估计结果来看，1995 到 2015 年期间的 5 个年份中，我国城市人口规模采用截尾数据估计的标准位序-规模回归的系数绝对值（$\hat{\eta}$）均大于 1，而且 Wald 检验即便是在 10% 的统计显著性水平上也拒绝 $\hat{\eta}$ 等于 1。由此可见，$\hat{\alpha}$ 偏离 1 属于正常情况，这意味着，对我国当前的城市人口规模分布现状来看，并不适合采用齐夫定律进行分析，典型的幂律分布在大城市间并不存在。不过，对于与上尾参数不同的下尾参数 $\hat{\beta}$，已有的文献中并没有提供一个可以进行对照分析的基准点，而且在下尾处也没有一个幂律分布的理论说明一个国家规模第二小的城市是规模最小的城市的两倍等等。但从表 11-6 中可以看出 $\hat{\beta}$ 回归的结果均是远大于 1 的。虽然之前的文献均显示齐夫系数（$\hat{\eta}$）是高度敏感于所选择的城市规模的门阈值，但是本章所采用截尾样本数据的门阈值较小且确保了所选 5 个年份的城市相对稳定,从而在一定程度上降低了截尾数据的影响①。

（三）分析讨论

从模型拟合结果来看,本章 5 个单一年份的静态结果（5 个年份可视为动态演变）均指向双帕累托对数正态分布（DPLN）,加上前文对两个模型的正式与非正式检验,表明我国城市人口规模分布与变化更符合双帕累托对数正态分布（DPLN）。②从本章双帕累托对数正态分布的具体拟合参数来看,可以发现上尾参数（$\hat{\alpha}$）在任何年份都比 1 大,说明了我国城市实际规模分布并不是显著的幂律分布,也说明了对我国城市人口规模分布规律进行研究不能简单地使用齐夫定律或帕累托分布。虽然所拟合的对数正态分布与双帕累托对数正态分布除 1995 年外,其他 4 个年份的拟合情况并不是很理想,③但是可以明显地发现 5 个年份的城市人口规模分布并非帕累托分布或齐夫分布所应呈现出幂律分布的单边拖尾状态,而是在上尾部分和下尾部分均可能存在幂律分布的可能。

由于城市规模的增长与分布变化不外乎三种情景：较小规模城市增长速度相对较快的收敛增长、不同规模城市增长速度基本相同的均衡增长和较大规模城市增长速度较快的发散增长（江曼琦等,2006）,这三种情景大致对应着三个发展阶段。当进入城市发展相对成熟的发达国家阶段后,城市人口规模的增长和分布变化将以均衡增长为主,表现为大、中和小城市的规模增长速度基本一致,即城市规模增长速度与城市规模大小并无直接关系（Eaton 和 Eckstein,1997；Black 和 Henderson,1999）。而从我国实际城市人口规模分布与双帕累托对数正态分布对比结果来看,实际城市人口规模分布并不对称,并显示了上尾比下尾要厚重的特征,与上尾参数（$\hat{\alpha}$）一样,下尾参数（$\hat{\beta}$）也显示了非一致的参数估计结果。这一发现表明在过去 20 年里,我国城市规模变化呈现出发散式增长特征,即较大人口规模城市的增长相对较快,意味着我国城市规模分布正越来越远离 Reed（2002）所构建的双帕累托对数正态分布。进一步分析双帕累托对数正态分布拟合结果,可以发现我国城市规模的格局是人口规模相近的中小城市数量巨大（双帕累托对数正态分布的分布密度明显偏左和相对陡峭的下尾）,规模较大的城市成长迅速且数量较多（平缓厚重的上尾）。简单而言,当前我国人口规模相对较大的城市

---

① 对拟合的 LN 与 DPLN 进行的"非正式"（图形）及正式（参数）的检验,可参见邓智团、樊豪斌（2016）。
② 当然,双帕累托对数正态分布模型在分析中更显优势,其原因除了所需估计的回归变量多以外,其模型自身也蕴含了相对一体化的区域内（如要素可以自由流动的国家或地区）城市间的互相作用,即所谓的"自组织"机制,这种互相影响的内生机制,更确切地说可以是地理临近城市间的空间作用,或是非地理临近城市间的竞争与合作机制（如北上广）。所以对一个要素可以自由流动的不同尺度的空间进行研究,有助于厘清这种要素自由流动在该空间尺度范围内所产生的作用与效果,因而对一国或联系更为紧密省或城市群的城市人口规模分布进行分析讨论都是合理的。但是,在城市人口规模分布研究时,若研究空间尺度过小,则会出现城市数量不够的问题,不适宜采用最大似然估计这种对于样本量要求较高的方法,以免结果存在较大偏差。
③ 模型拟合的方法存在优化的空间,如采用 Bootstrap 或从已获得参数的模型随机生成的新数据中重复抽样,再利用多次迭代拟合出上尾的规模-位序曲线,从而与实际的位序-规模分布曲线进行比较。但由于在当前现实操作中,该分析还存在诸多关于代码与数据选取的问题,需要在后续的研究中重点关注。

处于增长的快速通道中,而规模相对较小的城市增长动力不足。①因此,这些发现可能意味着我国城市规模增长与分布变化正处于必须经历的发散式增长阶段,在现实实践上也有助于促进对我国城市规模政策的深入讨论,以形成有效的城市发展政策,释放不同规模城市发展的自身潜力和客观需求。

第五节 我国城市规模结构政策与优化

改革开放后,我国经历了世界历史上规模最大的城镇化进程,城镇化水平从1978年17.9%迅速提升为2015年的56.1%,城市的数量和规模发生显著变化。但这个快速变化过程中,我国城市规模政策却相对稳定,从1980年的《全国城市规划工作会议纪要》到1989年的《城市规划法》,再到2014年的《国家新型城镇化规划》,"控制大城市发展"是一贯的政策基调。2015年时隔37年后再升格召开的"中央城市工作会议",明确提出要认识、尊重、顺应城市发展规律,端正城市发展指导思想。从这个意义上来看,当前我国城市发展的驱动结构正处在升级过程中,因此需要适时考虑城市规模结构政策,推动城市适度发展。而城市规模结构②政策作为引导城市发展的关键政策,一直是我国城市政策研究的重要命题。

一、我国城市发展方针的历史过程

我国城市发展方针的演变过程,大致可以划分为三个阶段(见表11-7):改革开放前(1949—1978年)、改革开放到2000年(1979—2000年)、21世纪初(2001—2013年)和新型城镇化阶段(2014年至今)。

(一)改革开放前:多搞小城镇

1953—1957年的"一五"期间,我国推行"重点建设,稳步前进"的城市建设方针,确保当时156个重点工业项目所在城市的发展,许多新兴工业城市迅速发展成为大城市、特大城市,取得了较好效果。1955年9月国家建委给中央的报告中指出:"新建的重要工厂应分散布置,不宜集中","今后新建城市以中小城市为主,没有特殊原因,不搞大城市"。

---

① 据《国家新型城镇化报告2015》(徐绍史、胡祖才,2016),我国农民工的流向以地级及以上城市为主,占70%以上,而流向小城镇的低于10%。另据国家发展与改革委员会城市和小城镇改革发展中心的研究,截至2016年5月,全国县级以上新城新区超过3 500个,若以平均每个城市新区规划人口10万、50万或100万来估算,这些新城新区规划人口分别达3.5亿、17.5亿或35亿,而《国家新型城镇化规划(2014—2020年)》仅提出到2020年再推进1亿人口在城镇落户的目标。因此即使扣除新城新区原有人口(假设原有人口和新增人口各占50%),那需要转移迁入的人口也远超能够转移迁移的人口。大量缺少吸引力的中小型城市将面临发展困境。可参见《新华视点》:"规划3 500个新城容纳34亿人口,谁来住?",新华网(http://news.xinhuanet.com/2016-07/13/c_1119214468.htm)。

② "城市规模"通常可指城市人口规模、城市经济规模、城市土地规模和城市建设用地规模等。除特别说明外,本文中"城市规模"与"城市人口规模"内涵一致,在行文中交替使用。

20世纪60—70年代的"三线建设"更强调了分散布局。20世纪50年代后期,特别是在60年代,在工业和城市建设上实行"散、山、洞"政策,城市建设方针中就强调"控制大城市规模和发展小城镇"。此后,到1976年以前,国家一直强调执行"严格控制大城市规模,搞小城市"的方针。1976年后,一方面由于"文革"的破坏,国民经济比例严重失调,消费品短缺;另一方面,知识青年返城、人口生育高峰,城市的就业、供应等一系列问题全面爆发。1978年全国第三次城市工作会议上确立了"控制大城市规模,多搞小城镇"的城市建设方针。

(二)改革开放到2000年:严控大城市规模

1978年以后,在改革开放政策下,农业和轻工业最先得到发展,国民经济进行了"调整、改革、整顿、提高",加强农业和轻工业生产,压缩重工业和基建规模,一批以轻工业为主的中等城市,脱颖而出成为当时的"明星城市"。农业生产责任制促进了农村经济发展,使小城镇有了新的发展势头。小城镇和以轻工业为主的中小城市得到迅速发展;由于压缩重工业和基本建设规模,重工业城市、综合性城市一度不景气。

1980年全国城市规划会议提出"控制大城市规模,合理发展中等城市,积极发展小城市"的全面城市建设方针,这一方针基本上是延续了50年代以来采取"控制大城市,发展小城镇"和分散布局的做法。虽然,此时城市发展方针已经成为我国学术界讨论的热点,1990年还是把"严格控制大城市规模,合理发展中等城市和小城市"写入城市规划法。

(三)21世纪初:大中小城市协调发展

协调发展理念首次出现在城市规模政策文件中,大中小城市协调发展是这个时期最大的特征。2001年,"十五"计划提出,"发展小城镇是推进我国城镇化的重要途径","在着重发展小城镇的同时,积极发展中小城市,完善区域性中心城市功能,发挥大城市的辐射带动作用,引导城镇密集区有序发展,提高各类城市的规划、建设和综合管理水平,走出一条符合我国国情、大中小城市和小城镇协调发展的城镇化道路"。为了突出"小城镇发展"这一重点,纲要还提出了要"防止盲目扩大城市规模"。"十六大"报告强调,"要逐步提高城镇化水平,坚持大中小城市和小城镇协调发展,走我国特色的城镇化道路"。2006年,"十一五"规划坚持大中小城市和小城镇协调发展,提高城镇综合承载能力,积极稳妥地推进城镇化。

(四)新型城镇化阶段:城市群发展

2012年中央经济工作会议首次提出,把生态文明理念和原则全面融入城镇化全过程,走集约、智能、绿色、低碳的新型城镇化发展道路。2013年十八届三中全会通过了《中共中央关于全面深化改革若干重大问题的决定》,指出坚持走我国特色新型城镇化道路,推进以人为核心的城镇化,推动大中小城市和小城镇协调发展、产业和城镇融合发展,促进城镇化和新农村建设协调推进。中央城镇化工作会议要求,把城市群作为主体形态,促进大中小城市和小城镇合理分工、功能互补、协同发展。全面放开建制镇和小城市落户限制,有序开放中等城市落户限制,合理确定大城市落户条件,严格控制特

表 11-7 1949 年以来我国城市发展方针、城市规模结构政策变化

时　期	城市方针、城市规模结构政策	阶段特点
1949—1952	中华人民共和国成立初期,"把消费城市变成生产城市"。	城市功能抉择
1953—1977	围绕工业化建设城市:围绕工业化有重点地建设城市;随着工业"大跃进"的指标建设城市;在大、小"三线"建设中,形成不建集中城市的思想。	
1978	国务院第三次全国城市会议通过了《关于加强城市建设工作的意见》,提出"控制大城市规模,多搞小城镇"。	城市规模之争
1980	国务院批转的《全国城市规划工作会议纪要》,提出"控制大城市规模,合理发展中等城市,积极发展小城市"。	
1990	《城市规划法》第四条:"国家实行严格控制大城市规模、合理发展中等城市和小城市的方针,促进生产力和人口的合理布局"。	
1993	十四届三中全会通过《中共中央关于建立社会主义市场经济体制若干问题的决定》,指出"加强规划,引导乡镇企业适当集中,充分利用和改造现有小城镇,建设新的小城镇"。	首次出现城市化概念,更加重视强调小城镇,大战略
1996—2000	"九五"计划最为突出的特点即彻底放弃此前"控制大城市规模"的提法,倡导"逐步形成大中小城市和城镇规模适度,布局和结构合理的城镇体系"。	
2000	国务院颁布《中共中央关于促进小城镇健康发展的意见》,指出"加快城镇化进程的时机和条件已经成熟,抓住机遇,适时引导小城镇健康发展,应成为当前和今后较长时期农村改革与发展一项重要任务"。	
2002	"十六大"报告强调,"要逐步提高城镇化水平,坚持大中小城市和小城镇协调发展,走我国特色的城镇化道路"。	出现协调发展理念,城镇密集区首次出现;首次确立城市群的重要地位
2007	"十七大"报告强调,"走我国特色城镇化道路,按照统筹城乡、布局合理、节约土地、功能完善、以大带小的原则,促进大中小城市和小城镇协调发展。以增强综合承载能力为重点,以特大城市为依托,形成辐射作用大的城市群,培育新的经济增长极"。	
2008	十七届三中全会报告提出,"坚持走我国特色城镇化道路,发挥好大中城市对农村的辐射带动作用,依法赋予经济发展快、人口吸纳能力强的小城镇相应行政管理权限,促进大中小城市和小城镇协调发展,形成城镇化和新农村建设互促共进机制。"	
2012	中央经济工作会议首次提出,把生态文明理念和原则全面融入城镇化全过程,走集约、智能、绿色、低碳的新型城镇化发展道路。	新型城镇化核心理念得以明确,确立了城市群主体形态,再次对城市规模治理提出指导建议
2013	中央城镇化工作会议要求,把城市群作为主体形态,促进大中小城市和小城镇合理分工、功能互补、协同发展。全面放开建制镇和小城市落户限制,有序开放中等城市落户限制,合理确定大城市落户条件,严格控制特大城市人口规模。	
2014	国家新型城镇化规划(2014—2020 年),以城市群为主体形态,推动大中小城市和小城镇协调发展。	

资料来源:根据王伟(2014),有删减。

大城市人口规模。2014年国务院颁布国家新型城镇化规划(2014—2020年),明确提出以城市群为主体形态,推动大中小城市和小城镇协调发展。

二、对我国城市规模结构政策的讨论

改革开放以来,城市规模结构政策一直是我国各个五年计划或规划的主要内容之一。我国城市规模政策经历了从"控制大城市"到强调"大中小城市和小城镇协调发展"的转变,而且"十三五"规划中关于协调发展的路径越来越清晰。简单来说:1980年我国城市建设方针正式提出后,争论的焦点是:我国应重点发展什么规模级的城市,如小城镇重点论、中等城市重点论、小城镇重点论和大中小城市协调发展论等,其中,"大城市重点论"和"小城镇重点论"是两种主要的、对立的观点。

(一) 大城市重点论

这类观点认为大城市优先发展是市场规律,大城市存在集聚经济,人口吸纳能力强,能够更集约地利用土地,更易于集中控制和减少污染。积极发展大城市,反对把小城镇作为我国城市化的主要途径或唯一途径。大城市是千百年来人类政治、经济和文化精心营造的成果,包含了社会前进发展的根源性动力。根据经济地理学的极化—涓滴效应,经济发展前期,大城市将起着带动、溢出和示范性作用;而在经济发展后期,二者将呈现相互依赖,共同发展的一体化关系。而在这个漫长过程中,大城市始终是以高姿态、高标准统领着双方的发展。胡兆量(1984)较早提出大城市发展是符合客观规律的,控制大城市发展的对策应当以大城市发展的规律为依据,引导大城市向有利于社会的方向发展。王小鲁(2010)认为过去向小城市和小城镇倾斜的政策被证明是不成功的,导致大城市发展滞后,城市平均规模偏小,城市经济效率偏低,应当发展以特大或超大城市为中心、由几个100万人口级别的大城市组成的城市群;对于远离大城市的小城市和小城镇由于缺乏聚集效应,对投资和人口的吸引力不足,政策倾斜会导致资金和土地资源浪费。

(二) 小城镇重点论

小城镇重点论认为:发展小城镇是我国城市化发展的唯一道路。这类观点认为小城镇数量多、分布广,就业和定居成本低,是联系城市与农村的桥梁和纽带,在城镇体系中起着基础性作用,加快小城镇发展有利于推动就地就近城镇化和城乡一体化。这一观点最早提出于改革开放初期,在当时城乡隔绝的户籍制度下,"离土不离乡""进厂不进城"的农村工业化模式推动了以小城镇为主的分散式发展道路(费孝通,1984)。李培林(2013)呼应费孝通(1984)的观点,认为"大中小城市和小城镇协调发展"的道路在实践中出现追求大城市扩张的偏向,农村的衰落和空心化成为城市化发展面临的新问题,由此,在破除城乡二元结构、走城乡一体化发展道路的背景下,小城镇依然是大问题。

(三) 中等城市重点论

大城市和小城市各自均有其难以克服的弊端,应当确立以发展中等城市为中心的城乡网络结构。中等城市重点论带有强烈的中性色彩,介于上述两种观点之间。中等城市位于巴顿城市规模经济模型的中间点,即大致为中等城市的人口规模,可以获取比较大的经济效益。他们指出,大城市规模的重点发展,从经济学和社会学观点而言,最终会造成大城市病,同理,小城镇规模的重点发展,则会耗费现有经济资源,舍本逐末,难免会造成小城镇病。为了克服这发展的两个极端,发展中等城市无疑是一个中庸性选择。中等城市在一段时间能否有效承担小城镇与大城市之间衔接角色,能否对大城市多元影响进行有效承接与利用也是一个疑问。

(四)大中小城市协调发展论

一方面要积极提高大城市治理水平、破解大城市病。重点可以通过积极引导特大城市实现大都市市区化、完善城市和城际交通体系、加强土地和住房供给、加强空气污染综合防治等措施,实现超大和特大城市健康可持续发展。超大和特大城市的功能疏解应当以市场和法律调节为主,对于那些重污染或不适宜的功能,应当通过法律手段强制关停或疏解;对于那些低效率的功能,应当由租金、劳动力成本以及经营成本等市场机制调节。另一方面要积极提高小城镇发展质量和辐射带动能力。为此,需要积极完善小城镇的基础设施和公共服务水平,促进小城镇产业特色化、精品化、智慧化发展,美化、优化小城镇环境,为就地就近城镇化提供支撑,以此统筹解决好农村病,解决好留守老人和儿童问题。

三、我国城市规模政策的优化

(一)准确界定认识城市规模

城市规模直接影响着城市总体规划及人口与建设用地规模,基础设施和公共服务设施配置标准与规模,合理的城市规模是城市建设和保障城市运行效率提高的重要前提。

一是城市人口规模政策的制定应基于对当前我国城市整体发展阶段的准确判断。改革开放前,我国城市规模增长直接受到国家政策计划控制,一定程度上实现了收敛式增长,但并非市场选择的结果。随着改革开放的推进、沿海地区经济的迅速发展以及人口流动的放开,虽然推行明确的"控制大城市、合理发展中等城市、积极发展小城市"的城市规模政策,大城市却出现"补偿式"发展。根据城市规模增长的潜在规律表明,如果将城市人口规模的增长与分布变化看作是一个随机的过程,在较长的时期内,人口规模分布的变化将逐步回归到均衡增长模式。当前我国继续推行升级版的限制大城市、积极发展中小城市的城市发展方针,在一定意义上是希望中小城市的发展可以缓和特大城市出现的城市病问题,而且其目标也与国外发达国家普遍存在的均衡增长相呼应,以最终实现均衡增长。但我国城市发展的适度规模是多大?我国城市的整体发展是否已进入到向均衡增长转变的阶段?则是需要深入研究以获得准确判断来帮助制定有效城市人口规模政策的关键命题。

二是城市人口规模政策的制定应基于我国"城市"实质的准确认识。与欧美发达国家城市相比,我国城市更多是一个行政概念,地域上实质包含两大战略空间:"城市"和

"农村",即包括一个欧美意义上"城市"①的城市化区域以及"城市"外围包含若干中小城镇的农村区域。因此不能用针对"城市"单一战略空间的政策来管理两大战略空间,而应针对两大战略空间制定差异化的城市人口规模调控政策:限制第一大战略空间(大城市中心城区)的人口规模,同时发挥第二大战略空间特大城市("中心城区"外围包含大大小小城镇的农村区域)的区位优势,在分流特大城市中心城区人口的同时,也可吸引外部流入特大城市的人口向这些区域集聚,最大可能地释放特大城市的发展优势,提升城市人口规模政策的有效性。

(二)确定适度城市发展规模

从城市格局演变来看,1949—2000 年,我国的城市格局的变动以中小城市扩张为主导,2000—2010 年,城市规模格局的变动转变为大城市人口规模扩张为主导。在当前城市人口流动发生变化的背景下,城市规模政策需要适当调整。

一是积极贯彻《国家新型城镇化规划(2014—2020)》的落户政策。以合法稳定就业和合法稳定住所(含租赁)等为前置条件,全面放开建制镇和小城市落户限制,有序放开城区人口 50 万—100 万的城市落户限制,合理放开城区人口 100 万—300 万的大城市落户限制,合理确定城区人口 300 万—500 万的大城市落户条件,严格控制城区人口 500 万以上的特大城市人口规模。大中城市可设置参加城镇社会保险年限的要求,但最高年限不得超过 5 年。特大城市可采取积分制等方式设置阶梯式落户通道调控落户规模和节奏。积极落实这些政策在一定程度上能适当控制大城市规模,提升中小城市的吸引力。

二是消解人口向特大城市迁移的动力,积极提升中小城市提高基础设施和公共服务水平,减少经济型人口迁移和服务型人口迁移。在市场经济条件下,大城市具有巨大的魅力,对中小城市和农村的居民有着挡不住的诱惑。依照目前我国的城镇化发展趋势,大城市将拥有更优质的教育、医疗、公共卫生等资源,将对迁移人口形成更强的吸引力,而随着大量人口的拥入,将造成房价等资源要素价格高涨,大城市的城镇化成本将不断增长,城市规模不断扩大;而中小城市教育、医疗等优质资源少,难以吸引到真正的优秀人才和企业项目,导致规模集聚效应难以发挥,出现"强者越强,弱者越弱"的现象(叶裕民,2015)。可以研究城市设置标准,将较大规模的县城和中心镇调整为城市,使其能够以城市标准来规划与发展,提高基础设施和公共服务水平,吸引企业投资,扩大就业,减少经济型人口迁移;在各省会城市特别是城市群的中心城市规划发展高端医疗、教育、文化、艺术等服务,减少服务型人口迁移。

(三)控制城市规模增长速度

一是确定城市规划预测人口适度规模。我国不同城市规模城市增长都非常迅速,但是在新的驱动结构下,可转移的农村剩余劳动力发生显著变化:从"无限供给"向"有

---

① 欧美国家的城市与我国不同,真正城市化的区域才能称之为城市,不包括城市化外围的农村地区。在他们那里,城市是城市化区域,而一个大的城市化区域可能包含多个城市,并将这个大的城市化区域称为(大)都市区,内部包含诸多的城市。

限剩余"转变;从劳动力年龄结构看,我国农村剩余劳动力年龄结构逐渐趋于老化,现阶段主要集中在 40 岁以上(年龄在 15—49 岁之间的劳动力人口仅占 36.32%),这部分人群是难以城镇化的人口。进入"人口红利"消退期,随着我国农村人口"老龄化"程度逐步加深和农村剩余劳动力长期大规模转移,农村劳动力向城市转移的速度正在放缓。因此,在规划确定城市人口规模时,需要适时调整,放弃原先占主导地位的"大跨越式"人口规模预测。

二是弱化城市规模增长预期。虽然城市规模是一个动态的过程,可以随着技术进步、交通设施改进、城市处理环境污染能力的增强,其城市规模的边界也在逐渐增大。城市规模的增长是有限度的,城市规模并不能"无限"地扩大。但是,城市规模往往也同时受到历史、地理、经济、技术条件的影响,特别是在当前城市人口规模集聚缺少动力的情况下,在城市规划和城市战略的制定过程中,特别是对中等城市、大城市等二、三、四级规模城市,应改变以前将做大城市规模作为主要目标的做法,弱化对城市人口规模增长的限制,推动城市规模有序增长。

三是形成因地制宜区域分化的城市路径。由于城市规模对于服务业集聚的特殊性,在政策方面应因地制宜,对于东部地区的城市由于将长期存在集聚效应的实际状况,东部地区城市发展战略应侧重发展大城市,对于中西部城市而言,在强化人力资本、信息化水平加快集聚速度的同时,要注重挖掘城市内在的潜力,从而延长集聚效应,而在目前西部大开发和中部崛起的战略背景下,在选择以城市作为增长极情况下,城市规模的选择主要还是偏重发展中小城市,不能盲目求大、求快。

(四)优化城市规模分布结构

我国城市规模分布变化的实证研究说明,在短期通过对某类城市进行政策引导可以改变城市规模的分布变化,但是,一旦这种政策取消,则会逐渐回归到平行增长的模式,在长期,城市规模分布变化趋于平行增长(江曼琦等,2006)。

一是对我国的城市规模分布应采用广义城市增长理论进行认识。DPLN 模型比 LN 模型能够更好地拟合我国城市规模分布,揭示了我国城市的增长模式应该更适合采用 Reed(2002)的广义城市增长或发展理论进行描述,而不是 Eeckhout(2004)的单纯吉布拉定律。但是 SN 模型却比 DPLN 拟合的更优。另外,在我国城市规模分布的上尾没有显示出幂次法则的特征,所以喻示着由 SN 模型所涵盖的尚未定义的城市增长理论需要对我国情况进行重建。

二是优化区域内部城市分布格局。从区域布局来看,刘易斯拐点期的劳动力市场结构变化最初是在沿海地区的城市中出现,并进而扩展到中西部城市的一个渐进过程,表明我国各区域城市面临的"刘易斯拐点期"的劳动力市场变化和社会经济结构变化是不尽相同的。因此,城镇化模式的创新在沿海一线城市;稳固基础在中西部大中型城市;发展相对滞后的二三线城市。在我国区域经济发展不平衡的格局下,不同地区之间、不同城市之间的比较利益差距影响着农民工群体的流向,导致农民工过度集中于东部沿海发达地区和超级、特大城市。从就业地区分布来看,2011 年在东部地区务工的农民工占农民工总量的65.4%,中部和西部分别占17.6%和16.7%。我国各区域的城市体系朝着合理化的方向发展(张车伟、蔡翼飞,2012):东北地区的城市人口分布基本合理;华北地区城市体系表面上正趋于合理,但北京单极扩张掩盖了城市体系缺少承上启下的大城市的问题;华中地区虽有武汉这样的大都市,但城市体系是断裂的,缺乏承上启下的特大城市;华南地区大城市扩张主导了城市格局的变化,如广州、深圳、东莞近年来人口规模迅速膨胀,而中小城市的规模扩张则明显不足;西北地区城市体系也在趋于合理,但大城市的规模依然不足,特别是缺乏辐射全域的中心城市;西南地区城市人口分布也在逐渐趋于合理,大中小城市结构适宜,但各等级的城市规模整体偏小,未来也要从整体上提升各层级城市的产业聚集水平和人口吸纳能力。

附录 我国城市规模等级划分的关键

从城市规模等级划分依据可以看出,划分城市规模等级的关键在于两个方面:一是确定城市边界;二是界定城市人口。目前关于城市边界和城市人口的界定还存在疑问。

一、城市边界的确定

统计上最常见的概念是市区、市辖区和主城区。

(一) 市区和市辖区

"市区"和"市辖区"在行政区划上是同一个概念,空间上也是一个范围。全国大部分的地级及以上城市都有市辖区,但也有地级市是没有设立市辖区的,如广东中山市。以直辖市北京为例,北京市现辖14个区和密云、延庆等2个辖县,那么,其"市辖区"就是指除密云和延庆2个辖县以外的14个区的行政区域。以地级市苏州为例,苏州市现辖沧浪、平江、金阊、吴中、相城、高新、虎丘和工业园区等7个区并代管5个县级市,那么,其"市辖区"就是指除5个代管县级市以外的7个区的行政区域。

(二) 主城区

首先,"主城区"不是行政区划的概念。"主城区"常常出现在城市总体规划中,甚至还有的采用"中心城市"、"中心城区"、"市区中心地区"等其他说法,往往是各个城市自己拟定的。比如,《北京市城市总体规划(2004—2020)》中用的是"中心城"的概念,并将范围确定为"东起定福庄,西到石景山,北起清河,南到南苑再加上回龙观与北苑北地区"。

其次,"主城区"是"城区"的重要组成部分,不同于"市辖区"和"市区"。根据2006年统计上划分城乡的规定,"主城区"范围一定是小于或等于"市辖区"的。当"市辖区"管辖的所有村级地域都和城市的公共设施、居住设施完全连接的情况下,"主城区"就等于"市辖区"。如果一些村级地域只是和城市的公共设施、居住设施部分连接的话,那么这些村级地域属于城乡接合区就不能算作"主城区"。

最后,"主城区"不是空间上连片的区域,也没有绝对清晰的边界。据北京市统计局介绍,统计工作中以"区划代码+城乡划分代码"组合来判断"主城区",凡是对应城乡分类代码为 111 的即为主城区,为 112 的即为城乡接合区,主城区和城乡接合区加在一起就是城区。根据北京市城乡划分的情况,除了东城区和西城区全部属于主城区外,朝阳、海淀、石景山和丰台都有一些村和社区所在的地区不是主城区,而其他的八个区又都有一些社区和村属于主城区。

二、城市人口的统计口径

众所周知,我国的人口统计有两个口径:一是户籍人口,以公安户籍管理机关的户口登记为依据,又分为非农业人口和农业人口;二是常住人口,是人口普查和抽样调查时采用,指实际经常居住在某地区一定时间(半年以上)的人口,一般又有城镇人口和乡村人口之分。城市人口的统计指标所采用的口径兼而有之,主要有以下几种情况:

（一）市区和近郊区非农业人口

我国的《城市规划法》规定以"市区和近郊区非农业人口"作为城市人口。但是,2008 年《城市规划法》废止后,新颁布的《城乡规划法》没有再对城市人口作出规定。在统计上,2000 年前的《中国统计年鉴》使用的是"城区非农业人口",但自 2001 年开始,便改用"城市市辖区总人口"进行统计。

（二）市辖区总人口

据国家统计局介绍,"市辖区总人口"基本上都是指常住总人口,但还有部分城市仍然用户籍总人口。"常住人口"包括到城市居住半年以上的农村人口以及在城市居住不到半年但离开户口登记地半年以上的农村人口。尽管国家统计局要求今后凡涉及人口的都要尽可能用"常住人口"口径,但是,"城市人口"口径依然用的城市市区的户籍总人口(据国家统计局介绍)。可见,城市人口径使用有些混乱。不论是常住总人口,还是户籍总人口,都没有将一些在农村生活的本地农业人口剔除掉,但是常住人口将在城市生活居住的外来流动人口纳入。

资料来源:国家发改委城市和小城镇改革发展中心课题组(2013)。

参考文献

Bettencourt, L. M. "The origins of scaling in cities." *Science* 340. 6139(2013): 1438.

Black, Duncan, and V. Henderson. "A Theory of Urban Growth." *Journal of Political Economy* 107.2(1999):252—284.

Eaton, Jonathan, and Z. Eckstein. "Cities and growth: Theory and evidence from France and Japan." *Regional Science & Urban Economics* 27.4, 1997:443—474.

Eeckhout, J., "Gibrat's Law for (all) Cities", *American Economic Review*, 94(5), 2004:1429—1451.

Eeckhout, Jan. "Gibrat's Law for (All) Cities: Reply." *American Economic Review* 99.4(2009):1676—1683.

Giesen, Kristian, A. Zimmermann, and J. Suedekum. "The size distribution across all cities—Double Pareto lognormal strikes." *Journal of Urban Economics* 68.2 (2010): 129—137.

Huang, Qingxu, et al. "Detecting the 20 year city-size dynamics in China with a rank clock approach and DMSP/OLS nighttime data." *Landscape & Urban Planning* 137(2015): 138—148.

Levy, Moshe. "Gibrat's Law for (All) Cities: Comment." *American Economic Review* 99.4(2009): 1672—1675.

Reed, William J. "On the Rank-Size Distribution for Human Settlements." *Journal of Regional Science* 42.1(2010): 1—17.

Reed, William J. "The Pareto, Zipf and other power laws." *Economics Letters* 74.1(2001): 15—19.

Robert E. Kass, and Adrian E. Raftery. "Taylor & Francis Online: Bayes Factors-Journal of the American Statistical Association-Volume 90, Issue 430." *Journal of the American Statistical Association*, 2012.

Soo, Kwok Tong. "Zipf's Law for cities: a cross-country investigation." *Regional Science & Urban Economics* 35.3, 2005: 239—263.

United Nations. World Urbanization Prospects: The 2014 Revision, CD-ROM Edition, 2014. http://esa.un.org/unpd/wup/CD-ROM/.

William J. Reed, and Murray Jorgensen. "The Double Pareto-Lognormal Distribution—A New Parametric Model for Size Distributions." *Communications in Statistics—Theory and Methods* 33.8(2004): 1733—1753.

Ye, Xinyue, and Y. Xie. "Re-examination of Zipf's law and urban dynamic in China: a regional approach." *Annals of Regional Science* 4, 9.1, 2012: 135—156.

《国务院关于调整城市规模划分标准的通知》，国发〔2014〕51号，2014年。

阿瑟·奥沙利文：《城市经济学(第四版)》，中信出版社2003年版。

陈雯：《试论我国城市发展方针》，《地理研究》1996年第D1期。

崔功豪、王本炎、查彦玉：《城市地理学》，江苏教育出版社1992年版。

邓智团、樊豪斌：《中国城市人口规模分布规律研究》，《中国人口科学》2016年第4期。

邓智团、宁越敏：《要素集聚、技术进步与城市生产率》，《南京社会科学》2011年第2期。

邓智团：《驱动结构与城市发展》，上海人民出版社2016年版。

方正、王杰：《自然与社会环境中的幂律现象和双帕累托对数正态分布》，《山东科学》2011年第3期。

费孝通：《小城镇 大问题》，《江海学刊》1984年第1期。

高鸿鹰、武康平:《我国城市规模分布Pareto指数测算及影响因素分析》,《数量经济技术经济研究》2007年第4期。

国家发改委城市和小城镇改革发展中心课题组:《关于城市规模等级的讨论》, http://www.ccud.org.cn/2013-09-26/113350208_1.html, 2017-08-12。

胡兆量:《大城市发展规律探讨》,《城市问题》1984年第3期。

江曼琦等:《我国城市规模分布演进的实证研究及对城市发展方针的反思》,《上海经济研究》2006年第6期。

李秉仁:《关于我国城市发展方针的回顾与思考》,《城市发展研究》2002年第3期。

李德华:《城市规划原理(第3版)》,中国建筑工业出版社2001年版。

李培林:《小城镇依然是大问题》,《甘肃社会科学》2013年第3期。

刘学华、张学良、李鲁:《我国城市体系规模结构:特征事实与经验阐释》,《财经研究》2015年第11期。

刘学华:《我国城市体系规模结构演变研究——基于1985—2006年城市化发展的经验分析》,博士学位论文,上海财经大学,2009年。

陆铭、高虹、佐藤宏:《城市规模与包容性就业》,《中国社会科学》2012年第10期。

帕克,E.N.伯吉斯,R.D.麦肯齐:《城市社会学》,商务印书馆2012年版。

沈体雁、劳昕:《国外城市规模分布研究进展及理论前瞻——基于齐夫定律的分析》,《世界经济文汇》,2012年第5期。

苏红键、魏后凯:《城市规模研究的理论前沿与政策争论》,《河南社会科学》2017年第6期。

王伟:《行政or市场:新一轮改革视阈下我国城镇发展逻辑》,《北京规划建设》2014年第5期。

王小鲁:《中国城市化路径与城市规模的经济分析》,《经济研究》2010年第10期。

王振波、方创琳、胡瑞山:《中国城市规模体系及其空间格局Zipf-PLE模型的评价》,《地球信息科学学报》2015年第6期。

魏后凯:《中国城镇化进程中两极化倾向与规模格局重构》,《中国工业经济》2014年第3期。

魏守华、周山人、千慧雄:《我国城市规模偏差研究》,《中国工业经济》2015年第4期。

吴家浩、高少慧、许维栋:《我国城市规模政策研究》,《我国集体经济》2011年第9期。

吴志强、李德华:《城市规划原理.第4版》,中国建筑工业出版社2010年版。

徐绍史、胡祖才:《国家新型城镇化报告2015》,中国计划出版社2016年版。

许学强:《城市地理学》,高等教育出版社1997年版。

尹文耀:《论城市人口规模适度分布与最佳分布》,《中国人口科学》1988年第4期。

张车伟、蔡翼飞:《中国城镇化格局变动与人口合理分布》,《中国人口科学》2012年第 6 期。

于洪俊、宁越敏:《城市地理概论》,安徽科学技术出版社 1983 年版。

周一星、于艇:《对我国城市发展方针的讨论》,《城市规划》1988 年第 3 期。

周一星:《城市地理学》,商务印书馆 1995 年版。

朱明宝、杨云彦:《城市规模与农民工的城市融入——基于全国 248 个地级及以上城市的经验研究》,《经济学动态》2016 年第 4 期。

第十二章 城市群

在全球化和区域一体化背景下,城市群将成为全球竞争的主要地域单元。本章从城市群概念入手,探讨城市群内涵,对都市圈、大都市带以及多中心巨型区域等相关概念进行辨析,提出城市群特征。综述国内外学者对城市群的界定标准以及发育程度评价,进而提出我国城市群发展存在的主要问题。城市群的本质是一体化发展,本章重点分析城市群基础设施联动、产业分工和合作、社会生态环境联动以及区域合作体制机制。最后,进行实践案例分析,国内主要选择京津冀城市群和长三角城市群,对其一体化发展进行比较分析;国外选择世界五大城市群进行比较,提出对我国城市群一体化发展的有益经验借鉴。

第一节 城市群概念及特征

一、城市群概念提出

城市群的概念起源于国外,19世纪末20世纪初,霍华德第一次将观察城市的目光投射到城市周边区域上,并将城乡功能互补、群体组合的"城市集群"(town cluster)发展作为解决当时城市问题的方法。之后,格迪斯(P. Geddes)提出了集合城市(conur-bation)的概念,认为它是人口组群发展的新形态。他论及了英国的8个城镇集聚区,并预言,这一现象将成为世界各国的普遍现象。而大都市地区(metropolitan area)的概念最早是由美国提出,并作为国家统计范围的单位之一。它指向一个较大的人口中心及与其具有高度社会经济联系的邻接地区的组合,常常以县作为基本单元①。1957年法国地理学家戈特曼发表了名为《大都市带:东

---

① 刘玉亭、王勇、吴丽娟:《城市群概念、形成机制及其未来研究方向评述》,《人文地理》2013年第1期第62-68页。

北海岸的城市化》(Megalopolis: the Urbanization of the Northeastern Seaboard)的论文，对美国东北部大都市带进行了研究，在地理学界和城市规划学界掀起了对城市群研究的热潮，这是国际公认的城市群概念的提出，戈特曼认为城市群是具有一定的规模、密度；一定数量的大城市形成自身的都市区；都市区之间通过便捷的交通走廊产生紧密的社会经济联系，认为这种空间结构是为"人类文明新阶段的开端"。在戈特曼的影响下，日本学者提出了以城市服务功能范围为边界的都市圈概念。进入20世纪80年代后，国外对城市群的研究对象也逐渐从欧美、日本等发达国家，扩展到拉美、印度、印度尼西亚等发展中国家和地区。

国内学者对城市群研究源于20世纪70年代中期，当时城市规划开始复苏，研究和引进西方城市发展的理论和经验成为学界的重点。宋家泰、崔功豪、张同海等三人(1985)在他们编著的《城市总体规划》一书中认为，城市群即多经济中心的城市区域，即在一个特定区域内，除其中一个为行政、经济中心外，还存在具有同等经济实力或水平的几个非行政性的经济中心[①]。姚士谋、陈振光(1992)出版了《中国大城市群》，这是首次以城市群为研究对象的专著，将城市群定义为一个复杂的区域系统，在一定地区范围内，城市之间、城市与地区之间都存在着相互作用、相互制约的特定功能，是各类不同等级规模的城市依托交通网络组成的一个统一体。顾朝林(2011)认为城市群是指以中心城市为核心向周围辐射构成的多个城市的集合体。城市群在经济上紧密联系，在功能上具有分工合作，在交通上联合一体，并通过城市规划、基础设施和社会设施建设共同构成具有鲜明地域特色的社会生活空间网络。几个城市群或单个大的城市群可进一步构成国家层面的经济圈，对国家乃至世界经济发展产生重要的影响力[②]。方创琳(2014)认为城市群是指在特定地域范围内，以1个以上特大城市为核心，由至少3个以上大城市为构成单元，依托发达的交通通信等基础设施网络，所形成的空间组织紧凑、经济联系紧密、并最终实现高度同城化和高度一体化的城市群体[③]。

综合以上国内外城市群概念的研究，学者从规模结构、空间联系、功能分工等不同角度阐述城市群概念，但尚未形成统一认识。但总体来说城市群内涵的核心为集聚和城市功能联系[④]：多个城市集聚特别是形成一个或多个城市为核心是城市群的先决条件；城市之间交通、经济、社会等紧密联系是城市群的重要特征。为此，城市群可以被理解为在区域协调的思想影响下，随着城市集聚发展，城市的功能影响范围超过城市传统行政边界，城市区域协作出现并逐步加强后而产生的一种人类聚居形式。

二、相关概念辨析

在1957年法国地理学家戈特曼提出大都市带以来，国内外学者对城市群展开了深

[①] 宁越敏、张凡：《关于城市群研究的几个问题》，《城市规划学刊》2012年第1期，第48-53页。
[②] 顾朝林：《城市研究进展与展望》，《地理研究》2011年第5期，第771-784页。
[③] 方创琳：《中国城市群研究取得的重要进展与未来发展方向》，《地理学报》2014年第8期，第1130-1144页。
[④] 刘玉亭、王勇、吴丽娟：《城市群概念、形成机制及其未来研究方向评述》，《人文地理》2013年第1期，第62-68页。

入研究,并衍生出一系列相关概念:都市圈、大都市带、全球城市巨型区域等。这些概念与城市群既有联系又有区别。

（一）都市圈

都市圈概念是由日本提出。1950年由日本行政管理厅提出都市圈,具体指可在一日内接受城市某一方面功能服务的地域范围,其中心城市人口规模在10万以上。1960年,日本行政管理厅又提出大都市圈概念,具体在中心城市人口规模、外围地区至中心城市通勤人口、都市圈内物流等方面进行界定,并划分出首都圈、近畿圈、中部圈、北海道圈、九州圈、东北圈、中间圈和四国圈八大都市圈。都市圈的主要特征在于城市具有围绕中心城市的圈域空间特性。其中,高密度的人口和稠密的城镇网络、明显的多核心结构、高度的连续性、很强的内部相互作用、连接多个网络的枢纽功能等是其基本要素;产业的互补性和整合性、基础设施建设在空间上的连续性和网络化、区域资源和生产要素的聚散性和广域流动性、区域政策环境的无差异性和协同性、区域经济关系的依存性和融合性等则是其客观标准。都市圈是以中心城市职能的空间集聚与扩散为条件,由中心城市与多个周边城市和地区共同构成的,以城市日常生活圈的空间范围为界限的一个多核心的一体化的城市实体地域。由此可以看出,都市圈和城市群概念有着密切联系,都强调城市聚集和城市之间相互联系作为内在特征。

都市圈和城市群概念也有区别。都市圈更强调核心城市对周边的辐射和带动作用,故其形态上以核心城市为中心向外辐射,呈现圈层结构。一般而言,在现代交通技术条件下,直径在200—300千米,面积在4万—6万平方千米、人们可以在一天内乘汽车进行面对面交流的特定区域(王建,1997)。

（二）大都市带

早在法国戈特曼提出的Megalopolis更多译为大都市带。我国大都市带概念提出源于1986年由周一星在讨论我国城镇概念和城镇人口统计口径时,作为与国际对照的人口统计范围。大都市带又叫都市连绵区是以都市区为基本组成单元,以若干大城市为核心并与周围地区保持强烈交互作用和密切的社会经济联系,沿一条或多条交通走廊分布的巨型城乡一体化地区。其中都市区定义为,由一定规模以上的中心城市及与其保持密切社会经济联系、非农业活动发达的外围地区共同组成的具有城乡一体化倾向的城市功能地域。大都市带形成的必要条件:具有两个以上人口超过百万的特大城市作为发展极;有对外口岸;发展极和口岸之间有便利的交通干线作为发展走廊;交通走廊及其两侧人口稠密,有较多的中小城市;经济发达,城乡间有紧密的经济联系。

大都市带与城市群既有联系又有区别。从广义上来讲,城市群包括都市区和大都市带,前者是城市群的低级形态,后者是城市群的高级形态。其中姚士谋等(2001)提出的城市群的概念没有将都市区与大都市带(都市连绵区)作明确的划分,可以认为是较为广义的概念。狭义的城市群指介于都市区与大都市带(都市连绵区)的一种城市组合形态。此时,城市群或都市带可认为是大都市带(都市连绵区)的一种低级地域结构。因为从人口规模看,即使较成熟的城市群也只达到后者的1/3—1/2。此外,在交通网络的规模、经济地理网络的发育程度、城乡一体化水平等方面,城市群或都市带与大都市带(都市连绵区)都不能相提并论①。总之,从狭义上区分大都市带与城市群概念主要体现在以下几方面:从城市组合来看,城市群强调城市的密度,但可以由若干中小城市组合;而大都市带则是以特大城市为中心,城市体系比较完整;从形态来看,大都市带强调沿着交通走廊干线形成带状布局;而城市群可呈现带状或者环状等布局;从规模来看,大都市带的规模要远远大于城市群。

(三)多中心巨型区域

随着全球化和区域一体化不断的深入,在全球城市-区域研究基础上,国外学者又进一步提出了巨型城市区域。2006年,霍尔(Hall)发表了《多中心大都市:巨型城市区发现》(The polycentric Metropolis Learning from meg-City regions in Europe)。霍尔强调:巨型城市区域在空间和职能上都不是单中心而是多中心的,这是一种全新的城市形态,由物质形态相互分离但功能上相互联系的10—50个城镇聚集在一个或多个较大的中心城市周围,通过新的功能性劳动分工组织起来形成一个个不同的功能性城市区域,再被高速公路、高速铁路和电信电缆的"流动空间"联结起来。欧洲有英国东南部、德国鲁尔、莱茵美茵、荷兰兰斯塔德、法国巴黎、比利时中部、大都柏林、瑞士北部8个巨型城市区域。2006年,Hall等提出了多中心巨型城市—区域的概念,通过地理学和形态学的量化分析,运用信息流和高端生产性服务业分析等方法,对西北欧8个巨型城市区域出现、生产动力、治理、内部结构、核心城市与二级城市互动展开深入研究。这是近年来国际上对城市群研究最为重要的成果之一,尤其是在城市研究中引入生产性服务业网络、航空网络、电子邮件信息网络等经济地理学的分析方法。

三、城市群特征

综合国内外有关城市群概念,提炼共性要素。可以看出,城市群是由于生产要素和产业在空间集聚,形成产业和人口在特定区域双重极化的一种新的空间组织形态。其有如下主要特征:

集聚性。城市群首要特征便是多个城市的集聚和组合,进而体现在人口、产业等要素在空间上的集聚。纵观世界六大城市群,基本都是一个国家或地区城市化高度发达的地区,人口密度高、人口规模大,产业要素集聚,经济发达。其中人口集聚是城市群形成的先决条件。如,美国东北部地区2010年的人口规模超过5 200万人、五大湖地区人口超过5 500万人、日本东海道城市群人口超过7 000万人、英国中南部地区人口超过3 600万人。同时,由于人口大规模的集聚,也是产业要素集聚并形成集聚经济效应。如美国东北部大西洋沿岸城市,城市化水平达到90%以上,也是美国经济的核心地带,制造业产值占全国的30%,是国内最大的生产基地。日本太平洋沿岸城市群集聚了全国工业企业和工业就业人数的2/3,工业产值的3/4和国民收入的2/3。

---

① 龙晶、曹斌:《关于城市群的相关概念辨析》,中国论网(http://www.xzbu.com/1/view-6603928.htm)。

网络性。具有发达的区域性基础设施网络,特别是发达交通网络成为城市群重要特征。国外城市群大多拥有由高速公路、高速铁路、航道、通信干线、运输管道、电力输送网和给排水管网体系所构成的区域性基础设施网络,其中发达的铁路、公路设施构成了城市群空间结构的骨架。但初始条件不同,城市群内部选择的交通联系方式也有差异。如,美国东北部地区城际交通体系主要以高速公路为主,以轨道交通为辅;而日本东海道城市群建设了以新干线为主的快速轨道交通网,它可在4小时之内将京滨、中京、阪神工商业地带及中间城市有机地连接起来,使人员和物资流通环境大幅度改善。总之,通过发达的交通网络,使城市群内各城市之间形成同城化,促进各城市之间人口、资金、产业等要素相互流动,相互影响。

联动性。城市群突出的特征体现在城市之间的合作与联动,产生了1+1>2的效应,这也是城市群的根本特征所在。城市群是不同规模结构和功能结构的城市相互作用而形成的共同体,在城市发展成熟的过程中,城市间的空间结构、产业布局、信息服务、基础设施、公共服务、政府管理与环境保护等都将通过外部效应产生相互影响,需要建立多元化的治理机制,促进城市群实现竞合共赢发展。特别是随着全球化和区域一体化的不断深入发展,全球竞争不再是以单个城市为竞争单元,而是以城市群为竞争地域单元。为此加强城市群内城市之间分工合作,需要城市群内城市之间合作、分工、联动、联治才能发挥最大效应。

中枢性。城市群经济发达,往往是国家或区域的中枢,乃至是全球的经济中心。城市群一般区位优势明显,多濒临海洋或交通运输枢纽,具有发展国际联系的最佳区位、优越的生产生活条件和巨大的消费市场,是连接海内外市场、利用国内外先进技术、参与国际分工的桥头堡。城市群常常集外贸门户职能、科技创新职能、现代工业职能、商业金融职能、文化职能于一身,成为国家经济社会最发达、经济效益最高的地区。是产生新技术、新思想的"孵化器",对国家、地区乃至世界经济发展具有中枢的支配作用。例如,以伦敦为核心的城市群,是英国主要的生产基地,大伦敦区、英格兰东南部和东部三个区域政府所辖范围,在财富上大大超过了整个不列颠的地区。伦敦成为世界三大金融中心之一。

总之,以城市为载体体现的人口、产业等要素的集聚,是城市群产生的首要条件。而发达的基础设施网络,特别是交通体系网络成为城市群的硬件支撑。城市群内城市之间的分工合作与联动发展是城市群的内在核心。中枢性是城市群的集群效应和联动发展的重要体现。

第二节 城市群界定与评价

一、城市群界定标准

城市群是一个复杂、开放的系统,边界较为模糊,不同阶段城市辐射区域的范围也有所不同,因此城市群的界定工作也较为困难。由于维度、时期、地域等因素的不同,国内外学者对于城市群的界定和识别标准也不统一。下面是一些具有代表性的观点:

戈特曼(J.Gottman)认为城市群是按照"城市→都市区→城市群"顺序发展而来的。因此,其提出的界定城市群的标准充分考虑了城市、都市区等因素,并且借鉴城市和大都市区的界定方法,明确了最低人口规模及核心城市(或中心城市)的基本要求,提出了界定城市群的五个标准:(1)区域内有较密集的城市;(2)有相当多的大城市形成各自的都市区,核心城市与都市区外围地区有密切的社会经济联系;(3)有联系方便的交通走廊把核心城市连接起来,各都市区之间没有间隔,且联系密切;(4)必须达到相当大的总规模,人口在2 500万人以上;(5)具有国际交往枢纽的作用[①]。

美国规划协会根据都市区的发展趋势,提出界定"Megaregions"的四个标准及预期性增长指标:(1)该区域必须属于美国的核心统计区域(CBSA);(2)人口密度大于200人/平方英里,且2000—2050年,人口密度需增加50人/平方英里;(3)人口增长率≥15%;(4)就业率增加15%,2025年总就业岗位大于2万个。这个标准的突出特点是,通过构建预期性增长指标,强调这类区域即便是城镇化基本完成后,仍是人口持续集中的区域,暗含这类区域具有持续性的竞争力。但如果真正用该指标去衡量研究目标区域时,该标准的缺陷就会暴露出来,因为许多标准在当期是不可衡量的。

加拿大地理学家麦吉经过多年对亚洲某些发展中国家和地区进行实地研究,提出了与以往西方发达国家不同空间结构特征:(1)人口密集且与周围地区交通方便;(2)城市外围当天可通勤;(3)非农产业增长迅速;(4)人口流动性较强;(5)越来越多的妇女对非农产业的参与增多。

日本大都市区标准的界定借用了都市区界定的指标体系,但更加突出了中心城市的地位以及人口总规模的要求,提出了七个标准:(1)有一个或几个大城市为中心城市;(2)直线距离200—300千米;(3)人口≥3 000万;(4)中心城市GDP占圈内的1/3以上;(5)中心城市人口在200万左右;(6)通勤率≥15%;(7)都市圈之间物质运输量≤总运输量的25%。

国内学者对城市群界定也提出了相应的标准。比较有代表性的是:姚士谋教授在《中国城市群》论著中,提出界定中国城市群空间范围的十大标准,它们分别是:(1)城市群区域总人口超过1 500万—3 000万人;(2)城市群内特大超级城市不少2座;(3)区域内城市人口比重大于35%;(4)区域内城镇人口比重大于40%;(5)区域内城镇人口占省区比重大于55%;(6)城市群等级规模结构完整,形成5个等级;(7)交通网络密度:铁路网密度大于250—350千米/万平方千米,公路网密度大于2 000—2 500千米/万平方千米;(8)社会消费品零售总额占全省比重大于45%;(9)流动人口占全省、区比重大于65%;(10)工业总产值占全省、区比重大于70%。

宁越敏认为城市群具有引领区域经济增长的作用,而这种作用的发挥需要城市群

---

① 黄征学:《城市群界定的标准研究》,《经济问题探索》2014年第8期,第156页。

具有一定的规模和经济实力,对城市群界定提出了 6 条标准:一是以都市区作为城市群的核心。由于中国城市的行政区划不能反映城市实体地域的大小,有必要引入城市功能地域即都市区的概念。一个城市群至少有两个人口百万以上大都市区作为发展极,或至少拥有一个人口在 200 万以上的大都市区。二是大城市群的总人口规模达 1 000 万人以上。三是应高于全国平均的城市化水平。四是沿着一条或多条快速交通走廊,连同周边有着密切社会、经济联系的城市和区域,相互连接形成的巨型城市化区域。五是城市群的内部区域在历史上要有较紧密的联系,区域内部要有共同的地域认同感。六是作为功能地域组织的都市区缺少相应的经济统计数据,而地级市能够提供较为齐全的统计数据,因此城市群的组成单元以地级市及以上城市型行政区为主,包括副省级市、直辖市(重庆的市域规模相当于省,只计算核心地区),个别情况下包括省辖市,如中原城市群的济源市,武汉城市群的仙桃、天门、潜江三市。

方创林充分考虑中国所处的城市化发展阶段、中国城市化在经济全球化时代的重要地位和国际地位,以及中国城市群形成发育中政府主导的国家特色,提出我国城市群空间范围识别的 10 大基本判断标准:(1)城市群内都市圈或大城市数量不少于 3 个,但最多不超过 20 个。其中作为核心城市的城镇人口大于 100 万人的特大或超大城市至少有 1 个。(2)城市群内人口规模不低于 2 000 万人,其中城镇人1:3规模不少于 1 000 万人。(3)城市群人均 GDP 超过 3 000 美元,工业化程度较高,一般处于工业化中后期。(4)城市群经济密度大于 500 万元/平方千米,经济外向度大于 30%。(5)城市群铁路网密度大于 250—350 千米/万平方千米,公路网密度大于 2 000—2 500 千米/万平方千米,基本形成高度发达的综合运输通道。(6)城市群非农产业产值比重超过 70%,非农产业劳动力比重超过 60%。(7)城市群区域城市化水平大于 50%。(8)城市群内中心城市的 GDP 中心度大于 45%,具有跨省际的城市功能。(9)城市群周围区到中心城市的通勤率大于本身人口的 15%。(10)中心城市到紧密圈外的时间不到 0.5 小时,发车频率在 10 分钟左右,是为 0.5 小时经济圈;到中间圈外围的时间不到 1 小时,发车频率在 20 分钟左右,是为 1 小时经济圈;到外围圈的时间不超过 2 小时。发车频率在 30 分钟以上,是为 2 小时经济圈。

顾朝林在借鉴国内外界定城市群空间范围标准的基础上,结合中国的实际情况,提出了以下五个标准:(1)中心城市的数量与规模;(2)人口城市化水平,总体上要高于全国平均水平;(3)城市密度与城镇用地比率,如美国东北沿海大都市圈内城镇用地已占到整个地区土地总面积的 20%以上,许多城市沿交通线连成一片;(4)区域社会经济特点以及城市之间的社会经济联系程度,以城市之间的社会经济联系常用人员和信息交流规模来衡量,带内交流规模一般应占总规模的 50%以上;(5)人口密度,城市群中心地区人口密度以不低于 500 人/平方千米,外围地区人口密度不低于 250 人/平方千米。该标准借鉴美国界定标准统计区的方法,对城市群中心地区和外围地区的人口提出了最低门槛标准,但与其他标准相比,该标准突出了城市群内部的城镇化水平和人员及信息交流规模。

综合以上国内外学者对城市群界定标准的确定，可以归纳以下几点成为城市群界定标准的关键要素：

一是城市群规模，主要从人口规模和人口密度指标来界定。从人口规模来看，不同学者提出了城市群人口规模超过 1 500 万、2 000 万和 3 000 万等不同标准。这还要基于各国人口发展特征，例如中国、日本等东亚地区人口稠密，可将城市群人口规模设置在 3 000 万人，而欧洲地区人口相对较少，其规模可设置超过 1 500 万；从人口密度来看，提出了 200 人/平方千米（美国规划协会）、500 人/平方千米（顾朝林）等不同标准。

二是中心城市数量，提出城市群内部有大城市、中心城市或者特大城市的数量，反映城市群内核心城市的带动辐射作用。具体有：要有一个或几个大城市作为中心城市、城市群内特大超级城市不少 2 座、至少有两个人口百万以上大都市区作为发展极、城市群内都市圈或大城市数量不少于 3 个。由此可以看出城市群内必须要有一个到两个以上大城市作为城市群的增长极。

三是便捷的交通体系，成为城市群形成的必要条件。具体有：有联系方便的交通走廊把核心城市连接起来、城市外围当天可通勤、城市群铁路网密度大于 250—350 千米/万千米，公路网密度大于 2 000—2 500 千米/万千米，基本形成高度发达的综合运输通道，等等。对城市路网密度提出了界定标准。目前我国许多提出的城市群，只是简单的城市集聚，还未形成交通一体化，进而也很难形成城市之间的互动联系。

四是城市群辐射范围，更多从交通通勤角度提出当天通勤圈，或者 1 小时、2 小时、3 小时辐射圈。日本对城市群辐射范围提出核心城市与外围地区的空间距离在 300 公里以内（或通勤时间不能超过一定限度）；方创林提出中心城市到紧密圈、中间圈、外围圈，分别通勤时间为 0.5 小时、1 小时和 2 小时。可见城市群辐射范围和交通便捷性密切相关。

五是城市化水平，主要从人口城市化和产业城市化提出。城市群往往是区域乃至全国城市化较高地区，城市群城市化水平应高于全国平均水平，部分学者指出城市群内城镇人口比重大于 40% 或 50%。从产业角度提出了非农业就业人口比例，例如城市群非农产业产值比重超过 70%，非农产业劳动力比重超过 60%。

二、城市群发育程度评价

基于城市群界定标准对城市群发育程度进行评价以及阶段划分。按照城市群的发育程度，可将城市群从高到低可以划分为都市连绵区、成熟城市群、潜在城市群。都市连绵区是城市群发展的高级阶段，是城市在更大空间范围内的聚集，其空间影响范围具有国家意义，包含 2 个及以上成熟城市群，人口规模通常在 5 000 万人以上。成熟城市群是指以 1 个或者多个中心城市为核心，以综合交通网络为骨架，相互之间具有密切的经济社会联系，并在一定区域范围内起着复合中心地功能的地区，人口规模通常在 1 500 万人以上。潜在城市群是指已具备城市群的雏形，但人口和经济规模相对较小，城市之间的经济交往和联系密切程度尚未达到成熟城市群的要求。不同发育阶段的城市群在规模总量和发育特征方面具有明显的差异[①]。

部分学者从发展历程提出城市群发育要经历四次扩展过程,从城市到都市区,从都市区到都市圈,从都市圈到城市群,从城市群到大都市带。并采用城市数量(≥3个)、100万人口以上的特大城市数量(≥1个)、人口规模(≥2 000万人)、城市化水平(≥50%)、人均GDP(≥3 000美元)、非农业产值比率(≥70%)、核心城市GDP中心度(≥45%)、经济密度(≥500万元/km²)、经济外向度(≥30%)共9项指标,综合判断我国城市群发育程度。提出在我国23个城市群中,达到发育标准的城市群有15个,分别是长三角城市群、珠三角城市群、京津冀城市群、山东半岛城市群、辽东半岛城市群、海峡西岸城市群、长株潭城市群、武汉城市群、成渝城市群、环鄱阳湖城市群、中原城市群、哈大城市群、江淮城市群、关中城市群和天山北坡城市群。未达到发育标准的8个城市群有南北钦防城市群、晋中城市群、银川平原城市群、呼包鄂城市群、酒嘉玉城市群、兰白西城市群、黔中城市群和滇中城市群(方创琳,2011)。

总之,基于我国城市群发育程度评价,能更深刻分析我国城市群发展存在的问题。主要表现在以下几方面:

我国城市群的选择和培育数量较多,各种提法不一。从国家文件中,国家"十三五"规划提及19个城市群,国家发改委2017年将启动12个城市群规划编制,除已发布的城市群外,其他城市群名称、范围、规模都有待进一步明确。从专家和研究机构的观点来看,关于中国城市群的规模有32个、30个、23个、13个等不同说法。宁越敏,张凡(2012)提出中国大陆合计有13个城市群。方创琳(2015)提出了除西藏、台湾外遍布各省市自治区的23个城市群。不同提法的城市群相互之间叠合度高,一些城市群只是在名称上略有差别。亟需进一步明确我国城市群数量、名称、范围。

部分城市群发育不足,仅是规划意义上的城市群。城市群作为推进国家城镇化主体的战略地位被过分夸大高估,"入群"现象空前高涨,城市群空间范围一扩再扩,贪大而不求精的做法违背了城市群发育的阶段性规律,明显的拼盘效应违背了国家建设城市群的基本初衷;城市群的选择受制于强烈的政府主导,脱离了发育的最基本标准,城市群不是依靠市场机制"育"出来的,更不是依托城市合作"干"出来的,成了依靠主观意志"画"出来的(方创琳,2011)。

城市群发展水平差距大,尚未形成联动发展格局。我国区域辽阔,城市群发育程度呈现差异性。如我国东部沿海的长三角城市群、京津冀城市群和珠三角城市群发育相对比较成熟,而中西部地区部分城市群只是区域增长极,城市间同质竞争明显。目前扎堆出现的中西部城市群尽管数量已远超东部,经济总量、交通基建和人口规模也有较快增长,但整体发展水平却与我国东部沿海城市群差距很大,存在城市规划、产业发展等方面的"雷同化"与"同质竞争"问题,这不仅不利于培育城市群内部良好的城市层级和分工体系,还有可能重蹈东部发达地区"先污染,再治理"的覆辙。

[①] 叶裕民、陈丙欣:《中国城市群的发育现状及动态特征》,《城市问题》2014年第4期,第10页。

城市群往往是"城市病"、生态环境问题突出地区。基于我国现行行政区划体制,城市群的行政分割仍较为严重。特别是部分城市群选择过多地迁就了地方利益,影响到了国家战略安全大局,人为扩展城市群范围实际上挤占了粮食主产区空间和生态安全空间;由于城市群的快速推进,往往成为环境污染、雾霾等生态环境问题集中激化的敏感区和重点治理区[①]。

第三节　城市群一体化发展研究

城市群已成为新型城镇化发展的主体形态,未来区域之间的竞争将不是城市之间的竞争,而是要形成一个整体,以城市群为单位的竞争。而城市群的本质是城市间密切的交通、经济、社会一体化发展,促进资本、技术、人口在区域内优化配置,带动区域整体竞争力提高。

一、城市群基础设施联动

基础设施联动是城市群一体化的重要的硬件支撑,主要体现在交通一体化和网络信息一体化。其中交通运输是影响城市群形成与发展的关键要素。纵观城市群的发展历程,从初级交通运输引导下的城市群雏形生成阶段,到简单交通运输推动下的城市群初步发展阶段,再到复杂交通运输支持下的城市群快速扩张阶段,最后到高级交通运输支撑下的城市群成熟完善阶段,城市群空间演化的每个阶段都离不开交通运输的引导和支撑作用,城市群与交通运输始终保持着互动协调的发展关系。[②]交通一体化引导城市群地区的人口、产业等要素的流动和联动发展,是城市群形成和一体化发展的前提物质支撑。

在我国城市群区域一体化实践中,也充分体现了交通一体化的作用,并积累区域内协同推进交通一体化发展的经验。例如在长三角区域一体化过程中首先解决的是交通一体化问题。长三角区域交通联系历经了高速公路时代、城际铁路时代、大桥时代,逐渐进入轨道交通时代,便捷的交通体系有效地缩短了时间减少了运输成本,为区域一体化发展提供了基础设施支撑。长三角交通一体化具体做法也为其他区域一体化发展提供了有益经验启示:一是规划先行,启动区域交通规划编制。2004年上海市城市规划管理局与江苏、浙江两省建设厅,共同组织两省一市规划院,成立工作组,开展了《长江三角洲城市间综合交通规划研究》的方案编制工作,2005年规划合作专题即《规划研究》初步方案形成,提出了长三角地区城市空间发展总体框架和"五圈、六廊、十六枢纽"的长三角地区综合交通发展框架,并重点研究了长三角范围内城市间轨道交通、高速公路、内河航运等交通系统的规划与衔接。合理统一的区域规划是推进

[①] 方创琳:《中国城市群科学选择与分级发展的争鸣及探索》,《地理学报》2015年第4期,第515页。
[②] 丁金学、罗萍:《新时期我国城市群交通运输发展的思考》,《区域经济评论》2014年第2期,第106页。

长三角地区可持续、可协调发展的重要支撑,有利于加大对近期实施的重大交通设施项目对接的协调力度,加快长江三角洲地区交通一体化建设的进程,推进长江三角洲地区社会经济持续、快速、健康、协调发展。二是建立多层次交通一体化联席会议制度。在交通一体化推进过程中,沪苏浙交通主管部门和运输管理部门加强合作,建立了多层次的长三角道路运输一体化联席会议制度,在道路运输规划法规统筹、道路客货运管理、执法信息共享、联网售票等多方面达成共识。三是推进交通"一卡通",让市民感受到一体化便利性。区域一体化不仅在政府、行业、企业层面,也需要让市民感受一体化的成效。在泰州会议上确定了长三角交通卡互通合作专题采取第三个方案积极推进,即相互兼容,逐步实现。其中上海、南京、杭州分别拿出一条交通线路进行互通试点,即对这三条线路上的 POS 机进行改造,加进各自的卡秘钥,商讨并机清算系统,实施互通。在长三角城市经济协调会的大力推进下,长三角交通一卡通基本实现,促进了长三角交通一体化发展。

在全球化和信息化发展背景下,城市群内信息网络一体化也越来越被重视,并提到区域内合作日程中。长三角城市群在信息一体化也做了大量的实践探索。一是筹划建立长三角资料信息中心。2007 年长三角城市经济协调会办公室设立长三角资料信息中心筹建专题,明确工作目标:在长三角城市就经济协调会的组织框架下,依托长江三角洲成员城市政府相关部门、有关科研院所和决策咨询机构,共建资料信息中心,促进资料信息资源共享,加强信息资源的开发利用和城市间即区域间的信息交流,有针对性地为成员城市提供决策咨询服务,促进区域联动发展。主要成果有:建立长三角文献资料阅览室、长三角信息共享网、编辑印发《长三角观察》、设立长三角资料信息中心专家库。二是实现了部分城市 EDI 信息互通共享,为区域物流一体化发展奠定管理基础。2004 年,长三角城市经济协调会决定将长三角区域物流信息一体化提升为长三角合作专题。2005 年上海港与南通港 EDI 信息系统在长三角城市经济协调会通过,这标志着长三角地区各港口围绕上海洋山港开港后新的物流体系建设的开始。南通港航 EDI 平台的建设,为南通以及周边地区企业经营运作提供了非常大的便利,同时也为长三角物流信息一体化网络建设了一个重要节点。三是建立长三角"大通关"平台,促进长三角物流信息一体化。2001 年上海市政府支持整合了江苏、浙江和上海 EDI 平台,启动了"大通关"工程。到 2004 年,"大通关"工程取得阶段性成果,上海口岸物流信息与电子商务统一平台初步建成。该平台利用信息化手段,为政府和企业提供电子通关、政府监管、电子支付、物流信息等多种服务,极大地改善了上海口岸的通关条件。当时,上海欧安进口货物海关平均作业时间为 2.16 小时,出口货物海关平均作业时间为 4.8 小时,均位居全国前列。

二、城市群产业分工和合作

城市群发展的核心是产业,构建一个定位清晰、分工明确、优势突出资源共享、开放协同的城市群产业生态体系,对于推动城市群的健康发展至关重要。"十二五"以来,我国通过加强城市群规划和战略布局,加快城市群内基础设施互联互通、促进产业有序转移等措施,使城市群发展取得了突出成效,在环渤海、长三角、珠三角、东北、中西部地区形成了若干城市群,对于推动区域经济整体发展发挥了重要作用,初步形成了优势互补、资源共享、垂直分工、产业融合的城市群产业生态体系。比如,一些中关村的高科技企业在北京设立研发总部,在天津设立成果转化基地,在河北设立自己的生产企业;一些服务外包企业把总部设立在上海,在昆山设立了交付业务基地等。

在实践中,城市群内产业合作更多以政府引导,市场为主导,推行城市群内各地区产业合作。在长三角城市群产业合作方面主要有三种形式:一是合作共建产业园区。长三角地区上海、江苏、浙江、安徽四省市参与合作共建园区已逾 200 个。其中,上海在江浙皖三地建立的异地工业园和开发区分区已有一定规模,较为典型的有上海外高桥(启东)产业园、上海漕河泾新兴技术开发区海宁分区、合肥经济技术开发区创新创业园等。长三角园区合作是长三角重要合作内容,分别在 2010 年、2011 年连续两年列为长三角区域合作专题,并于 2011 年建立长三角园区共建联盟官网。网站的开通彻底改变了过去园区之间信息不对称、不透明的状况。联盟秘书处每半个月编纂园区共建动态,定期收集长三角 22 个城市经济发展新情况、当地政府扶持园区的新政策、各地园区发展的新动向及项目合作信息等,免费向 22 个城市的政府机关、重点园区(企业集团)管理层、社会服务机构发放。长三角园区共建联盟的显著成效,很快建立口碑,吸引了更多园区申请加入,2011 年长三角 22 个城市申请加入并符合联盟盟员资质的园区超过 60 个。此外,长三角园区共建联盟还吸引了来自辽宁、山东、河南等省一些重点园区的极大兴趣,全国已有 20 多家非长三角地区的园区申请加入。截至 2012 年,长三角园区共建联盟推动产业转移项目落地近百个,最大单体项目投资金额近 10 亿元,联盟成员之间在创新合作模式、招商引资、品牌输出、产业转移等方面衔接合作取得了显著成效。二是产业转移和产业承接。2010 年,皖江城市带承接产业转移示范区上升为国家战略,安徽成为长三角的产业转移的主要区域。产业示范区的建立,也大大推动了长三角区域内产业合作。在之后的两年,皖江城市带引进的省外资金占安徽全省的 72%,其中引进长三角地区资金占 60%左右,皖江城市带加工产品的 50%以上为长三角配套,汽车、家电等产业所需零部件的 70%左右来自长三角。三是建立产业合作基金。2012 年由上海、江苏、浙江和安徽三省一市政府共同设立的长三角合作与发展共同促进基金首期规模 4 000 万元,三省一市各出资 1 000 万元,主要用于三省一市合作共建项目。

三、城市群社会生态环境联动

从城市群一体化发展历程来看,区域合作内容先由各区域都感兴趣、都有共同利益的领域着手,如旅游一体化,产业合作等。随着区域一体化的深入发展,城市群区域合作内容由经济领域合作逐渐转向社会和生态环境领域的合作。这也是城市群区域深化合作的内在要求,主要体现在两方面:一是随着城市群内交通、经济合作的深入发展,需要人口、产业等要素资源在区域内进一步优化配置,而社会保障的联动发展为区域要素流动提供了保障条件。二是城市群内的首位城市随着经济的快速发展,往往面临着交通拥堵、生态环境恶化、商务成本提高等"大城市病",这也要求特大城市的部分功能,特别是优势的教育、医疗等资源向外疏解。三是一般而言,城市群是城市化水平较高地区,经济发达、创新活跃,同时也是生态环境问题较为突出的区域。在可持续发展的背景下,要提高区域资源环境承载力,仅仅依靠单一城市和地区难以实现,而必须要立足于城市群的空间范围,要通过城市群的一体化发展,来加强环境污染的联防联治,有效推进产业绿色转型,促进生态环境步入良性循环轨道。为此城市群社会保障、生态环境联动也成为区域一体化的重要合作内容。

在社会保障合作方面,长三角城市群主要从 2009 年开始,在湖州召开的长三角城市经济协调会上,16 个城市市领导签署协议设立了"长三角地区医疗保险合作专题"。专题实施有效推动长三角医保互通,2010 年长三角共有 12 个城市正式启动了医保费用异地报销双向代办服务。即在对方城市工作、生活的居民,可实现当地看病、当地进行医保费用结算报销。2010 年长三角城市经济协调会推进"一个合作平台、四项经办协作"合作机制建设,加强各城市医疗保险经办机构之间在"异地就医人员管理服务、信息化、医疗费用监管、医保资金清算"四项经办工作上的协作,为各城市全面推进医疗保险异地就医创造了有利条件。从 2011 年元旦起,浙江医保在杭州、绍兴、衢州和嘉兴等城市试点联网结算"一卡通"。2012 年底浙江省实现异地就医"一卡通"。同时,长三角城市群加强区域内医疗资源合作,发挥上海具有高等级的医疗资源优势,通过院际合作和重点科室帮扶实现了与苏浙地区合作办医及医疗资源的共享。

在环境污染治理的合作方面,长三角区域内环境合作不断深化。主要体现在以下几个方面:一是围绕热点问题,开展区域环保合作,包括水环境综合治理、大气污染控制、危险化学品与危险废物管理,以及农村生态环境保护等等。在充分考虑各区域经济、环境、资源和管理等方面差异的基础上,制定污染物削减目标,明确环境权责,协调处理跨界污染事件。二是推进企业环境信息公开制度。环境信息公开有利于将企业的环境行为置于公众的监督之下,促进企业提高其环境绩效。三是借助环保技术创新,推进区域环保合作。充分发挥各地区的科研优势和特色,结合各自优势领域分工合作,如清洁能源开发和利用领域的合作。四是建立了高层联席会议制度,定期研究区域环保合作的重大事项,审议、决定合作的重要规划和文件。

四、城市群区域合作体制机制

区域合作体制机制是城市群区域合作的制度保障。从国内外区域合作的实践来看,区域合作与发展协调机制主要包括两种类型:一种是非制度化的协调机制,另一种是制度化的协调机制。区域协调机制自身的发展是一个由松散型向紧密型、由非制度化到制度化的过程。

国际上发达城市群和区域基于自身优势和特色,探讨并实行了适合本区域特色合作机制。如欧盟一体化实质是区域整合、共同治理的一种社会发展模式;东亚地区区域合作是以三个"东盟10＋1"次区域自由贸易区并列式发展的模式,实行协商对话式的区域合作机制。总之,基于国外区域合作体制机制实践,可以归纳以下特征:第一,要有责任明确的区域合作或者协调的推进主体。不管是美国的大都市区之间的跨区域协调与合作,还是欧盟或者WTO国家间的合作,都有一个责任明确的推进主体,如美国的"双城大都市区议会"和"波特兰大都市区政府"等。推进主体一般是综合性与专业性相结合的组织,如欧盟的欧洲委员会、欧盟部长委员会、欧洲中央银行、欧洲法院等。作为推动区域合作或者协调的组织和监督主体,推动区域合作和协调的不断开展。第二,要有分工和责任明确的推进传导组织机制。不管是紧凑的合作还是松散的合作,推进主体实施行动开展合作时,各地都有相应的配合行动主体与之衔接,从而保证区域合作与协调不断深入。如美国采取区域性权威协调组织、地方政府协会、专业机构相结合的合作形式。三者分工明确:区域性权威协调组织为解决单一地方政府无法解决的跨地区问题;地方政府协会具有半官方和松散型的特点,主要是通过利用市场化机制发挥协调功能;地方政府主要协调地方间的利益矛盾。第三,要有逻辑清晰的推进途径和明确的载体。无论是大都市区还是欧盟还是国内的泛珠三角、环渤海等合作,合作中都有逻辑清晰的推进途径或者机制,也就是说,合作的行动方式非常清楚,谁组织、谁实施、实施到什么程度、达到什么样的目标和结果、最后由谁来监督约束考核等等,都规定得十分明确,而且已经形成了比较完善的行动体系,同时,具体通过什么来贯彻实施,载体是谁也十分清楚。如WTO的监督机制是依靠惩罚得以实现。所有WTO成员国都必须遵守非歧视原则、互惠原则、市场准入原则和公平竞争原则等四项原则,违背上述原则的行为会在WTO的制度框架内受到相对应的惩罚或制裁。这些显然都极大地降低了协调和合作中的一些不必要的推诿与摩擦,有力地保障了区域合作的顺利进行。第四,要与区域发展实际紧密结合。国内外各区域合作协调机制的建立必须与区域的发展阶段及所处的宏微观环境相协调,才能充分发挥协调功能。如泛珠三角是以外向型经济为主要特征的经济发展模式,体制机制的建立就是以"CEPA"为契机,规划和建设工作围绕"中国—东盟"的关系为重点展开,进一步提升泛珠三角的国际化程度[①]。

目前,在我国城市群区域合作体制机制相对比较完善的是长三角城市群。进入21世纪,长三角区域一体化进入建章立制的阶段,即一个以政府为主体的机制对接阶段,形成了决策层、协调层和执行层三个层次、四个座谈会的政府间合作协调机制。

"三个层次",是指决策层、协调层和执行层。2004年以来,沪苏浙两省一市党政主要领导每年举行会晤,商议、提出推进长三角区域合作的要求及合作重点领域,由两省一市政府分头组织落实。这就是长三角机制对接的决策层。决策层是两省一市区域合作与协调的最高决策机构,通过建立形成"两省一市领导人座谈会议制度"来运行。目

---

① 李娜:《构建区域合作协调机制促进长三角区域一体化》,《全球化.城市化》2009年第11页。

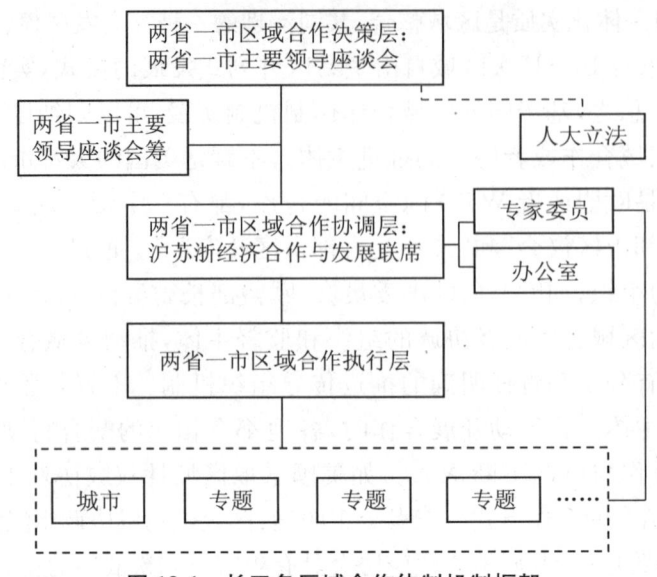

图 12-1　长三角区域合作体制机制框架

资料来源：作者绘制。

前,安徽省已加入由沪苏浙皖三省一市组成的"八巨头"会议。协调层是由沪苏浙经济合作与发展座谈会协调的机制,这一机制始于 2000 年,是沪苏浙两省一市政府建立的由常务副省长参加议事协调的机制。座谈会以轮流做东的形式每年召开一次会议,沟通协商合作领域及合作内容。执行层主要分城市组和专题组,城市组主要通过长三角城市经济协调会合作机制,最早由 16 城市组成,目前已经扩容到 30 个城市,以专题合作的形式进行不同领域内合作,主要开展规划、旅游、科技、信息、产权、港口、交通等专题项目的合作。专题组主要是开展长三角各城市政府职能部门之间的不定期协调会,其主要职责是进行合作专题的策划与提出以及贯彻落实长三角地区主要领导座谈会及常务副省(市)长联席会议专题方案审批结果,商议专题推进过程中遇到的重大问题、商讨解决方式。"四个座谈会"主要指"三省一市领导人座谈会议"、副省(市)长级别的苏浙沪皖经济合作与发展联席会议、长三角城市经济协调会议以及长三角各城市政府职能部门之间的不定期协调会。

第四节　我国典型城市群一体化发展比较

随着全球化和区域一体化日益加深,我国更加重视区域一体化发展。本节选择我国城市群发育比较成熟的长江三角洲城市群和京津冀城市群进行对比。长江三角洲地区和京津冀地区协同发展分别于 2008 年和 2014 年上升为国家战略。长江三角洲与京津冀区域一体化发展历程、发展动力和区域合作机制等存在明显差异,两者在城市群一体化发展过程中都进行了有益探索。

一、长三角区域一体化发展特征

长三角区域一体化发展起步较早,目前已进入了制度合作阶段,以区域利益共享机制为动力,区域合作内容不断拓宽,区域一体化程度较高。

从区域合作发展历程来看,长三角区域合作起步较早,经历了布局合作、要素合作和制度合作阶段。长三角区域合作始于 1982 年国务院成立的"上海经济区",历经了 32 年的合作历程。1989—2000 年期间,长三角区域政府按照市场经济的要素配置资源原则,建立了初步的区域协调机制。长三角城市经济协调会设立了数十项的区域一体化专题,包含了科技、国企改革、港口、通关、人才、资本、技术、信息等各类生产要素的合作专题。新世纪后,长三角地方政府以共赢为目的,使生产要素的合作与区域协调体制及制度合作对接,通过长三角的政府制度合作,建立完善、高效的合作框架,自觉推动了区域一体化。上海、江苏、浙江和安徽的高层领导签订了一系列区域一体化的发展协议,提出了加快推进长三角区域一体化的发展思路。随之,长三角区域合作主体也由以企业为主体向政府为主导,推动社会协同的合作转变。长三角区域各城市的行政区划管理,对市场要素流动产生了政策性壁垒。要促使长三角区域的要素资源高效便捷的流动和配置,长三角区域的政府已经意识到,新一轮的区域合作的主体就是政府,政府必须拿出制度资源进行区域合作。

从区域合作内容上,从以经济合作向经济、社会、人口、资源、环境的全面可持续发展的合作转变。长三角区域一体化发展的关键在于扩展城市间的合作领域,提高合作的水平与层次。最初长三角区域合作项目,主要集中在经济要素一体化,政府搭台,企业唱戏,推进生产要素的人流、物流、技术流、资金流和信息流的聚集和辐射。通过多年的合作与交流,长三角初步建立了多层次、宽领域的城市间的项目合作机制。近年来,长三角区域转向经济、社会、人口、资源、环境的'五位一体'的一体化合作,更加注重全面可持续发展,构建了综合交通、科技创新、环境保护和能源四大平台,形成了以项目带动合作、以合作促进发展的良好势头。设立了大交通体系、区域能源合作、生态环境治理、海洋、自主创新、信息资源共享、信用体系建设、旅游合作、人力资源合作等若干个专题,推进了区域一体化机制的建设。

从区域合作方式上,从以行政区为主的布局合作向经济区为主的城市群协调体制合作转变。长三角区域布局合作初期主要为 1982—1988 年的规划协调阶段,以行政区为主经历了多次规划布局的调整。目前,在长三角的区域规划布局中,以城市群发展为导向,建立跨行政区域的协调机制。通过长三角区域政府"三级运作、统分结合"多层次合作机制,以决策层,协调层和执行层组成的合作机制与体制,建立了省市长联席会议、经济合作与发展座谈会、城市经济协调会、行政首长联席会和专题例会的多层次的会议制度,通过轮值制为长三角区域合作的正常运行提供了制度保障。

从区域合作动力上看,长三角区域一体化以区域利益分享机制为基础,通过上海国际大都市级差地租,进一步优化产业布局。长三角区域一体化是从区域市场化开始的,经历了三种市场化模式,即苏南模式、温州模式和上海模式,其共同点是"化解"国有企业。苏南模式是江苏苏南地区利用上海国有企业的要素资源发展乡镇企业。在长三角区域的产业起步阶段,苏南地区将上海国企的订单转包给苏南乡镇企业,乡镇企业将购置副食品等与国企交换,改善国企职工福利,实施"横向联合"。到21世纪初,上海为承接新一轮国际产业转移,主动将纺织业、家电业等轻工业转移到苏南等地,这不仅培养了一大批熟练工人而且带动了江苏的外贸发展,推动了江苏经济的起飞。温州模式是浙江地区,在企业原始积累过程中利用上海国企品牌效应,发展个体经济。由于中国处于改革开放初期,轻工业的小商品短缺市场成为社会的需求,浙江企业借助上海品牌优势,走出了市场化路子。上海模式是国企与外资改造国企的合资经营方式。上海"化解"国企的办法是发展外资企业,上海成立了国内最早的经济技术开发区,引进了大量外资,"牺牲"了一批国有企业,在合资中,推动了上海早期的对外开放。同时,上海国际都市的级差地租,为长三角区域优化产业布局奠定了重要基础。浦东开放之初,上海实行了土地批租政策,在长三角区域内形成了级差地租的阶梯分布,使企业在进入长三角区域时,自然而然地根据自身的技术水平和赢利能力选择在不同的区域发展,从而起到了通过土地价格这一市场信号配置产业的作用,在长三角区域内形成了产业的梯度配置,较好地解决了长三角区域的产业布局问题。

二、京津冀区域一体化发展特征

京津冀区域一体化发展起步较晚,目前区域合作尚处于布局合作的初始阶段,交通基础设施一体化为区域合作基础,围绕大北京建设的功能转移是京津冀一体化的最大亮点,也是我国区域一体化发展重大突破。

京津冀一体化以京津两大核心城市为引领,其他城市发展水平落差较大。京津冀协同发展全面启动源于2004年的"廊坊共识",进入新世纪以来,京津冀区域协同发展不断加速推进,2014年,习近平总书记召开京津冀三地协同发展座谈会,要求北京、天津、河北三地打破"一亩三分地"的思维定式,要求抓紧编制首都经济圈一体化发展的相关规划。目前,京津冀区域处于城市群规划布局阶段。而在长三角区域内,基本形成了以城市群为主体的空间布局结构,形成了五个层次的城市规模等级序列,现出了相互包容、相互融合和相互渗透的"宝塔形"特点。相比之下,京津冀城市群以北京市、天津市为核心,包括石家庄、唐山、廊坊、秦皇岛、承德、张家口、保定、沧州等大中城市,共有城市30多座。北京和天津经济实力差别不大,共同承担城市群核心城市职能,周边河北城市与核心城市差距较大。目前,京津城镇化率高达80%以上,而河北仅为48.2%。

以京津冀的交通基础设施一体化为主体,为规划京津冀城市群布局奠定了重要基础。长期以来,行政区划阻隔使京津冀区域形成了以北京为原点的"单中心加放射型"格局,造成区域内各地间难以互联互通。北京承担了过重的周边城市过境运输。据统计,河北和京津之间有18条"断头路"和24条"瓶颈路",包括京昆、京台、京秦等4条国家级高速。针对交通一体化问题，京津冀三地达成了共识。在交通布局方面，变"单中心、放射状"交通格局为纵横相连的网络状格局，形成首都环线通道暨北京大外环和京津冀区域环线通道两个环线，并建立四纵（沿海、京廊沧、京衡、承京保石邢邯）四横（张京唐秦、涿廊津、保津、石衡沧）的公路网。在交通体系方面，加快建设覆盖三地的城际轨道交通和便捷的客运网络，提高不同交通运输方式和城市交通的衔接水平。同时积极建设北方最大的港口群和枢纽机场群，空港、海港、公路、铁路协同发展，形成立体化交通运输网络。在交通联动机制方面，三地成立京津冀区域交通一体化领导小组，并建立定期会商机制，共同编写交通发展规划，协同解决交通建设问题。

以首都功能再造的一体化为动力，周边城市以错位发展的战略来发展地方经济，进而优化区域产业功能布局。京津冀区域协同发展就是首都功能的调整和再造过程。在计划经济体制下，全国的财政资源大部分投入了北京、上海、广州这些大都市，推动了这些都市的快速发展。改革开放后，国家财政继续向首都倾斜。北京的城市功能过多且有序性不够，首都人口膨胀、交通拥挤、环境污染、社会治安等问题凸显，亟须疏解非首都核心功能，已经摆上了党中央、国务院领导的议事日程。天津、河北等地没有享受到北京的优惠待遇，以错位发展的战略来发展地方经济，京津冀区域一体化没有区域利益分享机制的内容。天津在产业发展上不可能与北京竞争，所以选择了面向外资的发展路径。由于土地成本低廉和坐拥海港优势，使其在承接国内、国际产业转移过程中，具有较强的竞争力。河北发展是一种拾遗补阙式的爆发性发展，河北承接了北京首都经济功能重塑中搬迁来的钢铁工业，发展北京和天津都不愿发展的许多小化工厂和小钢铁厂，造成了京津冀区域环境问题。北京和周边区域的合作，主要是从城市功能转移来考虑，强化天津、河北在区域发展和公共服务中的承接支撑作用，将功能转移的输入城市，要求担负起文化副中心、教育副中心、运营副中心的职能。可以发现，在京津冀区域一体化进程中，政府主导与市场选择是同时发生作用的，主线是围绕北京首都功能的调整和重塑展开的，没有区域利益分享机制运行的内容。人员、资本以向北京单向流入为主，各区域间实际是一种相互争夺资源的竞争模式。

三、长江三角洲和京津冀区域一体化发展启示

通过长三角和京津冀区域一体化进程比较，可以发现两区域协同发展既有共性，如便捷的交通体系是区域一体化的基础，也存在差异，如长三角区域和京津冀区域协同发展动力分别是利益分享和功能转移。总之，可归纳为以下几点：

便捷的交通体系是区域一体化的基础。城市群之间没有便捷的交通，那就仅仅是行政意义上的城市群，而无法形成区域一体化。无论是长三角还是京津冀，区域一体化的成功之处首先就是解决交通体系。在北京至天津，在 20 世纪 90 年代就有一条铁路、两条高速公路，使得通勤成本大幅降低，在北京至天津之间形成了一条增长轴，带动了沿线的城镇发展。长三角区域拥有全国最密集的公路交通网，上海中心城区建有 462 公里的地铁网，有效地缩短了时间成本和运输成本。长三角区域交通联系历经了高速

公路时代、城际铁路时代、大桥时代,未来要进入轨道交通时代,消除同城化交通障碍,加快形成上海1小时都市区(近沪地区)、商务活动当日往返都市圈(23个地级市)。

利益分享和功能转移是区域一体化的动力。长三角城市群依托区域市场化方式,以利益共享机制为基础,过去主要靠订单分享、产业转移、品牌共享,所以会有长三角城市群的崛起。京津冀城市群依托政府行政力量,通过首都功能转移,促进区域一体化发展。功能转移以后,区域一体化的层次更高、发展的速度会更快、改革的力度会更大,影响也会更深远。在新的历史发展阶段,长三角区域利益分享机制需要重新完善。当前,上海面临着人口过度集中、城市综合运营成本快速上升等大城市病,现在所做的拆违章建筑、制止群租现象等工作,都是在控制上海的人口增长。但如何解决人口到中小城市居住和工作问题,使大、中、小城市均衡发展,除了解决人员通勤问题,发挥同城效应,还要从顶层设计进行功能转移。为此,长三角城市群发展可借鉴京津冀城市群功能转移的经验,将上海一部分功能转移出去,才是有效控制上海人口的根本之策。

经济技术联系是区域一体化的天然纽带。通过市场配置资源是区域一体化得以顺利推进的一条重要经验。因此,加强各区域在市场化进程中的经济技术联系,就成为一项重要的工作。由于市场化的快速发展,政府已经很难直接干预产业发展。但是,还需要借助政府的有形之手去调整许多市场失灵之处。因此,发挥企业的市场主体作用,并不意味着政府就无所作为。政府需要研究区域一体化进程中,还有哪些产业项目具备发展前景,为市场提供信息指导等公共产品服务,甚至可以通过财政资金建立扶持基金,扶助和孵化高新技术企业的创新和研发[①]。

第五节　国外城市群发展经验与借鉴

一、世界五大城市群发展概况

(一)美国大西洋沿岸城市群

美国大西洋沿岸城市群又名"波士华"(Bosh-wash)城市群,它是世界上面积最大、发育最成熟的城市群。北起波士顿,南至华盛顿,以纽约为核心,以波士顿、费城、巴尔的摩、华盛顿4个特大城市为中心地带,通过其间分布的40多个中小城市与特大城市连接形成超大型城市群。该城市带长965千米,宽48公里到160千米,面积13.8万平方千米,占美国面积的1.5%;人口达到6500万,占美国总人口的20%;制造业产值占全美的70%,城市化水平达到90%以上。该城市群有以下特征:

一是以核心城市带动的梯度层级。美国大西洋沿岸城市群形成了以纽约为中心的第一层级,成为城市群的首位城市。第二层级为是华盛顿、波士顿、费城和巴尔的摩四座大城市。第三层级是分布在这五座大城市周边的40多个中小城市。二是城市群内

---

① 李娜、刘靖:《长江三角洲与京津冀区域协同发展的比较与启示》,《上海经济》2015年第4期,第15-18页。

各城市功能分工明晰。美国大西洋沿岸城市群采取互补与错位并存的发展战略,纽约是全美乃至全球的金融中心,同时还兼具综合性的城市职能。华盛顿是美国的政治中心,同时在国际经济中同样有很大影响,全球性的金融机构,如世界银行、国际货币银行和美洲发展银行的总部都位于该城。波士顿的主导产业是高新技术产业,是著名的文化中心,以该城为中心的128公路环形科技园区为先进制造业工业区,是仅次于硅谷的全美微电子技术中心。费城是具有多元化经济结构,健康服务业、制药业、空间制造业、教育服务和交通服务业都很发达。巴尔的摩则是海港城市,以军工业为主。尽管这些城市的主导产业都是相对独立的,但在城市圈的大环境下,城市的职能互相叠加并成倍放大,构建了功能综合且多样的城市群结构。三是以交通为引导形成网络化空间结构。高速公路和轨道交通是城市群内交通联系的主要两种方式,美国大西洋沿岸城市群内城际之间以高速公路为主,轨道交通为辅,高速公路体系极大地增强了城市之间的经济联系。并沿着主要交通干线发展了新的中小城市,使区域内形成网络化空间结构。四是城市群注重城市间的管理协调,但是松散和非正式的。美国大西洋沿岸城市间未形成统一的、具有实体性质的城市群管理机构。区域间的协调和跨区域管理大多通过一些专业性管理机构进行。例如,纽约和新泽西州于1921年就共同成立了纽约和新泽西港务局,如今该局仍然空着区域内多数交通运输设施,该局财政相对独立,收入来源于其所执行的项目。

（二）英国以伦敦为核心的城市群

英国以伦敦为核心城市群位于英国南部,以伦敦、利物浦为发展轴线向周边扩散,包括伯明翰、曼彻斯特等大城市和许多中小城市。英国以伦敦为核心城市群,是六大城市群中发育最早,面积最小,城市密度较大的城市群。带状分布,贯穿了英格兰西北和东南部,辐射周围地区;伦敦城市群约有人口3 650万,总面积约为4.5万平方千米,为英国面积的20%,但经济总量约占全国的80%以上。该城市群具有以下特征:

一是以伦敦为中心,城市群内城市功能分工错位发展。伦敦是英国的首都,政治中心,也是金融中心、航运中心,拥有欧洲第一大港、世界最大的国际港口和航运市场之一。伯明翰为仅次于伦敦的英国第二大城市,为英国主要制造业中心之一,工业部门繁多,以重工业为主,世界最大的金属加工地区。曼彻斯特,世界上第一座工业化城市,英国重要的交通枢纽与商业、金融、工业、文化中心,是自由贸易、经济自由化和合作运动的先导。利物浦,港口城市,英国第四大城市,著名商业中心,也是第二大商港。二是形成完整的城市等级体系。伦敦无论规模、人口还是经济总量都位居英国首位,奠定了其在此城市群中的中心地位,诸多全球500强企业、银行等金融机构总部落户在伦敦;其他次级城市也根据自身特点,优化配置资源,重视中小企业发展。三是以轨道交通和铁路构成放射状交通网络。伦敦城市群的市域铁路线是以伦敦市中心的地铁环线为中心的放射线,铁路线不但密度高,且分布均匀,形成了近20条主要通道。四是通过完善制度体系,改善城市群生态环境。英国以伦敦为核心城市群在20世纪70年代面临严重的生态环境问题。通过建立比较完备的制度和体系,推进生态建设和绿地建设。伦敦的绿地规模大,并已形成网络化,城市外围建成了环城绿带,平均宽度8千米,最大宽处达30千米,绿带里不准建造房屋和居民点,阻止了城市的过分扩张,又可作为伦敦农业、游憩区,保持了原有小城镇的乡野风光;并通过楔形绿地、绿色廊道、河流等,将城市的各级绿地形成网络。

(三)欧洲西北部城市群

欧洲西北部城市群由三个次一级城市群组成,由大巴黎地区城市群(巴黎都市圈)、德国莱茵-鲁尔城市群、荷兰兰斯塔德城市群-比利时城市群构成。主要城市有巴黎、阿姆斯特丹、鹿特丹、海牙、安特卫普、布鲁塞尔、科隆等。其中,巴黎是法国的经济中心和最大的工商业城市,也是西欧重要的交通中心之一;鹿特丹素有"欧洲门户"之称。这个城市带10万人口以上的城市有40座,总面积145万平方千米,总人口4 600万。其特征为:

一是由三个次一级城市群组成,包括大巴黎地区、德国莱茵-鲁尔城市群、荷兰兰斯塔德城市群-比利时城市群构成。欧洲西北部城市群以沿莱茵河、塞纳河分布形成多个城市群的组合。二是城市群内以单中心和多中心结构发展并存。大巴黎地区形成了以巴黎为中心的都市圈,为法国国土面积的2%,但人口却占到了19%,是欧洲人口最密集的都市地区。德国莱茵-鲁尔城市群是最为典型的多中心齐头并进型的城市群。该城市群区域是因工矿业发展而形成的多中心城市集聚区,其特点是多个中心城市平衡发展、各司其职。荷兰兰斯塔德城市群-比利时城市群构成是一个多中心马蹄形环状城市群,在荷兰境内有阿姆斯特丹、鹿特丹和海牙3个大城市,乌德支列、哈勒姆、莱登3个中等城市以及诸多小城市,各城市之间的距离仅有10—20千米。三是城市功能网络化分工。德国莱茵-鲁尔城市群各主要城市人口规模虽不大,但功能却各有所长,波恩、科隆、埃森、杜塞尔多夫和多特蒙德这几座城市分别承担政治、商业、重化工等中心职能,它们之间协同、均衡发展,共同构成德国最大的工业中心。兰斯塔德城市群强调功能网络化分工与互补,形成大、中、小城市分工明确,相互联系,又独立的城市功能网络。具体可分为两个层级:第一层级由阿姆斯特丹、鹿特丹、海牙和乌得勒支等四大城市组成,彼此功能各有侧重。阿姆斯特丹是荷兰的首都,也是荷兰的经济中心,优势行业主要集中在金融、贸易、旅游、文化、信息网络等。鹿特丹是著名的港口城市,拥有世界著名的鹿特丹港,是国际航运枢纽和国际贸易中心,优势行业主要集中在航运交通、临港制造业和旅游业。海牙是荷兰第三大城市,是全国的政治中心,是国际事务及外交活动中心,聚集了诸多政府机构、国会议事堂、大使馆、国际组织以及跨国公司总部等。乌得勒支是荷兰第四大城市,是重要交通枢纽城市和全国性会议中心和科教中心。第二层级是诸多中小城镇,各具特色。中小城市主要承担生产职能、日常办公和居住职能。四是高度重视城市群生态保护。在兰斯特德城市群体现尤为突出,其布局主要围绕中心地带的"绿心"进行布局。"绿心"主要为农业用地,面积大约400平方千米,城市开发与基础设施建设环绕"绿心"进行布局,起到天然隔离各组团互相侵蚀的屏障。自20世纪50年代以来,中央政府进行了5次国家空间规划,一直致力于保持"绿心"的开放性,使

"绿心"为居民提供重要生活休闲空间。"绿心"的存在使兰斯塔德城市群空间未呈现摊大饼模式发展,避免了交通拥堵、房价飙升等大城市病。

(四) 北美五大湖城市群

北美五大湖城市群分布于五大湖沿岸,从芝加哥向东到底特律、克利夫兰、匹兹堡,并一直延伸到加拿大的多伦多和蒙特利尔。集中 20 多个人口 100 万以上的特大城市,是北美重要的制造业区。东西向跨度约 1 200 千米,南北向跨度 900 多千米,区域面积约 24.5 万平方千米。其特征主要体现在以下几方面:

一是北美五大湖城市群空间宽阔而松散。与世界其他城市群相比,由于地跨两国及五大湖区导致城市之间联系相对松散,缺乏统一的区域规划。二是以制造业发展为特征,成功经济转型。五大湖城市群以丰富资源和充足的水源发展了庞大的工业,这里有美国的"钢铁城"匹兹堡、"汽车城"底特律。但在 20 世纪 70 年代,在全球危机后,这些以制造业为主导的城市相继衰败,经历了 30 年的艰难转型。自 20 世纪 90 年代后,借助美国信息化和"新经济"的发展,这些城市相继完成转型,成功实现经济服务化、多元化。三是构架多层次、跨区域的社会协调机制。2003 年,五大湖地区的 51 个城市成立区域协调委员会,各市市长或其他负责人定期碰头,商讨采取统一行动解决跨区域的公共问题。如减少区域的污染等问题。再有,在核心城市内部,芝加哥建立了政府和市场、社会等多边协调机制,并邀请民间组织有效参与。如芝加哥市很多发展规划、建议和新技术的应用都是先由民间组织提出方案,再经由政府决策推动实施。四是强化环境保护。在城市群经济转型过程,政府加大人才和资金的支持,促进制造业向研发基地和服务中心转型。同时,政府推行绿色环保技术应用和模式上起到示范作用。例如每个星期二是芝加哥市民把自己家中的废弃危险品送到指定地点日子,把家里用完的杀虫剂、喷雾油漆等空瓶送到家庭化品与电子物品循环中心。

(五) 日本东海岸城市群

日本东海岸地区城市群覆盖范围是以东京市为圆心、半径为 100 千米的圆形区域,包括东京、京都、神奈川县、千叶县等城镇。东京都市圈的总面积约为 1.34 万平方千米,仅为日本国土总面积的 4%,但人口与地区总产值均占日本总人口和全国 GDP 的 30%左右。同时,全国有一半固定资产超过 50 亿日元的企业聚集在都市圈内,整个都市圈的城镇化率水平超过 80%。其特征主要体现在以下几方面:

一是政府在日本东海岸城市群调控起到积极作用。相较于西方国家城市群,东京都市圈的发展更多地受到政府调控的影响,日本政府在日本东海岸城市群的空间布局与产业分布上起到了决定性作用,特别是公共交通政府进行了大量投入。二是交通系统高度发达。都市圈内的大部分客流运输都是以轨道交通的方式进行的。有资料显示,东京都市圈内超过 85%的学生与上班族选择轨道交通作为每日出行方式,而在人流高峰时期,此比例超过 90%。城际联系主要依托高速铁路和公路交通,其中城市群内高速公路总里程超过 8 000 千米。三是城市群内形成圈层结构的产业分工。在东京都核心区以企业总部办公室为主,东京 CBD 地区拥有企业总部办公室数量最多,如东京大田区制造业总部办公室集聚度非常高,索尼、佳能等总部都位于东京大田区,具有全球竞争力的中小型企业总部,通常是大型企业的供应商,也集聚于东京核心区。东京都郊区和东京圈周边城市是研发机构、试验生产基地和供应商企业集聚地。多数企业需要研发机构和生产基地在相近的区域内,以适应快速变化的市场,但这一需求与城市高土地价格相矛盾。于是,东京企业一方面将研发中心建在接近东京核心区的地方,另一方面将东京大批量生产基地转换为与研发相关的试验性生产基地,而大批量生产基地转移至首都圈周边地区或日本其他地区。因此,日本企业研发中心主要集中于东京都郊区和周边城市,如东京都多摩地区、川崎市和横滨市等。试验生产基地多集聚东京圈边缘城市和首都圈边缘城市,离东京都核心地区约 50 千米以上。

二、对我国城市群发展启示

基于世界五大城市群发展特征,虽各有特色,但其有共同的特征和内在规律,为我国城市群发展提供有益经验借鉴。

形成了单核或多核为中心,首位城市在城市群发展中发挥重要作用。在世界五大城市群中,以单核为中心的有以纽约为中心的美国大西洋沿岸城市群、以伦敦为中心的英国伦敦城市群、以东京为中心的日本东海岸城市群,其中的纽约、伦敦、东京在城市群中发挥了重要的首位城市作用,辐射带动周边城市发展。以单核为中心的城市群具有中心带动作用强等突出优势,但也容易产生交通拥堵、生态环境恶化等大城市病。而欧洲西北部城市群是组合式城市群,有巴黎大都市地区、德国莱因-鲁尔城市群、荷兰兰斯塔德城市群组成,其城市群内部也表现了突出的多中心特征。多中心城市群使城市群内部联系相对较为松散,但可防止大城市病等问题,各有利弊。为此,我国城市群发展要充分借鉴两种城市群发展模式的经验与教训。例如以北京为核心的京津冀城市群、以上海为核心的长三角城市群,为了防止特大城市病,要加快北京、上海非核心功能疏解,进一步优化城市群内部空间结构。

高度发达的交通体系是城市群形成的先决条件。从世界五大城市群发展来看,高度发达的交通体系是促进城市群内同城化的基础设施支撑。东京都市圈内超过 85% 的学生与上班族选择轨道交通作为每日出行方式,城市群内高速公路总里程超过 8 000 千米。伦敦城市群形成以伦敦为中心的放射状轨道交通体系。总体来看,城市群形成了以轨道交通、高速铁路、高速公路等多种交通体系,特别是轨道交通成为特大城市的重要交通方式。因此,我国城市群发展要充分借鉴这一经验,目前我国提出的许多城市群发育不成熟,主要表现之一便是城市交通体系尚未形成一体化,何以形成产业以及功能分工。而相对比较发达的长三角、珠三角、京津冀三大城市群都是交通体系形成网络化,城市同城化明显。

城市群内城市功能分工是其内涵发展要求。综观世界五大城市群,城市群内的城市分工体系完善,呈现网络化错位发展。例如,美国大西洋沿岸城市群的纽约以金融为中心,华盛顿以政治为中心,波士顿以高新技术产业发展为主,费城的多元经济结构,巴尔的摩以军工业为主。再有，荷兰的兰斯塔德城市群城市分工也比较明确，阿姆斯特丹以金融、贸易、旅游、文化、信息网络产业为主；鹿特丹以国际航运和国际贸易为主；海牙是国际事务及外交活动中心，乌得勒支是重要交通枢纽城市和全国性会议中心和科教中心。可见，城市群城市功能形成网络化分工，在全区域内优化配置资源，才能提升区域整体竞争力。目前，我国城市群内部产业同质化竞争比较激烈，由于现行税收体制下，各地方都愿意选择利税高、见效快的产业，也造成了我国部分产业产能过剩。

建立城市群层面的组织协调机构。从国外都市圈的发展经验来看，建立更高层级的组织与协调机构是十分必要的。城市群往往由多个规模不同的城市群组成，而各城市群又由多个大大小小的城市组成。一般来说，在各不同层面都设有专门的负责机构，如美国采用的就是市县合并以及设立都市区政府等策略，用以协调城市内各层面发展的问题。在这方面最突出的是欧洲西北部城市群，该城市群地跨四个国家，包含数个高度发展的城市群。由于各国发展环境与政策不同，为了解决地区间差异带来的发展问题，欧洲西北部城市群成立了专门的发展委员会，针对城市群内的城市联合发展作出规划与决策。同时，各国政府签署协议，明确城市群的具体功能和责任。可见，从区域层面建立组织协调机构，有利于从区域整体利益出发，统筹协调各方利益，为城市群协调发展提供制度保障。

生态环境保护和科技创新成为城市群新一轮关注焦点。随着全球化和区域一体化不断深入，城市群将更注重创新发展和生态发展。从创新层面来看，北美五大湖城市群通过科技创新引领产业转型升级，使芝加哥、匹兹堡、伯明翰等城市成功转型。日本东海岸城市群形成以东京为都市圈的创新圈层，促进了城市群保持持续竞争力。美国大西洋沿岸城市群的以波士顿为主的128公路的科技园发展，都可以看出创新成为城市群发展的新活力。在生态环境发展方面，国外城市群也经历了生态环境破坏到保护的过程，在伦敦表现尤为突出。其中兰斯塔德城市群始终将"绿心"保护作为城市群发展的核心。我国城市群发展要充分借鉴这一经验，要把生态环境保护放在重要地位，防止走先污染后治理的老路。同时也要适应国外城市群的总体发展态势，要将科技创新作为城市群发展的新的动力。上海全球科技创新中心建设，也是适应这一趋势要求，将带动长三角区域率先创新转型升级。

参考文献

陈守强、黄金川：《城市群空间发育范围识别方法综述》，《地理科学进展》2015年第3期。

方创琳：《科学选择与分级培育适应新常态发展的中国城市群》，《中国科学院院刊》2015年第2期。

方创琳、毛其智：《中国城市群选择与培育的新探索》，科学出版社2015年版。

方创琳、周成虎、王振波：《长江经济带城市群可持续发展战略问题与分级梯度发展重点》，《地理科学进展》2015年第11期。

方创琳:《京津冀城市群协同发展的理论基础与规律性分析》,《地理科学进展》2017年第1期。

胡艳丁、玉敏孟、天琦:《长江经济带城市群联动发展机制研究》,《区域经济评论》2016年第3期。

黄金川、陈守强:《中国城市群等级类型综合划分》,《地理科学进展》2015年第3期。

黄金川、林浩曦、漆潇潇:《空间管治视角下京津冀协同发展类型区划》,《地理科学进展》2017年第1期。

黄征学:《城市群的概念及特征分析》,《区域经济评论》2014年第4期。

郝良峰、邱斌:《基于同城化与产业同构效应的城市层级体系研究——以长三角城市群为例》,《重庆大学学报(社会科学版)》2016年第1期。

陆大道:《京津冀城市群功能定位及协同发展》,《地理科学进展》2015年第3期。

李娜、刘靖:《长江三角洲与京津冀区域协同发展的比较与启示》,《上海经济》2015年第4期。

刘士林:《关于我国城市群规划建设的若干重要问题》,《江苏社会科学》2015年第5期。

刘士林、刘新静:《中国城市群发展报告2016》,东方出版中心2016年版。

刘敏、王海平:《京津冀协同发展体制机制研究——基于世界六大城市群的经验借鉴》,《现代管理科学》2014年第12期。

骆玲、史敦友:《单中心城市群产业分工的演化规律与实证研究——以长三角城市群与珠三角城市群为例》,《南方经济》2015年第3期。

宁越敏:《论中国城市群的界定和作用》,《城市观察》2016年第1期。

宁越敏:《论中国城市群的发展和建设》,《区域经济评论》2016年第1期。

苏晓静、盛蓉、孔铎:《我国城市群的现状、问题、趋势与对策》,《全球化》2016年第7期。

沈姊文:《长江中游城市群基础设施一体化研究》,《现代商贸工业》2017年第7期。

王丽、邓羽、牛文元:《城市群的界定与识别研究》,《地理学报》2013年第8期。

王春萌、谷人旭、高士博、许树辉:《长三角经济圈产业分工及经济合作潜力研究》,《上海经济研究》2016年第5期。

王伟、张常明、陈璐:《我国20个重点城市群经济发展与环境污染联动关系研究》,《城市发展研究》2016年第7期。

王鹏、张秀生:《国外城市群的发展及其对我国的启示》,《国外社会科学》2016年第4期。

薛凤旋、郑艳婷、许志桦:《国外城市群发展及其对中国城市群的启示》,《区域经济评论》2014年第4期。

肖金成:《长三角城市群一体化与高铁网络体系建设》,《发展研究》2014年第5期。

肖金成、李娟、马燕坤:《京津冀城市群的功能定位与合作》,《经济研究参考》2015年第2期。

许庆明、胡晨光、刘道学:《城市群人口集聚梯度与产业结构优化升级——中国长三角地区与日本、韩国的比较》,《中国人口科学》2015年第1期。

谢浩、张明之:《长三角地区产业同构合意性研究——基于产业中类制造业数据的分析》,《世界经济与政治论坛》2016年第4期。

姚士谋、陈振光、叶高斌、陈维肖:《中国城市群基本概念的再认知》,《城市观察》2015年第1期。

杨丽华、孙桂平:《京津冀城市群交通网络综合分析》,《地理与地理信息科学》2014年第2期。

苑清敏、申婷婷:《基于科技资源配置效率的城市群联动效应研究》,《统计与决策》2016年第21期。

曾伟平、朱佩娟、罗鹏、李昕昕:《中国城市群的识别与发育格局判定分析》,《华东经济管理》2017年第3期。

Geddesp. Cities in Evolution: An Introduction to the Toun-planning Movement and the Study of Cities, London: Williams and Norgate, 1915.

姚士谋、陈振光、朱英明:《中国城市群》,中国科学技术大学出版社1992年版,2001年版。

王建:《美日区域经济模式的启示与中国都市圈发展战略的构想》,《战略与管理》1997年第2期。

Iean Gotlman. Megalopolis: the Urbanization of the Northeastern Seaboard of the United States, Cambridge: The MIT Press, 1961.

第十三章 城市更新

自人类开始在城市里居住以来,就有了"城市更新"活动。城市更新是指对城市中的某些衰落区域,进行拆迁、改造、投资和建设,使之重新发展和繁荣。随着科学发展观的提出,城市更新在城市发展中越来越具有重要作用。城市更新是一种将城市中已经不适应现代化城市生活的地区作必要的、有计划的改建活动。其目标是针对城市发展过程中的城市退化现象而采取有意识的干预措施,解决城市中影响甚至阻碍城市发展的各方面的城市问题,使城市新陈代谢再次发生的行为,是城市综合本质内涵从解体到改建的社会过程。城市更新是从综合工程、科学规划的角度研究如何改造旧市区,以推陈出新之法维护城市生态平衡,综合解决城市发展问题,实现城市的可持续发展。

第一节 城市更新及其主要功能

一、城市更新的基本概念及其内容

(一)城市更新的定义

城市更新(Urban Renewal)是指对城市中的某些衰落区域,进行拆迁、改造、投资和建设,使之重新发展和繁荣。它包括两方面的内容:一方面是客观存在实体(建筑物等硬件)的改造;另一方面为各种生态环境,空间环境,文化环境,视觉环境,游憩环境等的改造与延续,包括邻里的社会网络结构,心理定势,情感依恋等软件的延续与更新。随着科学发展观的提出,城市更新在城市发展中越来越具有重要作用。城市更新的作用便是从综合工程、科学规划的角度研究如何改造旧市区,以推陈出新之法维护城市生态平衡,综合解决城市发展问题,实现城市的可持续发展。

自人类开始在城市里居住以来,就有了"城市更新"活动。在中世纪,由于火灾的频繁发生，木结构建筑及茅舍不得不重建，出于这种情况，用石头建造房屋及道路结构网格化便成为趋势。18世纪的产业革命导致了世界范围的城市化。在工业化发达的国家和地区，大量人口拥入城市促使城市规模扩大，导致欧洲许多城市急剧扩张，于是拆除中世纪城墙，修建城市环路，建设新城区成为许多城市的普遍选择。

城市的盲目发展导致一系列问题的发生：交通拥挤、人口密集、环境污染、土地紧张等，特别是"二战"以后，西方许多国家遭到毁灭性破坏，一些大城市中心地区的人口和工业出现了向郊区迁移的趋势，原来的中心区开始衰落。为了复兴城市经济、缓和阶级、种族之间的矛盾，改善城市不良环境，欧美各国率先展开了大规模的"城市更新"运动，并由此建立了一门新兴的社会工程学科——城市更新学。城市更新是城市快速发展的中间过程，是城市新陈代谢的有机功能。

对城市更新概念较早、较权威的界定，是1958年8月在荷兰海牙市召开的城市更新第一次研究会，会上对城市更新做了以下阐述："生活于都市的人，对自己所住的建筑物，周围的环境或通勤、通学、购物、游乐及其的生活，有各种不同的希望与不满，对于自己所住的房屋的修理，街路、公园、绿地，不良住宅区的清除等环境的改善，有要求及早施行，尤其对于土地利用的形态或地域地区制的改善，大规模都市计划事业的实施，以便形成舒适的生活，美丽的市容等，都有很大的希望，包括有关这些都市改善，就是都市更新（Urban Renewal）。"

芝加哥学派城市社会学家E.伯吉斯和D.博格都认为，若将城市视为一个整体，则其动态变化过程将会出现成长、成熟、衰退、没落或更新等现象。法国城市规划师弗朗索瓦兹·肖埃认为城市更新即城市规划，城市更新是有意识的干预行为，城市更新是建立在城市发展过程中，并产生经验的积累的过程。

城市更新是一种将城市中已经不适应现代化城市生活的地区作必要的、有计划的改建活动。其目标是针对城市发展的过程中的城市退化现象而采取有意识的干预措施，解决城市中影响甚至阻碍城市发展的各方面的城市问题，使城市新陈代谢再次发生的行为，是城市综合本质内涵从解体到改建的社会过程。其最大特点是相对于旧有模式的经验性，进行有意识的干预，新因素的介入刺激城市内涵迅速做出反应，并将其吸收融合到自身去。城市更新包括物质性更新与非物质性更新，前者多表现为城市发展项目规划，后者则注重城市的战略发展计划。

（二）城市更新的主要内容

城市更新的内容主要有以下几个方面：(1)城市性质与功能定位：通过产业体系研究结论、城市功能演变趋势、区域对地区的城市功能定位，以及针对地区本身发展的要求所做的综合分析，确定未来城市性质与功能定位；(2)对城市空间形象进行定位：包括确定地区区域城市形象和城市空间形象两个方面内容；(3)城市产业结构调整与主导产业选择：通过对未来产业发展趋势、现状优势以及产业结构及演变趋势、现状优势资源的分析，确定未来主导产业和产业结构；(4)城市用地布局与结构调整：结合产业结构调整及功能定位调整结论，确定城市主要类型用地比例调整对策；(5)确定城市人口适宜性规模：从多个角度综合确定地区的适宜人口规模和弹性浮动范围；(6)确立城市开发强度：在人口规模指导下，以高、中、低三个方案确定城市综合开发强度，并提出不同方案对城市建设门槛的要求；(7)道路交通系统更新：考虑到道路交通问题的严重性以及未来的重要性，在基础设施更新方面重点，研究道路交通系统更新，具体提出更新目标和分项、分区和分期更新对策；(8)城市文化更新：从城市软、硬两个文化角度提出文化更新的对策；(9)城市更新实施的措施与建议：从政府角色、城市更新模式、资金投融资等方面提出若干保障城市更新最终实施的若干措施建议。以上每个部分都包括多元化目标的选择以及应对每个目标的可能的对策。

（三）城市更新的分类

按照不同的分类标准，城市更新有不同类型。按照城市更新用地性质，可以分为居住地城市更新改造、工业用地城市更新改造、事业用地城市更新改造、仓储用地城市更新改造和混合城市更新改造等；按照城市更新用地特征，可以分为衰落区城市更新改造、历史文化区城市更新改造和城市景观风貌更新改造；按照城市更新所住城市空间的结构，可以划分为核心区的更新改造、混合区的更新改造和边缘区的更新改造；按照城市更新的方法和手段，可以划分为重建、整建和维护。

（四）城市更新的目的

尽管各个城市更新计划不同，但其实质性目的可归纳为以下几个方面：调整有碍城市发展的用地，使之合理化，提高土地的使用价值；调整改善城市环境，补充公共设施，提高城市的吸引力；对功能衰退的城市结构加以调整，给城市注入新的生命力；增强城市防灾能力；限制零星改建，提倡综合开发。

从城市社会环境整体看，城市局部更新改造所产生的影响远超过这些实质性目的，因为现代城市更新除这些实质性目的外，还有社会、经济和政治性目的，部门之间的关系相互交叉，其中社会目的是清除贫穷引起的社会问题，提供就业机会，改善生活，缓解阶级矛盾等；经济目的是增强城市活力，改善政府财政，创造就业机会，增加投资效益等；政治目的是改善政府形象，唤起民众意识，促进公众参与等。城市更新面对的问题具体而又复杂，涉及各种各样的利益冲突，因此想得到较理想的综合效益，必须有包括政策、立法、措施、计划和行动过程的综合规划体系来保证。

二、城市功能提升与城市更新

（一）城市更新的动力机制

城市更新是一个不断发展和不断更新的过程。城市更新源于城市发展演变。城市发展的根本在于外部环境的变化和形成机制的转变。具体而言，推动城市发展的动因包括社会生活需求、区位条件变化、文化价值观念改变、社会结构和产业结构变动、新技术发展等方面。其中，城市社会经济发展是城市结构形态演变的根本原因，也是促进城市更新的本质因素。

从城市衰退的原因看，包括了三方面，即物质性老化、功能性衰退和结构性衰退。

由于城市的物质设施超过了耐用年限,而使城市呈现自然性的衰败,称为"物质性老化"的城市衰退;由于城市内部结构的系统活动和作用出现不协调,造成城市功能的失调,由此而导致的城市衰退称为城市"功能性衰退",随着城市社会和经济结构的变迁,客观上要求城市的功能、结构和布局做出相应调整,以适应社会经济的发展需求,由于城市内部系统的变化调适滞后于社会经济的发展需求,因而导致城市的"结构性衰退"。

物质性老化是一种有形的衰退,而在科技发展、生活水平不断提高的今天,功能性衰退和结构性衰退成为城市更新的主要动因。因此,城市更新的内涵更着重于:从复兴城市整体机能的目标出发,调整城市内部组织系统和功能结构,综合整治城市的整体环境。毋庸置疑,城市功能提升是城市更新的重要原因。

(二)城市功能提升与城市更新

1. 经济功能提升与城市更新。城市经济功能的提升是城市更新最重要的动力,并通过产业结构的调整实现。产业结构的发展具有一定规律性,在工业化发展的不同阶段,呈现出不同产业发展的高度化趋势,在根本上推动了城市更新的发展。从产业结构的变化趋势图中,可以看到产业结构的高级化呈现出这样的过程:农业→基础产业→重化工业→电子产业→信息产业→生产性服务业→文化产业。后工业化时代城市发展将走向以文化产业为主导的时代。产业结构的高度化在城市空间结构的变化上反映为城市产业空间布局的变更。而城市的产业布局与城市的用地布局又有密切联系,产业布局的调整必然导致城市用地结构的重整,从而产生用地置换。从城市的发展规律来看,产业布局的调整方向直接决定用地置换方向,城市用地置换表现出与城市产业布局调整相一致的特征。一般而言表现为污染型工业用地、粗放型工业用地、不适应城市发展的其他用地向更为集约化的利用方式演变,如被更替为商业、信息、办公、居住用地等。

2. 社会功能提升与城市更新。随着人类社会的不断发展,在追求各种经济指标的同时,人们越来越关注生活质量的提高,城市社会功能的地位逐渐突出。而社会功能中的生活居住功能、基础设施功能与城市更新的关系密切。

生活居住功能指城市为居民创造安全的居住空间,优美的社区环境,健全的生活设施、和谐的社区关系等。从西方国家城市更新的发展进程来看,不管是20世纪50年代"形体决定论"主导的物质更新还是70年代以后兴起的内城更新、社区发展、邻里保护等都与城市生活居住功能的提升有关。城市物质形态的老化,直接降低居住空间的硬环境水平,而城市经济的衰退则可能导致贫困的集聚,社区常常成为城市问题的聚焦点,造成居住空间软环境的退化。因此,当前我们一方面通过扩大居住面积,美化社区环境,提高建筑质量,改善居住硬环境;另一方面也在城市更新进程中对社区发展问题给予更多的思考。如何通过城市更新改善居住空间的物质条件,同时又较好地延续原有的社区网络和场所精神,保持社会结构的稳定,化解可能出现的矛盾与冲突,成为当前城市更新在提升城市社会功能上面临的主要问题。

城市基础设施是城市为顺利进行各种经济活动和其他社会活动而建立的各类机构和设施。城市的发展是一个新陈代谢的过程,必然进入由新生至衰落,到再次重生的循环。一个建成几十年的城区,在繁荣过后,也许将面对基础设施滞后带来的阵痛,城市的血脉走向老化,再也不能高效地支撑永不停息的各种流动。因此,基础设施提升是城市更新的一个重要原因。加快完善旧城区基础设施的改造,并通过控制城市再开发的强度减少对基础设施的压力,是城市更新中必须重视的方面。

3. 文化功能提升与城市更新。在现时的全球化进程中,文化已开始在城市发展中扮演着中心角色的作用。一方面,文化是城市的本质和灵魂所在,是对当地地理、气候、民族方式的回应,具有时间的延续性和持久性;另一方面,由于全球化带来的全球产业布局调整,使得西方发达国家面临因工业衰退而带来的城市中心区衰退,在经济重建和城市更新过程中,许多城市通过改善城市面貌来积极地吸引投资和人才,同时文化的经济潜力使许多城市纷纷加大了对文化产业发展的重视。

文化功能的提升在城市更新层面表现为对历史文化保护的重视。已有的历史文化积淀是文化中心构建的重要基础。历史文化遗产的保护,历史文脉的延续,历史文化底蕴的挖掘有利于形成城市特色,摒弃大规模推广和复制的现代工业生产模式给城市面貌带来的重复性,减少文化的快餐式消费对城市文化的灾难性洗劫。

4. 生态功能提升与城市更新。生态产业功能的提升要求加快旧城区粗放型、污染型企业向外迁移,发展无污染的都市型产业,减少生产活动对旧城区生态系统的破坏。20世纪,工业化作为城市化的主要动因,一方面加快了城市化进程,另一方面也造成环境破坏的隐患,工业与居住混合使居住环境的优化难以实施,传统工业盘踞中心城区,造成环境品质的下降。

生态环境功能的提升要求在城市更新中加强城市绿化建设,促进空气与水环境的改善,创造良好的人居环境。由于生态意识的缺失,旧城区在先前的规划建设中常常忽视绿地系统建设;生产功能的重要地位导致生产与生活的高度集聚,一方面出现生产活动的粗放形式,另一方面是绿地面积的严重缺失。因此,城市更新时要合理划定绿化用地,科学安排绿化布局,充分利用原有的人文和自然条件,调整与优化城市用地结构、提高城市土地利用率、扩大绿地比例,不断增加绿地面积,恢复城市的生态环境功能。此外,生态调控功能在城市更新中体现在加强规划的实施管理,控制土地开发利用的类型和开发密度,确保一切生产、生活活动在政府的规划控制下实施,不超出环境可承受的负荷。

三、中国城市更新兴起的原因和背景

20世纪80年代后,伴随着社会经济快速发展,在城市社会经济发展的压力下,中国提出系统的进行城市更新研究。1984年和1987年建设部分别在合肥和沈阳召开了两次全国旧城改造经验交流会,对全国各城市的更新改造工作起了积极的推动作用。进入90年代,城市更新在全国范围内大规模地推广开来。

推动中国城市更新的主要因素是:改革开放以来,随着商品经济的发展与社会主义市场经济的逐步形成,城市经历着急剧而持续的变化,城市经济发展速度大大加快,旧

城更新改造也以空前的规模与速度展开。究其原因，主要有两方面：一方面由于中国旧城底子薄，欠账多，长期以来又缺乏有效的政策引导和雄厚的资金保证，许多旧城都普遍存在布局混乱，房屋破旧，居住拥挤，交通阻塞，环境污染，市政和公共设施短缺等问题，不能适应城市经济、社会发展和改革开放的需要，并危及城市和历史遗产的保护与继承，造成严重的社会问题，旧城改造更新迫在眉睫。另一方面，由于中国日益紧张的土地资源等问题，城市空间形态将由以水平方向拓展为主的平面形态向以调整配置组合开发为主的立体形态转变，城市建设将由外延转向内涵发展。

城市产业和功能结构的调整，使得旧城中心地区由传统的居住、商业、工作、管理混杂的用地结构向以第三产业为主的中心商务区转变；土地批租市场的建立和土地级差地租的经济杠杆作用，使城市土地结构重新按照土地经济的内在规律进行调整，改变了土地的不合理使用，改善了旧城的功能结构和布局；城市整体经济实力的增长，房地产市场的推动，使城市更新由"投入型"转向"产业型"，房地产的效益增加了城市更新的活力，极大地推动了城市改造和建设步伐。

城市更新的目标是：改善不良的旧城环境，疏散旧城过于拥挤的居住人口，保护和恢复旧城区的历史文化特征，保持和增强城市的社会文化品质，增加绿地公共开放空间，美化旧城环境，新建各种社会文化服务设施，提高城市的环境品质，构筑良好的城市形象，改善城市的投资环境。整治和改善旧城区街道和市政设施系统，使旧城区适合现代化城市基础设施发展的需要。

人类社会已经进入知识经济时代。知识经济时代的来临，将会给城市发展提出更高的要求。中国目前尚处于工业化阶段的中期，由于历史的原因，中国工业化时代的城市更新任务并未完成，但在继续进行工业化的同时，知识经济的影响已不能忽视。如果城市更新仅以工业化时代的城市形态和结构要求为标准，那就是在走发达国家城市建设的弯路。中国城市更新的后发优势在于吸取发达国家工业化城市的经验与教训，有效地避免居住环境恶化、市中心区衰败等一系列城市"综合证"的出现，并及时根据知识经济时代对城市发展的要求，使中国的城市建设采取高起点、跳跃式发展的跨越战略。这样既可避免因目光短浅而造成未来城市建设资金的巨大浪费，同时也促进了中国城市的现代化，以及为中国城市能在今后的世界城市体系中发挥积极作用做出相应的准备。

第二节 城市更新理论研究综述

一、西方国家城市更新的相关概念

第二次世界大战后，西方国家开始城市更新的历程，并经历了不同的发展阶段：城市重建（Urban Reconstruction）→城市更新（Urban Renewal）→城市再开发（Urban Redevelopment）→城市复兴（Urban Regeneration）→城市文艺复兴（Urban Renaissance）。

(一) 城市重建 (Urban Reconstruction)

"二战"后,欧洲国家开始大规模地推倒重建与清理贫民窟,各国政府都拟定了雄心勃勃的城市建设计划。最初目的是恢复遭到30年代经济萧条打击和两次世界大战破坏的城市,特别是解决住宅匮乏的问题。

1. 大规模推倒重建。在当时由CIAM(国际建筑师协会)倡导的城市规划思想指导下,许多城市(包括伦敦、巴黎、慕尼黑等历史悠久的城市)都曾在城市中心拆除大量老建筑,取而代之的是各种被标榜为"国际式"的高楼。然而,焕然一新的城市面貌却使人们觉得单调乏味、缺乏人性,并且带来大量的社会问题。

2. 清理贫民窟。当时所谓"消灭贫民窟"的办法,即将贫民窟推倒,并将其居民转移走,然后以能够提供高税收的项目取而代之。在美国的纽约、芝加哥和英国的曼彻斯特等贫民窟较多的大城市,这种做法比较普遍。然而几年以后,人们便发现"它只是把贫民窟从一处转移到另一处,更糟糕的另一方面是,它消灭了现存的邻里和社区(J·Jacobs,1961)"。

3. 城市中心区土地置换。这时期的城市更新运动从根本上来说是试图以保险业、大型商业设施、高级写字楼等使土地增值,而原有居民住宅与混杂其中的中小商业则被置换到城市的其他地区。这种举措曾一度带来城市中心区的繁荣,但很快就出现了大量问题。由于中心区地价飞扬,带动整个城市的地价上涨,助长了城市向郊区分散的倾向。由此加剧钟摆式交通堵塞,使中心区的吸引力下降。

(二) 城市更新 (Urban Renewal)

张平宇(2001)认为进入19世纪70年代以来,人们愈发感到城市问题的复杂性,城市衰退不仅出自经济、社会和政治关系中的结构性原因,而且也源于区域、国家乃至国际经济格局的变化。这一时期城市开发战略转向更加务实的内涵式城市更新政策,力求从根本上解决内城衰退,更加强调地方层次的问题。这一时期典型的城市更新实践有英国的内城更新,美国的邻里复兴和社区规划。

1. 内城更新。英国1977年颁布的关于内城政策的白皮书被看作是战后英国中央政府首次以最为严肃的态度来分析城市问题的性质和原因,它成为英国城市复兴政策的"分水岭"。内城政策的根本目的是:①增强内城的经济实力,开创当地居民的良好前景;②改善内城物质结构,提高环境的吸引力;③缓和社会矛盾;④保持内城与其他地区的人口和就业结构的平衡。内城政策还认为工业的驱动力和工业地方政策的改变对内城复兴有积极作用(阳建强等,1999)。内城更新导致了"中产阶级化"(Gentrification),一些中产阶级家庭自发地从市郊迁回城市中心区,与低收入居民比邻而居。中产阶级家庭的迁入,增加了居住地区的税收并带来一些投资,改善了居住环境,平衡了城市交通的压力。但中产阶级化的本质是富有阶层的居民重新占据城市中心的土地资源和生活空间。

2. 邻里复兴和社区规划。20世纪70年代城市更新计划的主要目标是更新邻里社区,强调社会发展和公众参与,寻求城市人口与就业的平衡,在城市环境方面有新的改进。公共参与的规划思想开始广泛地被居民接受。城市居民纷纷成立自己的组织维护邻里和原有的生活方式,并利用法律同政府和房地产商进行谈判。这些社区组织对政府的城市更新政策有较大的影响。"社区规划"(Community Based Planning)是由社区内部自发产生的"自愿式更新"(Incum-bent Upgrading)。社区居民要求直接参与规划的全部过程,希望由自己来决策如何利用政府的补贴和金融机构的资金。"社区规划"通常规模较小,以改善环境、增加就业、促进邻里和睦为目标,目前已经成为欧美城市更新的主要方式。

(三) 城市再开发(Urban Redevelopment)

20 世纪 80 年代的城市再开发,部分延续了 19 世纪 70 年代的政策,但更多的表现为对前期政策的修补,以一批大规模的"旗舰"(flagship)工程为标志,突出特点是强调私人部门和一些特殊部门参与,培育合作伙伴,以私人投资为主,社区自助式开发,政府有选择地介入,空间开发集中在地方的重点项目上,大部分为置换开发项目,对环境问题的关注更加广泛(阳建强等,1999)。

(四) 城市复兴(Urban Regeneration)

"城市复兴"理论思潮是在可持续发展思想的影响下形成的。面对经济结构调整造成城市经济不景气、城市人口持续减少、社会问题不断增加的困境,为了重振城市活力,恢复城市在国家或区域社会经济发展中的牵引作用而提出来。英国是城市复兴的先驱,有关衰退、结构重组的理论、政策和实践最早出现在那里。20 世纪 70 年代《英国大都市计划》提出"城市复兴"的概念,以求回应出现的种种复杂的城市社会问题。城市复兴涉及经济活力的再生和振兴,恢复已经部分失效的社会功能,处理未被关注的社会问题,以及恢复已经失去的环境质量或改善生态平衡等,城市复兴更着眼于对现有城区的管理和规划,而不是对新城市化运动的规划和开发。城市复兴定义为:用全面及融会的观点与行动来解决城市问题,寻求对一个地区得到在经济、环境、社会及自然环境条件上的持续改善(吴晨,2005)。明确伙伴关系是城市复兴的关键因素。

(五) 城市文艺复兴(Urban Renaissance)

1999 年,城市工作组(The Urban Task Force)发表一份报告,分析了城市发展中存在的若干问题,并提出要开发已使用的土地和建筑,提高城市环境质量,在政府领导、规划管理和公众参与层面提高效率,改善基础设施建设、减少对车辆的依赖等建议。2000 年英国政府发表了一份城市白皮书,提出处理城市社会、经济和环境等问题的政策措施,并认为只有在保证城市特征和生活质量的基础上,才有可能实现城市的复兴,推动城市复兴进入新的发展阶段。进入 21 世纪,在新城市主义思潮的基础上,城市文艺复兴理念开始出现。2002 年在伯明翰召开英国城市峰会的主题和提出的口号是:城市文艺复兴、再生和持续发展。关于"城市文艺复兴"的概念,英国副首相普里斯克特解释说,城市文艺复兴就是用可持续的社区文化和前瞻性的城市规划,来恢复旧有城市的人文性,同时,整合现代生活的诸要素,再造城市社区活力。城市文艺复兴理论强调,建筑必须满足人们两个方面的基本需求,即人与自然融合交流的要求和人与人之间沟通交流的要求;同时,要保持和延续城市的历史和文脉,让城市成为"有故事的建筑空间"。在伦敦,城市文艺复兴包含三个方面的内容:应对全球竞争、实现可持续发展、还原社区功能。

通过文化规划(Cultural Planning)与城市设计及经济再生的结合,成功地使一些经济衰退的城市重获发展,是"城市文艺复兴"的典型途径。一些地区、城市开始注意到文化对城市发展的巨大潜力,纷纷制定城市的文化发展战略并且加大政府对文化建设的投资,以期通过文化特色的塑造提高城市的竞争力。除原有的一些世界级文化城市,例如伦敦、巴黎进一步加大对文化领域的投入外,一些原有的工业城市也通过文化建设而转变成为新兴的文化城市,例如英国城市格拉斯哥、西班牙城市毕尔巴鄂都是通过升级更新城市文化设施来改变城市的面貌。黄鹤(2005)提出新加坡从20世纪80年代的"国际交通、制造业和服务中心",到90年代的世界电子商务节点、高科技企业和国际教育中心,地区的媒体中心和旅游都市,再到世纪之交的"文化艺术的复兴城市"发展目标的变化,以及大量的投资都指向城市的文化设施建设。

二、西方城市更新发展历程

西方城市更新发展历程大致可分为四个阶段,每个阶段都有独特的历史发展背景、参与对象、更新途径和更新结果。各阶段在美国、英国和其他欧洲国家都有所体现,尽管它们的体现方式和推进时间有所不同。

(一)第一阶段:清除贫民窟

"二战"之后,后工业化时期经济快速增长背景中,人们越来越不满足于残败、破旧的居住环境,出于对改善城市形象和更好利用市中心土地的愿望,西方许多城市开始大规模清理贫民窟运动,取而代之以新建购物中心、高档宾馆和办公室。英国是世界上最早开始关注城市更新的国家,其大规模的清除贫民窟运动始于1930年的格林伍德住宅法(Green-wood Act)[1]。美国的城市更新运动也始于大规模清除贫民窟。1937年出台的住宅法(Housing Law)目标就是改善住房。总体而言,这一阶段城市更新的特点是推土机式推倒重建,通过大面积拆除城市中的破败建筑,来全面提高城市物质形象。虽然在某些地区有一部分私有企业资金参与,但更新资金大部分来源于政府公共部门,政府对搬迁者提供补贴,对更新区域和更新过程有很高决定权。

(二)第二阶段:福利色彩的邻里重建

20世纪60年代福利色彩的社区更新逐渐取代了推土机式的重建,这是由当时西方的社会经济背景变化决定的。首先,60年代是西方国家经济快速发展和社会普遍富足的黄金时期,人们希望在"富足社会重新发现和消除贫穷"[2];其次,凯恩斯主义新政城市在西方兴起,人们认为政府有能力也有责任为居民提供更好的公共服务,社会公平

---

[1] Short J.R. Housing in Britain:The Post-War Experience[M]. London:Methuen,1982. 36-37.
[2] Harrington. The Other American Cities[M]. Bobbs-Merrill,1962. 14-46.

和福利受到广泛关注。于是,这种背景下催生的城市更新制度注重对弱势群体的关注,强调被改造社区的原居民能够享受到更新带来的社会福利和公共服务。

60年代中期,美国现代城市计划(Model Cities program)在大城市几个特定地区制定了一套综合方案来解决贫穷问题[1]。英国政府在60年代中后期也开始实施以内城复兴、社会福利提高及物质环境更新为目标的城市更新政策。福利色彩的社区更新在欧洲其他国家,如瑞士、荷兰和德国等国也得到广泛开展,加拿大、法国和以色列等国家,甚至照搬了美国的综合改造模式。

(三)第三阶段:市场导向的旧城再开发

进入20世纪80年代西方城市更新政策出现明显转变,从政府导向的福利主义社区重建,迅速变为市场导向的以地产开发为主要形式的旧城再开发。究其原因,首先,从70年代开始全球范围的经济下滑和全球化经济调整,对西方国家经济增长造成极大冲击,政府工作重点转移到如何刺激地方经济增长上来;其次,政权更替是城市更新政策转变的催化剂。强调自由市场作用的新古典主义发展模式成为英国政府决策的重要支柱,这恰恰与大洋西岸美国的自由市场政策体系遥相呼应,构成80年代西方城市更新政策体系的基石[2]。

20世纪80年代,整个英国充斥着各种地产开发项目,商业、办公及会展中心、贸易中心等旗舰项目成为地方主要更新模式。私有部门被奉为拯救城市衰退区经济的首要力量,公共部门首次在城市更新中变为次要角色,其主要任务是为私有部门的投资活动和经济增长创造良好宽松的环境。在美国,联邦政府实施"城市复兴"政策,取消或减少对现代城市计划资助,让州和地方政府对城市计划负责[3]。市场导向城市更新的显著特点是政府与私有部门的深入合作,政府出台激励政策为私人投资提供宽松和良好环境,私有部门提供资金在市中心修建标志性建筑、豪华娱乐设施,借以吸引中产阶级回归市中心,并作为催化剂刺激旧城经济增长。因此,市场导向旧城再开发项目大多能够获得商业上的成功,直至今日仍然是大多数城市广泛采用的更新模式。

(四)第四阶段:注重人居环境的社区综合复兴

进入20世纪90年代,人本主义思想和可持续发展观深入人心,高度注重人居环境,强调从社会、经济、物质环境多维度综合治理城市问题和强调社区角色参与,成为城市更新的重要指导思想。人们越来越清晰地认识到:城市更新应该是对社区的更新,而不仅仅是房地产的开发和物质环境的更新。社区历史建筑的保护,邻里社会肌理的保持,与消除衰退、破败现象同样重要。这种城市更新理念最早体现于1991年英国的'城市挑战'计划中,英国中央政府将20个与城市更新有关的基金合并为"综合更新预算"[4],强

---

[1] Lipton, G. Evidence of central city revival[J]. Journal of the American institute of planner, 1977:126-137.
[2] Davies Adams. Partnerships and Regimes: the Politics of Urban Regeneration in the UK[M]. Aldershort: Ashgate, 2001.17-44, 135-159.
[3] Frieden, et al. Downtown Inc: How America Rebuids Cities[M]. Cambridge: MIT Press, 1989.15-57.
[4] Davoudi. City Challenge:The Three-way Partnership[J], Planning Practice and Research, 1995, 10:333-344.

调居民参与是社区综合复兴的重要特点,其关键是设定那些拥有原有产权的居民愿意将他们的所有权联合,以在所有开发收益中按比例分享利润①。Robert(2000)概括当前西方城市更新特点:"城市更新是用一种综合的、整体性的观念和行为来解决各种各样的城市问题;致力于经济、社会、物质环境等各个方面,对变化中的城市地区做出长远的、持续的改善和提高"②。

三、西方国家城市更新理论

(一)形体决定论

西方国家早先的城市更新理论和实践受"形体决定论"思想的影响,面对日益严重的城市问题,许多建筑师和规划师纷纷从理论角度进行探索,并付诸实施,以奥斯曼的巴黎改建、霍华德的花园城市、柯布西耶为首的CIAM的"现代城市"为经典,这些建筑师和规划师认为通过整体的形体规划总图可以解决城市发展中的困境,田园诗般的图画和理想的模式会促使拥有足够资金的人们去实现他们提出的蓝图,而以"形体决定论"为指导的城市更新活动暴露了用传统的形体规划和用大规模的整体规划来改建城市的致命弱点,导致了非人性的城市环境和单调乏味的城市空间。

(二)反思大规模改造与人本主义思潮回归

简·雅柯布(J.Jacobs)在1961年推出《美国大城市的生与死》,她从美国城市中的社会问题出发,调查了美国根据现代城市理论建造的城市的弊端,对大规模的改建进行了尖锐的批评。她认为大规模的改建摧毁了有特色、有色彩、有活力的建筑物、城市空间以及赖以存在的城市文化、资源和财产。她主张进行小规模的改建,认为小规模的改建是有生命力、有生气和充满活力的,是城市中不可缺少的。罗和凯特(1975)在《拼贴城市》一书中,从哲学角度抨击那种追求完美、统一、收敛的总体设计,他认为建筑师作为杂家,应该以一种"有机拼贴"的方式去建设城市;P.霍尔(1975)指出:这些先驱者都是十足的搞物质规划的规划师,他们是从物质环境的角度来看待社会和经济问题。他还明确指出:规划是一个连续的过程;美国城市设计活动的实践家乔纳森·巴纳特提出"设计城市不是设计建筑",一语道破传统形体规划设计观念的致命弱点和问题所在。

L.芒福德(1961)在《城市发展史》中阐述了他对西方国家城市发展历史的观察和综合思考。他深刻地指出"在过去的30年间,相当一部分的城市改革工作和纠正工作——清除贫民窟,建立示范房,城市建筑装饰,郊区的扩大;城市更新只是表面上换上一种新的形式,实际上继续进行着同样无目的的集中并破坏有机机能。"他强调,城市规划应当以人为中心,注意人的基本需求、社会需求和精神需求,城市建设和改造应当符合"人的尺度";E.F.舒马赫(1973)指出战后大规模的经济发展模式的缺点和局限。他提出规划首先应当考虑人的需求,主张在城市的发展中采用"以人为尺度的生产方式"和"适宜技

---

① Adams D.香港土地开发局.城市规划对城市变迁的反应[M]. Avebury. Aldershot 1991. 175-185.
② Roberts, et al. Urban Regeneration: a Handbook[M]. London: Sage Publications,2000. 29-37.

术";除此之外,其他一些学者,如亚历山大、拉波波特、哈普林、吉伯德、道萨迪亚斯等都从不同立场、不同角度提出用大规模及形体规划方法来处理城市复杂的社会问题,应付人类需求不断变化的致命弱点。

(三)可持续发展与城市复兴思潮

可持续发展的思想最初来自那些致力于环境和资源保护的社会经济学者,这种思想是战后经济高速发展,以及20世纪70年代由于经济萧条导致环境污染、资源破坏等问题所引发的世界范围内对城市发展模式反思的结果,其中也包含了上述对大规模城市改造所进行的反思。在可持续发展思潮的影响下,西欧国家城市更新的理论与实践有了进一步发展,进而逐渐形成了城市复兴的理论思潮。它一方面体现为前所未有的多元化,城市更新的目标更加广泛,内容更加丰富;另一方面是继续趋向以谨慎渐进式的小规模改造为主的社区邻里更新,谋求政府、社区、个人和开发商、工程师、社会经济学者的多边合作(吴晨,2005)。

(四)耦合理论

耦合是一个物理学概念,现在则被广泛应用于互动关系的研究之中,它主要是指两个或者两个以上的系统之间相互作用、彼此影响的一种现象,是各子系统间以良性互动产生的具有协调性和促进性的关系。那么城市发展与非物质文化遗产保护的耦合理论就可以理解为将二者统一于一个复杂的复合系统,然后通过建立耦合函数对二者之间的互动关系进行分析。耦合系统强调二者关系的动态性,通过有推动作用的利导因子和起限制作用的限制因子的交互作用,形成城市发展与非遗保护之间的动态复合系统。当利导因子起主导作用时,城市发展与非遗保护呈现出协同并进的发展态势,相互产生积极影响,推动城市更新进程的生态演进;当限制因子起主导作用时,城市发展与非遗保护之间的互动可能出现了不协调,城市更新速度放缓,需要通过进一步调整来克服限制因子带来的不良影响,从而使二者的互动重新归于良性、友好。城市发展与非遗保护的耦合强调在动态过程中增强城市空间的生命力以及可持续性。具体来说,可以将二者的演进生态系统划分为四个阶段:低级协调阶段,城市发展对文化不重视,城市出于缓慢发展阶段;协调发展阶段,城市处于快速发展阶段,对城市文化内涵的重视程度提升;极限发展阶段,城市处于转型期,十分重视文化在城市发展中的作用,文化力量成为城市发展的重要推动力;螺旋上升阶段,城市完成文化导向的更新,成为具有地域文化特色的创意城市。

第三节 城市更新与非物质文化遗产保护

一、城市更新背景下保护非物质文化遗产的重要性

(一)城市更新的机遇与挑战

在现代城市发展中,我国城市大多经历了从城市改造向城市更新的发展。从城市

单一性的建筑更新转向多元的、多层次的内涵更新。在现阶段,我国的城市更新既存在良好的时代机遇,能够在新一轮的城市发展中,通过更新完善城市治理结构,同时也存在一些不可回避的问题,比如更新理念的滞后,导致城市更新具有一定的破坏性,对城市文化、文明造成了不可逆的影响。

1. 城市更新面临的机遇。改革开放以来,我国的城市发展日新月异,经济发展为我国的城市更新提供了持续性的动力。我国城镇既有面积从 2001 年的 110 亿平方米增加到 2012 年的 234 亿平方米,约有 30%—50% 的建筑出现安全性失效或进入功能退化期,大面积既有建筑急需更新改造,房地产市场的迅速扩张、企业资金大量流入房地产市场,也是城市更新效率提升的另一个动因。政府也在城市更新中起到了重要作用,通过政府的政策以及规划引导,自上而下、大规模、快速化的城市更新运动也在中国大大小小的城市展开。伴随着城市更新实践的多元化,城市更新理念也呈现出生态化的趋势,城市的更新由大拆大建转变为对一座城市纹理的修复、一条历史街区建筑遗存的保护、一个社区治理结构的调整等,更新的理念由单纯地促进城市经济发展、医治"城市病"转变为注重城市文化与经济协同发展,注重城市更新的有机性。此外,城市产业结构的转型升级、城市社会功能的完善和城市居民的多元需求也成为驱动城市快速更新的不竭动力。

2. 城市更新面临的挑战:

(1) 城市更新主体的单一化问题。现代的城市更新主导者是地方政府以及房地产商,出现了城市居民在城市更新中集体失语的现象。城市居民未能主动参与到城市更新中,可能导致社会福利水平最优化和资源配置最优化之间的矛盾,引起拆迁难、拆迁抵制等推进城市更新难等问题;同时,具有浓郁市民气息的传统城市生活习惯与城市更新后光鲜的城市外表之间显得格格不入,从而导致城市生活与城市环境之间的不协调问题。

(2) 城市更新理念的偏差。尽管我国城市更新理念在不断地优化,然而还是存在尊重历史和多样化的城市治理理念的不足,地方政府更多的关注城市更新所带来的"土地经济"以及城市外部环境的美化,忽略了城市作为一个有机体,城市文化对于城市功能结构调整以及城市整体发展的重要性。城市文脉肌理在城市更新中被粗暴割裂,传统历史文化在更新中不断消失,城市变得千城一面、毫无生气,缺乏地方特色以及文化气质。

(3) 城市经济发展与文脉延续的冲突。这主要体现在城市更新过程中片面追求经济的发展,而忽视了城市文化、文明的延续以及可持续发展;不当的城市更新导致了城市文脉或者文化传统的丧失,城市发展面临空心化的困境。

(二) 保护非物质文化遗产符合城市更新的要求

在空间优化的过程中同时兼顾城市中的"人"以及其社会关系网络,强化对城市空间纹理的延续,将是一种更加符合生态和时代要求的城市更新方式。非物质文化遗产就具有这种连接人以及维系社会关系网络的功能,因此保护非物质文化遗产符合城更新的要求。从国内外城市更新的演化过程中不难看出，以文化为导向的城市更新方式受到了越来越多的肯定。非物质文化遗产作为重要的城市文化内容，同样对于城市的有机更新起到了重要的作用。在城市更新中保护非物质文化遗产，将其作为一种文化资源融入现代城市发展过程中，促进文化再生，延续非物质文化遗产的生命力，使历史空间在现代环境下适应当代人的生活需求；这为城市的有机更新提供了新的内容和创新性的路径。事实上，城市更新离不开非物质文化遗产保护，城市非物质文化遗产的保护也需要依托于城市的更新进程，二者之间互补共进。在城市更新中注重对城市日常生活、经济生活和社会生活中长期积累起来的民俗、礼仪、技能、工艺等各类非物质形态的文化资源的保护，能够为城市的良性循环、和谐治理提供文化支撑。

二、城市更新中非物质文化遗产保护存在的问题

城市既是人的生存空间，也是文化的容器，城市文化之于城市发展具有重要的影响，它的良好延续能够推动城市的可持续发展。然而，作为城市文化具体体现之一的非物质文化遗产的保护问题，则在城市更新进程中显得十分棘手。

（一）非物质文化遗产保护力度不足

城市更新理念进化的同时，城市也愈加重视对城市物质文化遗产的保护。城市更新者似乎也意识到，城市物质文化遗产对于城市发展的重要意义，保护老城区的历史文化遗产已然成为城市更新的普遍共识和不可逆转的时代潮流，城市历史文化遗产日渐成为展现城市特色、增强社会认同感、实现城市社会经济价值的利器。然而城市的历史文化遗产不仅仅是物质文化遗产，同时还应当包含存在于城市肌理之中的非物质文化遗产，它与物质遗产共同构成了城市历史文化脉络。在城市更新实践中，无论是政府官员还是文化地产的开发商，都将物质文化遗产的保护当作区域开发升值的重要砝码，而对与物质文化遗产共生的非物质文化遗产则轻视许多。如近年在武汉主城区内实施的各类城市更新项目，都十分重视建筑遗产的保护，而对于与其相依存的手工技艺、民俗等非物质文化遗产的保护则明显缺乏足够的重视。

（二）非物质文化遗产生存的空间载体逐渐丧失

城市是非物质文化遗产存在的物理空间之一，也是非物质文化遗产保护与繁荣的重要场所，然而城市更新却导致非遗生存的空间载体不断丧失。城市更新的快速推进，使存在于城市中的历史文化街区、民俗文化活跃的老街渐次遭到破坏，取而代之的是整齐划一的仿古建筑、租金更高的商业店铺。存在于历史文化街区的传统老字号因为租金的上涨而不得不搬离，在武汉江岸区历经几十年形成的绣花一条街也因为街区的更新而隐匿于城市的大街小巷之中。因为产业结构的升级对历史街区进行更新，导致原始产业结构的变化，民间艺人赖以生存的空间载体也因此异化，他们不得不承受高昂的租金或者前往更加偏远的地方，如此一来造成了域内非物质文化遗产的流失。

（三）非物质文化遗产生存的社会基础不断削弱

城市是由不同的社区细胞构成的城市，传统社区细胞中的人是非物质文化遗产保

护的重要力量,如今传统社区在城市更新中被湮没,而社区中的人也伴随着更新而四散,非遗生存的社会基础遭到削弱。城市更新很大程度上是对传统中心城区的更新,这些区域经历了历史上的繁荣,拥有丰富而深沉的文化底蕴;但是区域功能性和结构性的衰退,导致了中心区域的经济发展水平出现下滑,为了促使区域复兴,许多城市都实施了中心区的更新计划,主要采取的措施是将传统社区进行推倒重建,取而代之的是高大、时尚的商务区,这一方式导致哺育非物质文化遗产的传统社区结构的解体。传统社区的居民被迫搬离世代居住的社区,散落在城市的其他区域。随之而来的是社区中身怀绝技的非遗传承人以及非遗传承的受众的驱离,城市中心区搬入了物价、房价承受能力更强的城市精英阶层,出现了城市"绅士化"现象。例如,上海新天地的改造,它以上海近代标志性建筑石库门的改造为突破口,改变了石库门建筑原有的居住功能,代之以具有小资情调的商业开发。这一模式虽然通过旧环境与新要素的融合,构建了一个拥有传统文化符号可供怀旧的文化空间;但是作为一次商业开发,它还是引起了石库门居住区居民的搬离,削弱了这一区域传统文化的存在基础,造成了传统文化的迷失。同样,存在于城市中心区的非物质文化遗产也面临了相同的保护困境。

三、城市更新与非物质文化遗产保护的互动机理

城市更新与非遗保护之间存在互动关系,城市更新为非遗保护提供新的时代机遇,非物质文化遗产为城市更新提供新的模式,二者统一于城市文化的延续与发展之中。

(一)城市更新对非物质文化遗产的影响

城市更新是城市发展必然经历的新陈代谢过程,更加文明的城市更新理念能够引导城市的文化走出文化失落的迷梦,并逐步形成文化自觉,促进文化的保护与再生。因此,非物质文化遗产是城市文化的重要内容之一。

1. 营造城市保护非物质文化遗产的氛围。城市更新在注重物质文化遗产保护的同时,也开始加强对非物质文化遗产的保护。对文化遗产的保护能够延续城市文脉,实现城市有机更新。在城市有机更新背景下,非物质文化遗产可以成为重要的城市文化旅游资源、城市居民文化消费的重要对象,这为非遗的保护营造了良好的空间和氛围。

作为城市发展的重要机遇期,城市更新的决策者也会在城市更新中制定各种对文化有利的政策,以确保城市在更新中不丧失其本来面貌,维护区域文化的可持续发展。友好的更新政策为非遗保护营造了良好的社会环境。此外,历史文化街区是城市更新具体对象之一,城市中的诸多非物质文化遗产都依托于历史文化街区而存在,对历史街区的基础设施的完善以及设计规划,为非物质文化遗产的保护提供了一种更接近于现代生活的文化空间,进而为非遗重新回归到普通居民的日常生活中提供了可能。现今,许多历史文化街区被打造成城市中重要的旅游观光目的地,通过对非遗的保护以及非遗元素的创新应用,比如手工技艺类非遗的现场制作展示,让众多观光者成为非遗产品的消费者,这同样为非遗的保护以及活化利用营造了良好的社会环境。

2. 延续城市非物质文化遗产文化生命力。城市是文化的容器,却在一次次推倒重建中长得越来越相似,走入"千城一面"的怪圈。因此,在现代城市更新中,许多城市都希望借助地方特有的文化符号来凸显城市特色。非物质文化遗产是一个地方所特有的文化积累和文化沉淀的结果,它最能代表一地民众的原始思想、文化追求、审美趣味,也最能通过创意设计的方式成为具有城市象征意义的文化符号,故而成为当下城市更新中重要的文化遗产保护对象。

城市的文明与其居民拥有的文化自觉性息息相关,而城市的更新则离不开城市文明的进步,因此文化自觉成为一座城市在更新中所必须解决的问题。著名学者费孝通认为文化自觉是"生活在一定文化中的人对其文化所有的自知之明"[1],他指出文化自觉本质上是一种对于传统文化、本土文化以及外来文化的辨别能力。现代城市更新是建立在文化自觉基础上的城市建设,它通过涵养自身的文化内核、发扬自身的文化特性、传达自身的文化魅力来提升城市的文明程度,从而强化城市的文化自觉意识、塑造城市的文化特色。非物质文化遗产作为城市文化的重要内涵,是构成地方文化自觉的重要因子,因此,要解决城市更新中的文化自觉问题,就应当关注城市非遗的保护,延续其文化生命力。

(二)创造城市对于非物质文化遗产的需求

城市对于非物质文化的需求主要来源于城市居民对自身文化认同的危机以及多元化的文化需求。在西方文明的强势冲击下,一味地模仿和借鉴西方主流文化的样板,建设"国际化"大都市成为中国城市建设的主流目标。而城市更新所强调的以文化为导向的更新策略,将人们的视线导向了民族文化的保护与再生。在城市更新中不仅需要强调文化的融合,更需要突出地域文化的独特性,利用城市更新的契机修复在城市建设中已然被破坏的文化肌理,让城市居民再次认识到城市原本的文化以及文明,在更新中唤醒文化自觉,从而强化居民对地域文化的认同感。非物质文化遗产是城市文化的有机组成部分,城市文化在城市更新进程中得到修复的同时,也使得非物质文化遗产获得一定程度的保护。

此外,城市更新是城市发展的重要机遇期之一,城市更新能够有效地促进城市经济水平提升,也会带来城市居民文化消费升级,文化需求呈现出多元化的趋势。存在于城市中的各项非物质文化遗产是城市发展历史中的沉淀物,是城市文化的多样性的具体代表,能够很好地满足城市居民多元化、个性化的文化需求。因此,城市更新为非物质文化遗产的存续创造了更多的需求,使非物质文化遗产保护更具可能性和必然性。

(三)非物质文化遗产保护对城市更新的促进

非物质文化遗产是城市文化的重要内容,保护非物质文化遗产能够对城市文脉进行延续、促进城市朝着创意城市的方向转型,同时能够有效地推进城市有机更新,

---

[1] 费孝通:《论文化与文化自觉》,群言出版社 2007 年版,10-15。

促进城市文化与城市更新的协调统一,因此非遗对于城市更新具有有效的调节和促进作用。

1. 促进城市转型。非物质文化遗产作为一种文化资源,对其进行保护和活化利用是城市更新中实现城市转型升级的有效路径之一。非物质文化遗产不仅具有显著的文化价值、社会价值,还具有明显的经济价值。在保护非物质文化遗产原真性的同时提取非遗的文化元素进行文化创作,创造出符合现代人审美需求的文化产品,不仅能够实现非遗的经济价值还能逐步形成以非遗为中心的文化创意产业。在产业实现过程中,非物质文化遗产传承人以及创意设计者是"非遗型文创产业"[①]的活动主体,他们通过传习、创新非物质文化遗产的元素以及内涵,依托科研机构的科研成果以及技术中心的技术支撑实现非物质文化遗产的活化利用;企业作为"非遗型文创产业"的实施主体,负责产品的生产以及销售;政府作为促进非遗保护以及创意经济发展的政策主体,需要为"非遗型文创产业"的发展提供良好的政策环境。此外,行业协会需要为其提供信息交流机会和行业约束机制,文化传媒机构则需要为其提供多元的传播渠道,通过这些机构的共同作用可以实现非物质文化遗产的可持续利用并形成相关产业。在城市发展过程中,城市传统产业的外迁以及衰弱成为城市更新重要原因之一,城市呈现出产业空心化的局面,"非遗型文化创意产业"的出现可以扭转该局面,并依托文化创意产业链的延伸,促使城市更加具有创新精神,形成以非物质文化遗产为核心内容的创意产业集聚,从而推动城市产业结构的调整,促进向创意城市转型。

2. 延续城市文脉。城市文脉是一座城市在发展历程中所积淀的文化要素的集合,是延续至今的文化脉络,它体现一座城市所独有的城市气质与文化韵味,具有重要价值。一旦城市文化脉络断裂,便会造成城市居民文化认同感的缺失、城市特色的消弭以及城市整体文化竞争力的减弱。保护非物质文化遗产能够对地方特色文化构成良好的支撑,对于维系城市文脉意义非凡。首先,非物质文化遗产凝结了城市居民对于城市文化的集体记忆,具有很强的地方性特征,彰显了城市独特的地方感以及文化特色。保护非物质文化遗产有利于在城市更新中维护这段集体记忆、凸显城市地方特色、延续城市文化脉络。其次,城市作为人类生活空间的载体,必须要充分关注城市居民的文化情感需要,对城市积淀的历史文化给予足够的尊重,才能在城市更新与文化保护的博弈中找到发展的平衡点。非物质文化遗产的有效保护能够满足城市居民对于历史文化的情感需要,为城市更新的顺利开展奠定良好的群众基础,促进城市更新与非物质文化遗产保护的协同推进。最后,非遗保护是城市更新的内在要求,保护非物质文化遗产能够在城市空间中创造极具地方特色的城市景观,赋予城市个性,锻造城市形象;同时非物质文化遗产的活化利用能够增添城市生机,在城市更新进程中搭建传统与现代、历史与未来、经典与流行的文化沟通桥梁,使城市更具文化包容性与创新性,提升城市文化竞

---

① 非遗型文创产业是指以非物质文化遗产或者非物质文化遗产元素为主要生产、创作内容,通过文化创意手段进行生产的文化企业的集合。

争力。

3. 推进城市有机更新。城市是一座活的生命体,在城市建设过程中应当遵循城市的内在秩序与规律,顺应城市的内在肌理、文化结构,处理好城市的历史、现在、未来三者之间的关系,使城市成为一座具有文化记忆、可持续发展的城市。伴随着城市更新进程的加快,城市的社会经济结构发生了深刻变革,然而生活在城市中的人的价值观念和生活方式的转变往往要滞后于城市机能的转变;造成了城市居民的不适应以及自我的迷失,需要通过文化手段解决此类问题。非物质文化遗产是在历史发展进程中积淀下来的与民众生活密切相关、世代相传的文化表现形式,它寄托着民众内心深处的情感需求,通过它可以扭转城市居民在城市更新中出现的不适应以及自我迷失的局面,激发城市居民的文化觉醒,以更好地适应城市的变革,激活城市这座生命体,从而建立整座城市的有机联系。此外,城市的更新需要采取适当的规模和合理的尺度,非物质文化遗产保护工作的实施,能够有效地控制城市更新的规模,不至于将城市的更新推入"大拆大建"的改造深渊;同时将城市更新限定在"以人为本"的更新尺度之内,从城市居民需求的角度出发,寻求文化与机能并重的更新路径;并通过对文化的保护不断提升城市文化在城市整个有机体中的渗透力,用文化涵养城市的更新进程。

(四)城市更新与非物质文化遗产保护的统一

城市中非物质文化遗产的保护和更新具有天然的一致性,它们是相辅相成,通过文化的耦合实现二者的协调。一方面,城市更新中进行了大量的推倒重建,地域文化特征逐渐湮灭、传统文化风貌丧失,中国很多城市已经找不到中国传统文化存在过的证据,在几代人毁城灭迹的过程中,每一座城市或多或少都存在着中华文明的失落问题。对城市中非物质文化遗产进行保护,能够唤醒城市记忆,通过"人"的作用,重新构建区域文化认同,重塑文化自信。

非物质文化遗产与物质遗产不同,固定的、建筑类的物质遗产推倒之后,再也不能重建;而非物质文化遗产却能够通过对传承人的召集,文化空间的重塑,而恢复一定的生气,从而促使文化得以延续,并在保护的基础上进行文化创新,为现代人创造出更为多元丰富的文化产品,使城市重新焕发文化的魅力,城市文明得以永续。另一方面,非物质文化遗产的保护也为城市更新提供了多元的产业选择。在当代人看来非物质文化遗产无疑是历史的、古董的,但是谁又能否认当昆曲诞生之时便是城市中深受大众喜爱的流行文化呢?非物质文化遗产中的很多内容都具有产业化的潜质,在城市更新中有效的保护和利用这些具有生产性质的非遗,能够使城市更新进程中产业空心化的问题得到有效缓解。伴随着新城的崛起,传统主城区的主要产业外迁,经历了城市繁荣的中心城区面临城区日益衰败的危机。在更新中利用传统的、具有生产性质的非物质文化遗产发展创意产业是帮助旧城区突围的可行路径之一。将非物质文化遗产保护融入城市更新的进程中,能够实现二者的互补和互动,避免旧城的日益衰败,实现城市的有机更新。

第四节　上海旧区改造的创新模式

一、上海旧区改造模式的演变

上海旧区改造主要历经三个阶段，从 20 世纪 80 年代计划经济时期的零星改造，到 90 年代大规模的"365 危棚简"①改造，再到 21 世纪新一轮"成片二级旧里以下房屋"②改造。全市共拆除危旧房 7 000 多万平方米，约 120 万户家庭改善了居住条件，城市发展进入了一个重要的阶段。上海旧区改造中出现了结合房地产开发的"毛地出让"模式和政府主导的"土地储备"模式，拆迁人从开发商转变为市区土地储备中心，资金筹措方式也由开发商自筹资金转变到土地储备机构通过银行贷款等途径筹集拆迁资金。

（一）"毛地出让"旧改模式

"毛地出让"旧改模式，是 20 世纪 90 年代以后，伴随着房地产市场的兴起，政府通过"毛地批租"的方式将旧区改造地块出让给开发商以进行房地产开发。在当时的条件下，政府直接与开发商达成出让协议，开发商自筹资金或向银行贷款，通过政府划拨或出让等方式获得建设项目的土地使用权，楼盘一部分用于动迁安置房，一部分用于市场销售。拆迁工作由开发商委托本区政府确定的动迁单位具体实施，开发商为拆迁人，承担相关费用。

"毛地出让"模式，是上海"365 危棚简"和"十五新一轮"旧区改造采用的主要模式，是当时上海加速城市化进程中效率优先的社会发展价值目标的策略选择。"毛地出让"模式为旧区改造解决了资金问题，减轻了政府的财政负担，同时也加快了城市房地产业的发展和旧区改造的速度。然而，"毛地出让"模式也引发了动迁矛盾增多、闲置土地量大等问题。旧区改造地块的"毛地出让"模式下，通常是由受让土地的开发商支付一笔拆迁资金，委托各级政府所属"项目公司"负责拆迁。在当时的情况下，由于缺乏系统和规范的动拆迁法律法规规范，加上房地产开发公司为赶进度，动拆迁过程中难免出现动迁补偿标准不一、动迁补偿不到位、动迁程序不规范，甚至强迁等事件发生，动迁矛盾一度成为社会矛盾的焦点之一。还有一些旧改地块，由于房地产开发商无力动迁，或者城市规划的变动，或者其他一些市场原因，导致旧改地块被囤积。这些地块的开发周期被延长，开发成本不断升高，随着房价上涨，又必然抬高被拆迁人的心理价位，于是导致某些旧改地块陷入了僵局，"倒逼"政府只能采取行政裁决及行政强迁手段予以"拔点"，这再次产生因拆迁引起的新社会矛盾。据有关部门估计，旧改中遗留的"毛地出让"地块约有 130 块，地块内居民约 10 万户，其中在拆或部分在拆地块约 50 多块。

---

① 1992 年召开的中共上海市第六次党代会，确立了完成"365 万平方米成片危棚简屋"，简称为"365 危棚简"改造，住宅成套率达到 7 成，拉开了大规模旧改序幕。

② 2000 年上海市提出以成片成街坊旧里地区的新一轮旧区改造计划，旧改从过去的危棚简过渡到中心城区旧式里弄房屋建筑面积超过 70%的区域，计划认定成片成街坊旧里以下旧住房改造地块 234 块。

(二)"土地储备"旧改模式

"土地储备"旧改模式,是在国家土地使用制度要求下产生的。随着旧区改造难度的逐步加大,以及国家土地使用制度的进一步完善,2004年3月31日,国土资源部、监察部发布《关于继续开展经营性土地使用权招标拍卖挂牌出让情况执法监察工作的通知》,严令要求2004年8月31日以后,所有经营性土地一律都要公开竞价出让。2005至2007年间,上海市政府在"十一五"旧改计划中,对400万平方米成片二级旧里以下的房屋,明确了"政府主导、土地储备"的原则。2006年12月30日,上海市政府发布《关于贯彻国务院关于加强土地调控有关问题的通知》,正式明确了"六类经营性土地公开出让前,要完成土地收购储备和土地前期开发,以净地条件出让"。此后,新供地的经营性项目,原则上都应采取土地储备机构承担动拆迁任务的做法。储备机构通过银行融资等途径筹集拆迁资金,并委托专业单位具体实施拆迁,这就是目前上海旧改的"土地储备"模式。"土地储备"旧改模式,由储备机构预先以征收、收购、回收等方式取得旧改土地,对旧区地块上的房屋权利人实施房屋征收动迁安置补偿后,对土地进行前期整理开发,而后再将相关配套成熟的净地通过市场出让,以土地出让收入来弥补居民的安置补偿。"土地储备"模式以储备机构的名义直接对地上居民、单位进行安置补偿,改变了"毛地出让"模式下由开发商具体实施地上动拆迁安置,阻断了开发商与被征地/拆迁人之间的直接冲突,避免了开发商基于短期市场变化和商业利益最大化的驱动因素而可能在动迁安置过程中采取的补偿不到位、不均衡甚至出现违法行为的现象,规范了征地、动拆迁安置行为。另一方面,"土地储备"模式使得旧改土地的级差收益收归政府。近十年来,土地成为中国地方政府巨大且不断增值的信用来源,土地为城市公共服务提供了一次性的投资融资①。在地价突飞猛进持续上涨的背景下,"土地储备"模式通过净地出让收入,以弥补安置补偿和土地的前期开发成本,使得旧改项目通过滚动循环以实现自我平衡。

二、"土地储备"旧改模式的局限性

然而,现阶段旧改地块越"啃"越硬、安置成本日益高企,旧区改造成本和收入越来越难以平衡,地方政府承担着巨大的资金压力。

(一)"土地储备"模式的融资约束

旧区改造项目的融资方式自然受其模式的约束和限制。在现行的"土地储备"模式下,旧区改造地块的征收补偿资金需通过土地储备机构为平台进行融资。按照目前土地储备的运作方式,旧改资金来源渠道单一,财政先行投入30%的资本金,其余70%资金主要依赖银行贷款。这种模式下,资金来源过于依赖银行贷款,一方面增加了银行的风险。在遇到经济形势或国家有关政策有大的变化,特别是当土地市场不活跃时,银行将陷入被动局面。另一方面,加重了旧改融资平台土地储备机构的负担,过高的贷款比

---

① 赵燕菁:《土地财政:历史、逻辑与抉择》,《城市发展研究》2014年第1期。

例给土地储备机构带来了沉重的利息负担。另外,近年来银行逐渐加强了对土地储备贷款的各项限制,银行信贷的紧缩,使得各地的土地储备机构普遍面临资金短缺的问题。2012年11月国土资源部等部委联合下发了《关于加强土地储备与融资管理的通知》,明确指出:"土地储备机构确需融资的,应纳入地方政府性债务统一管理,执行地方政府性债务管理的统一政策"。

土地储备机构作为政府管理土地的一个职能管理部门,本身并不是股份制公司,公开市场发行股票融资不具有可行性。我国法律规定城市政府不允许发行市政债券,而土地储备机构发行企业债券又受到额度的限制,很难取得发行资格。土地储备中心通过信托方式为旧改项目进行融资的这一渠道,同样也受到限制。2010年2月银监会下发了关于加强信托公司房地产信托业务监管有关问题的通知,以收紧房地产信托,通知明确指出,信托公司不得以信托资金发放土地储备贷款。上海市一直在努力拓宽资金来源,2009年就出台了政策鼓励社会资金参与旧区改造,并积极探索有品牌、有实力有经验的大企业参与旧改的途径。然而,受到我国国土管理的政策限制,以及近些年来地方政府融资平台贷款的清理和整顿的政策影响,使得社会资金参与到旧改的渠道,受到机制和政策的限制和制约,从而缺乏有效机制。

(二)"土地储备"模式不能满足城市更新的新要求

目前上海的旧区改造主要还是解决城市衰退中的物质性老化、功能性衰退和结构性衰退等问题,侧重于成片旧区推倒重建的物质性更新,更多精力集中于改善城市感观上的物质性老化。随着上海城市社会经济结构的变革,以及人们对城市改造内涵认识的不断深化,对城市的功能会有更多更高的要求。未来上海的旧区改造,将从成片旧区推倒重建的物质性改造,发展成为从城市功能和产业结构升级方面来推进的城市更新,除以完善居住条件和居住环境为目标以外,还要求充分发挥改造地段的经济、社会和环境效益。西方城市更新的经验也表明,城市更新的内涵更加多元化、综合化,城市更新越来越注重社区参与和社会公平,并且以多方合作的伙伴关系为取向。上海目前实施的"土地储备"旧改模式,完全依靠政府的力量,这种"从上而下"的方式,将难以满足旧区改造综合化、多元化的发展理念的要求,难以满足从城市功能和产业结构升级方面来推进的城市更新。

三、上海旧区改造的模式创新

城市更新的实践证明,旧区改造需要政府的支持,以发挥主导作用,通过财政的前期投入以带动旧改投资;旧区改造需要开发商的参与,带来资金的同时能提高效率,节约旧改成本;旧改是对居民居住条件的改善,不能忽视社区居民的主体地位和旧改意愿[1]。上海旧改的实践表明,"毛地出让"模式仅依靠开发商的力量来推动旧改,导致动

---

[1] Collins J.W., Shester L.K.Slum Clearance and Urban ReneWal In the United States[J]. American Ecorromic Jounral: Applied Ecorwmics, American Ecorwmic Associatiorr, 2013, 5(1):239.

迁矛盾增多、闲置土地量大，旧改工作难以快速推进。而"土地储备"模式受融资瓶颈的约束，在旧改越来越注重社会效益的未来，旧改将进入全新阶段，兼顾多方主体，多目标实现。上海市旧改的未来模式，是建立政府、开发商和旧区居民三方合作伙伴关系模式（PPPs）。PPPs 模式是"自上而下"与"自下而上"相结合的、兼顾三方目标、关注公众参与的三方合作伙伴关系。PPPs 模式并不是简单回复到"毛地出让"模式，是在对旧区改造理念的深化认识的基础上，是对政府、企业和居民合作新机制、新模式的探索。

（一）政府主导下的三方合作关系

未来的旧区改造应该是一种综合的、整体性的观念和行为来解决各种各样的城市问题，应致力于在经济、社会、物质环境等各个方面对处于变化中的城市地区做出长远的持续性改善和提高，其实质是空间结构的重新布局、土地资源的重新开发、经济利益的重新分配、区域功能的重新塑造。旧区改造是民生工程，并非市场经济的产物，因此仅用市场的手段是不够的，必须兼顾多主体的利益，实现多目标可持续发展。未来旧区改造的 PPPs 模式是政府、开发商和社区居民三方合作的伙伴关系，发挥政府、企业、改造地区居民三方面的积极性的原则。

旧区改造是一个系统工程，PPPs 模式与旧区改造项目的结合，以政府作为主导方，可以积极地制定激励政策引导私人机构的进入，对公共机构而言，不用对旧区改造项目大包大揽，可减轻财政投融资的压力。从公共管理的角度看，私人机构的高效率带入到公共部门，有利于提高政府公共部门的绩效水平。另一方面，对私人机构而言，由于有了公共机构的合作，可以减少投融资风险与融资成本，从而使合作各方可以达到与其单独行动相比更为有利的结果①。上海旧改未来的 PPPs 模式，是在政府主导下的政府、市场和社会协同运作。政府部门做好居民的搬迁安置，进行总体规划，避免"毛地出让"模式下的拆迁矛盾和项目拖延。通过出台相对优惠的土地供应、税收等优惠政策，探索引入社会力量和资金参与旧改，吸引有品牌、有实力、有旧改经验的企业参与改造，积极放开投资渠道，社会各界参与到旧区改造中来，努力形成旧区改造投资主体多元化的格局。

（二）公众全程参与的"自下而上"的方式

上海旧改未来的 PPPs 模式中，应确保公众的参与。在旧改的整个过程中，从前期的规划开始，一直到后期的社会评估、后效评估，都应保证公众实权参与的权利，以充分保障居民权益。从上海目前的旧区改造情况来看，政府与居民的互动，主要体现在动迁补偿方案、房源安置等方面，而在前期规划、中期开发建设以及后期社会评估中，尚未完全真正去征求居民的意见，切实充分地保障居民的各方面权益，这也导致了不少社会矛盾和纠纷的出现，如噪声问题、房屋质量问题、规划的绿化被占用、商业设施配套等问题。

---

① James W., Steve Pomery, Greg Lampertr and Robert Sheehan The Role of Public-Private Partnerships in F'unding Affordable Housing[R], Prepared for the CMHC. Canadlan Mortgage and Housing Corporations Housing Affordability and Finance Series Ottawa: Canada Mortgage and Housing Corporation. 1998.

从发达国家的情况来看,居民和公众权益已成为旧区改造中核心考虑的问题。从初期规划就开始保证公众实权参与的权利,在旧改的整个过程中,居民利益保障一直能得到正常体现和法律保护。社会评估贯穿在旧改方案和实施的全过程之中,并进行后效评估,及时调整、丰富、补充和强化居民利益。上海旧改未来的PPPs模式,将政府责任、百姓意愿、社会评判有机结合起来。由居民决定"愿不愿意改"和"如何改",并且引导居民有序参与旧区改造全过程。

(三)创建准公共性的旧区改造公司

借鉴美国PPPs的经验,创新准公共性的旧区改造公司,旧区改造公司由公共和私人部门联合组成,以更有效地整合资源,共同为项目规划和实施负责。旧区改造公司是公共和私人代表在相同目标和相同任务下联合起来,依据合同给城市旧改提供特殊的服务,与市政代理机构的长期服务功能有所不同。

上海旧改未来的PPPs模式中,旧区改造公司是为了公共和私人部门更好地合作而成立的准公共、非营利性机构,具有类似于私人部门的运作模式,但是却拥有接受和使用公用和私人资金的权力,拥有土地征用、发行免税财政债券等特殊的权力。旧区改造公司具有准公共性的非营利性企业,拥有传统的公共机构所特有的权力,例如,土地归集和征用、债券发行、津贴或贷款的管理、通过减税提供投资激励等权力,是在一般的服务于公共目的的非营利企业法的基础上建立的,董事会由公共和私人部门代表组成。这种准公共公司的优势在于:拥有专业的职工;拥有独立预期,是半独立的旧区改造机构;比市政代理更具弹性;融资渠道更具灵活性。市政当局在和私人部门合作时通过旧区改造公司作为投资者和风险承担者,不同的旧区改造公司可以根据项目情况而进行不同的公私合作方式和资金的安排。

(四)建立循环流动的旧区改造基金

借鉴国际经验,在现有的旧改专项基金的基础上[①],建立旧区改造结构基金,通过公开竞投发放运作方式,通过贷款或入股形式以分享收益,以保证基金能滚动循环使用。

1. 鼓励采取三方合作伙伴关系的方式。旧改基金的运作,采取鼓励三方合作伙伴关系的方式。在旧改基金竞投时,必须要求展现出公、私和社区三方凝聚共识、紧密合作的能力。在这一过程中,社区将发挥从咨询到参与的作用,使得长期被忽视的弱势社区居民被纳入城市政策的主流,使他们有机会在更新决策过程中行使自己的权利,表达自己的观点,参与方案的制定和实施,最终成为旧区改造的受益者。

2. 可以通过贷款、参股或租赁协议等形式。旧改基金可以通过贷款、参股或租赁协议等形式投入到旧改活动中,以分享其收益,使得旧改基金得以"滚动"利用。旧改基金的目的是为公私合作的旧改项目搭上融资桥梁,政府可以出租土地或设施,可以利用

---

① 上海自2010年开始设立旧改专项基金,市、区两级政府通过统筹土地出让收入、公有住房出售净归集资金及其增值收益、直管公有住房拆迁补偿款、财政预算安排资金等方式,分别设立市、区旧区改造专项基金。

旧改基金给私人部门贷款或者直接入股的方式，以资助各种旧改活动，包括低息贷款、土地低价出让、土地归集、提供公共基础设施，等等。

3. 采取竞争性的基金分配方式。一个旧改项目要想赢得基金，必须采取竞争的方式，由各项目伙伴团体竞投。基金的竞争分配能保证资金流向最需要进行改造的项目中，同时有利于建立一种"自下而上"的更新机制。由政府统筹规划，设定基金竞投细则，细化各方权利、义务，各方利益集团可共同参与改造项目。

参考文献

Bourne, L. S. The Myth and Reality of Gentrification: a Commentaryon Emerging Urban Forms[J]. Urban Studies. 1993, 30(1), 183—189.

Chevalier, J. Commumi tiesand Urban Redevelopment: West Philade Iphia During the 90s[J], Geographieetcultuees, 1998, (26):79—94.

Clos Joan. Public Private Partnerships in housing and Urban Development[R]. United nations human settlements programme Nairobi 2011.

Dangscha, J.S.Ossenbruegge, J.Hamburg: Crisis Management, Urban Rcgeneration, and Social. Democrats, 1990. In: Judd D, Parkinson M(Ed.). Leadershipand Urban Rcgenerution. Urban Affairs Annual Reviews Vol.37. Sage Puhlieations, CA. In: Naomi Carmon., Geoforum 1999(30)145—158.

Gnited Nations L, Conomic Commission for Europe. Guidebook on Promoting Good Govemance in Public-Pivate Partnerships[M]. Geneva: Unlted Nations.2008.

GREGO. Urban Renaissance: New Horizonsfor Rio's Favelas[J]. Geography, 2001, 86(1):61—74.

Henu, E. Urban Redevelopmemt and Community Management: the Redevelopment of the Slums of Lorette[J]. Geographieet Cultures, 1998(26):45—62.

James W., Steve Pomery, Greg Lampertr and Robert Sheehan The Role of Public-Private Partnerships in Funding Affordable Housing[R], Prepared for the CMHC. Canadlan Mortgage and Housing Corporations Housing Affordability and Finance Series Ottawa: Canada Mortgage and Housing Corporation. 1998.

Keating, W. D, Krumholz N. Downtown Plansfor the 1980s: the Case for More Equityin the 1994s[L]. Journal of the American Planning Association, 1991, 57(2), 136—152.

Liarcuse, P, Whatso New About Divided Cities[J]. International Journal of Urbanand Regional Research, 1993, 17(3):355—365.

Lin, J. Globalization and the Revalorizing of Ethnic Places in Immigration Gateway Cities[J]. Urban Affairs Review, 1998, 34(2)313—339.

Pamuk, A Fernando P, Cavallieri A. Alleviating Urban Povertyina Global City: New

Trends in Upgrading Rio de Janeirs's Favelsa[J]. Habitat 1998, 22(4):449—462.

Priemus Hugo, Gerard Metselaar. Urban renewal policy in a European perspective[J]. Netherlands journal of housing and the built envirorrment, 1993(8):447—470.

Primus H; Metselaar, G. Urban Renejval Policyina European Perspective OTB Research In stitute, Delft University Press,Delft. 1992.

Reuschke Dmja. Public-Private Partnerships in Urban Development in the United States[R]. NERUUS Program. University of California in Irvine. 2001.

Rutheiser, C. Making Placeinthe Nonplace Urban Realm Noteson the Revitalization of Downtown Atalanta[J]. Urban Anthropology and Studies of Cultural Systems and world Economic Development 1997, 26(1):9—24.

Sagalyn, L B. Explaining the Improbable: Local Development in the Wake of Federal Cutbacks[J]. Journal of the American Planning Association 1990, 56(4), 429—441.

Stewart, D.J. Citiesin the Desert: the Egyptian New-Program[J]. Association of American Geographers, 1996, 86(3):459—480.

Stoker, G. Urban Development Corporations: a Review[J]. Regional Studies, 1989, 23(2),156—167.

Thoruas, H. Buildinga New Boston: Politics&Urban Renewal, 1950—1970[M]. Northeastern University Press 1995.

United Nations human Settlements Programme, Public-Private Partnerships in Housing and Urban Development[R]. Nairohi 2011.

United Nations L, comical Commission for Europe. Guidebook on Promoting Good Lovemaking in Public-Pilate Partnerships[M]. Geneva: United Nations.2008.

Urmi S. Govemment Intelvention and Public-Private Partnerships in Housing Delivery in Kolkata. Habitat International[R].Newcastle: Elsevier.2004.

方志刚:《多元的共生:历史地段改造更新的现实道路——以上海市里弄住宅地区的旧城改造为例》,《同济大学学报》(社会科学版)2001年第12期。

李昊:《民居建筑的整旧与创新——对上海"新天地"旧城改造的思考》,《家具与室内装修》2003年第10期。

乔晓红:《历史地段建筑环境的再生与创新——记上海太平桥地区新天地广场旧城改建项目》,《建筑学报》2001年第3期。

瞿斌庆等:《城市更新理念与中国城市现实》,《城市规划学刊》2009年第2期。

阮仪三:《名城文化鉴赏与保护》,同济大学出版社1993年版。

吴良镛:《北京旧城居住区整治途径:城市细胞的有机更新与"新四合院"的探索》,《建筑学报》1989年第7期。

吴良镛:《芒福德的学术思想及其对人居环境学建设的启示》,《城市规划》1996年第 1 期。

胥会云:《上海旧改成本渐高融资渠道待拓宽》,《第一财经日报》2013 年 7 月 30 日。

徐明前:《上海市中心城区新一轮旧区改造模式研究》,《城市规划汇刊》2001 年第 5 期。

杨继瑞:《城市改造中的若干规律问题探讨》,《北京规划建设》1999 年第 2 期。

张锷:《九十年代上海新区发展和旧城改造的一些特点比较研究》,《上海城市规划》1999 年第 4 期。

赵燕菁:《土地财政:历史、逻辑与抉择》,《城市发展研究》2014 年第 1 期。

第十四章 城市新城

立足于中国新城建设快速推进的背景,有必要对国内外新城建设的理论与实践进行总结归纳。为此,本章通过总结新城建设理论以及回顾新城的发展历程,结合相关国内案例剖析新城建设存在的主要问题,进而形成可以复制推广的经验,以便于更好地指导未来新城建设。

第一节 新城概念与理论基础

改革开放以来,中国城镇化快速发展,城镇化水平从1978年的17.9%增至2016年的57.4%,城镇人口也相应从1.7亿人增至7.9亿人。在城镇化发展取得巨大成就的同时,快速城镇化进程中的各种城市问题也不断凸显,高房价、交通拥堵、环境污染等各类城市病严重削减了城市居民的幸福感,威胁着城市的可持续发展。随着城市规模的不断扩大,集聚不经济逐渐超越规模经济占据主导地位,在中心城区外围建设新城成为城市发展的一种重要模式。建设新城不仅可以承接中心城区转移疏解的人口和功能,拓展新的城市发展空间,优化城市空间结构;同时在郊区集聚新的产业,形成新的经济增长极,加速城市化进程,带动包括农村在内的整个区域的整体发展,进而统筹城乡发展,提高城市的综合竞争力(袁蕾,2014)。

近年来,我国新城建设快速推进,截至2016年5月,县及县以上的新城新区数量总共超过3 500个①。但当前我国的新城建设并不十分理想,"职住分离"的"钟摆式"运动以及人气不足形成的"空城""鬼城"等对居民幸福感和新城的健康发展造成了严重影响。另外,新城建设也存在遍地

---

① 根据《中国新城新区发展报告:2016》的研究,据不完全统计,截至2016年5月,县及县以上的新城新区数量总共超过3 500个。其中国家级新区17个,各类国家级经济技术开发区、高新区、综保区、边境经济合作区、出口加工区、旅游度假区等约500个,各类省级产业园区1 600多个,较大规模的市产业园1 000个,县以下的各类产业园上万计。当然本章所指的新城还不同于一般的产业园区或开发区。

开花式的问题,全国新城新区规划人口达 34 亿[①];另据国家发展改革委城市和小城镇改革发展中心课题组 2013 年对 12 个省、区的 156 个地级市和 161 个县级市的调研,发现 90% 以上的地级市正在规划建设新城新区。其中,12 个省会城市共规划建设 55 个新城新区,有一个省会城市要新建 13 个城区[②]。

一、新城概念与主要类型

(一) 新城概念

国内外诸多地区都经历过或正在经历新城建设的实践,形成了有关新城建设的丰富理论和实践。但每个地区的新城都有其独特性,其背后建设或发展的动力机制也存在较大差异,所以很难对新城下一个精准统一的定义。从目前国内外相关研究来看,也确实没有形成一个统一的定义。

霍华德的"田园城市"思想被普遍认为是现代城市规划的开端,对英国及其他国家的新城建设具有深远影响。第二次世界大战后,为了解决战争产生的城市问题,以及拓展城市空间和满足退役返乡人员的住房需求,在"田园城市"思想的影响下,英国在全世界范围内率先开展了新城建设,其新城实践也深刻影响了后面其他国家的新城建设(张捷、赵民,2005)。《英国大不列颠百科全书》对新城(new town)的定义为:在城市以外规划用于重新安置人口,设置住宅、产业、公共服务中心的空间单元,是一相对独立的城市社区。

美国新城建设的背景不同于英国,其主要是在市区拥挤及房价高涨的背景下,随着私人汽车的普及和高速公路的发展,导致大量人口向郊区转移,进而促进了商业、企业等逐渐向郊区聚集,最终在郊区形成新城。其中,边缘城市(Edge City)理论是美国新城建设常用的理论,边缘城市是指在原有城市周边郊区基础上形成的具备就业、购物、娱乐等城市功能的新城市(张静,2007)。但事实上,依据美国 1970 年的《住房和城市发展法》确定的新城类型包括:大城市周围新建的新城、原有城镇基础上扩建的新城、市区内改建或扩建的"城中之城"、以及远离大城市完全独立的新城(张捷、赵民,2005)。从此处来看,美国的新城似乎又并没有一个明确的概念,从市区内到郊区都将其概括为新城。

国内学者结合中国实践,也对新城概念进行了界定。例如,张捷、赵民(2005)认为新城是位于大城市郊区,有永久性绿地与大城市相隔离,交通便利、设施齐全、环境优美,能分担大城市中心城区的居住功能和产业功能,具有相对独立性的城市社区。一些其他学者也指出新城是在城市化进程中,随着大城市空间的扩张,在中心城区的外围地域经过统一规划设计以疏散中心城区人口、产业和其他功能,为避免大城市恶性膨胀而建设的具有城市规模和密度且相对独立的新城市聚居点(张静,2007)。

总体来看,新城的概念内涵并不统一,但一些特征则是普遍形成共识的。例如新城与中心城区具有一定距离、新城具有一定的独立性和规模性、新城与中心城区仍保持较

---

① 《国务院调查:全国新城新区规划人口 34 亿 严重失控》,http://news.sohu.com/20150921/n421656066.shtml。
② 《数据称中国 90% 地级市争建新城 规划人口达 34 亿》,http://news.qq.com/a/20140420/008761.htm。

为密切的联系等。结合中国实际,我们认为新城可以理解为,随着城市化发展和中心城区人口增加,在中心城区外围,规划建设的具有一定规模、且具有相对独立的行政、经济、社会和文化功能,同时能够承担疏解中心城区人口、产业等功能的综合性城市。该界定不包含工业园区、大学园区、科技园区、开发区等"功能单一"的园区,因此这些园区也不在本章的研究范围内。不过随着产业转型升级和产城融合的推进,20世纪90年代规划建设的一大批开发区,特别是东部沿海发达地区的开发区,都在不断加快园区转型力度,从单一的产业功能,向复合型的产城融合方向发展,逐步开始规划建设与生活相配套的公共服务设施和生活性服务业。

(二)主要类型

依据新城建设的动力机制和功能的不同,新城具有多种类型。张捷、赵民(2005)等将其概括为由传统小城镇发展而来的"突变发展型"新城和围绕城市重点建设项目逐步建立的"建设项目配套型"新城。前者典型案例如上海的松江和青浦,后者则包括了工业新城、空港新城、高铁新城、大学城等。

陈劲松(2005)将新城归纳为六种模式。第一类,田园新城,主要是指英国以霍华德"田园城市"思想为开端的,以国家立法为基础,政府主导下的由新城开发公司进行规划建设的新城。政府部门的主导作用主要体现在城址的选定、提供资金以及处理与开发公司的关系等方面。第二类,边缘新城,是指伴随城市郊区化发展的加速,中心城功能逐步外迁,而在大都市边缘逐步形成的功能比较完善,且相对独立于大都市的新城镇。第三类,TOD新城,指以捷运系统导向发展理念为指导的新城建设,其主要通过捷运系统与城市中心区快速连接来缩短交通时间,吸引中心城市的部分功能转移,达到分散城市中心区居住功能的目的。第四类,产业新城,是指以一种或多种产业为主导工业园或产业园的形式上建立起来的相对独立的新城镇,一般和大都市距离稍远。第五类,副中心新城,通过分担核心区部分城市功能来实现城市多中心结构的目标。副中心通常与城市中心区保持快捷便利的交通联系,从空间分布来看,一般与城市中心区保持合理的距离。第六类,行政中心新城,是指随着一国首都以及相关政府机关的迁移,而建立起来的作为国家新政治中心的城市。这类新城一般与大都市保持相对较远的距离,选择环境优美的地方从"零"建起。

在中国,除了以往的产业新城、行政中心新城的发展外,近年来,随着中国高速铁路的加快建设以及航空经济的发展,高铁新城和空港新城也呈现迅猛崛起态势。所谓的高铁新城是指依托高速铁路及其枢纽,在政府主导下进行重大项目投资开发,并通过科学的综合规划,以高铁枢纽站为核心,对其周边地区进行较大规模的片区建设,形成承担一定的城市功能,具有完善的配套设施,具有城市活力、生活环境良好的区域(于涛、郭宁宁,2016)。国内很多城市高铁站距离主城区较远,少则几千米,多则十几千米,围绕高铁站,各种新城新区开始规划建设,有的城市甚至规划多座高铁新城。以京沪高铁为例,京沪高铁全长约1 318千米,24个站点,目前京沪高铁沿线的23个城市中,有19座高铁新城正在规划建设(于涛、郭宁宁,2016)。但由于人气不够旺盛、设施配套不健全、房地产市场不景气等原因,很多高铁新城面临沦为"空城"的风险。空港新城是指围绕枢纽机场在机场周边形成的功能复合的城市功能组团与航空类产业集聚区,根据枢纽机场的影响大小与临空产业的发展可以划分为空港枢纽、空港城与空港都市区三个层面。从全国来看,绝大多数城市的空港新城尚处于临空经济发展的初级阶段或者空港新城的规划阶段。2015年全国客运量超过千万人次的机场总数仅有26个,而规划建设空港城的机场则达到了63个,很多机场并不具备开始发展空港新城的条件,如此与实际发展阶段不相适应的超前规划,导致了临空经济区的发展无的放矢、浪费严重、生态透支(李凌岚、雷海丽,2016)。

尽管新城的发展模式或类型具有多种,但事实上很多新城的功能和建设动力机制是多元化的,所以,很多新城往往兼具多种模式。在本章所讲的新城,很大程度上还是以大城市周边新建或在原来小城镇基础上逐渐扩大形成的新城,这包括了边缘新城、TOD新城、副中心新城、产业新城等多种类型,此处不再做详细区分。

表14-1 京沪高铁沿线主要城市高铁片区规划建设基本情况

城市	规划面积(平方千米)	开发定位	与城市中心区距离(千米)	建设情况
德州市	35	现代工业产业、综合公共服务与配套居住	9	新建站
济南市	26	城市新中心,以金融、会展、总部经济为主导,以商贸、休闲、服务业为辅助,以房地产业为基础的现代化新城区	10	新建站
泰安市	4	以商服、居住、公共服务为主的城市综合组团,新的交通枢纽与商住服务中心	5.6	新建站
曲阜市	35	以居住、高新技术产业、商贸业、服务业等为主	10	新建站
滕州市	40	高端服务和研发新高地、生态和宜居城市	9	新建站
枣庄市	30	以行政办公、商务会议、文化娱乐、体育等为主导功能的市级城市中心,与居住区有机结合,形成现代化新城区	3.6	新建站
宿州市	50	依托宿州马鞍山现代产业园,形成产城一体、宜居宜业的现代新城	21.6	新建站
蚌埠市	9	交通门户枢纽,商务办公及现代服务中心,生态低碳的宜居新城	4	新建站
滁州市	36.5	皖东重要综合交通枢纽中心、大滁城商贸物流中心、宜游宜居的城市新区	11	新建站
无锡市	29	无锡城市副中心,锡山区行政文化商务中心,生产性服务业集聚中心和区域性客运交通枢纽	15	新建站
南京市	32	南部新中心,集现代服务业、商贸商务、总部经济、文化、旅游、会展业和居住为一体的集聚区	10	新建站

资料来源:史旭敏:《基于京沪高铁沿线高铁新城建设的调研和思考》,(https://wenku.baidu.com/view/f48b36bffc4ffe473268ab84.html)。

二、新城建设的理论基础

新城建设的思想和实践起源于 19 世纪中后期,工业革命的发展导致人口和产业向城市地区集聚,对城市化和社会经济发展具有积极的推动作用,但也不可避免地带来了一系列问题,例如环境污染、人口密度过高、卫生条件较差、住房不足等。城市中心区迫于人口、经济压力,以及空间结构调整的需要,客观上要求向外疏散。在这种背景下,为了解决城市发展面临的突出问题,诸多社会改革思想的先驱纷纷提出关于新城市发展的设想。这包括了乌托邦、太阳城、新协和村、工业村/公司城、田园城市、卫星城等,以及有机疏散理论、城市—区域规划理论等(张捷、赵民,2005)。此处,主要介绍对当时及以后新城建设比较有影响力的理论。

(一)田园城市理论

"田园城市"是百年来最有影响力的词汇之一,其包含的社会价值观念和经济运作内容具有划时代的意义,被普遍认为是现代城市规划的开端,对英国以后的新城建设起到了举足轻重的作用(张捷、赵民,2005)。

1898 年,霍华德出版了《明日:一条通向真正改革的和平道路》(To-morrow: A Peaceful to Real Reform);1902 年发行第二版,书名改为《明日的田园城市》(Garden Cities of To-morrow)。1919 年,田园城市和城市规划协会与霍华德协商,对田园城市下了一个简短的定义:"田园城市是为安排健康、生活以及产业而设计的城镇,它的规模能足以提供丰富的社会生活,但不能太大;四周要有永久性农业地带围绕,城市的土地归公众所有或者托人由社区代管"(霍华德,1902)。

为了具体阐述"田园城市"的规划理论,霍华德作了田园城市的规划图解方案。一个田园城市占地 6 000 英亩;城市居中,占地 1 000 英亩,农业用地 5 000 英亩,人口 32 000 人。其中城区 1 000 英亩,30 000 人,人均城市用地面积约 135 平方米;如果城市人口超过上述规模则应考虑建设新的城镇。每个田园城市的平面是以 1 240 码(约 1 150 米)为半径的圆,中央是公园,面积约 145 英亩,有 6 条主干道从中心向外围辐射,将城市分成 6 个区。城市的最外圈是工业区、市场、仓库,此区的外侧是环形公路,内侧是环形铁路支线(张捷、赵民,2005)。

当田园城市人口增长到 32 000 人时,霍华德提出可以通过专设的快速交通串联几个田园城市,进而围绕一个中心城市形成城市群,将其称之为"社会城市"。正如霍华德所言:"10 个各为 3 万人口的城市,用高速公共交通联系起来,政治上是联盟,文化上相互协作,就能享受到一个 30 万人口的城市才可能享受的一切设施和便利;然而却不会像大城市那样效率低下。"

霍华德还将田园城市的思想付诸实践,规划建设了莱奇沃思和韦林两座田园城市。霍华德田园城市思想高度关注城乡一体化,致力于解决大城市畸形发展引起的各种问题,推动城乡均衡发展的城乡规划体系,被付之于诸多城市的规划建设中。正如芒福德对霍华德城乡一体化思想的评价:"霍华德把乡村和城市的改进作为一个统一的问题来处理,大大走在了时代的前列;他是一位比我们许多同代人更高明的社会衰退问题诊断家"。

(二) 卫星城理论

卫星城理论是在霍华德的田园城市理论启发下形成的。1903年,恩温(Unwin R.)在霍华德指导下建设了第一个田园城市莱奇沃思;1919年第二座田园城市韦林建设时,开始使用卫星城命名(张静,2007)。所谓卫星城,是借用宇宙间卫星和行星的关系,以表明子城与母城相互依存的关系。一般说来,卫星城是指大城市管辖区范围内与中心城市有一定距离;在生产、生活等方面,与中心城市密切相关,又具有相对独立性。卫星城是现代化大城市发展到一定阶段的产物,按规划建设,有一定规模,可以分担中心城市的一部分功能,是中心城市职能的延伸。卫星城可以是设施配套完整的"卧城",也可以是功能较为综合的新城。

1915年,美国的泰勒为了把工厂从市区迁入郊区,以分散特大城市人口的过度集中,提出了在大城市郊区建立卫星城的概念。1924年,在阿姆斯特丹召开的国际城市会议上,通过了防止城市过度发展而应当建立卫星城市的决议。

新城较卫星城更加强调功能的相对独立,它基本上是一定区域范围的中心城镇,为其本身及周围的地区服务,并且与中心城市的功能相辅相成,成为区域城镇体系中的一个重要组成部分。

(三) 有机疏散理论

有机疏散理论是由芬兰建筑师沙里宁针对大城市过分膨胀带来的各种弊病,而提出的关于城市发展及其空间布局结构的理论(张静,2007)。有机疏散规划思想最早出现在爱沙尼亚的大塔林市和芬兰大赫尔辛基规划方案中,而整个有机疏散理论体系及其原理集中体现于《城市——它的发展、衰败与未来》一书中。沙里宁认为城市是人类创造的一种有机体,人们应从大自然中寻找与城市建设相类似的生物生长变化的规律来研究城市。他通过对生物和人体的认识来研究城市,认为城市是由许多"细胞"组成,细胞间有一定的空隙,有机体通过不断的细胞繁殖而逐步生长,它的每一个细胞都向邻近的空间扩展,这种空间是预先留出来供细胞繁殖之用,空间有机体的生长具有灵活性,同时又能保护有机体。沙里宁从有机体生命的观察中得到启示,认为所有生物的生命力都取决于个体质量的优劣以及个体之间相互协调的好坏。沙里宁根据上述思想提出有机疏散的城市结构观点,他认为一种结构既需符合人类聚居的天性,便于人们共同的社会生活,感受城市的脉搏,同时又不能脱离自然。沙里宁认为城市混乱、拥挤、恶化仅是城市危机的表象,其实质是文化的衰退和功利主义的盛行。城市作为一个有机体,其发展是一个漫长的过程,其中必然存在着两种趋向——生长与衰败。要避免城市的衰败,实现城市健康、持续生长,应该从重视城市功能入手,实现城市的有机疏散(张静,2007)。

(四) 城市—区域理论

任何一个城市都不是孤立存在的,城市与城市之间、城市与区域之间都存在着密切的交流与互动。中心城市与其腹地区域紧密合作形成了城市-区域的空间现象,而城市—区域观念的建立,则是从盖迪斯提出由区域视角研究城市的观点开始。城市规划学者也逐渐意识到城市规划必须是区域规划。

20世纪30—40年代起,西方大城市开始大规模地向周围地区扩展蔓延,以一个或几个中心城市为核心构成的城镇集聚区相继出现,这就大大改变了几千年以来以城区或城墙为范围的旧城市形态观念;逐渐形成了在城市影响区域范围内分散人口和职能,组织合理的城镇体系,以改善城市环境的新观念。

1999年,彼得霍尔(P.Hall)最先在东亚地区定义了巨型城市区(mega-city region),之后指出多中心城市区域(polycentric urban region)的概念,多中心城市区域正在成为城市—区域发展的新形态(覃成林、李红叶,2012)。我国正处于城市化快速发展阶段,以城市群、城市圈、城市带为主体的各类城市区域正在逐步形成,多尺度视角的多中心空间战略对新城新区规划建设具有重要影响。例如,有关雄安新区和北京通州新城的比较,通州是在北京市域范围内建设副中心城市,而雄安新区则是在京津冀城市群尺度上发展新的副中心城市。可以说,两者的本质是不同空间尺度上的多中心空间战略(孙斌栋,2017)。

第二节　国内外新城发展典型案例

一、世界新城发展历程及典型案例

新城运动起源于20世纪初的英国。自霍华德提出"田园城市"到第二次世界大战前,世界新城发展处于起步阶段。该阶段的新城建设多是一种民间行为,政府参与较少,新城建设数量少、规模小。"二战"后到20世纪80年初期,新城运动进入高潮时代。由于战争的巨大破坏,许多国家的诸多城市都面临着重建,同时也为了解决战争前人口在城市过度集中产生的一系列问题,所以修建新城成为该时期的重要战略。该阶段的新城运动主要集中于西方发达国家,政府参与程度大大提高,新城建设成效也更加明显。例如,在30多年中,英国共设立了30多个新城(实际建成的有28个),先后容纳了180万人口,吸引2 009个新工业企业或公司企业迁入,这些企业提供了188 000个就业机会(郝娟,1997)。20世纪80年代中期以后,新城建设运动的主阵地转移至发展中国家,由于发达国家的城市化进程已基本结束,人口向中心城区集聚的压力变小,新城建设基本停滞,国家注意力重点转向了内城复兴;而广大发展中国家则面临着人口快速增长与城市化迅猛发展的突出问题,成为新城建设的主阵地(吕颖慧、曹文明,2005)。此处,重点对比较典型的英国、日本的新城建设做简要概述。

(一) 英国新城

英国于第二次世界大战后开始大规模的新城运动,特别在1946年《新城法》中规定"在英国境内建立不同规模等级的新城是中央政府的一项长期城市开发政策"。英国的新城运动主要经历了三个时期，形成了三代新城（张捷、赵民，2005）。

第一代新城：1946—1955年。主要是指于1946—1950年战后恢复期建设的14座新城，1945年，国家级新城开发公司成立，标志着政府全面干预新城开发运动，为新城在全国范围大规模开发提供组织和资金保障，主要是为了解决住房问题，因而更多的考虑社会效益而较少考虑经济效益。该时期的新城规模小、建筑密度低；住宅按"邻里单位"进行建设，各个邻里有各自的中心，各邻里之间有大片绿地相隔；居住区和工业区等功能分区较为明显；道路网一般由环路和放射状道路结合组成。

第二代新城：1955—1966年。主要建设是在20世纪60年代，第二代新城主要着眼于改善公共交通，针对第一代新城存在的问题，更加注意集中紧凑，加大密度。第二代新城的主要特点是新城规模扩大（人口规模扩至20万左右）；城市功能分区趋向于综合功能分区格局；提高了城市平均密度；新城开始作为区域的一个经济发展点，起到平衡地区经济、调整地区产业结构的作用，而不是单纯吸纳大城市的过剩人口。新城的选址也从南部（伦敦地区）移向中部伯明翰地区和英国的东北部。这一时期的新城建设费用仍然来自政府的长期低息贷款。

第三代新城：1967—1976年。这一时期的新城大部分是在老城基础上开发新的工业区和居住区形成。对于不适合单独扩展的老城采用成片合并形式建设新城。政府控制的新城开发公司的经济力量与镇内地方社团为主的经济力量合股，共同建设，建成的新城成为新的地区经济增长点或者当地正在衰退的经济复兴地。其建设费用也采用政府与民间团体合股的形式，政府不再全部承担新城开发费用，鼓励私人合股开发新城。该时期新城的主要特点是配套进一步完善、规模更大、独立性更强。第三代新城基本上达到了一个功能完整的城市规模，比如，弥尔顿·凯恩斯新城最初的规划人口是25万人，1977年调整为20万人，2002年的实际人口规模为20.9万人。

（二）日本东京新城

1955—1975年，日本经济高速发展，东京都集聚了各级政府机关、大公司总部、全国性经济管理机构和商业服务设施，导致人口高度集中、交通拥挤问题突出。为了缓解中心区人口和产业膨胀压力，发展周边地区成为东京城市规划建设的首要任务。日本将新城建设作为解决大城市日益严重城市问题的有效对策。其中，东京区域规划对区域性空间资源环境问题进行合理配置、协调与整合，是跨行政区域的城市发展规划，它对新城开发建设提出了明确规定和要求。同时，新城规划也一直是其最为重要的组成部分，新城开发建设在五次区域规划中得以逐步建立、巩固、成熟和完善。东京都市圈新城建设发展历程，具体可分为五个阶段。[①]

第一阶段：副中心、卫星城自发形成。20世纪30年代之前，借助东京区域铁路系统结构自然形成了3个主要的副中心，同期，私有铁路公司沿其铁路线在东京郊区的农

---

① 《国际新城新区建设实践（四）：日本新城》(https://mp.weixin.qq.com/s?_biz=MjM5Nzc3MjYwMQ==&mid=402056380&idx=3&sn=389728ba95dc70c890e9927781ef0d04&scene=2&srcid=0111vWBDrdfgHyEalwI9z3uM&from=timeline&isappinstalled=0#wechat_redirect)。

村地带发展了一定数量的卫星城,并且从中获得了不菲的土地投机收益,这种模式受到了私人投资商的追捧。因此在30年代后,更多的郊区新镇和大学城在东京都30千米范围内的农村地带兴起。其中,城市副中心的再开发项目是1946年启动的战后重建规划中最重要的组成部分。

第二阶段:借鉴他国经验,政府提出新城设想。1946年制定《首都整备法》,借鉴伦敦经验,在四周设置绿带,以防止都市化地区扩大,引导人口和产业流入外侧的卫星城市,这是日本开发新市镇思想的开端。1951年,日本国家首都建设委员会成立。1953年颁布了卫星城发展计划。为了解决人口和产业在城市中心区过度集中带来的严重城市问题,以及阻止城市过度膨胀导致的建成区无序蔓延,于1956年制定了"首都圈第一次基本规划"。1957年,千里新镇开始计划建设,这是日本第一个大规模兴建的新城。1958年,第一次东京区域规划效仿1944年大伦敦规划的"绿环带+新城"的开发模式,在东京建成区指定了5—10千米宽的绿色隔离带区域,绿环外距中心区10—15千米建设副中心新城(即新宿、涩谷、池袋)的设想,试图阻止中心区无限蔓延。作为城市新兴地带的新城雏形在该阶段已经显现。

第三阶段:政府主动适应和协调——新城的初步建设。政府于1963年、1966年分别制定了"近畿圈整备法"和"中部城市圈整备法",并以此为依据在东京都市圈开展了地域整治规划与新城开发活动。1968年,第二次东京区域规划取消了绿化带设置,并把东京50千米范围内的未建成区域设定为郊区发展区域,提出将生活、教育、研究等机构设施向东京郊区疏散,继续建设新宿、涩谷、池袋等副都心,分散中心区高密度压力。受建设资金所限,新城与母城相比,生产和服务配套不能够满足居民需求,对疏散人口的作用较弱,人流的往返反而加重了交通负荷。

第四阶段:政府规划调整,多中心化理念形成——新城日趋繁荣壮大。从本质上看,规划其实为经济活动从拥挤的城市中心地带向郊区蔓延提供了合法依据。1976年以及十年后分别制订的第三次、第四次东京区域规划提出了分散中心区部分中枢职能,计划在更广阔的范围内建立更多的新城,通过向新城引导和疏散工业、大学以及建立大型综合服务机构与设施,许多新城从具有一定的产业和功能布局,发展到具有完整的商业、工业、教育、研究、休闲、居住功能,减轻了对中心区的依附,人口和产业不断向新城涌入,又带动了新城的开发建设,各项配套设施日趋成熟,形成良性的自我循环。

第五阶段:政府规划继续调整,多中心多圈层城市体系形成——新城的深入发展。第四和第五次东京区域规划相继提出对东京都城市结构重新调整,而副都心和卫星城在这个调整中扮演了非常重要的角色。20世纪90年代末期,第五次东京区域规划通过培育和依托新城发展,大力推动东京及周边区域内交通、通信等基础设施的改造和城市空间职能的重组,东京地区逐步形成了"中心区-副都心新城-周边新城-公共大交通"的城市格局,建立了包括池袋等8个副都心城市与千叶等9个周边特色新城在内的多中心多圈层的城市体系。

表 14-2 世界著名新城建设比较一览表

国家或地区	背景与目的	建设阶段	运作模式	新城思想	实践结果	典型新城	代表地区	代表地区新城人口规模及与主城距离
英国	战后重建,提供住宅与就业机会,控制大城市无序蔓延式发展	1903—1940年,田园城市阶段;1946—1950年,第一代新城;1955—1966年,第二代新城;1961—1970年,第三代新城	政府主导建设,资金筹集由中央负责	霍华德"田园城市"以及昂温的"卫星城镇"	共建设了30多个新城,容纳200多万人口	密尔顿·凯恩斯 兰中夏	伦敦(阿伯克隆比主持规划)	11座;规划人口8万—40万不等;与主城距离50千米以上,个别超过100千米;有绿化带间隔。
法国	限制大城市的蔓延式发展,疏散人口	1930—1969年,规划决策;1969年开始建设,后进行了两次规划调整。	政府主导建设并承担主要费用	特别重视区域的综合规划理论	共建设9座新城,巴黎地区的5座共容纳75万多人	巴马恩瓦兰赫	巴黎(德鲁弗里埃主持规划)	5座;规划人口在30万以上;与主城平均距离30千米;空间基本连贯,无绿化带间隔。
美国	解决交通、住房、环境恶化等问题,创造良好生活空间	1946—1960年,初期尝试阶段;1961—1970年,规划立法阶段;1972—1983年,开发建设阶段;1990年后,提出边缘城市。	政府立法授权,私人开发商投资建设	学习欧洲经验,受撒特"广亩城市"影响,具多元特点	大约建立了200多个边缘城市	雷德本圣查尔斯格林贝尔特	遍布各地(多个专业协会提供决策支持)	Garreau(1991)提出5条可能性标准,据此认定了123个边缘城市,78个"准边缘城市"及5个正在规划中的边缘城市。
日本	改善大城市居住条件,提供大量住宅	1955年后开始筹建;1960年后实质性建设;1960年代末大规模建设;1970年代中期建设规模较大的新城中心。	政府主导建设,吸收部分社会资金	田园城市理论;邻里单位;人车分流等	1955—1977年间共建起了35个卫星城,多成为卧城	东京多摩东京筑波大阪千里	东京大阪	东京新城7座,距东京10—50千米,其中多摩规划人口30万,占地30平方千米;大阪千里新城规划人口15万,占地11.6平方千米。
韩国	解决大城市发展同题,复苏经济和促进区域发展	1962—1971年,新城建设阶段;1973—1980年,区域增长中心建设阶段;1983—1989年,卫星城建设阶段。	政府主导的"联合开发体系"模式	借鉴国际经验,结合实际	1960—1990年间开始建设了24座新城	盆堂一山	汉城(今首尔)	13座;新城人口约17万—39万;距汉城约0—25千米,约1小时车程。
中国香港	人口急剧增加,经济高速发展,急需发展空间	1950—1970年,萌芽阶段;1973年以后,大规模建设。	政府主导建设	多受英国新城建设思想影响	共建设了9座新市镇,容纳200多万人	荃湾将军澳	—	—

资料来源:曾大林、尚丰伟、徐友全(2013)。

二、中国新城发展历程及典型案例

1949年以来,尽管中国城镇化经历了波动增长的阶段,但城市发展过程中始终都在不断进行有关新城建设的实践。20世纪50年代我国曾经建设了一批卫星城,当时主要是基于产业空间发展的需要,将一些大型企业分散布置在大城市中心城区的周边。这些工业卫星城主要是根据工业项目发展的需要,统一投资,配套建设工厂区、居住区,以及各项公共服务设施。居民多为大型企业的职工及其家属,绝大多数是在国家统一安排下迁到卫星城的。一般而言,这一时代的卫星城,规模较大,工业门类单一,设施配套不齐全。因此,我国在特殊历史背景下建立的这些卫星城,虽有明确的政策目标,但对居民的吸引力较低,在很大程度上要依附于中心城区,在疏解中心城市人口和产业方面所起的作用有限(张捷、赵民,2005)。改革开放以来至2000年左右,主要是以建设各类开发区、城市新区为主,新城建设处于酝酿阶段;2000年以后,新城建设迅速拓展,全国各大城市密集地展开了新城建设(邬登悦,2014)。一方面是为了减少中心城区的人口压力,起到"分流"作用;另一方面是引导郊区城市化发展,吸引可能进入中心城区的人口在新城居住或就业,起到"截流"作用。此处,重点对北京和上海的新城建设作简要介绍。

(一)北京新城建设

北京的新城建设经历了卫星城规划、卫星城整合调整和新城规划建设三个发展阶段(袁蕾,2014)。卫星城规划初始阶段:为了缓解市区人口过分集中的压力,1958年6月制定的《北京城市建设总体规划初步方案》首次提出采取"子母城"的形式进行城市空间布局,规划了40多个卫星城镇。一批工厂新建或从市区迁移到远郊的卫星城镇,由于卫星城数量过多,产业布局趋向分散,企业规模较小,基础设施难以配套建设。该时期的城市建设,主要是在完全的计划经济体制下由国家基建完成,虽然提出要避免建设过于集中,但大部分新建的工厂和单位仍集中在市区,卫星城(子城)的规模和功能仍然相对较弱,没有形成具有较大带动作用的增长极(王亚钧、路林,2006)。

卫星城整合调整阶段:1982年《北京城市建设总体规划方案》延续了1958年规划的城市格局,明确提出了适当重点发展建设条件较好的卫星城镇的规划思路,远郊卫星城由40多个精简到20多个,并提出重点建设燕山、通县、黄村、昌平4个卫星城。1993年批复的《北京城市总体规划(1991—2010年)》提出将北京打造成四级城镇体系,即1个市区、14个卫星城、29个中心镇以及140多个建制镇(袁蕾,2016)。明确了"卫星城既承担市区延伸的部分功能,又大部分是远郊县(区)政府所在地,是其所辖县(区)的政治、经济和文化中心,具有相对独立性"。不再简单地将工业发展作为卫星城的发展目标,使其"相对独立、设施齐全、各具特色"。由于建设重点仍集中在城市中心区,尤其是近郊区,卫星城基础设施建设滞后及与城区联系不紧密的问题仍没能解决,使得卫星城的城市功能发育不足,吸引力较弱,人口规模仍然在十几万徘徊(袁蕾,2014;王亚钧、路林,2006)。

新城规划建设阶段:《北京城市总体规划(2004—2020年)》中明确要求构建"两轴两带多中心"的城市空间结构。"两轴"是指沿长安街的东西轴和以北京传统中轴线为核心的南北轴;"两带"是指东部发展带和西部发展带;"多中心"则是指在市域范围内建设不同的功能区。该轮规划明确提出,新城是北京"两轴-两带-多中心"空间结构中,东西部发展带上的重要节点,同时也是所在地区的政治、经济、文化中心,新城的建设应充分依托现有卫星城和重大基础设施(如机场和铁路车站等),将其建设成为功能完善、环境优美、交通便捷、公共服务设施发达的地区(王亚钧、路林,2006)。为了避免分散建设力量,提升新城综合职能,新城在数量上由原来的14个缩减为11个。按照"在原有卫星城和重大基础设施的基础上,建设相对独立、功能完善的健康新城"的指导思想,新的卫星城除亦庄之外,全部在远郊10个区县的原有县城基础上规划建设。北京于2007年11月公布的11个新城规划中,提出在奥运会后将规划建设重心由中心城逐步转移到新城特别是重点新城,通过新城尤其是重点新城的发展,促进北京城市建设及社会经济的全面、持续、协调发展。

2017年批准通过的《北京城市总体规划(2016—2035年)》提出"一核一主一副、两轴多点一区",其中的"多点"是指5个位于平原地区的新城,包括顺义、大兴、亦庄、昌平、房山新城;此外还有多个位于生态涵养区的新城。

(二)上海新城建设

历史上,上海是一个单中心结构的城市。中华人民共和国成立初期,上海为了调整工业布局,1957年决定建立卫星城镇,分散一部分工业企业,减少市区人口过分集中。1958年,国务院批准将江苏省宝山、嘉定、川沙等10个县划归上海市,为卫星城的规划建设提供了条件。至1959年底,上海先后规划建设闵行、吴泾、安亭、松江、嘉定五个卫星城,形成了群体组合的城市框架。20世纪70年代,以建设金山卫石化总厂和宝山钢铁总厂为契机,又相继规划建设了金山卫和吴淞-宝山两个卫星城。多年来,卫星城的建设对工业布局的调整发挥了重要作用,但由于城镇功能单一、生活配套不足,集聚效应并不十分明显。

《上海市城市总体规划(1999—2020年)》提出了"新城"的概念。以中心城为主体,形成"多轴、多层、多核"的市域空间布局结构。"多轴"由沪宁、沪杭、滨江沿江海发展轴组成;"多层"指中心城、新城、中心镇、一般镇所构成的市域城镇体系及中心村5个层次;"多核"即为中心城和新城。其中,包括了松江、嘉定、临港等11个新城。2005年,参考国内外新城建设经验,最终确定规划建设9个新城。经过多年发展,闵行、宝山已与中心城基本连成一片,郊区新城包括松江、嘉定、临港、青浦、金山、奉贤南桥、崇明城桥7个。

《上海市城市总体规划(2016—2035年)》进一步提出要构建开放紧凑的上海市域空间格局,形成"一主、两轴、四翼、多廊、多核、多圈"的市域总体空间结构,形成"主城区-新城-新市镇-乡村"的市域城乡体系。提出要充分发挥新城在优化空间、集聚人口、带动发展中的作用,承载部分全球城市职能,培育区域辐射、服务功能;重点建设嘉定、松江、青浦、南桥、南汇等新城,培育成为长三角城市群中具有辐射带动能力的综合性节点城市,按照大城市标准进行设施建设和服务配置,强化枢纽和交通支撑能力。具体新城定位如下:

嘉定新城:沪宁轴线上的西北门户节点城市,以汽车研发及制造为主导产业,具有独特人文魅力、科技创新力、辐射服务长三角的现代化生态园林城市。

松江新城:沪杭轴线上的西南门户节点城市,以科教和创新为动力,以服务经济、战略新兴产业和文化创意产业为支撑的现代化宜居新城,具有上海历史文化底蕴和自然山水特色的区域高等教育基地和休闲旅游度假胜地。

青浦新城:沪湖轴线上的节点城市,以创新研发、商务贸易、旅游休闲为支撑,具有江南历史文化底蕴的生态型水乡都市和现代化湖滨城市。

南桥新城:滨江沿海发展轴线上的节点城市,以先进制造、航运贸易、海洋产业为支撑的滨海新城,以自贸区创新、产业科技创新、智慧文化创新为动力的改革开放的先行试验区。

金山滨海地区、崇明城桥地区,提升地方性服务功能,发展形成功能完善、产城融合、用地集约、生态良好的门户型节点城市。

第三节 新城选址与新城规划

根据国外新城建设的经验,国内在规划建设新城时,应该注意几个方面。首先,新城开发是大城市整体结构调整的有机组成部分、新城建设要有合适的规模、新城建设区外围应保留一定的生态缓冲地带、新城建设应营造优美而富有特色的人居环境、新城形象应避免千城一面。在新城建设过程中,除尊重城市规划和建设的原则外,其他一些原则也应当遵循,具体包括:一是强化中心城市,完善城镇体系;二是促进新城城市化,统筹区域协调发展;三是营造良好的政策环境;四是政府主导,市场化运作;五是择优选址,交通工程先行;六是合理控制建设指标,推行可持续发展战略;七是均衡社会结构,保持社会健全;八是尊重历史,弘扬和充实文化内涵(张捷、赵民,2005)。此处,重点对新城的选址以及新城的规划进行介绍。

一、新城选址

新城在选址时,需要重点考虑拟选地址的区位条件、经济条件、交通条件、以及发展空间。其中两类城镇可重点考虑:一是以现有的一些中小城市或城镇为基础,选择一些近年来经济发展较快,基础设施较好,空间发展余地较大,已进入成长阶段的城市或城镇为"新城",通过政策推动和空间重构,形成区域的次一级发展中心;二是对以资源开发为基础的中心城镇进行改造,对比较优势突出的资源型城市,有重点、有选择地投入资金和技术,在现有基础上进行调整和改造,延伸产业链条,优化产业结构,增强经济活力,扩大城市规模,从而形成有独特功能的"新城"(张捷、赵民,2005)。

在确定新城选址时,还应充分考虑新城与老城间的距离。新城与母城的距离应当适中,以避免未来中心城区和新城发展蔓延成片,同时确保新城处在中心城区边界的通勤圈内,以便于产业和人口转移。巴黎的5座新城中除东郊的玛尔纳(距巴黎市中心15千米)外,其他4座新城与母城的距离在25—35千米之间,而伦敦的11座新城距母城的距离则在50—130千米之间,其目的就是为了防止随着新城的不断发展在将来与母城连成一片,成为母城圈层扩展的一部分。根据国内新城建设的经验,一般的新城与中心城区之间的距离宜在20—40千米,不宜超过60千米(张捷、赵民,2005)。

此外,新城还必须通过便捷发达的轨道交通或公共交通与老城保持便捷的联系。新城或在已经建成的交通干线的重要节点上选址,或在新城与母城之间新建大运量快速交通设施。同时,在新城建设之前应将交通规划建设前置,否则,缺乏交通体系的支撑,新城成长将极为缓慢[①]。

二、新城规划

新城规划是城市规划的重要组成部分,在城市总体规划指导下,编制新城规划是新城建设和发展的重要依据。编制新城规划,首先要以总体规划层面为基本技术平台,以控制性详细规划、城市设计、规划标准研究、重点问题研究、节点设计等为支撑,明确新城的职能定位、产业支撑、空间结构等,对新城综合交通系统、生态城市建设、公共服务设施配置、新城建设标准等进行重点研究,促进新城产业结构调整和增长方式转变,促进新城的可持续、集约、协调发展。新城规划一般包括:总则、发展定位、区域协调与城乡统筹、新城规模、空间布局与分区指引、产业发展与就业、住宅与社区、社会事业发展及公共服务设施、生态环境建设与保护、资源节约保护与利用、综合交通体系、市政基础设施、城市公共安全、城市设计引导、近期发展建设重点、实施政策与机制等内容。新城规划不完全局限于这些内容,当然也并不一定要把所有内容都包含在内。其中,新城规划要特别注意新城职能与产业发展定位、新城规模、市政设施以及公共服务设施配套等重大问题。

第一,新城职能与产业发展。通过新城建设以疏解中心城区过多的产业和人口并带动周边落后地区发展。因此,新城的规划和建设需要着重考虑如何增强新城对产业和人口的吸引力。在产业布局上,应充分发挥新城与母城的比较优势,错位发展,形成紧密关联、优势互补的关系;在此基础上确定产业发展方向,为新城发展提供强有力的产业支撑。新城既要布局具有竞争力的主导产业,并通过产业的分工细化不断拓展产业链,形成产业的集群化发展,以产业集聚带动人口集聚;同时又要避免产业的过于单一,注意产业的多元化发展,以便为具有不同文化水平和劳动技能的人提供更多的创业就业机会,吸引中心城区、新城本地及附近的人口。如密尔顿·凯恩斯新城在建设过程中十分强调"独立自主"与"平衡",也就是强调总人口中要有相当数量的本地就业人员,

---

① 《新城规划建设应注意的几个问题》(http://finance.ifeng.com/a/20160618/14501617_0.shtml)。

且注重居住人群和岗位的多样性,而香港大埔新市镇,在建设初始也注重产业的发展,可后来由于香港制造业向内地转移和香港整体产业定位问题,并没有实现最初的设想,在一定程度上成为了"卧城"。所以,新城在规划建设过程中,应当对新城所担当的职能以及产业基础进行科学评判,这是新城发展的基础。

第二,强化市政交通基础设施的服务与引导作用。新城在规划过程中,应该加强市政交通基础设施的建设保障,建立高效、便捷的城市支撑体系。突出交通的先导作用,完成新城的"九通一平"。如苏州工业园区确立了"先规划后建设、先地下后地上"的科学开发程序,先后投入400余亿元进行高标准的基础设施建设,为整个园区的进一步发展打下了良好的基础,而北京亦庄新城在最初经济技术开发区建设时,并未充分考虑各项基础设施的配套完善,造成了现在能源短缺、交通容量不够等问题[1]。

第三,加强公共服务设施配套建设,提升新城吸引力。按照"职住统一"的要求规划建设新城。新城的功能不能过于单一,不能将新城建设成单纯的经济中心或"卧城"。要高标准配置基础设施、公共服务设施和居民居住、购物、休闲娱乐等生活设施,将新城打造成经济活力强、公共服务优、生态环境好、生活品质高、综合功能完善、独立性强、宜居宜业的区域副中心城市。如果不能实现"职住统一",建设新城就失去了其原本意义。因此,为新城创造优越的投资、工作、生活条件,是新城能够得以持续健康发展并在缓解"大城市病"以及解决区域发展失衡问题中发挥积极作用的关键。如上海松江新城基础设施基本完成后,重点进行住宅建设与公共设施建设,为新城吸引人口迁入创造了条件;而北京亦庄新城在经济技术开发区背景下,忽略了城市功能的完善,造成了现在"有业无城"的局面。

第四,注重新城人居环境建设,加强城市特色塑造,提升新城生活品质。加强生态保护及绿化建设,提升生态环境承载力,并搞好新城环境污染治理,加强资源节约利用,改善新城人居环境。如筑波科学城最初过于偏重科技研发,没有充分考虑到整个科学城的生态与人居环境问题,后来由于1985年主题为"人类居住与科技"世界博览会在筑波举行和强调居住环境建设的日本《第三次国土综合开发计划》的推动,投入了大量资金整治环境与建设基础设施,使其摆脱了原先过于单调的科研色彩,提高了国际知名度,并带动周边地区发展。

第四节 新城发展面临的主要问题

近年来,我国新城建设快速发展,尽管一定程度上改善了中心城区人口的过度集中、改善了当地居民的生活条件,并提升了城市形象,但在一定程度上也造成了多样化的问题,主要表现在:新城选址不当、人口导入不足、房屋空置率高、产业发展欠缺、资金供应不足、外来人口较多等一系列问题。

---

[1] 《国内外新城规划建设比较研究》(https://wenku.baidu.com/view/207bac0c76c66137ee06198e.html)。

一、新城选址不当,规划尺度过大

部分新城在规划建设中选址不当,与老城形成资源争夺。部分新城选址由于离老城过远,难以集聚人气,例如鄂尔多斯的康巴什新区由于离老城过远,人气不足,被国内外很多媒体报道为"鬼城"。部分新城规划尺度过大,功能区块难以融合,土地利用不够集约。例如,上海市的闵行新城、松江新城、嘉定新城主城区、青浦新城规划面积均超过110平方千米,临港地区规划面积甚至达到300多平方千米。当前新城以现代居住小区为主,街廓尺度巨大,多为300—400米乃至更大。大尺度街廓导致城市空间私有化和破碎化,肢解了城市的活力。另外,与中心城区1万—2万人/平方千米的人口密度相比,郊区新城的人口仅有0.27万人/平方千米,可见郊区新城土地的集约利用、紧凑型发展面临巨大潜力和空间①。

在前期规划中,不同层级政府之间的协调沟通不够充分,导致新城配套设施的选址存在问题。例如,上海市嘉定区的部分大型居住社区选址在镇上的原工业园区中,导致大量企业需要搬迁,而央企等部分大型企业动迁困难,影响了相应地块大居保障房及相应配套设施的建设进度。另外,现状与规划存在较大的冲突,造成了规划的实施困难,规划调整的方向不明确,进而也就导致配套建设不能跟进。

二、人口导入不足,人口管理困难

新城交通、就业、公共服务与生活服务资源不足以及与市区优质公共服务资源的差距较大,导致新城难以吸引本地人口导入,同时也使新城的人口结构发生变化,呈现出"五多"(弱势群体多、失业人员和低保人员多、外来人员多、特殊人员多、人户分离多)人群比例高的特征。以上海为例,近10年,上海市7个新城人口虽增加了约100万人口,使得至今全部新城的常住人口总数达到260万,但仍只有总规划的一半,且新城之间的人口聚居度存在明显差异。如即使产业已经发展相对完善的临港新城,根据规划,到2020年人口规模达到80万,但愿意去那里居住的人依然很少,常住人口也仅有5万(主城区只有2万多人),并且其中3万以学生为主②。

另一方面,人口结构的失衡,导致特殊群体对某些公共服务资源的需求旺盛,也造成了管理困难。以上海市嘉定新区的大型居住社区为例,目前大型居住社区中导入的人口,21%是由中心城区导入的人口,79%是外来人口,大型居住社区正在变成新的外来人口集聚地。此外,在来自中心城区的人口中又以老年人居多,而老年人对公共服务的要求比年轻人更高,如菜场、公交车、医院、邮局、银行等,然而大居以前的建设规划,并没有充分考虑到老年人过多集聚导致对相关资源需求旺盛,需要重点配套的问题。另外,大量的外来人口集聚不仅容易引发社会管理问题,同时其消费能力不足,直接导

---

①② 《建议进一步推进郊区新城发展》(http://www.shtzb.org.cn/node2124/node2143/node2194/u1ai1841205.html)。

致了以满足居民需求为导向的服务市场不发达,影响了大型商场、超市、银行等机构的进驻,也影响了其他服务性企业、社会组织在大型居住社区的发展。

三、公共配套不足,新城吸引力弱

城市交通和生活服务设施的配套程度仍然无法满足当地居民的需求,人口与社会管理的压力凸显。近年来,郊区新城逐渐成为主城区及其周边地区溢出人口的承载地,但财政投入并未"钱随人走",特别是郊区与中心城区以及新城之间的交通不便、中小学教育事业和卫生事业严重落后于中心城区、缺乏高水准、上档次的文化娱乐服务设施,既是当前阻碍新城人口导入的重要因素之一,也造成了部分当地较高收入居民的高端服务主要还是依赖新城外或中心城区来满足的格局。

四、产业发展欠缺,就业岗位不足

新城产业转型升级滞后,与城市功能定位不相适应,产业吸纳就业能力不强,产城融合程度有待提高。新城的产业体系与新城功能定位不相适应,产业结构层次较低,转型压力较大,对就业的吸纳能力有限。更为重要的是,新城城区在空间上的分离,导致人户分离现象突出,使大部分中心城区居民不愿意到新城定居。在配套服务方面,新城大型居住社区的交通、就业状况不利于社区的健康发展,最为关键的是缺少产业的支撑。如前所述,大部分大型居住社区并不临近工业用地,而对于少部分临近工业用地的大型居住社区,也面临居民的就业需求、条件与就业机会不匹配的问题,亦即生活区、生产区如何协调发展的问题。缺少了产业和经济的支撑,大型居住社区作为新城区、新镇区独立发展的可能性就将大打折扣,很大程度上仍只能作为市区的附庸承载其一部分居住功能。

第五节 促进新城健康发展的建议

一、编制合理的新城规划

规模过大的新城规划容易导致住房空置率高、基础设施浪费,因此在新城规划过程中应该对新城规模进行充分论证,同时新城的建设速度不宜过快。结合拟建设新城区域的社会经济条件和地理条件,新城建设要进行科学的选址;编制新城规划要进行科学论证,不能一味求大,必须符合国家建设用地指标和人口增长趋势,杜绝先建设后审批。新城规划要逐步实施,不能一蹴而就,把城市框架铺得太大。要注意公共服务资源的配置和生活环境的营造,创造宜居的城市生活空间。

二、产业配套与产城融合

新城发展单纯依靠土地财政和房地产投资是不可持续的。长远来看,除了需要集聚人气发展各种服务业外,还需要根据自身的比较优势积极发展工业,因为工业具有很大的前后向拉动效应,能够带动大量的就业和持续的税收。但是必须注意的是,新城不能一味通过土地和税收补贴来吸引"高大上"的先进制造业企业入驻。正如鄂尔多斯的汽车制造业,由于缺乏成熟的劳动力和配套产业,在当地缺乏竞争力(王丰龙,2016)。只有符合地方条件的工业才有在新城发展的潜力。因此,新城政府应该在清楚了解本地资源禀赋和竞争优势的基础上,针对性地招商引资,并注意围绕某些产业培育产业集群,形成不断壮大的特色产业,在拥有特色性支柱产业的基础上,尽量实现产业的多元化、综合化发展。另一方面,新城可以制定相关优惠政策,促使中心区现代服务业和高级人才向新城转移集聚,例如对进入新城工作的高级人才,实施比较特殊的个人所得税政策等。

三、完善服务设施配套

推动市区优质资源向郊区新城布局和转移,支持具有重大引领作用的社会事业项目在新城落地,提高公建配套标准,使导入市民能够享受到与市区同质的社会公共服务,提高新城的吸引力。具体可以考虑从以下几个方面着手:一是可以对通往新城的公交路线、轨道交通,实行低价或补贴策略,降低新城居民的出行成本。二是采取政府购买服务的形式,支持郊区新城养老产业发展,吸引中心城区老年人口到新城养老。三是支持中心城区的市级重点幼儿园、重点中小学、重点高中、重点医院等机构,在郊区新城或者开办分部、分校,或者与郊区新城同类单位开展跨区合作,全面提高新城的教育质量、医疗水平,满足新城人才对高质量教育、医疗服务的需求。四是考虑将建设规划中的文化、体育设施重点项目纳入新城规划中,以满足新城居民日益增长的文化需求。通过开展多形式的文化活动,促进居民之间的相互交流,促进新城内不同人群的融合。

四、制定人口导入的有效政策

一方面,在郊区新城加大"经济适用房"的配置,并开辟中心区人口或人才转移专用房。将经济适用房的空间配置与新城开发相结合,制定和实施有利于新城发展的住房政策,适度加大经济适用房在新城的配置数量,并且专门拿出一部分房源,作为吸引中心城区人口或人才的专用房,在其申购条件中增加中心城区户口或居住证、必须自己居住等条件。另外,配合中心城区产业转移和城市开发,在新城建设能容纳百万人口的廉租房、人才公寓,吸引更多的人到新城居住、工作。另一方面,制定吸引人才落户的优惠政策,例如上海积分落户政策中,凡是用人单位为远郊地区教育、卫生、农业等社会公益事业单位均可以多加分。此外,可以考虑与中心城区建立对接合作关系,引导中心城区的动迁居民到郊区新城定居。

五、创新新城管理的体制机制

明确郊区新城发展管理体制,从市级层面整体规划、统一运作、有序推动新城建设与发展。成立实体性、专门化的市级新城建设管理机构,如新城管理委员会或新城开发建设局等,全权负责新城的规划招标、资金筹措、开发建设、组织协调等工作,对新城做出明确的功能定位。与此同时,制定旨在保障新城顺利开发建设的《新城开发管理法》或《新城开发法》等法律制度,依法明确新城开发建设主体、建设资金使用、开发程序、规划建设等事宜,为新城建设提供坚实的法律基础。另外还要加强市级财政对新城建设的支持力度。加大财政投入,统筹城乡基础设施和公共服务设施建设。在新城的重大基础设施和重大社会功能性服务项目的建设中,尤其是轨道交通、骨干公路等大型基础设施和水、电、气等的修建方面,市级财政要提高承担资金的比重。调整市财政对郊区区县的财力分配体制和公共财政的支出结构,加大对郊区的投资强度和转移支付力度。

参考文献

[英]埃比尼泽.霍华德:《明日的田园城市》,金经元译,商务印书馆2000年版。

Hall P. World Cities, Mega-Cities and Global Mega-City-Regions (GaWC Annual Lecture, 2004)[EB/OL]. (2012-10-19)[2012-12-10]. http://www.lboro.ac.uk/gawc/rb/al6.html.

《北京市城市总体规划》(2016—2035年)。

曾大林、尚丰伟、徐友全:《新城建设的内涵解析与模式研究——基于国内外新城建设对比分析》,《中国名城》2013年第7期。

陈劲松:《新城模式——国际大都市发展实证案例》,机械工业出版社2005年版。

冯奎:《中国新城新区发展报告:2016》,企业管理出版社2016年版。

郝娟:《西欧城市规划理论与实践》,天津大学出版社1997年版。

蹇彪:《论新城人口导入的机理、影响因素与策略》,《经济纵横》2011年第3期。

李凌岚、雷海丽:《中国空港新城发展研究》,载《中国新城新区发展报告:2016》,企业管理出版社2016年版。

吕颖慧、曹文明:《国外新城建设的历史回顾》,《阴山学刊》2005年第2期。

《上海市城市总体规划》(2016—2035年)。

孙斌栋:《从通州到雄安:中国多中心空间战略的实践及其现实意义》,《国家治理》2017年第2期。

覃成林、李红叶:《西方多中心城市区域研究进展》,《人文地理》2012年第1期。

《通州新城规划(2005—2020年)》(http://www.bjtzh.gov.cn/n95/n2231951/n2232013/n2238663/c2258849/content.html)。

王丰龙:《中国行政主导的新城新区建设问题研究》,载《中国新城新区发展报告:2016》,企业管理出版社2016年版。

王亚钧、路林:《从卫星城到新城——北京城市空间格局的发展与变化》,《北京规划建设》2006年第5期。

邬登悦:《中国新城发展过程与类型研究》,南京大学硕士论文2014年。

于涛、郭宁宁:《中国高铁新城发展研究报告》,载《中国新城新区发展报告:2016》,企业管理出版社2016年版。

袁蕾:《基于城乡一体化的北京新城发展研究》,知识产权出版社2014年版。

袁蕾:《中国特大城市新城规划与实践——以北京、天津、上海、广州新城建设为例》,《城市管理与科技》2016年第6期。

张捷、赵民:《新城规划的理论与实践》,中国建筑工业出版社2005年版。

张静:《大城市理性扩张中的新城成长模式研究——以杭州为例》,浙江大学博士学位论文2007年。

第四篇
城市活力

　　城市活力篇主要包括城市产业、城市产业园区、城市创新、城市文化、城市形象和城市竞争力等六章。城市产业重点对城市产业的发展演变、城市产业的形成、城市产业分类、城市产业结构和城市产业集聚等进行研究。城市创新则从概念入手，对城市创新的战略和城市创新体系规划进行介绍。城市文化和城市形象从软硬两个维度，对城市的内在品质和外在气质进行探讨。城市竞争力作为对城市活力的评判指标，重点介绍了城市综合竞争力、宜居竞争力、宜商竞争力、宜游竞争力，并重点讨论了城市可持续竞争力。

第四章

城市形成

第十五章 城市产业经济

本章首先探讨经济增长与产业演变;接着分析城市产业经济的形成与发展;然后从城市产业分类、城市产业结构、城市产业集聚三个方面进行剖析探讨;最后联系实际,计算分析我国城市产业经济的基本现状,提出我国城市产业经济发展的路径设计。

第一节 经济增长与产业演变

一、经济增长方式与产业动力演化路径

纵观西方国家二百余年来的经济发展史,从工业革命早期的粗放型增长至今"后工业时代"集约型增长,经历了一个较长的演化过程。西方经济发达国家经济增长方式转变的历史表明:在工业化早期,都会经历一个或长或短的粗放型增长期。但是总体趋势是从劳动/资本投入驱动型到管理/知识创新带来的生产效率提高型,即体现为"要素积累-集约管理-知识创新"的动力演化路径,集约化程度和创新程度越来越高。产业结构也会经历"农业-工业-服务业"的变化过程,服务业兴起并占据主导地位,具体见表15-1。

二、经济增长方式与产业演变相关理论

(一) 配第-克拉克定理

最早注意到产业结构演变规律的是英国经济学家威廉·配第。他在1690年出版的《政治算术》一书中认为:"工业的收入比农业高,而商业的收入又比工业多得多,说明工业比农业、服务业比工业具有更高的附加价值,而不同产业之间的收入差距会推动劳动力向收入更高的部门转移。"这一发现被称为配第定理。英国经济学家科林·克拉克于1940年在《经

表 15-1　西方发达国家经济增长方式 200 年演变

时期	古典增长时期（工业化早期）		现代增长时期（工业化后期）	
阶段	原始积累的经济增长	大工业经济增长	管理与技术应用的增长	知识与创新增长
	（原始资本主义）	（机械资本主义）	（管理资本主义）	（数字资本主义）
大致时间	1760—1860 年代	1860—1910 年代	1910—1970 年代	1980 年代以后
技术演进新变化	从工场手工劳动（"流汗"）到水力、蒸汽驱动的机械运用和专用化生产	重型机器、大规模生产	流水线与大规模精益生产和销售	知识生产和信息传播导致的技术创新
管理和组织变革	工厂制（个体与合伙）	合股、股份公司；管理系统与泰勒制	福特制；管理层级	内部、地区和全球网络
创新产业和经济领长部门	机械制造业、铁路及航运	钢铁、电气、重型机械、化工	石油、汽车工业、民品消费及服务业	现代服务业：教育、医疗、信息服务和娱乐、金融等；高科技（电子、新材料、新能源、生物工程和航空航天）
基础设施	运河、收费公路、铁路、蒸汽船	钢制铁轨、钢制船舶、电报	无线电、高速公路、机场和航线	信息高速公路（有线和无线）
经济增长的新驱动因素	劳动力：要素投入	资本积累：要素投入	组织和管理创新：生产效率提高	知识与创新；生产效率提高
总体特点	粗放→集约→创新			

资料来源：王宏淼《西方国家经济增长方式的历史演变及对当今的启示》，《现代经济探讨》2006 年第 6 期。

济进步的条件》一书中发现："(1)随着经济的发展和国民收入水平的提高，劳动力首先从第一产业向第二产业移动；当人均收入水平进一步提高时，劳动力便向第三产业移动。(2)劳动力在产业之间的分布状态是：第一产业比重不断减少，第二产业和第三产业将顺次不断增加。(3)劳动力在不同产业间流动的原因在于不同产业之间收入的相对差异。"两者的研究成果称为"配第-克拉克定理"。

（二）库兹涅茨法则

美国著名经济学家"GDP 之父"西蒙·库兹涅茨于 1971 年在《各国的经济增长》一书中搜集和整理了 20 多个国家的庞大数据，把三次产业分别称为 A(agriculture)、I(industry)、S(service)，分析了国民生产总值在三次产业间的分布，考察分为横截面分析和时间序列分析。研究结果表明：(1)无论是发达国家还是发展中国家，在工业化进程中，人均国民生产总值的提高，A 部门的比重都处于下降趋势，I 部门处于快速上升趋势,S 部门处于缓慢上升趋势。(2)人均国民生产总值不同的国家,劳动力在几个产业的分布是不同的。收入水平越高,A 部门劳动力比重越小,I、S 部门劳动力比重越大。按时序趋势考察,也有相同结论,具体见表 15-2。

表 15-2　西蒙·库兹涅茨三次产业国内生产总值结构与经济发展阶段的关系

经济发展阶段	三次产业 GDP 结构	城市人口占总人口比重	劳动力在三大产业中的比重结构
工业化前的准备阶段	49.8∶22.8∶27.4	21.9	80.5∶9.6∶9.9
	32.7∶28.6∶38.7	32	63.3∶17∶19.7
工业化的实现和经济高速增长阶段	33.7∶29.0∶37.3	36	46.1∶28.8∶27.1
	15.1∶39.4∶45.5	49.9	41.4∶36∶32.6
	14∶50.9∶35	65.8	—
工业化后的稳定增长阶段	—	68.2	17∶45∶37.4

资料来源:西蒙·库兹涅茨《各国的经济增长》,商务印书馆 2005 年版,第 66—381 页。

(三)霍夫曼工业化经验法则

德国经济学家番夫曼在 1931 年出版的《工业化的阶段和类型》一书中,依据近 20 个国家的时间序列数据,提出了"霍夫曼比例",用公式表示为:

霍夫曼比例=消费资料工业的净产值/资本资料工业的净产值

根据这一比例进行测算结果发现:(1)在工业化过程中霍夫曼比例存在下降的趋势,也就是消费资料工业比重下降、资本资料工业比重上升。这个结论被称为"霍夫曼工业化经验法则"。(2)霍夫曼根据霍夫曼比例的变化趋势,把工业进程分为四个阶段,具体见表 15-3。

表 15-3　霍夫曼对工业阶段的划分

工业化阶段	霍夫曼比例范围	主　要　特　征
第一阶段	5.0(±1.0)	消费资料工业在制造业中占有统治地位;资本资料工业不发达,在制造业中所占比重较小
第二阶段	2.5(±1.0)	资本资料工业的增长快于消费资料工业的增长,但消费资料工业的规模仍然比资本资料工业的规模大
第三阶段	1.0(±0.5)	资本资料工业继续比消费资料工业更快地增长,消费资料工业和资本资料工业的规模达到大致相等的程度
第四阶段	1 以下	资本资料工业的净产值已经超过消费资料工业的净产值,已经处于主体地位,是实现工业化的重要标志

资料来源:苏东水《产业经济学》,高等教育出版社 2015 年版,第 168 页。

(四)钱纳里多国模型

钱纳里利用第二次世界大战后发展中国家,特别是其中9个准工业化国家(地区)1960—1980年间的历史资料,建立了多国模型,利用回归方程建立GDP市场占有率模型,提出标准产业结构:根据人均国内生产总值,将不发达经济到成熟工业经济整个变化过程划分为三个阶段六个时期:(1)初级产品生产阶段;(2)工业化初级阶段;(3)工业化中级阶段;(4)工业化高级阶段;(5)发达经济初级阶段;(6)发达经济高级阶段,从任何一个发展阶段向更高一个阶段的跃进都是通过产业结构转化来推动的。

(五)罗斯托主导部门理论

罗斯托根据技术标准把经济成长分为六个阶段:(1)传统社会;(2)为起飞创造前提;(3)起飞;(4)成熟;(5)高额群众消费;(6)追求生活质量,每个阶段的演进是以主导产业部门的更替为特征的。经济成长的各个阶段都存在相应的起主导作用的产业部门,主导部门通过回顾、前瞻、旁侧三重影响带动其他部门发展。

与六个经济成长阶段相对应,罗斯托在《战后二十五年的经济史和国际经济组织的任务》一文中,列出了五种主导部门综合体系:(1)作为起飞前提的主导部门综合体系,主要是食品、饮料、烟草、水泥、砖瓦等工业部门;(2)替代进口货的消费品制造业综合体系,主要是非耐用消费品的生产;(3)重型工业和制造业综合体系,如钢铁、煤炭、电力、通用机械、肥料等工业部门;(4)汽车工业综合体系;(5)生活质量部门综合体系,主要指服务业、城市和城郊建筑等部门。

罗斯托认为:(1)主导部门序列不可任意改变,任何国家都要经历由低级向高级的发展过程;(2)主导部门通过投入产出关系而带动经济增长;(3)主导部门并非固定不变。

(六)结论性评述

1. 宫泽健一总结了国民收入和劳动力在三次产业中的比重变化规律,具体见表15-4。

表15-4 国民收入和劳动力在三次产业中的比重变化规律

	劳动力的相对比重		国民收入的相对比重	
	时间序列分析	横截面分析	时间序列分析	横截面分析
第一产业	↓	↓	↓	↓
第二产业	∽	↑	↑	↑
第三产业	↑	↑	∽	—

资料来源:宫泽健一《产业经济学》,东京东洋经济新报社1975年版,第57页。
注: ∽ 表示不确定,—表示稳定或几乎不变。

2. 国家发展和改革委员会国际合作中心参照各类理论研究和国际经验确定了工业化不同阶段的标志值,具体见表15-5。

表 15-5　工业化不同阶段的标志值

指　标		前工业化阶段	工业化实现阶段			后工业化阶段
			初期阶段	中期阶段	后期阶段	
1. 人均GDP（美元）经济发展水平	（1）1964年	100~200	200~400	400~800	800~1 500	1 500 以上
	（2）1996年	620~1 240	1 240~2 480	2 480~4 960	4 960~9 300	9 300 以上
	（3）1995年	610~1 220	1 220~2 430	2 430~4 870	4 870~9 120	9 120 以上
	（4）2000年	660~1 320	1 320~2 640	2 640~5 280	5 280~9 910	9 910 以上
	（5）2002年	680~1 360	1 360~2 730	2 730~5 460	5 460~10 200	10 200 以上
	（6）2004年	720~1 440	1 440~2 880	2 880~5 760	5 760~10 810	10 810 以上
2. 三次产业产值结构（产业结构，%）		A＞I	A＞20，且A＜I	A＜20，I＞S	A＜10，I＞S	A＜10，I＜S
3. 制造业增加值占总商品增加值比重（工业结构，%）		20 以下	20—40	40—50	50—60	60 以上
4. 人口城市化率（空间结构，%）		30 以下	30—50	50—60	60—75	75 以上
5. 第一产业就业人员占比（就业结构，%）		60 以上	45—60	30—45	10—30	10 以下

注：1964年与1996年的换算因子为612，系郭克莎（2004）计算；1996年与1995年、2000年、2002年、2004年的换算因子分别为01981、11065、11097、11162，系作者根据美国经济研究局（BEA）提供的美国实际GDP数据推算；A、I、S分别代表第一、第二和第三产业增加值在GDP中所占的比重。

资料来源：国家发展和改革委员会国际合作中心《中国区域对外开放指数研究》，人民出版社2016年版，第56页。

第二节　城市产业经济形成与发展

一、城市产业经济形成与发展的推动力

规模经济、分工协作和资源禀赋是导致城市产业经济形成的三个推动力。

（一）规模经济[①]

资本效率、规模报酬递增和规模收益是城市规模效益的基本机制。资本效率和规模报酬递增都是建立在规模经济基础之上的。在总投入不变的情况下，更高的资本-劳动比例的产出效果要高于较低的资本-劳动比例的产出效果，由于城市的生产结构更适于技术进步下的资本最小规模，当城市的区位条件或技术水平适宜于更多的资本量时，

---

① 东北财经大学公共管理学院——城市经济学精品课程建设小组：《第四章　城市规模经济》，2017年12月20日（http://classroom.dufe.edu.cn/spsk/c260/wlkj/chengsjj/jiaoxnr/4_1-2.html）。

这个城市将会迅速长大;而规模报酬递增紧密地依存于规模经济,在实现了最小规模之后,才会出现规模报酬递增。因此,城市规模经济是城市产业发展的基础。

与规模经济相联系的生产效率和市场容量主要表现为居于城市中的某行业的单个企业的成本,随着整个行业总产量的提高而下降。行业规模经济的出现主要基于中间投入品的规模经济,生产中的内部范围经济与关联经济,商品交易中的规模经济与集聚外在性,熟练劳动力市场共享的效率以及信息传递的规模经济和外部经济。这些因素使生产效率提高,并促进了交易效率的提高,进而扩大了市场容量,后者又促进了城市产业规模的提高。

从整个城市的角度来看,城市规模的效益表现为城市化经济。城市化经济(urbanization economies),是指整个城市范围内的规模经济,即在整个城市区域内,当单个企业的生产成本随着城市总规模的上升而出现了下降的情况:(1)从中间投入品的规模经济来看,城市公共投入的非排他性和非竞争性使企业能够共享城市基础设施和公共服务的好处。(2)从范围经济与关联经济来看,单一企业变成企业集团、企业集群和企业网络,这使范围经济和关联经济在更广阔的空间中实现。(3)从商品交易的规模经济看,单店经营发展到超市和连锁经营,使消费者节省购物时间的同时享受到商店的规模经济。(4)从共享熟练劳动力市场的效率来看,大城市所提供的劳动力市场的共享服务更完善。(5)从信息外部经济来看,信息和知识的交流由行业内部扩展到行业之间,一方面加深了社会化,使人力资本形成获得正外部性;另一方面交流作用于生产活动,提高了人们的生产力和工资水平。

(二)分工协作

亚当·斯密在1776年出版的《国民财富的性质和原因研究》中对分工进行系统的分析,亚当·斯密的分工经济思想主要体现在以下三个方面:(1)分工是提高劳动生产力,促进经济增长的源泉。"劳动生产力上最大的增进,以及运用劳动时所表现的更大熟练、技巧和判断力,似乎都是分工的结果"。(2)分工起源于人们互通有无的倾向,因而分工受到市场范围的限制。(3)资本是在各间接生产部门发展分工的工具。总之,以斯密为代表的古典经济学的分工思想是,分工、专业化导致技术进步和劳动生产率的提高,技术的进步产生报酬递增,分工的发展和深化依赖于市场范围的扩大,市场范围的扩大又促进了分工深化,分工与经济增长互为因果。正是基于为提高地区(城市)劳动生产率,促进地区(城市)经济增长,经济学者们对地区(城市)分工进行了长期的研究。

19世纪末英国经济学家马歇尔《经济学原理》中,揭示了产业集群产生的原因,以及分工和集群与报酬递增的关系。马歇尔从外部经济和内部经济两个方面,在工业布局、企业规模生产、企业经营职能三个层次分析了分工对报酬递增的积极作用。从外部经济角度来看,他认为:专门工业集中于特定地方,通过行业秘密公开化、辅助行业的形成、熟练和技术工人市场的形成等因素,可以实现代表性企业的外部经济进而产生报酬递增。

城市间的产业分工的形成与深化引起要素在城市间的聚集与流动,从而促进城市经济的发展和提升城市的综合竞争力。分工既包括部门间、企业间和企业内部的分工,也包括把一定的生产部门固定在一定地区的区域分工。城市间的产业分工就是指劳动地区域分工或地理分工,是社会分工在经济地理空间上的表现形式。把区域分工从单个区域角度来看,它表现为区域生产专门化,即各地区专门生产某种产品,或某一类产品,甚至是产品的某一部分。它实际上是生产力"趋优分布"规律下,人们为了获得各种区域利益而出现的不以人们意志为转移的必然选择过程。在经济利益的驱动下,各地区根据自己的优势进行劳动地域分工,当劳动地域分工达到一定规模时就形成区域专业化部门进行专业化生产,进而形成专业化体系,再通过区际间的交换来实现区域利益。区域专业化分工必须具备三个条件:(1)该城市的生产规模必须大于消费规模。区域专业化生产的某类或某种产品,只有当产量大于销量时才有可能输出到别的城市交换获得区域利益;(2)区域分工节约的劳动量必须大于产品在区际间的交换所增加的劳动量,这是区域分工存在的前提;(3)生产地与消费地的商品价格必须有一定的梯度①。

城市分工协作的深化是指城市经济的发展必然导致城市间社会分工体系的完善,分工体系发展的重要作用是发挥城市间比较经济优势,最终形成具有比较优势又不相同的城市产业。

(三)资源禀赋

资源禀赋指城市拥有各种生产要素,包括劳动力、资本、土地、技术、管理等的丰歉。城市要素禀赋中某种要素供给所占比例大于别的城市同种要素的供给比例而价格相对低于别的城市同种要素的价格,则该城市的这种要素相对丰裕;反之,如果在一城市的生产要素禀赋中某种要素供给所占比例小于别的城市同种要素的供给比例而价格相对高于别的城市同种要素的价格,则该城市的这种要素相对稀缺。

广义的要素禀赋理论指出,当贸易使参加贸易的城市在商品的市场价格、生产商品的生产要素的价格相等的情况下,以及在生产要素价格均等的前提下,两城市生产同一产品的技术水平相等(或生产同一产品的技术密集度相同)的情况下,贸易取决于各城市生产要素的禀赋,各城市的生产结构表现为,每个城市专门生产密集使用本城市具有相对禀赋优势的生产要素的商品。

城市自然资源是决定或制约着经济增长的物质基础,同时还影响着城市产业布局和结构,自然资源丰富可以提高社会劳动率。任何城市经济发展都是建立在城市的资源禀赋基础上,因此一个城市的资源禀赋对该城市的经济发展有着至关重要的影响作用。由于自然界的各种自然物质不同,即自然产品的多样性使人类劳动的劳动资料和劳动方式也不同,从而形成不同的城市生产力结构的特点,最终形成不同的城市产业结

---

① 蒙荫莉:《城市间的产业分工与合作刍议以广州佛山都市为例》,2017年11月20日(https://wenku.baidu.com/view/f15157ac856a561252d36fb9.html)。

构布局。

城市最优产业结构是由要素禀赋结构所决定的。瑞典经济学家赫克歇(Heckscher)和俄林(Ohlin)提出"城市应依据本城市的生产要素禀赋制定产业结构政策,因为比较优势的根源在于该城市的生产要素禀赋。城市应充分利用其所拥有的相对充裕的生产要素,生产此种要素密集型产品,增加本城市优势和福利。"要素禀赋与产业结构关系按照要素禀赋结构发展的产业具有比较优势,而生产具有比较优势的产品最有竞争力,其利润率也会最高,资本积累最快。追求利润的极大化为目标的企业必然会按照其所处环境中的要素禀赋结构安排生产的产品。要素禀赋结构决定了一个城市的比较优势,从而决定了该城市的最优产业结构甚至同一产业中应选择的最优商品。城市因地理位置不同导致资源结构和供给能力有差异,这种差异又导致了城市间生产的产品不同,在城市经济发展初期成为决定社会经济现状的重要因素。

二、城市产业经济发展阶段的变迁趋势图

城市产业经济发展阶段的变迁趋势见图15-1。

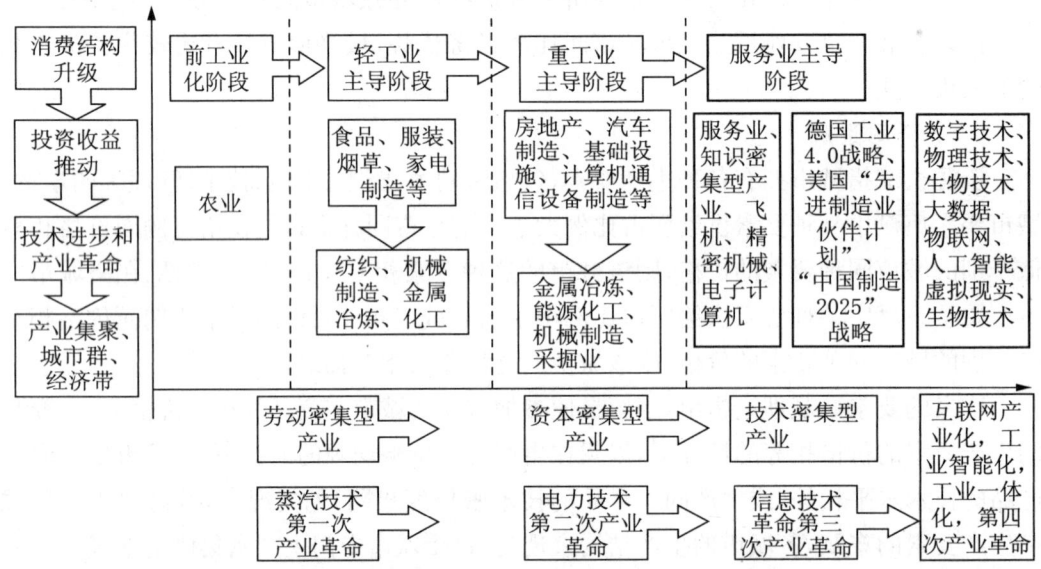

图 15-1　城市产业经济发展阶段的变迁趋势图

资料来源:作者绘制。

第三节　城市产业分类

根据产业研究的目的不同,产业分类方法也是多样化,主要是以下六个分类法:[①]

---

① 李悦:《产业经济学》,东北财经大学出版社2015年版,第225-230页。

一、两大部类分类法

按产品的经济用途把产量分为甲、乙两类。这是最主要的分类原则与方法。马克思按照产品经济用途的不同,把社会总产品划分为生产资料和消费资料,从而把社会生产划分为生产资料和消费资料的生产这两大部类。是马克思再生产理论的重要前提和重要组成部分。

二、物质生产和非物质生产分类法

我国根据目前的生产发展水平和劳动分工情况,把整个国民经济全部活动按照是否为社会提供物质产品,划分为两大领域共十个大部门,其中,属于物质生产领域的有工业、农业、建筑业、交通邮电业(指货物运输和为生产服务的邮电业)、商业(指物资供应、商品流通及饮食、缝纫、洗染、日用品修理)五大部门,这是国民经济的主体;属于非物质生产领域的有城乡公用服务业、科学研究、文教卫生(指文化艺术、教育、卫生、广播电视、体育、社会福利)、金融业、机关团体等五大部分。

三、农业、轻工业、重工业分类法

按产品的主要生产部门把工农业划分为农轻重业。这种产业分类也是以马克思主义关于两大部类的原理为依据的。为了具体地研究农业、轻工业和重工业这三个实际产业部门之间的互相联系和数量比例关系,就得进行农轻重分类。农轻重业是三个具有不同地位、作用的主要的物质生产部门,占整个物质生产的绝大部分。农轻重业又是国民经济发展的客观顺序,农业是国民经济的基础,工业是国民经济的主导。轻工业发展以农业为基础,重工业的发展要以农业和轻工业为基础。

四、三次产业分类法

三次产业分类的主要原则,就是把全部经济活动按照其客观序列与内在联系,划分为第一产业、第二次产业、第三次产业。这是欧美和日本等工业发达国家普遍采用的一种产业分类法。

2003年5月我国国家统计局关于印发《三次产业划分规定》的通知中指出了我国三次产业的划分范围:

第一产业:农、林、牧、渔业。

第二产业:采矿业,制造业,电力、燃气及水的生产和供应业,建筑业。

第三产业:除第一、二产业以外的其他各业。第三产业包括:交通运输、仓储和邮政业,信息传输、计算机服务和软件业,批发和零售业,住宿和餐饮业,金融业,房地产业,租赁和商务服务业,科学研究、技术服务和地质勘查业,水利、环境和公共设施管理业,居民服务和其他服务业,教育,卫生、社会保障和社会福利业,文化、体育和娱乐业,公共管理和社会组织,国际组织。

五、标准产业分类法

标准产业分类法是联合国和西方各国为了统一世界各国和西方各国自己的产业分类而制定的一种分类方法。以联合国于1971年颁布并出版的《全部经济活动的国际标准产业分类索引》为例，它把全部经济活动分为大、中、小、细这4项，每项都规定有统计编码。首先分为10大项，每个大项下面分成若干中项，每个中项下面分成若干小项，每个小项又分成若干细项。

联合国的标准产业分类的10大项是：(1)农业、狩猎业、林业和渔业；(2)矿业和采石业；(3)制造业；(4)电力、煤气、供水业；(5)建筑业；(6)批发与零售业、餐馆与旅店；(7)运输业、仓储业和邮电业；(8)金融业、不动产、保险业及商业性服务业；(9)社会团体、社会及个人的服务；(10)不能分类的其他活动。

中国也有自己的对产业进行科学分类的国家标准，即由中国国家标准局编制和颁布的《国民经济行业分类与代码》。它把中国全部的国民经济划分为16个门类92个大类300多个中类和更多的小类。这16个门类依次是：(1)农业、林业、渔业、畜牧业(含5个大类)；(2)采掘业(含7个大类)；(3)制造业(含30个大类)；(4)电力、煤气及水的生产和供应业(含3个大类)；(5)建筑业(含3个大类)；(6)地质勘查业和水利管理业(含2个大类)；(7)交通运输、仓储及邮电通信业(含9个大类)；(8)批发和零售、贸易、餐饮业(含6个大类)；(9)金融、保险业(含2个大类)；(10)房地产业(含3个大类)；(11)社会服务业(含9个大类)；(12)卫生、体育和社会福利业(含3个大类)；(13)教育、文化、艺术和广播电影电视业(含3个大类)；(14)科学研究和综合技术服务业(含2个大类)；(15)国家机关、政党机关和社会团体(含4个大类)；(16)其他行业(含1个大类)。

六、产业发展阶段分类法

产业发展阶段分类法是指按照产业发展所处的不同阶段进行产业分类的一种方法。按照这种分类划分的常见产业有幼小产业、新兴产业、朝阳产业、衰退产业、夕阳产业、淘汰产业等。由于划分产业发展阶段的标准有很多，所以处于不同发展阶段的产业的界限并不很明确，只能是大概的划分。

第四节　城市产业结构

一、城市产业结构的定义

城市产业结构指一定质量、一定数量和一定序列的产业部门组合，反映了城市经济的增长高度。因为城市生产力的发展，是随着城市的社会分工越来越细、新的行业和生产部门不断涌现、各部门行业之间形成互相依存互为条件和相互制约的经济联系而进行的。城市产业结构包括多种产业分类，除了基础产业与非基础产业构成城市经济增长机制外,还有三次产业构成、要素投入构成和主次产业构成。①

二、城市产业结构变化的划分

从产业发展的生命周期理论的角度出发,来探讨什么主导产业、支柱产业及夕阳产业。

(一)主导产业

把主导产业(或新兴产业)看作是正处于成长期阶段的产业。其特点是发展速度很快,增长率很高,并对整个产业结构的变动起关键的作用。主导产业之所以能够打破原来相对平衡的产业结构,是因为它创造并满足了新的社会需求。一般来说,主导产业往往代表着市场上产生的新需求,代表着产业结构转换的新方向,以及代表着现代科学技术产业化的新水平。因此,主导产业对整个产业结构系统的运行和发展起着重要的导向作用。

(二)支柱产业

把支柱产业看作是正处于成熟期阶段的产业:因为一个产业只有到了成熟期,社会对它的需求或其市场占有份额才有可能达到最大,才能有较为长期和稳定的产出与收入。但是,这并不意味着所有处于成熟期的产业都是支柱产业。处于成熟期的产业能否成为支柱产业还应看它是否具备以下特点,即其产出或收入在整个产业系统中所占的比重比较大,对其他产业发展的影响也比较大,而且维系着整个国民经济的增长。当然,支柱产业的地位也不是一成不变的。随着产业结构的演进,有的主导产业(或新兴产业)逐渐进入了成熟期,成为新的支柱产业,而原来的支柱产业则会渐渐步入衰退期而失去其"支柱"的地位。例如,从世界产业结构演进的历史看,在不少国家,纺织工业、钢铁工业都曾充当过支柱产业的角色。但随着这些国家经济的发展,它们也都先后从支柱产业的地位上退了下来。

(三)夕阳产业

把处于衰退期的产业称为夕阳产业。其特点是市场需求逐渐萎缩,发展速度开始变为负数,并在整个产业结构中的地位和作用持续下降。发达国家对夕阳产业一般采取两种措施:第一是进行产业转移,将其转移到广大发展中国家去,通过开辟新市场使其重新焕发生机;第二是对产业进行高新技术改造,通过提升其技术含量来创造新的需求,使其"焕发青春",再次走向发展。

三、影响城市产业结构变化的因素

决定和影响城市产业结构的因素不是孤立的,一切因素都会直接或间接地影响城市产业结构,主要表现为以下七个方面:

1. 投资结构。投资、消费、出口是拉动经济发展的三驾马车。投资在各部门的分布会直接影响,最为明显。

---

① 东北财经大学公共管理学院:《城市经济学》(网络版),2017 年 9 月 23 日(http://classroom.dufe.edu.cn/spsk/c260/wlkj/chengsjj/threep/zsd_1_3.html)。

2. 就业结构。反映城市人力资源在不同产业之间的配置状况以及产业吸纳安置劳动力就业的容量。

3. 技术结构。各部门所采用的技术、工艺水平等决定着资源在产业结构的分布状态、组合方式和转换关系。如高新技术和创新工艺的出现。

4. 规模结构。城市产业的规模结构分析,判断城市不同规模类型的企业及其运营效率,尤其是不同规模企业在行业内部的地位和作用、影响和贡献。

5. 产品结构。从产品用途加工程度,可分为初级产品、加工产品、最终产品;从劳动价值入手,可分为低值产品、低附加值产品、高附加值产品三大类型。

6. 消费结构。影响消费产品加工产业供求关系的最大因素。如从生存型到享受型的转变;可把握城市产业结构的调整方向。

7. 流通结构。反映一个城市商品贸易的类别结构。产品的竞争力越强,其出口结构比例越高。

四、城市产业间的"连锁效应"

著名发展经济学家赫希曼在其著作《经济发展战略》中将产业间的联系称为"连锁效应",并把连锁效应具体划分为前向连锁和后向连锁。前向连锁是指一个部门和吸收它的产出的部门之间的联系(如种植业部门对食品工业部门具有前向连锁效应);后向连锁是指一个部门与向它提供投入的部门之间的联系(如日用化工部门对基本化工、炼油、原油开采等具有一系列的后向连锁效应)。根据产业的连锁效应特征,全部产业可分为四类,具体见表 15-6。

表 15-6 不同产业部门的连锁效应特征

	产业部门	连锁效应特征
第一类	中间投入型初级产品	前向连锁效应大、后向连锁效应小
第二类	中间投入型制造业产品	前向连锁效应大、后向连锁效应大
第三类	最终需求型制造业产品	前向连锁效应小、后向连锁效应大
第四类	最终需求型初级产品	前向连锁效应小、后向连锁效应大

资料来源:赫希曼《经济发展战略》,潘照东、曹征海译,经济科学出版社 1997 年版,第 88—105 页。

五、城市主导产业的选择与确定

(一)城市主导产业和非主导产业

不同产业部门在经济系统中发挥的地位和作用不同,按其贡献大小和发挥的功能作用,可划分为主导产业和非主导产业两类:(1)主导产业是指产出规模大、经济影响大,在整个城市乃至上一层次区域产业体系中发挥着支配性地位的产业部门。(2)非主导产业是指围绕着主导产业的原材料投入、周围产品加工、技术与市场服务、其他配套服务而进行组织的产业部门,一般受制于发展,往往受制于主导产业规模与质量及其内部结构。

(二) 城市主导产业的特征

城市主导产业的特征:(1)具有较高的收入需求弹性;(2)产业关联强,带动作用大;(3)科技进步潜力大,有较高的劳动生产率和较强的创新能力;(4)具备极强的市场渗透和辐射能力。

(三) 城市主导产业的选择

选择和确定城市主导产业,主要有两个侧重角度:(1)产业的经济带动作用;(2)产业的区位比较优势。从产业的比较区位优势确定城市的主导产业,就是具体分析城市的每个产业部门在整个区域的同类经济部门中所处的地位和相对重要程度,从中选择出比较区位优势最强、或发展潜力最大的产业部门,强化和扩大这一优势,以促进城市经济的发展。

集中系数和区位熵是用来定量计算和衡量产业的比较区位优势的两个主要指标。

1. 集中系数。对城市而言,集中系数是指城市的某一产业部门,按人口平均的产量、产值等与全国或全地区同一产业的相应指标的比值:

$$C = [a/m]/[A/M] \tag{15-1}$$

公式(15-1)中,C 为集中系数;a 为城市某产业部门的产量或产值等指标;m 为城市的人口数;A 为全国或者全地区同一产业部门的产量或产值等指标;M 为全国或全地区的人口总数。

2. 区位熵。区位熵又称专门化率,指城市某产业部门在全国或全地区同一产业部门中的比重与城市全部产业活动在全国或全地区全部产业活动中的比重之比:

$$Q = [a/A]/[b/B] \tag{15-2}$$

公式(15-2)中:Q 为区位熵;a 为城市某产业部门的产值、就业人数等指标;A 为全国或全地区同一产业部门的相应指标;b 为城市的总产值或全部就业人数等指标;B 为全国或全地区的相应指标。

(四) 城市主导产业和支柱产业

城市主导产业和支柱产业之间的区别比较,具体见表15-7。

表15-7 城市主导产业和支柱产业

	主导产业	支柱产业(分为两类)	
占城市经济比重	小	大	大
发展潜力	大	大	小
技术含量	高	高	低
代表城市发展趋势	代表	代表	不代表
产业发展趋势	发展	发展	淘汰

资料来源:作者绘制。

第五节 城市产业集聚

一、城市产业集聚的内涵定义

产业集聚是指在特定区域中,具有竞争与合作关系,且在地理上集中,有交互关联性企业、专业化供应商、服务供应商、金融机构、相关产业的厂商及其他相关机构等组成的群体。不同产业集聚的纵深程度和复杂性相异。代表着介于市场和等级制之间的一种新的空间经济组织形式。

从产业结构的角度看,产业集聚是某种产品的加工深度和产业链的延伸,是某种产品的加工深度和产业链的延伸,是产业结构的调整和优化升级。

从产业组织的角度看,产业集聚是在一定区域内某个企业或大公司、大企业集团的纵向一体化的发展。

从产业结构和组织结合看,产业集聚是指产业成群集聚发展,在城市中形成的某种产业链或某些产业链。

产业集聚的核心是在一定空间范围内产业的高集中度,这有利于降低企业的制度成本(包括生产成本、交换成本),提高规模经济效益和范围经济效益,提高城市产业和企业的市场竞争力。

二、城市产业集聚的理论提出

(一)产业集聚原因论

马歇尔在《经济学原理》中首次提出产业集聚、规模经济和空间外部经济,指出产业集聚形成的原因为:专业劳动市场、技术溢出以及专用的投入品。

(二)规模经济论

胡佛将规模经济引入产业集聚理论的研究范围,认为产业集聚是企业为追求规模经济而在空间集聚的现象。

(三)社会网络关系论

社会网络关系学派提出"机构稠密性"和"本地根植性",强调以企业间高度信任为标志的集聚内部的互动关系,使得不同知识在载体间共享,集聚区中企业之间形成一张紧密的网,网中的知识可以在其产业集聚地理范围内得到快速传播和分享。

(四)新经济地理学论

克鲁格曼的新经济地理学理论侧重于对区域内网络组织经济意义的分析。克鲁格曼认为:集聚经济可通过垂直和水平生产活动外包达到节约交易成本的目的,集聚性经济更具有范围经济和外部规模的优势。

(五)区域创新论

以麦莱特为代表的欧洲小组将"创新环境"这一概念运用到集聚中,认为"群体学习行为"是区域创新环境的标志和核心。麦莱特通过对经济内发展模式进行研究后发现,创新过程、文化整合过程和再生产过程是构成区域内生性发展的三个过程。

（六）区域竞争力论

迈克·波特在《国家竞争优势》一文中提出区域的竞争力对企业的竞争力有很大影响。波特通过对 10 个工业化国家的考察发现：产业集聚是工业化过程中的普遍现象，在所有发达的经济体中，都可以明显看到各种产业集聚。

（七）工业区位论

韦伯从空间角度研究产业集聚理论，把区位因素分为区域因素和集聚因素，并认为集聚因素可分为两个阶段：第一阶段通过企业自身扩大而产生的集聚优势，第二阶段各个企业通过相互联系的组织而实现的地方工业化。第二阶段就是产业集聚。

（八）产业组织论

威廉姆森从产业组织的角度研究产业集群，认为在纯市场组织之间存在大量中间性组织，这种中间性组织是克服市场和科层组失灵、节约交易费用的一种有效的组织形式，即产业集聚。

从上述相关研究中能够看出，产业集聚是由与某一产业领域相关的相互之间具有密切联系的企业及其他相应机构组成的有机整体。它强调集聚内的企业及其他机构之间具有密切联系，集聚内的企业及相关机构不是孤立存在的，是整个联系网络中的结点。

三、城市产业集聚的动力结构图

城市产业集聚的动力结构图，见图 15-2：

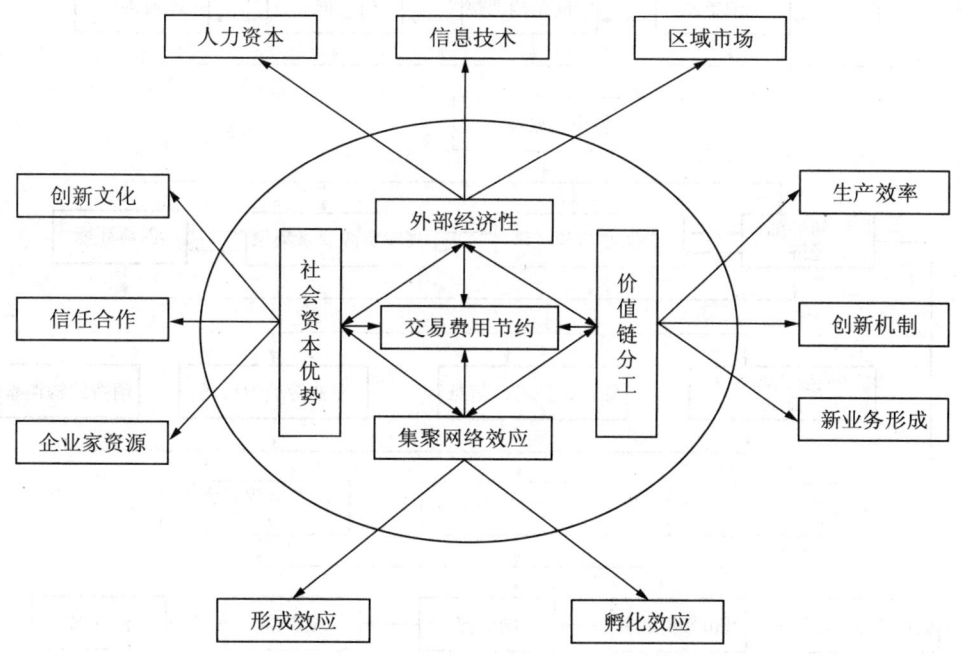

图 15-2 城市产业集聚的动力结构图

资料来源：董利民，《城市经济学》，清华大学出版社 2011 年版，第 275 页。作者略有改动。

四、城市产业集聚的分类

城市产业集聚分为以下三类。具体见表 15-8。

表 15-8 城市产业集聚的分类

	意大利式产业集聚	卫星式产业集聚	轮轴式产业集聚
主要特征	以中小企业居多； 专业化强； 地方竞争激烈，合作网络； 基于信任的关系	以中小企业居多； 依赖外部企业； 基于低廉的劳动成本	大规模企业和中小企业； 明显的等级制度
主要优点	柔性专业化； 产品质量高； 创新潜力大	成本优势； 技能/隐性知识	成本优势； 柔性； 大企业作用重要
主要弱点	路径依赖； 面临经济环境和技术突变适应缓慢	销售和投入依赖外部参与者； 有限的诀窍影响了竞争优势	整个集聚依赖少数大企业的绩效
典型发展轨迹	停滞/衰退； 内部劳动分工的变迁； 部分获得外包给其他区域； 轮轴式结构的出现	升级； 前向和后向工序整合，提供客户全套产品或服务	停滞/衰退（如果大企业衰退/停滞）； 升级，内部分工变化
政策干预	集体行动形成的区域优势； 公共部门和私营部门合营	中小企业升级的典型工具（培训和技术扩散）	大企业/协会和中小企业支持机构的合作，从而增强了中小企业的实力

资料来源：陈剑锋、唐振鹏，《国外产业集群研究综述》，《外国经济与管理》2002 年第 8 期。

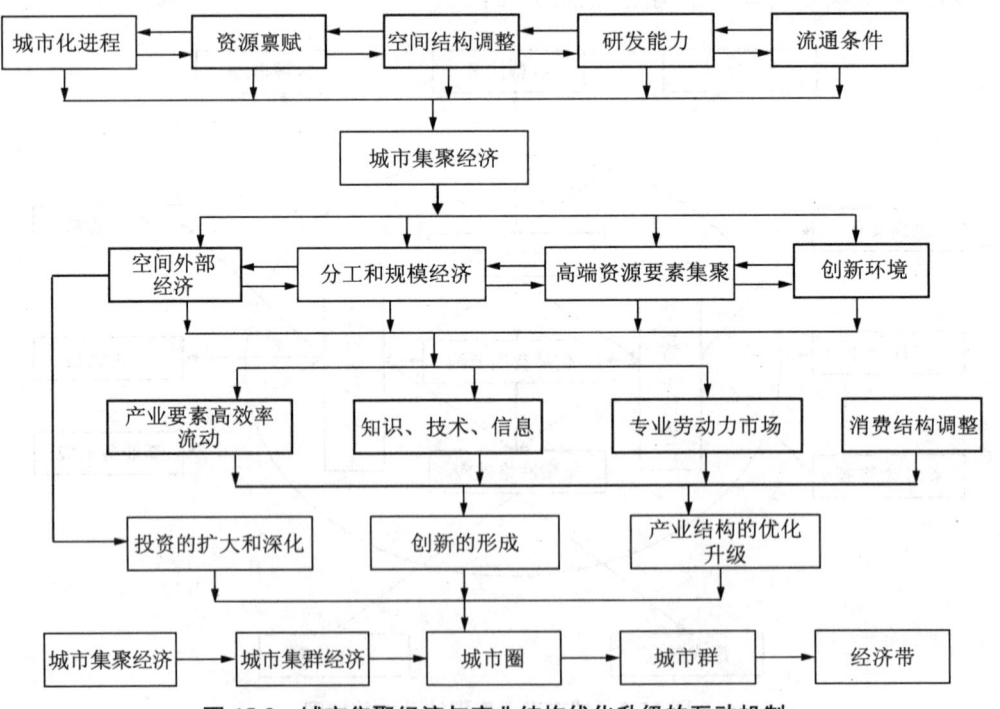

图 15-3 城市集聚经济与产业结构优化升级的互动机制

资料来源：作者绘制。

五、城市集聚经济与产业结构优化升级的互动机制图

城市集聚经济与产业结构优化升级的互动机制的逻辑结构可见图15-3。

六、城市产业集聚程度评价指标体系

（一）城市产业集聚程度评价指标体系

将城市产业集聚程度评价指标体系分为经济规模、市场竞争力和专业化程度、交易成本、人力资源、技术创新5个一级指标，共包括19个二级指标。建立的产业集聚程度评价指标体系如表15-9所示。

表15-9 城市产业集聚程度评价指标体系

一级指标	二级指标	公式
经济规模	资产集聚程度	城市产业固定资产原值/全省产业固定资产原值
	产值集聚程度	城市产业产值/全省产业产值
	相对全省产业产值变化率	[城市产业n年产值－城市产业(n－1)年产值]/[全省产业n年产值－全省产业(n－1)年产值]
	企业集聚程度	城市产业企业数/全省产业企业数
	企业数量年变动率	[城市产业n年企业数－城市产业(n－1)年企业数]/城市产业(n－1)年企业数
	利税总额集聚程度	城市产业利税总额/全省产业利税总额
交易成本	去除销售成本的产值比重	（城市产业产值－城市产业年销售成本）/城市产业产值
	去除销售费用的产值比重	（城市产业产值－城市产业年销售费用）/城市产业产值
市场竞争力和专业化程度	国有市场占有率	城市产业年销售额/全省产业年销售额
	出口集聚程度	城市产业年出口额/全省产业年出口额
	销售利润率	城市产业利润总额/城市产业销售收入总额
	增加值集聚程度	增加值/全省增加值
	城市产业区位熵	（城市产业产值/该城市全部产业产值）/（全省产业产值/全省全部产业产值）
	比较劳动生产率	城市产业劳动生产率/全省平均水平＝（城市产业总产值/城市产业从业人员数）/（全省产业总产值/全省产业从业人员数）
人力资源	从业人员集聚程度	城市产业从业人数/全省产业从业人数
	从业人数年变化率	[城市产业n年从业人数－城市产业(n－1)年从业人数]/城市产业(n－1)年从业人数
	从业人员年工资变化率	[城市产业从业人员n年工资数－城市产业从业人员(n－1)年工资数]/城市产业从业人员(n－1)年工资数
技术创新	R&D资金集聚程度	城市产业年科技经费支出/全省产业年科技经费支出
	新产品开发能力	城市产业新产品产值/城市产业年产值

资料来源：徐倩倩城市产业集聚程度评价研究，硕士学位论文，山东科技大学，2012年。
注：n年代表某年，(n－1)年代表上一年。

(二)城市产业集聚动力与模式的指标系统

将城市产业集聚动力与模式分为内核系统、调控系统 2 个系统,分为资源系统、环境系统、产业系统、腹地市场系统、区位系统、政策系统、创新系统、市场开放系统 8 个子系统,共包括 30 个指标。建立的城市产业集聚动力与模式研究的指标系统如表 15-10 所示。

表 15-10 城市产业集聚动力与模式的指标系统

一级系统	子系统	指标	单位
内核系统	资源系统	固液态矿年产量	万吨
		气态矿年产量	亿立方米
	环境系统	建成区人均公园绿地面积	平方米
		建成区绿化覆盖率	%
		工业固体废物综合利用率	%
		城镇生活污水处理率	%
		生活垃圾无害化处理率	%
	产业系统	三次产业综合水平	无
		行业门类平均区位商	无
		两位数制造业平均区位商	无
		单位 GDP 能耗	吨标准煤/万元
	腹地市场系统	城市腹地范围	平方千米
		农村劳动力储量	万人
		中心城区人口数	万人
		居民消费水平	元
调控系统	区位系统	城市中心交通区位优势度	无
		市域平均交通区位优势度	无
	政策系统	全社会固定资产投资占 GDP 比例	%
		城镇固定资产投资占 GDP 比例	%
		环保投资占 GDP 比例	%
		研发投入占 GDP 比例	%
		高技术产业固定资产投资占 GDP 比例	%
		宏观区域战略政策	无
	创新系统	拥有发明专利数	个
		科技活动单位数	个
		新产品产值率	%
		科技活动人员比例	%
		高技术产业企业数	个
	市场开放系统	利用外资比重	%
		经济外向度	%

资料来源:吴丰林《城市产业集聚动力与模式研究》,知识产权出版社 2017 年版,第 135—136 页。

第六节 我国城市产业经济的基本现状[①]

一、城市类别划分

本研究涵盖全国所有城市[②]。为了使得研究对象具有可比性,能够得出有价值的结论,特将城市划分为 4 类:直辖市、省会及自治区首府、计划单列市、地级市。

A 类:直辖市(4 个:北京市、天津市、上海市、重庆市);

B 类:省会及自治区首府(27 个:石家庄、太原、沈阳、长春、哈尔滨、济南、南京、杭州、合肥、福州、南昌、郑州、武汉、长沙、广州、海口、成都、贵阳、昆明、西安、兰州、西宁、南宁、呼和浩特、拉萨、银川、乌鲁木齐);

C 类:计划单列市(5 个:大连、宁波、厦门、青岛、深圳);

D 类:地级市(255 个)。[③]

二、经济总量

(一)地区 GRP 规模

表 15-11 类别城市地区生产总值

城 市	地区生产总值(当年价格)(万元)	地区生产总值增长率(%)
直辖市	200 983 750	8.53
省会及自治区首府	56 133 584	8.83
计划单列市	92 008 417	7.28
地级市	17 303 582	7.44

资料来源:作者整理计算。

三、经济结构

(一)地区生产总值构成

表 15-12 类别城市地区生产总值构成　　　　　　　　　　　　单位:%

城 市	第一产业占 GRP 比重	第二产业占 GRP 比重	第三产业占 GRP 比重
直辖市	2.41	35.78	61.82
省会及自治区首府	4.51	41.05	54.44
计划单列市	2.81	44.52	52.67
地级市	13.64	47.31	39.05

资料来源:作者整理计算。

[①] 本节所有表格数据由作者计算得出,原始数据来源于:汉英对照/国家统计局城市社会经济调查司编:《中国城市统计年鉴 2016》,中国统计出版社 2016 年版。

[②] 注:由于年鉴数据未包括香港特别行政区、澳门特别行政区和台湾省,本研究采取与年鉴统一口径。

[③] 注:地级市是全国所有地级以上城市,不包括直辖市、省会及自治区首府、计划单列市。

(二)地区按产业划分的年末单位从业人员构成

表15-13　类别城市按产业划分的年末城镇单位从业人员构成　　　　单位:%

城市	第一产业从业人员比重	第二产业从业人员比重	第三产业从业人员比重
直辖市	1.26	37.06	61.68
省会及自治区首府	1.61	42.02	56.36
计划单列市	0.12	58.26	41.62
地级市	2.64	46.22	51.17

资料来源:作者整理计算。

四、经济效率

(一)人均地区生产总值

表15-14　类别城市人均地区生产总值　　　　单位:(人民币)元

城市	人均地区生产总值
直辖市	92 643
省会及自治区首府	77 200
计划单列市	112 787
地级市	46 299

资料来源:作者整理计算。

(二)人均公共财政收入

表15-15　类别城市人均公共财政收入

城市	公共财政收入(万元)	年末户籍人口(万人)	人均公共财政收入(元)
直辖市	37 663 234	1 796.73	26 433
省会及自治区首府	5 536 264	596.00	9 473
计划单列市	10 543 591	505.87	27 061
地级市	1 395 935	405.43	3 991

资料来源:作者整理计算。

(三)规模以上工业总产值占地区生产总值比例

表15-16　类别城市规模以上工业总产值占地区生产总值比例

城市	规模以上工业总产值(万元)	地区生产总值(当年价格,万元)	百分比(%)
直辖市	246 035 983	200 983 750	122.42
省会及自治区首府	65 466 205	56 133 584	116.63
计划单列市	136 501 634	92 008 417	148.36
地级市	29 758 942	17 303 582	171.98

资料来源:作者整理计算。

(四) 市辖区单位建成区面积 GRP

表 15-17　类别城市市辖区单位建成区面积 GRP

城　市	市辖区建成区面积 (平方千米)	市辖区生产总值 (当年价格)(万元)	单位建成区面积 GRP (万元/平方千米)
直辖市	1 027	200 983 750	195 700
省会及自治区首府	392	56 133 584	143 266
计划单列市	500	92 008 417	183 943
地级市	97.6	7 472 489	70 404

资料来源:作者整理计算。

注:上海市市辖区建成区面积按照北京、天津市辖区面积占全市行政区域土地面积比例的平均值推算;拉萨市市辖区建成区面积数据来自《中国城市统计年鉴 2014》。

(五) 市辖区占全市 GRP 比重

表 15-18　类别城市市辖区 GRP 占全市 GRP 的比重

城　市	市辖区 GRP(当年价格,万元)	全市 GRP(当年价格,万元)	百分比(%)
直辖市	193 993 525	200 983 750	96.52
省会及自治区首府	44 474 371	56 133 584	79.23
计划单列市	70 710 134	92 008 417	76.85
地级市	17 362 816	7 720 378	42.97

资料来源:作者整理计算。

(六) 单位建成区面积吸纳的城镇人口数量

表 15-19　类别城市单位建成区面积吸纳的城镇人口数量

城　市	市辖区建成区面积 (平方千米)	年末户籍人口 (万人)	单位建成区面积吸纳的城镇 人口数量(万人/平方千米)
直辖市	1 027	1 796.73	1.75
省会及自治区首府	392	596.00	1.52
计划单列市	500	505.87	1.01
地级市	97.6	403.80	4.14

资料来源:作者整理计算。

(七) 每万人登记失业率

表 15-20　类别城市每万人登记失业率

城　市	城镇登记失业人员数 (个)	年末户籍人口 (万人)	每万人登记失业率 (个/万人)
直辖市	176 257	1 796.73	98
省会及自治区首府	68 558	596.00	115

(续表)

城 市	城镇登记失业人员数（个）	年末户籍人口（万人）	每万人登记失业率（个/万人）
计划单列市	61 650	505.87	122
地级市	20 548	403.80	59

资料来源：作者整理计算。

五、经济竞争力

（一）对企业服务业从业人数

表 15-21　类别城市对企业服务业从业人数　　　　单位：万人

城 市	金融业	房地产业	租赁和商业服务业	科学研究、技术服务和地质勘查业	合计数
直辖市	270 583	262 026	439 265	267 719	1 239 593
省会及自治区首府	46 770	44 458	50 251	52 645	194 123
计划单列市	65 870	70 142	87 533	39 467	263 013
地级市	12 738	6 738	6 382	5 646	31 504

资料来源：作者整理计算。

（二）财政支出占全市 GRP 的比例

表 15-22　类别城市财政支出占全市 GRP 的比例

城 市	公共财政支出（万元）	全市 GRP（当年价格，万元）	百分比（%）
直辖市	47 384 021	200 983 750	23.58
省会及自治区首府	7 456 409	56 133 584	13.28
计划单列市	15 118 072	92 008 417	16.43
地级市	2 813 880	7 720 378	36.45

资料来源：作者整理计算。

（三）R&D 经费支出占全市 GRP 的比例

表 15-23　类别城市 R&D 经费支出占全市 GRP 的比例

城 市	科学技术支出（万元）	全市 GRP（当年价格，万元）	百分比（%）
直辖市	1 815 338	200 983 750	0.90
省会及自治区首府	213 418	56 133 584	0.38
计划单列市	654 132	92 008 417	0.71
地级市	45 120	7 720 378	0.58

资料来源：作者整理计算。

第七节 城市产业经济发展的路径

一、城市产业经济发展的一般趋势

城市产业经济发展的一般趋势如下:

1. 产业经济发展越来越倚重单位要素产出效率的提高,而不是要素投入量的增加,即经济发展由以所谓的"粗放增长"为主向以"集约增长"为主转变。
2. 产业经济发展越来越倚重以技术创新(技术进步)和组织创新为核心的"知识进展",而不是资本和劳动的投入。
3. 产业经济发展越来越倚重促进、协调和保护社会分工与交易,旨在降低交易费用的组织与制度上的安排与创新。
4. 产业经济发展越来越倚重自然、经济与社会三者的可持续性协调发展。
5. 产业经济发展越倚重人力资本的高度积累和人的全面发展,而不是单纯财富的增长,即经济发展越来越具有人文含义。

二、城市产业经济发展的着力点

产业经济是立城之本、强城之基。经过几十年的发展,我国很多城市已经建立了较完备的产业体系,但产业发展水平不高,核心竞争力不强,与世界先进水平的差距较大,需要升级改造。

1. 必须抓住全球新一轮科技革命和产业变革的历史机遇,加快推动一、二、三产业技术升级,发展战略性新兴产业。
2. 优化产业结构,构建现代化产业体系,推动产业整体发展水平迈向中高端,夯实实体经济基础。
3. 提高产业技术,掌握一批重点领域关键核心技术,拥有一批在国内外均有较强竞争力的企业。
4. 优先发展城市产业集聚、城市群、经济带。
5. 优化产业结构,产业之间、产业链各环节之间均衡协调。
6. 提高产业的质量效益,使产业增加值率和劳动生产率提高、占据价值链高端环节。
7. 可持续的发展能力,单位增加值能耗、物耗及污染物排放达到世界先进水平。

参考文献

阿瑟·奥沙利文:《城市经济学》,周京奎译,北京大学出版社2015年版。

德怀特·H.波金斯,斯蒂芬·拉德勒,唐纳德·R.斯诺德格拉斯,马尔科姆·吉利斯,迈克尔·罗默:《发展经济学》,中国人民大学出版社2005年版。

埃德加·M.胡佛:《区域经济学导论》,商务印书馆1990年版。

孙久文:《城市经济学》,中国人民大学出版社2016年版。

徐绍史主编,国家发展和改革委员会编写:《中华人民共和国国民经济和社会发展第十三个五年规划纲要》辅导读本,人民出版社2016年版。

国务院研究室编写组:《十二届全国人大五次会议〈政府工作报告〉辅导读本》,人民出版社、中国言实出版社2017年版。

东北财经大学公共管理学院——城市经济学精品课程建设小组:《第四章 城市规模经济》,2017年12月20日(http://classroom.dufe.edu.cn/spsk/c260/wlkj/chengsjj/jiaoxnr/4_1—2.html)。

蒙荫莉:《城市间的产业分工与合作刍议——以广州佛山都市为例》,2017年11月20日(https://wenku.baidu.com/view/f15157ac856a561252d36fb9.html)。

李悦:《产业经济学》,东北财经大学出版社2015年版。

东北财经大学公共管理学院:《城市经济学》(网络版),2017年9月23日(http://classroom.dufe.edu.cn/spsk/c260/wlkj/chengsjj/threep/zsd_1_3.html)。

汉英对照/国家统计局城市社会经济调查司编:《中国城市统计年鉴2016》,中国统计出版社2016年版。

王宏淼:《西方国家经济增长方式的历史演变及对当今的启示》,《现代经济探讨》2006年第6期。

西蒙·库兹涅茨:《各国的经济增长》,商务印书馆2005年版。

苏东水:《产业经济学》,高等教育出版社2015年版。

宫泽建一:《产业经济学》,东京东洋经济新报社1975年版。

国家发展和改革委员会国际合作中心:《中国区域对外开放指数研究》,人民出版社2016年版。

赫希曼:《经济发展战略》,潘照东、曹征海译,经济科学出版社1997年版。

董利民:《城市经济学》,清华大学出版社2011年版。

陈剑锋、唐振鹏:《国外产业集群研究综述》,《外国经济与管理》2002年第8期。

徐倩倩:城市产业集聚程度评价研究,硕士学位论文,山东科技大学2012年版。

吴丰林:《城市产业集聚动力与模式研究》,知识产权出版社2017年版。

第十六章 城市产业园区

产业园区是我国城市经济增长和城市扩张的重要空间。特别是自改革开放以来,我国大部分城市的空间扩张和经济增长进程中,产业园区都发挥了"排头兵"和"顶梁柱"的重要作用。本章重点从理论上梳理和研究了城市产业园区的概念和分类,概括了世界主要产业园区的普遍特征和一般发展规律,从实践上总结了国内外产业园区的发展历程和普遍经验,并结合我国城市产业园区的发展实践,研究总结了我国城市产业园区的发展经验与特点,分析了我国城市产业园区的未来发展趋势。

第一节 产业园区的概念与分类

一、产业园区的概念与起源

(一)基本概念

国际上关于产业园区有多个名词,Industrial Park,Industrial District,Industrial Estate,等等,尽管名字略有差异,但无本质区别。从世界各国产业园区形成和发展的实践来看,产业园区是一种实体的产业集聚区,具有一定的政策优势或制度优势或要素(资源)优势的特殊区位空间,是吸引新工业投资,发展工业、促进和带动国家和区域经济增长的重要的空间组织形式。

城市产业园区一般位于城市中心城区的外围或边缘。许多城市把产业园区规划建设在远离市区的地方,主要是为了避免产业区的生产活动污染居住区,同时产业园区也有利于采取措施集中处理污染问题(尽管各国产业园区在设立之初并未认真考虑或者很少考虑到相应的环境污染问题)。

(二)起源

产业园区的概念最早可以追溯至马歇尔对产业组织和产业集中的论

述①,马歇尔指出,其实在中世纪的欧洲,就已经出现了许多具有地方特点、有分工的产业,例如,那时就已经有超过 500 个村庄从事纺织产业的不同环节产品生产,有的村庄专门生产车辆的辐条,有沙夫茨伯里(Shaftesbury,英国地名)的亚麻纺织,莱斯特(Leicester,英国地名)的刮胡刀生产,等等。当时出现的产业在特定区域的集中现象非常普遍。后来随着贸易活动的发展和技术工人向具有边界生产区域的集中而形成了制造小镇(Manufacturing Town)或者产业区(Industrial District)。随着分工和贸易的发展,在成本和竞争因素的影响下,许多工厂逐渐选择向较大规模镇的外围地区或者镇的生产区域而不是镇集中,于是,开始出现了与当今产业园区空间形态上比较接近的产业区。

从概念的起源来看,产业园区经历了从产业地方化(Localization of Industry)到制造小镇(Manufacturing Town)或者产业区(Industrial District)然后再到产业园区(Industrial Estate or Industrial Park)的演进。

世界上第一个正式出现的产业园区,是 1896 年由 Shipcanal and Docks 公司在曼彻斯特(Manchester)附近建立的特拉福德工业园(Trafford Park)②。特拉福德工业园区是世界上第一个,也是欧洲最大的工业园区。在"一战""二战"期间园区主要是劳斯莱斯梅林航空发动机生产供应商,到 1933 年,已有超过 300 家企业在英国特拉福德工业园区建立了自己的基地。其集聚的工人最多曾超过 75 000 人(1945 年),发展过程中曾经历衰落,在 20 世纪 80 年代的复兴计划之后,如今,它仍集聚了约 1 400 家企业,吸纳就业仍约 40 000 人。特拉福德工业园区是曼彻斯特工业的主要集中地之一。作为欧洲最大的成功园区之一,占地 12 平方公里的英国特拉福德工业园区有着优越的地理位置、灵活的操作和高质量的工业办公环境。

从特拉福德工业园区的出现来看,正式出现的产业园区更符合工业地产(Industrial Estate)的概念。1896 年 8 月成立了特拉福德地产公司(Trafford Park Estates Ltd.)公司一开始并没有建造建筑出租,而是分期出租土地进行开发。1908 年,特拉福德地产公司开始改变策略,建造了许多仓库用以出租,之后吸引了大批公司前来集聚,如 1911 年福特汽车公司在特拉福德工业园建立了其制造基地,1930 年代家乐氏公司(Kellogg's Company)入驻特拉福德工业园③。

自 20 世纪 70 年代开始,产业地产在全球范围内迅速发展,许多园区都采取了类似特拉福德工业园当年的做法,将土地细分后开发,并提供一些共享的基础设施及服务④。

---

① Alfred Marshall, *Principles of Economics*, London: Macmillan and Co., Ltd., 1920, 8th edition at the Library of Economics and Liberty. BOOK IV, CHAPTER X: *INDUSTRIAL ORGANIZATION, CONTINUED. THE CONCENTRATION OF SPECIALIZED INDUSTRIES IN PARTICULAR LOCALITIES.*
② Nicholls, Robert (1996), Trafford Park: The First Hundred Years, Phillimore & Co, ISBN 1-86077-013-4, p. xiii.
③ Nicholls, Robert (1996), Trafford Park: The First Hundred Years, Phillimore & Co, ISBN 1-86077-013-4, p.71.
④ Peddle MT. Planned Industrial and Commercial Developments in the United States: A Review of the History, Literature and Empirical Evidence Regarding Industrial parks[J]. Economic Development Quarterly 1993,(1): 107-124.

最早的产业区形成于产业集聚和生产专业化,而当今的产业园区作为政府在基础设施方面的投资区域,是一种吸引外资和创造就业的重要政策手段。综合来看,产业园区是在适应企业的区位要求以及市场运作的基础上产生的,由市场带动产业的发展,同时,产业园区又是一种对企业的长期承诺,园区开发是房地产驱动(Property-driven Development)的一种发展模式[①]。

二、城市产业园区的类型与特征

(一)城市产业园区的一般分类

自1896年出现第一个现代意义上的工业园区以来,世界各地陆续出现了各种各样的城市产业园,如1951年在斯坦福大学附近出现的斯坦福工业园区(Industrial Parks)——世界上第一个科技园区(Science and Research Parks),1959年出现的商务园区(Business Parks)、办公园区(Office Parks)、自由贸易区(Free-trade Zones)、出口加工区(Export Processing Zones),20世纪末21世纪初开始出现的生态工业园区(Eco-industrial Parks)、创意园区(Creative Parks)等(见表16-1)。

表 16-1 世界产业园区之最列表

	名 称	出现时间	所在国家或地区
第一个工业园区	特拉福德工业园 Trafford Park	1896年	英国曼彻斯特
第一个科技工业园	斯坦福工业园 Stanford Industrial Park	1951年	美国加州斯坦福
第一个创业园(孵化器)	巴特维尔 the Batavia Industrial Center	1959年	美国纽约
第一个现代自由贸易区	香农自贸区 Shannon Free Zone international business park	1959年	爱尔兰

资料来源:作者整理。

根据园区内的工业类型进行划分,重型工业集聚的园区一般称为工业园区(Industrial Parks),轻型产业集聚的园区一般称为办公园区(Office Parks)。

根据园区的经济特征划分,可以划分为出口加工区——园区企业以出口为指向,自由贸易区——园区享有自由贸易政策,生态工业园区——园区经济以生态可持续经济为主要特征,创意园区——园区内企业主要从事创意经济活动。

如果以经济体发展程度为依据进行划分,可以看到,发达国家一般建有工业园区、企业区、科学园区、免税区,主要是为应对城市转型升级发展进程中的问题而建立的;而发展中国家主要建有出口加工区、保税区、经济技术开发区、高新技术开发区,主要是为

[①] 王辑慈,《中国产业园区现象的观察与思考》,《规划师》2011年第9期第24卷,第6页。

发展本地经济服务(见表16-2)。

表16-2　20世纪50年代以来产业园区类别及特征

	发达国家	发展中国家
园区类型(称谓)	工业园区、企业区、科学园区、免税区	出口加工区、保税区、经济技术开发区、高新技术开发区
设立背景	内城问题:工业对城市中心造成的压力和环境污染	国内生产力不足、缺乏资金、技术和人才
形成的时代条件	高速公路出现和信息技术发展,城市郊区化	新国际分工、产业转移、城市化
出现时间	20世纪50年代中期	20世纪50年代末
主要特征	为企业提供绿色空间和基础设施,创新平台,使企业获得外部经济和创新氛围,并减少环境污染	为企业提供基础设施、优惠政策和制度环境,使企业获得降低成本的外部经济
发展动态	升级到创新集群阶段	升级转型要求迫切、区域竞争激烈

资料来源:本表在王辑慈《中国产业园区现象的观察与思考》表1基础上整理而成。
见王辑慈:《中国产业园区现象的观察与思考》,《规划师》2011年第9期第24卷,第6页。

（二）我国产业园区的类型

依据不同的标准,园区可以划分为不同类型。目前我国园区比较常见的分类依据有行政标准和产业类别两种,除此之外,也有根据投入类型和生产类型而进行的划分。

按照行政标准即工业园区行政审批和主管单位等级划分,我国的产业园区可以划分为国家级园区、省(市)级园区和其他地方自行设立的园区等。

根据园区附着产业的类型来划分,我国的产业园区可分为三大类:以高新技术产业开发区为代表的高科技园区、以工业园区及经济技术开发区为代表的加工型园区、以种类纷杂的各种专业性园区。其中,前两类园区是我国目前产业园区的主流。

根据各类企业密集化的投入因素,园区可以分为劳动力密集型、资本密集型和技术密集型园区。

根据生产类型分,园区可以分为以产品组合链为主、以市场销售链为主、以引进科技和提高产品档次为主、以整治环境和改善生产条件为主的园区。

但是,不管如何分类,在区域和城市经济发展的宏观框架内,总体来看,园区是所在地区经济的重要载体和平台,一个地区或者城市其园区的经济竞争力往往决定了该地区或者城市的经济竞争力。

根据国务院、商务部、科技部等关于开发区的相关政策和认定依据,目前的开发区包括各类经济技术开发区、高新技术开发区、保税区、出口加工区以及边境经济合作区等(见表16-3)。我国目前(截至2017年2月的数据)共有国家级经济技术开发区219家,国家级高新区156家,国家级保税区15家,国家级出口加工区63家,国家级边境合作区17家,具体名录见附件1—附件5。

根据上海市经济和信息化委员会的数据,上海目前共有国家级开发区9个,包括国家级经济技术开发区 6 个、国家级高新区 2 个,国家级金融贸易区 1 个,市级开发区 20 个,全市共有 103 个开发区(104 个工业区块)。从开发区的功能和产业类型上又可分为经济技术开发区,高新产业开发区,出口加工区,保税区,金融贸易区,旅游度假区以及工业园区等,其中出口加工区,保税区(港),保税物流中心等为海关特殊监管区域。

表 16-3 我国国家级开发区类型

类型名称	定义与主要特征	创建时间(年)	数量(个)
国家级经济技术开发区	经济技术开发区是中国大陆为实行改革开放政策而设立的现代化工业、产业园区,主要解决中国大陆长期存在的审批手续繁杂、机构叠床架屋等制约经济社会发展的体制问题。 国家级经济技术开发区是由国务院批准成立的经济技术开发区,在我国现存经济技术开发区中居于最高地位。 国家级经济技术开发区为所在地(直辖)设区的市以上人民政府的派出机构,拥有同级人民政府的审批权限。 大部分位于各省、市、自治区的省会城市和沿海开放城市。	1984	219
国家级高新技术开发区	中国高新技术产业开发区,简称"国家高新区""国家级高新区",属于中华人民共和国国务院批准成立的国家级科技工业园区。 我国的高新技术产业开发区是在一些知识与技术密集的大中城市和沿海地区建立的发展高新技术的产业开发区,以智力密集和开放环境条件为依托,通过实施高新技术产业的优惠政策和各项改革措施,充分吸收和借鉴国外先进科技资源、资金和管理手段,最大限度地把科技成果转化为现实生产力而建立起来的集中区域。	1988	156
国家级保税区	国家级保税区是经国务院批准的开展国际贸易和保税业务的区域,类似于国际上的自由贸易区,区内允许外商投资经营国际贸易,发展保税仓储、加工出口等业务。 保税区最初的功能定位是仓储、转口和加工,实际上以物流为主。 目前主要有口岸、保税物流、保税加工和国际贸易四大功能。	1990	15
国家级出口加工区	国家划定或开辟的专门制造、加工、装配出口商品的特殊工业区。	1979	63
国家级边境合作区	国家沿边开放城市发展边境贸易和加工出口的区域	1992	17

资料来源:作者根据中华人民共和国商务部公开数据整理,数据截至 2017 年 2 月。

(三)城市产业园区的突出特征

城市产业园区一般具有如下四个突出特征:

1. 企业集聚或特色产业高度集聚。企业集聚是产业园区的核心特征之一。一个园区的突出产业特征一般是以其形成的产业集聚为标志的,例如工业园区一般是大量工业制造企业在园区的集聚,高科技园区一般是高科技企业在园区的大量集聚,创意园区一般是大量创意企业的集聚,金融贸易区一般是金融贸易企业的大量集聚。

但是,需要指出的是,企业集聚并不一定形成特色的产业集聚,只有当同一行业的企业大量集聚才会在企业集聚的同时形成特色产业集聚。实践中 20 世纪建立的大部分园区在发展初期并没有形成特色产业集聚特征,而是后来逐步形成的;21世纪以来设立的产业园区有较多园区由于在招商引资过程中坚持产业集聚特征的培育理念,因此具有较为突出的特色产业集聚特征。

2. 人才、技术、资金等要素高度集聚。与产业集聚相呼应,城市产业园区在形成特色产业高度集聚的同时带来人才、技术、资金等生产要素的高度集聚。产业园区一般同时也是就业和专业技术人才相对集中的区域,例如,高科技园区高科技人才比较集中,初建的工业园区一般产业工人比较集中等等。

3. 具有良好的基础设施、政策优惠、制度环境和平台服务。城市产业园区一般是经过科学规划而建立的园区,一般具有较好的基础设施、优惠政策、制度环境和空间布局。各种类型的产业园区一般具有鼓励和促进该类型产业发展的优惠政策,例如:出口加工园区是指经国家批准设立的,在港口、机场附近或其他交通便利的地方开辟一定的区域,并提供水、电、通信等基础设施,用优惠政策吸引外商直接投资,发展在国际上具有竞争力的出工加工工业的特殊区域;保税区是指以海关保税政策为基础,经国务院批准设立、海关实施特殊监管;边境经济合作区是指我国沿边开放城市发展边境贸易和加工出口的区域,等等。

在我国目前已有的城市产业园区中,基本上是政府主导的园区运作模式,由政府或者政府派出机构负责整个产业园区的前期建设和运营管理,提供统一的平台服务功能。

4. 具有较强的经济实力,一般是所在区域经济增长的主力。城市产业园区一般都是当地经济增长的主力军。从全国来看,国家级开发区自设立以来主要经济指标一直保持着25%以上的高速增势,远远高于全国经济增速。从产业园区对当地经济的贡献来看,大部分区域或城市的产业园区,是当地经济增长、吸引和利用外资的主要载体,其工业总产值占所在区域或者城市的比重都超过一半,部分发达地区或城市园区规模以上工业企业工业总产值的占比超过70%。

第二节 城市产业园区发展的一般规律

一、理论与文献

(一)产业集聚理论

园区的核心突出特征之一就是产业集聚。不管是在自发形成产业集聚基础上建设的园区还是规划建设的园区,产业集聚理论是产业园区得以成功建设和发展的理论基础。比较典型的代表有:马歇尔的产业集聚和产业区理论、韦伯的区位经济论和集聚经济理论(包括胡佛的产业集聚最佳规模论、藤田昌久的集聚经济论等)。

1. 马歇尔的产业集聚和产业区理论。马歇尔(Marshall,1920)发现在伴随着企业的生产和贸易活动,有企业和贸易活动集中而形成的集聚。马歇尔将经济活动类似的中小企业在特定地区集聚而形成的区域称作产业区——"一种由历史与自然共同限定的区域其中的中小企业积极地相互作用形成企业群与社会趋向融合"——又被称为马歇尔式产业区(Marshallian District)。马歇尔认为,企业集中形成产业区的主要原因在于外部经济的存在——外部经济使得同行业企业集聚于同一地区而获得运输便利和信息优势。马歇尔通过劳动力市场共享、中间产品投入和技术外溢三要素解释了产业集聚。首先,集聚能够产生地理接近的优势,降低运输和交易的成本,从而容易获得如劳动力、服务以及技术等专业化的投入。其次,集聚能够产生专业化经济,"企业间的劳动分工"使企业专业化于某一产品或生产环节中某一特定的任务与工序,并向多种用户提供产品,因此,企业和产业集聚可以从多样化经济中获得好处,同时,也能通过任务的专业化从规模经济中获得好处。此外,马歇尔的观察还发现:在产业区内,行业的秘密不再是秘密,而似乎是公开了,同行们在不知不觉中学到很多经验借鉴,因此,一个产业区往往也是更新思想的产生地。并且这种地方产业系统与当地社会具有强烈的不可分割性。

从近些年来园区经济的实践来看,产业园区表现为在一个特定区域的一个特别领域,集聚着一组相互关联的公司、供应商、关联产业和专门化的制度和协会,通过这种区域集聚形成有效的市场竞争,构建出专业化生产要素优化集聚洼地,使企业共享区域公共设施、市场环境和外部经济,降低信息交流和物流成本,形成区域集聚效应、规模效应、外部效应和区域竞争力。

2. 韦伯工业区位论与集聚经济理论。韦伯 1909 年发表的《工业区位理论》(Theory of the Location of Industries),提出了工业区位论的最基本理论。韦伯产业区位理论的核心思想,就是发现产业在选择生产空间时,最重要的是尽量降低成本,尤其是把运输费用降到最低限度以实现最佳销售。也就是说,韦伯认为是区位因子导致的最小费用原理——区位因子决定的生产场所,将企业吸引到生产费用最小、节约费用最大的地点。韦伯将区位因子分成适用于所有工业部门的一般区位因子和只适用于某些特定工业的特殊区位因子,并经过反复推导确定了三个重要的区位因子:运费①(transportation cost)、劳动(Labor)、集聚和分散②(agglomeration and degolomeration)。韦伯认为,一个企业可以通过两种主要方式获得集聚经济效益:一是扩大生产规模,增加生产的集聚程度,从而降低产品成本;二是通过选择与其他工厂紧密相连的地址而获得收益——这种集聚,使企业通过共同使用专用设备,共同利用劳动力市场以及共同使用公共设施等,从而使每一个工厂减少成本,增加收益。

集聚经济理论的基础实际上是规模经济、范围经济和外部经济。经济地理学认为集聚效果产生集聚经济,但过度集聚则可能产生集聚不经济③,从而导致不再集聚而是

---

① 即韦伯定义的原料指数(material index)。
② 可以说,韦伯是最早提出集聚经济概念的学者。
③ 胡佛在韦伯理论基础上提出了产业集聚的最佳规模理论。(Hoover, E. M. [1975], An Introduction to Regional Economics. 2nd ed. New York: Alfred A. Knopf.)新世纪以来,藤田昌久和克鲁格曼从空间经济学的角度提出了新的集聚经济论,见(日)藤田昌久(比)雅克-弗朗索瓦蒂斯瓦蒂斯著,石敏俊等译:《集聚经济学:城市、产业区位与全球化(第二版)》,格致出版社 2016 年版。

分散。在前者的情况下,集聚经济理论既是企业或者产业在空间上集聚的成因,同时也是企业或者产业空间集聚的结果。

（二）技术的集群创新理论

熊彼特(Joseph A. Schumpeter)发现并提出了集群创新现象。熊彼特认为:"创新并不是孤立的,它们总是趋于集群,成簇地发生,成功的创新首先是一些企业,接着是更多灵敏的企业会步其后尘。其次,创新也不是随机均匀分布于整个经济系统,而是倾向于在某些部门及其环境中聚集。"根据熊彼特的理论,创新在一定的时间和空间（或产业）中成群出现的现象叫做创新集群(Innovation Cluster)。创新集群有两种类型:一种是M型创新集群,即时间意义上的创新集群,主要表现为在同一时期集中出现的成群的在技术上无直接联系的创新,例如20世纪50年代欧美国家的技术创新和我国改革开放后出现的许多技术创新就属于M型创新集群。另一种是T型创新集群,即空间意义上的创新集群。这类创新一般发生在同一空间区域或者临近空间,并在技术上具有一定相关性。T型创新集群又可以进一步分为两类:企业内创新集群——在同一企业内部基于技术关联关系形成的创新集群和企业间创新集群——不同企业之间基于技术关联关系形成的创新集群。可以说,集群创新理论是高科技园区和经济技术开发区得以不断升级发展的主要理论依据。

（三）孵化器理论

企业孵化器(Business Incubator)是20世纪50年代出现的一种新型社会经济组织,具有鲜明的空间集中特征。概括来讲,孵化器是一种为科技创业提供服务的中介机构,它主要通过提供研发或经营场地、技术、中介等公共基础设施和服务条件,降低创业风险,提高初创企业的成功率,是培育中小型科技企业的摇篮。孵化器在全球各地有不同称谓,我国大部分地区称为高新技术创业服务中心,它通过为新创办的科技型中小企业提供物理空间和基础设施,提供一系列的服务支持,进而降低创业者的创业风险和创业成本,提高创业成功率,促进科技成果转化。我国台湾地区一般称之为"育成中心",欧洲各地一般称之为创新中心(innovation center)。

企业孵化器一般具备四个基本特征:一是有孵化场地（空间）,二是有公共设施（硬件）,三是能提供孵化服务（服务）,四是面向特定的服务对象——一般是新创办的科技型中小企业。全球第一家孵化器"贝特维亚工业中心"于1959年在美国纽约诞生。1959年贝特维亚工业中心的诞生主要是为了缓解当时社区的高失业率状况,孵化器的主要功能是提供场所和基本设施、基本企业管理职能的服务以及代理部分政府职能（如一些政府优惠政策的诠释和代办等）。

成立于1987年6月的武汉东湖新技术创业中心是我国第一家高新技术创业服务中心。孵化器在我国高科技企业培育和高科技园区建设方面都发挥了不可忽视的重要作用。许多高科技园区是在当初孵化器基础上或者依靠孵化器培育成长的高科技企业集聚带动建设起来的。而孵化器培育的创新企业更是科技创新的引领和中坚力量。

(四)产城融合理论

产城融合,也就是产业和城市发展一体化,是产业发展与城市功能协同并进,相辅相成,良性互动的科学发展状态。产城融合是现代城市经济社会发展的新理念,是当今世界产业区发展的一个新趋势。从理论上来讲,产城融合是城市化、工业化发展到一定阶段的一个必然产物:一方面工业化的发展需要城市功能的同步提升,从而实现这个产业发展所需要的各类要素的不断集聚;另一方面,城市的发展也需要产业功能的支撑,从而避免成为一个"鬼城""空城",以获得可持续发展的动力。产城融合的基本机制是产业发展跟城市功能协同共进,产业发展集聚各类要素,培育和提升城市功能,促进专业性外部服务和配套设施的发展;与此同时,城市功能的完善将进一步聚集人气,为产业发展提供更多多样化、多层次的人才,强化产业的创新发展动力,为产业的发展提供了发展载体和依托,从而进一步强化了产业的集群,助推产业的进一步发展。产城融合最终就是要在产业区和新城当中统筹规划各类功能要素、产业要素、生活要素的合理配置,实现产业区与新城一体化融合发展。

二、产业园区发展演变的一般规律

(一)产业园区发展演变的一般规律

从国内外园区发展的一般经验和实践来看,根据联合国工业发展组织(UNIDO)的界定,依据园区产业特征、土地开发利用模式、园区管理模式和园区承担的社会职能等不同层次因素在不同阶段的变化,全球范围内的产业园区发展一般经历了从一代产业园到二代产业园、三代产业园,到如今出现的第四代产业园的发展演进(见图16-1)。

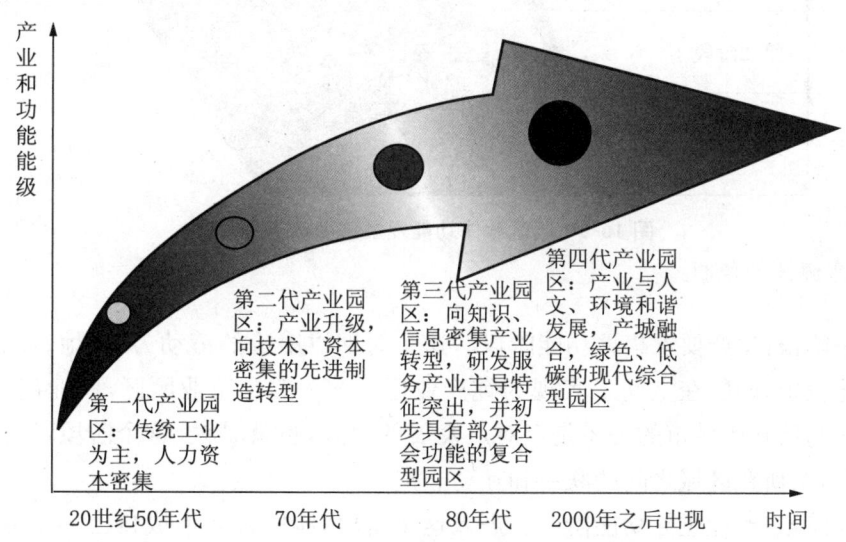

图 16-1　产业园区发展演进的一般规律

资料来源:作者绘制。

具体来讲,第一代产业园接受世界发达国家劳力密集型、高耗能以及高污染产业的转移,一般以加工、制造业为主;第二代产业园则转向技术密集度高、附加价值高、能源密集度低、污染低、产业关联度大、市场潜力大为特征的产业,高科技产业和高新技术产业较多;第三代产业园则开始突破制造产业为主的局限,进入以知识、信息密集的产业发展,制造与研发、设计、营销服务并重,并开始具备部分社会服务功能;第四代产业园则逐步以产业与人文自然生态环境和谐、可持续发展理念为指导,进入产城融合发展、绿色低碳的现代综合性园区阶段。

从海外著名的成功园区的发展历程来看,在自发发展路径下,大多数园区都经历了从第一代产业园向第四代产业园的发展演进,但是,在政府主导的发展路径下,也有直接从二代、三代园区开始实现跨越发展的园区建设。

（二）园区载体功能发展演变的一般规律

园区发展的核心要素是载体与功能。从产业园区发展演变的国内外经验和实践来看,随着经济发展阶段的变化,产业园区的功能也相应提升,作为一个地区和城市发展的空间经济载体,随着空间经济集聚所带来的功能需求演变和相关经济行为,园区在不同发展阶段也表现出不同的载体功能和特征。

概括国内外园区发展的经验和实践,园区载体功能的发展演变,一般经历了如下四个阶段（见图16-2）。

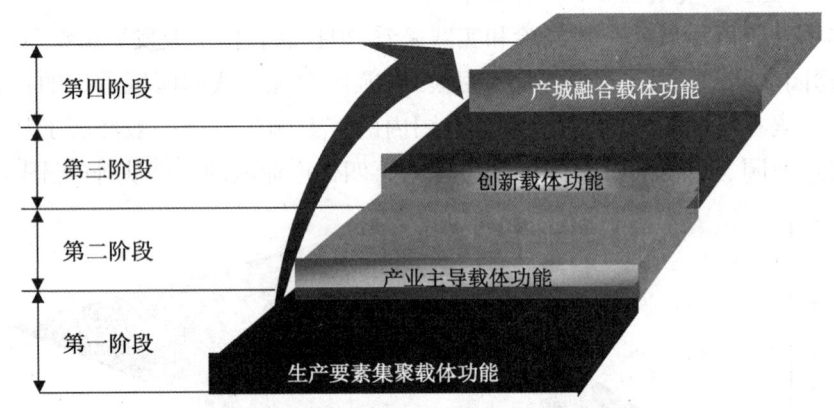

图16-2　园区载体功能发展演变的一般规律

资料来源:作者绘制。

第一阶段:生产要素集聚功能阶段。这个时期以廉价的劳动力、土地、优惠的税收吸引企业投资,园区在空间上表现为纯产业区——一般是工业园区,产业门类比较分散。园区与所在的城市的关系是点对点发展的模式,也就是说,这个阶段,园区的发展相对独立,与所在区域之间的联系和互动非常少。

第二阶段:产业主导功能阶段。进入这个阶段,园区开始形成自己的主导产业,并集聚了上下游产业,产业链开始形成。园区在功能空间上仍然是纯产业区,但是与所在城市发展开始形成互动效应。

第三阶段:创新功能发展阶段。这个阶段,园区的自身能力得到不断提高,传统的资源成本优势已经不再具有竞争力,开始步入资本和技术密集的阶段。产业区逐渐开始承担部分社会服务功能,产业园区开始逐步向产业社区演变。在空间上表现为与所在城市或者新城呈相对耦合发展的空间发展模式。

第四阶段:产城融合功能发展阶段。产业园区与所在城市逐步实现产城融合,园区载体的产城融合功能开始突出,在空间上呈现多级耦合发展或者称之为网络化发展。

如果对应产业园的代际演进,我们发现,第一代和第二代产业园的载体功能演进一般只经历了前三个阶段,而第三代、第四代产业园则经历了从第一阶段到第四阶段的完整进阶。特别是,当第一代、第二代和第三代产业园区进入创新载体功能发展阶段时,将带来产业园的升级换代,演进为更高等级的产业园。

三、世界产业园区发展演变的新趋势

(一)产业园区向多功能、综合性园区转变

现代的产业发展不同于传统工业发展模式的特性——智力资源密集、规模较小、信息网络化,决定了新的产业区功能的综合性,不再是单纯的工业加工、科技产品制造区,而且还包括配套服务的各种商业服务、金融信息服务、管理服务、医疗服务、娱乐休憩服务等综合功能。因此,世界大多数园区朝着多功能、综合性开发区建设方向发展的趋势越来越明显,而且从集聚企业的规模来看,也逐渐从强调引进大型公司向科技型中小企业集群转变。

(二)园区产业向多元化、高技术化转变

随着高新产业系统化、交叉性的增大,使得科技研发与转化的复杂性日益加大,从而大规模研发的系统风险大大增加。而随着科技预测性和可控性的加强,在总体方向下,将研发课题市场化、模块化、专业化,采用小规模研究,充分利用其灵活性,可有效分散风险和加快科技研发速度,因此,随着园区升级换代步伐加快、世界许多园区产业结构日趋多元化和高技术化,学、研、产的结合愈来愈紧密。

(三)园区与周边区域向一体化转变、园区软实力将变得更加重要

园区的经营管理理念呈现创新,产业园区的发展,正在从孤立的工业地产开发走向综合的产业开发,通过土地、地产项目的产业入股等方式,将土地、园区物业与产业开发结合起来,形成一体化发展形态;同时,许多园区的建设也从片面的环境建设走向全方位的氛围培育,在打造一流的硬环境的同时,加强区域文化氛围、创新机制、管理服务等软环境的建设,打造园区品牌、提升园区的软实力和区域影响与带动作用,正成为未来园区经营管理的新理念。

随着我国政策体系的完善和法律法规的健全,许多产业园区的招商引资等各种优惠政策正在逐步取消,我国的产业园区正在经历新一轮的经济转型和产业转型,可以预见,在世界产业园区发展的大趋势下,我国的产业园区将在政府规划和产业政策引导下,通过市场化的模式与手段,通过运行机制和分享体制的持续构建,将由政府主导逐步变革为政府引导、政策驱动、专业化公司参与,多种投资模式和产业运营模式共存的新发展。

第三节　城市产业园区建设的经典案例

目前世界各地有超过上万家产业园区,由于各国在社会制度、文化传统、经济实力上存在差异,以及园区发展处于不同阶段,因此不同园区在具体发展路径、管理模式和体制的选择上也各有不同。北美的园区以美国高技术园为典型,很多是纯市场经济的产物,例如著名的斯坦福工业园即硅谷,但是也有政府规划建设的园区,例如北卡罗来纳州三角研究园等。东亚的园区则多为政府规划的产物(也许这与东亚地区传统的集权文化有关)。限于篇幅,本文选取了国际上著名的产业园区的代表案例进行分析,分别是:世界上第一家高科技园区斯坦福工业园即硅谷、新加坡裕廊工业园(园区管理模式比较成功并得到输出的产业园区);国内则选取了苏州工业园区(规模和发展影响力比较大的园区)。

一、斯坦福工业园(硅谷)的建设与发展

(一)园区发展历史与简介

19世纪50年代新技术革命的迅猛发展为高科技园区的发展奠定了基础,当时世界科技重心也从欧洲转向美国,美国的经济科技迅猛发展,硅谷就是在这样的时代背景下诞生的。弗雷得里克·特曼被视为超过其他任何人的硅谷历史中心人物,是他看到了电子工程学的广阔前景,他尽自己最大的努力试图将大学与工业的需求连接起来,甚至用自己的金钱去鼓励他最好的研究生创办电子公司[①],斯坦福大学的两位毕业生威廉·休利特和大卫·帕卡特依靠特曼借给他们的538美元和银行贷款建立了今天世界著名的惠普公司。惠普公司因此成为大学科研人员自发创业、创办公司的先河,被视为硅谷的开端。

(二)园区发展特点

1. 初创阶段依靠风险投资获得支持。高新技术产业由于具有周期短、风险大的特点,因此需要巨大的资金投入,特别是在其初创阶段。在高科技园区中,技术创新和技术引进都是新事物,具有高风险、高收益的特性,因而资金是决定技术创新和技术引进成功与否的决定性因素。硅谷在60年代至70年代早期创造了自我支持的金融系统,以他们所积累的财富再投资、培育下一批企业家。著名的苹果公司、英特尔公司、微软公司、IBM公司等靠风险投资发展起来的高技术企业也向高技术中小企业投入风险资金。这样,第一轮创业者靠他们自己创业的成功获取资金和经验,并为下轮新公司的成长注入资金,提供管理经验。

2. 硅谷所在地的世界著名大学为硅谷的发展提供了有力的技术和人才支持。硅谷所在地拥有包括世界著名的斯坦福大学、加州大学伯克利分校、圣克拉拉大学、圣何

---

① 在20年代和30年代,这是高风险的投资行动。

塞大学等 8 所大学、9 所专科学院和 33 所技工学校。特别是斯坦福大学，20 世纪 60 年代以来就以它卓越的教学和科研成果而全球闻名，其科研成果转化和产业化的氛围浓郁，助推了产业研发和制造产业链的形成，例如 19 世纪 60 年代左右时在晶体管、集成电路核心技术、微信息处理机技术等方面，一大批高水平的技术创新成果都源于斯坦福等一批大学，这为硅谷的迅速崛起并成为世界最高水平的电子信息产业研发和制造中心奠定了基础。同时，这些高水平的大学和研发中心也为硅谷培养了创新人才和技术人才。

3. 政府在硅谷建设和发展中也起到了非常重要的作用。硅谷被认为是接近纯粹市场经济的产物，也就是说，硅谷的发展的建设更多是自发的，常常被认为是政府规划痕迹最少的高科技园区，但是即便如此，政府尤其是地方政府对硅谷发展的作用也不容忽视。政府在硅谷发展中的主要作用具体表现在以下几个方面：第一，政府（国防部）订单对硅谷新技术的扩散影响重大。在硅谷形成初期，正是由于美国国防部对尖端电子产品的大量需求才使许多初创的高科技公司生存了下来并得以日后发展壮大。据统计，1955 年至 1963 年期间，硅谷半导体产业中 35% 到 40% 的营业额来自政府采购（只是后来对民用市场开发成功之后，这个比例才逐渐下降）。因此可以说，政府对新技术的需求虽然对硅谷以后的发展影响不大，但对硅谷的形成却是一个决定性的因素。第二，政府对斯坦福大学研究项目的直接赞助。斯坦福大学虽然是私立的，但是联邦政府的公共投资对于它的发展有着不容忽视的贡献。以 2000 年的数据为例，学校 16 亿美元的年收入中有 40% 来源于受政府委托的研究项目。反过来，斯坦福大学的这些研究项目又对硅谷产生了巨大的影响。第三，为硅谷的不断扩展提供规划用地。20 世纪 50 年代的斯坦福研究园内有 150 家公司，160 栋楼，原先规划的土地几乎被用光。斯坦福大学每次扩建时，周围的社区、环保主义者和其他特殊利益组织就会提出诸如空间、交通、濒临灭绝物种等问题。这个过程中，地方政府在协调各方利益的过程中发挥的作用至关重要。第四，为硅谷发展提供不可或缺的社会公共服务支持。例如，政府不断改善硅谷的交通状况以及缓解当年硅谷住房紧张的局面等等。

4. 其他因素如创业文化对高科技产业发展提供了良好的氛围和市场环境。创业文化在硅谷发展中的作用，一直被认为是最具硅谷特色。在世界各国试图依照所谓"硅谷模式"进行移植或再造硅谷的浪潮中，很少有成功者，究其原因主要在于模仿者们都没有能够形成一种创业文化，而这个却是硅谷成功的关键因素，甚至可以说是硅谷的灵魂。频繁的人才流动、自由的创业体制、容忍失败的宽松社会环境以及分散的决策过程，成为硅谷创业文化的精髓。硅谷地区社会体系中的自由平等甚至是不拘小节的创业文化，使它成了创业者的天堂、冒险家的乐园。此外，硅谷成功的另一个关键因素是对"高科技弱势群体"——即创业者和创业失败者的支持。硅谷地区的人们对新生事物总是采取极大的扶持态度，政府也对中小企业采取了积极的扶持政策。如果我们把高科技企业的历程分成创新期、成长期、成熟期早期、成熟期晚期和衰退期五个阶段，那么硅谷的成功得益于把资源、网络、机制甚至文化的重心都放在前两个阶段上，也就是说，以最大资源最大程度地支持新技术、人才和企业从无到有、从弱变强、从小到大、从失败走向成功。

二、新加坡裕廊工业园的建设与发展

(一)园区情况介绍

新加坡裕廊工业园,是亚洲最早成立的开发区之一,位于新加坡岛西南部的海滨地带,距市区 10 多千米。1961 年政府在裕廊划定 6 480 公顷土地发展工业园区,并拨出 1 亿新元进行基础建设。1968 年园区内的厂房、港口、码头、铁路、公路、电力、供水等各种基础设施建设基本完成,同年 6 月新加坡政府成立裕廊镇管理局(JTC),专门负责经营管理裕廊工业区和全国其他各工业区。经过多年来的发展与建设,裕廊工业区已成为新加坡最大的现代化工业基地,工业产值占全国的 2/3 以上,目前,共有大大小小园区 40 多个,在全市 55 个城市规划区内,80% 以上拥有工业用地。新加坡的园区除了裕廊工业园占地规模为 64.5 平方千米以外,其余园区占地面积不大,在 0.5 平方千米左右,最大的也不超过 2 平方千米。其工业产值占新加坡国内总产值的 30%,工业设施占 83%,裕廊工业园被认为是亚洲各发展中国家设立的工业区中的一个成功典型。

1. 裕廊工业园特点。裕廊工业园实行公共管理性质的开发运营模式,具有如下特点:

(1) 政府主导的开发运营模式,但不直接参与具体管理。新加坡工业园区的开发运营主要是由政府垄断开发,但政府不作为工业区的开发主体,因而不直接参与具体管理,行政管理与发展管理分开,开发管理机构采取经营化方式。在整个开发过程中,裕廊工业园区的资金筹集、土地运用、招商引资等均采用一级政府统一规划,专业化分工建设、管理和服务协调相配合的发展模式。园区的初期开发建设资金来自政府。后期资金的来源虽呈多样化趋向,但项目建设的初期投入资金仍然主要来源于政府。政府用法律制度来安排土地的开发利用,由 JTC 统一控制全国工业用地和各类园区的供给,园区由经济发展局遍布世界的专业招商队伍统一负责招商。

这种开发模式的优点是:保证项目快速启动并尽快达到规模经济;快速并以较低成本获取私人土地;有效吸引跨国公司的投资;园区的竞争对象在国外而不在国内,园区之间没有恶性竞争。

(2) 全球范围内的集中招商模式。裕廊工业园区采取公司总部统一招商策略,由经济发展局统一招商,在世界各地设立分支机构。这种策略的主要特点是:拥有高度的营销自主权;为跨国公司提供优质服务的基础,如新加坡首创的"一站式"服务;有效选择客户群。

经济发展局主要招商的客户群体有三类,分别是:战略性公司,重点吸引其财务、市场等重要部门至园区内;技术创新型公司,重点吸引其核心产品及技术研发的部门至园区内;公司的重要部门,重点吸引其最复杂的生产程序和最先进的生产技术部门到园区内。通过这三类公司的引进,裕廊工业园区不再仅仅是一个低成本的生产中心,而是公司进行战略运作的长期基地。

(3) 规划先行,基础设施先行。国际上工业区基础设施建设有两种模式:一种是先招商建厂,根据生产的需要和扩展情况逐步解决交通、供水等问题。此种模式的优点是针对实际需要建设,切合性强,投入成本和风险小;缺点是基础设施往往分散零乱,效率不高,阻碍生产的发展。另一种模式是从整个工业区发展全面出发,按照总体建设规划的要求,先投入主要力量建成一完整的基础设施,为工业区的发展打下坚实基础。这种模式的优点是计划性较好,效率高,并可迅速改善投资环境,但投入成本和风险也较大。裕廊工业区是采取后一种模式,从一开始就把基础设施建设作为发展的重点,投入大量资金,形成的基础设施系统。

(4) 以环境条件和服务取胜,各园区执行同样的政策。注重创新管理体制和管理职能,提供一站式服务。而且,政府对入驻园区的企业并无特别的优惠,各种政策如税务优惠不因企业是否在园区有别,而是按规定的公司及其经营状况的条件决定,体现公平竞争原则;园区对一般公司的进入都是开放的,没有门槛条件,政府也不审查公司的项目,可行性报告等属于企业自己的事情,可以说政府对所有公司一视同仁,企业是因园区发展环境而不是特殊政策而进入园区。

虽然政府不把园区作为"政策特区",但是对高技术企业确有一些普遍适用的扶持、鼓励政策,一般在每年宣布财政预算案时公布,之后,按法律程序一一落实,使之得到法律保护。

2. 裕廊工业园的主要发展阶段。裕廊工业园区的发展建设前后分为四个阶段:

(1) 第一阶段,建区开始大规模拓荒动工至1968年。共开辟土地14.5平方千米,兴建一批标准厂房,同时重点建设港口、码头、铁路、公路、电力、供水等各种基础设施。为吸引国内外资本到裕廊工业区投资,新加坡政府在海内外进行了广泛的宣传,并对投资厂家提供贷款和参股投资等支持。除了享受统一的税收优惠政策外,裕廊工业区的土地、厂房租金及各种设施收费也较低。新加坡政府对投资厂商提供贷款及享受统一税收的优惠政策等。但由于新加坡此一时期实行进口替代策略,再加上20世纪60年代初期政治方面的不稳定,因此到裕廊工业区投资的企业仅一百五十多家,而且绝大部分是本国资本,外资不多。

(2) 第二阶段,从1967年起新加坡逐步转向出口导向战略,面向国际市场发展工业化,并明确大力利用外资尤其是国际跨国公司的销售市场和技术品牌,从而实现在较高的水平上进入国际市场。在这一背景下,1968年6月新加坡国会决定成立裕廊镇管理局,专门负责经营管理裕廊工业区和全国其他各工业区,裕廊工业区的开发进入了一个新阶段,建设速度大大加快。至70年代中期,裕廊工业区的开发面积已达50平方千米,而到80年代上半期,整个裕廊工业区的开发建设已基本完成。

(3) 第三阶段,20世纪80年代中期以后。随着宏观策略的转变和投资环境的日趋完善,外商纷纷来裕廊工业区投资设厂,许多国际知名的厂商都选择此地作为其海外生产基地。1990年在区内设厂的企业已超过2 000家,员工总人数达13万人,约占全国的一半。

(4) 第四阶段,20世纪90年代以后。在有限的土地资源和激烈的竞争下,出现了商业园、技术园、后勤园等新概念的园区。为了能集约化利用园区的土地,JTC将成本效益分析和知识经济融合到工业园区的设计和发展之中。

(二) 提升园区功能的主要举措

1. 发展高新技术产业,推动园区由劳动密集型产业转型。新加坡政府从一开始就将裕廊定为全面发展的综合型工业区,园区根据区位条件和国家经济需要规划主导产业。在发展初期根据新加坡发展国际物流中心的需要,结合新加坡靠近中东产油区的区位优势,选择传统加工业,把市场前景好,特别是适合发挥自己区位优势的石油化工业作为主导产业重点发展,以后逐步推进升级,发展电子、通信等高科技产业。在产业布局上,根据地理环境的不同,将靠近市区的东北部划为新兴工业和无污染工业区,重点发展电子、电器及技术密集型产业;沿海的西南部划为港口和重工业区;中部地区为轻工业和一般工业区。

2. 积极引进跨国公司投资,形成产业聚集。新加坡原来长期依赖转口贸易,工业基础尚未建立,且国内市场狭小。针对这些不利条件,新加坡政府采取大力引进国外资本的策略,走产业链招商、产业集聚之路,并明显以跨国公司的投资为重点。为此,裕廊工业区于1969年9月在裕廊码头内设立了一个具有保税性质的自由贸易区,以增加对外国资本的吸引力。60年代起陆续引进跨国公司设厂,如壳牌、美孚等跨国石油公司,荷兰菲利浦公司、日本石川岛播磨重工业公司、美国列明士顿公司等世界著名大造船厂商,裕廊镇化工岛吸引了大批产业关联密切的化工巨头,成为世界石油化工的中枢。迄今新加坡已成为世界第三大石油化工中心、东南亚最大修造船中心及世界第二大海上石油平台生产圈。

3. 吸引高附加值的资本与技术密集型产业,推动向知识经济转型。为了吸引高附加值的资本与技术密集型产业,JTC启动了10年的总体规划(1980—1990年),此项规划体现了这个阶段的服务特点,即为高增长型的企业设计和提供具有差异化的设施和厂房,包括将南部的岛屿开发区开发成石油化工产品的生产和配售中心,将罗央开发成第一个航空工业中心以及建设新加坡科技园区以容纳科技开发型企业。从20世纪90年代开始,在有限的土地资源和激烈的竞争下,出现了商业园、技术园、后勤园等新概念的园区。

4. 以环保理念开展公共设施建设,营造良好的产业发展环境。在裕廊工业区的开发建设过程中,新加坡政府十分注意环境保护,从一开始就有计划地保留10%的土地用作建设公园和风景区。现已建成大大小小10多个公园,有世界著名的飞禽公园、日本式公园、中国式公园、森林公园、码头公园,使裕廊成为风光别致的工业区兼旅游区,被称为"花园工业镇"。

在重视工业基础设施建设的同时,各种社会服务设施也同步发展。拥有数万套住房的 4 个居住小区先后建成,还兴建了学校、大会堂、科学馆、影剧院、商场、体育馆、公园等,使裕廊工业区成为一个社会生产和生活综合体。

投资厂商不需要在当地兴建厂房、码头、油管、仓库或办公室,一切设施由当局提供出租。当局还规划"输送管道服务走廊",承租商可以利用此一管道输送原料、成品及各类用品,不须卡车运送,因此降低运送成本,也大大提升竞争力。

三、苏州工业园区的建设与发展

(一)苏州工业园园区情况介绍

1. 园区概况。苏州工业园区于 1994 年 2 月经国务院批准设立,同年 5 月实施启动,行政区划面积 288 平方千米,其中,中新合作区 80 平方千米,合作区基础设施建设基本完成,全面达到"九通一平"标准。下辖三个镇,户籍人口 37.2 万,常住人口 69.9 万。目前园区主导产业是电子信息制造、机械制造,正向高端化、规模化发展。现代服务业以金融产业为突破口,发挥服务贸易创新示范基地优势,重点培育金融、总部、外包、文创、商贸物流、旅游会展等产业。新兴产业以纳米技术为引领,重点发展光电新能源、生物医药、融合通信、软件动漫游戏、生态环保五大新兴产业。拥有独墅湖科教创新区、金鸡湖中央商务区、中新生态科技城、综合保税区、三期高新产业区、阳澄湖生态旅游度假区等六大转型发展载体。

18 年来,苏州工业园区主要经济指标年均增长 30%左右,2005 年率先高水平达到江苏省小康指标。园区以占全市 3.4% 土地、5.2% 人口创造了 15%以上的经济总量,并连续几年名列"中国城市最具竞争力开发区"榜首,综合发展指数位居国家级开发区第二位。苏州工业园区实施区镇联动战略,全面加快区镇一体化进程,下辖娄葑、唯亭、胜浦三镇已建成现代化城市副中心。

2. 园区特点。作为中国与新加坡两国政府之间的经济技术合作项目,苏州工业园区借鉴了新加坡经济发展模式的经验,与国内其他开发区相比,具有鲜明的特点。

(1)科学的规划理念。园区从新加坡借鉴了国际通行的科学的城市规划原则、方法,先规划后建设,先地下后地上,超前规划,不随意改动规划,避免了许多城市"建了拆,拆了建"的资源浪费。

一是坚持规划理念的前瞻性。园区从一开始就确立了科技工业园和现代化新城区两位一体的定位,坚持以人为本,突出现代科技发展,注重生活和环境质量,统筹考虑工业、交通、商贸、居住、生态环境建设的合理布局和协调发展。无论土地开发、项目建设、招商引资、产业布局,还是环境营造、人才集聚、政府服务、体制创新,都置于国际先进的参考系中进行比较,以先进的理念、超前的设计,塑造百年精品。

二是突出规划编制的科学性。开发之初,中新双方互派专家共同编制完成了总体发展规划,在开发过程中先后制定实施了 300 余项专业规划,形成了从概念规划、总体规划到控制性详细规划和城市设计以及相配套的规划管理技术规定等严密完善的规划体系,实现了一般地区详细规划与重点地区城市设计的全覆盖,以清晰的规划引导有序开发建设,为投资者创造了可预见、低风险的投资环境。

三是强调规划执行的权威性。园区对不符合规划要求的项目,坚决实行"一票否决制",对开发建设过程中投资者超出规划范围的要求,严格执行"违规申请"相关程序。借鉴新加坡"需求未到,基础设施先行"的做法,适度超前建设基础设施,严格按规划功能区域和控制指标整体推进开发,所有重大项目全部进行环境影响评估,所有建设项目全部进一站式服务中心审批,所有建设工程全部进有形市场招投标,避免了开发的盲目性和随意性,保证了开发建设的高强度与高水准。2008年,中新合作区每平方千米基础设施平均投资强度达到5.6亿元,首期8平方千米建成区平均建筑密度达60%、容积率达1.3,接近新加坡中心城区水平①。

(2) 新型的管理体制。园区坚持政企分开、政资分开、政事分开、政府与中介组织分开,授权管理与授权开发分开,积极整合归并政府职能,减少管理层次,简化事前审批,强化事后监督,提高行政效率,坚持依法治园,从制度上发挥市场在资源配置中的基础性作用,发挥非政府组织在社会公共事务管理中的作用,强化管委会在创造良好发展环境、提供优质公共服务、维护社会公平正义等方面的职能。目前,园区管委会下设18个常设管理机构,机关正式编制不足300人,户籍人口与公务人员之比为1 000∶1。园区仅保留自行审批事项8项、备案核准类19项、转报审批类10项;只保留国家和省市规定的7种工本费收费项目,区本级无任何收费项目。园区相继编制了80多项体现园区特色、与我国现行体制相衔接并符合改革方向的规章制度和管理办法,管委会各部门严格依法规范处理经济社会事务,对所有投资企业一视同仁,充分保障其国民待遇,形成了公开、公正、公平和透明规范的市场竞争环境②。

(3) 大公司参与的市场化开发模式。中新双方组建财团共同出资建立了中新苏州工业园区开发有限公司(CSSD),具体负责基础设施开发、招商引资、项目管理、咨询服务等事务。在充分发挥CSSD开发主体作用的同时,园区借鉴新加坡淡马锡模式,积极引入多元化投资主体,组建了地产、市政、物流等一批规模大、实力强的国资公司,引进了中海集团、晋合控股、万科地产等一批品牌响、信誉高的大集团、大公司参与园区开发。外资、国资、民资共同参与建设和经营,开创了政企分开、市场运作的开发区建设新模式。

(4) 高标准、高起点的环境保护理念。园区一方面注重源头控制,提高环保准入门槛,严禁排污总量大、环境风险高的项目进区,确保在经济快速发展的同时有效控制排污总量,此外,还建立了"污染禁入-生态缓冲-雨污截流-集中供热-垃圾处理"五道环保防线,率先建设了覆盖全区的环保基础设施,安装了污水管网TOC在线监测系统,实现了区域污水处理水质远程监控。同时引导企业从产品设计、原料选用、工艺控制等不同层面开展清洁生产等循环经济试点,降低固废的产生量。这种理念也被运用到产业选择上。针对区内电子信息、精密机械等产业密集的特点,苏州工业园开展了静脉产业

---

①② 江苏省委省政府专题调研组:《融入经济全球化提升国际竞争力》,《群众》2009年第5期。

补链招商工作,加大了废弃物资源再生利用项目的引进,有选择性地引进了投资均在1 000万美元以上的日本瑞环化工、台湾美加金属、佳龙科技等资源回收公司。2006年苏州工业园又成功引进了在生产者责任延伸方面起到示范作用的富士施乐产品回收项目,积极探索电子产品回收工作新思路。全区雨水污水分流收集率、清洁能源使用率以及危险废物、生活污水和垃圾无害化集中处理率在国内率先达到100%,区域绿化覆盖率达45%,整体环境通过ISO14000认证。大力开展绿色社区、绿色学校、绿色建筑创建活动,率先建成了国家生态工业示范园区。

(5) 亲商的服务体系。园区率先提出"亲商"服务理念,建立了以一站式服务为核心的公共服务平台,管委会各部门和海关、国检、工商、税务、消防等派驻机构联合办公、权限下放,集中办理审批事项,全面实行服务承诺制和电子审批制,投资者在一站式服务中心窗口就能解决所有相关事宜。园区建立了与国际惯例接轨的绿色商务通道。在国家有关部门大力支持下,先后设立了进出口陆路口岸、出口加工区、保税物流中心、综合保税区等特殊监管区,首创了电子报关和空陆联程通关模式,设立虚拟国际空港功能,进出口货物直接在园区一次性办理通关手续,大大缩短了通关时间,提高了通关效率,降低了企业物流成本。此外,园区还建立了国际招商网络,通过分析国际资本流向,主动前往具有明显投资意向的跨国公司,以优惠政策进行敲门招商。

3. 园区发展阶段:

(1) 规划建设阶段。1995年园区开发之初,中、新双方互派专家借鉴新加坡和国际先进城市规划建设经验,共同制定了富有前瞻性和科学性的园区发展总体规划,编制实施了300多项专业规划,协调布局了工业、交通、商贸、居住、景观等各项城市功能,确立了"先规划后建设、先地下后地上"的科学开发程序和"执法从严"的规划管理制度,保障园区发展的高起点。

(2) 平台接入阶段。自园区成立后,根据"不特有特,比特更特"的政策导向,苏州工业园区制定了吸引企业和机构入驻的优惠政策体系,先后引入了三星、日立、富士通等工业企业,大中型银行机构和东南大学苏州研究院等科研机构,形成了齐全的生产要素集聚。

(3) 各边协同阶段。园区通过各种方式引导企业、研究机构、金融服务和创新研发等领域的集群发展,培育了液晶面板、集成电路、机械制造、软件及服务外包4个大型产业集群,构建了独墅湖科教区、国际科技园区、沙湖创投园区、金鸡湖金融商务区等发展载体,形成了特色集群。园区管委会还建立了信息共享平台,实现各类集群之间信息、知识和资金的互动。

(4) 二次创业阶段。2009年正值园区成立15周年之际,园区提出如下发展目标:进行二次创业和追赶世界一流经济区,培育国际一流企业,集聚国际一流人才;完善与国际接轨的管理体制和运行机制,加快跻身国际一流高科技园区行列,塑造国际一流开发区品牌;推动园区与产业转型升级。

（二）园区发展路径及主要举措

面对土地等资源瓶颈，在外部层面，园区实施"走出去战略"，在江苏省宿迁、南通、安徽滁州及东南亚地区投资合建开发区，输出资本和建园经验；在内部层面，进行"有计划、有系统、有重点"的转型调整。近年来，园区实施转型升级战略，全力推进二次创业，实施转型升级"九大行动计划"（制造业升级、服务业倍增、科技跨越、生态优化、金鸡湖双百人才、金融翻番、纳米产业双倍增、文化繁荣、幸福社区建设），努力实现"四个转变"（即从资源依赖向创新驱动转变、从"人口红利"向"人才红利"转变、从制造业为主向服务型经济转变、从外向型经济向创新型经济转变），打造产业高地、创新高地、人才高地。建设具有全球竞争力的国际化、现代化、信息化高科技园区和可持续发展的创新型、生态型、幸福型综合商务城区。

1. 不断提升产业能级。产业化功能是工业园区的基本功能，苏州工业园区提升主导产业能级。目前，86家世界500强企业在区内投资了145个项目，欧美项目约占一半；全区投资上亿美元项目128个，其中10亿美元以上项目7个，在电子信息、机械制造等方面形成了具有一定竞争力的产业集群，首期投资30亿美元的三星高世代液晶面板项目开工建设。新兴产业迅速壮大，以纳米技术为引领的光电新能源、融合通信、生物医药、软件及创意、生态环保五大战略性新兴产业集群发展，2011年实现新兴产业产值2 006.4亿元，增长36.3%，占规模以上工业总产值比重达53.2%，成为全国唯一"国家纳米高新技术产业化基地"。集约发展水平领先，坚持集约节约发展，注重生态环境保护和资源有效利用，万元GDP能耗为0.307吨标准煤，COD和SO_2排放量仅为全国平均水平的1/18和1/40，生态环保指标连续3年列全国开发区首位，成为全国首批"国家生态工业示范园区"。

(1) 创新招商方式，调整招商理念。苏州工业园区对产业能级的提升首先体现在招商引资上。在招商方式上，园区构建全球招商网络，建立专业化、职业化的招商队伍，开创性地实施小分队、多批次"上门敲砖"招商，推行以商引商、中介代理招商、行业主题招商、网上信息招商、投资代建招商，探索创投参与、债券发行、上市并购等利用外资方式。通过主动的多元化的招商形成了丰足的项目储备，为园区的产业升级转型提供了条件和基础。在招商理念上，也经历了单一的引进超大型企业到产业链招商的过程。早期，园区招商引资工作的重点是吸引超大型客户，到后来逐渐意识到，制造业与物流业、客户企业和原材料企业往往有着天然的联动关系，招商引资不仅要注重吸引大企业，更重要的是吸引产业链。主业做好了，物流配送、分销、结算、离岸金融等也会自然而然拓展过来。巨大的制造能力带动大量的外延需求，国际物流配送中心、国际贸易技术服务中心、国际贸易服务结算中心、离岸金融中心和分销中心也会应运而生。

(2) 集聚高新技术产业推动制造业向高端发展。园区根据国际资本和产业转移的新特点，始终将技术含量高、产品附加值高、资源消耗低的"两高一低"产业项目作为招商重点，推动制造业优化升级。围绕IC、TFT-LCD、航空汽车零部件以及生物医药、纳米技术等主导产业，加强产业链整合与关联度拓展，鼓励跨国公司在区内设立地区总部、运营中心、销售机构和研发单位，推进内资企业参与跨国公司全球产业分工，形成分工协作、互利共赢的产业体系。到 2007 年底，园区累计批准设立外商投资企业 3 100 家，其中 76 家世界 500 强企业投资设立了 115 个项目；实际利用外资 141 亿美元，其中投资上亿美元项目达 89 个。2007 年，园区高新技术产值占全区工业总产值的 60%，初步形成了集成电路、光电、软件、精密机械、生物制药等高新技术产业集群，IT 产值和 IC 产值分别占全国总量的 3% 和 16%，已成为国内最大的封装测试基地（销售规模占全国的 1/4）和排名前三位的芯片制造基地。

（3）依托服务外包示范基地加快现代服务业发展。园区充分发挥中国首家服务外包示范基地的优势，利用技术先进型服务企业试点政策，重点引进国际离岸服务外包总承接商和总发包商，积极培育服务外包龙头项目，加快园区从发展制造业为主向发展先进制造业和现代服务业并重转变。目前，园区拥有软件设计、服务外包、现代物流、金融、动漫等现代服务企业 500 余家。

（4）打造特色产业集群进行差异竞争。在产业集聚的基础上，园区以申请产业基地为抓手，打造特色产业集群。园区先后被认定为火炬计划软件产业基地、火炬计划汽车零部件产业基地、中国软件欧美出口工程试点基地、国家电子信息产业基地、国家集成电路产业园、国家动画产业基地等特色产业基地。形成了以电子信息、精密机械、新材料、生物医药为主导，以软件、集成电路、动漫为特色的高新技术产业集群，并在集成电路、TFT-LCD、航空及汽车零部件等领域形成了较为完整的三大产业链。

其中，集成电路产业形成了从前端设计、芯片制造，到封装测试以及相关原材料与设备生产等系列配套企业，由和舰科技、英飞凌等数十家世界知名企业组成了完整的 IC 产业链；光电产业聚集了三星、友达、日立等生产规模分列全球第一、三、五位的 TFT-LCD 企业及相关配套厂商，是目前国内最大的液晶面板制造基地；机电一体化聚集了艾默生、博世汽车、苏州金龙等汽车零部件生产企业 54 家，其中有两家企业被认定为国家重点高新技术企业。2005 年园区汽车零部件产业销售收入达 60 亿元，占苏州地区的 57%。

（5）依托自主创新夯实未来产业基础。现在的新兴产业，未来的主导产业。比较各地的新兴产业发展目录，各地的选择大同小异，打造园区优势是唯一的选择。"发展新兴产业，不能跟踪模仿，也不能坐等技术转移，必须依靠自己的力量拿出原创成果。"苏州工业园区科技局局长张东驰认为，搞原创没有捷径，唯有靠日积月累。早在 2006 年，园区就实施科技跨越计划。当年，中科院生物纳米所落户，园区人没有急功近利，而是为项目扎实地打桩筑基，一批国际一流科学家陆续应邀加盟。纳米所历经三年顺利筹建，创造了"中科院新建研究所的典范"。在苏州纳米所的示范效应下，园区初步聚集了一批纳米技术创新资源，形成了先发优势。目前已集聚 70 家纳米技术企业，建成 10 余家纳米技术研究所和实验室；聚集纳米技术研发和产业化人才 2 500 多名，其中中科院百人计划 18 人、院士 4 人、国家千人计划 5 人；申报各类专利超 400 项。2010 年 5 月，苏州工业园区将纳米列为战略性新兴产业，提出打造"纳米之城"。提前布局形成的深度科技储备,是园区敢于把纳米产业作为决胜未来的关键。

2. 聚焦科技创新,由"产业集群引资"转入"创新环境引资"。单有制造业优势,园区的国际竞争力很难持久;单靠外来核心技术,园区只能成为"世界工厂"的"加工车间"。在这种理念指导下,针对园区高端科技自主创新能力比较薄弱,缺乏自主的知识产权和自主研发的民族品牌的现状,2006年苏州工业园区提出了从"园区制造"到"园区创造"的转型战略,把"产业集群引资"转入"创新环境引资"的新阶段。为此,园区大力推进"科技跨越计划"和"科技领军人才创业工程",加快建设创新型园区。创新投入不断增加,R&D投入占GDP比重达到4.6%。

(1) 实施科技创新跨越发展计划,建设高等教育区。科技创新成为园区新一轮开发建设的主旋律。开始实施"科技创新投入大跨越""科技创新主体大跨越""科技创新人才大跨越""科技创新成果大跨越"等科技创新跨越发展计划。为此,园区专门建设了一个以培养研究生为重点的"苏州独墅湖高等教育区",引进国内外知名大学,打造从专科、本科、硕士研究生到博士研究生完整的人才培养体系,为高新技术产业发展提供强有力的智力和人才支撑。独墅湖科教创新区引进美国加州伯克利大学、乔治华盛顿大学、加拿大滑铁卢大学、澳大利亚莫纳什大学、新加坡国立大学等一批世界名校资源,23所高等院校和职业院校入驻,在校学生规模超7万人,其中硕士研究生以上近2万人。拥有重点实验室、工程中心、技术中心、博士后科研工作站、流动站等各类研发机构累计144个。

(2) 聚集各类创新主体,打造优越的创新环境。园区通过创建、引进等方式集聚各类创新主体,鼓励产学研合作,形成良好的创新氛围。园区先后出资70亿元组建了创投集团、科技发展公司、教育投资公司等国资创新主体。

充分利用开放优势和产业优势,引进各类研发机构。2008年,先后引进各类研发机构104家,引进省部级以上重点研究所、实验室和工程中心10家,集聚软件和IC设计企业100余家,海外留学生企业200余家,一批技术创新型、本土孵化型、原始创新型企业,如晶方半导体、中科半导体、盛科网络等,呈现出快速裂变增长的态势。引入的研发机构主要分为三类:一是世界五百强企业的独立或内部研发机构,如三星、艾默生、英飞凌等;二是产学研结合的研发机构,如中科半导体集成技术研发中心、苏州有色金属加工研究所等;三是企业内部的工程技术中心,如苏州金龙客车等。

园区积极推进企业与科研院校在项目开发、博士后科研工作站建设、工程中心及实验室建设、产学研联合体建设、公共服务平台建设和研究生培养基地等领域开展了广泛的合作。目前,区内企业与中科院、清华大学等知名研究院所开展产学研科技合作项目。

(3) 打造现代化创新载体平台,拓展创新载体功能。为建立健全以企业为主体、市场为导向、官产学研金相结合的技术创新体系,促进增长方式从投资主导向知识主导转变、从数量递增向质量提升转变,逐步实现园区从制造业基地向国际技术产业新城的跨越转型,园区加大投入打造各类创新载体平台。

一是构建科技创新政策体系。园区先后出台了10多项科技创新扶持政策,启动实施了"科技跨越计划"、领军人才创业工程、310工程,设立了国内首个具有外资成分的风险投资基金和首个非法人制的中外合作创投基金、首个由科技部与国家开发银行共同设立的创业投资引导基金以及省内首家"国家知识产权保护园区",拥有国内首家小企业金融专营机构—招商银行小企业信贷中心。成立沙湖股权投资中心,启动了国家"千人计划"创投中心。集聚各类股权投资、创业投资、风险投资、创业担保、产业投资等基金,以及小企业信贷、科技贷款、融资租赁等金融公司。建立了以市场为纽带、风险创投—专业孵化—统贷担保相结合的政产学研资介互动机制。

二是建立科技载体。为进一步推动区域的科技创新工作,园区先后投入大量资金,建设国际科技园、独墅湖科教创新区、苏州科技文化艺术中心、创意产业园、生物科技园、中新生态科技城、纳米产业园等科技载体,面积超300万平方米。其中,国际科技园总投资为25亿元,经过5年的开发已成为国内一流的软件产业和集成电路设计产业及数码娱乐企业高度聚集的特色科技创业园,吸引各类科技企业近400家,2005年度新增注册企业77家,实现技工贸收入25亿元。

三是加快载体平台建设。园区搭建了20多个公共技术服务平台,建立了多个包括院校、区域、国际范围的各类合作平台,打造了"孵化器+技术平台+产业基地"一条龙产业孵化体系。在与院校合作方面,园区先后与中科院、清华大学等知名高校院所开展科技合作项目80多项,设立了博士后科研工作站15家,组建开发能力较强的紧密型产学研合作机构数十家;在区域合作方面,与武汉、长沙、西安、成都等中西部地区开展合作,共建技术工程中心和重点实验室;在国际合作方面,通过共建研发平台、联合攻关、引进海外的成熟技术等方式,提升引进消化吸收再创新能力。先后与美国、以色列、韩国等国家相关机构合作建立了国家纳米技术国际创新园、以色列技术转移园、美国冷泉港(生命科学实验室)会议亚洲分会等10余个具有国际影响力的国际科技合作体。近年来,园区重点拓展与中科院的合作领域和合作模式。利用园区现有中科纳米产业化基地的优势,进一步加强与中科院在纳米科技领域的合作和成果产业化工作,联合中科院两到三家科研机构,在中科纳米产业化基地内,建设纳米工程技术研究中心,推动中科院纳米科技成果的产业化,并为产业界关于纳米技术的共性问题进行难题攻关。2005年底,园区与中科院半导体所在京签订了共建苏州半导体研究中心的协议。同时园区企业与东南大学、苏州大学、中科院化学所建立了产学研项目10个,其中产学研联合体3家。

3. 建设东部综合商务城,完善城市综合体功能。园区先进制造业的强势发展,高端人才的积聚,催生了金融、会务、展览、观光、购物、休闲度假等各类服务型经济的勃发。多年来,园区抓住"食""购""游""住"等城市要素进行开发,商务建筑总容量已达500多万平方米。在现代化的工业集聚区里,购物广场、休闲公园、美食街、主题公园等应有尽有。工业园区正实现工业经济到服务经济的就地转型,正向现代化、国际化的城市综合体演变。

园区结合苏州市中心城市"一核四城"发展定位,打造东部综合商务城,营造良好的生态环境、宜居的生活环境以及符合国际惯例、国际标准的政策法制环境和服务环境,打造城市国际化样板区。主要举措是:通过建设三大功能板块(金鸡湖金融商贸功能板块、独墅湖科教创新功能板块、阳澄湖生态养生功能板块)、两大枢纽节点(城铁站节点、综合保税区节点)、三大城市副核(娄葑、唯亭、胜浦),打造商务城"时尚都市"功能。

(1) 着力引进发展金融服务、总部经济等高端服务业。全区集聚金融及准金融机构212家,中外银行30余家,全区外资银行数量占江苏省2/3。各类专业服务机构43家,企业地区总部46家。

(2) 建设国际化的商务活动场所。拥有苏州国际博览中心、苏州文化艺术中心、金鸡湖高尔夫俱乐部等国际一流的商务活动场所。建成各类酒店34家,其中洲际、万豪、凯宾斯基等四星及以上国际高端品牌酒店共22家。

(3) 引进美食、购物、旅游、居住、休闲多元化功能项目。园区在月光码头、时代广场、左岸商业街等街区汇集了各国风情的知名餐饮300余家;引入的久光百货、天虹百货、印象城、家乐福、沃尔玛、欧尚等商业旗舰项目,是购物休闲的天堂;园区打造了金鸡湖景区和阳澄湖旅游度假区已成为闻名海内的著名景区,主要景点包括李公堤国际风情水街、时代广场天幕商业街、摩天轮主题公园、水幕电影、重元寺等;园区引进了新光三越、诚品书店等地标性项目,大和、新鸿基、九龙仓等房产楼宇品牌。目前,环金鸡湖区域成为苏州新的商业商务和文化中心。

(4) 打造信息城市。不断提升信息化水平,实施了智能公交、数字城管、智慧环保、国科数据中心等一批重点信息化项目,建立了人口库、法人库、地理信息库三大数据库,大力提升政务信息化、社会信息化、公众信息化和企业信息化水平。物流通关、一站式审批等业务95%以上实现网络审批或预审,成为全国首个"数字城市建设示范区"、全省首个"两化融合示范区"。

(5) 不断优化城市环境。园区积极实施美化亮化绿化工程,建成白塘植物园等一批开放式生态公园,绿地覆盖率达45%,区域环境质量综合指数达97.4,整体通过ISO14000认证。建成的沙湖生态公园,绿树成荫,湖水清澈,吸引了除了游客,还有各类资本,沙湖股权投资中心落户于此。

4. 打造公共服务平台,提升园区服务能力。公共服务平台的建设,为各类产业提供方便的信息获取共享渠道、产品检测平台等,有效提高了企业效率,减少了企业前期投入,为园区科技创新资源与人才和相关产业的加快集聚创造了良好条件。

(1) 围绕重点发展领域建立公共技术服务平台。园区先后建立了集成电路设计、测试服务、软件测试服务、知识产权保护、生物医药、纳米技术等18个公共技术服务平台,为初创期的科技型企业提供专业技术服务,减少企业的前期投入。其中,苏州中科集成电路设计中心是由苏州市政府、中科院计算所和园区管委会联合成立的非营利性机构,主要为IC设计企业提供电子设计自动化(EDA)平台、技术、信息、人才等全方位的服务;苏州软件评测中心是国际科技园投资成立的非营利性的第三方软件测试机构,其公共技术服务平台已建设了质量保障平台、企业信息化平台(SaaS 孵化器)、软件开发平台、培训及人才服务平台、动漫平台、嵌入式平台等子平台;园区知识产权保护中心是我国经济开发区中首家设立的综合性知识产权服务机构,为区内的企业提供专利、商标、版权、集成电路布图登记等知识产权的咨询、保护、维权等领域全方位的服务;针对生物医药外包产业的苏州生物科技公共实验平台,依托园区生物纳米科技园,主要向园内企业提供实验技术服务;苏州软件园培训中心,作为政府出资设立的非营利培训机构,是以培养中高级软件实用人才、动漫游戏开发人才和 BPO(业务流程外包)人才为目标的公共服务平台(黄贵超等,2011)。

(2) 积极搭建投融资平台为创业创新提供资金支持。目前,园区已经形成了由国家资金引导、园区科技经费配套、创投资金扶持、担保资金支撑的多形式、多渠道、全方位的创新创业资金支持体系。园区设立了中新苏州工业园区创业投资有限公司和苏州工业园中小企业创业担保有限公司。其中,中新创投联合以色列无限创业投资基金共同设立了中国第一个具有外资成分的风险投资基金英菲尼迪—中新创业投资企业,基金筹资 1 000 万美元为中小型高科技公司提供创业投资、风险基金等融资服务。中新创投在国际科技园和生物纳米科技园积极探索天使基金投资和孵化器运作结合的孵化器运作模式,将营运资金以定向投资的方式投入,降低在孵企业的运营成本,并在合适的时机寻求专业孵化器整体上市。此外,为了扶持软件和集成电路等领域高新技术成果产业化,园区设立了规模为 1 亿元的软件和集成电路设计产业发展基金。

(3) 积极构筑人力资源保障平台满足园区人才需求。人力资源是第一资源,园区的运作、产业的发展水平取决于园区的人才集聚能力。为了营造一流的人才环境,园区吸取新加坡的成熟经验,以市场为导向进行人力资源配置和管理,积极构筑人才高地。构建了辐射全球的人才网络。园区建立了园区人力资源市场,定期发布区域紧缺人才目录,构建市场招聘、高校招聘、海外招聘、猎头招聘等人才引进网络,集聚各类人才中介 50 多家,并与 100 多家知名高校签署长期人才供需协议,定期组织企业到美国硅谷、日本东京等智力资源密集区域上门招才,较好地满足了企业日益增长的人才需求。优化园区管理人才配置机制。以公开的招聘机制吸引人才,以有效的激励机制留住人才。这种配置和管理方式,在园区高素质公务员队伍的形成中已取得明显效果。园区所有公务人员都面向社会公开招聘,择优录用,并实行绩能考核、末位淘汰和动态管理。营造了最适合创业的人居环境。多年来,园区不仅建设了高标准的城市基础设施,而且兴建了国际水准的高尔夫球场、多个高标准室内游泳馆、华东地区医疗设备最先进的外资医院等现代文体医疗设施,创办了提供全球通用学历的国际学校、外商子女学校,对优秀人才的外事管理、户籍管理、档案调动、家属就业等建立"绿色通道",并建造了白领公寓、青年公社,为企业急需人才提供高品质的廉租房,较为系统地解决了优秀人才创业生活的后顾之忧,营造了有利于人才创业的国际化环境与氛围(贾健莹,2007)。加大投入重点引进高端人才。园区实施"金鸡湖双百人才计划",每年引进和培养国家级"千人计划"人才等各类创新创业领军人才 200 名,高技能领军人才 200 名;园区开展科技领军人才工程,已评选出 318 个领军项目。累计引进外国专家 1 000 多名,3 000 名海外归国人才创办了 400 多家企业,大专以上人才总量列国家级开发区第一位,被评为国家级"海外高层次人才创新创业基地"。四是健全人才培训体系。园区充分发挥培训管理中心、培训工作协调理事会、培训行业协会的作用,出台区域培训鼓励政策,完善政企、校企会商合作机制,积极构建超前且专业的教育培训体系。为适应外商投资企业对高级技术工人的需求,园区成立了职业技术学院,以"教学工厂"为基本教学形式,培养和储备了一大批高素质的职业技术人才。

(4) 建立平台协同体制。在基础平台与服务平台之间,园区管理机构制定了园区发展规划和产业发展政策,以股权关系和行政管理机制,统一协调各服务平台之间的关系。在服务平台上,平台管理者通过建立协会和创造共同交流空间,促进接入各边形成交流信息和知识的社会网络;如独墅湖高教区的十多家高校研究院,都是开放式教学,学生可以充分利用知识资源。各服务平台所支持的产业集群之间存在互补关系,如创意产业集群需要创投产业集群的资金支持,在各个服务平台之间除存在直接关联外,园区管理部门还成立专门的信息服务部门,在各产业集群之间建立联系,推动园区成为集群的集群(严效民、胡汉辉,2011)。

此外,还通过建立园区控股的企业体系,分别在基建、金融、教育、科技、物流等关键领域成立平台型企业,提供全面的服务支撑。

第四节 我国城市产业园区的发展与趋势

一、我国城市产业园区发展历程回顾

从我国城市产业园区的建设和发展历程来看,我国城市产业园区的发展可以划分为四个阶段:起步阶段、高速发展阶段、规范调整阶段、升级和转型发展阶段。

(一) 起步阶段:1979 年至 1992 年

1979 年深圳蛇口工业区正式成立,该工业区是由招商局集团全资开发的中国第一个外向型经济开发区,但是直到 1984 年,国家批准兴建大连、秦皇岛等 14 个经济技术开发区,标志着中国开发区的正式诞生。1985 年 7 月,中国科学院与深圳市政府联合创办中国第一个高新技术开发区——深圳科技工业园区,拉开了我国开建高新技术开发区的序幕。此后,伴随着如火如荼的社会主义特色市场经济建设,各类开发区开始出现。这一时期,是中国开发区建设的起步和探索阶段。

这一时期全国城市产业园区开发建设的主要特征表现为两点:一是由于经济处于全面恢复阶段,基础设施落后,缺乏基础设施的资金投入,同时吸引外资和引进技术的能力也比较弱,开发区的发展速度比较缓慢;二是开发区作为一种新型的经济模式,极大地刺激了各地政府和投资商的热情,使得国家级开发区的形式和内容日趋丰富,各地开发区蓬勃发展。

(二) 高速发展阶段:1992 年至 2002 年

1992—1994 年,由国务院的第二批批准的营口、长春等 18 个经济技术开发区成立。2000 年至 2002 年,国务院第三批批准了合肥、郑州等 17 个国家经济技术开发区。同时,这一阶段,各省市也都在积极建立各自的开发区,全国范围掀起了设立开发区的热潮,各种类型、各种级别的开发区建设呈现迅猛发展之势。这一阶段中国的对外开放由东部沿海向沿江、中西部内陆城市发展,多层次、全方位的开放格局基本形成,伴随着改革开放和外向型经济的蓬勃发展,这一阶段也是中国开发区历史上大规模扩张的时期。在这一阶段,开发区以吸引大型跨国公司为主,大规模、成批量的引进外资,不仅直接带来一些先进的技术、设备和管理理念,而且直接推动了中国工业现代化的进程。中国的产业结构也由单一转向多元化,迅速实现并完成了工业规模和工业实力的积累。但是,与此同时,开发区的高速繁荣发展进程中也出现了一些问题,很多地方盲目建立开发区,开发区过多、过滥,盲目占地、开而不建,开而不"发"(展)的现象比较严重。因此,国务院对开发区采取了大规模的整顿和清理,使开发区的环境得以净化,发展显著的开发区也得以成长。

(三) 规范调整阶段:2002 年至 2010 年

我国自 2001 年加入 WTO 后,国内经济与世界经济联系更为紧密,开发区作为对外开放的前沿阵地和排头兵,成为最早进入全球经济体系的空间单元。伴随着各地城镇化的快速发展、城市空间也日益扩张。特别是在亚洲金融危机之后,经济刺激政策下许多城市产业园区都经历了接近爆发式的增长,甚至出现了一些地方借设立和建设开发区之名乱占耕地,侵犯农民利益等问题。在 WTO 背景下,我国外向型经济受国际市场的影响也陡然增大,由于国际环境变化,2003 年之后国内外经济环境和政策的变化使开发区利用外资呈现减少趋势,外向型经济的风险也逐渐暴露,各个开发区在招商引资中不仅面临着激烈的竞争,而且开发区分化明显,既有投入产出高效的产业园区,也存在一些开发区大量浪费土地的现象,为防范风险,促进产业园区健康发展,2003 年 7 月起,国务院部署开展了对全国各类开发区的清理整顿工作。国务院办公厅于 2003 年 8 月份下发了《关于清理整顿各类开发区加强建设用地管理的通知》,同年底,国家发改委、国土资源部、建设部、商务部又共同发出了《关于清理整顿各类开发区的具体标准和政策界限的通知》,对国内存在的各类开发区进行了整顿和清理,对国家级的开发区的用地也加强了管理进行整顿。2003—2006 年,经过集中清理整顿、规划审核、设立审核及落实开发区的"四至范围"(即东、西、南、北四周边界)等几个阶段的清理整顿工作,到 2006 年 12 月,全国各类开发区由 6 866 个核减至 1 568 个,规划面积由 3.86 万平方千米压缩至 9 949 平方千米。随着这一阶段开发区清理整顿、规范调整的逐步完成,全国开发区开始步入由"量"到"质"、转型发展的新时期。

(四) 升级和转型发展阶段:2010 年至今

自第十一个五年计划后期起,特别是在 2008 年金融危机的影响下,以外向型经济为突出特征的长三角地区产业园区就开始出现了"腾笼换鸟""招商选资"等园区经济发展前所未有的新现象。2010年进入第十二个五年计划期之后,全国城市产业园区开始正式进入产业升级和转型发展的新阶段。

二、我国城市产业园区发展的特点分析

(一)大部分园区都已经基本实现从企业集聚(量)向产业集聚(质)的转变

随着经济转型和产业的梯度转移与升级进程,如今全国大部分地区的园区已经不再满足于园区建设初期形成的企业集聚,而是更加注重依据园区的战略发展定位有意识地进行招商选资。许多园区经过几年(或者十几年)的发展已经深刻意识到:建立有特色的产业集群不但有利于提升园区的实力,更能获得因集聚带来的额外效应。园区发展已经开始实现从"重招商"到"重选资"的转变,许多园区都主动通过打造园区的产业集群特征而不仅仅是依靠良好的基础设施和税收优惠来吸引优秀企业集聚。比较典型的代表如苏州工业园区高新技术产业集聚,其"IC设计与制造产业集群"已经入选国家产业集群试点。上海开发区内产业的集中度也从2003年的76%提升到现在接近90%,如张江高科技园区形成了集成电路、软件和生物医药三大产业,被称为我国的"硅谷"和"药谷",等等。从最初不加选择的盲目招商形成的工厂集聚到现在从资金规模、产业性质和发展方向的多方选择而形成产业集聚,反映的是我国产业园区发展进程中从追求数量向追求质量的转变。

(二)园区产业升级明显、产业体系日趋完善、产业价值链位置不断上升

我国所有的产业园区基本上都是以工业起家,并且初期的工业技术和层次都比较低,很多只是跨国公司全球产业链上的一环,以加(代)工、制造为主,因此不需要融资、研发、设计、保险等服务。但是随着工业化的逐步发展,当代工业的核心竞争力已经转向技术、研发、设计以及高效的物流体系,特别是2008年金融危机之后,一些开发区已经把第三产业增加值作为一个主要经济指标。目前,生产性服务业成为许多开发区的发展重点和增长亮点,许多产业园区的第三产业发展已经占有越来越重要的地位,特别是在长三角、珠三角等发达地区,例如上海的漕河泾开发区、浙江的萧山经济技术开发区等,其第三产业增加值占园区GDP的比重都已经超过三分之一。

(三)高新技术和高新技术产业成为各地产业园区新一轮发展的主流

自"十一五"以来,伴随着开发区的"二次创业""腾笼换鸟"和新一轮的"招商选资",传统劳动密集型即依靠土地和人力成本优势的产业正在逐步被淘汰或者实现产业向欠发达地区的梯度转移,高新技术制造业、生产性服务业、现代服务业正在成为各地产业园区发展的主导产业。目前,生产性服务业和现代服务业已经成为一些园区的发展亮点,特别是在国家级开发区。例如,在上海的金桥开发区生产性服务业企业350多家,已形成"总部经济、研发设计、商贸营运、服务外包"四大生产性服务业,集聚了44家总部机构、87家研发机构、25家服务外包企业。漕河泾开发区以占全市2‰的土地面积,为上海贡献了2.15%的第三产业增加值。根据苏浙沪三地开发区的相关统计数据,自2008年金融危机以来,江苏和浙江两省开发区的先进制造、高新技术制造和高端制造

业发展迅速，上海市开发区的信息服务、设计研发、物流、贸易服务、总部经济等产业增长迅速，服务业在开发区的经济总量比重已经超过50%，极大地推动了园区产业从制造加工向高新技术、生产服务和现代服务业的转型发展。

（四）综保区建设正在成为金融危机后园区经济增长的新亮点

在经济发展模式转型的大背景下，许多园区逐渐实现从生产要素集聚向产业功能主导和专业市场与平台功能发展的新阶段，园区发展不再是依赖廉价劳动力、土地和优惠的税收来吸引企业，而是通过构筑专业平台和信息平台，吸引企业的集聚发展。在金融危机带来的外向经济受阻的作用下，江苏、浙江和上海的园区努力在"危"中寻"机"，大力发展服务贸易和一般贸易，在产业链演进升级上做文章，推动许多出口加工区成功实现向综合保税区的转型发展。如上海综合保税区、浙江舟山港综合保税区、昆山综合保税区等，园区内利用加工制造基地基础和保税贸易优势，通过发展保税物流、促进国际、国内市场的衔接，大大提升了园区服务贸易平台的功能和作用。目前，保税区目前已经成为促进加工贸易转型升级、推动经济复苏增长的新动力。

（五）园区的产城融合功能日益完善，园区与地方统筹发展机制在探索中不断创新

随着产业园区步入资本、技术和知识信息密集发展的阶段，产业园区的社会服务和社会带动功能日益突出。例如，近几年来，长三角地区的一些产业园区开始逐步向产业社区演变。在空间上表现为与所在城市或者新城呈相对耦合发展的空间发展模式。产业园区与所在城市逐步实现产城融合，园区载体的产城融合功能开始突出，在空间上呈现多级耦合发展或网络化发展。园区与地方的联动统筹发展有利于区域要素利用的优化和效率的提高，例如在人才共享、城市公共服务设施共用等方面，园区与地方的统筹发展有利于实现园区与地方的共赢。例如，2010年以来，昆山开发区、昆山高新区与花桥国际商务城、昆山旅游度假区，与所在乡镇和周邻乡镇积极整合优势资源、在新兴产业规划、新项目和外资利用，特别是在人才引进、园区社会配套功能建设等方面，实施区镇联动战略，在统筹发展的进程中打破行政区划的分割，与地方统筹规划、共谋发展。江苏省的部分开发区（如南通海门等），在其新一轮的园区建设和开发中，尝试实行区镇合一、区镇联动，积极探索以区带镇、以镇促区、产城融合、共赢发展的地方发展新模式。

（六）部分城市产业园区从工业园区变为行政区，直接推动了所在城市的发展和扩张

许多城市的一些国家级开发区经历了从工业园区到不再是工业园区的演变，当地政府也不再是管理委员会，而是逐步转变成一个行政区域，当地政府也由管委会变成了区委和区政府。例如，典型案例常州高新技术产业开发区和无锡高新技术产业开发区。

常州国家高新技术产业开发区于1992年11月9日经国务院批准成立，规划用地面积5.63平方千米；1995年5月，在高新区的基础上设立了常州新区，与高新区实行两块牌子一套班子的管理体制，地域面积扩大至115.88平方千米；2002年4月，在新区的

基础上设立了常州市新北区,地域面积扩大至 439.16 平方千米,目前下辖 3 个街道、6 个乡镇,总人口 43 万人[①]。

无锡高新技术产业开发区于 1992 年 11 月设立,1993 年 12 月无锡新加坡工业园奠基,1995 年 1 月成立无锡新区,旺庄、硕放两个镇划归无锡新区管理,辖区面积扩大到 83 平方千米。2002 年,经过第二次行政区划调整,无锡新区辖区面积扩大到 141 平方千米。2005 年初,无锡市委、市政府明确了无锡新区建设"创新型国际化科技新城"的新定位,同时,实施第三次行政区划调整,将锡山区鸿山镇委托新区管理,将滨湖区华庄镇部分村(居)交由新区"代建代管"(后又明确划归新区),无锡新区行政管理区域扩展到 220 平方千米[②]。

将开发区转变为行政区域,一个最明显的变化就是可利用的土地面积发生了变化,常州开发区从最初的 5.63 平方千米扩大到最后的 439.16 平方千米,扩大超过 78 倍,而无锡开发区也扩大了 23 倍。我们也应该看到,把高科技园扩大为行政区,能够更好地利用知识经济的外溢效应,但是如何把核心区的辐射和影响有效地引导到其他区域这是我们需要再研究和考虑的,如土地面积扩大后未能保证土地的集约利用,因为相对于一般的开发区,土地数量的压力要小得多,那么就会背离扩大高新产业园区的初衷。同时开发区的发展目标与一个行政区的发展目标并不完全一致,这也对扩大后的开发区提出了更高的要求。

(七) 从单纯追求产值转向追求综合效益和可持续发展,对环境的关注度显著提高

近年来,中共中央不断要求各地用科学发展观统领各项工作,要求建立资源节约型和环境友好型社会,注重可持续发展,节能减排也从抽象的政策变成具体的指标,而各地开发区也从粗放型经济向集约型经济的转变中看到了环境改善对招商引资和经济增长的作用,已经从单纯追求 GDP 向注重环境改善,追求综合效益转变。许多地区的许多产业园区战略发展中都明确提出要加强生态建设,强化环境保障作为未来发展的重点内容。对环境的关注,意味着开发区的发展已经从依靠污染增加 GDP 的低层次发展中跳了出来,走向了依靠技术进步提升产值的可持续发展道路,在这一方面,长三角地区的产业园区可以说走在了全国园区转型发展的前列。

三、我国城市产业园区发展经验和模式分析

(一) 世界产业园区的管理和运营模式

世界产业园区的管理和运营模式有许多种,但是,以 M. 卡斯特尔(Manuel Castells)和 P. 霍尔(Peter Hall)对世界高科技园区的分类法影响最为广泛。参考借鉴卡斯特尔和霍尔对世界高科技园区管理模式的分类,结合世界各地产业园区建设的经验和实践,可以把世界产业园区的管理和运营模式划分为以下两种类型:

---

① http://www.czxd.gov.cn/AreaInfo/Default.aspx.
② http://www.wnd.gov.cn/chs/guideStyle.php?menuID=11010000.

第一种是开发公司模式。这种模式或者通过单一的开发公司(如世界上最早的产业园区),或者通过建立高技术公司的产业综合体(园区由包括大学、企业、孵化器等组成的多元主体组成)来建设和发展,这些综合体把研究、开发和生产制造联系起来,典型代表是美国的硅谷和波士顿 128 公路。

第二种是产业行政区的发展模式,通过在某一划定的地区集中兴建一批高技术产业公司,促进园区形成和发展。这类园区的兴建包括政府规划型、混合筹建型和大学倡议兴建的三种不同路径。例如,科学城的发展,通常是由政府进行规划与建设,把大批研究机构和科学专家集中在具有良好基础设施的城市空间(产业园区),为其产生的卓越科学成就而进行协同。如著名的前苏联西伯利亚科学城、日本的筑波城等,这类科学城都同时具有行政区域的特点。也有一些产业园区或者技术园区,在政府规划建设之初同时还具有分担部分城市功能的作用,如日本的"高技术城",如我国的许多经济技术开发区,建设之初都不仅具有产业功能,还有分解所在城市中心城区功能的作用。

(二) 我国城市产业园区的管理和运营模式

比较世界产业园区的管理和运营模式,我国产业园区经过三十多年的发展则初步形成了具有中国特色的产业园区管理和运营模式。概括来看,我国各地地方政府在结合本地区实际情况的基础上,大致形成了三种类型的园区管理和运营模式:

1. 政府主导型。我国大多数产业园区施行的都是政府主导型的管理和运营机制。各地园区建设和发展的经验表明,在这种模式下,一般成立以地方政府相关领导组成的领导小组负责产业园区发展重大决策和重大问题的协调,但不涉及园区具体的行政管理事务。设立的产业园区管理委员会(以下简称管委会)作为园区所在地政府的派出机构在园区内行使经济管理权限和部分行政管理权限,包括项目审批、规划定点等。在机构设置上,大部分地区的园区管委会都设工委(或党委)与管委会两套班子合署办公。园区管委会作为园区日常管理和服务平台,负责对企业实行间接的法制化、政策化管理,主要职能是建立健全社会化服务体系,为企业提供各种服务。

政府主导型管理机制充分利用和发挥了我国强势政府的特点和优势,在我国产业园区的建设和发展中发挥了举足轻重的作用。但是,由于我国相应法律体系的不健全和不配套,因而实际运营中管委会并没有明确的法律地位和行政主体资格,不仅容易造成管理上的混乱,而且还容易带来机构臃肿等管理体制问题。然而,从城市产业园区三十多年来的整体发展来看,政府主导型的园区运营模式利大于弊,具有较为广泛的适用性。

2. 开发公司主导型。开发公司主导型管理机制是指完全利用市场机制和组织方式来建设、管理和运营产业园区。这种模式的管理机构主体是营利性的公司———一般都称为园区开发公司,该公司承担着管理与开发的双重职能,具体包括园区的规划建设、基础设施建设、招商引资、土地征用、园区管理等方面。

从我国的实践来看,这种模式又可以细分为三种类型:(1)以招商局蛇口工业区为代表的国企开发主导型,这种园区的开发公司是国有企业,对园区拥有较多的管理权限,园区虽然设有管委会,但是仍以开发公司为主进行经营管理。(2)以上海漕河泾微电子高技术开发区为代表的外商企业开发主导型,这类园区不设置管委会,政府只指定园区外主要管理部门协调或只派驻办事处。(3)以浦东金桥出口加工区为代表的联合主导型,这类园区以国有企业为主,由中外企业参股组建联合公司对园区进行经营管理。实践表明,三种不同的开发公司模式都取得了很大的成功。

这种以开发公司为主导的管理和运营模式具有如下几个优点:一是可以使园区的开发管理工作实现专业化,便于提高运作效率;二是有利于提高管理机构的反应能力,使园区管理与服务能及时地跟上市场需求;三是可以运用经济杠杆进行园区管理,有利于提高开发建设的效益。与此同时,现实中这种开发公司主导型管理模式也暴露了一些弊端:譬如,开发公司的管理属于企业行为,可能过于以经济效益为目标,偏离园区设立的初衷;开发公司毕竟不是政府,但是却在实践中承担了部分社会管理职能,在一定程度上影响了园区的发展。

3. 政府园区合一型。政府园区合一型的管理模式实行一套管理和运营班子、两块牌子的做法。采用这种管理模式的产业园区不同于一般的园区,也不同于一般的行政区,而是综合了两者的功能——也就是说,这类园区管理机构,既承担产业园区的开发建设任务,也承担地方政府的行政管理职能,园区管委会主任同时也是地方政府领导。

可以说,这类管理模式综合了一般产业园区和行政区的优势,使产业园区形成了集行政、经济、社会于一体的综合发展区域,在产业功能和城市功能日益融合发展的背景下,这样的管理和运营模式有利于整合、发挥园区与政区的资源与创新优势,实现优势互补,为园区经济提供更多发展机遇和发展动力,同时能够更有能力兼顾经济与社会全面发展。但是,这种发展模式也具有不容忽视的弱点,例如因政府职能和园区职能合一而造成的管理面过于宽泛,容易干扰和冲击园区的经济开发管理的主要功能,造成目标偏移,影响园区建设效率。

四、我国城市产业园区发展趋势分析

在土地、能源约束、市场和区域竞争的驱动下,我国许多城市的产业园区正面临着土地资源紧张、投资和生产成本上升、世界技术进步与产业结构调整和转移等内外压力与挑战,结合世界产业园区的发展趋势和国际国内经济社会发展环境,我国城市产业园区的未来发展正呈现如下几个可能的趋势性特点:

(一)城市产业园区将依然是对外开放和经济增长的主要空间

虽然数据显示开发区吸引外资的主力地位会下滑,但是总体来看,各地产业园区依然是吸引外资的最主要力量,其对外开放的窗口地位也会进一步加强。基于三十多年来城市产业园区的发展基础和形成的经济地位与优势,城市产业园区在未来将依然是对外开放和经济增长的主要空间。

（二）服务业、高科技产业将是未来发展的重点，自主创新将成为破解园区发展困境的利器

在节能减排、土地资源限制、市场竞争日趋激烈等诸多压力下，各开发区都会注重产业升级，把高效益、低污染的高科技产业和服务业作为今后发展的主要方向，加大研发投入，增加自主创新产品的比例，以此作为促进土地集约高效利用的途径，降低万元GDP的能源消耗和污染。

（三）内资、民资将逐步发展与外资分庭抗礼

开发区的建立主要是为了吸引外资，但是随着我国改革开放40年的发展，民营资本逐步发展起来，一些开发区在争取外资的同时也积极注重民营资本的培育和吸引。很多有实力的民营企业也都选择在开发区发展（例如，在浙江，这种趋势尤其明显）。民营经济的崛起可以改善区内经济的结构，减少区内经济受国际形势和"候鸟经济"的制约，使得经济发展更为平稳和健康。

（四）产业园区在全国范围内的分工合作会进一步加强

在区域一体化趋势和区域协调发展不断加强的前提下，全国范围内开发区的分工与合作的态势也会逐步形成，比如在上海发展总部经济，"腾笼换鸟"的同时可以把替代出的产业向江苏北部、中西部等地区转移，能够在有限的土地上创造更高的效益，而其余地区能够发挥其土地资源相对丰富的优势，利用这些产业发展相对落后地区的经济，从而促进区域内经济更加均衡的发展。"飞地经济"和共建园区繁荣发展，正在成为区域产业园区功能体系完善的新动力。

（五）园区的政府色彩将日益淡化、市场将成为园区发展的主要力量

政府职能转变一直是我国市场经济体制改革的核心领域之一。未来，政府职能转换步伐将加速，并将加快退出微观经济运行。随着园区管理和运营模式的多元化发展，园区的规划管理权、项目审批权、财政单列权等正在逐步收回。在这样的发展背景下，园区将继续淡化政府行政色彩，在保持园区发展与地方经济总体发展目标不冲突的前提下，回归一级土地开发商及开发区服务供应商的市场角色。总体来看，未来新建的城市产业园区，政府管理色彩将日益淡化，市场将成为园区发展的主要力量。

附件1：国家级经济技术开发区219个

北京 1个		
北京经济技术开发区		
天津 6个		
天津经济技术开发区	西青经济技术开发区	武清经济技术开发区
天津子牙经济技术开发区	北辰经济技术开发区	东丽经济技术开发区

(续表)

河北 6 个		
秦皇岛经济技术开发区	廊坊经济技术开发区	沧州临港经济技术开发区
石家庄经济技术开发区	唐山曹妃甸经济技术开发区	邯郸经济技术开发区
山西 4 个		
太原经济技术开发区	大同经济技术开发区	晋中经济技术开发区
晋城经济技术开发区		
内蒙古 3 个		
呼和浩特经济技术开发区	巴彦淖尔经济技术开发区	呼伦贝尔经济技术开发区
辽宁 9 个		
大连经济技术开发区	营口经济技术开发区	沈阳经济技术开发区
大连长兴岛经济技术开发区	锦州经济技术开发区	盘锦辽滨沿海经济技术开发区
沈阳辉山经济技术开发区	铁岭经济技术开发区	旅顺经济技术开发区
吉林 5 个		
长春经济技术开发区	吉林经济技术开发区	四平红嘴经济技术开发区
长春汽车经济技术开发区	松原经济技术开发区	
黑龙江 8 个		
哈尔滨经济技术开发区	宾西经济技术开发区	海林经济技术开发区
哈尔滨利民经济技术开发区	大庆经济技术开发区	绥化经济技术开发区
牡丹江经济技术开发区	双鸭山经济技术开发区	
上海 6 个		
闵行经济技术开发区	虹桥经济技术开发区	上海漕河泾新兴技术开发区
上海金桥出口加工区	上海化学工业经济技术开发区	松江经济技术开发区
江苏 26 个		
南通经济技术开发区	连云港经济技术开发区	昆山经济技术开发区
苏州工业园区	南京经济技术开发区	扬州经济技术开发区
徐州经济技术开发区	镇江经济技术开发区	吴江经济技术开发区
江宁经济技术开发区	常熟经济技术开发区	淮安经济技术开发区
盐城经济技术开发区	锡山经济技术开发区	太仓港经济技术开发区
张家港经济技术开发区	海安经济技术开发区	靖江经济技术开发区
吴中经济技术开发区	宿迁经济技术开发区	海门经济技术开发区
如皋经济技术开发区	宜兴经济技术开发区	浒墅关经济技术开发区
沭阳经济技术开发区	相城经济技术开发区	

(续表)

浙江 21 个		
宁波经济技术开发区	温州经济技术开发区	宁波大榭开发区
杭州经济技术开发区	萧山经济技术开发区	嘉兴经济技术开发区
湖州经济技术开发区	绍兴袍江经济技术开发区	金华经济技术开发区
长兴经济技术开发区	宁波石化经济技术开发区	嘉善经济技术开发区
衢州经济技术开发区	义乌经济技术开发区	杭州余杭经济技术开发区
绍兴柯桥经济技术开发区	富阳经济技术开发区	平湖经济技术开发区
杭州湾上虞经济技术开发区	宁波杭州湾经济技术开发区	丽水经济技术开发区

安徽 12 个		
芜湖经济技术开发区	合肥经济技术开发区	马鞍山经济技术开发区
安庆经济技术开发区	铜陵经济技术开发区	滁州经济技术开发区
池州经济技术开发区	六安经济技术开发区	淮南经济技术开发区
宁国经济技术开发区	桐城经济技术开发区	宣城经济技术开发区

福建 10 个		
福州经济技术开发区	厦门海沧台商投资区	福清融侨经济技术开发区
东山经济技术开发区	漳州招商局经济技术开发区	泉州经济技术开发区
漳州台商投资区	泉州台商投资区	龙岩经济技术开发区
东侨经济技术开发区		

江西 10 个		
南昌经济技术开发区	九江经济技术开发区	赣州经济技术开发区
井冈山经济技术开发区	上饶经济技术开发区	萍乡经济技术开发区
南昌小蓝经济技术开发区	宜春经济技术开发区	龙南经济技术开发区
瑞金经济技术开发区		

山东 15 个		
青岛经济技术开发区	烟台经济技术开发区	威海经济技术开发区
东营经济技术开发区	日照经济技术开发区	潍坊滨海经济技术开发区
邹平经济技术开发区	临沂经济技术开发区	招远经济技术开发区
德州经济技术开发区	明水经济技术开发区	胶州经济技术开发区
聊城经济技术开发区	滨州经济技术开发区	威海临港经济技术开发区

河南 9 个		
郑州经济技术开发区	漯河经济技术开发区	鹤壁经济技术开发区
开封经济技术开发区	许昌经济技术开发区	洛阳经济技术开发区
新乡经济技术开发区	红旗渠经济技术开发区	濮阳经济技术开发区

(续表)

湖北 7 个		
武汉经济技术开发区	黄石经济技术开发区	襄阳经济技术开发区
武汉临空港经济技术开发区	荆州经济技术开发区	鄂州葛店经济技术开发区
十堰经济技术开发区		
湖南 8 个		
长沙经济技术开发区	岳阳经济技术开发区	常德经济技术开发区
宁乡经济技术开发区	湘潭经济技术开发区	浏阳经济技术开发区
娄底经济技术开发区	望城经济技术开发区	
广东 6 个		
湛江经济技术开发区	广州经济技术开发区	广州南沙经济技术开发区
惠州大亚湾经济技术开发区	增城经济技术开发区	珠海经济技术开发区
广西 4 个		
南宁经济技术开发区	钦州港经济技术开发区	中国-马来西亚钦州产业园区
广西-东盟经济技术开发区		
海南 1 个		
海南洋浦经济开发区		
重庆 3 个		
重庆经济技术开发区	万州经济技术开发区	长寿经济技术开发区
四川 8 个		
成都经济技术开发区	广安经济技术开发区	德阳经济技术开发区
遂宁经济技术开发区	绵阳经济技术开发区	广元经济技术开发区
宜宾临港经济技术开发区	内江经济技术开发区	
贵州 2 个		
贵阳经济技术开发区	遵义经济技术开发区	
云南 5 个		
昆明经济技术开发区	曲靖经济技术开发区	蒙自经济技术开发区
嵩明杨林经济技术开发区	大理经济技术开发区	
西藏 1 个		
拉萨经济技术开发区		
陕西 5 个		
西安经济技术开发区	陕西航空经济技术开发区	陕西航天经济技术开发区
汉中经济技术开发区	榆林经济技术开发区	

(续表)

甘肃 5 个		
兰州经济技术开发区	金昌经济技术开发区	天水经济技术开发区
酒泉经济技术开发区	张掖经济技术开发区	
青海 2 个		
西宁经济技术开发区	格尔木昆仑经济技术开发区	
宁夏 2 个		
银川经济技术开发区	石嘴山经济技术开发区	
新疆 9 个		
乌鲁木齐经济技术开发区	石河子经济技术开发区	库尔勒经济技术开发区
奎屯经济技术开发区	阿拉尔经济技术开发区	五家渠经济技术开发区
准东经济技术开发区	甘泉堡经济技术开发区	库车经济技术开发区

资料来源：中华人民共和国商务部。

附件 2：国家级边境经济合作区 16 个

内蒙古 2 个		
满洲里边境经济合作区	二连浩特边境经济合作区	
辽宁 1 个		
丹东边境经济合作区	沈阳辉山经济技术开发区	
吉林 1 个		
中国图们江区域(珲春)国际合作示范区		
黑龙江 2 个		
黑河边境经济合作区	绥芬河边境经济合作区	
广西 2 个		
凭祥边境经济合作区	东兴边境经济合作区	
云南 4 个		
畹町边境经济合作区	河口边境经济合作区	瑞丽边境经济合作区
临沧边境经济合作区		
新疆 4 个		
伊宁边境经济合作区	博乐边境经济合作区	塔城边境经济合作区
吉木乃边境经济合作区		

资料来源：中华人民共和国商务部。

附件3：国家级高新技术开发区156个

北京 1个		
中关村国家自主创新示范区		
天津 1个		
天津滨海高新技术开发区		
河北 5个		
石家庄高新区	保定高新区	承德高新区
唐山高新区	燕郊高新区	
山西 2个		
太原高新区	长治高新区	
内蒙古 3个		
包头稀土高新区	呼和浩特金山高新区	鄂尔多斯高新区
辽宁 8个		
沈阳高新区	大连高新区	鞍山高新区
阜新高新区	本溪高新区	辽阳高新区
营口高新区	锦州高新区	
吉林 5个		
长春高新区	吉林高新区	长春净月高新区
延吉高新区	通化医药高新区	
黑龙江 3个		
哈尔滨高新区	大庆高新区	齐齐哈尔高新区
上海 2个		
上海市张江高科技园区	上海紫竹高新技术产业开发区	
江苏 17个		
南京高新技术产业开发区	江阴高新技术产业开发区	苏州高新技术产业开发区
徐州高新技术产业开发区	无锡高新技术产业开发区	武进高新技术产业开发区
常州高新技术产业开发区	南通高新技术产业开发区	泰州医药高新技术产业开发区
镇江高新技术产业开发区	昆山高新技术产业开发区	连云港高新技术产业开发区
盐城高新技术产业开发区	扬州高新技术产业开发区	常熟高新技术产业开发区
淮安高新技术产业开发区	宿迁高新技术产业开发区	
浙江 8个		
杭州高新技术产业开发区	温州高新技术产业开发区	宁波高新技术产业开发区
衢州高新技术产业开发区	绍兴高新技术产业开发区	萧山临江高新技术产业开发区
嘉兴秀洲高新技术产业开发区	湖州莫干山高新技术产业开发区	

(续表)

安徽 5 个		
合肥高新技术产业开发区	蚌埠高新技术产业开发区	马鞍山慈湖高新技术产业开发区
芜湖高新技术产业开发区	铜陵狮子山高新区	
福建 7 个		
福州高新技术产业开发区	莆田高新技术产业开发区	厦门火炬高新区
漳州高新技术产业开发区	泉州高新技术产业开发区	福建三明高新技术产业开发区
福建龙岩高新技术产业开发区		
江西 7 个		
南昌高新技术产业开发区	鹰潭高新技术产业开发区	新余高新技术产业开发区
江西抚州高新技术产业开发区	景德镇高新技术产业开发区	吉安高新技术产业开发区
赣州高新技术产业开发区		
山东 12 个		
济南高新技术产业开发区	济宁高新技术产业开发区	威海火炬高技术产业开发区
烟台高新技术产业开发区	青岛高新技术产业开发区	临沂高新技术产业开发区
潍坊高新技术产业开发区	泰安高新技术产业开发区	淄博高新技术产业开发区
枣庄高新技术产业开发区	莱芜高新技术产业开发区	德州高新技术产业开发区
河南 7 个		
郑州高新技术产业开发区	南阳高新技术产业开发区	洛阳高新技术产业开发区
新乡高新技术产业开发区	安阳高新技术产业开发区	平顶山高新技术产业开发区
焦作高新技术产业开发区		
湖北 9 个		
武汉东湖新技术开发区	孝感高新技术产业开发区	襄阳高新技术产业开发区
荆门高新技术产业开发区	宜昌高新技术产业开发区	仙桃高新技术产业开发区
随州高新技术产业开发区	咸宁高新技术产业开发区	黄冈高新技术产业开发区
湖南 7 个		
长沙高新技术产业开发区	益阳高新技术产业开发区	株洲高新技术产业开发区
衡阳高新技术产业开发区	湘潭高新技术产业开发区	郴州高新技术产业开发区
常德高新技术产业开发区		

(续表)

广东 13 个		
广州高新技术产业开发区	珠海高新技术产业开发区	深圳高新技术产业开发区
中山火炬高新区	佛山高新区	惠州仲恺高新区
松山湖高新区	江门高新区	肇庆高新区
源城高新区	河源高新区	清远高新区
汕头高新区		
广西 4 个		
南宁高新技术产业开发区	柳州高新技术产业开发区	桂林高新技术产业开发区
北海高新技术产业开发区		
海南 1 个		
海口高新区		
重庆 2 个		
重庆高新区	璧山高新区	
四川 8 个		
成都高新区	绵阳高新区	自贡高新区
乐山高新区	泸州高新区	德阳广汉高新区
攀枝花钒钛高新区	内江高新区	
贵州 2 个		
贵阳高新区	安顺高新区	
云南 2 个		
昆明高新区	玉溪高新区	
陕西 7 个		
西安高新区	宝鸡高新区	杨凌农业高新示范区
咸阳高新区	渭南高新区	榆林高新区
安康高新区		
甘肃 2 个		
兰州高新区	白银高新区	
青海 1 个		
青海高新区		
宁夏 2 个		
银川高新区	石嘴山高新区	
新疆 3 个		
乌鲁木齐高新区	昌吉高新区	石河子高新区

资料来源：中华人民共和国商务部。

附件 4：国家级保税区 15 个

保税区名称	批准成立时间	所在省市
上海外高桥保税区	1990.6	上海
大连保税区	1992.5	辽宁
张家港保税区	1992.10	江苏
宁波保税区	1992.11	浙江
汕头保税区	1993.1	广东
珠海保税区	1996.11	广东
天津港保税区	1991.5	天津
深圳沙头角保税区	1991.5	广东
深圳福田保税区	1991.5	广东
广州保税区	1992.5	广东
厦门象屿保税区	1992.10	福建
海口保税区	1992.10	海南
青岛保税区	1992.11	山东
福州保税区	1992.11	福建
深圳盐田港保税区	1996.9	广东

资料来源：作者整理。

附件 5：国家级出口加工区 63 个

乌鲁木齐出口加工区	常州出口加工区	吴中出口加工区
吴江出口加工区	扬州出口加工区	常熟出口加工区
绵阳出口加工区	沈阳(张士)出口加工区	九江出口加工区
廊坊出口加工区	郴州出口加工区	慈溪出口加工区
福州出口加工区	福清出口加工区	大连出口加工区
天津出口加工区	潍坊出口加工区	天竺出口加工区
烟台出口加工区	威海出口加工区	昆山出口加工区
苏州工业园区出口加工区	松江出口加工区	杭州出口加工区
厦门出口加工区	广州出口加工区	武汉出口加工区
闵行出口加工区	南京出口加工区	镇江出口加工区
连云港出口加工区	苏州高新区出口加工区	济南出口加工区
青岛出口加工区	沈阳出口加工区	嘉兴出口加工区

(续表)

北海出口加工区	泉州出口加工区	淮安出口加工区
赣州出口加工区	南昌出口加工区	武进出口加工区
泰州出口加工区	合肥出口加工区	成都出口加工区
深圳出口加工区	珲春出口加工区	嘉定出口加工区
南沙出口加工区	惠州出口加工区	昆明出口加工区
金桥出口加工区	重庆出口加工区	郑州出口加工区
宁波出口加工区	芜湖出口加工区	无锡出口加工区
秦皇岛出口加工区	南通出口加工区	西安出口加工区
呼和浩特出口加工区	青浦出口加工区	漕河泾出口加工区

资料来源：中国开发区网（http://www.cadz.org.cn/kaifa/kfq.php?type=54）。

参考文献

Marshall, A.(1919). Industry and trade: A study of industrial technique and business organization. London: Macmillan.

Alfred Marshall, *Principles of Economics*, London: Macmillan and Co., Ltd., 1920, 8th edition at the Library of Economics and Liberty.

Hoover, E. M.(1975), An Introduction to Regional Economics. 2nd ed. New York: Alfred A. Knopf.

Weber, Alfred, 1909: Über den Standort der Industrie, translated by Carl J. Friedrich from Weber's 1909 book, 1929: Theory of the Location of Industries. Chicago: The University of Chicago Press.

（日）藤田昌久（比）雅克-弗朗斯瓦蒂斯著，石敏俊等译：《集聚经济学：城市、产业区位与全球化（第二版）》，格致出版社2016年版。

M.卡斯特尔和P.霍尔：《世界的高技术园区》，北京理工大学出版社1998年版。

（美）熊彼特著：《经济发展理论》，译者：邹建平，中国画报出版社2012年版。

上海社会科学院课题组：《加快提升海门市重大园区载体功能研究》，2013年3月。

贾健莹：《苏州工业园区：中新合作打造创新创业"新硅谷"》，《中国科技产业》2007年第6期。

严效民、胡汉辉：《基于平台理论的区域产业发展平台分析——以苏州工业园区为例》，《科学学与科学技术管理》2011年第11期。

万森等：《苏州工业园区：自我造血轮廓初现》，《中国检验检疫》2012年第5期。

黄贵超、侯爱敏：《苏州工业园区服务外包载体建设的经验、问题与对策研究》，《现代城市研究》2011年第2期。

江苏省委省政府专题调研组：《融入经济全球化提升国际竞争力》，《群众》2009年第5期。

第十七章 城市创新

自 20 世纪初熊彼特提出创新理论并将创新引入经济体系以来,创新就一直被作为区域经济增长的动力与重要要素构成。20 世纪 80 年代以来,全球化、信息化、知识化浪潮席卷全球,创新成为增强城市竞争力的决定性因素,城市(尤其是大城市)作为参与国际竞争的地域单元,在区域经济发展和创新活动中扮演着主要角色。本章将重点对城市创新的基本理论、战略规划和城市创新体系规划等三个方面,对城市创新进行探讨。

第一节 基本理论

一、城市创新的基本内涵

(一)城市创新概念演化

进入工业化社会以来,随着城市产业结构转型调整和空间尺度的扩展,城市的科技创新功能逐步向服务化、商贸化演变。

首先,是对城市传统创新发展模式的突破。在基于三重螺旋模型的创新联动实践中,大学和科技企业始终是研究的主要对象,也往往被当作区域创新驱动的主导力量。然而随着创新环境要素地位的日益突出,生产企业已逐渐从网络中淡出[①]。受城市产业转型、土地集约化利用以及城市发展演进阶段等客观条件的影响,传统的科技创新模式不断受到挑战,表现在城市自主创新能力在政府管理体制、投融资体制、人才管理体制和社会化服务体系等方面都存在制约因素,从而为突破城市传统创新发展模式的制约提供了条件。

其次,是对科技创新形式的丰富。科技创新的形式包括产品创新、技

---

① 屠启宇、林兰:《创新型城区——"社区驱动型"区域创新体系建设模式探析》,《南京社会科学》2010 年第 5 期。

术创新、服务创新、生产流程或商业流程创新、组织模式创新、商业模式创新等,受限于发展阶段和经济基础,我国城市的创新形式较为狭隘,主要侧重于高科技产业的技术进步、产品创新等[1]。随着城市化进程的深入和城市化水平的提高,城市科技创新发展的内外部条件都发生了很大变化,文化与社会等非科技的作用越来越显著,成为知识创新传递不可或缺的重要环节。

（二）城市创新的三重维度

科技创新的概念在学界、产业界、政界中存在较大差异。熊彼特定义的创新是一个经济学概念和一种生产函数,是生产要素和生产条件的组合[2]。熊彼特从五个维度定义了创新:产品、工艺、服务、商业模式和组织结构。由此可见,"创新"一词从诞生伊始就是一个多维度的概念,其发展至今,已成为经济学、管理学、社会学、文化学等许多学科领域的研究对象。由于创新研究在20世纪60年代得到大发展,而那一时期新技术革命正进行得如火如荼,因此,其概念在早期技术创新的边界非常模糊。

20世纪70年代以后,世界城市化进程加快,城市需求快速膨胀,迫切需要依靠科技创新拓展发展领域和提高生产效率,以及改善城市生活质量。在这一背景下,科技创新由生产范式向服务范式嬗变,其内涵进一步被丰富,由制造研发向服务创新再向管理创新拓展,由此形成包含知识创新、技术创新和管理创新在内的三类主体构成[3]。

知识创新的核心是科学研究,其创新主体为大学、理论型科研机构、知识生产型企业,主导产业表现为以知识创造、传播和应用为主的知识产业,包括创新文化产业、知识密集型制造服务业、咨询和信息服务业产业、研发产业等。技术创新是技术进步与应用创新双螺旋作用的产物,其核心是科学技术的发明、创造和价值实现,创新主体是企业和应用型科研机构。管理创新则以信息通信技术引领,强化管理与制度的重塑,其核心内容既包括宏观上的制度创新,也包括微观管理层面的创新,通过制度引导、规范、组织管理方式变革,激发创新生产要素的潜力和效率,其创新主体主要是政府和企业联盟(见表17-1)。

表17-1 科技创新的类型与特征比较

	知识创新	技术创新	管理创新
创新主体	理论型科研机构、高校、知识生产型企业	企业、应用型科研机构	政府、企业联盟
创新内容	科学知识、技术知识、管理知识、信息与经验等	技术研发、生产与应用	管理模式、制度创新等
产业载体	知识产业	制造业为主	多产业门类
驱动力	对科学和真理的追求	技术进步与应用创新双螺旋驱动	受效率驱使,被科技引领

资料来源:作者整理。

---

[1] 杜德斌、段德忠:《全球科技创新中心的空间分布、发展类型及演化趋势》,《上海城市规划》2015年第1期。
[2] 张来武:《科技创新驱动经济发展方式转变》,《中国软科学》2011年第12期。
[3] 宋刚:《钱学森开放复杂巨系统理论视角下的科技创新体系》,《科学管理研究》2009年第6期。

(三)城市创新的空间组织

城市创新空间的理论研究经历了空间结构的单中心到多中心、创新的从无到有、创新孤岛到空间协同的理论演变脉络。随着全球化的不断深入和通信技术的飞速发展,创新驱动影响下的城市空间治理、城市健康发展已成为城市学者们关注的焦点,学界也从关注城市空间的经济空间和社会空间逐渐转向关注创新驱动影响下的城市空间响应。而在关系转向和协同发展的学术理念大背景下,各城市创新空间和创新单元的发展与联动也成为城市研究学者的一大热点。

对城市创新空间的划分有多重标准,圈层和功能是两种重要的划分方法。随着创新维度的拓展和创新内容不断丰富,嵌入式、交织型的创新空间形态日益形成。城市创新空间圈层可分为中心城区与非中心城区两大部分,在空间上呈现出一种嵌套的关系[1],其创新功能有着较大差别(见表17-2)。从发达国家城市的发展历史看,在城市中心经历产业空心化以后,往往会伴随着一段时间的"创新空心化",主要表现为因城市中心制造业衰退、环境恶化、原有基础设施落后但新兴产业尚未兴起、环境与设施缺乏改造而导致的创新缺乏[2]。例如,纽约、伦敦、东京分别自20世纪50年代末期、60年代初期、70年代中期逐渐进入制造业→服务业、传统服务业→现代服务业转型发展阶段,中心城区的研究创造曾一度随着制造业的衰落而减少,分别于20世纪70年代中期、90年代中期、90年代后期才逐步形成了支撑商业、金融以及部分高科技产业的创新服务体系。从某种程度上说,中心城区科技创新是在城市中心产业空心化之后的创新功能回归。

表 17-2 中心城区与非中心城区创新功能比较

	中心城区	非中心城区
创新目标	侧重市场需求问题的求解能力,提高地区生产率,细分现有市场	侧重新技术、新产品、新知识的生产,开发新市场
创新主体	侧重政府、社区、科研机构、高校、商业人士、社区居民	侧重企业、科研机构、高校、中介服务机构
创新内容	侧重知识创新、管理创新、服务创新、商业模式创新	侧重技术创新和产品创新
产业载体	消费导向的价值链:侧重知识密集型服务业和创意产业	产品导向的产业链:侧重高技术制造业
空间载体	多功能的空间综合体:以社区、商贸功能区为主	单一功能的空间区域:以产业园区、开发区等生产基地为主
创新投入方式	侧重人员培训、市场营销和获取外部知识方面投入	侧重R&D投入
创新扩散方式	以由点及面的发散式扩散为主	以沿产业链的链式扩散为主

资料来源:作者整理。

---

[1] 林兰:《中心城区科技创新的功能塑造与机制构建》,《南京社会科学》2016年第9期。
[2] 左学金等:《世界城市空间转型与产业转型比较研究》,社会科学文献出版社2011年版。

根据性质和功能,城市创新空间大致可分为三大基本类型:一是承担城市功能区的中心城区,以教育、研发和企业为核心要素的创新集聚空间,如波士顿的坎布里奇;二是以开展基础研究为主的科学城,如日本筑波科学城;三是以发展高技术及其产业为主的科技园,如美国硅谷和 128 公路地区、台湾地区新竹等[1];后两者的进阶形态就是以创新、研发和孵化为主要功能的城市创新型综合体,其区别如表 17-3 所示。近郊科技园区及远郊的科学城是支持智力活动和创新研发的高地,它们是中心城区之外的另一城市空间增长极。在认可第三产业在中心城区的主导地位时,也应看到高技术产业和先进制造业在科技园区和城市郊区中的重要地位。

表 17-3 城市创新空间不同类型比较

依据	功能类型	中心城区	第三代科技园区	
			科技园区	科学城
基于城市功能区的比较	基本功能	城市功能区,知识创新功能	不是城市功能区,仅为科技创新活动的集聚区	不是城市功能区,仅为科学教育的集聚区
	经济运行	围绕生产链的前端(研究开发、知识创新)	围绕生产链的前端(研究开发)组织经济活动	围绕生产链的前端(基础研究和应用研究)组织经济活动
	社会运行	体现知识创新	商业性创新研发活动的运行空间,没有完整意义上的社会活动	教育服务和生活配套服务
	基础设施组织方式	软硬件以促进知识创新来组织	软硬件围绕促进知识创新来自治设计,缺乏外围城区基础设施的呼应	基础研究和教育为组织基础
	人员职业	教育、研究、开发及外围支持性职业	研究、开发、转化及外围支持性职业	教育、研究
基于创新功能的比较	创新源	内生智力源	外生智力源,突出智力和知识的商品化交换	内生智力源
	创新活动	基于生产链环节划分	主要基于产业划分	基于学科划分
	创新扩散	知识和创新由点及面地发散式扩散	知识和创新沿产业链扩散	以点扩散为主
	创新环境	强调创新软件要素和硬件的协同	侧重创新的硬件要素	侧重硬件要素
	创新氛围	创新社区化,强调创新的社会性、根植性	创新活动的园区化,存在"创新孤岛"的倾向	团队化

资料来源:根据屠启宇、邓智团(2011)修改。

---

[1] 滕堂伟、曾刚等:《集群创新与高新区转型》,科学出版社 2009 年版。

二、城市创新系统构成

(一) 城市创新系统基本框架

区域创新系统(Regional Innovation System,RIS)的概念于1992年由英国卡迪夫大学菲利普·库克教授在《区域创新系统:新欧洲的竞争规则》一文中首次提出,是指能够持续产生创新的一种区域组织系统[1]。之后,其于1996年在《区域创新系统:全球化背景下区域政府管理的作用》一书中对区域创新系统的概念进行了深化,明晰了区域创新系统的企业、研究机构和高等教育机构等主体,并强调这些主体之间需要分工明确且相互关联。区域创新系统有多个子系统划分方法,最为常见的是奥蒂欧在1998年建立的"研发—扩散"双子系统,即知识应用和开发(a)子系统、知识生产和扩散(b)子系统[2],这两个子系统都根植于相同的区域社会经济和文化环境,分别对应技术的应用开发与基础开发,子系统之间并非完全割裂,并产生一系列正式的和非正式的联系,为共性技术研发扩散提供了理论上的可能(见图17-1)。

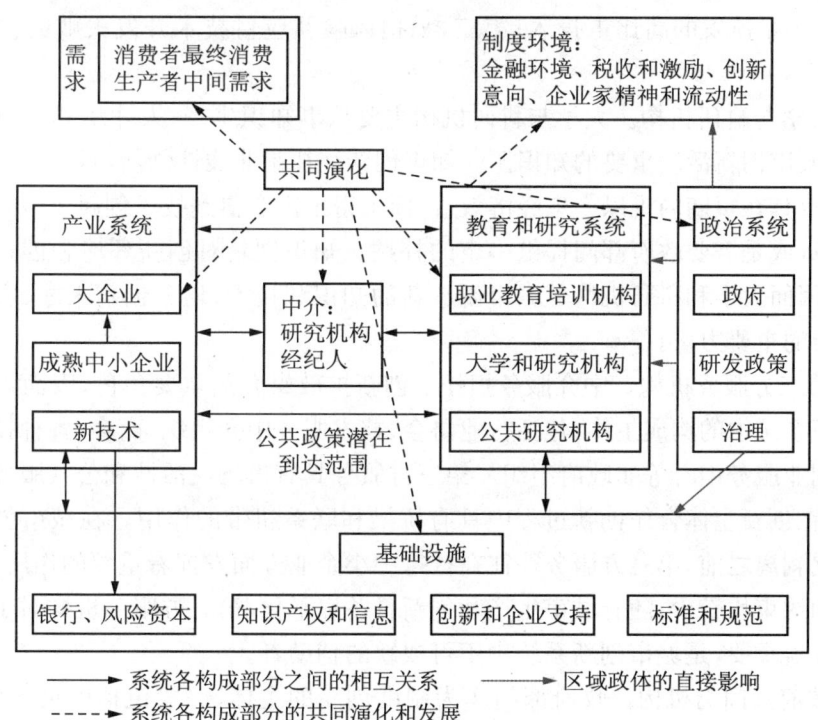

图 17-1 城市创新系统框架

资料来源:Autio(1998)。

---

[1] Cooke P., "New Regional Innovation System Models[R]. the Second Technological Innovation Management and Policy International Symposium, Changsha, China". 2010.

[2] Autio E., "Evaluation of RTD in regional systems of innovation", European Planning Studies, 6(2), 1998: 131-140.

在现代经济结构中,区域经济的核心是城市经济。作为推动区域经济发展的中心,城市成为智力资源、风险资本、信息服务、基础设施等创新资源的聚集地,以及信息技术和学习的空间载体。因而,城市创新系统是区域创新系统的典型代表[①]。由于城市的空间尺度有着非局地的特征,其创新系统的框架与要件组成与区域创新系统高度相似。

(二) 城市创新系统的结构

城市创新系统主要包括研究机构、大学、技术转移机构和政府部门等创新主体[②]。其中,企业决定的是整个创新系统的创新能力,是城市创新系统的核心要素,大学、科研机构、政府部门和中介服务机构为非中心要素。

1. 企业。企业是城市技术创新的主体,企业之间可形成创新网络,多个企业创新网络的集成构成城市创新网络,是城市创新系统的重要形式和载体。对于城市这样一个负责的创新系统而言,尽管知识创新和制度创新不可或缺、作用日益凸显,但技术创新最为根本和重要,因此,企业往往是构建城市创新系统的核心和落脚点。通常,作为技术创新主体的企业须满足以下三个基本条件:第一,迫切要求创新,迫切需要将研发成果商业化以支持企业的可持续发展;第二,拥有强大的金融实力(投资能力和融资能力),要能满足研发的高比重投入;第三,承担风险及应付技术开发失败的抗风险能力较高。

2. 大学与科研机构。大学与科研机构主要从事知识生产、人才培养和科学研究活动,也是城市创新活动重要的知识源。知识创新往往是非线性创新,具有较高的不确定性,这导致其在短期内难以产生经济效益,而不得不需要得到技术创新经济效益提供的物质保障,或是需要政府部门提供一定的补贴。知识创新对创新环境和创新人才的要求较高,因而大学和科研机构是城市创造新的知识和技术、培养创新人才、实现产学研合作创新的重要力量。

3. 第三方服务机构。中介服务担任了创新扩散媒介的重要角色,因而也被认为是城市创新系统中的构成主体,包括行业协会、技术服务中介组织、商会、各种技术交易市场以及创业服务中心等非政府组织。第三方服务具有市场灵活性和公共服务性的双重特征,其在创新主体合作创新过程中具有桥梁和联系纽带的作用。在城市创新发生纵向一体化剥离之前,第三方服务往往在扶持中小企业方面发挥着重要的作用,对大企业的帮助和约束均较少;随着城市生产和创新日益扁平化,第三方服务机构对于大企业而言变得日益重要,是城市创新系统中不可或缺的辅助者。

4. 政府部门与机构。政府部门作为制度创新的主体,一般包括中央政府、地方政府以及各类行政机构。地方政府对区域创新系统的影响最为明显,主要通过制定技术创新的相关政策对创新过程进行宏观调控,为开展创新活动创造良好的环境,激励和规范创新主体行为,从而保证区域创新系统的有序运行、促进知识的生产、转移和转化。

---

① Evangelista V., "Innovation poles in the Abruzzo regional innovation system", Rivista Geografica Italiana, 122(3), 2015:323-338.
② Cooke P., Boekholt, Todtling F., "The governance of innovation in Europe", London: Pinter, 2000.

相较于技术创新和知识创新,制度创新则能提供良好的制度保障,良好的制度和政策环境是技术创新和知识创新效果提升的关键。

(三)城市创新系统的运行

城市创新系统运行有两大根本任务——获取创新动力和促进知识流动。

1. 获取创新动力。城市创新是各种动力综合作用的结果,根据动力来源的不同,可将动力区分为内部动力和外部动力。内部动力一般包括信用契约、企业利润、创新学习,外部动力一般包括市场需求、区域竞争、政策导向(见图17-2)①。在内部动力中,忠诚和信用是区域创新系统构建的基础,由于主体间创新资源和创新能力各有所长,加之技术创新存在着较大的不确定性,从而使得结网成为一种最佳的选择,为了保障创新系统能够有效地运行,往往需要通过契约协议方式作为保障;企业利润是结网的最终目标,建立一个公平有效的利益分配机制是保证区域创新系统顺利实施的前提,也是主体结网成功与否的关键因素;创新学习是确保创新水平提升的保障,有利于各主体吸取各方优势从而实现创新。在外部动力中,市场需求随着经济发展水平提高逐渐趋于多样化和个性化,企业满足顾客特殊需求的能力取代产品质量和价格等因素成为企业获取竞争优势的关键,市场需求是区域创新系统建设的源动力;在快速变化的市场环境中,企业间的竞争日趋激烈,企业通过结网加强合作来发挥整体创新优势,提高创新竞争力;政策导向主要包括国家政府和地方政府对各主体的创新政策引导,是区域创新系统建设的支撑②。

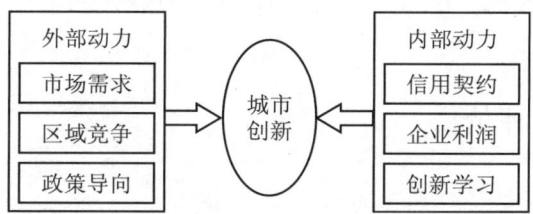

图 17-2 城市创新系统创新动力图示

资料来源:朱晓霞(2008),有改动。

2. 促进知识流动。知识流动的概念由美国著名经济学家蒂斯于 1977 年最早提出③,但其早期的知识积累是来自企业技术在世界范围内的转移,并且这种知识更多是基于应用累积的,而非创造。随着经济全球化的发展,知识流动的含义日渐丰富,包括企业之间、企业与大学和科研机构之间的知识和信息流动、知识和技术向企业的扩散、人才在公共和私人部门间的流动等④。知识的流动表现为不同的形式,学术界将其称

---

① Schmiedel T., Brocke J. V., "Business Process Management: Potentials and Challenges of Driving Innovation", BPM-Driving Innovation in a Digital World. Springer International Publishing, 2015:3-15.
② 朱晓霞:《区域创新系统中中小企业角色定位与成长对策研究》,哈尔滨工程大学学位论文,2008 年。
③ Teece, D., "Technology Transfer by Multinational Firms: There-Source Cost Soft Transferring Technological Know-How", The Economic Journal, 87, 1977:242-261.
④ OECD. National Innovation Systems[M]. Paris, 1997.

为知识溢出、技术扩散、知识扩散、知识可达性、联系等①②。

值得注意的是,知识是一个宽泛的概念,包含隐性、可编码化、科学、技术、文化、美学、表述和符号等各种内容,这些不同类型的知识维持了地方创新和地方经济的竞争优势。其中,隐性知识(或缄默知识)和可编码化知识在学界应用最为广泛,二者间在表达形式、交流方式、转移难易程度、地理空间范围等方面存在着显著的差异③。

作为城市创新系统的载体,创新网络有利于知识流动的产生,但其只是提供一种可能性途径,因而扮演着管道的作用,管道是否畅通还依赖于其他一些创新环境条件。创新网络促进技能、专门化知识、技术和 R&D 等知识的流动,可以是具有正式关系的合作网络(关注重复、持久或持续的互动或联系),也可以是具有非正式关系的合作网络(由创新主体之间非正式的互动和联系组成)④见表 17-4。

表 17-4　网络类型及其结网机制

网络类型	联系网络	合作网络
结网目的	获取知识源	合作创新
结网方式	非正式	正式
结网类型	短暂、临时联系	持久、重复联系
网络结构	动态变化	较稳定
网络空间	全球为主,地方为辅	地方为主,全球为辅

资料来源:曹贤忠、曾刚、司月芳:《网络资本、知识流动与区域经济增长》,《经济问题探索》2016 年第 5 期。

第二节　城市创新评价

一、指标性评价

如何评价城市创新,不同的学者和机构具有不同的判定标准。一般认为,构成创新活动的要素至少应该包括以下方面:创新的动机、创新的资源、创新的载体、创新的环境。从 2001 年联合国开发计划署公布的城市创新评价指标体系来看,其 4 个一级评价指标均对应了城市创新活动的构成要素:(1)地区高等院校和研究机构培训熟练工作人员或创造新技术的能力——创新的资源;(2)能带来专门知识和经济稳定的老牌公司和跨国公司的影响——创新的载体;(3)人们创办新企业的积极性——创新的动机;(4)获

---

① 曾刚,袁莉莉:《长江三角洲技术扩散规律及其对策初探》,《人文地理》1999 年第 1 期。
② Pinch, S., Henry, N., Jenkins, M., Tallman, S. From "industrial districts" to "knowledgeclusters": a model of knowledge dissemination and competitive[J]. Journal of Economic Geography, 2003(3): 373-388.
③ 曹贤忠,曾刚,司月芳(2016)。
④ Trippl, M., Todtling, F., Lengauer, L., "Knowledge sourcing beyond buzz and pipelines: evidence from the Vienna software sector", Economic Geography, 85, 2009: 443-462.

得风险资本以确保好点子成功进入市场的可能性——创新的环境。

国际上对城市创新较有影响力的评价体系有佛罗里达（Richard Florida）学派的"3T"指标和兰德利学派（Charles Landry）的"创意城市指数"等。"3T"指标侧重于考察城市的才能（Talent）、技术（Technology）和容忍度（Tolerance），关注城市创意阶层（Creative Class）及其可能产生的新思路、新技术和新内容；并在此基础上发展了用以评价城市创新发展程度的指标体系。此套指标体系简单明了，数据较易获得，欧洲一些国家也采用此指标对本国城市创新能力进行评价；但部分指标在非西方文化区接受程度小，应用范围也受到限制。英国学者查尔斯·兰德利（Charles Landry）开发了创意城市的评价指标体系[①]，用10个指标来衡量城市创新，分别为：(1)政治与公共框架；(2)独特性、多样性、充满活力和表达；(3)开放、信任、宽容和无障碍；(4)创业、探索与创新；(5)战略领导能力、敏捷性和视野；(6)人才及学习景观；(7)沟通、连接和网络；(8)地方和地方营造；(9)宜居性与幸福感；(10)专业性和有效性。但这些指标比较主观，虽对创意城市建设具有一定指导作用，但很难应用于全球城市创意能力的比较，应用性不强。澳大利亚创新研究机构"2thinknow"构建了一套指标体系对城市创新进行评价，包括文化资产、人力资本、市场网络和专利授予四个方面，由162个指标构成。该指标体系的贡献在于揭示了创新的原始动力不是科技、而是来自文化，真正具有创新力的城市一定具有深厚的文化土壤，有较好的教育、研究和开发基础，并且与其他市场形成紧密的网络。

在实际应用中，城市创新的指标体系评价存在着一些问题值得深入思考。首先，城市创新评价指标面临同质化困境。当前的有关研究虽然展开角度不同，但涉及具体指标大同小异，忽略了承载创新的空间单元所具有的独特性质，造成创新评价研究与地方空间单元相割裂。其次，现有的城市创新评价多注重探讨推动城市发展的内生力量，强调建立在资源禀赋基础上的自主创新是城市创新的核心内涵，而对外生力量的重要性关注不足。事实上，在全球化浪潮下，全球经济网络密切交织，带来全球科技资源的重新配置与整合，外部创新资源嵌入本地经济使得传统的创新方式发生了重大变化。如何综合考虑内生力量和外生力量在衡量与评价城市创新能力中的地位和作用，应成为未来研究的重要方面。

二、功能性评价

城市创新的功能性有别于指标性评价，着眼于解决城市创新的终极目标，即：运用科技振兴经济、提升城市科技创新地位、实现科技创新价值。

（一）科技振兴经济是城市创新的首要任务

随着全球进入真正的知识竞争时代，发达国家的工业经济模式正在信息科技的推

[①] Hsu J. Y, Saxenian A. L., "The limits of guanxi capitalism: transnational collaboration between Taiwan and the USA", Environment & Planning A, 32(11), 2000:1991—2005.

动下加速向科技经济模式转变,包括美国、德国、日本等在内的许多发达国家都将科技创新促进经济振兴发展作为未来中长期发展规划的最主要目标与最紧迫任务。例如,日本的《科学技术创新综合战略2014——为了创造未来的创新之桥》就指出,科技创新是日本经济、社会通往未来的"生命线"。

城市科技创新的发展,本质上要求实现发展方式由要素驱动向创新驱动转变,着眼于服务城市经济发展方式转变,建设城市的创新型经济;依靠科技培育新的经济增长点,开辟生产力发展新空间,使创新真正成为经济发展的驱动力,从而产生巨大效益。

(二)提升科技创新地位是城市创新的重要任务

每个城市都处于向区域或全球科技创新节点城市演变的通道中,未来有可能上升至区域性的或全球性的科技创新枢纽城市,并融入到全球创新网络的体系框架之中,因此客观上要求城市着眼于创新的全球布局与全球深化,充分运用科技、经济、社会条件全方位推动创新发展,培育出具有区际影响力和国际影响力的科技创新品牌,增强科技创新辐射力,逐步跻身于区域性乃至全球性的创新中心。

(三)实现科技价值是城市创新的根本任务

实现科技价值从根本上说是为了保证创新过程可持续,即形成开发—应用的正反馈循环。受限于发展阶段,很多发展中国家城市创新的科技价值长期以来没有很好地实现,并没有真正成为经济发展的驱动力,大量的研发投入并没有产生对产业、经济、民生的实用性成果。在经济效益和社会效益没有得到良好体现的前提下,城市创新的可持续性也无法得到保证,这必然加剧科技创新的各种短期行为,从而使创新价值的实现更具不确定性。因此,加强科技价值实现是城市进入"高效创新"模式的不二道路。

第三节 城市创新战略

一、城市创新功能确定

(一)强调综合功能而非单一功能

从全球城市创新的发展脉络来看,只有极少数城市(一些顶级科技中心)才具有科技上的绝对竞争优势,绝大多数城市(特别是发展中国家和地区的城市)都必须走"科技+市场"的道路。随着全球城市创新格局多极化,城市创新功能的实现已不仅仅在于科技本身,而在于通过自身科技、经济、文化功能的整合来寻找创新功能突破口。

(二)强调比较功能而非绝对功能

核心功能强调充分利用城市的创新比较优势而非绝对优势。城市科创的发展必须依靠基于比较优势的经济扩张(科技之外的市场作用、环境作用日益凸显),这种比较优势也便于确立城市在区域和全球创新网络中的节点位置,并决定城市创新功能释放能量的大小。

（三）强调核心功能而非边缘功能

核心功能依据城市创新的发展阶段、水平、目标和内容有着较大的差异,往往与某一时期城市创新所具有的核心优势相关。由于核心优势是一种动态优势,核心功能也随着城市创新推进而出现调整。城市创新的核心功能往往有多个侧重点,可以是发展技术,也可以是振兴产业,还可以是培育思想,或是对以上单一功能的高度整合。

二、城市创新战略调整

（一）城市创新战略调整的背景

随着经济全球化进程的深入和新一轮科技创新浪潮兴起,科技创新已成为经济发展的内生动力和决定性因素,城市成为创新活动产生和区域协同创新的重要空间单元,探索合适的创新发展路径、利用创新来重组各类资源以提升城市的综合竞争力成为当前许多国家和城市采取的发展战略重点。伦敦、纽约、东京等城市纷纷调整创新发展战略以实现由"财富驱动"向"创新驱动"的逆向转型,将科技创新定位为整个城市的核心功能得到政府和学界广泛的认同。

在新技术和新产业革命背景下,伦敦、纽约等全球创新城市的创新格局发生了重构,对城市创新的策略、方向、结构、布局做出了较大调整,主要表现在8个方面:(1)持续修订更新创新政策,重新定位城市创新发展方向,制订各类针对性创新计划,对重点创新战略进行修编。(2)应对新技术与新产业革命的创新要求,加强科学应用,实施各类"应用科学"计划,对中小型制造企业的科学应用采取特别扶持。(3)加大扶持中小企业的力度,多管齐下激励小企业创新包括对小企业实行特定的研发税收优惠、实施小微企业融资补充计划、加强小微制造业企业的创新咨询服务、加强对都市圈中小企业的创新服务辐射。(4)发展小型化、分散化、灵活化的都市微型制造,为微型制造制订战略投资计划、打造城市品牌、辅助构建微制造空间——联合办公空间。(5)发展众创,打造全覆盖和广辐射的众创空间;调整城市全域性创新布局,开辟创新中心城区与科技城。(6)以数据辅助创新,确保创新应用、鼓励/扶持所有的数字化创新者;开放政府数据平台,建立公私合营与权责分明的运维机制。(7)精准定位政府角色,聚焦解决创新短板问题,坚持衔接创新链末端且不越位;坚持对创新对象的支持的高度选择性和导向性,在资金支持上设立多重环节把关。(8)重视数字化创新社会的建设,为服务社会和民生的数字化创新者提供一切可能的帮助。

此外,伴随城市化的快速推进,城市的发展过程中也遇到了一系列亟待解决的非技术性问题,包括人口老龄化、移民拥入、家庭模式改变、经济结构调整、交通方式改变、生态压力增加等(见表17-5),这些也迫使城市创新战略随之调整,特别是要调整到科技振兴经济和实现科技价值、服务民生的轨道上来。

表 17-5　城市创新战略调整的社会影响因素

领　域	趋　势	城市反应
人口	出生率衰减 人口老龄化	城市公共设施失衡 对健康和社会服务的要求提高 局部地区的发展衰退
移民	人口从乡村到城市的拥入 国际移民结构改变	门户城市出现住房和就业问题
家庭/生活	家庭规模减小 女性参与生产劳动与社会活动 工作时间减少 新型生活方式产生	新的社会网络与邻里关系 对新的服务和政策的需求
经济	生产和分配重组 企业规模的两极分化 国际化与全球化	城市之间竞争加剧 创新型地方经济政策出台 技术中心的产生/园区经济的重视 区域间差异显现,社会关系紧张、公共服务侵蚀
交通/交流	人和货物流动方式改变 高速交通主导,通信交流增长	城市发展分散化 高效公共交通产生 城市的核心地位与周边的边缘化
环境/资源	生产、生活污染增加 能源紧张	城市首当其冲受影响 控制/防治/节约

资料来源:作者自行整理。

(二)城市创新战略的调整依据

1. 根据城市创新模式变化调整创新战略,突破工业化社会以来城市传统创新模式。主要表现为对"唯技术创新"路径的修正。受城市产业转型、土地集约化利用以及城市发展阶段演进等因素影响,传统的城市开发区创新模式不断受到挑战,政府在科技园区管理体制、投融资体制、人才管理体制和社会化服务等方面做出的改进难以推动城市整体的科技创新进步。同时,随着创新环境要素地位日益突出,纯粹的生产型企业逐渐从城市创新网络中淡出,日渐强大的经济社会发展基础为都市型科技创新产业的发展创造了诸多有利条件,为突破城市传统创新发展模式和科技创新回归都心提供了可能[①]。

2. 根据城市创新条件变化调整创新战略,主要表现为对服务创新、商业模式创新、组织模式创新的重视。随着经济发展和社会进步,城市科技创新的内部条件发生了很大变化,特别是互联网的出现改变了商业竞争环境和经济运行规则,使大量新的商业实践成为可能,对原有的服务方式和组织形式提出了挑战,融合互联网技术与金融和商贸的创新应运而生。金融创新包括互联网企业与金融(银行、保险、证券等)机构融合发

---

① 张永庆、张冰、刘晓慧:《大中型城市中心城区都市型产业发展研究》,《城市问题》2005 年第 2 期。

展、互联网金融企业与征信机构合作、对重大创新服务和公认首创的商业模式等给予奖励等。商贸创新包括通过传统消费方式变革(B2B、G2B、O2O、B2C等)促进优质商业品牌升级转型、通过电子商务平台形成企业商务联盟等。

3. 根据城市创新功能实现调整创新战略。从根本上说,城市创新的功能不在于形成"聚集汇",而在于成为"辐射源",即最终要体现城市创新的辐射和带动作用,必须建立城市创新对外联系通道和扩散腹地。从纽约、伦敦等全球科创中心近年的创新战略调整来看,均在汇聚各类核心、支持、配套、衍生要素的同时,广泛建立发达的交通信息网络、与城市腹地密切联系,形成生产、教育、金融、流通、文化等领域创新功能的良好互动[1]。从而使城市创新不再仅仅沿着产业链传递和扩散,而是由点及面的发散式扩散,形成更大的辐射带动力,城市由此成为区域乃至全球的科技创新中心。

三、典型案例:伦敦、纽约创新战略与创新计划修编

在伦敦、纽约应对新科技、新产业革命,推进科技创新迭代升级的发展进程中,包括了两个层面的重大举措:一是在重大城市战略规划方面,突出未来创新在推动城市经济活力方面的核心作用;二是不断细化和出台各类分领域的创新计划,其中要素集聚和创新环境建设是两个最重要的领域。与传统的经济发展要素不同,创新经济中人才、资本、信息尤为重要,伦敦、纽约政府围绕集聚三大创新要素、优化和提升创新环境分别推进不同的战略计划和实施政策,都具有较为明显的发展效果。

(一)重点战略修编

在重大战略修编方面,伦敦耗费近10年时间分别于2004年、2008年、2011年制定了《伦敦规划》(The London Plan),但规划在执行过程中遭遇全球金融危机冲击,外部发展环境和伦敦本身城市人口就业经营情况都发生持续震荡,以至于《伦敦规划》经历了多轮小修小补,最后与纽约同时在2015年推出了重大修改版,名为《伦敦规划(自2011年以来诸项变更的强化版)》。2015版《伦敦规划》将城市总愿景由2008版的"全球最伟大城市"的笼统表述调整为"居全球城市之首,在应对21世纪挑战方法上引领世界,特别是应对气候变化"。具体目标性质上从包含7个关键定位的"保持全球金融、商业、文化、艺术、媒体、教育、科学与创新之都的地位"调整为6大目标,其中,第一条就是"一座以进取方式面对经济及人口增长挑战的城市",第二条"一座具国际竞争力的成功城市(走在创新和研发最前沿的城市)。科技创新从关键词的第7位上升到了第2位。

纽约科技创新计划的迭代升级与发展主要体现在纽约城市规划从2007年《更绿色更伟大的纽约》到2015年《"一个纽约"规划》战略思想的转变,其中,创新在城市发展战略中的地位得以提升。在《"一个纽约"规划》中提出,"支持新兴创新经济的发展,建设新的高速无线网络,并且将资金投入到交通基础设施中去",保障创新成为推进"纽约成为全球最具活力的城市"的核心要素。基于以上目标,《"一个纽约"规划》提出:第一,为

---

[1] 胡晓辉、杜德斌:《科技创新城市的功能内涵、评价体系及判定标准》,《经济地理》2011年第10期。

纽约市内的企业提供并拓展收费低廉、可靠高速的宽带设施。第二，为科技公司提供弹性灵活、价格合理的商务空间和范围更广的创新经济，确保城市信息产业享有创业与拓展的实体空间。第三，支持打造集研发设施、创业工作区、制造实验室、劳动力计划与社区参与机遇为一体的先进制造网络。第四，在2020年之前，进一步为纽约市各公立学校拓宽计算机科学/技术教育使用渠道。第五，支持开展科技人才管道计划（Tech Talent Pipeline），等劳动培训项目。通过这样的行业合作项目，为纽约市民提供优质工作岗位，为纽约科技企业提供优质人才。

（二）各类计划制订

除对重大创新战略进行修编外，伦敦、纽约还制订各种创新计划，以配合创新战略的实施。

1. 伦敦的创新计划主要集中在三个方面。2000年伦敦提出加快推进创新与创意发展战略，由伦敦发展局牵头，15个政府部门、10个民间协会共同合作，2003年3月，伦敦颁布了迄今为止唯一的一个创新专项规划，这是一个旨在把伦敦建设成为"世界知识经济领头羊"的规划——《伦敦创新战略与行动纲要（2003—2006）》。纲要的目的是要把各个创新主体联合起来支持创新，以此作为推动经济增长的主要动力。根据建成"世界领先的知识经济"的战略目标，伦敦发展局通过战略重点和行动计划加以补充。具体战略重点包括三个方面：

一是在所有政府机构中全面培育创新文化（包括发扬创新和培育创新者，构建以"知识天使"命名的创新良师益友网络；落实伦敦"青年展望"项目，促使技能与人员的流动；拟订关键地区和产业部门的创新计划）。

二是鼓励与帮助伦敦企业实现创新（包括建议与支持、小企业创新融资，服务于企业的创新中心、企业网络和集群，协同落实创新政策与措施）。

三是整合伦敦知识基地资源（包括贯通获取大专院校指导与支持的渠道、科学园区和孵化器、贯通中小企业与知识基地互通渠道、研究的合作与商业化、种子资本投资与商业化、管理技能）。

2. 纽约的创新计划也集中在三个方面：

一是在人才计划方面，主要有两个阶段、四大人才战略计划比较突出，相应引导纽约逐渐从人才引进为主转向人才培养为主。第一阶段是"NYC Talent Draft"（纽约人才引进草案），该阶段主要是鼓励企业走出去，在全美高校吸引工科技术人才到纽约工作和创业；第二阶段开始强化人才培养计划，首先是"Tech Talent Pipeline"（科技人才管道）倡议，强调政府和民间资本结合，鼓励企业建设人才梯队，为纽约科技产业发展形成可持续的人才资源。其次是围绕"应用科学计划"，包括在罗斯福岛建设康奈尔科技园区和研究生院，培育科技类研究生；纽约大学牵头成立应用科学学院；与哥伦比亚大学合作，建立数据科学和工程学院。"应用科学"计划是新时期城市发展战略的重要步骤，谋划深刻，意在长远。这些新型理工学院和科技园区的建成，不仅能让纽约从根本上弥补"应用科学"的短板，为纽约建设"世界科技创新之都"奠定坚实基础；还将带动整个纽约的创新力量,重塑纽约的城市功能,对纽约的经济发展、人才培养、就业等具有举足轻重的作用。预计未来 30 年,"应用科学"计划将使纽约高校理工科毕业生增长 1 倍以上,为纽约孵化出至少 1 000 个新的科技企业、新增 48 000 个就业机会、创造约 750 亿美元的总产值。再次是"创新人才培育计划",由企业往学校派驻校企业家和客座讲师,培育学生创新和创业能力。

二是在金融资本方面,政府不断创新投资计划,对城市基础设施特别是信息基础设施加大投资,例如对康奈尔科技园区建设的投资计划。其次政府加大对科技企业投资,成立基金项目推动科技企业成长,最突出的是纽约种子期基金(NYC Seed Fund)和纽约合作基金(Partnership for NYC)。此外,纽约市政府特别支持与政府关系密切的非政府组织参与纽约经济发展组织成长,引导中小企业与大公司的合作伙伴计划,并相应提供人才和技术等领域的支持。

三是在信息服务平台方面,20 世纪 90 年代末期,纽约市网络科技公司曾经兴盛一时,但很快遭遇网络股破灭浪潮而落入低潮。经过十多年的再建设,纽约如今具备了完善的移动通信和运算基础设施,给使用新技术开发新服务带来了新机遇,并为科技行业在纽约的再次兴盛奠定了基础。当前纽约市政府主要实施了两个方面的重要工作:第一,纽约市政府建立了世界上最大的免费公共 WIFI 网络,其中推行管线改造计划,利用曼哈顿 34 大街和布鲁克林商业区地下 175 英里长的旧管道,安装光纤线路,将老式公共电话转换成现代的信息中心与免费 WIFI 点是创新举措。通过信息基础设施的大力建设和改造,让每个纽约人和纽约的商业都拥有价格实惠且高速的网络。在 2014 年下半年,纽约正式启动网址".nyc",使得纽约市成为美国第一个拥有顶级域名的城市,这为本地商业、组织和居民带来新的机会。第二,纽约市政府推出"数字纽约"平台,该平台由纽约市政府和 IBM 等著名科技巨头联手,将纽约五个行政区中的公司、创业、投资以及媒体等元素集合起来,实现纽约创新创业和投资孵化信息共享。作为一个开拓性的搜索门户网站和数据库,包括收集了超过 8 000 家创业公司的信息,其中多数通过 Made in NY 资质认证(75%或以上的产品或服务在纽约当地开发);活跃于纽约地区的 166 个投资机构的信息。"数字纽约平台"还提供高科技企业职位空缺和全市创业活动的实时更新信息,并为初创企业提供孵化器、办公场地和培训信息。"数字纽约"将投资者、创业公司和求职者联系在一起,让"纽约客"们的交流更加容易。

第四节 城市创新体系规划

一、城市科技创新体系规划

(一)科学技术发展趋势

1. 科学—技术—开发一体化。"科学—技术—开发一体化"是美、日、德等发达国家科技发展出现的重要变化,其目的是抢占科技制高点。大三角区域的国家普遍开始重视或重新重视科学研究的作用，做实基础研究，致力于对科学客观真理和理论的发展与发现；同时，进一步重视技术创新，强调运用基础知识和理论解决实际问题，使新思维、新方法和新手段在实践中得到广泛应用；并重视开发性研究，即研发成果的转化，以快速实现科技生产力。

2. 基础研究和应用研究发展并重。基础和应用作为科学研究的两大支柱，不可偏废一方。近年来，发达国家中以往轻基础和轻应用的国家和区域，都在近十年的科技发展规划主线中做了及时调整。美日欧等国家和地区在继续重视基础研究的前提下，普遍加大了对技术创新环节的支持。美欧区域在以往科技发展计划的基础上，将进一步提高基础研究的地位提上了发展规划日程；日本与一些技术追赶型国家则全面反思过去的引进、消化、吸收、改进的技术发展之路，加大基础研究的投入，以期实现发展模式由技术追赶型向科技领先型转变。

3. 技术单点突破和集成突破有机结合。在世界上，有些国家尽管国土面积狭小、经济实力并非很雄厚，其技术的单项突破始终走在世界前列，如挪威、瑞典、新加坡等中小国家，均在尖端技术领域取得过重大突破。然而，随着全球创新网络的兴起，不断提高单项技术集成应用的能力显得越来越重要，通过技术簇群推动科技的发展才能确保国家和城市在高技术领域的地位。实现技术集成突破的重要手段是实施一系列重大科技工程，促进技术创新与产业化同步进行。

4. 强调科技的网络联系与区域合作。纵观全球成功的创新城市，无一不将自身纳入到世界科技网络之中。这些城市十分重视与外界的相互沟通，对来自不同区域、不同行业的科技项目进行支持，通过建立"优秀网络"和"集成型项目"，充分调动创新网络内的各方优势资源来解决关键科技问题，在世界范围内日益扩大科技影响力。

（二）城市科技创新路线图制定

近年来，随着全球创新环境发生变化，创新范式从线性到非线性、从封闭到协同、从独立到系统嬗变，城市的创新功能以及空间组织形式发生了重大变化。原有的创新系统随着创新网络和开放式创新的发展，逐渐由 1.0 耦合模式、2.0 系统模式迈向 3.0 生态系统模式，创新的范围、组织和行为均发生了新的调整。

技术路线图是一种面向区域产业技术创新能力的持续提升，通过对相关战略产品发展及其对本区域的机会窗口进行整体化前瞻，对战略产品的产业化可能性程度的提高路径进行系统化选择，最终实现区域科技创新体系中的创新资源最优化配置的管理工具。城市创新强调不同部门和不同区域之间的融通和互动，强调组织协调和共荣共生。在这一背景下，有必要对技术路线图的功能和局限作进一步的思考，将原有企业和产业层面的路线图应用拓展到城市不同重要环节和不同空间尺度创新的分析应用上，进一步将创新路线图的理念融入进城市创新系统中，最终形成可落实到部门、可落地、可执行的城市创新的路线图解决方案，通过多维度分析工具箱的建立以及多种创新分析方法的运用，提出契合 3.0 创新生态系统模式的"第三代创新政策"。

二、城市产业创新体系规划

(一)产业技术创新解析

正如产业门类难以划分清楚一样,产业创新的内涵也较难准确界定。Chris Freeman[①]将产业创新内涵界定为:包含技术创新、产品创新、流程创新、管理创新(组织创新)和市场创新等内容的系统集成。

创新决定产业能否实现可持续发展,也决定了地区的综合竞争能力。产业经济学认为,产业创新是指产业由低级向高级转换的过程,它不仅包括产业经济总量的增长,还包括产业结构的高级化。对于产业创新路径的研究主要有两种思路,一是产业结构调整论,二是价值链升级论。前者是传统的路径研究思路,突出经济发展过程中三次产业结构变动规律和产业层级间升级的规律,如产业由劳动、资源密集型向技术密集型转变。判断依据可根据国内收入变动、需求扩张和技术进步的数据变化,也可根据开放经济条件下国际贸易和国际投资的变动。

(二)重点产业规划依据

产业创新是城市创新的重要标志。在城市创新规划的架构中,除高科技产业外,传统产业向高端化发展是也是城市创新规划的重要内容。

1. 扩大新兴产业规模。城市创新的一个重要特征是产业创新,即借助市场和政府的力量优化产业布局,推动形成创新型产业集群,建立分工合作的创新型产业链。产业竞争力是区域竞争优势所在,区域竞争力主要是以产业作为度量单位的,区域在发展城市创新、寻求创新竞争优势时,最为重要的是发展处于领先地位的创新型产业。新兴产业促进城市经济增长模式的更迭,有助于形成具有自主创新能力的城市现代产业体系。

在新产业革命的浪潮下,发展知识密集型产业和绿色技术产业是城市产业创新的主要目标,生物技术、新能源、新材料、空间技术和环保技术都是开发和利用的重点。除此之外,文化创意产业和现代服务业也是城市产业创新的主要方向。

2. 促进传统产业转型升级。城市创新发展并不排斥传统产业,传统产业中也有很多高技术的生产工艺流程。产业创新不仅包括高新技术产业的迅速发展,而且包括传统产业的转型升级。传统产业的学习与创新和高技术的研究与开发同样是知识创造,从事传统产业的企业在资源管理、生产组织、营销销售、工艺升级等方面都需要创新以获得竞争力。传统产业可通过以下两个途径实现产业创新升级:

一是传统产业与高新技术相结合,在生产流程的若干个环节进行创新,形成竞争优势。通过使用高新技术对传统产业改造升级,推动传统产业的技术进步、产品换代和市场拓展。采用低排放和低能耗技术,推出新产品和新服务,使其向高端产品、高效生产、减少污染等方向发展,从而提高生产效率和产品技术含量、增强市场竞争力。二是以新

---

① Freeman C., "Technological infrastructure and international competitiveness", Industrial & Corporate Change, 13(3), 2004:541-569.

兴高科技产业带动传统产业转型发展。产业创新既要发展战略性新兴产业，也要发挥高科技产业对传统产业的带动作用。传统产业可借助技术积累进入创新产业链，实现企业价值链转型升级，完成从传统产业向新兴产业的转型。这种转型实际上是产业链整体升级，是推动城市创新的低成本路径，对发展中国家和地区尤其具有重要意义。

3. 推动制造业创新与服务业创新融合。产业转型是城市重新配置创新资源和形成创新发展规律的过程。制造业与服务业是经济增长中的两个重要产业部门，在城市创新发展过程中，二者相互影响、相互促进。制造业的产出是产品，服务业的产出主要是服务，两者的产业形态存在明显区别。但随着城市创新发展，服务业与制造业的创新目标和流程联系日渐紧密，制造业的升级依赖服务业的支撑，其发展也为服务业提供巨大的市场空间。生产性服务业是促进制造业创新升级、为制造业提供服务保障的新兴产业，从发达国家城市创新的实践来看，生产性服务业的发展速度已经超过制造业。

制造业创新与服务业创新相融合还源于制造业呈现出的服务化趋势。国外诸如伦敦等全球城市的创新调查表明，为了提升产品服务质量，制造业逐步由制造化向服务化、数字化、现代化转变；而服务业则引入制造业中的模块化等生产模式来提高竞争力。制造业创新与服务业创新相融合的目标均是为了以最低的成本满足市场的最终价值需求，在这种背景下，企业经营活动将由单一制造或单一服务转向服务与制造相互融合的发展模式，产业价值链将发生重构，同时包含制造业价值链与服务业价值链的增值环节，形成一种融合型的产业价值链。

三、城市组织创新体系规划

（一）城市创新的制度基础

制度创新同样源于熊彼特的创新理论，在早期技术论的语境下，创新基本等同于技术创新；随后，创新研究者开始关注创新过程中的组织问题，并主要聚焦在技术创新与组织环境的关系，制度创新应运而生。

城市创新的制度创新学派以美国经济学家兰斯·戴维斯（Lance E. Davis）和道格拉斯·诺斯（D.C. North）等为代表，该学派主要是对技术创新的外部环境进行制度分析，采用的是新古典经济学理论中所使用的一般静态均衡和比较静态均衡方法，该学派认为技术创新主要取决于制度创新，要实现区域的经济增长，关键是建立起能够持续激励创新的产权制度，从而使创新活动的社会收益率和个人收益率均等。同时，制度创新学派亦指出，技术创新对于改变制度安排收益和制度成本具有一定的影响。

以戴维斯和诺斯为代表的新制度经济学家深入研究了制度设计对经济增长的影响，他们将熊彼特的"创新"理论与制度学派的"制度"理论结合起来，发展了熊彼特的制度创新思想。但由于制度创新理论中的制度主要指的是具体的政治经济制度，如公司制度、金融制度、工会制度等，没有包含作为背景的社会政治环境，故而还存在一定的缺陷。此外，该理论的提出是基于"经济人"的前提假设，所提出的促进制度创新的主要因素，如技术经济性、规模经济、预期收益刚性等也是外在于制度创新过程的，忽视了市场规模和技术进步本身也是制度的函数。

（二）城市制度创新规划重点

制度创新是科技创新的保障，要使科技创新促进经济增长的作用得到更加有效的发挥，必须辅以相应的制度创新①。

1. 形成创新人才的集聚制度。城市创新离不开创新人才的贡献，智力资源是城市科技创新和开发能力的基础，因此需要有集聚创新型人才的制度安排，使科研机构具备更强的研究能力，培养和吸引更多创新型人才。一方面，创新型经济通过各种制度安排和政策设计，形成有利于创新型人才集聚的平台或载体，营造适宜人才成长的内外部发展环境，为创新型人才提供创业、研发的基地和良好的生态环境。另一方面，集聚创新型人才的制度安排注重形成合理的人才结构，实现高层次创新型人才、高技能人才、后备人才等梯度合理配置。此外，随着创新型人才集聚的市场化程度逐步提升，应发挥人才中介和社会行业协会的应有作用，着重为创新型人才营造社会成长环境。

2. 建立多样的投融资制度。科技创新的高度不确定性产生了对投融资制度创新的强烈诉求，而降低不确定性也就成为投融资制度创新的重要使命②③。通过促进创新和金融结合，建立适合于创新型经济发展的投融资体系，能够充分激发科技创新活力，推动创新企业特别是中小微企业的发展。投融资制度创新的基本制度取向包括基于客户优选的风险规避制度、基于公共资源配置的风险补偿制度和基于社会分担的风险分散制度等。特别是通过建立和引进风险投资，使得新技术研发及转化能够及时获得资金支持。风险投资通过承担高风险来取得高收益，能够克服科技创新在初期存在的不确定因素，有效地促进技术创新和高新技术产业的发展。

3. 严格执行知识产权保护制度。创新型经济的制度创新突出表现在处理竞争和垄断的关系上。创新的可持续在于收回创新成本并产生创新收益，且需要产生长期的收益以弥补技术研发、开拓市场的巨大投入，因此要避免放大极具外在压力的竞争机制，通过知识产权保护，从根本上解决连续创新的动力，避免一切违法知识保护原则的"搭便车"行为，使创新成本得到充分补偿，以此维护知识产权的垄断性，巩固各类创新主体的创新地位，保持创新的稳定性和持续性④。

4. 规范与创新政府部门行政职能。新技术、新产业革命倒逼政府角色定位及其在创新网络中位置的改变，通过精准定位与管制放开消除政策信息部署与共享滞后，使政府资源成为配置创新要素、优化创新环境、提高创新效率的积极力量。应坚持两个原则：精准定位政府角色，坚持"有所为、有所不为"的原则；创新资源全面开放、各种管制深度放开的原则，避免资源拥塞与过剩，政策空当和重叠。

---

① 刘志彪：《从后发到先发：关于实施创新驱动战略的理论思考》，《产业经济研究》2011年第4期。
② Sibirskaya E., Stroeva O., Simonova E., "The Characteristic of the Institutional and Organizational Environment of Small Innovative and Big Business Cooperation", Procedia Economics & Finance, 27, 2015:507-515.
③ 洪银兴：《迎接新增长周期：发展创新型经济》，《学术月刊》2010年第1期。
④ 李建波：《论创新型经济的含义、特征与发展趋势》，《前沿》2011年第7期。

在城市创新的政策布局中,确定政府"为"与"不为"的界限十分重要,可尝试制定各类创新规定的"负面清单",凡在清单之外的,一律交给市场去解决。消除行政审批的冗余步骤和不必要审查环节,将人为造成的创新成本降到最低。此外,深度放开根类管制,减少产业和研发政策过多的导向性设置,减少政策对创新的前置性约束;在某一时期,集中力量解决突出的阶段性创新短板,在一段时期内高度聚焦工作任务,避免政策"泛化"。

四、城市创新空间规划

(一)城市创新的空间响应

全球发达地区经济发展由工业化向后工业化阶段演进并伴随城市化进程的加快,城市在更大的地域范围内蔓延。由于城市内部功能分异及其不同的创新禀赋特征,城市内部创新活动也存在明显的空间差异,中心城区和非中心城区、园区经济与非园区经济的创新重点各有侧重。

从国外经验看,纽约、伦敦、东京等城市都实施了科技创新的空间战略调整,突出表现为创新的中心城区回归以及扶持第三代科技园区发展。中心城区往往是城市创新的重要区域,发展以现代商贸为引领的创意设计、金融服务、软件信息等科技服务业,不仅集聚大量的创新人才和研发总部,其创新产出和应用也远远高于市郊区域[1];同时,设立于20世纪50—70年代的科技园区经历了半个多世纪的发展,在创新要素集聚、成果产出、组织架构、功能实现上发生了颠覆性的改变,普遍进入到第三代科技园区的发展时代。

反观国内,对科技创新的界定长期偏重于技术创新而忽略知识和管理创新,以技术创新为主要功能的企业、科研院所、中介服务机构大多分布在城市的非中心地带,且长期以来重视各类科技园区硬要素而非软要素的集聚。这导致在现行的科技创新认知水平与评价标准下,中心城区创新型企业、创新投入以及技术类创新产出均处于弱势地位,沦为城市创新的"洼地";科技园区的投入产出效比偏低,难以发挥对城市创新的引领作用。

随着城市创新的发展,创新空间必须做出响应调整,以适应经济、技术活动的变化趋势,在创新规划中,有必要重新定位不同类型创新空间的功能与组织原则。

(二)城市创新空间的组织原则

1. 维持创新空间的经济理性。尊重创新生产的空间分布规律和经济理性,重视中心城区和科技园区在城市科技创新中的作用。在中心城区布局创新的高附加值环节,包括产品的研发和设计、管理与营销等高端业务活动,主要从事知识创造、技术研发等高智力行业,使中央商务区与中央智力区高度重叠;形成基于满足市场需求的创新格局,与郊区科技园区的创新模式不同,重点不在于创新研发而在于创新应用。

---

[1] Hall P., "Creative Cities and Economic Development", Urban Studies, 37(4), 2000: 639-649.

作为城市创新空间又一新的增长极,第三代科技园区是保持城市创新竞争力和可持续创新要求的重要空间载体,对城市科技创新的模式产生了不可估量的影响。应重视创新模式更迭对园区新型商业模式的带动,形成重视知识、生态和社区生活的全新理念的科技园区,以此推动创新成果的在地转化,并促进经济、社会各领域发展目标在第三代园区内的融合。

2. 探索灵活的创新空间形态。主要任务是拓展创新空间载体新内容,建设城市创新特色空间。坚持城市创新空间载体多元化内容和多样化形式原则,鼓励创新区位分散化和面积小型化。创新空间的形式和大小应可灵活调整,即能够顺应新技术、新产业革命发展的现实要求,配合城市创新要素、环境、组织机制变化进行城市创新空间布局调整。例如,形成产城融合的创新空间布局形态,使小微制造—研发—服务多业态在同一空间叠加存在;或者形成一些虚拟的创新空间(服务于信息时代的创新远程化)。值得注意的是,城市创新空间更多应着眼于对老街区旧建筑或整体建筑闲置区域的改造性利用,而非新建。这样做的好处是尽可能地以低廉的租赁价格提供低成本、开放式的办公空间、社交空间和资源共享空间,降低城市创新成本。

3. 加强创新空间的联动发展。随着城市中心城区创新功能的逐步回归和第三代科技园区的崛起,城市创新空间各单元间的联动发展将变得更加紧密,以往中心城区提供销售、研发、环节服务等内容、科技园区和科学城负责产品研发和加工的合作格局将发生变化。应加强不同产业领域、不同产业链环节和不同创新功能区之间的联系,整合多方资源,突出网络创新和资源整合能力,推动第三代科技园区和中心城区的空间联动发展,真正实现城市创新空间从单中心到多中心、从孤岛创意到协同发展的转变。

参考文献

Autio E., "Evaluation of RTD in regional systems of innovation", European Planning Studies, 6(2), 1998:131—140.

Cooke P., Boekholt, Todtling F., "The govermance of innovation in Europe", London: Pinter, 2000.

Cooke P., "New Regional Innovation System Models[R]. the Second Technological Innovation Management and Policy International Symposium, Changsha, China". 2010.

Evangelista V., "Innovation poles in the Abruzzo regional innovation system", Rivista Geografica Italiana, 122(3), 2015:323—338.

Freeman C., "Technological infrastructure and international competitiveness", Industrial & Corporate Change, 13(3), 2004:541—569.

Hall P., "Creative Cities and Economic Development", Urban Studies, 37(4), 2000:639—649.

Hsu J. Y., Saxenian A. L., "The limits of guanxi capitalism: transnational collaboration between Taiwan and the USA", Environment & Planning A, 32(11), 2000:1991—2005.

OECD. National Innovation Systems[M]. Paris, 1997.

Pinch, S., Henry, N., Jenkins, M., Tallman, S. From "industrial districts" to "knowledgeclusters": a model of knowledge dissemination and competitive[J]. Journal of Economic Geography, 2003(3):373—388.

Schmiedel T., Brocke J. V., "Business Process Management: Potentials and Challenges of Driving Innovation", BPM-Driving Innovation in a Digital World. Springer International Publishing, 2015:3—15.

Sibirskaya E., Stroeva O., Simonova E., "The Characteristic of the Institutional and Organizational Environment of Small Innovative and Big Business Cooperation", Procedia Economics & Finance, 27, 2015:507—515.

Teece, D., "Technology Transfer by Multinational Firms: There-Source Cost Soft Transferring Technological Know-How", The Economic Journal, 87, 1977: 242—261.

Trippl, M., Todtling, F., Lengauer, L., "Knowledge sourcing beyond buzz and pipelines: evidence from the Vienna software sector", Economic Geography, 85, 2009:443—462.

曹贤忠、曾刚、司月芳:《网络资本、知识流动与区域经济增长》,《经济问题探索》2016年第5期。

曾刚、袁莉莉:《长江三角洲技术扩散规律及其对策初探》,《人文地理》1999年第1期。

杜德斌、段德忠:《全球科技创新中心的空间分布、发展类型及演化趋势》,《上海城市规划》2015年第1期。

洪银兴:《迎接新增长周期:发展创新型经济》,《学术月刊》2010年第1期。

胡晓辉、杜德斌:《科技创新城市的功能内涵、评价体系及判定标准》,《经济地理》2011年第10期。

李建波:《论创新型经济的含义、特征与发展趋势》,《前沿》2011年第7期。

林兰:《中心城区科技创新的功能塑造与机制构建》,《南京社会科学》2016年第9期。

刘志彪:《从后发到先发:关于实施创新驱动战略的理论思考》,《产业经济研究》2011年第4期。

宋刚:《钱学森开放复杂巨系统理论视角下的科技创新体系——以城市管理科技创新体系构建为例》,《科学管理研究》2009年第6期。

滕堂伟、曾刚等:《集群创新与高新区转型》,科学出版社2009年版。

屠启宇、邓智团:《创新驱动视角下的城市功能再设计与空间再组织》,《科学学研究》2011 年第 9 期。

屠启宇、林兰:《创新型城区——"社区驱动型"区域创新体系建设模式探析》,《南京社会科学》2010 年第 5 期。

张来武:《科技创新驱动经济发展方式转变》,《中国软科学》2011 年第 12 期。

张永庆、张冰、刘晓慧:《大中型城市中心城区都市型产业发展研究》,《城市问题》2005 年第 2 期。

朱晓霞:《区域创新系统中中小企业角色定位与成长对策研究》,哈尔滨工程大学 2008 年学位论文。

左学金等:《世界城市空间转型与产业转型比较研究》,社会科学文献出版社 2011 年版。

第十八章 城市文化

本章强调城市文化应从依附于城市而生的文化的角度来分析和判断,重点对城市精神、城市剧院影院和博物馆建设进行探讨,也兼谈城市文化和城市非物质文化遗产保护等内容。中国的千城一面现象倒逼城市精神的提出。影剧院是城市文化的重要标志,博物馆是人类文化遗产保存、研究和展示机构,而城市非物质文化遗产反映了先民的生活方式和生活态度,是城市的根和魂,是城市真正值得信赖的精神寄托。城市文化作品首要作用在于倾诉或抵抗,反映了城市人对生命与心灵安顿的渴求。

第一节 理解城市文化

一、为什么需要城市文化

城市文化相当于城市人生命中的空气,既客观存在也是主观必需,这就决定了城市文化不是静止不变的,而是会随着城市的变化而变化。因此研究城市文化不宜从人类学角度出发,而应有从依附的角度——它是依附于城市而生的文化——加以分析和判断。不了解城市,空谈城市文化,纵令不是毫无意义,至多只能算是于事无补。所以我们又说,城市文化是一种现实文化。

广义的城市文化是一个城市物质文明和精神文明的总和,亦即可分成城市物质文化和城市精神文化(这里将城市制度文化、城市习俗文化包括在内),物质文化指市所处的自然山水地理环境,空间格局、历史文化街区和建筑群,包括文化遗址,等等,精神文化主要指价值观、风俗习惯、审美心理、个性气质以及市民素质等。狭义的城市文化一般指精神文化,再加上一些公共空间和公共领域所透露出来的有代表性的文化信息,也就是城市形象。城市精神是城市文化的凝练和升华,主要是指人文精神,归根结底是人的精神,反映的主要是人的价值观念,它也是城市和城市人透露出来的一种气质,因而是城市的魅力所在。中央城市工作会议指出:"要结合自己的历史传承、区域文化、时代要求,打造自己的城市精神"。自己的城市精神的形成有助于提高市民的文化自觉,文化自信,增加市民的归属感和认同感,并落实到行动中,从而既有利于城市发展,增进生活的美满程度,让个人更加地舒心,心理也更加健康,更加地积极,更加地乐观向上。

可作为共性的城市文化,有影院、博物馆等,还有大家共同追逐的所谓时尚、现代文化,包括建筑艺术,以及作为特殊性或个性的城市文化。

因为城市内在的缺陷,枯燥、陌生等等不利于人性的一些特点,因而我们说城市文化已内含了城市批判,如同表现在我们的城市文化作品中的一样。其中有自我批判(本地作家对本地的批判),还有旁观者表达或未表达的内心评判。城市文化作品首要作用在于表达,甚至倾诉、甚至抵抗。反过来它也说明,城市人内心都希望让生命、心灵有个妥当的安顿。既然诗与远方需要时间,需要闲暇,那就只能尽量让城市变得更美好。这是研究城市文化的根本意义。

二、城市文化的理解维度

(一)城市观察:陌生的城市

1. 城市主体:陌生的人口。

城市,从你踏出家门的第一步,陌生就产生了。你的隔壁,你的楼下,或许你认识他们,但陌生依然存在。认识只是表面,陌生才是本质。穿过小区,走上马路,登上公交,一路的陌生伴随着你,直至来到你相对熟悉的工作场所。你是这样,另一个人也是这样。陌生是相互的。这是城市人口起码的心理准备。这是城市内在的缺陷。所以回归对城市人才显得那么重要,诗与远方才那么稀缺。当然,回归有各种方式,甚至喝点酒、打麻将也是一种,当然你有时也可用释放这个词。城市文化,多少是为战胜或克服这种陌生而诞生的。就是说,制造一种人为的出口,如举办各种活动,电影、雕塑,包括狂欢节之类的,所以说城市就是一种设计,这种设计经常是出于无奈,有它的必然性。对城市人而言,需要坚守,需要勇气。另一方面,回归本身也创造了文化,它是个人文化,也是城市文化的一部分。文学艺术类的作品可以从这个角度看。

2. 城市空间:魔幻的环境。

我们可以把城市空间分为三种,一种是看得见的城市空间,即所谓的公共领域,它包括了城市公共绿地、商业街、集散广场、街道、公园等地。从这里可以看到市民的精神风貌,和文化生活场景。还有一个城市空间不是说某个区的广场,或某条道路,它是未知的,是流动的,总之,是魔幻的。说有就有,随时在变化,在增加,在消失。一切无法预料。空间本身无所谓崇高与卑贱,无所谓雅俗,是城市本身的那只看不见的手,遥控着它。文化依附于空间,空间决定着文化。每天都在创造,每个人都可能是另外一个人眼里的城市文化,参与者众多,不知主角是谁。城市空间的张力注定了这所城市的文化特质。再有一个城市空间是想象的虚拟的空间。

这种对未来空间的未知状态给城市文化,或者说给在城市谋生的人的为人带来什么样的影响?冯巩的小品中说"你们城里人心眼多"尽管最直接的理解是,这是城市人在自我保护,这是完全正确的。在城市就得懂点城市,但未尝不可以从对空间的未知或判断空间是有限的这个角度去理解。有这种性质,就有这种文化。但总而言之,是城市,就有了原罪。换言之,城市需要救赎。

3. 所谓的公共生活:养生广场舞。

中国大妈广场舞风靡全国,有人大加赞扬,有人大肆批评。笔者以为,可以从城市的出口的角度来看待广场舞,其实质是释放,甚至可以上升为对于女性特权的宣示。这同时也可以看作是对城市尤其是对现代性的反叛,是公共领域建设不足的直陈,推动社会反思城市文化的发育生长,是城市发展缺陷的证明。

(二)城市魅力:变奏狂想曲

1. 大隐隐于市:谦卑与期待。

都说小隐隐于野,中隐隐于市,大隐隐于朝是中国道家哲学思想。这里小隐指小隐士,有小能耐,如此类推。这里无非借用这个说法,表达城市是藏龙卧虎之地的意思,隐于野,有刻意避开尘世之意;隐于市,则可能你与他经常擦肩而过,甚至天天见到,而你竟不知他真正的身份!这就是利用了城市空间的掩护作用,是正面的掩护,是城市文化的积极作用。

2. 城市诱惑:无限丰富性。

城市有形形色色的诱惑,因为对空间的未知和想象,城市追求带有一定的盲目性,但唯有奋斗,才有机会,唯有竞争,才能避免失败;另一方面,城市又是人性展示大舞台,是真理和谎言的交响乐,也是善与恶的角斗场。

(三)区域特质:城市文化的决定因素

1. 城市的演变史。一个城市的历史必将给它的文化、民众心理打上深深的烙印。

城市文化需要积淀。城市历史与城市文化心理高度联系,但并不容易剖析清楚。有些城市不那么典型,其文化心理的形成要结合习俗的形成的角度,去研究分析。而习俗的形成本身又有不同原因,比如地理位置。

2. 社会经济性质。一个城市的基本性质,如商业城市的上海,对市民的文化心理有很大的影响。影响的大小同性质的典型程度有关。有的城市没有明显的性质,则其文化特点就要从其他角度去理解。有的城市性质差不多,如同为旅游城市,而市民精神风貌、心理、气质、审美习俗却不一样,则要从其历史、地理位置差异中去寻找。

3. 政治角色影响。有的城市扮演了具有政治影响的重要角色,比如上海,它曾是计划经济下的最大贡献者之一。东北也有这种情况,作为老工业基地为国家作出了很大贡献。

三、城市精神:城市文化的凝练

(一)城市精神的内涵

城市精神是生活在某个城市的人普遍认可的一套价值观和视角,它是城市的灵魂,也是一个城市独特的个性或气质,具有鲜明的地域特色。它不仅仅是美学判断,也是对那座城市居民的生活方式的道德判断。拥有某种气质的城市往往享有国际性声誉。罗伯特·E.帕克(Robert Ezra Park)说,"城市是一种心灵的状态,是一个独特的风俗习惯,思想自由和情感丰富的实体"。凯文.林奇指出,"每一座城市都有富于个性的人物,都有人一般的灵魂,它是由古老的传统,强烈的情感以及难以解答的抱负构成的",换言之,城市堪比艺术品。一般认为,城市精神是狭义的城市文化即精神文化的提炼和升华,但这句话比较模糊。

(二)城市精神的意义

一个国家需要拥有伟大的民族精神,一个城市同样需要有自己的城市精神。如果说各个城市形成的城市精神特色差距不大,但无论如何也必须是正面的。正面的标准是什么?符合真善美的凝聚力,符合社会主义核心价值体系。打造城市精神的目的是引领城市和市民,而达到这一目的的手段或方法就是培养市民对城市的优秀或积极正面的文化的认同感,有认同感才能形成凝聚力。能够起到引领作用的观念必是核心的东西,找到核心,就找到了定位,找到了可作为城市的生存与发展的支柱、导向与动力的东西。城市的整体形象得以确立,市民就拥有了自信和自豪感,就有了对负面的方面的抵抗能力,而与此同时,城市的吸引力也有了,外来者对城市的陌生感也会淡化,或者说会增加了对该城市的价值观的认同感,更愿意融入这个城市,对个人想象的未来空间也更加确定。最后,提倡城市精神也是建设城市和谐社会的必然要求。

(三)打造城市精神特色

如何打造城市精神特色?第一,要以核心价值观建设作为我们城市精神的总方向,这样不至于在实践中走偏。第二,要继承与创新相结合,既根植于历史,又兼顾实践中产生的新的积极的价值观念。第三,要结合和引领新的发展观,比如生态文明和可持续发展。第四,应体现普遍价值和地方特色相结合的原则。为了定位准确,既要重视作为核心价值的普遍价值,又要使之符合城市的客观环境和城市的外部形象,以及城市的发展方向。第五,应遵循内外兼顾的原则,既能引领城市发展,又能增进外界对所在城市的了解,从而达到"近悦远来"的效果。

第二节 城市剧院影院

影剧院是城市的重要标志之一,是往昔城市文化的重要表现形式,是城市人享受城市或体验城市文化、体验和表达自我的方式,是放松、恢复和超越生命的一种工具,也是超越平凡的一种渠道。当今,时代的巨变,互联网等各种媒体的诞生,影剧院的景象远不如过去繁华,尤其是大城市。但另一方面,由于地方经济竞争的加剧,文化产业和文化战略的提出,影剧院战线出现了新的变化,一是由于电子科技以及放映技术的进步,立体、3D 电影涌现,尤其是从国外进口的大片,给城市人带来新的震撼,于是,大量影城乃至高档影城也应运而生了。再从功能上看,不少地方目前似乎已增加了宣传和传播城市形象的服务功能。需要指出的是,剧院与影院不太一样,剧院主要上演歌剧等音乐作品。对提升城市文化品位,相对更为重要。怎样利用剧院,让其发挥更大的文化建设作用,是当今的一个重要课题。剧场主要上演话剧、戏剧。电影则相对纯娱乐性更强,更多的是放松身心、享受自我、享受城市的味道以及忘却陌生的作用。另外从建筑角度,剧院更为宏大气派,经常被作为城市的重要文化地标。上文讲过,城市文化是现实文化,是不断变动的,芒福德说城市是文化的容器,那也是上下开孔的容器,它始终是流通的,像家居的房屋一样,天天有新的空气经过。影剧院必将以新的方式影响当代城市文化,对让城市生活更美好发挥它应有的作用。

一、城市剧院、影院的功能

(一) 文化设施:城市的标志和呼吸器官

影剧院是城市的标志,因此只要城市在,影剧院就不会彻底荒芜,因为人们要到这来表示自己的身份,同时也从他人的到来证实自己身份的存在。当然,影剧院能放松或疏解由城市带来的压力。因此我们说,这是城市的呼吸器官。作为文化设施,它的直接作用当然是为城市人提供娱乐文化、艺术表演节目,是城市文化的重要部分。随着城市化运动的深入,中国的影剧院数量还在不断增加。

(二) 文化地标:城市形象的一部分

如上所述,影剧院本就是城市的标志,因此它自然成为这座城市的城市形象的一部分。尤其是大剧院,剧院以音乐艺术为主要特征。为了凸显城市的一种高雅气质,作为文化地标的剧院应当同时建成地标建筑,如上海的上海大剧院。上海大剧院位于上海人民广场,在市政府旁边,简洁的设计象征着"天圆地方",寓意"文化聚宝盆",与它旁边的市政府大楼、城市规划馆并不冲突,反而显得相得益彰。"从文化地理内涵阐释三者关系,上海大剧院可以解读为以上海市政府为代表的行政权力在表演艺术场所的表达,而上海城市规划馆以多种视觉手段展示上海市政治、文化、经济的具体部署,诠释了城市治理者在当下及未来对城市的治理策略和规划蓝图,上海大剧院的建成与运营则是城市发展文化转向的直观体现"[①]。

(三) 城市文化建设的一部分

影剧院,包括剧场,是城市文化建设的必要部分。还是以上海和北京为例。据 2017 年 9 月 26 日《文汇报》中《上海公共文化基础网络设施基本布局建设到位"十五分钟公共文化服务圈"正不断完善》一文报道,作为市场竞争比较充分、产业发展指标较明

---

① 《人民日报》2016-5-31 第 23 版。

显的文化设施,沪上电影院逆势上涨的态势十分明显。从 2016 年底开始,上海的影院和银幕数量位列全国第一。据统计,截至 2017 年 8 月底,全市共有影院 293 家,银幕 1 672 块,座位数 241 739 个,与五年前相比,分别增长 40%、52%、42%。

"十二五"以来,上海剧场设施建设的总量稳步增长,新建改建或功能拓展后投入使用的专业剧场有 20 余个。目前,上海持《营业性演出场所备案证明》的各类剧场 141 个,其中主营演出的专业剧场 69 个,兼营演出的影剧院、体育场馆等 72 个。2016 年,全市 50 个主要专业剧场每年举办演出近 9 000 场,吸引观众近 600 万人次。

就剧场而言,北京最为红火,每年在北京各个小剧场上演的小剧场戏剧多达 200 到 300 部。这与北京文化特点有关。"剧场是现代城市文化中的重要元素",国家话剧院剧场运营中心主任傅维伯认为:"作为固定的文化传播平台,剧场文化是多元性的,而这个多元性来自不同区域的文化特点。如何使剧场在现代城市中充分发挥作用,是我们当下需要充分认识并加以研究的课题。"关键是,剧场的氛围有利于人们之间的交流,这对于城市文化和城市精神打造都是有益的。

二、城市影剧院建设现状

(一) 区域分布

影院的规模数量取决于该地区的居民消费能力和习惯。当今,上海、成都、重庆等经济发达、人均收入高的一线城市的电影放映市场已近饱和状态,近年来影院投资正在向经济条件较好的二、三线城市倾斜。未来电影票房业绩可能会在二、三线城市产生。从影院建设来看,总体而言,影院建设正向大城市郊区、卫星城、中部城市发展,与人口分布更加契合。东部经济较发达省份的县级影院数量增加,影院区域分布更合理。

(二) 电影放映方式

电影放映有两种方式:单厅放映和多厅放映。与多厅放映相比,单厅放映维护费用大,成本高,服务差,而且因为放映设备落后致使观赏效果和放映场次皆不能满足观众要求,从而给电影票房带来不确定性。多厅放映可同时上映多部影片,可以根据口碑票房等实际情况对影片场次作出相应调整,以尽量满足观众需要。

(三) 院线制影院经营模式

电影产业链共有四个环节:制片、发片、院线、影院。制片是拍摄电影的公司制作,发片和院线是二级经销商。电影院线制指的是以若干家影院为依托,以资本或供片为纽带,由一个电影发行主体和若干影院组合形成院线,实行统一品牌、统一排片、统一经营、统一管理的发行放映机制。

院线制影院经营模式有资产联结为主、签约加盟为主及两者并重的综合型院线等三种:在第一种即资产联结为主的情况下,院线公司拥有旗下影院公司全部产权。该模式具有规模优势,成本较低,采用这种模式的有著名院线,万达院线。第二种是签约加盟型,此时院线公司与旗下各影院只是形成签约联盟关系,并不拥有旗下影院的产权。这种模式投资规模小。第三种是混合加盟型,此时院线公司拥有旗下影院部分产权。

这种模式之下,院线既与旗下影院签约,又接受其他独立影院加盟。我国采用这种模式的院线相对较多。

三、发展中的城市影剧院

(一)多元经营模式

有数据表明,我国大剧院的年运行额在 2 500 万元左右,如何经营是个紧迫问题。实践中,一般采取了以下几种模式:

1. 自主经营模式。这种模式下,业主是剧院的所有者,同时又是经营者和管理者,资金来源主要靠政府扶持、演出经营所得收入以及来自社会的赞助。旧的剧院、剧场经常采用这种经营管理模式,业主有时自己组织演出节目,主要收入来源靠出租剧院的租费。有时当地政府会交付演出任务,用财政拨款来支持演出。采用这类模式的单位一般属于事业编制,但近年来这种模式经营情况开始转坏,有走下坡路的危险。

2. 业主委托专业管理公司进行管理。在这种模式下,业主自己不参加经营,所有经营活动都委托专业剧院管理公司经营,后者与业主都是独立法人。剧院管理公司受业主委托承担剧院的经营管理任务,按照双方的协议,向业主支付固定回报。此时,业主的主要收入来源还是以出租整个剧院的租金为主,经营管理公司以组织演出、场租等为收入来源。

3. 合股经营模式。这是一种业主和专业管理公司成立合资公司,共同管理的模式,即双方按一定比例出资成立有限责任公司,承接剧院的管理任务,业主则提供演出场所,专业管理公司负责经营管理,以双赢的形式共享管理收益。

4. 业主委托专业公司管理。这种模式下,业主请专业公司作为顾问,后者负责节目组织、培训相关人员、搭建管理体系;业主负责具体技术和物业管理事务。业主按合同向专业公司支付费用。

(二)公益与商业的冲突

大剧院正面临两难选择:公益或商业。一般认为,按企业化模式很难成功,若按商业化经营,则所产生的庞大开支也将由政府财政承担,这就让大剧院陷入尴尬境地。还有一个现实的难点:票价的定价问题,是平民化,还是采取高票价?定价太高,令老百姓望而却步,敬而远之,这就丢失了大剧院的公益功能,不符合政府财政支持和投资的初衷,因为政府投资也是为了回报纳税人的行为,目的在于让百姓享受高雅艺术,提升城市文化品位。

(三)策略

当前,总体来看,一方面,大多城市中的演出市场还不是十分成熟,另一方面,剧院比较缺乏管理经验,采取何种经营管理模式事关剧院事业成败。近年来,采用"事业主体、市场运作、委托经营、政府补贴、社会参与"的模式较多。据有关方面统计,全国2 000家剧院中有 95% 是靠政府补贴维持运营,演出是大剧院的生命,只有演出才能不辜负它教育和引导大众的职能,所以必须科学定位,然后采取相应的策略。一是品牌策略。剧院要以节目为核心,确定自己的主打艺术类型,探索差异化经营管理模式,着力塑造品牌,举办品牌活动,以期成为城市居民心目中的文化地标。二是精品策略。学习借鉴国际优秀剧院管理经验和演出运作模式,联手国外艺术家进行剧目创作,打造精品。三是原创策略。锤炼演出队伍,积极创新,制作属于自己的剧目。

第三节 城市博物馆建设

城市博物馆是城市文明的菁华,是收藏、研究和见证城市文化遗产,展示城市历史文化的重要机构。近年来,随着城市地位的不断提升,城市博物馆出现了蓬勃发展的势头。城市文化遗产是一座城市的文化积淀,是该城市文化的起点。当代城市都在追求自己的品牌、特色文化,打造和确立自己的城市精神,树立特有的城市形象,一方面造福城市居民,另一方面为吸引人才,发展文化产业,推动城市发展,而博物馆就是它们的根和源头所在。另外,科学利用博物馆,成功彰显独具特色的城市文化和城市精神,也是为了弘扬中国风格,恢复中国气派,打造中国名片,扩大我们民族的话语权。

一、城市博物馆的功能

(一)作为城市文化遗产的博物馆

1. 城市之眼:历史的沉淀。博物馆是收藏、保护、研究和展示城市文化遗产的重要机构,包含了城市历史文化的积淀,是真实历史的记录者,是最为直观的物化的城市发展史,是构筑城市特色的本源基础。

广义的城市博物馆包括各种不同类型和规模的博物馆,包括私人博物馆,它们无一例外地从多角度展示了城市的地方特色与历史文化。而狭义的城市博物馆专指以城市历史与发展为主题的博物馆,它们着重表现城市诞生以来的社会的全面变迁。

博物馆随着社会形态的改变而改变着它的内涵与功能,城市文明的演进,包括文化、建筑以及价值观方面的变革,就体现在这种改变之中。

2. 非物质文化遗产保护。城市博物馆是各类城市物质文化遗产的永久性保存机构,同时也保存着各类城市非物质文化遗产的物质载体,并以这种可见的文化形式向公众进行展示,非物质文化遗产由此通过各种物质载体和介质被感知和传承。对于非物质文化遗产的保护,城市博物馆责无旁贷,不仅保护物质载体,还要重视对文化空间以及非物质文化遗产的研究性保护。

3. "触媒"作用。1989 年美国学者韦恩·奥图(Wayne Atton)和唐·洛干(Donn Logan)在《美国都市建筑——城市设计的触媒》一书中提出了"城市触媒"(Urban Catalysts)的概念。该理论认为城市发展存在一种化学连锁反应,一个具有良性触媒作用的城市设计将会给城市发展带来正面的推动作用。博物馆就是这样一个触媒体,其对城市的"触媒"作用主要体现在环境、文化和经济三方面,但作用的发挥必须经过储备期、释放期和扩散期这三个阶段。第一个阶段是博物馆事业的储备期,城市开始依据自身特色筹建大型博物馆;第二个阶段,先建成的博物馆开始对社会发挥影响,这是释放期;第三阶段,各种功能不同级别不一的博物馆带来连锁反应,影响成倍扩大。

4. 教育休闲功能。博物馆本当有教育职能,只是在近年发展博物馆时才得到开发利用,比如我国新建的博物馆相当重视博物馆的教育职能,它们与学校积极互动,形成联合,使博物馆成了"课外课堂",对学生极具吸引力,同时它们将文化馆、学院、研究所、娱乐中心和社区俱乐部等多功能集合于一体,从而为当地市民提供了一个休闲娱乐的文化空间。近几年,不少博物馆还为市民举办定期特别展览和专题讲座,以帮助提高市民的文化素养。在博物馆免费开放之后,教育功能就无比地突出了,其重要性怎么强调也不过分。

(二)城市博物馆与城市精神

1. 人文精神的守望。博物馆作为人类文化遗产和自然遗产的保存、研究和展示机构,它所提供的精神文化产品是城市文化的重要组成部分。"没有博物馆的城市是贫穷的",深厚的文化积淀能够为城市经济发展提供持久的动力,民众对当地历史特色的了解和崇敬会促进他们对自己的文化的沿袭和维护,而历史与文化如果不能给予保存和展示,就会被时间掩埋。博物馆以自身的艺术设计和丰富内涵,为人们提供了永远体味不完、享用不尽的精神家园。

2. 心理的慰藉。在陌生、枯燥的城市,人们在这找到了认同与归属,心理上获得极大安慰,这种安慰是其他形式无法取代的,与其说是心理上,不如说是心灵上的安慰。这种纯粹性是难以用语言来表达的。

二、城市博物馆的经营与管理

(一)城市博物馆的自我经营

1. 社区工作。社区是博物馆工作和服务的主要对象,而且随着时代的发展、城市化的进程,社区文化建设日益需要博物馆,反之,博物馆也需要加大力度为社区服务。具体工作包括:陈列展览精品,加大讲解接待,免费开放和宣传力度,开展文明共建,建立社区长效服务机制,举办展览进社区等等。博物馆免费开放之后,社区工作就更加重要。

2. 地方城市博物馆。2008年1月23日,中共中央宣传部、财政部、文化部、国家文物局联合下发了《关于全国博物馆、纪念馆免费开放的通知》,从此全国博物馆等公共文化设施免费向国人开放。这一变化使得地方博物馆面临挑战。在短暂热潮过后,有重新回到门庭冷落的景象的可能。馆藏资源不足,资金、人才、竞争意识不足,都是问题。

另一方面,博物馆免费开放通知下发后,博物馆的社会教育功能得到了前所未有的重视,而临时展览,简称临展,就成了它的重要补充形式,各地积极探索临展工作,主要表现为以下几种类型:自主策划、成品引进、馆间交换或合作等形式。成品引进的意思是从其他博物馆举行的临展中选择自己需要的主题,经协商谈判,将原展品引进到本地博物馆展览。此种类型在临展中最为多见。

3. 新形势下的产业经营：大力开发文化产品。这是免费开放之后的必要和有效举措，目的是实现博物馆的可持续发展。应当让博物馆丰富的文化资源发挥最大的作用，将其变成文化商品，让观众将博物馆"带"回家。但到目前为止，仅少数大博物馆取得了成功，大多数博物馆没有进行开发，或许还是压力不足。

（二）城市博物馆的管理

1. 以先进理念迎接管理挑战。懂得博物馆学才能懂得管理，当前，许多基础学科互相渗透交叉结合为一个整体，临近学科知识和科学技术都已渗入博物馆工作，使传统博物馆学受到挑战。全球化背景下，中国博物馆事业迎来黄金发展时代，传统的文物保护和陈列方式已不能适应新的形势。要想在博物馆竞争中立于不败之地，必须具备新理念和新思维。具体而言，应当首先健全制度，落实措施。应当制定有关免费开放后的安全工作预案，设立应急处理办公室，以及切实可行的服务措施和管理制度。其次要主动出击，贴近群众，以让群众喜闻乐见的方式为之服务。

2. 采用绩效管理方法。我国博物馆管理方式有缺陷，多层管理致使无人实际负责，分配机制不合理。目前应当努力争取获得博物馆管理的自主权，关键是减少行政直接干预，另一方面，行政部门要担负起监管职能，监督博物馆落实公共服务。制定博物馆行业规范，确保有法可依。要明确责任机制，以社会效益作为绩效考核标准，以观众需求为服务导向。

（三）文化品牌：公益性与人性化

1. 博物馆的理念。公益性是当代博物馆首要和最重要的特征，换言之，公益性是博物馆存在的依据所在。公益性来源于从"独乐"到"众乐"的发展过程，原来的私人藏品经过交换变为共赏，成就了博物馆，从而"众乐"成了博物馆的核心价值。再一个是人性化理念。人性化是人文主义的核心价值观，体现为对社会个体对人性的不同侧面的尊重、照顾和关怀。第三是个性化理念。个性化这里指要通过博物馆体现和发挥城市的特色，有了特色，才有品牌。

2. 博物馆行为。收藏是第一步，要建立恰当的藏品征集机制，拓宽征集渠道和扩大征集范围。要立足于未来考虑今天的收藏。要多运用信息技术，超越时空限制，去收藏和鉴赏。收藏之后是陈列，这是最为关键的一部。如何去陈列、展览，是博物馆的重中之重。内部陈列，到社区展览等等，都应当体现真、善、美，从而达到教化、启迪，提高文化自信和城市自尊的目的。

3. 博物馆形象。博物馆作为建筑物，形象也很重要，关键是要有文化地标意义，体现本地历史文化特色，不能虚有其表，华而不实。那不是博物馆品牌的内在含义，那只是另一幢漂亮建筑而已。

三、博物馆发展的新思考

（一）角色定位：以城市为中心

免费开放意味着博物馆从"博物馆化"向社会化的转型，之所以要免费开放，很大程度上也是倒逼的结果：没人来，资源浪费。开放以后，自然而然，一系列问题也来了，迫切需要解决。要转型，首先应当重新认识、重新定位城市博物馆，而机遇与挑战也就包含于其中了。

1. 以地方文化多样性与独特性为第一前提，要从全球化的视野去看待城市地方文化多样性，不能千篇一律按照军事、政治、经济、文化四大块进行展示，而应以地方文化多样性与独特性为第一前提进行陈列展示。

2. 城市博物馆的发展应与城市的定位相一致，明确所在城市地位，将自己融入城市发展之中。

3. 博物馆应成为多元文化交流的平台，应加强国内城市之间的交流。

4. 城市博物馆应参与城市发展，从过去被动适应社会转变为主动参与社会。

（二）服务理念：以人为本

1. 从以"保存研究文物"转向以"服务观众"为中心。"博物馆不在于拥有什么，而在于它以其有用的资源做了什么。"观众就是博物馆的"市场"。

2. 从重视展品向忠实于观众的文化体验转变。要想吸引观众，只是不够的。博物馆要主动研究公众心理，不能满足于增加文物的数量，而要注重观众的体验感。博物馆人员的工作不再那么轻松了。

第四节　城市文化作品创作

城市文化作品创作包括城市文学、城市雕塑、城市摄影、城市漫画、城市传媒媒介等，其中包括宣传城市形象的纪录片、广告音乐、（微）电影和电视剧、还有微博等其他创作形式。

当前，城市文化作品创作的深度和美感令人遗憾。

具体而言，城市文学远远落后于乡土文学，无论在创作规模，还是写作水准上，城市文学都难比乡村文学，这从各类权威文学奖项获奖作品和当代著名作家的题材上即可看出。当下城市文学的最大的弊端就是人物的雷同化和类型化，换言之，写不出城市个体的真实生存状态和精神风貌，就是说，写不出灵魂。

原因之一是，当代城市文化的快餐风格、单调雷同和城市精神的贫乏空虚极大地影响了城市文学，姑且不提全民性的价值观的变化。全国经济中心由农村转向城市的趋势又加剧了问题的严重性，因为第一，城市本来就有它恶的一面，第二，过分从经济角度强调文化产业和战略对城市文化和城市精神本身未必有利，什么都是为了 GDP，文化走向浮躁也是必然。

城市雕塑、城市电影电视、城市音乐、城市摄影等艺术都有助于美化、树立和宣传城市形象，打造文化标识，陶冶人们的情操，培养人们喜欢城市、热爱生活、提高工作热情的乐观向上的精神面貌，同时也是打造自己的城市精神的一部分，关键还是结合自己城市的文化渊源，形成自己的特色。

近年,中国各城市主要通过宣传自然以及人文景观、拍摄城市主题的电视剧、建设影视基地、举办影视节庆活动等进行城市形象传播。

一、城市文化作品种类

(一)城市文学

从常识上来说,城市文学是写城市的文学,反映或揭示了城市的特点,体现了城市文化的特质。然而相对于农村文学,城市文学的概念远不如想象的那么明晰,至今还在讨论之中,城市文学的地位和现状可见一斑。2015年5月26日《人民日报》刊登李丹梦《究竟什么是城市文学》一文,其中写道:"城市文学的精神实质就是现代逻辑本身。它包括两个方面:一是人从土地、自然中的剥落。和谐共生、敬畏神圣的存世之道崩解了,取而代之的是建立在主客分离基础上的疑虑戒备、分析计量的姿态。二是现代个体的放逐与重构实践。一个从土地离析出的看似独立又漂泊无依的个体,可谓城市现代性的最大杰作与悲剧。"李丹梦在文章最后问道:"城市"能否"回家"?

当然,由于城市与城市文化的吸附能力不断强大,90年代以来,城市文学已成为今日文坛上也已经是数量最为庞大、创造力最为活跃的一个领域,尤其进入新世纪十余年以来,其中原因之一是有相当一批作家从小生在城市,他们更多地写的是属于城市文学的作品,形式广泛,包括都市情感叙事、都市女性文学、职场文学、白领文学、青春写作、成长叙事、城市底层生活等。但城市文学是否已(或)应该成为主流以及如何让城市文学"厚重化",还存在相当多的争论或不同意见。2012年5月4日《文学报》王纪人的《文学城市与城市文学》一文认为,随着八九十年代以来中国现代化和城市化进程的提速,即使乡土和中小型城市,也出现了前所未有的剧变,更何况上海、北京等超大城市。毫无疑问,城市化的进程本身就提供了崭新的生活经验和文化经验,它要求作家在题材内容、书写对象以及书写方式上都有一个根本性的转型。

(二)城市雕塑

我国知名雕塑家刘开渠曾指出:"城市雕塑是城市文化的一个重要组成部分,也是文化水平的象征。它对城市面貌的美化起到画龙点睛的作用,具有其他艺术形式难以替代的独特功能。"城市雕塑亦称"公共雕塑",是设置在城市公共环境中的雕塑艺术,比如设置在公共建筑、公共绿地、广场、城市道路等地的室外雕塑等,是城市公共艺术的重要组成部分之一。公共艺术作品包括雕塑、壁画、建筑小品等装饰物,及影视作品等。城市雕塑有很多种类,一般分为宗教性、娱乐性、纪念性、装饰性、主题性、历史风情性、标志性等,从雕塑摆放的环境位置又可以分为广场雕塑、陵园雕塑、街头雕塑、公园小品雕塑,从艺术类型可分为具有写实性城市雕塑表现形式和具有抽象性特点的雕塑表现形式。作为一种独特的雕塑艺术门类,城市雕塑是城市的标志或符号,是其他艺术设施无法代替的。城市雕塑不是简单的将现有的雕塑作品直接置入城市环境中,而是蕴含了丰富的历史人文内容,是城市精神风貌最直观的表现。

城市雕塑的设计师必须怀着对城市历史的敬畏之心,详细的了解城市的历史、文化、人文和自然风俗，以高度的责任感和使命感，兼顾好传承和创新之间的关系，准确完美地体现城市的独特气质。

（三）城市音乐

城市中创作、演奏、流行、传播的音乐，为城市音乐。大型的音乐、严肃的音乐、现代的音乐，只有城市才能提供创作、制作、演奏或传播的条件。音乐的教化和自由性质，音乐的高雅和精神性在城市中表现得更加突出，陌生和有缺陷的城市需要借音乐来凝聚和提升自己。在城市，有公园音乐，广场音乐，剧场、音乐厅音乐，和学院音乐等几种形式，各有作用，缺一不可。公园音乐是纯市民音乐，上海公园、北京公园、西湖边等，都能感受到这类音乐，唱歌唱戏，各占一块地方，近年玩器乐的，包括个人和乐队，比以前有所增加，另外唱戏的较之唱歌的有所衰落。广场音乐不是指广场舞，而是专业乐队在广场向市民演奏，一般是逢各种节日进行。剧场、音乐厅常举行大型演唱会，对明星的追逐是城市的时尚，这类明星当然是流行音乐歌手，他们必须时尚，要么就很特别、另类，要么就是洋人，特别是在比较洋派的城市，这是城市的口味。当然，和足球一样，这里是年轻人的世界，尤其在中国。其他人都在"生活"。

二、城市文化作品功能

（一）休闲娱乐　怡情养性

城市文学、电影戏曲、摄影书法、美术绘画、音乐舞蹈、城市雕塑等艺术丰富了人们的业余生活，陶冶了情操，调节了身心，增进了社会的和谐稳定。

城市雕塑具有美化城市环境、调节城市色彩、提高市民思想文化素质、缓解城市快节奏生活所带来的压力的心理调适作用。城市雕塑的目的，是要让城市居民在其生活的各个角落都能产生一种愉悦身心的审美体验。

城市音乐让城市变得熟悉、亲切和温暖。城市公园是老人、孩子的天堂，公园音乐对此起到了很大作用。城市公园，吹拉弹唱，一样不缺，对于增进社会的稳定与和谐可谓功不可没。

摄影书法民间性强，各种展览、大赛，温暖了城市环境。不管真的假的，它对环境总是有益的，因为中国总体来说还是崇文的国家。

（二）增进文明　展现人文精神

优秀的城市雕塑作品能够通过象征的表现手法淋漓尽致地展现城市的精神风貌，以及城市的个性，尤其是标志性城市雕塑，对于人们对城市文化和自我的认知具有很高的引导和教育作用，对当地人文精神或城市精神家园的建设起到很大的推动作用。对于体会时代精神，有启迪作用。

它以特殊的方式表达了对居民的尊重以及价值追求的关怀。

严肃音乐升华了城市，提升了城市的品位和市民素质，增进了城市文明水平。

摄影有美化歌颂的一面，也有揭露写实的一面，在让我们更好地更深地认识这座城市的同时，摄影也触动和提升了人们的精神世界。

三、城市文化作品创作现状及问题

就城市文学而言,2013年9月23日《文艺报》张光芒的《当代城市文学的发展与反思》一文认为从整体上来看,城市文学已经陷入了一个发展的瓶颈之中,而之所以如此还有着更为内在的根源。只见"城"不见"人"的问题并非在人物形象塑造上吝啬笔墨,一个重要的原因是倾向把"城市人"类型化和状态化,不能从个体的哲学层面上挖掘对象主体的独特性与性格的内在逻辑。

城市文学离不了城市固有的特点,现在、未来都离不了,优秀城市文学的标准也与此有关,与对城市的认识有关。互联网的出现,让文学掉价,更别说城市文学了,使之褪去了任何的圣洁的光环和高雅的外衣。审美方式变了,"图像化"蛮好;审美取向变了,娱乐代替了一切;审美观念变了,媚俗占领了高地;审美境界变了,新颖就好。互联网使得文学作品创作的主体、方式和受众变了,文学生产成为大众化运动,而不再是被少数人垄断的事业,而文学消费也更加便捷,生产到消费之间的距离近了,创作者和消费者的身份界限模糊了。网络文学、手机(短信)文学的受众主要是青年,尤其是城市青年。当代城市青年压力很大,互联网是他们放松、释放压力的平台。

城市化运动对中国的面貌的改变影响巨大,有人据此称这是一个伟大的时代,因而呼唤伟大的作品,不管是文学,还是社科领域,都这样要求,事实偏偏相反,于是呼吁各方积极作为。

比如有些城市雕塑不知道想要表达什么,看不到雕塑的主体和主题,让观赏者一头雾水不知所云;再有,城市雕塑缺少对历史和文化的尊重,与城市的历史脉络和文化传承缺少关联,体现不出城市的精神力量。所以要想做好城市雕塑,既要做好传承,同时还要努力创新,传承是为了把城市的历史文化延续下去,创新是想把新的雕塑手法和表现形式用于城市雕塑,让雕塑有时代感。

第五节 城市非物质文化遗产保护

非物质文化遗产是指各种以非物质形态存在的与群众生活密切相关、世代相承的传统文化表现形式,如昆曲、顾绣、黄道婆棉纺技艺、山东莱芜梆子、各种老字号等,而物质文化遗产是具有历史、艺术和科学价值的文物之类。但根据联合国教科文组织《保护非物质文化遗产公约》的基本精神,认定和保护非物质文化遗产只是一种手段,而根本的目的在于保护和发展世界文化的多样性。从城市角度出发,城市非物质文化遗产是城市的回忆和文脉,是城市之魂。城市精神需要有植根于社区和文化群落的民间历史文化传统作为生长的基因,那些民间传统文化的变体就携带着这样的文化基因。如何使这类不具有确切保护价值的文化活动在当今的城市精神建设中发挥积极的作用,是一个与认定和保护非物质文化遗产同样重要、并且可以相互支持的工作。

当今,由于现代化、城市化的影响,非物质文化遗产遭遇极大损失,同时保护工作也遇到相当的困难或难题,保护非物质文化遗产可谓任重道远。

一、非物质文化遗产的概念内涵

(一)非物质文化遗产的界定

根据联合国教科文组织《保护非物质文化遗产公约》(Convention for the Safeguarding of the Intangible Cultural Heritage)的定义,"非物质文化遗产"指被各群体、团体或有时为个人视为其文化遗产的各种实践、表演、表现形式、知识和技能及有关的工具、实物、工艺品和文化场所。非物质文化遗产包括:口头传说和表述,包括作为非物质文化遗产媒介的语言;表演艺术;社会风俗、礼仪、节庆;有关自然界和宇宙的知识及实践;传统的手工艺技能等五个方面,这些具有民族历史积淀和广泛、突出代表性的民间文化遗产,其最大的特点是它与所在民族的特殊的生活生产方式密不可分,可以说是他们的民族个性和审美习惯的"活"的显现,有人将这类遗产誉为历史文化的"活化石"、"民族记忆的背影"。然而,鉴于它的延续性要依赖于人的身口相传,因此它也是传统文化中最脆弱的部分。

"保护"指确保非物质文化遗产生命力的各种措施,包括这种遗产各个方面的确认、立档、研究、保存、保护、宣传、弘扬、传承(特别是通过正规和非正规教育)和振兴。《保护非物质文化遗产公约》并指出,非物质文化遗产概念中的非物质性的含义,是与满足人们物质生活基本需求的物质生产相对而言的,是指以满足人们的精神生活需求为目的的精神生产这层含义上的非物质性。所谓非物质性,并不是与物质绝缘,而是指其偏重于以非物质形态存在的精神领域的创造活动及其结晶。

(二)城市非物质文化遗产

城市非物质文化遗产反映了先民的生活方式和生活态度,是城市的文脉,城市的根和魂,不仅具有历史教育意义,而且包含着丰富的人文资源,是城市文化、城市特色和城市精神的源头活水,是城市真正值得信赖的精神寄托。但是,由于城市化、现代化的冲击,这些遗产没有得到应有的重视。

二、保护非物质文化遗产的意义和原则

(一)意义

1. 一般意义。总体而言,非物质文化遗产是人类生命的记忆,是人类创造力的精神源泉,是人类智慧的结晶,是人类永恒的精神家园。一般认为,保护非物质文化遗产具有以下意义:珍贵的、具有重要价值的文化资源;国家、民族文化软实力的重要资源和武库;指示着文化发展的选择和路向;维护我国文化身份和文化主权的基本依据;国际社会文明对话和人类社会可持续发展的必然要求;为我们的后代子孙提供了多样化的文化选择;有铸塑民族精神的意义;民族智慧的象征;我们的精神家园;具有市场开发的意义。

2. 核心意义。就联合国《保护非物质文化遗产公约》而言,相互尊重与欣赏是非遗保护的核心理念和宗旨;就《中华人民共和国非物质文化遗产法》而言,非物质文化遗产保护的意义是增强中华民族的认同感。

(二) 非物质文化遗产保护的原则

1. 本真性保护原则。本真性原则要求在实际保护工作中要坚决反对混淆真伪的现象,坚持以真实的、而非虚假的,原本的、而非复制的,忠实的、而非虚伪的,神圣的、而非亵渎的方式进行保护。世界遗产委员会明确规定本真性是检验世界文化遗产的一条重要原则,并要求真实、全面地保存并延续文化遗产的历史信息及全部价值,明确提出被登录的遗产不能是按照今人臆想过去历史情况重建恢复的东西。这就是说,本真性是要保护原生的、本来的、真实的历史原物,保护它所遗存的全部历史文化信息。

2. 整体性保护原则。非物质文化遗产包括了传统和民间文化的所有表现形式,而不仅仅是个别文化形式的有限综合,应当予以多方面的整体性综合保护,不能破坏它的完整性。非物质文化遗产往往由多种技能共同构成的,同时又与特定的文化和生态环境密切相关,不能将具体文化事项从它的生存环境和背景中割裂开来进行"保护",也只有这样才能让它继续存在民间。

3. 科学性保护原则。对待非物质文化遗产的保护问题,我们必须承认它是一种根植于民间的活态文化,是一种不断发展的文化,因此在不同时代会呈现出不同的状态和特点,因此在保护中必须坚持科学保护原则,而不能人为地将其"石化",人为地去改造,致使其失去原有的文化神韵。此外,保护方式与方法不能妨碍人们的生活和经济发展,同时尊重人们的现实意志,不能强迫或刻意为之。

4. 濒危遗产优先保护原则。随着现代化的迅猛发展,传统的民间文化逐渐丧失了赖以生存的环境;全球化带来的商业行为、生活方式等都威胁着非物质文化遗产的传承和发展。许多非物质文化遗产的典型器物正在毁灭。为了有效保护祖先留下的文化遗产,我们采取濒危遗产优先保护原则。

5. 活态保护原则。保护非物质文化遗产关键还是要为传承人营造出一个更加宽松,也更适合其成长的生态环境。

6. 以人为本原则。只要这些无形文化遗产的传承人还活着,无形文化遗产就不会消失。该原则将保护身怀绝技的艺人作为非物质文化遗产保护的重点。

附带说一句,以人为本原则容易被无限扩大化,比如有人认为,不搞强迫也是以人为本,这种说法没有意义。表明上冠冕堂皇,意思是说非遗保护要灵活,不要僵化,听上去"极其正确",但对非遗保护未必能有好的作用。以保护艺人作为重点,是值得强调的。

三、城市非物质文化遗产保护中的问题

(一) 非物质文化遗产保护

1. 保护意识不够。民众对保护文化遗产的必要性的认识不足。再一个,政府部门对文化遗产的重视程度和普查力度也不够。

2. 本真性原则遭破坏。还有一种现象,前文所言,非物质文化遗产不是一成不变的,而是活态文化。这几年来,由于申遗热而出现了一股改编非物质文化遗产的热潮,但这过程中,非遗保护中的本真性原则遭到破坏。非遗文化存在被恶意利用进而导致民间艺术变味的风险。

3. 社会整体价值观变化。现代就是目前社会的整体价值观。

(二) 城市非物质文化遗产保护问题

1. 城市化的影响。不用说,城市化过程显然会破坏非遗生存的土壤。非遗本在乡村,乡村这个根没了,非遗自然也就难以保存。城市化当对非物质文化遗产的遭破坏或不断消失减少负主要责任。

2. 现代化的作用。在现代性、现代化的浪潮之下,我们的传统文化遭受冲击。

3. 实践中的困难。在钢筋水泥的现代工业所主导的城市空间里,没有非遗展现、活动的场所和空间,使得非遗展示、活动的物理空间还是心理空间,都存在严重的缺失。

参考文献

刘士林主编:《都市文化原理》,东方出版中心 2014 年版。

高福民,花建主编:《文化城市》,商务印书馆 2012 年版。

中国博物馆协会城市博物馆专业委员会论文集:《城市文化的共享》,上海交大出版社 2012 年版。

徐蓉:《现代性语境下的中国价值观建设》,复旦大学出版社 2014 年版。

韦恩·奥图(Wayne Atton),唐·洛干(Donn Logan):《美国都市建筑——城市设计的触媒》,台北创兴出版社 1994 年版。

《人民日报》2016 年 5 月 31 日,2015 年 5 月 26 日。

《文学报》2012 年 5 月 4 日。

《文艺报》2013 年 9 月 23 日。

《文汇报》2017 年 9 月 26 日。

第十九章　城市形象

城市形象不仅仅是城市文化的展现。本章重点就城市形象中的城市设计、城市天际线、城市制高点、城市重要视点和城市建筑艺术进行探讨。核心观点包括，城市形象重要的是背后的城市设计，包括人和空间的陌生的城市设计；而城市天际线则要给心灵带来安慰，给精神带来鼓舞，美丽、恰当的天际线，就能满足这种要求。因此，城市设计是对城市空间的设计，因此要厘清它与城市规划、建筑设计等方面的关系。天际线、制高点、城市重要视点是一个有机的整体，要整体把握，最终提升城市形象。

第一节　城市设计

城市形象表达的是指城市整体化的精神与风貌，也是城市文化的充分展现，而从接受的角度说，城市形象是城市（或特定的区域）给人的印象和感受，包括建筑、街道、风景名胜、文化教育，以及市民的行为举止、衣装打扮等。城市形象建设的核心是构建具有凝聚力和个性的城市精神，使市民产生对城市和城市形象的认同感。吴良镛先生关于城市美提到过整体的美、特色的美、发展变化的美和空间尺度韵律之美。

城市设计本质上就是城市形象设计，但显然不能涵盖城市形象的全部，城市设计主要是对公共空间的设计。换言之，如果说城市形象包括城市信仰与城市基本理念系统、城市行为系统、城市视觉识别系统三部分的话，本章重点探讨的是城市视觉识别系统。需要强调的是，城市设计虽与城市规划相关，两者都是以空间设计为对象，但本节侧重的是作为艺术（公共艺术）的独立出来的城市设计。用沙里宁的话说，"城市是一本打开的书，从中可以看到它的抱负，让我看看你的城市，我就能说出这个城市居民在文化上的追求是什么。"

近年来中国许多城市都在城市外观上都增加了高大上的内容，另一方面在努力发掘该市的历史文化,然后加以尽可能地放大,从而提高自己的吸引力。但以经营或经济动机出发的城市形象,值得商榷。随着当代城市生活的日新月异,设计已成为当代生活的重要方面,它的艺术水平,它之于城市形象和城市文化的影响和作用,正在受到越来越多的重视。

一、城市设计的一般概念

(一) 什么是城市设计

关于城市设计的定义有多种。维基百科对城市设计的具体定义是:"在通常是指城市作为研究对象的设计工作,介于城市规划。景观建筑和建筑设计之间的一种设计"。《中国大百科全书》:"城市设计(Urban Design)是对城市环境所进行的设计。"。《大不列颠百科全书》中城市设计的定义是:"城市设计是对城市环境形态所作的各种合理处理和艺术安排。"美国城市设计家E.N.培根:"城市设计主要考虑建筑周围或建筑之间,包括相应要素,如风景或地形所形成的三维空间的规划布局和设计。"余柏春:"城市设计是以城市建筑外部公共空间环境为对象,以人为主体,以整体效应为原则,以建立城市良好形体秩序和提高城市环境质量为目标的,融于城市规划和建筑设计之中的思维方式及设计和管理原则。"中华人民共和国住房和城乡建设部令第35号《城市设计管理办法》第三条:城市设计是落实城市规划、指导建筑设计、塑造城市特色风貌的有效手段,贯穿于城市规划建设管理全过程。通过城市设计,从整体平面和立体空间上统筹城市建筑布局、协调城市景观风貌,体现地域特征、民族特色和时代风貌。

但至少西方学者都公认,城市设计定义难以准确而全面。甚至有人如理查德·马歇尔(Richard Marshall 曾为同济大学客座教授,参与过很多中国城市项目),就认为城市设计的独特价值正是源自它的模糊性,给予精确定义反而走向了它的反面,"城市设计不是一种专业,而是一种'思维方式'","它试图用整体的方式作用于被学科界限隔离的世界中","不断变化着的复杂因素造就了城市的现状,这些因素被划归在不同的专业之下,城市设计师需要理解不同的专业,进行跨行业的交流,将它们整合在一起"。换言之,城市设计需要通才。

城市设计总的目标应以提高人的生活质量、城市的环境质量、景观艺术水平为目标,提升城市的形象,充分体现城市让生活更美好的理念,增进城市的和谐与自信,表达城市的精神和胸怀。它至少在艺术上是成功的,给心灵带来安慰、让灵魂得到安顿,给精神带来鼓舞。

要说明的是,所谓城市形象就应当尽量是某个具体城市的城市形象(以此为宗旨),不然没有特别意义,除了填补空白性质的,比如说,在某个公共空间胡乱设计点雕塑作品,总比没有强,增加点趣味或点缀。作为城市地标建筑,那就必须有高要求,必须体现本城特点、趣味和气质。所谓城市地标,就是能代表城市特征的标志性建筑。世界上有不少城市的城市地标极其成功,它们典型地体现了该市的特点。当代,多少城市为了城市地标的形象,竭力追求高大上,追求现代的洋气的豪华的风格,结果是诸城市之间的城市地标基本雷同,根本不能起到真正的能代表本地的标志性作用。

(二)城市设计、建筑设计和城市规划

1. 城市设计与城市规划。一般认为,城市设计是城市总体规划下一层次的规划设计工作,它的任务是将城市规划上重要的原则加以确定下来。同为空间设计,但城市规划所处理的空间范围较城市设计更大,城市规划工作的空间尺度涉及整个城市的整体构成、城市与周边其他都市乡村的关联,注重城市的统筹、系统、全面等要素;城市设计侧重城市中各种关系的组合,包括城市的空间、色彩、感受等要素,属于一种整合状态的系统设计。规划的目的在制定规范或规章制度,城市设计更多是设计一个具体的情景,针对虚与实、建筑与空间的关系进行艺术化的创作,从而透出一种美感、文明与价值。城市规划有抽象性和数据化特点,而城市设计更具有具体性和图形化特色;另外,城市规划的一个核心方面是城市内各个分区的土地分派和使用问题,而城市设计不涉及土地问题。

2. 城市设计与建筑设计。城市设计处理的空间是城市的全部空间,包括街区、社区、邻里等,建筑设计针对的是建筑本身及其周围部分;城市设计要为建筑设计提供指导,比如绿化设计、道路交通设计、小品设计以及雕塑、广告、灯光,建筑设计实施和完善,设法确定建筑本身的尺度、比例;城市设计要做方案及概念性设计,建筑设计主要任务是制定施工图以及完成其他技术设计。城市设计面临更多变量和因素,或关系,设计内容较建筑设计多而复杂,因而时间跨度较长,一般要十五到二十年。而一般建筑物竣工也就三五年左右。因此,城市设计方案的完成具有很大的不确定性。

二、城市设计的几个要素及主要内容

(一)城市设计五要素

一般认为,城市设计包含五个基本要素:自然要素、人工要素、文化要素、社会要素和综合要素。自然要素指山川河湖、城市土地和天然植被;人工要素包括人工栽培树木、人工绿地、广场、道路以及建筑等;文化要素包括古建筑、名人故居、关于城市的传说之类;社会要素主要是各种价值规范、家庭伦理,以及宗教内容;综合因素包括文化风貌、生态特点、城市性格、生活场景等。

另外一个人不得不提,那就是美国建筑师凯文·林奇(Kevin Lynch),他于20世纪60年代著有《城市意象》(The image of the City)这本书,书中提出了关于城市规划设计的著名的五要素说,影响深远。这五个要素是:道路、边界、地区、节点、地标。他是从城市感知意向这个角度分别研究了五个要素。他说:"一个可读的城市,它的街区、标志或道路,应该容易认明,进而组成一个完整的形态。"道路是大多数人意象中的主要元素,可以是街道、步道、运输线、河道或铁路等,人们靠这些道路把其余的环境因素组织、联系起来;边界是一种线性元素,它是两个片断之间的界线,如海滨、铁道断口等,它可能不具备道路那样的主导地位,但它是一种特色元素,非常重要。区域:区是城市中较大尺度的组成单元,由于具有一些共同的鲜明的征而易于被观察者感知。节点主要是一些联结枢纽、运输线上的停靠点、道路岔口或会合,亦即标识点,有些中心节点是一个地区的的缩影,从而成为一种焦点,一种象征标志,比如街角广场。地标通常是一些简单的实物,如建筑、标识牌、商店或山峰。

(二) 城市设计主要内容

城市设计的内容概括讲就是城市空间体系,具体有六个层面:功能方面、绿化方面、交通体系、建筑风貌、城市街景、天际线。

从功能方面说,城市设计需要在总体规划的前提下,提出城市的定位和目标,对城市总体格局和街道、广场、街区,空间结构、景观节点等重要环节提出构想;从绿化方面看,要结合不同类型绿地的现状和服务半径,合理规划城市绿地系统,使绿化拥有缓解和克服城市陌生感、紧张感的作用。交通方面,要合理设计人车分流路段和停车场,杜绝交通隐患;建筑方面,要按照城市总体要求和建设法规,控制每块用地的条件,决定空间和各类待建房屋在功能、形态及象征等方面的主要特征,确定合理的建筑风格和建筑色彩,创造有层次、有特色的城市空间环境。要注重对历史文物建筑以及相关环境的保护和利用,需整修的和需重建的应尽量保持原样。在城市街景方面,要利用街道设计手段形成连续的、统一的、具有特色的街道景观,打造城市形象。在城市天际线方面,要通过建筑群体布局、建筑形式、建筑高度(天际线)、标志性建筑,塑造城市空间的总体印象,因为它能起到城市标志的作用。要合理设计城市制高点,因为它通常是天际线的高潮。

吴良镛先生则说,城市设计的内容不仅仅是艺术内容,而有些是生活内容,即如何千方百计地提高生活质量,与此同时提高美学质量。

(三) 城市设计的基本过程

作为一门设计类学科,城市设计有自己独特的过程,大致分为6个设计阶段组成,即现场调查、资料分析、确定目标、设计评价、实施计划和维护管理。从现场调查来说,它是为了对城市环境以及设计地段的具体情况有准确、真实的认识和了解,比如城市的历史和总体规划,以及规划中对设计地段的要求,设计地段的自然环境条件、风俗习惯、建筑风格特点等情况。调查的方法包括走访和问卷调查以及亲临现场观察地段情况。所有这些都是为了形成一个最佳的设计方案。为了形成这个方案,就必须进行设计评价。因此,如何开展设计评价就显得十分重要。一般来说,会邀请许多人和部门,包括政府官员、专业技术人员和开发商,参加论证会;相关公众则参加听证会,以及对设计方案进行表决。

三、城市设计实践中的问题与未来走向

(一) 当代实践

设计,想想都浪漫。但实际中的城市设计,牵涉的因素太多,十分复杂。树立城市形象既应是城市设计的宗旨,同时也应当是客观效果。实践中,有时两者都不符合,前者做不到是因为缺乏足够的主动权,或自由发挥的权限,后者做不到是城市设计师对该城市的文化、胸怀、心理、气质认识不够,以及他与外界的包括社区、市民的沟通不够。

深圳市规划学会常务理事、住建部城市设计专家委员会委员张宇星从一个更广阔的层面分析了今天的城市问题，对理解当今城市设计实践中的困难和矛盾有参考意义。比如说，他的"城市设计的未来价值"讲座笔记中提到全球资本流动给城市设计带来的影响。"全球资本的超级暴涨和流动，为全球城市体系带来了一系列后果，即资本过度积累和权利空间异化"，资本过度积累，造成了全球文化景观空间的复制和泛滥。

但这并不能因此而掩盖我们自身的问题。关键还是法定的身份地位问题。2015年12月底，中央城市工作会议明确强调了城市设计工作的重要性，指出要加强城市设计，提倡城市修补，加强控制性详细规划的公开性和强制性。要加强对城市的空间立体性、平面协调性、风貌整体性、文脉延续性等方面的规划和管控，留住城市特有的地域环境、文化特色、建筑风格等"基因"。2017年才有中华人民共和国住房和城乡建设部令第35号《城市设计管理办法》出台，提出城市设计是落实城市规划、指导建筑设计、塑造城市特色风貌的有效手段，贯穿于城市规划建设管理全过程。尽管其中没有直接提到城市形象，但提到了城市特色。不过总体而言，城市设计的独立地位、人文作用、公共服务功能，还有待进一步重视。

（二）中国城市设计的应有走向

从审美上，应逐渐回归东方气质，放弃一味崇尚西方现代主义建筑风格的做法，放弃纯出于招商引资动机的夺目设计（吸引眼球）。

从功能上，应将城市设计作为一种公共服务产品，吸引NGO等各种社会组织、居民组织的广泛参与，但前提是真正明确城市设计涉及的不同群体的利益界限，并进行协调和协商，形成真正属于本地的设计方案。

从公共领域角度，城市设计呼唤公共政策。乔纳森·巴奈特在《城市设计作为公共政策》一书中提出的，"城市设计的效果取决于具有共识基础、强而有力的公共政策，以及有效率的横向协调。"

第二节 城市天际线

看一个城市，首先看它的天际线。什么是天际线？天际线也称轮廓线，是指城市空间建筑或自然地形在高度上的天际轮廓，是反映城市总体形象艺术特征的重要方面。它是从英语 city skyline 翻译过来的词汇，香港译为天空线，按原来的通俗说法，城市天际线就是你站在城市中一个地方，向四周环顾，天地相交的那一条轮廓线就是天际线。现在并不一定强调天地相交，而是泛指放眼望去的城市轮廓或全景，它有时就是由一群建筑的高点连接而成的轮廓线。一方面，城市的总体轮廓是城市功能及历史的发展轨迹的良好见证；另一方面，城市天际线是城市风貌形象最集中，最典型的代表。很多地方，因其美丽的天际线，而给我们留下了难忘的印象。

天际线有多重要？"英国皇家建筑师学院院长弗格森说，低劣建筑之所以低劣，是因为污染了人们的视线，令人感到压抑，破坏了环境，缩短人们的寿命，使人精神萎靡，

头脑一片空白。"(转引自《人民日报》2016年10月11号第4版)

天际线是灵活的、动态的,从而是复杂的,为了城市的美丽形象,有必要研究和认真做好天际线的规划。

一、天际线的构成要素

(一)自然、人文环境

瑰丽的城市天际线不仅指物理意义上的线条优美,而且包含每个城市所特有的精神和气质。自然环境指特定的空间位置,属于天际线中的虚空间,可能是地形地貌(山体),也可能是绿化和植被、河谷等;人文环境指的是该城市的历史文化,包括古迹建筑等。文化中心北京的天际线就有这种得天独厚的优势,悠久的历史文化建筑是其良好的基础。而一些山水旅游城市,则必须更好地利用山体、水滨,尤其是水滨,构筑美轮美奂的天际线。

(二)建筑物的高度、形体

高度对天际线具有直接影响。当代,随着城市现代化步伐的加快,建筑物的高度越来越高,天际轮廓线不断被突破。中国的城市化、房地产开发、崇洋媚外、暴发户心理、相互攀比之风,使得建筑物的平均高度逐年上升。根据数据显示我国摩天大楼(100米以上)的数量将在2020年达到1 318座,达美国的3倍。但结果是,空中的视觉,原先的建筑物之间的协调遭到了严重破坏。因为除了高度,建筑物的形体对天际线的美感也很重要。

(三)其他人工景观因素

自然的和人工的制高点,广场,桥梁等,同建筑一起构成天际线的实空间,它们也是影响城市天际线的重要因素。像电视发射台这样的高塔,常因其独特的造型而成为天际线的重要组成部分。桥梁也是,那种将河流两岸环境联接在一起的美妙弧线,远远望去常令人心旷神怡。一些重要水利设施有时也成为视觉中的美好部分,关键是与周边环境的协调契合程度。

另外,灯光和观赏视角也可作为天际线的辅助要素。夜晚的城市是城市魅力的一部分,换言之,灯光是夜景——晚上的天际线的重要组成部分。而不同视角观看天际景观会感受到一个运动的城市轮廓天际线。

二、规划天际线的方针与模式

(一)方针

1. 动态性。城市天际线是城市在动态发展中的静态展现,因此天际线控制方案不会也不能一成不变,应当依据城市整体现状的变化,着眼城市空间总体布局,积极调整天际线,从而也体现了城市的总体发展成果。

所谓动态性还包括从不同视角和方位观看天际线的含义,因此,对视点、视线的安排和设计就十分重要。

2. 整体性。城市天际线要在保护原有特色建筑基础上布局新的建筑,从而表现一种整体的秩序,做到求同存异,既有变化又有统一,在空间上,它应当将城市基地、建筑物、构筑物、自然风貌有机结合在一起,使天际线的整体合理有效,雅俗共赏。

3. 美学性。作为城市景观的一部分,城市天际线应当符合美学的一般规律,比如要体现出层次的变化、主次的分别,不能局限于单纯的平面构图,而是要注意研究虚与实、柔与刚之间的关系,还有明暗的对比,高低的搭配,以产生视觉和谐、富有韵律的效果。设计师要有城市的胸襟,要有不一样的抱负,不能贱卖了自己,同时还要相信,甚至唤起他人的审美,或美好情怀。

(二)天际线模式

1. 起伏型天际线。起伏型天际线表明天际线有很多起起伏伏,说明了该座城市是一座多样化的城市,这是大多数城市天际线的形状。这种天际线能给人带来丰富的视觉美感,韵律十足。当代高层建筑的出现又进一步丰富了这类天际线的变化甚至色彩,当然,也会给原来的天际线带来破坏。

2. 平直型天际线。这种天际线多出现在历史文化保护城市,为了保护原有建筑形态,天际线保持低缓平直,一般不增加高层建筑,除了特殊的反而起到烘托作用的教堂之类的建筑,或者为了突出特殊的地标建筑的目的而增加的建筑。

3. 中心型天际线。这是大城市常有的天际线,天际线以一个最高点为中心,然后让周围建筑的高度逐渐降低,从而形成了一种令人震撼的天际线,它显示了大城市的胸襟和气质。

三、天际线评价标准

(一)评价原则

1. 美学原则。能让人感受到韵律、协调、对比、比例和色彩的美的天际线就是符合美学规律的天际线。这条原则是受国际公认的评判原则。

2. 特色原则。特色原则指的是该城市天际线区别于其他城市的个性特征,或内涵。

3. 历史原则。天际线应当体现城市历史风貌和文化内涵,成为历史发展的写照。

4. 标志原则。标志原则指的是一种象征符号,它典型地或代表性地反映了城市的经济特征或是城市气质,一看这个天际线就知道是某某城市。

5. 发展原则。天际线应当体现出城市的现代性程度,或现代化的脚步。

6. 和谐原则。和谐指的是人工环境与自然环境的协调,换言之,是人为因素和自然因素的相互映衬。

(二)评价标准

1. 连续性,在丰富多变的线型形态中表现出一种内在的连续的界面,实际它也是一种整体性。没有整体性,就没有连续性。

2. 识别性。识别性指一种由富有个性的城市标识物引领的天际线,这类标识物常带有门户入口性质,如巴黎凯旋门。

3. 序列性。它指的是引领视线的建筑等标识物的系列分布,起到了视线走廊的作用。

4. 时代性。要体现时代特征,但这个标准可能会有争议。天际线是否应当反映时代特征?

5. 层次性,指在垂直空间中前景、中景和远景的层次变化。

6. 节奏性,主要指对虚与实之间的转化的艺术把握。

(三) 天际线示例

香港:无论横向还是纵向看,建筑物都显得错落有致,韵味十足,山体的衬托贴切自然,加上水面的开阔柔和,整个形象浑然一体,温暖和谐。

纽约:建筑层次分明,比例和谐,又动感十足,犹如钢琴的琴键,水体的弯度形成一种烘托,整体形象典雅、大气。

芝加哥:拔地而起、看似你争我夺的一幢幢硬邦邦的钢筋水泥大厦象征着这座城市以及工业文明的发展史,这样的天际线与芝加哥是高度吻合的。"重""挤""车间"加"轰隆隆的声音"是整幅天际线给人的感觉,然而重而不乱,却是能耐,是本事,换言之,它是自然生成和城市规划的完美结合。

新加坡:璀璨夺目,美不胜收,城市中的城市,城市中的极致。应是精心设计的结果,而较少自然生成成分。显然,这样的天际线与新加坡的服务业为主,与她的休闲性文化是吻合的。这既是发展的结果,也是品位的表现。有闲未必就一定有品位。

圣保罗:主要特点是风格一致,像个一大家子,几个尖顶有效地缓解沉闷,增添了灵动感。灯光效果非常好,它使建筑间产生了互动,因此全盘皆活。

首尔:建筑物之间形断意连,相互呼应,律动天成,充满张力,像个天然剧场,远处道路围合,令人遐想。

迪拜:开阔的水面,柔和的海岸线,远处散淡的与世无争的建筑,加上关键的让画面变得立体的那幢尖尖的有宗教味道的建筑,加上更远处的蓝天的衬托。你还想要什么?

上海:假如没有东方明珠,它便一塌糊涂,几幢建筑无论形状,还是尖顶,都不够协调,尤其是中间几幢,好在有东方明珠,它凭一己之力,撑起了大上海的形象。东方明珠堪称神来之笔,有了它,不但是上海排在了第八的问题,而是它无限地提升了上海的形象,可以说对于上海的各个方面都起到了提振的作用,而且更重要的是,它已享誉全国,人们都希望来一睹它的尊容。具体而言,它契合上海的历史、地理位置、风范和当今的地位。

曼谷:曼谷的特点是色彩统一,高度和谐,分布集中有序,透视、透气效果好,视线走廊比较畅通。

东京:精致、现代、协调、干净,整体感好,像整装待发的士兵,中间一幢建筑形象别致,起到了活泼和点睛的作用,化解了单调,增加了天际线的丰富性,近景还有一幢建筑,它起到了呼应连接作用,这样,就构成一个圆形,最后四四方方的建筑楼顶与背景富士山的柔和圆顶形成一种刚柔相济的效果。

广州:美丽、大方、气派、和谐、开放。

莫斯科：古老与现代的完美结合，是周围目光的焦点，莫斯科的权力中心地位一览无余，同时，就这么几幢大楼，却衬托得天空格外美丽。这是对天空的巧妙和大胆利用，这是气魄，是"天助我也"。

多伦多：瑰丽的夜景，优美的建筑，建筑形状统一，顶部协调，高度搭配有序，富于韵律。

深圳：设计之都，名不虚传，顶部设计丰富多彩，艺术性强，特区，必须不一样。

吉隆坡：秀丽，温柔，包容。

北京：工整、高贵、典雅、厚重、祥和，既有现代都市气派，又有深不可测和宗教引领、朝圣或希望的意味，远景两个塔形建筑，一轻一重，中间那条道路直通两个发光的制高点，而且道路的光和左边高塔颜色相互呼应，意味深长。

里约热内卢：太别致了，是自然天成吗？正常的人的目光都难舍中间自然造型的美妙，而且它让周围变得很美，真是妙不可言。

孟买：这是规划的胜利，右眼看去的这幢高楼建筑位置恰到好处，它将左边、前景和它自身的位置以三角形连接起来，这样，天际线就活了，因此它是整体中的关键，它是点睛之作。

澳门：中间四幢建筑距离适度，高度呈现低高协调，起伏柔和，位置斜向排列，这就有了生动感和音乐感，加上下面一群同样高度的建筑，这样，澳门就像开动的船一样，而这四幢建筑就是船的帆船。

大阪：精心设计、每一幢楼形状、颜色都不一样，然而总体和谐。

雅加达：美丽的建筑，开放的胸怀，像是在迎接客人，看上去好不惬意，令人神往。

布宜诺斯艾利斯：如此统一和井然有序的城市倒真不多见。

香港

纽约

芝加哥

新加坡

图 19-1 全球天际线最美城市

资料来源:卢倩仪(2013)。

第三节 城市制高点

许多城市都有那么个位置可以将整个城的壮阔全景尽收眼底。例如,美国纽约帝国大厦或洛克菲勒中心的顶层。在欧洲的伦敦,你可以从圣保罗大教堂顶层一览伦敦的风景,或者转移到现在的碎片大厦(伦敦最新的最高建筑)观景台去观看。这个位置就是城市的制高点。城市的制高点是指在某一特定区域内相对高度上占据绝对优势的空间形态及构成,是城市空间的组成部分和城市三维特征中最引人注目的要素。一个城市的制高点会随着年代的更替而变化,比如中国的老北京就曾诞生过不少以塔为最高点的制高点。从上往下看,城市制高点的功能除了能俯瞰全城风貌,一览城市美景,还可以进行高空监控。高空监控是指在城市制高点位置布设带云台摄像机以实现方圆几千米范围的视频监控。这是因为,在城镇化加快的今天,城市的治安、消防、重点目标、突发事件的监控和管理日益频繁和复杂。但城市制高点的功能主要在于从下往上看,就是说,它是被当作一个仰望的景观来设计的——它是城市形象的重要象征,也可谓是最重要的城市地标,地位极其重要。在设计时,要注意与周围的自然环境、社会环境和建筑群的协调,以形成一道美丽的天际线,愉悦市民以及南来北往之客。难点,在于设计,在于权衡。

一、城市制高点的概念内涵

（一）城市制高点含义解释

1. 崇高心理。崇高是古人的文化心理,也是人类内心超越层面的象征,庙宇一般都在高处,有崇高心理,就有登高的欲望,这是一致的。还有最高权力的象征,宫殿,过去也多在山顶。如前所述,城市是陌生、人为、乏味的空间,因此,无论从个人心理压力的缓解释放上,还是作为一种超越城市的市井和异化品质的精神寄托上,城市都太需要制高点了,人人都需要它,换言之,城市制高点的存在本身有它的必然性。

2. 两大类型。城市的制高点是指在某一特定区域内相对高度上占据绝对优势的空间形态及构成,是城市空间的组成部分和城市三维特征中最引人注目的要素。城市制高点根据不同的形成方式,分为两大基本类型,一是借助自然的制高点,它位于山丘之上,一是人工制高点,如高层建筑。它是审美与功利兼具的一种建筑,既能让人仰望,平添崇高之情,又能供人俯瞰,一览城市美景,同时从实用的角度说,它也是对空间的最大运用,从而节省了土地资源。

3. 一种态度。最后,它也是一种态度。从古代看,它是帝王将相一统江山的宣示,而如今,从积极的方面说,它是天际线的点睛之作,让天际线的旋律进入高潮,从消极的方面说,它经常是一种暴发户似的炫耀,或俗不可耐的勾引。当然,无论如何,它之于城市形象端的是"功不可没"。

（二）城市制高点的特征

1. 相对性。在特定区域内相对位置最高,就是相对性。

2. 可达性。有交通到达制高点是它的可达性,良好的可达性是使制高点能与城市其他地区进行信息、物质和能量交换的重要保证。

3. 公共性。制高点属于所有人,而非少数人才能享有。

4. 动态性。城市制高点不是一成不变的,随着城市的发展,内外环境的变化,天际线的需要,制高点尤其是制高点的高度,会发生变化。

（三）城市制高点选址原则

选择城市制高点的位置，意味着城市应当按照自然的内在逻辑组织城市空间，使制高点控制的目标最为合理。这是城市设计的主要目标之一，亦即形成城市持久的标志性的三维轮廓。作为城市重要观景点，人们是否可以通过这个制高点瞭望到城市的主要建筑、广场和公共中心，亦即视线在城市内的通达性，决定了这个观景点的价值。换句话说，要始终保护制高点与重要城市广场和公共中心间的视线走廊（走廊的宽度、高度）。确定制高点的数量，和各个区的高度，使城市高度序列分布最为合理。新增的制高点不能过度破坏原来的天际线。同时，每一个制高点的确立都应当尽量具有局部的标志性意义。

二、城市制高点的意义

（一）城市天际线的客观要求

客观而言，城市制高点必然会对天际线形成决定性的影响，甚至带来破坏，因此必须利用好制高点，使之向好的方向发展，增加美感和给人鼓舞，而不是令人敬而远之，甚至感到压抑。另外，制高点的顶部设计直接影响天际线的美感，必须予以重视。

（二）城市经济发展和城市扩充的需要

在全球化、现代性的大背景下，加上城市化的浪潮，为了满足人口需求，节约土地资源，向高空进军成为必然趋势。制高点的高度不断被刷新。

（三）美化城市形象

城市制高点在城市空间占有突出地位，是形态各异的城市空间的主角，从而具有了形象和场所的标志性，成了代表城市美的"形象大使"，或者说是表述城市形象的最佳元素。作为城市制高点的高层建筑，其标志性、可识别性成了城市空间的坐标，因而具有城市"导游"功能。

1. 标志性美学价值。高层建筑因其硕大的体量而比其他类型建筑更具震撼力，从而成为人们记忆中的坐标和城市空间的标志，而标志性正是高层建筑艺术性的体现。曼哈顿高层建筑群成了纽约市的代名词，沙特国王中心则代表沙特首都利雅德。高层建筑被认为是寻找城市记忆和获得城市认知的外向的参考点，人们越来越需要以高层建筑标志作为向导，从而采取相应的行为路径。

2. 城市可识别性的美学价值

所谓城市可识别性，一是指城市空间物质形态上的可识别性，二是指空间文化性的可识别性。高层建筑恰好让城市空间具有了可识别性的美学价值。就物质空间形态而言，高层建筑让城市空间个性化，而高层建筑的文化可识别性美学价值在于，它体现了城市的历史文化，城市的人文地理特色，实现了城市自然环境和人文环境的融会，表达了其所在城市面貌和城市精神的独特的美学价值。通过高层建筑所显露出来的城市形象是城市美学价值的重要表现形式，充分显现了建筑艺术的象征性作用，表达了城市精神。

3. 夜景的统领者。超高层建筑是夜晚城市天际轮廓的顶冠部分和最高的视觉图像,具有极高的景观美学价值。作为视线集聚的焦点,它勾勒出整个城市夜景的文化情调,是城市空间形态美和城市生命活力的重要组成部分。制高点越高越突出,灯光配置要求就越高,以致会用各种彩色光来塑造城市形象。信息传达价值。今天,光控制、照明已进入智能化、光信息时代,照明不再只是满足视觉审美要求,而是要表达更多元的信息。城市夜景中,视觉信息充斥眼球,超高层建筑借助光环境和依附于建筑物上的文本,以其直观明确的形象,向受众直接传达特定的信息。

另外,制高点还有纯粹的实用功能,即防御与治安功能,它可被用来实施高空监控。高空监控是指在城市制高点位置布设带云台摄像机,以实现方圆几千米范围内的视频监控。当今,城市的治安、消防、重点目标、突发事件的监控和管理日益频繁和复杂,城市远距离高空监控凭借自身的优势,面临复杂的城市环境,能够实现看得见、看得清和看得远的目标。为了既能监控全局,又能监控某一特定的抵近目标,同时又不受树木和建筑物的阻挡,视频监控点一般安装在城市的制高点部位。布点部位重点包括:治安管理的重点、难点和易发大案的区域;极易产生案件的敏感区域;标志性的广场或者道路等。这样布点的好处是能够大范围、全覆盖观看,大范围地监控城市区域,将可疑人物等目标精准放大,拉近观察。在出现紧急情况时,可通过应急指挥,用千里眼锁定目标,实时监控。

三、制高点顶部空间设计

(一)设计原则

1. 自然制高点。自然制高点一般为山体环境,空间开阔,具有发散性的特点,对周边有较大的影响。山顶位置的制高点设计原则是顺应山势,即山体走势,以便起到相得益彰的既令人敬畏又令人神往的效果。自然制高点常既是景观,又可用来观景,例如中国的"塔"。中国人也喜欢登塔远眺,所谓"登斯楼也,则有心旷神怡,宠辱皆忘,把酒临风,其喜洋洋者矣"①。另一方面,山体是自然环境的一部分,制高点的设计不能破坏山地的生态环境,要预先考虑从此以后会带来的影响。

2. 人工制高点。要注意两个协调性,一是与周围环境的协调性。协调性包括几个方面,首先是方向性。方向性指的是要根据天际线的性质来决定顶部设计的朝向问题,从而影响天际线的形态和走向。换言之,要注重我们前面讲过的作为整体的天际线的连续性。没有连续性就会表现为散落和突兀。其次是韵律性,实际上就是一种节奏的和谐,它表现为对建筑物的长与宽,建筑物之间的缝隙等细节的讲究与安排。另外还有图形性。这方面主要是指明确又独特的可辨识的形状。其次是制高点建筑物整体的协调性,顶部设计与建筑物整体要比例协调,同时保持建筑风格、造型的连贯性,不宜乱拼凑,一味追求怪异、奇特。

---

① 语见范仲淹《岳阳楼记》。

（二）城市制高点示例

南京绿地广场的紫峰大厦位于南京南鼓楼区鼓楼广场，东至中央路，西至北京西路。鼓楼周边区域有玄武湖、北极阁、鼓楼、明城墙等历史文物古迹，该地段是南京城区的中心点及城市的制高点，周边远景尽收眼底：东可眺望紫金山，西可望长江，南有雨花台，北有幕府山。

紫峰大厦建筑高度达到450米，接近上海环球金融中心的492米位居大陆第二，中国第四，世界第七。楼高：450米；楼层：89层。

北京国贸主塔楼建筑高达330米，为一座集写字楼、现代化商城等为一体的综合商务中心。楼高：330米；楼层：81层。

台北101大楼，在规划阶段初期原名台北国际金融中心，是目前世界第二高楼。位于我国台湾省台北市信义区，保持了中国世界纪录协会多项世界纪录。台北101曾是世界第一高楼，以实际建筑物高度来计算已在2007年7月21日被当时兴建到141楼的迪拜塔所超越，2010年1月4日迪拜塔的建成使得台北101退居世界第二高楼。楼高：509米；层高：101层。

环球贸易广场位于香港西九龙柯士甸道西1号。它是香港地铁九龙站第七期发展项目，由新鸿基地产全资发展。环球贸易广场是一座118层高的综合式大楼，为九龙站的最后一期发展项目。大厦外型由世界著名建筑事务所Kohn Pedersen Fox Associates设计。其可用楼层的水平高度达490米，实际高度则为484米。楼高：490米；楼层：118层。

上海环球金融中心是位于中国上海陆家嘴的一栋摩天大楼，2008年8月29日竣工。是中国目前第一高楼、世界第三高楼、世界最高的平顶式大楼，楼高492米，地上101层。

中信广场位于中国广州天河区新城中心，共包括1幢80层摩天大楼中信大厦、2幢38层附楼、4层作为商场的裙楼以及地下2层的停车场，近邻广州火车东站。楼高：391米；楼层：80层。

深圳地王大厦，正式名称为信兴广场，是一座摩天大楼。因信兴广场所占土地当年拍卖拍得深圳土地交易最高价格，被称为"地王"，因此公众称之为地王大厦。楼高：383.95米；层高：69层。

武汉民生银行大厦系武汉市目前最高的大楼，地下3层，地上68层，楼层总标高为249.3米，建筑总高度331.3米，总建筑面积约15万平方米。位于武汉市汉口新华路396号，其中主楼11至66层为写字楼，68层为观光层，其中第9层、25层、44层、67层为设备层，地下3层，共有约128个停车位。楼高：331.3米；层高：68层。

第四节　城市重要视点

在规划设计领域，视点，即观景点，是相对于人来说的概念，指观景人观看景点时所处的位置,随着人的移动,视点的位置也跟着移动。显然,视点也是相对于景点而言,没了景点,也就谈不上视点,换言之,视点依附于景点。景点这里指作为物质形态的城市形象的城市空间景观,它们是对城市形象的最为直观的表达形式,直接影响到城市的品位,和人的心理。由于视点的位置决定着人观景的距离和角度,从而影响到观景的效果,影响城市形象的表达,进而影响到人们的心理体验,因此,就对视点的设计提出了很高的要求。实际工作中,我们常常需要分析已经客观存在的那些视点和路径,同时再设置安排一些重要的视点,以便确定视觉焦点和视线通廊和观景面,意思是确保视线通畅。当今世界,城市空间环境日新月异,城市制高点不断刷新,天际线越发繁复多变,研究视觉艺术、重视视点分析和视点设计,打造视线走廊,让一眼望去的城市空间美不胜收,赏心悦目,已变得十分重要。

一、城市空间景观概览

(一) 景观的一般概念

景观是一个具有多重意义的词,作为视觉美学上的概念,它与"风景"同义,指那些拥有独特景色和令人赏心悦目的景物,作为地理学上的理解,景观是指构成视觉图案的地球表面土壤、地貌和土地覆盖物等各种成分的综合体,土地覆盖物由水体、植被和人工开发的景物(包括城市外表)等组成。景观还可以是一片不断延伸着的自然景色,和空间上不同生态系统的聚合。

(二) 景观的种类

从景观生态学来分,其类型大体可分为自然景观、人工景观和人文景观。从视觉设计角度则可分为三类。(1)建筑景观。好建筑景观的标准是既要丰富多样,又要和谐统一,比如举世闻名的苏州园林。(2)文化景观。文化景观的特点是多样化,标语口号也能成为文化景观,因此它常与建筑景观结合在一起。(3)环境景观。环境景观是指环境的总体协调和舒适自然。

(三) 视点位置影响下的景观空间

1. 景观。

平视景观:视线与地平线平行,伸向前方,让人平心静气,不易疲劳。

仰视景观:视线上仰,让景观有令人敬畏之感;但若嫌突兀,则也会令人产生压抑和陌生感。

俯视景观:视点位置较高,景物一般在视点的下方,必须低头使中视线与地平线相交,俯视景观令人心胸开阔。

2. 视点空间。

开敞空间:人的视平线高于四周景物,视线可延伸到很远的地方,开敞空间多利用滨水地带,制高点设计,可以在远方形成令人心驰神往的天际线。

直线型空间:此类空间两端皆有开口,形状相对较直和狭长,是重要的观赏位置。

组合线型空间:此类空间有许多拐角,令整个空间时隐时现。

3. 其他重要视点：

城市制高点当然算一个，前面说过，它既是景观，也是观景点，并且是极佳的观景点，能让丰富的多层次的天际线尽收眼底。

城市中心、市民广场也是重要视点位置。从市中心有什么远景可以眺望？怎样使人去观看重要的建筑物？都是必须去考虑的问题。如果说制高点是独立视点，那么城市中心可以作为连续性视点。道路、街道当然也是。

滨水地带是极佳的连续性视点，水天一色的天际线令人流连忘返。香港的天际线就是例子。

景观廊道，如生态廊道、江河水道等，也是重要视点。

二、视觉分析：从视点到视感

（一）视觉规划五要素

视点——游人所在位置称为观赏点。

视角——指人类、动物或者镜头所能设计、拍摄及看到的角度，包括垂直视角和水平视角。垂直视角控制不同距离上的建筑高度，形成高度分区；水平视角控制不同距离的观景面宽度，划分组团，确定视线通廊。

视距——观赏点与被观赏景物间的距离，由距离控制近、中、远景的景观层次，确定各景观层次需要控制的景观要素。观赏点与景点间的视线称为风景视线。好的景点必须选择好观赏点的位置和视距。

视野——是指人眼能观察到的范围，人眼中形成的真实景象，由视点、视角、视距共同决定。在人的眼球和头部保持不动的情况下，人眼在正前方所能看见的空间范围，称为静视野。

视感——观赏者对于空间的感受。

（二）视线分析方法

为确保景观节点之间视觉通畅，首先要从总体上确定重要的景观标志节点，然后再根据视知觉原理来确定视点、视高、视线、视域，经分析和计算，得出关于高度的控制数据。视线分析方法包括以下几种：

视点分析，旨在控制视觉焦点，形成视觉通廊，因此要针对性地选择和设计视点的位置，并且务必做到主次分明、结构清晰。视点分析主要分为两类，即独立性视点和连续性视点。独立性视点指某个单独的建筑、山体等，连续性视点表示一种线型特征，在移动的过程中有明确的视觉指向，直接形成视觉焦点和视线通廊，比如道路、街道等。

视角分析，旨在确定高度分区及组团面宽。人眼的视角范围呈扁形椭圆锥形，以视平线为基准，向上50°，向下70°；垂直视角约120°，水平视角约为166°。在保持放松、平视的情况下，人类能看清景物的最佳平视角范围为26°到30°，最佳水平视角范围为45°到60°。

视距分析的目的是确定景观层次及控制重点。视距不同，视野中的景观也不同，一般分为近景、中景和远景三个层次。近景区域为视距200米的空间范围,中景区域为视距200—600米的空间范围,远景区域为视域600—1200米的空间范围。

视野分析是由三个层次景观组成的连续画面。视野分析必须建立在视点、视角、视距和视感分析的基础之上。

视感分析是为了营造积极愉悦的景观环境。它是以上所有因素共同作用的结果。

(三) 视线走廊

1. 视线走廊的概念。视线通廊,亦称视觉走廊,是指人在某一位置观看景点的过程中,视线由人眼到景点所经过的整个廊道空间。可见,广义的视线通廊包括了景点、视点(场)、廊道三个元素组成部分,它规定一个能保证让视线穿透的空间范围,换句话说,就是保障人在一定的位置与自然和人工景点之间视觉上的联系。为了美好视觉的需要,视觉设计可借助视线走廊遮蔽或联通某些地方,使整个视线通畅无阻。

2. 视线走廊分类。视线走廊有以下几种形式:一是自然形成的开敞空间,如两个天然高点之间,还有开阔的水面、河道,形成视线走廊;二是人工形成的开敞空间,如城市中的街道、广场、绿地等,形成视线走廊。

三、城市视点的意义

(一) 城市视点与天际线

1. 欣赏和感知天际线需要考虑视点位置。特定的观赏点,包括位置与高度,对天际线的感知具有决定性意义。换言之,随着观赏位置的变化,城市天际线的线条、形态、层次关系都会发生变化。城市的滨水地带,开敞空间,制高点,才能看到完整的城市天际线。

2. 规划和控制天际线需要考虑视点。从宏观规划的角度而言,需要加强对视线走廊的控制。比如要对点状景观视点(城市制高点、)、带状景观视点(沿海景观大道、城市主要景观街道等)、各种视觉廊道(生态廊道、江河水道等)进行分析,要通过视点空间如城市入口、广场、制高点等与城市重要景观之间的视线可达性的分析。控制天际线的形态。

(二) 城市视点与制高点

只有对视线走廊所涉及的各种指标进行控制,城市空间景观才能得到完美的体现,城市形象才得以充分展示。作为城市重要观景点的制高点是否可以瞭望到城市的主要建筑、广场和公共中心,在某种意义上决定了该观景点的价值。视线在城市内的通达性对城市景观来讲是一项战略资源。要按照人的视线的规律,对街道、地面广场等人流集聚地段与城市重要地标景观和山体景观之间的视线可达性和可视范围进行分析,对视觉协调区内的建筑物的高度、顶部造型进行控制,从而避免对城市的美观造成损害。重点制高点的数量要确定,并在必要时进行分级。重要城市广场和公共中心与制高点间的视线走廊要加强保护。根据新区、老城区、行政区、商务区及不同地段的使用性质,确定各区的控制高度。使城市三维空间更加有序,形成分布合理的城市高度序列。

第五节 城市建筑艺术

建筑是城市形象的最直观感受。作为一种特定的视觉符号,它是城市整体景观、形象、特征、地域文化的综合和浓缩。当看见一座建筑,就知道身处何地,因为这座建筑便是一个城市的记号。作为城市地标,最关键的是老百姓要喜欢它、接受它,对它有认同感。比如被青岛当做文化地标的依托骆驼祥子博物馆建成的荒岛书店。荒岛书店是青岛20世纪30年代的老字号,2016年借纪念老舍《骆驼祥子》发表80周年而重建。荒岛书店的重建可谓一石数鸟,功在老建筑、城市文化、城市精神、城市形象、城市旅游等方面。在现代城市中,城市功能日趋复杂,城市的内外交往日趋密切,城市生活也日益丰富多彩,对城市建筑艺术的要求也愈益提高。但不少城市在发展建设初期,往往强调追求"现代感",结果出现了千城一面、相互抄袭、丧失个性、缺少特质的局面。一些城市建筑乱象丛生,奇形怪状的建筑物拔地而起,因而诞生了出自习主席之口的"奇奇怪怪的建筑"这个词,[①]个别城市甚至成了外国设计师"奇思妙想"的试验场。

文化是城市建筑的灵魂,中华建筑文化是中华文化的重要组成部分,在历史上十分辉煌,时至今日,我国古代城市建筑思想仍然具有重要借鉴意义。但若一味复古,就如同一味崇洋一样,也并非正途。同样已经存在的古建筑,因为具有了历史意义而沉淀在人们的记忆之中,全部推倒,改成西洋建筑,则不但毫无必要,而且是非常错误的。受外来影响而留下的洋建筑,既已成为吸引游客的重要资源之一,当然也应予保留。

一、城市建筑艺术的内涵

(一)城市建筑艺术的审美特征

在由各门类艺术所组成的艺术大家族中,建筑是与人的实际生活具有最直接联系的一种艺术类型。同其他造型艺术一样,建筑艺术主要通过视觉给人以美的感受。城市建筑被称为"凝固的音乐",是一种特定的视觉符号,它凝固的不仅仅是建筑艺术,它还是城市整体景观、形象、特征以及不同时代的社会文化、历史文化、民族文化、地域文化、政治文化的综合和浓缩,不同的城市面貌、街道景观,是我们区别、认识不同文化最直接的途径。

建筑艺术是一种实用性与艺术性相结合的艺术。建筑的本质是人类建造以供居住和活动的生活场所,所以实用性是艺术性的基础和依据之一,换言之建筑的审美带有"强制性"。实用性与艺术性经常会有矛盾。

建筑的实用性意味着它的合理性,比如占用多大空间,与环境是否相称,换言之,建筑同时是空间和环境相结合的艺术。空间意味着自然,在这方面,中国古代建筑比较注

---

① 《习近平谈传统文化:抛弃传统等于割了自己的精神命脉》,人民网,理论频道,hppt://theory.people.com.cn/n/2015/0109/c40555-26356863-2.html。

重。建筑在自然环境中占有一定的空间，自然而然成为一种可多方位观察的景观，成为审美对象。至于人们如何通过视觉观察判断一幢建筑美不美，并无精确的依据，和统一的标准，而是通过联想，通过眼与心的契合来实现的。

（二）中西城市建筑审美理念差异

作为世界三大建筑体系之一，中国建筑艺术与欧洲建筑相比更注重顺应自然，以自然为主导，以天人合一为最高建筑美学理念。西方注重人与自然的对抗，强调人定胜天。表现在建筑材料上，中国传统建筑以木材为主，西方建筑以石材为主；木质结构通过线条的流动，婉转和韵律，表达出一种温暖、亲切的情感，西方的石块结构呈不规则图形，他们就是借此塑造建筑的组合和几何形式之美，体现了西方的理性精神。中国建筑不重单体，而重群体序列的艺术形象和效果，强调整体的和谐。哲学家、美学家李泽厚先生说："中国建筑最大限度地利用了木结构的可能和特点，一开始就不是以单一的独立个别建筑物为目的，而是以空间规模巨大，平面铺开，相互连接和配合的群体建筑为特征的。它重视的是多个建筑之间的平面整体的有机安排。"西方建筑更注重于单体体量上的巨硕突兀，卓尔不群的外部造型和独立品格，其宗教色彩较为浓厚，往往风格鲜明地表达出对神的敬畏。显然，中西建筑间的差异当是中西文化之间的差异的结果。

（三）城市建筑艺术与文化

文化是城市的灵魂。建筑作为城市文化最重要的载体和空间场所，对于培养城市文化也有着重大的意义。具有深厚文化底蕴、建筑风格鲜明的城市建筑，可让市民产生强烈的归属感和自豪感。"建筑文化是一个地域、一个时代的风俗、时尚及技术条件在建筑上的反映，往往被首先看作是某种建筑风格。建筑风格有着两层含义：建筑样式和建筑性格。建筑样式尤如人的穿着打扮，诉诸外在的形象，且随着时代的变化而变化；建筑性格却像人的性格，是内在的，相对稳定的，取决于一个地方所特有的环境特征、文化基因以及价值取向。"[①]

一个具有文化品位的建筑，其文化意义常常成为一个地区、一个城市和一段时期的文化标志。北京的胡同、四合院，上海的弄堂，山西的大院，湘西的吊脚楼是最好的说明。

二、城市与建筑的"现代化"

（一）建筑师与建筑理论

世纪之交，中国同世界上许多国家一样，建筑面临着"地方传统"与"现代化"的矛盾与尴尬的两难境地。一个世纪之前，德国建筑师兼建筑评论家希尔曼·姆塞修斯（Herman Muthesius）就指出了这种关于建筑的两难境地。在他看来，"现代"（moderne）被人误认为"时髦"（fashion），今天，"现代化"的过程中，我们也是将现代建筑当做了"时髦"，然而因为我们对西方现代建筑不求甚解，结果充斥在人们眼中的却大

---

① 常青：《建筑文化与城市精神》，《文汇报》2003年5月18日第6版。

多是那些被行家称为"漫不经心地重复"(mindlessly repeated)的贴标签式的商业味道十足的建筑作品。"现代"这个词首次出现在由奥托·瓦格纳于1896年所写的《现代建筑》(Moderne Architektur)一书之中。当时,建筑与建筑本身的设计分了家,建筑只是例行公事似地完成任务,而设计却是由工程师们或业主自己定下的。换言之,建筑师没有地位,他们的工作只是模仿而非创造。时至今天,这种情况在建筑设计中仍然大量存在。建筑与城市设计脱节。建筑受制于相关利益集团,地方传统很难体现。现代化成了一种炫耀,但建筑师没有责任,设计者也没有责任。

(二)当代西方建筑美学的特征

在西方,当代西方建筑具有强大的工具性作用,人们可以利用它来表达对社会的态度。哲学家会介入建筑,反过来建筑师也介入哲学。

目前国内研究当代西方建筑美学的专著不多。万书元的《当代西方建筑美学新潮》是较有代表性的一本。书中指出,当代西方建筑美学出现了如下的新变化,第一,彻底抛弃总体性。总体性意味着技术与风格的统一,而大多数建筑师希望能发挥自己的自主性和表现自我差异性的能力,摆脱总体性的陷阱。建筑师应该听从自我的纯粹创造使命的指引,放弃宏大叙事和宏观理性,走"小叙述"亦即个人化的道路,这是价值观的革命。莫佛西斯事务所的汤姆·梅恩说:"今天,我们有可能评价我们多元世界里共同的价值系统,在这个世界,现实是混乱的,不可预测的,因而终究也是不可知的。冒险已经成为我们的操作原则……今日建筑的中心主题之一,是关于一个建筑师是否可以摆脱内在于我们环境中,腐蚀着我们的自主性、自我意识甚至个人心智的心理和社会的势力而独立行动的问题。"第二,采用混沌和非线型的思维方式。20世纪70年代混沌理论的崛起对自牛顿以来的决定论思维方式是一个沉重打击,它宣告了机械论的思维范式的终结。稳定、规则、有秩序的世界让位于变化、不规则和混沌的世界,而且世界是以一种混沌和有序深度结合的方式呈现出来的。看似互不相干的东西往往存在内在的因果关系。于是就有了"开放建筑",它的倡导者普瑞克斯说:"建筑的平安无恙世界已经不复存在,永远不再存在……在我们的建筑中,没有围合空间,它们是组合的和开放的。复杂性是我们的目标。"和谐、一致和尽善尽美不再是目标,当代建筑师所需要的是空间与空间之间的穿插和对抗,是各种建筑构件之间的矛盾与冲突,是同质性与异质性的混合,是各种的"奇奇怪怪"。第三是非理性思维,然而是包含了理性的非理性,并非是无理性;第四是针对生态危机的共生思维。

三、当代中国城市建筑

(一)当代中国建筑的几个阶段

当代中国建筑经历过几个阶段。20世纪50年代以前主要以复古主义为主,主要特点是将传统建筑样式,即大屋顶加彩色玻璃瓦的宫殿风格,赋予新建筑之上,造成很大的浪费,这是学苏联的结果。后来虽然进行过纠正,但纠正之后的做法又过于简单。改革开放之后兴起的文化热、美学热改变了这一状况,建筑多元论的思想进入了中国建筑师和建筑理论家的脑海，出现了很多的优秀建筑作品，这些作品不拘一格，风格各异，比如有古风主义、新古典主义、新乡土主义、本土现代主义等。这些风格的作品的总的特点是充分借鉴了民族的特点，包括它的历史、环境特点，比如说西藏拉萨饭店，它拥有浓烈的民族风格。

"本土现代主义是采用得更加普遍的方法……这类建筑的优秀作品仍然是从中国大地上生长出来的，建筑师仍然没有忘记使它们在多元创造中赋予作品以鲜明的时代感与中国气派。之所以冠以'本土'二字，是因为它们与西方正统现代主义有所不同，是中国式的现代。"①

（二）千城一面：建筑批判

不知何时开始，"千城一面"这个词出现了，而现在则几乎已成了陈词滥调，因此那些居然还没听说过这个词的城市研究专家和学者倒是值得怀疑。至于"奇奇怪怪的建筑"，百姓大众反应比较强烈，大多持反对态度，最根本的原因就是因为这些建筑不符合公众认知中城市景观应有的美感和秩序。这两方面——千城一面和奇奇怪怪的建筑——是可以结合在一起的，因为很多城市不但在建筑风格上趋同，而且都出现了奇奇怪怪的建筑，就是说，仍然是千城一面，或者正无可救药地朝这个方向发展。有人认为"奇奇怪怪的建筑"的出现很大原因是在建造的过程中缺乏必要的理性。

至于造成千城一面的原因，已有了很多总结。但一个重要方面在于追求所谓"城市形象"。另一个方面是城市化运动，尽管大兴土木有其正确性和必要性，但很多开发商为了自身利益而大盖高楼的情况不在少数。"从深层次看，城市建筑乱象暴露的是价值取向与价值标准的混乱，反映的是文化自信与文化内涵的匮乏，即同文化越来越远，与浮华越来越近；同传统越来越远，与西化越来越近。"②千城一面的直接后果是天际线被破坏了，这是千城一面带来的最坏的后果。

最后，我以万书元《当代西方建筑美学新潮》中的一句话作为本章的结尾："城市永远是一个没完没了的冗长的故事，它确实需要某种抵抗和消解乏味的吸引力，但并不需要过多的跌宕起伏与惊心动魄，它是日常的、生活的，而非戏剧的或神话的，它真正需要的其实只是端庄、流畅、真实、亲切。"

参考文献

金定海：《中国城市观》，上海三联书店2015年版。

万书元：《当代西方建筑美学新潮》，同济大学出版社2012年版。

迈克尔·多宾斯（Michael Dobbins）：《城市设计与人》，电子工业出版社2013年版。

埃德蒙.N.培根（Edmund N.Bacon）：《城市设计》，中国建筑工业出版社2003年版。

---

① 萧默：《50年之路——当代中国建筑艺术回眸》，《世界建筑》1999年第9期。
② 赵中枢：《从文化高度把握城市建筑现代化（大家手笔）》，《人民日报》2016年4月10日第5版。

余柏春:《城市设计感性原则和方法》,中国城市出版社 1997 年版。

[美]亚历克斯·克里格(Alex Krieger)等:《城市设计》,同济大学出版社 2016 年版。

凯文·林奇(Kevin Lynch):《城市意象》,华夏出版社 2001 年版。

萧默:《50 年之路——当代中国建筑艺术回眸》,《世界建筑》1999 年第 9 期。

常青:《建筑文化与城市精神》,《文汇报》2003 年 5 月 18 日第 6 版。

赵中枢:《从文化高度把握城市建筑现代化(大家手笔)》,《人民日报》2016 年 4 月 10 日第 5 版。

第二十章　城市竞争力

　　城市竞争和城市竞争力作为一个科学研究对象,引起了包括经济、地理、城市规划等诸多学科在内的学者的关注。全球经济重心转移、价值链分工深化、通信技术发展和新兴国家迅速崛起等正逐步改变国家之间的竞争能力,最终表现为以城市为基本空间单元对全球要素资源的吸引和把控能力的角逐。近几年,"一带一路"倡议的实施、美国制造业回归和德国工业4.0战略,对世界城市产业布局产生影响。同时,"高铁时代"的来临和中国12个国家城市群的崛起正塑造新的中国城市体系。如何保持我国城市竞争力发展的良好状态,并在参与国际竞争过程中形成有利地位,是一项重要课题。本章基于对城市竞争力研究背景的分析,提出城市竞争力的概念,并通过对不同种类的城市竞争力的解读,构建中国城市竞争力的分析框架。

第一节　概述

一、城市竞争力的研究背景

　　中国快速的经济发展带来了人口向城市的迁移与集中,常住人口城镇化率从1978年的17.9%提升到2016年的57.35%。从世界范围看,根据联合国发布的报告,1950年全球城市人口比重为30%,至2014年底增加到54%,目前人口将进一步向大城市集聚,2050年城市人口比重将持续增长为66%。作为相对独立的汇聚人口、资源、环境的有机系统,城市将成为未来国际竞争的基本空间单元,如何提高城市竞争力,不仅关系到我国新型城镇化的顺利实现,同时对我国国际影响力的提高和大国形象的树立意义深远。

　　新经济和全球化发展使人口、资金等要素快速流动,导致资源在更大空间范围内优化配置,跨区域、跨国界城市竞争将愈加激烈。城市竞争力提高的过程本质上是随着社会经济的发展,城市功能不断修正、完善的过程。20 世纪 80 年代以来,世界范围内各城市从各自发展现状中寻找凸显城市核心优势的优化方案,增强城市竞争力,以在新的经济社会背景下提高对全国甚至全球资源的掌控能力。

二、城市竞争力的研究脉络和现状

(一)研究脉络

竞争力一词始于对微观产品或企业竞争行为的研究,以核心优势提高经济效率,最终获取市场价值的顺利实现和业务增长。其后,随着全球价值链分工细化,对"国家竞争力"等宏观区域层面竞争优势的关注逐渐增加,是"城市竞争力"研究的现实起源。

波特在 20 世纪 80 年代初期关于产业竞争战略、企业竞争优势等的研究奠定了竞争力研究的理论基础,1990 年波特提出"国家竞争优势"理论,开创了区域竞争力系统研究的先河。另外,80 年代以来,世界管理机构或学术论坛也相继开展了城市综合实力或国际竞争力研究,并制定了相关评价指标体系,如美国《城市地位评价年鉴》《财富》杂志推出的"贸易最佳城市"等,是城市竞争力系统研究的雏形。

随着贸易自由化和通信技术的发展,全球化程度加深,以微观企业为市场主体的投资、交易行为在国家之间充分开展,使经济行为的空间关系发生巨大改变,对竞争力主体的关注亦发生了变化。尽管一些学者认为企业是吸引要素、掌握资源的竞争主体,但由于城市作为提供企业支撑、产生集聚外部性和技术经验交流的实际空间载体,越来越多的学者认为城市对人才、资金、技术等要素的汇聚能力和制度管理效率,实际构成了国际竞争力的主体。

同时期,研究区域竞争力的学者克雷斯尔,于 20 世纪 90 年代以美国为案例,提出"城市竞争力"的概念,并认为城市竞争力是城市经济发展的重要决定因素。其后,学者开始对城市竞争的过程、影响因素、竞争后果开展系列研究。

(二)研究现状

根据研究目的的不同,国外学者对城市竞争力的研究视角也存在差别。早期一些学者或机构主要关注城市竞争力的单一指标,如 2006 年 OECD 用经济增长或人均 GDP 来衡量城市竞争力的大小。较多的学者如 Huggins(2011)、Boddy(1999)等分别综合城市产出和投入因素,试图建立综合指标构建城市竞争力指数。

一些国外学者关注城市竞争力的影响因素,如研究城市内外部环境对城市竞争力的影响,多数强调人力资本、科技创新、经济集聚和经济结构对城市竞争力的重要作用。其中,Kresl 和 Singh(1999)对美国城市竞争力的设计和研究较为深入,重点关注了影响城市竞争力的经济因素和战略因素。

目前国内倪鹏飞对城市竞争力的研究较为系统和深入,自 2003 年开始出版《中国城市竞争力报告》系列成果,从城市要素投入、产出、显性表现和解释过程等角度建立了城市竞争力的综合指标,并对中国城市竞争力大小进行综合排名。黄春松(2013)利用因子分析方法，重点筛选了长三角、珠三角与海西经济区等重点区域，比较竞争力大小；刘伟辉等（2012）关注生态因素对城市竞争力的影响。另外，线实和陈振光（2014）则将城市尺度、区域尺度和全球尺度对接，提出单个城市竞争力与区域内城市间的竞合关系。

总体来看，虽然国内外对城市竞争力的研究相对丰富，但国外指标体系和数据可得性对国内城市竞争力指标的借鉴性不强；国内倪鹏飞（2003—2010）等多位学者对城市竞争力评价指标体系不够稳定，且没有关注城市竞争力的长期状态。另外，国内学者构建的城市竞争力指数对最新城市发展理念的体现也存在不足，如"全域旅游"概念的更新并没有及时在指数构建中呈现。本章将从主要经济要素集聚的视角，结合最新城市发展战略和设计思路，对城市竞争力子系统进行分类研究，同时对城市竞争力的即时效果和长期可持续性进行分析，在一个较为完善的框架下做到了系统和部分、长期和短期的统一。

三、城市竞争力研究的理论依据

从城市竞争力相关研究的发展脉络看，竞争力的产生主要源于以下两个方面：第一，资源禀赋。城市利用本土优势要素，如城市地理区位、自然资源、劳动力等发展具有比较优势的产业。第二，竞争优势。竞争优势即形成城市竞争力的构成要素，不同学者认为影响城市竞争力的因素有所不同。克雷斯尔对城市竞争优势的研究开创了理论分析先河，他认为城市竞争力是经济因素和战略因素的综合作用，其中经济因素的强弱取决于当地生产要素、基础设施、区位条件、经济结构和城市环境的相互作用；战略因素的强弱取决于政府效率、发展战略、部门合作和制度弹性的相互作用。其后，韦伯斯特、索塔罗塔和林纳马对克雷斯尔模型进行扩充，分解城市竞争力的组成要素。波特1990年用来分析国家竞争优势的"钻石模型"、瑞士国际管理与发展研究所（IMD）的八要素构成论、世界经济论坛（WEF）竞争因子分析等，亦构成了城市竞争力研究的理论基础。

第二节 概念界定、分类和评价

一、城市竞争力的定义

竞争力，是个相对概念，指参与双方或多方相对能力的大小。根据城市价值链理论，城市竞争力是一个城市与其他城市相比较的过程中，超越其他城市，吸引更多的要素流入，以实现城市价值的系统合力；Webster和Muller（2000）从城市发展结果的角度，将城市竞争力定义为城市生产和销售比其他城市更好的产品的能力；中国社会科学院倪鹏飞（2003）结合城市发展的实际效果，认为城市竞争力主要指一个城市在竞争和发展过程中创造财富和价值收益，比其他城市更多、更快、更好；仇保兴（2003）根据影响城市竞争力的因素在不同社会阶段的表现不同，认为城市竞争力很难准确界定，在知识经济阶段,城市竞争力表现为吸引、争夺、拥有人力资源的能力。

综合以上观点,笔者认为,城市竞争力是某一城市相较于竞争对手而具备的竞争优势与核心能力,体现为要素占有、引领和支配要素的能力,最终目的则是为城市居民谋求利益最大化。城市竞争力具有以下特征:一是稳定性。城市竞争力在一定时期内具有稳定性,同时随着相对优势的变化,城市竞争力在长期范围内也是逐渐变化的。二是相对性。城市竞争力的大小与竞争者的选择维度相关,全球范围内和区域范围内某一城市竞争力的大小有所不同。三是综合性。城市竞争力首先体现为吸引人才、资金、信息、技术等各类要素的能力,其次体现为城市对这些要素的支配和引领能力,因此具有综合性和系统性。四是目的性。城市竞争力的提高是城市作为有机整体,系统功能不断完善的过程,最终表现为对城市居民的服务能力的不断提高。五是竞争性。城市竞争力与城市承载力不同,它更多的强调与其他参与者的比较优势,以竞争性姿态获取对有限资源和要素的把控能力。

二、城市竞争力的分类

城市竞争力的分类方法有很多种,根据评判目的和对不同类别要素的集聚能力不同,城市竞争力可以分为城市宜居竞争力、城市宜商竞争力、城市宜游竞争力等。根据观测期限不同,城市竞争力可分为城市综合竞争力和城市可持续竞争力。根据表现形式不同,城市竞争力可分为硬竞争力和软竞争力,其中硬竞争力包括人才竞争力、资本竞争力、科技竞争力、环境竞争力、区位竞争力等;软竞争力包括文化竞争力、制度竞争力、政府管理竞争力、企业管理竞争力、开放竞争力等。

本章主要从对主要经济要素集聚能力的不同,评判和分析城市竞争力宜居、宜商、宜游三个子系统,并从经济体发展的即时结果和长期效果看,选择城市综合竞争力和城市可持续竞争力加以分析。城市综合竞争力是从宏观和综合的角度,评价作为独特的社会、经济、环境系统综合体的城市,在一定区域范围内,集聚劳动、资金、技术等资源,提供产品和服务的综合能力;城市宜居竞争力的评价体现了以人为本的精神,宜居城市是由自然系统和人文系统构成的"人与自然和谐相处"的优美、健康、和谐社会,是城市吸引和维持人口要素的综合实力评价;城市宜商竞争力主要从商业资源聚集的角度,评价城市作为商业活动枢纽、支撑企业生产活力、提高居民消费活力的综合能力;城市宜游竞争力是城市作为旅游目的地的综合实力评价,不仅应具有主题旅游资源和商业、休闲配套,更是体现城市综合魅力,即"建筑是可以阅读的,街区是适合漫步的,城市始终是有温度的"全域宜游;城市可持续竞争力是城市作为一个有机整体长期有效运作的综合实力评价,指城市不仅在当前创造增加值,并可在未来持续创造价值的能力。

从系统的角度,各种类型的城市竞争力是相互联结的,构成一个统一整体(见图20-1)。其中,城市宜居竞争力、城市宜商竞争力、城市宜游竞争力体现了城市对劳动和资本等生产要素的吸引能力;城市综合竞争力则从发展结果的角度体现了城市对居民提供产品和享受的服务能力;城市可持续竞争力从未来发展的角度体现了城市作为有机系统,为生产要素或居民提供服务的持续能力。综合来看,城市吸引能力提升的结果短期内表现为城市服务能力的提升,长期则表现为城市持续服务能力的增长。

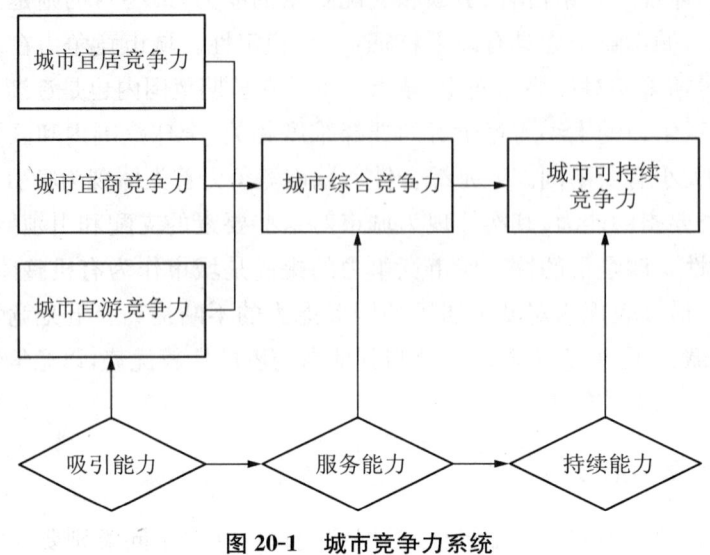

图 20-1　城市竞争力系统

资料来源:作者绘制。

另外,不同类型的城市竞争力相互影响、相辅相成。如城市宜居竞争力的提高将吸引大量更高技能和教育背景的人才涌入,一方面,劳动力池效应对劳动雇佣成本的降低,以及劳动力匹配程度的提高,对企业尤其是新型产业企业的选址决策造成影响,将倾向于提升城市的宜商竞争力;另一方面高素质人口流入对物质文化生活需求的提升,将促进当地城市管理和城市景观的改善,同时增加休闲娱乐活动的丰富程度,也将推动提升城市宜游竞争力。

三、城市竞争力的评价

根据上述城市竞争力的分类,城市竞争力可视为多个子系统的综合,对城市竞争力的评价主要是对多个子系统的评价。虽然各城市竞争力子系统分别包含不同的内容和关注重点,但评价方法具有相似性。一般来讲,城市竞争力子系统的评价方法和步骤为:

第一,设某城市竞争力子系统指标为 X,从子系统的定义出发,从不同维度选取子系统的构成要素 X_1、X_2、$X_3 \cdots X_n$。

第二,从数据可得性的角度,以全面性、系统性和代表性为原则,选取 $X_i(i=1,2,\cdots,n)$ 的衡量指标,记为 $x_{ij}(j=1,2,\cdots,m)$,即衡量 X 的三级指标。

第三,对 $x_{ij}(j=1,2,\cdots,m)$ 进行无量纲化处理,再用加权方法综合为二级指标,计算公式为:

$$X_i = f(x_{i1}, x_{i2}, \cdots, x_{im}) \qquad (20\text{-}1)$$

其中，f 代表生成 X_i 的加权方法。

需要指出，一般有两种加权方法较为常用，一是加权平均方法，即 $X_i = \sum_{j=1}^{m} x_{ij} w_{ij}$，其中 w_{ij} 为三级指标 x_{ij} 的权重。二是"乘法"综合法，即 $X_i = \prod_{j=1}^{m} x_{ij} w_{ij}$，其中 w_{ij} 为三级指标 x_{ij} 的权重。

第四，对二级指标 X_i 进行加权综合，生成一级指标 X。

第五，有必要对城市竞争力各子系统指标进行综合，生成各城市之间具有可对比性的竞争力排名。由于城市竞争力子系统构成要素之间具有一定相关关系，一般使用主成分分析法，对子系统指标体系进行降维，将相关性较强的指标重新组合，生成少数几个彼此不相关的新的主成分变量 $A_t (t = 1, 2, \cdots, l)$，使其尽可能多地反映原有指标的信息。最终以筛选出的各主成分方差贡献率为权重，对各主成分数值进行加权平均，以得到城市竞争力的主成分综合得分，用于评价和对比不同城市竞争力的综合水平。

第三节 城市综合竞争力

城市综合竞争力是从宏观和综合的角度，评价作为独特的社会、经济、环境系统综合体的城市，在一定区域范围内，集聚劳动、资金、技术等资源，提供产品和服务的综合能力。

一、城市综合竞争力概念辨析

城市综合竞争力和城市竞争力的综合是不同的。城市综合竞争力强调竞争的结果，它是城市竞争力各子系统发挥作用后，实际表现出的显性指标，如经济增长、居民收入提高、生产效率改善等。如倪鹏飞(2003)认为城市综合竞争力是城市综合市场占有率、综合长期经济增长率、综合地均 GDP 和综合居民人均收入水平的函数。城市竞争力的综合是城市竞争力各子系统数据的加权，"综合"代表了数据的处理方法，而没有确切的实际含义。

城市综合竞争力和城市综合承载力存在差别。城市综合竞争力强调竞争性，即与其他城市相较，最终表现出的城市经济体产出情况，从发展结果反推城市竞争力的大小。城市综合承载力则强调城市发展的底线，体现了城市资源承载力、环境承载力、生态承载力、基础设施承载力的综合效果。笼统地讲，城市综合承载力是城市良性运作的基础，某种程度上决定了城市综合竞争力的上限。

二、城市综合竞争力的构成要素

城市综合竞争力的大小通过当前阶段的经济体产出来衡量，经济体的产出可以用各市场主体的最终收入表示，即最终表现为居民主体收入水平提高、要素回报增长（主要包括租金收入和资本回报）、企业所有者收入水平提高和企业利润增加，以及政府主体税收增长。

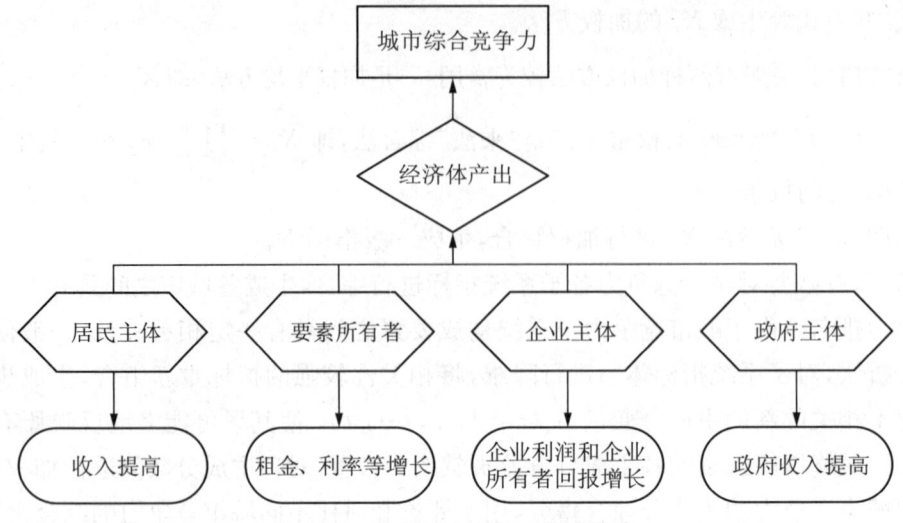

图 20-2 城市综合竞争力构成要素

资料来源：作者绘制。

从城市综合竞争力的定义出发，影响经济体产出水平的因素，将影响城市综合竞争力的大小。

从宏观上讲，城市综合竞争力的影响因素包括所处国家劳动和资本要素的相对丰裕程度、技术水平、城市地理区位的节点性、产业结构的合理化和高级化程度等；从制度上讲，分配制度的合理性、政府工作前瞻性和效率高低、监管和保障制度的完善性等，将影响城市作为综合有机体的运行效率和产出结果。

三、城市综合竞争力的评价

（一）国内外相关研究

根据城市竞争力研究脉络的发展，对城市竞争力的研究最初以城市综合竞争力为范畴，研究主体主要包括国际权威机构、国内外学者以及政府调研实体。

代表性的国际权威机构主要为世界经济论坛（World Economic Forum，WEF）和瑞士洛桑国际管理发展学院（Institute for Management Development，IMD），在评价国家竞争力时，建立了由外向型发展程度、政府效率、法制程度、技术进步、金融支持、基础设施建设等在内的评价指标体系。

国外学者较多地关注北美、欧洲和亚太地区的城市竞争力，Kresl（1995）将一个能够创造高技能工作、生产高质量和利于环保的产品、实现充分就业、拥有特色产业和城市等级地位较高的城市，是具有竞争力的；Berdahl（2002）认为，一个有竞争力的城市必须具有较高的生活质量、安全和持续的环境、高质量的公共服务和基础设施，并且税率适度、人才集中，且文化包容性强等。国内目前影响力较大的城市竞争力评价指标体系由倪鹏飞教授于 2003 年建立，并持续发布《中国城市竞争力报告》系列丛书。根据 2016 年最新报告内容，城市综合经济竞争力由以 GDP 连续 5 年平均增量衡量的经济增长速度和由地均 GDP 衡量的经济效率来测度。

国内政府研究实体亦根据城市发展实际情况，发布了城市综合竞争力评价体系。具有代表性的有湖南省社会科学院 2010 年所设立的包含地区经济实力、经济外向性、基础设施建设、公共服务、生态环境等 5 个方面在内的评价体系。

（二）城市综合竞争力的评价指标体系构建

根据本章研究框架，结合上述研究成果，笔者将城市综合竞争力的评价方法设定如下：

$$城市综合竞争力 = F(经济体的总产出) = F(经济主体收入)$$
$$= F(居民收入、租金收入、资本回报、企业所得、政府税收)$$

即城市综合竞争力为经济体总产出的函数，同时由于经济体总产出等于经济各主体总收入，因此城市综合竞争力最终表现为居民收入、租金收入、资本回报、企业所得和政府税收的函数。

相应地，设置如下评价指标体系：

表 20-1 城市综合竞争力评价指标体系

一级指标	二级指标	评价指标（不限于）
城市综合竞争力	居民收入	城镇居民可支配收入水平
		农村居民可支配收入水平
	租金收入	房屋租金
		土地出让价格
		金融机构法定贷款基准利率
	资本回报	投资回报率
		固定资产折旧额
	企业所得	企业主营业务收入
		企业利润
	政府所得	一般公共财政收入
		政府性基金收入
		国有资本经营收入

资料来源：作者整理。

第四节 城市宜居、宜商和宜游竞争力

城市宜居、宜商和宜游竞争力侧重从本地居民、企业和外来游客等要素吸引能力的角度，对单维度的城市竞争力进行评价。城市宜居竞争力是城市吸引和维持人口要素的综合实力评价。城市宜居程度不仅取决于交通发达、生活便利等硬性指标，随着日益

增长的居民物质文化需求,城市的宜居性更体现在公正包容、富有魅力的人文品性。城市宜商竞争力是城市吸引微观企业和投资行为的综合实力评价。本节对城市宜商竞争力的测度和评价,主要从企业选址行为入手,关注影响企业入驻的各项指标。城市宜游竞争力是城市作为旅游目的地的综合实力评价。城市宜游不仅应具有主题旅游资源和商业、休闲配套,更应体现城市综合魅力,即"建筑是可以阅读的,街区是适合漫步的,公园是适合休憩的,城市始终是有温度的"全域宜游。

一、城市宜居竞争力

(一)宜居城市的提出和实践

宜居城市建设理念最早出现在西方发达国家城市,试图解决城市居住环境逐渐恶化的问题,如生态污染、交通拥堵、居住空间狭小等。随着后工业化社会的到来,城市不再成为满足居民基本生存需求的简单空间载体,而是在经济发展过程中,愈加强调居民居住于城市的主观感受,强调人与自然、人与社会和谐发展。19世纪末,霍德华提出田园城市概念,从城市规划的角度主张亦城亦乡式空间布局,是宜居城市较早的设计范式。其后,国外学者多以健康生活和便捷性、尊重历史遗迹、城市的多样性、生态可持续等描述宜居城市的内涵。从实践的角度,国外较为经典的宜居城市设计的国际案例如1996年联合国第二次人居大会提出的强调"社会、环境和空间的特点与质量"的建设主题,以及2004年《伦敦规划》中"宜人、公平的城市"的建设目标等。

中国古代萌生的"天人合一"、"人与自然和谐统一"的传统思想蕴含了宜居城市的理念。我国对宜居城市的研究始于21世纪初,吴良镛(2004)提出人居环境科学理论,俞孔坚(2007)呼吁城市公共空间中的人性场所设计。张文忠(2006,2016)将宜居性定义为自然环境和谐的社会及人文环境的统一,同时,居民主观评价、时间维度也逐渐加入宜居城市考察范围。

实践中,1994年《中国21世纪议程——中国21世纪人口、环境与发展白皮书》,提出人类居住区可持续发展的观念。2004年《北京市城市总体规划(2004—2020)》首次正式提出我国宜居城市的概念,开启我国建设宜居城市的进程,目前这一发展理念已在我国诸多城市发展过程中有所体现。2007年,国家建设部颁布《宜居城市科学评价标准》是我国首部官方宜居城市建设规范。2015年中央城市工作会议将"城市的宜居性"提上新的战略高度,由注重城市规模扩张转而注重城市质量提高;由注重物质空间规划转而注重精神文明塑造;由注重经济规模增长转而注重生活质量改善;由注重粗放城市管理转而注重城市管理的科学性程度。

(二)城市宜居竞争力的构成要素

尽管国内外研究机构或学者根据研究目的不同,认为宜居城市竞争力的构成要素有所不同,但大都认为宜居城市应强调居民的主观感受,即着眼于提高城市居民生活、工作和居住主观评价。基于前人研究,结合城市宜居竞争力的定义,笔者认为城市宜居竞争力落脚点为"居民的主观感受",构成要素也围绕这一核心问题展开。

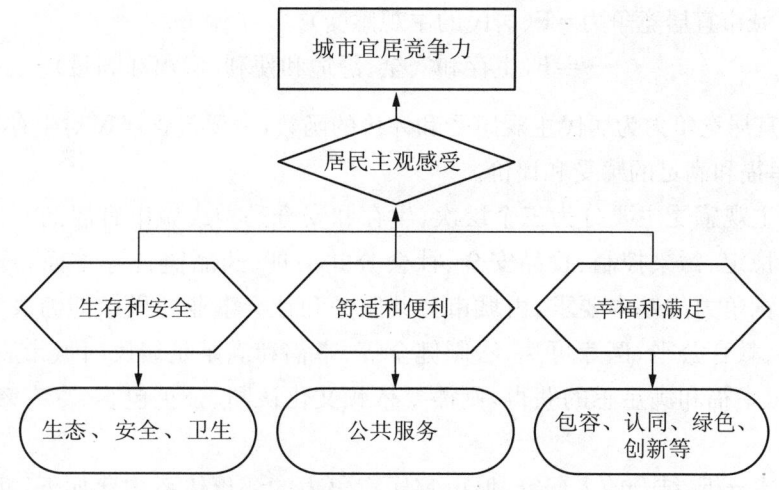

图 20-3　城市宜居竞争力构成要素

资料来源：作者绘制。

图 20-3 为城市宜居竞争力构成要素，其中生存和安全是城市宜居竞争力的必要条件，主要包括生态、安全、卫生等方面满足居民基本生存需求的项目；舒适和便利是城市宜居竞争力的客观要求，主要考察城市为居民提供公共服务的能力，包括通达性、教育、医疗等项目；幸福和满足是城市获取宜居竞争力的重要来源，主要包括城市包容性、认同感等人文情怀。

（三）城市宜居竞争力的评价

1. 国内外相关研究。从目前研究现状看，国内外学者或机构评价城市宜居竞争力有主观、客观和主客观结合三种方法。由于城市宜居程度关注居民的主观感受，因此通过调查问卷等主观方法能够较好地体现以人为本的理念，获得居民对其生活、工作和休闲场所的感知数据。

大多数的文献采用定量指标和数据分析的综合方法客观评价城市宜居竞争力。世界卫生组织从人居环境的角度，将城市安全、环境健康、生活方便、出行便利、居住舒适等作为评价城市宜居程度的重要方面；2007 年我国建设部颁布的《宜居城市科学评价标准》发挥了建设宜居城市的导向作用，认为宜居城市应同时具有社会文明、经济富裕、环境优美、资源可持续、生活便利、公共安全 6 个特点；胡伏湘和胡希军（2014）构建了包含城市经济、文明、生态、生活、安全、管理和创新 7 个方面，共 24 项三级指标的评价体系；张文忠（2016）从地理学视角，认为宜人的生态环境体系、高标准的城市安全环境体系、方便的公共服务环境体系、和谐的城市社会环境体系、可持续的城市经济环境体系是评价城市宜居竞争力的五个主要方面。

2. 城市宜居竞争力指标体系构建。虽然国内外学者评价城市宜居竞争力的着眼点不同，但根据城市宜居竞争力的定义出发，结合前人研究，可将城市宜居竞争力的评价方法设定如下：

$$城市宜居竞争力 = F(居民的主观感受)$$
$$= F(生存和安全、舒适和便利、幸福和满足)$$

即城市宜居竞争力为居民主观感受和评价的函数,主要包含居民对生存和安全、舒适和便利、幸福和满足的感受和评价。

居民的主观感受主要分为三个层次,生存和安全是构成城市宜居的必要条件,主要包括生态稳定、污染控制、食品安全、社会公共治理、药品监督等方面;舒适和便利是城市宜居竞争力的基本要求,由城市公共服务和社会事业的供给能力决定,主要包括出行便捷、教育公平、医疗可达、法制健全等;幸福和满足是居民对城市宜居性较高水平的评价,幸福和满足感的获得,则需要依赖文化认同、公正包容、富有魅力的文化特性。

基于上述分析,结合前人研究,城市宜居竞争力的评价体系构建如下,共包含 3 个二级指标,13 项三级指标。

表 20-2 城市宜居竞争力评价指标体系

一级指标	二级指标	三级指标	衡量指标(不限于)
城市宜居竞争力	生存和安全	生态稳定	平均气温、气压、降水等
		污染控制	三废达标率;空气质量优良率;建成区绿化率
		食药安全	伪劣商品打击力度、制度规范和执行程度
		社会治理	社会保险覆盖率、治安和公共安全投入
	舒适和便利	出行便捷	人均道路面积、平均通勤时间
		居住舒适	人均居住面积、有线网覆盖率、信号覆盖
		教育公平	每万人教师数、学校数、每万人大学生数
		医疗可达	人均寿命、每万人医生数、每万人病床数
		法制健全	每万人律师数、投诉畅通率
	幸福和满足	文化认同	归属感、外来人口权利保护、身份认同
		社会包容	价格听证、建筑文化、街区文化
		文明多样	遗产保护、大众文化
		鼓励创新	科研投入、专利申请数、创新基地建设

资料来源:作者整理。

二、城市宜商竞争力

(一)城市宜商竞争力的构成要素

城市宜商竞争力主要从商业资源聚集的角度,评价城市作为商业活动枢纽、支撑企业生产活力、提高居民消费活力的综合能力,即相对于其他城市,更能吸引企业入驻的竞争优势。从这一角度出发,城市宜商竞争力主要从影响企业选址决策的方面出发,包含供给、需求、制度、商务成本和市场竞争性五类构成要素(图20-4)。

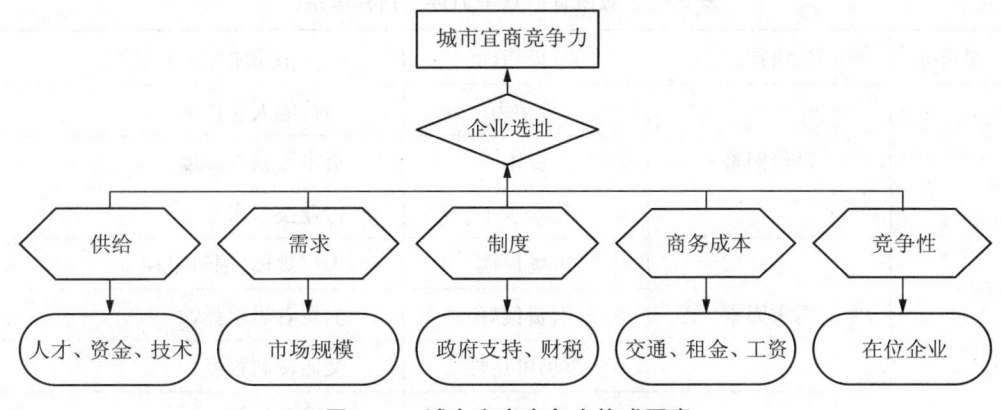

图 20-4　城市宜商竞争力构成要素

资料来源：作者绘制。

(二)城市宜商竞争力的评价体系

1. 相关研究。大多数国内外学者并没有将城市宜商竞争力作为城市竞争力的独立方面进行研究，而是将其隐藏在城市竞争力的研究范畴。倪鹏飞主编的《中国城市竞争力报告》系列研究自2012年开始单独将"商业文化竞争力"作为主题进行研究，2013年直接拟定"中国宜商城市竞争力"作为可持续竞争力分项指标，构建了包括由企业增长指数等度量的企业本体、城镇就业人员工资等度量的当地要素、GDP规模等度量的当地需求、开办企业便利性度量的制度环境、城市货运总量度量的主体联系、公路交通便利性度量的基础设施等6个二级指标共19项三级指标。

虽然缺少从宏观视角构筑的城市宜商竞争力的研究文献，但从微观视角探讨影响企业选址行为的研究成果对城市宜商竞争力评价指标体系的构建也具有重要的参考意义。

周浩和陈益(2013)利用微观企业数据考察了FDI的3种外溢效应对企业选址行为的影响；同时，根据学者研究，政府补贴(司传宁，2014)、城市网络发育特征(程玉鸿和陈利静，2014)、可达性和集聚程度(周浩等，2015)、环境规制(周浩和郑越，2015)等因素也对企业选址行为存在重要作用。另外，部分学者对某行业类型企业行为进行了细化研究，如王海灵(2013)、鲍建国等(2014)、李佩源和王春阳(2015)等分别探讨了物流企业、商住楼餐饮企业和外资企业的竞争和选址行为。

2. 城市宜商竞争力评价指标体系。基于本章研究城市竞争力的框架，借鉴学者对宜商竞争力和企业选址行为的研究成果，本节构建如下指标体系评价城市的宜商竞争力：

城市宜商竞争力＝F(企业选址)
　　　　　　　＝F(供给因素、需求因素、制度因素、成本和竞争环境)

具体评价指标体系如表 20-3 所示，共包含 5 项二级指标，16 项三级指标。

表 20-3 城市宜商竞争力评价指标体系

一级指标	二级指标	三级指标	衡量指标（不限于）
城市宜商竞争力	供给因素	劳动力	高技能人才比重
		资本	资本可获取程度
		技术水平	行业技术水平
	需求因素	市场规模	人口规模、辐射半径
		消费偏好	消费者需求弹性
		市场可达性	交通便利程度
	制度因素	政府效率	金融监管等
		税收政策	税收优惠
		许可制度	申请难易程度
		专利保护	专利保护年限
	成本因素	职工工资	行业职工平均工资
		公会力量	职工公会组织
		资本价格	贷款基准利率、房租
		土地供应	土地出让价格和年限
	竞争因素	在位企业	同行业企业注册量、企业增长
		产品可替代性	产品差异性

资料来源：作者整理。

三、城市宜游竞争力

2005 年，时任浙江省委书记的习近平同志在浙江湖州安吉考察时，提出了"绿水青山就是金山银山"的论断，除了吸引居民和企业入驻的宜居性和宜商性，城市宜游最终亦可以转化为巨大的市场价值，增强城市的国际影响力。2015 年中国国内旅游人次、国内旅游消费均列世界第一，进入"大众旅游"时代。增强城市宜游竞争力，将在未来较长时间内以推动供给改革的方式拉动内需和山水城市的综合实力。

（一）城市宜游竞争力的构成要素

以"全域宜游"为表现形式的城市宜游竞争力的构成要素如图 20-5 所示。第一，旅游特色资源是吸引游客的主要竞争资源，应根据旅游资源禀赋开发旅游产品，避免千篇一律、千镇一面，追求"独特性"、"本土化"，一个村落即是一处景点，一座城镇就是具有鲜明特色的城市公园；第二，旅游商业服务，包括住宿餐饮、旅行购物、休闲娱乐等配套产业的发展，可以将时尚、舒适带入旅行主题，作为公共服务不可或缺；第三，来往旅游城市的便利性、城市内部交通体系的完善程度,对城市基础设施的建设提出要求;第四,城市建筑风格、街区漫步情怀、市民文明程度、市政整洁有序等印象,将极大地增强游客的旅行体验。

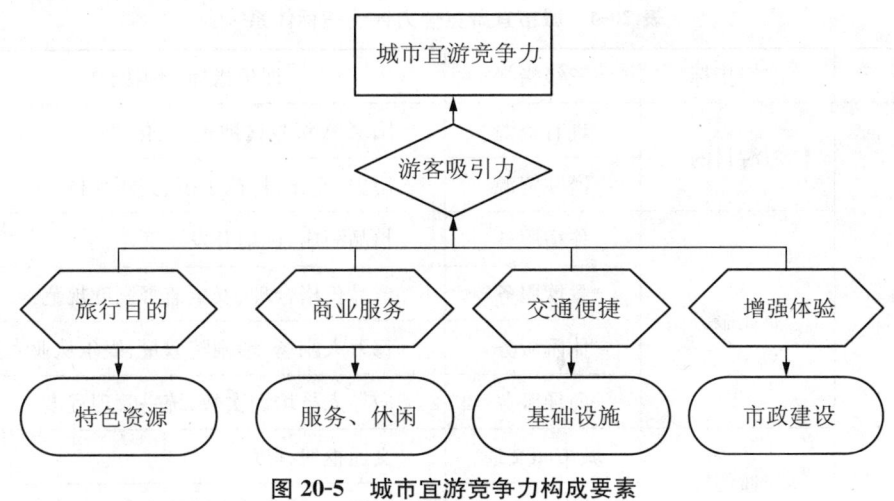

图 20-5　城市宜游竞争力构成要素

资料来源:作者绘制。

(二)城市宜游竞争力的评价体系

1. 相关研究。目前对城市宜游竞争力的评价,以国内研究成果为主。从国内代表性研究机构的成果来看:2005 年正式成立、由国务院批准、教育部主管的中国智慧工程研究会,在 2014 年 6 月发布了中国首套《中国智慧旅游城市(镇)建设指标体系》,又称宜游指标,共包含平安、诚信、服务、智能、宜游 5 项一级指标、19 项二级指标和 42 项三级指标。中国城市竞争力研究会每年发布中国宜游城市排行榜,由中国城市竞争力研究会按照自主创立的 GN 评估指标体系测评,包括社会安全指数、市民素质指数、市容市貌指数、旅游设施指数、旅游服务指数、旅游产品指数在内的 6 项一级指标、12 项二级指标、51 项三级指标。

从国内代表性学者的研究成果来看:梁志峰(2014)发布《湖南两型社会发展报告》,建立了两型旅游景区评价指标体系,包含两型规划、两型设施、两型游憩、两型管理 4 项二级指标,对景区规划、土地利用、交通设施、住宿餐饮、卫生娱乐、宣传教育等方面的旅游景区建设进行设计,较为详细地描述了具有竞争力的旅游景区的风貌。宋宇(2016)发布的《世界旅游城市发展报告(2015)》建立了包含旅游景气、旅游发展潜力、旅游吸引力、旅游支持力、旅游经济贡献、旅游满意度等 6 项二级指标、34 项三级指标在内的世界旅游城市评价指标体系。

2. 城市宜游竞争力评价指标体系。基于本章研究城市竞争力的框架,借鉴学者对宜游竞争力和相关研究机构的研究成果,本节构建如下指标体系评价城市的宜游竞争力:

城市宜游竞争力＝F(游客吸引力)
＝F(旅行目的、商业服务、交通便捷、增强体验)

具体评价指标体系如表20-4所示,共包含4项二级指标,11项三级指标。

表20-4 城市宜游竞争力评价指标体系

一级指标	二级指标	三级指标	评价指标(不限于)
城市宜游竞争力	旅游目的	现有资源	国家A级景区数量、文化遗产
		潜在资源	历史、文化、特色小镇、美丽乡村
	商业服务	住宿服务	精品酒店、民宿开发
		餐饮服务	产品价格合理、安全监督制度规范
		休闲服务	每万人剧场、影剧院数量、娱乐从业人数
		向导服务	向导人员培训次数、统一管理程度
	交通便捷	城市间交通	交通枢纽程度
		城市内交通	公路建设、公共交通建设等
	增强体验	生态状况	空气质量、污染排放达标
		建筑风格	建筑设计多样性评价
		文明程度	语言多样性、国际知名度、治安事件率

资料来源:作者整理。

(三)城市宜游竞争力的发展方向

较长时间内,城市宜游竞争力因为自身并不生产价值而被学者忽略。2012—2015年,中国连续四年对世界旅游收入贡献平均超过13%,是开启中华民族伟大复兴的辉煌成果之一,城市宜游竞争力才逐渐引起重视,并随着人均收入水平的提高,开始探索通过科学配置旅游资源以吸引游客流量的途径。

1. 中心城区宜游竞争力的发展。城市宜游不仅限于郊区或乡镇,中心城区的建筑文化和街区风情可作为城市宜游竞争力的来源。2017年中共上海市第十一次代表大会中,提出上海要建设"令人向往的卓越的全球城市",对上海未来城市建设的设想可以认为是"全域宜游"人文之城的描绘,即"建筑是可阅读的,街区是适合漫步的,公园是最宜休憩的,城市始终是有温度的"。

2. 城镇或郊区宜游竞争力的建立。新型城镇化和城镇宜游高度关联。李克强总理提出中国未来最大的发展潜力是城镇化的重要政见,随着《国家新型城镇化规划(2014—2020)》以及《关于开展特色小镇培育工作的通知》等文件出台,城镇旅游空间的开发潜力再一次提升。一是大型城市周边1小时车程景区、城镇、民族区的开发旅游;二是根据资源特色、区位特点打造的旅游特色城镇,如创意文化城镇、影视主题城镇等。

3. 美丽乡村宜游竞争力的发展。大多数旅游资源位于中国农村偏远地区，2013年习近平主席在《中央城镇化工作会议》中发出号召，"让居民望得见山、看得见水、记得住乡愁"，为美丽乡村建设提出了新的要求。需要将旅游发展理念和城市建设理念有机结合，发展具有特色的旅游村，是提高乡村宜游竞争力的重要途径。

第五节　城市可持续竞争力

作为一个相对独立的经济体，城市自身面临着生存与发展的问题。根据图20-1所示内容，城市可持续竞争力是动态的、长期的，是城市作为一个有机整体长期有效运作的综合实力评价。

一、城市可持续竞争力的构成要素

（一）城市可持续竞争力的提出

可持续发展理念是城市可持续竞争力的思想基础。1980年国际自然保护同盟的《世界自然资源保护大纲》最早提出"可持续发展"概念；1987年，世界环境与发展委员会出版《我们共同的未来》报告，将可持续发展定义为："既能满足当代人的需要，又不对后代人满足其需要的能力构成危害的发展"。其后，1992年联合国环境与发展大会通过的系列文件、中国政府编制的《中国21世纪人口、环境与发展白皮书》发展战略框架均体现了可持续发展的理念。近期，欧盟委员会将2020年的发展战略分为三个方面，智慧增长、可持续增长和包容性增长。另外，Balkyte和Tvaronavičiene（2010）提出可持续竞争力的概念，构建资源节约、可持续和有竞争力的发展模式。

目前国内对可持续竞争力的研究较少，大都针对经济体运行的某一个方面进行阐述，且一般只研究可持续性，而没有研究竞争性。李永强（2007）研究了城市可持续发展能力与竞争力的关系，认为二者有正向相关性；史仕新等（2007）认为面对来自国内、国际的竞争，城市应积极培育并提升可持续发展核心竞争力，才能在竞争中获得可持续竞争优势；杨杰等（2014）认为城市的对外企业联系度、人员联系度、人力资本和发展的集约程度有助于提升城市的可持续竞争力。另外，学者对社会领域某一个方面的可持续竞争力进行了探讨，如邹兵等（2015）结合深圳市综合交通体系规划的内容，探讨"具有竞争力的、可持续"的综合交通体系对城市转型的促进作用。

（二）城市可持续竞争力的构成要素

城市可持续竞争力强调城市作为独立有机体的协调性、整体性和长期性，它不是城市竞争力的某一个方面，也不是各子系统竞争力的简单加总，而是所有子系统良好运作、协同发展的综合表现。借鉴"十八大"提出的"五位一体"的概念，本节将城市可持续竞争力的构成要素划定为：经济、政治、社会、文化和自然五个系统，其中经济子系统关注经济要素集聚和正向外部性的产生；政治子系统关注政府管理的高效性和规范性；社会子系统关注城乡、区域融合与发展；文化子系统强调文化的多样性和包容性，同时强调核心价值观形成的向心力;自然子系统主要从资源承载力的角度,实现人与自然和谐发展。五个系统协同耦合的结果最终促进城市有机体长期有效运作。

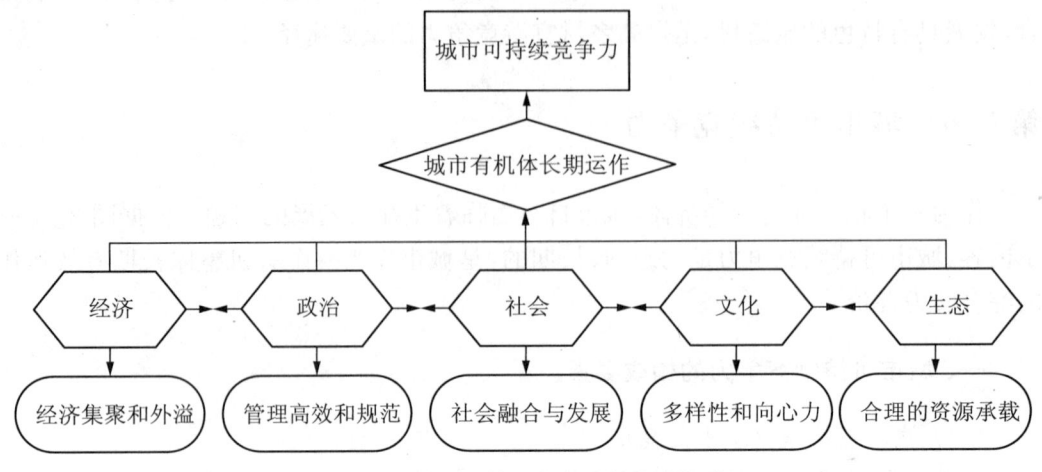

图 20-6　城市可持续竞争力的构成要素

资料来源:作者绘制。

二、城市可持续竞争力的评价体系

(一)研究现状

史仕新等(2007)较早地将城市核心竞争力和可持续发展理论结合,提出了城市可持续发展核心竞争力的分析框架,认为城市可持续发展是城市可持续发展竞争力的目标,城市可持续发展核心竞争力是城市可持续发展的支撑,并认为城市文化及创新构成了城市可持续竞争力的核心,城市资源获取能力、技术应用和管理能力是城市可持续竞争力的支撑,城市可持续竞争力的外在表现则是城市产业竞争力的增强。倪鹏飞和杨杰(2013)在《中国城市竞争力报告》系列研究中正式提出"可持续竞争力"评价指标体系,由宜居城市指标体系、宜商城市指标体系、和谐城市指标体系、生态城市指标体系、知识城市指标体系、城乡一体的全域城市指标体系、信息城市指标体系、文化城市指标体系共计 28 项二级指标构成。

另外,国内还有其他学者对经济体某一方面的可持续竞争力评价指标体系进行了探索。如邹德文和张春梅(2009)、徐喆和张立峰(2010)分别建立了城市旅游可持续竞争力的评价体系。

(二)城市可持续竞争力评价指标体系

根据城市可持续竞争力的五大构成要素,参考已有学者研究成果,本节建立如下指标体系评价城市的可持续竞争力:

城市可持续竞争力=F(城市有机体长期有效运作)
　　　　　　　=F(经济集聚、管理高效、社会发展、文化包容、生态持续)

具体评价指标体系如表 20-5 所示,共包含 5 项二级指标,13 项三级指标。

表 20-5 城市可持续发展竞争力评价指标体系

一级指标	二级指标	三级指标	评价指标(不限于)
城市可持续竞争力	经济集聚	区域影响力	经济规模、经济增速、对外投资
		成长引领	城市首位度、世界 500 强企业数量
		开放度	进出口货物总量
	政治高效	经济自由度	民营企业数量、外资企业数量
		法制化程度	万人律师数、法制规范完善
		政府服务	企业经营便利度、税负
	社会发展	社会稳定	人均城市维护建设支出、社会保障
		社会融合	少数民族、城乡一体化、户籍人口
		社会发展	自我肯定、社会组织健全、价格听证
	文化包容	文化多样性	大众创新、专利申请
		文化包容性	大众文化、遗产保护
	生态持续	气候	平均气温、降水等
		环境质量	空气质量优良率

资料来源:作者整理。

三、城市可持续竞争力与城市群可持续竞争力

通信和交通技术的发展促进城市经济社会一体化加深,改变了城市之间相互联结的方式,最主要的是扩展了核心城市辐射半径,并同时增强了城市之间的依赖关系。城市可持续竞争力关注城市有机体运行的长期特征,而目前中国以城市"簇团"发展为特征的空间重组的趋势,对单一城市可持续竞争力的构建具有重要影响。

1. 单一城市可持续竞争力是城市群可持续竞争力的基础。城市群是经济集中化的产物,也是经济集中化的高度体现,呈现出"1+1>2"的发展效果。单一城市是城市群的基本构成单元,单一城市可持续竞争力的发展是维系城市群可持续竞争力的基础。

2. 城市群可持续竞争力是单一城市可持续竞争力的保障。城市不能孤立存在,城市群内城市之间的相互依赖程度更强。城市群内各城市在城市规划、功能产业、要素配置、基础设施、生态保护和公共服务等 6 大方面表现出协同发展的趋势,功能互补式发展模式是维系单一城市可持续竞争力的重要保障。

3. 核心城市可持续竞争力对城市群可持续竞争力具有决定性作用。核心城市带动性发展是城市群发展的主要模式。核心城市一般在城市群中发挥三个主要作用:一是物流集散中心,二是信息服务中心,三是资金流动中心,对城市群整体经济运行的带

动作用较为明显,通过发挥集聚、扩散和创新等功能实现与区域的互动,优化配置区域要素,较大程度上对城市群可持续竞争力具有决定性作用。

参考文献

Balkyte, A., & Tvaronavičiene, M., Perception of Competitiveness in The Context of Sustainable Development: Facets of "Sustainable Competitiveness", Journal of Business Economics & Management, 11(2), 2010:341—365.

Berdahl, L., "Building Competitive Cities, Canada West Foundation", 2002.

Boddy, M., "Geographical Economics and Urban Competiveness: A Critique", Urban Study, 36(5—6), 1999:811—842.

Campbell, T., "Learning Cities: Knowledge, Capacity and Competitivess", Habitat International, 33, 2009:195—201.

Huggins, R., & Clifton, N., "Competitiveness, creativity, and place-based Development", Environment and Planning-Part A, 43(6), 2011:1341—1362.

Hambleton, R. & Gross, J.S., "Governing Cities in a Global Era: Urban Innovation, Competition, and Democratic Reform", Palgrave MacMillan, New York and Houndsmills, Basingstok, Hampsire England, 2007.

Kresl, P.K., & Singh, B., "Competitiveness and Urban Economy: Twenty-four Large US Metropolitan Areas", Urban Study, 36(5—6), 1999:1017—1027.

Kresl, P.K., "The Determinants of Urban Competitiveness: A Survey, in: Kresl., P.K. and Gappert, G.(Eds), North American Cities and The Global Economy", Thousand Oaks, CA: Sage publications, 1995.

Jiang Y., Shen J., "Measuring the Urban Competitiveness of Chinese Cities in 2000", Cities, 27, 2010:307—314.

Webster, D., & Muller, L., "Urban Competitiveness Assessment in Developing Country Urban Regions: The Road Forward", Paper Prepared for Urban Group, INFUD*. 2000.

鲍建国、胡小燕、徐芬:《环境影响评价中商住楼餐饮企业选址相关问题的探讨》,《安全与环境工程》2014年第2期。

程玉鸿、陈利静:《城市网络发育特征及其对城市竞争力的影响——基于珠三角主要金融行业148家企业选址数据》,《产经评论》2014年第4期。

范红忠、胡草:《政府管制与新建企业选址——来自中国工业企业的微观证据》,《经济经纬》2017年第5期。

胡伏湘、胡希军:《城市宜居性评价指标体系构建》,《生态经济(中文版)》2014年第8期。

黄晓燕、甄峰、曹小曙、王璐:《基于多维目标的城市宜居交通概念、要素与框架》,

《人文地理》2015年第5期。

黄春松:《长三角经济区、珠三角经济区与海西经济区的城市竞争力综合比较——基于因子分析模型的研究》,《经济社会体制比较》2013年第1期。

郭先登:《大国区域经济发展空间新格局下建制市"全域宜游"的研究》,《经济与管理评论》2017年第1期。

李永强:《城市可持续发展能力与城市竞争力关系的实证研究》,《生态经济(中文版)》2007年第9期。

李小林:《中国城市竞争力专题报告》,社会科学文献出版社2016年版。

李陈、张欣炜、杜凤姣:《长三角中心城市宜居度分级及空间差异》,《南通大学学报(社会科学版)》2013年第3期。

李佩源、王春阳:《外资企业选址与企业生产率》,《南方经济》2015年第9期。

梁志峰:《2014年湖南两型社会发展报告》,社会科学文献出版社2014年版。

林善浪、叶炜、王娜:《高速公路发展对于新企业选址的影响——来自中国制造业微观企业数据的证据》,《财贸研究》2017年第3期。

刘伟辉、陈国生、王连球、陆利军:《城市生态环境制约城市竞争力的机理分析——以湖南省为例》,《管理世界》2012年第2期。

李琳、韩宝龙、李祖辉、张双武:《创新型城市竞争力评价指标体系及实证研究——基于长沙与东部主要城市的比较分析》,《经济地理》2011年第2期。

仇保兴:《城市规划、经营与城市竞争力》,《城乡建设》2003年第3期。

迈克尔·波特著,李明轩、邱如美译:《国家竞争优势》,华夏出版社2002年版。

倪鹏飞:《谈谈城市综合竞争力》,《中国监察》2003年第6期。

倪鹏飞:《中国城市竞争力报告No.14——新引擎:多中心群网化城市体系》,中国社会科学出版社2016年版。

倪鹏飞等:《中国城市竞争力报告No.11》,社会科学文献出版社2013年版。

倪鹏飞、赵璧、魏劭琨:《城市竞争力的指数构建与因素分析——基于全球500典型城市样本》,《城市发展研究》2013年第6期。

史仕新、付建平、况梅:《城市可持续发展核心竞争力分析框架》,《商业时代》2007年第31期。

司传宁:《政府补贴与异质企业选址》,《理论导刊》2014年第9期。

宋宇:《世界旅游城市发展报告(2015)》,社会科学文献出版社2016年版。

吴良镛:《人居环境科学与新发展观》,《国际融资》2004年第11期。

王海灵:《物流节点选址的三层动态规划模型》,《中国物流与采购》2013年第8期。

徐瑛、陈澍:《中国工业劳动力蓄水池现状及其对新建企业选址的影响》,《中国人口科学》2015年第3期。

徐喆、张立峰:《吉林省城市旅游竞争力评价及可持续发展研究》,《资源与产业》2010年第4期。

线实、陈振光:《城市竞争力与区域城市竞合:一个理论的分析框架》,《经济地理》2014年第3期。

俞孔坚:《寻回广场的人性与公民性:以都江堰广场为例》,《城市环境设计》2007年第2期。

杨杰、倪鹏飞、李超:《城市联系度和要素禀赋对城市可持续竞争力的影响》,《中国流通经济》2014年第1期。

周浩、陈益:《FDI外溢对新建企业选址的影响》,《管理世界》2013年第12期。

周浩、余壮雄、杨铮:《可达性、集聚和新建企业选址——来自中国制造业的微观证据》,《经济学(季刊)》2015年第4期。

周浩、郑越:《环境规制对产业转移的影响——来自新建制造业企业选址的证据》,《南方经济》2015年第4期。

邹德文、张春梅:《城市旅游可持续竞争力评价——以河北省11市为例》,《特区经济》2009年第2期。

张文忠:《中国宜居城市建设的理论研究及实践思考》,《国际城市规划》2016年第5期。

张文忠:《中国宜居城市研究报告》,社会科学文献出版社2006年版。

张文忠、余建辉、湛东升:《中国宜居城市研究报告》,科学出版社2016年版。

邹兵、邓琪、孙永海:《〈深圳市综合交通体系规划(2013—2030)〉编制探索——以更具竞争力、可持续的综合交通体系促进城市转型发展》,《城市交通》2015年第2期。

第五篇
城市公共服务

城市公共服务篇主要关注了城市公共服务概述、城市道路交通、城市市政基础设施、城市环境保护等。本篇首先从城市公共服务概述开篇，从公共服务的概念入手，为读者全方位探讨了城市公共服务的类型、标准和评价等。城市道路交通章，重点分析了城市道路交通规划与道路交通系统评价以及城市对外交通和城市公共交通，并探讨了城市道路交通的可持续发展问题。紧接着是城市市政基础设施，包括给水设施系统、排水设施系统、能源设施系统、通信设施系统和城市管线综合等内容，并对城市市政基础设施的未来发展趋势进行了展望。本篇最后对城市环境保护进行了论述，重点探讨了城市大气环境保护、城市水环境保护、城市土壤环境保护和城市绿化建设以及城市垃圾处理等。

第五章

城市之走向么

第二十一章　城市公共服务概述

本章首先从社会公正和经济增长两个视角探讨公共服务的理念渊源;然后给出公共服务的定义内涵;接着从公共服务的分类口径、公共服务的具体分类、服务目标与公共服务类型的关系图、公共服务的基本特征、公共服务的立足点、公共服务的供给方式这六个方面界定公共服务的特征;提出公共服务指标体系、公共服务绩效综合评价指标体系、"十三五"时期公共服务主要指标三个公共服务的指标体系;最后从基本公共服务的界定、国家基本公共服务清单、促进基本公共服务均等化三个方面,探讨基本公共服务的内涵和服务清单。

第一节　公共服务的理念渊源

一、社会公正视角

古希腊时期著名思想家柏拉图在其著名的《理想国》中就十分强调整体幸福与社会和谐。他指出:"我们的立法不是为了城邦任何一个阶级的特殊幸福,而是为了造成全国作为一个整体的幸福。它运用说服或强制,使全体公民彼此协调和谐,使他们把各自能向集体提供的利益让大家分享。而它在城邦里造就这样的人,其目的就在于让他们不致各行其是,把他们团结成为一个不可分割的城邦公民集体。"[1]

雅典民主政治领导人伯里克利在《丧礼上的演说词》中认为雅典找到了繁荣的秘诀:公平或公正。正是由于公平或公正,雅典公民能够像关心自己私事那样关心公共生活,并使两者有机结合起来;正是由于公正与公

---

[1] 柏拉图:《理想国》,商务印书馆1957年版,第279页。

平,法律才具有约束力;正是由于公平与公正,雅典政府才享有威信。①

亚里士多德认为:公正是一切德行的总括,是贯彻一切德行的最高原则。这与中国法家始祖管仲的"礼义廉耻",墨子的"贵义"在本质上几乎完全相同,均认为公平或公正是百德之王,因而公平、公正"比星辰更让人崇敬"。②

莱昂·狄骥从公法角度提出"公共服务"概念,将其作为现代法制度的基本概念。他认为:"对一项公共服务可以给出如下定义:任何因其与社会团结的实现与促进不可分割、而必须由政府来加以规范和控制的活动就是一项公共服务,只要它具有除非通过政府干预,否则便不能得到保障的特征。"③

西斯蒙第在《政治经济学新原理》中认为,"公共秩序、正义、人身和财产的保障,是享受;使人得到便利的道路、广阔的散步场、适于健康的饮水的公共工程,是享受;公共教育,无论是儿童教育或者使成年人获得文化生活的教育,也是享受;最后,国防也是一种享受,而且只有得到这种享受之后,其他一切享受才能完全得到,因为国防是社会组织赋予给每个人的利益的保证"。④

埃利诺·奥斯特罗姆教授提出公共服务具有以下性质:(1)公共服务的不排他性与共用性;(2)公共服务的不可分性;(3)是公共服务的不可衡量性。⑤由于公共服务具有以上特性,其生产绩效难以用市场价格指标衡量,所以需要公平地给民众提供排他和自愿交易的市场制度所不能提供的这类物品和服务。

古今中外伟大思想家之所以如此看重公平或公正,不仅在于公平、正义本身就是人的本性之体现,是人的价值追求之所在,其既在构成社会互惠的基础同时也构成贯彻与实施社会互惠的原则,从而能够最有效地生成繁荣并使繁荣成为具有不断自我强化的趋向。

二、经济增长视角

配第在《赋税论》中指出公共开支的五项内容,即国防开支,政府官员的薪俸、神职人员的薪俸,各类初级学校和大学的教育开支,政府抚养孤儿、弃婴和流浪儿、各种失去劳动能力的人和失去工作的人的开支,修建重大公共福利设施的开支,如修建公路、疏通河道、水道、建设桥梁、港湾等。⑥

亚当·斯密在《国富论》中认为,政府的第三项职责是"建立和维持一定的公共工程和一定的公共机构,这些公共工程和公共机构从来不可能因为任何个人或少数人

---

① [美]萨拜因:《政治学说史》,盛葵阳等译,商务印书馆1990年版,第32—33页。
② [古希腊]亚里士多德、廖中自译:《尼各马可伦理学》,商务印书馆2003年版,第130页。
③ 莱昂·狄骥:《公法的变迁:法律与国家》,辽宁出版社1999年版,第53页。
④ [瑞士]西斯蒙第:《政治经济学新原理》,商务印书馆2007年版,第362—363页。
⑤ 杨颖,"公共服务的概念研究及相关概念辨析",第六届中国科技政策与管理学术年会,中国科学学与科技政策研究会,北京,2010年12月1日。
⑥ [英]威廉·配第:《赋税论》,华夏出版社2007年版,第10页。

的利益而由这些人建立和维持;因为利润从来不可能补偿任何个人或少数人的花费,尽管对于全社会而言利益经常大大超过花费"。所以,诸如国防的开支、司法的开支、公共工程和公共机构的开支,"都是为社会的一般利益而支付的。因此,按照正当道理,它们应当来自全社会的一般贡献,而社会各个人的资助,又须尽可能与他们各自的能力相称"。①

穆勒在《政治学原理》中认为:"确保航行安全的灯塔、浮标等设施,也应该由政府来建立和维护,因为虽然船舶在海上航行时受益于灯塔,却不可能让船舶在每次使用灯塔时支付受益费,所以谁也不会出于个人利益的动机建立灯塔,除非国家强制课税,用税款报偿建立灯塔的人"。②

马克思在《1857—1858年经济学手稿》中指出:随着科学技术在直接生产过程中的广泛运用,随着社会生产化的不断发展,资本主义经济发展必然产生修建道路、铁路及其他公共工程的必要性。"修建铁路对于生产所产生的直接利益可能如此微小,以致投资只能造成亏本,那么资本就把这些开支转嫁到国家身上"。③

布坎南在"公共选择观点"中指出:"在'经济'与'政治'之间,或在'市场'和'政府'之间,'私人部门'和'公共部门'之间,并未划任何界限"、"人们通过民主的政治过程决定公共物品,即把个人私人选择转化为集体选择的一种过程或机制"。④

德国社会政策学派的代表人物瓦格纳在《财政学》中指出:"如果我们考虑财政经济中国家以及其他消费所需的支出经济的话,那就必须筹划国家需要中所支付的工资乃至薪俸,或直接使用于公共服务的,或为获得其他财货而必须予以筹措的财货或货币的部分。在整个国家的需要中,这一部分叫做财政需要。"⑤

凯恩斯在《就业、利息和货币通论》中认为,要实现扩大社会需求与增加投资总量的目标,首先应该通过收入再分配政策措施提高消费倾向,他指出:"故若现在采取步骤,重新分配所得,以提高消费倾向,则对于资本之生长大概是有利的"。⑥

萨缪尔森把公共服务的职能归结为三个方面:(1)政府的稳定职能,主要是保持宏观经济运行的稳定;(2)政府的效率职能,主要是提供各种狭义的公共产品和劳务,满足人们生产和生活的共同需要,增进资源配置和使用的宏观经济效率;(3)政府的平等职能,主要是解决"一个富人的猫喝到的牛奶,也许正是一个穷人的孩子维持健康所必须的……政府促进平等的方案使用诸如收入再分配等工具来反映社会对穷人和残疾人的关心。稳定化政策试图削平经济周期的高峰和低谷,减少失业和通

---

① [英]亚当·斯密:《国富论》,华夏出版社2009年版,第479-582页。
② [英]约翰·斯图亚特·穆勒:《政治经济学原理》,商务印书馆1991年版,第400页。
③ 马克思等:《马克思恩格斯全集》第46卷(下册),人民出版社1980年版,第24页。
④ 布坎南、平新乔译:《自由、市场与国家》,北京经济学院出版社1988年版,第160页。
⑤ 毛程连:《西方财政思想史》,经济科学出版社2005年版,第123页。
⑥ 凯恩斯:《就业利息和货币通论》,商务印书馆1983年版,第321页。

货膨胀,并且促进经济增长。①

第二节 公共服务的定义内涵

一、公共服务基本定义

公共服务是公共部门为满足社会公共需要而提供的产品与服务的总称,是供全社会共同消费、平等享受的产品与服务。尽管世界各国对公共服务的界定和范围不完全一致,但一般来说,主要包括公共教育、公共医疗、社会保障、公共住房、公共就业服务、公共科技、公共文化、公用事业等方面的内容。②

公共服务是一个有着特定含义的概念。公共服务是指为社会公众提供的、基本的、非盈利性的服务:(1)公共服务是大众化的服务。公共服务一般以一个地区(如一个城市)为单位,向这个地区的公民(市民)普遍提供服务。公共服务不是只为特定少数人提供的服务。(2)公共服务是基本服务。人们日常生活中离不开水、电、气、安全、教育、文化等方面的服务,否则,人们就不能正常地生活。公共服务是满足人们日常生活中基本需求的服务。(3)公共服务是内容广泛的服务。公共服务既要提供物质产品(水、电、气、路、通信、交通工具等),又要提供非物质产品(安全、医疗、教育、娱乐等),既包括政权性公共服务(如司法、行政、国防)、社会性公共服务(如社会就业、社会保障)又包括经营性公共服务(如通信、电力、交通),在日常生活中居于不可或缺的地位。并且公共服务的项目随着社会的发展而不断增多。(4)公共服务是非营利性服务。公共服务是一种低价位的服务,以保证人们能够持续性地消费。③

二、从法律授权角度来定义④

公共服务主要是指"由法律授权的政府和非政府公共组织以及有关工商企业在纯粹公共物品、混合性公共物品以及特殊私人物品的生产和供给中所承担的职责。"

实现普遍人权是公共服务的价值基础。越是收入低和处于弱势的群体,越会得到社会的关注和保护,这种道义、慈善和人权理性最终成为世界多数国家政府的共识。1948年12月由联合国大会通过并颁布的《世界人权宣言》对基本人权进行了阐述:每个人,作为社会的一员,有权享受社会保障,并有权享受他的个人尊严和人格的自由发展所必须的经济、社会和文化方面各种权利的实现(第二十二条);……。

---

① (美)萨缪尔森:《诺德豪斯经济学(上)》,中国发展出版社1992年版,第79页。
② 李军鹏:《公共服务体系国际比较与建设》,国家行政学院出版社2015年版,第4页。
③ 李朝祥:《政府公共服务职能的市场化》,《广西社会科学》2003年第4期。
④ 马庆钰:《公共服务的几个基本理论问题》(http://theory.people.com.cn/n/2013/0128/c355075-20348707.html),2017年11月20日。

三、从政府职能角度来定义

从政府职能角度来看,政府主要提供的公共服务在以下三个方面:

(一)制度供给服务

作为秩序化代表的政府,必须为人们和社会提供社会秩序的制度供给,也就是要为社会制定一个权威的人人必须遵守的制度框架或者制度模式。政府根据人类最基本、最具有普适性的价值如自由、平等、公正、安全、公平、繁荣等来向社会提供和执行制度。政府还应该根据社会环境和自然环境的变化,不断地推进制度创新。制度供给的内容非常多,如法律制度、政治制度、财产权制度、财政制度、市场经济制度、社会保障制度等。政府提供了良好的制度服务,人民的生活和工作就有了保障。

(二)提供良好的公共政策服务

公共政策是政府为了解决和处理公共问题,达成公共利益或公共目标,经过政治过程所发展出来的原则、方针、策略、措施和办法。政府制定公共政策要从公共性的角度出发,为解决社会稳定发展和经济可持续发展问题制定政策。如环境保护、社会保障、义务教育政策、金融政策、财政政策等。政府在基本制度已经确立以后,其主要的服务就是提供良好的公共政策服务。

(三)提供公共产品

公共产品是与私人产品相对而言的,它指的是可以被社会公众共同享用的产品。如国防、公安、司法等。还有一种准公共产品,它是介于社会公共需要和个人需要之间的产品。如教育、社会保险等。从理论上讲,公共产品的非竞争性和非排他性特征决定了其不能通过市场进行分配,而只能由政府来提供。

第三节 公共服务的特征界定

一、公共服务的分类口径

曾红颖等提出:不同时期,不同工作侧重点,不同分类标准,形成了不同的公共服务范围。概括起来可分为三种口径:第一对应服务型政府的四项职能的宽口径;第二对应社会事业的中口径;第三以民生服务为重点的窄口径。三者之间关系可概括为三句话:范围向下包含,职能依次递减,与民生关系逐级加强(见表21-1):

表 21-1 对公共服务的不同认识

划分依据	宽口径	中口径	窄口径
	政府与市场关系角度	经济与社会相对角度	密切民生角度
主要职能	宏观调控、市场监管、社会管理、公共服务	社会管理、公共服务	民生服务

(续表)

划分依据	宽口径	中口径	窄口径
	政府与市场关系角度	经济与社会相对角度	密切民生角度
主要作用	维持国家运行、社会秩序建设与维护、宏观调控、培养发展潜力、民生	社会秩序建设与维护(安全)、培育发展潜力(发展)、民生服务(生存)	生存和发展中和居民直接相关的
财政列支情况（范围）	财政列支23类,全口径	财政列支中的10项:公共安全、环境保护、城乡社区、救灾与重建、教育、医疗卫生、社会保障和就业、住房保障、文体、科技	教育、医疗卫生、社会保障和就业、住房保障
与国际比较	一般把公共服务分为政府服务、社会服务和基础设施服务三类,口径宽,经济调控能力强	相当于国内的社会事业领域	相当于国外的社会服务

资料来源:曾红颖等:《基本公共服务均等化标准与阶段性目标研究》,中国计划出版社2013年版,第2页。

二、公共服务的具体分类

从不同国家和地区的实践来看,政府界定和提供基本公共服务的内容不尽相同。按国际货币基金组织的分类,政府公共服务包括十大类,每一大类下又有若干小类(见表21-2)。

表21-2 国际货币基金组织关于政府公共服务的分类统计

公共服务的类型	内容
一般公共服务	行政和立法。金融和财政事务,涉外事务,对外经济援助,一般服务如一般人事服务、全部的规划和统计服务及其他的一般服务,基础研究。一般公共服务的研究和开发,未另加分类的一般公共服务,公共债务处理和各级政府间的一般公共服务等。
防务	军事防务,民用防务,对外军事援助,防御研发以及未另加分类的防务如同防御相关的综合政策、计划、项目和预算规划、管理、协调和监控活动的管理、操作和支持,同防御相关的法律准备和实施,对有关防御的总的信息、技术文献和数据的生产和传播,等等。
公共秩序和安全	警察、消防、法庭、监狱,公共秩序和安全的研究和发展,未加分类的公共秩序和安全。
经济事务	一般经济、贸易和劳动力事务,农业、林业、渔业和畜牧业,燃料和能源,开采业、制造业和建筑业,运输,通信,其他行业如批发贸易、储存和货栈、旅店和宾馆,旅游和多用途开发工程,经济事务的研究和开发,其他未另加分类的经济事务。

(续表)

公共服务的类型	内　　容
环境保护	废物管理,废水管理,减轻污染,保护生态多样性和自然景观,环境保护的研究开发,未另加分类的环境保护等。
住房和社会福利设施	住房开发,社区发展,供水,街道照明,住房和社会福利设施的研究和开发,未加分类的住房和社会福利设施等。
医疗卫生	医疗产品、器械和设备,门诊服务,住院服务。公共医疗卫生服务,公共医疗卫生服务保障的研究和发展,未另加分类的公共医疗健康服务。
娱乐、文化及宗教	娱乐和体育服务,文化服务,广播和出版发行服务,宗教和其他社区服务,娱乐、文化和宗教服务的研究和发展,未另加分类的娱乐、文化和宗教服务等。
教育	学前教育和小学教育,中等教育,中等教育后的非高等教育,高等教育,无法定级的教育,教育辅助服务,教育的研究和开发,未另加分类的教育等。
社会保障	疾病和残疾,老龄人,遗属,家庭和儿童,失业,住房,未加分类的遭遇社会排斥或面临排斥风险的人,如穷人、低收入者、移民、底层人、难民、酗酒者或生活糜烂者、刑事犯罪受害者等,社会保障的研究和开发,未另加分类的社会保障等。

资料来源:基本公共服务均等化研究课题组:《让人人平等享受基本公共服务　我国基本公共服务均等化研究》,中国社会科学出版社 2011 年版,第 6 页。

三、服务目标与公共服务类型的关系图

服务目标与公共服务类型的关系图,见图 21-1。

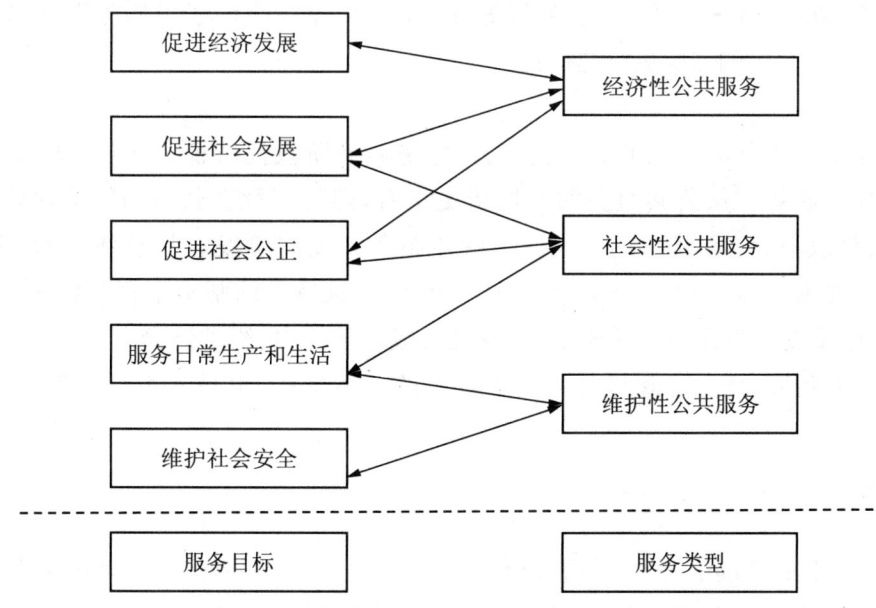

图 21-1　公共服务目标与公共服务类型的关系图

资料来源:作者绘制。

四、公共服务的基本特征

公共服务一般具有如下四个基本特征：

（一）权利性

每个公民都享有公共服务的权利，对公民实行普遍的公共服务，是各国公共服务体系建设奉行的一条基本原则。《世界人权公约》《经济、社会、文化权利国际公约》等人权公约和国际劳工组织的宣言、公约和建议书都规定各成员国要保障公民享有公共服务权利。

（二）公平性

公共服务的提供要建立在社会正义和平等价值基础上，使所有服务对象公平享有公共服务。公共服务不是满足一些特殊个人和一些特殊集团的需求，而是以满足社会公众的利益为目的，提供的是基础性、普遍性的服务；公共服务是一种共享性的服务，它是社会公众消费的对象，并不具有固定的、清晰的顾客群体，一个人对公共服务的享有并不会影响其他人对同一服务的消费，其共享性由非排他性和非竞争性具体体现；公共服务本身就是一种公共产品，它不完全依靠市场机制实现有效配置，不以盈利为目的，在其使用过程中应当体现公正的品格、以公平为主要目标。

（三）民本性

由于在公共服务物品的供给领域存在市场失灵，提供公共物品就成为政府责任。政府利用公共权利和公共资源，向大众提供公共物品和服务。从价值定位来看，公共服务型政府以公共利益、社会公正和民众满意度作为公共服务的目标和质量评判标准。政府要以人为本，在综合经济社会发展等各个方面环境背景下，公共服务提供的内容和方式主要依据公民的需要进行选择提供。

（四）动态性

随着经济社会发展水平的变化，公共服务具有阶段性特征，并且呈现出不断扩展和提高的趋势。从公共服务的发展历史来看，经过了社会救济与社会保险、福利服务、教育服务、住房服务、卫生服务、就业服务等发展阶段。从总体上看，随着经济社会的发展进步，公共服务层次在不断提高，从维持人的基本生存和解决贫困、温饱问题，逐步发展为提高生活质量、开发社会成员的能力、维护健康，再到谋求全体社会成员的福利最大化，这既是公共服务发展的总体趋势，也是人类社会发展的总体趋势。

五、公共服务的立足点

增加公共服务供给，要"坚持普惠性、保基本、均等化、可持续方向，从解决人民最关心最直接最现实的利益问题入手，增强政府职责，提高公共服务共建能力和共享水平"，具有很强的针对性和指导性。

1. 普惠性，就是要提高基本公共服务对各类群体的覆盖面，努力实现普遍惠及、人人享有。

2. 保基本，就是要求政府把政府履行公共服务职责的重点放在基本公共服务上，加强对特定人群特殊困难的帮扶，更好满足群众基本生存发展需要。

3. 均等化，就是全体居民不论其地域、民族、性别、收入及社会地位，都应该公平、均等地获得基本公共服务。

4. 可持续，就是公共服务体系规范有效运转，以财务可持续为主要内容，实现可持续发展。

以上四个方面有机联系，缺一不可。其中，普惠性、均等化是目标要求，保基本是前提基础，可持续是长效保障，其关键内涵在于要尽力而为、量力而行。

六、公共服务的供给方式

公共服务的供给方式主要在以下三个基本方面：

(一) 促进基本公共服务均等化

要围绕标准化、均等化、法制化，加快健全国家基本公共服务体系，完善基本公共服务体系。"均等化"是指基本公共服务普及普惠人人享有、大体一致、保障公平。"标准化"是指各类资源配置和各项服务保障有标准，各领域和各地区的标准水平趋于统一衔接可持续，是实现"均等化"的前提和基础。"法制化"是依法治国、依法行政的必然要求，细化到基本公共服务领域，是指国家基本公共服务安排要建章立制，有法可依，可评估、可考核、可问责。

(二) 满足多样化公共服务需求

一要"开放市场并完善监管"，就是要求在非基本公共服务领域，政府更多地从参与服务提供向市场监管服务转变；二要丰富服务产品，提高服务质量，提供个性化服务方案；三要积极应用新技术，发展新业态，促进线上线下服务衔接。

(三) 创新公共服务提供方式

重点从处理好政府与市场关系的角度出发，明确了三个方向：一要充分发挥市场机制作用，二要规范购买服务准入，三要激发供给主体活力。

第四节 公共服务的指标体系

一、公共服务指标体系

宽口径公共服务指标体系设计，具体见表21-3。

表 21-3 宽口径公共服务指标体系

一级指标	二级指标	三级指标
公共服务财政支出		人均公共服务财政支出(元)
		公共服务财政支出占 GDP 比重(%)
		公共服务财政支出占财政总支出比重(%)
基础教育	财政投入	财政投入占 GDP 比重(%)
		人均财政收入(元)
		两基人口覆盖率(%)
	幼儿教育	生师比(%)
	小学教育	生师比(%)
		每千小学生拥有小学数(个)
	中学教育	生师比(%)
		每千中学生拥有中学数(个)
医疗卫生	财政投入	财政投入占 GDP 比重(%)
		人均财政收入(元)
	医院建设	每万人口医院拥有数(个)
		每万人职业(助理)医师数(人)
		每万人口床位数(张)
	医疗保险	医疗保险参保率(%)
		城乡医疗保险平均补偿水平(%)
	妇幼发展	产前检查率(%)
		住院分娩率(%)
		孕产妇死亡率(1/10 万)
		出生体重 < 2 500 g 婴儿比重(%)
		5 岁以下儿童中重度营养不良比重(%)
		7 岁以下儿童保健管理率(%)
	防疫活动	每万人口防疫站拥有数(个)
养老保障		每万人口公办老年福利机构数(个)
		每万人口公办老年福利机构床位数(张)
		每万人口公办老年福利机构人员数(人)
		城乡养老保险参保率(%)
		高龄津贴覆盖率(%)
		城乡养老加五保平均待遇

(续表)

一级指标	二级指标	三级指标
基本社会服务	财政投入	民政事业实际支出占财政支出的比重(%)
		抚恤和社会福利救济费占国家财政支出比例(%)
		人均财政投入(元)
	儿童福利	每十万人口公办儿童福利机构数(个)
		每万人口公办儿童福利机构床位数(张)
		每万人口公办儿童福利机构人员数(人)
	社会救助	农村居民最低生活保障/农村居民人均消费支出(%)
		城市临时救济人次(人次)
		城镇最低生活保障救助标准/城镇人均消费支出(%)
		低保受助率(%)
		城乡医疗救助标准
		医疗保险受助率(%)
	残疾人福利	残疾人就业比例(%)
		残疾人接受康复服务比例(%)
		残疾人抚养比例(‰)
		人均残疾人服务设施面积(平方米/万人)
		未入学残疾儿童比例(%)
公共服务设施		年末职业介绍机构(个/十万人)
		城镇社区服务设施(个/十万人)
		农村社会保障网络(个/十万人)
文化体育	财政投入	财政投入占GDP比重(%)
		人均财政投入(元)
	社区文化活动	每十万人口社区服务中心单位数(个)
		每十万人口社区服务中心职工数(人)
		活动项目数(个)
		活动人次数(人次)
		文化馆支出(万元/个)
		每百人拥有报纸(份/天)
		人均公共图书馆藏量(册)
		文化站支出(万元/个)
公共交通	交通工具和设施	每万人口拥有公共汽车数(辆)
		每万人口拥有出租汽车数(辆)

(续表)

一级指标	二级指标	三级指标
公共交通	交通工具和设施	人均城市道路面积(平方米)
		全国公路密度(公里/百平方千米)
		基本建设支出占国家财政支出比例(%)
		平均通勤时间(分钟)
公共就业服务		城镇登记失业率(%)
公共安全		财政投入占GDP比重(%)
		人均财政投入(元)
		国防支出占国家财政支出比例(%)
		公检法司支出占国家财政支出比例(%)
		每万人口受理案件数(起/万人)
		三种事故发生率(起/十万人)
		三种事故人均损失(元)
		刑事案件发生率(起/十万人)
		法院受理案件数(件)
		法院案件结案率(%)
		检察院批捕犯罪嫌疑人数(人)
住房保障	保障性住房建设	经济适用房覆盖率指数
		廉租房货币补贴保障指数
	居住面积	城镇居民人均居住面积(平方米)
		农村居民人均居住面积(平方米)
社会环境	生产安全	每万人非正常死亡率
	卫生安全	传染病发病率
	商品安全	商品抽样检验合格率
城市环境	财政投入	财政投入占GDP比重(%)
		人均财政收入(元)
	大气环境	可吸入颗粒物日均值(毫克/立方米)
		空气质量适宜指数
		森林覆盖率(%)
	水环境	城镇生活污水处理率(%)
		工业废水排放达标率(%)
		主要径流断面水质
		集中式饮用水水源地水质达标率

(续表)

一级指标	二级指标	三级指标
城市环境	市容环境	工业固体废物综合利用率(%)
		人均绿地面积(平方米)
		生活垃圾无害化处理率(%)
	空气质量	空气质量达到二级以上的天数
	绿化水平	城市建成区绿化率
	农村环境	农村自来水普及率
		农村无害化卫生厕所普及率
气象服务		农业气象业务站点(个/十万人)
		地震监测台(个/十万人)
政府公共物品	社会基础设施	国家预算内基本建设和更新改造投资(亿元)
		基本建设和更新改造投资中地方项目与中央项目之比(%)
		基本建设和更新改造项目建成投产率(%)
		工业"三废"治理效率(%)
		每万人拥有水库容量(亿立方米/每万人)
		自然保护区面积与辖区面积之比(%)
	城市基本设施	城市煤气普及率(%)
		城市每万人拥有公共交通车辆(标台)
		城市人均拥有铺装道路面积(平方米)
		城市人均公共绿地面积(平方米)
		城市每万人拥有公共厕所(座)
政府效率		公务员占总人口比重(人/万人)
		公务员占总就业人员比重(%)
		财政支出与GDP之比(%)
		罚没收入及行政性收费占财政收入的比例(%)
居民经济福利		居民家庭人均纯收入(元)
		居民家庭人均可支配收入(元)
		农村居民家庭恩格尔系数(%)
		城镇居民家庭恩格尔系数(%)
		居民消费价格指数(上年=100)
		人均GDP(元)
		财政补贴与财政支出之比(%)

资料来源:作者绘制。

二、公共服务绩效综合评价指标体系

陆小成通过可以获得的相关指标构成研究基础数据,采取可获得的采用临界值法无量纲转换和层次分析方法,确定各项公共服务的评价指标权重,构建了公共服务绩效评价指标体系,见表 21-4。

表 21-4 公共服务绩效评价指标体系

准则层	指标层	权值
基础教育 X1(0.269 8)	教育经费支出占地区财政支出的比例 X11	0.352 6
	普通中小学生均教育经费支出 X12	0.217 8
	普通中小学生均教职工人数 X13	0.144 0
	平均每万人普通中小学校数 X14	0.119 9
	平均每万人幼儿园数 X15	0.095 1
	平均每万人在园儿童数 X16	0.070 6
社会保障 X2(0.269 8)	人均社会保障和就业支出 X21	0.502 2
	社会保障和就业支出占财政支出比重 X22	0.229 6
	平均每万人城乡居民最低生活保障人数 X23	0.134 3
	平均每万人抚恤补助优抚对象人数 X24	0.074 7
	平均每万人社会救助人数 X25	0.059 3
医疗卫生 X3(0.148 5)	人均医疗卫生支出 X31	0.353 7
	卫生经费占地方财政支出百分比 X32	0.280 7
	平均每万人诊疗人次数 X33	0.086 7
	平均每万人健康检查人数 X34	0.086 7
	平均每万人拥有执业医师数 X35	0.107 1
	平均每万人拥有医院床位数 X36	0.085 0
文化体育 X4(0.081 7)	公共图书馆个数 X41	0.369 6
	人均公共图书馆总藏数(万册、件)X42	0.267 9
	公共图书馆总流通人数(万人次)X43	0.203 0
	平均每万人拥有体育场馆个数 X44	0.105 0
	城镇居民家庭每百户健身器材拥有量 X45	0.054 5
环境保护 X5(0.148 5)	空气质量二级及好于二级的天数 X51	0.147 0
	林木绿化率 X52	0.178 9
	环境保护支出占地方财政支出比重 X53	0.194 0
	万元 GDP 能耗(吨标煤)X54	0.301 1
	垃圾无害化处理率 X55	0.178 9

(续表)

准则层	指标层	权值
公共安全 X6(0.081 7)	每万人疾病预防控制中心站数 X61	0.069 3
	刑事案件破案增长率 X62	0.068 2
	每万人火灾事故死亡人数 X63	0.209 5
	每万人火灾事故直接经济损失 X64	0.120 5
	每万人交通事故死亡人数 X65	0.209 5
	每万人交通事故直接经济损失 X66	0.133 1
	每万人生产安全事故死亡人数 X67	0.189 8

资料来源：陆小成：《城市公共服务绩效评价指标体系研究——以北京为实证分析》，《广东行政学院学报》2016年第3期。作者略有修改。

三、"十三五"时期公共服务主要指标

全国人大财政经济委员会、国家发展和改革委员会在《2016—2020 中华人民共和国国民经济和社会发展第十三个五年规划》解释材料提出了"十三五"时期公共服务主要指标，具体见表 21-5。

表 21-5　"十三五"时期公共服务主要指标

	指标	2015年	2020年	年均增速[累计]	属性
民生福祉	居民人均可支配收入增长(%)	—	—	>6.5	预期性
	劳动年龄人口平均受教育年限(年)	10.23	10.8	[0.57]	约束性
	城镇新增就业人数(万人)	—	—	[>5 000]	预期性
	农村贫困人口脱贫(万人)	—	—	[5 575]	约束性
	基本养老保险参保率(%)	82	90	[8]	预期性
	城镇棚户区住房改造(万套)	—	—	[2 000]	约束性
	人均预期寿命(岁)	—	—	[1]	预期性
资源环境	耕地保有量(亿亩)	18.65	18.65	[0]	约束性
	新增建设用地规模(万亩)	—	—	[<3 256]	约束性
	万元GDP用水量下降(%)	—	—	[23]	约束性
	单位GDP能源消耗降低(%)	—	—	[15]	约束性
	非化石能源占一次能源消费比重(%)	12	15	[3]	约束性

(续表)

指标		2015年	2020年	年均增速[累计]	属性
资源环境	单位GDP二氧化碳排放降低(%)	—	—	[18]	约束性
	森林发展 森林覆盖率(%)	21.66	23.04	[1.38]	约束性
	森林发展 森林储蓄量(亿立方米)	151	165	[14]	约束性
	空气质量 地级及以上城市空气质量优良天数比率(%)	76.7	>80	—	约束性
	空气质量 细颗粒物(PM2.5)未达标地级及以上城市浓度下降(%)	—	—	[18]	约束性
	地表水质量 达到或好于Ⅲ类水体比例(%)	66	>70	—	约束性
	地表水质量 劣Ⅴ类水体比例(%)	9.7	<5	—	约束性
	主要污染物排放总量减少(%) 化学需氧量	—	—	[10]	约束性
	主要污染物排放总量减少(%) 氨氮	—	—	[10]	约束性
	主要污染物排放总量减少(%) 二氧化硫	—	—	[15]	约束性
	主要污染物排放总量减少(%) 氮氧化物	—	—	[15]	约束性

资料来源：全国人大财政经济委员会、国家发展和改革委员会：《中华人民共和国国民经济和社会发展第十三个五年规划》解释材料，中国计划出版社2016年版，第38页。
注：PM2.5未达标指年均值超过35微克/立方米。

第五节 基本公共服务的内涵和服务清单

一、基本公共服务的界定

所谓基本公共服务是指建立在一定社会共识基础上，根据一国经济社会发展阶段和总体水平，为维持本国经济社会的稳定、基本的社会正义和凝聚力，保护个人最基本的生存权和发展权，为实现人的全面发展所需要的基本社会条件，从关注民生的角度提出的基本公共服务的定义，更加关注弱势群体和贫困人口。公共服务可分为经济性公共服务、制度性公共服务和社会性公共服务，结合我国贫富差距不断扩大的严峻现实，将分析基本公共服务的重点放在社会性的公共服务方面。强调就业与再就业、义务教育、基础医疗卫生、环境保护、社会保障、公共安全6个方面。[1]

---

[1] 中国(海南)改革发展研究院：《基本公共服务与中国人类发展》，中国经济出版社2008年版，第11页。

二、国家基本公共服务清单

国家基本公共服务清单是以列表形式向社会公布的基本公共服务各领域具体服务项目汇总。清单所列服务项目和基本标准依据现行法律法规确定,每个项目均包括法律法规依据、服务对象、服务内容和标准、支出责任、主责单位等构成要件。"十三五"时期,国家基本公共服务清单中明确了公共教育、劳动就业、社会保险、卫生计生、社会服务、住房保障、文化体育、残疾人基本公共服务8大类近百个项目:

(一)公共教育

免费义务教育、农村义务教育学生营养改善、寄宿生生活补助、普惠性学前教育资助、中职国家助学金、中职免学费、普通高中助学金、家庭经济困难普通高中学生免学费、个人学习账号和学分累计等。

(二)劳动就业

基本公共就业服务、创业服务、就业援助、就业见习服务、大中城市联合招聘服务、职业技能培训和技能鉴定、农民工培训、12333电话咨询服务、劳动关系协调、劳动人事争议调解仲裁等。

(三)社会保险

职工基本养老保险、居民基本养老保险、职工基本医保、居民基本医保、失业保险、工伤保险、生育保险服务等。

(四)卫生计生

居民健康档案、健康教育、预防接种、传染病及突发公共卫生事件处理、儿童健康管理、孕产妇健康管理、老年人健康管理、残疾人健康管理和社区康复、慢性病管理、严重精神障碍患者管理、卫生监督协管、结核病患者健康管理服务、中医药健康管理、艾滋病病毒感染者和病人随访管理、社区艾滋病高危行为人群干预、免费孕前优生健康检查、疾病应急救助、基本药物制度、计划生育技术指导咨询、农村部分计划生育家庭奖励扶助、计划生育家庭特别扶助、药品安全保障等。

(五)社会服务

最低生活保障、特困人员供养、医疗救助、临时救助、受灾人员救助、养老救助、老年人福利补贴、困境儿童分类保障、留守儿童关爱保护服务、未成年人社会保护、基本殡葬服务、优待抚恤、退役军人安置、重点优抚对象集中供养等。

(六)住房保障

公共租赁住房、棚户区改造、农村危房改造、农房抗震改造、游牧民定居等。

(七)文化体育

公共文化设施免费开放、公益性流动文化服务、收听广播、观看电视、农村数字电影放映、读书看报、应急广播、少数民族文化服务、数字文化服务、参观文化遗产、公共体育场馆开放、全民健身服务等。

（八）残疾人基本公共服务

困难残疾人生活补贴和重度残疾人护理补贴、重度无业残疾人最低生活保障、贫困残疾人基本型辅助器具补贴、贫困残疾人家庭无障碍改造补贴、基本社会保险个人缴费资助和保险待遇、基本住房保障、残疾人托养服务、残疾人康复、残疾人教育、残疾人职业培训和就业服务、残疾人文化体育、无障碍环境支持等。

三、促进基本公共服务均等化①

增加产品供给，既能提高民生质量，也能促进经济发展。要坚持普惠性、保基本、均等化、可持续方向，从解决人民最关心最直接最现实的利益问题入手，增强政府职责，提高公共服务共建能力和共享水平。

（一）建立国家基本公共服务项目清单

加快健全完善国家基本公共服务制度和体系。建立涵盖公共教育、劳动就业、社会保险、卫生计生、社会服务、住房保障、文化体育和残疾人基本公共服务领域的国家基本公共服务项目清单，动态调整服务项目和标准。合理增加中央和省级政府基本公共服务事权和支出责任。健全基层服务网络，加强资源整合，推动服务项目、服务流程、审核监管公开透明。

（二）满足公共服务多元化需求

合理区分基本与非基本公共服务，政府重在保基本。积极推动医疗、养老、文化、体育等领域非基本公共服务加快发展，开放市场并完善监管，丰富服务产品，提高服务质量，提供个性化服务方案。积极应用新技术、发展新业态，促进线上线下服务衔接。

（三）创新公共服务提供方式

大力推进政府购买服务，能由政府购买服务提供的，政府不再直接承办，尽量少养人多办事。建立健全公众参与机制，拓宽公众参与公共服务治理途径，引入市场竞争机制提升公共服务质量。积极探索公办民营、民办公助模式。

参考文献

柏拉图：《理想国》，商务印书馆1957年版。

[美]萨拜因、盛葵阳等译：《政治学说史》，商务印书馆1990年版。

[古希腊]亚里士多德、廖中自译：《尼各马可伦理学》，商务印书馆2003年版。

莱昂·狄骥：《公法的变迁：法律与国家》，辽宁出版社1999年版。

[瑞士]西斯蒙第：《政治经济学新原理》，商务印书馆2007年版。

杨颖：《公共服务的概念研究及相关概念辨析》，第六届中国科技政策与管理学术年会，中国科学学与科技政策研究会，北京，2010年12月1日。

---

① 国务院研究室编写组：《十二届全国人大四次会议〈政府工作报告〉辅导读本》，人民出版社、中国言实出版社2016年版，第143-144页。

［英］威廉·配第:《赋税论》,华夏出版社 2007 年版。

［英］亚当·斯密:《国富论》,华夏出版社 2009 年版。

［英］约翰·斯图亚特·穆勒:《政治经济学原理》,商务印书馆 1991 年版。

马克思、恩格斯:《马克思恩格斯全集》第 46 卷(下册),人民出版社 1980 年版。

布坎南、平新乔译:《自由、市场与国家》,北京经济学院出版社 1988 年版。

毛程连:《西方财政思想史》,经济科学出版社 2005 年版。

凯恩斯:《就业利息和货币通论》,商务印书馆 1983 年版。

(美)萨缪尔森:《诺德豪斯经济学(上)》,中国发展出版社 1992 年版。

李军鹏:《公共服务体系国际比较与建设》,国家行政学院出版社 2015 年版。

李朝祥:《政府公共服务职能的市场化》,《广西社会科学》2003 年第 4 期。

马庆钰:《公共服务的几个基本理论问题》,2017 年 11 月 20 日(http://theory.people.com.cn/n/2013/0128/c355075-20348707.html)。

曾红颖等:《基本公共服务均等化标准与阶段性目标研究》,中国计划出版社 2013 年版。

中国(海南)改革发展研究院:《基本公共服务与中国人类发展》,中国经济出版社 2008 年版。

国务院研究室编写组:《十二届全国人大四次会议〈政府工作报告〉辅导读本》,人民出版社,中国言实出版社 2016 年版。

钟君、刘志昌、吴正杲:《中国城市基本公共服务力评价(2016)》,社会科学文献出版社 2016 年版。

杨立雄、李超:《中国社会福利发展指数报告 2010—2012》,人民出版社 2014 年版。

国家发展和改革委员会发展规划司,云河都市研究院:《中国城市综合发展指标 2016:大城市群发展战略》,人民出版社 2016 年版。

徐绍史主编,国家发展和改革委员会编写:《中华人民共和国国民经济和社会发展第十三个五年规划纲要》辅导读本,人民出版社 2016 年版。

国务院研究室编写组:《十二届全国人大五次会议〈政府工作报告〉辅导读本》,人民出版社、中国言实出版社 2017 年版。

基本公共服务均等化研究课题组:《让人人平等享受基本公共服务 我国基本公共服务均等化研究》,中国社会科学出版社 2011 年版。

陆小成:《城市公共服务绩效评价指标体系研究——以北京为实证分析》,《广东行政学院学报》2016 年第 3 期。

全国人大财政经济委员会、国家发展和改革委员会:《中华人民共和国国民经济和社会发展第十三个五年规划》解释材料,中国计划出版社 2016 年版。

第二十二章 城市道路交通

城市交通是城市重要的子系统。城市交通的发展变化是城市发展的投射与反应。本章在对城市交通发展演变历史、城市交通系统理论、城市与城市交通的相互关系的基础上,重点对城市道路交通的内涵与评价、城市道路交通规划与空间布局、城市道路交通系统评价和城市公共交通等内容进行探讨。最后从政策的角度上,提出了城市道路交通可持续发展的相关保障。

第一节 概述

一、城市交通发展史

城市交通伴随着城市的建立而产生,是城市的一个重要子系统。在这一系统的发展巨变中可以观察到城市的发展变化,城市与城市交通相互作用及协调贯穿于城市发展的整个过程。

(一)初期阶段

初期阶段的城市交通以道路为主,步行和畜力拉车是初期阶段城市交通的主要特征。初期的城市道路向心集聚,包括西方城市以广场为中心放射状向心集聚和国内纵横交错的网格状向心集聚。初期的城市道路还表现出明显的等级性。如《周礼》记载,西周时期的道路分为"径""畛""涂""道""路"五个等级。"径"为小路走牛马,"畛"大一些可行走牛车,"涂"为大路可行驶一辆马车,"道"可行驶乘车二轨,最大的叫"路",可行驶乘车三轨。如上所述初期道路已具备了承载城市活动、展示城市与地域、城市人口与环境、自然相互依存关系的城市基本功能。

(二)发展期

18世纪工业化极大地刺激了社会经济的发展,大量的人口和生产向城市聚集。新的社会变化使传统的道路和马车运输不堪重负。为此各工业化城市开始改善城市交通运输条件。1825年英国修建了世界上第一条城市铁路，之后美国的匹兹堡、芝加哥，英国的曼彻斯特、伯明翰，法国的里昂，德国的柏林等城市也纷纷兴建城市铁路。从城市道路交通情况看，发展期城市工业化与城市化改变了原有的城市结构，技术进步使机动车更多代替了初期时代的马车与步行。但越来越多的机动车使原有的只适用于步行和马车交通的城市道路不能适应，城市交通问题开始初显端倪，道路混杂、紊乱、拥挤甚至阻塞，城市交通问题不断扩展加深。为此1929年在建筑师斯坦的邻里单位规划理论指导下，美国开始实现了步行与自行车、机动车的交通分隔。1942年伦敦进一步提出了城市主、次干道与支路分开，干道以交通功能为主，支路以生活和商业等功能为主。至此城市道路交通进入了一个新发展阶段，城市交通从系统规划入手，城市道路以适应机动化交通的系统建设为目标，并对街道按功能进行分类，按照交通状况确定道路宽度，同时对外交通系统从运输方式和技术手段上都得到了空前发展。城市高速为实现大规模人流物流运输创造了便利条件。城市对外交通的改善有力地推动了城市经济发展，增加了城市凝聚力（陈宽民，2003）。

（三）稳定期

随着城市规模的不断扩大，城市交通在城市发展中的地位越来越重要，成为城市的主体功能之一。在稳定期，政府进一步重视城市交通规划在城市交通建设中的作用，城市交通规划不仅是为了解决交通问题，也是城市发展治理的必要手段。稳定期，各国政府明显加大了对城市交通的投入力度，并把公共交通放在首位，促进各种交通方式之间的合理衔接，相互协作，保障城市交通运输。稳定期城市交通特征：一是城市交通地下、地面、高架的相互衔接。城市化后期鉴于地面土地资源的限制，城市交通开始向地下和空中发展，形成了通畅高效的城市交通网络和多形式、多层次、立体化综合交通运输体系。二是确定了以公共交通为主的城市交通发展方向，包括实现地铁、轻轨、城市铁路、公共电车的相互衔接。虽然私家车在城市交通中仍有较重要地位，但公共交通的运载量占据优势。三是不同交通方式均得到充分发展。由于人口出行对交通要求越来越多样化，不同交通方式之间的相互作用、补充和衔接，方便了居民根据需要进行不同出行方式的选择。四是城市交通在稳定期更加注重向快捷、方便、自由和舒适等方向发展。五是城市交通问题也依然突出，城市交通拥堵严重。但城市化和再城市化使得城市空间得到重组，多中心的城市空间结构使城市交通得到相应的分解，一定程度缓解了城市交通问题。

二、城市交通系统理论

城市道路交通不单是工程技术问题，更是一个综合的社会经济问题。正如城市变化不仅是城市地理学空间研究的范畴，它还包含城市规划、城市经济以及城市社会等方面内容。因此，城市交通系统理论也包括交通运输理论、城市经济理论、城市规划理论等多个学科理论。

(一)交通运输理论

交通运输理论是研究探讨如何将人和货物安全、迅速、高效、经济地通过各种运输工具在交通运输网络上有效移动,运送到目的地。它是创造空间效用、时间效用和经济效用的科学理论。1776年亚当·斯密在其著名的《国民财富的性质和原因的研究》中,论述了交通对城市和地区经济发展及开拓市场所具有的积极作用。随着交通方式和运输工具的不断进步,越来越多的学者关注交通运输经济理论进行研究。交通运输理论认为,交通运输是促进劳动分工和经济发展的重要力量,是城市和市场布局形成的重要原因。交通运输对经济的促进作用表现在以下方面:一是交通运输促进了分工的扩大和规模经济的实现。亚当·斯密认为,良好的道路、运河或可通航的河流由于减少了费用,可以开拓更大的市场,推动了劳动的分工。二是经济发展与交通运输的关系是双向作用关系,其作用效果则取决于经济类型和经济发展水平。就交通运输的地位和作用而言,任何地方都无法避开交通运输,即使在最遥远、最落后、人口稀少的地方,某种形式的交通运输也是那里日常生活的基本组成部分。三是交通运输是现代社会生存的基础之一。经济和社会的发展离不开人与货物的空间位移,而交通运输是实现人与货物位移的必要条件。四是交通运输是社会经济最重要的纽带。交通运输不仅与人民的生活息息相关,而且与国民经济各部门都有密切的关系,是社会生活及经济生活的重要基础。五是交通运输是城市和产业布局形成的重要因素之一。交通运输使得人和货物的移动及交换成为可能,其中克服距离的障碍需要付出大小不等的交通成本,这种成本的差异,在很大程度上会影响居民点之间的距离、城市规模和经济的分布状况。六是交通运输能改变资源的分配状况。当某一区位的交通可达性提高后,能降低产品的运输成本,更多的经济资源就会被吸引到该地区。交通运输条件的改善还可以使土地获得多种用途,进一步促进经济资源的合理配置。对城市来说交通是城市社会经济系统中的一个子系统,同时它又是国家整个交通运输系统的子系统。交通运输理论就是在这种关系中研究把握城市交通与城市空间演化的相互作用规律。

(二)城市经济理论

1. 城市聚集理论。城市是各种经济要素在地理上规模性集中的结果。各种经济要素向城市集中是因为城市中存在着聚集的经济利益。生产者和消费者在城市聚集,企业可以低成本地获得人力资源和进行生产投入;消费者能够从城市聚集中节约成本获取效益,方便地得到所需的消费和服务。同时消费人群的集中为产品的多样化提供了可能,也为企业生产扩张创造了市场条件。当这一聚集发展到一定规模,就会出现一定程度的扩散,直到成本和收益达到新的平衡。关于交通与聚集经济利益的关系,城市交通为城市聚集创造基础条件。巴顿的《城市经济学:理论与政策》一书中指出某些工业在地理上集中于一个特定的地区,有助于促进辅助性工业的建立,也为产品的推销与运输提供方便。因此城市聚集经济理论,重点研究城市交通与城市空间演化的相互作用。城市聚集与扩散直接形成了不同的城市空间结构,反过来又会对城市交通产生影响。

2. 城市发展阶段论。城市发展阶段理论认为城市发展分为三个阶段,分别是向心力驱动的增长阶段、离心力驱动增长阶段和网络状发展阶段。城市交通是城市三个发展阶段中不可缺少的重要内容,如向心力驱动的增长阶段,城市主要交通干线指向城市中心或指向具有潜力的开发区或新城。这些地区通过交易成本的节约、规模经济和制度因素对各种经济要素产生吸引,包括对企业、劳动力及资本的吸引,交通在这一过程中发挥了重要的支撑作用。这种支撑作用在城市发展的不同阶段会表现出不同的特征。在这方面,城市发展阶段理论主要探讨城市交通在城市各演化阶段表现出的不同特性。

3. 城市规划理论。城市规划理论是对城市规划的实践规律进行总结。凯文·林奇(Kevin Lynch)在《城市形态》一书中指出,城市规划理论系统由功能理论、规范理论和决策理论三部分组成。其中,功能理论侧重于城市的物质环境,认为城市空间结构是由不同的功能组成的,结构布局的目的是为了充分发挥功能。规范理论侧重于研究人的价值目标与城市空间形态之间的关系,包括城市规划应达到区域的整体协调、可持续发展以及公平等。决策理论则主要研究规划的决策过程,通过分析城市社会、经济、自然等因素,确定城市的发展方向及规模。在城市规划理论中,最有影响的三种理论思想是霍华德的分散城市论、柯布西耶的城市集中论和沙里宁的有机疏散理论。这些理论对城市空间的布局和演化产生了重要影响。

(三) 公共治理理论

公共治理理论是指政府为确保公共项目充分有效地交付使用,达到效用和实现利益,围绕该项目一系列结构、系统和过程进行的各项战略设计和制度安排等活动。20世纪70年代末,西方国家的政府管理经历了从统治到治理的变革,开始重视市场和各类公民组织在社会治理中的作用,也使公共管理研究得到了快速发展。特别是到20世纪90年代伴随现代项目管理研究范围扩展,公共治理理论研究进一步发展,集中强调网络社会各种社会组织和社会力量之间平等对话的系统合作关系,意义在于:从制度层面解决项目建设中的问题。城市交通是政府公共管理的范畴,从公共治理理论角度看城市交通关系到社会的方方面面,政府通过整合使各方资源可以在城市交通基础设施建设、交通政策制定和完善等方面促进社会共识,促进社会各方的协同参与,集各方利益和众人之力为城市交通出谋划策,使得城市交通变得更加舒适、通畅。

(四) 可持续发展理论

可持续发展理论注重公平性和可持续性。公平性方面该理论认为人民对于特定的社会资源拥有同等的享用权。就好像每一个生活在城市中的人都可以享受到城市的公共交通一样。持续性发展方面,可持续发展理论认为人类对于经济和社会的发展不能超越资源和环境的承载能力,必须有所控制。如城市公共交通,若超越了环境与资源所能承受的范围,亟需社会各方共同努力,将其控制到一个合理的轨道上来。

三、城市与城市交通

城市与城市交通是系统内部结构与外部环境发生相互作用相互影响的关系体现。

这些影响和作用一方面保证和促进城市的生产和生活活动,同时也促进了相互的发展。城市交通为城市的各项经济社会活动以及城市居民出行提供必要的条件,其作用可以概括为以下方面。

（一）城市交通系统对经济的贡献

城市经济的发展与城市交通系统的建设和完善密不可分。城市各种活动通过城市交通设施有机的连接,城市交通对经济的贡献,一是城市交通系统使城市生活从静态转入动态,并通过生产要素和商品交易的有效实现,促使城市市场空间和市场容量不断扩大。二是城市交通运输体系促进了城市土地开发效率提高。由于城市交通运输体系建设改变和提升了城市各区间的可达性,促使土地利用的再调整。这种调整对提升城市整体经济发展潜力具有重要作用。三是城市交通促进了城市产业布局的优化。城市交通通过其具有引导经济发展需求的特性,对交通需求强度和时空分布进行调整,使之适应经济及产业发展布局,推动城市经济发展。

（二）城市交通运输系统对城市空间结构的影响

城市交通,特别是城市道路交通是城市空间结构的骨架,有什么样的城市交通就有什么样的城市空间结构。城市从步行时代的小街坊、马车时代纵横交错和放射状街道,以及到现代城市的快速道路系统,城市空间形态无一不与各时代的交通方式相互协调,每一次交通方式的变革都对城市空间形态的演变产生巨大影响。随着城市化的发展,城市集聚规模不断扩大,新的交通方式和交通基础设施的建设,有效解决了制约城市空间扩张的距离问题,同时,交通系统的可达性又直接影响了该区域的土地利用。土地价格和利用方式影响地域功能结构的变化,城市地域功能结构的变化导致城市地域空间结构的演变。

（三）城市交通系统对城市环境的影响

城市交通涉及城市多个领域,如经济和环境问题。随着城市化和机动化水平的不断提高,城市道路交通的供需矛盾出现,城市交通拥挤,交通运输系统服务水平的下降,交通事故频繁,能源浪费、汽车噪声、废气污染等问题严重。城市交通的环境影响不只是自然环境方面的,还包括城市社会、文化、生态、市民等方面的影响。如空气污染和交通噪声严重影响居民生活,以及学校、机关、医院正常秩序等。除此之外,城市道路交通的现行交通组织一方面造成城市的空间分离,但同时其本身也是城市的一道风景线,城市交通的艺术性和可观赏性代表着城市的形象。

第二节　城市道路交通规划与评价

一、城市交通系统与道路交通

（一）城市交通系统

城市交通从构成的物质形态归纳,其中包含交通工具、交通载体、交通服务设施和管理设施(见表 22-1)。在这一系统中根据城市交通的服务空间又可分为一个开放型的城市内部交通运输系统和城市外部交通系统。内部交通包括城市道路、公共交通和轨道交通等。城市外部交通是以城市为中心扩展的,包括城市所辖周围区县以及与其他城市间相连接的交通高速公路、铁路、水运、航空等多种对外运输方式。本章城市道路交通重点关注城市内部交通及其城市公共交通的规划与发展。

表 22-1 城市交通系统

功能		定义
交通运输工具	客运	公共交通工具:有轨电车、无轨电车、轻轨汽车、公共汽车、出租车、地铁;城郊铁路、市内铁路等
		集团运输工具:集团客车、集团小汽车
		私人运输工具:私家机动车、摩托车、电动车、自行车
	货运	货运车辆:大货车、小货车、拖拉机、电动三轮车、畜力车
		特种车:工程车、消防车
交通载体	道路	道路的主要功能:①担负着各种机动车、非机动车、行人以及地面有轨交通的运行;②作为城市整体物质空间的一部分,联系城市其他功能用地,以此形成城市布局结构的骨架;③反映城市形态和城市景观的主要构成要素。 道路分类:①快速路:是为联系城市不同区域的中、长距离快速机动车交通的道路。快速路是大城市交通运输的主要动脉,同时也是城市与高速公路的联系通道。②主干路:是连接城市各主要分区,如城市主要工业区、港口、车站等客货运中心,承担城市的主要客货运的主干道路,是城市内部的交通主动脉,连同快速路一起共同构成城市框架。③次干路:是联系城市各部分,起"通、达"集散作用的城市基本道路。次干路配合主干路组成城市干道网,次干路兼有服务功能,允许两侧布置吸引人流的公共建筑。④支路:支路以服务功能为主,是地区通向居住区、工业区、市中心区、市政公用设施区等内部道路,是用来解决局部地区交通。是干道路网的补充。
	轨道交通	城市轨道交通以其运量大、速度快、安全准时、低污染的技术优势成为城市交通中的重要组成部分。轨道交通根据城市发展规划和增强土地开发强度的原则,线路沿城市客流走廊向城市的不同方位延伸。其布局有放射形轨道交通网、放射形加环状线网、棋盘线网、棋盘加环线形线网等。
交通服务设施	公交车站	城市公交车站是体现城市公共交通客运系统整体发展水平的重要标志。它代表着设施和装备的现代化水平,代表着城市公交客运系统的容量。公交车站建设布局是否合理直接影响人口出行和换乘的便捷程度,影响公交车辆和城市交通的运营。
	停车场	停车场是满足城市"静态"交通需求的城市交通重要的基础设施。停车场具有"准公共物品"的特点,包括公共停车场和私人专用停车场。城市停车场的合理规划建设有利于避免车辆沿路任意停放,有利于解决道路交通拥挤,减少交通事故,提高道路通行能力等。
	交通枢纽	交通枢纽包括客运枢纽和货运枢纽,是衔接各种交通方式,保证客货出行顺利实现中转换乘的关键节点。交通枢纽不仅为城市内部交通服务,还使城市对内对外交通得到有机衔接。因此,城市交通枢纽的合理规划是提高城市交通运输效率的一个关键因素。

(续表)

功能		定义
交通服务设施	道路附属设施	道路附属设施包括加油站和道路照明设施。城市道路照明设施为车辆驾驶人员以及行人创造良好的夜间视看环境,减少交通事故,保证交通安全,提高运输效率,方便居民生活,防止犯罪活动和美化城市环境。
交通管理设施	交通信号设施	交通信号设施包括指挥信号灯、车道信号灯、人行横道信号灯、交通指挥信号等。交通信号设施对道路各方向来车分配通行权,在时间上隔离不同方向的车流,控制车流运行秩序最大限度保证交通安全;交通信号设施使在平面交叉的道路网上人和物的运输达到最高效率,减少了交通延误,提高了道路通行能力。
	交通安全设施	交通安全设施包括交通标志标线、护栏、隔离设施、视线诱导设施等。道路安全设施是道路交通工程的重要组成部分,它们为道路使用者提供各种警告。交通安全设施直接影响着城市道路的畅通和城市交通的良好运行。

资料来源:根据陈宽民《城市交通系统理论分析与应用》整理。

(二)城市道路交通

根据《城市道路交通规划设计规范》,我国城市道路交通的构成是快速干道、主干道、次干道、支路四类(中小城市仅有后三类)。主干道、次干道、支路的道路等级一般是

表22-2 城市道路交通划分

标准	道路类别	交通功能以及对沿线建筑物的服务功能
等级分	快速路	是为联系城市不同区域的中、长距离快速机动车交通的道路。快速路是大城市交通运输的主要动脉,同时也是城市与高速公路的联系通道。
	主干路	是连接城市各主要分区,如城市主要工业区、港口、车站等客货运中心,承担城市的主要客货运的主干道路。是城市内部的交通主动脉,连同快速路一起共同构成城市框架。
	次干路	是联系城市各部分,起"通、达"集散作用的城市基本道路。次干路配合主干路组成城市干道网,次干路兼有服务功能,允许两侧布置吸引人流的公共建筑。
	支路	支路以服务功能为主,是地区通向居住区、工业区、市中心区、市政公用设施区等内部道路,是用来解决局部地区交通,是干道路网的补充。
作用性质分	交通性道路	是以满足交通运输为主要功能的道路,承担城市主要的交通流量及与对外交通的联系。其特点为车速快,车辆多,车行道宽,道路线形符合快速行驶的要求,道路两旁要求避免布置吸引大量人流的公共建筑。快速干道、主干道属于交通性道路。
	生活性道路	生活性道路:是以满足城市生活性交通要求为主要功能的道路,主要为城市居民购物、社交、游憩等活动服务的,以步行和自行车交通为主,机动车较少,道路两旁多布置为生活服务的、人流较多的公共建筑及居住建筑,要求有较好的公共交通服务条件。次干道兼有交通性和商业性(生活性)功能,且以交通性功能为主,支路一般为商业性(生活性)道路。

资料来源:根据中华人民共和国建设部《城市道路交通规划设计规范》整理。

根据设计时速或道路车道划分。如主干道设计时速可为 40—60 千米/小时,且双向机动车道数不少于 6 条。城市道路交通的划分还可根据道路的功能和性质以及道路两侧的用地性质和交通管理措施划分为交通性道路和生活性道路。表 22-2 是相关的城市道路的划分。其中快速干道和主干道属于交通性道路,次干道兼有交通性和商业性(生活性)功能,且以交通性功能为主。支路一般为商业性(生活性)道路。

二、城市道路交通的主要指标

(一)空间指标

1. 人均道路用地面积。人均道路面积指标是城市道路交通规划中的一项基本指标,通过该指标可以得到城市道路面积率等指标。不同的城市发展阶段有着不同的人口规模和交通方式,研究表明不同交通方式、不同交通结构状态下人均需要的道路面积不尽相同,其计算一般以满足交通需求下的最小道路面积为原则。根据国内现行的《城市道路交通规划设计规范》,人均占有道路面积范围为 7—15 平方米,其中 6—13.5 平方米是满足基本动态交通需求的人均道路面积。

2. 车均车行道面积。车均车行道面积是保证未来城市机动车有一定的通行空间,通过车均车行道面积比较道路水平的一项重要指标。车均车行道面积可以以不同车辆常速行驶时占用道路面积为基础进行测算。东京、华盛顿、纽约、内伦敦的车均车行道面积分别是 28.8 平方米、33.1 平方米、28.3 平方米、23.7 平方米,从以上数值上看,国际大都市的车均车行道面积基本相近。

3. 道路网密度。道路网密度是城市道路交通规划中的一项重要技术指标。除此之外衡量道路密度的指标还有交叉口间距等。关于各城市应有道路网密度和道路交叉口间距现各国尚没有统一标准,各城市根据各城市规模和城市性质,以及兼顾交通与生活居住等各方面的要求具体判断。同时每个城市地区不同,交通管理控制方式不同,对道路网密度的疏密要求亦不相同,表 22-3 是根据相关研究归纳的参考值,一般来讲除特殊城市外道路网密度不能过疏或过密。

表 22-3 不同区域不同等级道路网密度

	道路网密度(kin/kin^2)	交叉口间距(米)
中心城区	5—6	300—400
市区中部	4	500
市区外围	3	600—800
快速干道	2.0—3.5	1 500—2 500
主干道		700—1 200
次干道		350—500
支 路		150—253

资料来源:中华人民共和国建设部《城市道路交通规划设计规范》。

（二）状态指标

1. 道路网等级结构。道路网等级结构包括快速干道、主干道、次干道、支路。根据相关研究，一般大城市快速干道、主干道、次干道、支路的里程比例可采用1∶2∶4∶8，中等城市主干道、次干道、支路的里程比例可采用1∶2∶4，小城市干道、支路的里程比例可采用1∶2。从各等级道路的功能看，服务于长距离机动车出行的道路为快速干道，主干道以服务中长距离运输为主，快速干道和主干道是城市中主要交通性道路。次干道是城市内部主要的交通集散道路，支路是在交通上起汇集性作用的道路。在道路网等级结构中从快速干道到支路，对通过性的要求逐步降低，但对可达性的要求逐步提高。合理的道路网等级结构能够保障城市交通流由高一级道路向低一级道路有序疏散，同时从低一级道路向高一级道路有序汇集。

2. 道路连结度。道路网连结度由城市地区路网节点、节点邻接边数，以及网络总边数（路段数）等作为参数推算而成。道路连结度反映了城市道路交通网络的成熟程度。道路连接度值越高，表明路网中断头路越少，成网率越高。反之则成网率越低。一般来讲中小城市的道路网连结度应在3.2—3.5之间，大城市道路网连结度应在3.6—3.9之间。

（三）质量指标

表示城市道路交通质量的指标主要包括道路网可达性、道路网平均饱和度、平均车速、平均延误等。

1. 可达性。可达性是判断交通系统性能，评价城市道路交通网完善程度的重要标准。可达性可以用出行时间和出行距离计算，它反映城市道路系统能否充分、高效、平衡、协调地满足人们出行活动要求，是交通系统功能优劣的直接体现。

2. 出行时耗。城市人口出行有通勤、购物、游憩等内容，其出行的耗用时间由于主观和客观的原因，存在着理想出行时间、可接受出行时间和不能接受耗用时间等。居民可接受的最大出行时耗与城市人口、建成区面积相关，还与城市地形、城市布局形态、交通方式结构等因素相关。一般通过城市人口和建成区面积计算出不同城市的居民可接受最大出行时耗。

3. 道路交通服务水平。道路交通服务水平是衡量道路为驾驶员、乘客所提供服务质量的指标。相关指标根据路网中各路段饱和度加权计算的道路平均饱和度、主干道平均车速、平均行车延误和交叉口E、F级服务水平比重等表示。一般来讲道路平均饱和度在0.5—0.7之间比较合适，车辆行驶较为通畅，不会造成资源浪费。主干道平均车速根据城市规模不同，一般应在每小时28—34千米以上。平均行车延误根据城市规模的不同，大城市和中、小城市应分别低于50—60秒/千米及30—40秒/千米。对交叉口服务水平虽然《城市道路交通规划设计规范》没有明确要求，但从发挥道路网整体效率的角度考虑，交叉口E、F级服务水平比重可控制在5%以下。

三、城市道路交通系统评价

（一）城市道路交通综合效果

图 22-1 是根据道路交通建设效果产生和形成的过程，以及效果内容的可计量性和非计量性归纳的城市道路交通综合效果分类。从道路交通的效果形成过程看，道路建设效果可分为直接效果和间接效果。直接效果是指通过道路设施利用所产生的效果，直接效果影响的主体是道路设施的使用者以及道路设施的投资者；间接效果是指与道路设施功能相关的效果，即没有直接利用道路设施的主体受到道路建设的影响所产生的效果，如企业由于道路交通的通畅生产量发生变化，地区由于可达性土地价值提升等。在直接和间接效果中又有可计量的效果和不可计量的效果，可计量是指能够通过物理的或数学的方法进行衡量的效果，不可计量效果与可计量效果有所不同，属于社会范畴，如由于道路建设使通达地区居民产生满足感等。图 22-1 显示，可计量的直接效果包括出行费用的减少、交通工具燃料的节省、出行时间的短缩、生活时间的延长等等。间接效果的可计量效果包括：生产力的扩大效果、税收增加、加大就业、降低物价等方面，不可计量的直接效果内容有：定时性保障、减轻驾驶员疲劳、提高驾驶的舒适度、减少货物损伤以及节约包装费用、减少交通事故等。不可计量的间接效果内容有引发地区开发、促进土地利用、扩大生活圈、改善生活环境、增加人口集聚、提高行政效率等。此外，间接效果还包括与空间功能相对应效果，如为提高作为空间效果的地区景观，提高地区生活福利设施水准，提高城市安全保障、提升地区活动设施效果等。空间功能对应效果属不可计量效果，是存在性的效果。以上效果从时间角度观察，与直接效果相比可计量效果，不可计量效果的潜在期较长。

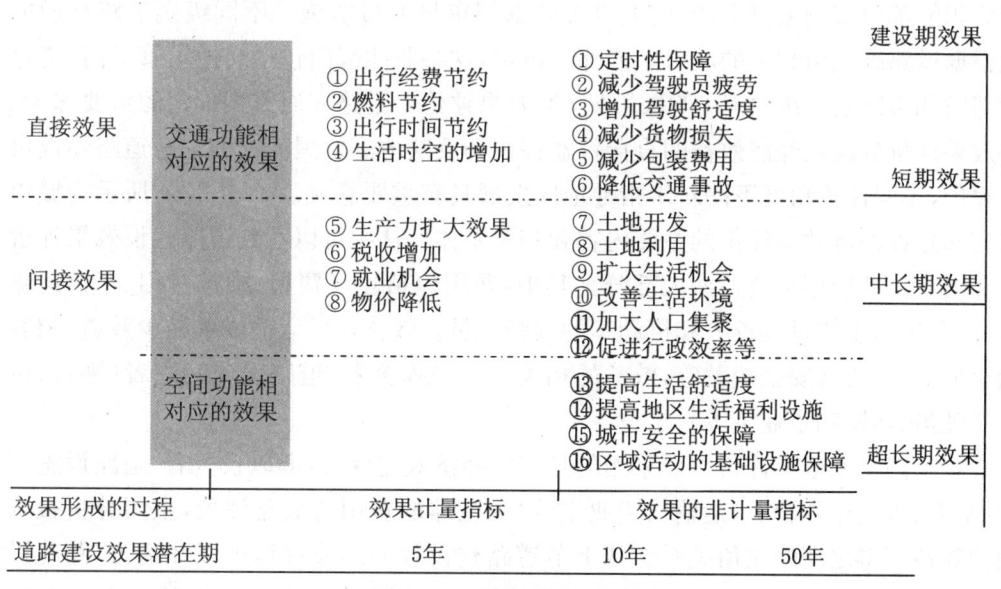

图 22-1　道路建设综合效果

资料来源：春燕（2009）《区域发展中的道路建设综合效果评价研究》。

(二)道路交通效果评价在决策中的定位

图 22-2 是根据城市交通规划程序描述的道路效果评价在城市道路交通建设决策中的定位。

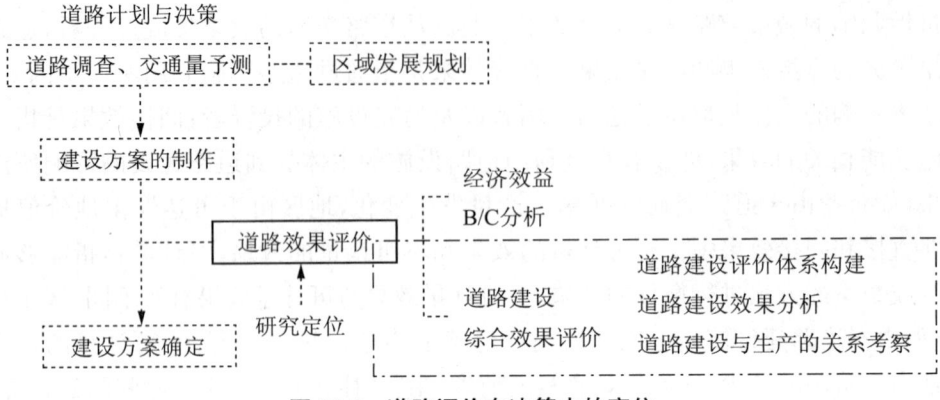

图 22-2 道路评价在决策中的定位

资料来源:春燕(2009)《区域发展中的道路建设综合效果评价研究》整理。

作为现行的城市道路交通规划建设,道路交通建设经济效益和综合效果评价在相关调查预测和方案设计基础上,依据道路建设的直接和间接效果,分析道路建设对经济社会产生的影响,发挥道路建设效果评价在道路建设中的作用,为决策者把握道路建设效果,确定城市与地区发展方向提供可参考的理论数据。

(三)城市道路交通建设及现行道路交通效果评价

各城市道路建设是在所在城市及地区总体规划的基础上,结合城市发展实际由政府相关职能部门编制项目申请,由上级主管部门审批通过实施。不同级别道路交通的审批根据道路级别由相关的政府职能部门负责,这些职能部门包括交通主管部门、道路建设部门和市区县各级政府,其中道路交通效果评价是道路交通方案确定的重要参考。道路效果评价分反映经济效益的直接效益评价和反映地区发展需求的综合道路建设可行性评价,不同评价角度不同对于指导地区发展具有重要意义。如表 22-4 所示为城市道路交通建设经济效益评价的主要内容和相关主体。从中可以看到道路建设效果评价的主要内容包括费用与效益两大部分。其中,费用包括建设费用、维护费用、车辆运输成本等,费用的主体是投资者和机动车的驾驶人员。效益包括运输成本减少效益、乘客时间短缩效益、交通安全效益等,效益的相关主体是投资者、道路设施利用者(乘客、机动车驾驶员、运输物资业主等)。

现行道路交通效果评价主要采用的是直接经济效益评价,即以投资者、道路设施利用者(乘客、机动车驾驶员、运输物资业主等)为主体的费用与效益评价,主要分析投入费用和效益所得之间的比值关系。从上节道路建设效果形成过程可以知道,道路建设效果是综合性和多方面的,影响主体包括道路设施的利用者还有非直接利用者。因此,除对直接效果进行评价外,道路交通效果评价还需对道路建设的社会效果,道路建设的

表 22-4 道路建设评价项目及与评价主体间的关系

项目	费用分析		
内容	建设费用 材料费 人工费 土地使用费 准备费 物价调整	维护费用 维护费 日常管理费	车辆运输成本 燃料费 轮胎费用 备品费用、车辆减价偿还 人工费、保险、车辆道路维护费 车辆修理费、企业管理费
主体	事业者(投资者)	事业者(投资者)	利用者(车辆驾驶员、运输物资业主)
	效益分析		
内容	运输成本减少效益	乘客时间短缩效益	交通安全效益
主体	事业者(投资者) 利用者	利用者(车辆驾驶员、运输物资业主、乘客)	利用者(车辆驾驶员、运输物资业主、乘客)
	财务分析		
内容	资金收集 道路费用计算	事业收益计算 偿还能力分析	不确定因素分析
主体	事业者(投资者)		

资料来源：根据国务院《城市管理条例》第二章。

间接效果进行评价，这对于把握道路建设对地区社会影响，完善现行道路交通效果评价，分析制定地区的中长期发展目标意义重大。

第三节 城市道路交通规划与布局

一、城市交通发展战略

在城市总体规划框架下，指导城市交通发展的战略包括定位城市交通发展长远目标的城市交通发展战略、着眼城市交通网络布局的城市交通中长期规划，以及城市交通近期建设规划。

（一）城市交通发展战略规划

城市交通发展战略是城市交通系统 20—50 年间的长远发展的方向性规划。该战略规划结合城市总体规划根据未来土地利用规划、生态环境容量、人口发展与分布和经济发展规划，预测未来城市客货运交通需求，确定保证城市交通可持续发展下的交通系统供应量。城市交通发展战略规划主要解决远景交通发展目标及发展水平，着重提出城市长远的交通发展战略，其内容包括城市交通方式结构、城市道路交通综合网络主骨架布局、对外交通布局、交通发展政策等问题。

表 22-5　指导城市交通发展战略中道路交通规划的层次和范围

	城市交通发展战略	中长期规划(综合网络规划)	城市交通建设规划
规划范畴	城市交通长远发展目标	中长期交通方式结构优化	城市交通发展状况评价
	城市交通政策	道路网布局	现状交通网络的完善规划
	城市交通方式结构优化	公交、静态交通等城市交通专项规划	道路交通建设方案设计
	道路交通综合网络骨架布局	规划方案的可持续发展评价	近期重大项目效果分析
	对外交通规划	分期建设序列	实施保障措施
	城市交通发展保障措施		

资料来源：根据陆建(2003)整理。

(二) 城市交通中长期规划

城市交通中长期规划也称为城市交通综合网络规划。城市交通中长期规划着眼于中长期城市交通方式及结构、道路网布局、公共交通专项规划，以及具体的项目建设顺序等问题。城市交通中长期规划是城市交通系统战略规划的深化与细化，该规划年限为5—20年，规划目标追求城市环境质量的改善、满足交通需求、优化资源利用等。与城市交通发展战略规划相比中长期规划更多体现在内容的定量化。

(三) 城市交通近期规划

城市交通近期规划即城市交通建设计划。该规划以城市交通系统战略规划和中长期规划为基础，重点是对具体建设方案进行设计与评价，结合城市交通现状提出近期1—5年中城市交通需要建设和完善的措施。

二、城市道路交通规划

城市道路交通规划主要程序包括6个部分，分别是总体设计、交通调查、交通需求预测、方案制定和方案评价，以及信息反馈与方案调整。

(一) 总体设计

作为城市交通规划下的专项规划，城市道路交通规划的总体设计包括成立规划工作组织机构，编制规划工作大纲，确定规划目标、指导思想，以及规划年限和规划范围。

(二) 交通调查

交通调查的目的是了解现状网络交通信息、判断发展状况及存在问题。调查的主要内容包括城市社会经济与土地利用状况调查、城市人口出行调查、机动车出行调查、道路交通特性调查、交通网络基础信息调查、交通管理状况调查、货物源流调查、道路交通环境调查、道路交通燃油消耗调查以及交通发展政策调查等。根据调查对城市交通系统各构成现状进行分析，发现问题及原因，提出解决问题的对策思路。为长远规划和近期治理提供依据。由于规划层次和要求不同，调查内容根据具体情况具体确定。

（三）交通需求预测

交通需求预测包括客运、货运交通需求预测，以及静态交通预测等。交通需求的预测方法采用 OD 矩阵方式。预测之前须对社会经济发展指标、城市人口及分布等相关影响因素预测。

（四）方案制订

根据交通需求预测结果，方案制定包括城市道路网络系统规划方案、公共交通规划方案。以上规划方案须与城市轻轨、地铁交通网规划方案、自行车交通规划方案、行人交通规划方案、公共停车场规划方案、城市对外出入道路布局等方案统筹。除此之外，还要对保障规划实施的政策与措施进行研究。

（五）方案评价

对照事先拟订的规划目标和指导思想，对城市交通系统设计方案进行评价。在城市交通系统可持续发展规划中，评价包括三个方面，分别是满足交通需求、优化资源利用、改善环境质量。评价同时要判断规划方案是否符合可持续发展原则以及符合程度如何，并指出不符合可持续发展的因素。

（六）信息反馈与方案调整

信息反馈与方案调整是指根据方案评价，对照规划目标对不符合发展的部分及问题进行必要的调整。方案调整包括交通网络和交通方式的结构调整、土地利用调整、交叉口方案调整、局部路段调整，以及交通发展政策调整。

三、城市道路交通布局

（一）城市道路交通规划布局的基本原则

1. 框架原则。即城市道路交通布局要满足组织城市各部分用地布局的框架要求。各等级道路既是各类城市用地和城市各分区、组团的分界线，又是联系各类城市用地和分区的通道。城市道路的布局要与城市绿地系统和主体建筑相配合，形成体现城市特点的功能与景观格局。

2. 效率原则。城市道路交通布局要提高交通运输效率。如以交通功能为主的干道要求控制两侧用地的直接开口，以集散功能为主的道路允许两侧用地直接开口等。根据不同的用地性质布局不同功能的道路，通过道路网与毗邻用地的性质整合发挥道路的交通功能或生活功能。

3. "以人为本"原则。道路网以实现人的移动为根本目标，城市道路交通规划布局应满足不同功能交通的需要。如满足快速与常速、交通性与生活性、机动车与非机动车、车与人等对城市各种交通的需求。

4. 环境原则。城市道路交通布局要满足城市环境要求，通过合理布局道路交通，以降低环境污染，缓解拥挤。

（二）城市道路交通空间布局的主要形式

城市道路交通空间布局是一个定性与定量分析相结合的过程。在社会经济、自然地理等条件制约下,不同城市有着不同形态的道路系统。从现行的城市道路空间布局看,主要有四种典型类型:一是方格网式道路网布局。这种道路网布局中多条道路方向平行,交通分散,灵活性大,适用于地形平坦的城市。不足之处是处在对角线方向的交通联系不便。二是环形放射状道路布局。这种布局形式有利于城市中心与外围的联系,但干道也容易将外围交通引入中心城区造成中心城区的交通压力,同时交通灵活性较差,容易出现城市的蔓延性向外扩张。三是自由式道路布局。一般是道路结合自然地形,没有一定形态,呈不规则布置,主要出现在地形起伏变化较大的城市。四是混合式道路网布局。是指基于历史原因城市交通存在几种不同的道路网形态。四种城市道路交通布局各有优劣,具体城市道路交通规划建设需要根据已经形成的道路网格局,从改造发展的原则出发,结合城市地理条件、城市形态、客货运输流向及强度等方面确定城市道路交通网布局。

(三) 城市道路交通系统性判断的主要特征

城市道路交通的系统性主要表现在城市道路网与城市用地之间的协调、道路网系统内部各组成要素之间的协调配合,以及与对外交通系统的衔接关系。

1. 城市道路交通系统与城市用地布局的配合。主要是指各级各类道路的走向是否适应用地布局带来的交通流,主要道路的功能是否与两侧的用地性质相协调。城市道路系统与城市用地布局的配合一方面是解决城市各相邻区域间和跨区域的交通问题,另一方面各级各类道路的走向对用地发展和建设要起到引导作用。

2. 城市道路系统的功能分工及结构的合理性。系统内部各组成要素之间的协调配合主要是指道路网中不同道路的等级结构、功能分工是否清晰合理,各级各类道路的密度有利于保障交通流有序地由低一级道路向高一级道路汇集,并由高一级道路向低一级道路疏散,避免不同等级道路越级相接。

3. 城市道路网与对外交通系统的配合衔接。城市道路网与对外交通系统的配合衔接关系主要表现在城市快速道路网与高速公路的衔接关系、城市常速交通性道路网与一般公路的衔接关系、城市对外交通枢纽与城市交通干道的衔接关系等方面。

(四) 专用道路系统空间布置

1. 自行车道路交通系统。自行车的出行大多在活动半径 3 公里左右,是居民出行最省时、最便捷的方式。因此在城市专用道路系统空间布置中应本着机非分离、方便出行和减轻主、次干道自行车交通压力的指导思想,充分利用与主、次干道平行的街巷,设计城市区域范围内的自行车道路网,包括设计交叉口自行车管理措施。对此,中小城市规模较小、道路条件相对余地较大,容易实现较大范围的自行车道路网。但大城市由于现有道路条件制约,如城市交通拥挤、机非混行严重的情况,可实施区域性的自行车道路系统,以重点缓解机非混行的矛盾。

2. 步行系统。步行系统布局的基本原则是人车分离、便捷和舒适等。步行交通设施主要有步行街(区)、步行广场,以及人行道、人行横道、立体过街设施(天桥、地道)等。人车分离有空间上的分离,也有时间上的分离。其中交通管理是采用分时段步行区,如行人过街通过设置有信号灯的人行横道等;人行道、步行街(区)等主要采取空间分离。

便捷是指步行设施应当为步行者创造内外通达、出行方便的交通环境,避免出现步行的强制性的停留。舒适是指步行系统应创造使人心情舒畅的环境,尤其是具有休憩功能的步行设施。

第四节　城市对外交通与公共交通

城市是一个开放的社会经济系统,城市交通广义上讲是由城市外部交通和城市内部交通运输系统构成的一个开放型系统。城市内部交通系统以服务内部交通为主交通方式,包括城市道路系统、公共交通系统,以及轨道交通系统等。城市外部交通系统是以城市为中心扩展的,保持此城市与其他城市以及周围区县相连接的交通,一般包括高速公路、铁路、水运、航空等多种对外运输方式。城市对外交通发展是构成城市区位条件和影响城市在区域中的地位和发展的一个重要因素,因此各城市总体规划均对城市对外交通的发展及规划建设提出明确要求。

一、城市对外交通

(一)城市对外交通发展基本要求

根据城市总体规划,城市对外交通发展基本要求主要包括六个方面。一是对外交通的发展要与城市以及区域的整体综合运输网络相协调,做好城市市内交通、市域交通、省域交通三个不同层次的衔接和转换。二是满足城市总体规划与城市交通发展需求,尽可能减少对外交通设施对城市空间发展的制约,处理好对外交通与城市总体规划的关系。三是处理好交通需求近期和远期关系,满足未来城市对外交通发展需求。四是关于过境交通要与市内交通分离,在保证交通流连贯性和快速性的同时尽量不对市内交通产生干扰。此外为满足过境交通的各种短暂停留,适当保留对外交通与市内交通的交换余地。五是充分估计各种交通运输方式客运、货运枢纽之间的协调、衔接和连续,以方便、快捷、高效的联络线,实现客运枢纽客运换乘和货运枢纽货物集散。六是入境交通要求线路直接、方便,能快速地进入到城市的快速、干道路网;出境交通要求通过城市快速、干道路网,能快速进入城市之间的高速交通系统。

(二)城市对外交通的层次及类型

根据对外交通服务的地区空间,城市对外交通分为市域交通和城际交通。市域交通是城市内中心城区与其所管辖周边区县间,以及区县与区县之间的交通。城际交通是本城市与其他省区城市以及国际城市之间的交通。不同层次对外交通采取的交通方式和强度各不同。市域交通实质是多中心大城市和特大城市的市内交通,该层次对外交通的主要特点是便捷与高速,交通方式主要包括市域高速公路交通、高等级公路交通以及快速轨道交通(城郊铁路)、磁悬浮等交通。城际交通是城市与市域外的全国范围内其他城市以及国际城市间的交通联系,交通方式一般采用的是航空、动车(高铁)、海运、公水联运和海铁联运等。

表 22-6 城市对外交通各层次及交通特征

	服务范围	交通方式	交通特点
市域交通	中心城与市域所辖区县间,市域所辖区县之间交通	快速轨道交通(城郊铁路) 高速公路 高等级公路 磁悬浮 公路 铁路	① 以高等级公路为主骨架,其他国省干线为次骨架,地方道路为进一步通达,形成层次分明,功能明确的城市道路交通网络。 ② 城市各区县之间的交通联系,除已建设的和规划的国道干线之外,建设一级以上高等级的地方公路网络,直接连通各个节点。
城际交通	城市与市域外其他城市间联系,与国际城市间的联系	航空 水运管道 海运 高速公路及铁路 多式联运	在充分发挥航空、铁路长途运输优势的基础上,通过向外辐射的国道主干线等高等级公路网络形成高容量的快速运输通道。

资料来源:根据建设部《城市道路交通规划设计规范》等文献整理。

(三) 影响城市对外交通发展的主要因素

1. 外部影响因素。城市交通是一定历史条件下城市发展的产物,是多种因素影响和作用的结果。从对外因素影响看,影响城市对外交通的因素有政策因素、经济环境因素、自然及资源条件因素,以及技术因素等。其中,政策是指导城市交通发展的重要依据,特别是国家政策,对于外部交通发展起到重要影响。如在区域协调发展战略指导下,国家为加强东西部城市之间联系重点加大了对中西部地区城市交通基础设施的投入,促进了该地区城市对外交通的发展。政策因素除直接影响外还可通过生产力发展和布局间接地对城市对外交通产生影响;经济环境因素的影响是指各城市所处区域的经济环境对城市对外交通的影响。区域经济环境活跃度不同,城市与城市之间的经济联系程度也不相同,经济联系越紧密,城市对外交通的要求就越高。此外,经济环境影响因素还包含市域内的产业布局,产业布局形成的物流走向以及各区县产品生产需要的商品流通都直接关系到市域交通建设,通过市域交通完善城市内各产业部门之间联络;自然及资源条件影响因素。自然主要指区位环境,不同地区城市对外交通方式不同。沿海地区城市对外交通运输大部分以海运为主,内陆城市对外交通主要靠公路和铁路。资源条件因素如城市内部拥有大量的优秀旅游资源,为吸引更多其他城市游客进入,城市对对外交通提出了更高的要求。又如拥有矿产资源的城市,需要发展对外交通与其他城市进行物资交换,以实现城市区域协调发展。技术环境因素是指新的交通技术的产生或交通技术的改良会为交通的客货运能力,以及舒适、节能等方面发展带来提升。

2. 内部影响因素。对外交通的内部影响因素主要考虑现有交通基础设施和城市交通管理系统能力。现有交通基础设施网络是城市对外交通建设中首先需要考虑的因素。一方面是节约土地、降低成本,另一方面现有交通设施的形成经过了长时间建设,是城市交通网络的重要基础。从城市交通管理系统讲,随着城市发展,城市对外交通日趋综合化、复杂化,通道化,能否综合各种运输方式的优势,协调运输矛盾,使对外运输效率更加高效,更多是取决于城市交通管理系统能力。对外交通发展是与对外交通管理能力相匹配的,对外交通的发展需要各个运输部门进行协调统一管理,保证运输的一体化发展。因此对外交通发展策略要考虑到交通管理的协调性。

二、城市公共交通

(一) 城市公共交通与城市发展的内在关系及其经济特性

1. 城市与城市公交发展的内在联系。17 世纪工业化国家城市产业发展迅速,城市中拥有了相当规模的产业工人,他们需要定点定时上班。这一现象加之城市工业化发展,为城市公共交通的诞生创造了物质基础。1600 年英国伦敦出现第一辆出租马车,拉开了城市公共交通发展的序幕,但实质上促进城市选择发展公共交通的是城市化发展。城市化使城市,尤其大城市人口加快增长,城市用地规模逐渐扩大,城市居民工作节奏加快、生活水平提高,促进着公共交通的发展,然而最初公共交通远远赶不上城市化背景下的私家机动化水平的提高。但私家机动车的发展带来的问题明显,不仅是城市道路交通的时空资源越来越紧张造成严重的交通拥堵,还影响经济社会秩序。如1989 年伦敦创造了拥堵车辆 53 千米的纪录、1997 年巴黎的城市街道出现了连续数周的拥堵、在韩国首尔,巴西的里约热内卢也有出现车辆拥堵时间长达 12 小时和 14 小时的事件。同时机动车造成的环境影响也受到各方面关注。美国自然资源保护委员会发表报告,指出假设公共汽车单位人污染排放量为 1,则轨道交通为 0,小汽车约为 12,摩托车约为 15,强调了空气污染物中的很多有害物质是由汽车尾气排放的。因此,为确保

表 22-7 不同交通方式空间占用及环境影响

交通方式	人均占地面积 (平方米/人)	以机动车占地 面积为 1	废气排放 (mg/km)	以公共汽车 排放为 1
步 行	0.75	0.025	—	—
自行车	8	0.27	—	—
摩托车	18	0.6	26.82	15
机动车	30	1	40.13	12
有轨电车	1.5	0.05	0	0
公共汽车	4.5	0.15	1.78	1
地 铁	0	0	0	0

资料来源:根据马荣国(2003)整理。

城市交通运输效率和保护城市大气环境,城市别无选择地运用了公共交通方式,尽管城市公共交通作为城市客运的交通,在城市化的过程中不断发展并不断接受着新的挑战。事实证明,城市公共交通独有的优势成为世界各地城市交通中倡导的选择。当前城市公共交通作为人们日常生活不可少的部分是各国城市客运交通发展大力倡导的主要方向。

(二)城市公共交通经济特性

城市公共交通的经济特性是指城市公共交通在其规划、建设、运营等过程中表现出的经济属性。城市公共交通系统经济特性可分为系统内部和系统外部两类。内部经济特性体现在发挥城市公共交通的准公共性、社会服务性和市场经营性有效带动的周边

表22-8 城市公共交通经济特性

	经济特性	城市公共交通与其经济特性的关系
内部经济特性	有偿性	有偿性是城市公共交通准公共性的体现。城市公共交通是政府通过税、费的收入提供资金进行建设、管理、经营的准公共产品。其准公共产品特性的表现之一是城市公共交通的有偿乘坐。
	社会价值	设置城市公共交通的目的在于提供满足人们出行的交通服务。公共交通的服务性主要表现在其公共性、舒适性、方便性、快速性和经济性等方面。城市公共交通通过服务于乘客体现其社会价值。
	商品属性	商品属性是指物品拥有价值和使用价值所具备可以交换的经济属性。公共交通实现乘客的空间位移效用和及时迅速到达出行目的地的时间效用来体现使用价值;售票是城市公共交通价值的实现形式之一,乘客通过付费,交换得到乘坐公共交通的权利,这时城市公共交通的使用权成为交换对象。
外部经济特性	影响区内土地地租的增值	区位和交通可达性是影响城市土地地租的两个关键因素,而衡量城市某一区域区位的标准可引用可达性。因此若某一区域的可达程度高于实际相互联系程度,则该区域具有空间集结和聚集经济的潜力,它将趋向于更高的土地利用强度,其土地租金也将随之增加。简而言之,公共交通可以促使影响区土地增值。
	高密度土地利用	城市公共交通与土地利用关系的实质就是土地租金与运输成本间的互补。土地使用者对土地的选择取决于土地租金与运输成本间的权衡,其选择标准是花费最少的土地租金与运输成本占据最大的土地使用面积,即获得最高的效用。
	促进城乡接合部的开发	城市公共交通使城乡接合部的城市用地租金高于农业用地投标租金。因此根据投标租金的定义城乡接合部的农业用地会向城市用地转变,出现郊区经济快速增长现象,使城乡接合部得到开发。
	减少环境压力	公共交通的社会效益巨大。从环境影响效益看,城市公共交通按人均计算大气污染、噪声污染都是最小,人均道路使用面积是最少的。这表现了公共交通对整个城市利益的服务贡献。

资料来源:根据马荣国(2003)整理。

经济的发展。它是城市公共交通在提供交通服务满足人们出行需求时自身所具有的经济特性。城市公共交通系统外部经济特性是城市公共交通运营过程中对非参与者(非经营者及非消费者)及周围环境产生的经济影响特性。主要表现为城市公共交通对土地价值、房地产价格、城市CBD区以及城乡接合部的经济影响。发挥外部经济特性将优化整个城市的经济结构,有利于保障公共交通基础建设项目投资和提升公共交通客流,改善公交企业运营。

(三)公交发展目标及城市公共交通发展的国际经验

1. 城市公共交通发展目标:

(1)创造城市交通健康运行环境。城市交通是具有耗能结构的复杂系统,同时受到诸多外界因素干扰。健康的运行环境是指没有交通拥堵,以公平有序,清洁环保,且拥有整体性的协调发展的城市交通发展为前提的,可持续的城市交通发展模式。

(2)出行方便。公共交通规划必须达到一定的覆盖率,保证大多数居民能比较容易到达并乘坐。其主要的一点就是线网优化、站点布局优化,以有效地增加公共交通的可达性,减少乘客车外等候或中转时间。

(3)安全。城市公共交通优先发展充分考虑安全因素,尽量减少城市公共交通系统对出行者的伤害,使乘用公共交通的乘客更安全。

(4)提供人性化空间。加强人文气息已是城市发展的一个必然趋势,城市公共交通系统作为城市的一个子系统,其发展趋势也以提供人性化空间为目标。因此,各种公共交通运输工具的设计以及相应的基础设施,应积极创造情趣空间设计,舒适的座椅,方便的上下车等设计,以便吸引更多的人使用城市公共交通。同时还提供给老弱病残者更舒适的乘坐空间。

2. 城市公共交通发展国际经验:

(1)巴黎。巴黎是世界上公共交通发展较早的城市,1900年法国的第一条地铁在巴黎建成通车,全长10千米。到1998年巴黎已拥有了总长244千米的14条地铁线、2条长度115千米的地区性直通快车线(RER),和256条路面公交线、1条9千米长的有轨电车线,以及1条7千米的自动化轻轨交通线。为了提高公共汽车的运行效率,巴黎设立公共汽车专用道245千米,投入使用清洁能源公共汽车、GPS卫星定位调度系统和低地板公共汽车等。现在公共交通已成为巴黎客运交通的主体。巴黎中心城及近郊的公交出行比例达到60%,公共交通系统年客运量达22亿人次。

(2)苏黎世。苏黎世是瑞士最大的城市,该市1882年就有马拉轨道车,1894年有了有轨电车。随着经济的发展,城市交通需求增加,但苏黎世的公共交通始终保持着主导地位,这与城市对公共交通的保护、支持政策分不开。1987年苏黎世议会公布交通政策蓝皮书,第一项内容就是"提供多种模式的公共交通"。苏黎世公共交通站距短、线路多、发车频率高、换乘方便。居民96%以上的到达附近车站步行距离不超过300米。1984—1994年的10年内,公交乘客增加30%,城市居民平均每年使用公共交通500多次,其中70%的居民喜欢乘有轨电车。值得一提的是,由于投资巨大的原因苏黎世没有修建地铁,但其地面轻轨系统发达,共有 13 条轻轨线,全长 108.9 千米,平均发车频率高,站距短。为进一步增加轻轨运输优势,交通管理者给了轻轨许多优惠政策,包括路口优先、有轨道的地方禁止其他车辆左转等。1995 年以来,诸如公交与租车结合的业务等公共交通新举措的开展,树立苏黎世公交优先的城市形象。

(3) 库里蒂巴。库里蒂巴是一座建于 1693 年的古老的城市,是巴西巴拉那州首府。库里蒂巴的公共交通开始于 1887 年,马车在库里蒂巴成为主要的公共交通工具,1912 年该市有轨电车出现,1928 年公共汽车开始运营,现在库里蒂巴全市的 5 条主干道快车线全市公共交通线路网 511 千米。库里蒂巴的公共交通系统安全、方便、效率,被市民广泛利用,受到联合国和各国关注。其独特之处在于政府的积极参与和支持,为提升公交运行效率,政府组织专家改进了公交换乘枢纽,快车线上公交汽车司机可以控制信号灯,以保证优先通行等。1990 年库里蒂巴获国际节能学会年度奖,成为交通污染最低的城市之一。

(4) 国际城市公共交通发展经验。从世界城市公共交通的发展情况看,公共交通得以生存、普及和发展的关键:一是有效的政策保护。如瑞士通过制定"公共交通法"规定改善公交的运营是全体人民的事业,联邦政府与地方政府共同负责对公交的投资,以促进公共交通发展。二是充足的资金支持。如美国纽约 20 世纪 80 年代以来每年平均的公共交通投资达 200 亿美元,法国以交通法为基础设立了交通基金,向企业征收公共交通税用于发展城市公共交通。其中 1992 年的巴黎公共交通基础设施改造建设资金主要源于基金支持。三是不断地开辟公共交通新模式。例如导向轨道车、公共租车业务等。四是向公共交通倾斜的管理政策,公交优先等。五是新技术在公共交通领域的广泛应用。六是优质的服务。

(四) 促进公交优先的政策与措施

1. 公交优先的内涵。城市公交优先是公共交通系统优先发展的简称,公共交通系统优先发展内容非常广泛。从广义上讲凡是有利于公共交通优先发展的政策和措施均可称之为公交优先。具体而言公共交通系统优先有政策方面的内容,也包含有技术、观念和规划等方面内容。从政策方面看,公共交通系统优先发展,是在财政税收、资金投入以及相关规划上确立对公共交通优先发展的倾斜做法。技术优先则是在交叉口或拥挤路段利用交通管理措施和技术手段给予公共交通优先通行的权利。观念和规划方面的公共交通系统优先发展,是指决策者和乘客加强公共交通意识,在进行城市整体规划时优先考虑公共交通。

2. 公交优先的基本思路。公交优先发展的基本思路,一是通过各种技术优先减少运行时间。公共交通运行时间的减少一方面是有助于个体机动车出行者转换出行方式选择公共交通。另一方面一条公共交通线路上减少的运行时间可以增加至一个发车间隔的话,那么该线路上就可以增加一辆公共汽车,以及缩短候车时间提升公共交通服务。二是提高公共交通的可靠性。路面公共交通和有轨电车在运行中常常受通道设施干扰产生延误,引起公共交通车辆运行时间与预定行车时间的偏差,使公交运行的可靠性降低。公交优先的目标是通过公交专用车道，交叉口公交专用信号灯等优先措施减少干扰，提高公共交通在交通线路上的通行能力，缩短运行时间，提高公交运行的可靠性。可靠性的提高有助于吸引更多的乘客。三是缩短乘客上、下车的时间。主要是针对公共停靠站设施，如降低车底面和站台间的高度差，方便乘客上下车减少其使用时间。四是提高公交车的舒适度。改善和提升车辆技术指标，使车内环境进一步改善，提高公共交通与个体机动车出行方式的竞争力，增加公交的吸引力。五是方便换乘。充分考虑到公交优先政策，合理布设公共交通站点和换乘枢纽，节省乘客的步行时间，促进各种公共交通方式之间的相互协调，也可使乘客的换乘更加方便。城市公交优先目标是以服务乘客为基本出发点，以乘客对公共交通的满意程度来衡量公交优先目标的实现程度。总而言之公交优先就是为使城市公共交通更具魅力，更加快捷、舒适、高效、安全、准时，能够有更大的吸引力，吸引更多人乘公交出行。

3. 公交优先的政策与措施。城市公共交通是解决城市交通问题最理想的客运交通的方式，也是城市交通最为经济的出行方式之一。各城市均力图发展公共交通，其政策措施可概括为外部和内部两部分。

（1）外部政策与措施。外部政策与措施是政府根据城市实际情况制定的有利于公交发展的各项扶持政策和限制措施。扶持就是通过各种手段发展公共交通，提高其运行速度，改善公共交通服务质量；限制就是对公共交通之外的机动车出行给予不便，在购置、使用等方面加以控制。扶持政策主要包括四个方面。一是财政扶持。财政扶持包括政府财政对公共交通经营亏损的适当补贴外，还包括为促进公交企业科技进步和管理手段现代化而给予的财政支持。财政扶持的实施多以立法的形式进行。二是税收扶持。税收扶持一是政府在税费方面对公交企业给予的税收优惠政策，减轻公交企业的税费负担。二是制定的专项税收政策，如法国巴黎支持公共交通事业发展是开征企事业单位公共交通税，同时减免公交车燃油税等。三是投资扶持。投资扶持通过制度设计加大政府投资力度，完善政府投资方式，同时引导银行信贷向城市公共交通倾斜，在银行信贷和配套资产计划中优先安排城市公共交通基础设施建设和车辆购置项目，并确保资金及时到位。在利用外资方面实行优惠。四是票价政策。票价政策是在保证更多吸收市民乘坐前提下，在社会效益、环境效益和经济效益的统一的原则基础上，制定出合理的公共交通票价，并逐步建立促进城市公共交通良性发展的价格与价值补偿机制。

（2）限制措施主要是针对个体机动车实施的交通需求管理。其措施一是对个体机动车的拥有量进行控制。如上海实施的车辆购置实行配额制和加征车辆牌照税等，以及日本执行的停车库许可证制度，即通过对停车库的数量的控制限制机动车数量。二是对个体机动车使用的控制。措施包括运用价格手段进行的控制。如实行停车位控制，特别是城市中心区的停车泊位，增加中心城区停车收费，而在城市边缘地区设立较多的停车位，便于与公交换乘，且低收费或不收费等。此外，对交通紧张地区为限制车流量征收道路及燃油税。运用非价格手段设置禁行区，限制在某些道路上的机动车使用，在高峰期禁止左转或右转等。三是在时间和路段上对个体机动车使用进行限制,如在上、下班时间主干道禁止个体机动车使用,在一些拥挤路段上限制小汽车的使用,实行单双号牌照隔日行驶等。上述限制并不意味着排斥小汽车的适度发展,以及其他交通方式的合理使用。相反只有优先发展公共交通,确立公共交通的主导地位,才能腾出更多的道路时空资源,保障机动车的合理正常使用,保障城市道路交通良好秩序和可持续发展。

(3) 内部政策。内部政策是指为促进公共交通事业、发展公交企业和公共交通,管理部门内部进行的改革。这些内部改革:一是转变政府职能,实行政企分离,即政府和企业分别从宏观和微观层面对公交企业进行管理。具体内容包括城建行政管理部门行使社会经济管理职能,由代表国家投资的第三方机构行使国有公交企业的所有者职能,由企业经理人员行使公交企业的经营者职能的"三职能分离"。二是引入竞争机制。主要是指打破公交行业垄断,在国家宏观调控和协调发展基础上,允许其他产权形式的企业进入公交市场参与竞争,包括各种公共交通方式之间的适当竞争、同一种交通方式在同一条线路上运行的不完全性竞争。三是提高企业的自主生存能力。公交企业不能一味地依靠国家各种资金补贴运行,允许通过采取适当的市场手段来维持公交的运行,如经营广告等。四是实行专营权制度。通过资质认证的企业可以参加招投标,获得线路专营权,在专营线路内独家经营公交业务。实行线路专营权后有利于政府根据线路的不同进行管理,区分政策性亏损和经营性损益,增大企业创收的积极性。五是缩小核算单位。明确责任,划清政策性与经营性亏损界限的同时使各企业有动力降低成本提高收入。

第五节　城市道路交通可持续发展政策保障

城市道路交通是一个复杂的系统,其发展水平与一定的社会历史发展阶段相适应,与政府宏观政策、科学技术水平以及城市的社会经济发展水平、自然条件等密切相关。城市道路交通可持续发展的政策法规主要侧重于使城市总体交通结构优化得以实现,以及有助于改善环境、减少资源消耗和提高环境容量。

一、城市土地利用政策

城市土地利用决定了城市交通的空间发展模式,包括交通发生强度及空间距离结构模式。不同城市根据不同的自然地理条件制定城市土地利用政策,确定城市化水平,阻止城市土地利用的无序扩张,同时减少城市交通对机动车的依赖。具体包括确定城市市区的发展范围与密度,适度供应市域各区县之间以及新市镇与中心城市的道路交通设施,通过轨道系统联系外围新市镇和中心市区。中心城区形成多中心混合的土地利用布局。沿公交走廊(轨道系统,公交主干线)及周边站点,布置高强度交通发生率的紧凑型开发,降低就业与居住的空间距离布置,减少不必要的出行和缩短出行距离。

二、城市交通结构优化政策

城市交通结构优化政策可以细分为公交发展政策、个体机动车发展政策、自行车发展政策和步行交通发展政策等。

(一) 公交发展政策

公交发展政策主要包括政策优先、投资优先、规划和设施建设优先，技术优先。其中包括设置公交专用道、交叉路口公交优先通行技术应用等给予公交运营车辆的优先通行权。引进先进的通信、信息和决策技术，优先实现对公交车的动态实时管理.优化运营调度，提高服务质量。

(二) 个体机动车交通方式发展政策

不同城市的经济发展程度不同，城市个体机动车发展水平也不同。各城市根据各自情况采用不同的政策。如大城市和特大城市严格限摩托车，中小城市适当控制，并限制其使用范围。对小汽车的发展应采取引导、控制加管理的发展政策。

(三) 自行车发展政策

自行车发展政策包括明确自行车在当前和未来城市客运交通结构中的地位和作用，明确发挥自行车在中短距离出行中的优势，发挥自行车的换乘功能，逐步建立自行车道路网络，实现自行车与机动车运行系统的空间分离，减少相互之间的干扰。

(四) 步行交通发展政策

步行交通占地少、投资小、环境影响小，不仅在短距离出行中扮演着主要的角色，而且在其他出行过程中担任衔接、转换的作用。城市交通结构中步行比例一般较高，解决好步行交通对城市交通发展有重要意义。

三、城市交通工具拥有与使用政策

参照国际城市交通工具拥有与使用政策积极发展公交车辆，配合城市交通结构优化政策，适度发展家用小汽车。具体的措施是通行区域控制措施、收缴车辆拥挤费、征收车辆使用税费，积极建设换乘设施、控制中心城区静态交通容量，鼓励停车换乘。

四、城市交通法规与规范建设

城市交通法规体系包括指导城市交通结构优化、指导城市交通基础设施建设、指导城市交通能源与环境建设，以及指导城市交通安全与管理的法规等组成，如公共交通法、轨道交通法、停车场法、城市交通环境影响分析条例、高污染车辆报废条例等。我国当前城市交通建设的法规有《城市规划法》和《城市道路交通管理条例》。《城市规划法》是从城市发展总体规划的角度，对城市道路交通的建设提出总的规划原则，《城市道路交通管理条例》则侧重了道路交通运行的管理。

五、城市交通法规与安全教育

伴随城市宏观交通结构优化,通过微观安全教育减少出行者在局部可能对道路或整个道路系统的通行能力造成影响。出行者交通行为的随意性和不规范增加了交通事故的隐患、干扰正常的交通秩序。因此,通过制定城市交通法规和交通安全教育计划,提高城市交通参与者的安全交通、文明交通意识,减少交通违章现象,提高道路基础设施的利用效率、降低事故促进城市交通可持续发展。

参考文献

陆化普等:《交通规划理论与方法》,清华大学出版社2006年版。

陆化普、黄海军:《交通规划理论研究前沿》,清华大学出版社2007年版。

张婷婷:《城市群中核心城市对外交通发展规划研究》,西南大学硕士学位论文2007年。

马荣国:《城市公共交通系统发展问题研究》,长安大学博士学位论文2003年。

春燕:《区域发展中的道路建设综合效果评价研究》,《上海经济研究》2009年第12期。

陆建:《城市交通系统可持续发展规划理论与方法》,东南大学博士学位论文2003年。

张生瑞、严海:《城市公共交通规划的理论与实践》,中国铁道出版社2007年版。

陈宽民:《城市交通系统理论分析与应用》,长安大学博士学位论文2003年。

中华人民共和国交通运输部:《城市公共交通"十三五"发展纲要》,2016年7月26日(http://zizhan.mot.gov.cn/zfxxgk/bnssj/dlyss/201607/t20160725_2066968.html)。

中华人民共和国建设部,《城市道路交通规划设计规范》,1995年9月1日。

中华人民共和国国务院:《城市管理条例》,1996年6月。

第二十三章 城市市政基础设施

城市市政基础设施是保障城市运转和经济社会可持续发展的支撑体系,是城市重要的生命线系统。由于各项城市市政基础设施分属不同的专业系统,在城市发展过程中需要进行系统协调和整合,本章拟对城市给水、排水、能源、通信、环卫、防灾和管线综合等进行简要的介绍,重点突出与城市规划整体统筹的衔接,以及各系统在城市空间的耦合。同时,针对当前城市市政基础设施发展的新理念、新技术和新政策,本章也一并作简要介绍。

第一节 城市给水与排水设施系统

水是城市生存和发展必不可少的支撑要素,制定合理的城市给水设施系统规划,是城市可持续发展的重要基础。城市给水系统根据不同布置形式,可以分为统一给水系统、分区给水系统、分质给水系统、循环给水系统和区域性给水系统等,给水设施包括城市取水设施、净水设施和输配水设施等。城市排水的对象是降水和污水,污水包括生活污水和工业废水,根据降水和污水不同的排放方式,存在合流制和分流制两种不同的排水体制和相应的排水设施系统。中水利用作为缓解城市水资源匮乏,提高水资源利用效率的有效途径,越来越受到重视。

一、城市给水设施系统

(一)城市取水设施

1. 城市取水设施的功能与构成。城市取水设施是指将原水取出并运输至净水工程,为城市提供充足水源的一系列工程设施,主要包括水源、取水口、取水构筑物、一级泵站、输送原水到净水工程的管线,以及蓄、引水源所建设的水闸、堤坝等。

2. 城市水源选择与保护:

(1) 城市水源种类。城市水源包括地下水、地表水(海水)和其他水源。地下水分布广、水质清、水温稳,但水量小且矿化度较高,在满足水质条件的情况下,一般都优先考虑。地表水易受地表各种因素的影响,季节性变化大,但往往水量大、矿化度较低,是城市水源的主要选择。在部分水资源缺乏的沿海城市,淡化后的海水也常用作工业用水及生活杂用水。其他水源还包括微咸水、再生水和暴雨洪水等,此类用水经过处理可部分补充城市水源。实施城市节水综合改造,推进城市再生水、雨水、海水淡化水等非常规水源的利用,全面建设节水型城市是当前城市给水系统规划的重要任务。

(2) 城市用水量预测。根据用水目的差异,城市用水有不同的分类,包括综合生活用水、工业企业用水、市政消防用水、管网漏损水和其他未预见用水等。城市用水量预测需要首先确定各类用水量标准,采用不同方法预测城市总用水量,包括平均日用水量、最高日用水量和年用水量等指标。

(3) 城市水源选择。根据城市用水量预测,以及城市空间和给排水系统布局的要求,在深入调查研究基础上选择水源,主要应满足以下原则:

水量充足,能满足城市近远期发展的需要;

水质较高,利于简化水处理工艺,节省成本;

环境良好,包括水文、地质、卫生和施工等条件应利于取水工程;

供水安全,大中城市考虑多水源分区供水,小城市预留备用水源;

统筹安排,协调农业、航运、旅游、发电等其他经济部门,合理综合利用水源。

(4) 城市水源保护。城市水源应做到利用与保护相结合,城市水源保护区包括水域和陆域部分,可以分为一级、二级和准保护区,一级、二级保护区的水质不低于《地表水环境质量标准》(GB 3838—2002)中的Ⅱ类标准,各级保护区应符合相关的卫生防护规定。

(二) 城市净水设施

1. 城市净水设施的功能与构成。城市净水设施是指将原水净化成符合城市用水水质标准的净水,并加压输入城市输配水管网的一系列工程设施。主要包括给水处理厂、清水库、输送净水至用户的二级泵站等。

2. 给水处理厂规划。原水被取出后需要通过给水处理厂(简称水厂)采取一定的处理方法去除水中杂质,使之符合生活和生产使用的要求、符合国家规定的卫生标准。水厂的用地规模应根据远期供水规模进行规划控制,但可以分期建设;水厂的选址需考虑多种因素,其选址要点包括:

(1) 地质条件较好,一般选择地下水位较低、土地承载力较大、湿陷性等级不高及岩石较少的区域,可降低工程造价和便于施工;

(2) 水文条件较好,应选择在不易受洪水威胁的地方,否则应采取防洪措施;

(3) 交通和能源条件较好,可降低输电线路的造价和利于施工管理;

(4) 环卫和安全条件较好,确保水厂的环境卫生及安全防护;

(5) 用地充足，能满足水厂近远期扩大规模、新增附加工艺的发展需求；

(6) 距离适中，综合考虑取水点选址和用水区位置，水厂可选择离用水区较近的地方或设在取水构筑物附近。

(三) 城市输配水设施

1. 城市输配水设施的功能与构成。城市输配水设施是指将净水设施输出的净水安全、保质、稳定地输送到生活、生产、市政和消防等用户的一系列工程设施。主要包括从净水设施输入城市给水管网的输水干管和配水管网，调节水压水量的高位水池、水塔和泵站等。

2. 城市给水管网规划：

(1) 输水干管。输水干管的作用是将净化后的城市用水输送到各用水地区的配水管网或沿线用户，管径较大，一般在 200 毫米以上。为确保用水安全，输水干管数量不宜少于两条。

(2) 配水管网。配水管网的作用是将输水干管送来的净水配给接户管和消火栓，管径相对较小，一般在 100 毫米以上，其中，消防用水的配水管网管径应大于 150 毫米。

配水管网的布置形式一般包括枝状网和环状网两种类型。枝状网的管道从水厂到用户呈树枝状延伸，管径逐渐变小。这种管网形式构造简单，管道总长度较短，可以节省投资，但供水的安全性和可靠性较差。其一，当某一处管道发生故障时，其后的管道全部断水；其二，在管道的末端，因用水量较小，水流缓慢容易出现水质变差等情况。环状网的管道形成闭合的环状，管道供水选择较多，供水的安全性和可靠性大大提高，但这种管网形式构造复杂，管道总长度增加，投资要求高于枝状网。

配水管网的两种布置形式，在同一城市往往同时存在，但规划时应以环状网为主。一般在城市中心等重要地区布置成环状，在其他次要地区布置成枝状；结合城市近远期发展，近期为节省投资采用枝状网，远期可逐步完善成环状网。

(3) 其他配水设施。为保证配水管网的水压和高峰时段的流量，在配水管网之外，可能还需要增加高位水池、水塔和泵站等设施。其中，水池和水塔都起到调节水压和水量的作用，泵站主要起到增压的作用。

二、城市排水设施系统

全面整治城市黑臭水体，强化水污染全过程控制，建立排水防涝工程体系，加快推进海绵城市建设，破解"城市看海"难题等构成了当前城市排水设施系统规划的重要任务。

(一) 城市排水体制

1. 城市排水分类。降水是指雨水和冰雪融化水，初期雨水较脏，含较多污染物。如果降雨时间较为集中，径流量大，为防止城市洪涝需及时排除。

生活污水是指人们在日常生活中使用过的水，含有较多有机物和病原微生物，需处理后才能排入水体。

工业废水是指工业生产中产生或使用过的水,根据工业性质和生产过程的不同,工业废水的污染程度和处理方式也不相同。生活废水往往可经简单处理后重复利用或排入水体,生产污水则需处理后利用或排放,部分工业废水因所含污染物质具有回收利用价值。

2. 城市排水体制分类:

(1) 合流制排水系统。合流制是指将降水和污水混合在一套管渠内排放的系统,可以分为直排式合流制和截流式合流制两种类型。在直排式合流制排水系统中,雨水和污水混合在一起直接排放,这种排水系统不设污水厂,管渠造价低,可以节省投资,但对水体污染严重,目前已很少采用。截流式合流制是在直排式合流制排水系统基础上,在临河的排放口附近建造一条截流干管,并设溢流井。无雨天或初雨时,所有污水都排送至污水处理厂,经处理后排放,大大减轻城市水环境压力;当混合污水量超过截流干管输水能力时,部分混合污水经溢流井直接排入水体,对水体仍有一定污染。截流式合流制目前多用于老城改建,工程量相对较小。

(2) 分流制排水系统。分流制排水系统是将降水和污水通过各自独立的管渠排除的系统,可以分为完全分流制排水系统和不完全分流制排水系统。完全分流制排水系统分设雨水和污水两套管渠,卫生条件较好,主要应用于新建城市和重要工矿企业。不完全分流制是指只有污水管道系统而没有完整的雨水管渠系统,投资较少,主要用于有合适地形的城市。

(3) 城市排水体制选择。城市排水体制的选择需要综合考虑多方面因素,包括环境保护、工程投资、城市近远期发展和施工管理等因素。由于城市大多经历了不同发展阶段,往往一个城市会采用混合制的排水系统,总体上,应根据不同的自然条件及建设情况,通过综合分析因地制宜选择不同的排水体制。

(二) 城市雨水排放设施

1. 排放方式与排水分区。雨水排放主要任务是及时地排除降雨形成的地表径流,雨水排放有自排和强排两种方式。自排是依靠雨水重力自流排入水体,是城市雨水排放的主要方式;强排是将收集的雨水通过泵站抽排到水体,主要解决城市低洼地区的排水问题。

城市规模较大或地形起伏较大的城市,需要划分雨水分区,以便以最短的距离依靠重力将雨水就近排入附近水系,降低积水风险,减少工程投资。划分排水分区应遵循充分利用地形和水系、高水高排与低水低排的基本原则。

2. 雨水管渠水力计算。雨水管渠水力计算是雨水管渠系统布置的前提,其目的在于确定雨水管渠的管径、坡度、埋深和雨水泵站设计流量。主要步骤包括因地制宜确定暴雨强度公式、重现期、集水时间和径流系数等指标,计算管段的设计流量,具体公式和参数可参考相关专业书籍。

3. 雨水排放设施布局。城市雨水排放设施包括雨水管渠、雨水检查井、雨水收集口、雨水排放口和雨水泵站等。雨水管渠的布置应充分考虑地形情况,就近排入水体,采用明渠或暗管应结合当地具体条件确定；尽量避免设置泵站，泵站通常布置在雨水管渠出口附近；雨水收集口布置应充分考虑行人及交通便利，结合道路设计进行；雨水排放口可以根据出口水体情况采用分散和集中两种布置形式；调蓄水体布局应充分利用地形，结合景观、消防规划等综合设置。

（三）城市污水处理与排放设施

1. 城市污水量预测。城市污水量与城市用水量密切相关，用水量乘以排放系数即为污水量，不同城市与不同性质的污水有相应的排放系数。同时，在不同的排水体制下，污水量预测也有所不同，截流式合流系统除根据用水量和排放系数预测的污水量之外，还要考虑部分初期雨水进入污水系统。

2. 污水处理厂布局。污水处理厂布局对城市总体布局、环境保护和污水管网布局等都有重要的影响。污水厂应设置在地势较低、靠近水体和地质条件较好的区域，不宜选择在易受洪水威胁的低洼处设置，尽可能少占用农田，同时符合城市总体规划确定的近远期发展目标。

3. 污水管网布局。城市污水管网布置的主要内容包括：划分排水分区、确定污水处理厂和出水口位置、确定污水主干管的路线、确定抽升排水区域和泵站位置等。在具体规划布置时，应充分利用地形，尽可能在管线较短、埋深较小的情况下，让大部分区域的污水能自流排出，避免提升；管线尽量减少与河道、山体、铁路和地下构筑物等交叉；充分考虑地质影响，避开土壤条件较差或地下水位较高的地段；污水干管一般沿城市道路布置，并综合考虑城市近远期发展和分期建设的安排。

（四）城市中水系统

1. 城市中水系统概述。中水系统是指将城市污水经过一定的处理后作为城市用水的系统设施，中水利用是提高城市水资源利用率、解决城市水资源危机和促进水资源可持续发展的重要途径之一。我国的中水利用起始于 20 世纪 70 年代，截至目前，我国城市的平均中水回用率仅超过 10%，仍处于较低水平，且北方缺水城市中水利用比例普遍高于南方富水城市。

中水系统按规模大小可以分为建筑中水系统、小区中水系统和城市中水系统三种类型。建筑中水系统是指将一幢或相邻多幢建筑产生的污水经适当处理后作为中水进行循环利用的系统，该系统规模较小，较易实施，但投资和使用费用较高。小区中水系统是指在一个或多个住宅区设置一个中水处理厂，根据各自需求和用途供应中水，该系统投资和使用费用相对较低，水质稳定。城市中水系统是指利用污水处理厂的深度处理水作为中水，该系统规模大、费用低、管理方便，但需要单独铺设中水管道系统。

2. 中水系统规划要求。中水系统设施包括原水设施、处理设施和供水设施三个部分，兼具给水和排水系统的功能，除了符合给排水工程规划的原则外，还应注意以下几个问题：

（1）中水系统应根据城市用水量及水源情况综合考虑；

（2）中水系统布置要求与给排水相似，但应保持其系统的独立性；

(3) 中水处理厂(站)应结合用地布局规划，合理预留用地；

(4) 中水系统较为分散，更应强调系统统筹，将建筑中水系统逐步向小区或城市系统发展，增加回用规模，降低成本。

第二节　城市能源与通信设施系统

能源是城市赖以生存和发展的基础，能源的供应水平直接关乎城市居民生活水平和城市的可持续发展。城市能源系统包括城市供电系统、城市燃气系统和城市供热系统等，城市供电系统由城市供电电源和输配电网络组成，城市燃气系统由燃气气源、储气工程和输配气管网组成，城市供热系统由供热热源和供热管网组成。城市通信设施系统由邮政、电信和广播电视等分系统组成。

一、城市能源设施系统

(一) 城市供电设施

1. 城市供电电源：

(1) 城市电源类型。城市电源是自身具有发电或从区域电网获取电源，为城市提供电源功能的设施，通常分为城市电厂和区域变电所(站)两种基本类型。城市电力可以由城市电厂直接提供，包括火力、水力、风力、核能和地热发电厂(站)等类型；也可由外地发电厂经高压长途输送至电源变电所(站)，然后进入城市电网，我国城市变电所按照进线电压的高低分为不同级别，其中电源变电所的等级一般为35 kV及以上。

(2) 城市电力负荷预测。城市用电负荷可以按照全社会用电分类，也可以按照产业用电分类进行预测。预测方法一是从城市用电量预测入手，然后转化为用电负荷，二是从城市规划区的负荷密度标准入手进行预测。在城市规划中通常基于城市建设用地分类和建筑分类进行电力负荷预测，由此决定城市电源和输配电网络的容量和规模。

(3) 城市电源设施布局。目前，火电厂和水电站是我国主要的城市电源。水电站受地理条件限制，往往距离城市较远，火电厂则常常选择在城市边缘地区布局，并需要遵循以下原则：

布局在城市边缘或外围地段，处于城市主导风向的下风向，并与生活区保持一定距离；

燃料和用水量较大，应布局在有便利的交通运输条件和靠近水源的区域；

用地上应确保有足够的储灰场空间，并充分考虑出线条件，留有适当的高压走廊宽度；

充分考虑防灾要求，避开地质不良地区和易受洪涝灾害影响的地区。

城市电源变电所的布局应遵循以下原则：

布局在城市边缘或外围地段，便于进出线，确有需要深入负荷中心布置的，应充分论证，尽可能避免对周边地区环境和安全的影响；

避开易燃、易爆设施，避开大气严重污染地区及严重烟雾区；

避开地质不良地区和易受洪涝灾害影响的地区；

不得布置在国家重点保护的文化遗址或有重要开采价值的矿藏上，协调与风景名胜区、军事设施、通信设施、机场等重要区域和设施的关系，尽量节约集约利用土地。

2. 城市输配电网络

（1）城市电力网络等级。我国城市电力线路电压等级有 500 kV、330 kV、220 kV、110 kV、66 kV、35 kV、10 kV、380 V/220 V 等八类。城市输配电网络工程由城市输送电网与配电网组成，配电网由高压、中压和低压配电网等组成。一般而言，区域电源至城市电源变电所的送电电压为 500 kV、330 kV 和 220 kV；高压配电网具有为低压配电网变、配电源，以及直接为高压电用户送电等功能，电压为 110 kV、66 kV 和 35 kV；中压配电网主要为 10 kV 线路配电所和开闭所；低压配电网具有直接为用户送电的功能，电压为 380 V/220 V。

（2）城市电力线路敷设方式。城市电力线路的敷设方式包括架空线路和地下电缆线路两类。市区架空高、中压输电线路可采用双回线或与高压配电线同杆架设，以减少高压走廊占地面积；35 kV 及以上高压架空电力线路应规划专用通道并加以保护。从用地景观和安全角度考虑，不宜采用架空电力线路时，城市内的电力线路可以采用地下敷设的方式。电缆线路应与城市其他地下管线统一安排，通道的宽度、深度应考虑远期发展的要求，路径选择应考虑安全、可行、维护便利和节省投资等条件。

（3）城市电力线路安全保护。直埋电力电缆、架空电力线路与其他建构筑物之间应保持一定的安全距离，具体应遵循《电力线路防护规程》《电力设施保护条例》等相关规定。其中，架空电力线路保护区为电力导线边线向外侧延伸所形成的两条平行线内的区域，称为电力线走廊，高压电力线路保护区通常称为高压走廊。

（二）城市燃气设施

1. 城市燃气气源。城市燃气一般分为天然气、人工煤气、液化石油气和生物气四类。气源是向城市燃气输配系统提供燃气的设施，主要包含煤气厂、天然气门站、石油液化气气化站等。煤气厂主要有炼焦煤气厂、直立炉煤气厂、水煤气厂、油制气煤气厂等类型，天然气门站收集当地或远距离输送来的天然气，在无天然气、煤气厂的城市，目前多以石油液化气气化站用作管道燃气的气源。城市燃气气源规划主要是选择合适的城市气源，进行燃气负荷预测与计算，并在城市中合理布局气源设施。

气源种类的选择应遵照国家能源政策和燃气发展方针，因地制宜，选择技术上可靠、经济上合理的燃气种类。气源设施的选址因不同气源设施类型略有不同，但总体上都应合理利用现有气源设施，制定合理的改造或替代方案；根据城市规模和负荷的分布情况，合理确定气源设施的数量和主次分布；考虑气源厂之间和气源厂与其他工业企业之间的协作关系；宜选择具有良好的交通运输条件和工程地质条件的地区，避开地震带、地基沉陷、洪水威胁和雷击频繁地区，避开高压走廊，并与周边建筑或用地保持安全距离。

2. 燃气储气设施。燃气储气工程包括各种管道燃气的储气站、石油液化气的储存站等设施，其功能在于储存燃气，满足与调节城市用气需求。储气站储存煤气厂生产的燃气或输送来的天然气，满足城市日常和高峰时的用气需要。石油液化气储存站具有满足液化气气化站用气需求和城市石油液化气供应站的需求等功能。

3. 燃气输配气管网。燃气输配气管网工程包含燃气调压站、不同压力等级的燃气输送管网、配气管道，其功能在于升降管道燃气压力，以便于燃气远距离输送，或由高压燃气降至低压燃气，向用户供气。一般情况下，燃气输送管网具有中、长距离输送燃气的功能，采用中、高压管道，不直接供给用户使用；配气管则具有直接供给用户使用燃气的功能，配气管为低压管道；燃气调压站具有升降管道燃气压力的功能。城市燃气输配管网的形制按布局方式分类，包括环状管网系统和枝状管网系统；按照整个系统中管网不同压力级制的数量分类，包括一级管网系统、二级管网系统、三级管网系统和混合管网系统等四类。

（三）城市供热设施

1. 城市供热热源。城市供热分为集中供热和分散供热，集中供热热源工程包含城市热电厂（站）、区域锅炉房等设施。城市热电厂（站）是以城市供热为主要功能的火力发电厂（站），供给高压蒸汽、采暖热水等。区域锅炉房是城市地区性集中供热的锅炉房，主要用于城市取暖，或提供近距离的高压蒸汽。

城市热源的选择和布局应首先确定集中供热对象和供热标准，预测供热负荷，再针对性地选择热源和供热方式，确定热源的供热能力、数量和布局。相对而言，热电厂作为集中供热系统热源时，对城市环境影响和投资都较大，对水源、运输和用地条件要求较高，区域锅炉房的选址建设则更加灵活，适用面更广。

2. 城市供热管网。城市供热管网工程包括热力泵站、热力调压站和不同压力等级的蒸汽管道、热水管道等设施。热力泵站主要用于远距离输送蒸汽和热水，热力调压站调节蒸汽管道的压力。按照热源与管网之间的关系，供热管网可分为区域式和统一式两类，按照输送介质的不同，供热管网可分为蒸汽管网、热水管网和混合式管网三类，按照平面布置类型的不同，供热管网可分为枝状管网和环状管网两类。

二、城市通信设施系统

（一）城市邮政系统

城市邮政系统具有快速、安全传递城市各类邮件、报刊及电报等功能，包括邮政局所、报刊门市部、售邮门市部和邮亭等设施。城市邮政设施的种类、规模、数量与城市的性质、规模、经济发展目标、产业结构等因素相关，邮政需求量主要由通信总量和邮政年业务收入来表示。

邮政局所的规划和布局以便于群众用邮为目标，根据人口的密集程度和地理条件所确定的服务人口数、服务半径和业务收入三项基本要素来确定，可以分为邮政通信枢纽、邮政局、邮政支局和邮政所。邮政通信枢纽一般选址在火车站一侧，靠近火车站台，交通、地形、地质、供水、供电、供热、排水等条件良好；邮政局所应设在居民活动集中的区域、文化游览区、大型企业和大专院校所在地，主要交通枢纽如车站、机场、港口等应设置邮电业务设施。报刊门市部、售邮门市部和邮亭等设施主要设置在城市繁华地段，一般为简易设施，是邮政局所功能的补充和延伸，可有效扩大邮政服务范围。

（二）城市电信系统

城市电信系统通过传送电信信息流，具有收发、交换、中继等功能，包括有线电话和无线电通信两类设施。

有线电话系统由电信局所和电信线路组成。基于用户预测，电信局所的选址应接近计算的线路网中心，便于线路的敷设，避开 110 kV 以上变电站和线路，避免强电对弱电的干扰。电信线路的敷设包括地下敷设和架空敷设两种方式，在市区内应优先采用地下管道敷设方式。管道一般平行于道路中心线敷设在人行道或非机动车道下，埋深 0.8—1.2 米，低于冰冻层并高于地下水位；如采用电缆直埋方式，应加覆盖物保护并设置标志。架空电话线路一般不与电力线路、广播明线线路合杆架设，应保持一定距离避免干扰。

无线电通信有微波通信、移动电话、无线寻呼等，由于移动通信突破了固定电话之间通信的局限性，具有更加方便快捷的特点，近年来得以快速发展。随着移动通信技术的不断发展，移动通信网的功能也越来越强大和完善，在经历了四个发展阶段后，目前 5G 移动通信网络已进入实验阶段，很快将推出商用服务。移动通信基站是移动通信网络最重要的基础设施，根据移动通信网络服务区覆盖方式，可以分为小容量大区制和大容量小区制两种类型，不同类型配置相应的基站设施。

（三）城市广播电视系统

城市广播系统，分无线电广播和有线广播两种方式。广播系统包含广播台站工程和广播线路工程。广播台站工程有无线广播电台、有线广播电台、广播节目制作中心等设施，主要功能是制作播放广播节目；广播线路工程主要有有线广播的光缆、电缆以及光电缆管道等，主要功能是传递广播信息给听众。

城市电视系统有无线电视和有线电视（含闭路电视）两种方式。城市电视系统由电视台（站）工程和线路工程组成。电视台（站）工程有无线电视台、电视节目制作中心、电视转播台、电视差转台以及有线电视台等设施，主要功能是制作、发射电视节目内容，以及转播、接力上级与其他电视台的电视节目；线路工程主要是有线电视及闭路电视的光缆、电缆管道、光接点等设施，主要功能是将有线电视台（站）的电视信号传送给观众的电视接收器。

（四）三网融合与市政设施智慧建设

三网融合是指电信网、广播电视网、互联网在向宽带通信网、数字电视网、下一代互联网演进过程中，三大网络通过技术改造，其技术功能趋于一致，业务范围趋于相同，网络互联互通、资源共享，能为用户提供语音、数据和广播电视等多种服务。由于互联网在技术上存在的巨大优越性并已在全球获得巨大发展，未来三网融合将会主要在互联网的基础上进行。2015年,国务院办公厅印发了《三网融合推广方案》,提出的主要任务包括在全国范围推动广电、电信业务双向进入,加快宽带网络建设改造和统筹规划,强化网络信息安全和文化安全监管,切实推动相关产业发展。

实施"互联网+"市政基础设施计划,加强通信光缆、局房、基站等信息通信设施建设,促进大数据、物联网、云计算等现代信息技术与市政基础设施的深度融合。

第三节 城市环卫与防灾设施系统

城市环境卫生工程系统的主要功能是收集和处理城市各种废弃物,净化城市环境,包括城市固体废弃物收集和处理设施,城市环境卫生公共设施。城市灾害均有其明显的特点,城市防灾规划的工作必须针对这些特点,采取有效措施,才能达到防灾、减灾的目的。城市防灾设施系统由消防、防洪(潮、汛)、抗震、人防及救灾生命线等系统组成。

一、城市环卫设施系统

(一)城市固体废弃物收集和处理设施

1.固体废弃物种类与特点。固体废弃物是指人们在开发建设、生产生活过程中向环境排放的对持有者没有利用价值的固态或泥状废弃物,包括生活垃圾、建筑垃圾、一般工业固体废物和危险固体废物等。

(1)生活垃圾。居民生活垃圾主要来源于居民日常生活,包括居民生活垃圾、商业垃圾、清扫垃圾、粪便和污水污泥等,生活垃圾中除了易腐烂的有机物、灰土外,各种废品基本都可以回收利用,城市生活垃圾是城市环卫工程系统规划的主要对象。

(2)建筑垃圾。建筑垃圾是指建设工地上产生的固体废弃物,主要包括砖瓦块、渣土、碎石、混凝土块等。

(3)一般工业固体废物。一般工业固体废物是指工业生产过程中产生的废渣、粉尘、碎屑、污泥等,一般对环境毒害较小,基本可以回收利用。

(4)危险固体废物。危险固体废物是指具有腐蚀性、毒性、反应性、传染性及放射性等危害的固体废物,危害性较大。产生者是治理污染的责任主体,同时,应有专门机构集中检测控制。

2.固体废弃物收集和处理设施。建筑垃圾和工业固体废弃物一般由建设单位或生产企业负责收运,生活垃圾的收集、运输和处理是城市固体废弃物收集和处理的重要环节。固体废弃物收集和处理设施主要包括城市垃圾处理厂(场)、垃圾填埋场、垃圾收集站、转运站、车辆清洗场和环卫车辆场等。

生活垃圾收集通常包括垃圾箱收集、垃圾管道收集、袋装化上门收集、厨房垃圾自行处理、垃圾气动系统收集等多种方式。近年来,为提高垃圾的资源价值和经济价值,垃圾分类收集得到大力提倡。

生活垃圾运输是指从各垃圾收集点把垃圾装运到转运站、加工厂或处理厂的过程。

垃圾收集站兼顾收集点和转运站的功能,服务半径以 500 米左右为宜;垃圾转运站选址应靠近服务区域中心或垃圾产量最多的地方,周边交通便利。

生活垃圾的处理方法选择是城市环境卫生工程系统规划中需要重点考虑的问题,主要包括填埋、焚烧和堆肥等,直接决定了处理设施的类型和选址布局。垃圾堆肥、焚烧处理厂应选址在水陆交通便捷的地方,可靠近污水处理厂,保证与其他建筑物有一定隔离;卫生填埋场应与城市建成区或居民点保持一定的距离,项目建设应与场地特点相协调,最大限度地减少对环境的影响,尽量得到当地居民的支持与认可。

(二)城市环境卫生公共设施

1. 公共厕所。公共厕所数量、布局和建设标准是反映一个城市现代化程度和环境卫生面貌的重要指标之一。城市环卫工程系统规划应按照全面规划、合理布局、美化环境、方便使用、整洁卫生、有利排运的原则对公共厕所的布局、建设、管理提出要求。

根据城市性质和人口密度,公共厕所平均设置密度应按每平方千米建设用地 3—5 座的规模设置。应在以下范围内设置公共厕所:主要道路及广场周边,车站、码头等交通枢纽,展览馆、体育馆、市场等公共建筑附近,风景名胜区、公园等公共场所和居住区等。公共厕所的粪便应排入污水管道或化粪池,严禁直接排入雨水管、河道或水沟内。

2. 环卫管理等设施。环境卫生机构为完成其所承担的管理和业务职责所需的各种场所称为环卫机构的工作场所。其设施一般包括环卫车辆停车场和修造厂、环卫管理工作用房、环卫工作者休息房等,城市规划必须考虑环卫机构和工作场所的用地要求。

二、城市防灾设施系统

(一)城市消防工程

1. 城市消防标准。国家和地方在消防方面制定和颁布了大量的法律、法规、规范和标准,在城市消防规划和工作中,这些文件是重要的依据。城市规划的重点集中在消防道路、建筑消防设计和消防用水等方面。

2. 城市消防对策。我国城市消防工作的方针是"预防为主,防消结合",城市的防火对策主要有:

(1) 合理规划布局城市的重点防火设施。城市中液化气站、煤气厂、油品仓库等易燃易爆危险品生产、存储和运输的设施应慎重布局,按照相应规范保持防火间距。

(2) 规划布局城市防火通道。城市内消防车通行的消防通道的布局应符合相应设计规范。

(3) 重视城市的旧区改造。由于城市的旧区建筑密集、质量较低、消防设施不足,是火灾的易发区,且延烧的危险性很大,消防规划是旧城改造的一项重要工作。

(4) 合理规划布局消防设施,规范防火设计。在城市中合理布局消防站(队)、消防栓、消防水池、给水管道等,对各类建筑都应遵循有关规范进行防火设计。

(5) 城市消防设施。城市消防设施的主要功能在于日常防范火灾,及时发现与迅速扑灭各种火灾,避免或减少火灾损失,具体包括消防站(队)、消防给水管网、消防栓等设施。消防站(队)应设置在责任区的中心,周边交通便利,满足接警5分钟可到达责任区的边缘,责任区的面积宜为4—7平方千米。一些地处城市边缘或外围的大型企业,消防队接警后难以在5分钟内赶到,应设专用消防站;易燃、易爆危险品生产运输量大的地区,应设特种消防站。

(二)城市防洪(潮、汛)工程

1. 城市防洪标准。防洪标准是指防洪对象具备的防洪能力,是防洪规划、设计、建设和运行管理的重要依据,多用可防御洪水相应的重现期或出现频率来表示。根据城市的常住人口规模、社会经济地位的重要程度,防洪标准分为四等,各等别的防洪标准应按相关规定确定。

2. 城市防洪对策。对于洪水的防治应从整个流域的角度入手,一般上游以蓄水分洪为主,中游以加固堤防为主,下游以增强河道排泄能力为主。城市防洪防涝的主要对策分为以下几种:

(1) 以蓄为主的防洪措施,主要包括水土保持和水库蓄洪两类措施。通过植树造林、修建梯田、堰塘等手段,在流域上控制径流和泥沙,可以有效防治山洪,也有利于农业生产。通过在城市上游河道修建水库或利用湖泊拦蓄洪水,削减下游的洪峰,可消除或减轻洪水对城市的灾害,调节枯水期流量,保证航运及城市供水。

(2) 以排为主的防洪措施,通过截角取直、加深河床等手段整治河道,加大河道的通水能力,使水流通畅,疏解洪水的威胁。还可利用湖泊、山区堰塘、洼地开壁来分洪、导洪或蓄洪,避免洪峰过于集中,减轻河道的压力。

(3) 防洪(潮、汛)设施建设。城市防洪(潮、汛)设施的主要功能在于抗御洪水和潮汛的侵袭,排除城区涝灾,保护城市安全。

在平原地区,当河流贯穿或侧向通过城市,市区的地面标高低于河道的洪水位时,可采取修建防洪堤来防治洪水入侵。若河床较深,河水冲刷易造成河岸侵蚀,可采取挡土墙的护岸工程。

在山地城市,根据山体与城市的关系,可采取排洪沟或防洪堤和截洪沟的综合防洪措施。

在盆地城市,城市地势低洼易形成内涝时,可通过在城区外建围堰或抗洪堤,市内修建排涝设施的手段进行疏解。

海边城市易受海潮或台风的威胁,可修建防浪堤。

(三)城市抗震工程

1. 城市抗震标准。城市的抗震标准即为抗震设防烈度。地震基本烈度指一个地区今后一段时期内,在一般场地条件下可能遇到的最大地震烈度,即现行《中国地震烈度区划图》规定的烈度。我国工程建设从基本烈度6度开始设防,抗震设防烈度有6度、7度、8度、9度、10度共5个等级。6度地震区内重要城市和6度以上地区的城市都必须考虑城市抗震问题,编制抗震防灾规划。规划应综合考虑城市用地的布局、政治社会经济等因素，提出城市规划建设用地的选择与城市建设抗震防灾的要求和对策。

建筑根据其重要性确定不同的抗震设计标准，根据建筑的重要性可以分为甲、乙、丙、丁四类建筑。根据当地抗震设防烈度的要求，以及建筑的重要性，相应采取抗震措施。

2. 城市抗震对策。地震的发生往往具有突然性，城市的抗震重点主要放在震前和震后，加强建、构筑物的抗震强度，合理布置避灾疏散场地和道路。

(1) 建、构筑物的抗震处理原则。建筑物抗震处理的主要依据是当地的抗震设防烈度。一般建筑物的抗震处理按照以下原则进行：

建筑地基尽量选择有利于抗震的场地，因地制宜选择经济合理的抗震结构；

建筑物平面布局应长宽比例适度，平面刚度均匀；

建筑物部件连接处和应力集中的部位要在结构上加强，尽量少做地震时易倒塌脱落的结构；

降低建筑物重心，确保施工质量。

(2) 震前预报。地震预报可分为两种，一是作为长期预报的地震区域划分，主要是根据历史资料等对地震发生的地区和强度进行预报，可以根据预报对地区内重要建筑物进行事先加固；二是短期临震预报，主要依据是震前预兆，能够提供较确切的时间，但准确性不高，风险较大，必须慎重。

(3) 城市布局的避震减灾措施。通过城市布局来避震减灾是最为有效和经济的抗震措施。城市选址时应尽量避开断裂带、溶洞区、液化土区等地质不良地带；建筑群规划时，应保留必要的建筑间距，作为人员疏散通道和安全场所；应充分利用城市绿地、广场等作为震时临时疏散场所，疏散场所的主要指标应符合相关规范要求。

(四) 城市人防工程

1. 城市人防工程建设标准。人防工程的总量规模是人防设施布局的基础。一般而言，按照战时留城人口约占城市总人口的 30%—40%，人均 1—1.5 平方米的人防面积标准，可以核算城市所需的人防工程面积。

2. 城市人防工程建设原则。我国人防工程建设的整体思路是走一条平战结合、综合利用的道路，人防工程建设主要遵循以下原则：

(1) 提高人防工程的数量与质量，使之合乎防护人口和防护等级的要求；

(2) 突出人防工程的防护重点，选择一批重点防护目标并提高其防护等级，保障其安全；

(3) 以就近分散隐蔽代替集中隐蔽，加强对常规武器直接命中的防护，以适应现代战争突发性强、打击精度高的特点；

(4) 加强人防工事间的连通，使之有利于对战时次生灾害的防御，并便于平战结合和防御其他灾害；

(5) 综合利用城市地下设施，将城市各类地下空间纳入人防工程体系，研究平战功能转换的措施与方法；

(6) 注重人防工程经济效益的充分发挥。

（五）城市救灾生命线系统工程

城市救灾生命线系统是指维持城市居民生活和生产活动所必不可少的交通、能源、通信、给排水等城市基础设施。生命线系统由其本身的设施和运行两方面组成,其组合密度愈高,日常的方便性愈大。但一旦受到损坏,重则使城市瘫痪,轻则影响正常的生产和生活秩序,使城市功能不能正常发挥。城市救灾生命线除了有其自身的规划要求外,还应加强其自身的防灾功能,提高防灾等级。主要措施有：

1. 合理确定城市空间结构。当前,中国城市规模迅速扩张,城市生命线系统的发展和更新往往跟不上城市建设的速度,给居民安全带来了极大隐患。在城市建设用地选择时,应做好用地评估,使居住用地、公共服务设施用地、工业用地等主要功能区避开灾害源和生态敏感地区,减少城市生命线系统设施受灾的机会。

2. 提高生命线系统设施的设防标准。城市生命线系统采用高标准进行设防,是城市提高生命线自身抗灾能力,保证充足供应的重要措施。同时,应根据城市发展的时代新要求,提高生命线各子系统规划标准,充分考虑设置的科学性和经济效益,增强系统匹配度。

3. 强化生命线系统设施的地下化。生命线系统设施入地后,可以不受地面的火灾及恶劣天气影响,减轻地震的破坏作用,减少战争的损坏,也可以为城市提供一定的避灾空间,提高设施的可靠度。通过城市的管线共同沟建设,能够方便地维护和保养。

4. 加强生命线设施和管线节点的防灾处理。城市生命线系统设施与管线连接处应进行重点防灾处理,连接处可设置多道阀门,避免灾时泄露。

5. 提高设施的备用率。为了保证生命线系统在灾害发生时,即使有部分损毁仍能保持一定的服务能力,就必须有充足的备用设施,维持城市最低需求。设施的备用率应根据各城市经济水平、工程系统情况和灾情预测决定。

第四节　城市管线综合

一、城市工程管线的种类

城市工程管线种类多而复杂,根据不同性能和用途、不同的输送方式、敷设方式、弯曲程度等有不同的分类。

（一）按工程管线的性能和用途分类

一般而言,城市工程管线主要包括给水管道、排水管沟、电力线路、电信线路、热力管道和燃气管道 6 类,另有空气管道、灰渣管道、垃圾输送管道、液体燃料管道和工业生产专用管道等类型。

（二）按工程管线的输送方式分类

主要包括压力管线、重力自流管线和光电流管线 3 类。

1. 压力管线,通过一定的加压设备输送管道内流体介质的管道系统,如给水、燃气和供热等一般通过压力管线输送。

2. 重力自流管线。管道内的流体介质通过重力作用沿其设置的方向流动的工程管线,这类管线有时还需要中途提升设备将流体介质引向终端,如污水、雨水等一般为重力自流输送。

3. 光电流管线。管道内输送的介质是光、电流,主要包括电力和通信管线。

（三）按工程管线的敷设方式分类

主要包括架空敷设管线、地铺管线（如雨水沟渠）和地下敷设管线。

（四）按工程管线弯曲的难易程度分类

可分为可弯曲管线和不易弯曲管线。可弯曲管线指通过某些加工措施易将其弯曲的工程管线,如电信电缆、电力电缆和自来水管道等。不易弯曲管线指通过加工措施不易将其弯曲的工程管线或强行弯曲会损坏的工程管线,如电力管道、污水管道等。

（五）通常需要进行综合的城市工程管线

如前所述,尽管按照性能和用途分类的城市工程管线类型较多,但需要进行综合的只是常见的 6 类工程管线,即给水管道、排水管沟、电力线路、电信线路、热力管道和燃气管道。城市开发中常提到的"七通一平"即是开通 6 种管线和道路,完成场地平整。

二、城市工程管线综合的原则

（一）管线综合布置的一般原则

由于各类工程管线具有相当的独立性,城市工程管线综合是一项综合性的专项规划,其具体的编制方法较为复杂。在此,简要介绍管线工程综合布置的一般原则:

1. 规划中各种管线的位置应采用统一的城市坐标系统及标高系统,如存在几个坐标系统,必须加以换算,取得统一。

2. 道路是城市工程管线的载体,道路走向是多数工程管线走向的依据和坡向的依据,管线综合布置应与道路规划、竖向规划协调进行,管线带的布置应与道路或建筑红线平行。

3. 管线敷设方式应根据管线内介质的性质、地形、生产安全、交通运输、施工检修等因素,经技术经济比较后择优确定。

4. 必须在满足生产、安全、检修等条件的同时节约城市地上与地下空间。当技术经济比较合理时,管线应共架、共沟布置。

5. 应减少管线与铁路、道路及其他管道的交叉。当管线与铁路或道路交叉时应为正交,在困难情况下,其交叉角不宜小于 45°。

6. 在山区,管线敷设应充分利用地形,并应避免山洪、泥石流及其他地质灾害的危害。

7. 管线综合布置时,管道应布置在用户较多的一侧或管线分类布置在道路两侧。

8. 在同一条城市干道上敷设同一类别管线较多时,宜采用专项管沟敷设。

9. 工程管线与建筑物、构筑物之间以及工程管线之间水平距离应符合规范规定。

当受道路宽度、断面以及现状工程管线位置等因素限制难以满足要求时,可重新调整规划道路断面或宽度。在一些有历史价值的街区进行管线敷设和改造时,如果管线间距不能满足规范规定,又不能进行街道拓宽或建筑拆除,可以在采取一些安全措施后,适当减小管线间距。

10. 敷设主管道干线的综合管沟应在车行道下,其覆土深度必须根据道路施工和行车荷载的要求,综合管沟的结构强度以及当地的冰冻深度等确定。敷设支管的综合管沟,应在人行道下,其埋设深度可较浅。

11. 综合布置管线时,管线之间或管线与建筑物、构管物之间的水平距离,除了要满足技术、卫生、安全等要求外,还须符合国防的有关规定。

12. 在交通运输十分繁忙和管线设施繁多的快车道、主干道以及配合兴建地下铁道、立体交叉等工程地段、不允许随时挖掘路面的地段、广场或交叉口处,道路下需同时敷设两种以上管道以及多回路电力电缆的情况下,道路与铁路或河流的交叉处,开挖后难以修复的路面下以及某些特殊建筑物下,应将工程管线采用综合管沟集中敷设。

13. 电信线路与供电线路通常不合杆架设。在特殊情况下,征得有关部门同意,采取相应措施后(如电信线路采用电缆或皮线等),可合杆架设。同一性质的线路应尽可能合杆,如高低压供电线等。高压输电线路与电信线路平行架设时,要考虑干扰的影响。

14. 管线布置应全面规划,近远期结合。近期管线穿越远期用地时,不应影响远期用地的使用。

(二)管线交叉避让原则

工程管线交叉或综合布置管线产生矛盾时,应按下列避让原则处理:

1. 压力管让自流管;
2. 易弯曲管让不易弯曲管;
3. 管径小的让管径大的;
4. 分支管线让主干管线。

以上避让原则中,前两条主要针对不同种类的管线产生矛盾的情况,后两条主要针对同一种管线产生矛盾的情况。

(三)管线共沟敷设规定

管线共沟敷设应符合下列规定:

1. 排水管道应布置在沟底,当沟内有腐蚀性介质管道时,排水管道应位于其上面;
2. 腐蚀性介质管道的标高应低于沟内其他管线;
3. 火灾危险性属于甲、乙、丙类的液体、液化石油气、可燃气体、毒性气体和液体以及腐蚀性介质管道,不应共沟敷设,并严禁与消防水管共沟敷设;
4. 凡有可能产生互相影响的管线,不应共沟敷设。

(四)管线排列顺序

1 管线水平排列顺序。

(1)在城市道路上,由道路红线至中心线的管线排列顺序宜为:电力电缆、通信电

(光)缆、燃气配气管、给水配水管、热力管、燃气输气管、雨水排水管、污水排水管。

(2) 在建筑庭院中,由建筑边线向外,管线排列顺序宜为:电力管线、通信管线、污水管、燃气管、给水管、供热管。

(3) 在道路红线宽度大于 30 米时,宜双侧布置给水配水管和燃气配气管;道路红线宽度大于 50 米时,宜双侧设置排水管。

2　管线竖向排列顺序。

管线竖向排序自上而下宜为:电力和通信管线、热力管、燃气管、给水管、雨水管和污水管。交叉点各类管线的高程应根据排水管的高程确定。

第五节　城市市政基础设施发展趋势

一、城市市政基础设施发展新背景

城市市政基础设施是城市正常运行和健康发展的物质基础,城市市政基础设施本身的发展受到社会经济、科学技术和政策导向等诸多因素影响。新型城镇化背景下,面对城市发展所面临的资源短缺、环境恶化和灾害频发等挑战与威胁,以人为本、统筹城乡、集约高效和绿色低碳等理念逐渐成为城市市政基础设施发展的基本要求。随着市政基础设施技术日新月异,以页岩气、生物质能源、智能电网等为代表的能源革命,可能改变城市的能源供给和利用方式;新一代互联网、大数据的发展应用,可能改变城市中人们的生活方式。受其影响,总体来看,我国城市市政基础设施的发展将呈现出几个特点。

智能化:以通信基础设施快速发展为基础,智慧基础设施的发展将成为智慧城市的重要组成部分。

集约化:在城市土地资源紧约束背景下,市政基础设施空间布局的复合化是高效集约利用城市空间资源的重要举措。

生态化:加强环境保护、促进资源高效利用、提高清洁能源和可再生能源的使用比重,促进城市可持续发展。

安全化:强化市政基础设施自身安全,建设韧性城市,提升市政基础设施的保障能力。

均等化:关注城乡之间、区域之间市政基础设施配置水平和服务水平的均等化。

其中,海绵城市规划与建设、新能源开发与利用、智慧基础设施建设、邻避基础设施规划与建设、城市综合管廊规划与建设等成为近年来城市市政基础设施发展的重要领域,下面简要介绍海绵城市和城市综合管廊规划与建设的动态情况。

二、海绵城市规划与建设

(一) 海绵城市的内涵

海绵城市是指城市能够像海绵一样,在适应环境变化和应对自然灾害等方面具有良好的"弹性",下雨时吸水、蓄水、渗水、净水,需要时将蓄存的水"释放"并加以利用。海绵城市建设应统筹低影响开发雨水系统、城市雨水管渠系统及超标雨水径流排放系统。

海绵城市的建设途径主要包括三个方面:一是对城市原有生态系统的保护。最大限度地保护原有的河流、湖泊、湿地、坑塘、沟渠等水生态敏感区,留有足够涵养水源、应对较大强度降雨的林地、草地、湖泊、湿地,维持城市开发前的自然水文特征,这是海绵城市建设的基本要求。二是生态恢复和修复。对传统粗放式城市建设模式下,已经受到破坏的水体和其他自然环境,运用生态的手段进行恢复和修复,并维持一定比例的生态空间。三是低影响开发。按照对城市生态环境影响最低的开发建设理念,合理控制开发强度,在城市中保留足够的生态用地,控制城市不透水面积比例,最大限度的减少对城市原有水生态环境的破坏,同时,根据需求适当开挖河湖沟渠、增加水域面积,促进雨水的积存、渗透和净化。

(二)海绵城市的相关国家政策

2013年12月,《中央城镇化工作会议》首次提出"海绵城市"概念。

2014年10月,住房和城乡建设部发布《海绵城市建设技术指南——低影响开发雨水系统构建(试行)》,指导全国海绵城市技术应用的开展。

2014年12月,财政部、住房和城乡建设部、水利部决定开展中央财政支持海绵城市建设试点工作。

2015年4月,16个海绵城市建设试点城市获得中央财政10亿元补贴。

2015年10月,国务院办公厅印发《关于推进海绵城市建设的指导意见》。

2016年3月,住房和城乡建设部发布《海绵城市专项规划编制暂行规定》。

(三)海绵城市规划与建设原则

海绵城市规划与建设的基本原则包括规划引领、生态优先、安全为重、因地制宜、统筹建设。

1. 规划引领。城市各层级、各相关专业规划以及后续的建设程序中,应落实海绵城市建设、低影响开发雨水系统构建的内容,先规划后建设,体现规划的科学性和权威性,发挥规划的控制和引领作用。

2. 生态优先。城市规划中应科学划定蓝线和绿线。城市开发建设应保护河流、湖泊、湿地、坑塘、沟渠等水生态敏感区,优先利用自然排水系统与低影响开发设施,实现雨水的自然积存、自然渗透、自然净化和可持续水循环,提高水生态系统的自然修复能力,维护城市良好的生态功能。

3. 安全为重。以保护人民生命财产安全和社会经济安全为出发点,综合采用工程和非工程措施提高低影响开发设施的建设质量和管理水平,消除安全隐患,增强防灾减灾能力,保障城市水安全。

4. 因地制宜。各地应根据本地自然地理条件、水文地质特点、水资源禀赋状况、降雨规律、水环境保护与内涝防治要求等,合理确定低影响开发控制目标与指标,科学规划布局和选用下沉式绿地、植草沟、雨水湿地、透水铺装、多功能调蓄等低影响开发设施及其组合系统。

5. 统筹建设。地方政府应结合城市总体规划和建设，在各类建设项目中严格落实各层级相关规划中确定的低影响开发控制目标、指标和技术要求，统筹建设。低影响开发设施应与建设项目的主体工程同时规划设计、同时施工、同时投入使用。

三、城市综合管廊规划与建设

（一）城市综合管廊概述

城市综合管廊是建于城市地下用于容纳两类及以上城市工程管线的构筑物及附属设施，给水、雨水、污水、再生水、天然气、热力、电力、通信等城市工程管线可纳入综合管廊。城市综合管廊包括干线综合管廊、支线综合管廊和缆线管廊。干线综合管廊是用于容纳城市主干工程管线，采用独立分舱方式建设的综合管廊；支线综合管廊是用于容纳城市配给工程管线，采用单舱或双舱方式建设的综合管廊；缆线管廊采用浅埋沟道方式建设，设有可开启盖板但其内部空间不能满足人员正常通行要求，用于容纳电力电缆和通信线缆的管廊。

城市综合管廊尽管先期一次性投入较大，但优点相当突出。一方面，综合管廊的建设可以延长管线的使用寿命，便于各种管线的敷设、增减、维修和日常管理，减少后期大量成本投入，具有一定的经济效益。另一方面，综合管廊的建设可以避免由于敷设和维修地下管线频繁挖掘道路而对交通和居民出行造成影响和干扰，有效解决"马路拉链"问题，保持路容完整和美观，具有很高的社会和环境效益。再者，由于综合管廊内管线布置紧凑合理，有效利用了道路下的空间，可以节约城市用地。

（二）城市综合管廊的相关政策与实践

自 20 世纪 90 年代上海在浦东新区建设张杨路城市市政综合管廊以来，陆续建设了安亭新镇综合管廊、世博会综合管廊，分别成为国内第一条网络化城市市政综合管廊和第一条预制装配城市市政综合管廊。然而，由于各工程管线的主体协同不足往往导致建设和运营管理脱节，如张杨路城市市政综合管廊的建设由政府全额投入，但各市政部门由于成本原因将管线入廊的意愿不足，导致综合管廊的实际效用大打折扣。近年来，天津和武汉等城市也展开了实践工程，包括 2009 年完工的天津海河共同沟（过河隧道）工程，2010 年完工的武汉王家墩中央商务区地下综合管廊。

自 2013 年以来，我国开始加大力度推进地下综合管廊工程的建设，连续发布了多项政策及指导意见，为综合管廊的有序建设发展指引了方向。

2013 年 9 月发布的《国务院关于加强城市基础设施建设的意见》，明确提出开展城市地下综合管廊试点。

2014 年 6 月发布的《国务院办公厅关于加强城市地下管线建设管理的指导意见》，明确提出稳步推进城市地下综合管廊建设，在 36 个大中城市开展地下综合管廊试点工程。

2014年12月财政部、住房城乡建设部发布了《关于开展中央财政支持地下综合管廊试点工作的通知》,决定开展中央财政支持地下综合管廊试点工作。

2015年8月发布的《国务院办公厅关于推进城市地下综合管廊建设的指导意见》,明确提出把地下综合管廊建设作为履行政府职能、完善城市基础设施的重要内容,全面推动地下综合管廊建设。

参考文献

程鹏、栾峰:《提升特大城市公共基础设施服务水平策略研究——基于协同创新五维模型》,《现代城市研究》2016年第11期。

戴慎志:《城市工程系统规划》,中国建筑工业出版社2008年版。

戴慎志、刘婷婷:《当前形势下的城市中水系统规划与建设思路》,2012年城市发展与规划大会论文集。

全国城市规划执业制度管理委员会:《城市规划相关知识》,中国计划出版社2011年版。

住房和城乡建设部:《城市综合管廊工程技术规范(GB50838—2015)》,中国计划出版社2015年版。

住房和城乡建设部:《海绵城市建设技术指南——低影响开发雨水系统构建(试行)》,中国建筑工业出版社2015年版。

住房和城乡建设部,国家发展改革委:《全国城市市政基础设施建设"十三五"规划》,2017年5月。

吴志强、李德华:《城市规划原理》,中国建筑工业出版社2010年版。

第二十四章 城市环境保护

城市环境保护是城市建设与发展的重要内容之一,随着全球范围内城市生态环境恶化,学界和政府都开始重视这个过去被相对忽视的领域。城市环境保护的内容与城市环境问题密切相关,特别是人类社会、物质生产、自然环境三者发展的不协调,是城市环境问题爆发的基本逻辑,而人口过度增长、物质财富过度生产和消耗、自然环境承载力的超负荷、城市规划和管理的落后等问题则是直接原因。本章主要聚焦于当前中国城市环境问题五大领域:大气环境、水环境、土壤环境、绿化建设及城市垃圾处理。在具体分析框架中:首先着重于中国城市环境问题一般情况分析,进行分区域或省市比较;其次,重点研究某领域城市环境问题产生的主要原因,并结合重点案例进行深入探讨;最后,基于环境问题产生原因并结合重点案例中的成功经验,提出城市环境问题解决的一般路径和思路。

第一节 城市大气环境保护

一、城市大气环境污染概述

(一)城市大气环境污染相关概念

按照国际标准化组织给出的定义:"空气(大气)污染通常指由于人类活动或者自然活动引起某些物质介入大气中,呈现出足够的浓度,持续了足够的时间,并因此而危害了人体的舒适、健康和福利或者环境的现象。"在大多数情况下,大气环境污染主要是由于人类的活动所造成的对大气环境的破坏超出了自然环境的自净能力。

大气污染源多样,除了天然污染源以外,危害更大的则是人为污染源,人为污染源包括燃料燃烧、工业生产过程排放、交通运输过程中排放以及农业活动排放。因此大气污染物的种类也很多,按照存在物理状态主要包括气体污染物和固体颗粒状态污染物,按照形成过程分类包括一次污染物和二次污染物。

由于扩散、输送过程中,污染物自身会与空气中其他成分发生物理或化学反应,进一步加重大气环境污染和治理的难度。在城市,建筑密集,蒸发、蒸腾作用少,城市与农村之间形成的热量环流使得城市本身排放的烟尘等污染物聚集不易扩散,导致城市大气污染加剧。气象条件和污染源的特殊条件使得城市大气扩散和空气污染具有以下特征:(1)日出之后和傍晚以后出现污染浓度高峰;(2)具有明显的季节变化(陈英旭,2001)。

我国于1982年颁布第一个环境空气质量标准,以后根据国家经济社会发展状况和环境保护要求适时修订,至今已经修订三次。最新标准规定:参与评价的污染物浓度均达标,即为环境空气质量达标。空气质量指数(AQI)在0—100之间的天数为优良天数,又称达标天数。空气质量指数(AQI)大于100的天数为超标天数。其中,101—150之间为轻度污染,151—200之间为中度污染,201—300之间为重度污染,大于300则为严重污染(《环境空气质量指数(AQI)技术规定(试行)》)。

(二)城市大气环境污染物的主要类别

通过对中国环境状况公报、中国环境年鉴、中国环境统计年鉴、中国环境公关战略研究(综合报告卷)等与城市大气环境污染相关的年鉴的梳理,中国城市大气污染物包括了$PM_{2.5}$、PM_{10}、臭氧、一氧化碳、二氧化氮、二氧化硫、氮氧化物、挥发性有机化合物、氨气等十几种污染物,同时发现随着经济和城市化的发展,城市大气主要污染物经历了一定变化(见表24-1)。

表24-1 我国大气主要污染物变化过程

	1949—1990年	1990—2000年	2000—2009年	2010年至今
主要污染源	燃煤、工业	燃煤、工业、扬尘	燃煤、工业、机动车、扬尘	燃煤、工业、机动车、扬尘、生物质焚烧、土壤尘、二次无机气溶胶
主要污染物	二氧化硫、悬浮物、PM_{10}	二氧化硫、氮氧化物、悬浮物、PM_{10}	二氧化硫、PM_{10}、$PM_{2.5}$氮氧化物、挥发性有机化合物、氨	$PM_{2.5}$、PM_{10}、臭氧、一氧化碳、二氧化氮、二氧化硫、氮氧化物、挥发性有机化合物、氨

资料来源:作者绘制。

21世纪以前,随着大量的燃煤和重工业的发展,污染源较为单一,以燃煤和工业为主,大气污染类型为烟煤型污染,主要污染物集中在二氧化硫和PM_{10}。

进入21世纪之后,随着经济活动的不断扩大,城市化加剧,城市人口高密度化,城镇化建设加快,这些经济活动必然会排放大量$PM_{2.5}$,故而我们发现$PM_{2.5}$成了主要的污染物之一。2013年"雾霾"成为年度关键词。

随着机动车成为主要污染源之一,一部分城市的污染类型由煤烟型向汽车尾气型转变,臭氧污染成为主要污染物。2010年至今我国大气主要污染源更加多元,主要污染物多元化,污染方式轻型化,污染范围扩大化,大气治理难度加大,面临着前所未有的挑战。

二、中国城市大气环境污染现状

(一) 2016年中国城市大气环境污染概述

根据《2016年环境状况公报》,全国338个地级及以上城市中,有84个城市环境空气质量达标,占全部城市数的24.9%;254个城市环境空气质量超标,占75.1%。在发生严重污染和重度污染的3 248天次中,以$PM_{2.5}$为首要污染物的天数占重度及以上污染天数的80.3%,以PM_{10}为首要污染物的占20.4%,以臭氧为首要污染物的占0.9%。共有32个城市重度及以上污染天数超过30天,分布在新疆(部分城市受沙尘影响)、河北、山西、山东、河南、北京和陕西。各项污染物(除臭氧以外)的平均浓度较上一年均有所下降,但是$PM_{2.5}$和PM_{10}超标天数比例却在增加。具体情况如表24-2所示。

表24-2 2016年各项污染物指标

污染物	$PM_{2.5}$	PM_{10}	O_3	SO_2	NO_2	CO
浓度范围 ($\mu g/m^3$)	12—158	22—436	73—200	3—88	9—61	0.8—5.0
平均浓度 ($\mu g/m^3$)	47 (−6.0%)	82 (−5.7%)	138 (+3.0%)	22 (−12%)	30 (0%)	1.9 (−9.5%)
超标天数比例	14.7 (+2.8%)	10.4% (+1.7%)	5.2% (+0.6%)	0.5% (−0.2%)	1.6% (0%)	0.4% (−0.1%)

注:(1)第二行和第三行括号内的百分数是较2015年变化情况,+表示上升,−表示下降;(2)臭氧、一氧化碳的浓度计算方式是百分位数浓度:按照《环境空气质量评价技术规范(试行)》(HJ 663-2013),将日历年内有效的臭氧日最大8小时平均值、CO 24小时平均值按数值从小到大排序,取第90%位置的臭氧日最大8小时平均值与国家标准日最大8小时平均浓度限值比较,判断臭氧达标情况;取第95%位置的CO 24小时平均值与一氧化碳24小时标准浓度限值比较,判断CO达标情况。

资料来源:作者计算绘制。

在74个新标准第一阶段监测实施城市(包括京津冀、长三角、珠三角等重点地区地级城市及直辖市、省会城市和计划单列市)中,有67个城市的主要污染物为$PM_{2.5}$,仅有2个城市达到一级标准。从年际比较来看,除了臭氧平均有所上涨,$PM_{2.5}$、PM_{10}、二氧化氮、二氧化硫、一氧化碳等都呈现下降趋势,但是下降比例不大。分区域来看,在京津冀地区,二氧化氮和臭氧排放量上涨,其余污染物下降比例较大,北京则是所有污染物的平均浓度都有所下降,其中二氧化硫平均浓度下降高达28.6%;在长三角地区,所有污染物较2015年保持不增趋势,由于上海汽车保有量较去年增长了13.08%,达到320万辆,臭氧平均浓度有所增加,其余各项污染物都大幅度下降;在珠三角地区,也是同样存在着臭氧的平均浓度增加,其他各项污染物下降且下降幅度不小。

(二) 中国城市大气环境污染情况区域分析

我国幅员辽阔,各个地区具有不同的生态环境状况和经济发展模式,因此各个区域大气污染状况也不尽相同。将全国分为华东、华北、华中、华南、西南、西北以及东北七个区域(由于内蒙古大部分城市都划入华北,故而在数据处理上,将内蒙古自治区统一计入华北)。

表24-3 我国区域划分及抽样城市

区域	省份及城市
华东(32)	上海市、江苏省、浙江省、安徽省、江西省、山东省、福建省(上海、南京、无锡、徐州、常州、苏州、南通、连云港、扬州、镇江、杭州、宁波、温州、湖州、绍兴、合肥、芜湖、马鞍山、南昌、九江、济南、青岛、淄博、枣庄、烟台、潍坊、济宁、泰安、日照、福州、厦门、泉州)
华北(15)	北京市、天津市、山西省、河北省、内蒙古自治区(北京、天津、太原、大同、阳泉、长治、临汾、石家庄、唐山、秦皇岛、邯郸、保定、呼和浩特、包头、赤峰)
华中(16)	河南省、湖北省、湖南省(郑州、开封、洛阳、平顶山、安阳、焦作、三门峡、武汉、宜昌、荆州、长沙、株洲、湘潭、岳阳、常德、张家界)
华南(11)	广东省、广西壮族自治区、海南省(广州、韶关、深圳、珠海、汕头、湛江、南宁、柳州、桂林、北海、海口)
西南(15)	四川省、贵州省、云南省、重庆市、西藏自治区(成都、自贡、攀枝花、泸州、德阳、绵阳、南充、宜宾、贵阳、遵义、昆明、曲靖、玉溪、重庆、拉萨)
西北(13)	陕西省、甘肃省、青海省、宁夏回族自治区、新疆维吾尔自治区(西安、铜川、宝鸡、咸阳、渭南、延安、兰州、金昌、西宁、银川、石嘴山、乌鲁木齐、克拉玛依)
东北(11)	辽宁、吉林、黑龙江(沈阳、大连、鞍山、抚顺、本溪、锦州、长春、吉林、哈尔滨、齐齐哈尔、牡丹江)

资料来源:2014年《中国环境统计年鉴》。

1. 不同地区的大气污染物。以2014年中国环境统计年鉴数据为例,从全国范围看,PM_{10}和$PM_{2.5}$都是达标率最低两个污染物,华北、华中和西北三区均没有达到二级标准以上,华北地区的保定市PM_{10}和$PM_{2.5}$浓度高达224 $\mu g/m^3$和129 $\mu g/m^3$,分别是二级标准的3.2倍和3.68倍,达标率最高的华南地区,也仅仅是在50%左右。

臭氧的浓度与汽车尾气排放密切相关,因此在西南、西北、华中等地达标率较高,而在华东和华北地区,由于汽车保有量相对较高,达标率均只有60%左右,同时也导致华北地区的一氧化碳达标率低于全国。另外,经济发展较快的地区其污染水平也较高,在臭氧浓度上,虽然成都市和重庆市都达到二级标准,但是其浓度高达147 $\mu g/m^3$和146 $\mu g/m^3$。

2. 不同地区的优质大气天数。同样以2014年中国环境统计年鉴数据为依据,七个分区中,西南和华南地区大气污染最轻,空气质量好于二级标准的天数大于290天的城市数量分别有6个和7个。华中和西北最差,没有一个城市空气质量好于二级标准的天数大于290天,华中有9个城市的空气质量好于二级标准的天数不到一半。但是也发现在华东和华北地区,内部差异巨大,山东省各市污染水平远高于华东其他市,华北地区空气质量好于二级标准的天数从79天到300天不等,相差3倍。

整理2005—2014年中国环境统计年鉴各污染排放量数据,以二氧化硫排放量为例考察不同地区大气质量情况。由于2011年开始使用新的统计口径,二氧化硫排放量包括集中式污染治理设施,故而不计算 2011 年年际变化。

$$年际变化 = \frac{(Y_t - Y_{t-1})}{Y_{t-1}} \times 100 \qquad (24\text{-}1)$$

Y_t 表示第 t 年二氧化硫排放量。

从图 24-1 可以看出,华东地区的年际变化均明显优于全国水平,即华东的减排效果更好,其中在 2006 年,华东在全国大部分地区排放量都增长的情况下,也较 2005 年下降 1.16%。反之西北地区的年际变化明显劣于全国水平,即西北的减排效果差,其中 2010 年,在全国大部分地区的排放量都减少的情况下,西北二氧化硫排放量却增长了 1.24%。

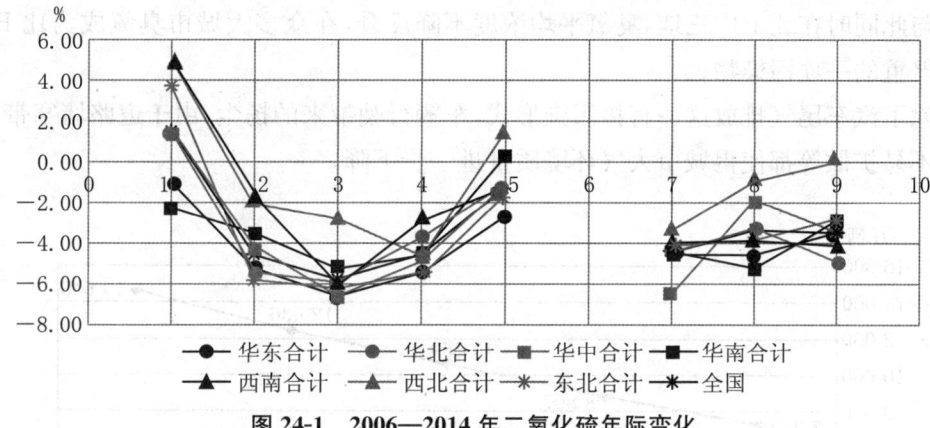

图 24-1　2006—2014 年二氧化硫年际变化

资料来源:作者计算绘制。

注:横坐标 1—9 分别表示 2006—2014 年的年际变化情况,6 代表的是 2011 年的年际变化。

表 24-4　2005—2014 年全国以及七个地区二氧化硫排放量

年份	华东	华北	华中	华南	西南	西北	东北	全国
2005	639.40	492.40	326.10	233.90	401.70	247.10	208.70	2 549.30
2006	632.00	501.10	331.80	228.50	415.90	258.90	218.60	2 588.80
2007	597.40	473.20	317.60	220.30	391.60	253.40	214.80	2 468.30
2008	557.70	444.70	296.20	208.30	367.00	245.90	201.50	2 321.30
2009	526.60	427.60	281.10	198.20	355.70	234.40	190.40	2 214.00
2010	512.20	422.70	277.30	198.40	350.40	237.30	186.80	2 185.10
2011	528.61	454.94	272.17	140.13	328.86	287.08	206.13	2 217.91
2012	505.33	434.63	254.32	133.75	314.67	277.29	197.65	2 117.63
2013	481.59	420.27	249.47	126.63	301.81	274.40	189.76	2 043.92
2014	464.05	399.87	240.56	122.93	289.01	274.09	183.91	1 974.42

资料来源:作者计算绘制。

注:2005—2010 年的二氧化硫排放量包括工业和生活两部分,2011—2014 年二氧化硫排放量包括工业、生活和集中式污染治理设施三部分。

在 2011 年之前,全国各个地区的年际变化趋势基本保持一致,2005—2008 年不断减排,2008—2010 年减排速度不断减低,甚至出现华南和西北的正增长。在新的统计口径下,各个地区的年际变化趋势开始出现不一致。

(三)城市大气环境污染成因分析

造成大气污染的原因主要有两个方面,一个是自然影响,一个是社会经济因素,而对于城市大气污染而言,社会经济因素是主要因素。主要有以下几方面的原因。

1. 城市机动车尾气排放影响。2016 年全国有 49 个城市的汽车保有量超过百万辆,私家车总量达 1.46 亿辆,每百户家庭拥有 36 辆,成都、深圳、苏州等城市每百户家庭拥有私家车超过 70 辆。如图 24-2 所示,近五年来,私人载客小汽车的保有量已经翻番。与此同时在北上广三地,臭氧平均浓度不降反升,在众多大城市臭氧成为比 $PM_{2.5}$ 更为严重的一项污染物。

除了汽车尾气排放这一直接污染形式,车辆行驶带来的扬尘,由于道路堵塞带来的污染不易扩散等都使得城市大气环境质量进一步下降。

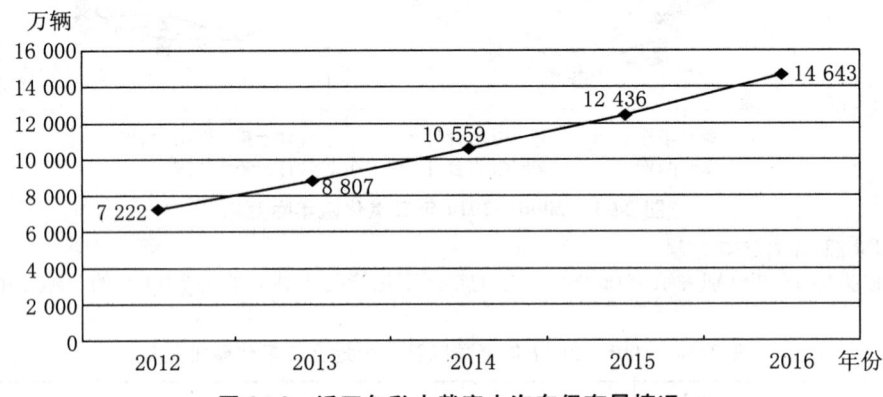

图 24-2　近五年私人载客小汽车保有量情况

资料来源:作者计算绘制。

2. 能源结构与利用不合理。2016 年,虽然煤炭消耗量下降 4.7%,煤炭在全国总能源消耗结构中所占的份额从 2015 年的 64% 降至 2016 年的 62%,根据预测 2020 年煤炭占全国总能源消耗结构中也仍高达 55%,故而这种以煤炭为主的能源结构近期内不会改变,煤炭燃烧产生大量的粉尘、二氧化碳、二氧化硫、氮氧化物,煤炭燃烧仍然是造成城市大气污染的重要污染源。

同时由于我国煤炭含硫量高,煤质差,灰分含量高,加上电和焦炭等次级能源转化率低,工业生产技术水平落后等等原因,导致能源的利用愈加不合理不充分,这也进一步加重我国城市大气环境污染,尤其是冬季供暖期间,污染更加严重。

3. 工业布局与产业结构不合理。中国工业化进程发展的阶段可能将持续到 2030 年之后(黄群慧,2013),以第二产业为主的格局不大可能在 2030 年前发生变化。在供给侧改革下,新的经济增长动力仍未形成,以重工业、制造业等为主的第二产业将仍然是我国经济增长的主要动力,工业废气的排放将持续。同时我国大多数城市工业布局、工业结构极其不合理,随着乡镇企业的发展,大量烟(粉)尘、二氧化硫、氮氧化物进入大气,其中县以上城市尤重。这就是说,工业活动仍然将继续扩大,所造成的污染也仍是难以避免的。

4. 缺少有效的治理手段和意识。一方面是在大气治理方面,我国的大气污染防治技术比较落后,企业能源利用效率低,缺乏对污染的有效治理手段,另一方面利益的诱惑和处罚手段的缺失导致大多数企业对自己造成的污染视而不见,并不主动对污染进行处理,而是任其排放到大气之中。

同时由于地区差异原因,一些城市的绿地面积少,裸地面积大,缺少对扬尘的有效清理,也进一步加重大气环境污染。

三、中国城市大气环境保护

大气环境污染危害大,一方面大气污染物通过表面接触,食入含污染物的食品和水以及吸入被污染的空气等三条途径对人体健康产生影响和危害,实测数据表明,肺癌与大气污染、苯并芘含量有显著的相关性,城市肺癌死亡率比农村高 2—9 倍;另一方面大气污染也会对植物的生长产生明显影响和危害,植物正常的代谢和成长受到影响,甚至会降低植物对病虫害的抵抗能力导致病虫害的发生,自然环境自净能力也因此被削弱(黄美元、徐华英、王庚辰,2005)。因此,应当更有效地保护大气环境、治理污染,减少污染将使我们的生存环境得到改善,经济与环境相互依赖,在一定程度上城市大气环境的改善也将促进整体经济的发展。然而,事实是人们往往对大气污染视若无睹,大气污染治理难度巨大,其中的理论依据寻求就非常重要。

(一) 城市大气环境保护的理论基础

1. 产权理论。环境产权理论产生于 1960 年,被认为是解决人类和资源、环境矛盾的有效方法之一。环境产权理论包括两个基本定理:一是科斯第一定理,指当交易成本为零时,法律不必硬性界定产权的归属,仅靠当事人双方的自由谈判就可以实现资源的最优化配置,它倡导的大气污染社会化治理,法律应建立规则鼓励企业通过市场交易方式来实现大气污染社会化治理;二是科斯第二定理,是指在现实交易的环境中,交易成本是客观存在的,私人谈判成本往往很高,以至于阻碍谈判结果形成,此时有效率的资源利用方式取决于法律制度对产权的安排,它提出法律制度应当通过权利义务界定的方式来确定排放权的范围以及排放权交易的主体和交易价格,以保障排放权交易能够顺利完成。也就是说,科斯产权理论要求"单一主体",大气污染物排放权交易制度会是解决目前城市大气污染治理难度大的一个有效制度。

目前最大的难度在于,环境产权界定是一个非常复杂的过程。以大气环境为例,一是产权内涵的不确定性。大气环境产权包括的范围非常宽泛,作为一种生存质量资源如何界定？不同的国家和地区有着不一样的标准,对于危害侵权行为,包括工厂排污造成大气污染影响作物生长的显性危害侵权,也包括大气污染物进入土壤后对土壤质量造成的隐形危害侵权。二是大气环境产权交易的非等价性，大气环境污染有时候是永久的，对健康的伤害也是难以在价值形式上进行弥补。

在我国，环境和资源产权归属于国家和集体，但由于缺乏有效管理和准确认识，特别是大气环境，目前的困境在于人人都可以使用和进入，但是却没有人治理。归根结底还是没有明确好大气环境产权的归属。

2. 公共品和外部性。大气环境作为公共资源，是一种典型的公共品，在消费上具有非竞争性和非排他性特点，人人都可以使用大气资源却不必承担成本，在市场体系下，公共物品表现为一种市场失灵或外部性，环境退化的根源之一就是环境质量的公共物品特性。这里说的市场失灵指的是资源得不到有效配置，外部性是在经济活动中，生产者或消费者活动会对其他人带来的非市场性的影响，这种影响不能通过市场价格机制反映出来。在市场经济活动中，厂商只是关注利益最大化——边际私人净产出最大，但与边际社会净产出存在一定的差距，这个差距就是环境污染或者保护环境的费用。为弥补差异，庇古提出如果国家选择对某个特定行业的投资实施额外的鼓励或者限制手段，就可能消除差距。手段即为补贴和税收——构成外部性成本内部化，也是排污收税的理论基础。

（二）中国城市大气环境治理推进

1. 大气环境治理的总体效果。经济快速发展40年，在确定可持续发展战略之后，在经济发展的同时也不断注重环境的保护，2010年中国工程院和原国家环保总局经过研究，提出大气环境保护的总体目标："到2050年，通过大气污染综合防治，大幅度降低环境空气中各种污染物的浓度，城市和重点地区的大气环境质量得到明显改善，全面达到国家空气质量标准，基本实现世界卫生组织（WHO）环境空气质量浓度指导值，满足保护公众健康和生态安全的要求。"

2016年的中国环境状况公告中从六个方面描述了目前环境保护的总体情况：一是全力打好污染防治三大战役；二是健全环境预防体系；三是深化生态环保领域改革；四是强化环境执法监管和风险应对；五是加大生态保护和农村环境治理力度；六是强化各项保障措施。

大气环境保护主要在以能源、政府、制度、产业等主体进行改革。在能源上，一是能源结构优化调整，以电代煤、以气代煤等方式进一步降低煤炭消费比重，二是能源品质升级，国五标准清洁油品全面供应，石油化工等11个重点产业实施清洁生产技术升级。在政府层面上，改革政府管理方式，重庆、河北率先试行垂直管理制度，更明确政府在大气环境保护上的职能作用，同时加大大气环境治理投资，《"十三五"生态环境保护规划》中中央财政安排112亿元作为大气污染防治专项资金。在制度上，完善各项法律制度，深入实施《大气污染防治行动计划》，完成环境保护税法、环境影响评价法等法律修订，加强执法力度，同时开展"大气污染成因与控制技术研究"等重点专项研究，利用大数据实施监测大气环境状况。在产业上，淘汰落后产业，对新上的项目进行更严格的审核，环境保护部对84个重大项目环评文件进行批复，涉及总投资9 108亿元，对11个不符合环境准入要求的项目不予审批,涉及总投资 970 亿元。

2. 奥运会、世博会等国际性活动加快大气治理。为了营造良好的城市环境,我国北京、上海等大城市会利用举办国际性或全国性活动的契机,在活动申办、筹办和举办的过程中,加大大气环境保护投入,推进相关大气环境保护法律、标准实施、加快一批大气环境保护措施的落实,从而有效地改善大气环境质量。1999 年以来,为兑现"绿色奥运"的承诺,北京市共颁布了 57 部与改善空气质量相关的法律法规、累计 265.7 亿元的环保投资,使得 2008 年市区空气质量二级以及好于二级的天数达到 274 天,各项污染物的浓度和排放均有所下降。

再看上海,从 2000 年起便滚动实施的"环境保护和建设三年行动计划",产业结构调整、工业整治、清洁能源的全面使用以及应急措施的有效预备,上海 2008 年全年的 API(环境空气质量优良率)为 89% 左右,其中 5 月份至 10 月份为 95% 左右。2009 年的 API 值为 93.2%,其中 5 月份至 10 月份超过 96%。同时,这类国际性或全国性活动也会短暂地促成跨越行政区域的跨区域联合整治,同样是 2008 年的奥运会,华北六省跨越地域和部门的界限,协调一致,统一行动,在更高级别的政治力量之下,各项措施得到有效的施行,使得 2008 年奥运会期间的空气质量成为近十年来最好水平。这些国际性或全国性活动是大气治理进程中的一个催化剂,如果能以此为契机,加大投入、加强合作必能更有效地推进大气治理。

3. 环境污染治理投资现状。从图 24-3 中可以看出,2001—2010 年,我国对环境的治理越来越重视,投资总额年年上升,到 2010 年的环境污染治理投资已经达到 7 612.2 亿元,占全国 GDP 的 1.86%,根据国外经验,若环境污染治理投资占 GDP 的比重在 1%—2% 之间的,则环境污染的恶化可能得到抑制,且环境质量也能保持在人们尚可接受的程度上。从趋势上来看,在未来环境污染治理投资占 GDP 的比重有可能继续上升,达到 2% 以上,有效改善环境质量。

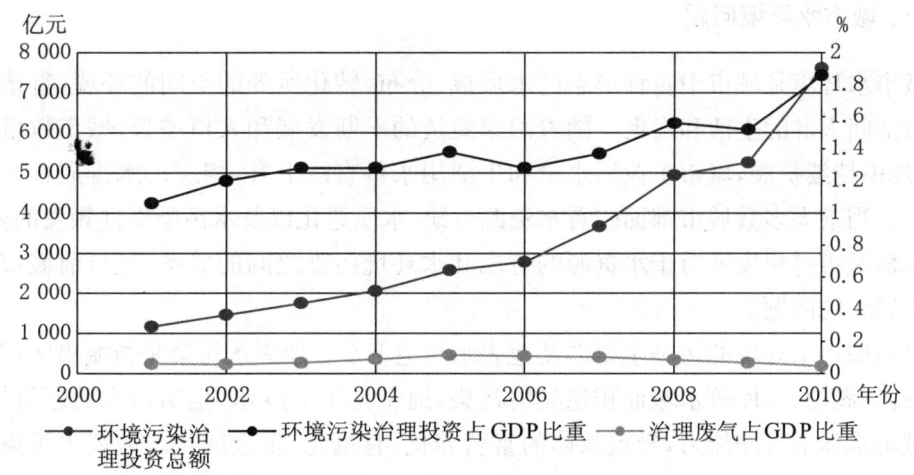

图 24-3 2000—2010 年全国环境污染治理情况

资料来源:作者计算绘制。

四、总结

根据中国城市大气环境污染产生的原因和机制看,为了更有效地解决中国城市大气环境污染的问题,包括以下几个方面需要改善:一是严格控制污染源。只有严格控制住污染源,才能在源头上治理城市大气环境。无论是工业污染源、交通污染源还是生活污染源,都应该有相关的措施保证这些污染源得到控制,最大限度地降低污染物的排放量和毒害程度。二是产业结构升级调整。合理实现工业布局,利用地理位置和气象条件,尽量使得污染物得到及时扩散和浓度降低。同时针对高污染企业,应该切实落实关、停、转,保证防污设备的有效运转。三是推进能源结构优化。一方面减少因使用现有化石能源带来的污染,提高油品质量,降低煤炭的含硫量,另一方面应该减少煤炭使用,增加新能源和清洁能源的使用率,发展技术保证新能源的实际运用。四是发挥政府更大作用。政府各部门之间应该加强合作,区域之间更应该加强合作,应该把城市大气环境治理当做是区域间的事务,在权责更明确下,完善法律制度,提高执法力度,让大气环境作为一种更优质的公共产品。五是结合各方力量参与治理。鼓励各方参与,做好宣传和教育工作,发挥媒体舆论的力量,让大气环境治理成为一个"人人有责"的事情。

第二节 城市水环境保护

我国是一个水资源相对短缺的国家,虽然城市在不断加强水环境污染的控制力度,但是取得的效果仍不理想。改善和控制城市水污染不能单纯仅仅从提高技术治污入手,更是要把治理与城市发展、城市管理相结合,实现城市水环境与经济增长的良性循环。

一、城市水环境问题

城市水环境是城市中各种形态的水形成、分布、转化所处的空间的环境,直接关系到城市空间人群的生活和发展。随着国家经济的不断发展和人口增长,城市数量不断增加,规模持续扩展,城市工业用水量和生活用水量直线上升,相应污水排放量也随之而增加。当前大多数城市都面临着水资源短缺、水质恶化以及水污染事件频发的困扰。如何平衡城市过快发展对于水资源的苛求和水环境污染之间的关系,是目前城市规划者亟待思考的问题。

目前城市水环境的污染主要涉及地表水和地下水。地表水污染是指城市区域内流经的河流、湖泊、水库等水域面积遭到的污染,通常是工业废水、生活污水的超量排放,超过城市水体的自净能力,导致水体的富营养化、有机化、重金属化。地表水污染通常会影响城市生产生活用水,威胁城市居民的饮用水安全和身体健康,同时也会造成城市环境的恶化。

地下水污染主要表现为地下水硬度、矿化度改变,硝酸盐和氯化物含量升高,部分地区还存在石油及石油化工产品的污染。地下水由于深入地下,污染过程缓慢,确认污染来源有难度,污染物影响力持久,一旦受到污染,对城市水环境的影响将是长远的。

二、城市水环境污染现状

(一)全国水环境污染现状

1. 全国废水排放总量。十年间,随着我国经济的快速发展,城市工业的高速发展,工业废水排放量也屡创新高,城市化进程的加快,也让城市人口迅速膨胀,生活废水也呈现出到快速增长趋势。我国废水排放总量也从 2006 年的 514.48 亿吨,逐年上涨到 2015 年的 735.32 亿吨①。相比工业废水和生活污水的排放量的增长,城市污水处理能力却显得严重滞后,2015 年全国城市污水日处理能力仅为 16 050 万立方米②,说明仍有大量未经处理的污水威胁着城市水环境的现状。但是,从全国废水排放增长趋势看,增速逐年放缓,说明随着经济发展,人们越来越认识到环境保护的重要性,企业污水处理设备的完善,政府加紧对非法排污的监控,城市污水处理设备的逐步完善,都有力地促进了城市污水排放量的下降。

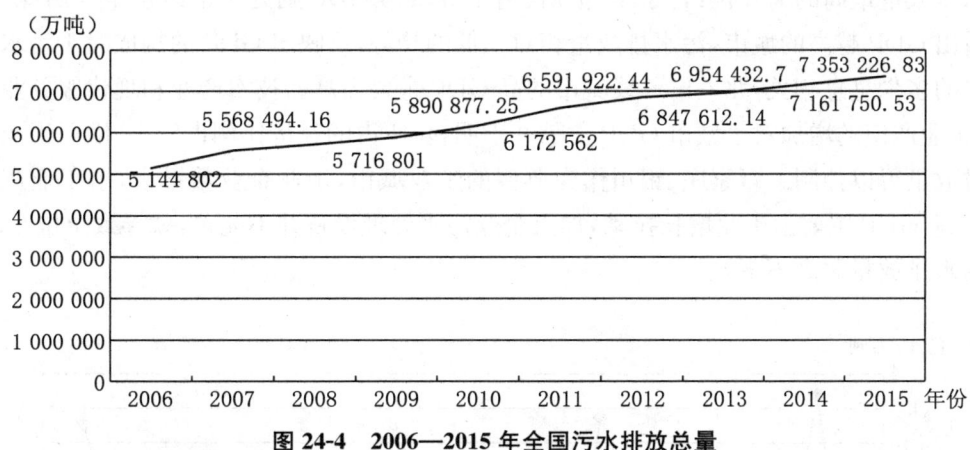

图 24-4 2006—2015 年全国污水排放总量

资料来源:作者计算绘制。

2. 全国污水治理投资数目。工业污染完成投资额在 2012 年之后呈现出爆发式增长,而治理污水项目投资额却在不断缩水,所占比例从巅峰时期 2007 年的 35%,一度降到 2014 年的 11.5%。工业废水项目完成投资比例的下降,侧面可以反映出工业废水污染占工业污染的比例不断降低,工业废水对于环境污染的影响程度在减弱。出现这种现象,一方面是由于企业排放污水标准提高,工业企业污水处理能力和处理率的提升,另一方面在于随着城市人口增长,城市化进程加快,城市污水已经成为城市水环境

---

① 数据来源:中国国家统计局网站(http://data.stats.gov.cn/easyquery.htm?cn=C01&zb=A0C04&sj=2015)。
② 数据来源:中国国家统计局网站(http://data.stats.gov.cn/easyquery.htm?cn=C01&zb=A0B06&sj=2015)。

污染的主要来源。

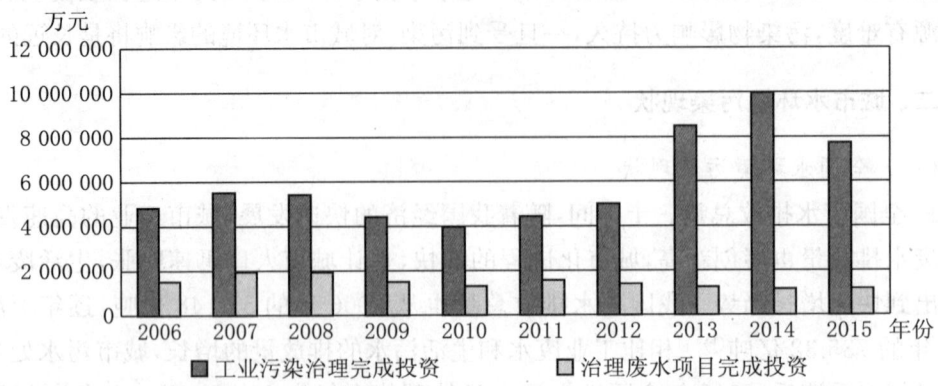

图 24-5　2006—2015 年我国城市治理污水与工业污染项目完成投资情况

资料来源：作者计算绘制。

3. GDP 和工业污水排放情况。从 GDP 产值与工业污水排放的情况表中看，GDP 最高的前三位——上海、北京、广州等万元 GDP 污水排放量位于中低位，而万元 GDP 污水排放量最高的前几位：石家庄、银川、南宁等城市 GDP 则处于下游水平。由此，可以看出 GDP 越高的城市，污水排放量相对越低的趋势，反映出 GDP 的构成对于污水排放量的多少息息相关，北上广一线城市的高 GDP 主要由高新技术产业和现代服务业拉动，工业产值的增加对于城市 GDP 贡献并不明显，所占的经济比例也较小，因而工业污水排放量得以控制。石家庄、银川作为典型的工业城市，工业企业数量大，重工业产业占比高，GDP 主要由工业增长拉动，加上企业污水处理设备并不完善，就导致单位 GDP 的污水排放量居高不下①。

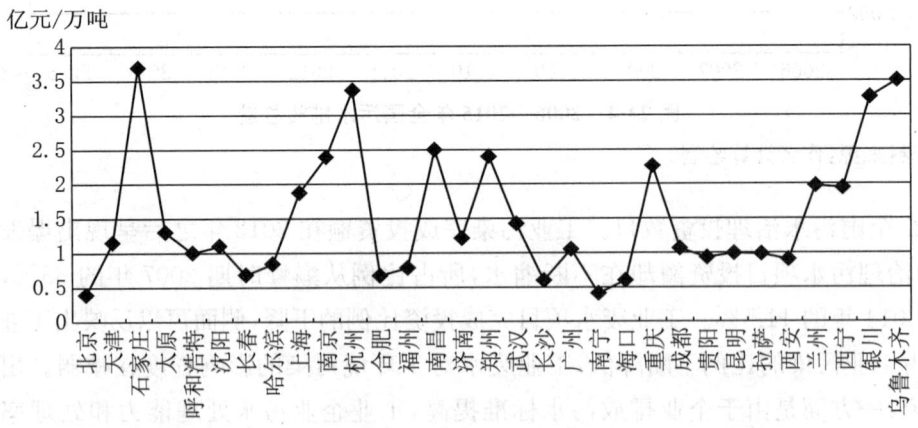

图 24-6　2015 年全国主要城市每亿元 GDP 的污水排放量

资料来源：作者计算绘制。

---

① 数据来源：《2016 中国统计年鉴》。

4. 污水处理费用

污水处理费用反映了一个城市污水处理成本,同时也决定了污水处理企业的盈利。从图中看,2016年只有杭州、北京、上海、南京在工业和居民方面都达到了国家污水处理费用标准。大部分城市的污水处理费用都没有达到合理水平,导致作为社会公共项目的污水处理,政府缺乏充足资金、企业治污运营存在风险。污水处理行业要得到有力发展,合理的污水处理费用是必不可少的前提条件①。

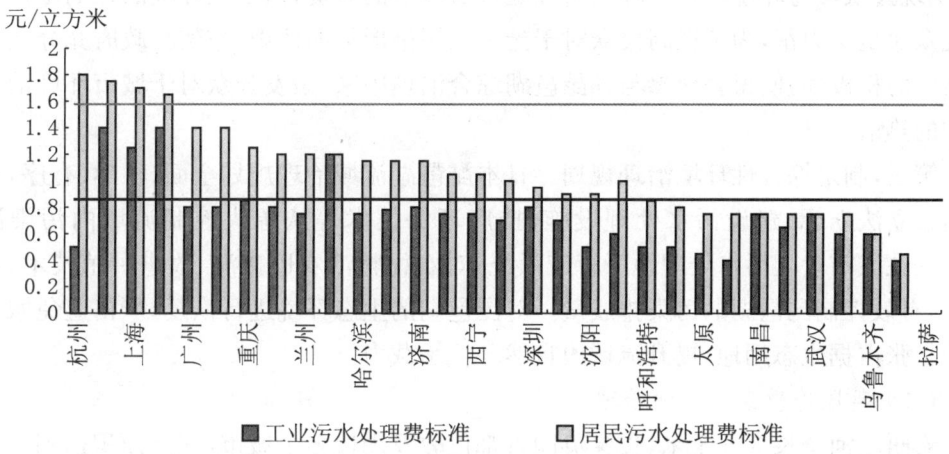

图 24-7　2016 年全国主要城市污水处理费用标准

资料来源:作者计算绘制。

三、城市水环境治理案例与对策

(一)日本琵琶湖跨区域治理水污染

日本本州岛滋贺县的琵琶湖是日本境内第一大淡水湖,地理上临近古都京都、奈良,位于经济腹地大阪和名古屋之间,为所处都市圈 14 000 万人提供生产生活用水。但是从 20 世纪 50 年代开始,随着周边地区工业化的发展和人口增长,城市工业和生活污水排放量激增,加上农业化肥污染,琵琶湖水质恶化、周边生态环境遭到严重破坏。到 20 世纪 70 年代琵琶湖频发大规模赤潮,污染状况开始受到重视。于是从 20 世纪 70 年代开始,政府投资近 185 亿美元,用于琵琶湖水质改善、水土保护和水利工程,经过长达 30 年的发展,琵琶湖环境明显好转,成为著名森林旅游胜地。琵琶湖跨区域治理水污染的经验包括以下几个方面。

第一,对于城市污水和农业污染源有针对性治污举措。首先,查明农业污水是琵琶湖的重要污染源,大力推广现代农业耕作技术、提高施肥效率、降低化肥污染;降低污染物排放较大的畜禽养殖和水产养殖比重,农业以粮食蔬菜种植为主,逐步实现农业的现代化清洁化。其次,在治理工业废水排放上,滋贺县政府制定了比国家标准更严格的排

---

① 数据来源:各省环保厅官方网站。

放标准，对于不达标企业强制关停整治。在城市污水治理上，兴建多座城市污水处理厂，提高城市污水日处理能力，同时对于城市污水管道改造体系进行升级，城市公共下水道普及率达到 87.3%。

第二，建立流域内各级协作体制。滋贺县政府在琵琶湖流域内，以县区为单位，建立了各级污水处理净化设备，在沿湖周边建立 4 个集中式污水处理净化中心，与 5 个小型分离式污水处理厂形成一个琵琶湖流域下水道系统。建立公众参与的环境治理体系，实现公众参与环境治理。环境治理是政府应尽的职责，但是在环境的长期维护上广大民众才是主力军，为了提高民众对于琵琶湖污染形势的认识，滋贺县政府充分调动当地居民的积极性，使得公众参与到琵琶湖综合治理中来，激发公众对于城市环境治理和保护的热情。

第三，制定综合性环境治理规划。日本琵琶湖流域治理规划全面、科学、有序，一方面通过立法立标、建设污水处理设施、推广环保技术等从源头控制流域内污染源排放——在城市设立污水处理地下管道系统，对农村整治农田排灌、改进种植技术，双管齐下，有效控制琵琶湖的污染排放量。对琵琶湖的生态环境进行恢复，严格避免城市化土地扩张占据生态用地，提升流域内自然环境承载力。

(二) 英国伦敦泰晤士河治理

泰晤士河全长 346 千米，贯穿英国首都伦敦及周边多个城市，流域面积达到 13 000 多平方米，不仅为两岸居民和企业提供生活生产用水，也肩负起内河航运的职能，被誉为英国的母亲河。随着工业革命拉开英国工业化的大幕，泰晤士河两岸拔地而起的工厂，也将大量工业废水直接排入泰晤士河，加上伦敦人口激增，生活垃圾和生活污水的排入，加速了泰晤士河城市"污水沟"的形成。1858 年，泰晤士河恶臭爆发，严重威胁伦敦居民生命健康，英国政府开始重点关注到河流的治污问题。泰晤士河水污染治理的经验如下。

第一，修建大型污水管网体系。泰晤士河的治理，大体上可以分为两个部分，一是 1852 年到 1891 年主体治污阶段，二是 1955 年至 1975 年全流域治理阶段。第一阶段的主体工程是修建城市地下水排污系统，将城市污水转嫁到下游的河口出，泰晤士河的污染问题并没有得到根本性解决。第二阶段政府吸取经验，在泰晤士河流域共兴建了近 200 个小型污水治理厂，以地下污水管网相连接，配套建设大型的污水集中处理厂，实现了先治污再排放，有效降低泰晤士河的污染物负荷。

第二，通过立法严格控制污染物的排放。从 20 世纪 60 年代后，针对泰晤士河的治理，英国通过颁布《河流法》《水资源法》《污染控制法》等一系列法律法规形成了从供水、排污、治污、河流整治、水质保护等一系列完备的法律体系。从法律上规定，工业废水由企业自行处理，达到国家的水质标准才能排入泰晤士河。在排污量上，环保管理部门提高发放排污许可的门槛，企业必须定期向相关部门提供排放污染物的浓度、数量、种类等数据的申报。

第三，实现流域内统一治理。伦敦市政府牵头成立了泰晤士河水务管理局，负责对泰晤士河流域的统一规划与管理，制定污水排放的标准、政策法令，在控制污染排放上有绝对话语权，同时享有一定的经济独立性。

第四，加大新技术研发与利用，创新性提出芦苇床废水处理系统。在泰晤士河治理初期，主要采用"先沉淀再消毒"的传统处理方法，但是由于泰晤士和污染物组成复杂，传统治理方法没有起到应有效果。英国水污染研究室在政府授权下，创新性提出活性污泥法。这种现代生物净化方法旨在将污水处理厂的处理过污水流经生态处理系统——氧化塘，进行二次净化处理，现代新技术研发成为泰晤士河流域水质改善的关键。

第五，引入市场机制解决资金不足问题，促进产业发展。泰晤士河治污工程量巨大，政府单靠市政资金拨款难以维系，伦敦政府通过推进水污染防治产业化，以治污促产业发展，也为治污聚拢资金。首先，建立市场化标准，明晰责任，向污染工厂排放收取排污费。其次，伦敦积极转换城市产业结构，在单一重工业主导情况下，积极发展泰晤士河沿岸旅游业，以及城市娱乐业，缓解城市环境承载压力。伦敦在水污染治理的过程，实现了经济化和产业化，解决了泰晤士河治污资金不足的问题。

（三）上海苏州河水污染治理

1. 苏州河污染概况。苏州河全长125千米，流经整个上海市区，与黄浦江一道被誉为上海的母亲河，早在1920年苏州河便出现了"黑臭"现象，随着七大污染来源——工业污水、生活废水、农业污水、禽畜污物、船舶航行、码头堆物品、湖底淤泥污染加剧，加上不利的水动力条件、淤泥对水质的污染，到了20世纪90年代，苏州河全线流域水质低于五类水标准。从20世纪90年代开始，上海制定苏州河综合整治工程规划，纳入上海市城市发展战略。苏州河污染治理的经验如下。

第一，坚持以治水为中心，循序渐进式推进治理工程。苏州河环境综合整治按照"以治水为中心"的方针，编制苏州河环境综合整治方案规划，全面分析苏州河主要环境问题，明确苏州河在城市中功能定位，通过一期工程，实现消除干流黑臭目标，二期工程维持水质主要指标稳定在水V类，主要支流消除"黑臭"，三期工程改善苏州河整体水系水质，开启了"万河整治"调控整个城市水网，实现上海地区整体水环境的提升。这种循序渐进式的治理，是实现苏州河治理目标的科学、合理的途径。

第二，坚持科学决策，加强河道整治的科技研究。上海市苏州河环境综合治理领导小组坚持以科研领先，组织上海各大高校和科研机构的水环境治理专家，展开污染源的调查，建立苏州河污染源数据库和地理信息系统；开展了河道调水试验、沿岸泵站雨水溢流的科技攻关，攻克整治关键技术；建立河流数据模型，实施科学决策。

第三，实现多方协作，共同治理。苏州河整治过程，充分发挥了上海市苏州河整治办公室作为上海市政府对苏州河整治实行专项管理职能机构的作用，加强了与其他各部门、各级政府间的联系，从整治大局出发，克服部门利益，权责分明，形成合力。自苏州河整治工程开展以来，积极探索市场化运作机制，在工程招标和施工设计等方面，引进市场竞争机制，与社会资本协作，激发苏州河整治的内在动力，提高了工作效率和工作质量。

四、总结

实践证明,一个城市要实现真正的发展,需要各方共同为一个目标而努力。城市水环境保护与维护,也必须与城市同步发展。伦敦和日本都享受过工业革命带来的经济飞跃,也遭受过环境恶化的结果,"先污染后治理"的弯路让城市付出了高昂的治理成本。我国在城镇化的过程中,应该以泰晤士河和琵琶湖的典型案例为鉴,在城市水环境的治理和保护中做到以下几点:建立流域内统一的管理部门,独立行使治理权,各地区相关部门相互协作,配合工作;扩大公共参与环境治理的渠道,接受公众监督,听取合理建议,提高公众环保意识;加大治污技术研究力度,及时处理水环境中突发的污染状况,建立水质实时检测机制;制定综合性环境治理战略,在治理水污染的同时,更加关注城市绿地环境的保护,不走片面治污的老路。城市水环境的污染与保护是一个系统性的工程,需要政府、公众、企业的共同参与。

第三节 城市土壤环境保护

一、城市土壤污染概况

(一)城市土壤污染含义

城市土壤污染是指在城市生产生活之中,由于具有生理毒性的物质或过量植物营养元素进入土壤而导致土壤性质恶化和植物生理功能失调的现象。

土壤污染按照污染源分类可以分为化学污染、物理污染和生物污染。其中,土壤的化学污染最为普遍、复杂和严重。具体的污染物主要有无机物(重金属、酸、碱等)、有机农药(杀虫剂、杀菌剂、除草剂等)、有机废弃物(石油、多环芳烃、多氯联苯等)、化学肥料(氮、磷肥等)、污泥、矿渣、放射性物质、病原菌等。

土壤污染物进入土壤的方式主要有:通过污水灌溉、酸雨、汽车尾气、废弃物、农药和化肥等途径。

(二)典型地块污染状况

根据《2014年全国土壤污染状况调查公报》,土壤污染的典型地块主要可分为八种,其污染程度、污染原因各不相同。

(1)重污染企业用地。共调查690家重污染企业用地,其中超标点位占5 846个土壤点位的36.3%,主要涉及的行业有黑色金属、有色金属、皮革制品、造纸、石油煤炭、化工医药、化纤橡塑、矿物制品、金属制品、电力等。

(2)工业废弃地。共调查了81块工业废弃地,其中超标点位占775个土壤点位的34.9%,主要污染物为锌、汞、铅、铬、砷和多环芳烃,主要涉及的行业有化工业、矿业、冶金业等。

(3)工业园区。共调查了146家工业园区,其中超标点位占2 523个土壤点位的

29.4%。其中,金属冶炼类工业园区及其周边土壤主要污染物为镉、铅、铜、砷和锌,化工类园区及周边土壤的主要污染物为多环芳烃。

(4) 固体废物集中处理处置场地。共调查了 188 处固体废物处理处置场地,其中超标点位占 1 351 个土壤点位的 21.3%,以无机污染为主,垃圾焚烧和填埋场有机污染严重。

(5) 采油区。共调查 13 个采油区,其中超标点位占 494 个土壤点位的 23.6%,主要污染物为石油烃和多环芳烃。

(6) 采矿区。共调查了 70 个矿区,其中超标点位占 1 672 个土壤点位的 33.4%,主要污染物为镉、铅、砷和多环芳烃。有色金属矿区周边土壤镉、砷、铅等污染较为严重。

(7) 污水灌溉区共调查了 55 个污水灌溉区,其中有 39 个存在土壤污染。在 1 378 个土壤点位中,超标点位占 26.4%,主要污染物为镉、砷和多环芳烃。

(8) 干线公路两侧。共调查 267 条干线公路两侧,其中超标点位占 1 578 个土壤点位的 20.3%,主要污染物为铅、锌、砷和多环芳烃,一般集中在公路两侧 150 米范围内。

二、我国城市土壤环境污染现状

(一) 总体情况

根据《2014 年全国土壤污染状况调查公报》,全国土壤总的超标率为 16.1%,其中轻微、轻度、中度和重度污染点位比例分别为 11.2%、2.3%、1.5% 和 1.1%。污染类型以无机型为主,有机型次之,复合型污染比重较小,无机污染物 2 超标点位数占全部超标点位的 82.8%。

从污染分布情况看,南方土壤污染重于北方;长江三角洲、珠江三角洲、东北老工业基地等部分区域土壤污染问题较为突出,西南、中南地区土壤重金属超标范围较大;镉、汞、砷、铅 4 种无机污染物含量分布呈现从西北到东南、从东北到西南方向逐渐升高的态势。

从不同利用类型土壤的环境质量状况看,包括以下几类。

耕地:土壤点位超标率为 19.4%,其中轻微、轻度、中度和重度污染点位比例分别为 13.7%、2.8%、1.8% 和 1.1%,主要污染物为镉、镍、铜、砷、汞、铅、滴滴涕和多环芳烃。

林地:土壤点位超标率为 10.0%,其中轻微、轻度、中度和重度污染点位比例分别为 5.9%、1.6%、1.2% 和 1.3%,主要污染物为砷、镉、六六六和滴滴涕。

草地:土壤点位超标率为 10.4%,其中轻微、轻度、中度和重度污染点位比例分别为 7.6%、1.2%、0.9% 和 0.7%,主要污染物为镍、镉和砷。

未利用地:土壤点位超标率为 11.4%,其中轻微、轻度、中度和重度污染点位比例分别为 8.4%、1.1%、0.9% 和 1.0%,主要污染物为镍和镉。

(二) 我国城市土壤污染产生来源

1. 工矿企业污染物的排放。工矿企业的污染物排放是造成局部土壤污染尤其是重金属污染的主要原因。

工矿企业在生产过程中,尤其是在金属冶炼过程中,含有重金属的粉尘沉降是造成土壤重金属污染的重要原因,矿冶废水的直接排放以及土法冶炼也会造成企业周边土壤的重金属污染。

此外,重污染企业在生产过程中,由于设备老化、生产工艺等限制,使得污染物无组织排放,导致企业周边土壤污染。相关研究表明,我国每年有60万吨石油经"跑冒滴漏"等途径进入环境,其中绝大部分进入土壤。

在矿产资源开发利用过程中,废弃的石渣、粉煤灰等堆放于地面,其中的重金属被活化之后以各种形式逸散到周围环境,并最终进入土壤导致污染。

2. 农业投入品的不合理使用。城市郊区的农业土壤环绕在城市周边,极易受到城市化、工业化的影响。目前我国约有1.5亿亩耕地已受到污染,主要原因有以下几个方面。

农业生产过程中化肥的不当使用导致土壤酸化,破坏土壤结构,损害土壤的生产、自净能力和载体功能,例如磷肥的长期施用导致农田镉污染,据统计,我国近30年累计施用磷肥达1.63亿吨,通过磷肥带入土壤镉总量高达数百吨。

全国农用塑料薄膜年使用总量为176万吨,农膜的酞酸酯易从塑料中解析并进入土壤环境,导致大面积的酞酸酯污染。

家禽养殖中所用的饲料添加剂含有大量铜、锌、镉、砷等重金属物质,畜禽粪便作为有机肥料施用到农田中会导致土壤铜等重金属的污染。

3. 城市生活垃圾、污水和固废的排放。城市地区由于聚集了大量人口,由之产生的生活垃圾、固废和污水排放量数量惊人。仅2016年我国246个大、中城市就产生了18 564.0万吨生活垃圾(见表24-5),其中北京市的产生量最大,上海市紧随其后。这些未经处理或处理不当的垃圾和固废被置于土壤表面、污水渗透进土壤层,均会使有机物、病原菌等污染城市土壤。

表24-5 2016年城市生活垃圾产生量排名前十的城市

序号	城市名称	生活垃圾产生量(单位:万吨)
1	北京市	790.3
2	上海市	789.9
3	重庆市	626
4	广东省深圳市	574.8
5	四川省成都市	467.5
6	广东省广州市	455.8
7	浙江省杭州市	365.5
8	江苏省南京市	348.5
9	陕西省西安市	332.3
10	广东省佛山市	328
合计		5 078.6

资料来源:中国统计年鉴,2017。

（三）城市土壤污染的特点

1. 土壤污染具有隐蔽性和滞后性。不同于大气和水体问题能通过感官直接发现，土壤污染往往要通过对土壤样品进行分析化验和农作物的残留检测，甚至通过对人畜健康状况的影响才能确定。因此，土壤污染这种隐蔽性使得土壤污染问题不易被人们直接观察到，不太容易受到重视。

2. 土壤污染的累积性。比起在大气和水体中，污染物质在土壤中并不容易扩散和稀释，因此容易在土壤中不断积累而超标，同时也使土壤污染具有很强的地域性。

3. 土壤污染具有不可逆转性。重金属对土壤的污染一旦造成了将成为永久性污染，许多有机化学物质的污染也需要较长时间才能降解，比如：被某些重金属污染的土壤可能要100—200年时间才能够恢复。

（四）土壤污染的危害

土壤污染不但会经由食物链引发食品安全问题，还会影响水体、大气环境进一步恶化整体城市环境质量，进而最终危害人的身体健康。

1. 污染农产品及水源，危害人体健康。土壤污染会影响作物生长和造成减产，我国每年因土壤污染造成农产品减产以及重金属超标的损失达200亿元；农作物可能会吸收土壤中污染物，并通过食物链被动物和人吸收，危害人畜健康，引发各种疾病。有关土壤污染的事件频发，"镉大米""重金属蔬菜"等事件的曝光引发了人们对土壤污染问题的关注，"血镉""癌症村"等也时常出现在媒体报道中。

2. 污染空气、产生射线，直接危害人体健康。土壤被放射性物质污染后，通过放射性衰变，能产生有害射线。这些射线能穿透人体组织，使机体的一些组织细胞死亡，从而使人感到头昏、疲乏无力、发生癌变等。常州毒跑道、金山区土地污染等对人们造成的健康威胁令人触目惊心。

3. 导致严重经济损失。土壤污染导致严重的经济损失。仅以重金属污染为例，全国每年因重金属污染而减产粮食1 000多万吨，另外被重金属污染的粮食也多达1 200万吨，合计经济损失至少200亿元。

4. 破坏其他环境因素，导致生态系统恶化。土壤污染影响植物、动物和微生物的生存和繁衍，危及正常的土壤生态过程和生态系统服务功能。土壤中的污染物可能发生转化和迁移，继而进入大气和水体中，导致大气污染、地表水污染和生态系统退化等问题。

三、土壤污染与治理典型案例

（一）中原油田土地污染现状及治理

参考任祥源、曹颖（2010）对中原油田土地污染的调研，对资源开发造成的土地污染进行分析。中原油田位于黄河冲积平原，横跨河南、山东省3个市，土地面积为6 881平方千米，占用土地以耕地为主。自其投入开发以来，已钻油、水井共5 500余口。油区面积约为5 300平方千米。由于当地对油田大量开发，周围生态环境破坏严重，油田区有井场、计量站、注水站、联合站，管道周围，大片农田区域内已无完好的生态植被覆盖,因落地原油、井喷和集输油管线泄露及因油田盗抢等造成农田污染,农田盐碱化现象突出。

1. 土壤污染现状。在油田的开发过程中,落地原油对土壤的破坏性极大。其原油多属轻质油,地面原油低比重(一般为 0.820—0.859 g/cm²),高凝固点(25—30 ℃),低含硫(0.1%—1.5%),高含蜡(15%—30%),高烷烃(50%—75%),多属于成熟度较高的环烷烃—烷烃族石油。落地原油在表面张力、重力以及毛细现象的作用下,不断向地下渗透和沿地表扩散,从而侵蚀土层,使土地盐碱化、沥青化、板结化,最终改变了土壤的正常结构和成分,阻碍植物的健康生长。

2. 土壤污染成因:

(1) 废水。在油田开发建设中,90%以上的污染土壤集中分布在油水集输干线附近,废水污染是造成土壤污染的最主要原因。在开发前期以钻井废水为主要废水类型,在前期的钻井废水排放在泥浆池中,这些未处理的废水可能会因入渗而导致对地下水污染,包括因地表径流带入水体形成对地表水及下游水质污染,对土壤、植被特别是农业生态造成污染影响。随着开发逐步深入,采油废水、洗井废水就成了主要废水类型。后期的采油废水、洗井废水若未经处理达标而回注会渗透污染土壤,危及地下水,或形成漫流,从而污染土壤、植被(或农作物)、地表水等。

(2) 落地原油和固体废弃物。在进行油田勘探和打井采油过程中,油井溅泄、管道溢漏以及井喷事故等时有发生,其造成的危害之一便是原油喷洒到地面。尽管这些喷洒出来的石油将会被回收,回收后剩余的将会造成土壤、植被(或农作物)、地下水、地表水的污染。

此外,在开采过程中产生的钻井废弃泥浆,其中含重晶石粉、各种有机或无机类化学助剂,使得其中的重金属、cod、石油类、表面活性剂等有害物质浓度较高。虽然经过后期一定处理,但是土壤中的有害成分一直存在于固化的泥浆中,其含量远远高于地区本底值,虽然泥浆坑中铺有防渗层,但在实际中却不一定能达到理想防渗效果,一旦破损就会出现渗漏。由于其含有大量的水聚合物、有机化合物和金属化合物,会造成堆放场地土壤盐碱化、板结,其渗漏会危及地下水及周边土壤,尤其是重金属和石油烃类的有害毒理作用不容忽视。

(3) 其他方面。除了废水与落地原油的破坏,还有许多其他方面的原因导致土地污染严重。例如,随着采油工艺广泛实施,输油注水管线不断老化、腐蚀,致使注水管线穿孔频繁,甚至突然破裂,从而造成土地污染;违法分子在输油管线打孔窃油等不可抗拒因素,使管线中的油、水泄漏,造成了污染土地的现象发生;油田钻井泥浆池、作业施工污染,联合站、计量站排油水污染等都对土地造成了极大的破坏。

3. 中原油田土地污染治理。石油类土壤修复技术研究项目是在 2011 年河南省国土资源厅批准的国土资源科技创新项目,该项目提出微生物植物联合修复技术,运用该技术修复区的石油降解率达到 80%以上。2012 年,河南省地矿局第一水文地质工程地质队历时 7 年,独创性地完成了油污地质原位微生态修复技术的研发,中原油田 40 余亩石油土壤污染综合治理示范区基本恢复耕地功能。2013年,随着40余亩综合治理示范区内农作物的丰收,又承担了濮阳县八公桥镇1 500亩石油污染土地治理项目,针对治理区存在的污染问题,采取降盐、油污土地修复、土壤改良等综合工程措施进行治理,效果十分显著。2017年,河南省地矿局第一地质环境调查院所承担的"石油类土壤修复技术研究"和"中原油田采油五厂石油土壤污染生物强化修复技术研究"两项省级科研项目完成各项工作任务,顺利通过专家组评审验收。自此河南省石油类土壤污染治理获得重大突破。

(二)美国雷丁镇褐色土地的治理

"褐色土地"的概念最早是由1980年美国国会通过的《环境应对、赔偿和责任综合法》做出的,它的定义是:"褐色土地是一些不动产,因为现实中或现在的有害污染源或污染物影响了这些不动产的再利用。"即褐色土地是曾经用于商业和工业的土地,随着城市化深入和工业化进程的加快,这些土地出现了土地酸化、硬化、侵蚀等污染问题,直接对城市居民的健康造成了危害。许多褐色土地被工厂和政府弃置,只有清理后才能重新利用。

在美国的雷丁镇就曾经存在这种褐色土地,这块土地上建造了当时镇上最大的纳税企业吉尔伯特和本尼特金属丝工厂。然而由于工厂运营管理不当,出现巨大亏损,因而工厂逐渐没落至破产,土地也被弃置。人们在这片土壤中发现过去制造业遗留下来的铅和锌等重金属污染物以及燃油和其他污染,造成这一地区房地产价格持续走低,居民数量也越来越少。为了重新利用这块土地,恢复昔日经济繁荣,当地政府决定展开对这块褐色土地的治理。

为了合理地治理和开发褐色土地,当地政府主要围绕以下几点宗旨:在褐色土地上建造高档住宅区和商用建筑的同时,也适当建造低房价住宅,吸引更多居民,解决一大批就业者的居住问题;褐色土地的开发引用绿色环保型建筑系统,进行适当节能住宅实验以减少施工浪费的同时,改善环境质量;在褐色土地的治理过程中,通过建造城市间的轻轨,提升交通便利性,增强与周边城市的链接。

在具体的褐地治理过程中,对于那些可修复的褐地,要进行重金属污染清理。其中一些区域,受污染的土壤将被移走并用干净的新土壤替换。而有一些区域里,土壤上需要铺上衬垫之后盖上新土壤,然后再用于商业、公园或道路的再开发。对于原工厂区需保留的那栋建筑物下面的土壤将被盖上混凝土板隔离起来,使其不再威胁到人类健康和环境。雷丁镇褐色土地的成功治理,不仅使当地的经济重新繁荣起来,更是给其他地区起到了很好的示范作用。其绿色环保的建筑理念深受人们欢迎。

四、总结

随着经济持续快速发展和城市化水平不断提高,我国城镇建设中土地污染问题日益严重。这些被污染的土地对当地环境的可持续发展造成潜在的威胁。如上海市金山区一家化工企业被举报在地下偷埋"毒"铁桶,造成周边土壤严重污染;又如常州某学校迁址"毒地"事件,导致该校大部分学生出现皮炎、血液指标异常甚至淋巴癌、白血病等症状。在我国加快城市化建设过程中,在"建设资源节约型和环境友好型社会"的战略大背景下,城市的土壤治理已成为城市可持续发展的重要组成部分。面对土壤治理问题,政府及有关部门应结合具体污染原因和特点,利用生物技术、环境工程、立法和宣传等手段进行综合治理。采取预防与治理相结合,有针对性、有效的治理措施,切实改善土壤环境,保障人民身体健康,提高人民生活质量。

第四节　城市绿化建设

随着城市的扩大、经济的发展以及现代化工业的兴起,使环境日益受到破坏,生态平衡受到严重威胁,环境问题也越来越为人们所关注。在人们改善环境质量的过程中,有一项关键的举措,就是绿化与环境保护,城市绿化建设不仅能减轻污染,改善城市气候、净化环境,还能使得城市景观优美。因此,城市绿化建设对环境保护起着至关重要的作用。绿地城市规划术语标准中指出,城市绿地是指城市专门用以改善生态,保护环境,为居民提供游憩场地和美化景观的绿化用地。根据《城市绿地分类标准》,主要分为公园绿地、生产绿地、防护绿地、附属绿地和其他绿地共五大类。

一、城市绿化建设的作用

（一）改善城市气候

绿化对整个城市和城市局部地区的气温有一定的调节作用。盛夏季节,特别是高温期间,绿化树木的降温效果十分明显,这是因为绿化树木将太阳的辐射热大部分吸收掉用于自身的蒸腾散热,从而降低了周围的温度。绿化覆盖面积大,降温效果最显著,而无绿化街道及居住区气温最高,出现炎热的环境。根据观察测量（王效军,2004）,绿化还可缩短高温持续时间,绿化地区的高温持续时间比无绿化地区可以减少 3 小时左右,而且整日未出现 37 度以上的高温。

（二）改善城市湿度和气流

在城市绿化建设过程中,大量植树造林能够减低风速。据观测:由林边空地向林内深入 30—50 米的地方,风速降至原速度的 30%—40%,深入到 100—200 米时,风完全平静（金鑫,2014）。这样被树丛缓和了的风将土壤表层或地面灰尘吹起到空中的情形也就减轻,减少了沙土飞扬。同时,绿化树木在静风时能促进气流交换,由于夏季绿荫下气温比建筑地区低,绿地内的冷空气向城市建筑地区流动,造成区域性微风和气体环流,输入新鲜空气,从而使城区污染气体得以扩散稀释,绿化树木的这种作用对保护环境是很有意义的。

（三）维持 CO_2 和 O_2 的平衡

人类和动物在进行呼吸时都要放出 CO_2,吸入 O_2,工业生产过程中也放出大量 CO_2。在空气中,CO_2 的含量通常是稳定在 0.03%,如果浓度达到 0.1% 时就对人体产生危害。生物赖以生存的 O_2,有 3/4 是植物光合作用产生的,因而大气中的含氧量才会不断得以补充,保持平衡。我们把植物称作是天然的绿色氧气工厂,所以城市绿化对局部环境的 CO_2 与 O_2 的平衡起着一定的作用。

(四) 减少噪声污染

城市绿化建设中园林绿地是良好的吸音板、消音器。合理布置城市园林绿地,可以有效地吸收、阻隔噪声。据测试,绿化的街道比不绿化的街道可降低噪声 8 dB—10 dB(纪健敏,2012)。它的效果大小因树种、林带宽度、结构等因素而异。尤其是分枝点低的乔木和矮灌木丛配以草坪,减噪效果更佳。

(五) 保护生物多样性

城市绿地系统是城市生物多样性保护的重要基地,城郊风景区和自然保护区的自然生境以及人工建立的稳定、和谐接近自然生境的城市绿地系统可为植物、动物和微生物提供合适的栖息地,为丰富物种多样性创造有利条件。

二、我国城市绿化建设概况

生态城市是人、自然、环境这三者和谐发展的形式,是城市物质文明和精神文明高度发达的标志,也是城市经济、文化和科技发展的必然结果。其中,绿化建设是生态城市建设的重要内容之一。较发达国家的城市绿化水平来说,我国的城市绿化的水平还是不足,总体绿化水平和人均公园绿地面积有待进一步提升。

城市绿化规划与建设应该遵循自然生态规律与城市发展规律,以持续发展为目标,广泛推动人与自然和谐发展,积极利用现代技术手段协调城市及所在区域社会、经济和自然生态系统和社会生态系统,以促成健康、高效、文明、舒适、可持续的人居环境的发展。在考察中国城市总体绿化建设水平的时候,本部分主要考察两个指标,一是建成区绿化覆盖率,二是人均绿地面积。我国城市建成区的绿化覆盖率是逐年增长的,考察近五年情况,迅速从 38.6% 增长到 40.2%(图 24-8),反映出城市建设对于绿化覆盖率的重视。同样,我国人均绿地公园面积也在逐年递增,从 2010 年 11.2 平方米增长到 2014 年 13.1 平方米,显示出良好发展态势。

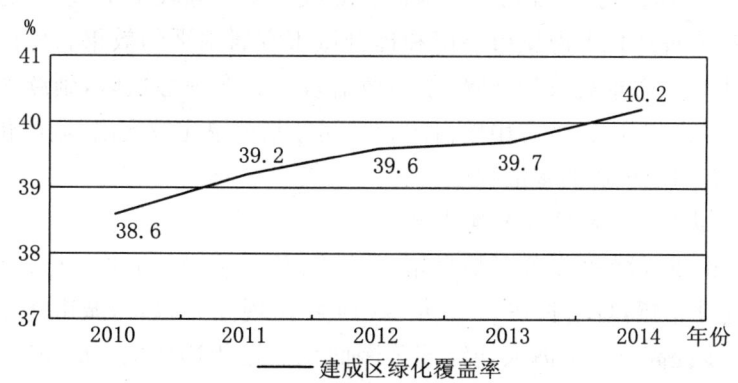

图 24-8 我国建成区绿化覆盖率

资料来源:《2015 中国城市统计年鉴》。

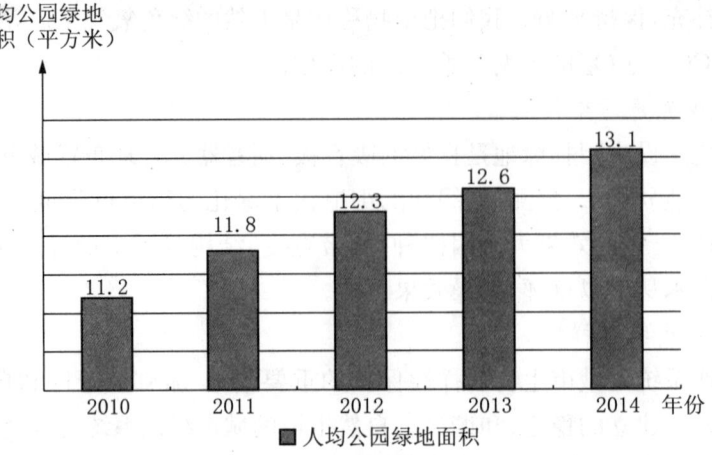

图 24-9 我国人均绿地公园面积（单位：平方米）

资料来源：《2015 中国城市统计年鉴》。

三、上海城市绿化建设的考察

（一）上海城市生态空间发展的问题

1. 城市生态空间面临持续减少的压力。至 2011 年底，上海市生态用地总规模约 4 200 平方千米，比 2006 年减少了 183 平方千米，年均减少 36.6 平方千米。其中耕地和湿地的减量更为突出，分别减少 121 平方千米和 96 平方千米，但绿地和园林地分别增加 14 平方千米和 20 平方千米。根据上海城市规划设计研究院对上海市生态足迹的测算，上海存在较大生态赤字，生态环境问题亟待解决。2008 年上海人均生态赤字为 2.64 公顷，是全国平均水平 4 倍。

2. 中心城区生态空间不断被侵蚀压缩。上海中心城区集中大量的基础设施，环境承载量过大，生态空间少，特别是人均公共绿地面积和人均森林面积少，且生态空间不断被压缩。如在中心城区西北和东南城市主导风向的嘉宝生态走廊、周康生态走廊，尤其是吴中和桃浦片被侵占更为严重，影响中心城区开敞生态景观的结构面貌。

3. 郊区生态空间需统筹规划予以维护。郊区生态资源较丰富，但生态空间尚未形成有机体系，以发挥优化上海城市环境和提升城市宜居水平的效果。郊区生态空间连通性不够，各类型生态景观较为破碎，整体效益较差。在中心城区，延续圈层空间拓展模式向外快速扩张和蔓延，生态用地占用和空间分割现象比较突出，城市化与郊区化快速发展加剧生态用地斑块的零散程度。

（二）上海城市绿化建设的基本情况

上海城市建成区绿化覆盖率是呈增长趋势，从 2010 年的 38% 增长到 2014 年的 38.4%，但增速非常慢，且增长在 2013 年、2014 年呈现停滞状态，城市建成区的绿化覆盖率有待进一步提高。而上海人均绿地公园面积是逐年递减的，从 2010 年 8.02 平方米递减到 2014 年的 7.3 平方米，主要原因在于城市绿地公园建设较慢，而城市人口主要是常住人口的增长速度较快。

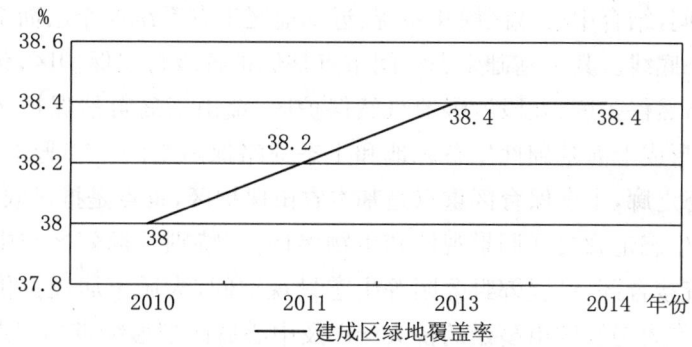

图 24-10　上海市建成区绿化覆盖率

资料来源:《2015 中国城市统计年鉴》。

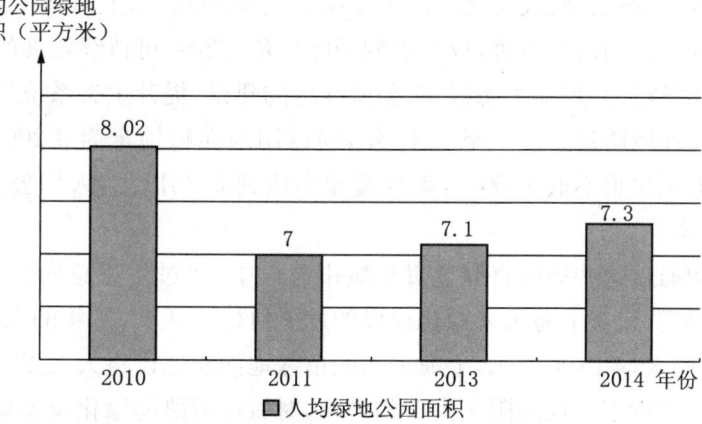

图 24-11　上海市人均绿地公园面积(单位:平方米)

资料来源:《2015 中国城市统计年鉴》。

(三)上海城市绿化建设的战略思路

1. 制定严格生态保护法规以确保生态底线。城市发展既要考虑社会经济发展的需求,又要兼顾生态平衡的底线,找到平衡这是对城市管理者智慧的考验。参考国外大城市生态用地的基本状况,生态用地比例一般在 50% 以上,60% 以上为良好水平,目前上海生态用地比例已经接近 50% 的底线,必须通过制定更加严格的生态保护法规体系,严格控制建设用地的进一步扩张,严保城市生态空间底线。

2. 统筹规划以构筑城郊生态空间网络体系。上海市土地利用总体规划已经提出市域"环、廊、区、源"的城乡生态空间体系,维护上海生态安全。其中在中心城区通过"环、楔、廊、园"等基本格局的绿地建设,与郊区生态空间相互贯通。按照出门"500 米内要有一块集中公共绿地"标准,在中心城区单元规划以及控制性详细规划中进行绿地规划和建设,有条件的地区更可提升到 300 米的高标准。近郊地区结合城市开发边界重新梳理生态绿地、生态间隔带,严格管理,以构筑生态优良、环境优美绿色城市为目标,营造城区宜居生态环境,真正能实现城市与自然的完美融合。

在郊区范围重点突出生态廊道、生态保育区这两类生态区域,就是通过基础生态空间、郊野生态空间,结合中心城区绿化系统、近郊地区生态系统四个层面空间管控,维护全市域范围生态底线。其中基础生态空间重点是保护各级自然保护区,包括崇明东滩、长江口中华鲟自然保护区、九段沙湿地自然保护区、金山三岛自然保护区、淀山湖水源地等重点区域,形成上海基础性生态源地和生态战略保障空间。郊野生态空间包括生态保育区和生态走廊,生态保育区重点是基本农田保护区,重点是推进农田林网的复合生态空间建设;生态走廊要强调景观性和生物多样性,特别是远郊区与中心城区、近郊地区的生态系统接合部,设置郊野公园等生态景观空间,为城市居民提供生态休闲、绿色游憩空间,并作为遏制城市蔓延的桥头堡以及中心城区楔形绿带的起点。

(四)面向2040年的上海城市绿化建设

在上海最新颁布的上海2040年城市规划中,发展愿景为追求卓越的全球城市,是一座创新之城、生态之城、人文之城。关于生态之城的建设,上海将通过空间资源环境和基础设施等方面的动态改善,成为引领国际绿色、低碳、可持续发展的标杆,城市绿化建设中的具体举措为:加强生态区域、公园绿地的建设,提升生态系统保护与治理能力,切实提高城乡环境质量。提出至2040年,建设用地面积锁定为3 200平方公里,生态用地占陆域面积比重不低于60%,森林覆盖率达到25%以上,人均公共绿地面积力争达到15平方米。

上海希望通过这些指标将绿色贯穿城市建设中,通过生态总面积界定和人均公共绿地面积的界定,设置上海未来绿化建设的发展目标。从2014年的人均7.3平方米增长到2040年的人均15平方米,上海未来城市绿地面积建设将大大提高。笔者认为,城市公共绿地的建设不仅仅局限于大型的公园,对城市道路的绿化及屋顶花园的建设,都可以进一步提升城市绿化建设。

四、总结

通过城市绿化建设,寻求更佳的人居环境,环境保护和倡导绿色的潮流悄然兴起,绿色文化和绿色运动已成为当今全球最具影响力的新文化运动,21世纪的理想城市必将是绿色城市。未来的城市建设,将通过发挥生态优势,挖掘城市绿化潜力,为城市创造最大的生态效益,通过营造亲近自然的城市绿地系统,强调生物物种的多样性,城市市政设施与城市林木和水体的有机结合,在城市形态上将形成城市与森林的完美融合,建筑与林木共存,在城市内涵上将营造出一流的生态环境,夯实城市可持续发展基础,改善人居环境。

第五节 城市垃圾处理

一、城市垃圾处理概述

(一)城市垃圾定义及影响

城市垃圾是城市固体废物的综合体,包括工业垃圾、建筑垃圾以及生活垃圾。基于目前我国城市多推进产业"退二进三"和园区化政策,而且按照相关规定,工业垃圾需要各工厂直接或经过处理达到排放标准后,放置于划定的地区,工业垃圾及其处理逐渐形成独特的体系。因此,本章关于城市垃圾及处理的分析更多着眼于包括建筑垃圾在内的城市生活垃圾。城市生活垃圾指城市居民在城市生产过程和生活中产生的各种固体垃圾,不同城市分类方法各异,常见"四分法"包括厨余垃圾、可回收垃圾、不可回收垃圾以及有害垃圾。具体来说,包括厨余废弃物、废纸张、废塑料、废织物、废金属、废玻璃、草木、砖瓦、灰土等。

随着城市规模的扩大和经济快速发展,城市生活垃圾急速增加,有效的垃圾处理对城市管理提出更大的挑战。我国传统的城市生活垃圾处理以填埋为主,大量垃圾的直接填埋已经造成多地"垃圾围城"危机,这种情况下,垃圾资源化管理成为一个势在必行的解决方案,通过城市垃圾有效分类处理,实现堆围垃圾减少、环境污染减少及资源重复利用的双赢结果。城市垃圾不再是城市生活产生的终端副产品,而是重新并入城市经济生活,形成循环运行。

(二) 我国城市生活垃圾处理中的问题

1. 立法滞后。我国关于城市生活垃圾分类收集方面的现行法律法规大致分为3个层次,第一层次是《中华人民共和国环境保护法》(2015年修订);第二层次是《中华人民共和国固体废物污染环境防治法》(2004年修订);第三层次是《城市市容和环境卫生管理条例》(1992年),《城市生活垃圾管理办法》(2007年)及各种地方性法规、规章等文件。但是,纵观我国现有的立法和法规还是主要集中针对垃圾的清运、储存和处理等,只有极少的条款涉及垃圾分类及垃圾资源化管理,且都以鼓励为主,并不强调实际操作,也没有对政府、企业、市民个人的权责划分,惩罚规定方面也是模糊不清的。总体而言,目前我国有关城市垃圾的监管基础并不完善,相关的法律法规甚至是滞后的。

2. 传统垃圾处理方法破坏土地资源。我国传统的垃圾处理方法是填埋为主,焚烧为辅。随着经济生活水平的提高,城市的垃圾产生量逐年上升,越来越多的城市,尤其是大城市,陷入"垃圾围城"的困境。我国虽然幅员辽阔,但是可用土地资源仍然有限,而垃圾填埋又大多占用到可耕用土地。一方面,垃圾数量锐增使得垃圾处理设施与填埋用地都面临超负荷的压力。另一方面,垃圾填埋经常造成二次环境污染,重金属与细菌渗透之下的土地在一段时间内很难用作他途,很多只能用作绿化用地。这更进一步加剧了我国人口众多与土地资源紧缺的矛盾。

3. 垃圾收集和处理系统不闭环。有效的垃圾处理系统是分类收集、转运、后期处理环环相扣的,但我国的城市生活垃圾处理流程并不闭合,常表现为分类垃圾桶"有设置无处理",即使在垃圾投放环节实现了基本分类,但最后的垃圾处理仍然是混合一体。这涉及对居民的激励—惩戒机制不足,也可从垃圾收集的具体环节探寻原因,后文介绍到的台北垃圾处理经验会给我们提供一个可操作的、有效的处理方法。垃圾处理系统不闭环的另一个弊端是导致潜在的资源浪费,前段分类失效导致可再利用的垃圾筛选失效,潜在的能源再生的可能也随之消失。

二、台北垃圾处理模式分析

2010年上海世博会，台北以"资源全回收、垃圾零掩埋，迈向城市的永续"作为两项参展主题之一，展示台北市成功的垃圾处理经验。这给当时上海的城市管理展示了一种可能的解决方案，并且引起了相关研究者的讨论，直至今天仍对我们有所启发。以下从垃圾处理的收集、处理流程，以及相关政策和运营主体三方面来介绍台北的垃圾处理模式。

（一）收集模式

1. 垃圾"不落地"与垃圾"强制分类"。台北市自1996年开设试点，1999年全面实行"垃圾不落地"政策，即居民区内不设垃圾桶，而是每天定时派出垃圾回收车沿线收集居民垃圾。台北垃圾车由环境部门运营，每日下午4点半开始，市内180条公交车路线类似的垃圾回收线开始运作。每条线路分20个停车收集点，市民等垃圾车队来到，从家里拿出垃圾直接放到垃圾车及资源回收车上。

此外，垃圾回收车共派出三种回收车：资源回收车、厨余回收车以及一般垃圾回收车。相对应的，居民必须将生活垃圾进行分类，其中可回收资源由政府免费收集，居民无需缴费。厨余垃圾和一般垃圾则要分类并装进特制的垃圾袋中。每天投放垃圾时会有工作人员检查垃圾时候按规矩分类投放，有违反分类标准的居民会受到劝阻回家重新分类，执意不改的居民则面临罚款，罚款金额高达台北市年人均每月可支配收入的4%—18%。

2. 垃圾费随袋收取。自2000年7月起，台北市实行垃圾费随袋收取的政策。在此之前台北市民的垃圾费用根据用水量浮动，用水多垃圾处理费多，但这样的收费方式对居民减少浪费的激励并不明显。专用垃圾袋为环保PE材质，分超小型到超特大型7种规格，超小型的袋子容量是3 L售价为新台币1.2元；超特大型的袋子容量是120 L，售价新台币48元，市民可以在连锁超市和指定的专卖店购买。而在每天垃圾车巡回收垃圾时，居民必须将垃圾分类、装袋投递。垃圾回收车队拒绝接受非管理部门制定的垃圾袋和不装袋的垃圾，同样劝回装袋不合标准的居民，不配合的居民也会有相应的罚金惩戒。这种收费模式既简化了收费流程，对居民也有激励作用，同时受到垃圾回收车的监督。

（二）处理模式

台北市管理部门提出在2020年实现垃圾零填埋的愿景，台北人均生活垃圾日清运量从1995年的1.34公斤减少到2012年的0.37公斤，年均减量7.3%。与此同时，垃圾填埋量不断减少，在全球城市比较中也处于领先位置。同时，台北市管理部门加大了对垃圾无害化处理的监督管理，垃圾焚烧厂的排放烟囱装有感应器，信号直连环保局并提供24小时的监控数据。在可回收资源利用方面，台北市管理部门也加大了扶持力度，建立资源回收管理基金，颁布了对不同种类可回收资源再利用的补贴额度，及对资源回收利用产业的扶持政策。

（三）政策与运营主体

从运营主体看，围绕社区居民、生产商、环保管理部门、回收商以及处理商，可以构建以下城市垃圾管理运营系统：

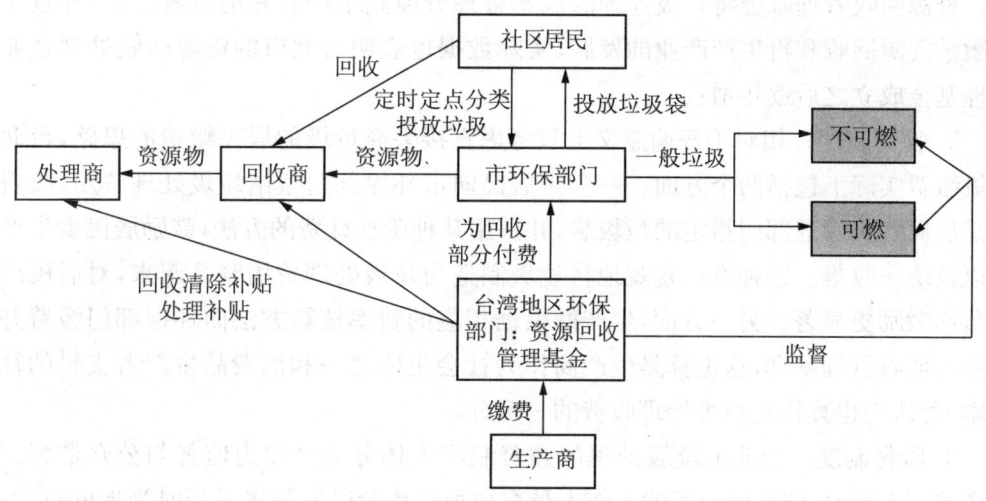

图 24-12　台北市生活垃圾管理系统

资料来源：作者绘制。

1. 参与主体与政策：

（1）物流与资金流视角下的管理系统。以垃圾与回收品作为物流视角，以收费与补贴作为资金流视角，可以将台北市生活垃圾管理系统用上图表示。具体而言，资金流视角下，作为整个垃圾处理的前端，生产商根据《资源回收管理基金信托基金部分收支保管及运用办法》向台湾地区环保部门缴纳回收清除处理费，承担生产者的社会责任。台湾地区环保部门作为管理系统的资金库，向市环保部门支付可回收垃圾部分的收集费用（因为这一部分对居民免费，实际上是居民的缴费转移），向回收商与循环资源处理商发放补贴，负责监督最末端的垃圾处理是否达到无害化标准，同时向居民投放特制的垃圾袋。社区居民作为消费者，需要购买市环保部门指定的垃圾袋，将日常产生的生活垃圾定时、定点、按标准分类投递到垃圾回收车，并"按件计费"缴纳不可回收的生活垃圾处理费。

如果追踪垃圾产生到消亡的物流，首先生产商制造商品，有居民消费并产生生活垃圾。社区居民产生的生活垃圾根据《台北市资源垃圾强制分类回收管理办法》分装可回收垃圾、厨余垃圾和一般垃圾，并定时定点丢弃。市环保部门负责回收垃圾，并将可回收垃圾交送回收商，将一般垃圾进行分别处理。回收商从市环保部门那里获得可回收资源，并进行清楚和回收，同时他们可以直接向居民收集可回收垃圾。经过回收商处理的资源由处理商进行进一步的加工处理，再生类产品最终流入消费者市场。

（2）资源回收管理基金。资源回收管理基金由台湾环保部门负责管理，其责任主要包括：督导生产者缴纳回收清除处理费，运用奖助及补贴机制推动资源回收处理体系,建立有效回收制度,畅通回收处理管道。生产者缴交回收清除处理费至少 70% 拨入信托基金,主要用于支付回收商、处理厂的实际回收清除处理补贴费,其余 30% 拨入非营业基金,用来支付配合回收清除处理作业的各项补助、奖励、倡导、行政及应急费用等。资源回收管理基金将垃圾处理的成本合理分摊到生产者和消费者之中,并且实际上激励资源回收和再生产产业的发展,实际数据也表明台北市的资源回收处理企业在管理基金成立之后逐年增长。

2. 收费制度。相对于普遍意义上只考虑直接丢弃垃圾的居民缴费的思路,台北市垃圾缴费实际上包括两个方面。一个是居民向市环保部门缴纳垃圾处理费用,收费方法是居民购买管理部门指定的垃圾袋,并采用某种阶梯计费的方法,鼓励居民少生产垃圾以及统一收集。这种方法直观地将垃圾制造与垃圾处理费用联系起来,对居民产生的负面激励更显著。另一方面,生产商根据相应的费率核算方法向环保部门缴费并计入资源回收管理基金,这也算是生产商作为社会主体之一和消费品生产者支付的社会成本,可认为也算作是垃圾处理收费的一部分。

3. 监督制度。台北市垃圾处理的监督制度大体分为公权力监督与公众监督。根据图 24-12 所示,垃圾回收车的工作人员在垃圾收集阶段监督居民当时当地的行为,台北市管理部门对垃圾袋违规、垃圾分类违规的行为有明文处罚规定,并且罚金不低。台北市环保部门除了管理和运营资源回收管理基金,还直接担负对垃圾处理厂的环保监督。除此之外,台北市环保部门官方网站定时披露监测数据与相关处理商信息,以便公众监督[①]。

三、台北城市垃圾处理战略措施

(一)源头精细分类与有效激励

对比大陆城市随意设置的分类投放垃圾桶,以及全靠居民自觉的现实,台北市在垃圾分类的源头就有强力的控制。这一部分取决于管理部门的监督强度,另一部分是居民的公共卫生意识。台北居民曾为垃圾焚烧产生的空气污染和垃圾填埋导致的土地污染向管理部门请愿、抗议,最终他们也意识到垃圾分类和前端控制也是减少垃圾污染的一部分,所以大部分人自觉地遵守垃圾分类方法。对于城市管理而言,也许更多的不该寄希望于市民的自觉,而是设置必要的激励机制。垃圾收集当场监督与明确的违规罚金保证垃圾分类的实现,而用垃圾袋收费代替后期征收垃圾处理费,有更直观和强烈的激励作用。

(二)管理部门强力执行与政策保障

台北市管理部门关注生活垃圾处理,从 1974 年至今陆续颁布了五部相关规定,内容具体明确,并且随着垃圾处理管理系统的不断完善相应的完善办法,包括《废弃物清理"法"》《一般废弃物回收清除处理办法》《"废弃物清理法"实施细则》等基本法规,也有

---

① 台北市政府环境保护局网站(http://www.dep.gov.taipei)。

因资源循环利用和鼓励资源回收市场发展的《一般废弃物资源循环推动计划》《公民营业废弃物清除处理机构许可管理办法》。管理部门在按规定收集垃圾和垃圾处理的监督管理上也有强硬的态度，规定之下各参与主体责任明确，减少了责任模糊、互相推诿和办事低效的可能。垃圾处理属于城市公共事务，其公共性决定了居民关注度低、搭便车现象严重，这就需要管理部门主导这一管理系统。如果管理部门能够将被动的垃圾处理转化为主动的资源循环利用，那么资源利用率的提高与相应的资源回收产业的发展会带来额外的收益。

（三）资源回收管理基金促进垃圾资源化处理

对比管理部门财政支出担负垃圾处理费用，设立资源回收管理基金避免了财政支出的模糊边界。如果只是由财政支出拨付专款，那么这些资金的来源只是笼统的市民税收，与此同时其支出的目的性也模糊了。而资金回收管理基金的资金筹集一部分来自生产商，这是在居民与生产者之间平均垃圾处理的费用，生产者承担了应有的社会责任，居民也通过购买垃圾袋这一专门的支出——而非不知将用作何处的纳税——明确地意识到自己需要为垃圾处理买单。这一层面产生的激励作用非同小可。

另一方面，市管理部门有意将引导市场与第三部门参与垃圾管理，资源回收管理基金对于可回收资源回收商与处理商的补贴，既分担了管理部门处理可回收垃圾和资源循环使用的重担（管理部门并不擅长这些），又刺激了资源回收利用的产业，最终提高了整个城市的资源利用率。这是大城市垃圾处理资源化的范例之一。

四、总结

城市生活垃圾处理在庞大的城市运行中显得十分细微，通常垃圾车在清晨或深夜迅速地收集垃圾，拾荒者与收废品的人也在深夜穿梭街巷。城市居民只是将垃圾清理出门，然后整个城市的垃圾再清理到郊区，人们对垃圾处理的态度多数是很被动的，所以"垃圾围城"的局面也不难理解。当垃圾污染严重到不能被忽视，垃圾填埋对土地的侵蚀缩小城市居民的生活范围，人们才去解决这个问题。

但以资源循环利用角度去审视这个问题，不断产生的城市垃圾也许是可循环利用的资源，以主动收集、利用这种资源的心态管理城市生活垃圾，就会对垃圾产生需求，包括分类需求与重复利用的需求，需求会促生相关的企业和产业发展。在垃圾处理系统中，政府担当责任主体与提供政策法规保障都是必要的，也是最重要的。垃圾收集和分类方法、垃圾收费机制、资源收集再利用的技术，这些都是可以借鉴的方法，但是居民将垃圾分类、分类收集、分类处理各环节联系在一起，形成资源循环利用的闭合环，还需要有强制、主动的责任主体主导这一管理系统。

参考文献

郝吉明、程真：《我国大气环境污染现状及防治措施研究》，《环境保护》2012年第9期。

乔晶晶：《我国城市大气污染现状及防治措施研究》，《企业技术开发》2016年第1期。

王冰、贺璇：《中国城市大气污染治理概论》，《城市问题》2014年第12期。

马宁、刘民、梁万年：《2008年北京奥运会对北京空气质量的影响》，《首都公共卫生》2010年第3期。

黄美元、徐华英、王庚辰：《大气环境学》，气象出版社2005年版。

陈英旭：《环境学》，中国环境科学出版社2001年版。

国家环境保护部：《2016年中国环境状况公报》(http://www.zhb.gov.cn)。

《中国环境年鉴》(2005—2014年)，中国环境年鉴社。

曲展、吕丹：《我国跨流域环境治理政策困境研究——以太湖流域治理的利益机制分析为例》，《长春大学学报》2014年第5期。

陆桂华：《太湖水环境综合治理现状、问题及对策》，《水资源保护》2014年第2期。

马静、王静：《日本琵琶湖治理的管理措施对太湖的启示》，《水利经济》2014年第5期。

张忠祥：《国内外水污染治理典型案例分析研究》，《水工业市场》2009年第2期。

许卓、刘剑等：《国外典型水环境综合治理案例分析》，《环境科技》2008年第14期。

柳絮：《泰晤士河的治理启示》，《中国农村科技》2014年第8期。

曲向荣：《土壤环境学》，清华大学出版社2010年版。

马琳：《美国城市治理的新途径：褐色土地治理》，湖北大学，2013年硕士论文。

薛艳杰：《上海城市绿化评价指标体系构建探讨》，《现代城市研究》2010年第3期。

朱雯莉：《处于转型期的中国城市绿化特点分析》，《风景园林》2006年第2期。

黄玉源、黄良美、黎桦：《对我国城市绿化状况浅析》，《生态科学》2003年第1期。

杨学军、唐东芹、钱虹妹等：《上海城市绿化利用树种资源现状与发展对策》，《植物资源与环境学报》2000年第4期。

吴人韦、夏敏：《城市绿化的生态化》，《城市环境与城市生态》1999年第6期。

王毅琪：《台北生活垃圾分类收集管理探讨及其对大陆地区的启示》，《环境卫生工程》2015年第4期。

杜倩倩：《台北市生活垃圾管理经验及启示》，《环境污染与防治》2014年第12期。

朱晓毅：《中国城市垃圾分类回收及资源化管理的现代化及政策研究》，复旦大学2013年硕士论文。

台北市政府环境保护局网站(http://www.dep.gov.taipei)。

黄群慧：《中国的工业化进程：阶段、特征与前景》，《经济与管理》2013年第7期。

彭园花：《我国城市生活垃圾分类收集处理瓶颈及对策》，《中国资源综合利用》2015年第12期。

第六篇
城市运行

城市运行篇主要关注智慧城市、城市安全、城市建设和城市治理等。本篇首先从智慧城市开篇，在智慧城市相关概念剖析的基础上，介绍了智慧城市建设相关案例，并对智慧城市的顶层设计进行了重点探讨。城市安全强调了基本概念和内容，从城市防灾减灾、城市社会治安综合治理、城市交通安全、城市消防安全、城市生产安全和城市食品安全等城市安全重点领域进行了分析。紧接着是城市建设，该章从城市建设的基本概念入手，为读者全方位探讨了城市建设的关键环节：包括项目前期、项目施工和项目运营。城市治理章则为本书的收尾内容，重点探讨了城市治理标准体系、城市治理制度体系、城市治理信息化等。

第二十五章 智慧城市

当前,"智慧城市"这一理念在世界许多国家和地区都得到了普遍认同,美国、德国、韩国、日本等国家率先陆续制定了相应的国家发展战略,再进一步拓展到区域战略和城市战略,并将智慧城市建设与城市经济发展、产业振兴、提高公共服务和社会治理能力紧密结合,进行了智慧城市试点和示范工程建设。2010年以来,我国许多大中城市纷纷开始探索"智慧城市"建设模式,走在前列的城市有北京、深圳、上海、成都、无锡等。因此,利用先进信息技术实现城市智慧式管理和运行,进而为城市居民创造更美好的生活,已成为促进城市和谐、可持续成长的重要途径。

第一节 智慧城市的相关概念

一、智慧城市的源起

"智慧城市"的概念缘于"智慧地球"。2009年,IBM公司提出了"智慧地球"这一概念,主要是为了引起人们对于快速城市化所带来的一系列城市病和环境破坏的重视[1]。城市作为复杂地域系统,以4%的土地承载了近一半的全球人口和大约55%的GDP总量[2]。传统的城市发展模式主要以工业革命、电力革命及信息革命的粗犷式资源利用形式支撑城市发展,以致人类正面临着资源日趋缺少、城市功能提升潜力不足的问题。近20年来,世界各地城市都出现了生境改变,城市的经济、社会和文化发展模式发生了重大变化,城市经济增长方式、治理方式、居民家庭格局变

---

[1] Harrison C., Eckman B., Hamilton R., et al., "Foundations for Smarter Cities", IBM Journal of Research and Development, 54(4), 2010:1-16.
[2] Ahrend R., "Building better cities: Why national urban policy frameworks matter", The OECD observer. Organisation for Economic Co-operation and Development, 2017.

化、城市人口变动、城市气候变化、城市排斥和不平等加剧,迫切需要形成城市"可持续发展""精明增长""集约发展"的协调方案,"智慧城市"的概念应运而生[①]。2009 年,迪比克市与 IBM 合作,建立美国第一个智慧城市。利用物联网技术,在一个有 6 万居民的社区里将各种城市公用资源(水、电、油、气、交通、公共服务等)连接起来,监测、分析和整合各种数据以做出智能化的响应,更好地服务市民。近年来,随着云计算、物联网、5G 等新兴技术逐渐成熟并开始投入使用,对推动城市信息化发展和智慧解决问题起到更大的推动作用。

二、城市智慧化的条件

(一)数据与网络基础

智慧城市是将新一代信息技术充分应用于城市创新 2.0 时代的城市信息化建设的高级形态。建设智慧城市的必要条件是形成了城市的"信息泛在基础",即城市中现有基础设施及各种功能系统必须能够满足智慧城市的发展要求,必须在传统的工程性基础设施和社会性基础设施上叠加感知、交互、智能判断、协同运作等能力,使得原有城市基础设施具备信息化能力。

智慧城市基于物联网、云计算等新一代信息技术以及维基、社交网络、Fab Lab、Living Lab、综合集成法等工具和方法的应用,营造有利于创新涌现的生态,实现全面透彻的感知、宽带泛在的互联、智能融合的应用以及以用户创新、开放创新、大众创新、协同创新为特征的可持续创新。因此,狭义地说,智慧城市就是使用各种先进的技术手段尤其是信息技术手段来改善城市状况、提升城市品质的城市。数据与网络的作用在于感测、分析、整合城市运行核心系统的各项关键信息。从技术层面看,持续增多的感知形态以及由此带来的安全和隐私问题是制约智慧城市建设的主要障碍[②]。

(二)产业基础

智慧城市建设有赖于新一代信息技术产业的发展。一是以移动应用平台与软件开发、移动游戏、移动商务、移动金融服务、移动教育服务、移动保险服务、移动医疗、移动支付、移动新媒体等为核心的移动互联网产业。二是大数据产业。推进智慧城市大数据应用,吸引社会资本投入大数据产业,构建行业大数据平台;整合城市优势企业与载体资源,构建以云计算为技术支持,以大数据分析为产业核心,以数据中心的数据存储、分享、挖掘为基础的数据产业,大力发展数据存储、数据挖掘、数据分析、数据安全。三是机器人智能制造,主要包括工业机器人、服务机器人研发,关键核心部件制造、机器人应用开发与组装、机器人下游应用产业、机器人技术培训等。四是卫星应用产业,发展卫星导航和位置服务基础设施。

---

① 吕淑丽、薛华、王堃:《智慧城市建设的研究综述与展望》,《当代经济管理》2017 年第 4 期。
② Heo T., Kim K., Kim H., et al., "Escaping from ancient Rome! Applications and challenges for designing smart cities", Transactions on Emerging Telecommunications Technologies, 25(1), 2014:109-119.

（三）组织基础

发达国家智慧城市建设的实践证明，智慧城市建设的成功不单单依靠先进技术的应用，而关键在于有效的管理、安全以及标准的构建[1]。因此，其智慧城市建设往往并非聚焦于信息技术领域，而是着眼于通过智慧城市手段缓解城市发展和快速城市化中出现的一些问题，如废弃物处理、资源稀缺、空气污染、公众健康威胁、交通拥堵以及城市设施的破旧老化等[2]，这就对城市的组织协调能力提出了很高的要求。在智慧城市建设的初期，城市各部门在长期的信息化应用中往往会积累海量的数据和信息，但因为各系统独立建设、条块分割，缺乏开放、共享的组织协调机制，常常会导致"信息孤岛"的存在，信息难以产生价值，更难以服务于智慧城市建设。

在欧盟的智慧城市评价体系中，智慧城市目标分解为智慧经济、智慧人群、智慧管理、智慧移动、智慧环境和智慧生活等六个维度，体现了多元包容特征，其指标是多维度、全方位和地方化的。在对信息技术本身的关注之外，将其扩展到自然资源和环境、公共服务设施、城市经济和创业、市民生活质量以及未来发展空间等问题的综合解决和处理[3]；除了物质空间指标，更强调经济、社会、文化空间。可见，技术本身并不能使城市更"智慧"，而是需要通过作用于其他要素而提升整个系统的性能。

表 25-1 显示，在指标体系的 71 项二级指标中，只有包括 IT 基础设施、交通连接性等不到 10 项指标是针对城市物质空间的，而其他指标都反映了对城市经济、社会、文化空间的测度。

表 25-1 欧盟智慧城市评价的指标体系

构成要素	一级指标	二级指标
智慧经济	创新精神 企业家精神 经济形象 生产力 弹性和劳动力市场 国际参与程度	研发费用在 GPD 的比重 知识密集部门就业比重 人均专利申请 自发创业比率 新注册的公司数量 重要的决策中心数量（例如总部） 人均 GDP 失业率 兼职工作的数量 总部在城市的公司的上市数量 航空客运量 航空货运量

---

[1] Rong W., Zhang X., Dave C., et al., "Smart city architecture: A technology guide for implementation and design challenges", China Communications, 11(3), 2014:56-69.

[2] Caragliu A., Del Bo C., Nijkamp P., "Smart Cities in Europe", Journal of Urban Technology, 18(2), 2011: 65-82.

[3] Giffinger R., Fertner C., Kramar H., et al., "Smart Cities-Ranking of European Medium-sized Cities", Vienna: Vienna University of Technology, 2007.

(续表)

构成要素	一级指标	二级指标
智慧人群	受教育程度 终身学习的可能性 社会包容性 灵活性 创造性 开放程度 公共生活的参与性	重要的知识中心数量（研发中心、大学） 有本科以上学历人口的比例 掌握外语的人口比例 人均借书数量 参加终身学习的比例 学习外语的人口数量 外国人的比例 本国人在国外出生的比例 得到新工作的比例 在创意产业工作人员的比例 欧洲议会中选举投票的比例 对待外来移民友好的环境 欧盟相关知识的普及程度 城市议会中选举投票的比例 参与志愿者工作的情况
智慧管理	决策中的参与性 公共服务和社会服务 透明的管理	在城市议会中当选代表的比例 非居民的政治活动 非居民在政治上的重要性 城市议会代表中的女性数量 在公共和社会服务方面的人均支出 在托儿所中的幼儿数量 对学校的满意度 对政府透明度的满意度 对抵制腐败的满意度
智慧移动	地方的可达性 国内和国际的可达性 IT 基础设施的可得性 可持续、创新和安全的交通系统	每个居民的公共交通网络 对公交可达性的满意度 对公交品质的满意度 国际出行的可达性 家庭拥有个人电脑的数量 家庭宽带入户比例 绿色交通比例 交通安全性 使用经济型轿车的比例
智慧环境	自然资源的吸引力 污染 环境保护 可持续的资源管理	日照小时数 绿色空间比例 夏季臭氧天数 雾霾天数 居民患呼吸道疾病的比例 居民致力于自然保护的程度 对保护自然的态度 水利用的效率 电使用的效率

(续表)

构成要素	一级指标	二级指标
智慧生活	文化设施 健康条件 个体的安全性 住房品质 教育设施 旅游吸引力 社会凝聚力	居民看电影的参与率 居民参观博物馆的情况 居民去剧场的情况 预期寿命 居民人均床位数 居民人均医生数 对医疗系统的满意度 犯罪率 犯罪致死率 对公共安全的满意度 大学生的比例 对教育系统的满意度 对教育质量的满意度 旅游目的地的重要程度 过夜游客的数量 贫困的危险性 贫困人口比例

资料来源：根据张纯等（2016）修改。

三、智慧城市的功能实现

（一）运用科技服务民生

智慧城市作为当今世界城市发展的新理念和新模式，其根本目的是实现"为民、便民、惠民"的目标。在技术应用上，必须依赖物联网、云计算、移动互联网、大数据等先进的信息通信技术，将其充分应用到城市经济社会发展的各个领域；在新一代信息技术支撑下，实现城市全面数字化后可视、可测量的智能化城市管理和运营模式，充分实现信息化高阶形态的数字化、智能化技术快速增长式发展，以推动城市服务能力和管理水平的跨越式提升。在服务民生上，则是最大限度地整合和开发利用包括城市公共服务管理、电信、电力、金融、交通、医疗、教育等各类信息资源，实现智慧应用，为居民、企业和社会提供及时、互动、高效的民生服务，使城市达到前所未有的"智慧"状态。

（二）促进城市可持续发展

智慧城市的目标是为了建设一个能够吸收、修复和应对未来在经济、环境、社会、制度方面受到冲击的城市，其根本目的是促进城市可持续发展。在经济方面，实现就业门类的多样化。通过教育服务和技能培训促进就业；在治理方面，实现清晰的城市领导和管理，即领导层具有战略性眼光、制定综合性的治理框架、公共部门有良好的服务技能、政府公开透明；在社会方面，使城市具有包容性和凝聚力，即社区公民联络活跃、街区安全、公民享受健康生活；在环境方面，努力营造健全多样的生态系统，即具有满足基本需求的环境基础设施、拥有充足的自然资源、采取合理的土地利用政策。

（三）增强城市的稳定性和弹性

城市智慧化还有助于增强城市的稳定性和弹性。通过智慧城市建设，一是增强城市系统的适应性和稳健性：通过数据和信息手段来分析和识别现今问题的解决方案，从过去的经验中获得关于未来的决定，对城市进行精心设计，以应对城市发展的不确定性；二是回复城市的灵活性：方便个人、家庭、企业、社区、政府调整行为和行动计划，能够对紧急事件迅速作出反应并灵活调配资源，可以在危机中或受到高度限制的条件下有效、快速地恢复城市的基本服务；三是形成包容的城市体系：确保不同的行动者都能充分发挥作用，参与政策设计并授权政策执行。从这一点来说，智慧城市一定是一个综合的系统工程。

第二节　国内智慧城市建设案例

一、智慧城市的发展现状

（一）种类

后工业化时代，全球城市普遍面临着因为人口规模急剧膨胀、工业文明发展模式滞留造成的城市环境污染、资源短缺、交通拥堵、金融危机、食品安全、恐怖主义等各式各样的压力和挑战。针对上述问题的蔓延，智慧城市成为新时期解决"城市病"的良药，其发展理念自提出后得到高度认可，迄今许多国家和地区纷纷开展智慧城市建设工程，并在全球形成了一批成功案例。在我国，截至2017年3月，有95%的副省级城市和83%的地级城市（总计超过500个城市）在政府工作报告或"十三五"规划中明确提出或正在建设智慧城市。纵观我国智慧城市建设现状，可以依据动力机制、建设重点不同将智慧城市发展类型作以下划分。

1. 依动力机制的差别可以分为投资拉动型和创新驱动型：

（1）投资拉动型。投资拉动型智慧城市的建设依靠大规模投资实现，包括政府投资、企业投资、政府补贴和企业投资相结合3种方式（见图25-1）。政府投资主要在基础设施和公共管理领域，企业单独投资主要在智慧技术和智慧商业应用领域，企业投资和政府补贴结合则侧重于发展智慧产业。政府投资在地区智慧城市建设中发挥资源、金融配置的宏观导向作用，企业投资在增加投资方式的同时缓解了政府财政压力。

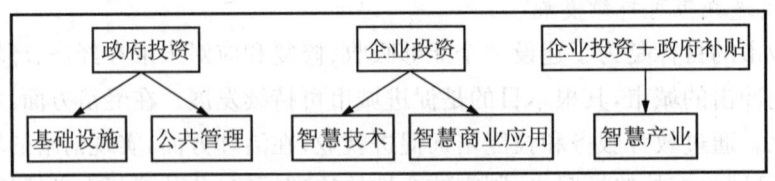

图25-1　智慧城市投资拉动型

广东东莞"智慧松山湖"是政府和企业二元投资驱动建设智慧城市的成功案例。松山湖高新技术开发区坐落于"广、深、港"黄金走廊腹地，总面积103平方千米。"十二五"期间,制定了"智慧松山湖"的发展目标,以互联互通和共享协同为主线,建设政务管理、产业服务、社会民生、绿色园区和平安园区5大应用板块、16个重点项目、81个子项目,投资总额达4.5亿元,其中政府投资占65%,计2.9亿元。

在公共基础设施板块:包括全连通网络基础设施、IDC基础设施、一站式空间信息采集系统、云操作系统服务平台、政务信息资源库整合、政务地理空间信息资源共享与服务平台和灾备中心等项目,总投资约2.1亿元,其中政府投资1.9亿元左右;政务服务部分包括招商辅助决策、信访业务综合处理和创意文化管理,政府共投资1 280万元;

在产业服务板块:包括园区科技统筹服务系统、园区企业服务系统和园区企业征信服务系统等,总投资约3 100万元,其中政府投资1 800万元,企业投资1 300万元;

在社会民生板块:包括智慧社区专项工程、医疗卫生服务系统、园区公众信息服务门户、园区个性导游服务系统和智能交通系统等项目,总投资1.27亿元,其中政府投资4 330万元,企业投资8 410万元;

在园区板块:绿色园区包括数字化城管系统、地下管网和园区环境监测等项目,政府全额投资4 583万元;平安园区包括园区应急指挥和安监应急管理项目,政府全额投资2 344万元。

(2)创新驱动型。创新驱动型将创新作为智慧城市建设动力,以通信技术应用为基础建立创新核心体系,包括智慧城市创新基础设施建设、创新产业、创新人才体系、创新管理服务体系、创新资源环境培育等方面。创新驱动型智慧城市强调企业的创新主体地位和创新基础设施建设,包括国家科技基础设施,教育基础设施,情报信息基础设施等。创新服务体系特别依赖于咨询机构和制度保障,创新人才体系特别依赖于人才培育保障。一般而言,创新驱动型智慧城市多为新建而非改造模式,相比投资拉动型智慧城市,更有助于提高城市劳动生产率、推动城市产业结构调整与升级、增强城市核心竞争力,提升城市经济发展的质量。

深圳作为我国创新能力最强的城市之一,是创新型智慧城市的杰出代表。从城市创新基础建设体系来看,2016年底深圳市互联网普及率已高达86.2%,光纤入户率达到80%;在创新管理服务体系中,深圳是全国唯一的国家政务信息共享示范市,也是首批信息惠民国家试点城市,目前基本建成全市统一的政务信息资源共享体系,汇集29家单位的385类信息资源、38亿多条数据,形成约1 800万人口、232万法人、79万栋楼、1 282万间房屋的公共基础信息资源;全市统一政务信息资源共享平台已接入49家市直机关和全市各区,资源目录共2 099类,信息指标项达51 688个,最高峰日交换数据量达8 000万条[①]。在"十三五"规划中,深圳提出到2020年家庭宽带用户光纤接入能力达到300 Mbps,固定宽带家庭普及率达到99%,重要公益性公共场所免费无线宽带覆盖率达到99%。届时,将在通信设备等领域培育规模超万亿元的产业集群,在机器人、可穿戴设备和智能装备等领域培育规模超过2 000亿元的产业集群,在新能源汽

---

① 吴德群:《深圳智慧城市建设领跑全国》,《深圳特区报》2016年12月29日。

车、海洋装备、集成电路设计等领域形成规模超千亿元的产业集群,在医疗器械等领域形成规模超过 500 亿元的产业集群。

2. 根据建设重点的差异分为产业发展型和管理服务型:

(1)产业发展型。产业发展型智慧城市能够缓解经济下行压力,成为新的经济增长点。当前全球经济下行压力不断增加,特别是我国近年来 GDP 增速持续放缓,实体经济产能过剩,工业发展和投资速度下降。按照国际通行标准,产能利用率超过 90% 为产能不足,79%—90% 为正常水平,低于 79% 为产能过剩,低于 75% 为严重产能过剩。2010 年,中国超越美国成为全球制造业第一大国,但有 19 个制造业行业产能利用率都在 79% 以下,有 7 个行业的产能利用率在 70% 以下,属于严重过剩状态,且产能利用率过低的行业范围已经从钢铁、煤炭、水泥、电解铝等传统行业扩展到光伏、多晶硅、风电等新兴产业。智慧城市为当前产业转型升级提供了新机遇。据世界银行测算:一个百万人口规模的城市建设中,当对智慧城市模式的实际应用程度达到 75%,该城市的 GDP 在其余条件不改变的前提下能够增加 3.5 倍[1],这意味着智慧城市建设模式可以促使该城市经济增长翻两番,从而实现城市可持续发展。

智慧城市全面发展需要互联网、物联网、云计算、电信网、广电网、无线宽带网等技术和产业的支撑。这在客观上要求以最前沿的第四代移动互联网技术为依托,推进互联网、物联网、广电网的"三网融合",从而推动通信技术、网络基础设施产业发展;以云计算为技术平台,进一步搭建和提升以政府为中心的数据运算和管理服务平台,建立起服务于战略、主导重点行业的信息数据中心,实现大数据资源的共享,促进数据信息产业发展;以满足公众越来越多的精神、文化需求为导向,通过完善无线宽带网络等发展与智慧城市理念相配套的行业应用软件、移动端嵌入式软件、系统应用软件等,促进相关软件研发和应用行业的发展。此外,以人类创意和高新技术为内涵的智慧产业体系是促进城市进入智慧化发展的必要途径,成为全球经济环境和知识经济时代中城市发展的决定性因素[2]。主要包括服务业中的文化创意产业、知识产权服务、会议及展览服务业,以及制造业中的通信设备、计算机和相关电子设备装配、制造业等[3]。

宁波是产业发展型智慧城市的典型代表,通过宁波智慧产业园的建设推动智慧城市发展。该产业园构建了 9 个智慧产业功能区:

国际汽车产业城和高端汽车零部件产业园:占地面积 8.8 平方千米,以吉利和上海大众两大整车生产项目,德国博世、法国佛吉亚、韩国万都等汽车零部件制造商为园区核心企业,旨在打造全国重要汽车生产装备基地。

新能源新光源产业园:占地面积 1.33 平方千米,以新能源新光源领导厂商为主,重点发展太阳能电池片及组件生产项目。

---

[1] 黄征宇:《厦门:"智慧网络"先行者》,《中国信息化》2011 年第 2 期。
[2] Cohen W.M., "Absorptive Capacity: A New Perspective on Learning and Innovation" Strategic Learning in a Knowledge Economy, 2000.
[3] 邓贤峰:《"智慧城市"评价指标体系研究》,《发展研究》2010 年第 12 期。

新材料基地：占地面积 2.67 平方千米，是国家级高性能金属新材料基地，形成高精度电子铜带、高精电工线等产品为主的新材料产业发展基地。

医疗器械产业园：占地约 0.67 平方千米。打造以高精度医疗器械、医用配件、高技术医疗设备、高品位医疗保健产品等为核心的长三角城市群医疗器械重要制造基地。

海洋装备产业园：占地约 3.87 平方千米，以传感器、水文监测器等小型海洋装备制造，高压泵、能量回收器等海水淡化装置为发展重点，建设海水综合利用示范工程，是浙江省新兴海洋产业的先行区。

智慧产业园：占地面积约 1.33 平方千米，生产领域集中在传感器、射频设备、无线连接设备等智慧产品。具体分为两部分，一部分开发创新型工业激光器模块及集成电光电子系统和网络数据基地；另一部分布局新兴制造产业，打造物联网产业基地，两者共同为宁波智慧城市建设提供服务。

商务休闲区：占地约 9.43 平方千米，目标定位集中于运动休闲综合体、金融后台服务基地、城市产业综合体等休闲产业。

现代生态农业示范园：占地面积约 0.7 平方千米，以现有的生态农庄为基础，主要开发建设 1—2 个生态农业示范项目，利用湿地资源，开发观鸟、滨海嬉戏、滩涂野趣、农耕文化展示为核心的生态观光农业和生态旅游业。

出口加工区：占地面积 2 平方千米，是宁波"免税、保税、免证"的政策优惠地区。2009 年，该功能区在原有加工制造基础上增加了保税物流、研发、检测、维修等功能，使其成为保税物流和出口加工发展的最新空间区域。

(2) 管理服务型。智慧城市管理服务建设的基础是各类感知设备（如无线宽带网络、物联网网络、广电网络、云计算平台等），并依赖于政府管理和公共服务两个重要层面的协调发展。政府管理指利用智慧应用提高城市公共管理功效，其中最为典型的是智慧交通系统。全球各大城市规模的急剧膨胀，加之汽车工业的急速发展，交通阻塞和拥挤成为城市首要困扰，并在很大程度上导致了环境污染加剧、时间浪费、运营成本上升、交通事故频发。调查研究表明，城市道路拥堵状态下的能耗是最优状态的 2 倍，假设一辆普通轿车在 7 千米/小时和 88 千米/小时的时速间加减速 1 000 次，消耗的燃料比匀速前行时多 60 升，而货车能耗则多增加 114 升[①]。北京市环科院检测表明：小轿车时速由 20 千米/小时提高到 50 千米/小时，所排放的一氧化碳、碳氢化合物即可减少 50%左右。除环境和资源负担外，交通拥堵同样增加了社会经济成本。中国社会科学院数量经济与技术经济研究所估计，北京因为交通拥堵所造成的社会损失为每天 4 000 多万元，全年高达 146 亿元，而全国则大约为每年损失 1 700 亿元。美国、日本、韩国等国家在智能交通发展经验的基础上形成了智慧交通系统（见图 25-2），即融合了先进的信息技术、通信技术、控制技术、传感技术、计算器技术和系统综合技术，通过将人、车、路、环境等有机地结合起来，从而使在较大区域内实现有序的高效运输、能源充分利用、

---

① 李晓燕：《城市交通拥堵现状及对策分析》，《科学时代》2014 年第 3 期。

环境改善和提高交通安全[1][2]。

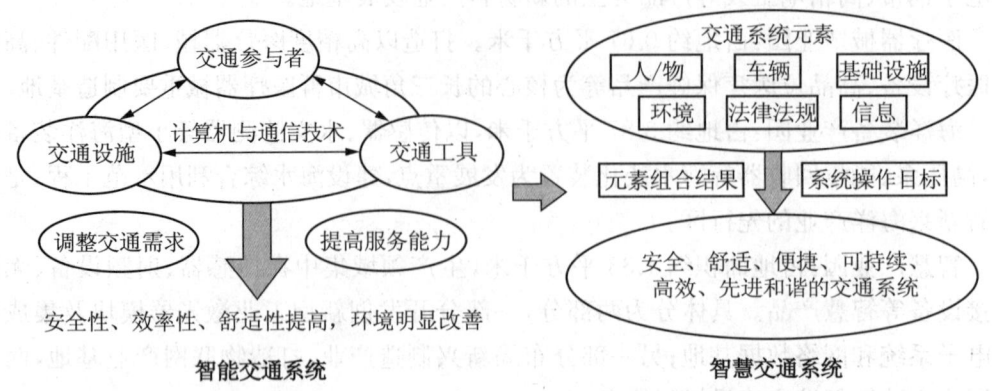

图 25-2　智能交通与智慧交通示意图

资料来源：张轮、杨文臣、张孟：《智能交通与智慧城市》，《科学》2014年第1期。

公共服务则体现在城市居民的衣食住行、教育医疗、卫生安全等方面，目标是增强市民生活舒适度和幸福感。随着我国城市化进程加快，截至2016年末，全国城市常住人口高达79 298万，城市化率已达到57.4%。城市化将大量农村人口转移和集聚到城市内部，一方面为城市发展带来内需动力，但同时也带来了城市公共服务的压力。

我国台湾省桃源县智慧城市建设在管理和公共服务领域成效显著（见表25-2）。桃源县自2002年开始实施智慧城市建设，以E桃园—M桃园—U桃园为阶段分期建设，于2009年获得ICF全球智慧城市创新奖，2013年参与全球400个城市间角逐并成功入选为全球著名的7个智慧城市之一。

表 25-2　台湾省桃源县智慧城市建设举措

领域	推广项目	具 体 措 施
管理职能	县政服务入口网	整合各单位的线上服务资讯的单一入口，提供一站式的服务网站，包括工商投资、观光休闲、社会福利和县民资源的四大主题网，强化民众的E化能力
		设立E化服务台，纳入县长信箱、服务部落、常见问题解答等线上申办资源
		提供法规查询、资讯便民系统查询等线上服务资源索引，使民众通过电子化的方式直接参与运作，增进民意互动
电子服务	业务电脑化	建立电子公文、财政主计系统、人事差勤系统，缩短公文交换时间、县预算全程掌控、县管理人员规范上班
		将消防救护119警察勤务派遣等纳入电脑化管理

---

[1] 马景艳：《大数据背景下智慧城市破解交通拥堵的策略研究》，《电脑知识与技术》2014年第18期。
[2] 茹艳、樊阿娇、潘俊方等：《智慧交通在构建智慧城市中的重要作用》，《无线互联科技》2015年第15期。

(续表)

领域		推广项目	具 体 措 施
公共服务	医	远程医疗照护	市民可以在家通过健康护照盒,将可测量额生理信号资料传送至医院系统,医院充分掌握病人健康状况
	食	食物溯源	将县内生产的大米、茶叶、蔬菜等农特产品通过 RFID 的食品履历应用,让民众了解事物的整个生产环节,保障食品安全
	住	智慧住宅	新建许多智慧型住宅,提供智慧化的生活应用,除通过智慧型监视设备,进行 24 小时监控外,还加入智慧辨识分析技术,提供车辆辨识及路况异常的主动警示通知,助力交通和治安的改善
	行	智慧公交	目前已结合 5 家客运公司,通过智慧公交服务,民众可以随时通过电脑、手机上网获得公交的即时资讯

资料来源:邹佳佳:《智慧城市建设的途径与方法研究》,浙江师范大学博士学位论文,2013。

除上述两种分类标准外,还可以根据智慧城市建设路径差异,分为全面发展型和重点突破型。全面发展型综合考虑基础设施建设、产业转型升级、公共服务提升、居民生活改善和资源环境可持续利用等多个方面[1],例如智慧北京的世界北京定位。重点突破型则就城市建设过程中的某一领域展开突破,常见于交通、生态等领域,例如南宁发展智慧绿都的定位。也可以根据智慧城市建设发展阶段的不同分为硬实力和软实力建设两类。硬实力建设多见于智慧城市发展初期,侧重于信息技术、计算机网络建设等领域;软实力类型则多是在硬件设施完成的基础上进行管理、服务等的完善[2]。

(二)尺度

智慧城市最显著的建设特征在于其空间尺度的灵活性,既存在智慧园区、智慧社区这样的小尺度,园区一般容纳几十家至上百家企业,社区人口规模基本上在 3 000 至 10 000 人范围内;也存在智慧城区这样的中等尺度,城区一般指与郊区相对应的人口、机构、经济、文化、高度集中区域;以城市整体为建设单元的大尺度也较为常见。

智慧城市空间尺度灵活多样的原因在于其建设目标和考核指标的多层次性和具体指向性。学界、产业界和政界均认可智慧城市内涵体系包括自然、社会和经济三大系统,并涵盖智慧基础设施、智慧管理与服务、智慧经济、智慧产业等多个领域,不同尺度智慧城市建设的差异在于发展领域的侧重点不同。

(三)空间分布

1. 省域层面。学者刘鸿雁[3]运用熵值 TOPSIS 法和纳尔逊分类法追踪评价了全国 31 个省市 2006 年、2010 年、2014 年智慧产业的发展水平,发现省际智慧城市发展水平呈现出明显的空间差异特征,高—高聚集区集中东部,低—低集聚区偏于西部,低—高

---

[1] 王璐、吴宇迪、李云波:《智慧城市建设途径对比分析工程管理学报》,《工程管理学报》2012 年第 5 期。
[2] Caragliu A., Del Bo C., "Nijkamp P. Smart cities in Europe", Journal of Urban Technology, 18(2), 2011:65-82.
[3] 刘鸿雁:《建设智慧园区助推传统园区升级》,《经济研究导刊》2016 年第 4 期。

类型区偏于北部,广东省作为高集聚区游离于南部。东部沿海的长三角区域智慧产业发展水平整体实力最高、且增长快,特别是浙江、江苏省新能源、新材料、新一代物联网和云计算、高端装备制造、智能电网等新兴产业的发展推进了智慧产业的快速发展。环渤海区域的京津两市一直处于中高水平,山东省通过积极推进两化融合,在2014年达到了中高水平,河北则始终处于中低水平。珠三角区域广东省一枝独秀。中部地区安徽省、湖北省和江西省由2006年的极低、低水平区上升为2014年的中等水平区和中高水平区;其他省份均始终处于中低水平和低水平区。西部地区由于地理位置、自然环境、经济实力、资金、人才等因素影响,除四川省、重庆市和云南省外,大部分地区智慧产业发展处于较低水平,智慧产业发展表现出"俱乐部趋同"现象。

2. 城市层面。由中国社科院信息化研究中心、国脉互联智慧城市研究中心联合发布的《2015中国智慧城市发展水平评估报告》选取了全国所有省份中(除港澳台外)151个城市进行评估。研究表明,我国智慧城市建设的整体发展水平不高,呈现"纺锤型"结构,即发展程度较高和基础较差的城市数量较少,基本位于中等偏下水平。北京、上海和浙江、江苏和广州所在的长三角、珠三角沿海城市在全国智慧城市建设中名列前茅(见表25-3)。截至2016年末,全国智慧城市建设试点已达到近600个,北京、上海、广州、宁波、南京、杭州、大连等城市在智慧城市发展规划、政策法规、标准体系等方面较为完善和典型①。

表25-3　2015年我国智慧城市发展前20名

排名	1	2	3	4	5	6	7	8	9	10
城市	无锡	上海	北京	杭州	宁波	深圳	珠海	佛山	厦门	广州
排名	11	12	13	14	15	16	17	18	19	20
城市	青岛	南京	苏州	金华	成都	武汉	合肥	绍兴	嘉兴	中山

资料来源:中国社科院信息化研究中心、国脉互联智慧城市研究中心:《2015中国智慧城市发展水平评估报告》。

二、建设经验

(一)园区模式

智慧园区是利用云计算、物联网、互联网等信息技术,感知、监测、分析和整合特定园区内的各关键环节,它是建立在数字化园区基础上的智能化园区②。智慧园区的概念源自"智慧城市",是智慧城市的重要构成部分,也是其建设的缩影,核心同样是智能化。园区智慧化建设的意义主要在两方面,首先,就某种角度而言智慧园区是建成智慧城市的试验田,许多城市从独立的单个智慧园区建设,进一步由点到面,从局部到整体,在总结经验和论证教训基础上,进行城市尺度建设。其次,园区作为我国产业发展的特

---

① 吕淑丽、薛华、王堃:《智慧城市建设的研究综述与展望》,《当代经济管理》2017年第4期。
② 刘鸿雁:《建设智慧园区助推传统园区升级》,《经济研究导刊》2016年第4期。

殊形态,其在经济建设中发挥重要的支柱作用,但近年来传统园区也暴露出一些问题:如产业定位不清晰、园区缺乏激励创新的机制体制、园区同质化现象明显、园区内企业缺乏创新活力等①。截至 2014 年全国每个城市平均有 4.8 家省级以上产业园区,而园区的空置率高达 43%,严重供给过剩。部分优秀园区在全国经济转型升级的历史转折期,也开始探索和加入智慧化建设潮流,如苏州工业园区建设了智能公交系统试点,实现了电子站牌、公交监控(GPS 和视频)和公交调度智能化;上海漕河泾开发区以智能安防平台、智能一卡通、信息发布系统以及智能楼宇建设为重点②。

智慧园区建设以目标为导向,其最终目标是以丰富的智慧服务改变园区政府、企业和居民之间的交互方式,实现更加智能化的园区运作。因此,智慧园区的建设内容是基于信息通信技术(ICT),构建一个全方位、智能化的园区服务平台,其体系结构如图所示,包括 4 个层次:感知层、网络层、平台层和(智慧)应用层(见图 25-3)③。

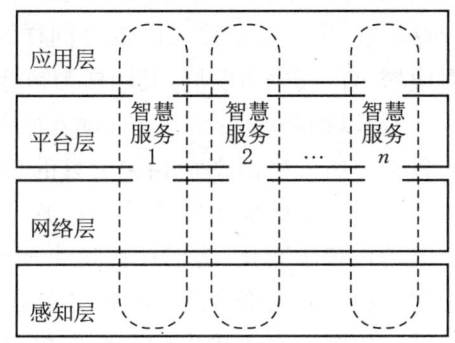

图 25-3 智慧园区体系结构示意图

资料来源:肖岳:《智慧园区建设的研究与探索》,上海交通大学博士学位论文,2012 年。

感知层:直接感知和监测外部信息,对外部环境中所需信息数据的采集和获取,常见信息采集设备有包括各种传感器、视频监视器、RFID 读写器、智能移动终端、GPS 接收器等,这些设备作为数据采集和自动化设备,常用于建设园区环境和能源监控系统、智能会展系统、安防控制系统、楼宇自控系统、信息发布系统、智能微电网系统等。网络层:是智慧园区发展的核心,为园区获取的各类数据流提供流通渠道,主要由覆盖全园区范围的通信网、互联网、物联网融合构成,通过数据交流对全园进行检测,并反向控制系统设备,实现各类信息的安全传递,这三网融合的环境建设有助于缩短园区空间距离,提升工作效率。平台层:由公共信息服务平台和数据中心构成,是园区智慧化的基础,是感知数据存储和处理、智慧服务运行所需的基础设施及环境,云计算平台就是本层级理想技术,通过虚拟平台,园区可以提供智能商务、智能医疗、智能会务等应用服务,有效提高园区内企业满意度,为企业发展提供便利。应用层:对平台层数据分析结

---

① 刘鉴:《走出园区发展同质化困境》,《中国工业评论》2015 年第 4 期。
② 张擎:《智慧园区:源于数字化高于数字化》,《中国高新区》2011 年第 9 期。
③ 孙韩林等:《智慧园区建设探讨》,《现代电子技术》2013 年第 36 期。

果进行智慧响应,包含智慧园区各领域行动的综合、协同应用。未来平台层的扩建,应用层的智慧服务将变得越来越多①②。

纵观现有智慧园区发展,除园区建设内容外,其管理模式也至关重要。常见智慧园区管理模式有政府行政力量主导型、公司治理型和混合型3种类型。一般,园区所在地政府或由政府组建的园区开发公司、管委会等多承担管理者角色,它们会根据园区定位、特色,在建设初期制定细致的规划方案,并明确入园企业和园区内产业发展的各类标准和规范(包括技术标准、规范),以实现园区建设的可持续性。

(二) 社区模式

智慧社区是运用现代科学技术,整合区域人、地、物、情、事、组织和房屋等信息,统筹公共管理、公共服务和商业服务等资源,以智慧社区综合信息服务平台为支撑,依托适度领先的基础设施建设,提升社区治理和小区管理现代化,促进公共服务和便民利民服务智能化的一种社区管理和服务的创新模式,也是实现新型城镇化发展目标和社区服务体系建设目标的重要举措之一③。智慧社区的概念同样源自"智慧城市",园区对应城市产业发展,社区则对应城市市民生活发展,其同样为智慧城市的重要构成部分。

智慧社区建设的目标更强调以物联网、云计算、移动互联网、信息智能终端等新一代信息技术为基础,通过对各类与居民生活密切相关信息的自动感知、及时传送、及时发布和信息资源的整合共享,实现对社区居民"吃、住、行、游、购、娱、健"生活七大要素的数字化、网络化、智能化、互动化和协同化,为居民提供更加安全、便利、舒适、愉悦的生活环境,让居民生活更智慧、更幸福、更安全、更和谐、更文明④。

与智慧园区相比,智慧社区的服务对象更多的是面向单个群众、单个家庭,因此其建设内容更强调感知层、应用层的建设(见图 25-4,图 25-5)。相比传统社区,智慧社区有基础设施智能化、社区管理智能化、服务个性化等优势。

与智慧园区不同,智慧社区的建设主体是政府;强调注重物联网、互联网等感知层信息技术的支撑,强调整合社区各类资源;以提供多种便民服务为导向,注重社区管理与服务,尤其是民生服务。

图 25-4　智慧社区感知层

资料来源:华为技术有限公司(2013)。

---

① 张凯书、张怡、严杰:《智慧园区信息化建设解决方案》,《信息通信》2012 年第 6 期。
② 艾达、刘延鹏、杨杰:《智慧园区建设方案研究》,《现代电子技术》2016 年第 39 期。
③ 郭理桥:《国家智慧城市试点工作总结与展望》,《建设科技》2015 年第 5 期。
④ 梁丽:《北京市智慧社区发展现状与对策研究》,《电子政务》2016 年第 8 期。

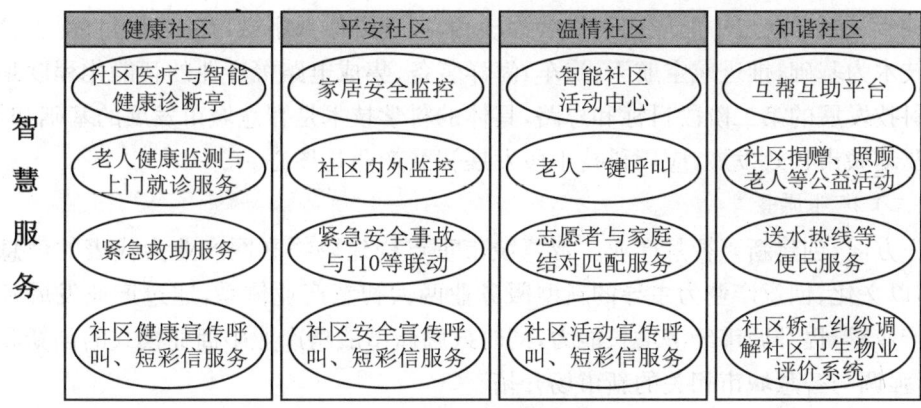

图 25-5 智慧社区应用层

资料来源：华为技术有限公司(2013)。

（三）城区模式

相较园区以服务企业为导向，社区以服务居民为导向，城区这一中等尺度的智慧化建设导向基本等同于智慧城市建设，同样包含更多元的服务对象，更广泛的服务领域。同时，相对于社区和园区的小尺度，中尺度的智慧城区建设更能代表智慧城市建设成果，承担智慧城市的建设任务，在现实中许多智慧城市的建设过程更强调相对郊区而存在的城区内部智慧化建设。参考我国智慧城市建设的现状及分类，常见的智慧城区建设有以下几类模式：

智慧城区强调综合发展的创新型模式，将智慧城区的建设作为提高城市综合竞争实力和提高城市创新能力的重要途径，如上海浦东新区，北京海淀区。强调智慧产业发展的建设模式，将建设智慧产业作为建设智慧城区的核心，如天津滨海新区以建设全球首个智慧物流产业集群为起点。强调民生服务型建设模式，将发展智慧管理、智慧服务等民生行业作为重点，带动智慧城区建设，如昆明市区以智慧交通、智慧医疗、服务型电子政务等方面为重点，提高城市管理的指导力和管控力。重庆各城区均提出通过生态环境、卫生医疗、社会保障体系等建设，提高市民的健康水平和生活质量，强调信息技术基础设施型建设模式。以建设信息技术和城市信息化为基础来建设智慧城市，如南昌以"数字南昌"作为智慧化突破重点，通过南昌的综合智慧调度平台、智能交通系统、市政府应急系统、数字城运、数字城管等多个大型重点工程，提升对城市的运行监测和提升城市公共信息水平。

第三节　智慧城市的顶层设计

一、智慧城市的战略愿景

（一）科技愿景

智慧城市是大数据、物联网、云计算和互联网技术等信息技术相互融合为基础的建设模式，因此在城市智慧化建设过程中科技愿景的首要阶段是围绕上述技术在构建感知层、网络层、平台层中的应用和发展为核心,实现类似数字城市的建设目标。其次,以信息技术为基础,推进航空航天、汽车、海洋装备、集成电路等产业的智能化程度是智慧城市科技发展的第二阶段目标和思路,具体的科学技术是智慧城市发展的基础和保障,要想驱动城市长效发展,应用科技手段发展智慧产业是核心。

（二）产业愿景

一方面,创建新兴智慧产业。智慧城市重点构建以物联网产业为代表的信息技术产业,以文化、创意产业为主导的新型服务业两大智慧产业体系,通过产业发展延伸和拓展产业链,提升城市经济增长能力,同时鼓励新型战略产业中商业模式的创新和演化发展,强调与智慧城市相关的新市场开拓。

另一方面,提升传统产业的竞争力,改造和升级传统产业,重点考虑电子商务体系、企业信息化示范工程等项目的实现,增强智慧城市面对经济下行、金融危机等形式下的经济发展适应能力和抗风险能力。

（三）社会愿景

智慧城市的社会愿景是多层次、多领域的综合。首先,完善文化、艺术、娱乐相关基础设施,构建具有人文精神、文化气息的"人文城市"。其次,鼓励文化多样性和对不同文化形式的包容性,努力创造条件使多种外来文化、小众文化与城市主流文化交融并蓄,实现"文化引擎"的功能。第三,创造条件吸引人才,构建"智力资本城市"。智慧城市自身先进的产业体系,完备的教育、医疗设施,宽容的文化氛围,便利的社会服务等对于人才有较大吸引力,进一步通过制定住房、福利、薪金等优惠政策,吸引智慧城市建设稀缺人才。第四,构建绿色宜居城市。智慧城市在满足居民物质需求、精神需求的同时,应满足对优良生活生态、环境的需求,实现人与自然的和谐相处。

二、智慧城市的规划框架

（一）建设目标

当前我国智慧城市建设普遍存在重视信息化技术为核心的基础设施建设,忽视智慧城市人文层面,即百姓生活中的和谐、安全和舒适。因此,未来智慧城市建设的战略目标是提升市民城市生活质量,物质生活是基础,追求物质与精神生活的协调和结合是目标。其中物质生活质量,依靠城市建设中经济发展和环境的可持续发展为支撑,精神生活质量则要依靠城市的社会和经济的可持续发展做支撑,如图25-6所示。

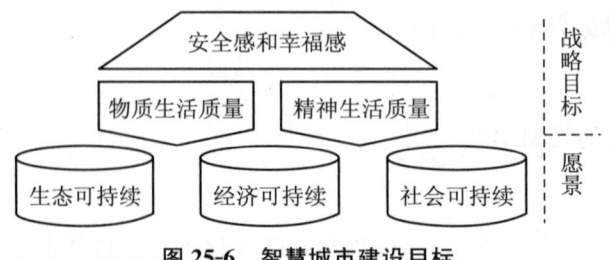

图 25-6　智慧城市建设目标

资料来源:华为技术有限公司(2013)。

（二）总体架构

智慧城市包含便捷化智慧生活、高端化智慧经济、精细化智慧治理、协同化智慧政务，是在以新一代信息基础设施、信息资源开发利用、信息技术产业、网络安全保障为支撑的智慧城市体系框架中实现的，其总体架构由以下领域组成（图25-7）：

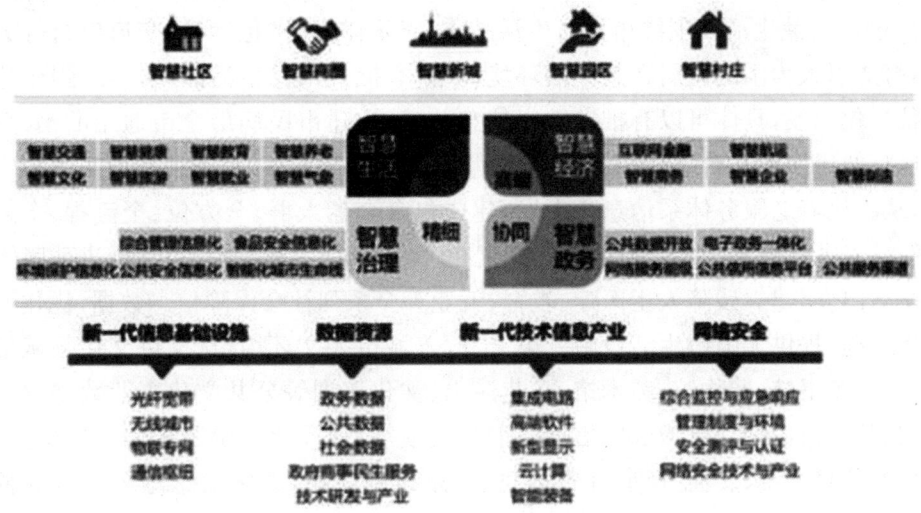

图 25-7　智慧城市建设总体框架

资料来源：华为技术有限公司（2013）。

1. 形成基础扎实、管理高效的应用格局。智慧生活形态多样，首先要基于信息技术和智能平台实现现代医疗、教育、交通、养老等公共服务对市民的全覆盖。同时，不断强化智慧管理，将基于网格化的城市综合管理平台基本覆盖全市域，以更进一步实现政府管理部门的智慧政务目标。

2. 形成高速、安全、广泛覆盖的新一代信息基础设施体系。信息化时代对技术设施建设的需求不断增强，基于信息技术的技术设施建设成为智慧城市竞争力培育的根本需求之一，因此提升市民的网络光纤入户率、扩大平均宽带网络带宽、提升网络下载速率、增加公共场合无线网络覆盖点等是智慧城市建设的基本需求。

3. 形成资源集聚、全面共享、深度应用的数据利用体系。智慧城市建设过程想要突破政府单主体行为，鼓励企业、市民增强参与度，对数据资源的接入度是首要需求。因此，政府在不断强化数据、信息资源集聚前提下，通过数据网站开放、提供移动查询平台等方式实现信息全面共享，引导企业和市民深度应用数据体系，强化资源利用率，构建数据经济。

4. 形成创新驱动、结构优化、循环发展的智慧产业体系。结合地方基础产业，以智慧产业体系为指导，一方面对现有产业进行升华，对产业体系进行优化，另一方面因地制宜地引入部分新兴产业。同时，要建设若干个促进技术创新、产业发展的公共服务平台。

5. 基本形成可信、可靠、可控的信息安全保障体系。智慧城市的数字化基础，意味着建设和应用过程中面临信息时代网络安全风险，因此应对"信息灾害"、监管治理网络问题、保障信息基础设施安全是智慧城市发展中至关重要的任务。

(三) 基础架构

以总体架构包含的4大领域为目标，形成以下具体的基础架构：

1. 创造智慧生活。围绕市民对生活品质、娱乐休闲、文化运动、交通出行等方面的需求，打造以人为本的宜居智慧生活环境。第一，提升市民生活品质，从加强医疗卫生领域信息化出发，具体可以有推动健康信息共享，构建市民病历全市通用的治疗中心，建立医疗便民服务平台，提供日常问诊到紧急救助的全流程，完善公共卫生领域智能化程度；从深化养老服务体系信息化出发，建成包含全老人群、全方位、全流程、全天候响应的智慧养老服务系统，实现居家-养老机构-医疗单位的充分衔接；从推进残障人士无障碍生活出发，建立残障人士医疗、教育、就业等全系列社会保障信息数据，优化残障人士办事流程，提供无障碍生活设施。第二，改善城市人文环境，从推进文化领域信息化出发，打造图书馆、博物馆、美术馆、文艺演出、文化培训等公共文化事业数字化服务体系，加强其与市民的交流、互动、信息咨询与反馈等；从深化旅游服务信息化出发，建立城市旅游信息介绍、交通查询、住宿公寓、游乐设施应用、天气信息等多领域的智慧平台。第三，加强交通出行便捷度，从优化出行便利化出发，构建移动端实时可查询的路况、公共交通、火车、航班、航运等多方位的信息供应和查询平台；从促进公共交通智能化管理出发，实现车船动态信息查询和智能调度。

2. 发展智慧经济。以产业转型升级为导向，强化经济创新能力，全面提升培育产业竞争力。第一，培育分享服务新经济，从搭建经济信息跨界共享平台出发，在各行各业建立资源拥有型、技术研发型、产品生产型等多类型国企私企信息共享平台，实现资源、技术、人才、信息、知识、资金多要素良性交互；从促进创新经济融合出发，开展互联网与金融、物流、交通等行业跨界融合，更新上述产业既定发展模式。第二，推动信息消费业发展，从鼓励电子商务升级出发，促进传统商务贸易业电子化，线下企业与线上电子商务结合，发展电子支付平台、信用体系和安全保障等支撑环境；从推进文化创意产业出发，文化创意产业作为未来各国产业发展的重要趋势之一，要加强其生产加工、市场营销、消费等全产业链智能化，丰富产品供给，提供交互式优质产品和服务；从加强移动端应用出发，推进无线宽带网络与智能手机、智能电视、车载平台、智能穿戴设备等领域相融合，促使移动应用进入生产、生活和生态多领域。第三，鼓励传统制造升级为智能新模式。从推动工业、制造业的互联网应用程度入手，通过联网监督控制质量，在线服务提升全价值链效率，构建相关行业间企业的协调网络，例如搭建石化、橡胶、钢铁、装配和机械制造行业共享平台；从促进循环、绿色、低碳生产过程出发，通过物联网、信息共享平台实现能源资源回收再利用，联网监控实现绿色安全生产，智能监测实现工业生产废弃物合规处理。

3. 构建智慧治理模式。城市管理服务模式综合精明城市、生态城市、数字城市等多概念发展目标。第一，提升城市管理效能，从构建基层信息化服务出发，建立全市或全城区政府公共服务领域,如人口、户籍、房屋、生活缴费、法律服务、社会保障等信息资源库和网络查询功能,提升基层服务效率;从构建市场监管智能系统出发,融合工商、税务、质监、卫生、公共安全、城市管理等多部门建立市场的智能监督系统。第二,开展重点领域智能建设。从环境管理治理信息化建设出发,建设水、土、气、林多领域预警和检测系统,构建及时、快速、高效的污染控制、治理手段;从加强城市灾害预警、防治等领域信息化出发,针对具体城市地质地貌、水文气象条件,相应构建具体的洪涝、地震、干旱或风暴等灾害的风险预警系统、智能调度与应急等的信息化网络。第三,促进城市安全建设,在食品安全、城市公共服务领域均建立联网监督、信息溯源、大数据平台等智能设施建设。

4. 发展智慧政务。政府政务是市民享受宜居生活、体验智慧城市便利的直接方式。第一,构建政务一体化平台,从形成电子政务云出发,实现各级政府部门应用统一的信息交流网络,同时提供政府公共数据,在信息供给便利基础上,深化公共服务效率。第二,促进跨部门政务系统构建,从加快政务办事效率出发,拓展各级政府多个事业单位共同建设和加入网络政务大厅,实现审批事项网络化处理、增加网络和移动支付渠道建设。

三、智慧单元的规划原则

智慧园区、智慧社区作为智慧城市的关键组成,三者发展规划的总体原则基本一致。最大的规划原则差别在于需求不同,进而导致管理体制机制不同。规划总则主要体现在以下四方面:

第一,以需求为导向、以应用为首要目标。不同智慧单元的规划都要坚持以需求为导向,立足于市民生活、企业生产、政府服务管理的实际需求,鼓励多种内容创新、技术创新、模式创新、机制创新,以不断拓展各领域信息技术嵌入的广度和深度,增强信息化对城市生产生活的支撑、引领、带动效用。

第二,以信息技术和智能平台为技术内核。智慧城市建设中各领域、各架构的建设都以信息技术和智能平台为基础,因此城市智慧化建设中不仅重视当前最新技术的应用,同时要定期更新技术系统,根据实际发展优化技术与实践的结合。

第三,注重点面结合,实现广泛惠民。以全面受益为信息化发展宗旨和目标,根据规划单元实情展开先进示范与基础普及相结合原则,既要加强重点领域和空间发展的试点示范,发挥标杆引领作用,又要推进基础智能应用的全面覆盖,最终实现全民共享智慧化建设成果的良好局面。

第四,坚定基础夯实,以安全保障为底线。以保障智慧化建设进程平稳有序推进为底线,强调以信息基础设施升级、技术应用规范、人才培育和引进等为重点,改善和不断完善综合环境;强调网络安全,智慧城市的高度数字化对信息安全提出较高要求,因此构建网络防火墙,实时漏洞修复、系统兼容能力等都需要有绝对安全的综合保障体系。

（一）智慧园区

以企业需求为导向原则。智慧园区是传统园区基础上转型升级形成的，但园区作为地区经济先行者的作用并未发生改变，智慧园区建设同样以激活市场，创造聚集力，带动关联产业的发展，形成产业集群为目标。因此，园区规划的原则以企业发展需求为导向，以建立高效、自由、开放、富有活力的市场环境为指引，以激发市场主体积极性、提升创业孵化质量为目标，强化行政资源对市场资源的撬动效应，加强政策和制度创新、管理和服务模式创新，完善创新创业基地和功能平台建设。

（二）智慧社区

以社区居民需求为导向原则。智慧社区建设一定要体现"以人为本，务实推进"的原则，社区建设面向市民的层次和需求不甚相同，因此需要因地制宜，建设能够体现自身特色的智慧社区，体现多样性、人性化原则，科学发展。建设过程中，广泛征求和听取民众意见，集思广益，凝聚全体民众的智慧和力量，建设符合人民的需求，让民众切实感受到智慧城市所带来的便利。以居民切实需求为导向。智慧社区建设的根本出发点即为社区居民提供完善、优质的服务，因此智慧社区建设内容设置必须尽可能满足居民日常生活的切实需求。

（三）智慧城市

地方特色与新兴智慧城市相结合为原则。不同城市在自然生态、环境资源、经济发展程度、科学技术水平、文化历史等多领域中均有所差异，因此智慧城市规划不能千篇一律，千城一面，要强调保留和凸显地方特色，塑造多元智慧城市类型。

市场化运营方式为原则。智慧城市的建设需要大量资金，不能仅仅由政府出资，还需要引入大量社会企业进行投资建设。从国际经验来看，许多国家的电信运营企业和高新科技企业成为智慧城市建设的重要投资方，这些企业通过智慧城市建设项目，实现了企业利润新增长。因此，我国智慧城市建设的资金统筹必须利用好市场的"无形之手"和政府的"有形之手"，充分发挥市场优化资源配置的作用，吸引各类企业参与项目建设中，企业的发展壮大又反哺社会，这样可形成一种持续迭代上升的发展形态，有力保障智慧城市建设的健康长远发展。

四、智慧城市的产品规划

（一）智慧产业

智慧城市的智慧产业主要包括分享服务业、信息消费业、智能制造业三个门类，其产业发展方式有所差别。

1. 分享服务业的发展成效：

第一，搭建跨界融合平台。利用云计算平台、移动互联网技术，构建分享经济跨界融合平台，鼓励资源型企业、信息技术企业、网络通信服务企业等交融参与区域行业平台建设，拓展平台服务内容，拓展形成包括有研发、生产、检测、交易等全产业生产环节的综合服务体系。

第二,发展创新经济门类。同样以互联网技术和服务资源为优势,推动互联网与金融业、物流业、房屋租售等融合创新。刺激互联网企业与银行、保险等金融业企业跨界融合。建设快递业监管、跟踪等信息平台,实现快递运输与电子商务平台对接。引导汽车分时租赁市场的开发。

2. 创建信息消费新业态:

第一,鼓励电子商务创新。鼓励骨干制造行业、传统商贸服务业等实体经济与电子商务融合,提升供应侧效率,创新产品供给和客户与供应商交流新模式实现线上线下互动的电子商务。

第二,发展数字内容产业,加强数字内容产品、服务开发,推进网络视听、数字出版、模拟现实应用服务的供给,促进动漫、音乐、游戏等数字产品的多样性,为信息消费提供多元选择。

第三,加强各领域移动应用,强化移动互联网与智能手机、平板电脑、数字电视、智能穿戴设备等技术和产品的融合创新。

3. 发展智能制造新模式:

第一,推动工业互联网融合创新。构建工业中重点产业互联网体系,从服务平台、应用标准和示范基地等层面着手。鼓励企业开展生产、组装、测试等多环节和终端产品的联网监控和在线服务售后服务。鼓励制造相关行业内企业间建立合作平台,例如航空航天、汽车、装备制造、钢铁、石化等行业。针对客户需求远程个性化定制产品和服务,发展线上众筹、推广、销售等新模式。

第二,提升传统企业信息化水平。通过数字化、系统集成、关键技术装备等技术对传统企业进行智能工厂、数字化车间改造;尝试构建行业信息化服务平台,鼓励中小企业分享行业信息、知识、技术的溢出,降低信息化建设成本。

第三,开展绿色安全生产监督。以政策优惠鼓励相关行业内企业间物联网建设,实现能源消耗、环境污染数据的自动采集,为促进绿色、安全生产提供保障。

(二)智慧生活

智慧生活涉及领域丰富广泛,其中最为常规也最为重要的有以下几方面:

卫生、医疗服务综合管理的智慧平台。建设覆盖医疗、医保、医药、公共卫生等多领域综合管理服务平台,实现政府的政策与资源互动;建立卫生、计生行政决策服务的综合管理平台,推进市级、区级服务平台和业务系统的融合和对接。

交通出行信息发布的智慧体系。交通综合信息服务平台,以公众出行信息需求为导向,通过接入手机、电脑、汽车等多种移动终端载体,向市民提供公共交通信息、对外交通数据和道路拥堵现象等多重交互式信息服务。

气象公共数据社会服务的智慧云平台。构建稳定、开放、实时更新的天气、天象数据平台,提供统一、具体的气象基础数据与信息,为公众出行安排、预防灾害性天气等提供准确气象信息。

智能化残疾人证工程。首先,完善残疾人公共设施配套,在此基础上开展残疾人证智能化开发，残障设备的智能定点等事业，构建专业残疾人数据资源平台，以此加强对残障人群在社会保障、康复、教育、就业等领域的服务和应用程度，拓展他们在金融、交通、旅游、公共文化等领域的参与度，提升特殊人群在智慧城市中的幸福感。

（三）智慧政务

1. 实现办公自动化和移动化：构建电子政务云平台，开启电子政务云服务相关试点，智慧化办公模块将改变目前政府手工办公的落后局面，全面规范市政府日常管理流程，通过对纸质审批单据施行模板化以及电子化处理，并且落实自动化与网络化，包括业务催办督办和人工审批流程等，将表单编制、公文流转、决议审批无纸化，实现网络办公和移动办公，政府领导在外开会、出差、途中利用碎片化时间即可处理紧急事务，外勤的员工通过先进的移动互联技术手段可与机关保持紧密联系，随时保持沟通，从而全面提高业务办理效率。

2. 实现跨部门审批横向协同：系统审批模块通过业务整合、流程再造，将具有前后业务关系的审批事项进行整合，梳理审批事项、确定牵头部门，明确办理结果，通过协同审批系统，实现审批信息在不同部门之间的横向传递，打破部门壁垒，提高办事效率。

3. 实现三级联动，纵向贯通：三级联动审批模块通过信息化支撑市县、乡镇、街道三级联动行政服务体系，对接行政服务中心和企业委办局，提供全方位、高效率的企业成长服务；通过提供便捷的居民服务，形成上下联动、层次清晰、覆盖市域的三级行政服务体系；通过网上政务大厅建设推动城市政务数据资源网络的汇总、共享和交互；简化市民办事程序，优化公共服务流程；完成所有基层服务部门的网络接入，促进市民服务线上线下联动，打造全网通办事功能，争取实现不出门、不排队享受政府公共服务功能。

参考文献

Ahrend R.，"Building better cities：Why national urban policy frameworks matter"，The OECD observer. Organisation for Economic Co-operation and Development，2017.

Caragliu A, Del Bo C, Nijkamp P.，"Smart Cities in Europe"，Journal of Urban Technology，18(2)，2011：65—82.

Cohen W M.，"Absorptive Capacity：A New Perspective on Learning and Innovation" Strategic Learning in a Knowledge Economy，2000.

Giffinger R, Fertner C, Kramar H, et al.，"Smart Cities-Ranking of European Medium-sized Cities"，Vienna：Vienna University of Technology，2007.

Harrison C, Eckman B, Hamilton R, et al.，"Foundations for Smarter Cities"，IBM Journal of Research and Development，54(4)，2010：1—16.

Heo T, Kim K, Kim H, et al.，"Escaping from ancient Rome! Applications and challenges for designing smart cities"，Transactions on Emerging Telecommunications Technologies，25(1)，2014：109—119.

Rong W, Zhang X, Dave C, et al.，"Smart city architecture：A technology guide for implementation and design challenges", China Communications, 11(3), 2014: 56—69.

艾达、刘延鹏、杨杰:《智慧园区建设方案研究》,《现代电子技术》2016 年第 39 期。

邓贤峰:《"智慧城市"评价指标体系研究》,《发展研究》2010 年第 12 期。

郭理桥:《国家智慧城市试点工作总结与展望》,《建设科技》2015 年第 5 期。

华为技术有限公司:《智慧社区,和谐上海——智慧社区解决方案》,华为技术有限公司,www.huawei.com,2013-08-29。

黄征宇:《厦门:"智慧网络"先行者》,《中国信息化》2011 年第 2 期。

李晓燕:《城市交通拥堵现状及对策分析》,《科学时代》2014 年第 3 期。

梁丽:《北京市智慧社区发展现状与对策研究》,《电子政务》2016 年第 8 期。

刘鸿雁:《建设智慧园区助推传统园区升级》,《经济研究导刊》2016 年第 4 期。

刘鉴:《走出园区发展同质化困境》,《中国工业评论》2015 年第 4 期。

罗力:《全球智慧城市评价指标体系发展和比较研究》,《城市观察》2017 年第 3 期。

吕淑丽、薛华、王堃:《智慧城市建设的研究综述与展望》,《当代经济管理》2017 年第 4 期。

马景艳:《大数据背景下智慧城市破解交通拥堵的策略研究》,《电脑知识与技术》2014 年第 18 期。

茹艳、樊阿娇、潘俊方等:《智慧交通在构建智慧城市中的重要作用》,《无线互联科技》2015 年第 15 期。

孙韩林等:《智慧园区建设探讨》,《现代电子技术》2013 年第 36 期。

王璐、吴宇迪、李云波:《智慧城市建设途径对比分析》,《工程管理学报》2012 年第 5 期。

吴德群:《深圳智慧城市建设领跑全国》,《深圳特区报》2016 年 12 月 29 日。

肖岳:《智慧园区建设的研究与探索》,上海交通大学博士学位论文,2012 年。

张纯、李蕾、夏海山:《城市规划视角下智慧城市的审视和反思》,《国际城市规划》2016 年第 1 期。

张凯书、张怡、严杰:《智慧园区信息化建设解决方案》,《信息通信》2012 年第 6 期。

张擎:《智慧园区:源于数字化高于数字化》,《中国高新区》2011 年第 9 期。

中国社科院信息化研究中心、国脉互联智慧城市研究中心:《2015 中国智慧城市发展水平评估报告》,2015 年。

邹佳佳:《智慧城市建设的途径与方法研究》,浙江师范大学博士学位论文,2013 年。

第二十六章 城市安全

城市公共安全问题是城市系统中最为突出的问题之一,也是城市管理中难度最高的问题之一。在国家治理现代化的大战略下,城市公共安全的管理正在向着精细化的方向发展。本章就是以国家治理现代化为引领,分别对城市公共安全的概念和内涵、城市防灾减灾、城市社会治安综合治理、城市交通安全、城市消防安全、城市生产安全、城市食品安全七个方面进行了研究。第一节是对城市公共安全的总括,其他部分主要从城市公共安全及不同的领域,对城市安全的基本情况和运行规律进行阐述。在每节中,首先对该节中所研究主题的概念进行界定,然后对该主题进行分类,分析该主题在我国城市安全中的现状,以及存在的主要问题,最后提出对策建议。

第一节 概念和内涵

一、城市公共安全的概念

城市公共安全是指城市民众的生命、健康和公私财产的安全。城市公共安全一般包括城市防灾减灾、城市社会治安综合治理、城市交通安全、城市消防安全、城市生产安全、城市食品安全、城市公共卫生等方面,是保障城市安全运行的基本条件。城市公共安全问题是城市系统中最为突出的问题之一,也是城市管理中难度最高的问题之一。

城市公共安全体系主要有两个方面,一是常态化的日常安全系统,包括维持日常社会各项活动的公共安全秩序系统。二是城市突发公共事件,就是突然发生,造成或者可能造成重大人员伤亡、财产损失、生态环境破坏和严重社会危害,危及公共安全的紧急事件。

二、城市突发公共事件及其类别

城市突发公共事件是城市中突然发生,造成或者可能造成严重社会危害,对城市和国家安全运行影响巨大,需要采取应急处置措施予以应对的事件。

各国对城市突发公共事件的分类是不同的,主要考虑以下几方面因素:按照成因,根据突发事件的源头划分,一般有自然性或社会性事件;按照危害程度,一般有轻度、中度、重度事件;按照放大程度,一般分为原发和次生事件;按照影响范围,一般分为地方性、区域性、国家性、国际性事件。

2006 年 1 月国务院颁布的《国家突发公共事件总体应急预案》规定,根据突发公共事件的发生过程、性质和机理,突发公共事件主要分为四类:一是自然灾害,主要包括水旱灾害,气象灾害,地震灾害,地质灾害,海洋灾害,生物灾害和森林草原火灾等自然灾害;二是事故灾难,主要包括工矿商贸等企业的各类安全事故,交通运输事故,公共设施和设备事故,环境污染和生态破坏事件等;三是公共卫生事件,主要包括传染病疫情,群体性不明原因疾病,食品安全和职业危害,动物疫情,以及其他严重影响公众健康和生命安全的事件;四是社会安全事件,主要包括恐怖袭击事件,经济安全事件和涉外突发事件等。根据社会危害程度、影响范围等因素,可分为:特别重大、重大、较大和一般四级。

三、城市公共安全的防控体系

城市公共安全的防控体系是一种反馈系统,具有反馈控制的原理,控制系统都是通过各种反馈来达到控制的目的。从防控方式来划分,主要有三种:集中防控方式、分散防控方式、多级递阶防控方式。

(一)集中防控体系

集中防控的特点是由一个集中控制器(一般是城市政府)对整个系统进行控制,在这种防控方式中,各子系统的信息、系统的各种外部影响,都集中传送到集中控制器,由集中控制器进行统一加工处理。在此基础上,集中控制器根据整个系统的状态和控制目标,直接发出控制指令,控制和操纵所有子系统的活动。

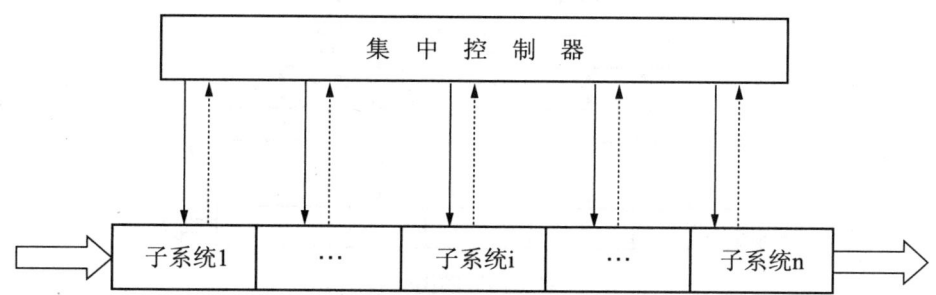

图 26-1 集中防控体系示意图

(二) 分散防控体系

分散防控方式的特点是由若干分散的控制器(一般是区、街镇等政府)来共同完成系统的总目标,在这种防控方式中,各种决策及控制指令通常由各局部控制器分散发出,各局部控制器主要是根据自己的实际情况,按照局部最优的原则对子系统进行防控。

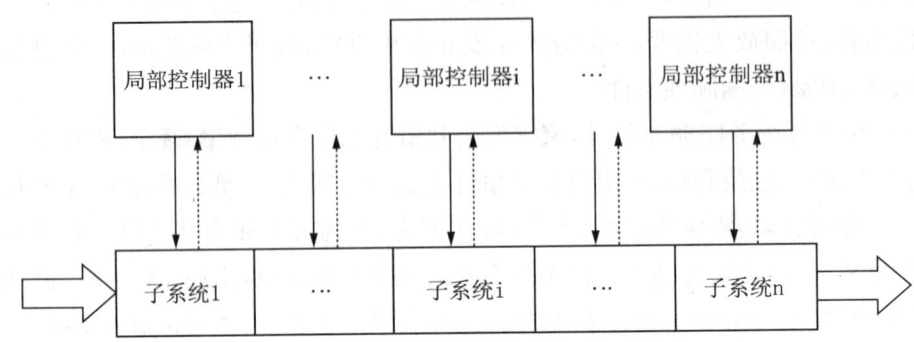

图 26-2　分散防控体系示意图

资料来源:宗传宏(2002)。

(三) 多级递阶防控体系

多级递阶防控方式的特点是在集中防控方式和分散防控方式的基础上,取长补短发展起来的。多级递阶防控系统主要是由子系统和决策单元(市、区县、街镇等)构成的。决策单元由两个以上的级配列起来。第一级决策单元直接作用于各子系统,它们进行下一级的决策,完成对子系统的控制任务。第二级决策单元进行上一级的决策,它们是对第一级中各决策单元进行协调的协调器,执行着系统的局部控制功能,同时又受控于再上一级的决策单元,也就是说对于上一级而言它们是局部控制机构,对下一级而言则是协调器。类似地可以递阶至三级、四级……从而形成多级递阶防控系统。

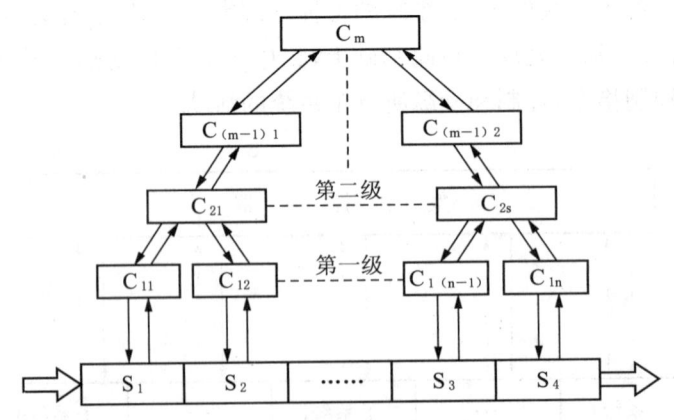

图 26-3　多级递阶防控体系示意图

资料来源:宗传宏(2002)。

从表 26-1 的比较中可以看出，每种控制的方式都各有优劣势。在安全防控中，防控主体组织的设计首先应在遵循客观规律的情况下，根据自身的情况选择不同的控制系统。同时在控制过程中灵活运用各种机制，克服系统本身的缺陷，同样可以达到良好的效果。

表 26-1　三种防控方式的特点比较

名称＼项目	集中防控方式	分散防控方式	多级防控控制方式
适用对象	系统规模小	系统结构比较复杂、功能比较分散	空间结构复杂、影响因素较多的系统
防控有效性	功能、权力集中程度大，控制有效性较高	功能、权力分散，局部控制器之间需要协调，全局有效性低，但对应子系统的控制有效性较高，灵活性好	集中与分散控制相结合，对全局协调及各子系统的局部控制有效性高
运行可靠性	集中控制器发生故障，影响全局运行，可靠性较低	分散控制器发生局部故障，不会导致系统全局瘫痪，可靠性较高	递阶控制使故障分离、风险分散，集中控制器与局部控制器之间可以相对独立运行，因此，可靠性较高
信息传递性	纵向信息流为主，传递速度快	横向信息流为主，传递速度较慢	递阶式纵向信息流为主，信息传递慢，特别是局部控制器之间的信息传递缺陷较大

资料来源：宗传宏（2002）。

城市公共安全防控方式可以从以下几个不同的方向展开：

（1）从时间维度上，可以分为长期、中期和短期控制。减灾的中长期规划和短期规划就可以体现这一点。

（2）从层次维度上，可以分为宏观、中观和微观控制。一般是从市-区县-街镇-社区-楼宇的防控模式，一种"块"状控制。

（3）从领域维度上，可以分为交通、气象、建筑、航空、化工等多个领域，一般是"条"状控制。

（4）从过程维度上，可以分为事前、事中、事后以及三者集成的全过程控制。

四、城市公共安全防控的发展阶段

城市公共安全防控的发展主要经历了分散-系统-联动的发展过程，分为三个阶段。

（一）分散防控阶段

20 世纪 70 年代末之前的阶段，为城市公共防控的分散防控阶段，以单灾种、单领域的防控为主。这一时期城市系统及其公共安全事件相对比较简单，突发公共事件的

发生相对较少,而且可控性较强,防控体系基本上是针对以单灾种单元防控为主的分散系统。

(二)系统防控阶段

第二阶段是20世纪80年代至20世纪末的阶段,为城市公共防控的系统防控阶段,以单灾种、多领域防控为主。80年代后,各国在纷纷采取"平战结合"的决策,将更多的资源从军用转到应急体系。如美国联邦紧急事务管理署(FEMA)将原来分散的、承担救灾责任机构统一,并提出4P(预报、预警、预防、预先准备)和4R(伤病员搜救、救济、恢复、重建)。这个阶段的主要特征是形成了"管理统一,平台分散"的格局。1998年美国加州大学柏克利分校著的《城市的应急管理与计划》就包含了这一指导思想。

(三)联动防控阶段

第三阶段是本世纪以来,为城市公共防控的联动防控阶段,以多灾种、集成化防控为主。本世纪以来,公共突发事件日益复杂化、综合化,以往单灾种管理模式中形成的分散平台与统一管理之间逐步形成了矛盾,往往在处理跨区域、跨平台的公共突发事件时,无法形成综合性的信息资源。城市公共安全防控体系向多灾种与综合性、集成化管理相结合的模式转变。"9·11事件"促使FEMA随同其他22个联邦机构一起并入国土安全部,成为该部4个主要分支机构之一就体现了这一思想。2003年,我国也开始认识到单灾种的防范模式已经不适应公共安全的要求,把突发公共事件分为自然灾害、事故灾难、公共卫生事件、社会安全事件,突破了单灾种的分类模式。自此,城市公共安全防控体系进入了联动防控阶段。

第二节　城市防灾减灾

一、城市防灾减灾的概念

城市防灾减灾就是城市应对自然灾害所采取的一系列预警预报、应急处置、灾后救援的活动,以及为了推进防灾减灾而实施的风险评估、预案、规划、教育培训、演练等过程。

城市防灾减灾要坚持以人为本,常态与非常态防控相结合,分级与分类相结合,防范与处置并重的理念,形成重点突出,快速反应,社会参与,联动防控的全面防控格局。

二、城市灾害种类

不同城市面临不同的区位,也面临不同自然灾害的威胁。总体上看,城市面临的灾害种类既有共性的,也有特性的。

(一)一般城市灾害种类

1. 地震。地震是城市面临的第一大地质灾害,地震活动是地质应力作用中对自然地貌形态和城市地貌改造与破坏最强烈的一种作用。全球每年约发生500多万次地震,真正能造成严重危害的大约有十几次,能造成特别严重灾害的大约有一两次。大的地震常常会造成严重人员伤亡,能引起火灾、水灾、有毒气体泄漏、细菌及放射性物质扩散,还可能造成海啸、滑坡、崩塌、地裂缝等次生灾害。

2. 地面变形。地面变形灾害包括地面沉降、地面塌陷和地面裂缝,广泛分布于城镇、矿区、铁路沿线。中国目前发生地面沉降活动的城市达70余个,明显成灾的有30余个,最大沉降量已达2.73米。随着现代服务业的发展,楼宇经济将是未来上海经济发展的重要增长点。高楼的不断增加,特别是城市中心城区高楼密度仍然在不断提高,将对地面沉降带来更大的影响。地面沉降除对基础设施造成损害外,还会对水、电、煤燃气、石油以及通信等"生命线工程"造成危害,极易造成重大事故。

3. "生命线工程"。包括城市生产生活所需要的供水、供气、供电、通信等基础民生的项目。"生命线工程"往往面临产品老化、规划不合理、电线裸露、乱打乱接等现象,一旦发生事故,影响较大。

4. 气温。城市气温过高或过低都容易引起灾害。当前在全球温室效应的影响下,城市"热岛效应"逐步成为城市中的重要灾害之一。一旦形成持续高温的情况,对人民群众的生命安全将造成危害,对供水供电系统将形成巨大压力。同时,高温会加剧光化学烟雾的产生,加剧城市空气污染。低温容易对城市基础设施产生破坏作用,影响市民外出活动。

5. 环境污染。城市"三废"处理不当,对城市环境的影响非常大。例如,由建筑施工和工业生产及生活的建筑碎料、旧建筑物拆毁残渣、工业灰渣、矿渣废石、生活垃圾等废弃物,人为堆积引起危害。人类生活垃圾堆积土中含有许多有机物质,分解后产生甲烷气体,可能构成易爆炸的危险环境。另外,未经处理倾倒或填埋的废物极易被雨水淋滤下渗污染地下水,或经地表径流排入地表水体造成新的污染。

6. 洪水。按照洪灾成因,洪灾可以分为暴雨洪灾、冰凌融雪洪灾、风暴潮灾害、海啸灾害、溃坝洪灾、泥石流灾害等6类。洪水对城市的影响是长期的,每个国家都会按照自身的情况制定防洪标准。

(二) 特大型城市灾害种类

除面临一般城市的灾害以外,特大型城市还面临以下几种灾害。

1. 雷击。世界雷击造成的人员伤亡每年都有发生,特别对高楼诸多的区域。由于特大型城市高楼林立,更容易造成雷击事件,造成人民生命财产损失的严重性呈上升趋势。雷击对高楼的危害是世界性的普遍问题,不论世界第一高楼迪拜哈利法塔,还是纽约世贸中心都多次遭受雷击,上海东方明珠塔也未能幸免。2010年4月13日凌晨,东方明珠塔遭受雷击,由于铺设了非阻燃保温材料,顶端就燃起了熊熊烈火。

2. 霾污染。近年来,霾污染对人们的影响越来越大。霾污染很大程度是由于汽车尾气排放造成的。特大城市交通拥挤,汽车较多,霾污染的影响更加严重。我国多数特大型城市每年出现雾霾污染的天数都达到100天以上,霾对人体健康,以及城市水上、道路和航空交通影响日益增大。

3. 缺水。中国水资源总量并不算多,排在世界第6位,而人均占有量更少,2 240立方米,在世界银行统计的153个国家中排在第88位。全国640个城市有300多个缺水。特大型城市由于人口密集,经济发达,用水量更大,普遍存在缺水现象。例如,北京市人均水资源为300立方米左右,是全国平均水平的1/7,是世界人均水平的1/20,是严重缺水的城市。

(三) 沿海城市灾害种类

1. 海平面上升。近年来,人类经济社会活动带来全球气候变化,导致地球温度上升将导致冰川消融,海平面上升。海平面对沿海城市的影响逐步加大。2009年,中国科学院、WWF(世界自然基金会)等机构联合发布《长江流域气候变化脆弱性与适应性研究报告》指出,"近30年来,上海沿海海平面上升了115毫米,高于全国沿海平均的90毫米,应对海平面上升已经迫在眉睫","如果不采取有力措施,50年后上海的部分地区将被淹没"。目前,鹿特丹等国外沿海城市已经开始采取一系列措施处理海平面上升的问题。

2. 台风。沿海城市遭受太平洋热带气旋袭击的概率较大,并带来大风、暴雨、风暴潮等灾害,对城市航运系统的影响巨大。新奥尔良在2005年8月遭到五级飓风卡特里娜袭击,损失惨重,导致人口急剧下降。2004年,新奥尔良的市区人口超过79万人,随着飓风卡特里娜袭击,居民纷纷撤离新奥尔良,如今该市的人口只有37万多。

3. 水患。沿海城市普遍面临流域沿岸工业发展排污造成的水体污染、上游改变地形导致的水文和地质条件的变化、拦江大坝阻断了某些水生动物的洄游繁殖等对城市的生态环境带来较大影响。

4. 咸潮。咸潮一般发生于冬季或干旱的季节,即每年10月至翌年3月之间出现在河海交汇处。沿江沿海城市遇到干旱天气后,由于干支流水位降低,往往使得海水水位高于淡水水位,形成海水倒灌现象,导致原水受到咸水威胁,也直接威胁到全市人民群众的生活水。2011年4月开始的特大干旱上海就面临了这一问题。另外,虽然咸潮是由太阳和月球(主要是月球)对地表海水的吸引力引起的自然现象,但近年来,由于河流中上游的水电站过多过密,对上游水位控制等人为因素的影响,往往使得海水水位高于淡水水位,形成海水倒灌的情况不断加剧。

5. 赤潮,又称红潮,是在特定的环境条件下,海水中某些浮游植物、原生动物或细菌爆发性增殖或高度聚集而引起水体变色的一种有害生态现象。赤潮是在特定环境条件下产生的,相关因素很多,但其中一个极其重要的因素是海洋污染。大量含有各种含氮有机物的废污水排入海水中,促使海水富营养化,这是赤潮藻类能够大量繁殖的重要物质基础,国内外大量研究表明,海洋浮游藻是引发赤潮的主要生物,在全世界4 000多种海洋浮游藻中有260多种能形成赤潮,其中有70多种能产生毒素。赤潮分泌的毒素有些可直接导致海洋生物大量死亡,有些甚至可以通过食物链传递,造成人类食物中毒。我国沿海附近海域,每年都要发生多起大规模的赤潮灾害,对海洋生物资源造成严重破坏,赤潮生物毒性对人类的身体健康和生命安全带来威胁。

三、城市防灾减灾体系

（一）灾害预警预报体系

城市灾害预警预报体系是一种立体的监测体系，主要包括地面监测、海洋海底观测和天-空-地观测在内的自然灾害立体监测体系。该预报体系具体还包括：灾害遥感监测业务体系，为灾害遥感监测、评估和决策提供先进技术支持；气象预警预报体系，包括大气成分、酸雨、沙尘暴、雷电、农业气象、交通气象等专业气象观测网，广播、电视、报纸、手机、网络等覆盖城乡社区的气象预警信息发布平台；水文和洪水监测预警预报体系，包括洪水预警预报系统、地下水监测系统、水资源管理系统和水文水资源数据系统；地震监测预报体系，包括国家和省级地震预测预报分析会商平台，建成了由700个信息节点构成的高速地震数据信息网，开通了地震速报信息手机短信服务平台；地质灾害监测系统，包括地质灾害隐患点地面沉降专业监测网络；环境监测预警体系，包括环境质量监测、污染物监测、环境预警监测、突发环境事件应急监测等，客观反映地表水、地下水、海洋、空气、噪声、固体废物、辐射等环境质量状况；海洋灾害预报系统，包括对海平面上升、海岸侵蚀、海水入侵、咸潮等与气候变化密切相关的海洋灾害的业务化监测。

（二）灾害紧急处置体系

城市根据国家相关的应急管理和综合减灾规划，以及各种预案，依据《中华人民共和国防震减灾法》《中华人民共和国防洪法》《中华人民共和国消防法》《中华人民共和国气象法》《中华人民共和国环境保护法》《中华人民共和国海洋环境保护法》《中华人民共和国人民防空法》《中华人民共和国海上交通安全法》等法律规定，根据灾害事故紧急管理的需求，结合城市人口、经济要素，以及特定的地理位置等特征，对城市的有关组织、资源和信息进行优化配置。建立综合减灾指挥和组织网络，建立统一、规范、科学、高效的灾害事故紧急处置指挥体系，建立分工明确、责任到人、优势互补、常备不懈的灾害事故紧急处置保障体系，建立信息共享、机制优化、防患于未然、科学减灾的灾害事故紧急处置防范体系，形成灾害事故紧急处置领导一元化、指挥智能化、决策科学化、保障统筹化、防范系统化的灾害紧急处置体系，提高减灾综合管理能力和抗风险能力。

灾害紧急处置体系最关键的环节就是组织指挥，特别对于紧急情况以及特大、特殊灾害事故，尤其是出现跨区域、大面积和可能发展为严重危害的态势，要有城市最高管理机构直接决定启动灾害事故紧急处置指挥部，统一组织指挥全市灾害事故紧急处置工作。灾种管理单位等部门领导协助指挥，并负责具体实施组织。

（三）灾害救援体系

灾害救援体系主要由政府力量、军队力量、民间力量组成，不同国家和城市的体制机制不同，三者之间的力量对比也不同。我国中国共产党的地位和性质决定了其在"中国式灾害救援"体系中的领导核心作用。在灾害面前，基层党组织和广大党员干部发挥了战斗堡垒和先锋模范作用。在灾情最严重的地方，在群众最需要的地方，党员干部挺身而出冲锋在前，增强了灾区群众战胜困难的信心和力量。在灾害发生后，中国式行政管理体制有利于财政、民政、交通运输、通信、电力、卫生防疫等政府相关部门在各司其职的基础上相互配合,确保短时间内动员各方面力量投入灾害救援工作①。

灾害救援体系的关键环节是建立紧急救援现场指挥部。根据现场紧急救援工作需要,由基层政府就地负责开设现场指挥部,提供现场指挥部运作的相关保障(信息、通信、治安等),包括根据灾情、相关预案和领导指示,组织指挥参与现场救援的各单位的救援行动,迅速控制或切断灾害链,把损失降到最低限度;实施属地管理,组织治安、交通保障,做好人员疏散和安置工作,安抚民心、稳定市民群众;协调各相关职能部门和单位,做好调查、善后工作,防止出现灾害"放大效应"和次生、衍生灾害,尽快恢复社区正常秩序;及时掌握和报告重要情况,拟写紧急处置书面情况报上级灾害事故紧急处置指挥部,并通报上级减灾办公室、市应急联动中心等。

四、我国城市防灾减灾的现状

(一)基础设施逐步完善

多年来,我国在综合减灾方面以"平战结合"为原则,将民防工程与应急基础设施相结合,硬件设施逐步完善。目前,应急管理基础设施的完善主要体现在以新技术为核心的硬件设施方面。例如,应急平台建设也日趋完善。目前,我国应急管理信息化标准、法规体系逐步完善,信息化基础设施系统不断优化,已逐步构建了以应急联动和综合减灾两大信息平台。围绕两大平台,在国务院办公厅和民政部的指导下,分别开展应急联动和综合减灾管理工作。另外,自然灾害的监测预警基础设施日益完善,逐步形成了网络体系,对气象、海洋、水文、地震等自然灾害的研究和监测积累了丰富的经验,在应用航天(卫星)、航空和陆基遥感监测洪涝、干旱、森林和草原大火、海冰、赤潮、荒漠化、农作物病虫害、滑坡、泥石流等灾害方面取得了显著的效果②。

同时,我国城市建筑体系按照国家应急预案和规划的要求,按照分类分级管理的运作,坚持安全性和经济性兼顾的原则,提升关键基础设施灾害设防标准,统筹推进交通、水利、通信、供水、供电、供气、供热、广播电视等基础设施的抗损毁和快速恢复保障能力建设。在推进城市老旧小区改造,加强隐患治理和房屋抗震加固工作,实施《防灾避难场所设计规范》国家标准,加快推进各级各类应急避难场所建设。加强城市铁路、公路、港口、航道和输变电线等重要基础设施防灾能力建设,提高抵御台风、冰冻、暴雨(雪)、雷电、大风、大雾等极端天气的能力,基础设施逐步完善。

(二)防灾减灾体制机制逐步完善

从 2003 年"非典"以后,我国开始制定应急预案、建立城市公共安全防范体制机制。"十五"期间,各城市基本形成城市综合减灾体系框架,并且经过十几年的完善,逐步形成"常态与非常态管理相结合、综合管理和分类分级管理相衔接、防范与处置并重"的理

---

① 何一民、王俊鸿:《"中国式灾害救援"体系彰显中国力量和制度优势》,光明日报 2013 年 6 月 11 日。
② 左学金、晋胜国:《城市公共安全与应急管理研究》,上海社会科学院出版社 2009 年版,第 110 页。

念,并形成了在推进城市防灾减灾工作方面取得较大进步。形成了如图 26-4 所示自上而下和自下而上的综合减灾管理体制。围绕应急联动和综合减灾两大平台,在国务院办公厅和民政部的指导下,分别开展应急联动和综合减灾管理工作。

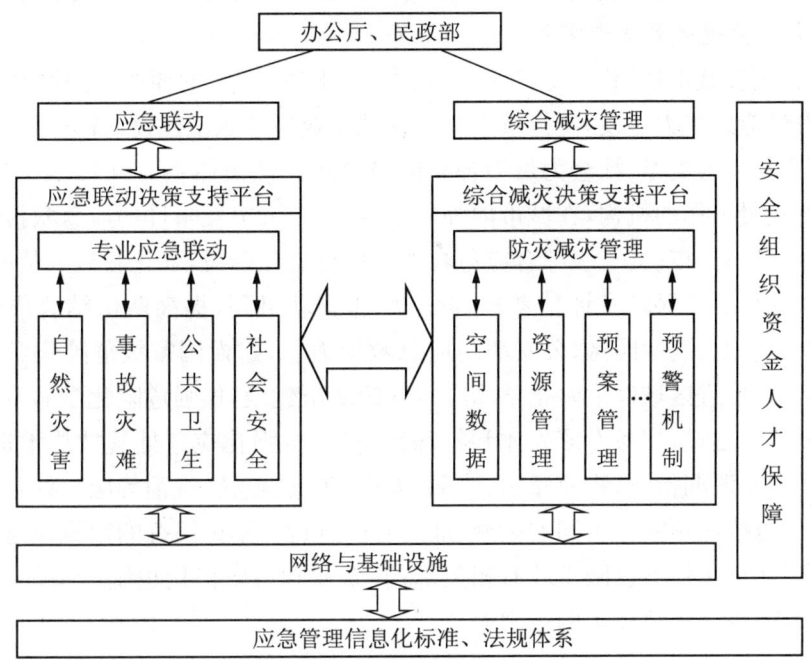

图 26-4　我国城市应急平台构架

资料来源:宗传宏(2016)。

（三）预警预报体系逐步完善

多年来,中国城市灾害管理和应急管理相关部门加强了突发公共事件监测预报预警系统建设,特别是在自然灾害的监测预警方面,逐步形成了网络体系。这些网络体系包括公共突发事件及其相关要素和现象的观测网络,观测资料实时收集传输和交换的通信系统;资料处理加工、分析诊断、模拟和预报警报制作系统;预报警报的传播分发和服务系统等四部分。各部门根据城市的不同特点和自身管理系统的不同特点,各有侧重,就整体而言,与突发性灾害关系密切的气象、海洋、水文、地震等自然灾害的监测预警系统比较完整。各城市重点推行常态与应急管理相结合的城市网格化管理模式,建立健全城市应急管理单元,规范网格巡查标准化操作流程。结合智慧城市建设,完善网格管理信息平台,强化突发事件预测预警功能,及时发现突发事件苗头,提高先期处置时效。

在预警预报系统的技术方面,随着信息技术、大数据等新技术不断应用,预警预报系统在实时主干数据传输网络基本已采用中速(卫星、有线或微波)传输电路,观测站数据的收集已采用卫星接收和转发,实时资料的分发与交换等方面已经全面自动化。

在预警系统条线管理方面,各灾害管理部门一般都设有全国、大区域(流域、海区)、省级、地级甚至县级的预报警报机构,负责资料加工处理、分析、诊断模拟和预报警报的制作等工作。国家和大区域中心和省级及其以下的预报警报机构分工明确:前者负责开展全球或跨国的灾害预报,后者一般只负责本省或本地区范围内的预报警报业务。

(四)灾害救援体系逐步完善

目前,我国各城市按照"一专多能、一队多用,平战结合"的原则,强化公安、军队和武警突击力量应急能力建设,支持重点行业领域专业应急队伍建设,普遍形成了以消防为骨干、专业救援为支撑、社会力量为补充的应急救援队伍体系,一些大中型企业设立了专门负责救援工作的机构,在城市内外发生的重、特大突发事件的应急救援中发挥了积极作用。开展省、市、县三级综合应急救援队伍标准化建设,强化救援人员配置、装备配备、日常训练、后勤保障及评估考核,健全快速调动机制,提高队伍综合应急救援能力。依托大型企业、工业园区、公安消防应急救援力量,建设国家级危险化学品应急救援基地和队伍,推进区域性危险化学品应急救援队伍建设,加强危险化学品生产储运企业应急救援队伍建设,配备专家人才和特殊装备器材,强化应急处置技战术训练演练,提高危险化学品泄漏检测、物质甄别、堵漏、灭火、防爆、输转、洗消等应急处置能力。同时,应急演练也按照预案在不同的区域、部门有序进行。不论演练的数量还是质量都有较大的提高;演练主体不仅限于政府相关部门,企业和科研机构也踊跃参加;不仅有常规演练,还有高科技应急技术的运用等等。

另外,城市应急联动处置平台也在不断完善。为了应对重大的、跨区域、跨部门的突发公共事件,各城市都建立了集治安、消防和交通管理、卫生、水务、市政、电力、港口、机场等为一体的"多台合一"的突发公共事件集中受理、统一指挥应急联动处置平台。在此基础上,通过系统和基础数据库的开发,逐步开始形成对内对外互联互通的网络体系。对外,逐步实现与国务院应急平台的互联互通,与各级兄弟省市的信息共享;对内,通过与基层应急体系单元信息联动,基本形成贯通市、区、县、各灾种管理部门和重点区域目标的信息交互网络。

(五)社会力量参与力度加强

目前,我国城市已经普遍开展支持专业化社会应急救援力量发展,鼓励专业社会工作者和企业自建的应急救援队伍提供社会化救援有偿服务的工作。特别在基层单位,综合减灾方面的服务外包逐步增多,通过政府购买服务、与企业签订"服务协议"、搭建协作服务平台等形式,支持引导社会力量有序有效参与应急救援行动。由行业协会、安全评估机构、技术咨询机构、保险机构等共同参与的社会中介服务体系逐步成熟,风险评估、隐患监测治理、管理咨询、应急检测检验、教育培训、展览展示、论坛研讨等活动的开展逐步深化,由行业协会组织创办的专业化应急管理服务咨询企业逐步成熟,在服务城市综合减灾方面取得一定成果。在培育志愿队伍方面,以社区和企事业单位为基本单元,健全志愿者和志愿服务组织参与应急的工作机制,完善志愿者招募、注册、技能培训与管理,引导志愿者和志愿服务组织有序参与应急救援与服务。

(六)宣传培训机制逐步推进

近年来,我国城市在应急宣传方面不断加大力度,重点体现三个方面。一是宣传的范围不断扩大。宣传对象既包括党政机关、企事业单位、学校,也包括社区、社会团体、家庭等。二是宣传的深度不断加强。综合利用讲坛、传统媒体和新媒体相结合、论坛、研讨会等形式进行宣传教育。三是宣传培训形式不断创新。将"非常态"宣传培训与"常态"宣传培训相结合,充分利用"全国中小学生安全教育日""5·12防灾减灾日""世界急救日""119全国消防日""122全国交通安全日"和"安全生产月"等活动,以现场播放防灾减灾教育片、展出防灾减灾知识挂图、举办专家现场咨询和讲座、发放宣传资料、组织应急疏散演练、开展防灾知识有奖竞答、紧急救护演示培训等形式,向市民开展宣传教育活动。

五、我国城市防灾减灾的主要问题

(一)防灾减灾产业的发展与发达国家和城市有较大差距

目前我国防灾减灾产业刚刚起步,与世界上发达国家相比还有较大差距,主要体现在三个方面。一是防灾减灾产品的自主创新能力和研发水平有待提升。目前,我国城市普遍存在应急产业品牌企业少,产业集群尚未形成,与国际大都市防灾减灾体系建设不匹配。二是专业性防灾减灾企业少。从近年来我国防灾减灾产品和技术展览会的情况看,国外参展的企业大多是以防灾减灾产品为核心产品的专业性企业,产品附加值高。而国内和上海企业普遍表现出对防灾减灾产业的归属领域不是非常清楚,专业性企业少,防灾减灾产品往往是企业的"副产品",而且产品多是成熟产品,附加值较低。三是产品种类单一。国外发达城市防灾减灾产品呈现出种类齐全、专业性产品多、系列产品多的特点,如气象监测的大型综合性产品。国内防灾产品往往产品种类单一,往往集中在通信、视频等应急常态产品方面,产品的系列性和配套性不够,影响产品的系统性应用。

(二)综合管理模式需要进一步完善

目前,我国的应急管理模式已从单灾种管理阶段进入综合性减灾管理阶段,但面对重大、跨区域、跨部门的突发公共事件,有关部门在观念上仍然沿用传统的单灾种线性管理模式,导致"九龙治水"的现象仍然存在。同时,政府主导、社会全面参与的网络化管理格局尚未形成。另外,单灾种管理模式还导致对新灾种预报预警存在不足,对潜在的重大灾害事故和"次生灾害"缺乏系统的风险分析识别和管理方法。另外,应对"次生灾害"的管理模式尚未形成。

(三)灾害评估体系需要进一步完善

从发达国家和城市综合减灾经验看,灾害评估体系都是比较完善的。同时,灾害评估体系的完善也带动了灾害保险、咨询服务等市场化和社会化的进程,成为政府灾害管理的有力补充。从汶川地震的情况看,灾害后评估对于恢复重建非常重要。应急评估体系应包括"两个方面,三个过程"。"两个方面"是灾害评估和灾害管理评估。"三个过程"包括事前、事中和事后评估。从"十一五"以来,我国很多城市及相关部门就考虑建立一套科学的灾害评估体系,但由于灾害涉及面广、情况复杂等原因,评估主体确认较难等原因,目前仍然在推进过程中。

(四)应急保障体系有待进一步完善

一是应急联动机制有待进一步完善。目前,一些部门和单位对应急管理的防范与处置等工作认识不足、手段缺乏,应急能力建设投入不大,防范与处置之间衔接尚不够紧密。二是技术保障体系有待进一步完善。应急体系的基础性、关键性技术的研发不够,科技研究整体水平有待进一步提高,科技人才、研发实验基地、科研资金的投入等科技研发支撑能力不足[1]。应急体系的自主研发能力、应急产品开发能力、应急研发成果的转化能力都亟待提高。三是应急管理理论体系有待形成。由于应急管理理论具有多学科的特点,虽然目前应急实践比较多,但理论体系仍然不完善,在实际教学和研究中,案例分析较多,对实际工作的指导作用不够。四是民间救助力量的进入门槛过高。目前,各城市对民间救助力量介入灾害管理体系的政策支持力度不够,民间救助力量进入门槛高。例如,社会应急研究机构、民间救助专业部门在社团局的认证方面有许多困难,不利于提高社会参与应急管理的积极性。

(五)社会参与的力度需要加大

一是在广度上,社会力量参与不够。目前,社会力量参与的程度不够,主要原因既有社会力量薄弱,应急管理意识不够的原因,也有政府重视程度不够,参与渠道不顺等原因。二是在深度上,缺乏社会参与的核心力量。目前,各城市对社区、学校、单位等基本单元的深入程度不够,主要原因是尚未形成政府与民间力量相结合的核心力量。例如,美国的"麦田守望者"行动,以民间力量为核心,深入社区开展应急工作。

六、我国城市防灾减灾的对策

(一)提高防灾减灾产业创新能力

一是构建产学研有机结合的综合减灾科技创新体系。要建立企业为创新主体、以市场为导向、产学研战略联盟三位一体的应急管理创新体系。只有以企业为主体,才能实现技术创新的市场导向,才能保证科技资源配置按市场原则进行,才能真正实现产学研的有机结合和资源的有效整合。只有充分发挥市场在科技资源配置中的基础性作用,才能激发创新主体的创新活力。重点要发挥高校及研究机构在基础研究、应用研究、试验发展研究中的基础作用,为应急产业培养研究与开发人才、生产技术人才、高级管理人才,为综合减灾管理科技创新体系的发展提高人力资源保障。要鼓励企业积极围绕应急重大关键技术、共性技术、重大科技项目以及国际合作项目等,进行深入合作,构建产学研技术创新体系,并以此推进形成几家规模大,品牌硬的应急企业。二是强化

---

[1] 宗传宏:《上海市应急管理联动信息平台完善的理性思考》,《上海城市管理职业技术学院学报》2009年第3期,第20页。

企业为综合减灾管理技术创新主体的意识。要通过加快国有企业改革,鼓励企业加大技术开发投入力度。政府要鼓励大中型企业设立自己的应急管理技术研发机构,从事与综合减灾有关的科研活动。鼓励科研、设计单位和大专院校与企业合作,从事技术开发。鼓励建立企业创新联盟,培育重点高新技术企业,组织行业就世博会应急管理共性关键技术的科技攻关等措施,提高企业开放配置应急管理创新资源的能力和自主创新能力,使大型骨干企业、高新技术企业成为应急管理技术创新的主导力量。三是加强创新的软环境建设。要提高引进、消化吸收、创新先进的科学技术理论和管理、组织方法的能力,要提升商务、管理、风险投资、股份、专利方面等的技术水平,建立符合综合减灾管理实际的技术标准体系,要加强制度、政策、法律、文化、市场条件、投融资环境、知识产权服务、中介服务、技术基础设施等软环境建设,形成与国际接轨的应急管理创新宏观发展环境。

(二) 综合减灾规划要与城市规划建设相衔接

目前,我国城市郊区化和新城建设的趋势非常明显,在统筹城乡规划时,要把综合减灾规划延伸到城市空间布局中来,在减灾基础设施、人力资源、资金、避难场所、设备等方面调整现有的资源布局,逐步形成区域协调、重点突出的应急资源形态布局。因此,首先要做好资源评估工作,摸清资产状况和应急资源情况。根据城区人口、建筑物密度情况,把城区地下空间的开发纳入城市建设的总体规划,将地下空间进行归类,并加强城区地下空间相互连通建设。在规划设计联通通道时,要以"多通道、地下地上相结合"为原则进行规划建设。同时,由于城区地下空间基本已经成型,在对接和连通过程中,需要政府各部门相互协调、统筹规划和管理,对有些地下空间开发的公共部分由政府投入,作为市政建设的一部分。

(三) 加强预警预报体系的功能开发

近年来,各国纷纷注重应急预警预报体系建设,将其放到核心地位,可以说预警预报技术代表了应急管理的最新技术水平。例如美国针对国家重大突发事件,国土安全运行中心会发布警报,共享信息。德国"紧急预防信息系统"为民众建立了一个开放的信息平台,同时,也为决策者提供了预警预报信息。目前城市预警预报体系的主要任务是如何面对社会需求及时发布相关信息,同时,与公众形成良性互动的局面。要及时发布科学化、规范化和定量化的预警预报信息,提高广大社会公众的危机应变处置能力。要丰富预警预报手段,广泛利用报纸、广播、电视、网络、移动视频等媒体进行预警预报。要充分利用社会力量,对公众报警及反映的灾害做出及时的应急反应,及时处置。另外,在灾害事件新闻发布方面,要形成政府、媒体、公众的互动关系,保证事件准确、及时地向公众公布,并做好后续新闻发布工作。

(四) 推进专业队伍建设

国外发达国家及其城市都非常注重专业队伍建设。美国联邦、州、县(区)、市都有自己的紧急救援专业队伍,它们是紧急事务处理中心实施灾害救援的主要力量。紧急救援队伍为了适应各类灾害救援的需要,又被分成若干功能组,各功能组相互配合,相互衔接,共同完成救援工作。救援队伍又分为联邦紧急救援队和各州、县(区)、市救援队[①]。专业队伍也有政府与民间力量两种。例如重庆的高山搜救队,就是民间专业队员。目前,我国的专业队伍建设主要还是以政府为主导的。由于力量不足以遍布所有区域,因此,非常有必要借助介于政府专业救助队伍与公众之间的半专业化的民间救助力量。要放宽民间救助力量的准入门槛,建立政府与民间专业救助队伍合作的长效机制。同时,依托社区、园区、学校、企业,培养参与性相对稳定,有一定专业化程度的应急队伍。逐步形成政府应急部门、民警救助力量、社会应急队伍为核心的分工明确、层次分明的"三位一体"的专业化队伍,做到应急处置全覆盖。

(五)重点培育社会参与的"核心力量"

在灾害事件的处置过程中,社会力量的作用越来越明显。更重要的是,社会组织逐步成为应急救助"核心力量"。例如,美国社区救灾反应队、美国红十字会、教会组织、工商协会紧急救援组织、城镇防震行动议会等基层组织;在德国,灾难救助有德国红十字会、马耳他救援组织、水上救援协会、约翰尼特救援组织和德国工人救助联合会等五大非政府组织都是社会参与应急救助的"核心力量"。目前,社会力量参与应急救助的力度越来越大,目前,关键的问题是要培育"核心力量"。城市要针对社区、园区、学校、企业等实际,以社团、街道、业主委员会、居委会、物业管理委员会等为主体,通过半专业化的培训等手段,形成志愿者队伍,并以此为"核心力量",贯彻落实应急管理方针政策,开展对大众的宣传教育。

(六)建立政府、社会、民众联动的宣传培训格局

目前,防灾减灾的宣传培训工作日益增多,但效果不是非常好,建议要重点从三个方面深入进行。一是政府方面,注重理论与应用、新概念与新技术的结合、建设与宣传引导相结合的工作方式,重点是城市功能的整备与发挥、维修与重建,组织协调政府、单位、社区、家庭、个人参与,应急资源协同、准备与保障,以及预估可能发生的问题与困难,准备解决的方案。要重点对避难场所和逃生路线的标识进行统筹规划,制定统一标准,并充分运用信息技术进行避难场所的宣传,特别对避难场所的导入口,要建立简单明了的标志,可以用不同语言将市内可公开避难场所的方位、详细数据以及联系电话等等列出,在网站或者相关媒体上公开,并且制定详细的逃生避难方法,向公众公开,使国内外游客一目了然。二是个人方面,注重认识公共突发事件的存在,提倡用现有知识主动行动以保持安定秩序,认识技术、政治、社会、经济、法律、心理、军事、国际相结合的城市公共安全整体观念。三是在宣传主体上,要建立政府和社会团体共同参与的长效机制。政府应急管理相关部门要联合社会团体、社区、学校等单位,利用各种宣传媒体和公园、商场等公众活动场所,向市民普及宣传应急管理相关知识。根据国外发达国家的经验,以社区为单位,由业主委员会、居委会牵头,定期组织社区居民参观周边的避难场所和人防工程。

[①] 张维平:《美国、加拿大、意大利应急管理现状和对中国的启示》,中国安全生产网,http://www.aqsc.cn/101813/101946/88962.htm。

（七）加强应急专家队伍建设

国外非常注重专家在应急管理中的作用。例如，华盛顿地区"社区流行病早期发现电子监测系统"（ESSENCE）中，参加人员包括医生、流行病学家、生物统计学家、气象学家等各领域专家。一是注重各领域专家的作用。防灾减灾涉及多个学科，自然科学与社会科学领域专家的作用都会很大，要充分利用高校、科研机构中专家力量较强的优势，建立专家数据库。二是完善专家参与应急管理科技创新活动的机制。要充分发挥专家的咨询与辅助决策作用，提高应急管理科技创新水平。要建立常态咨询与非常态咨询相结合的模式，将研究报告与头脑风暴相结合，及时收集专家研究成果和观点。三是明确专家在应急管理方面的主要职责。鼓励专家为综合减灾提出决策咨询，参与起草应急预案和规划。四是理顺专家研究成果和观点的报送渠道。要建立"绿色通道"，及时将专家的研究成果和观点向市领导及相关部门反映。对采纳的成果和建议，要及时转化落实。

（八）建立跨区域防灾减灾联动机制

一是构建跨区域防灾减灾应急管理体系协调机制。制定防灾减灾区域联动发展机制，设立合作平台，建立联席会议制度，定期开展跨区域、关键性的防灾减灾问题协商。二是要统筹规划区域防灾减灾要素资源。打破区域行政分割，科学合理地确定防灾减灾管理体系在区域的整体定位和职责部署，调动各方面的积极性，明确各地区的功能分工，从全局的角度出发，统筹区域的信息联通、应急物资、避难场所、设备和人员的配备。

第三节　城市社会治安综合治理

一、社会治安综合治理的概念

社会治安综合治理是指为了有效地建设和维护城市治安秩序，城市政府及其公安机关依法进行的对城市社会公共秩序的维护，以及对各种违法犯罪活动的打击和处理。社会治安综合治理是维护城市社会治安秩序，预防和打击各类违法犯罪活动，保护社会主义公有财产和其他合法财产，保护公民的合法权益不受侵犯，保卫人民民主专政的国家政权和公有制为基础的社会主义制度，确保社会主义现代化建设事业在安全、稳定的社会环境中顺利地发展。

二、城市社会治安综合治理的框架体系

一是城市社会治安的管理机构。城市社会治安管理机构是指国家政权体系中依法行使城市社会治安管理职权的专门机关。这些机构包括城市区划内的各级各类公安机关、审判机关、检察机关、国家安全机关和司法行政机关。除此之外，城市党组织、政权组织的领导机关负有领导和指导城市社会治安管理的责任，其他社会组织也负有一定的责任。二是城市社会治安管理机构的职责。根据国家的有关政策和法律，维护城市社会治安秩序，预防和打击各类违法犯罪活动，保护社会主义公有财产和其他合法财

产,保护公民的合法权益不受侵犯,保卫人民民主专政的国家政权和以公有制为基础的社会主义制度,确保社会主义现代化建设事业在安全、稳定的社会环境中顺利地发展。

三、我国城市社会综合治理的基本情况

1991年1月,经中共中央批准,全国社会治安综合治理工作会议在山东省烟台市召开。会议总结了中共十一届三中全会以来社会治安综合治理工作的基本经验,明确了搞好社会治安综合治理工作的一系列重大问题。同年2月19日,中共中央、国务院作出《关于加强社会治安综合治理的决定》。3月2日,七届全国人大常委会第十八次会议通过了全国人大《关于加强社会治安综合治理的决定》。3月21日,中共中央决定成立中央社会治安综合治理委员会,作为协助党中央、国务院领导全国社会治安综合治理工作的常设议事机构,下设办公室,与中央政法委机关合署办公。中共中央、国务院和全国人大常委会颁布的两个《决定》,第一次系统地提出了社会治安综合治理的指导思想、任务、要求、目标和工作范围、工作原则,是社会治安综合治理工作最早的纲领性文件,具有里程碑式的重要意义,社会治安综合治理工作从此步入规范化、法制化轨道。

根据党和国家的方针政策,各城市建立了各级社会治安综合治理委员会及其办公室,明确职责任务,健全工作制度、完善工作机制,抓好组织协调、齐抓共管,加强调查研究、搞好督促落实,在社会管理工作中发挥了独特的作用。以社会综合治理为平台,各城市健全党委领导、政府负责、社会协同、公众参与的社会管理格局,整合社会力量和社会资源,形成社会管理的总体合力。充分发挥各级综治委成员单位的职能作用,着力保障和改善民生,完善社会管理,扩大公共服务,促进社会公平正义。充分发挥专群结合的优势,健全基层社会管理体制,完善基层社会治安综合治理网络,调动社会各界和广大群众参与社会治安综合治理工作的积极性和主动性,逐步形成创建平安人人有责、平安成果人人共享的局面。

第四节 城市交通与消防安全

一、城市交通安全

城市交通就是在城市道路(包括地面、地下、高架、水道、索道等)系统间的市民出行和货物输送。交通运输方式包括公路、铁路、轨道交通、水路、航空、管道、骑车、步行等方式。

(一)城市交通的主要种类

1. 公路。公路,民间也称作马路,是连接城市之间、城乡之间、乡村与乡村之间、和工矿基地之间按照国家技术标准修建的,是可以行驶汽车的公用之路,汽车、单车、人力车、马等众多交通工具及行人都可以走。按行政等级划分,公路分为国家公路、省公路、县公路、乡公路、村公路(简称为国、省、乡道、村道)以及专用公路六个等级。一般把

国道和省道称为干线,县道和乡道称为支线。根据中国现行的《公路工程技术标准》(JTGB01.2003),公路按使用任务、功能和适应的交通量分为高速公路、一级公路、二级公路、三级公路、四级公路五个等级。

2. 轨道。城市轨道交通系统是指在城市中使用车辆在固定导轨上运行并主要用于城市客运的交通系统。在中国国家标准《城市公共交通常用名词术语》中,将城市轨道交通定义为"通常以电能为动力,采取轮轨运输方式的快速大运量公共交通的总称"。一般包括地铁和轻轨,以及现代有轨电车。城市轨道交通是城市公共交通的主干线,客流运送的大动脉,是城市的生命线工程。城市轨道交通是世界公认的低能耗、少污染的"绿色交通"。城市轨道交通的建设有利于提高市民出行的效率,节省时间,改善生活质量。但同时,轨道交通事故和人为破坏因素将并存,加上超长的线路和大密度人口集聚,对轨道交通的管理提出了更高的要求。

3. 水路。水路运输是以船舶为主要运输工具,以港口或港站为运输基地,以水域包括海洋、河流和湖泊为运输活动范围的一种运输方式。根据航行水运性质,水运分海运和河运两种。它们是以海洋和河流作交通线的,水路运输运载能力大、成本低、能耗少、投资省,是一些国家国内和国际运输的重要方式之一,但运输速度慢,且受自然条件影响。

4. 航空。航空运输又称飞机运输,是在具有航空线路和飞机场的条件下,利用飞机作为运输工具进行货物运输的一种运输方式。航空运输在我国运输业中,其货运量占全国运输量比重还比较小,主要是承担长途客运任务。航空运输的主要优点是速度非常快,缺点是运输费用相当高。投资额度和运输成本都比较高,固定成本方面包括开拓航线、修建机场和机场维护需要大量资金;可变成本也比较高,主要是由于燃料、飞行员薪水、飞机的维护保养等方面的支出很大。

5. 管道。管道运输是用管道作为运输工具的一种长距离输送液体和气体物资的方式,是一种专门由生产地向市场输送石油、煤和化学产品的运输方式,是统一运输网中干线运输的特殊组成部分。管道运输不仅运输量大、连续、迅速、经济、安全、可靠、平稳以及投资少、占地少、费用低,并可实现自动控制。

(二)城市交通安全的防范

1. 城市交通安全规划。交通安全规划是为了保障交通参与者的安全,制定相应的安全法规,并通过协调相关部门的工作,采取相应的事故预防和事故处置措施,使交通管理更为科学、高效,保证出行者人身安全、减少财产损失,促进社会稳定。随着城市对道路安全管理重视程度的提高,交管部门在事故预防、事故监测、事故处理等方面取得了一定的进步。但是,每年事故发生的数量仍居高不下,重大事故尤其如此,因此,针对城市机动车保有量的不断增加而导致交通需求的增长,交通事故的发生有进一步恶化的趋势,城市须出台近、中、远期规划,以全面降低各类事故发生率为主要目标。

2. 城市交通体系安全运作。城市交通体系安全运作一般包括城市交通运营安全管理、城市交通危险源识别与控制、城市交通运营安全控制体系、城市交通应急设备及常见事故处理、城市交通事故案例分析、城市交通安全评估与保险等。城市交通体系安全运作是一项系统工程,不仅包括交通的使用主体,还包括管理主体和运营主体。在保障城市交通体系安全运作的过程中,政府与企业,管理部门与市民,社会团体与市民之间只有相互协调,才能保证城市交通体系的安全运作。

3. 城市交通安全管理。广义上,城市交通安全管理是城市治理的一部分,是政府、市场和社会共同治理的过程。狭义上,是政府相关部门实施交通管理的过程。不论狭义和广义,城市交通安全管理是以政府相关部门的管理为核心的。一般城市交通安全管理的范围包括地下管线等城市基础设施施工或者其他原因影响运营安全及畅通的线路调整;从事城市公共交通经营的企业应当取得经营资格证;对运营车辆的检查、保养和维修,保证运营车辆技术性能良好;交通事故紧急处置等方面。

二、城市消防安全

《中华人民共和国消防法》《城市消防规划规范》和国家现行的有关法规和技术标准,城市消防指建立和完善城市消防安全体系,指导城市消防安全布局和公共消防设施的建设发展,增强城市抗御火灾和处置各种灾害事故的综合能力,保障城市消防安全,为城市消防规划编制和实施管理而开展的消防安全规划、建设、管理、应急处置、救援等一系列安全措施。城市消防安全的重点环节如下:

1. 基础设施规划,包括城市消防安全布局、城市消防站及消防装备、消防通信、消防供水、消防车通道等。《中华人民共和国消防法》规定,城市消防规划的编制应在全面搜集研究城市相关基础资料,进行城市火灾风险评估的基础上完成。

2. 基础设施建设。基础设施建设包括对城市防火隔离带、防灾避难疏散场地、公共消防设施、消防站、消防供水、城市消防水池、消防通信、消防车通道等基础设施和配套设施的建设。

3. 消防网点布局。消防网点根据城市重点消防地区进行布局,根据城市特点和消防安全的不同要求分为以下三类,分别采取相应的消防和规划措施。A类重点消防地区:以工业用地、仓储用地为主的重点消防地区;B类重点消防地区:以公共设施用地、居住用地为主的重点消防地区;C类重点消防地区:以地下空间和对外交通用地、市政公用设施用地为主的重点消防地区。

4. 消防人员的培养。消防员不仅具有强健身体,适应各种复杂、多变和危险的环境,而且要求消防员具有过硬的业务本领,精通消防业务理论和灭火技术、战术,同时具备良好的心理素质,遇到危险时情绪稳定,不慌、不惧,保持良好的观察、记忆、判断和思维能力。

5. 消防宣传和演练。消防宣传可以通过电视、报纸、广播、网络等传统媒体,以及新媒体上进行宣传。同时,在特定时间以发放消防宣传手册、宣传挂图、横幅等进行。消防演练要以社区和企事业单位为基础进行组织,逐步加大人员参与的数量。

第五节 城市生产与食品安全

一、城市生产安全

安全生产是指在生产经营活动中,为了避免造成人员伤害和财产损失的事故而采取相应的事故预防和控制措施,使生产过程在符合规定的条件下进行,以保证从业人员的人身安全与健康,设备和设施免受损坏,环境免遭破坏,保证生产经营活动得以顺利进行的相关活动。《中华人民共和国安全生产法》确定的安全生产管理基本方针为"安全第一、预防为主、综合治理"。

（一）我国城市安全生产的基本情况

1. 安全生产政策体系不断完善。在"安全第一、预防为主、综合治理"的企业安全生产方针指导下,《安全生产法》《劳动法》《煤炭法》《矿山安全法》《职业病防治法》《消防法》等十余部专门法律相继出台。以强化依法治安、重典治乱的安全法制建设方略,为企业的依法发展、廉洁发展保驾护航。同时,大力倡导先进的安全文化,建立包括群众监督、舆论监督和社会监督在内的安全生产参与监督机制。

2. 城市生产事故得到较好控制,事故总量下降。20世纪90年代之后,随着工业化、城镇化进程加快和社会生产规模急剧扩大,我国城市开始进入新一轮事故高发期,事故死亡人数连年增加。经过多年努力,事故数量得到很好控制,特别是民航飞行、危险化学品、火灾、交通等城市特大型事故的数量得到控制。

3. 安全生产受到企业广泛重视。企业普遍建立了科学的考核机制,落实安全责任,完善安全管理制度体系,依法规范安全生产管理,深化全员安全评价,强化员工安全教育培训,大力加强专业管理,严格监督检查,强化隐患查处和整改力度等方面积极开展工作。

（二）我国城市安全生产面临的主要问题与防控

1. 我国城市安全生产面临的主要问题：我国城市安全生产仍然面临安全生产基础薄弱的现象。一些行业、领域和地区安全状况比较严峻,生产装置、设备老化,加之维修和更新改造不落实,管理混乱,安全保障能力低下,一些城市地方公用设施严重老化,存在大量不符合安全生产条件的小企业,点多面广,治理难度大。一些企业安全生产意识淡漠,安全知识缺乏,安全行为不规范,违规违章。从业人员还存在安全素质低的现象,安全教育培训不足。另外,仍然存在安全生产执法权威性不够,安全监管工作还不适应形势要求的现象。

2. 我国城市安全生产的防控对策：

（1）严格绩效考核。建立严格的安全生产目标管理责任制,落实各级、各部门、各单位的安全生产责任。切实加强安全生产工作的领导,政府主要负责人是当地安全生产的第一责任人,要对安全生产工作负总责,确保一方平安。政府分管安全生产工作的领导,要负起具体领导责任,分管其他工作的领导,也要按照管生产必须管安全的原则,对分管范围的安全工作负责。建立健全安全生产责任制和各项规章制度,依法保障必需的安全投入,加强安全管理,形成自我约束、不断完善的安全生产工作机制。要通过落实责任制,建立起职责明确、分工协作、齐抓共管的安全生产责任体系。

（2）加大执法力度。要全面加大执法力度,树立执法权威,严厉打击各类违法行为,强化执法推动专项整治,强化执法推进行政许可,强化执法加强安全管理,强化执法促进隐患整改,强化执法增强企业安全责任意识。要强化安全生产责任制、岗位责任制等企业安全生产保障制度落实情况的检查,对事故多发地区和企业、事故多发的行业和领域,要实施重点监管监察,坚决遏制重特大事故发生。要加强事故分析,把握安全生产工作规律,有计划地组织开展专项执法,防范重点灾害,整改薄弱环节。要建立联合执法机制,鼓励社会力量的参与,提高执法的实效性,共同做好工作。

（3）加强监督管理。健全安全生产监管工作体系。安全生产监督管理的责任部门,要把安全生产工作列入重要议事日程,认真抓好落实。各级安全生产监督管理部门要认真履行综合监管的职责,依法加大行政执法力度,加强执法监督。政府各有关部门要在各自的职责范围内,对有关安全生产工作依法实施监督管理。

二、城市食品安全

《中华人民共和国食品安全法》第十章附则第九十九条对食品安全的定义:是指食品无毒、无害,符合应当有的营养要求,对人体健康不造成任何急性、亚急性或者慢性危害。食品安全也是一门专门探讨在食品加工、存储、销售等过程中确保食品卫生及食用安全,降低疾病隐患,防范食物中毒的一个跨学科领域。食品（食物）的种植、养殖、加工、包装、储藏、运输、销售、消费等活动符合国家强制标准和要求,不存在可能损害或威胁人体健康的有毒有害物质以导致消费者病亡或者危及消费者及其后代的隐患。该概念表明,食品安全既包括生产安全,也包括经营安全;既包括结果安全,也包括过程安全;既包括现实安全,也包括未来安全。

（一）我国城市食品安全的基本情况

我国食品安全追溯体系的建立中,上海颁布的《上海市食用农产品安全监管暂行办法》是我国最早的有关食品安全追溯体系建设的相关条例,在这一条例中,其要求相关食品需要建立质量记录规程,对相关食品生产的各个环节的重要信息进行记录,以此保证相关食品安全问题出现后的追溯。在这之后,我国中央政府也开始逐渐重视食品安全追溯体系的建设,在2003年7月、2010年9月、2012年先后颁布了食品安全追溯体系建设的一系列相关条例。这些条例的颁布为我国食品安全追溯体系的总体建设打下了坚实的基础,更在一定程度上提高了我国食品的总体安全性,但食品安全追溯体系在我国的建设还有很长的一段路要走。目前,我国食品安全信息披露机制逐步完善。要建设公开、公正、科学的诚信信息征集和披露体系,建立诚信信息征集披露制度,规范企业诚信信息征集和披露方式及内容,依法采集及披露企业诚信信息。实现部门之间企业诚信信息共享,并逐步建立全国统一的食品企业诚信信息平台以及面向社会的食品企业诚信信息查询系统和诚信信息公示披露系统,加快建设区域性、行业性诚信信息平台和企业诚信信息平台。

(二)我国城市食品安全面临的主要问题与防控对策

1. 我国城市食品安全面临的主要问题。我国的食品安全追溯体系发展较晚,从21世纪初才开始规划建设,到今天也没有形成完备的食品安全追溯体系,这点与我国食品生产环境的复杂与经济发展程度有着必然的联系。我国食品追溯制度的设立和推广,几乎与世界同步。但是实施追溯制度的软环境基础太差:一是我国农产品生产与流通管理基础薄弱,原始数据难以采集;二是食品生产加工组织化程度低,难以实行严格企业管理制度;三是从业人员和管理人员文化程度偏低,难以实现系统信息化建设;四是法律法规体系尚不完善。诸多现实中存在的问题严重制约了食品安全追溯制度的建立和完善。我国部分食品领域和地区已开始推行可追溯系统,但远未达到真正意义上的全过程可追溯。目前,不论政府构建还是企业自己构建可追溯系统,高成本和低收益都成为不可逾越的瓶颈。

2. 我国城市食品安全的防控对策:

(1) 构建多方参与的食品安全体系。食品安全管理体系认证目前已经成为各国实施食品卫生安全公共管理通行的有效手段。欧美等发达国家大都建立了适合本国且与国际接轨的食品安全管理体系。国际食品法典委员会(CAC)认为HACCP是迄今为止控制食源性危害的最经济、最有效的手段。

HACCP在我国的应用和发展基本是和国际同步。我国在1994年4月公布《在出口食品加工中建立"危害分析与关键控制点质量管理体系"的导则》,国家认监委公布的《卫生注册需评审HACCP体系的产品目录》还规定罐头类、水产品类(活品、冰鲜、晾晒、腌制品除外)、肉及肉制品、速冻蔬菜、果蔬汁、含肉或水产品的速冻方便食品等"六大类"产品出口生产企业必须进行HACCP的官方认证,其评审依据为《出口食品生产企业卫生要求》和CAC《危险分析和关键控制点(HACCP)体系及其应用准则》。

我国在HACCP的推广过程中大多数是企业自发地建立HACCP体系来对生产加工环节进行控制,不能解决整个食品链的食品安全全过程控制等问题(如农药、兽药和禁止使用的饲料添加剂的残留造成的源头污染,以及环境污染、水污染给食品安全带来的危害),食品安全与诚信风险防范机制不能落到实处。因此,如何对传统食品安全及诚信风险进行防范和控制,并基于"从农田到餐桌"全过程控制的理念,结合企业的生产经营实际,开展以HACCP、GAP、GMP、SSOP等多种控制方法,覆盖种植、养殖、生产加工、储存、运输、销售环节甚至政府职能部门的全过程食品安全管理体系建设和认证,是我国食品生产经营企业、政府主管部门都要着力研究和推广的课题。

(2) 完善城市食品供应链系统。从食品供应链层面看,从源头供应、食品加工、物流分销和消费等对食品安全风险有显著影响。因此,在食品供应链协调和信息共享的基础上,通过组织模式优化、技术投入、过程管理、员工培训等方式,实行对供应链各环节的食品安全风险控制。

对食品供应链整个过程同时进行重点控制，必须以各环节之间的协调及各环节控制主体之间的合作为前提，以供应链范围共享的信息平台为基础，因此，食品供应链的协同和信息共享平台是控制食品安全诚信风险的关键。

（3）完善食品安全可追溯体系。在我国的食品安全可追溯体系建设中，我国政府应通过对发达国家食品安全可追溯体系的借鉴与本国食品安全实际发展相结合，创建具有中国特色的食品安全可追溯体系，并在基础好的地区进行试点工作，立法机关需要加快颁布法律法规的配套工作，实现食品安全可追溯体系制度化发展，以此保证我国人民的食品安全。

我国食品可追溯系统在运行效率方面存在许多问题，要结合我国国情，借鉴发达国家成功经验，建立完善整体的数据库，针对不同产品行业采用适用的技术，减少浪费、提高效率，完善我国食品可追溯系统，保障人民饮食安全。政府、企业、行业协会均应从不同层面，尽心尽力健全从中央到地方直至基层的食品药品安全监管体制，严守法规和标准，用最严格的监管、最严厉的处罚、最严肃的问责，坚决治理餐桌上的污染。

（4）加强食品安全执法力度。严格依法征集、披露和使用诚信信息，维护国家经济安全和社会公共利益，维护企业和消费者合法权益。各地工业和信息化主管部门要依据食品工业企业诚信状况，依法加强对企业诚信体系建立分类指导和督促检查。各地食品安全监管部门要依据企业守法和诚信状况，实施企业分类监管，依法调整执法检查和监管重点。对严重违反食品安全管理法律法规、制假售假等严重失信的企业，要列入黑名单实行重点监管，要依法采取限期召回产品及其他行政处罚措施，并向社会公布；行业协会要利用诚信提示、警示等方式实行失信惩戒。

（5）构建开放的食品安全信息共享体系。建设食品安全信息平台，及时、准确、完整地记录食品工业企业信用信息。利用信息管理平台，依法披露企业诚信体系建设信息。实现与全国食品工业企业信息管理平台的对接，这相当于一个食品安全预警系统。平台建设具备三个特点：一是覆盖广，一定规模的食品企业全部单独建档；二是信息全，包括企业基础信息、良好信息和警示信息，涵盖所有食品监管部门的日常监管信息、质量检验报告以及相关社会信息；三是更新快，省、市信息联网运行，可实现信息实时交换与更新。提升企业的食品安全档案意识，加强服务理念，真正做到与政府合作，为民众获得更多企业信息提供方便。关于企业信用档案的收集，需要多方面收集关于企业档案的情况。然后把这些情况都放到这个网络平台上让人们更好地掌握。

（6）完善食品安全法律法规体系。尽快修订、完善与食品安全相关的法律法规，形成以《食品安全法》为核心，完整、协调、适应形势发展的食品安全法律体系，构建一个和谐稳定的法制监管网。国家要从源头开始，突出重点，实施从农田到餐桌，从生产、加工、消费到出口环节的全过程监管。农产品批发经营者建立购销台账，如实记载农产品的名称、来源、销售去向、销售数量等内容。这样，一旦发现问题，可以及时确定产生问题的环节，防止造成更大的危害。其次要严惩重处食品安全违法犯罪行为，切实解决"违法成本低"的问题，让不法分子付出高昂的代价，从根本上扭转食品安全违法犯罪频发的势头。

参考文献

Arjen Leerkes：Illegal Residence and Public Safety in the Netherlands，IMISCOE Dissertations[D]，2009.

Dan Victor CAVAROPOL：THE CHEMICAL TERRORISM AND ITS IMPLICATIONS OF SECURITY[J]，Public Security Studies，VoL 4，Issue 2(14)，2015(4-6).

Dennis Broeders：Breaking Down Anonymity：Digital Surveillance of Irregular Migrants in Germany and the Netherlands[M]，2009.

靳澜涛：《国外特大型城市公共安全事件应急管理比较——以纽约、伦敦、东京为例》，《沈阳干部学刊》2015 年第 4 期。

郎友兴：《走向共赢的格局：中国环境治理与地方政府跨区域合作》，《政治与社会》2007 年第 2 期。

刘雅静：《跨区域公共危机应急联动机制研究》，《福州党校学报》2010 年第 6 期。

卢汉龙、杨雄、周海旺：《上海蓝皮书：上海社会发展报告(2016)》，社会科学文献出版社出版 2016 年版。

上海市突发公共事件应急管理委员会办公室：《上海应急管理报告(2008—2012)》，上海人民出版社 2013 年版。

滕五晓、王清、夏剑薇：《危机应对的区域应急联动模式研究》，《社会科学》2010 年第 7 期。

童星等：《中国应急管理：理论、实践、政策》，社会科学文献出版社 2012 年版。

涂晓芳、黄莉培：《基于整体政府理论的环境治理研究》，《北京航空航天大学学报(社会科学版)》2011 年第 4 期。

汪伟全：《突发事件区域应急联动机制研究》，《探索与争鸣》2012 年第 3 期。

王宏伟：《应急管理理论与实践》，社会科学文献出版社 2010 年版。

王永明、刘铁民：《应急管理学理论的发展现状与展望》，《中国应急管理》2010 年第 10 期。

左学金、晋胜国：《城市公共安全与应急管理研究》，上海社会科学院出版社 2009 年版。

宗传宏：《国际大都市城市综合竞争力薄弱环节的分析与控制研究——以上海大都市为案例进行研究》同济大学博士论文，2002 年。

何一民、王俊鸿：《"中国式灾害救援"体系彰显中国力量和制度优势》，光明日报，2013 年 6 月 11 日。

宗传宏：《上海市应急管理联动信息平台的理性思考》，《上海城市管理职业技术学院学报》2009 年第 3 期。

张维平：《美国、加拿大、意大利应急管现现状和对中国的启示》，中国安全生产网(http://www.aqsc.cn/101813/101946/88962.html)。

第二十七章　城市建设

　　城市建设涉及的内容非常广。本章主要从城市建设实践操作和项目寿命全周期的角度,将城市建设中工程项目前期、施工和运营三个阶段中的重点内容作介绍。所介绍的内容是城市建设中一些基本的应知应会的基本知识,是基于本书结构完整角度而写的。本章知识的实践应用,还需结合工程项目实际,查阅更详尽的知识予以充实。

第一节　城市建设概述

一、城市建设的含义

　　城市建设在不同视角下有不同的理解,在城市发展、规划、建设和管理语境中,城市建设是指城市内各项物质设施的建设,包括产业设施、如厂房、仓库、商务楼、商场等;居住设施,如住宅、小区公建、绿化等;公共设施,如道路交通、供排水、邮电通讯、能源电力等市政设施,教科文卫体养老等设施,园林绿地、厕所、垃圾箱房等环境设施。

二、城市建设的依据

　　城市建设的依据是已经审批或确定的城市规划和计划,包括城市总体规划、分区规划、单元规划、近期建设规划、详细规划、专项规划、国民经济与社会发展规划、年度投资计划等。城市建设的设施都是在上述规划和计划中明确的,且所依据的规划和计划是依法完成审批程序的。也就是说城市规划和计划是城市建设的前置程序,没有城市规划和计划就难以开展有序的城市建设,要进行城市建设必须先完成相关城市规划和计划的编制和审批。

三、城市建设的运作方式

城市所有设施的建设都是按工程项目的方式来运作的,其项目运作包括项目前期、项目施工和项目运营三个阶段。其中,项目前期阶段,包括项目策划、可行性论证、勘探设计、项目审批核准备案、招投标、政府采购等;施工阶段,包括施工准备、进度控制、投资控制、质量控制、安全控制、施工协调等;运营阶段,包括竣工验收、档案归档、竣工结算和决算、资产管理、建后管护等。

四、城市建设项目分类

根据 2004 年 7 月国务院颁发的《国务院关于投资体制改革的决定》和 2007 年 11 月国务院办公厅颁发的《国务院办公厅关于加强和规范新开工项目管理的通知》两个文件,我国对城市建设项目划分为政府投资项目和企业投资项目两大类。

政府投资项目是指由政府公共财政出资包括一般公共财政出资,国有基金出资(含土地出让金)、国资预算出资、政府性举债出资等和采用划拨方式取得建设用地的建设项目。按照国家投资体制改革要求,政府一般不得介入产业领域进行建设项目的投资,故政府建设大都属公用设施和公益设施项目。政府投资的建设项目按照"谁投资谁审批",实行严格的分级审批程序进行管理,其审批流程有建议书阶段、可行性报告阶段、初步设计阶段、施工阶段、竣工阶段等。每个阶段内又有若干环节的审批。

企业投资项目是指由企业出资(包括企业自有资金和贷款资金)和采用招标拍卖方式取得建设用地的建设项目。企业投资项目采用核资和备案两种管理方式。按照国务院颁布的《政府核准的投资项目目录》,根据项目的所属行业、类别、规模、投资量由各级政府实行分级核准制度。基本程序由企业提交申请及项目可行性报告,报国土、环保、规划等部门审核,最后由各级政府的发改委核准。不在核准目录内的企业投资建设项目,由企业向各级政府的发改委提交申请,填写项目备案表,由发改委予以备案回执后,再办理国土、规划、环保等手续。

第二节 项目前期

一、项目策划

项目策划也叫项目的预研究,一般由项目调查分析、项目规划和项目实施三部分构成。策划的成果表现为项目概念规划或项目规划方案或为项目预研究报告。

(一)项目调查分析

1. 规划分析。分析项目的规划依据,以及与相关规划的平衡。因此,应调查与项目有关的各类规划,包括详细规划、有关专项规划等。项目的规划依据调查越充分,对项目规划分析越有利,与相关规划衔接会越好,越有利于项目在设计等环节中的推进。

2. 基地分析。项目总是建立在一块具体的土地上或土地下的。故项目调查非常重要的一环是调查项目建设基地的地下和地上情况,包括地下管线、地上建筑和构筑物,以及基地动迁情况、土地产权归属等。基地分析越详细,对项目的进一步设计、施工乃至进度、造价都有很大关系。

3. 建设条件分析。特别重要的是项目建设必须的道路交通、供排水、能源电力、通信网络、垃圾运输等基础设施和环境设施。居住类项目还涉及周边建筑高度、日照、风格、色彩情况等。

4. 项目周边自然环境分析,包括气候、温度、湿度、土壤、水流、地质、污染等自然因素。这些自然因素对项目建设决策具有一定的制约。

5. 经济环境分析,包括国内外宏观经济环境及其走势、当地市场需求情况、国内外及其当地的政策,以及同类项目的竞争对象等。

6. 社会条件分析等,包括项目地社会的公安、人口、结构、就业和人才状况、风俗习惯等。

7. 用户需求分析。项目使用方的对项目功能、品质、价格、规模、水准等需求,以及对项目建成交付使用后的资产、归属、物业管理等要求。

(二) 项目规划

1. 项目功能定位,在综合项目调查各类信息的基础上,要对项目的建设内容、规模、标准以及建成后在经济社会发展中的地位、影响、作用进行界定。项目功能定位是工程项目建设的总体方向,故应重视同类项目的经验和教训,并请项目投资方和项目使用方,以及相关专家一并讨论确定。

2. 项目建设目标:在项目功能定位基础上,明确项目建设的总目标和分目标。总目标是指项目建设的总体要求,分目标包括项目投资标准、质量和进度要求。项目的建设目标是围绕项目功能定位展开的,是项目功能定位实施后的结果。

3. 项目构成划分,包括项目功能分区、项目空间构成、项目面积分配。项目功能分区指项目基地内功能划分和单项设施内的功能划分;项目空间构成指项目基地内几项设施的空间结构和单项设施内的空间结构;项目面积分配是指项目基地总建筑面积的分配(包括地上和地下)和单个设施建筑面积的用途及使用方面积分配。

4. 项目建设方案:应根据项目明确的基地,按照给定的规划参数,编制项目建设方案。明确项目建设空间布局,建筑规模和层高、建筑覆盖率、绿化率、交通流线、建筑风格和色调、环境景观、配套设施建设等。

5. 项目投资和资金筹措:应根据项目定位、目标、方案初步测算项目总投资,项目总投资应包括项目竣工结算和决算时的全部投资。同时,按照总投资探讨资金来源和筹集方式,初步排定资金筹措的时间进度及其财务成本。

6. 项目的盈亏分析或物有所值分析。经营性项目需要进行收支测算,投资盈利能力和财务清偿能力分析。公益性项目,若采用融资建设或政府和社会资本合作(public-pritate partnership,简称 PPP)方式建设,要进行物有所值评价和财政清偿能力评价。

（三）项目实施

1. 实施的进度安排。实施进度安排一般会提出项目前期各项手续、方案设计的时间安排，项目的开工时间和竣工时间安排。在这些基本时间框架下，排定工程项目前期一些大的工作节点。

2. 实施主体及分工。这里主要包括项目的建设单位（甲方）、政府有关部门，以及建议委托合作的工程咨询机构、勘察设计单位、代建单位、融资机构等。施工单位、监理单位等一般在招投标中确定。在项目策划阶段已明确的项目参与主体，往往会有近阶段工作分工和推进实施要求。

二、项目可行性论证

（一）可行性报告的编制

项目策划报告一般是比较初步的，不系统的，侧重于项目的节点调查和研究，是为业主的初步决策提供的方案，其深度大约在项目建议书阶段，故实践中也叫"预科"研究。项目策划完成后，如果项目拟实施的话，就需要站在技术、经济、管理角度按照工程项目规范格式，编制系统的、较深入的项目可行性研究报告。项目可行性研究报告一般应当包括下列内容：

1. 项目名称等基本情况；
2. 项目建设用地和规划情况；
3. 项目规划方案的审核或征询情况；
4. 项目环境影响评价或征询情况；
5. 项目水、电、煤气、通信等市政基础设施配套情况；
6. 项目建设规模和结构；
7. 项目投资规模和资金筹措；
8. 项目投资主体和建设单位；
9. 项目经济效益和社会效果；
10. 项目实施安排等。

（二）项目可行性报告论证

项目可行性报告编制完毕，业主基本确认后，项目可行性报告应提交相关部门和相关人员，以及有关专家，召开座谈会或书面征询或委托第三方进行评估论证。这一环节是决定项目是否继续推进和下一程序推进的必经阶段，只有经过多方确认可实施的方案，才有可能使项目实施继续推进。项目可行性报告论证这一程序，不管是政府投资项目还是企业投资项目，业主一般都会去实施。项目论证根据项目可行性报告涉及的内容，一般都会涉及技术、经济、管理三方面论证。

1. 技术论证，一般要对项目可行性报告中涉及的技术问题，请相关部门、专家提出意见。例如对项目的生产产品应进行技术标准、工艺流程、知识产权、市场需求、产业政策等论证；对项目的设备应对技术参数、同类产品性价比、能耗和环保要求、采购渠道等进行论证;对项目的工艺方案,应进行适用性、可靠性、合理性等论证;对项目建设选址,应进行自然环境、地形地貌、水文地质、征地拆迁等进行论证;对项目建设规模应进行地基条件、地上地下、建设规模、各类建设参数要求等进行论证;对项目选择的材料,应对原材料质量、市场供应、运输条件、同类原材料类型等进行论证;对项目的市政配套,应对道路交通、供排水、通信、能源、环卫环保要求等进行论证。

2. 经济论证。经济论证一般涉及盈亏平衡论证,偿债能力论证和不确定性风险评估。政府投资项目往往不进行盈亏平衡论证,但社会投资参与的政府投资项目应进行物有所值论证。政府投资项目经济论证的重点应当是,计入建设成本的范围、内容和标准,举债渠道的选择和清偿能力,投资规模的不确定性等。经济论证应考虑市场变化情况,包括原材料、设备、融资成本、产品价格的波动,还要考虑基地施工中出现的不可预见的工程量变动、设计变更等情况。进行多方案比较,充分考虑因市场变化和项目变化带来的超标准、超规模、超投资的经济不确定性。

3. 管理论证。一是审批、核准和备案时效的论证。充分了解政府审批核准备案要求,按政府要求抓紧做好报批报备方案,并联报送相关政府部门,加强沟通和协调,加快完成政府有关手续。这一块做得不畅不好也会影响项目经济成本和项目技术上的可行性。二是建设方式论证。政府投资项目有建设单位自建、代建、社会资金参建等形式,这些建设方式往往还与项目融资结合在一起,对这些项目的建设方式是否适用该项目的经济技术可行性也需进行论证。三是项目组织实施体制机制进行论证。对项目组织实施机构、各参与方职责分工、项目协调牵头人或召集人等也需进行论证,处理不当也会大大影响项目的经济技术可行性。

三、勘察设计

(一)工程勘察

工程勘察一般包括工程测量、工程地质勘察和水文地质勘察三方面内容,是为了查明工程项目建设地点的地形地貌、地层土质、岩性、地质构造、水文等自然条件进行的测量、绘制、测试、观察、调查、试验、鉴定、研究和综合评价的工作。为工程项目选址,工程设计和施工提供可靠依据。

1. 工程测量。工程测量是为工程设计和施工提供准确、可靠的资料和图纸。主要工作包括平面控制测量、高程测量、地形测量、摄影测量、线路测量、变形测量及其相应的数据分析和绘制图纸。

2. 工程地质勘察。工程地质勘察是为了查明项目建设地区的地质条件,提出建设场地稳定性和地基承载能力的评价。主要工作包括工程地质测绘、勘察、测试、物探、岩土和土质鉴定、观测及资料汇编、分析、图表制作等。

3. 水文地质勘察。水文地质勘察是为了查明项目建设地区地下水的类型、分布、成分、埋藏量、确定富水地段范围,评价地下水资料及开采条件。主要工作包括,水文地质测绘、地质物理钻探、抽水试验、地下动态观测、水文地质参数计算、地下水区域的确定和地下水资源的评价等。

工程勘察是工程初步设计的前置条件,实际工作中一般可分为初步勘察、详细勘察和施工勘察,随着工程项目设计,乃至施工工作的推进逐步深化。

(二) 项目设计

项目设计一般分方案设计、初步设计和施工图设计。实际工作中,方案设计有时会在项目策划阶段去完成,前置在项目可行性报告之前。

1. 方案设计。方案设计是对建设项目及建设项目相关地区进行总体布置,包括项目基地的平面布局、建筑规模分摊、交通组织、环境布置、建筑模型设计、主要经济技术指标测算等。设计方案,企业投资项目需与土地招拍挂给定的经济技术和设计条件衔接,其设计方案应经国土、规划、发改等相关部门论证审核;政府投资项目应按政府有关部门给定的经济技术参数编制项目设计方案,并经相关部门论证审核通过。

2. 初步设计。初步设计是根据工程勘察取得的可靠资料和可行性论证确定的内容,对建设项目进行系统全面的设计,包括项目功能和工程标准,建设物形体结构和平面安排,规格、尺度与标准,结构布置,施工组织,系统设施和配套工程,建设投资等核心内容。初步设计应满足项目投资概算,进行施工图纸设计和施工招投标的要求。

3. 施工图设计。施工图设计是根据经批准的初步设计,为项目施工提供详细图样,用来指导项目施工。包括建造的具体位置、结构、尺寸、分布、材料、质量允许的误差标准等。施工图设计应满足设备、材料的采购,各种非标设备的制作、土建和安装工程的要求,合同计量和完工检验要求。

建设项目除上述常规设计外,对一些需具有特殊技术、设备要求的建设项目,还需进行技术设计。对一些分标段施工的建设项目,还需进行招标设计。

四、项目的前期审批

国内外,凡工程建设项目都是需经政府有关职能部门审批后才施工的,只不过政府投资项目和企业投资项目因资金性质和建设用地取得方式不同,其审批的环节有些不同。

(一) 政府投资项目的前期审批

前面所述,由于政府投资项目的资金是公共财政资金,其建设用地来源于划拨,故我国有关法律法规政策规定,对我国的政府投资项目实行全过程审批管理。具体包括下列审批内容和流程。

1. 项目建议书审批阶段,主要包括项目规划预审、项目建议书批复、办理项目选址意见书、进行项目用地预审等环节。涉及发改、规土两个政府部门。

2. 可行性报告审批阶段,主要包括项目规划设计方案审核、环境影响评价审核、可行性报告审批、建设用地规划许可证发放、建设用地批准书发放、项目报建等环节。政府投资的项目基地涉及动拆迁的,还需办理拆迁许可证。另外,建设用地批文和建设用地书批准应当进行合并。涉及规土、发改、环保、房屋管理等政府部门。

3. 初步设计阶段,包括初步设计审核审批、概算审核审批、建设工程许可证会审和发放三个环节。涉及住建委、发改委、规土等政府部门。

4. 施工许可阶段,主要包括施工承包招标、承包合同备案、质量安全申报、建筑工程许可证发放、项目开工的复验画线等环节,涉及住建委、招标办、规土等政府部门。

（二）企业投资项目审批

1. 经营性建设用地取得阶段,包括确定国有经营性建设用地用途和底价,政府国有经营性建设用地在招投标平台出让、企业索取标书和缴纳押金参加土地招拍挂、土地中标者与政府规土部门签订土地出让合同等。

2. 企业投资项目核准或备案。企业根据国务院颁布的《政府核准的投资项目目录》,连同已签订的土地出让合同、已经审核的规划设计方案、已经论证的项目可行性报告、已经审核的环境影响评价意见等,由项目建设单位提出申请,由政府发改部门按项目类型进行核准或备案。核准或备案后方可进行项目报建。

3. 初步设计阶段。企业投资项目也需进行初步设计审核审批,建设工程许可证会审发放。与政府投资项目审批相比,主要减去项目概算审批这一环节。

4. 施工许可阶段。审批的基本环节和涉及的政府部门,与政府投资项目基本相同。

五、工程项目招投标

工程建设项目在完成工程项目报建后,按国家《招投标法》规定即可进入招投标程序。工程项目招投标目的是打破地区、部门界线,促进各类承包单位提高工作质量,改善服务态度,降低工程价格,缩短建设周期。

（一）工程项目招标范围

国家发改委根据我国《招标投标法》第三条规定,制定和公开必须进行招标的工程建设项目范围。具体包括:

1. 大型基础设施、公用事业等关系社会公共利益、公共安全的项目,如石油、电力、水利、教育、科技等;

2. 全部或部分使用国有资金投资或国家融资的项目和使用国际组织或者外国政府贷款、援助资金的项目;

3. 工程项目的勘察、设计、施工、监理以及与工程建设有关的重要设备、材料的采购;

4. 施工单项合同估算价在200万元以上的,重要设备、材料等货物的采购单项合同估算价在100万元以上的,勘察、设计、监理等服务的采购单项合同估算价在50万元以上的,单项合同低于前三项估算价标准,但项目总投资在3 000万元以上的。

但是,建设项目的勘察、设计、主要工艺、技术采用特定专利或者专用技术的,或者其建筑艺术造型有特殊要求的,经项目主管部门批准可以不进行招标;涉及国家安全、国家秘密、抢险救灾或者利用扶贫资金实行以工代赈,需要农民工等特殊情况,不适宜进行招标的项目,按照国家有关规定可以不进行招标。

(二)招标方式

按照上述国家规定的建设项目招标范围,建设项目招标主要包括公共招标和邀请招标两种方式。

1. 公共招标,是指招标人以招标公告的方式,邀请不特定的法人或者其他组织参加招标的一种招标方式。其适用的项目范围,包括依法必须进行招标的项目,全部使用国有资金投资或者国有资金投资占控股或主导地位,应当公开招标的项目。

2. 邀请招标,是指招标人以投标邀请的方式,邀请特定的法人或者其他组织参加投标的一种招标方式。其适用的项目范围,包括项目技术复杂或特殊要求,只有少量几个潜在投标人可供选择;涉及国家安全、国家秘密或者抢险救灾,适宜招标但不适宜公开招标的项目;项目规模小,采用公开招标不值得的;法律法规规定不宜公开招标的项目。邀请招标一般也需项目主管部门批准。

(三)招投标内容和程序

1. 招标,包括明确招标实施机构,明确招标方式,编制招标文件,合理划分标段,编制标底,招标备案,发布招标公告或投标邀请书,投标单位资格审查和发放招标文件,组织投标人踏勘现场和投标前答疑,接收投标书,组织评标委员会。

2. 投标,包括编制和报送资格预审申请文件;购买或索取招标文件;参加现场踏勘和标前答疑;编制和审定投标文件,开具投标保函;递交投标文件;参加投标会;接受投标委员会提问并进行说明;中标后按期与投标人签订书面合同并交纳履约保证金。

3. 开标、评标和定标:

(1) 开标,是指在提交投标文件截止的规定时间,由招标人依据招标文件规定的地点和时间,邀请所有投标人和监督机构代表参加,当众检查投标文件密封情况,启封投标人提交的投标文件,公布投标名称、投标价格、投标保证金,以及投标方案的整个过程。开标必须做到公开、公平和公正。如果投标人少于投标文件规定的,招标人应当依法重新招标。

(2) 评标,是指由依法建立的评标委员会,根据招标文件规定的评标标准和评标办法,通过对投标文件的评审、打分,向招标人提出书面评标报告,并推荐中标候选人的整个过程。评标必须公平、公正、科学。在公开开标时,评标委员会负责人对投标人的异议,应当在开标会议上当众予以说明或澄清。

(3) 定标,是指招标人根据评标委员会的评标报告,在中标候选人中,按招标文件最终确定中标人的过程。在定标过程中,若排序前位的中标候选人弃标,或中标人未在规定期限内缴纳保证金,投标人可在排序后位的中标候选人中确定中标人。最终定标后,招标人应及时向中标人发出中标通知书,并将中标结果通知未中标的投标人。在发出中标通知书和签订合同之前,投标人不得向中标人提出压低价格、增加工作量等谈判。

(4) 签订合同。招标人与中标人应当自中标通知书发出之日起 30 天内，按照招标文件和中标人的投标文件订立书面合同。合同订立后，中标人按合同约定提高履约保证金，招标人应退还投标人投标保证金。中标人不履行与招标人签订合同的，投标保证金不予退还，并取消中标资格；招标人不履行与中标人签订合同的，应双倍返还投标保证金。

六、政府采购

(一) 政府采购的概念

政府采购是指国家机关、事业单位及团体，使用财政资金，按照集中采购目录或采购限额标准，用合同方式有偿取得货物、工程和服务的行为。货物包括材料、设备、产品等，工程包括改建、扩建、装修、修缮等，服务包括咨询、设计、监理等。政府采购与招投标的主要区别在于，政府采购主要是货物和服务，且一般金额比较小。许多地方政府的招投标平台包括了政府采购中的工程采购部分，只将投资总额 50 万元以下的工程放到采购平台。

(二) 政府采购方式及要求

1. 公开招标。这种方式的基本运作要求类似招投标平台上的运作。
2. 邀请招标：要求从同类供应商中用随机选择方式，选取三家以上供应商，发出邀标书。
3. 竞争性谈判：要求成立三人以上的谈判工作小组，且专家占三分之二以上。邀请谈判的供应商不得低于三家。
4. 单一来源采购：要求只有唯一供应商，紧急情况下，基于保密等要求才可使用。
5. 询价。其询价工作小组和询价供应商户数与竞争性谈判一致，只是供应商的报价应一次报出且不得更改。

(三) 政府采购管理

实践中，大部分情况下，政府根据经济社会发展情况，每年发布集中采购的目录和采购限额标准，建立信息管理系统，将应采购的货物、工程、服务与财政资金支付结算系统连结。同时，对工程采购严格限额标准，将大部分工程项目纳入招投标平台进行公开招投标。禁止工程项目拆分，规避招投标平台监管。对单一来源采购严格限定，提高审批层级，加强单一来源采购的监管。

第三节 项目施工

一、施工准备

施工准备是指为工程项目施工建立必要的技术和物质条件，统筹安排施工力量和施工现场。具体有：

(一) 施工技术准备

这一准备主要包括熟悉、审查施工图纸和有关设计资料,对施工项目的自然条件和技术经济条件确认或进一步调查分析,编制施工预算和进行施工组织设计。

(二) 施工物资准备

这一准备包括建筑材料准备,构(配件)制品的加工准备,建筑安装机具的准备,生产工艺设备的准备等。

(三) 施工现场准备

这一准备包括施工场地的控制网测量,通路通水通电和平整场地,施工现场的补充勘察,建设临时设施,安装调试施工机具,做好建筑构(配)件储存和堆放,提供建筑材料试验计划,做好冬雨季施工安排,设置消防、保安设施,进行新技术新工艺的试制和试验等。

二、进度控制

(一) 编制施工进度计划

施工计划以已签订合同中施工工期规定为目标,包括项目施工过程中涉及的所有单位,所有分项、分段工程,各项工作内容的开工、完工时间。按时间上分解,施工计划由总计划、分项计划、阶段性计划构成。其中,总计划根据项目施工工期安排,提出项目所有相关单位承担工作的时间要求,该部分一般由总承包方或建设方制定;分项计划,是分包方根据总计划的工期安排,提出分包项目的进度安排,并与总计划平衡后纳入施工计划;阶段性计划,指总承包方或分包方根据总计划和分项计划再进行细化分解,制定季度、月度、周的工作计划。阶段性计划也是总计划和分项计划的动态计划,但总体上与总计划和分项计划一致。

(二) 计划的执行

要通过项目施工例会制度、联系沟通制度和计划完成情况的月度和周的报告制度来控制。项目施工的例会制度,承包方一般每周应召开一次,发包方一般每月召开一次,确有需要的承包方和发包方也可以临时增加会议次数,以协调解决项目施工中的生产调度等。项目联系制度,主要包括项目相关单位,负责人以及主要生产岗位的负责人,应建立联系网络,加强交流、沟通、反馈、建议等工作机制。项目施工季、月、周进度报告,包括各分项项目的季度、月度、每周进度,应上报总承包方和建设单位、监理方,并进行确认后执行。

(三) 施工进度监理

施工进度监理的主要任务是审核施工单位编制的施工进度计划和季、月、周的作业计划。根据施工计划跟踪、记录、督促施工单位及时整理有关资料,检查和审核施工单位提交的施工统计分析资料和进度控制报表。若发现施工进度过慢可能延误工期时,监理工程师应督促施工单位加快施工进度,以保证工程节点和总工期如期完成。

三、投资控制

（一）控制设计变更

工程项目在初步设计审批后，已可以编制工程量清单，在工程量清单基础上编制的工程项目概算经审核审定后，应作为施工图设计的限额依据和工程项目预算、工程合同价格的依据。在建设项目施工过程中，设计单位在加强项目现场服务时，设计单位、施工单位或代建单位提出对投资和技术影响较大的设计变更，应经得建设方、建设方投资监理及相关项目施工方同意。没有经过变更设计审核程序的，超过项目预算或合同价的，不能作为项目结算和决算依据。

（二）控制工程变更

控制工程变更是施工阶段控制投资的主要方法之一。工程变更是指由施工条件和设计条件引起的工程量、质量标准、结构位置和尺寸、施工顺序和进度等变更。这些变更因素可能使项目的投资超过工程预算或合同价，因此必须严格控制。工程施工实践中涉及工程变更的，一般先由施工单位或代建单位提出，报经项目业主同意。若工程变更而引起的投资额变更较大的，在项目预算预备费中调剂困难或超过一定投资比例的，还应报经项目投资概算审批部门批准。

（三）投资监理的业主委派制度

项目施工实践中，政府投资项目，为了控制项目超标准、超规模、超投资建设，一般由区财政局或区发改委实行项目投资监理委派，由委派的投资监理对项目概预算确定，施工过程中的材料、设备采购、设计变更和工程变更，资金拨付，以及项目结算和决算进行审查签单。企业投资项目的投资监理一般由业主派出，负责项目施工中的投资控制。

四、质量控制

（一）质量控制的重点

这重点包括地基与基础工程、砌体结构工程、屋面与地下防水工程、钢筋混凝土工程、预应力混凝土工程、幕墙工程、给排水及采暖工程、电气工程、电梯工程、装饰装修工程等。

（二）质量控制方法

一是投入物料的质量控制，包括钢材、水泥、混凝土、砂浆、预制构建等投入使用和安装时，应按规范、标准、设计要求，对拟投入的物料采用抽样检查或全数检查，有的还需进行检测、化验等，以确定投入的物料质量的可靠性。二是施工工序的控制。施工中上道工序完工转入下道工序时应进行的质量检验，包括质量自检和互检，工序交接检查，隐蔽工程验收，基础、主体工程检查验收，工程技术复核等。三是加强施工成品保护。对施工中已经完成分项、分部工程，应采取妥善措施加以保护，避免对已完成施工成品造成损伤，影响工程质量。四是保存施工技术资料。工程项目施工中的技术、质量、管理等活动记录应予以妥善保存，是确保施工质量，完善施工管理的一项重要工作，也是实行工程质量追溯的一项重要依据,必须完整保存,不得遗漏、涂改、伪造、后补等。

(三) 质量监理

工程项目中质量监理往往是在项目招投标中产生的,接受建设单位的委托和授权。按照有关法律、法规、标准和合同,建立健全有效的质量监督工作体系,确保工程项目质量,使项目按质交付使用。施工阶段的质量控制,包括质量的事前、事中、事后控制。工程项目质量监理机构及监理工程师,围绕上述质量控制重点,按照上述质量控制方法,使工程质量达到合同规定的标准和等级要求。

五、安全控制

(一) 安全控制的重点

这重点包括土方开挖工程,拆除与爆破工程,脚手架工程,模板和高处作业,结构吊装工程,施工机械,临时用电等。控制这些安全节点目的是为了避免建筑施工中的高处坠落、物体打击、触电事故、机械伤害、坍塌事故、火灾爆炸等伤亡事故。

(二) 安全控制的方法

一是制定项目施工安全方案,明确安全目标,完善施工安全操作规程,编制施工安全技术措施计划,完善安全防护设施;二是加强安全教育,包括思想教育、知识教育和技能教育;三是开展安全检查,包括查思想、查隐患、查管理、查整改、查事故处理。

(三) 安全监理

在项目施工实践中,安全监理与质量监理往往合二为一统称为工程监理,由招投标产生,受业主方委托和授权。影响项目安全生产的有诸多单位,包括勘察设计、施工、机械设备提供者等。因此需要发挥项目安全监理统筹作用,赋予其职权,确保项目施工中的安全。国家有关规定明确,工程监理单位在项目施工中,发现存在安全事故隐患的,应当要求施工单位整改,暂停施工,施工单位拒不整改或不停止施工的,工程监理单位应当及时向有关主管部门报告。

六、施工协调

(一) 成立项目协调组织

项目施工管理组织是指实施和参与项目建设和管理工作,且具有明确职责、权限和相互关系的人员的组合。包括发包人、承包人、分包人和其他与项目建设管理的有关单位参加,为完成项目建设管理任务的临时机构,待项目建设完成,竣工验收交付运营后,该机构往往就自动解散。施工实践中,施工组织一般有两类,一类是从建设单位角度建立的项目施工的协调机构,另一类是由施工单位建立的项目现场管理机构。

(二) 施工协调

与施工组织相应的施工协调也有两类。一是施工单位的现场协调,主要包括施工现场的各工种和各工序之间的协调,施工单位与设计监理单位之间的协调等。二是建设单位的协调,包括项目各施工单位之间协调,施工单位与项目政府管理部门、项目使用部门的协调等。协调方式主要有通报施工中的情况，提出施工推进的进一步措施，明确相关人员和相关单位的分工和职责。

（三）施工协调的重要性

工程施工是各类人员、各个单位和各道工序系统展开和集成的过程。项目推进中的投资、质量、安全、进度等环节都需要场内场外单位及人员的互相配合和协调。施工中的矛盾乃至摩擦是正常的，通过有效的组织，及时的沟通、反馈、协调有助施工推进中各种问题的解决，从而达到项目有效有序的实施和完成。

第四节　项目运营

一、项目竣工验收

（一）项目竣工验收条件

该条件包括按设计文件和合同签约的施工内容已经完成，工程质量达到竣工验收的合格标准，工程竣工资料符合竣工验收规定，勘察设计、施工监理等单位签署确认工程质量合格的文件，项目能满足投入使用的各项要求。

（二）竣工验收的组织

竣工验收由政府有关职能部门牵头组建项目竣工验收机构进行验收，验收机构组成人员根据项目建设内容而定，一般包括项目建设单位、代建单位、勘察设计单位、施工单位、监理单位、使用单位，政府规划、土地、发改、住建等部门。各验收成员单位的职责就是其单位职责。特别复杂的项目，也可请专家、咨询机构参加。政府投资项目竣工验收，一般按"谁出资、谁验收"，但根据需要上级政府也可委托下级政府进行验收。

（三）竣工验收的主要任务

该任务包括查验建设工程现场，审查工程建设资料，审查项目调试运行情况，听取项目总结汇报，审查项目竣工结算。对工程设计、施工质量等作出评定结论，提出工程收尾需要整改的内容，签署竣工验收鉴定证书，审定工程验收的总结报告等。

（四）竣工验收工作程序

单项工程验收主要包括承包商提出申请，业主组织验收。全面竣工验收，需做好项目调试运行记录，竣工验收资料准备，编制竣工结算报告等。

二、工程项目档案归档

（一）需归档的主要内容

其内容主要有：建设项目文件，包括项目审批、核准、备案的文件、工程勘察设计文件、工程招投标及相关合同文件、工程施工监理文件等；工程技术文件，包括各种物料的测试，工程变更和设计变更等协调记录，施工中各种实施方案等；建设项目设备清单，包括设备名称、规格、数量、产地、出厂证明、说明书、备用的配件清单等；项目竣工文件，包括验收申请及批复,项目质量评审资料,验收会议记录,项目结算,项目验收总结报告等;项目财务文件,包括项目概算,预算,结算,决算,资产移交清单等;项目试运行技术文件,包括调试运行记录和总结资料,操作规程,事故处理情况等;项目安全、环境卫生的考核记录等。

（二）竣工档案编制要求

归档资料一般要原件。工程文件符合国家有关规定,归档工程文件必须真实准确,归档文件字迹、图样清楚,签字盖章手续完备,纸张采用适宜长期保存,图纸采用国家标准图幅,照片及声像档案图像清晰,声音清楚等。

（三）竣工档案验收和移交

项目竣工档案验收由政府档案行政管理部门牵头进行。项目档案验收后,项目竣工档案应移交给由项目建设单位(业主)和档案行政主管部门保管。

三、项目竣工结算

（一）项目竣工结算概念

项目竣工结算是指由工程承包单位完成合同约定工程任务并通过项目竣工验收后,由承包人编制竣工结算书,经发包人及投资监理审查签证工程价款的最终确定。企业投资项目有的会请专业工程造价单位对承包方提出的竣工结算书提出审核意见,再由发包方签证。政府投资项目一般会委托政府审计部门或政府审计部门委托的审计机构对承包方提出的竣工结算书进行审计后,再由发包方签证。

国家有关规定对项目竣工结算明确了发包方与承包方的权利和责任,包括项目竣工验收报告经发包人确认后的一个月内,承包人可以向发包人提出项目竣工结算书;发包人接到承包人竣工结算书,一个月内应提出审核意见;竣工结算意见书经承发包双方确认签证后,按合同约定或结算书约定的结算比例、结算时间、及时支付价款,违反约定的,双方均应承认违约责任等。

（二）竣工结算依据及结算价

1. 工程承包合同;
2. 经签证的设计变更,需提供设计变更施工图和设计变更签证;
3. 经签证的施工变更,需提供变更内容和施工变更签证;
4. 其他与竣工结算有关的资料,包括发包人指定的变更文件,物料价格数量变动凭证,隐蔽工程施工记录等。

工程竣工结算价＝合同价款＋经确认的设计变更价＋经确认的施工变更价＋经确认的其他竣工结算价。

（三）项目竣工结算价审核

1. 施工准备中的有关费用;
2. 施工中物料变动的有关费用;
3. 设计变更和施工变更的有关费用;

4. 施工中不可预见工程且合同价款中不包括的费用;
5. 材料、设备、用工价格变动,且合同价款中允许调整的费用等。

四、项目竣工决算

(一)项目竣工决算概念

项目竣工决算,是指工程项目竣工验收后,由发包人编制的包括项目资产、经费和财务情况的报告。项目竣工决算是财产移交管理,固定资产投资管理和项目绩效评估的重要内容。该报告,政府投资项目需经政府审计部门、财政部门和发改委确认;企业投资项目需经业主确认或企业资产财务管理部门确认。

(二)竣工决算依据

1. 项目政府审批、核准和备案有关文件;
2. 项目概算和预算;
3. 项目工程承包合同;
4. 项目设计变更、施工变更签证单;
5. 项目审价或审计结论;
6. 项目竣工验收报告等。

(三)项目竣工决算编制

1. 项目资产报表。包括建设项目概况表,建设项目交付使用资产登记表等。
2. 项目财务报表。包括建设项目竣工决算总表,建设项目竣工财务决算审批表等。
3. 项目竣工决算说明。包括工程造价分析,物有所值评价等。

五、项目资产管理

(一)项目竣工移交

项目承发包方完成项目竣工验收、竣工结算和决算手续后,应当及时与发包方办理竣工项目的交接手续。承包人应向发包人移交钥匙,移交工程竣工各项资料,移交工程质量保修书,有计划撤出施工现场。在竣工项目移交时,承发包方要按要求完成交验签章手续。承包方撤离现场后,要对撤离的场地按撤场约定或项目竣工使用要求进行修复或建设,直至达到项目可以交付使用和运营。

(二)确定竣工项目资产归属

发包方接手竣工项目后,要明确项目资产所有人。企业投资项目一般按谁投资谁所有,由项目建设单位作为项目资产所有人。政府投资项目,一般将项目立项单位作为项目资产所有人。无论政府用一般公共财政,还是政府举债建设,或政府性基金建设的公共服务项目,包括基础设施项目、教科文卫体养老等社会事业项目、环境设施项目,其产权所有人都应该是政府职能部门。国有企业以自有资金或自行负债建设的项目才可以成为项目资产所有人。由国有企业自有资金或自行负债建设的公共设施项目,其资产应当通过回购方式由政府职能部门所有,便于一个地区的公共设施由全社会共用。

(三)进行产权登记

根据我国不动产登记要求,工程项目竣工形成的资产,在明确产权所有人条件下,应进行产权登记。一般情况,企业投资项目或个人所有的不动产产权登记比较完善,而政府投资项目形成的资产产权登记一般不被重视,尤其是政府投资形成的基础设施、环境设施等不动产产权所有人确定和产权登记更没有引起重视,应当予以完善。产权登记不仅涉及静态期初登记,还涉及资产所有人变更、合并、不动产改扩建中的动态变更登记,以及登记资产的抵押等权能的界定。

六、建后管护

(一)明确资产管理人及使用人

资产所有人不一定是资产的管理人和使用人。所有人与资产管理人和使用人是种契约关系。产权登记后,许多情况需通过租赁等方式确定使用人,此时涉及资产使用人使用资产的权利和职责的确定。实践中,资产使用人有时也是资产管理人,资产使用人负有资产管理的职责。但工程项目形成的资产许多情况下资产管理人又不是资产使用人,资产管理人受资产所有人委托统一管理公共资产或资产的公共使用部位,而此时资产所有人就需与资产委托管理人签订合约,明确资产所有人与资产委托管理人的权利和义务,以确保资产有效合理使用。

(二)建立项目保修和回访制度

按照国家工程建设质量管理规定,工程项目承包单位在项目竣工验收交付使用后,对工程基础主体结构、屋面防水工程、电气管线、土建、上下水管线、供热供冷系统等列入保修范围,明确保修期限。按规定基础设施工程、房屋建筑的地基基础工程和主体结构工程,为设计文件规定的使用年限;屋面防水工程、保修年限一般为五年;供热和供冷系统,保修年限一般为二年;电气管线、给排水管道、设备安装和装修,保修期限一般为二年。建设工程的保修内容和保修期按国家规定要求,还可以由承发包双方进行约定,承包方应按约定的保修内容和保修期限履行保修职责。工程项目竣工交付使用期限,承包方除切实履行保修职责外,项目承包方还可主动建立项目回访保修制度,并将项目回访保修制度列入承包人工程质量管理体系。承包人定期或不定期的指派项目工程人员去项目运营现场听取情况和意见,及时解决项目运营中的问题,这样既可赢得发包人信任,也可提高承包人社会声誉。

(三)建立项目维修长效管理机制

工程项目运营中的及时有效维修,是提高和延长项目寿命和提高项目运营效益的重要举措。项目运营中维修长效管理机制建设,主要包括两部分。一是项目维修基金或大修基金的建立。产业设施的项目维修基金可以通过项目固定资产折旧来提取,居住项目维修基金可按国家规定在建设成本中列支,政府的基础设施项目、环境项目以及农田水利项目,需要建立项目维修管理办法设立项目维修基金等。二是维修基金的使用要项目化。无论用哪种方式提取项目维修基金,一般都采用项目化资金使用方式。政府投资项目需要进行维修的,一般应向项目主管部门提出项目维修计划和维修报告,使用资金较多的,还要编制维修项目实施方案,将维修项目纳入政府年度预算和年度投资计划,按程序进行招投标,政府采购或资金拨付到位后予以实施。企业投资项目、居住类的由物业管理委员会集体讨论后,动用维修基金,产业类的经业主同意后拨付维修资金。

参考文献

乐云主编:《工程项目管理(上)》,武汉理工大学出版社2008年版。

邓铁军主编:《工程项目管理(下)》,武汉理工大学出版社2008年版。

沈百禄主编:《建筑施工1 000问》,机械工业出版社2016年。

刘宪文、滕淑珍、吴琼编:《现场监理1 000问》,机械工业出版社2009年版。

陈世荣、吴吕滕、陈志宵主编:《城市建设经济管理学》,中国财政经济出版社1987年版。

上海市长宁区人民政府:《长宁区政府投资项目管理制度体系建设资料汇编》,2008年6月。

《国务院关于投资体制改革的决定》(国发[2004]20号)。

《国务院办公厅关于加强和规范新开工项目管理的通知》(国办发[2007]64号)。

第二十八章　城市治理

城市治理是以城市这个开放的复杂巨大的系统为对象，以城市基本信息流为基础，采用法律、经济、行政、技术等手段，通过政府、市场与社会的互动，围绕城市运行和发展进行的决策引导、规范协调、服务和经营行为。当前，我国经济社会发展正处于全面建成小康社会的决胜阶段，城镇化进程正从追求规模速度的外延扩张型模式转变为注重质量效益的内涵发展型模式，提升城市发展品质和管理水平的需求日益迫切，城市管理工作的地位和作用也显得日益重要和突出。本章在对城市治理相关研究进行综合评述的基础上，重点对城市治理标准体系的建设、城市治理制度体系的建立和城市治理信息化以及"城市病"专项整治进行了论述。

第一节　城市治理研究综述

"治理"议题自中共十八届三中全会后正式进入我国高层领导决策行动纲领，而其在国际层面已富有成熟理论基础、丰富研究成果及广泛实践经验。近年来，治理研究已从传统理论框架延伸至案例实证及多元治理模式分析，治理理论的地域文化性、部门差异性愈发得到重视[1]。我国治理研究始于20世纪90年代，对治理概念已具有初步认知，认为其包含：权力有限而高效运作的政府、政府(Government)-市场(Market)-公民社会(Civil Society)互相合作与制约、以平等协商代替强权命令[2]等理论内涵。随着近些年"空间生产、尺度"等政治经济学概念及理论的引入[3]，以及我国行政体制改革、简政放权及政府与市场关系重塑，传统经验主义模

---

[1] Chan R. C., HU Y. Urban governance: a theoretical review and an empirical study[J]. Asian Geographer, 2004, 23(1-2), 5-17.
[2] 张京祥等：《空间治理：中国城乡规划转型的政治经济学》，《城市规划》2014年第11期。
[3] 殷洁等：《尺度重组与地域重构：城市与区域重构的政治经济学分析》，《人文地理》2013年第2期。

式正逐步消退①,亟待以新的国际视野,借鉴西方治理经验,促进构建符合中国国情的特色治理理论体系。

一、城市治理研究综述

(一)治理、城市治理相关概念

由于治理研究跨公共管理、地理学、城市政治学、社会学及经济学等学科②,使得"治理"一词用法丰富多样,但核心在于"公私合作伙伴关系",并随不同尺度的地理概念叠加,形成"城市治理""区域治理""大都市区治理"等概念。

1. 治理。治理早期作为统治(Government)的同义词出现③,而后在多学科交叉研究中逐渐剥离,形成若干定义,包括最小政府、公司治理、新公共管理学、善治、社会控制治理(Socio-Cybernetic Governance)和自组织网络治理六个分支④。其中,最小政府以政府为立足点,认为实现政府花费减小就是治理⑤;公司治理则认为治理的主要原则包括信息公开性、完整性及民主负责制⑥;社会控制治理认为其可理解为社会-政治系统中出现的某种结构或模式,不能被简化为单主体及一类特殊的主体群⑦,也有定义侧重于关注政府部门与非政府部门的关系,认为治理代表着不同利益相关者的共同社会决策。诸多定义对治理内涵的理论认同基线,是将其定义为公私部门的伙伴关系(Public-Private Interaction)⑧。治理研究最早源于政治学领域,随后被纳入到经济学范畴,并在"公司治理"中被结构化地抽象为政府-市场-社会的理论模式。而今,治理作为社会管理层面的抽象化概念,认为政府、市场或社会公民在社会事务处理上均存在盲目性与决策失效,因此必须通过形成公私伙伴关系实现善治。

绝对政府控制的科层式治理及市场控制的市场治理均为理论模式,现实生活中治理模式表现为公私不同程度混合治理,即多中心治理(Network Governance)。

2. 城市治理。城市是最基本的地域管理单元,与治理相结合丰富了城市政治学的学科内涵。Hendriks(2014)将城市治理定义为通过制度化的设计与安排,去塑造有效的、正确处理城市问题的能力,其中涉及政府与非政府部门(Non-Governmental Actors)⑨。现有

---

① 张京祥《国家—区域治理的尺度重构:基于"国家战略区域规划"视角的剖析》,《城市发展研究》2013第5期。
② Rhodes R A. Understanding governance: policy networks, governance, reflexivity and accountability. Open University Press, 1997.
③ Stoker G. Governance as theory: five propositions. International social science journal, 1998, 50(155):17-28.
④⑧ Rhodes R A.W. The new governance: governing without government. Political studies, 1996, 44(4):652-667.
⑤ Stoker, G. Local governance in Britain. Glasgow Department of government, University of strathclyde, mimeo, 1994(11):6.
⑥ CIPFA. The Chartered Institute of Public Finance and Accountancy, Corporate Governance in the Public Services. London: CIPFA, 1994(5):6.
⑦ Kooiman J. Social-political governance: overview, reflections and design. Public Management an international journal of research and theory, 1996,1(1):67-92.
⑨ Hendriks F. Understanding Good Urban Governance: Essentials, Shifts, and Values. Urban Affairs Review, 2014, 50(4):553-576.

文献中对于"城市治理"或"城市管治"的概念阐述并不多见。值得一提的是 Laurila(2014)将城市治理与社会福利相联系,认为那些发生在城市范围深刻影响社会福利条件的活动是城市治理的核心所在[1]。虽然研究视角不同,但是强调公共部门与私人部门处理城市问题的互动是其基本出发点。全球绝大多数国家都是以城市为基本管理单元,城市政府目标、权力空间范围、对私人资本的依赖程度使得城市治理形式因地而异。

3. 城市治理模式。城市治理模式研究将城市政治学与治理理论结合,分析不同体制内的治理模式。通过从超国家至地方层面的社会经济文化等结构性因素分析,将治理研究纳入多学科交叉的研究框架。治理模式研究一方面将治理理论与城市政治学的增长联盟、增长机器、城市政体等理论建立联系,另一方面将适用性、治理价值、"善治"等分散的模式研究统一起来。

Hendriks(2014)依据决策制定者类型(政府官员与商业精英还是公民大众)和决策类型(独断选择性决策还是综合交流方案)构建的二维坐标系,将城市治理分为城市市场治理(Urban Market),城市政体治理(Urban Regime)、城市信任治理(Urban Trust)及城市平台治理(Urban Platform)[2]。皮埃尔(1999)的城市治理模式将制度理论与城市政体理论(Urban Regime)建立联系,系统地将"城市治理"划分为管理型城市治理、社团型城市治理、支持增长型城市治理与福利型城市治理[3],并归纳出四种治理模式的制度性因素。

西方城市治理模式研究在理论上,归纳了公私伙伴关系的多种形式,把管理学、政治学、地理学等多学科领域统筹起来,开拓了多学科交叉研究范围;同时,在实践上,证明不同政治文化(权力高度集中或权力多中心政体)均可实现现代化的治理形式,理论模型对多主体行为及政府公共政策制定有一定指导意义。

(二)西方城市治理研究新探索

协作型治理是西方治理研究的最新方向,旨在充分调动并发挥各方主体的能动性,其实用化的操作流程、多元化的目标制定促使其在全球诸多城市及区域中得以应用。"治理"价值研究也是西方学术界的热点话题,除了对合法性与民主责任性的个案分析及案例检验,还根据价值特征(输入、系统自身、输出)逐步形成完整的治理价值体系。

1. 协作型治理模式。协作型治理(Collaborative Governance)是一种高度抽象的范式性治理模式,可以在多尺度的地域单元实现。Ansell 和 Gash(2008)将协作型治理定义为一种统治性的安排,这种安排要求一个或多个公共机构与非政府主体共同参与到集体决策的制定过程中,而此过程应该是正式的、一致的且综合权衡的过程,并以实现

---

[1] Laurila H. Urban governance, competition and welfare. Urban Studies, 2004, 41(3):683-696.
[2] Hendriks F. Understanding Good Urban Governance: Essentials, Shifts, and Values. Urban Affairs Review, 2014, 50(4):553-576.
[3] Pierre J. Models of urban governance the institutional dimension of urban politics. Urban affairs review, 1999, 34(3):372-396.

公共政策、管理公共项目及财产为目的①。

起始条件是系统运行关键。利益主体对权力、资源及知识掌握的不对称性、合作或矛盾的历史过程将对参与者产生激励效应或者强制效应。初始条件完成后，通过协商等机制在参与群体之间建立信任，同时针对特定的治理目标形成一致认同。各方表达观点，分享对方的理念，交流学习，进而达到中期协商的结果。为了达到最终目标，需要进行面对面的讨论与协商，如果成功，则会形成最终结果，否则循环继续，直到获得各方认可的结果为止。协商过程之前必须有良好的制度设计保证主体间良性互动，并依靠强力的领导决策能力，统筹安排协商的全过程。

2. 治理价值体系。"治理"价值研究一方面可以判断治理模式是否形成"善治"，另一方面可以推动"治理"研究纵深化，摆脱静态描述性的研究方式。"治理"价值研究主要集中于合法性（Legitimacy）和民主责任性（Accountability）；Hendriks 构建完整的治理价值体系使得治理价值理论逐步完善。

（1）合法性与民主责任性。合法性、民主责任性是评价治理模式与治理价值的核心要素。治理合法性包括合乎法律规定性（Legality）、合理性（Justifiability）及全体一致性（Consent）②。三个概念可进一步拓展形成输入、输出与系统自身价值③。Levelt M（2014）认为可信力（Credibility）也应是合法性的有机组成部分，并以荷兰的区域住房管治为例，分析可信力是如何维护"善治"实现住房项目的落地与成功④。Lau（2014）以剑桥市边缘地区的城市扩展过程为例，认为治理过程中的合作伙伴关系的灵活性在空间治理过程可以提高合法性的输出价值，优化民主与效率⑤。合法性的研究已经构成了"治理"研究价值体系的重要组成部分，在体系内部不同的合作关系、合作背景及合作结果可以被检验，包括"治理"模式。

Haikio（2007）以一个城市网络为研究对象，检验其中不同利益主体的合法性基础，并发现传统的合法性基础正在向基于网络型的实践转化⑥。民主责任性也是经常受检验的治理核心价值，主要包括责任的分工与承担。Buster（2012）检验了民主责任性对于制度安排的影响，通过对大都市区域治理的民主责任性研究，认为民主责任性不仅可以帮助地方实现一系列的政治目标，而且可以提高管理及对有争议的地区的实际控制⑦。

---

① Ansell C, Gash A. Collaborative governance in theory and practice. Journal of public administration research and theory, 2008, 18(4):543-571.
② Beetham D. The Legitimation of Power. London: Macmillan, 1991.
③ Laurila H. Urban governance, competition and welfare. Urban Studies, 2004, 41(3):683-696.
④ Levelt M, & Metze T. The legitimacy of regional governance networks: Gaining credibility in the shadow of hierarchy. Urban Studies, 2014, 51(11):2371-2387.
⑤ Lau M. Flexibility with a Purpose: Constructing the Legitimacy of Spatial Governance Partnerships. Urban Studies, 2014, 51(9):1943-1959.
⑥ Hiki L. Expertise, representation and the common good: grounds for legitimacy in the urban governance network. Urban Studies, 2007, 44(11):2147-2162.
⑦ Buser M. Democratic accountability and metropolitan governance: The case of South Hampshire, UK. Urban studies, 2012, 49(13):853-871.

(2) 城市治理价值体系。Hendriks(2014)的城市治理价值体系中输入价值中主要体现响应性及程序正义性,输出价值强调有效性与程序正义性,系统价值的核心是恢复及平衡,与程序结合提高了治理价值的可操作性①。

① 有效(Effective),包括营利性、效率、价值的增加、创新、问题解决。其中,营利性要求决策产生正经济效益,若涉及社会公益项目,则产生正面社会效益;效率考虑治理过程与结果的速率,行动及各环节的连贯性;价值增加指治理产生的效益相较之前有增加;创新表现为创新性工艺、管理制度、合作模式、技术手段;问题解决核心是供需关系,衡量标准为是否切实解决了社会问题。

② 程序正义(Procedural Justice),包括法定诉讼程序、合法性、正确性可预测性、完整性和文明、透明性和民主责任制、比例性和公平竞争、公平性和平等的权利。其中,法定程序和合法性分别指治理过程符合法律规定的程序操作、无违规程序治理、内容及方式得到法律明文确立;正确性及可预测性表现为程序合理而正确且下一步程序可预测且符合逻辑;完整性及文明指程序善始善终,不存在不符合社会文明的程序与过程;透明性与民主责任制指决策过程透明、公开,"治理"的每一步都有明确的责任主体;比例性和公平竞争指程序中各方按比例决策及投票,竞争环境公平且不存在暗箱操作;公平平等性指各方利益主体地位、权利等平等,不存在明显差异。

③ 响应(Responsive),包括代表性、和谐一致性、参与性、可达性及开放性,即治理过程需要体现各方利益主体诉求,决策是综合与多方参与的。其中,代表性要求多个利益主体参与决策过程,参与者代表利益群体诉求;和谐一致性要求决策及行动等达成共识,鼓励利益妥协与让步;参与性要求各方利益主体参与决策,而非被动参与或不作为;可达性与开放性则要求治理系统开放,参与途径多元化,治理过程可见、可监督。

④ 恢复(Resilience),包括动态稳定性、自我调节、可持续性、可接受性、多样性的融合。其中,动态稳定性要求在一定时期内治理模式与结构稳定且可操作;自我调节指治理模式根据外界环境变化而发生自我调整与优化;可持续性要求在长时间内产生良性效益,不断运转;可接受性系统符合各方利益主体及社会等多元因素的发展要求,避免与现状条件格格不入;多样性融合要求"治理"中元素多样、方式方法灵活且符合现状。

⑤ 平衡(Counterbalance),包括抗衡势力与责任性、检查与平衡、监督、控制。其中,抗衡势力与责任性要求治理过程不存在明显主导势力,整个系统相互制约且各方承担责任;检查与平衡指力量平衡与相互纠错;监督指内部相互监督且同步受外界监督;控制是指系统成员在一定责权范围内可以控制结果与决策,且外界监督力量亦具有系统控制权。

治理的内涵、模式及价值研究是西方治理研究的重要部分。一方面,其作为基础理论研究为案例实证及理论深化划分了学科边界并构建跨学科的理论框架;另一方面,国

---

① Hendriks F. Understanding Good Urban Governance: Essentials, Shifts, and Values. Urban Affairs Review, 2014, 50(4):553-576.

外部分学者在治理其他领域研究也进行了相关探索,如 Rosol 研究城市绿色空间治理中的公民参与,发现柏林对于高度自发组织项目具有较高的政治认可和参与热情,其作为新自由主义的表达形式与变化中的公众参与形式相适应①。Hudalah 和 Firman 等以非正式制度因素为工具,分析印尼大都市区治理模式的形成原因②。Pemberton 和 Morphet 以英格兰治理尺度重构为例,探讨如何利用过渡政策,在治理模式上践行欧盟框架下的治理规范③。

二、我国城市治理研究综述

(一) 城市治理内涵及模式的中国化

国内城市治理研究始于20世纪90年代初。城市增长联盟理论、城市增长机器理论、城市政体理论及城市治理理论大量引入的同时,城市治理内涵及模式开始了本土化的理论进程。

本土化的内涵认同。张京祥(2001)将治理定义为通过多集团的协调对话,最大程度调动不同社会团体的资源,通过补充政府管理的不足,达到"双赢"的综合社会治理方式④。早期城市治理内涵深刻地阐释了治理的本质属性,但是,未能摆脱西方治理语境。伴随治理概念在不同尺度、不同地域的实践研究,治理内涵的本土化逐步展开。伴随国家治理体系创新与治理能力的提高,中国"治理现代化"包括能否建立强有力的国家,提高国家满足社会期望的能力及是否建立公众问责的国家,实现公民及公民社团政治参与制度化⑤。由此可见,中国化的治理内涵,强调现阶段科层政府体系及现状行政管理体制的结构调整与优化,政府构成治理现状及研究的重点,公民社会与市场逐步开始扮演越来越重要的角色。

在模式构建上,部分学者将国外的经典治理模式引入国内,如陈振光(2001)将 Pierre 的城市治理模式引入中国⑥;同时,包括美国⑦、德国⑧、法国⑨、荷兰⑩等国外不同国家的具有国家特色的治理模式与经验也传入国内。

---

① Rosol M. Public Participation in Post-Fordist Urban Green Space Governance: The Case of Community Gardens in Berlin. International Journal of Urban and Regional Research, 2010, 34(3):548-563.
② Hudalah D, Firman T, Woltjer J. Cultural Cooperation, Institution Building and Metropolitan Governance in Decentralizing Indonesia. International Journal of Urban and Regional Research, 2014, 38(6):2217-2234.
③ Pemberton S, Morphet J. The rescaling of economic governance: Insights into the transitional territories of England. UrbanStudies, 2014, 51(11):2354-2370.
④ 张京祥等:《管治理念及中国大都市区管理模式的重构》,《南京大学学报》2001年第5期。
⑤ 张京祥等:《空间治理:中国城乡规划转型的政治经济学》,《城市规划》2014年第11期。
⑥ 陈振光等:《"管治":理论角度的探讨和启发》,《城市规划》2001第9期。
⑦ 易承志:《美国的大都市区政府治理实践》,《城市问题》2001第9期。
⑧ 唐燕:《德国大都市区的区域管治案例比较》,《国际城市规划》2010年第6期。
⑨ 张衔春等:《焦点地域·创新机制·历时动因——法国复合区域治理模式转型及启示》,《经济地理》2015年第4期。
⑩ 巴特·兰布特雷:《多中心化对提升大都市区竞争力的利与弊——以荷兰兰斯塔德地区为例》,陈燧莎译:《国际城市规划》2008年第1期。

这些不同特色的治理模式及经典的治理模型有效拓宽了国内学者的研究视野，促使国内学者也开始思考中国城市治理实践模式。案例实践层面，治理模式的归纳，结合我国的政治管理现状特征及地方情况，产生多种治理的模式。如南京城市治理①、常州城市治理②等。相关研究重在分析行政区管理权碎化、政府强力主导、省直管县、行政体制改革等背景下，我国治理机制的模式特征与经验教训。

总体而言，在政府主导型的治理机制下，市场的作用尚未得到最大限度发挥，公众参与积极性也有待提高，治理机制在中央政府与地方政府的利益博弈中演化与发展。

（二）我国城市治理研究新方向

公共参与在传统以政府为主要关注点的城市治理研究框架下，近些年国内学者研究开始逐步关注市场与公民社会的重要作用，尤其是公民意识觉醒下的公共参与问题研究，并集中于公共利益的界定与实现公共参与的途径两方面。

"公共利益"（Common Good）有别于"公众利益"（Public Interests）。根据学者梁鹤年的分析，此二者的差别来源于"共"与"众"之别，进而涉及东西方文化的差异，"小我"与"大我"的社会表现。"公众利益"是不同私利之间竞争妥协的结果，是纯政治性、制度化的产物。西方国家以私利为本，公利为用。而"公共利益"是服务与整体目的的理性追求，是"大我"。中国具有实现"大我"的现实基础与文化背景，运作上应以求同为本，存异为用③。基于此来理解公共利益似乎又过于虚无缥缈，经过长久"公"、"私"利益之辩，有学者系统归纳了公共利益的属性，包括：(1)开发性与非排他性；(2)主观性与广泛性；(3)可变性与层次性三方面④。而公共利益的重要特征是具有社会分享性，即不同主体在社会分享过程中是无差异的。同时，公共利益的社会分享既有自愿的，又有强迫的⑤。2011年，《国有土地上房屋征收与补偿条例》的颁布，中央政府以列举的做法对公共利益作出界定，排除了在实际操作中以公共利益为旗号的非法侵占等活动，提高了实施层面的可操作性。然而，过于具体的限定公共利益的范围反而让导致公共利益的界定更加模糊，内涵与外延的同时扩大在实际操作中难以实现。从历史看，公共利益的界定应该伴随该国的经济社会发展的不同阶段，呈现动态且不断完善的过程。

公共参与实现路径上，国内学者日益聚焦于公民社会价值作用，逐步认识到公共参与只是治理的特定阶段与形式，有效的良性治理是臣属型与参与型的"公民文化"⑥。现阶段，我国社会公共参与组织培育尚不健全，单位参与、社区参与、社会组织参与中均未占据主导地位，参与人数不足三分之一⑦。一方面，由于NGO组织受到体制、资金、人员等限制，导致公共参与只能在有限范围内发挥部分社会治理职责；另一方面，由于

---

① 顾朝林：《南京城市行政区重构与城市管治研究》，《城市规划》2002年第9期。
② 甄峰等：《城市管治、区划调整与空间整合——以常州市区为例》，《地理研究》2007年第1期。
③ 梁鹤年：《公共利益》，《城市规划》2008年第5期。
④ 田莉：《城市规划的公共利益之辩》，《城市规划》2008年第1期。
⑤ 陈庆云等：《论公共管理中的公共利益》，《中国行政管理》2005年第7期。
⑥ 罗小龙等：《城市管治及其本土化研究中的若干问题思考》，《规划师》2002年第9期。
⑦ 中国社会科学院社会发展战略研究院：《中国公众参与调查报告》，2012。

现状制度设计缺陷,监督主体地位及权限不平等原因,公众参与机制在公共决策中甚至面临失效风险①。罗小龙等(2001)依托自组织治理网络提出在城市规划管理体系中建立城市规划公众参与委员会组织,将民众、专家、行业代表、官员等按比例纳入②。孙施文(2009)从公共参与制度客体上提出程序性的制度设计,包括:使成员中每一分子自由表达意见、保持各意见之间的平等性、集思广益。③

第二节 城市治理标准体系

城市是现代文明的主要载体和标志,城市管理标准是塑造城市文明的基础规范,是衡量城市品质的重要尺度。当前,我国经济社会发展正处于全面建成小康社会的决胜阶段,城镇化进程正从追求规模速度的外延扩张型模式转变为注重质量效益的内涵发展型模式,提升城市发展品质和管理水平的需求日益迫切,城市管理工作的地位和作用日益突出。为与新阶段新形势相适应,必须加快形成比较完备的城市管理标准体系,推动城市管理从简单粗放型向规范化、精细化、长效化模式转变。上海是我国现代城市文明积淀最深厚、城市发展水平最高、城市管理基础最好的城市之一,应该成为城市管理标准体系建设的先行者、城市管理文明的引领者。黄浦区作为上海的心脏、窗口和名片,结合打造上海"城市管理最过得硬地区"的实践探索,为构建和完善城市管理标准体系提供可复制、可推广、可借鉴的经验。

一、黄浦区城市综合管理标准建设工作进展情况

近年来,黄浦区立足本区实践经验,面向管理需求,率先探索创新,在构建城市管理标准体系、加强标准体系运行外部支撑两个方面取得了比较显著的阶段性成果。

(一)探索编制了城区管理的指导性、综合性标准

注重综合性、系统性,初步形成了黄浦区城市综合管理标准体系的构成框架。《标准1.0版》对现行城市管理标准进行了梳理、归类和补编,划分为一般区域综合管理工作标准、特殊区域综合治理标准、重点行业管控标准三大类,形成"3+5+5+9"的构成框架。具体如下:

一般区域综合管理工作标准,包括5类区域:城市道路、住宅小区、风景区、公园绿地、水域。特殊区域综合治理工作标准,包括"5个周边区域":工地周边、公共交通站点周边、菜市场周边、医院周边、学校周边。重点行业管控标准,主要涵盖以下9个行业领域:市政公用设施管护,户外广告、店招店牌、景观灯光设施设置管理,公共厕所管理,环境保护,沿街单位责任区管理,固定经营场所无证照经营治理,违法建筑管控,暴露垃圾治理,车辆停放管理。

---

① 张衔春等:《行政管理体制改革背景下规划审批制度优化对策》,《规划师》2014年第4期。
② 罗小龙等:《管治理念与中国城市规划的公众参与》,《城市规划汇刊》2001年第2期。
③ 孙施文等:《西方城市规划中公众参与的理论基础及其发展》,《国际城市规划》2009年第1期。

1. 聚焦城市管理顽症问题的综合治理实效。坚持问题和需求导向,聚焦城市管理顽症问题的综合治理实效。在多个小类管理标准中增设了加强城市运行安全和维护公共秩序的条款规定;将风景区和城市道路综合管理作为城市管理工作的重中之重,提高了风景区和城市道路路面管理、市政公用设施养护的工作标准;细化了工地等"五个周边区域"环境管理的工作标准,确保特定区域保持良好的管理秩序和市容环境;专门设立了固定经营场所无证照经营治理、违法建筑管控、暴露垃圾治理、车辆停放管理4小类管理标准,明确了顽症治理的目标和效果要求。

2. 针对管理对象提出分类分级管理标准。突出差别化管理原则,针对管理对象的差异性提出分类分级管理标准。城市道路综合管理。将全区道路划分为一类道路、二类道路和三类道路,在道路保洁和积水管理、架空线设置、沿街秩序管理等诸方面适用不同等级的标准;住宅小区环境管理,在违法建筑管控、群租整治方面,对市级文明小区、区级文明小区和其他小区制订不同标准;在小区环境共治和居民自治方面,对有物业公司管理的小区、业主自我管理小区、无人管理小区提出不同的目标要求;固定场所无证照经营,分别划设无证照经营严禁区、严控区和控制区3类区域进行分类治理;违法建筑管控,按照"无违建示范小区""加强违建管控优胜小区"进行分类整治;暴露垃圾,按照暴露垃圾的形成来源,将其划分为建筑垃圾、装饰装潢垃圾、生活垃圾、大件垃圾等予以分类治理。

3. 增设市民群众参与管理的标准内容。体现多主体治理理念,增设引导市民群众和社会力量参与管理的标准内容。在住宅小区环境管理标准中,设置了区域化党建引领下的社区共治和业主居民自治的条款;在风景区、公园绿地管理标准中,增加了政府购买专业化社会服务、相关企事业单位协同联动、志愿服务、游客自律等规定;在沿街单位责任区管理、"五个周边"环境治理方面,强调了相关单位的自律义务,提出了社会单位参与区域联勤联动的要求;在无证照设摊经营、违法建筑管控方面,将违法和不文明行为初步纳入社会诚信系统,明确了信用奖惩原则。

(二)基本形成了比较成熟完备的城区网格化管理标准

编制了《上海市黄浦区城市网格化综合管理标准(试行)》(2015版,以下简称《网格化管理标准》)。该《网格化管理标准》由部件目录(5类97项)、部件管理标准(97条)、事件目录(18类77项)、事件管理标准(77条)等四部分组成。《网格化管理标准》将管理对象划分为部件、事件两大类,对每个部(事)件的类别、问题内容、标准实施范围、责任单位、派遣平台、处置要求、管理依据进行了明确界定或详细说明,内容规范,量化程度高,可操作性较强。

值得指出的是,根据黄浦区城市管理的区情实际和工作需要,在市里统一规定的标准目录之外,《综合管理标准》又在公共设施、道路交通设施、园林绿化等3个类别中新增部件管理标准10条,在街面治安、居民自治、历史建筑保护、市容环境、街面秩序5个类别中新增事件管理标准27条,增强了城市网格化管理的内容完备性和问题针对性。配套出台了城区网格综合管理标准化的工作规范和考核办法。编制了《上海市黄浦区城市网格化综合管理工作手册(试行)》(2015版),对街道网格中心和网格工作站的工作职责、内设机构、人员配置、工作制度、运行机制、勤务模式、案件处置流程等作出了详细规定;分别制订了街道网格中心、职能派出机构、网格工作站、网格化管理信息员和监督员的工作考评办法,明确了评价依据、评价内容和标准,以及评价结果的运用方式,使网格化管理可评价、可考核。

(三) 总结梳理了顽症集中区域环境综合治理标准

在2016年年初,黄浦区将群众反映最强烈、问题最集中、治理难度最大的"1+10+X"①区域列为2016年环境综合治理重点区域。在借鉴"世博"期间市容环境整治标准、总结前期工作经验的基础上,专门制订了《黄浦区老城厢环境综合整治管理标准》(以下简称《老城厢管理标准》)。该《老城厢管理标准》的最大特点是以"隐患消除、整洁有序、环境改善、长效管理"为目标,针对市容环境顽症痼疾提出了非常严格彻底的治理标准。比如,在总体标准中提出了"四个必须":违法建筑必须拆除,无证无照必须取缔,安全隐患必须清除,脏乱现象必须改变;"四个干净":卫生死角扫干净,乱堆乱放清干净,乱贴乱画除干净,跨门设摊理干净。该《老城厢管理标准》的出台,使城市综合管理标准可行性更强,管理标准体系更加完善。

二、深化体制机制改革,强化了标准建设、运行的外部支撑

上海市开展创新社会治理加强基层建设"1+6"改革和城市管理执法体制调整以来,黄浦区聚焦城市管理难点、顽症和短板问题,注重优化顶层设计、创新体制机制,加强了管理标准建设、运行的外部保障。

1. 上提统筹层级,增强工作合力。2015年,黄浦区将原来的区市政管理委员会升格为区市政综合管理委员会,主任由区长兼任,副主任由分管副区长兼任,成员包括相关部门和街道负责人,负责城区综合管理的规划决策,统筹协调解决难点问题;同时,在区城管执法局设立区市政综合管理委员会办公室,主任由分管副区长兼任,主要负责落实关于区市政管理的决策部署,对城区综合管理开展组织、协调、指导和监督。

2. 下移管理重心,加强基层基础。下放管理权限。赋予街道党工委对区职能部门派驻机构负责人的人事考核权和征得同意权,其中,城管执法中队、房管办、绿化市容所实行"区属街管街用"模式,所、队、办负责人由街道商区职能部门共同任命,人、财、物由街道管理;下沉管理力量。撤销了区城管执法大队的机关编制,将城管执法大队92%编制下沉到街道和重点地区执法中队;对外滩风景区、人民广场、南京路步行街三个重点地区城管执法中队进行集中管理执法,将豫园、新天地、田子坊等重点地区作为"特定管理网格",适当增加了城管执法编制。

3. 优化管理机制,促进了联勤联动。初步建成"两级平台、三级管理、四级延伸"网格化管理架构。在区级层面,将区网格管理中心、区应急中心、区总值班室和"12345"热

---

① "1+10+X"重点区域是指1个市级重点治理区域(泛东街-四牌楼路区域),10个区级重点治理区域,另加上8个街道级重点治理区域。

线集中办公、整合优化;在街道层面,建立由街道办事处负责人担任网格分中心指挥长、各职能部门派驻机构共同参与的联勤联动机制,初步形成城管执法与网格化管理对接机制,基本形成城管综合执法保障和联动机制,探索创新居民群众自治参与城市管理机制。近年来,黄浦区在推进社区治理和城市管理工作中,通过政府引导、街道搭台、街区工作站对接、居委牵头,探索建立起弄管会、路管会、片管会、市场管委会等在党建引领下的自治共管模式。

三、关于构建和完善城市综合管理标准体系的建议

（一）关于完善管理标准体系框架构成的建议

1. 关于城市管理标准编制和体系构建原则的建议:

问题导向,注重管理实效性。标准的编制应紧密围绕黄浦区城市运行安全问题、城市治理顽症问题展开,在消除问题成因、减少管理隐患、补好管理短板、加强管理支撑、固守管理效果、惠及群众民生等方面提出针对性要求。

前瞻创新,注重标准引领力。标准的编制应充分结合创新社会治理的要求,体现政府法治、社会共治、市民自治的理念,增加社会公众参与、信用管理、人性化服务管理、绿色发展等内容,增设一定数量的特色指标,引导职能部门、街道社区进行管理创新。

打造标杆,注重标准严格性。标准的编制应牢牢盯住黄浦区打造城市管理标杆城区的目标,全面提升城市管理标准的严格程度,率先在城市主要道路、风景区、基础条件较好的街道实行新标准,同时对标准提高后的资源支撑作出相应规定,加强托底保障。

分类分级,注重管理差别化。标准的编制应充分结合黄浦区"城区二元结构"特征明显的区情实际,结合不同区域、不同领域的问题特点、管理需求、管理基础条件,因地因类制宜,以多层级多类别的标准明确差别化、个性化的管理目标、要求和考核办法。

规范细化,注重标准操作性。标准的编制应做到内容清晰简明,表述格式统一规范,表述风格通俗易懂。应明确标准实施时各部门的权责关系、工作流程、管理效果、评价办法,使标准可操作、可评议、可考核。

2. 关于完善黄浦区管理标准体系构成框架的建议:

对照市"8+1+1"的框架结构,结合市委、市政府的最新部署以及黄浦区标准建设工作的新近进展,黄浦区在完善管理标准体系构成框架上采取如下技术路线:在《标准1.0版》"3"+"5+5+9"框架基础上,板块扩容、结构微调、种类增加,形成"4"+"4+7+13+1"的新框架,标准板块从3个增至4个,标准种类从19个增至25个。其中:板块扩容,是指标准体系在原有的一般区域类、特殊区域类、重点行业类三大板块之外,新增"特色管理类"板块。结构微调,是把"风景区管理"从一般区域类调整到特殊区域类,把"沿街单位责任区管理"从一般区域类调整到行业类。种类增加,是在特殊区域类中新增"老城厢环境综合治理标准",在行业类中新增"房屋(历史优秀建筑)运行养护标准"、"交通运输管理标准"、"道路交通违法行为治理标准"、"网格化数字化管理标准",在特色管理类中新增"文明城区创建相关工作标准",共新增6个小类。

(二) 关于加强管理标准体系外部支撑的建议

1. 完善城市综合管理统筹协调的体制机制：

(1) 探索成立独立运作的市区两级城市综合管理部门。从区级层面来看，改革路径大致为：区市政管理办实体化运作和独立办公，与区城管执法局分离，集成整合其他职能部门机构的城市管理职能，进入区政府序列（或挂靠区府办）。同时，将区网格化综合管理中心与区市政管理办实体运作部门整合为一，促进网格化管理的发现处置、数据分析、指挥调度、监督考核等职能与市政管理办的研究规划、统筹协调职能之间的相互支撑，形成"区市政管委会领导下的区市政管理办＋区网格化综合管理中心"的"1＋2"组织架构和一体化运行体系。

(2) 加强管理力量下沉基层的后续管理。区城管执法局、市场监管局等部门要主动适应街道体制改革，在"区属、街管、街用"、"区属、共管、街用"的原则下，按照构筑新型条块关系的要求，加强对街道的工作支持。街道要完善对下沉人员队伍的管理机制，注意发挥街道网格分中心、街区工作站的协调督办、联勤处置功能，提高对下沉队伍的统筹使用能力；在下沉队伍的资产资金管理、履职监督、工作考核上制订明细化制度，在人事任免、人员招录、能力建设上科学制定中长期规划。

(3) 健全城市规划、建设和管理的对接机制。市、区两级城市规划、建设和管理部门相互之间要建立健全常态长效的工作沟通、问题协商机制和信息共享平台；明确赋予城市管理部门提前介入规划和建设环节的工作权限，跳出管理抓管理，从规划和建设等源头环节为城市管理打好基础；制订完善全市城市管理总体和各类专项规划，充分考虑各区（县）的区（县）情特点和城市管理需求，完善对交通路网和停车泊位、居住区公建配套、公厕、垃圾运输和处理、景观灯光及公用事业等基础设施的专项要求，发挥好规划的先导作用和约束功能；健全城市公共基础设施建设移交管理的制度和机制，明晰部门职责，明确移交条件、内容、程序，强化移交责任追究、整改措施，疏解城市管理压力。

(4) 完善城市综合管理的协调联动机制。全面梳理多头分段管理、交叉分散执法导致的各类管理和执法缝隙、漏洞，制定相关部门职责清单，并全面建立和强化落实联席会议制度，责任部门之间严格实行工作信息共享制度、管理方案共商制度、联勤联动处置制度、责任督查追究制度；进一步梳理网格化管理目录，对存在多头分段管理的"部事件"问题，应将涉及的所有责任部门和单位纳入网格化管理责任主体目录之中，建立"户籍化"档案，明确各自职责，弥合管理漏洞和执法缝隙，为提升管理和执法效能提供制度保障。

(5) 建立特殊举措与常态管理的衔接机制。加强特殊时期举措与后续常态化管理之间的过渡衔接。在设计特殊时期的管理措施和标准规范时，提前考虑与以后的常态化管理进行衔接转换的问题，并将过渡机制体现在特殊时期的管理规范和技术标准等相关文件之中，使后续常态管理做到有案可查、有据可依；依据应急处置形成的经验，在部门职责、工作流程、管理标准、资源保障等方面及时调整修订常态管理方案，加强突发公共事件的事后熨平和常态防控能力。

2. 优化城市管理标准执行的资源支撑：

（1）建立市区两级城市管理资源配置的动态调整机制。要尽快建立健全涵盖人、财、物等管理资源配置的全方位动态调整政策方案。一方面，要加大对城市公共设施建设和旧区改造的投入力度，同时，对城区管理所需配套的人财物等资源进行测算核定，适当留出提前量和冗余度，逐年提高对城市管理的财政经费投入比例；要特别注意管理资源力量的差别化配置，优先提高重点区域公共设施的布点密度，提高对大客流、大交通流的服务承载能力；优化管理队伍岗位结构，增加一线管理力量，优先向老城厢等管理问题集中、管理基础薄弱地区倾斜配置；同时，建议市里参考黄浦区年均动态实有人口规模而非常住人口规模来规划调整相应的资源配置标准；对城管执法、市场监管、公安等管理力量，建议市里在编制上给予一定的政策倾斜，适当增加人员编制数量。

（2）运用社会化、市场化机制拓展管理力量的构成来源。建立健全社会共治和居民自治机制，推动社会力量和市民常态长效参与城市管理；加强志愿服务制度化、规范化建设，发挥志愿者队伍作用；通过政府购买服务机制，加大购买社会组织和企事业单位专业管理服务的力度，以及城市管理、运营、作业的市场化外包力度；加强各类城市管理协管员队伍、车辆停放管理公司等事业单位转制企业的能力建设，使其成为专业管理力量的有力补充；鼓励企事业单位引入第三方管理和远程管理模式，弥补本单位专业人员短缺、自身技术水平不足等问题，同时便于城市管理部门及时有效掌握相关情况信息；探索试行风景区游客意外险、重大活动公众责任险制度，分散公众安全风险压力。

（3）借助信息化等科技手段提升城市管理资源的运用效能。建设和完善智能化辅助管理设施体系。全面梳理住宅小区监控探头，分期推进综合改造，分批接入整合进网格化视频巡视平台，扩大监控面，尽量消除监管盲区；以"1＋10＋X"区域为重点，推进工作站区域视频巡视系统建设，实现特定区域监控视频信号数字化集成、智能化运用；在管理顽症易发点全面推广安装"电子警察"等智能监控巡逻和远程喊话劝导设施建设，以智能化警示补充人工干预管理；深化网格大数据应用。按照"互联网＋"、"网格化＋"的理念，分别建立工作站、居民区信息点案件采集和电子台账登记模块，扩大网格信息量；以网格化管理信息平台、区政务平台为主干，推广应用社区管理信息系统、住宅小区物业管理信息化系统、物联网监控系统，逐步推进各类城市管理相关信息平台的相互对接，开展叠加处理、科学运用，形成具有黄浦特色的城市综合管理信息系统。

（4）强化大客流的限流、分流措施缓释城市管理压力。加强系统规划，完善重点地区和景区景点导向标识系统；同时，充分利用微信、短信、微博、公交车载电视、电子显示屏等信息化载体和平台，及时向社会公众发布客流情况信息，加强对客流的引流、限流和分流；对举办重大活动要注意优中选优，控制重大活动举办的数量和频度，减轻重大活动保障压力；对市里需要在黄浦区举办的重大活动，建议建立相应的管理力量、物资的支援和补偿机制。

3. 厚植城市管理文明的社会基础：

（1）创新自治机制，推动市民有序参与城市管理。探索建立"社区自治基金"，改变公共财政在社区治理项目上的自上而下的行政化使用方式，项目的确定、申报、验收和效果评估工作交给居委会来组织完成，以此激发居民的自治精神、参与意识，锻炼培养其开展自治和有序参与城市公共事务管理的能力；将住宅小区和重点路段片区管理作为推动市民自治参与的首要切入点，进一步完善住宅小区综合治理联席会议制度和党建联建制度，拓展现有的居民区听证会、协调会、评议会等"三会制度"的应用范围，将住宅小区综合治理等城市管理事务渗入"三会制度"的实践运作之中；加强业委会的规范化、专业化建设。房管部门和街道要通过统一引导、个案指导等多种手段规范业委会的运作，完善《业主管理规约》《业主大会议事规则》和《业委会工作章程》等制度规范，对物业服务费标准调整、业委会工作经费使用、业委会成员工作津贴发放、小区禁止性不文明行为及其处置、业委会委员的罢免条件和程序等作出明确规定，逐步建立健全业委会成员的培训、激励、监督、退出机制，更好地发挥业主自治在城市综合管理中的作用。

（2）创设新型渠道，提高居民法治素养和文明意识。明确区市政管理办、城管执法局等城市管理、执法部门负责法制宣传的责任科室，加强城市管理法制宣传的规划和组织工作；拓宽城市管理法规、标准的宣传渠道，加大宣传力度。首先，可以创设社区法律文化节、社区城市管理标准知识竞赛、小区法律知识读书会等活动形式，吸引居民群众广泛参加学法、学标准活动；其次，可在新闻媒体、社区刊物开设城市管理法规政策和标准规范宣传栏目；最后，可以通过政府官方微博，定期推送宣传城市管理法律、标准知识，探索建立区域性城市管理社会信用信息系统，并与市级征信平台打通对接，通过依法合理征信，将单位组织、市民、游客的违法和不文明行为纳入信用信息系统，并建立红黑名单。建议市、区城市管理主管部门加强与市区两级文明办、社建办等部门的协调联系，共同制定完善和推行"市民公共行为文明规范"；加大社会单位责任报告制度的推行力度；发挥现有的市民巡访团、社区文明志愿者队伍的作用，广泛开展文明宣传、文明评议、文明劝导活动；以"线下"和"线上"相结合的方式多渠道推行政务公开，采取荣誉表彰、经济激励、参与评价等多种手段，聘请人大代表、政协委员、新闻工作者及社会人士等担任监督员，组织引导市民群众全过程参与标准的编制、实施、监督和检验工作，提高广大市民关心、参与和支持城市管理工作的积极性和主动性。

第三节 城市治理制度体系

一、国内先进城市治理经验

（一）上海市浦东新区多维度治理

"智慧城市"作为一场新的信息技术改革与知识经济更新的研究之后产生的概念，也是城市化、信息化、工业化全新归并之后的建设内容。美国IBM公司2008年首次提出"智慧地球"概念以来,国内许多城市与地区政府将城市未来发展定位在"智慧城市"上,从城市发展的方方面面进行"全覆盖"布局。作为全国改革开放最前沿城区之一的上海市浦东新区,借助于全国先行先试地区的东风,快速、敏锐地利用经济社会发展与信息化技术全国领先的独特优势,尽最大的能力做好"智慧城市"的发展和布局,着手于经过"智慧城市"的进步,从而实现城市治理现代化。"智慧浦东"就是其打造的城市治理新手段。通过政府、社会、市民这三部分在协同化、网络化、数字化、智慧化的基础上,建成了我国第一个由"智慧城市"基本设备、"智慧城市"公共管理和服务、"智慧城市"信息服务经济建设、"智慧城市"人文科学素质、智慧城市市民主观感知、"智慧城市"软环境发展等6大维度为重要内容的建设"智慧浦东"标准,打造了一个中国"智慧城市"的样板。

(二)北京市东城区"大城管"治理

作为首都功能核心区,北京市东城区按照首善一流的标准,在城市治理现代化方面整合城市管理部门职能,打破部门分割管理模式和部门利益化趋势,创新了城市智慧化治理格局,形成了统一规划、建设、管理、指挥、协调的"大城管"治理模式。首先是网格化管理方式,构成一体化共同服务治理平台。扶植由社区为单位的根基网格589个,城市管理单位网格2 314个,按照"边界清晰、工作便利、大小适当"的原则,同时还设有公安、工商、城管、环卫等专业管理网格,实现了只要城市管理问题,"一口受理、一口办理"的一站式服务,同时将问题办理情况实时公开进度与办理结果,接受市民和效能监督。此外,北京市东城区还积极整合公共服务资源,利用"互联网+"方式,全面聚合城市管理、社会服务等公共服务资源,通过智能终端、有线电视、语音电话等多渠道和微信微博等自媒体平台,提出政务、公共事业、便民信息等多种服务与宣传,有效构建了区、街、社区和网格"三级平台、四级管理"的组织体系,大大提升了网格化城市管理的公共安全应急监督能力和城市政府现代化治理水平。其次是智慧化管理体制,健全扁平式城市治理方式。早在2010年开始,北京市东城区着眼"国际化现代化新东城"发展定位,进一步完善了网格化管理模式,从区级顶层设计上,成立了东城区城市综合管理委员会,不仅成为北京市唯一的综治部门,而且统筹协调全区城市管理工作。通过定期联席会议会制度,准确地处理城市管理中的热难点问题,寻求城市治理建设的正确选择。在具体工作运行中,建立了东城区综合执法委员会,全面协调全区26个执法单位和20个综合执法组,形成了城市问题执法"全面覆盖、无缝衔接、协同作战"的城市管理新格局。同步,东城区与"智慧城市"建设紧密结合,强化云计算、物联网等信息技术在拓展区域治理空间、建设服务型政府、改善生态环境等方面的应用,形成了"视频监控、车载监控、人工监控、公众监督"所有空间的监督,真实地做到了确切察觉问题、确切了解问题、确切解决问题。

(三)佛山市禅城区信息共享治理

广东省佛山市政治、经济、文化中心,禅城区点面结合、研究开发"智慧城市"的管理方法,让城市治理能够变得人性化、城市交通能够变得流畅、城市服务平台能够变得方便。打造电子政务云计算数据中心。整合基础设施资源,电子政务云建设包含区电子政务中心机房改造和电子政务云计算平台建设两个项目并升级提升改造,统筹全区硬件设备资源的利用,提高设备的使用效率和系统运行的高可靠性,并逐步将中心机房现有应用系统整合到云计算平台,实现服务能力增强、维护成本最小。同时,通过建立区级数据中心,明确了禅城区 37 个部门 260 个类别的政务信息共享方式和共享条件,构造出可以举行数据配合交换的平台,完成与省市的这一平台技术对接和共同交换,丰富和规范了为政府内部重点工作提供跨层级、跨部门数据共享的手段。2012—2013 年期间,仅政府 1 项重点工作,就通过数据共享交换平台共享了 19 万条数据,有力推进了城市政府协同工作和现代化治理能力。

二、国外先进城市治理经验

"城市治理"这一理论源自西方,是在 20 世纪 80 年代产生的,当它传到我国的时候已经比较晚了。同时流传到我国还有一个概念,就是"智慧城市"这一概念,它是由 IBM 公司在 2008 年首先提出的。

（一）美国城市信息化治理

美国政府非常重视利用前沿的现代科学技术来实现城市治理。比如,许多城市政府确立以居民服务和效率为中心的宗旨,通过网络每个人都可以直接与政府联系,许多具体事务如房屋征收、土地征用、个人纳税等都可以在互联网上操作。各大州的城市政府都不惜投入巨大财政资金,重点建设完善的地理信息系统。游客和市民通过地理信息系统不仅可以随时查阅所在城市的地貌特征、旅游景点、公共设施、城市规划、城市格局,还可以随时掌握与了解城市交通路况、停车泊位数量、公共厕所方位、监控探头设置,以便随时查找抵达目的地的路线和公共服务信息,而且还可以查阅其他城市甚至是某一建筑物的具体情况。这样既方便了市民与游客,也提高了城市政府的服务水平与能力,也提升了城市信息化水平与政府绩效管理水平。再如,对政府内部的管理,也基本实现了信息电子化,议会议题、政府部门各自工作职责与服务职能、政府采购、财政预算都详细地显示在电子信息平台中,不仅使城市政府在科学化决策中能准确全面地掌握相关基础信息与数据,又通过降低信息传递成本来实现减员增效目标。此外,通过统一设立 911 报警电话和咨询投诉热线,设立信息化服务专门机构,在政府官网站上将所有政府应公共的信息完全公开,一来方便公众查阅和参与政府活动,二来方便公众对政府活动的监督,更加方便企事业单位和市民游客了解所处城市基本信息和政府服务内容。同时,城市政府还提供燃气、自来水、排水、公交、有线电视等网上账单支付服务,电子地图、企业注册和工业生产所需的各类许可证、个人申请许可的各类证件的网上申请,另有每一位议员和当局公职人员的联系方式①。

（二）日本城市公众参与治理

东京的城市治理最为突出的特点就是能够大范围地让社会力量来参与到城市管理中,并重视城市的长远规划。首先,东京政府在城市治理中始终坚持城市基础设施建设

---

① 连玉明:《社会管理蓝皮书:中国社会管理创新报告》,社会科学文献出版社 2014 年版。

长远规划、重金投入的理念。"共同沟"是在这当中最著名,同时也是最典型的城市基础设施理想模式。东京政府为了避免"共同沟"遭到地震的影响,采用了防震系统和管道变形调节技术,同时还利用了信息手段进行 24 小时监控,并将地震的破坏尽量最大限度的降低①。

其次,东京城市的管理者在城市管理方面引入社会力量参与监督来治理城市。在城市运行环境管理的各个重要领域和主要环境都十分重视各种社会力量的积极参与和共同管理,调动一切可以调动的除政府以外的积极因素与资源,为"我"所用,同参与、共治理。如在城市生活垃圾管理中,《促进循环型社会建设基本条例》中从垃圾管理的源头上强化公众和社会组织的各自责任与义务。不仅公众在日常的工作学习生活中要积极践行环境保护理念,从点滴做起,减少或杜绝不必要的生活垃圾;而且政府机关、企事业单位、学校等单位群体也必须履行环保责任,特别做到"垃圾减量",将解决垃圾问题延伸到产品生产制造源头阶段,在产品设计和制造过程中强化环保理念,将产品使用后"再回收、再利用"最大化,能够达到生活垃圾的再循环利用和减量化。此外,城市绿化和城市公园的日常管理与养护,主体都为公众自发的志愿者。东京政府建立了针对个人和组织的绿化养护志愿者注册系统,统一对乐于参加城市绿化养护的志愿者和组织提供技术指导与活动管理,并实行统一的业务培训。在对环境影响评估的项目中,建立公众参与的环评体系,设立市民反馈意见提交环节,规定有必要时召开听证会,公开讨论市民对环评项目评估的意见建议。很多环境建设领域都建立了信息公开、意见表达、监督反馈等机制,很好地发挥了社会力量在城市管理与城市治理中的作用。

(三)新加坡城市法制化治理

新加坡能够从一个"脏乱差"的国家,经过快速的发展成为一个众所周知的发达国家,并被誉为"花园城市",而它只是东南亚的一个岛国,独立了仅仅 50 年,显然在城市治理方面,小国家,有大智慧。

新加坡城市治理的核心所在就是将管理、规划、建设这三者的关系做科学的处理。如果说科学规划统领城市发展的方向,是一个先决条件的话,那么三分建设,七分靠的是管理。彻底法制化管理并且能够有力执行是新加坡在城市治理方面的最大经验和成功点。新加坡建立了一套齐全、严酷、操作性强、切合实际的城市管理律例系统,目的是为了可以做好城市管理工作。国家对城市的建筑、河道绿化、市政设施等各类城市管理实体硬件环境做了全面的规范。管理者为了可以使每一个执法人员的工作实现有法可依,做到"无事不立法",而且对城市管理的每一个方面周全立法和顶层设计,对城市每一位违反法律的人员必定执法必严②。

当然,执法必严的前提是城市管理法规要具有极强的操作性。新加坡之所以保证了以"严"执法,以超强力度执法,是因为它的城市管理法规对规定的事项以及制定办法

---

① 张诗雨:《发达国家的城市治理范式》,《中国发展观察》2015 年第 4 期。
② 谭鹏:《国家治理现代化的新加坡模式及其启示》,《辽宁行政学院学报》2015 年第 3 期。

和惩罚都进行了全面的规定,同时也避免了因执法队员素质差异导致的执法差别化和执法随意性。为了让城市的管理者和城市的居民能够更深入地了解城市管理问题以及其对解决问题的期盼,新加坡政府每年都会组织开展重大节会保障和全国性评比活动,同时也让其对城市管理这一工作的意义有更深入认识。除此之外,城市管理社会教育运动也是新加坡政府经常在全国范围内开展的活动。"取缔乱抛垃圾""避免污化活动""保持新加坡洁净""反吐痰活动"等都是从开国到现在展开的全国性的教育活动,它使城市管理中的问题不断得到了解决,其城市管理方式也在不断地完善和改良,同时城市管理水平、城市治理能力也在不断地提高和加强。

三、国内外经验借鉴

无论从国内城市治理现代化做得好的城市,还是从发达国家在城市治理现代化的创新上,都是以良法和善治的理论为指导并执行到底,不留治理空白与盲点。其中高成本投入、高起点规划、高标准执行的经验做法中,信息共享实现扁平化治理、公众参与实现多中心治理、完善顶层设计实现法制化治理等值得借鉴。主要经验有以下几方面:

(一)多元化治理

高起点规划是多元化的治理的前提。能够让城市发展永恒的主题是城市管理,而使城市功能得到全面提升、确保城市规划有效实施、城市建设有序推进的关键是规范、高效的城市治理。同域内外将城市治理做得好的政府比较,只要它的城市治理现代化实力越厉害的,城市治理现代化水平越高的,那么这个城市肯定是高起点规划,并且有着严格要求执行的城市规划工作。从另一个角度讲,一座有着高起点规划的城市,它的城市治理能力与水平必然也是高水平的。从实践经验看,新加坡、日本等域外发达城市,正是因为有了高起点规划良好的城市运行基础设施,体现出城市政府的现代化治理水平,才能达到今天有目共睹的城市治理水平。同时,城市居民的响应是高起点规划必不可少的。只有公众广泛的参与其中,才能真正意义做好高起点规划,否则仅有政府官员或专家学者的研究决策,不能实现善治的目的,更不能实现治理能力的现代化。

(二)智慧化治理

高成本投入是智慧化治理的基础。不管是北京市东城区、上海市浦东新区这样通过"智慧城市"建设将其城市治理现代化的水平有了极大提高的,还是例如日本与美国等发达国家的城市通过超前的发展理念建设城市运行基础设施的做法,如果想要提高城市基本设施的运行能力和智慧化管理水平,前期就必须投入大量的财政资金。一方面,没有前期大量财政资金的投入,就没有高水平的城市管理水平和现代化的城市治理能力。王国平认为"城市管理是生产力,城市管理是竞争力,是一座城市最大的优势和最重要的战略资源"[①]。另一方面,通过大成本的资本投入建设,能进一步理顺治理的体制机制,强化信息与资源共享的基础,实现协同管理,提高城市管理的绩效。

---

① 王国平:《城市论》,人民出版社 2009 年版,50—55 页。

(三) 法制化治理

高标准执行是法制化治理的关键。在现代化城市治理中,无论现代科技手段如何先进、智慧城市建设如何发达,起决定因素的还是这座城市的管理者,人是决定因素。为此,北京、上海等域内一线城市发展与新加坡、日本、美国等域外一线城市发展比较,虽然北京、上海等城市在城市治理方面远远领先于域内其他城市,但是同域外大城市相比,城市现代化治理方面还是存在着很大的差距。这里的差距,主要体现在人这个决定因素之中,体现在城市的管理者对城市治理顶层制度设计的执行力和法律法规执行的威慑力,赢在了执行力。尤其是新加坡在城市治理中做到了"有法必依,执法必严",这是它治理城市成功的经验。由此可见,实现城市治理现代化的关键是高度的法制化治理。

第四节 城市治理信息化

当前的城市发展有两个首要的方面,分别是信息化和城镇化。要实现城市治理现代化,解决好现有城市管理问题,信息化手段必不可少。"智慧城管"是"智慧城市"最核心的内容,是新的城市建设与城市竞争力的主要体现,同样是城市治理现代化的基本方式。在城市现代化建设发展中,城市的管理者在城市管理和城市治理方面也有了全新的标准。一座现代化城市的治理水平能否实现现代化,城市整体功效的施展与社会系统的和谐优化程度,不仅取决于城市的社会经济发展水平,更取决于建立和健全专业化操作、科技化支撑、现代化治理、一体化提升的城市综合管理的协同运行机制和绩效评价体系。

一、构建"智慧城管"全方位管理协同体系

"智慧城管"协同是通过多部门信息共享、服务协作、标准统一、技术兼容,构建起交流方便、职责到位、解决及时、运转快速的城市管理与公共服务监管和处置新的机制。"智慧城管"的建设,构建全方位的协同管理机制是关键,是"智慧城管"能否取得实际效果的核心。要通过全面使用现有智慧化信息技术手段来达到城市管理的要素、城市管理的进程、城市管理的决策等的全面智慧化,促进城市管理公共服务能力的进步与城市治理水准的提升。

(一) "智慧城管"协同的意义

1. 提升城市管理智慧化。"智慧城管"协同有效为研究城市智慧化开辟了新路径,为达到智慧化城市管理、均等化社会服务、高效化城市治理与高新产业衍生了全新的动力与支撑,最后实现融信息获得、信息处置、全过程监控督办、分析研判、视频监控、应急联动、协同指挥等多方面一体的智慧化、全包涵、全过程的综合性城市管理平台。

2. 建立大城管模式。"智慧城管"协同处置模式等同于兵团"作战",为协作部门搭起共商共建平台,在实现积极察觉问题的基础上,促进城市管理由静态到动态、粗放到

细致、无序到有序的变化与被动处理到积极解决的实质性跨越,提高"智慧城管"案件处理效率与城市设备的承载力。

3. 促进智慧产业化。"智慧城管"协同能够推进智慧应用产业飞快进步。"智慧城管"协同可以提高社会管理服务智慧化水平,促进社会领域系统化的智慧使用、体系化的融合与信息资源更深的研究使用,也可以稳固和夯实智慧产业提升的根基,更好地服务经济,出现更多的就业机会,同时大大地发展了城市治理水平和区域综合竞争能力。

4. 实现城市管理全覆盖。"智慧城管"协同是物联网、云计算、人工智能、数据挖掘等新技术和新概念发展、扩展到城市管理工作当中,能够弥合城市管理中信息盲区和管理盲点,实现横向到边、纵向到底,达到城市管理立体化操作,完成全区域的信息分享、业务联动、全面对接、快捷服务,让城市经济得以发展与社会发展得以稳定,城市治理能力得到提升。

5. 提高市民参与度。"智慧城管"协同可以提升政府管理城市的成效,有利于发动群众参与到城市管理当中,让群众成为城市管理的监督员去发现问题、提出问题,进而大大改善城市管理工作的环境和提高城市管理公众的参与度。一旦城市管理水准提升、城市管理关系和善、城市管理资源富足,公众对于政府的支持度就会提升,进而两者相辅相成、互助提高,形成良性循环,促进城市管理水平与能力得到更好地提升。

6. 加快可持续发展。城市管理水平和城市治理能力是一座城市知名度和竞争力的重要标志,更是一座城市舒适度、宜居度和公众生活幸福度的重要指标,也是一座城市的金字招牌和软实力。"智慧城管"协同是通过科技创新引领管理创新,用更智慧的理念和技术,高质量的完成由管理至服务、治理至运营、零散的分布至协同合一的平台服务的大转变,在根源上保障政府部门间的协同共享、行业间的互相联动、城市精细化运行管理、人和城市的平和相处。

(二)"智慧城管"协同的内涵

"智慧城管"协同有三大方面的理解,协同后则会变成"1+1>2"的倍增效应。首先是制度协同。多元公共服务主体之间为实现资源整合、利益整合、功能整合等,还将产生一系列制度安排,即保障新型复合城管执法监督系统运行的协同机制,协同的效率反映"智慧城管"的融合能力。其次是组织协同。组织协同是"智慧城管"的内在体现,不同性质的公共服务主体的协作能够达到空前的协同程度,在运转方面能够产生一种新的组织架构体系,转化城市管理的观念,构建出真正意义上的"大城管"模式,也是破除职能壁垒、实践体制创新、打造政府部门联动的公共大平台。再次是技术协同。"智慧城管"协同通过信息技术、定位技术、轨迹重复技术、视频分析技术等,在数据交换、GIS共享服务、统一GPS监管、统一视频监控等应用上支持"智慧城管"平台系统,具备事、地、物的实时监控能力,极大提高城市管理相关资源的配置水平。

(三)"智慧城管"协同的效能

1. 统一处置机制。组建市级"智慧城管"的具体实施机构,成为"智慧城管"的实施部门,载负起"智慧城管"系统建设与管理的主要任务。各区(县)同步相应组建区(县)

"智慧城管"处理机构,承载起辖区"智慧城管"的发展与治理的具体任务。市级机构的责任是督促、检查、考核信息处置结果,区(县)级机构的责任是信息采集、受理、认定、移交处置。

2. 建立协同网络。把所有与城市管理有关联的市级部门、直属单位、区街政府、社区等看作为"智慧城管"协同网络单位,根据"属地为主、按责处置"原则,落实维护责任,处理解决问题,实现分工明确、指挥有力、统一协调、运转高效的工作布局。

3. 全程网上办理。更新"数字城管"信息处理系统,并以此为基础,市、区管理部门的信息处置与督查办理在系统平台做好记录备案,根据相关法律法规与系统规定的处置办法,完成信息收集、立案处理、执行处置、结案归档等步骤的网上办理。

4. 实现信息共享。归并"智慧城管"信息共享平台,完成与政府相关责任部门业务体系信息的实时互联互通,建成网上协同工作平台,建立信息受理终端,完成有关信息的及时送达与任务的快速派送,保障"智慧城管"高效运转、高位协调。

(四)"智慧城管"协同平台建设

1. 搭建物联网综合平台。扶植"智慧城管"物联感知平台。采用RFID、视频模式识别、无线远传水表、传感器、GPS等技术在城市基础设施管理中的办法,做到对各类城市管理设施的智能识别、智能管理、跟踪定位、数据采集、在线监测等。扶植"智慧城管"物联收集平台。归集感知层设备WIFI、3G,4G等无线接入进口,在全市的无线数字集群平台上建设"智慧城管"无线数字集群系统平台,整合现有"数字城管"与数字执法业务系统网络资源。

2. 构建云计算基础框架。运用云计算技术,建设"智慧城管"基础设施(Iaas)与平台(PaaS)两大框架。建设"智慧城管"基础设施(Iaas)框架,使用网格计算机和虚拟化等技术,完全整合现在具有的存储、计算等服务器资源。建设"智慧城管"平台(PaaS)框架,在"智慧城管"基础设施(Iaas)框架基础上,通过SOA技术对现在的统一认证、GIS、视频等基础应用资源进行归并,构建在SOA架构基础上的统一认证服务中心、GIS服务中心、视频服务中心,让"智慧城管"应用项目有基础服务。

3. 建设大数据资源中心。建设大数据存储中心。基于"智慧城管"的基础设施(Iaas)框架,让现在的数据库与今后新增的数据库实行共同建设,构造城市基础设施对象数据库、地下管线数据库、实景影像数据库、各种城市管理业务数据库,而且增加时间维度,建设时空一体的"智慧城管"数据库。建设大数据共享中心。基于ESB技术以及交换技术,实现城市管理全方位数据的集成,实现横向政府部门与纵向不同层级间业务数据的高效信息联动,改变当前政府城市管理部门偏重发现问题的现状,进一步加强对数据的分析和研判,提高城市治理绩效。

二、优化"智慧城管"标准化绩效评价体系

(一)创新"智慧城管"管理模型

加强管理系统研究。运用科学管理和治理的办法,了解政府各级各部门管理者与市民对"智慧城管"的需求,制定符合不同管理需要的管理模式与管理体系,为"智慧城管"建设智慧的"大脑";提高改进机制设计。建立信息流程与工作流程可持续改进机制,在制度上保障信息流程和工作流程能够持续地改善,并且缔造可支持延续改良的流程治理平台;构建分析系统设计。建立一个好的机制与管理的流程,使疑难案件逐渐网络化、精细化,分清疑难案件的处置责任与标准,逐渐减少疑难案件;构建数据模型设计。从"智慧城管"和公共管理的角度,融入城市治理理论,完成数据模型的设计,运用客户关系管理、目标管理、战略管理等管理理念和技术,用数据仓库、数据挖掘系统建设"智慧城管""驾驶舱"。

（二）形成管理制度规范化体系

1. 设计"智慧城管"的模式和制度。根据管理模式和管理体系的要求,进一步设计"智慧城管"的管理工作制度,确定业务协同制度、工作剖析研究制度、任务指令制度、工作督办制度、业务改进制度、绩效考核制度等。

2. 组建"智慧城管"协同机制与网络。以"智慧城管"建设为目标,构建协同网络,把市级与城市管理相关的部门、行业单位和县(市)区政府当成"智慧城管"协同网络单位。依据"属地为主、按责处置"要求和"管理定额化、定额考核化、考核平常化"的原则,设计"智慧城管"工作的绩效评价指标体系,并作为对上述单位和部门工作目标考核的重要内容。

3. 设计"智慧城管"的标准与规范。依据"智慧城管"的管理尺度、管理对象、管理标准的特征和特性,在当前标准和规范的基础上,根据科学管理的方式与手段,研究城市管理相关的业务管理工作标准和范例。

（三）构建"智慧城管"三个指数

构建"智慧城管"综合指数。在全域"智慧城管"的方面来评判"智慧城管"综合状况的指标;构建"智慧城管"发展指数。在推进"智慧城管"成长的方面来评判全域"智慧城管"扶植状态的指标;构建"智慧城管"运行指数。在"智慧城管"运作的方面,围绕城市管理的方向与各政府部门在城市治理中的责任分工,从公众满意度、运行效力、投资效力、持续改进等多个方面制定综合评价的指标。

（四）规范"智慧城管"信息处置流程

1. 完善区域网格划分。依据建成区域万米单元网格分割,城市管理部件、事件实行标准化、精细化管理。部件、事件信息进行全市督查考评,分地区分类别收集、受理、处置、核对的方式。

2. 完善信息采集工作。"智慧城管"信息采集要做到智能采集、专业采集、政府自查、群众监督"四结合"。智能采集和专业采集是主要内容,并且主动研究专业采集服务外包机制,采集费用则通过政府财政支付。同时,完成12319等城管热线与"智慧城管"并轨运行的同步工作,集中处理市民投诉,收集网格舆情。

3. 建立快速反应机制。对非常规问题坚持"先解决问题、后落实经费与分清职责"的要求处理,保障问题可以有速度有质量的完成。有些不好派送、责任不明等原因不能派送的,交给"智慧城管"相关部门协调处理。

4. 完善处置责任分工。信息采集服务外包公司负责信息的专业采集,政府部门负责对信息采集公司的督促、检查、考评信息处置结果,根据部件、事件处置尺度、时限向对应的协同收集单位派送,及时校核处理结果。信息处置由网络维护单位负责。

三、完善以人为本的"智慧城管"运行机制

以人为本的"智慧城管"运行机制,不仅是城市治理的具体要求,也是"智慧城管"运行的内在要求。"智慧城管"运行过程中难免出现偏差或问题。为确保"智慧城管"高速高效运行,需要对"智慧城管"运行机制进行系统性完善并建立长效化的动态管理机制。围绕"以人为本"的核心理念,通过有效的考评、协调、分析机制的不断完善,实时解决运行中出现的问题或偏差,以制度保障"智慧城管"常态化管理成效,从而提高整体治理能力与水平。

(一)完善协调机制

建立"智慧城管"疑难问题、应急问题等的协调指挥制度,确保问题有及时处置和最终解决。特别对在实际操作中出现的涉及多家主体的问题、责任不清的疑难问题或历史遗留问题等进行牵头协调。构建"智慧城管"问题派送机制,保障"智慧城管"问题派送的时效性和准确度。根据各主体单位的职责,明确问题的处置范围、职责,重点明确派遣问题"属地管理"与相关单位"块抓条保"的责任区分,从而明确和规范问题责任主体,形成"智慧城管"问题受理及时、派遣及时、交办准确。如问题涉及安全或严重影响市容环境的紧急问题但政府部门职责交叉的,积极发挥"智慧城管"协调指挥机制作用,由指挥平台指挥各责任主体按照"第一时间发现问题、第一时间处置问题、第一时间解决问题"的"智慧城管"要求协调处置。

(二)完善分析机制

"智慧城管"运行中要充分发挥大数据作用,建立定期运行数据分析制度,对运行中存在的问题及原因进行分析,为下一阶段的运行提供决策引导。数据分析内容要包括"智慧城管"运行中暴露的城市管理体制机制问题,政府部门监管、执法、养护、建设等各项职能履行中的问题,"智慧城管"自身的问题及时解决率和返工、超时等各项指标数据等,旨在分析通过发现问题、研究剖析问题,从而解决问题,提升工作绩效。构建"代为整治"制度并把其当成"智慧城管"运作过程中实现长期治理的有效保障制度。根据"问题处置在先、责任追究在后"的原则,针对"智慧城管"运行中出现的责任不清、无主或责任空白区域问题的落实整改,主要由社会化服务单位受委托代为整治。

(三)完善平急转换机制

平急转换机制是在"智慧城管"运行中,在城市管理特殊情况下对重点关注的相关问题进行应急处置的一种机制。针对城市特殊地理位置和气象条件,在防汛抗台、抗雪防冻等应急情况下,结合"智慧城管"信息采集重点的调整,做好与相关政府部门的信息对接和工作联动,第一时间处置通过"智慧城管"运行平台上报的应急问题并建立相应

的处置、督办流程,确保灾害天气等特殊情况下出现的特殊问题的精准解决,同时也实现紧急状态下,能通过语音无线有线呼叫、移动指挥车、单兵系统、视频会议等多渠道来实现指令的实时下达,保障应急工作的顺利开展。

(四)完善考评机制

建立和健全"智慧城管"考评机制,结合"智慧城管"运行实际,确定适用于"智慧城管"有效运行的考核目标、评价指标和实施细则,明确市、区、街、社及各产权单位各自职责、考核要求和操作细则,定期分析考核及运行情况,通过媒体平台定期通报考核结果,并将考核结果纳入各级党委、政府及其对所属单位的相关绩效考评、效能监察或年度评先评优体系、行业准入条件,推动"智慧城管"有效运行。

参考文献

Ansell C, Gash A. Collaborative governance in theory and practice[J]. Journal of public administration research and theory, 2008, 18(4):543—571.

Beetham D. The Legitimation of Power[M]. London: Macmillan, 1991.

Buser M. Democratic accountability and metropolitan governance: The case of South Hampshire, UK[J]. Urban studies, 2012, 49(13):2853—2871.

Chan R C, HU Y. Urban governance: a theoretical review and an empirical study [J]. Asian Geographer, 2004, 23(1—2), 5—17.

CIPFA. The Chartered Institute of Public Finance and Accountancy, Corporate Governance in the Public Services[M]. London: CIPFA, 1994(5):6.

Hendriks F. Understanding Good Urban Governance: Essentials, Shifts, and Values[J]. Urban Affairs Review, 2014, 50(4):553—576.

Hiki L. Expertise, representation and the common good: grounds for legitimacy in the urban governance network[J]. Urban Studies, 2007, 44(11):2147—2162.

Hudalah D, Firman T, Woltjer J. Cultural Cooperation, Institution Building and Metropolitan Governance in Decentralizing Indonesia[J]. International Journal of Urban and Regional Research, 2014, 38(6):2217—2234.

Kooiman J. Social-political governance: overview, reflections and design[J]. Public Management an international journal of research and theory, 1996, 1(1): 67—92.

Lau M. Flexibility with a Purpose: Constructing the Legitimacy of Spatial Governance Partnerships[J]. Urban Studies, 2014, 51(9):1943—1959.

Laurila H. Urban governance, competition and welfare[J]. Urban Studies, 2004, 41(3):683—696.

Levelt M, & Metze T. The legitimacy of regional governance networks: Gaining credibility in the shadow of hierarchy[J]. Urban Studies, 2014, 51(11):2371—2387.

Pemberton S, Morphet J. The rescaling of economic governance: Insights into the transitional territories of England[J]. Urban Studies, 2014, 51(11):2354—2370.

Pierre J. Models of urban governance the institutional dimension of urban politics [J]. Urban affairs review, 1999, 34(3):372—396.

Rhodes R A. W. The new governance: governing without government[J]. Political studies, 1996, 44(4):652—667.

Rhodes R A. Understanding governance: policy networks, governance, reflexivity and accountability[M]. Open University Press, 1997.

Rosol M. Public Participation in Post—Fordist Urban Green Space Governance: The Case of Community Gardens in Berlin[J]. International Journal of Urban and Regional Research, 2010, 34(3):548—563.

Stoker G. Governance as theory: five propositions[J]. International social science journal, 1998, 50(155):17—28.

巴特·兰布特雷、陈熳莎译:《多中心化对提升大都市区竞争力的利与弊——以荷兰兰斯塔德地区为例》,《国际城市规划》2008年第1期。

陈庆云等:《论公共管理中的公共利益》,《中国行政管理》2005年第7期。

陈振光等:《"管治":理论角度的探讨和启发》,《城市规划》2001年第9期。

顾朝林:《南京城市行政区重构与城市管治研究》,《城市规划》2002年第9期。

胡燕等:《中国城市与区域管治研究十年回顾与前瞻》,《人文地理》2013年第2期。

连玉明:《社会管理蓝皮书:中国社会管理创新报告》,社会科学文献出版社2014年版。

梁鹤年:《公共利益》,《城市规划》2008年第5期。

罗小龙等:《城市管治及其本土化研究中的若干问题思考》,《规划师》2002年第9期。

罗小龙等:《管治理念与中国城市规划的公众参与》,《城市规划汇刊》2001年第2期。

孙施文等:《西方城市规划中公众参与的理论基础及其发展》,《国际城市规划》2009年第1期。

唐燕:《德国大都市区的区域管治案例比较》,《国际城市规划》2010年第6期。

田莉:《城市规划的公共利益之辩——〈物权法〉实施的影响与启示》,《城市规划》2008年第1期。

王国平:《城市论》,人民出版社2009年版。

易承志:《美国的大都市区政府治理实践》,《城市问题》2001年第9期。

殷洁等:《尺度重组与地域重构:城市与区域重构的政治经济学分析》,《人文地理》2013年第2期。

张京祥:《国家-区域治理的尺度重构:基于"国家战略区域规划"视角的剖析》,《城市发展研究》2013年第5期。

张京祥等:《管治理念及中国大都市区管理模式的重构》,《南京大学学报》2001年第5期。

张京祥等:《空间治理:中国城乡规划转型的政治经济学》,《城市规划》2014年第1期。

张诗雨:《发达国家的城市治理范式》,《中国发展观察》2015年第4期。

张衔春等:《比较视野下的大都市区治理:概念辨析、理论演进与研究进展》,《经济地理》2015年第7期。

张衔春等:《行政管理体制改革背景下规划审批制度优化对策》,《规划师》2014年第4期。

张衔春等:《焦点地域·创新机制·历时动因——法国复合区域治理模式转型及启示》,《经济地理》2015年第4期。

甄峰等:《城市管治、区划调整与空间整合——以常州市区为例》,《地理研究》2007年第1期。

中国社会科学院社会发展战略研究院:《中国公众参与调查报告》,2012年版。

编后记

本书是贯彻落实习近平总书记 2016 年 5 月 17 日在全国哲学社会科学工作座谈会上的重要讲话精神，及《中共中央关于加快构建中国特色哲学社会科学意见》中提出的学科体系、学术体系、话语体系、教材体系构建要求，结合我国改革开放以来城市发展规划、建设、管理实践，而编写的一本城市科学的基础理论读本。这本书洋洋洒洒 90 多万字，其作者都是本所科研人员。写这本书，既强化了本所的基础学科建设，也夯实了本所有关城市建设方面的决策咨询及研究生教学基础，提高和检验了本所科研人员的科研能力，以及联合攻关的现代科研组织方式和相互合作的科研团队精神，还体现了集中人力、财力办大事的我国体制优势。

本书作者已在本书前言中列举，支持完成本书写作的还有本所的周海旺、胡苏云、杨欣、于宁、高慧、肖黎春、杨晓萍等老师，尽管他们没有参加本书具体章节的写作，但他们参与了本书写作提纲等方面的讨论，在此表示感谢。本书写作提纲的多次修改和打印，以及本书各章的认领，签订写作合同、催稿等大量日常工作，都是由本所原学秘孙雅玮完成的，在此，对她的付出和努力也表示感谢。同时，本所办公室的李佩佩、周肖燕、许冉等同志也为本书写作、出版协调、资料收集、后勤保障做了大量工作，没有她们的支持，本书也难以如期顺利完成，在此也表示感谢。更需要感谢的是上海社会科学院出版社佘凌社长，亲临我所洽谈本书的出版工作，上海社会科学院出版社办公室主任杨国多次来本所协调本书出版工作，特别是本书责任编辑王勤同志，几个月的敬业劳动，使本书得以按时高质量地出版，在此一一表示衷心的感谢。

编　者

2018 年 5 月

图书在版编目(CIP)数据

城市学概论/朱建江主编.—上海:上海社会科学院出版社,2018
ISBN 978-7-5520-2348-0

Ⅰ.①城… Ⅱ.①朱… Ⅲ.①城市学-概论 Ⅳ.①C912.81

中国版本图书馆 CIP 数据核字(2018)第 133924 号

城市学概论

主　　编：朱建江
副 主 编：邓智团
责任编辑：王　勤
封面设计：黄　岳
出版发行：上海社会科学院出版社
　　　　　上海顺昌路 622 号　邮编 200025
　　　　　电话总机 021-63315900　销售热线 021-53063735
　　　　　http://www.sassp.org.cn　E-mail: sassp@sass.org.cn
照　　排：南京理工出版信息技术有限公司
印　　刷：上海龙腾印务有限公司
开　　本：787×1092 毫米　1/16 开
印　　张：44.25
插　　页：1
字　　数：935 千字
版　　次：2018 年 7 月第 1 版　2018 年 7 月第 1 次印刷

ISBN 978-7-5520-2348-0/C·169　　　　定价：199.80 元

版权所有　翻印必究